Christoph Marx

Trennung und Angst

Studien zur Internationalen Geschichte

Band 50

Christoph Marx

Trennung und Angst

Hendrik Verwoerd und
die Gedankenwelt der Apartheid

DE GRUYTER
OLDENBOURG

ISBN 978-3-11-068044-7
e-ISBN (PDF) 978-3-11-068050-8
e-ISBN (EPUB) 978-3-11-068055-3
ISSN 2190-1813

Library of Congress Control Number: 2020932953

Bibliografische Information der Deutschen Nationalbibliothek
Die Deutsche Nationalbibliothek verzeichnet diese Publikation in der Deutschen Nationalbibliografie; detaillierte bibliografische Angaben sind im Internet über http://dnb.dnb.de abrufbar.

Titelbild: Verwoerd-Denkmal in Bloemfontein (mittlerweile demontiert), Photo: Christoph Marx
Druck und Bindung: CPI books GmbH, Leck

www.degruyter.com

Now you would not think to look at him
But he was famous long ago
For playing the electric violin
On Desolation Row

Bob Dylan

Inhalt

Abkürzungen — XI

Einleitung — 1
- Quellen — **17**
- Aufbau der Arbeit — **18**

Prinzipien — 22

Geschärfte Gedanken – Abgestumpfte Gefühle — 52
- Die doppelte Aufgabe: Verwoerds Masterarbeit von 1922 — **66**
- Verwoerds Dissertation — **74**

Entwicklung — 87
- Aufbaustudium in Deutschland — **87**
- Der Aufenthalt in den USA 1927 — **101**
- Professor Verwoerd — **103**
- Apartheid und Entwicklung — **121**

Von der Soziologie zur Sozialpolitik — 130
- Engagement für die „poor whites" — **130**
- Der Übergang in die Politik — **142**
- Verwoerd als Intellektueller — **160**

Propaganda — 166
- Der Journalist — **166**
- Propaganda-Techniken — **174**
- Verwoerd als Redner — **181**
- Logik als rhetorisches Mittel — **185**

Organisierte Volkseinheit — 195
- Volkseinheit: Organisierter Nationalismus — **197**
- Der Kriegsausbruch und das Scheitern der „Hereniging" — **200**
- Der Afrikaner Broederbond — **203**
- Der Kampf gegen die Ossewabrandwag — **214**
- Nachkriegszeit — **224**
- „Hereniging" — **226**

Chaos und Ordnung — 231

Differenz und Reinheit — 252
Verwoerds Antisemitismus — 274

Apartheid — 284
Vom Konzept zum Plan: Der Sauer-Report — 289
Minister Verwoerds Apartheid-Konzept — 292
Städtische Apartheid — 315
Die Bantu Education — 323

Wissen und Nichtwissen – Die geisteswissenschaftlichen Begründungen der Apartheid — 331
Völkerpsychologie — 332
Ethnologie — 337
Geschichte — 355

Homelands — 364
Premierminister Verwoerd — 364
Die Homelandpolitik — 367
Der Republikaner auf dem Siegespfad — 376
Vom Kulturnationalismus zum Nation-Building — 397
Südafrika und der weltweite Rassenkonflikt — 403

Repression und Kontrolle — 413
Repression gegen politische Gegner — 414
Umgang mit der Presse — 425
Dialogverweigerung — 426
Konflikte mit den englischen Kirchen — 429
Inder und Coloureds — 437

Modernisierung — 459
Der Orange River Dam — 480

Der Todeshauch — 492
„Der Hauch des Todes" — 510

Schluss — 521

Bibliographie — 530
Archive — **530**
Literatur — **533**

Personenregister — 607

Ortsregister — 611

Sachregister — 612

Abkürzungen

AB	Afrikaner Broederbond
ANC	African National Congress
AP	Afrikaner Party
DRC	Dutch Reformed Church
FAK	Federasie van Afrikaanse Kultuurverenigingе
FAV	Familienarchiv Verwoerd
HNP	Herenigde Nasionale Party/Re-united National Party
IfZ	Institut für Zeitgeschichte (München)
ISCOR	Iron and Steel Corporation
NA	National Archives (Pretoria)
NP	Nasionale Party/National Party
NRC	Natives Representative Council
OB	Ossewabrandwag
PAC	Panafricanist Congress
PV	Persoonlike Versameling (Private Collection)
RDM	Rand Daily Mail
SABRA	South African Bureau of Racial Affairs
SAIRR	South African Institute of Race Relations
UA	Universitätsarchiv
UP	United Party
UR	Uitvoerende Raad (Ausführender Rat)
US	University of Stellenbosch, J. Gericke-Library, Documents Section

https://doi.org/10.1515/9783110680508-001

Einleitung

Am frühen Nachmittag des 6. September 1966 strömten die Abgeordneten des südafrikanischen Parlaments nach ihrer Mittagspause in den Plenarsaal zu einer Sitzung. Premierminister Hendrik Verwoerd war gerade eingetroffen. Er saß bereits auf seinem Platz in der Regierungsbank und schaute sich einige Akten an, als sich durch die dichter werdende Menge der Abgeordneten ein Parlamentsdiener hindurchdrängte und schnellen Schrittes auf die Regierungsbank zulief. Bevor irgendjemand reagieren konnte, warf er sich auf den Premierminister und tötete ihn mit vier Messerstichen.

In der an dramatischen Attentaten nicht gerade armen Geschichte des 20. Jahrhunderts war die Ermordung Hendrik Verwoerds eines der spektakulärsten und gleichzeitig symbolträchtigsten: Auf der Höhe seiner Macht wurde der Premierminister des Apartheidstaates geradezu wörtlich im Sitz der Macht auf eine fast schon archaische Weise zu Tode gebracht. Damit endete abrupt ein Leben, das bis dahin für seine Anhänger als eine Erfolgsgeschichte ohnegleichen gegolten hatte, während seine Gegner eine kulminierende Entwicklung fehlgeleiteter, ideologisch verblendeter Politik in diesem Mann verkörpert sahen.

Diese Gegensätzlichkeit der Bewertung lässt sich in seiner außenpolitischen Bedeutung ebenfalls feststellen: Für seine Anhänger war er der „Mann aus Granit", der dem Ausland gegenüber keinen Millimeter zurückwich, der die gerechte Sache der Rassentrennung als einen „fair deal" einer verständnislosen Weltgemeinschaft wieder und wieder schmackhaft zu machen suchte. Seinen Gegnern war er indes ein Dogmatiker, der gerade durch diese Unbeugsamkeit Südafrika in die weltpolitische Isolation geführt hatte. So hatte er dem Land einen Paria-Status in der Weltgemeinschaft zugefügt, der von vielen als außerordentlich gefährlich bewertet wurde, insbesondere im Kontext des Ost-West-Konfliktes. Während das von Verwoerd geführte Regime geradezu obsessiv antikommunistisch war, tendierte die schwarze Opposition immer stärker zu einer sozialrevolutionären Rhetorik. Dadurch wurden die innenpolitischen Gegensätze in Südafrika so dauerhaft geprägt und vergiftet, dass sie bis Ende der 1980er Jahre als schier unlösbar erschienen.

Für Verwoerd war die weltpolitische Stellung jedoch vielschichtiger, denn er betrieb einen südafrikanischen Regionalimperialismus, der dem Apartheidstaat eine Großmachtstellung in einer Konstellation ökonomisch impotenter Nachbarländer auf Dauer sichern und als Gegengewicht gegen die sonstige Isolation wirken sollte, wobei Verwoerd ohnehin überzeugt war, dass letztere nur vorübergehend war. Sobald sich die Erfolge der Rassentrennung einstellen würden, würde die Kritik daran verstummen und Südafrika seinen rechtmäßigen Platz als

https://doi.org/10.1515/9783110680508-002

international geachtetes Land wieder einnehmen. Das war eine krasse Fehlkalkulation, wie wir heute wissen, denn auch Verwoerds Nachfolger, die alle möglichen Strategien anwandten, um die Isolation unter Beibehaltung der Apartheid zu beenden, scheiterten damit.

Verwoerds Ermordung beendete keineswegs die Apartheid, die noch mehr als zwei Jahrzehnte weiterexistierte. Doch verlor der Apartheidstaat gewissermaßen den Motor, den Politiker, der die Rassentrennungspolitik mit Durchsetzungskraft und Skrupellosigkeit umgesetzt und sie gleichzeitig propagandistisch gerechtfertigt, schöngefärbt, der die schrecklichen Folgen für die Bevölkerungsmehrheit verniedlicht, verharmlost, bestritten und ausgeblendet hatte. Verwoerd verfügte über die propagandistischen Fähigkeiten wie kein anderer, um eine monströse Politik der Ungleichheit und Ungerechtigkeit als gerecht zu präsentieren und dies in so überzeugender Weise zu vermitteln, dass bis heute nicht geklärt ist, inwieweit er selbst daran glaubte.

Hendrik Verwoerd (1901–1966) war zweifellos der dynamischste Politiker Südafrikas im 20. Jahrhundert. Während der acht Jahre, die er das Ministerium für Native Affairs leitete, baute er Staat und Gesellschaft nach den Vorgaben der Apartheid um, weitere acht Jahre als Premierminister brachten grundlegende Veränderungen im internationalen Status Südafrikas, das als Republik das Commonwealth verließ. Gleichzeitig errichtete Verwoerd einen interventionsstarken Staat, der in den verschiedensten Bereichen als planender und koordinierender Staat in Erscheinung trat und Entwicklungen in die Wege leitete, deren Wirkungen bis heute unübersehbar sind. Doch Verwoerd war vor seinem Eintritt in die aktive Politik als Wissenschaftler tätig. Sein Wissenschaftsverständnis und die Ausbildung als Psychologe werden in diesem Buch erstmals in die Analyse seines politischen Denkens einbezogen. Als promovierter Psychologe und später, nach 1932, als Professor für Soziologie interessierte er sich insbesondere für die weiße Armut, wobei sein Engagement von seinem radikalen Kulturnationalismus getragen wurde, da der in Amsterdam geborene Verwoerd sich geradezu fanatisch mit den Afrikaanern (Buren) identifizierte. Verwoerds Ermordung im September 1966 bedeutete insofern eine Zäsur, als unter seinen Nachfolgern die dynamische Weiterentwicklung der Apartheid rasch versandete und statt dessen das Sicherheitsdenken in den Vordergrund rückte: der Staat geriet in die Defensive gegenüber internationaler Isolation und einer in den 1970er Jahren erstarkenden internen und externen Opposition. Verwoerd steht für den triumphierenden Afrikaaner-Nationalismus und die Politik der Apartheid, die er trug. Doch wird in diesem Buch weniger der handelnde Politiker thematisiert, sondern die intellektuelle Welt Verwoerds, die Vorstellungen, Konzeptionen und Werte, die er vertrat und – das ist besonders wichtig – mit den meisten anderen afrikaanssprachigen nationalistischen Intellektuellen und Politikern teilte. Obwohl Verwoerd als Person alles andere als ein ängstlicher Mensch war, so war seine Politik getragen von Angst, der Angst vor dem Untergang des Afrikaanervolk durch kulturelle Überwältigung, durch Identitätsverlust und durch „Rassenmischung". Die Politik der Trennung, der Selbstabkapselung war geboren aus dieser Angst.

Als im Jahr 1980 Henry Kenneys Biographie über Hendrik Verwoerd in Südafrika erschien, wurden die Rezensenten plötzlich dessen gewahr, wie schnell der frühere Premierminister des Landes, der die Politik dominiert hatte wie kein anderer, in Vergessenheit geraten war.[1] Während Verwoerd in Südafrika trotz einiger Erinnerungsbücher von Weggefährten relativ bald nach seinem Tod in den Hintergrund rückte und verblasste, blieb er international durchaus im Gedächtnis. In einer Umfrage in Bloomington, Indiana, nach dem „abscheulichsten Despoten aller Zeiten" schaffte Verwoerd es noch in den 1980er Jahren auf Platz fünf – vor Idi Amin.[2] Tatsächlich gab es aber bis dahin nur zwei Biographien, von denen die eine kurz nach seinem Tod im Jahr 1967 erschien und aus der Feder des englischsprachigen linksliberalen Politikers und Gewerkschafters Alexander Hepple stammte, während die andere 1974 von seinem alten Weggefährten und Bewunderer G. D. Scholtz geschrieben wurde, der man das Verdikt einer unkritischen Hagiographie kaum versagen konnte. Die dritte Biographie des Wirtschaftswissenschaftlers Henry Kenney blieb für lange Jahre die letzte Lebensbeschreibung des Mannes, der, wie der Autor ihn im Titel nannte, als „Architekt der Apartheid" bekannt war. Vielfach wurde die gesamte Politik mit seinem Namen verbunden, was es umso bemerkenswerter erscheinen lässt, dass sich niemand mehr mit ihm beschäftigte, obwohl die Apartheid erst 1994 abgeschafft wurde.[3]

Erst danach erwachte ein neues Interesse an Verwoerd. 2009 wurde eine französische Biographie des Politikwissenschaftlers Pierre-Olivier Sabalot über ihn publiziert und die auch in Südafrika zunehmende Beschäftigung lässt mittelfristig eine größere Zahl von Untersuchungen erwarten, darunter auch solche biographischen Zuschnitts.[4] Hermann Giliomee veröffentlichte 2012 eine kurze Biographie, die Verwoerd in ein erstaunlich freundliches Licht stellt, aber, da sie nicht auf eigener Forschung beruht, keine wirklich neuen Erkenntnisse bringt.[5] Verwoerds Enkel Wilhelm, der selbst Mitglied des Afrikanischen Nationalkongresses (ANC) ist, hat 2018 sich in einem sehr persönlichen, auf hohem Reflexionsniveau geschriebenen Buch mit dem politischen Erbe seines Großvaters

1 Sunday Times, 7.9.1980; Eastern Province Herald, 18.10.1980.
2 Eckel 2015: 410.
3 Einen guten Überblick über die Veröffentlichungen zu Verwoerd gibt Froneman 2013.
4 Giliomee 2012a enthält ein ausführliches Porträt Verwoerds.
5 Giliomee 2012c.

auseinandergesetzt, doch ist das Buch kein Beitrag zur Forschung über Verwoerd.[6]

Das lange Desinteresse an der Person Verwoerds hängt unmittelbar mit Veränderungen in der südafrikanischen Geschichtswissenschaft, insbesondere in der englischsprachigen, zusammen. Während einerseits ein nachvollziehbares Misstrauen gegenüber Biographien und ihrer Tendenz, große Männer Geschichte machen zu lassen, vorherrschte, bewegte sich die kritische südafrikanische Geschichtswissenschaft seit den späten 1960er Jahren in eine völlig andere Richtung. Sozialgeschichte als Geschichte „von unten" hatte Hochkonjunktur. Die Geschichte derer, die Objekte administrativen Handelns waren, sollte erforscht werden. Die AfrikanerInnen sollten als Subjekte und GestalterInnen ihrer eigenen Geschichte entdeckt werden, was sich einem allgemeinen Trend der „postcolonial studies" einfügte, die „agency" der Kolonisierten in den Blickpunkt wissenschaftlichen Interesses zu rücken. Dieser Perspektivwechsel gebar eine Vielzahl empirisch wie theoretisch außerordentlich anregender Studien, die methodisch innovativ waren, indem sie verschiedenste Formen der *oral history*, neue Lesarten der Quellen und den Erkenntniswert einer Alltagsgeschichte von Ausbeutung und Unterdrückung erschlossen. Nach dem Ende der Apartheid setzte sich dieser Trend fort, wurde aber um Perspektiven erweitert, durch die der Apartheidstaat selbst wieder stärker in den Blick kam. Das lange Desinteresse an den staatlichen Behörden und Politikern als Tätern hatte darin seinen Niederschlag gefunden, dass diese nicht als Personen identifiziert wurden, sondern allein mit ihren Amtsbezeichnungen als „der Premierminister" oder „der Unterstaatssekretär" in den Untersuchungen auftauchten. Kurzum, der Staat war, wie Deborah Posel es treffend ausdrückte, eine Art „black box", über deren Innenleben man kaum etwas erfuhr.[7] Die neuen, auf den Apartheidstaat gerichteten Forschungsinteressen wollten ihn nicht mehr als eine gesichtslose, finstere Macht darstellen, die im Hintergrund die Lebensbedingungen der schwarzen Bevölkerung manipulierte, sondern nun wurden konkret der Staat, seine Institutionen und die handelnden Politiker und Beamten in den Blick genommen.

Der Wandel bzw. die Erweiterung der Perspektive wurde nicht zuletzt angeregt durch die südafrikanische Wahrheits- und Versöhnungskommission, die staatliche Täter als individuelle Personen identifizierte. Statt einer anonymen Machtmaschine sollte die Kommission die Verbrechen und Verbrecher ausfindig machen und ans Licht der Öffentlichkeit zerren, um dadurch eine Wiederholung der finsteren Zeit der Repression zukünftig zu verhindern.

---

6 W.Verwoerd 2018.

7 Posel 1988: 19.

Allerdings bemängelte bereits der apartheidkritische Journalist Terry Bell in seinem 2003 erschienen Buch „Unfinished Business“, in dem er eine Bilanz der Wahrheitskommission und ihrer Arbeit zog, dass die Kommission laut dem Gesetz, das ihren Arbeitsauftrag umschrieb, nur die Gewalt der Apartheid untersuchen sollte. Damit war neben der Personalisierung von Geschichte und der Konzentration auf die Täter auch eine Zäsursetzung vorprogrammiert, wo eigentlich keine war, nämlich bei dem Massaker von Sharpeville am 21. März 1960. Auf diese Weise wurde die ganze Vorgeschichte, die hätte helfen können, den Systemcharakter der Apartheid, die langen Kontinuitäten von Gewalt, Unfreiheit und Ausbeutung herauszuarbeiten, ausgeblendet.[8] Weitgehend galt dies auch für die Wirkung des Mannes, der oft als der „Architekt der Apartheid“ bezeichnet wurde und der als handelnder Politiker diese Entwicklung bestimmte und in eine doktrinäre Richtung lenkte wie kein anderer: Hendrik Verwoerd.

Was war die Apartheid? In Europa und Nordamerika wurde sie meistens als bloße Reaktion, als atavistischer Versuch, die koloniale Ordnung zu retten oder noch schlimmer: als Neuauflage des Nazi-Rassenwahns empfunden. Dabei wurde übersehen, dass sie nicht primär Ausdruck einer ihr zugrunde liegenden Rassenideologie war, die genauer zu fassen sich die HistorikerInnen bis heute schwer tun. Die historische Bedeutung der Apartheid liegt darin, dass sie ein gigantisches gesellschaftliches Experiment war. Sie sollte eine Gesellschaft entflechten, die auf dem Weg zur Integration war, angetrieben durch eine schubweise Industrialisierung. Statt einer Klassengesellschaft sollte eine vertikale, räumliche Trennung vorgenommen werden. Die gesellschaftlichen Antagonismen wurden kulturell in ethnische uminterpretiert – Südafrika hatte seinen eigenen „cultural turn“ Jahrzehnte vor den westlichen Geisteswissenschaften. Statt einer arbeitsteiligen Gesellschaft sollten Segmente, territorial segregierte „Nationen“ entstehen – gleichzeitig sollte aber die Modernisierung weitergehen. Ja, mehr als das, sie wurde während der Apartheid keineswegs gebremst, sondern mutwillig und tatkräftig vorangetrieben. Die Apartheid gehört zu den großen, grauenhaften Gesellschaftsexperimenten des 20. Jahrhunderts, sie ist von einem ähnlichen Voluntarismus, einem Vertrauen in Planung und technische Machbarkeit, von der Disposition über Menschen als „Material“, von einem rücksichtslosen Umgang mit der Natur geprägt, wie ähnliche Experimente in anderen Regionen der Welt.[9] Normalerweise werden die totalitären Regime Hitlers und Stalins darunter auf-

---

8 Bell/Ntsebeza 2003: Kap. 2; Marx 2004: 115, 2006: 158 und 2007: 80.
9 Hobsbawm 2011: 109 ff.

geführt, doch kann man zahlreiche andere Beispiele finden, die weniger blutig, aber ökonomisch und sozial oft verheerend waren.[10]

Gerade deswegen arbeiteten Historiker oft mit Vergleichen und versuchten herauszufinden, woher die Ideen der Apartheid stammten. Ein besonders hartnäckiger Mythos ist die Herkunft der Apartheid aus dem nationalsozialistischen Deutschland. Dass Apartheid eine südafrikanische Spielart einer faschistischen Herrschaft sei, wurde immer wieder in polemischer Absicht von politischen Exilanten behauptet, die oberflächliche Ähnlichkeiten zwischen den Nürnberger Gesetzen und dem Mischehenverbot in Südafrika anführten.[11] Dies blieb allerdings die Meinung einer Minderheit, kein seriöser Historiker oder Sozialwissenschaftler hat sie übernommen. Sehr wohl allerdings gab es eine Affinität vieler Afrikaaner-Nationalisten und einiger Engländer und Schwarzer zu rechtsextremem Gedankengut und zum Antisemitismus. In der Zeit des Zweiten Weltkriegs verschrieben sich einige Organisationen faschistischen Ordnungsmodellen, mit der Ossewabrandwag entstand eine rechtsextreme Massenbewegung. Eine ganz andere Frage ist aber, ob faschistische Ordnungsmodelle der Apartheidpolitik zugrunde lagen. Dies lässt sich eindeutig verneinen, ebenso wie der NS-Rassismus die Apartheidpolitiker nur in wenigen Rassentrennungsmaßnahmen und dann eher in marginalen Bereichen inspiriert haben dürfte. Vielmehr ist die Apartheid ein südafrikanisches Gewächs, ein Kolonialrassismus, wie er für Siedlerkolonien typisch ist. Aber sie hebt sich von anderen Siedlerrassismen ab durch ihr Selbstverständnis als zukunftsgerichtete Modernisierungspolitik und durch ihre gesteigerte Radikalität.

Der Historiker Jamie Miller datiert in seiner Geschichte der Außenpolitik unter John Vorster die Modernisierung Südafrikas auf dessen Regierungszeit. Er verkennt Verwoerd, wenn er ihn als einen kruden Vertreter überkommener und überlebter Ordnungsmodelle charakterisiert, der seine Politik auf den nationalistischen Glaubenssätzen der 1940er Jahre gründete.[12] Die Verwoerdsche Apartheid war der Versuch, mit einer stark ausgebauten Staatsmacht die südafrikanische Gesellschaft nach den Vorgaben der Rassentrennung völlig umzugestalten und in dem Zusammenhang auch die Wirtschaft einem umfassenden planerischen Zugriff zu unterwerfen. Nicht umsonst lassen sich die gigantischen Projekte industrieller Modernisierung in die Zeit von Premierminister Verwoerd datieren. Während seiner Amtszeit als Minister (1950–8) und Premierminister (1958–66) begann der südafrikanische Staat, sich zu totalisieren, sich über die Leben seiner Bewohner herzumachen, sie umzulenken und zu manipulieren.

---

10 Scott 1998.

11 Mzimela 1983: 25 ff.; Bunting 1986: Kap. 9. Simson 1980 benennt die Afrikaner-Nationalisten in Afrikaaner-Faschisten um, ohne dies jedoch nachvollziehbar zu begründen.

12 J.Miller 2016: 39, 51 u. 146.

Der Mann, der in der entscheidenden Zeit des Apartheidstaates auf der Kommandohöhe stand, der die Rücksichtslosigkeit und Entschlossenheit an den Tag legte, dieses Experiment einer radikalen Rassentrennung gegen alle Widerstände durchzusetzen, ist Gegenstand dieses Buches. Dies bedeutet nicht, dass er auch der Urheber der dahinter stehenden Ideen war, denn Verwoerd war kein kreativer Denker, praktisch kein einziges Apartheid-Konzept stammt von ihm.[13] Seine Begabung lag vielmehr in der Systematisierung ursprünglich divergenter Vorstellungen, in der Umwandlung einer Agglomeration von Reformideen und Plänen zur Rassentrennung in verschiedenen gesellschaftlichen Bereichen in ein geschlossenes, argumentativ konsistentes System. Dadurch konnte er den Eindruck erwecken, die Apartheid sei eine Politik aus einem Guss, eine rational durchdachte Politik für die Zukunft. Deswegen lohnt sich die Beschäftigung mit seinem Denken und seinem intellektuellen Werdegang. Gerade weil er nicht der wichtigste Ideengeber war, sondern deren Verarbeiter und Fortentwickler, war er repräsentativ für diejenigen, die den Afrikaaner-Nationalismus vorantrieben und ihn zur dominierenden politischen Kraft werden ließen. Darum ist der hier verfolgte biographische Ansatz eingebettet in die Sozial- und Ideengeschichte des Afrikaaner-Nationalismus.

Die südafrikanische kritische historische Forschung, an der neben HistorikerInnen auch SozialanthropologInnen, SoziologInnen, ArchäologInnen und LiteraturwissenschaftlerInnen beteiligt waren, war von den 1970er bis in die 1990er Jahre von zwei Richtungen geprägt.[14] Dabei ging es um die Deutung der Apartheid im Kontext der Entwicklung Südafrikas zu einer modernen Industriegesellschaft. Während konservativ-liberale Historiker und Ökonomen Apartheid als eine reaktionäre atavistische Ideologie verstanden, die der Entfaltung der wirtschaftlichen Produktivkräfte im Weg stand und darum früher oder später so kontraproduktiv würde, dass ihr keine Zukunft beschieden sein konnte, argumentierten die marxistisch inspirierten HistorikerInnen und SozialwissenschaftlerInnen genau umgekehrt. Die Apartheid sei funktional zum Kapitalismus zu verstehen, es handle sich vielmehr um diejenige politische Ordnung, die unter den spezifischen südafrikanischen Umständen dem Kapitalismus besonders förderlich sei. Insbesondere Harold Wolpe hat die Homeland-Politik in diesem Sinn interpretiert und damit für eine ganze Generation Maßstäbe gesetzt, deren Einhaltung er auch immer wieder einforderte.[15] Die wissenschaftliche Kontroverse

13 Darum ist es nicht zutreffend, ihn „the greatest of the apartheid theoreticians" zu nennen, M.de Villiers 1990: 305, was er angesichts seiner Theoriefeindlichkeit wohl nicht sehr erfreut aufgenommen hätte.

14 Saunders 1988 und mit stärkerer Einbeziehung der afrikaansen Historiographie Smith 1988.

15 Wolpe 1972; Friedman 2015: 113 ff. über das intolerante und oft autoritäre Auftreten Wolpes.

war in unübersehbarer Weise eine politische Stellungnahme zur Apartheid selbst, insbesondere die radikalen Historiker positionierten sich auf Seiten der Opposition gegen die Rassentrennung. Allerdings ist nicht zu übersehen, dass sie sich den „liberalen“ Standpunkt durch pauschale Behauptungen oft zurechtmodelten, um sich umso wirkungsvoller davon absetzen zu können.[16] Die teilweise arroganten Stellungnahmen gegen „conventional wisdom“ seitens junger Historiker dienten der Erringung der Deutungshoheit, und tatsächlich hat sich die radikale Interpretation sehr rasch und für mehrere Jahrzehnte als hegemonial etablieren können, was nicht zuletzt an den oft ausgezeichneten empirischen Forschungen und den innovativen Methoden lag.

Mit dem Ende der Apartheid hat sich dieser Gegensatz weitgehend aufgelöst, wie etwa die Wirtschaftsgeschichte Südafrikas von Charles Feinstein zeigt, der empirisch nachweist, dass die Apartheid tatsächlich die Entwicklung der Wirtschaft behinderte,[17] ohne dass man den Autor aber dem konservativ-liberalen Lager zurechnen könnte. Deborah Posel hat die Forschung erheblich differenziert, indem sie neben den Absichten und Zielsetzungen historischer Akteure auch die nicht-intendierten Folgen ihres Handelns[18] und die dadurch ausgelösten Lernprozesse in ihre Analyse einbezog und auf diese Weise die bisherige Dichotomie des entweder – oder auflösen konnte.[19] Sie folgert daraus, dass „the relationship between the State and particular capitalist interests must be addressed as an empirical, rather than a theoretical, question.“[20] So konnte sie in ihrer Arbeit den Nachweis führen, dass die Influx Control-Politik Verwoerds letztlich dazu führte, dass in der Stadt geborene AfrikanerInnen und einige andere von den Bestimmungen ausgenommen und darum nicht gezwungen werden konnten, jede Arbeit anzunehmen. Doch handelt es sich hier nur um einen, wenn auch wichtigen, Aspekt der Apartheidpolitik. Es ist zumindest diskussionswürdig, ob man daraus Schlüsse auf die gesamte Politik und insbesondere auf die politischen Einstellungen und Ziele Verwoerds ziehen kann.

In den 1990er Jahren erschienen drei Studien, die sich mit der Umsetzung der Apartheidpolitik befassten und in denen Verwoerd mehr oder weniger eindeutig im Zentrum stand. Alle drei porträtierten ihn als Pragmatiker, was sich weitgehend zu etabliertem Wissen verfestigt hat und als solches in anderen Arbeiten immer wieder zitiert wird.

---

16 S. dazu Lipton 2007: Kap. 2 u. Lever 1978: 91 ff.

17 Feinstein 2005: 190 ff.

18 Posel 1997: 16.

19 Ebd.: 267 ff.

20 Ebd.: 21.

Der Historiker John Lazar schloss aus Verwoerds Ablehnung des Tomlinson-Report, er sei kein „possessed ideological visionary“ gewesen, sondern ein Pragmatiker, ohne dass er dies aus den Quellen belegte.[21] Tatsächlich wird im Fall Verwoerds häufig Pragmatismus mit einer flexiblen taktischen Haltung verwechselt, manchmal sogar mit reinem Opportunismus. Verwoerds Ableitung seiner Politik aus Grundprinzipien belegt vielmehr, dass ihm der amerikanische Pragmatismus, wie ihn William James oder John Dewey formulierten, denkbar fern stand.

John Lazar unterscheidet zwischen den Puristen und Visionären, die er insbesondere in der nationalistischen, dem Broederbond nahestehenden Vordenkertruppe der Apartheid, dem South African Bureau of Racial Affairs (SABRA), und seinem Umfeld verortete, und dem pragmatischen Politiker Verwoerd. Während die burischen Intellektuellen eine vollständige Rassentrennung anstrebten, hätte Verwoerd dies allenfalls vorgetäuscht, in Wirklichkeit aber eine Forsetzung der Ausbeutungs- und Unterdrückungspolitik der Apartheid im Sinn gehabt. So richtig der empirische Befund dieses Unterschieds ist, lässt sich aber die darin mittransportierte Kontrastierung von Purismus versus Pragmatismus in Frage stellen. Denn Verwoerds Reaktion auf den 1956 von einer staatlichen Untersuchungskommission vorgelegten und nach ihrem Vorsitzenden benannten Tomlinson-Report, in dem die Haltung von SABRA zum Ausdruck kam und der deswegen von der Organisation enthusiastisch begrüßt wurde, zeigt, dass er es in Wirklichkeit war, der die reine Lehre vertrat, während Tomlinson für ein pragmatisches Vorgehen plädierte. Investitionen in die Homelands waren für Verwoerd ein nicht verantwortbarer Kompromiss und eine Verwässerung seiner Politik, weshalb er das Gegenmodell der grenznahen Industrien entwickelte, was gewährleisten sollte, dass Weiße nur im „weißen Südafrika“ investieren durften. Er hat letztlich der reinen Lehre der Apartheid deren Realisierbarkeit geopfert, wie Frederick Tomlinson und andere einsichtigere Zeitgenossen bereits klar erkannten. Verwoerd war eben kein Pragmatiker, sondern ein Politiker, der sich aufgrund seines Dogmatismus die eigenen Handlungsspielräume massiv beschränkte. „Es war deutlich, dass Kompromisse keinen Platz in seiner Weltsicht hatten.“[22] Die permanente Angst, Präzedenzfälle zu schaffen, die zu einer Aufweichung der Rassentrennung selbst in nebensächlichen Feldern führen könnten, war getragen von seinen Schlussfolgerungen, dass sie einen Erdrutsch auslösen würden, an dessen Ende die schwarze Mehrheitsherrschaft drohte. Daraus wird ersichtlich,

21 Lazar 2001: 383f.
22 Meiring 1990: 39.

dass Verwoerds politisches Denken und sein eigentümlicher Umgang mit Logik genauer untersucht werden müssen, wie es in diesem Buch geschieht.

Das Bild vom Pragmatiker erwies sich trotzdem als nachhaltig, denn Deborah Posel schloss sich der These Lazars an, wobei sie von der praktischen Umsetzung der Influx Control, mit der sie sich in ihrer Dissertation befasste, auf die gesamte Politik Verwoerds schloss.[23] Sie ging mit Recht und empirischem Nachweis davon aus, dass das nationalistische Lager keineswegs so geschlossen war, wie es sich stets in den Anschein gab und dass Verwoerd als Premierminister eine Politik der Kompromisse zwischen verschiedenen Interessengruppen innerhalb seiner Partei als auch in der Wirtschaft verfolgen musste.[24] Dies gilt selbstverständlich für jeden Politiker in einer solch herausgehobenen Position und lässt keineswegs den Schluss auf den Charakter des Mannes zu.

In ihrem bahnbrechenden Buch „The Making of Apartheid 1948 – 1961" weist Posel die älteren Auffassungen zurück, die NP hätte nach ihrem Wahlsieg ein fertiges legislatives Programm realisiert und die Apartheidpolitik eins-zu-eins umgesetzt. Dies ist unmittelbar nachvollziehbar, denn wo hätte es eine solche Umsetzung eines fertigen Programms jemals gegeben? Gleichwohl ist fraglich, ob Verwoerds, von ihm selbst als vorübergehend betrachtete Zugeständnisse an die Wirtschaft als Zeichen für eine pragmatische Grundhaltung interpretiert werden können. Verwoerd war wie jeder andere Politiker am Erhalt und der Verstetigung seiner Machtposition interessiert, darum musste er Interessengruppen Zugeständnisse machen. Demzufolge wäre jeder Politiker, selbst ein orthodoxer Kommunist wie Lenin, ein „Pragmatiker". Gerade Lenin ist ein instruktives Beispiel, denn er verstand die Neue Ökonomische Politik (NEP) der frühen 1920er Jahre mit ihrer Rückkehr zu kapitalistischen Verhältnissen als vorübergehenden Kompromiss, durch den er sich keineswegs von seinen sozialistischen Zielen abbringen ließ, die er mit großer Konsequenz und Beharrlichkeit weiterverfolgte.

Noch durchschlagender war der Erfolg revisionistischer Geschichtsschreibung im Fall eines 1992 publizierten Aufsatzes, der sich mit einer Phase in Verwoerds Leben befasste, die in keiner der existierenden Biographien viel Aufmerksamkeit erfahren hatte. Darum konnte sich die Bewertung von Verwoerds früher Karriere durch die amerikanische Umweltwissenschaftlerin Roberta Miller besonders hartnäckig halten, obwohl ihr die Quellen eindeutig widersprechen. Miller hat sich außer diesem Aufsatz nicht weiter mit der Geschichte Südafrikas befasst, so dass es verblüffend ist, welche Wirkung diese eine Publikation hatte,

---

23 Zur Kritik daran s. Evans 1997: 58, zum Misstrauen des Native Affairs Department gegenüber Marktkräften, d.h. Kapitalisten, s. ebd.: 65.

24 Terreblanche 2012: 321 ist vorsichtiger und sieht Verwoerd als hardliner, der nur pragmatisch vorging, wenn es sich nicht vermeiden ließ.

denn praktisch in jeder Studie, die sich mit Verwoerd beschäftigt, wird sie zustimmend zitiert, ohne dass sich jemand die Mühe gemacht hätte, Millers Quellen zu überprüfen.[25] Wegen der großen Resonanz dieses Aufsatzes in der Forschungsliteratur soll bereits hier etwas ausführlicher darauf eingegangen werden.

Mit dem bereits angeführten geschichtsrevisionistischen Gestus trat Miller an, das bisherige Bild Verwoerds durch ein völlig neues und überraschend anderes zu ersetzen, wobei ihre Motive für das, was auf eine Art Rehabilitierung Verwoerds hinauslief, unklar sind. Sie vertrat vier zentrale Thesen.

1. Verwoerd sei vor 1937 kein Nationalist gewesen, sondern ein Vertreter der von Hertzog betriebenen Annäherung an die englische Bevölkerung. Sie beschuldigt die bisherige Forschung, die Quellen selektiv gelesen zu haben „and he is often quoted out of context to demonstrate the connections between his earlier and later beliefs."[26] Den Vorwurf der Selektivität kann man Miller selbst nicht ersparen, denn sie hat ihre genannte Unterstellung mit keinem einzigen Beispiel zu untermauern versucht. Wie die vorliegende Studie erweisen wird, ist das Gegenteil ihrer Behauptung richtig, denn Miller hat nur die verstreuten Hinweise benutzt, die ihre These zu stützen scheinen, alles andere aber wohlweislich ignoriert. Die geradezu erdrückende Evidenz, dass Verwoerd bereits in jungen Jahren ein afrikaanser Kulturnationalist war, hat sie einfach nicht beachtet. Er selbst hat mehrfach mit Nachdruck betont: „Seit meinen Kinderjahren war ich Nationalist und Republikaner, zuerst sicher deswegen, weil dies der Geist meines Elternhauses war, und danach, weil in meiner Schulzeit und in den Jahren als Student und Dozent an der Universität angesichts der politischen Entwicklung bei mir die Überzeugung reifte, dass eine Republik kommen musste und dass dies die Voraussetzung für eine Lösung der Probleme in unserem Land sein würde."[27] Dies ist zwar Verwoerds eigene Aussage, die im Nachhinein Entwicklungen glätten könnte. Doch wird meine Rekonstruktion von Verwoerds Nationalismus im ersten Kapitel erweisen, dass seine Darstellung korrekt, diejenige Millers dagegen unzutreffend ist.

   Im Gegensatz zu Millers Aufsatz wurde eine empirisch gut begründete Widerlegung ihrer Behauptungen in der Forschungsliteratur kaum rezipiert. Der südafrikanische Kommunikationswissenschaftler Johannes Degenaar Froneman rekonstruierte mit Hilfe der Protokolle des Studentenrats

---

25 Beispiel Ally/Mooney/Stewart 2003: 76 u. 83 sowie Seekings 2008: 527; Giliomee 2012b: 73f. und Teppo 2004: 107.

26 R.B.Miller 1993: 636. Zu seiner angeblichen Unterstützung von Hertzogs Two-Stream-Policy ebd.: 637.

27 Verwoerd 1966: 5.

der Universität Stellenbosch sowie zeitgenössischer Publikationen Verwoerds politische Aktivitäten während seiner Studentenzeit, aus denen sein kulturnationalistisches Bekenntnis zu einem exklusiven afrikaansen Nationalismus eindeutig hervorgeht.[28] Auch der südafrikanische Soziologe Dian Joubert hat in einem Brief an Miller seine Bedenken geäußert und fand insbesondere ihre Behauptung, er wäre vor 1937 kein Nationalist im Sinn des exklusiven Afrikaaner-Nationalismus gewesen, nicht nachvollziehbar.[29]

Allerdings ist Millers These, Verwoerd sei aus professionellen, nicht aus ideologischen Gründen zu einem Aufbaustudium nach Deutschland gegangen, zutreffend.[30] Verwoerds Aktivitäten während und nach der Kimberley-Konferenz über das „Poor White Problem" 1934 als Beleg für his „vigorous attempts to forge an alliance between English and Afrikaner social welfare activities" zu sehen, trifft den Kern nicht, weil die Konferenz nämlich nicht von Verwoerd, sondern von den Kirchen initiiert war, die eine solche Zusammenarbeit anstrebten. Demnach lassen sich aus der Kooperation keine Schlussfolgerungen im Hinblick auf Verwoerds nationalistische Gesinnung ziehen.

2. Miller behauptet, Verwoerd war kein Rassist, seine Ansichten „on race were more liberal than those of many sociologists of his time."[31] Es gibt tatsächlich eine einzige Stelle in seiner soziologischen Vorlesung, auf die sich Miller stützt, wo er sich zurückhaltend über biologische Rassentheorien äußert. Er zeigt sich jedoch eher skeptisch als ablehnend und hat sich zeit seines Lebens immer wieder mit Rassentheorien befasst und mit Exponenten des biologischen Rassismus zum Teil enge Freundschaften gepflegt. Dabei ging es Verwoerd weniger um die angeborenen Fähigkeiten wie Intelligenz als vielmehr um den ‚barbarischen' Zustand der Afrikaner und ihre völlig andere Kultur; daher konnte er sich diese Skepsis durchaus leisten, ohne deswegen weniger ethnozentrisch oder rassistisch gewesen zu sein. Bereits in seinen Jugendjahren hatte er tiefen Abscheu vor Rassenvermischung und Zusammenwohnen von Weißen und Coloureds im selben Stadtviertel zu erkennen gegeben. Gerade am Beispiel seiner Haltung gegenüber den Coloureds, die sich von den Weißen kulturell gerade nicht unterschieden, wird sein Rassismus erkennbar,

---

28 Froneman 2000: 400 und 408 f.

29 231 H. F.Verwoerd-Sammlung, Schreiben von Dian Joubert an Roberta B. Miller, 4.12.1992, S. 4; vgl. auch Sabalot 2009: 32.

30 R. B.Miller 1993: 638.

31 Ebd.: 648, diese anderen Soziologen benennt sie nicht genauer. Eine Seite weiter betont sie allerdings, Verwoerd „discussed the South African native population and the issue of differences among the races at great length" in seiner Einführungsvorlesung.

denn in seiner Ablehnung konnte er nur auf biologische Unterscheidungsmerkmale, nämlich die Hautfarbe, rekurrieren, um sein Bedürfnis nach Abgrenzung zu begründen.

3. Miller meint, Verwoerds spätere Politik ließe sich nicht als Social Engineering kennzeichnen, weil in seinem Nachlass kein Hinweis zu finden sei, dass er sich mit der amerikanischen Literatur zu Social Engineering oder wissenschaftlichem Management befasst hätte.[32] Dieser Einwand ist seltsam, da Verwoerd sehr wohl ein Vorgehen an den Tag legte, wie es typisch für Social Engineering ist. Schon als Soziologe ging er in dieser Weise vor und seine spätere Apartheidpolitik war in der Sache Social Engineering, auch wenn er selbst den Begriff nie benutzte. Ebenso unzutreffend ist die Behauptung, dass Verwoerd die Handlungsmöglichkeiten des Staates nicht ausweiten wollte.[33] Im Gegenteil: er wollte, wie etwa ein Entwurf für eine Verordnung und seine Vorstellungen von der Rolle des Staates in seiner Keynote-Speech während des Kongresses in Kimberley 1934 eindeutig belegen, eine Ausweitung der Kompetenzen des Staates, dem die Wohlfahrtsorganisationen untergeordnet werden sollten.
4. Miller charakterisiert Verwoerd als einen Pragmatiker, er sei kein Dogmatiker oder Doktrinär gewesen. An der Stelle von ideologischem Fanatismus sieht Miller Karrierismus als die ihn treibende Kraft: „He was, however, clearly ambitious, energetic, pragmatic, and opportunistic.“[34] Der südafrikanische Soziologe Dian Joubert wies auch diese These zurück und betonte: „Accusations of opportunism and unprincipled behaviour are not substantiated by your material – and cannot be taken seriously in a historical and sociological analysis.“[35]

Die Einmütigkeit in den Aussagen der Zeitgenossen ist so überwältigend, dass Verwoerd von seinem ganzen Charakter her ein ausgesprochener Doktrinär war – die liberale Oppositionspolitikerin Helen Suzman sprach von seinem „doctrinaire approach“[36] –, dass Millers Behauptung, Verwoerd sei ein Pragmatiker gewesen, schlicht absurd ist.[37] Suzman räumte sogar ein, dass Verwoerd wegen seines Fanatismus und seines Sendungsbewusstseins „was the only man who has ever

32 Ebd.: 641.
33 Ebd.: 656.
34 Ebd.: 637.
35 231 H. F.Verwoerd-Sammlung, Schreiben von Dian Joubert an Roberta B. Miller, 4.12.1992, S. 7.
36 Lewsen 1991: 71.
37 Dubow 2014: 293 ist viel differenzierter in seiner Beurteilung.

scared me stiff".[38] So schrieb der Journalist Piet Meiring, der ihn über Jahrzehnte hinweg begleitet hatte: „Dr. Verwoerd hat sich nicht durch Andersdenkende von seiner Haltung abbringen lassen. Ich habe niemals jemanden getroffen, der überzeugter von seinem eigenen Denken und seiner Sache war und der einem entgegengesetzten Argument oder Standpunkt weniger abgewinnen konnte als er."[39] US-Botschafter Philip Crowe (1959–61) berichtete nach einer „45-minute lecture" über seinen Eindruck: „He is a fanatic with a fanatic's absolute faith in his own righteousness."[40]

Der Gegensatz von Dogmatismus und Pragmatismus durchzieht die Beurteilungen Verwoerds, dessen Enkel Wilhelm den Vorschlag machte, ihn als einen pragmatischen Ideologen, d. h. als einen Politiker zu betrachten, der klare Prinzipien und ein eindeutiges, systematisch ausgearbeitetes Programm verfolgte, bei kurzfristigen Einzelentscheidungen aber beweglich blieb.[41] Tatsächlich suggeriert die Dichotomie Dogmatismus vs. Pragmatismus eine wechselseitige Ausschließlichkeit, die darauf zurückzuführen ist, dass in der philosophischen Diskussion beides als unvereinbar angesehen wird. Dabei ist der Begriff des Pragmatismus falsch gewählt, denn was diejenigen meinen, die Verwoerd als einen taktisch geschickten, von Fall zu Fall entscheidenden Politiker charakterisieren, ist kein Pragmatismus, sondern ein flexibles Vorgehen. Der amerikanische Philosoph William James beschreibt Pragmatismus als eine Denkweise, die auf ein Ziel (pragma) oder ein zu lösendes Problem gerichtet ist, ohne dies aus Grundprinzipien zu deduzieren: „The attitude of looking away from first things, principles, ‚categories', supposed necessities; and of looking towards last things, fruits, consequences, facts."[42] Daraus lässt sich erkennen, dass Verwoerd alles andere als ein Pragmatiker war, sondern ein Politiker, der seine Ziele aus abstrakten Prinzipien ableitete. Die Charakterisierung Verwoerds durch den prominenten afrikaansen Journalisten Piet Cillié kennzeichnet darum auch eher einen besonderen Politikstil als das Verständnis eines Wissenschaftlers für Politik: „Verwoerd war der Mann der Idee, zuhause in der Welt der Konzepte, Blueprints und ausgreifenden Langzeitpläne."[43] Es gab Zeitgenossen, die dieses Bild vom weltfremden Akademiker gefördert haben. So beschreibt ihn Horace Flather, in dieser Zeit Herausgeber des Johannesburger „Star": „He was soft-spoken and arrogant,

38 Suzman 1994: 65.
39 Meiring 1973 b: 124.
40 LaFantasie 1992: 732, Dok. 337, Telegram from the Embassy in South Africa to the Department of State, 27.4. 1959.
41 W.Verwoerd 1994: 214 f.
42 James 2007: 29.
43 Cillié 1980: 19.

an academically brilliant scholar with no experience of people except his own small community. A man imprisoned in the ivory tower of Nationalist thought and experience. A man to whom the outside world had little meaning."[44] Sehr wohl aber war er flexibel, zumal er immer seine WählerInnen im Blick hatte und zu vorübergehenden Kompromissen bereit war, sobald er seine Machtbasis gefährdet sah.

Obwohl Millers Thesen wenig plausibel sind und allen Aussagen von Zeitgenossen, die Verwoerds Dogmatismus hervorhoben, diametral widersprechen, hat sich niemand die Mühe gemacht, ihre Quellenbasis zu überprüfen. Schon 1994 hat Wilhelm, der älteste Sohn Verwoerds, als Reaktion auf Millers Thesen einen Artikel in „Die Burger" veröffentlicht, in dem er, wenn auch aus ganz anderen Beweggründen als ich, Millers Behauptung, Verwoerd sei ein Pragmatiker gewesen, entschieden zurückwies.[45] In der Tat war Verwoerd genau der ideologische Doktrinär und Fanatiker, als den ihn die Zeitgenossen beschrieben. Seine Reduktion aller politischen Lösungen für Südafrikas soziale Probleme auf zwei, nämlich entweder seine Version der Apartheid oder der Untergang der Weißen, beraubten ihn jeder politischen Flexibilität und genau der pragmatischen Handlungsmöglichkeiten, die ihm seit Millers Artikel immer wieder untergeschoben werden.[46]

Im Gegensatz zu Millers Warnung, man dürfe Verwoerds spätere Politik nicht in die Jugend zurückverfolgen, wofür sie keinerlei nachvollziehbare Begründung liefert und sich auch nicht auf plausible entwicklungspsychologische Theorien stützt, wird dieses Buch gerade zeigen, dass Verwoerds Leben von ideologischer Konsistenz geprägt war. Dies stimmt mit allen psychologischen Erkenntnissen über die lebenslange Prägung durch Kindheit und Jugend besser überein als der von Miller behauptete, aber nicht plausibel erklärte merkwürdige Wandel eines 36jährigen liberalen Wissenschaftlers in einen radikalen Politiker. Das Ausbleiben einer Erklärung für den plötzlichen Gesinnungswandel im Jahr 1937 ist denn auch der eigentliche Schwachpunkt ihres Aufsatzes.[47]

Millers Behauptungen sind in der Literatur geradezu allgegenwärtig, weil sie ihren Aufsatz zu einer Zeit publizierte, als es praktisch keine Forschung mehr zu Verwoerd gab und die Untersuchung seiner Ideen und Taten noch nicht von den Politikwissenschaftlern zu den Historikern übergegangen war. Darum waren viele bereit, ihre unplausiblen Thesen zu akzeptieren, auch wenn bei einigen ein gewisses Misstrauen zu verspüren ist. Dagegen blieben andere Publikationen fast

---

44 Flather 1977: 172.
45 W.J.Verwoerd, Hendrik Verwoerd was alles behalwe 'n pragmatikus, in: Die Burger, 3.11.1994.
46 Z.B.Davie 2015: 163.
47 R.B.Miller 1993: 660 f.

unbemerkt, die viel klarer Verwoerds Denken analysierten, ihn bereits als einen technokratischen Modernisierer identifizierten und so den Weg zu einem neuen Bild wiesen. Der südafrikanische Philosoph Johannes Jacob Venter publizierte einen klarsichtigen Aufsatz über die Grundlagen von Verwoerds Denken in der Zeitschrift „Koers", der im Gegensatz zu Millers Aufsatz kaum rezipiert wurde, obwohl er Verwoerds Denken viel treffender charakterisierte.

Venter legte eine Analyse vor, derzufolge Verwoerd ein Positivist war, der im Forschrittsdenken des 19. Jahrhunderts verwurzelt war, dem jede Selbstreflexion und Empathie für die Objekte seines politischen Handelns fehlten.[48] Dabei konzentriert er sich auf drei „basic concepts" Verwoerds, nämlich: Rationalität, das Ideal einer Republik für das Afrikaaner Volk und seine Ansichten zum Thema Entwicklung. Für Venter ist Verwoerd ein Politiker, der überzeugt war, mit rein rationalen Mitteln unter Missachtung aller Gefühle und Affekte die Patentlösung für Südafrikas Probleme gefunden zu haben. Die Wurzeln seiens Denkens sieht er im Positivismus und schließt deswegen auch mögliche Einflüsse des deutschen Idealismus auf ihn aus: „He tended towards totalitarian social planning on the basis of a few principles [...] which is reminiscent of the technocratic social engineering tradition related to positivism."[49] Dies stimmt mit meinen eigenen Befunden im wesentlichen überein, ebenso die von Venter hervorgehobene Bedeutung von Nationalismus und Republikanismus für Verwoerds Denken, wobei ich jedoch den Nationalismus nicht so eindeutig auf das Erbe der Aufklärung zurückführen würde und insgesamt eine rein ideengeschichtliche Herleitung des Nationalismus für wenig überzeugend halte.[50] Was das dritte Feld, die Entwicklung, betrifft, habe ich den Eindruck, dass Venter hier zu wenig zwischen Verwoerds Propaganda und seinen wirklichen Konzepten unterscheidet. Denn gerade die Zurückweisung des Tomlinson-Report lässt doch erhebliche Zweifel zu, ob Verwoerd jemals ernsthaft daran gedacht hat, die *Native Reserves* wirklich in Richtung Industriegesellschaften zu entwickeln, zumal er immer wieder relativierte, dass gar nicht sicher sei, ob die Schwarzen dazu überhaupt in der Lage

---

48 J. J.Venter 1999, zu Venters Artikel s. auch Froneman 2013: 8 ff.

49 J. J.Venter 1999: 417.

50 Um Nationalist zu sein, muss man kein Intellektueller, noch nicht einmal besonders klug sein. Ich halte es für weniger erkenntnisreich, die Wurzeln des Nationalismus in bestimmten philosophischen Ideen zu suchen, als vielmehr die historischen und sozialen Prozesse, die in breiten Bevölkerungskreisen ein Bedürfnis nach dem wecken, was man dann als nationale Identifizierung beschreiben kann. Darum finde ich letztlich auch die sozialanthropologische Modellbildung bei Gellner 1998 überzeugender als die Rekonstruktion von Anderson 2006, die merkwürdigerweise den wirklichen Massenmedien wie Radio, Fernsehen und Boulevard-Presse kaum Beachtung schenkt, sondern sich Nationalisten als imaginierte Gemeinschaft von Lesern bürgerlicher Qualitätszeitungen denkt.

seien. Demgegenüber mögen die Ausführungen des Philosophen Danie Goosen die Tauglichkeit der Ansätze Derridas erweisen, eine Analyse von Verwoerds Denken und Handeln liefern sie nicht, was der Autor übrigens selbst einräumt.[51] Ähnliches gilt für den sehr assoziativen und kaum analytischen Text der Psychologen Truscott und Smith, dessen Erkenntniswert für ein Verständnis des Verwoerdschen Denkens ausgesprochen dürftig ist.[52]

Die Tatsache, dass Hendrik Verwoerd Psychologe war und vor seiner politischen eine akademische Karriere durchlief, wird immer wieder in Darstellungen zur Geschichte der Psychologie sowie zur Biographie Verwoerds erwähnt, zuweilen auch kommentiert, wurde aber bislang kaum eingehender erforscht.[53] Außer Miller und Froneman hat bislang niemand die akademische Karriere Verwoerds einer genaueren Untersuchung wert befunden und sie in Beziehung zu seinem politischen Denken gesetzt. Dies soll hier erstmals systematisch unternommen werden. Darum ist dieses Buch keine konventionelle Biographie, es ist nicht mein Ehrgeiz, die Lebensgeschichte Verwoerds zu erzählen, sondern die Ideen, Gedanken und Ideologien zu untersuchen, die seiner Politik zugrunde lagen. Die Politik selbst, sein politisches Handeln als Parteifunktionär, Minister und Premierminister, wird ebenfalls nicht Gegenstand dieser Untersuchung sein. Es wird nur insoweit einbezogen, als sich aus seiner politischen Praxis Rückschlüsse auf die ihr zugrundliegenden Konzepte und Ideen ziehen lassen. Ebenso wird sein Privatleben in dieser Studie kaum Beachtung finden, auch wenn die Vermengung des Privatmanns und Familienvaters Verwoerd mit seiner Politik ein beliebtes Mittel des Regimes war, um die moralische Unterfütterung seiner Politik zu beschwören.[54]

Quellen

Grundlage dieser Untersuchung ist der umfangreiche Nachlass von Hendrik Verwoerd, der zum größten Teil im Archive for Contemporary Affairs an der University of the Free State in Bloemfontein aufbewahrt wird. Er umfasst ne-

---

51 Goosen 1996: 121.

52 Truscott/Smith 2016: 251f. überbewerten den Einsatz eines Stromstoßes in Verwoerds psychologischem Laborexperiment und stellen nicht nachvollziehbare und empirisch nicht untermauerte Verbindungen zur späteren Apartheid her.

53 Kurze Erwähnungen finden sich in Louw 1986: 84; Foster 1991a: 16 u. b: 205; Foster 2008: 99. S. dazu auch Marx 2011a. Wenig ergiebig hinsichtlich Verwoerd ist Pfaffe 1987: 67f.

54 Die gilt ganz besonders für eine Zusammenstellung von Fotos, die kurz nach seinem Tod erschien: Hefer/Basson 1966.

ben politischer Korrespondenz Verwoerds zu verschiedensten Themen zahlreiche Redemanuskripte, Zeitungsausschnitte sowie ein ganzes Konvolut handschriftlicher Aufzeichnungen und Notizen zu seinen psychologischen Untersuchungen. Ein kleinerer Bestand, hauptsächlich maschinenschriftliche Vorlesungsmanuskripte, die beiden Masterarbeiten sowie die Dissertation befinden sich im Archiv der Gericke-Library der Stellenbosch University. Amtliche Dokumente aus Verwoerds Zeit als Minister und Premierminister lagern in den National Archives in Pretoria, sind aber wegen der unbeschreiblichen Zustände in diesem Archiv nur teilweise einzusehen gewesen. Wilhelm Verwoerd, der älteste Sohn Verwoerds, war so entgegenkommend, mir Zugang zu dem von ihm angelegten Familienarchiv zu gewähren.[55] Zu diesen zentralen Beständen kamen weitere Sammlungen von Mitarbeitern und Freunden Verwoerds, wobei die Sammlung seines langjährigen Privatsekretärs Fred Barnard in Bloemfontein von besonderem Wert war. Das Archiv des Broederbond und der United Party in Pretoria lieferten wichtige Erkenntnisse über Verwoerds Rolle im organisierten Nationalismus. Archive verschiedener Universitäten in Deutschland konnten psychologiegeschichtliche Fragen klären. Die konsultierten Archivbestände sind im Anhang aufgelistet.[56]

Unter den publizierten Quellen erwiesen sich die gesammelten Reden Verwoerds bis zum Jahr 1963 als besonders hilfreich; sie wurden vom mittlerweile nicht mehr existierenden Institute for Contemporary History in Bloemfontein herausgegeben.

Aufbau der Arbeit

Die 13 Kapitel dieses Buches folgen chronologisch Verwoerds Leben, behandeln aber jeweils einen Themenkomplex, um die Kontinuität und ideologische Konsistenz seines Denkens aufzuzeigen. Darum stellen die einzelnen Kapitel ihrerseits chronologisch die Entwicklung der Themenfelder dar.

Während das erste Kapitel die Prinzipienorientiertheit, das, was Zeitgenossen oft als „Dogmatismus" beschrieben haben, thematisiert, behandeln die drei daran anschließenden wichtige Themen, die ihn als Akademiker beschäftigten, nämlich die psychologische Trennung von Denken und Fühlen, die Manipulierbarkeit von Gefühlen und die Entwicklungspsychologie. Diese flossen in sein späteres politisches Denken ein, weshalb in anderen Kapiteln immer wieder auf seinen

---

55 Ich danke außerdem Bas Kromhout, der mir großzügig Materialien zur Verfügung stellte.
56 In den Fußnoten werden nur die Archivsiglen, nicht die Archive, genannt, die Bestände sind über die Liste im Anhang leicht aufzufinden. Alle Zitate aus dem Afrikaans wurden vom Autor übersetzt.

frühen Werdegang rekurriert wird und gezeigt wird, wie die Kontrollmanie und Ordnungssucht des Politikers sich bereits in wissenschaftlichen Konzepten des jungen Psychologen nachweisen lassen, was an einem Beispiel in Kapitel 7 ausführlicher demonstriert wird.

Kapitel 2 untersucht Verwoerds psychologische Ausbildung und seine Beschäftigung mit Denken (introspektiv) und Fühlen (im Labor), wobei für ihn immer bezeichend blieb, das er beides voneinander zu trennen suchte, was sich direkt auf seine spätere Propaganda und seinen Habitus als Redner auswirkte. Kapitel 3 geht auf die Entwicklungspsychologie ein, die er in zwei Ausprägungen während seines Deutschland-Aufenthaltes in den 1920er Jahren kennen lernte, nämlich als Kinderpsychologie und als Völkerpsychologie, die von führenden Psychologen, mit denen er in Kontakt kam, im übergreifenden Konzept der Entwicklungspsychologie zusammengeführt wurden, was Verwoerds Blick auf die schwarze Bevölkerung Südafrikas nachhaltig bestätigt hat, denn wichtige „Einsichten“ finden sich bereits in seinen Vorlesungsmanuskripten und den akademischen Qualifikationsschriften des Jahres 1922.

Kapitel 4 beschreibt und analysiert seinen Wechsel von der Psychologie zur Soziologie 1932 und weist nach, dass sich damit bereits der Übergang in die politische Karriere ankündigt. Die Beschäftigung Verwoerds mit der weißen Armut in Südafrika ist eine der großen und wichtigen Kontinuitätslinien seiner Biographie und mehr als alles andere verantwortlich für seinen Wechsel in die Politik. Dieser Wechsel war, wie Kapitel 5 genauer untersucht, mit einer journalistischen Karriere als Herausgeber der nationalistischen Tageszeitung „Die Transvaler“ von 1937 bis 1948 verknüpft, die Verwoerd zu einem Kampfblatt der NP gestaltete und die ihm seinen Aufstieg innerhalb der Partei am Witwatersrand und im Transvaal ermöglichte, stets in enger Zusammenarbeit mit dem dortigen Parteichef J.G. Strijdom.

Während dieser Jahre durchlief Verwoerd eine politische Sozialisation in der Geheimgesellschaft des Afrikaner Broederbond (AB), die ihn so stark prägte, wie er selbst während seiner zehnjährigen Mitgliedschaft im obersten Führungsgremium die Ausrichtung des Bond beeinflusste. Sein Engagement im AB war eng verbunden mit heftigen internen Konflikten innerhalb des nationalistischen Lagers, in denen Verwoerd immer ein besonders sichtbarer und doktrinärer Exponent einer bestimmten Meinung und Haltung war. Das zentrale Thema der „Volkseinheit“ innerhalb der Nationalen Partei und des Broederbond ist darum Thema von Kapitel 6.

Wie viele Zeitgenossen empfand Verwoerd die Zeit der Fusionsregierung, der anfänglichen Schwäche der „Gereinigten“ NP in den 1930er Jahren, die weiße Armut, die Folgen der Weltwirtschaftskrise, die drohende Auflösung kulturnationalistischer Identitäten in General Hertzogs Fusionspolitik als Krise, die mit dem häufig benutzten Begriff „Chaos“ beschrieben wurde und seinem Gegenstück, der Ordnung, als deren Protagonist Verwoerd sich verstand. Kontrollmanie und Ordnungsdenken kennzeichneten, wie Kapitel 7 nachweist, nicht nur die persönliche Psyche Hendrik Verwoerds, sondern den Apartheidstaat.

Kapitel 8 untersucht den Verwoerdschen Rassismus und zeigt, wie sehr er vom Bedürfnis nach Differenz, d. h. klaren Unterscheidungskriterien, und, damit einhergehend, Vorstellungen ethnischer und rassischer Reinheit gefasst wird. Kapitel 9 analysiert die Grundideen der Apartheid und die Art und Weise, wie Verwoerd sie argumentativ begründete, insbesondere indem er die verschiedenen Apartheidmaßnahmen so präsentierte, als handle es sich um eine von Anfang an als System konzipierte Umgestaltung der südafrikanischen Gesellschaft. Dagegen behandelt Kapitel 10 die geisteswissenschaftlichen Grundlagen der Apartheidpolitik und weist nach, dass sie ein „Regime der Ignoranz“ war, da sie in erstaunlich großem Maß auf Nichtwissen beruhte, dem die Kontrollmanie, das Datensammeln und der Gestus des überlegenen Wissens auf Seiten der burischen Machtelite auffallend kontrastierten.

Kapitel 11 geht auf die Konsequenzen von Verwoerds Nationalismus in der politischen Praxis ein, nämlich sein zentrales Ziel, einen weißen Nationalstaat zu schaffen, dem sowohl die Homelandpolitik als auch die Umwandlung Südafrikas in eine Republik und der Austritt aus dem Commonwealth zugeordnet werden, wobei die angebliche Unfreiwilligkeit des letzteren neu bewertet wird. In Kapitel 12 wird die Bedeutung von Macht und Deutungsmonopol für Verwoerd sichtbar, indem seine Haltung zu Repression und Demokratie anhand verschiedener Beispiele während seiner Amtszeit als Premierminister analysiert wird. Insbesondere seine Politik gegenüber der Coloured-Bevölkerung führte Anfang der 1960er Jahre zu innerparteilichen Spannungen, wobei Verwoerd es schaffte, durch die exemplarische Abstrafung und Ausgrenzung einzelner Personen seine Autorität durchzusetzen.

Kapitel 13 widmet sich der letzten Phase dieser Amtszeit, als Verwoerd, nachdem die verfassungspolitische Stellung Südafrikas in seinem Sinn geklärt war, ab 1961 seinen Nationalstaat über groß angelegte ökonomische Planungen und militärische Aufrüstung absichern wollte. Dabei wird anhand eines großen Staudammprojekts am Oranje, der später seinen Namen erhalten sollte, Verwoerds Selbstverständnis als Politiker beleuchtet. Das letzte Kapitel behandelt zwar auch Verwoerds gewaltsamen Tod durch ein Attentat am 6. September 1966, doch stehen die Konsequenzen von Kontrollsucht, Ordnungsdenken und Repression für die kulturelle Vitalität und Überlebenschancen der Afrikaaner im Mittelpunkt.

Verwoerd ist einer der großen Täter im Zeitalter der Extreme, auch wenn er sich nicht zu den totalitären Spitzenleistungen eines Hitler, Stalin oder Mao aufschwang. Die Apartheid war kein Regime, das sich mit Nationalsozialismus oder Stalinismus gleichsetzen lässt, aber mit diesen und anderen Regimen insofern vergleichbar ist, als sie sich durch eine starke Ausweitung der staatlichen Handlungsmacht auszeichneten. Er zählt zu denen, die mit einer wissenschaftlichen Fundierung der Politik die ganz großen Aufgaben im Sinn einer Neugestaltung von Gesellschaft und Staat angingen und dabei Planung in großem Stil mit der groben Missachtung von Menschen- und Bürgerrechten verbanden. Die Apartheid gehört zu den gescheiterten Utopien des 20. Jahrhunderts und wie andere war sie getragen von religiösen oder quasi-religiösen Heilsversprechen.[57]

57 A.Venter 2011: 538 sieht die Apartheid mit Recht als eine säkulare Heilsideologie, ähnlich wie Nationalsozialismus und Kommunismus.

Prinzipien

Für die weiße afrikaanssprachige Bevölkerung Südafrikas hatte der Burenkrieg (1899 – 1902) einen vergleichbaren Stellenwert wie der Erste Weltkrieg für die Gesellschaften Europas: Er war die Urkatastrophe. Tatsächlich lassen sich der Aufstieg des burischen Nationalismus und seine Radikalisierung sowie die Apartheidpolitik als Reaktion auf das Trauma des verlorenen Krieges erklären. Der Burenkrieg war zwar keine Materialschlacht wie der Erste Weltkrieg, doch führte die Strategie der verbrannten Erde, mit der die Briten die burischen Guerillakämpfer in die Knie zwangen, zu großflächigen Zerstörungen. Außerdem hatte die Internierung tausender Frauen und Kinder bis zu 26.000 Todesopfer zur Folge. Die Buren sahen sich nach dem Krieg als besiegte, gedemütigte und politisch entmündigte Bevölkerung in ihrem eigenen Land. Den Angriffskrieg, den Großbritannien mit den überwältigenden Ressourcen des Empire gegen zwei kleine Republiken geführt hatte, bewerteten sie als ungerecht.[1]

Die Ressentiments und Revanchegelüste, die der verlorene Krieg unter der afrikaansen Bevölkerung auslöste, wurden zusätzlich angeheizt durch die Anglisierungspolitik unter Gouverneur Lord Milner, der vor allem mit Hilfe des Erziehungssystems die jungen Afrikaaner kulturell assimilieren und damit die neu eroberten Kolonien dauerhaft in das Empire einbinden wollte. Die Formierung des Nationalismus geschah in verschiedener Form, angesichts der Milnerschen Politik war es wenig verwunderlich, dass sich ein dezidierter Kulturnationalismus von Anfang an neben einem verfassungspolitischen Revisionismus entwickelte, der primär an der Wiederherstellung der politischen Souveränität in Gestalt einer Republik interessiert war. Nicholas Diederichs, eine einflussreiche Figur in der afrikaans-nationalistischen Bewegung, definierte Nationalismus ausschließlich von der Kultur her: „Was eine Person wirklich zum Mitglied einer Nation macht, ist ihre Annahme der Sprache, aber vor allem der Kultur und geistigen Werte dieser Nation. Eine Nation ist eine Nation dadurch, dass ihre Mitglieder die gleichen geistigen Werte vertreten, sich miteinander verbunden fühlen durch das gemeinsame Bewusstsein einer Berufung und durch den Glauben, dass sie mit unsichtbaren Banden aneinander geknüpft sind."[2]

Nach dem Krieg und der 1910 vollzogenen Vereinigung der vier Kolonien zur Union von Südafrika entstanden zwei konkurrierende Konzepte der Nation, beide waren rassistisch und grenzten die schwarze Bevölkerungsmehrheit aus der nationalen Gemeinschaft aus. Der Nationalismus, für den der erste Premiermi-

1 Marx 2015c.
2 Diederichs 1975: 1.

https://doi.org/10.1515/9783110680508-003

nister der Union, Louis Botha, (1910 – 19) und seine South African Party standen, war ein Versöhnungsnationalismus, der die feindlichen Lager des Burenkriegs in einer weißen Nation zusammenführen wollte. Darum war es ein voluntaristischer Nationalismus, der jeden einzelnen zu einer Entscheidung für die Nation aufforderte. Im Kontrast und in Konkurrenz dazu entstand kurz nach dem Krieg ein burischer Kulturnationalismus, der die Zugehörigkeit zur Nation nicht den einzelnen Bürgern überließ, sondern sie aufgrund scheinbar objektiver Kriterien wie Sprache, Konfession, Geschichte und Kultur einer von zwei weißen Gruppen, nämlich der afrikaansen Nation oder der englischsprachigen Bevölkerung zuordnete. Während der Versöhnungsnationalismus Bothas tendentiell ein – allerdings rassisch exklusiver – Staatsbürgernationalismus war, unterwarf der Kulturnationalismus der Buren das Individuum der Nation.

Justizminister Hertzog hatte seit der Unionsgründung mit nationalistischer Rhetorik auf sich aufmerksam gemacht und die politische Landschaft polarisiert. Die Historikerin Lindie Koorts charakterisierte Hertzog „as diplomatically skilled as an army tank and as subtle as a cannon – he did not flinch from name-calling, and launched personal attacks on his opponents."[3] Premierminister Louis Botha schloss ihn wegen provozierender Reden, die die englischsprachigen Politiker in der Regierung brüskierten, bei einer eigens deswegen anberaumten Neubildung des Kabinetts aus. Hertzog nutzte die Zeit bis zum Ausbruch des Ersten Weltkriegs für seine weitere Profilierung, sah aber zunächst von einer Parteigründung ab, weil er den günstigsten Zeitpunkt abwarten wollte. Dieser kam mit dem Ausbruch des Ersten Weltkriegs im August 1914. Er hatte eine bewaffnete Rebellion von Teilen der Afrikaaner-Bevölkerung im Norden des Freistaats und im Südwesten des Transvaal zur Folge, die sich gegen Südafrikas Kriegsbeteiligung als Teil des Empire wandten und ihre alten Republiken wiederherzustellen hofften. Regierungstruppen schlugen sie rasch nieder, doch Hertzog nutzte die verbreitete Unzufriedenheit mit der Regierung und gab die Gründung einer neuen Partei bekannt. Diese Partei hatte zwar einen nationalen Vertretungsanspruch, bestand aber zunächst aus den Hertzog loyalen Anhängern der Orania Unie, einer auf seine Heimatprovinz Oranje Freistaat beschränkten Partei. Der Rechtsanwalt Tielman Roos gründete eine ähnliche Bewegung im Transvaal und vom 7. – 9. Januar 1914 wurde bei einem Kongress in Bloemfontein die neue Nationale Partei für ganz Südafrika aus der Taufe gehoben.[4] Die NP in der Kapprovinz benötigte etwas mehr Zeit für den Aufbau einer dann allerdings stabileren Parteiorganisation, die in Kapstadt mit der Gründung eines parteinahen Pressekonzerns einherging, was

3 Koorts 2014: 93.
4 M. P. A.Malan 1964: 11 ff.

der NP im Kap gemeinsam mit dem eher kollegialen, auf Konsens ausgerichteten Führungsstil des Provinzparteichefs Daniel Malan auf Dauer eine viel stärkere Kohäsion und Schlagkraft verschaffen sollte.[5] Die Nationale Partei blieb organisatorisch ein Zusammenschluss von vier weitgehend autonomen Provinzparteien, die über einen Föderalen Rat und die Person des „Hoofleier" [obersten Führer] Hertzog zusammengehalten wurden, was in optimaler Weise die verschiedenen regionalen Traditionen integrieren und in ihrem Fortbestand erhalten konnte. Gleichzeitig hatte dies ebenso wie die klientelistischen Traditionen der beiden ehemaligen Republiken zur Folge, dass die Partei ausgesprochen heterogen war. Während im Norden eher republikanische, aber gleichzeitig auf lokale Führer ausgerichtete Strukturen vorherrschten, war die Nationale Partei im Kapland kulturnationalistisch orientiert.[6] Zwar gab es Kulturnationalismus auch im Transvaal, der insbesondere durch die zweite afrikaanse Sprachbewegung,[7] die privaten Schulen „für christlich-national Erziehung" und eine sich allmählich formierende nationalistische Bewegung in den Industriestädten wie Johannesburg inspiriert war. Doch begann diese sich erst ab 1918 im Afrikaner Broederbond zu organisieren, während sie innerhalb der Partei selbst lange marginal blieb.

Der Burenkrieg hatte in vielen Ländern Europas Solidaritätsbewegungen mit den Buren ausgelöst, insbesondere aber in den Niederlanden selbst. Ein begeisterter Anhänger war der aus Bodegraven nahe Amsterdam stammende Wilhelm Verwoerd (1874–1961), der mit seiner Ehefrau Anje Strik (1873–1940) den Krieg im fernen Südafrika aufmerksam verfolgte.[8] Verwoerd kam aus bescheidenen Verhältnissen, die bäuerliche Familie ist seit dem 16. Jahrhundert in der Gegend zwischen Utrecht und Leiden nachweisbar.[9] Die Vorfahren seiner Frau stammten aus dem ländlichen Friesland, woraus sich der zweite, in Südafrika ungebräuchliche Vorname Hendrik Verwoerds erklärt: Frens ist die friesische Version von Franz.[10] Wilhelm Verwoerd, der politisch dem konservativen Lager zuge-

---

5 Marx 2012: 193 f.; Korf 2010: 144 weist darauf hin, dass die Gründer der Zeitung alle miteinander verwandt waren und dem Establishment in Kapstadt und Stellenbosch entstammten. Die treibende Kraft hinter Malans früher politischer Karriere war Willy Hofmeyr, ebd.: 164.

6 Marx 2008: 152 f.

7 I.Hofmeyr 1987. Die erste Sprachbewegung im späten 19. Jahrhundert war auf die westliche Kapkolonie beschränkt und nur ansatzweise nationalistisch motiviert. Über die Mitgliedschaft Malans in der Afrikaanse Taalgenootskap s. Koorts 2014: 56, s. auch 61.

8 Zur Herkunft der Familie s. Terblanche 2001a: 219 f.

9 Pama 1967: 80. Der Name Verwoerd stammt vom Woerd, dem Ufer des Flusses; Wilhelm Verwoerd war in Nieuwer Amstel südlich von Amsterdam geboren.

10 Eigentlich muss es heißen Frens, aber Verwoerds Vater, der kein Friesisch konnte, hatte beim Standesamt den Namen falsch, nämlich Frensch, buchstabiert: FAV 2.2.6, Wilhelm Verwoerd an Wilhelm Verwoerd junior, 20.2.1959.

rechnet werden konnte, hatte sich in Amsterdam vom Ladengehilfen zum Teilhaber eines Lebensmittelgeschäfts hochgearbeitet. Er und seine Frau empfanden eine starke Nähe zu dem als verwandt empfundenen Volk der Buren. Ihre Hilfe ging über bloße verbale Solidarität hinaus, da „sie Afrikaaner, die es nach Europa verschlagen hatte, bei sich aufnahmen und fast gänzlich mit Organisationsarbeit und Spendensammeln für die Sache der Afrikaaner beschäftigt waren."[11] Die Solidarität mit einem Volk, das vom materiell haushoch überlegenen britischen Empire im Rahmen eines ungerechten Krieges und nach tapferer Gegenwehr, die ihm in der ganzen Welt große Sympathien eintrug, unterworfen wurde, war einer der beiden Hauptgründe für das Ehepaar Verwoerd, im Jahr 1903 in die Kapkolonie auszuwandern, wo sie sich am 12.1.1909 naturalisieren ließen.[12] „Er hat sich unmittelbar mit der Afrikaaner-Gemeinschaft identifiziert, obwohl das Kap zu der Zeit so englisch geprägt war", wie sich sein Sohn Hendrik erinnerte.[13] Neben den politischen Sympathien beeinflusste ein religiöses Motiv den Auswanderungswunsch des Vaters, da er Anhänger der streng calvinistischen Kirche von Abraham Kuyper war, die sich 1886 von der Reformierten Kirche der Niederlande abgespalten hatte.[14] Er wollte schon seit langem christlicher Missionar unter Weißen werden und verband seine politischen Sympathien mit seinen religiösen Bedürfnissen. Hendrik Verwoerd wurde am 8. September 1901 in Amsterdam als zweiter Sohn des Ehepaares Wilhelm Verwoerd und Anje Strik geboren,[15] war also ein Einwanderer, der als zweijähriges Kind mit seinen Eltern und seinem älteren

---

11 W.J.Verwoerd 1990: 3.

12 FAV 2, Letters of Naturalization. W.J. Verwoerd hatte noch 3 Brüder und eine Schwester in den Niederlanden, mit denen er nur noch sporadischen Kontakt unterhielt: FAV 2, W.J. Verwoerd an Bruder und Schwester, 22.11.1938. FAV 2.2.2, Todesanzeigen für die Mutter und Verwandte des Vaters. Einer der Brüder, Hendrik Verwoerd, besaß eine Druckerei in Lisse (zwischen Leiden und Haarlem) und brachte die Zeitschrift Ons Weekblad heraus, in der W.J. Verwoerd am 8. 10, u. 1.12. 1932, am 27.5., 22.7. u. 26.8., „Brieven uit Zuid-Afrika" [Briefe aus Südafrika] mit meist landeskundlichem Inhalt veröffentlichte. Er setzte sich noch Ende der 1940er Jahre für die Altersversorgung von Burenkriegsveteranen aus seiner Bekanntschaft ein: FAV 2.2.5, W.J. Verwoerd an H.F. Verwoerd, 10.12.1949. Zum Geburtshaus und mit Erinnerungen an die Auswanderung der Verwoerds meldete sich in einem Leserbrief eine frühere Nachbarin: T. Veraar-Schwarwäler (Amstelveen), Dr. Verwoerd – 'n Herinnerung, in: Die Huisgenoot, 3.2.1967.

13 FAV 2.3, H.F. Verwoerd, Biographische Skizze seines Vaters.

14 Verwoerd wurde am 24.9.1901 in der heute nicht mehr existierenden Raamkerk getauft, einer der sog. Doleantiekerken, die nach der Abspaltung gebaut wurden: FAV 2, Notiz über Vs. Taufe.

15 FAV 2, Geburtsurkunde H.F. Verwoerd. Heiratsurkunde der Eltern v. 21.9.1898. Zur Familiengeschichte der Mutter s. Pos 1967: 121 f.

Bruder nach Südafrika kam.[16] Zusammen mit seinem Bruder Leendert, der den Vornamen von Wilhelms Vater trug, besuchte Hendrik in Wynberg die deutsche lutherische Schule vom 8. Oktober 1907 bis zum 12. Dezember 1913, als er Standard III abschloss.[17]

1913 erhielt Wilhelm Verwoerd, der in Wynberg ein kleines Bauunternehmen betrieb,[18] das Angebot, als zeitweilige Aushilfe in der reformierten Mission im rhodesischen Bulawayo tätig zu werden. In Rhodesien arbeitete er unter den dortigen burischen Siedlern, die sich teilweise anderen Konfessionen angeschlossen hatten, um sie für die reformierte Kirche zurückzugewinnen.[19] Ebenso wie sein Bruder Len besuchte Hendrik die Milton High School in Bulawayo von Januar 1914 bis April 1917, wo er bis Standard VIII blieb und das Junior Certificate (entspricht der Mittleren Reife) an der zentralen Prüfungsuniversität Südafrikas, der University of the Cape of Good Hope, erwarb.[20]

Sein Vater kam bei einem Besuch in Kapstadt 1915 mit der neugegründeten NP in Kontakt, kehrte als überzeugter Nationalist nach Bulawayo zurück und war „seitdem während seines gesamten weiteren Lebens nie anders als stark nationalistisch eingestellt."[21] Hendrik war ein guter Schüler und gewann neben etlichen Buchpreisen als bester seiner Schule und fünftbester in Rhodesien im Jahr

16 FAV 2, Ticket für das Dampfschiff Goorkha der Union-Castle Line. Demnach verließ die Familie am 24. Oktober 1903 Southhampton und ging am 18.11.1903 in Kapstadt an Land: ebd. Einreiseformular.

17 H.G. Maritz, Ons bring hulde ..., in: Jongspan, undatiert. Kopie mit Begleitbrief Maritz' an E. Verwoerd v. 1.9.1995 in FAV 4.2.2. Verwoerd selbst gibt in einem handgeschriebenen Lebenslauf in deutscher Sprache (FAV 4.3.2) an, dass er vom Januar 1908 bis Dezember 1912 Schüler an der deutschen Schule in Wynberg war und anschließend im Jahr 1913 Schüler der „Höheren Knabenschule", ebenfalls in Wynberg. Drei Zeugnisse Verwoerds von der Wynberg High School for Boys sind erhalten: FAV 4.2.1, Zeugnisse v. 20.6., 27.9. und 12.12.1913; mit letzterem hatte er Standard V abgeschlossen. Er wird in allen Zeugnissen als zweitbester seiner Klasse geführt mit einem Prozentsatz von 81 bis 83,8 % der erreichbaren Punktzahl. Sein Fleiß wird als „very satisfactory", sein allgemeines Betragen zwischen „very satisfactory" und „very good" bewertet; seine Stärken lagen in Arithmetik, Latein und Niederländisch. S. auch die Erinnerungen seines Bruders: PV 72/3, Beukes, Reportage „Ons kom nou in Wynberg", S. 6 u. 12, die Lehrerin hieß Bahlcke. Von den beiden Brüdern war Hendrik der rebellische: S. A.Verwoerd 1965: 21.

18 FAV 2.3, H. F. Verwoerd, Biographische Skizze seines Vaters.

19 Zur Missionstätigkeit der Reformierten in Bulawayo s. Hendrich 2011: 158 u. 160 f.

20 FAV 4.2.1, Prüfungsfragen für Junior Certificate 1916.

21 FAV 2.3, H. F. Verwoerd, Biographische Skizze seines Vaters. W. J. Verwoerd war auch in die Trekfeierlichkeiten 1938 in Brandfort involviert, s. gedrucktes Programm „Besoek van die A. T. K. V. Ossewaens aan Brandfort, Maandag, 24. Oktober 1938".

1915 einen Wettbewerb um ein Beit-Stipendium,[22] in dessen Genuss er aber nur bis zu seiner Rückkehr nach Südafrika 1917 kam. Er glänzte besonders in Mathematik, worin ihm sein Zeugnis „exzellente“ Leistungen bescheinigte, da er in einigen Tests fast 100 % erreichte, während er in Französisch als „weak“ beurteilt wurde – das Gesamturteil war gleichwohl „excellent work“.[23] Wie sein älterer Bruder war er Mitglied im Kadettenkorps,[24] doch blieb er politisch immer ein Gegner des britischen Empire, während sein Bruder sich britisch orientierte und sogar im Zweiten Weltkrieg als Major Kriegsdienst leistete.[25]

Die Situation der Afrikaaner in Südrhodesien war die einer eher verachteten, aber wegen ihrer südafrikanischen Verbindung auch gefürchteten, Minderheit, die oft arrogant und von oben herab behandelt und von der britisch-nationalistisch gesinnten weißen Bevölkerung der Kolonie ausgegrenzt wurde. Verwoerd selbst hat davon sein Teil an der Schule abbekommen, denn er berichtete, dass ihm „bereits als Kind während des Weltkriegs in der Schule übel mitgespielt wurde.“[26] Der Rektor der Schule versuchte, den begabten Schüler zu halten, als

---

22 Allerdings hatte die Schule zu dieser Zeit nur ca. 80 Schüler, Verwoerd war 1916 der zweitbeste in einer Klasse aus sechs Schülern, FAV 4.2.1 Milton High School, Quarterly Report v. 8.12.1916. FAV, 4.2.1, Examination Card und Prüfungsfragen für 1915 für „Henry French Verwoerd“ (sic).

23 FAV 4.2.1, Milton High School, Quarterly Report v. 8.12.1916. Ähnliche Ergebnisse erzielte er zuvor in den Zwischenzeugnissen v. 10.12.1915 und 22.9.1915.

24 Er wurde in Heliograph- und Morsesignalen sowie am Maschinengewehr ausgebildet. Die Informationen in diesem Abschnitt sind enthalten in einem aus dem Jahr 1962 stammenden Brief von E. Verwoerd an M. Cordell (Bulawayo): „Reminiscences of School life at Bulawayo.“ FAV 4.2.2, mit Begleitschreiben an Cordell v. 24.4.1962. Mai Cordell verarbeitete das Material zu zwei Artikeln: Cape Times Weekend Magazine, 13.7.1963 und Sunday Times, 22.11.1964.

25 Burger, 14.7.1979, Dr. Len Verwoerd kyk terug. Len Verwoerd, geb. am 14.7.1899, war auch Mitglied der Anglo Rhodesian Society. Der Ausbruch des 2. Weltkriegs führte zu einer politischen Entfremdung zwischen den Brüdern, die erst 1958 beendet wurde, als Hendrik Premierminister wurde. S. auch FAV 3.2, Len Verwoerds Kriegserinnerungen (handschr.). PV 72/1, Einladung von Jan Smuts an Len Verwoerd und Frau zu einer Militärparade für den König, 31.3.1947.

26 FAV 4.5.1.4, V. an J. H. Labuschagne (Roodepoort), 17.7.1943. W. J. Verwoerd 1990: 4, s. auch Kenney 1980: 23. Im Jahr 1960 wandte sich Ernest Bluhm, ein ehemaliger Mitschüler an ihn und erinnerte ihn daran, dass er selbst Verwoerds Vorgänger als Träger der Beit Scholarship, die Verwoerd 1915 erhielt, im Jahr 1914 gewesen sein könnte. Aber wegen seiner deutschen Herkunft verhinderte die Schulbehörde, dass er an den Prüfungen teilnehmen durfte: PV 93/1/47/2/3, Bl. 172 Bluhm an V., 4.2.1960. V. ließ seinen Privatsekretär antworten und mitteilen: „He was interested to hear of your Rhodesian experiences.“ Zu seiner Wahl zum Premier erhielt er ein Glückwunschtelegramm der Old Miltonians Association und der Star berichtete über zwei ehemalige Schüler, die sich an Verwoerd als „brilliant scholar“, weniger eindrucksvollen Sportler, aber „a charming boy“ erinnerten: Star, 4.9.1958. Ein weiterer Mitschüler John Nisper (?) von der Salvation Army gratulierte am 3.9. 1958: PV 93/1/11/3. Im Gegensatz zu Verwoerds reservierter Haltung besuchte

seine Eltern nach Südafrika zurückgingen, aber ohne Erfolg. Dazu trug sicher Hendrik Verwoerds Identifizierung mit den rebellierenden Afrikaanern von 1914 bei, d. h. bereits der 13jährige vertrat aggressiv seine politischen Überzeugungen. Er bekannte sich offen zum Afrikaaner-Nationalismus, was ihm den Zorn des Rektors und einen Fußtritt eintrug. Sein Eintreten für die Rebellen und für den burischen Nationalismus war ein signifikanter Charakterzug und enthüllte seine Neigung, wenn er angegriffen wurde, sofort zum Gegenangriff überzugehen und in Prinzipienfragen nicht zurückzuweichen – ohne Rücksicht auf Verlust und Nachteile.

Sein Nationalismus kam in seinem Verzicht auf ein Rhodes-Stipendium zum Ausdruck, das ihm aufgrund seiner ausgezeichneten Schulleistungen zuerkannt worden war.[27] Er zeigte ganz offen, dass er mit Cecil Rhodes, dem von der britischen Bevölkerung enthusiastisch verehrten Gründer und Namensgeber der Kolonie, nichts zu tun haben wollte. Schon als Schüler legte er in seinem Auftreten eine signifikante Radikalität an den Tag und sein antibritischer Affekt war kaum zu übersehen. Als Verwoerd Premierminister wurde, meldete sich ein ehemaliger Mitschüler aus Brandfort zu Wort, der daran erinnerte, wie sie beide 1917 fieberhaft auf die Ergebnisse einer Nachwahl in Calvinia warteten, „wo Dr. Malan gegen Senator Conroy antrat und mit 80 Stimmen verlor"[28]. Der Vorgang zeigt, wie sehr der Jugendliche bereits politisiert war und sich als Afrikaaner-Nationalist verstand.[29]

Die Familie zog nach Brandfort im Oranje Freistaat, wo der Vater einen kirchlichen Buchladen betrieb und eine Zeitlang der Vorsitzende des NP-Ortsverbands war.[30] Hendrik kam zurück in ein Land, das nach dem Ende des Burenkrieges in verschiedene politische Lager gespalten war. So wuchs er in der Zeit auf, als sich die kulturnationalistische Bewegung formierte, und wurde dauerhaft von ihr geprägt. Tatsächlich war der Nationalismus der früheste und nachhaltigste Einfluss auf sein politisches Denken. Sein Vorbild war der Vater, der sich stets mit den Afrikaanern identifizierte und seit der Gründung der NP 1914 „waren

---

seine Frau im Jahr 1970 die Schule und war erfreut, dass er als der „most famous Old Miltonian" galt: 55.K.V.16 (24), Betsie Verwoerd an M. E. Rothmann, 23.8.1970.

27 FAV 4.2.1, Rhodes Trustee Price for English 1915 won by Henry F. Verwoerd. Du Raan 1998: 19.

28 PV 93/1/11/5, J. F. J. van Rensburg an V., 5.9.1958.

29 „Objektiv betrachtet sind viele Wertvorstellungen der Erwachsenen – Wertvorstellungen, die ihren Lebensstil und ihre Entscheidungen weitgehend beeinflussen – in der Regel Wertvorstellungen ihrer Kindheit, die nicht immer im besten Interesse der Gesellschaft liegen." Hutschnecker 1975: 232.

30 PV 72/3, Reportage von Beukes über gemeinsame Fahrt nach Brandfort mit Len Verwoerd. Der Vater war im OFS als calvinistischer Prediger, aber auch als politischer Redner bekannt: S. A.Verwoerd 1965: 43 u. 48.

er und seine Familie niemals anders als nationalistisch gesinnt."[31] Die Eltern wechselten vom Niederländischen zum Afrikaans, was zu Hause gesprochen wurde, auch wenn der Vater seinen niederländischen Akzent nie ganz los wurde.[32] Im Februar 1919, wegen der Spanischen Grippe einige Monate verspätet,[33] legte Hendrik in Brandfort, wo er die letzten Schuljahre verbracht hatte, sein Abschlussexamen ab. Es fiel so gut aus, dass ihm ein Preis zuerkannt wurde.[34] Anschließend nahm er unverzüglich sein Studium auf, wofür er zurück in den Westen der Kapprovinz, nach Stellenbosch zog, dessen Victoria College erst im Vorjahr den Status einer Volluniversität erlangt hatte und über Jahrzehnte eine Hochburg des afrikaansen Nationalismus und die Kaderschmiede der NP werden sollte. Da sein Vater nicht wohlhabend war, musste er sich Geld leihen und für seinen Sohn mehrfach Reduzierungen der Gebühren bei der Universität beantragen, da er sonst dem „vielversprechenden jungen Mann" kein Studium hätte ermöglichen können.[35] Im Rückblick beschrieb Verwoerd die Zeit dort: „Ich und andere aus dieser Zeit erinnern uns noch nach 40 Jahren an kritische Wahlen und wie die Studenten und Professoren von Stellenbosch begeistert und in öffentlicher Übereinstimmung bezüglich ihrer Afrikaanerzugehörigkeit sich daran beteiligten, was auch immer die Mehrheit der seinerzeit feindlichen Dozenten dazu sagte."[36]

31 FAV 4.5.1.4, V. an J. H. Labuschagne (Roodepoort), 17.7.1943.

32 Die Mutter schrieb noch 1940 ihre Briefe in einer kuriosen Mischung aus Afrikaans und Niederländisch: FAV 2.2.7, Anje Verwoerd an Lucie Cloete, 13.7.1940.

33 Verwoerd und seine Eltern erkrankten beide an der Spanischen Grippe, die für Hendrik zeitweise lebensgefährlich war: H. J. L. Cloete, My herinneringe aan 'n geliefde broer, in: Die Huisgenoot, 8. September 1967.

34 FAV 4.2.1, Unterlagen zum Examen am 10.10.1918 und Zeugnisse von 1917 (höhere Abteilung) und 1918 (höchste Abteilung) beide in der Zweiten Klasse (50% der erreichbaren Punkte), außerdem ließ er sich auch in Afrikaans bei der Saamwerk Unie van Natalse Vereniginge prüfen, zu deren Prüfungskommission u. a. E. G. Jansen gehörte, der Jahrzehnte später Verwoerds Vorgänger als Minister for Native Affairs werden sollte; die Prüferin Verwoerds war Jansens Frau Mabel; er kam im Ergebnis mit 80% der erreichbaren Punkte in die Erste Klasse: Zeugnis der Saamwerk Unie, 1918. Sein älterer Bruder legte gleichzeitig mit ihm die Abschlussprüfungen ab, er hatte aber bereits vier Jahre als Lehrer in ländlichen Schulen gearbeitet. Len Verwoerd nahm erst 1923 sein Studium auf und war dann lange als Dozent und Professor der Universität Stellenbosch verbunden. FAV 4.2.1, Junior Matriculatie, Eerste Prijs toegeken aan Hendrik French (!) Verwoerd. Dez. 1917u. Matrikulatie-Certifikaat, 22.3.1919.

35 FAV 2.2.1, W. J. Verwoerd an ds. D. J. Botha, 12.2.1919 u. 20.3.1919 u. UA Stellenbosch, Personalakte Verwoerd, W. J. Verwoerd an Registrateur, 28.3.1919 u. dessen Antwort, 8.5.1919 mit der Mitteilung, dass sein Sohn ein Stipendium erhalten habe. W. J. Verwoerd an Registrateur, 10.5.1919 sowie dessen Antwort, 14.5.1919.

36 PV 93/1/47/2/6, Bl. 183, Verwoerd an Thom, 28.9.1960.

Verwoerd trat in Stellenbosch bald als brillanter und vielversprechender Student hervor.[37] Die Universität selbst war im Rahmen einer kulturnationalistischen Mobilisierung als afrikaanssprachige Konkurrenz zur gleichzeitig neugegründeten Universität Kapstadt eingerichtet worden und sollte sich bis ins 21. Jahrhundert hinein im nationalistischen Sinn als dezidiert afrikaanse Institution verstehen.[38] Obwohl auch unter den Professoren der Universität der Kulturnationalismus starke Sympathien genoss – schließlich hatte die Sprachenfrage überhaupt zur Gründung der Universität Anlass gegeben[39] – lehrten in den 1920er Jahren noch zahlreiche englischsprachige Hochschullehrer. Zudem war in den Anfangsjahren Niederländisch noch die offizielle Sprache, das Bekenntnis zu Afrikaans und kulturnationalistische Überzeugungen waren demnach noch nicht, wie in den späteren Jahrzehnten und insbesondere während der Apartheidjahre, allgemein verbreitet; sie können darum als Kennzeichen eines besonderen Engagements derer, die sie vertraten, verstanden werden. Die Studenten feierten die Burenkriegsgeneräle und Rebellen von 1914, als diese am 19. April 1920 das Städtchen besuchten.[40] Der Studentenrat setzte sich für den Gebrauch von Afrikaans in der Kirche ein[41] und verweigerte der englisch geprägten National Union of Students die Zusammenarbeit.[42] Im November 1921 einigte er sich mit dem Universitätsrat auf die Benennung eines neuen Studentenwohnheims, wobei die Studenten verlangten, dass der englische Vorname John für das Murray-Haus wegfiel;[43] bald schon setzte sich aber der Name Dagbreek [Tagesanbruch] durch, unter dem das Haus bis in die Gegenwart bekannt ist.[44]

Da Verwoerds akademischer Lehrer Raymond Wilcocks mit dem Psychologie-Department das einzige Universitätsinstitut leitete, in dem zu dieser Zeit die

---

37 FAV 4.3.1, Studierekord van H. F. Verwoerd , demzufolge er nur im ersten Jahr ein B in Geschichte erhielt, sonst im gesamten Studium in allen Fächern nur die Note A. Die Fragestellungen seiner Jahresexamen am Ende des ersten Studienjahres (Dez. 1919) sind erhalten: FAV 4.3.1.

38 Boucher 1973: 132 ff. Zur Entwicklung nach der Apartheid s. den sehr einseitigen Bericht von Kapp 2013.

39 P. S. du Toit 1966 b: 65.

40 Du Raan 1998: 22 f. Studenten unter 21 Jahren erhielten jedoch erst 1929 das Stimmrecht.

41 UA Stellenbosch, Protokolle des Studentenrats, Bl. 43, 12.10.1922, wobei es nicht um den Gegensatz Englisch-Afrikaans ging, sondern darum, das Niederländische durch die „Volkssprache“ Afrikaans zu ersetzen, s. Verwoerd 1924 c: 3.

42 UA Stellenbosch, Protokolle des Studentenrats, Bl. 45, 30.10.1922. Weitere Beispiele für Verwoerds frühen Nationalismus, s. Froneman 2000. Generell zu den Aktivitäten des Studentenrats s. den Überblick bei Du Raan 1998: 41 ff.

43 UA Stellenbosch, Protokolle des Studentenrats, Bl. 24, 15.11.1921.

44 Booyens/Oosthuysen 1971: 9, 14, 30 f.; Verwoerd war einer der ersten Bewohner des damals neu errichteten Wohnheims „Dagbreek“: ebd.: 16 u. 36, Hofmeyrs Erinnerungen s. ebd.: 91–93. P. S. du Toit 1966 d: 205.

Lehrveranstaltungen in afrikaanser Sprache durchgeführt wurden,[45] mag dies zu Verwoerds Entscheidung, dieses Fach zu studieren, ebenso beigetragen haben, wie sein Interesse für die „Poor Whites". Denn in seinem ersten Studienjahr hatte Verwoerd in Kapstadt die Wohnviertel der armen Weißen kennengelernt und die Erfahrung sollte ihn dauerhaft prägen, da sein Engagement im Kampf gegen weiße Armut ein lebenslanges blieb und in seiner ersten Publikation in einer Studentenzeitung ihren Niederschlag fand.[46]

Bald darauf zeigte er abermals politisch Flagge, als er nach Verleihung des Magistergrades das Abe Bailey-Stipendium,[47] das ihm wegen herausragender Leistungen zuerkannt worden war, ablehnte „aufgrund seiner prinzipiellen Haltung, dass er mit keinem Geld von Bailey und auch nicht in England studieren wollte." Abe Bailey war ein südafrikanischer Minenmagnat mit ausgeprägter britischer Loyalität, der das Stipendium an ein Studium in Großbritannien koppelte. Verwoerd hielt sich dagegen zugute, dass er der erste afrikaanse Student war, der bis zum Doktortitel kontinuierlich an einer südafrikanischen Universität studiert hatte und dafür nicht ins Ausland gegangen war.[48]

Er schrieb seine drei Abschlussarbeiten in Afrikaans. Während das für seine beiden Masterarbeiten weniger bedeutsam war, weil es an der Universität üblich wurde, kam der Sprachenwahl für die Dissertation ein nationalistischer Bekenntnischarakter zu. Eine Dissertation in Psychologie war ein Beitrag zu einer international ausgerichteten Forschung, doch weil Verwoerd sie in Afrikaans verfasste und auch die in einer universitätseigenen Schriftenreihe veröffentlichte Version in dieser Sprache gehalten war, verzichtete er bewusst auf die internationale Rezeption seiner Forschungsergebnisse. Tatsächlich spielte die Dissertation, die in Stellenbosch immerhin preisgekrönt wurde, in der internationalen psychologischen Forschung zu Gefühlen sowie zum Verhältnis von Gefühlen und Denkvorgängen keinerlei Rolle, sondern sie ging unbeachtet unter. Einem durchaus ehrgeizigen jungen Akademiker wie Verwoerd, der zu dieser Zeit eine Universitätslaufbahn anstrebte, konnte die ausbleibende internationale Rezeption seiner Forschung nicht gleichgültig sein. Seine Entscheidung für die afrikaanse Sprache war darum ein unmissverständliches nationalistisches Bekenntnis.

---

45 Zu Afrikaans im Department s. M. Scholtz 2002: 2f. Im 1926 eingerichteten Fach Bantukunde und Ethnologie war es Werner Eiselen, der von Anfang an auf Afrikaans lehrte: Bank 2015c: 182.

46 Verwoerd 1920.

47 FAV 4.3.2, handgeschriebener Lebenslauf in deutscher Sprache.

48 W. J. Verwoerd 1990: 4ff. Verwoerd hat in den 1930er Jahren zweimal britische Medaillen als Anerkennung für seine Arbeit für die poor whites abgelehnt, ebd.: 6f.

Im Juli 1922 wurde Verwoerd in den 16-köpfigen Studentenrat gewählt,[49] dem seine spätere Frau Elizabeth „Betsie" Schombee bereits angehörte.[50] Die Atmosphäre unter den Studenten war rassistisch geprägt, was sich in einer Reihe von Forderungen und Aktionen gegen die Coloureds auswirkte.[51] Schon in der Sitzung vom 17. August kritisierte der Studentenrat, dass der Universitätsrat den „amerikanischen Neger Max Vergan" zu einem Vortrag vor den Studenten einladen wollte.[52] Am 17. August 1922 wurde Verwoerd zum Vorsitzenden des Rates gewählt.

Ab dem 2. November 1922 trat er dann als Vorsitzender des Studentenrats (und Mitglied eines permanenten Auschusses für Finanzen) in Erscheinung[53] und sollte dieses Amt bis Anfang Dezember 1923 führen.[54] Seine Handschrift als neuer Vorsitzender wurde in der Einrichtung einer Vielzahl von Kommissionen erkennbar, d. h. seine Neigung zur Systematisierung und Hierarchisierung lässt sich bereits in dieser frühen Zeit feststellen. Ebenso wurden mit seiner Amtsübernahme die Protokolle umfangreicher, weniger weil sie detaillierter geführt wurden, sondern weil der Rat sich mit mehr Angelegenheiten als zuvor befasste.[55] Allerdings kam es schon im Mai 1923 zu Diskussionen, ob Verwoerd, weil er mittlerweile eine bezahlte Assistentenstelle im Fach Psychologie hatte, noch volles Stimmrecht als Studentenvertreter haben dürfe, was in seinem Fall bejaht wurde.[56]

Ohne dass eindeutig festzustellen ist, ob dabei die Initiative vom Vorsitzenden Verwoerd ausging, ist doch bemerkenswert, dass der Rat sich 1922 an diejenigen lokalen Firmen wandte, die sich weigerten, in der Studentenzeitung zu inserieren mit dem Hinweis, „dass sie unsere studentischen Interessen auch be-

---

49 UA, Protokolle des Studentenrats, Bl. 30, 17.8.1922.

50 Ebd. Bl. 27, 27.5.1922.

51 Du Raan 1998: 23.

52 UA Stellenbosch, Protokolle des Studentenrats, Bl. 30, 17.8.1922. Es handelte sich um Max Yergan, der in den 1930er Jahren Fort Hare besuchte: Williams 2001: 101.

53 UA Stellenbosch, Protokolle des Studentenrats, Bl. 46, 2.11.1922; Verwoerd war auch Mitglied einer Gradedag-Kommissie sowie einer Kommission für Zeremonien. Offensichtlich auf die Rolle des Vorsitzenden bezogen war dessen Vorschlag: „Darauf weist der Vorsitzende darauf hin, dass es erwünscht ist, aufzustehen, wenn er angesprochen wird." Ein entsprechender Antrag wurde angenommen: Bl. 48. Zu Verwoerds Reformen bezüglich der Graduierungszeremonien s. Du Raan 1998: 64.

54 Die drei Vorstandsmitglieder weigerten sich, nach dem Ende ihrer Amtszeit ein Geldgeschenk des Rates entgegenzunehmen, der ihnen gleichwohl für die gute Arbeit dankte: UA, Protokolle des Studentenrats, Bl. 75, 6.12.1923.

55 UA Stellenbosch, Protokolle des Studentenrats, Bl. 50, 26.3. 1923.

56 Ebd., Bl. 58, 29.5.1923.

achten müssen."[57] Verwoerd berichtete später triumphierend, dass die Drohung, diesen Firmen „eine finstere Zukunft vor Augen zu führen", die „gewünschte Wirkung" gezeigt hätte.[58] Im selben Jahr wurde Afrikaans statt Niederländisch zur offiziellen Sprache der Studentenunion[59] und Verwoerd begrüßte als Vorsitzender „with a humorous face and a most winsome smile" anlässlich eines Alumni-Treffens die Anwesenden auf Afrikaans und nicht auf Niederländisch.[60] Ein Jahr später gab er bekannt, dass als Reaktion auf sein Schreiben das Kapländische Orchester in Zukunft auf das Spielen der britischen Nationalhymne, die zu der Zeit noch die offizielle südafrikanische war, verzichten würde.[61] Zu seinen nationalistischen Initiativen gehörte auch die Einrichtung eines Büros für studentische Redner, die durch Vorträge über alle möglichen Themen die Verbreitung von Afrikaans förderten.[62] Außerdem konnten die Redner mitwirken an der „intellektuellen und sittlichen Erziehung unseres Volkes."[63] Verwoerd selbst war in der Debattiervereinigung der Universität aktiv und ging mit seinem Sprecherbüro auf eine Tournee, die ihn neben 12 anderen Orten nach Kroonstad führte, wo er von der Lokalpresse als „leading speaker" und „brilliant scholar" gepriesen wurde.[64] Seine Beteiligung an einer Debatte mit zwei Studenten aus Oxford über Freihandel, bei der er als Gegner des Freihandels auftrat, fand zwar ein Echo in der Presse, doch verabschiedete die Versammlung mit einer Zwei-Drittel-Mehrheit eine Resolution für den Freihandel. Verwoerds Auftritt war offenbar nicht überzeugend genug ausgefallen, um die Mehrheit für seine Position zu gewinnen.[65]

---

57 Ebd., Bl. 64, 14.8.1923.

58 Verwoerd 1924c: 4.

59 Da kein genaues Datum eruierbar war, ist nicht klar, ob dies während oder vor Verwoerds Amtszeit als Vorsitzender durchgesetzt wurde: Pieter Kapp, 'n Bron van Welbehae, in: Universiteit Stellenbosch 2004: 12.

60 De Zuid-Afrikaan, verenigd met Ons Land, 29.5.1923; der Bericht der Zeitung ist in Niederländisch, die verbatim wiedergegebene Ansprache Verwoerds in Afrikaans gehalten. Die insgesamt schmeichelhafte Beschreibung Verwoerds stammt aus einem Artikel aus dem Cape Argus vom selben Tag.

61 UA, Protokolle des Studentenrats, Bl. 68f., 11.9.1923.

62 Verwoerd 1924b: 37, er beendete seine Ausführungen mit der programmatischen Aussage: „Wer werden beim Aufbau und vor allem der Verbreitung der afrikaansen Wissenschaft im breiteren Sinn mithelfen. Wir werden helfen, um die gerechtfertigten Forderungen unserer benachteiligten Volksgenossen zu erfüllen, ihnen Gelegenheit für eine weitere Entwicklung und Weitung ihres Blicks zu verschaffen. Wir werden treu sein! [Ons sal handhaaf!]"

63 Verwoerd 1923.

64 Kroonstad Times, 30.1.1925. Doch wurden seine angeblich herausragenden Auftritte in dem 1926 erschienenen Jubiläumsbuch der Debattiervereinigung nicht erwähnt: Blignaut 1926.

65 Cape Times, 15.8.1924. S. auch den Bericht von P.H.L., Oxfordse Studente op Stellenbosch, in: Die Stellenbosse Student, 25, 6, 1924, S. 188–189.

Verwoerd legte 1924 in einem offiziellen Bericht Rechenschaft über seine Amtszeit ab. Wie der Redakteur der Studentenzeitschrift betonte, war dieser Studentenrat besonders aktiv gewesen, doch nutzte Verwoerd die Gelegenheit, um den Studierenden seiner Universität wegen ihrer „Unverantwortlichkeit und tödlichen Schlaffheit" fast zwei Seiten lang gewaltig die Leviten zu lesen. Als äußerst engagierter Student, der mit der „Undankbarkeit jeder repräsentativen Tätigkeit" konfrontiert war, nahm er sich das Recht, seinen Kommilitonen in empörtem Ton Vorwürfe zu machen. „All unseren äußersten Anstrengungen zum Trotz mussten wir oft ankämpfen gegen eine allgemeine Gleichgültigkeit und fehlendes Interesse an unserer studentischen Institution, was auf nichts anderes als auf Widerstand hinauslief."[66] Es ist aufallend, wie sehr er dennoch die Studierenden als Gemeinschaft konzipierte: „Jedes Individuum muss sich in lebendigem Kontakt mit der Studentenschaft als ganzer befinden." Dann könne es sich in einer „reinen studentischen Atmosphäre" ausleben und „bereits die Herausforderungen einer wahren Selbstregierung kennen lernen."[67]

Hinzu kam eine ähnlich vorwurfsvolle Äußerung im ersten Artikel Verwoerds, den er schon als 18jähriger in einem Studentenmagazin der Universität Stellenbosch veröffentlichte. In heftigen Worten warf er den „sogenannten Patrioten", womit er die Anhänger der NP meinte, mangelndes Engagement und eine fehlende Aufmerksamkeit für die armen Weißen vor. Die Schelte entsprang in beiden Fällen seiner Empörung über die mangelnde Hingabe an die Gemeinschaft.

Manche Journalisten und Weggefährten fragten sich, ob Hendrik Verwoerds besonders intensiver Nationalismus eine Art Überkompensation war, weil er kein gebürtiger Südafrikaner, sondern Einwanderer war.[68] Immer wieder gab es Anspielungen darauf oder sogar offene Vorwürfe aus den Reihen der Opposition und der englischen Presse.[69] Diese veranlassten ihn, bald nach seiner Wahl zum Premierminister in eigener Sache Stellung zu beziehen. Im Senat äußerte er sich, indem er darauf hinwies, dass sich die Zugehörigkeit eines Menschen nicht aus seinem Geburtsort ergab, sondern aus dem, was er glaubte und tat, doch der Journalist Jan van Rooyen, der Verwoerd gut kannte, hielt ihn diesbezüglich für

66 Verwoerd 1924c: 5.

67 Ebd.: 8.

68 Z. B. J. Basson 2006: 102 u. 136f. u. Meiring 1990: 2 u. 5.

69 So sprach der Verwoerd-kritische Unternehmer Anton Rupert in einer Rede in den USA von dem Premierminister als „jenem in Amsterdam geborenen Apostel der Apartheid." B. M. Schoeman 1982: 13. Ein Beispiel von konservativer Seite in: Barnard/Marais 1982: 109.

„empfindlich“ und musste ihm die Zustimmung abkämpfen, dass er in einem Portrait für seine Zeitung auch Verwoerds Herkunft erwähnen durfte.[70]

Ein subtileres Argument brachte der langjährige Chefredakteur der Tageszeitung „Die Burger“, Piet Cillié, der Verwoerds Karriere mit kritischer Sympathie begleitet hatte, in die Debatte ein, als er nach Verwoerds Ermordung auf seine niederländische Abstammung einging. Er stellte die Überlegung an, ob nicht die besondere Radikalität mancher Politiker mit ihrer Herkunft aus Randgebieten oder einer Einwanderersituation erklärt werden könnte, indem sie durch Extremismus das zu überwinden hofften, was sie selbst und andere als Makel dieser Herkunft empfanden. Piet Cillié nannte Napoleon als Korsen, Hitler als Österreicher, Stalin als Georgier und Verwoerd als Niederländer;[71] Tatsächlich lässt sich diese Form von Nationalismus als die Essentialisierung der Peripherie, ihre Entmarginalisierung gegenüber dem selbstsicheren Zentrum interpretieren: Von der Grenze, vom unsicheren Rand her entsteht das Neue, die Überwindung der Marginalität durch Überbietung.[72]

Wie man sehen kann, nahm Verwoerd an der Radikalisierung des Nationalismus aktiv Anteil. Während die ältere Geschichtsschreibung, etwa Hepple, Kenney und – positiv bewertend – Scholtz Verwoerd als einen Dogmatiker beschrieb, dessen Intransigenz und Kompromisslosigkeit auf seinen festen Glauben an rassistische Dogmen und seine nationalistische Überzeugung zurückgeführt werden könne, wurde dies später angezweifelt. Die amerikanische Umweltwissenschaftlerin Roberta Miller behauptete, Verwoerd sei ein Pragmatiker gewesen, der sich 1937 in wundersamer Weise zu einer kompromisslosen Politik bekehrt hätte.[73] Ihre Behauptungen können aufgrund ihrer selektiven Lesart der Quellen nicht überzeugen. Denn Verwoerd selbst stellte fest, dass er „während seines ganzen Lebens aufgrund seiner Erziehung und Gesinnung immer nur Nationalist und Afrikaaner war.“[74] Verwoerd ging, wie andere Nationalisten auch, von der Vorstellung aus, dass das Ziel seiner Politik das „Survival“ der Buren sein musste. „It is the basic fact of our political philosophy, and that is how to preserve South Africa for the white people.“[75]

---

70 J.J. van Rooyen 1971: 28. Ganz ähnlich Cillié 1980: 53 und Mouton 2002: 55. Bezeichnenderweise wird sein Geburtsort in einer 1964 erschienenen Geschichte der NP des Transvaal nicht erwähnt: Mulder/Cruywagen 1964: 93. Weitere Beispiele bei Terblanche 2001: 224 ff.

71 Cillié 1980: 54 f. S. auch Meiring 1987: 13 u. I.L. de Villiers 2009: 130.

72 Schlögel 2004: 145.

73 R.B. Miller 1993: 660 f.

74 FAV 4.5.1.4, V. an J.H. Labuschagne (Roodepoort), 17.7.1943.

75 FAV 4.7.2.4.5, Rede auf dem Parteitag der Natal-NP in Durban, 27.8.1963, S. 3. Froneman 2000: 399 f. u. 408 f.

Der südafrikanische Soziologe Dunbar Moodie hat 1975 die These aufgestellt, jüngere afrikaanse Intellektuelle, zu denen Verwoerd zählte, seien während ihres Studiums in Deutschland durch die Begegnung mit dem deutschen Nationalismus in ihrer eigenen Haltung so beeinflusst worden, dass die Radikalisierung des burischen Kulturnationalismus nach 1934 dadurch zu erklären sei.[76] Tatsächlich studierten zahlreiche afrikaanse Intellektuelle in Deutschland. Wegen der besonderen Leistung seiner 1924 abgeschlossenen Promotion erhielt Verwoerd ein Stipendium über 150 Pfund für drei Jahre, um im Ausland weiter zu studieren.[77] Mit den notwendigen Mitteln versorgt, ging er für drei Semester nach Deutschland. Doch schon allein die Tatsache, dass Personen mit so unterschiedlicher ideologischer Orientierung wie A. L. Geyer oder H. B. Thom, Andries van der Walt oder Cornelis de Kiewiet alle bei Friedrich Meinecke in Berlin promovierten, sollte zur Vorsicht vor zu raschen Schlussfolgerungen mahnen. Eine Beeinflussung Verwoerds durch den deutschen Kulturnationalismus ist nicht nachweisbar, ein solcher Nachweis ist aber auch nicht notwendig, um seinen Nationalismus zu erklären, da er ihn schon lange vor seiner Reise ausgebildet hatte und in seiner damals radikalsten Version vertrat. In der Tat lässt sich die Radikalisierung des burischen Nationalismus aus seiner historischen Eigendynamik besser ableiten als über einen Ideologietransfer aus Deutschland.

Für Verwoerd war Nationalismus mehr als nur ein emphatisches Bekenntnis zum eigenen „Volk“, denn er verstand ihn als Prinzip. Während die Menschheit eine Abstraktion war, war die quasi-natürliche Einheit die Nation: „Eine Welt ohne Nationalismus ist nicht vorstellbar.“[78] In der internationalen Öffentlichkeit wurde die Politik der Apartheid als Verletzung grundlegender Werte verurteilt. Im Südafrika der Nationalen Partei wurden Menschenrechte und grundlegende Bürgerrechte wie Freizügigkeit, freie Wahl des Arbeitsplatzes, politische Mitsprache systematisch mißachtet. Dieser weitgehend einhelligen externen Bewertung der Politik der Rassentrennung kontrastiert auffallend die Überzeugung der Apartheidpolitiker, sie sei moralisch gerechtfertigt und Südafrika mit dieser Politik Teil der christlichen Wertegemeinschaft. Diese Selbstsicherheit speist sich daraus, dass die Apartheid aus bestimmten Grundprinzipien abgeleitet und konsequent durchgeführt wurde.

In seinen zahlreichen Reden und Schriften betonte Verwoerd stets und eindringlich, seine Politik sei auf konsequent durchgehaltene Prinzipien aufgebaut. Dieses Insistieren auf Prinzipienorientierung wurde geradezu zum Wesensmerk-

---

76 T. D. Moodie 1975: 154.

77 UA Stellenbosch, Personalakte Verwoerd, Registrateur an V., 11.12.1924.

78 Verwoerd 1964 a: 7.

mal und Charakterzug Verwoerds: „Er ist unerbittlich – wenn es um Prinzipien ging, ja.“[79]. Dies ist auch der vorherrschende Eindruck, den Zeitgenossen wie Historiker von Verwoerd gewonnen haben: „For Verwoerd [...] apartheid was a political system based on clear and specific principles.“[80] Doch war die Orientierung an Prinzipien keineswegs auf die Zeit seines Handelns als Minister und Premierminister beschränkt, sondern sie bestimmte ihn schon als Jugendlichen, als Wissenschaftler, Journalisten und nationalistischen Propagandisten.

Darum ist zunächst zu klären, was „Prinzip“ für Verwoerd bedeutete und um welche Prinzipien es sich genau handelte. Aus einem Prinzip lassen sich alle weiteren Regeln deduzieren. Für den Zweck dieser Untersuchung kann man zwischen zwei Arten von Prinzipien unterscheiden: Funktionsprinzipien und Entscheidungs- bzw. Handlungsprinzipien. Eine Maschine funktioniert nach einem bestimmten Grundprinzip; das gilt aber auch für Institutionen wie Behörden oder das Rechtssystem. Da in ihrem Fall der überindividuelle Zusammenhang entscheidend ist, genießen die Funktionsprinzipien, denen sich der einzelne Mitarbeiter einer Behörde anpassen muss, Vorrang vor Handlungsprinzipien, die die Entscheidung des einzelnen bestimmen. Ein Richter muss sich an geltendes Recht halten, er kann nicht seinen privaten Vorstellungen von Gerechtigkeit folgend Entscheidungen treffen.

Handlungsprinzipien beruhen auf Werten, auf der Entscheidung für solche Werte, woraus Handlungen hervorgehen. „Indem wir sie wollen, stellen wir uns Aufgaben, die uns Führung und Energie für Taten verleihen, die auf die Verwirklichung von Zielen ausgerichtet sind.“[81] Der Unterschied zwischen Handlungs- und Funktionsprinzipien liegt in der individuellen Entscheidung, die für erstere ausschlaggebend ist. Handlungs- und Funktionsprinzipien können in einen Gegensatz geraten, z.B. wenn ein Soldat, der dem Prinzip von Befehl und Gehorsam folgen muss, einen Auftrag erhält, der seinen innersten Überzeugung widerspricht, etwa Kinder zu töten.

Wenn Verwoerd über Politik und die gesellschaftliche Ordnung sprach, definierte er Handlungsprinzipien in Funktionsprinzipien um, d.h. er leugnete, dass das individuelle Handeln aus einer prinzipienorientierten Entscheidung abgeleitet sein könnte. Seinen Prinzipien lag vielmehr die Erkenntnis einer unumstößlichen Wahrheit zugrunde, die Entscheidungen überflüssig machte und

---

79 M.P.A.Malan 1964: 321. Sein Sohn Wilhelm zeigte sich überzeugt, dass dies auf den Einfluss seines akademischen Lehrers Wilcocks zurückgeführt werden konnte: S. Zitat bei Terblanche 2001: 233.

80 Giliomee 2012a: 39. Auch Scholtz hebt die große Bedeutung von Prinzipien seit seiner Jugend hervor: G.D.Scholtz 1974: Bd. 1: 18 u. 09.

81 Verwoerd 1922a: 16.

menschliches Handeln ausschließlich funktional betrachtete. Prinzipiengeleitetes politisches Handeln ging nicht auf eine ad hoc getroffene Entscheidung aufgrund einer Güterabwägung zurück, sondern sie beruhte auf der unhinterfragbaren Erkenntnis der objektiven Wahrheit. Darum konnte er 1957 der Journalistin Rykie van Reenen in einem Interview versichern: „Sehen sie, man hat darum nie den quälenden Zweifel, ob man vielleicht falsch liegen könnte."[82] Daraus erklärt sich der totalitäre Anstrich seiner Politik, von dem noch häufiger zu sprechen sein wird.

So muss ein politischer Beschluss in Verwoerds Denken auf Wahrheit begründet sein und darf nicht etwa getroffen werden, um jemandem einen Gefallen zu erweisen. Tatsächlich lässt sich eine direkte Verbindung zwischen Verwoerds Prinzipienorientiertheit und der kalten Sachlichkeit seiner Politik herstellen, die auf die persönlichen Befindlichkeiten ihrer Objekte keine Rücksicht nahm. Aus Prinzipien leiten sich die sachbezogenen Gründe für politisches und administratives Handeln ab. Einige der Beispiele, die Verwoerd im Rahmen seiner Masterarbeit über „Die doppelte Aufgabe" anführte, zeigten die Unvereinbarkeit von Nebenabsichten mit dem Prinzip.[83] Wenn das Prinzip der Hauptgrund war, konnte es Nebengründe geben, die ebenfalls handlungsleitend waren. Doch wenn ein Politiker Ausnahmen bei bestimmten Maßnahmen aufgrund persönlicher Rücksichtnahmen oder Mitleid zulassen würde, gäbe er damit das Prinzip auf, die gleichen Grundsätze auf alle anzuwenden. Ein Funktionsprinzip war für ihn das rechtliche Prinzip der Gleichbehandlung, das er immer wieder vorbrachte, wenn er Ausnahmeregelungen ablehnte. Das verlieh seinem politischen Handeln die charakteristische Inflexibilität und bürokratische Gnadenlosigkeit. Daraus folgerte er aber auch, dass die Weißen nicht für sich Dinge beanspruchten könnten, die sie anderen nicht zuerkannten. So mussten sich Weiße der Apartheid ebenso unterwerfen wie Schwarze, etwa was das Aufenthaltsrecht in bestimmten Gebieten betraf.

Schon in jungen Jahren befasste er sich mit Werten, dem „Problem der Werte" widmete er eine Masterarbeit, die er mit 21 Jahren im Fach Philosophie schrieb. Das Schöne, Gute und Wahre identifizierte er als die zentralen ästhetischen, sittlichen und intellektuellen Werte. Für Werturteile reichten der Verstand und die wissenschaftliche Betätigung allein nicht aus, da Werte den ganzen Menschen betrafen (14),[84] d. h. im Effekt den Menschen als Gemeinschaftswesen. Die Ethik unterscheidet sich von den Naturwissenschaften, die nur nach ursächlichen Zu-

---

82 Zit. nach Terblanche 2001: 223.

83 Verwoerd 1922a: 12.

84 Die folgenden Zahlenangaben in Klammern beziehen sich auf die Paginierung der Masterarbeit.

sammenhängen suchten, dadurch, dass sie ein System von Werten entwickelt (60).

Selbst wenn an der Oberfläche Widersprüche erscheinen, kann ihnen ein einheitliches Prinzip zugrundeliegen. „Auch kann das allgemeine Prinzip die zugrundeliegende Einheit darstellen, die sittliche Urteile zu vielen Themen ermöglicht“ (61). Somit ist auch alles Handeln von Werten begleitet, wenn nicht geleitet. Menschen können dieselben Werte haben, doch handeln sie unterschiedlich, um sie zu verwirklichen. Dies bedeutete für ihn aber nicht, dass sie nicht alle einem zugrunde liegenden Prinzip zufolge handeln können, „weshalb wir das universale Prinzip nicht in verschiedenen Arten von Verhalten oder Dingen suchen, sondern in dem Ziel, das eine Vielzahl an Zuständen inspirieren kann, ohne sich auf einige wenige zu beschränken. Das zugrunde liegende Prinzip kann darum als absolut bezeichnet werden [...], solange seine Gültigkeit unverändert bleibt, unbeschadet der äußerlichen Unterschiede der Wertesysteme, in denen es sich offenbart.“ Der Wert jeder Tat ergibt sich aus der weiteren Zielsetzung, der sie zugeordnet ist. Dies impliziert, dass sich ein Wert erst aus der Kenntnis vom Ganzen erschließt (76). Diese Überlegung ist interessant im Hinblick auf Verwoerds Systematisierung der Apartheid als einer moralisch legitimierbaren Politik, die für ihn dem Wert des friedlichen Zusammenlebens folgt. „Die Identität zwischen dem Willen zur Tat und der Ausführung der Tat ist der sittliche Wert. Darum ist es nicht die Tat, die wertvoll ist, sondern die Persönlichkeit, die in der Tat ihren Willen zur Tat verwirklicht und sich dadurch selbst auslebt. Da wir gelernt haben, die Tat vor und nach ihrer Verwirklichung zu vergleichen, werden wir sehen, dass die Erfüllung der gewollten Tat tatsächlich ein absolut gültiger Wert ist, denn sobald wir uns bewusst werden über unseren eigenen absoluten Wert, ist ‚Wertschätzung‘ die einzige Haltung, die wir gegenüber unseren Taten einnehmen können. Wir verhalten uns sittlich, sobald wir die Handlung, die wir wollen, ausführen. Es gibt kein partikulares Sittengesetz, sondern die einzige Pflicht lautet: Führ diejenige Tat aus, die Du um ihrer selbst willen willst. Der Wert der Sittlichkeit geht nur dann verloren, wenn wir uns selbst verleugnen, indem wir Willensentschlüsse nicht ausführen, obwohl wir sie eigentlich wollen.“[85] Verwoerd betont, dass jeder Mensch Werte hat, an denen er sich orientiert, darum hatten Werte für ihn eine primär normative Bedeutung: „Alle Werte sind jedoch anfänglich Forderungen“ (3).[86]

---

85 Verwoerd 1922b: 38.

86 Gleichwohl blieb in seiner Masterarbeit das Verhältnis von Werten zu Prinzipien oder einem zugrundeliegenden Grundprinzip ungeklärt, weil es nirgendwo konkretisiert wurde. Da er einerseits davon sprach, dass die Werte nur in ihrer besonderen, d. h. konkreten Gestalt, erreichbar seien, andererseits aber völlig abstrakt argumentierte, ohne zu erläutern, was ein solches zu-

Aus dem normativen Anspruch eines Wertes mit allgemeinem Geltungsanspruch ließ sich ein Prinzip gewinnen, das als Handlungsmaxime wirkt. Neben Funktionsprinzipien mit begrenzter Geltung, die sich auf einen Funktionsbereich wie das Rechtswesen oder die Verwaltung bezogen, gab es für Verwoerd schon 1922 ein universales Grundprinzip, das principium principiorum, aus dem alle anderen abgeleitet werden können. Welches könnte dies gewesen sein? Mit Sicherheit nicht Demokratie, die für ihn immer nur als Lippenbekenntnis und Verweis auf die westliche Zivilisation taugte.[87] Nein, das Grundprinzip, das er nie hinterfragte, weil es für ihn eine Grundwahrheit über die Welt darstellte, war die Gemeinschaft und ihre Priorisierung gegenüber dem Individuum.[88] Dies erinnert an Rousseaus Vorstellung von der Volonté générale, die als Kollektivwille etwas anderes ist als die Aufsummierung der Einzelwillen. Dabei legte er die Gemeinschaft als den größeren Rahmen fest, ohne sie zunächst genauer zu bestimmen. Aus dem Kontext wird indes klar, dass er nicht unbedingt kleinräumige Gemeinschaften wie die Familie oder ein Dorf meinte, sondern auf die nationale Gemeinschaft als eine Wertegemeinschaft abzielte, denn er ging von subjektiven Bewertungen aus, um dann zu überindividuellen Wertorientierungen fortzuschreiten, aus denen er die Wahrheit gewann: „Ein Mensch kann sein Leben opfern aus Liebe für sein Volk oder die Freiheit seines Landes."[89] Venter weist darauf hin, dass Verwoerd nirgendwo genauer bestimmt, was er mit „Volk" eigentlich genau meinte;[90] offenbar war es für ihn eine unhinterfragbare Größe, die ihm so unproblematisch war, dass er gar keinen Bedarf sah, sie genauer zu umschreiben. Aus dem „Volk" oder der Nation ließen sich alle weiteren Grundprinzipien, die Existenz von Rassen, der unausweichliche Konflikt zwischen Ethnien, der zentrale Stellenwert von Familie und Abstammung als sekundäre Prinzipien ableiten.

Es existierte also eine Interdependenz, da das Individuum für Verwoerd durch die Gemeinschaft geformt wird, es diese aber auch seinerseits beeinflussen kann. „Die Gemeinschaft ist also eine Einheit mit festgelegten Rechten und Pflichten

---

grundliegendes Prinzip sein könnte, blieben seine Ausführungen an vielen Stellen diffus. Verwoerds Begrifflichkeit blieb zu unscharf und unreflektiert, um zu wirklich neuen Erkenntnissen zu kommen, wie er selbst am Ende seiner Arbeit resümierte: „Doch müssen wir nun erkennen, dass wir sehr wenig dazu beitragen konnten, um das Problem zu lösen." (77)

87 Seit Roberts/Trollip 1947: 179, die den Kampf zwischen NP und OB als Prinzipienstreit interpretierten, wurde die Fabel, Verwoerd sein ein überzeugter Demokrat gewesen, von Apologeten gern aufgenommen, z. B. Terblanche 2001: 13.

88 Damit stand er keineswegs allein, sondern die meisten afrikaansen Kulturnationalisten teilten diese Einstellung, z. B. Keyter 1960: 199 ff.

89 Verwoerd 1922b: 59.

90 J. J.Venter 1999: 432.

und mit ebenso festgelegten Wertmaßstäben, die aus dem Maß der Einheit der Individuen hervorgehen. Dies ergibt sich, weil wir erkennen, dass bei allen Unterschieden in Veranlagung, Neigung und Entwicklungsmöglichkeiten unter Individuen ihr tiefstes Wesen und ihre Lebensbedingungen von gleicher Art sind. Der Mensch lebt und arbeitet gemeinsam mit anderen und darum können seine Wertmaßstäbe nicht rein individuell sein, sondern sie werden gesellschaftlich."[91] Aus der Erkenntnis, dass die Nation der zentrale Wert für jeden Menschen sei, leitete er Handlungsprinzipien ab, nämlich das Überleben des Volkes zu sichern, das biologische wie kulturelle. Andere Autoren wie der Ethnologe P. J. Coertze oder der Soziologe G. Cronjé pflichteten ihm darin bei, indem sie betonten, dass „der Mensch" als solcher gar nicht existiere, sondern nur in seiner konkreten Prägung durch die ethnische Gemeinschaft.[92] Das Ziel, die nationale Gemeinschaft zu erhalten, konnte demnach nur verwirklicht werden, wenn Handlungsprinzipien so konsistent und konsequent umgesetzt wurden, als wären sie Funktionsprinzipien. Aus seiner Erkenntnis der „Wahrheit", dass Menschen sich nur in Gemeinschaften verwirklichen können, gewann Verwoerd ein Funktionsprinzip menschlichen Zusammenlebens, das den Entscheidungen des einzelnen enthoben war. Das Bekenntnis zur Nation wurde von einer ethischen Entscheidung zu einer Naturnotwendigkeit. Damit konnte Verwoerd sich als Exekutor eines Prinzips, als eine Art Geschäftsführer des Weltgeistes verstehen und aus voller Überzeugung verneinen, dass das Prinzip, auf das er sich berief, auf einer individuellen Wahl gründete.

Genau diese Unterwerfung des einzelnen unter die Gemeinschaft implizierte die faktische Leugnung individueller Freiheit und freier Lebensgestaltung durch die Apartheid-Regierung, wie 1957 bereits der Theologe B. B. Keet konstatierte.[93] Damit aber lief dieses Grundprinzip Verwoerds auch in fundamentaler Weise den Grundlagen der westlichen Demokratie zuwider, die auf selbstverantwortlichen Entscheidungen des einzelnen und auf seiner freien Wahl aufruht.

Dies implizierte zugleich die Leugnung der Historizität von Ethnizität und Nation, die vielmehr zu Konstanten und anthropologisch universalisiert wurden.

---

91 Verwoerd 1922b: 59; P. J.Coertze 1979: 246 versucht, die Gemeinschaft mittels eines ethnologischen Funktionalismus zu erklären, was ihm aber nur auf Kosten der Logik gelingt. Auch die Leipziger Ganzheitspsychologen, namentlich Felix Krueger, vertraten die Auffassung, dass Individuum gehe völlig in der Gemeinschaft auf: Geuter 1985: 63 ff. u. Prinz 1985: 108.

92 Das hielt sie jedoch nicht davon ab, in ihren Publikationen abstrakt über „den Menschen" zu sinnieren, wobei gerade Cronjé dies ohne jeden Bezug auf Forschungsstand oder Literatur unternahm: z. B. Cronjé 1964 b u. c. S. auch E. F.Potgieter 1957: 129, für den Kontakt und Kommunikation immer zwischen Gemeinschaften, nicht zwischen Individuen, stattfindet.

93 Keet 1957: 6 ff.

Darum konnte er mit Leichtigkeit das zeitgenössische Verständnis des Nationalstaats ins Mittelalter projizieren und die Auflösung von Reichen in Nationalstaaten als einen „naturgemäßen“ Ablauf darstellen: „Throughout history empires haven fallen to pieces which sought to bind different national groups together even when they were ethnically related and with no colour differences involved, and more so the greater the national or racial differences. Unceasing eternal strife within the multiracial state was often though not always succeeded by greater peace between them as national states and neighbours when they became independent.“[94] Selbst das Römische Reich hatte seiner Meinung nach mit nationalen Partikularismen zu kämpfen: „Whenever account has been taken of national entities when creating new states, contentment has been the result. Is this not the lesson taught by the history of Southern and Eastern Europe? Was the Roman Empire as well as other empires that came into being, not continually involved in internal strife and conflict and disorder until there was a separation and states were created? It is true that neighbouring states also fought one another, but there was never such a great degree of unrest and internal struggle, strife and hatred between states. After a conflict of interests, they often settled the matter between them and became allies.“[95] Es handelte sich um ein keine weiteren Reflexion erforderndes geschichtliches Grundgesetz, „dass, wo es Unterschiede in Sprache, Lebensweise und Zivilisationsstand gibt, verschiedene Nationalitäten glücklicher in eigenen Staaten leben als unter Beherrschung durch eine von ihnen. Trennung verschiedener Arten ist ein Naturgesetz. So können Nachbarstaaten besser in Freundschaft leben, als wenn versucht wird, zusammenzuwingen, was nicht zusammenpasst.“[96] Tatsächlich enthistorisierte und naturalisierte Verwoerd den Nationalstaat, der vielmehr zu einer zeitunabhängigen Grundordnung der Menschheit wurde. Die Apartheidpolitik zog die Konsequenzen aus den „lessons of world history“, nämlich „that many wars and much internal disorder have been caused by attempting to force different racial groups, even of the same colour and stage of civilisation, into one political unit.“[97] Geschichte wurde entweder zu Verfall und Chaos, oder sie geriet zu einer Abfolge von Korrekturen, in denen Menschen sich immer wieder des Grundprinzips erinnerten und ethnische Einheiten zur Grundlage ihres Zusammenlebens erhoben.

Das Zusammenleben verschiedener ethnischer Gruppen innerhalb eines Staates konnte nicht funktionieren, sondern musste zwangsläufig zu Konflikten

---

94 PV 93/1/30/1/20, Verwoerd an J. A. Chambers, 17.9.1963: Bl. 158.

95 Verwoerd, Speech in the House of Assembly, January 23, 1962, in: Pelzer 1966: 660 – 689, hier 665.

96 PV 93/1/30/1/28, Verwoerd an J. Bogaards, Alkmaar (Niederlande), 13.10.1964.

97 PV 93/1/24/12, Erklärung des Premierministers (23.1.1962), S. 3.

führen. Umso mehr galt dies, wenn diese ethnischen Gruppen wie in Südafrika gleichzeitig unterschiedliche zivilisatorische Niveaustufen repräsentierten.

Die Menschheit war für Verwoerd nur als in ethnische Gemeinschaften segmentiert vorstellbar, Appelle und Bekenntnisse zur Menschheit als umfassender Einheit erschienen ihm realitätsfremd und sentimental, sie lösten die vorgegebene Ordnung auf und steuerten auf das Chaos zu. Gemeinschaft und namentlich die Nation waren Differenzbegriffe, denn die Zugehörigkeit implizierte gleichzeitig eine Exklusion derjenigen, die anders waren. Die Nation ließ sich überhaupt nur definieren über die Differenz zu denjenigen, die nicht dazugehörten. Dies bedeutete, dass der Erhalt der Afrikaaner-Nation die Abtrennung von denjenigen erforderte, die nicht dazuzählten, wie die Briten oder die schwarze Mehrheit. In Verwoerds Prinzip der Gemeinschaft, im Grundprinzip seines Denkens, war bereits die Trennung angelegt.

Weil der Kulturnationalismus aus einem Prinzip entsprang, konnte Verwoerd sagen: „Ein Volk kann nie seine Prinzipien anpassen. Ein Volk kann sehr wohl die Umstände bewerten oder neu bewerten.“[98] Das Prinzip gewann konkreten Inhalt durch die jeweilige Kultur einer Nation, was einen Kompromiss, der den kulturnationalistischen Kernbestand in Frage gestellt hätte, ausschloss. Dadurch, dass er alles Handeln aus „Prinzipien“ ableitete, wurde er unfähig zu Kompromissen.[99] Das Prinzip der Nation konnte nur dann politisch durchsetzbar sein, wenn sich diejenigen, die ihm folgten, in einer Partei zusammenfanden. Das war schon einer der Kernbekenntnissätze von D. F. Malan gewesen: Bringt zusammen, was aus innerer Überzeugung zusammengehört. Verwoerd vertrat gegenüber Malan ein radikaleres Prinzip, weil der Voluntarismus, die „innere Überzeugung“, hinter objektiven Zuschreibungen zurücktrat. Die Partei als Verkörperung der Nation erklärte auch, warum Verwoerd so beharrlich auf deren Prinzipienorientierung bestand und nicht den geringsten Kompromiß eingehen wollte, „denn dem Volksinteresse (mit der Partei als Instrument) gebührt der erste Platz und darum muss es das Band bilden.“[100]

In den Aufzeichnungen des jungen Dozenten und nach 1928 des Professors finden sich immer wieder Beispiele für psychologische Sachverhalte aus dem Kontext weißer Armut und des Nationalismus. So nannte er in seiner psychologischen Masterarbeit über die „doppelte Aufgabe“ als Alltagsbeispiele auch solche, die direkt mit Politik, mit widersprüchlichem Verhalten in der Politik zu tun hatten: Ein Engländer schreibt über den Burenkrieg und die Leiden der Buren.

---

98 PV 93/4/1/15, Verwoerd, undatierte Aufzeichnungen oder Redemanuskript, n.d.: Bl. 13–15, hier 14.

99 Das bescheinigte ihm auch Meiring 1987: 144.

100 PV 93/1/30/1/4, Verwoerd an A. J. van der Merwe (Lichtenburg), 9.3.1959: Bl.48.

Dabei behauptet er gleichzeitig als Patriot, die Briten hätten nichts davon gewusst.[101] Englischsprachige Weiße hatten eine doppelte Loyalität, weshalb sie sich in Widersprüche verwickeln mussten. Dies galt auch für Jan Smuts, der Politik zu Gunsten Englands betrieb und behauptete, letztlich liege dies im südafrikanischen Interesse.[102] Darum war für Verwoerd eine Zusammenarbeit mit Politikern wie Smuts, der eine künstliche weiße Nation schaffen wollte, oder mit Hertzog, dessen Two-Stream-Policy mit etwas anderen Mitteln dasselbe Ziel anstrebte, nicht denkbar, weil deren Politik in seinen Augen prinzipienlos war.

Für den Kulturnationalismus nahm die Geschichte einen zentralen Stellenwert ein, denn zu den scheinbar objektiven Zuschreibungskriterien wie Sprache, Religion und Abstammung trat die kollektive Erfahrung, weshalb die Nation als historisch gewachsene Einheit „völlig unabhängig von Rasse" war.[103] Verwoerds Biograph G.D. Scholtz brachte dieses Verständnis von Nation auf die einfache Formel: „Ein Volk kann in aller Kürze als eine geistige Einheit definiert werden."[104] Geschichte war zudem das Band, das die Vergangenheit mit der Zukunft verknüpfte und die Kontinuität der Nation nicht nur rein biologisch sicherte, sondern Erfahrungsraum und Zukunftshorizont aneinander schloss. So ließ sich die gegenwärtige und künftige Entwicklung im Licht historischer Erfahrung interpretieren und in einen zeitlich übergreifenden Sinnzusammenhang einordnen. Die Geschichte war nicht der Ablauf einer gleichförmigen Zeit, sondern als Sinnzusammenhang war sie durch eine Ereignisfolge geprägt, die sie zur erfüllten Zeit machte und als heilsgeschichtliche Verengung gleichzeitig Kontingenz minimalisierte oder sogar ausschloss.[105]

Für Verwoerd war der Bezug auf die Geschichte eine nationalistische Selbstversicherung, denn die Geschichte war zu einem sinnvollen Geschehenszusammenhang verwoben, der sich in einigen Bekenntnissätzen zum Ausdruck bringen ließ: Die Buren wurden in Südafrika zu einem eigenen Volk, was sich in ihrer eigenen Sprache niederschlug. Ihre Geschichte war eine einzigartige Geschichte des Leidens, in der sich zahlreiche biblische Bezüge und Parallelen zur Geschichte der Juden im Altertum entdecken ließen.[106] Die Geschichte war von Gott so gewollt, was der langjährige Vorsitzende des Broederbond, J.C. van Rooy, 1943 auf den Punkt brachte, dass „Gott in Seiner Ewigen Weisheit die Afrikaaner-Nation erwählt und bestimmt hat, um den einen oder anderen Gottesgedanken zu

101 Verwoerd 1922a: 12f.
102 Ebd.: 9f.
103 231/2/1/2, Eerstejaar Sociologie: Algemene kursus, S. 39.
104 Scholtz 1974: Bd. 2: 54.
105 Benjamin 2015: 90.
106 Walzer 1988; Marx 2008: 182ff.

verwirklichen, dass Gott diese Nation als Instrument benutzen will, um den einen oder anderen Teil Seines Allweisen Plans auf der Erde zur Ausführung und Verwirklichung zu bringen.“[107]

Wie wenig Verwoerd die Geschichte des eigenen Volkes als bloße, zufällige Aufeinanderfolge von Ereignissen und Entwicklungen wahrnahm, sondern als eine Art säkulares Heilsgeschehen, kam immer wieder in seinen Reden anlässlich zentraler Gedenktage zum Vorschein. Kurz nach seiner Wahl zum Premierminister brach sich das Sendungsbewusstsein als dasjenige einer besonderen Nation in folgenden Worten Bahn:

> "That is why we are building on the only rock of nations, namely the faith and the same helping hand which gave our forefathers the victory of Blood River. We are building in faith, we are building with power because we know that we have not been planted here aimlessly. [...] Why could they go through their wars of independence and, win or lose, yet survive as a nation? Why was this all given to us if there is no purpose in it? And I believe this to be the purpose – that we should be an anchor and a stay for Western civilisation and for the Christian religion. [...] Never before in history, at any rate the history of the past two thousand years, has the position of the white races been so perilous. They are in danger not because of their lack of knowledge or power, but on account of that which is going on in their own spirit: their inner weakening and wrong conception of what their task is on earth. [...] Perhaps it was intended that we should have been planted here at the southern point within the crisis area so that from this resistance group might emanate the victory whereby all that has been built up since the days of Christ may be maintained for the good of all mankind. May you have the strength, people of South Africa, to serve the purpose for which you have been placed here!"[108]

Durch die Geschichte wurde ein generationenübergreifender Zusammenhang hergestellt, in dem jedes Individuum seinen festen Ort zugewiesen erhielt. Seine Existenzberechtigung lag darin, dass es einem Volk angehörte: „Für jeden ist die Geschichte der Entstehung seines Volkes einzigartig – es ist seine Geschichte, woran er persönlich Anteil hat durch seine Vorfahren, deren Blut in seinen Adern fließt. Für ihn ist dies das wichtigste, denn daraus fließt nicht nur Kenntnis – dies trägt seine ganze Seele, stählt seinen Charakter, verleiht ihm Zukunftsideale.“ Der Mensch lebte psychisch und intellektuell nur durch und für die Nation. Die Völker waren für Verwoerd Kollektivindividuen, da jedes eine Art genetischer Besonderheit hatte. „Jedes Volk der Welt hat seine eigene Natur. Aus dieser Art-

107 FAV 4.5.2.4, Broschüre zum 25jährigen Bestehen des AB 1943, Rede des Vorsitzenden J.C. van Rooy, S. 45.

108 Verwoerd, Day of the Covenant Address at Blood River, December 16, 1958, in: Pelzer 1966: 206–211, hier 210 f.

bestimmung lebt es sich aus und trägt es Früchte."[109] Er wurde nicht müde, seinen Zuhörern immer wieder den Vorrang der Gemeinschaft vor dem Einzelnen vor Augen zu führen. „I say again that the merit which counts is not only the merit of the individual. [...] The merits of races and groups must also count. We who are White will stand, fight and win in Africa on the merits of our White community viewed as an entity."[110] Verwoerd betrachtete ein Volk wie ein eigenständiges Lebewesen, für ihn waren Völker, nicht Individuen, die eigentlichen Subjekte der Geschichte; Individuen, besonders Politiker, waren lediglich die Geschäftsführer des Volkswillens. Daraus lässt sich unschwer die Schlussfolgerung ziehen, dass Völker in ihrer Identität erhalten und voneinander getrennt bleiben müssen. Darum nahm er für sich in Anspruch, dass er mit seiner Apartheidpolitik nichts anderes tue als „to follow the path of history and the way of nations."[111]

Den Kern des kulturnationalistischen Bekenntnisses bildete eine mythisierte Geschichte, die Dunbar Moodie als „Civil Religion" charakterisiert hat.[112] Der Politikwissenschaftler Albert Venter sieht darin den Grund für das Auseinandertreten von moralischer Überzeugung und Rücksichtslosigkeit der Umsetzung: „In der Traumwelt einer solchen politischen Ideologie werden Handlungsweisen, die in der wirklichen Welt als unsinnig betrachtet würden, als moralische Handlungen verstanden."[113] Für Verwoerd war die Geschichte vor allem ein Auftrag, die Zukunft zu gestalten, „in order that we may make of our future that which our past held out as a promise."[114] Trotz vielfacher Beschwörungen der Vergangenheit interessierte er sich nicht wirklich für Geschichte. Sie diente ihm lediglich dazu, den Auftrag für eine ganz bestimmte Zukunftsgestaltung zu gewinnen. „Each generation must realize that the child is its continuation. It must dedicate all its thoughts and energy to those who are to follow."[115] Er war zu jeder Geschichtsklitterung fähig, solange er nur seine eigenen ideologischen Vorstellungen als Aufträge in die Vergangenheit rückprojizieren konnte, wie im Fall des konservativen Präsidenten des Transvaal, Paul Kruger, dem er denselben Affekt gegen den „Liberalismus" unterstellte, wie er ihn selbst pflegte. Seine antiliberale Haltung sei allerdings nicht automatisch ein Ausweis für Konservatismus, son-

109 FAV 4.5.2.7, Rede zum Krugertag am 10. Oktober (kein Jahr angegeben, 1940er Jahre).

110 Verwoerd, Statement of Policy in the House of Assembly, 9.3.1960, in: Pelzer 1966: 340–369, hier 366.

111 Scholtz 1974: Bd. 2: 162.

112 T. D.Moodie 1975.

113 A. Venter 2011: 547.

114 Verwoerd, Speech on Kruger Day, Pretoria, 10.10.1959, in: Pelzer 1966: 313–318, hier 317.

115 Verwoerd, Speech at the Inauguration of the Sunday School Buildings, Bloemfontein, 1.10.1959, in: Pelzer 1966: 299–312, hier 312.

dern Kruger war im Gegenteil „progressive! He was progressive as patriot, as the father of his people, as the creator of his nation's future within its own country. And in this way we also want to be progressive but not otherwise."[116] In Verwoerds Traditionsorientierung drückte sich sein Selbstverständnis als Modernisierer aus.

Sein Interesse an Geschichte verfolgte stets einen praktischen, zukunftsgerichteten Zweck, denn er bezog aus der Gewißheit, die ihm die Geschichte als Heilsgeschehen vermittelte, die Sicherheit, „that we must enter the future full of courage and full of faith with the eye directed above, to Him who planted us here with a purpose. Let us believe that we are here to continue to exist and let us be ready with all the strength of our hearts, with all the strength of our minds, with all the power of our bodies, with all we possess, to offer whatever South Africa asks of us."[117] Darin hatte Kontingenz keinen Platz, weshalb Verwoerd sich stets bemühte, seine langfristigen Ziele als unausweichliche Resultate einer realitätsnahen Politik auszugeben.

Die Erfahrung eigenen Leidens konnte nun völlig verschmelzen mit der Leidensgeschichte des Volkes, der Immigrant Verwoerd war spätestens nach dem ersten Attentat dem „Volk" zugehörig: „A person who has suffered, and this is also true of a nation, should rather look to the future and press forward. If one is spared it is in order to fulfil further duties. Similarly, if a nation has been spared for centuries in a land of hardship but also of great promise, it too has a task to fulfil."[118] Durch die Geschichte wurde die Nation zu einer wirklichen Schicksalsgemeinschaft – Einwanderer wie Verwoerd eingeschlossen. Als Einwanderer definierte Verwoerd Nation nicht über Abstammung, sondern als Sozialisationsgemeinschaft. Genau aus dieser Geschichte des Schmerzes und des Leidens bezog er seine Energie sowie die Gewißheit, dass der Blick in die Zukunft gerichtet werden musste. Dies erklärt den Unterschied in der Bedeutung von Nation und Rasse für das Verwoerdsche Denken: Rasse war keine Gemeinschaft, sondern eine Zuschreibungskategorie, während Nation für ihn eine lebendige Gemeinschaft bildete, die allein identitätsstiftend wirken konnte.

Der Kulturnationalismus bezog sich auf scheinbar objektive Kriterien wie Zugehörigkeit zu einer Sprachgemeinschaft, Geburt und Abstammung, Geschichte und Kultur. Demgegenüber war die Bedeutung des Willens und der Entscheidung des einzelnen stark reduziert. Daher war die Nationale Partei keine Vertreterin von Partikularinteressen, vielmehr war es selbstverständlich, dass eine Partei, „die die

---

116 Verwoerd, Speech on Kruger Day, Pretoria, 10.10.1959, in: Pelzer 1966: 313 – 318, hier 315.
117 Verwoerd, Speech on Union Jubilee, Bloemfontein, 31.5.1960, in: Pelzer 1966: 398 – 406, hier 406.
118 Verwoerd, First Speech after attempted Assassination, 20.5.1960, in: Pelzer 1966: 394 – 397, hier 396.

Belange des Volkes im Blick hat, oft die eigensüchtigen Wünsche der Wähler verwerfen muss.“[119] D.h. es gab ein übergeordnetes „prinzipielles“ Interesse, das Vorrang vor den Interessen der Wähler hatte; darüber entschied freilich der Parteiführer und nicht die Wähler oder die Mitglieder.

Wie früh diese besonders radikale und totale Spielart des Nationalismus bei Verwoerd ausgeprägt war, zeigen einige Kurzgeschichten, die er 1931 in der populären Zeitschrift „Die Huisgenoot“ veröffentlichte. Sie erscheinen wie eine ausgearbeitete Fortsetzung der Beispielsammlung, die er zu Beginn seiner psychologischen Masterarbeit über die doppelte Aufgabe präsentierte.[120] Auch in diesen Geschichten ist der einzelne mit einer doppelten Aufgabe konfrontiert, wobei er allerdings die beiden Teilaufgaben nicht miteinander vereinbaren kann, sondern wählen muss: Sein individuelles Lebensglück oder die Unterordnung unter die Erfordernisse und Erwartungen der Gemeinschaft. Die Geschichte „Die Lewensanker“ [Der Anker im Leben] ist geschickt aufgebaut, da Verwoerd eine Erwartungshaltung beim Leser weckt, die am Ende durch eine radikale Wendung enttäuscht wird. Damit wird den Lesern der Grundkonflikt, der sich hinter einer rührseligen Liebesgeschichte verbirgt, drastisch vor Augen geführt und ihnen vergegenwärtigt, dass die hier getroffene Entscheidung jeden einzelnen unmittelbar angeht. Ein junger Mann und eine etwa sieben Jahre jüngere Frau wachsen als Nachbarskinder miteinander auf. Der Junge kümmert sich um das Baby, spielt mit dem kleinen Mädchen und hilft ihr später in der Schule. Sie schwärmt ihn an und ist enttäuscht, als er eine andere zur Freundin wählt. Trotzdem freunden sich auch die beiden Frauen miteinander an, doch das Paar heiratet und zieht weg. Darauf gibt die zurückgelassene junge Frau dem Drängen eines jungen Pastors nach, heiratet ihn und engagiert sich als seine Frau in der Gemeindearbeit. Ihr Jugendfreund verliert seine Frau, die an einer Krankheit stirbt, und kommt die Pfarrersfamilie besuchen, so dass sie sich nach langer Zeit erstmals wiedersehen. Er erkennt schnell, dass die Ehe mit dem Pfarrer, einem religiösen Heuchler und Hohlkopf, unglücklich ist. Die Frau entschließt sich spontan, mit ihrem Jugendfreund wegzulaufen, das Glück der beiden scheint endlich auf ein *happy end* zuzusteuern, da dem Leser die ganze Zeit suggeriert wurde, die beiden seien für einander bestimmt. Doch im Bahnhof trifft sie eine Frau aus ihrer Gemeinde, die ihr vorhält, wer unter den Kranken, Kindern und Alten ihre Hilfe braucht. Daraufhin kehrt die Frau um und entschließt sich, zu bleiben. Ihrem konsternierten Freund erklärt sie: „Es gehört zu meinem Verständnis von Verantwortung, den

119 Zit. nach Prinsloo 1979: 88. So sollten auch immer die Prinzipien Vorrang vor einzelnen Führungspersönlichkeiten haben, ebd.: 96 f.

120 S. dazu Kap. 2.

Forderungen der Gesellschaft zu gehorchen, in der ich aufgewachsen bin und deren Gefüge unser ganzes geordnetes Zusammenleben ermöglicht." Konformismus und Unterwerfung unter die Gemeinschaft setzen sich gegenüber Freiheit und individuellem Glück durch, die doppelte Aufgabe kann nur durch ein entweder – oder gelöst werden, weil es in diesem Fall um ein Prinzip geht.[121]

Noch deutlicher wird sein eigenes Denken in einem fiktionalen Gegenentwurf. Verwoerd wählt als Bild für das von ihm abgelehnte multiethnische Zusammenleben ein Passagierschiff, das sich auf dem Weg von Kapstadt nach Großbritannien befindet. Die Passagiere gehören verschiedenen europäischen Nationen an und kommen im Lauf der Wochen auf dem Schiff in Kontakt miteinander, es bildet sich dem äußeren Anschein nach eine Gemeinschaft. Doch sind die Passagiere in Verwoerds Beschreibung alle soziale Grenzgänger: Alkoholiker, Frauen mit dubioser Vergangenheit, ein Geisteskranker usw. Als das Schiff in Großbritannien anlegt und die Passagiere von Bord gehen, zerfällt die Pseudo-Gemeinschaft, es wird offenbar, dass sie nie wirklich bestand. „Sie laufen auseinander mit kaum einem Gruß und ohne das geringste Interesse, was aus ihnen jeweils werden wird."[122] Diese zufällig zusammengewürfelte Gruppe von Menschen verschiedenster Nationalitäten kann gar keine Gemeinschaft bilden, sie ist das Gegenteil einer Nation, die eine „organische" Gemeinschaft ist, geprägt von Solidarität und einem fundamentalen Bewußtsein der Zusammengehörigkeit.

Das Volk ist der unsterbliche Kollektivkörper, dessen Wohlergehen allen Partikularinteressen übergeordnet sein muss. In diesem Sinn verkündete er in seiner Soziologievorlesung: „Eine kinderlose Familie mag für Mann und Frau nützlich sein, aber für die Gesellschaft und das Volk bedeutet sie nichts."[123] Verwoerds Fortschrittsglaube und Fortschrittsoptimismus kristallisierten sich um seine Sorge für die Kinder und die Jugend, wobei er diese freilich nur als Teil der Nation wahrnahm: „The future of the children is an incentive to effort not only in the home, but also for the nation and the state. ... The desire to leave a better and more prosperous country to the next generation, than you yourself inherited, is inspired in the state as in the home, by the fact that there are children, that there is a nation of the future."[124] Sicherlich sprach er aus der Lebenserfahrung eines siebenfachen Vaters, doch ging es im wesentlichen um die junge Generation als

121 VEE [Verwoerd], Die lewensanker, in: Die Huisgenoot, 8.5.1931, S. 45.

122 FAV 4.4.7, O. Nieuwenhuys [Verwoerd], Dwars-stromings, masch.schriftliches Manuskript, undatiert [vermutlich 1931].

123 231/2/1/1, Inleiding tot die Sociologie, S. 24.

124 Verwoerd, Speech on Inauguration of Sunday School Buildings, Bloemfontein, 1.10.1959, in: Pelzer 1966: 299–312, hier 302f.. Die Bedeutung der Kinder als Zukunft der Nation unterstrich Verwoerd bereits in seiner Soziologievorlesung 1933: 231/2/1/1, Inleiding tot die Sociologie, S. 119.

die zukünftige Nation: „Where there are children anti-social traits such as selfishness and fear of people do not exist. The family, nation and the Church learn to live for their children, they learn to look to the future."[125] Die Aufgabe der heutigen Generation lag im wesentlichen darin, Fundamente zu errichten, eine „safe future" sicherzustellen: „Shall we, who today control the future of our state and of our nation, prove so faithful that our children in forty years' time may inherit and live to see a safe future, or shall we, because of weakness or selfishness or fear of what is trying to obtrude itself upon us, let them down?"[126] Im Gegenteil, um den Kindern eine Zukunft zu sichern, musste die jetzige Generation bereit sein, „to suffer hardship for the sake of our posterity." Nur dann „we shall ensure that they who come after us may be just as prosperous as we are because of what our forefathers did and suffered for us."[127] Kinder fanden ihren Wert als Angehörige der Nation. Selbst ein Sonntagsschulgebäude konnte zu einem Monument der Nation werden, „which pays tribute to the children of the present, but one which will make the children of each generation realize that they are the nation of the future."[128]

Wenn man sich um die Kinder und ihre Entfaltungsmöglichkeiten kümmerte, war dies ein nationaler Dienst, darum konnte er ganz im Sinn des integralen Nationalismus auch die Kinderliebe als Gegensatz zu einem falschen Individualismus interpretieren: „Love of a child destroys selfishness. It gives resistance to pain and fatigue."[129] Im Gegenschluss wurde die Vernachlässigung von Kindern zum „suicide, the suicide of a nation and a Church." Wenn ein Volk sich nicht für die richtige Erziehung der Kinder interessierte, warf es seine Zukunft weg, „which depends on people not on beautiful Church or state buildings, not on laws of Church or state."[130] Für ihn wie für die meisten Afrikaaner-Nationalisten war die Familie die Kerneinheit der Nation, die ihrerseits „organisch" aus der Familie hervorging, in der dieselbe Unterordnung des Individuums unter die Gemeinschaft galt.[131] J. J. Venter identifizierte diese totalitäre Tendenz bei Weltbildern, die sich der Methaphorik des Organischen bedienten, wobei sie aus einer beschrei-

---

125 Verwoerd, Speech on Inauguration of Sunday School Buildings, Bloemfontein, 1.10.1959, in: Pelzer 1966: 299 – 312, hier 305 u. ebd.: 302: „The child is of the greatest importance both to the state and the church."

126 Verwoerd, Speech on Union Jubilee, Bloemfontein, May 31, 1960, in: Pelzer 1966: 398 – 406, hier 398 f.

127 Ebd.: 399.

128 Verwoerd, Speech on Inauguration of Sunday School Buildings, Bloemfontein, 1.10.1959, in: Pelzer 1966: 299 – 312, hier 299.

129 Ebd.: 303.

130 Ebd.: 309.

131 Neben Verwoerd vertrat solche Auffassungen sehr dezidiert der Soziologe Cronjé 1964 b: 22.

benden Metapher eine Verhaltensnorm ableiteten.[132] Allerdings genoss die Nation immer Vorrang vor der Familie: „Everyone will sacrifice himself for his family, but when the nation calls and national ideals are in the balance, he will pass the family by to listen to the voice of his country."[133] Der jugendliche Idealismus war das, was die Zukunft des Volkes versicherte: „Unselfish sacrifice, idealism and unreserved faith in the nation, and the abandonment of self-interest is characteristic of youth." Hier sprach auch der Entwicklungspsychologe: „For this reason reformers of society are often young people, but not always since the characteristic of youth may be carried deep into adulthood."[134]

Verwoerd leitete sein Denken und Handeln aus Prinzipien ab, die für ihn als Wahrheiten feststanden. Das politisch wirkmächtigste, das seine politischen Aktivitäten und insbesondere die Apartheidpolitik bestimmte, war die absolute Priorität, die er der Gemeinschaft vor dem Individuum einerseits, vor der Menschheit andererseits zumaß.

132 J. J.Venter 1997: 94ff., mit Bezug auf Verwoerd, 98. Für den Ethnologen P. J. Coertze, der Verwoerd ideologisch sehr nahe stand, war der Mensch überhaupt nur als ethnisches Wesen vorstellbar: „Der Prozess der Anthropogenese kann nur auf dem Weg der Ethnogenese stattgefunden haben." P. J.Coertze 1980: 86. Damit wird Ethnizität zu einer historischen Konstanten.
133 Verwoerd, Speech on Inauguration of Sunday School Buildings, Bloemfontein, 1.10.1959, in: Pelzer 1966: 299 – 312, hier 305.
134 Ebd.: 304.

Geschärfte Gedanken – Abgestumpfte Gefühle

Nach seinem Schulabschluss nahm Verwoerd unverzüglich ein Studium an der Universität Stellenbosch auf. Während im vorigen Kapitel seine Aktivitäten geschildert wurden, soll nun sein wissenschaftlicher Werdegang thematisiert werden. Denn Verwoerds auffallendes Vertrauen auf logisches Räsonnement und sein Verzicht auf gefühlsbetonende Demagogie finden ihren Ursprung in seinen wissenschaftlichen Überzeugungen, dass Gefühle und Gedanken voneinander getrennt gehalten werden sollten. Zwischen seinem wissenschaftlichen Werdegang und seiner späteren Karriere finden sich enge Bezüge, da sich handlungsleitende Erkenntnisse, die für den Politiker prägend waren, bis in seine Qualifikationsarbeiten an der Universität Stellenbosch zurückverfolgen lassen. Die Wahl dieser Universität fiel einem Nationalisten wie ihm leicht, wurde sie doch als niederländischsprachige Konkurrenz zur englischen University of Cape Town gegründet und später zur Kaderschmiede der Afrikaaner-Nationalisten. Kurz vor dem Übergang in den Status einer vollwertigen Universität, vor allem aber mit Erreichen desselben im Jahr 1918, expandierte die Universität Stellenbosch durch eine Ausweitung ihres Fächerspektrums. In dem Zusammenhang wurde ein psychologisches Institut, eines der ersten in Südafrika, gegründet und mit Raymond William Wilcocks (1892–1967) im Jahr 1917 der erste Professor berufen.

Wilcocks gehörte trotz seines englischen Namens der afrikaansen weißen Bevölkerung an. Er wurde am 23. Januar 1892 in Vryburg (Kapkolonie, heute Northwest Province) als Sohn des Pfarrers David Wilcocks und seiner Frau Aletta van der Merwe geboren. Nach einem mit dem BA abgeschlossenen Studium am Victoria College, der späteren Universität, in Stellenbosch erhielt er ein Stipendium, das ihm von 1912–17 ein Studium der Philosophie und Psychologie an der Universität Berlin ermöglichte, wo er 1917 in Philosophie promoviert wurde. Da er nach Ausbruch des Ersten Weltkrieges als Bürger eines Feindeslandes Deutschland nicht verlassen durfte, war in der Folgezeit sein Verhältnis zu Deutschland widersprüchlicher als das seines germanophilen Schülers Verwoerd.[1] Wilcocks' akademischer Lehrer in Philosophie war Benno Erdmann, von dessen Schriften er, wie seine Dissertation zeigt, stark geprägt wurde.[2] Psychologie studierte er bei

1 Die Germanophilie Verwoerds kam insbesondere in seinen Leitartikeln im Transvaler während des 2. Weltkriegs zum Ausdruck, in denen er die Freundschaft der Deutschen zu den Afrikaanern betonte und den Imperialismus der Briten attackierte: Die Transvaler, 15.6.1942. Zu Wilcocks Biographie s. A. B. van der Merwe 1987.

2 Erdmann war von 1909–1921 Professor für Philosophie am Institut für Psychologie der Berliner Universität: Geuter/Hagemeier/Ash 1986: 17.

https://doi.org/10.1515/9783110680508-004

Carl Stumpf, dessen Fragestellungen ihn in seinen weiteren Forschungen beeinflussten und dessen Interesse für die Psychologie der Gefühle noch eine Wirkung bis in Verwoerds Dissertation zeigen sollte.[3] Wilcocks befasste sich in seiner Doktorarbeit mit einem Thema, das innerhalb der Philosophie die meisten Berührungspunkte mit der Psychologie hatte, nämlich mit der Erkenntnistheorie,[4] wobei Wilcocks' Hauptinteresse Hegel galt. Viele Psychologen waren von Hause aus Philosophen, was die Etablierung des Faches als eigenständiger Disziplin ebenso erschwerte wie ihre Zwischenstellung zwischen Natur- und Geisteswissenschaften.[5] Wilcocks' 84 Seiten umfassende, in deutscher Sprache verfasste Arbeit unter dem Titel „Zur Erkenntnistheorie Hegels in der Phänomenologie des Geistes" wurde 1917 publiziert und 1981 nachgedruckt. Im Zentrum stand die Kant und seine Nachfolger beschäftigende Frage, die Hegel dann neu stellte und in ganz neuer Weise beantwortete, „wie es dem Subjekt, als reinem Denken möglich ist, seine Übereinstimmung mit etwas von ihm Verschiedenen zu wissen."[6] Die Erkenntnis des Objekts, als ein vom Subjekt verschiedenes, kann dann nur gelingen, wenn das Objekt als das Anderssein des Subjekts gefasst wird, was wiederum impliziert, dass die Untersuchung des Subjekts das Entscheidende ist und voraussetzungslos sein muss.[7] Der Ausgang von der Identität von Subjekt und Objekt[8] wiederum lenkt den Blick auf Hegels dialektische Methode und seine Logik,[9] die der eigentliche Gegenstand des philosophischen Erkennens sei.[10] Das philosophische Subjekt sucht nicht nur die Erkenntnis über sich selbst, sondern in der Wissenschaft sein absolutes Anderssein, das Objekt.[11] Indem das Subjekt über sein Denken reflektiert, „untersucht es sich selbst und weiß als seinen Gegenstand sich selbst."[12] Damit ist die Philosophie die Wissenschaft des Begriffs.[13] Die philosophische Wahrheit ist nicht Voraussetzung, sondern Ergebnis der dia-

3 Stumpf 1899 u. 1928.

4 Hegel 1986: Bd. 2: 256 selbst trennte die Psychologie allerdings klar als eine Art Vorstufe von der eigentlichen philosophischen Erkenntnistheorie: „In der Psychologie sind es das Gefühl und die Anschauung und dann die Vorstellung überhaupt, welche dem Verstande vorausgeschickt werden."

5 Dazu instruktiv Krueger 1913b: 254ff.

6 Wilcocks 1917: 9.

7 Ebd.: 18ff.

8 Ebd.: 14f.

9 Ebd.: 10f.

10 Ebd.: 14.

11 Ebd.: 14.

12 Ebd.: 14, s. aber auch 15.

13 Ebd.: 17ff.

lektischen Bewegung des philosophischen Begreifens.[14] Entscheidend ist der Ausgang der dialektischen Entwicklung selbst: „Wird der Anfang der Phänomenologie als selbst der dialektischen Vermittlung bedürftig aufgefaßt, so macht Hegel den Anfang nicht mit einer bloßen Tatsache. [...] Geht Hegel ebenso nicht von der Tatsache des Erkennens des erscheinenden Bewußtseins aus, sondern wird von ihm die dialektische Vermittlung dieses Wissens verlangt, so ist die phänomenologische Untersuchung eine erkenntnistheoretische."[15] Weite Teile seiner Untersuchung widmet Wilcocks dem Unterfangen, dies nachzuweisen. Mit dieser Arbeit verlässt Wilcocks freilich die in seinen einleitenden Bemerkungen zu Kant noch erkennbare Nähe zur Psychologie und wendet sich einem genuin philosophischen Thema zu. Sein Interesse an der Philosophie hat er auch später weiter gepflegt,[16] auch wenn seine akademische Tätigkeit sich dann verstärkt mit der Psychologie selbst beschäftigte.

Seine Professur in Philosophie an der Universität Stellenbosch hatte die doppelte Denomination „Logik und Psychologie".[17] Er befasste sich intensiv mit beiden und beeinflusste damit seinen Studenten Verwoerd nachdrücklich.[18] Logik wurde zu einer Grundlage der Philosophie wie des Seelenlebens vernunftbegabter Wesen. Wilcocks betonte schon 1919 die Bedeutung, die für ihn die Forschung hatte; er verstand die Universität ganz im Sinn Humboldts als Ort, an dem Forschung und Lehre miteinander verbunden werden sollten.[19] In den ersten Jahren konzentrierte sich Wilcocks auf psychologische Grundlagenforschung und wandte sich erst später der angewandten Psychologie zu.[20]

---

14 Ebd.: 17 u. 21; s. auch die ausführliche Diskussion der logischen Problematik, der sich aus dem Begriff dialektisch ergebenden Negation und ihrer Aufhebung im Begriff selbst ergibt. Der Widerspruch und die Problematik im Rahmen der aristotelischen Logik wird in Wilcocks Ausführungen deutlich herausgearbeitet, S. 21 ff., und wie Hegel die Problematik der dialektischen Entwicklung des Begriffs und des überkommenen Verständnisses von Logik im Verhältnis von Verstand und Vernunft einfängt (S. 25 ff.), wobei nur letztere „die widersprechenden Inhalte in der Einheit denkt", S. 26. S. auch ebd.: Kap. 3.

15 Ebd.: 53.

16 S. etwa seine Aufzeichnungen über Spinoza, in 77/13/1.

17 P.S. du Toit 1966 a: 40. Dies war keine Ausnahme, da die erste, 1920 eingerichtete Psychologieprofessur an der UCT dieselbe Denomination hatte: Foster 1991 a: 1.

18 A.Boshoff 1993: 31. S. etwa seinen Aufsatz Wilcocks 1923.

19 1919 verkündete Wilcocks: „Was wir möchten, ist nicht nur eine rein lehrende Universität, sondern eine Universität für Forschung – eine forschende Universität." Zit nach Du Raan 1998: 9 f.

20 In den 1930er Jahren zog er sich allmählich aus dem akademischen Lehr- und Forschungsbetrieb zurück. Er war der Autor des psychologischen Bandes des fünfbändigen Carnegie-Reports, der 1932 erschien, und anschließend Mitglied und später Vorsitzender der Kommission zur Untersuchung der ökonomischen und sozialen Situation der Coloureds (Wilcocks-Kommission) 1934–6 sowie Mitglied der De Villiers-Kommission über Mischehen von 1937–9. Einen guten

In diesen Anfangsjahren der psychologischen Abteilung an der Universität Stellenbosch, die ganz von Wilcocks als einzigem Dozenten (senior lecturer) dominiert wurde, war Hendrik Verwoerd seit 1919 einer von 30 Studenten. Für seine Wahl dieses Studienfaches sind zwei Gründe in Erwägung zu ziehen: Verwoerd war nachweislich schon als Studierender im Alter von 19 Jahren intensiv am sogenannten „poor white problem" interessiert, so dass für ihn die Psychologie Mittel zum Zweck war und zu seinem anwendungsorientierten Wissenschaftsverständnis passt.[21] Das andere Motiv war Wilcocks selbst, der sich an der noch kleinen Universität rasch einen Namen als dynamischer und innovativer junger Professor machte. Als Person wirkte er auf den nur neun Jahre jüngeren Studenten Verwoerd so attraktiv wie das Fach selbst, das sich unter seiner Leitung zu „einem der stärksten Departemente der Universität" entwickelte.[22] Das Verhältnis der beiden wurde nach kurzer Zeit ein eher kollegiales denn ein Lehrer-Schüler-Verhältnis.[23]

Wilcocks zog Verwoerd nicht nur als Versuchsperson in den engeren Kreis seiner Mitarbeiter, sondern er unterstützte ihn auch als seinen begabtesten Studenten.[24] Darum verwundert es nicht, dass sich viele der wissenschaftlichen Interessen von Wilcocks bei Verwoerd ebenfalls finden, vor allem die intensive Rezeption der Würzburger Schule der Denkpsychologie und des Werks von Otto Selz, die in diesem Kapitel genauer betrachtet werden soll. Wilcocks vollzog die Ablösung der Psychologie von der Philosophie nie gänzlich, was sich im intellektuellen Werdegang Verwoerds spiegelte, der ebenfalls beide Fächer studierte und in seiner Masterarbeit in Philosophie eine eigentlich der Psychologie nahestehende Fragestellung untersuchte. Er war aber im Gegensatz zu Wilcocks kein wirklich philosophischer Kopf. Die Orientierung des neuen Instituts auf die in Deutschland und in den USA betriebene Forschung war keineswegs überraschend, waren doch die beiden Länder zu dieser Zeit führend, die Psychologie als Wissenschaft zu etablieren.

Überblick über die Geschichte besonders der angewandten Psychologie in Südafrika geben Seedat/MacKenzie 2008 u. Foster 2008: 99.

21 Zum Stellenwert des „poor white problem" bei der Entstehung der afrikaanssprachigen Psychologie s. Böhmke/Tlali 2008: 136.

22 Verwey 1966: 255.

23 So beteiligte sich Wilcocks auch an Wanderungen der Studenten, s. die Photos in Hefer/Basson 1966: 21 f.

24 So stellte er ihm seine Exzerpte psychologischer Fachliteratur für seine Dissertation zur Verfügung: Verwoerd 1924 a: 5.

Nachdem er bereits 1921 den Grad eines BA cum laude erworben hatte, schloss Verwoerd sein Studium im Jahr 1922 mit dem Master ab,[25] um anschließend zu promovieren. Er verfasste zwei Masterarbeiten, eine in Psychologie, die andere in Philosophie. Ende 1924 erhielt er eine Assistentenstelle in Psychologie für das Jahr 1925, „wobei meine Pflicht war um behilflich zu sein im Praktikum und mit den Vorlesungen der 2ten und 3ten Jahr Studenten."[26]

In ihrem einflussreichen Artikel über Verwoerds frühe Karriere behauptet Roberta Miller von seinen Qualifikationsarbeiten und den wenigen Publikationen vor seinem Deutschland- und USA-Aufenthalt, „his work was technically and analytically unsophisticated". Dazu muss man viel genauer als Miller auf die Entwicklung der Psychologie in Deutschland blicken, die sowohl für Verwoerd selbst als auch für seinen Doktorvater Raymond Wilcocks maßstabgebend war. Die folgenden Ausführungen sollen darum zu einem besseren Verständnis der Psychologiegeschichte beitragen. Pauschale Behauptungen wie „German psychology had traditionally focused on basic research rather than the applications of research"[27] reduzieren in einseitiger Weise die Breite der psychologischen Forschung in Deutschland, von der wesentliche Impulse für die Entwicklung der angewandten Psychologie in den USA ausgingen, etwa als Hugo Münsterberg von Freiburg nach Harvard wechselte.[28] Sie unterschlagen den starken Einfluss, den deutsche Psychologen auf die Geschichte der Psychologie in den USA hatten, sowohl in den Anfangsjahren[29] als auch durch die Flucht vieler jüdischer Akademiker nach 1933. Sie erweisen sich auch nicht als hilfreich für ein Verständnis von Verwoerds Psychologie, zumal die Behauptung, der kurze Aufenthalt in den USA sei „far more important to his intellectual development than was his much longer stay in Germany" gewesen, ohne jeden Beleg und ohne genauere Untersuchung bleibt.[30] Die Rezeption der Würzburger Denkpsychologie in Stellenbosch etwa schlug sich noch in den Examensfragen für Verwoerd nieder, deren erste lautete: „Ereignen sich Denkprozesse ausschließlich durch das Mittel von Bil-

---

25 FAV 4.3.1, Examensfragen in Psychologie und Philosophie, November 1922.

26 FAV 4.3.2, handgeschriebener Lebenslauf in deutscher Sprache. UA Stellenbosch Personalakte, Registrateur an V., 11.11.1924, mit Angebot einer Dozentenstelle für 1925 u. Antwort Vs. 14.11.1924.

27 R. B.Miller 1993: 639 (beide Zitate).

28 Münsterberg 1997 u. Galliker/Klein/Rykart 2007: 208 sowie Lück/Bringmann 2005.

29 Gerade Wundt hatte eine starke Wirkung auf die sich formierende Wissenschaft der Psychologie, vor allem in Deutschland und in den USA, da zahlreiche seiner Schüler und Assistenten aus Nordamerika stammten und dort ihrerseits später großen Einfluss ausübten. Dazu instruktiv Hoffmann/Deffenbacher 1992: 1–18. Im Hinblick auf die angewandte Psychologie s. Dorsch 1963: 36 ff. u. 44.

30 R. B.Miller 1993: 640.

dern? Begründen Sie Ihre Antwort mit eigenen experimentellen introspektiven Ergebnissen."[31]

Die Psychologie als akademische Disziplin geht zurück auf Wilhelm Wundt (1832–1920), der in Leipzig 1879 das weltweit erste Institut für Psychologie ins Leben gerufen, 186 Promotionen betreut,[32] deutsche und amerikanische Psychologen ausgebildet und ihnen seine Vorstellung einer psychologischen Wissenschaft vermittelt hatte. Als ausgebildeter Physiologe verstand er die Psychologie als eine methodisch auf das Experiment gegründete Naturwissenschaft, die sich in erster Linie mit Wahrnehmungsphänomenen befassen sollte. Er etablierte die Psychologie als eine experimentelle Wissenschaft und konzentrierte sich in seinen Arbeiten zunächst auf fundamentale Fragen der Wahrnehmungspsychologie, der Reiz-Reaktions-Abfolge und der Reaktionsgeschwindigkeiten. Die menschliche Wahrnehmung setzte sich demnach aus kleinsten Einheiten, den psychischen Elementen, zusammen, die über Assoziationen zu größeren Einheiten, den „psychischen Gebilden", verbunden waren.[33] Wahrnehmungen galten als die nicht weiter teilbaren Grundeinheiten für die psychologische Forschung. Die Empfindungen als Grundelemente waren strukturell gleich, man könnte sie als „psychische Atome" bezeichnen, aus denen sich die Wahrnehmungen, Erfahrung und Handeln zusammensetzten. Wundt war ein Protagonist einer positivistischen Methodik in der psychologischen Forschung, denn auf induktivem Weg, durch Messungen der psychischen Elemente, sollten sich die psychischen Gebilde höherer Ordnung erschließen lassen.[34] Diese von Wundt so genannten „psychischen Gebilde" unterschieden sich durch die Anzahl der daran beteiligten Empfindungen und Assoziationen, d. h. primär in der Komplexität ihres Aufbaus. Doch hat Danziger unterstrichen, dass Wundt im Gegensatz zu den englischen Positivisten dem Willen und dem menschlichen Bewusstsein eine große Bedeutung beimaß, Wahrnehmung also nicht allein als passive Reaktion auf äußere Reize verstand.[35] Die auch von Wundt noch vertretene Assoziationspsychologie geht in ihren Grundzügen auf Aristoteles zurück[36] und wurde in der Neuzeit von John Locke, vor allem aber von David Hume in seinem „Treatise of Human Nature"

31 FAV 4.3.1, Examensfragen in Psychologie, November 1922.

32 Tinker 1932: 630.

33 Wundt 1911: 18 ff.

34 Zu Wundts Psychologie s. Galliker/Klein/Rykart 2007: 196 ff. Zu Wundts ablehnender Haltung gegenüber der angewandten Psychologie s. auch Meischner 2005: 40.

35 Danziger 1980: 78 ff.

36 Aristoteles 1995: 68 ff.

ausführlich begründet.[37] wodurch sie in mancherlei Modifikationen bis in die frühe experimentelle Psychologie Bestand hatte. Wundts aus der deutschen idealistischen Tradition stammende Vorstellung von der aktiven Apperzeption, der bewussten Aufnahme, wurde allerdings von amerikanischen Psychologen wie Titchener wie auch von seinen rechtslastigen Leipziger Nachfolgern um Felix Krueger bewusst einer englischen Tradition zugerechnet, um – im Fall Kruegers – die eigene Sichtweise als Neuansatz umso deutlich davon distanzieren zu können.[38]

Während die Wahrnehmung lange im Zentrum der experimentellen Psychologie stand, lehnte Wundt es kategorisch ab, die „höheren" Funktionen der Psyche, insbesondere die eigentlichen Denkvorgänge, die über die bloße Wahrnehmung und reflexartige Reaktionen hinausgingen, mit experimentellen Mitteln zu untersuchen, da sie sich dieser Methode aufgrund ihrer Komplexität entzögen. Somit hatte er eine klare, methodisch begründete, Unterscheidung getroffen zwischen der durch Experiment zu erforschenden Wahrnehmung und den „höheren" Formen der psychischen Aktivität.[39] Gedanken und aus ihnen hervorgegangene kulturelle Bestände wie Sprache, Mythen oder Religion ließen sich nicht im Labor messen, sondern nur als fertige Produkte mit geisteswissenschaftlichen Methoden analysieren, was er in seiner „Völkerpsychologie" unternahm.[40] Tatsächlich war die in der Völkerpsychologie benutzte Methode eine geisteswissenschaftliche und nicht, wie Wallach meint, die Beobachtung,[41] da Wundt selbst nie Feldforschung betrieb, sondern Reise- und Forschungsberichte anderer Autoren auswertete, jedoch ohne angemessene Quellenkritik zu üben. So ist in Wundts Werk, insbesondere in seiner Völkerpsychologie, noch stark die Nähe zur Philosophie erkennbar, wie sie für die frühe Psychologie in Deutschland typisch war.[42]

Trotz des enormen Renomees, das Wundt in Deutschland und weltweit genoß, begannen schon zu seinen Lebzeiten ehemalige Schüler, methodisch und theoretisch die Ansätze des Meisters hinter sich zu lassen. Während die Gestaltpsychologen den Ansatz der Elementenpsychologie überwanden und damit den

37 Hume 1939: 19 f. Daraus begründet Hume seinen erkenntnistheoretischen Skeptizismus. Vgl. Streminger 1995: 155 ff. Zur Assoziationspsychologie allgemein Rohracher 1988: 282 ff.

38 Guski-Leinwand 2007: 203.

39 Wundt 1901: 29 f.; s. auch Wundt 1911: 127 f. u. Meischner-Metge 2006 b; Schulz 2006: 179 ff.

40 Ernst Cassirers Hauptwerk „Die Philosophie der symbolischen Formen" baut stark auf Wundt auf und entwickelt dessen Völkerpsychologie zu einer allgemeinen Philosophie.

41 Walach 2009: 182.

42 So ist noch Dessoir 1911 ganz von der Philosophie her angelegt.

Weg für die Weiterentwicklung der kognitiven Psychologie eröffneten,[43] beschritt Wundts Schüler Oswald Külpe andere Wege. Er wandte sich dem Feld zu, dass Wundt ausdrücklich als ungeeignet für das Experiment bezeichnet hatte, nämlich den „höheren" psychischen Vorgängen. Külpe, der seit 1894 eine Professur in Würzburg innehatte, begründete mit seinem dortigen Kollegen Karl Marbe eine neue fachliche Richtung, die unter dem Namen der „Würzburger Schule" die Denkvorgänge durch experimentelle Forschung erschließen wollte.[44] Statt also wie Wundt nur die Resultate der höheren psychischen Vorgänge aus kulturellen Ergebnissen abzulesen, sollten sie bei ihrer Entstehung beobachtet und analysiert werden.

Wundt nahm Külpes Forschungen mit großem Missbehagen zur Kenntnis, zumal Külpe und seine Mitarbeiter in Würzburg auf die Methode der Introspektion zurückgriffen. Selbstbeobachtung und Wiedergabe der inneren geistigen Abläufe erschien Wundt mit einigem Recht als problematisch, da der Versuchsleiter darauf vertrauen musste, dass die Versuchspersonen ihm alle Vorgänge wahrheitsgemäß berichteten und daran auch im Nachhinein nichts veränderten. Tatsächlich fügte sich die Introspektion nicht seinem Ideal einer naturwissenschaftlichen, exakt arbeitenden Psychologie, weil die Gefahr subjektiver Verzerrungen der Ergebnisse zu groß war.[45] Als wissenschaftlich galt ihm nur die experimentelle Situation, wie sie im Labor hergestellt wurde, die Wiederholbarkeit und Überprüfbarkeit gewährleistete.

Diese Problematik war den Würzburger Psychologen durchaus bewußt und sie bemühten sich, vor allem in den Anfangsjahren, die introspektive Methode so zu gestalten, dass eine möglichst große methodische Transparenz gewährleistet war. Die Denkpsychologie löste sich nur langsam von der Assoziationspsychologie, entfaltete dann aber ein beträchtliches Innovationspotential, das über den aristotelischen Bezugsrahmen hinausdrängte.[46]

---

43 Hartmann 1993: 6 f. u. Allport 1923: 612, Anm. 1.

44 S. dazu den kurzen Überblick von Mack 2005.

45 Hammer 1994: 39. Gegen Wundts methodische Trennung von einfachen und höheren psychischen Prozessen wandte sich entschieden Bühler 1999 a: 226. Narziß Ach, ein weiterer „Würzburger", setzte sich mit der Problematik der Introspektion intensiv auseinander und war überzeugt, dass sie zu tragfähigen Ergebnissen führen könne: Ach 1999: 121; davon unterschied er die vom Willen ausgehenden Gedankengänge, ebd.: 122 ff. sowie 128. Karl Bühler schließlich ging noch weiter, indem er die Aufgabe selbst ins Zentrum seiner methodisch-theoretischen Überlegungen rückte, führte sie doch zu einer Arbeitsteilung zwischen Versuchsleiter und Versuchsperson und eröffnete dadurch die Möglichkeit zu einer methodisch reflektierten Introspektion: Bühler 1999 b: 159 u. 162 ff.

46 Während frühe Versuche von Mayer und Orth sich im Kontext der Assoziationspsychologie bewegten und ihren Versuchspersonen noch keine Aufgabe stellten: Mayer/Orth 1999: 69, kamen

Allmählich rückte die Aufgabe in den Mittelpunkt des Experiments und damit zwangsläufig der Wille der Versuchsperson, die Aufgabe zu lösen. Damit kommt eine Steuerung der Gedanken durch das Subjekt hinzu, die in der Assoziationspsychologie kaum eine Rolle spielte.[47] Külpe selbst nahm für die Würzburger Schule insbesondere in Anspruch, die Nicht-Anschaulichkeit von Gedanken nachgewiesen und wissenschaftlich fruchtbar gemacht zu haben,[48] womit er die Abwendung von der Assoziationspsychologie einleitete.[49]

Auf diesem Weg entdeckten die Würzburger Psychologen eine neue psychische Grundeinheit, nicht mehr das psychische Element im Sinn Wundts,[50] sondern den Gedanken. Er war gewissermaßen das *pendant* zu den Gestalten der Berliner Gestaltpsychologie, die allerdings auf Perzeption und Kognition beschränkt blieb und die eigentlichen Denkvorgänge nicht thematisierte. Entscheidend ist Bühler zufolge ein Regelbewußtsein,[51] das den Denkvorgang genauer determiniert. Analogiebildung ist eine grundlegende Operation des Denkens und bestimmt die Entstehung von Regeln.[52]

Als Külpe 1909 nach Bonn wechselte, fand er dort in Otto Selz einen Schüler, der sowohl methodisch als auch mit der Interpretation der Forschungsergebnisse den eigentlichen Durchbruch erzielte. Eine Reihe experimenteller Forschungen ließen ihn Gesetzmäßigkeiten im menschlichen Denken entdecken, die zu einer Überwindung der Assoziationspsychologie führten. Selz publizierte seine Forschungsergebnisse in zwei Bänden, deren erster seine Habilitationsschrift war,

sie aber schon zu der Erkenntnis, dass die Bewußtseinsvorgänge keineswegs, wie seit Aristoteles psychologisches Allgemeinverständnis war, immer mit Vorstellungen verbunden waren: Aristoteles 1995: 79. Allerdings darf nicht übersehen werden, dass Max Wertheimer sich von der Gestaltpsychologie her ebenfalls mit dem produktiven Denken befasste: Fitzek 1996: 187.

47 Marbe 1999: 86 ff.

48 Külpe 1999: 47 ff. Vgl. auch Verwoerds Selbstbeobachtung, dass sein eigenes Denken weitgehend unanschaulich war: Verwoerd 1924 a: Handschriftl. Fußnote, aber aus Platzgründen auf S. 238: „Das ist vielleicht deswegen so, weil bei mir Bilder hauptsächlich bei gefühlsbetonten Inhalten aufkommen, dass sie nicht im Zusammenhang mit den Experimenten nach Bühler entstanden oder mit denjenigen erzwungener Bewusstseinszustände – in keinem von beiden entstehen gefühlsbetonte Inhalte." Allerdings steht dem die Beobachtung anderer entgegen, dass Verwoerd seine politischen Konzeptionen mit Hilfe von Zeichnungen visualisierte, J. J. van Rooyen 1971: 60 über den Minister: „Gern hat er seine Gedanken mit Hilfe einer Zeichnung auf einem Stück Papier, das auf seinem Tisch lag, auseinandergesetzt. Es war so, als ob dies seine Gedanken besser zum Fließen brachte und man konnte die Sache besser verstehen." S. auch Barnard 1967: 33 ff.

49 Külpe 1999: 53

50 Bühler 1999 b: 181 ff.

51 Ebd.: 185 ff.

52 Ebd.: 188 Vgl. auch Hofstadter/Sander 2014.

während der zweite, bedingt durch den Ersten Weltkrieg, erst zehn Jahre später im Druck erschien.[53]

In seinem Versuchsaufbau stellte Selz, wie die meisten anderen Vertreter der Würzburger Schule, die Aufgabe in den Mittelpunkt, d. h. der Versuchsleiter stellte der Versuchsperson eine Aufgabe, die diese zu lösen hatte, wobei die Zeit gemessen wurde. Zu welcher Lösung die Versuchsperson kam, war von nachrangiger Bedeutung gegenüber dem Weg dorthin, dem Denkvorgang.[54] Darum war die Introspektion so entscheidend, da die Probanden berichteten, was in ihnen vorgegangen war, als sie die Lösung suchten. Die Aufgaben, die Selz stellte, zeigen die Nähe der Würzburger Schule zur formalen Logik.

Die Versuchspersonen erhielten die Aufgabe,[55] zu einem sogenannten Reizwort, d. h. einem konkreten Begriff, einen logisch zugeordneten anderen Begriff zu suchen, entweder einen über- oder untergeordneten Begriff, einen Nebenbegriff oder sie sollten das Reizwort definieren. Selz unterschied das zeitlich-räumlich Umfassendere[56] (das Ganze) vom begrifflich Umfassenderen (das Übergeordnete) und analog das zeitlich-räumlich Kleinere (der Teil) vom begrifflich Untergeordneten. Wenn das Reizwort „Baum“ hieß, war das Ganze „Wald“ oder „Garten“, während der übergeordnete Begriff „Pflanze“ hieß. Teil wäre im genannten Beispiel der Ast oder das Blatt, der untergeordnete Begriff wäre die Buche oder Tanne. Ein Nebenbegriff zu Baum wäre der Grashalm.

Aufgrund dieses Materials begann Selz, aus einfachen Bausteinen eine immer komplexere Theorie der Denkvorgänge und des gedanklichen Irrtums zu entwickeln, die zu den Monumenten der psychologischen Forschung der ersten Hälfte des 20. Jahrhunderts zu zählen ist.[57] Der innovative Charakter seines Ansatzes manifestierte sich darin, dass er das Verständnis des Denkens als durch äußere Reize ausgelösten, eher reaktiven, Prozess durch eine Erklärung ersetzte, die das Denken als vom Willen beeinflussten und von einer Aufgabe determinierten Vorgang interpretierte.[58]

53 Selz 1913 u. 1922. Seebohm 1970: 144 f.

54 Ter Hark 2003: 469.

55 Diese Aufgaben und ihre Ergebnisse sind in Selz 1922 im umfangreichen zweiten Abschnitt im einzelnen dargestellt und analysiert,

56 Selz zufolge kommt es bei Denkvorgängen, die mit Teil und Ganzem zu tun haben, auch zu anschaulichen Vorstellungen, eine Feststellung, mit der er sich von der Würzburger Schule unterscheidet, Selz 1922: 165 ff. u. 182.

57 Humphrey 1951: Kap. 5, bes. 149. Zu Selz Anstößen für die Forschung s. die Beiträge in Frijda 1983 zu musikalischer Kreativität, dem Schachspiel und der Informatik.

58 Selz 1913: 119 ff.; Seebohm 1971: 3 u. 7.

Selz ersetzte den Begriff der Reproduktion durch den der Reaktion, d. h. er kam aufgrund seiner empirischen Forschung zu dem Ergebnis, dass nicht im Gehirn ungesteuert Assoziationen erregt werden, sondern dass die Reaktion direkt und eindeutig durch den äußeren Reiz ausgelöst werde. Seinen Befunden zufolge „stellt ein geordneter intellektueller Ablauf eine geschlossene Kette von intellektuellen Operationen dar, deren Reihenfolge ebenso wie der Eintritt der Teiloperationen einer zusammengesetzten Bewegung an ganz bestimmte auslösende Bedingungen geknüpft ist.“[59]

Selz trug dieser Perspektivverschiebung zum Denkenden als einem Akteur Rechnung, indem er statt von einem Prozess von einer Operation sprach,[60] da die Aufgabenstellung den Willen zu ihrer Lösung benötigte. Das Reizwort verwandelte eine allgemein formulierte Aufgabe, etwa einen Überbegriff zu entdecken, in eine spezifische, einen *bestimmten* Überbegriff zu finden. Die Denkoperation wurde zu einer determinierten, weil sie auf ein Ziel ausgerichtet wurde, weshalb Selz folgerichtig auch von „Erkenntnissen“ sprach.[61]

Der konkrete Lösungsversuch war nur unter Rekurs auf allgemeine Lösungsprinzipien, auf Denkregeln, möglich.[62] Die Versuchsperson nahm das angestrebte Ziel schematisch vorweg, indem sie in Analogie zu ähnlich verlaufenden Denkoperationen vorging.[63] Schlug diese Methode fehl, ging sie zu einer anderen Lösungsmethode über, was Selz bis ins Einzelne analysierte und als Gesetze der Denkvorgänge formulierte. Entscheidend war die schematische Antezipation als richtungweisende Methode, was Selz’ Ansatz grundlegend von der Assoziationspsychologie unterschied, für die die Determination keine Rolle spielte.[64]

Mit dieser Theorie konnte Selz Irrtümer erklären, indem er auf der Grundlage seiner Versuchsreihe anhand konkreter Fälle zeigte, dass diese immer dann auftraten, wenn Teile der Antezipation unwirksam blieben, etwa aufgrund bestimmter Störungen oder Ablenkungen.[65] Doch führten Irrtümer nicht unweigerlich zu Fehlschlägen der Versuche, sondern hier setzten Kontrollprozesse in der Denkoperation ein, „welche sich an jeden Lösungsversuch auf Grund konstanter reflexoidaler Zuordnungen anschließen, Widersprüche zwischen Aufgabe und

---

59 Selz 1922: IX.
60 Selz 1991 b: 139 f.; Seebohm 1970: 82.
61 Selz 1913: 154. Vgl. auch Verwoerd 1924 a: 222.
62 Selz 1913: 69 f.
63 Zu ähnlichen Ergebnissen kommen trotz ganz anderer Methodik Hofstadter/Sander 2014.
64 Selz 1924 a: 14.
65 Selz 1922: 11 u. 54 f.; Selz 1924 a: 15.

Lösung zu Bewußtsein bringen und die entsprechende Berichtigung der ursprünglichen Lösung bedingen."[66]

Auf diese Weise wies Selz nach, dass deduktive und induktive Syllogismen in den grundlegenden Denkoperationen bereits angelegt waren. Tatsächlich hat die Würzburger Schule den Graben zwischen der Psychologie als der „Seelenlehre" und der Logik überbrücken können, weil sie einerseits den nicht-anschaulichen Charakter von Denkvorgängen unterstrich, andererseits über die Selzsche Theorie den engen Zusammenhang von Konkretem und Abstraktem, von partikularen Problemstellungen und generalisierbaren Methoden herausarbeitete und dabei die Wechselwirkung von individuellem Fall und genereller Regel, von Einzeltatsache und Begriffsbildung im Sinn psychischer Gesetze nachweisen konnte.

Was für die Komplexergänzung galt, d. h. für das reproduktive Denken, war ebenso valide für das eigentlich innovative, produktive Denken, das zu neuen Lösungen führte. Auch in diesem Fall ging es um eine determinierte Operation, da die allgemeine Lösungsmethode bekannt war und als schematische Antezipation den Denkvorgang steuerte.[67] In den konkreten Operationen waren zusammengesetzte Lösungen oft entscheidend,[68] die nach dem Baukastenprinzip aus den genannten Methoden kombiniert wurden. Diese Erkenntnis fand ein Echo bei Verwoerd, der der Idee eine wichtige Bedeutung beim Entscheiden zuschrieb.[69] In einer Fußnote in seiner Dissertation bezog er sich auf eine Vorlesung von Wilcocks im Jahr 1920 und damit indirekt auf Selz, für den die Antezipation ein entscheidender Schritt bei einer Denkoperation war.[70]

Selz betonte, dass „die konstanten gesetzmäßigen Zuordnungen der geistigen Operationen und die Wiederkehr der gleichen Auslösungsbedingungen die Voraussetzung der Entwicklung, der Entstehung neuer Operationen und neuer geistiger Produkte bilden". Er vertrat eine teloslose kulturelle Entwicklung, eine den darwinistischen Grundprinzipien analoge Form der Evolution, die durch die von ihm herauspräparierten Methoden die Psychologie in die unmittelbare Nachbarschaft der Biologie brachte.[71] Karl Popper, der die Bedeutung von Selz' Werk frühzeitig erkannt hatte, hielt dies für angemessener als die Versuche der Berliner Gestaltpsychologen um Köhler, den Anschluss an die Physik zu suchen.[72]

---

66 Selz 1924a: 14.; Selz 1913: 261 ff. u. 1922: 606.
67 Selz 1922: 492.
68 S. z. B. Selz 1913: 165 f.
69 Verwoerd 1924a: 271 u. 273.
70 Ebd.: 270.
71 Selz 1924a: 31.
72 Popper 1928: 19; Köhler 1927; s. auch Selz 1991d: 174.

Während die Assoziationspsychologie von der Reproduktion von Vorstellungen ausging, unterstrich Selz, dass die routinemäßige Mittelaktualisierung zu neuen „Produkten" führte, da die bewährten Lösungsmethoden auf immer neues Material angewandt und damit innovativ wurden.[73] Verwoerds Orientierung an Selz schlug sich in seinem Befund nieder, dass die Gemütsempfindung dann stark war, wenn ein intellektueller Inhalt antezipiert wurde und auch eintrat. Bei einer reinen Kenntnisaktualisierung entstand nur eine schwache Gemütsbewegung.[74] Tatsächlich konnte Selz intellektuellen Fortschritt und Lernprozesse im Rahmen seiner Theorie intellektueller Operationen in einer Weise erklären, wie es die Assoziationspsychologie nicht vermochte.[75] Was er allerdings überhaupt nicht thematisierte, war die Frage nach der kulturellen Relativität seiner Forschungsergebnisse, d.h. ob die intellektuellen Operationen, wie er sie beschrieb, nur für einen bestimmten Kulturraum galten oder anthropologisch universal gültig waren.

Während Selz in den späten 1930er Jahren im niederländischen Exil, wohin er als jüdischer Wissenschaftler fliehen musste, einige Schüler und Anhänger fand, war er in Deutschland bis zu seiner Zwangsemeritierung 1933 durch das NS-Regime in die *scientific community* eingebunden, doch seine Wirkung blieb auf den deutschsprachigen Raum beschränkt.[76] Umso erstaunlicher ist es, dass er ausgerechnet im südafrikanischen Stellenbosch nicht nur wahrgenommen wurde, sondern geradezu zu einer wissenschaftlichen Leitfigur avancierte. Dies hatte mit Wilcocks' einschlägigem Interesse zu tun, die erkenntnistheoretischen Grundlagen der Philosophie von der Psychologie her zu erforschen. Daraus erklärt sich der Eifer, mit dem er die Forschungen der Würzburger Schule und insbesondere die Arbeiten von Selz zur Kenntnis nahm und weiterentwickelte. Die Universität Stellenbosch verfügte über eines der ersten psychologischen Labora-

73 Selz 1991c.

74 Verwoerd 1924a: 104f.

75 Selz 1922: 682f.

76 Selz' Theorie erregte in Fachkreisen durchaus Aufsehen, aber nur eine eingeschränkte Rezeption. Seine tragische Lebensgeschichte stand zweifelsohne der Aufnahme seiner Werke im Weg. Selz wurde 1923 als Professor für Philosophie, Psychologie und Pädagogik an die Handelshochschule Mannheim, die Vorläuferinstitution der Universität, berufen und war von 1929–30 ihr Rektor. Wegen seiner jüdischen Herkunft wurde er 1933 von den Nationalsozialisten in den Ruhestand versetzt. Nach einem kurzzeitigen Aufenthalt im Konzentrationslager Dachau 1938 entschloss er sich zur Emigration in die Niederlande, wo er seit 1939 ein kärgliches Dasein fristete. Nach dem deutschen Überfall auf die Niederlande wurde Selz 1943 verhaftet und am 27. August in Auschwitz von uniformiertem Gesindel ermordet: Métraux 2005; Beckmann 2001: 8ff.

torien, eine Einrichtung, die Wilcocks in Deutschland kennengelernt hatte,[77] weshalb er in der Lage war, sich nicht nur rezeptiv, sondern auch kritisch und produktiv mit den Forschungen zur Denkpsychologie auseinanderzusetzen.[78] 1925 veröffentlichte er im American Journal of Psychology einen Aufsatz, in dem er auf der Basis eigener empirischer Forschungen eine umfangreiche Kritik an Külpe formulierte.[79]

Selz hat Wilcocks beeindruckt, denn er wandte sich am 26. August 1925, also noch vor Verwoerds Europa-Aufenthalt, brieflich an ihn, in dem er ihn seiner Wertschätzung und Hochachtung versicherte:

> „Gerne möchte ich bei dieser Gelegenheit Ihnen gegenüber meinen aufrichtigen Dank aussprechen und meine grosse Bewunderung kundtun für Ihre grosse Leistungen auf dem Gebiete der Denkpsychologie. Schon lange habe ich das Bedürfnis empfunden dies zu tun, sowie Ihnen dabei mitzuteilen, dass auch in diesem weit von Ihnen entfernten Weltteil, an einer neubegründeten Wissenschaftsstätte des Burenvolkes – zu dem ich gehöre – Ihre Arbeiten nicht nur nicht unbekannt sind, sondern sehr hoch geschätzt sind.
> Für manche Anregung in meiner eigne Forschungsarbeit bin ich Ihnen auch tiefen Dank verpflichtet."[80]

1928 veröffentlichte Wilcocks zwei weitere Aufsätze, in denen er sich intensiv und kritisch mit Selz' Hauptwerk auseinandersetzte.[81] Zu den Versuchspersonen in Wilcocks Experiment zählten J.C. Conradie und Verwoerd, dessen introspektive Berichte in Wilcocks Aufsätzen zitiert werden. Allerdings verblieb Wilcocks im Paradigma der Assoziationspsychologie und vermengte die assoziationspsychologischen Argumente mit Selz' Ansatz einer determinierten Denkoperation, die theoretisch völlig anders ausgerichtet war.[82]

Dies ist deswegen interessant, weil es ein bezeichnendes Licht auf die Nähe des Psychologieverständnisses von Wilcocks und Verwoerd wirft, denn auch Verwoerd argumentierte, wenn er in seinen Vorlesungen Selz' Position referierte

---

77 Es befand sich zu dieser Zeit, als Verwoerd seine Experimente durchführte, im Ou Hoofgebou der Universität: Universiteit Stellenbosch 1960: 6, s. auch M. Scholtz 2002: 30. D.J.Kotzé 1966: 475.

78 Wilcocks 1928b: 51 zeigt in der Terminologie deutlich die intensive Auseinandersetzung mit Selz.

79 Wilcocks 1925.

80 UB Mannheim, Nachlass Otto Selz, K-019–1, Brief von R.W. Wilcocks an Otto Selz, 26.8.1925. Die Rechtschreibung wurde nicht korrigiert.

81 Wilcocks 1928a: 47ff.. Über Verwoerds Rolle in dem Experiment ebd.: 33; sowie Wilcocks 1928c:280, 298, 304, 311f. u. 315f.

82 Wilcocks 1928a: 41.

und sie kritisierte, im Kontext der Assoziationspsychologie,[83] in deren Rahmen sich auch seine Masterarbeit bewegte. Verwoerds Desinteresse an wissenschaftlichen Theorien wirkte sich dahingehend aus, dass ihm das eigentlich Neue an Selz' Theorie unzugänglich blieb. Während die Kritiker, namentlich Piaget, den Denkpsychologen verwarfen, dass sie Gefühle weitgehend ausblendeten,[84] erleichterte die Beschäftigung mit Selz' Werk es Verwoerd, eine klare Trennung zwischen Gedanken und Gefühlen vorzunehmen und die Wechselwirkungen zwischen beiden in seiner Dissertation auszuloten.

Die doppelte Aufgabe: Verwoerds Masterarbeit von 1922

Wilcocks Interesse an der Denkpsychologie Würzburger Provenienz färbte auf seinen Schüler Verwoerd ab. Auch wenn dieser das eigentliche Thema seiner Masterarbeit frei wählte, so zeigte er sich in der angewandten Methode von der Denkpsychologie beeinflusst. Allerdings verblieb er mit seiner Argumentation im Rahmen der Assoziationspsychologie, den zweiten und entscheidenden Band von Selz' bahnbrechender Studie kannte er zu dem Zeitpunkt noch nicht.[85] In seiner Masterarbeit im Fach Psychologie, die er 1922 einreichte, befasste sich der gerade 21jährige Student mit einem besonderen Problem, das der Denkpsychologie zuzuordnen ist, nämlich der sog. doppelten Aufgabe. Einleitend stellte Verwoerd fest, dass das Bewußtsein einer Aufgabe bereits gut untersucht sei. Die Aufgabe strukturiere und ordne das Denken – damit bezog er sich auf die Ergebnisse der Würzburger Schule. Er ging bei der Wahl seines Forschungsthemas von der Beobachtung aus, dass der Mensch im Alltagsleben oft mit doppelten Aufgaben konfrontiert sei, die man nicht darauf reduzieren könne, dass es sich um den doppelten Einfluss zweier voneinander unabhängiger Aufgaben handle (1)[86].

---

83 PV 93/3/1/33/4, vierseitiger Text Verwoerds ohne Überschrift, beginnend mit „Die Einwände von Selz [sind] niederschmetternd..."

84 Hammer 1994: 73.

85 Bereits 1925 war er mit dem Buch von Selz vertraut, denn in einer Vorlesung ging er intensiv auf dessen Ergebnisse ein und auch in seiner Dissertation sind die Spuren der Beschäftigung mit Selz unübersehbar.

86 Die eingeklammerten Zahlen im Text dieses Unterkapitels beziehen sich auf die Paginierung von Verwoerds Masterarbeit.

Diese Wahl weist auf sein Interesse an der angewandten Wissenschaft hin und unterstreicht die Lebensnähe des Themas.[87] Die doppelte Aufgabe begegnete im alltäglichen Leben ständig, sie war, wie die zahlreichen Beispiele illustrieren, die er eingangs vorstellte, geradezu ubiquitär. Seine Analyse ging über die Denkvorgänge hinaus, wie sie die Würzburger Schule vornahm, denn er untersuchte weniger die Denkstrukturen, sondern die Probleme beim Lösen konkreter Aufgaben, d.h. er betrieb keine psychologische Grundlagenforschung wie etwa Selz, sondern angewandte Forschung. Verwoerds Forschung war auf die Ergebnisse hin orientiert, weniger auf die Methoden. Wie die Probanden ihre Aufgabe lösten, stand im Zentrum seiner Untersuchung, weniger die Denkprozesse, die sie zu dieser Lösung brachten bzw. die ihr zugrunde lagen (53 ff.).

In der Einleitung führte er eine erkleckliche Zahl von Beispielen aus dem Alltagsleben an, von denen er jedoch betonte, dass es sich um ein heuristisches Vorgehen handle, um zu verdeutlichen, was mit der doppelten Aufgabe gemeint sei und wie seine Fragestellung genau aussah (6). Dabei ließ sich die doppelte Aufgabe nicht auf ein allgemeines Modell reduzieren, sondern es gab höchst unterschiedliche Gewichtungen zwischen den Aufgabenteilen, ihre Verknüpfung miteinander war auch nicht einheitlich, sondern hing in starkem Maß mit der Lösung der Aufgabe zusammen. Darum benötigte er insgesamt 13 Beispiele, um das ganze Panorama dessen auszubreiten, was unter die Definition der doppelten Aufgabe fiel. So berichtete er von einem Damespiel mit seinem Vater, den er sonst immer besiegte, den er diesmal aber gewinnen lassen wollte, ohne dass er es merkte. Der Vater gewann tatsächlich, weil Verwoerd selbst vom Spiel abgelenkt war und deshalb Fehler machte. Darüber hinaus konnte er sich im Gegensatz zu sonstigen Spielen nicht an alle Züge erinnern, d.h. die doppelte Aufgabe führte dazu, dass er unabsichtlich verlor.

Ein Maler möchte ein ästhetisch schönes Bild malen und gleichzeitig die Natur wiedergeben. Dies hatte zur Folge, dass er versuchte, das Schöne in der Natur abzubilden, indem er sie idealisierte. Er modifizierte also die eine Aufgabe, um die andere erfüllen zu können. Die Ausführung einer doppelten Aufgabe gelang nicht immer, denn oft war sich die Person ihrer zwar bewusst, erfüllte aber nur einen Teil. Dies illustrierte Verwoerd am Beispiel eines Mannes, der ein schlechter Schwimmer war und ein Kind vor dem Ertrinken retten wollte. Gleichzeitig wollte er wegen seiner eigenen Familie sein Leben nicht verlieren. Darum lief er, um Hilfe zu holen (doppelte Aufgabe), während er sonst versucht hätte, das Kind selbst zu retten (einfache Aufgabe) (8). Es gab daneben andere

87 Möglicherweise war es auch eine Reaktion auf zeitgenössische Kritik an der Realitätsferne vieler Laborversuche, s. Bartlett 1929: 7.

Fälle, in denen das Resultat keiner der beiden Aufgaben als einzelnen entsprach, wohl aber der doppelten Aufgabe. Das konnte daran liegen, dass sie im Widerspruch zueinander standen, obwohl sie eine doppelte Aufgabe bildeten. Herr A war Mitglied im Vorstand zweier Vereine. In einem wurde ein Vorschlag gemacht, der den anderen Verein schädigte, so dass er nun die Interessen beider vereinbaren musste. Er enthielt sich der Stimme, d. h. er erzielte kein Resultat für eine der beiden Aufgaben, wohl aber ein Ergebnis im Sinn der doppelten. Es handelte sich in diesem Fall um einen klaren Interessenkonflikt, ein Thema, das Verwoerd während seiner politischen Karriere immer wieder begegnen sollte. Zuweilen konnte dies sogar in den extremen Fall eines „double bind" übergehen, d. h. in zwei unvereinbare Teilaufgaben, die gerade nicht zu einer Antwort führen konnten.[88] Ein unlösbarer Konflikt konnte gar kein Ergebnis erbringen. Zwei Personen baten eine dritte, in ihrem Namen einen Brief zu schreiben. Jede richtete einen Brief an dieselbe Person, aber beide Briefe zielten auf Gegensätzliches. Der Briefschreiber verfasste sie mit dem vagen Gefühl, dass ein Widerspruch bestand und vergaß das ganze. Hier lag der Widerspruch in der doppelten Aufgabe selbst, die zu einer Neutralisierung wie bei dem Vereinsmitglied führte, das Resultat war das Vergessen (8 f.). In vielen Fällen führte die doppelte Aufgabe jedoch zum Versuch, die beiden Teile miteinander zu vereinbaren. Zuweilen schloss eine der Aufgaben eigentlich verschiedene in sich und gelegentlich war eine Aufgabe in einer anderen enthalten. So konnte ein Teil der doppelten Aufgabe die Erfüllung des anderen Teils einleiten.

Als Professor schrieb Verwoerd nebenher Kurzgeschichten, die in der populären Zeitschrift „Die Huisgenoot" unter Pseudonym veröffentlicht wurden. Sie ähneln in ihrer Konstruktion den „lebensnahen" Beispielen, wie er sie in seinen Qualifikationsschriften anführte und einige behandeln „doppelte Aufgaben". So ging in einer der Geschichten eine junge Frau zugrunde, die einen Mann liebte, mit dem sie wegen einer vererbbaren Krankheit keine Kinder bekommen durfte und darum einen anderen heiratete, um eine Familie zu gründen.[89]

Verwoerds 164 Seiten umfassende, handgeschriebene Masterarbeit in Psychologie war in zwei Teile gegliedert, eine Einleitung, in der die Problematik umrissen und ein Forschungsprogramm entwickelt wurde, sowie den umfangreicheren Teil, in dem er das daraus hervorgegangene Experiment beschrieb und die Ergebnisse analysierte. Verwoerd führte überhaupt zum erstenmal ein Experiment durch und konnte kaum auf einschlägige Erfahrungen zurückgreifen (156), auch wenn er bei Experimenten seines Professors Raymond Wilcocks als Ver-

88 Bateson 2011: 276 ff.

89 Gerrie Bruno [Verwoerd], Gedoemde liefde, in: Die Huisgenoot, 1.4.1932, S. 39 u. 51.

suchsperson mitgewirkt hatte. Die doppelte Aufgabe war für Verwoerd nicht einfach die Gleichzeitigkeit zweier verschiedener Aufgaben, sondern beide Teilaufgaben waren unmittelbar miteinander verbunden, die Lösung der einen war ohne die andere nicht möglich. Das bedeutete aber auch, dass beide Teile gleichzeitig die Aufmerksamkeit der Versuchsperson beanspruchten. Dies führte zur ständigen Neigung, beide zu vermischen (19).

Zuweilen probierten Versuchspersonen, die doppelte Aufgabe in eine umzuschmelzen, was andere Denkfehler nach sich zog, denn in Wirklichkeit ließen sie sich nicht vereinen (154). Es wurde deutlich, „dass die Teile der doppelten Aufgabe einander beeinflussen und leicht Denkfehler unterlaufen, weil die doppelte Aufgabe notwendigerweise ein höheres Maß an Kritiklosigkeit verursacht als viele andere Bewusstseinszustände." (124). Es sei die doppelte Aufgabe, „die uns aufgrund ihrer Art weniger urteilsfähig sein lässt" (126).

In seinem vorletzten Kapitel setzte er sich mit dem Standardwerk über Haupt- und Nebenaufgaben von Ernst Westphal auseinander, das er erst nach Abschluss seiner eigenen Testreihe kennenlernte (140).[90] Einige seiner Befunde schienen genau mit denjenigen Westphals übereinzustimmen, während andere das Gegenteil erbrachten, was Verwoerd auf die unterschiedliche Problemstellung zurückführte. Denn Westphal untersuchte Aufgaben, die einander untergeordnet waren, weshalb die Nebenaufgabe erst nach der Hauptaufgabe gelöst wurde. Demgegenüber bestand die doppelte Aufgabe aus zwei Einzelaufgaben, die in einem inneren Verhältnis zueinander standen (140) und aufeinander bezogen wurden (72 u. 142f.). „Durch ihre Verbindung wachsen die einzelnen Aufgaben in einen organischen Zusammenhang und führen zu einer Handlung mit einer bestimmten Struktur." (141)

Der Denkprozess war die Voraussetzung für die Lösung der Aufgabe. Verwoerd fragte danach, „welche Rolle die doppelte Aufgabe im Denken als Ursache für eine Handlung spielt. Eine Aufgabe leitet nicht als solche den Denkprozess, im Sinn einer reinen geistigen Verrichtung im Sinn einer Frage oder eines Problems, denn sie ist auf eine Tat gerichtet und leitet darum nur die Bewusstseinsprozesse, die direkt oder indirekt mit der Ausführung verbunden sind." Die doppelte Aufgabe war mit intellektuellen und Willensprozessen verbunden, ihn interessierte vor allem die Konsequenz für das menschliche Handeln, weniger das Denken an sich. Er griff hier die determinierenden Tendenzen auf, die die Würzburger als wesentliches Moment des Denkprozesses identifizierten. Eine Aufgabe musste gewollt werden, sie war nichts anderes als eine Zielsetzung (16f.). Der Denkprozess betraf die Überlegungen zur Verwirklichung der Einzelaufgaben, die unter

90 Westphal 1911.

dem Einfluss der doppelten Aufgabe stehen „und ihre Richtung erhalten ja nach dem Maß an Kraft, die hinter jedem Teil wirkt." Es ging also eher um die Messung von Willensleistungen als um eine Theorie der Denkprozesse, was zu Verwoerds ausgeprägten Voluntarismus passte.

Das eigentliche Experiment bestand aus zwei unterschiedlichen Versuchsreihen, wodurch die eingangs präsentierte Palette dessen, was unter doppelter Aufgabe resortierte, auf zwei Fälle reduziert wurde. Verwoerd führte die Experimente mit zwei Versuchspersonen durch (29), die er mit den Initialen R.W. und J.C. abkürzte.[91] In der Wahl zweier ganz unterschiedlicher Testserien kam seine mangelnde Erfahrung zum Ausdruck. Er bekannte sogar ganz explizit „mein völliges Unwissen, wie man eine solche experimentelle Untersuchung angeht und das Material zu verarbeiten und zu systematisieren." (156). Dabei kam ein Ranschburg-Apparat zum Einsatz, mit auf Karten gedruckten Silben. Technische Probleme führten mehrfach zu Modifizierungen, störten aber auch den Ablauf des Experiments und erzeugten Verwirrung bei den Versuchspersonen, weil ihre Konzentration öfters von der komplizierten Aufgabe abgelenkt wurde. Tatsächlich baute er die beiden Versuchsreihen, die er durchführte, überkomplex auf, was zahlreiche Fehler seiner Probanden zur Folge hatte, deren Analyse einen beträchtlichen Teil der Arbeit einnahm. Verwoerd war in seinem Resümee ausgesprochen selbstkritisch und benannte offen die Schwächen der Studie, die in der Tat evident sind (157). Einige Beobachtungen erschienen ihm aber doch wichtig: Wenn Versuchspersonen berichteten, dass sie an die Aufgabe in einer unanschaulichen Weise dachten, also ohne sinnliche Vorstellungen, dann kam dies auf „den Typus, zu dem die Person gehört"[!] an (160). Das Hineinwirken sinnlicher Vorstellungen war demnach von den Probanden abhängig und kein generelles Problem. Im Gegensatz zu anderen, die beobachteten, dass Verwoerd seine Gedanken sich und anderen durch Skizzen visualisierte, rechnete er selbst sich denjenigen zu, die bildlos dachten: „Ich neige dazu, abstrakt zu denken, aber ich habe mir für die eigene Erhellung und um meine Gedanken zu verdeutlichen, die Gewohnheit zugelegt, meine Gedanken soweit wie möglich konkret darzustellen."[92] Wenn eine Versuchsperson sich der Aufgabe bewußt war, erfolgte die

---

91 R.W. ist R.W. Wilcocks, sein späterer Doktorvater, J.C. ist J.C. Conradie, ein Kommilitone.

92 Verwoerd 1924a: 235, Fußnote u. ein Beispiel 236: „Als ich z.B. zum ersten Mal davon hörte, dass meine Schwester operiert wurde, dachte ich an ihren gefährlichen Zustand und das Krankenhaus und die Angst meiner Eltern, und andere Dinge. Ich wurde mir bewusst, dass ich wissen wollte, wie es nun weitergeht und meiner eigenen deutlichen Angst, und machte gleich eine sorgfältige Introspektion über die unmittelbar vorangegangene Zeit. Ich konnte keine Bilder feststellen, aber doch ein klares Verständnis der ganzen Situation und aller Einzelheiten. Später habe ich mich mehrmals dabei ertappt, dass ich an den Fall dachte, aber mit immer weniger

Ausführung schneller, problemloser und sicherer. Aufmerksamkeit vertrieb Angst und Furcht, sie verlieh mehr Sicherheit. Nicht die doppelte Aufgabe selbst, sondern ihr Inhalt und Umfang verursachten Schwierigkeiten.

Durch die Verwendung sinnloser Silben sollte die Konzentration auf das wesentliche, nämlich die richtige Ausführung der doppelten Aufgabe, gewährleistet werden. Sinnlose Silben sollten die Assoziationen mit bekannten Worten und Begriffen möglichst ausschalten; die Methode geht auf den deutschen Psychologen Hermann Ebbinghaus zurück, der sie in seinen Forschungen zu Gedächtnisleistungen anwandte.[93] In der ersten Versuchsanordnung (Serie A) mussten die Versuchspersonen Reimworte für sinnlose Silben finden, andere umdrehen, also rückwärts lesen. Dies war der erste Teil der Aufgabe, der zweite bestand in der unregelmäßigen Abfolge von Reim bzw. Umkehrung (21). Den Probanden fiel es schwer, sich die Reihenfolge zu merken, so dass bei dieser Serie die meisten Fehler vorkamen. Verwoerd überforderte die Versuchspersonen, denn der zweite Teil der Aufgabe, die Abfolge, war eigentlich primär eine Gedächtnisleistung und kein Denkvorgang.

Die Serie B war für die Probanden leichter ausführbar und wies große Ähnlichkeit mit den Experimenten der Würzburger Schule auf, insbesondere der Versuchsreihe, mit der Otto Selz 1910 in Bonn sein empirisches Material sammelte, aus dem er seine Theorie der Denkvorgänge entwickelte. Der Versuchsleiter gab dem Probanden ein Papier, auf dem zwei Worte notiert waren, z. B. Mensch – Sokrates. Die Versuchsperson musste darauf ein Wort zur Antwort geben, was gleichzeitig die Unterklasse des ersten und die Oberklasse des zweiten war, z. B. Grieche oder Mann. Die Versuchsperson erhielt also eine doppelte Aufgabe, einmal den übergeordneten Begriff, einmal den untergeordneten Begriff zu finden, wobei beide Teile der Aufgabe zur selben Antwort führen mussten. Damit war eine Kontrolle eingebaut, denn die Versuchsperson wusste, dass es eine gemeinsame Antwort gab, weshalb sie den Begriff in beide Richtungen auf seine Korrektheit hin überprüfen konnte (26).

Angst, und ich bemerkte nicht allein keine Bilder, sondern auch, dass ich vage und viel allgemeiner an die Situation dachte. Eigentlich kamen die Besonderheiten wie die Angst meiner Eltern, die eilige Einlieferung ins Krankenhaus, ihre eigenen Schmerzen, die Gefahr etc. nicht deutlich zum Bewusstsein. (Als ich dies bemerkte und die Besonderheiten dadurch wieder einzeln ins Bewusstsein traten, entstand die Angst wieder). Die Situation wurde später auch unpersönlicher, mit anderen Worten, es war, als ob ich beiläufig dachte, dass jemand operiert wurde mit dem vagen Eindruck, dass ich auf die eine oder andere Weise mit der Situation zu tun hatte."

93 Boring 1929: 380 f.; Verwoerds Versuchsaufbau ähnelte deutlich demjenigen von Narziß Ach, der mit sinnlosen Silben im Kontext der Erforschung von Denkvorgängen arbeitete: Ach 1999: 128 f.

Obwohl sich beide Experimente ergänzten, war die Diskrepanz im Schwierigkeitsgrad von Anfang an erkennbar. In der Reihe A hatten die Versuchspersonen immer wieder Probleme, die Aufgabe zu erinnern (32). Sie befassten sich in der Introspektion zu sehr mit den Schwierigkeiten, die ihnen einzelne Silben bereiteten und vernachlässigten dadurch die doppelte Aufgabe (27).

Die Ergebnisse interpretierte er im Kontext der Assoziationspsychologie, während die Würzburger Schule sich gerade von den Grundannahmen der Assoziationspsychologie im Sinn der Konstellationstheorie nach G. E. Müller wegbewegte.

> „Es scheint, als würden nach einem bestimmten Reizwort assoziierte Inhalte reproduziert, die nicht direkt der Aufgabe folgen, aber indirekt zu einer Antwort mit Bezug auf die Aufgabe führen und was sofort durch die Vp. als korrekt wiedererkannt wird. Anscheinend befindet sich die Aufgabe im Hintergrund des Bewusstseins und sorgt teilweise für eine Reihe von Reproduktionen, woraus es die korrekte Antwort wiedererkennt, sobald sie in Erscheinung tritt." (77).

Schließlich beeinflussen Gefühle die Ausführung, vor allem Angst und Unsicherheit, u. a. durch Verwirrung hervorgerufen, konnten sich nachteilig auswirken (102).

Interessanterweise ging Verwoerd von einem „unbewußten" Wirken der doppelten Aufgabe dann aus, wenn diese nicht im Zentrum der Aufmerksamkeit stand, aber dennoch richtig gelöst wurde (60). Dies führte er auf die determinierende Tendenz der doppelten Aufgabe zurück, die er aber nicht weiter untersuchte. Vielmehr wurde die Aufmerksamkeit selbst zum entscheidenden Faktor. „Dies zeigt, dass eine absolute Dominanz der doppelten Aufgabe unter bestimmten Umständen notwendig ist, denn die geringste Ablenkung der Aufmerksamkeit reicht manchmal aus, um die Ausführung zu behindern oder zu verschlechtern." (62). Die doppelte Aufgabe setzte die Probanden unter stärkeren Zugzwang, unmittelbar zu ihrer Ausführung zu schreiten, als eine einfache, weshalb die Versuchsperson oft etwas sagte, von dem sie wusste, dass es falsch war (66).

Verwoerd kam aufgrund der empirischen Ergebnisse der Serie B zum Schluss, dass Denkfehler im Alltagsleben nicht so sehr davon abhingen, ob es sich um eine doppelte Aufgabe handelte, sondern welchen Inhalt sie hatte (67). Dabei dominierte oft ein Teil der Aufgabe im Bewußtsein, obwohl die Aufgabe immer als doppelte ausgeführt wurde, was aber nicht notwendigerweise zur Folge hatte, dass der dominierende Teil zu den richtigen Antworten hinleitete (70). „Es ist darum anscheinend schwierig, die Aufmerksamkeit auf eine doppelte Aufgabe als ganze zu halten, wenn diese selbst viele Inhalte hat, denn natürlich unterscheidet sich eine Aufgabe von einer anderen durch ihren Umfang" (71).

Neben die determinierende Tendenz trat die Antezipation der Antwort, wenn bereits eine Kenntnis vorlag,[94] wobei die Antwort vom Probanden selbst auf ihre Richtigkeit überprüft wurde (82), doch konnte eine falsche Beurteilung in der Folge zu weiteren falschen Antworten führen (83). Der Zustand der Verwirrung trat dann ein, wenn die Aufgabe nicht gut bekannt war, d.h. wenn ein Teil der doppelten Aufgabe vergessen wurde (104 f.), wenn verschiedene Bewußtseinsinhalte konfligierten, wenn die Teile der doppelten Aufgabe nicht mehr koordiniert werden konnten (106), aber auch durch Gedanken, die in Verbindung mit ihr entstanden, etwa die Furcht, eine falsche Antwort zu geben (107). Überhaupt konnten Angst und Mißtrauen behindernd auf Denkprozesse einwirken, so dass „die ganze Aufmerksamkeit durch eine solche Gefühlsaufwallung mit Beschlag belegt wird, während die Gedanken noch versuchen, sich Geltung zu verschaffen." (109). Widersprüchliche Gedanken allein reichten nicht aus, um Verwirrung zu stiften, sondern sie mussten mit Gefühlen verbunden sein (111).

Schließlich ging Verwoerd auf die Bedeutung der doppelten Aufgabe für Denkfehler und Selbstbetrug ein (Kap. 9). Fehlende oder nachlassende Aufmerksamkeit sowie Vorurteile konnten zu Denkfehlern führen, wozu die doppelte Aufgabe selbst beitrug, wenn sie besonders schwer oder lang war (116 ff.). Die Konzentration auf eine Seite der Aufgabe hatte zur Folge, dass kleinere Unterschiede nicht wahrgenommen wurden (119). Hastigkeit und Kritiklosigkeit gegenüber eigenen Antworten resultierte in Fehlern, wobei Verwoerds Ausführungen eine Tendenz offenbarten, eher die Personen zu kritisieren, als ihre Denkvorgänge zu analysieren (120 ff.) So klang es wertend über die Person, wenn er schrieb: „Hier führt wieder das Bewusstsein, dass er seine Aufgabe nicht ausführen kann, dazu, dass die Vp. kritiklos wird und darum nicht die Fehler in seinem Denkprozess und seinen Antworten erkennen kann" (123).

Der Selbstbetrug konnte auch auf unbewußte Wünsche etc. zurückzuführen sein oder wenn eine Verwechslung von Teil und Unterbegriff vorlag, wenn etwa eine frühere Aufgabe fälschlich wiederholt wurde und die Versuchsperson sich selbst darüber betrog (137). Es ist auffallend, dass Verwoerd so eindeutig zwischen Fehlern und Selbstbetrug unterschied, denn letzterer war eigentlich nur ein nicht eingestandener Fehler, worin abermals seine Neigung zum Ausdruck kam, die Versuchspersonen zu beurteilen. Wie schon Verwoerds Alltagsbeispiele zeigten, führten zweideutige Situationen zu Selbstbetrug.[95]

---

94 Selz 1913: 117 ff.

95 So stellte er noch 1936 fest, dass die Leiterinnen von Wohnheimen für arme weiße Kinder eine doppelte Aufgabe hätten, die sie in der Regel nicht erfüllen könnten: Verwoerd 1937 b: 96.

Verwoerds Masterarbeit zeigte die über Wilcocks vermittelte Wirkung der Denkpsychologie, die ihn zu einer genaueren Analyse der Denkvorgänge führte, aber stets im Hinblick auf ihre praktische Anwendbarkeit. Ebenso wird deutlich, wie sehr im Hintergrund der doppelten Aufgabe seine Prinzipienorientierung stand, denn die doppelte Aufgabe konnte zur Folge haben, dass Prinzipien verloren gingen oder verwässert wurden. Verwoerds Interesse an der doppelten Aufgabe im Alltagsleben, das für ihn der Anlass zu der Studie war, hatte zum Ergebnis, trotz der Häufigkeit doppelter Aufgaben die Orientierung des eigenen Denkens und Handelns an festen Grundsätzen noch zu betonen und in seinem eigenen Alltag stets hervorzuheben, wie er schon in seiner Beschreibung der „doppelten Aufgabe" in einer Rezension von Grosskopfs ökonomischem Band des Carnegie-Report unterstrich.[96]

Verwoerds Dissertation

Im Alter von 23 Jahren promovierte Verwoerd in Stellenbosch bei seinem bisherigen wissenschaftlichen Mentor Raymond Wilcocks.[97] In seiner philosophischen Masterarbeit über das Problem der Werte tauchten bereits einige Äußerungen zur Bedeutung von Gefühlen auf, die nun in der Dissertation zum Thema einer eigenen Untersuchung wurden. In seiner Laboruntersuchung wollte er verschiedene Faktoren als Variablen in ihrem Zusammenspiel wie in ihrer jeweiligen Wirkung untersuchen und identifizieren. Mit mehr als 300 Seiten war die Arbeit für die 1920er Jahre ungewöhnlich umfangreich, was vor allem damit zu tun hatte, dass sie auf einer ganzen Serie von Experimenten aufruhte, deren Aufbau und Methodik Verwoerd ausführlich darlegte und deren Ergebnisse er auf der Basis von Introspektion genau dokumentierte und in der Arbeit zitierte. Die Untersuchung von Gefühlen war in den 1920er Jahren und auch schon in den Jahrzehnten davor ein zentrales Thema der experimentellen Psychologie gewesen, wobei das Interesse der Forscher auf die Messbarkeit von Gefühlen, auf eine Definition und Typologie von Gefühlen sowie das Verhältnis von Gefühlen zu den Denkvorgängen konzentriert war. Mittlerweile hatte Verwoerd auch das Werk von Selz genauer kennengelernt und er setzte sich mit dessen Ergebnissen mehrfach

96 Die Burger, 28.12.1932.

97 FAV 4.3.1, Abschrift des Promotionszeugnisses vom 10.12.1924. Die eingeklammerten Zahlen in diesem Unterkapitel beziehen sich auf die Paginierung in Verwoerds ungedruckter Dissertation.

auseinander, vor allem übernahm er von ihm die klare Trennung von Gefühlen und Gedanken.[98]

Ähnlich wie in seiner Masterarbeit über die doppelte Aufgabe ging Verwoerd von der Alltagsbeobachtung aus, dass Gemütsempfindungen unter bestimmten Umständen abnehmen und als solche nicht mehr zu erkennen sind, obwohl ihre Ursachen bestehen bleiben (3). Dies kann als Hinweis darauf gesehen werden, dass ihn bei diesem Experiment primär die Anwendbarkeit und aufgrund der Häufigkeit des Phänomens seine Alltagsrelevanz interessierte.

Hinsichtlich des Begriffs „gemoedsaandoening", was sich im Deutschen am ehesten als „Gemütsempfindung" übersetzen lässt, muss zunächst genauer bestimmt werden, was gemeint ist. Tatsächlich ist in der Literatur zu Verwoerds Zeit keine klare Übereinkunft hinsichtlich der Begrifflichkeiten von Gefühl, Gemütsempfindung etc. zu finden. Er unterschied verschiedene Unterklassen: in Übereinstimmung mit Alfred Lehmann[99] waren die sinnlichen Gefühle auf Lust und Unlust [aangenaamheid en onaangenaamheid] reduziert, d.h. sinnliche Reaktionen auf äußere Reize. Er folgte Lehmann in der Absetzung der Gemütsempfindungen von Gefühlen, denn für Lehmann war die ganze Bandbreite von Emotionen wie Zorn, Erregung etc. im Begriff der Gemütsempfindung enthalten.[100]

Verwoerds kritische Diskussion des Forschungsstands lässt seine eigene Herangehensweise und Fragestellung deutlicher werden. Er diskutierte die verschiedensten Autoren, in erster Linie US-amerikanische und deutsche Forscher, und zeigte die Probleme und Defizite in ihrer Behandlung des Themas auf (10 ff.). In einer handschriftlich eingefügten Anmerkung am Ende des Kapitels verwies Verwoerd auf eine zwischenzeitlich veröffentlichte, eine ähnliche Fragestellung behandelnde Untersuchung von Kurt Lewin (76).[101]

---

98 Selz ging es weniger um eine Trennung, sondern um die Nichteinbeziehung von Gefühlen in seine Analyse der Denkvorgänge.

99 Lehmann 1914:

100 Er ging auch nicht von der verbreiteten Vorstellung aus, es gäbe zusammengesetzte Gefühle, die schon Saxinger 1902: 394 ff. zurückgewiesen hatte. Wundt selbst traf bereits in seinem Frühwerk klare Unterscheidungen: Wundt 1862: 445 ff. Die Steigerung oder Abschwächung von Gefühlen aufgrund kontrastierender Wahrnehmungen und Gefühle hatte bereits Wirth 1898: 74 ff. diskutiert, dessen Arbeit in der Bibliographie von Verwoerds Dissertation genannt wird. Diese Diskussionen bewegten sich im Rahmen der Assoziationspsychologie, z.B. S. 58 u. 62, und wurden durch die Erkenntnisse der Gestaltpsychologie obsolet, für die Verwoerd keinerlei Interesse aufbrachte.

101 Es handelte sich dabei um Lewin 1922, der ganz ähnliche Methoden zur Erzeugung von Emotionen anwandte wie Verwoerd. Lewin arbeitete eine Zeitlang an dem Institut für angewandte Psychologie, das neben dem Psychologischen Institut eine eigene Einrichtung an der Berliner

Gemütsempfindungen entstehen im Anschluß an Ideen oder Urteile, die mit den geistigen oder materiellen Interessen der betreffenden Person zusammenhängen. Zusammengesetzte intellektuelle Inhalte wie Witz, traurige Geschichten u.a. mehr lösen Gemütsempfindungen ebenso aus wie das Bewußtsein eines aktuellen Ereignisses oder die Erinnerung daran. Vorstellungen, aber auch die Ausführungen von Aufgaben, die der Person gestellt wurden, sind von Gemütsempfindungen begleitet. Verwoerd hat in seinem Experiment verschiedene dieser Umstände berücksichtigt, um eine möglichst breite Palette an Gemütsempfindungen untersuchen zu können (32f.).

Die Untersuchung von Gefühlen unter Laborbedingungen war deshalb schwierig, weil sie für die Überprüfbarkeit gleichbleibende Bedingungen voraussetzte, d.h. ein Versuch musste wiederholbar sein (1). Die Umstände und Ursachen der Abstumpfung bei Wiederholung, die unterschiedlichen Bedingungen, waren das, was ihn interessierte. Gemütsempfindungen stumpfen in manchen Fällen ab, in anderen nicht, ohne dass es für diese Differenz bislang eine befriedigende Erklärung gab. (6f.). Eine wichtige Voraussetzung, dies unter kontrollierten Bedingungen beobachten zu können, war jedoch eine verlässliche Methode, Gefühle unter Laborbedingungen hervorzurufen, sie wiederholt zu erzeugen und in diesem Kontext ihre Abstumpfung beobachten und messen zu können. Aufgrund der Gesetze der Assoziationspsychologie war zu erwarten, dass Gemütsempfindungen bei Wiederholungen ebenso stark oder sogar noch stärker auftreten und nicht abstumpfen würden (6). Darum war er bestrebt, die Umstände, die die Gemütsempfindungen auslösten, konstant zu halten, um Variablen, die er Abstumpfungsfaktoren nannte, ausfindig machen zu können. Freilich ging er von einer unausgesprochenen Vorannahme aus: Die Ursache für Abstumpfung lag nicht in den Empfindungen selbst, sondern in den Faktoren, d.h. in der Umwelt, die entsprechend manipuliert werden konnte. Nur unter dieser Voraussetzung ließ sich eine experimentelle Situation einrichten, da das psychologische Experiment auf einer Manipulation von Bedingungen beruhte. Dies erklärt, warum ihn Zeitgenossen als einen Behavioristen einschätzten.[102]

Die „Konstante Reizumgebung“ war die notwendige Invariante, um die Variablen messen und bewerten zu können (36). Der Reiz wurde durch einen Bewußtseinsinhalt ausgelöst, durch den sich die Versuchsperson eines Ereignisses oder eines Ziels bewußt wurde. Reizumstand definierte er als „der Umstand oder Ereignis, das, indem es zu Bewusstsein kommt, das ursächliche Antezedent für

Universität war und von Otto Lipmann geleitet wurde. Möglicherweise ist Verwoerd ihm bei seinem Aufenthalt in Berlin begegnet.

102 I.L.de Villiers 2009: 132.

die Gemütsempfindung wird.“ (36) Bewußtsein des Reizumstands musste immer vorhanden sein, wenn die Gemütsempfindung entstehen sollte (35). Nun gab es Fälle, da die Person sich des identischen Objekts oder Ereignisses bewußt war, eine konstante Reizumgebung vorhanden war, aber die Gemütsempfindung schwächer wurde oder überhaupt nicht mehr entstand. In diesem Fall lag eine Abstumpfung der Gemütsempfindung vor (37). Die Frage stellte sich, welche die störenden Faktoren waren, die dem Entstehen von Gemütsbewegungen entgegenwirkten, wenn gleichzeitig der Reizumstand vorhanden war, der sie eigentlich auslösen müsste, denn eine einmal abgestumpfte Gemütsbewegung konnte sich durchaus später wieder verstärken (40).[103]

Der Zeitraum des Experiments war vom 16. April bis zum 16. November 1923. Jede der neun Versuchspersonen war zweimal pro Woche, insgesamt vier bis fünf Monate lang, an der Durchführung des Experiments beteiligt. Jeder Versuch dauerte zwischen 30 und 45 Minuten und fand in regelmäßigen Abständen statt, d.h. es gab zwischen den Versuchen Pausen von drei bis vier Tagen für die jeweilige Versuchsperson, in denen sie sich nicht geistig mit dem Experiment beschäftigen sollte (48). Wie seine Masterarbeit bediente sich die Dissertation der Introspektion unter experimentellen Bedingungen. Die Introspektion und die darauf basierenden Berichte wurden mit der Stopuhr gemessen. Die Versuchspersonen sollten sich bei Introspektion und Bericht auf ihre Gemütsempfindungen konzentrieren sowie auf die intellektuellen Inhalte, die damit verbunden waren (47). Insgesamt gab es fünf verschiedene Experimente, durch die Funktions-, Inhalts-, Erinnerungs- und Erfahrungsgemütsempfindungen untersucht werden konnten (46).

In Serie 1 gab der Versuchsleiter der Versuchsperson, die mit geschlossenen Augen dasaß, Anweisungen, sich in bestimmte Gemütszustände einzuleben, wie Zorn, Scham, Ärgernis, Zufriedenheit (50). Die Versuchsperson sollte an die konstante Reizumgebung denken, die den jeweiligen Gemütszustand entstehen ließ; nach 10–15 Sekunden erfolgte die Introspektion. Bei einigen Versuchspersonen waren die Reizworte in derselben Reihenfolge angeordnet, bei anderen in wechselnder, wenn auch vorher festgelegter. Die Anzahl der Wiederholungen der Reizworte reichte, um eine Abstumpfung bei gleichzeitigem Bewußtsein der Konstanten Reizumgebung festzustellen (50).

Verwoerd merkte kritisch an, dass der Versuchsleiter zu wenig Kontrolle hatte, denn es war nicht klar, dass immer dieselbe Reizumgebung aufgrund des Reizworts auftauchte (51). Die Serie 1 war aber vor allem wichtig als Vorbereitung und um die Aufmerksamkeit auf verschiedene Gemütsempfindungen zu richten,

103 Dies beschäftigte ihn schon in seiner Masterarbeit über die Werte: Verwoerd 1922b: 50.

d. h. sie diente primär der Übung (52). In Serie 2 wurden den Versuchspersonen Worte genannt, die eine Konstante Reizumgebung in ihr Bewußtsein kommen ließen. Die Versuchsperson wurde gefragt, welche Gemütsempfindung das folgende Wort auslöste (53). Die Bedingungen blieben konstant, weil die Reizworte immer in derselben Reihenfolge kamen; nur ab und zu wurde ein anderes eingefügt, um die Erwartungen nicht ganz sicher eintreffen zu lassen.

In Serie 3 las der Versuchsleiter wiederholt Witze vor. „Die Witze waren von mittelmäßiger Qualität und erzeugten Gemütsempfindungen mittelmäßiger Intensität. Ein paar besonders minderwertige Witze wurden eingefügt, um bei den Versuchspersonen sympathisierende Scham zugunsten des Versuchsleiters zu wecken, was auch aus dem Alltagsleben bekannt ist." (56) Wegen der vielen intellektuellen Gehalte waren die Gemütsempfindungen nur schwach. Die lange Dauer der Introspektion und die große Zahl der intellektuellen Gehalte wirkten sich ungünstig auf die Introspektion aus. Der Vorteil lag indes darin, dass man einen „natürlichen, wenn auch komplexen, Prozess unter experimentellen Konditionen wahrnehmen kann." (57)

In Serie 4 mussten die Versuchspersonen immer dasselbe Problem lösen, d. h. der Inhalt variierte, aber die Methode der Problemlösung blieb dieselbe (57), oder jemand erhielt dasselbe Problem immer wieder gestellt, um wiederholt die Lösung zu finden. In diesem Fall änderten sich die Bedingungen, weil die Lösung bald bekannt war (58). Die Ergebnisse wurden vom Versuchsleiter mit Nachdruck als richtig oder verkehrt bewertet (58). Wenn die Versuchspersonen bei der Lösung scheiterten, wurde ihnen die korrekte Antwort mitgeteilt, die sie dann bei der Wiederholung wieder erreichen sollten, wobei aber hier das Scheitern vom Versuchsleiter häufig einprogrammiert worden war (59). Die zu erwartenden Gefühle waren Zorn und Enttäuschung. Die Gemütsempfindungen erwiesen sich als deutlich und stark, weil die Versuchspersonen an der Lösung interessiert waren. Das Experiment war nützlich für die Untersuchung der Abstumpfung, wenn auch für den Versuchsleiter schwierig zu kontrollieren und er erhielt nicht immer die erforderliche Information über wichtige Punkte der Introspektion. Diese Versuchsreihe produzierte auf einfache Weise für das Alltagsleben typische Gemütsbewegungen, die Ergebnisse erwiesen sich oft als wichtig.

Die letzte Serie war die komplexeste und wurde mit den damals üblichen Laborgeräten durchgeführt. Verwoerd nutzte die Möglichkeiten des von Wilcocks in Stellenbosch eingerichteten psychologischen Labors (60), das sich im heutigen „Ou Hoofgebou" befand. Dabei griff er auf Verfahren zurück, die schon bei seiner Masterarbeit eine Rolle gespielt hatten und die von Psychologen in dieser Zeit häufig angewandt wurden. In diesem Fall wurden die Aufgaben experimentell erzeugt, indem eine Ranschburg-Maschine Karten mit Farben (oder sinnlosen Silben) in verschiedener Reihenfolge und Kombinationen in schneller

Aufeinanderfolge zeigte. Verwoerd legte Wert darauf, dass das Experiment so gleichmäßig wie möglich ablief, wobei sich die Versuchsperson auf die farbigen Scheiben konzentrieren musste. Wenn die Scheibe weitersprang, reagierte die Versuchsperson, indem sie den Reaktionsschlüssel (einen Schalter) bediente. Der Versuchsleiter beurteilte, ob die Reaktion richtig oder falsch war, danach erfolgte die Introspektion. Ziel der Abfolge der Scheiben war es, die Versuchsperson wiederholt richtig reagieren zu lassen und ihr den Eindruck zu vermitteln, eine gute Leistung vollbracht zu haben. Dieser Eindruck wurde erweckt, weil in den Ablauf Fehlerquellen eingebaut waren, die die Versuchsperson aber erkennen konnte. Auf diese Weise kam sie zum Schluss, dass sie erfolgreich „Fallen" vermieden hatte, wodurch sich ein Gefühl ausgesprochener Zufriedenheit ergab. Die Gemütsempfindung stumpfte jedoch nach einigen Wiederholungen ab (64).

Die Versuchsperson musste eine bestimmte Aufgabe ausführen, wobei es sich hauptsächlich um Reaktionsaufgaben handelte. Aber die Gemütsempfindungen wurden hervorgerufen, indem verschiedene äußerliche Bedingungen hinzugefügt wurden, z.B. die Verhängung einer Strafe, wenn die Aufgabe nicht korrekt ausgeführt wurde. Das löste starke Gemütsempfindungen aus, deren Abstumpfung bei Wiederholung sich beobachten ließ.

Eine andere Aufgabe mit Farbscheiben bestand darin, dass die Versuchsperson immer dann reagieren musste, wenn eine bestimmte Kombination von Farben erschien. Sie kam regelmäßig, so dass sie in Sicherheit gewogen, aber dann mit einer falschen Kombination überrascht wurde (65). Die Gemütsempfindungen waren Zufriedenheit bei richtiger, Enttäuschung bei falscher Reaktion und auch hier ergab sich eine Abstumpfung durch Wiederholung.

In einer weiteren Serie innerhalb der Versuchsreihe wurde der Versuchsperson mitgeteilt, dass eine bestimmte Farbenfolge bestraft würde, obwohl sie selbst auf nichts zu reagieren hatte, also die Verabreichung der Strafe weder selbst auslöste noch verhindern konnte (67). Auf diese Weise sollten Furcht und Angst erzeugt werden. Die Introspektion musste unmittelbar anschließen, weil das Gefühl der Furcht verschwand, sobald die Strafe überstanden war. Es ließ sich auch ein Gefühl der Erleichterung erzeugen, wenn einigen schwereren Strafen eine leichtere folgte (67). In einer weiteren Versuchsreihe mit Farbenkombinationen war eine Falle eingebaut, weil eine Farbenkombination die falsche war, die aber einer richtigen folgte (68). In einer weiteren Variante wurde der Versuchsleiter für einen Fehler der Versuchsperson mit einem Stromstoß bestraft. Das Mitleiden für den unschuldigen Versuchsleiter, wie es bei den ersten Versuchen auftrat, stumpfte bald ab (69). Das Ziel der Versuchsanordnung war also nicht, die richtige Lösung zu finden, sondern im Rahmen des Experiments verschiedene Gefühle zu erzeugen und sie zu messen.

Das Labor-Experiment bestand aus einer beträchtlichen Zahl von Versuchsreihen und erfüllte nach Verwoerds Beurteilung die Bedingungen für ein gutes psychologisches Experiment (73). Es erwies sich als sehr erfolgreich, weil es gelang, verschiedene Gemütsempfindungen hervorzurufen, selbst als die Versuchspersonen das Ziel des Experiments herausgefunden hatten. Durch sinnloses Material wurden konkrete intellektuelle Inhalte weitgehend ausgeschlossen. „Außerdem konnte der Versuchsleiter auch die Bewusstseinsprozesse, die mit den Gemütsempfindungen einhergingen, in großem Maß kontrollieren durch den überlegten Einsatz des sinnlosen Materials und durch das Mittel der Aufgabe und der Bestrafung." (74) Diese Erfahrung seines eigenen Experiments, dass die mit dem Ranschburg-Apparat erzielten Ergebnisse valide, die übrigen weniger belastbar waren, überzeugten Verwoerd vom Vorteil solcher Geräte, was erklärt, warum er sich während seines Deutschland-Besuchs eher abschätzig über die dort häufige Neigung zu „Papier-und-Bleistift"-Tests oder das Vertrauen auf die Intuition des Psychologen äußerte, aber Lob für die Fälle hatte, in denen Messapparaturen zum Einsatz kamen.[104]

In seiner Auswertung entwickelte Verwoerd eine umfassende Kasuistik, indem er die verschiedenen Variablen in immer neuen Kombinationen im Hinblick auf ihre abstumpfende Wirkung testete. Ihre Bedeutung konnte er anhand der experimentell gewonnenen Daten bewerten. Seine in der Einleitung gestellte Frage, ob allgemeine Regeln zu finden seien, die die Geschwindigkeitsunterschiede bei Abstumpfung erklären, musste er verneinen, da die Zahl der verschiedenen Faktoren zu groß und damit die Ergebnisse zu unterschiedlich waren; hinzu kamen Temperamentsunterschiede bei Menschen, die berücksichtigt werden mussten (208 f.). In einem bemerkenswert zirkulären, wenn auch vorsichtig formulierten Schlusswort meinte Verwoerd: „Eine Untersuchung des Fehlens oder der Präsenz dieser Abstumpfungsfaktoren deutet auf Ursachen für die Verstärkung oder Ursachen für die Abstumpfung der jeweiligen Gemütsempfindung hin." (310). D. h. die Abstumpfungsfaktoren waren die Ursachen für die Abstumpfung.

In seiner Interpretation behandelte er zunächst die Konstante Reizumgebung und ihren Einfluss auf die Abstumpfung. Dabei stellte er zunächst fest, dass dieses Bewußtsein unterschiedlich ausfiel, ohne indes der Frage nachzugehen, ob es sich dann noch um eine konstante Reizumgebung handeln konnte (77). Wenn dies nicht der Fall wäre, würde eine der zentralen Prämissen in Frage gestellt, nämlich dass es sich nicht um einen festen Maßstab für die Beurteilung anderer Faktoren, sondern um eine weitere Variable handelte. Wenn eine Gemütsemp-

104 FAV 4.3.2, Tagebuch der Reise, Eintrag zum Wintersemester 1926/27. S. dazu auch Ash 2005: 100.

findung sich abschwächte, weil der Bewußtseinsgrad der Konstanten Reizumgebung abnahm, lag eine Abstumpfung vor. Verwoerd gab ein aufschlußreiches Beispiel aus dem südafrikanischen sozialen Alltag: „Die Versuchsperson D. [...] hat, als das Reizwort erstmals vorgegeben wurde, an einen Kaffer gedacht, der auf der Farm seiner Eltern Schwierigkeiten machte. Darauf entstand bei ihm ein ziemlicher Zorn. Er bemerkte, dass er Spannungsgefühle in seinen Kieferknochen entwickelte, dass er ein beengendes Gefühl in seiner Brust spürte und dass er rot wurde. Als ihm das Reizwort zum dritten Mal gegeben wurde, dachte er nur vage an den Kaffer und wurde sich nur ungenau der Umstände bewusst, die beim vorigen Mal im Vordergrund seiner Aufmerksamkeit standen. Es entstand keine Gemütsempfindung von Zorn mehr." (78) Wenn die intellektuellen Inhalte vielseitig waren, trug das dazu bei, dass sie im Bewußtsein blieben, doch stumpfte die Gemütsempfindung ab, wenn diese Inhalte sich nicht mehr abwechselten (80). Dies galt auch für Bücher, wobei er hier offenbar aus eigener Erfahrung sprach, wenn er die Ethik des Aristoteles als Beispiel nannte, deren vielseitiger Inhalt ein Gefühl des Genusses wachhielt. Wenn eine Arbeit dagegen nur mechanisch ausgeführt wurde, kam die Reizumgebung nicht so stark ins Bewußtsein (81). Verwoerd bezog sich auf die Beobachtung von Ebbinghaus, dass bekannte Objekte weniger die Aufmerksamkeit auf sich ziehen als neue Dinge, weshalb die Chance für Abstumpfung günstig ist, wenn die Reizumgebung aufgrund ihrer Bekanntheit weniger klar ins Bewußtsein tritt (82). Das von Selz formulierte Gesetz der Distinktionsbeachtung[105] gibt die Erklärung dafür, warum oft das Neue oder Unbekannte Aufmerksamkeit erregt. Daraus ließ sich folgern, dass Gefühle von jeweils neuen Reizen und Eindrücken abhängen, was für die Werbepsychologie von Interesse war und Verwoerds spätere Propagandatechnik beeinflusste.

Die Erkenntnis, dass Disziplinierung zur Abstumpfung von Gefühlen beitrug, war für Verwoerd zweifellos bedeutsam: Gewöhnung an die Reizumgebung führte demnach zur Abschwächung der intellektuellen Beschäftigung und damit der Gemütsempfindungen (231). Die starke Anspannung, die mit Entschlüssen einhergeht, war dagegen günstig für das Aufkommen von Gemütsempfindungen (272). Es galt analog, dass die Abschwächung oder das Schwinden eines Entschlusses eine Abstumpfung der Gemütsempfindung zur Folge hatte (274 f.) „Eine Gemütsempfindung stumpft also ab, sobald die Anspannung sich vermindert, vorausgesetzt die Gemütsempfindung ist von der Anspannung abhängig." (278)

Neben den intellektuellen Inhalten konnte auch eine eher generelle Geisteshaltung (geestesstelling) die Gemütsempfindung stabil halten (99). „Es gibt gewisse Menschen, die ziemlich konstant in dieselbe Richtung und auf dieselbe Art

---

105 Selz 1922: 495 f.

und Weise denken. Insofern ihre Gemütsempfindungen durch ihre geistige Einstellung bestimmt werden, stumpfen sie nicht ab." (100). Dies war ein interessanter Hinweis auf den Einfluss des Charakters eines Menschen auf seine Emotionalität.

Im daran anschließenden Kapitel wandte Verwoerd sich dem Thema der Reproduktion und Abstumpfung zu, d. h. wenn nicht etwas Neues auftrat, sondern schon Bekanntes. Dies konnte auf drei Arten geschehen, nämlich als direktes Erlebnis einer Reproduktion, als Erinnerung an eine Erfahrung oder ein imaginiertes Ereignis, das auf Dispositionen und Assoziationen zurückgeführt werden konnte. (106). Routinisierung führte demnach zur Abnahme von Gefühlen: „Eigentlich sind alle Fälle der Gewöhnung oder des Bekanntwerdens sowie mechanischer Handlungen, mit denen Abstumpfung verknüpft ist, Fälle sich neu entwickelnder Assoziationen und Dispositionen oder bestehender Assoziationen und Dispositionen, die verstärkt werden" (110).

Inhalte konnten Einfluss auf die Gefühlsempfindung haben, wobei sie in den meisten Fällen Urteile, und zwar Werturteile, einschlossen (167). Eine Beurteilung entstand meist spontan und hatte großen Einfluss auf die Gemütsempfindung, jedoch nur dann, wenn es sich um eine wirkliche Überzeugung handelte (168). „Die Gemütsempfindung ist anscheinend umso stärker, je deutlicher und entschiedener das Urteil ist." (171) Dabei waren Überzeugungen bzw. Zweifel wichtiger als die Wahrheit des Urteils, während das Fehlen eines Werturteils zur Abstumpfung beitrug (174).

Was hat diese Untersuchung mit Verwoerds späterer politischer Tätigkeit zu tun? Gibt es überhaupt irgendwelche Bezüge, handelt es sich um offensichtliche oder eher indirekte, substantielle oder eher nebensächliche? Die Stromstöße, die er seinen Versuchspersonen und sich selbst als „Strafe" verpasste, erscheinen auf den ersten Blick als Ausweis eines autoritären Temperaments und verweisen auf die teilweise grauenhaften Praktiken in südafrikanischen Psychiatrien während der Apartheid.[106] Doch gehen solche Verweise von – allerdings auffallenden – Nebenaspekten der Untersuchung aus und treffen nicht den Kern.[107] In der Literatur wird immer wieder auf den Titel von Verwoerds Arbeit hingewiesen, aber nie darauf eingegangen, was das denn nun konkret zu bedeuten haben soll im Hinblick auf seine Politik; vermutlich erklärt sich diese Referenz damit, dass sich niemand die Mühe gemacht hat, die Arbeit wirklich zu lesen und auf solche Bezüge hin zu untersuchen. Die Abstumpfung der Gemütsempfindungen dahingehend zu interpretieren, als habe Verwoerd ausprobiert, wie man die Gefühle von

106 Lambley 1981: Kap. 3. u. Kistner 2014: 90 ff. sowie Swartz 2008.

107 Das gilt insbesondere für Truscott/Smith 2016.

Menschen so abstumpfen kann, dass sie als Arbeitsmaschinen besser auszubeuten seien, wäre absurd und es gibt auch keinerlei Hinweise darauf, dass er auf solche Überlegungen jemals zurückgegriffen hätte. Miller behauptet, Verwoerds Arbeiten nach seinem Deutschlandaufenthalt hätten sich erkennbar verbessert, während die Dissertation „unsophisticated“ war, wobei sie sich aber nur auf einen später geschriebenen Aufsatz im American Journal of Psychology bezieht, der lediglich einen Ausschnitt aus der Dissertation bietet.[108]

Deutlicher sind diesbezüglich spätere Äußerungen, in denen er sich wegen Boxkämpfen zwischen Weißen besorgt zeigte, bei denen Schwarze zuschauten, „deren Achtung für Weiße zurückgeht oder die abstumpft bei Kämpfen, an denen Weiße beteiligt sind. Die Auswirkung auf ihr Gemüt kann darum tief und gefährlich sein.“[109] Oder das Interesse von „Liberalisten“ an den Verbannten, die sie in ihren Verbannungsorten besuchten, von dem er vermutete: „Vermutlich wird dieses Interesse nach kurzer Zeit abstumpfen, wie es auch anderswo passiert ist.“[110]

Verwoerd trennte nicht nur in seiner Forschung Gefühle und Gedanken, um sie jeweils messen zu können, sondern für ihn standen sie sogar in einem gewissen Widerspruch, da intellektuelle Betätigung zur Abstumpfung der Gefühle führen konnte, solange sie sich nicht mit deren Ursachen, d. h. der Reizumgebung befassten.[111] Dennoch gab es keine eindeutige Verbindung in dem Sinn, dass die Zunahme der Denktätigkeit zu einer entsprechenden Abnahme der Gefühle führen würde. Vor allem kam hier der zeitliche Faktor in Gestalt der Abstumpfung als eines Prozesses hinzu. Dieser aber war für Verwoerd entscheidend, denn eine Erkenntnis aus seiner Forschung, die er sich auch für sein politisches Handeln zu eigen machte, war die Inkonstanz und Unverlässlichkeit der Gefühle. Allerdings verfiel Verwoerd in den Fehler, den viele Wissenschaftler in dieser Zeit begingen, indem sie durch ihre Formen der Klassifizierungen und Grenzziehungen die Einheiten erst schufen, mit denen sie dann hantierten, als handle es sich um objektive Gegebenheiten.[112] Nur wenn man daran glaubt, dass Gedanken und Gefühle zwei klar voneinander unterscheidbare Kategorien sind, kann man sie als Gegensätze behandeln, wie Verwoerd das unternahm. Da sein Lehrer Wilcocks bei Carl Stumpf studiert hatte, war es möglicherweise dessen indirekter Einfluss,

---

108 R. B.Miller 1993: 638 f.

109 PV 276/1/27/8/1, V. an C. R. Swart (Justizminister), 16.6.1956.

110 FAV 4.6.1.3, V. (PS) an J. F. Malan, Vryburg Farmers Union, 5.9.1956.

111 Schon in seiner Masterarbeit über die Werte unterschied er: „Gefühl als eine Emotion kann am Anfang als eine Wertung betrachtet werden, aber es ist eine Auswirkung des Organismus oder des unbewussten Teils des Geistes, und nicht des bewussten Selbst.“ Verwoerd 1922 b: 55.

112 Für einen analogen Fall aus der Rassenforschung s. Etzemüller 2015 a: 181 ff.

weshalb Verwoerd intellektuelle und affektive Zustände als fundamental verschieden behandelte.[113] Tatsächlich ging es bei seiner Forschung um eine Verifizierung bestimmter, vorher gefällter Grundannahmen, dass Gefühle etwas anderes als Gedanken waren und sie sich kategorial unterscheiden ließen. Vermutlich waren die Leipziger Ganzheitspsychologen um Felix Krueger in diesem Fall trotz ihrer verquasten Sprache offener, wenn sie von diffusen Komplexqualitäten sprachen und Gefühle und Gedanken nicht als voneinander abgrenzbar behandelten.[114]

Verwoerd enthielt sich konsequent der Demagogie, die auf Gefühle abzielte, denn damit ließ sich keine dauerhafte Mobilisierung erzeugen. Alle Berichte über ihn als Redner stimmen darin überein, dass er sich immer um eine konsistente, logisch wasserdichte Argumentation bemühte. Er argumentierte, statt Gefühle aufzupeitschen. „He is no orator, and yet he has a compulsive, persuasive way of talking. His power comes from the unshakable conviction that he is doing the right thing for everyone."[115] In einer Rede, in der er für die Republik warb, verdeutlichte Verwoerd das explizit: „To achieve unity in South Africa there must be a republic. But also to solve our colour problems, there has to be a republic. The reason for this is the following: I am trying to play on your reasoning powers not on your emotions."[116] Damit beschrieb er recht genau seine Form politischer Argumentation, die auf logische Geschlossenheit abhob. Noch 1959 bekannte Verwoerd gegenüber seinem Kontrahenten L. J. du Plessis, dass er sich entschlossen hätte, „to put all personal feelings aside and only to live and work for the best of our *volk*."[117] Er leitete daraus sogar bestimmte notwendige Führungsqualitäten ab: „Wir werden nicht zulassen, dass uns der Verstand im Stich lässt, denn ein Führer, der für ein Volk Sorge trägt, kann nicht durch Emotionen oder Groll getrieben regieren."[118] Sein Mißtrauen gegen Gefühlsaufwallungen und ihre Unverlässlichkeit fand seine empirische Basis in den Ergebnissen seiner Dissertati-

113 Reisenzein 2003: 106, s. auch 108. In seiner Arbeit bezog sich Verwoerd stark auf Lehmann, dessen Ansatz ein ganz anderer als der Stumpfs war, Verwoerd 1924 a: 122.

114 Krueger 1926: 118 ff.; Krueger 1953 b u. 1967. Statt Gestalten definierte Krueger primäre Wahrnehmungsphänomene, die er „Komplexqualitäten" nannte, diffuse, quasi multidimensionale Wahrnehmungen. Dadurch konzentrierte sich die Forschung auf diesen Gefühlskokon der Komplexqualitäten, innerhalb dessen sich rationale Gedanken abspielen. Doch entwickelte die Leipziger Schule keine Forschungsstrategie. Tatsächlich sah Krueger einzig die Abstumpfung der Gefühle als experimentell fassbar: Krueger 1931: 22. Könnte dies sich auf ein Gespräch mit Verwoerd beziehen?

115 Pearson Phillips, When I Saw Verwoerd's Smile, in: Daily Mail, 8.3.1961.

116 Verwoerd, Speech at Meyerton, Transvaal, March 26, 1960, in: Pelzer 1966: 374–387, hier 383.

117 PV 93/3/1/24, f. 81, Verwoerd an du Plessis, 6. August 1959.

118 Zit. nach G. D. Scholtz 1974: Bd. 2: 149.

on. „Er würde sich nie durch Gefühle leiten lassen. Er reagierte misstrauisch gegenüber starken Aufwallungen des Volksgefühls.“[119] Verwoerd lobte in einem Nachruf auf J.G. Strijdom dessen rationale und überlegte Art, dem er den „Gefühlsmensch Herrn Werth“ kontrastierte, der die Neigung zeigte, momentanen Gefühlen nachzugeben. „Adv. Strijdom und andere waren vollauf damit beschäftigt, ihn zu beschwichtigen, bis seine nüchterne Urteilskraft sich wieder durchsetzte.“[120]

Etwas anderes waren Gefühle, die mit Werten und Idealen einhergingen, die Verwoerd aber aus der Untersuchung ausgeschlossen hatte. Seine philosophische Masterarbeit zeigte, dass er solche Gefühle durchaus affirmativ zu würdigen wusste.[121] Sein Bekenntnis zur Nation war gefühlsbetont und seine Reden, in denen er die nationalen Werte beschwor, voller Pathos.

Gefühle waren manipulierbar, wie sein Versuchsaufbau klar erwiesen hatte. Verwoerd erschien seine Entdeckung, dass man unter Laborbedingungen künstlich und kontrolliert Gefühle erzeugen konnte, immerhin wichtig genug, dass er sie 1926 in Leipzig mit moderneren Geräten und anderer Fragestellung nochmals durchführte und die Ergebnisse in englischer Sprache einem internationalen Publikum bekanntmachte.[122]

Aber nicht nur Gefühle konnten manipuliert werden, sondern auch Gedankenfolgen. Die raffinierte Art, wie Verwoerd die Gedankengänge seiner Versuchspersonen antezipierte und in seine Versuchsreihe einbaute, unterstreicht, dass er nicht nur die Gefühle für manipulierbar hielt.

Diese Überlegungen waren jedoch unberührt von rassistischen Differenzierungen, er wollte zu diesem Zeitpunkt keineswegs die schwarze Bevölkerung in eine bestimmte Situation manipulieren. Vielmehr ging er bei ihr, ganz in Übereinstimmung mit Rassentheoretikern wie J.D.J. Hofmeyr davon aus, dass sie ohnehin primär gefühlsgesteuert und darum leicht manipulierbar war. Was ihr fehlte, war dagegen die Rationalität, die intellektuellen Inhalte, die sich durch Abstumpfung von den sie begleitenden Gemütsempfindungen lösen ließen. Darum kam der Universitätsapartheid eine prophylaktische Funktion zu, da sich bei den schwarzen Studierenden sonst das als gegeben vorausgesetzte „Gefühl gegen Vermischung mehr und mehr abstumpfen wird.“[123] Schwarze wurden von Gefühlsaufwallungen dominiert, die unkontrollierte Gewalt auslösen konn-

119 W.J.Verwoerd 1990: 7.

120 FAV 4.6.2.3, Verwoerd, Huldeblyk aan adv. J.G. Strijdom, S. 2. Mit Werth ist offenbar der NP-Politiker A.J. Werth (1880–1948) gemeint.

121 Verwoerd 1922b: 44ff.

122 Verwoerd 1926: 371.

123 Zit. nach G.D.Scholtz 1974: Bd. 2: 142.

ten. An Unruhen waren die weißen Oppositionellen schuld, die der Regierung „Unehrlichkeit und Ungerechtigkeit“ vorwarfen, was „einen Eindruck im Gemüt der Eingeborenen hinterlässt.“[124] Die Annahme war vielmehr, dass die Weißen zivilisiert und damit logischem Denken zugänglich waren, während die Schwarzen unkontrolliert ihren Gefühlen folgten. Seine Trennung von Gefühlen und Gedankten zielte auf die weiße Bevölkerung, aber auch nicht in der Form, dass er sie gefühllos für das Leid anderer machen wollte – das war in den meisten Fällen ohnehin nicht notwendig und eine solche Absicht hat er auch nie geäußert oder gezeigt. Vielmehr hielt er die Weißen als Zivilisierte rationalen Argumenten für zugänglich. Angesichts des Parallelismus von Kinder- und Völkerpsychologie in Gestalt einer beides verbindenden Entwicklungspsychologie lassen sich Rückschlüsse auf seine Wahrnehmung der schwarzen Bevölkerung ziehen, wenn er ihre zu große Emotionalität in Verbindung mit der Anfälligkeit für Jugendkriminalität brachte.[125] Verwoerd selbst betonte immer wieder in seinen Reden, dass es im Verkehr zwischen Individuen wie zwischen Völkern das beste wäre, „lieber sie selbst als ihre Gefühle sprechen zu lassen.“ Er formulierte es sogar als Prinzip: „Es geht nicht um den Wunsch deines Gefühls, sondern darum, was dir der Verstand sagt, dass es im besten Interesse Südafrikas ist.“[126]

Von Verwoerds akademischer Tätigkeit lassen sich vielfache Bezüge zu seiner späteren Politik herstellen, sowohl zu den Inhalten hinsichtlich der Gemeinschaftsorientierung, als auch in der generellen Herangehensweise, insbesondere der Trennung von logischem Räsonnement und Gefühlen, was Verwoerds Form der Propaganda von bloßer Demagogie unterschied.

124 Zit. nach Ebd.: 148.

125 231/2/3, Socio-psigologie van misdaad, 41. S. auch ebd. S. 43, wo er feststellt, dass der Erfolg einer Tat zu einer emotionalen Befriedigung und aufgrund derer zur Wiederholung der Tat führt.

126 FAV 4.7.2.4.5, Transkript einer Rede in Florida 1963, S. 1, zweites Zitat S. 8.

Entwicklung

Aufbaustudium in Deutschland

Verwoerd hielt sich im Anschluss an seine erfolgreiche Promotion (1924) für drei Semester mit einem Stipendium in Deutschland auf (1926/27), um dann nach einem abgekürzten dreimonatigen Aufenthalt in den USA (Okt. – Dezember 1927) im Januar 1928 eine neugeschaffene Professur für angewandte Psychologie und Psychotechnik an seiner *alma mater* anzutreten.[1] Hauptzweck seines Aufenthalts in Deutschland war, die neuesten Entwicklungen in der internationalen Psychologie kennenzulernen, da er zu der Zeit bereits eine Hochschulkarriere anstrebte. Aus seinem erhaltenen Tagebuch über die Zeit in Leipzig und Hamburg geht hervor, dass er sich nahezu ausschließlich für angewandte Psychologie interessierte.[2] In Deutschland erlebte diese Forschungsrichtung, die auch Psychotechnik genannt wurde, nach dem Ersten Weltkrieg einen Aufschwung, als breitflächig die Optimierung von Arbeitsplätzen einerseits, die Personalauswahl andererseits nach psychologischen Kriterien gestaltet werden sollten.[3] Darum lag es nahe, dass Verwoerd für seinen Studienaufenthalt Deutschland aufsuchte. Auch seine Veröffentlichungen spiegelten dieses Interesse, da er sich besonders mit Berufseignungstests befasste.[4] Dabei meinte er, die Eignung der Introspektion, deren Wert

1 P. S.Du Toit 1966 c: 81. Möglicherweise um die englischen Wähler zu umgarnen, wurde in einem Flugblatt der NP 1958 behauptet, Verwoerd hätte sich auch zu Studienzwecken in England aufgehalten: M. P. A.Malan 1958: 1045.

2 R. B.Miller 1993: 639 behauptet, die deutsche Psychologie hätte sich „traditionally" auf Grundlagenforschung konzentriert, ohne zu sehen, dass sich die deutsche und amerikanische Psychologie in ihrem Anwendungsbezug sehr stark ähnelten. Zudem bezieht sie sich auf veraltete Literatur aus dem Jahr 1966. Sie argumentiert des weiteren, dass nach dem „extent of these visits" an amerikanischen Forschungseinrichtungen, „it is possible that some of Verwoerd's growing statistical sophistication came from his American rather than his German experience." (640). Nun hielt sich Verwoerd eineinhalb Jahre in Deutschland und knapp drei Monate in den USA auf, wo er den genannten Forschungseinrichtungen nur kurze Besuche widmete. Auch für die wachsende „statistical sophistication" fehlt jeder Beleg. Dass die deutschen theoretischen Arbeiten bei Verwoerd keine Spuren hinterließen, lag an seiner Theoriefeindlichkeit, ist aber kein Beleg, dass der Aufenthalt in Deutschland für ihn und sein Wissenschaftsverständnis weniger prägend gewesen wäre als die Stippvisiten zu amerikanischen Labors. Zu den Unterschieden zw. deutscher und amerikanischer Psychologie aus wissenssoziologischer Perspektive s. Danziger 1979: 34 ff.

3 Zur Psychotechnik und ihren Anfängen s. Killen 2007: 50, Schönpflug 2004: 388 ff. sowie Moede 1920: 307 f. Zu den militärischen Hintergründen s. auch Rothe 2013: 2 ff. Felix Krueger befand 1929 gar, dass sich die Psychotechnik „übermäßig breit" mache: Krueger 1929 b: 158. Zum Interesse in Südafrika s. Livie-Noble 1922: 448.

4 Verwoerd 1928 a: 508 f.

https://doi.org/10.1515/9783110680508-005

für die Denk- und Gefühlspsychologie er ausdrücklich hervorhob, auch für die Werbepsychologie erkannt zu haben.[5] Gleichwohl ist es im Hinblick auf seine spätere Karriere wichtig, zu beachten, welche Einflüsse die psychologische Grundlagenforschung und Theoriebildung auf ihn ausübten, da er in seinen eigenen Vorlesungen ab 1928 auch grundlegendere Ansätze der kognitiven Psychologie referierte, wie er sie in Deutschland kennengelernt hatte.

Schon früh kamen Behauptungen auf, Verwoerd wäre durch seinen Aufenthalt in Deutschland politisch beeinflusst worden. Die Cape Times mutmaßte schon am 13.8.1958: „He is bringing to South Africa authoritarian philosophy which led Germany and Italy to ruin."[6] Möglicherweise noch unter dem Einfluss der südafrikanischen Propaganda des Zweiten Weltkriegs waren einige Autoren schnell bei der Hand, den Ursprung der Apartheid in Deutschland zu suchen.[7] Der Soziologe Dunbar Moodie brachte dies in eine kohärente Argumentation, als er in seinem Buch „The Rise of Afrikanerdom" die These aufstellte, dass in den 1930er Jahren eine ganze Anzahl junger afrikaanser Intellektueller in Deutschland studiert hatte und dort mit dem, was er Neo-Fichteanismus nannte, einem auf den Philosophen Fichte zurückgehenden radikalen Nationalismus, infiziert wurden. Zu dieser Gruppe zählte er explizit Verwoerd, doch ohne diese Einflüsse empirisch nachzuweisen, was aber Generationen von Historikern nicht hinderte, die These unbesehen zu übernehmen.[8] Ein Nachweis für Moodies These kann nicht erbracht werden, da die Quellen allein Verwoerds akademisches Interesse belegen, während von politischen Aktivitäten, Gesprächen oder Lektüre nichts bekannt ist. Es ist bemerkenswert, dass Autoren, die Nationalismus analysieren, dabei selbst nationale Kategorien, wie einen „deutschen" Einfluss, konstruieren, statt sie in Frage zu stellen. Darum bleiben viele Studien in der Immanenz ihrer Erklärungsansätze gefangen.

Verwoerd verbrachte je ein Semester an den Psychologischen Instituten der drei deutschen Universitäten Leipzig (20. April bis 26. Juli 1926), Hamburg (23. Oktober 1926 bis 18. Februar 1927) und Berlin (28. April bis 8. August 1927). An diese Universitäten zog es ihn vor allem, weil dort schwerpunktmäßig in der

5 Verwoerd 1928c: 469f.

6 Zit. nach Skietgoed, 3, 1958/59, 30.9.1958, S. 1046.

7 Z. B. im Hinblick auf das Bildungssystem: Tabata 1980: 34 u. 40: „Dr Verwoerd seems to have seeped himself, nay, soaked and nourished himself in the spiritual cultural stuff of National Socialist education."

8 T. D.Moodie 1975: 154; s. auch Furlong 1991: 80. Zur Übernahme der These s. auch Terreblanche 2012: 301. Schon vorher gab es ähnliche Vermutungen: Troup 1975: 318.

angewandten Psychologie geforscht wurde.[9] Daneben besuchte er zahlreiche außeruniversitäre Institutionen in Berlin und den Niederlanden, in denen Eignungstests ausgearbeitet und durchgeführt wurden.[10] Bezeichnenderweise gehörte Eugen Fischers Kaiser-Wilhelm-Institut für Anthropologie, menschliche Erblehre und Eugenik nicht dazu, zumal deren erbpsychologische Abteilung erst 1935 eingerichtet wurde.[11]

Zu Beginn seines Aufenthaltes, noch bevor er nach Leipzig ging, hörte er vom Januar bis März 1926 während des noch laufenden Wintersemesters Vorlesungen bei Prof. Moede an der Technischen Hochschule und Handelshochschule (heute TU) in Berlin-Charlottenburg über „Eignungsprüfungen und Berufsanalyse" sowie Wirtschafts- und Reklamepsychologie.[12] Daneben nahm er als Beobachter an Laborübungen im Feld der angewandten Psychologie teil, etwa einem Eignungstest für 15jährige Lehrlinge in der Metallindustrie, wobei er sich mit den speziellen Testapparaten vertraut machte.[13]

Zudem kam er mit der geisteswissenschaftlichen Psychologie in zwei Seminaren über Kinderpsychologie von Eduard Spranger an der Berliner Friedrich-Wilhelms-Universität in Berührung.[14] An der Charité besuchte er am 27.2.1926 eine Abteilung für psychopathische Kinder. Geschulte Beobachter sollten die Kinder diagnostizieren und dann über die Therapie entscheiden, die die Eltern anwenden sollten. Vom 2. bis 6. März 1926 schaute er sich Berufseignungstests für Handwerker und Arbeiter an der Prüfstelle im Preußischen Landsberufsamt Berlin an. Er fand, dass die Jugendlichen „zu streng schulmeisterartig behandelt" wurden „durch Drohungen sie nach Hause zu schicken, wenn sie nicht stillsitzen." Ähnlich kritisch sah er die eigentlichen Testmethoden, die die Gefahr „einer routinemäßigen Wahrnehmung" mit sich brachten, weswegen eine „geschulte psychologische Einsicht" notwendig sei, zumal die Versuchsleiter „stärker auf

---

9 Ein Überblick über die angewandte Psychologie (Psychotechnik) in der Zeit nach dem 1. Weltkrieg in Deutschland findet sich bei Geuter 1988: 88 ff.

10 Er nahm auch am 8. Internationalen Psychologischen Kongress in Groningen teil und besorgte sich einen Bericht über ein Hypnose-Experiment, das während des Kongresses durchgeführt wurde: Van Loon/Thouless 1926. Er soll in dieser Zeit auch seine Verwandtschaft in den Niederlanden besucht haben: Terblanche 2001 a: 231.

11 S. dazu Ash 2003: 215 über den Schwerpunkt auf einer typologischen Charakterologie.

12 FAV 4.3.2, handgeschriebener Lebenslauf in deutscher Sprache. Verwoerds Reisepass enthält eine polizeiliche Anmeldung in Leipzig am 17. (oder 7.) 5. 1926. Zu Moede s. Geuter/Hagemaier/Ash 1986: 19.

13 FAV 4.3.2, Tagebuch Verwoerds zu seinen Studien 1926/7, S. 1 f.

14 Ebd. Zu Moede s. auch Eckardt 1998: 26 f.

quantitative Daten zurückgreifen als sie meinen."[15] Bevor er nach Leipzig wechselte, stattete er am 12. April 1926 seiner Geburtsstadt Amsterdam einen Besuch ab und ließ sich das Städtische Psychologie-Labor von Dr. G. van Wagenburg zeigen, das ihn ob seiner Modernität beeindruckte. Drei Tage später war er in Groningen im psychotechnischen Labor von Dr. F. J. Brugmans, der über einige Apparate verfügte, die er noch nicht kannte, ähnlich wie im Labor der Universität, das er ebenfalls besuchte. Brugmans lud ihn auch zu einem internationalen Psychologischen Kongress in Groningen ein, an dem er tatsächlich im September 1926 teilnahm.[16]

In den 1920er Jahren befand sich die Psychologie in einer unübersichtlichen Situation, denn es war eine Zeit, in der wesentliche Grundlagenforschung betrieben wurde, als sich neue Erklärungsansätze ergaben und Schulen gegeneinander antraten. Die teilweise heftige Konkurrenz in der Grundlagenforschung erwies sich als innovationsfördernd, zumal es um die Paradigmen der Wissenschaft ging. In dieser Zeit entwickelte sich die kognitive Psychologie in ihrer damals avanciertesten Form, der Gestaltpsychologie, deren akademischer Schwerpunkt die Universität Berlin war.[17] Gleichzeitig begann sich die angewandte Psychologie, in der Zeit auch Psychotechnik genannt, als eigenständiges Fach zu etablieren, aber ohne den direkten Bezug zur Grundlagenforschung zu verlieren.[18] An zahlreichen psychologischen Instituten wurde beides betrieben, selbst wenn es zu einer institutionellen Trennung durch die Einrichtung eigener Abteilungen für angewandte Psychologie kam wie in Berlin.[19] Zahlreiche Forscher tummelten sich in beiden Zweigen der Psychologie, wobei der vielleicht bekannteste und

---

15 FAV 4.3.2, Tagebuch Verwoerds zu seinen Studien 1926/7, S. 3–5. Im Sommer 1927 besuchte das Ehepaar Verwoerd mit einem Professor, der leider nicht namentlich genannt wird, ein Gefängnis, um sich dort Insassen der Abteilung für Geisteskranke anzusehen: FAV 4.3.2, E. Verwoerd an ihre Eltern und Schwestern, 6.7. 1927.

16 PV 93/1/11/7, Dr. Robert H. Thouless, Corpus Christi College, Cambridge an V., 9.9.58, stellte sich als Psychologe vor, der Verwoerd in Groningen kennengelernt hatte. „I have since followed your political career with interest – not, of course, always with complete agreement. You are, I think, the first psychologist to have become a Prime Minister and that is a matter for congratulation. I have always believed that those trained in scientific psychology have something to give the world of affairs in the way of a wiser and more understanding organisation of international affairs, and I look forward to seeing your contribution as a psychologist to international understanding."

17 Ash 1998: 2, 11 f., 60, 198; Metzger 1970 u.1986: 101 ff.; Sprung 2005; Leichtman 1979: 57 ff. betont, dass die Gestaltpsychologie sich gegen den Positivismus wandte.

18 S. den kurzen Überblick bei Chestnut 1972: 781, u. a. über das Institut an der Technischen Universität in Charlottenburg, wo Verwoerd anfänglich bei Moede studierte.

19 Frensch/Krause/Wandke/Zimmer/Markner/Franke 2000: 8.

produktivste dieser Wissenschaftler William Stern in Hamburg war, bei dem Verwoerd ebenfalls ein Semester studierte.

In Leipzig lernte er eines der größten und das älteste psychologische Institut kennen. „Für Übungskurse pathopsychologischen oder völker, sozial- und kulturpsychologischen Inhaltes werden regelmäßig noch besonders vorgebildete Lehrkräfte herangezogen, Mediziner, Ethnologen, Religionsforscher u. a."[20] Darum finden sich in Verwoerds Belegbogen auch Namen von Wissenschaftlern, die keine Dozenten am Institut für Psychologie waren. So nahm er etwa an zwei Übungen von Prof. Richard Pfeifer (1877–1957) teil, der neben einer Promotion in Medizin auch eine in Psychologie vorzuweisen hatte und als Psychiater eine Übung über „Die Psychopathologie des Kindes und des Jugendlichen" sowie eine über „Psychologische Therapie und Hypnose" abhielt. Des weiteren besuchte er Übungen des Juristen Prof. Franz Exner (1881–1947) über „Grundzüge der Kriminalpsychologie" sowie des Mediziners Prof. August Döllken zum selben Thema,[21] ein Gebiet, das ihn in Südafrika weiter beschäftigen sollte, weil es mit seinem ausgeprägten Interesse an den „poor whites" verbunden war. Er hörte eine Vorlesung des Institutsdirektors Felix Krueger offenbar nur aus Höflichkeit, denn der Kinderpsychologe Hans Volkelt und Otto Klemm, Leiter der Abteilung für angewandte Psychologie, waren seine wichtigsten Ansprechpartner.

Otto Klemm (1884–1939) erhielt 1923 die erste Professur in Deutschland für angewandte Psychologie. Verwoerd zeigte sich etwas enttäuscht, da das Labor nicht so „richtig für Psychotechnik eingerichtet ist."[22] Er konnte sich in seiner Zeit in Leipzig mit den verschiedenen Apparaten intensiver befassen, eigene Experimente durchführen[23] und stellte sich auch als Versuchsperson zur Verfügung, fand aber die Kurse in Psychotechnik nicht wirklich ausgearbeitet. Psychotechnik war nur eines von mehreren Themen in verschiedenen Kursen und kam eher beiläufig in den Kolloquien und Praktika zur Sprache. „Es sieht mir nach viel

---

20 UA Leipzig. Philosophische Fakultät, Nr. B1/14: 37, Bd. 1 (Mikrofilm Nr. 1205), Psychologisches Institut, 1911, 1925, 1931–1941, Broschüre „Psychologisches Institut und Staatl. Forschungsinstitut für Psychologie bei der Universität Leipzig", S. 4. An anderer Stelle heißt es (S. 6): „Als Mitglied wird im allgemeinen nur aufgenommen, wer sich bereits wissenschaftlich mit Psychologie und ihren wichtigsten Hilfsdisziplinen beschäftigt hat. Vorstellung beim Direktor ist erforderlich, weiterhin, als Regel, die Teilnahme an der Eröffnungssitzung des Semesters und persönliche Fühlungnahme mit dem zuständigen Dozenten, sowie Leitern selbständiger Arbeiten."

21 Diese Angaben finden sich in Verwoerds Kollegienbuch (Nr. 908) der Universität Leipzig: FAV 4.2.3.

22 FAV 4.3.2, Tagebuch Verwoerds zu seinen Studien 1926/7, Eintrag über Sommersemester 1926.

23 In einer seiner wenigen Publikationen dankte Verwoerd ausdrücklich Krueger und Klemm für die Möglichkeit, die Apparaturen des Leipziger Institut für seine Forschung zu benutzen: Verwoerd 1928 a: 495.

Zeitverschwendung aus." Außerdem würde sich Klemm in Kleinigkeiten verlieren, so dass er den Eindruck hatte, „dass man keine umfassende und tiefgehende Kenntnis in dem Labor erhält, selbst nicht im Hinblick auf Psychotechnik. – Die ganze Atmosphäre besteht in etwas Herummachen, viel Reden und Zeit Verschwenden!" Dennoch ergaben sich zahlreiche Bezüge zur beruflichen Praxis und Klemms Abteilung arbeitete mit der Industrie sowie dem Arbeitsamt etwa bei der Auswahl geeigneter Bewerber für bestimmte Berufe zusammen. Verwoerd konnte in letzterem auch selbst Tests durchführen und auswerten.

Hans Volkelt (1886–1964) trug mehr als jeder andere dazu bei, die Ganzheitspsychologie für empirische Forschung zugänglich zu machen. Er war der Sohn des damals bekannten deutschen Philosophen Johannes Volkelt (1848–1930), hatte bei Wundt studiert und wurde später Assistent Kruegers und einer der Hauptvertreter von dessen Ganzheitspsychologie. Er spezialisierte sich auf Kindes- und Entwicklungspsychologie und machte sich in diesem Gebiet einen Namen als einer der führenden und innovativsten Forscher.[24]

Auffallend ist, dass seine einschlägigen Schriften zur Kinder- und Entwicklungspsychologie analytisch klar, in einer wissenschaftlichen Sprache abgefasst und auch nachvollziehbar waren für Leser, die keine Adepten der Ganzheitspsychologie waren. Wandte Volkelt sich jedoch letzterer zu, schrieb er in demselben unklaren und verstiegenen Ton, wie er für Kruegers philosophische Schriften charakteristisch war.[25] Indem er diese sogar stilistisch sichtbare Trennung von ideologischem Bekenntnis und empirischer Forschung vornahm, konnte Volkelt die Operationisierbarkeit der Ganzheitspsychologie gewährleisten.

So sind unter den von Verwoerd besuchten Lehrveranstaltungen zwei Übungen bei Hans Volkelt wichtig. Volkelt führte sie jeweils 14 tägig alternierend durch, nämlich „Fortschritte der experimentellen Psychologie des Kindes und des Jugendlichen", deren Protokolle erhalten sind, sowie die Übung „Frühformen der Religion bei Kindern und Naturvölkern", wobei es von letzterer heißt, dass sie besondere Probleme der ersteren vertiefe.[26] Damit wird deutlich, dass Kindespsychologie und Völkerpsychologie für Volkelt eng miteinander verknüpfte Themenbereiche waren, worauf weiter unten zurückzukommen sein wird.

---

24 Vgl. Hansen 1960: 81 ff.; s. auch die Notizen Volkelts in Nachlass Volkelt, Box 26, Kinderpsychologie.

25 S. z. B. Volkelt 1962.

26 Nachlass Volkelt, Box 33, Kladde 22, Fortschritte in der experimentellen Psychologie der Kinder, Sommersemester 1926. Vgl. auch Volkelts Forschungsbericht, in dem sich die in der Übung vorgestellten Forschungsprojekte und seine eigenen Untersuchungen der Zeit wiederfinden lassen: Volkelt 1926.

Über Verwoerds Aufenthalt in Leipzig jenseits seiner akademischen Tätigkeit ist nichts bekannt,[27] so dass auch Moodies Behauptung nur im Hinblick auf sein Studium überprüft werden kann. Zwar bezeichnete Felix Krueger das von ihm geleitete Psychologische Institut als „völkische Zelle“, doch lässt sich ein politischer Einfluss auf Verwoerd nicht nachweisen. Die einzige Ausnahme könnte Karlfried Graf Dürckheim-Montmartin gewesen sein, der aus einer verarmten Adelsfamilie stammte und schon früh eine rechtsextreme Gesinnung vertrat, was in seiner Beteilung an der Niederschlagung der Münchner Räterepublik zum Ausdruck kam.[28] Zusammen mit Volkelt hegte er später starke Sympathien für den Nationalsozialismus, denn er trat bereits am 1. Oktober 1933 dem NS Lehrerbund bei.[29] Er studierte Psychologie und war während des Aufenthalts von Verwoerd am Leipziger Institut als unbezahlter Assistent tätig. Auch wenn Verwoerd keine Lehrveranstaltungen Dürckheims besuchte, müssen sie sich gekannt haben, zumal Dürckheim die Einführungsvorlesungen gab.[30] Einige Jahre später trafen sie sich wieder, als beide an dem internationalen Kongress der New Education Fellowship in Südafrika teilnahmen.[31]

Das Leipziger Institut unter Krueger passte sich nach 1933 dem neuen Regime nicht nur schnell an, sondern einige seiner Vertreter begrüßten offen die Machtübernahme der Nationalsozialisten.[32] Krueger hatte sich schon früher als Expo-

---

27 Betsie Verwoerd kam erst nach Deutschland, als ihr Mann Leipzig bereits verlassen hatte: A.Boshoff 1993: 26.

28 Dürckheim-Montmartin 1995: 26 ff. u. Wehr 1988: 76 ff.

29 Bundesarchiv (ehemaliges Berlin Document Center), Personalakte Graf v. Dürckheim-Montmartin, Mitgliedsnummer 229796. Der Akte ist ein Schreiben Dürckheims vom 2. Juli 1940 aus Tokyo an Hanns Johst beigelegt, indem er sich für eine stärkere NS-Propaganda beim Verbündeten Japan stark machte. Doch auch Friedrich Sander bekundete eine grundsätzliche Übereinstimmung der Leipziger Psychologie mit dem Nationalsozialismus: Sander 1937: 648 f.

30 Dürckheim-Montmartin 1995: 34 f.

31 Leider verweigert die Familie Dürckheim jeden Zugang zum Nachlass des Grafen; Email von Dr. Paul Warmbrunn, Landesarchiv Rheinland-Pfalz in Speyer, 20.7.2011. Darum war es mir nicht möglich, das Tagebuch seiner Südafrikareise einzusehen, in dem er seinem Biographen zufolge alle Begegnungen sorgfältig notierte. Dürckheim steuerte zu dem Kongressband drei Beiträge über Nazi-Pädagogik bei, Verwoerd, zu der Zeit bereits als Soziologe tätig, wird mit einem Diskussionsbeitrag zu den poor whites erwähnt: Malherbe 1937: 357. Über Dürckheims andere Aktivitäten in Südafrika für das NS-Regime s. Saron 1940: 2 f.; Hagemann 1989: 83 ff. u. Wehr 1988: 124 ff.; zu dem Kongress der New Education Fellowship s. Dubow 2006: 228 ff. u. Boucher 1973: 188.

32 Das betraf etwa Friedrich Sander, der hier nicht weiter behandelt wird, da Verwoerd nicht näher mit ihm zu tun hatte: Thiermann, S. 136 f. sowie den erst Ende der 1920er Jahre am Institut tätigen Albert Wellek, der nach dem Krieg Legenden über eine angebliche Distanz des Instituts zum NS in die Welt setzte und seine eigene Nähe ebenfalls sorgfältig aus seiner Autobiographie

nent einer deutschnational-völkischen Rechten hervorgetan und wurde 1935 Rektor der Universität, aber das NS-Regime zwang ihm zum Rücktritt, weil er in einer öffentlichen Rede Heinrich Hertz und Baruch de Spinoza als „edle Juden" bezeichnet haben soll.[33] Offiziell aus Gesundheitsgründen verließ er die Universität einige Jahre später und ging in den vorzeitigen Ruhestand. Gleichwohl kann man ihn nicht zu den Opfern des Nationalsozialismus zählen, denn 1933, als jüdische Kollegen wie William Stern ihre Funktionen in psychologischen Fachverbänden verloren, nutzte er die Gelegenheit, um diese mit seinen eigenen Anhängern zu besetzen.[34] Im Gegensatz zu Wolfgang Köhler in Berlin äußerte Krueger niemals auch nur ein Wort des Bedauerns oder gar der Solidarität mit jenen Psychologen, die ihre Stellen aufgeben und ins Exil gehen mussten.[35] Doch der Grund, warum die Leipziger Ganzheitspsychologie nach dem Krieg nicht mehr wiederbelebt werden konnte, lag primär in ihrer wissenschaftlichen Sterilität. Kruegers Opportunismus und seine sykophantischen Versuche, sich beim NS-Regime einzuschmeicheln, waren nicht die Hauptgründe für ihr Verschwinden.[36]

---

tilgte. Wellek war der Psychologe, der sich am engagiertesten für eine Fortführung der Leipziger Ganzheitspsychologie während seiner Tätigkeit nach dem 2. Weltkrieg in Mainz und als einflußreicher Verbandsfunktionär einsetzte: Wellek 1972: 363 ff.

33 Geuter 1980: 41 f. Zu seinen Aktivitäten als Philosoph s. Tilitzki 2002: 523 ff. und ein Porträt Kruegers 527 ff.; Thiermann 1981: 108 ff. Dies wurde oft zur Rehabilitierung Kruegers nach dem Krieg angeführt. Dem widerspricht, dass ihn nach seinem Rücktritt vom Rektorat ausgewiesene Antisemiten wie sein Marburger Kollege Erich Jaensch vor den Nationalsozialisten in Schutz nahmen, indem sie auf Kruegers antisemitische Gesinnung verwiesen, s. dazu Ebd.: 139 ff. Nach seinem unfreiwilligen Ruhestand trat sein Schüler Rudert für ihn ein: „Dies Lebenswerk ist bei Krueger wie bei wenigen Professoren ein aufbauendes im nationalsozialistischen Sinne gewesen. Insbesondere ist er einer der wenigen Professoren gewesen, die sich vor 1933 in entschiedener Weise zum Antisemitismus bekannte (sic)." Personalakte Krueger, Dok. 110 d. Psych. Institut, Stellv. Direktor Rudert an Kollegen Lenk, 21.6.44. Bezeichnend ist auch, wie sich Krueger noch nach seinem Rücktritt in seinem Aufruf zum 15. Kongress der Deutschen Gesellschaft für Psychologie affirmativ zum Rassismus des Regimes verhielt und dies alles mit einem salbungsvollen Bildungsgeschwafel umgab: Nachlass Krueger, 17, Bl. 8 ff. Kongress-Korrespondenz Nr. 26, 27.6.1936. Zu Kruegers anfänglicher Anbiederung an das NS-Regime s. Ash 1998: 342 f.

34 Stern war immerhin 1931 zum Vorsitzenden der Deutschen Gesellschaft für Psychologie gewählt worden, doch Krueger hielt es nicht einmal für nötig, während der Leipziger Tagung 1933 seinen Vorgänger zu erwähnen: Lück 1991: 410 f.

35 Ash 2002: 239 ff., noch deutlicher unter Betonung des vorauseilenden Gehorsams der Leipziger s. Ash 2004: 111; Geuter 1988: 102 f.; zu Köhler s. Jaeger 1993: 221 f.

36 Meines Wissens gab es neben den Rückzugsgefechten von Wellek 1950 und einigen anderen in jüngerer Zeit nur einen Versuch, die Ganzheitspsychologie wieder ins Spiel zu bringen, nämlich durch den Eichstätter Psychologen Plaum 1989, 1993, 1995 u. 1996 sowie die Reaktion von Prinz 2000.

Felix Kruegers Ganzheitspsychologie hatte sich Anfang der 1920er Jahre von der experimentellen Psychologie immer mehr abgewandt und verstand sich eigentlich als eine irrationalistische, holistische Philosophie, in deren Zentrum die Gemeinschaft stand, womit sie schon früh eine Affinität zum völkischen Denken aufwies.[37] Als entscheidend für den eigenständigen Weg der Leipziger Schule erwies sich die Einbeziehung der Gefühle, deren Erforschung Krueger bald zur wichtigsten Aufgabe der Psychologie deklarierte.[38] Statt Gestalten definierte er primäre Wahrnehmungsphänomene, die er „Komplexqualitäten" nannte, diffuse, quasi multidimensionale Wahrnehmungen, innerhalb derer sich rationale Gedanken abspielen. Doch sind diese wegen ihrer starken Abhängigkeit von der Gefühlsumwelt für die empirische Forschung kaum greifbar.[39]

Die Ganzheitspsychologie beschied sich zunehmend mit der Feststellung, dass Erlebnisse gefühlszentriert und als hoch komplexe Phänomene analytisch eigentlich gar nicht mehr erfassbar wären. Sie verlor die Möglichkeit, weiterhin empirisch fruchtbar zu forschen und degenerierte in intellektuelle Leerformeln.[40] Stattdessen erging sie sich in weltanschaulichen Bekenntnissen, denn die Abwendung von Wundts Elementenpsychologie verband sich mit einer generellen Zurückweisung des als „westlich" identifizierten Empirismus, während das deutsche Denken auf organisch gewachsene Einheiten und holistisch ausge-

37 Vorwerg 1979: 25. Eine zeitgenössische Kritik an ganzheitlichen Ansätzen findet sich bei Selz 1991a; Guski-Leinwand 2007: 75ff. weist auf die Übereinstimmungen zwischen Krueger und H.S. Chamberlain hin; zu Kruegers Biographie ebd.: 169–191.

38 Verwoerd vertrat in seiner Dissertation ein ganz anderes Konzept von Gefühlen, die er als isolierbare und künstlich erzeugbare Phänomene behandelte, die messbar und der Manipulation offen standen. Dies steht in diametralem Widerspruch zu dem Konzept der Komplexqualität und des „Erlebnisganzen", die gerade das diffuse und nicht messbare betont: Krueger 1926a: 118ff. und 1953: 146ff.

39 Wellek 1950: 6. Der Philosoph Ernst Cassirer hat in anderem Zusammenhang auf diese Problematik hingewiesen: „Das Gefühl kann noch alles mit allem verbinden; es enthält daher keine ausreichende Erklärung dafür, dass bestimmte Inhalte sich zu bestimmten Einheiten verknüpfen." Cassirer 1956: 268. Felix Krueger war von der Gestaltpsychologie in starkem Maß beeinflusst, auch wenn er sich beständig bemühte, seine eigene Version als den eigentlich originellen Ansatz zu präsentieren. Er empfand eine starke Rivalität mit den Gestaltpsychologen, weshalb der ganzheitliche Ansatz sich zumindest teilweise einem Überbietungsgestus verdankt, d.h. ihm lag die Behauptung zugrunde, dass, was bei den Gestaltpsychologen nur ein Ansatz in die richtige Richtung sei, erst von den Leipzigern zur Vollendung gebracht wurde in Form einer psychologischen und philosophischen Erklärung psychischer Phänomene, siehe etwa die gönnerhaften Äußerungen Kruegers über die Berliner Gestaltpsychologen: Krueger 1926a: 92 und 93, Anm. 1 sowie 103 und 1948: 35. Die Rivalität war einseitig, d.h. die Gestaltpsychologen sahen in Krueger offenbar keinen ernstzunehmenden Konkurrenten. S. auch Harrington 2002: 233.ff.

40 Das wird besonders deutlich in Krueger 1929a: 20 u. 25ff. Vgl. dazu auch Thiermann 1981: 153.

richtet war.[41] Krueger war ein Vertreter eines lebensphilosophisch inspirierten Irrationalismus, in seinem persönlichen Habitus und dem Streben nach einer „Synthese“ im Begriff der „Ganzheit“ ein Prachtexemplar dessen, was Fritz Ringer als die „deutschen Mandarine“ bezeichnete, nämlich die statusbewußten, konservativen und autoritätsgläubigen deutschen Ordinarien: „Man fragt sich, ob die Arbeiten einiger deutscher Psychologen dieser Zeit mehr sind als ideologische Reaktionen auf frei konstruierte Auffassungen von positivistischen Fehlschlüssen. Der ausschließlich programmatische Aspekt vieler Schriften vermittelt jedenfalls diesen Eindruck.“[42] In diesem Zusammenhang ist es signifikant, dass Krueger 1925 den Namen „experimentell“ aus dem Namen von Wundts Institut streichen und es schlicht „Psychologisches Institut“ nennen konnte.[43]

Eigentlich müsste die Leipziger Ganzheitspsychologie mit ihrer Offenheit gegenüber nationalistischen und völkischen Konzepten Verwoerd angesprochen haben, da sie seinem eigenen Denken am meisten entgegenkam.[44] In Verwoerds Aufzeichnungen lassen sich durchaus Eindrücke wissenschaftlicher Richtungen finden, die ihm für die eigene Forschung und Lehre wichtig waren, doch hat die Ganzheitspsychologie keine Spuren hinterlassen, obwohl er Kruegers Vorlesung „Einführung in die Psychologie“ besuchte. Offenbar hat ihn der theoretische Ansatz der Ganzheitspsychologie entweder nicht überzeugt, nicht beeindruckt oder gar nicht erst interessiert, denn auch in seinem Tagebuch erwähnt er Krueger und seine Lehrveranstaltungen nicht, sondern beschreibt ausschließlich die psychotechnische Arbeit.[45] Stattdessen konzentrierte er sich auf drei andere Felder, nämlich Kindheits- bzw. Entwicklungspsychologie, Völkerpsychologie und Charakterkunde.

Neben Klemms Labor besuchte Verwoerd außeruniversitäre Institutionen, etwa die Psychotechnische Abteilung des Leipziger Arbeitsamtes, dessen Leiter

---

41 Krueger 1915: 45 ff.; Geuter 1980: 37 f. Krueger versuchte, Kants rationalistisch-aufklärerische Ausrichtung zu relativieren, um ihn für die deutsch-nationale geistesgeschichtliche Tradition, wie er sie sehen wollte, zu vereinnahmen, s. Krueger 1953 a: 164 ff. Krueger 1931: 6 f. Vgl. auch Nachlass Volkelt, Box 18: Ganzheitspsychologie, Notizen und Aufzeichnungen: Von der Assoziations- zur Ganzheitspsychologie.

42 Ringer 1987: 343 unter Bezugnahme auf Krueger; zur Ganzheit als Schlüsselbegriff der Konservativen S. 349 ff. Da ist zustimmende Post von Ernst Jünger wenig erstaunlich: AU Leipzig, Nachlass Krueger, 13, Bl. 56, Jünger an Krueger, 10.9.1929. S. auch Vorwerg 1979: 25.

43 UA Leipzig, Philosophische Fakultät, Nr. B1/14: 37, Bd. 1 (Mikrofilm Nr. 1205) Psychologisches Institut, 1911, 1925, 1931–1941, 10.7.1925, Ministerium f. Volksbildung (v. Seydewitz), Dresden an Direktor d. Psych. Instituts.

44 Vgl. dazu den Beitrag von Dürckheim-Montmartin 1954 u. Krueger 1953 a. Zur Ganzheitspsychologie s. auch Wellek 1954: 15 ff. u. Geuter 1985: 60 ff. u. Prinz 1985: 99 ff.

45 FAV 4.3.2, Tagebuch Verwoerds zu seinen Studien 1926/7, Eintrag über Sommersemester 1926.

kein Psychologe war. Dieser konnte darum nur die bestehenden Tests anwenden, wobei er sich in seiner Beurteilung oft auf seine allgemeine Menschenkenntnis bezog. Verwoerd kritisierte, dass Klemm als Berater der Abteilung solche Praktiken, die Testpersonen eher aus Menschenkenntnis als mit Hilfe der Tests zu beurteilen, sogar unterstützte,[46] was seinem eigenen positivistischen Wissenschaftsverständnis zuwiderlief.

Nach dem Semester in Leipzig wechselte er nach Hamburg, wo seine Verlobte zu ihm stieß und die beiden am 7. Januar 1927 heirateten. Der Hamburger Institutsdirektor William Stern (1871–1938) war in den 1920er Jahren einer der einflussreichsten Psychologen in Deutschland, dessen breit angelegtes Werk in verschiedenen Fachrichtungen neue Wege eröffnete. Er stammte aus einer alteingesessenen Berliner jüdischen Familie und promovierte nach einem Studium der Psychologie und Philosophie im Jahr 1893 bei Moritz Lazarus. Wie viele Psychologen dieser Zeit bewegte er sich zwischen natur- und geisteswissenschaftlichen Ansätzen, die er auch immer wieder zu integrieren versuchte.[47] Nach seiner Habilitation bei Hermann Ebbinghaus, dem er von Berlin an die Universität Breslau gefolgt war, war er dort 19 Jahre lang als Privatdozent, dann als Professor für Pädagogik tätig; 1916 wurde er auf den Lehrstuhl für Philosophie am „Allgemeinen Vorlesungswesen" in Hamburg berufen, dem Vorläufer der Universität.[48] Stern selbst war maßgeblich an der Gründung der Universität im Jahr 1919 beteiligt. Da er sich stärker auf die Psychologie verlegte, sorgte er dafür, dass als weiterer Philosoph Ernst Cassirer berufen wurde, mit dem er in der Folgezeit eng zusammenarbeitete.[49] Cassirers Hauptwerk „Die Philosophie der symbolischen Formen" war unübersehbar von der zeitgenössischen Psychologie, namentlich derjenigen Sterns, beeinflusst, in mancher Hinsicht handelte es sich um eine systematischere und philosophisch fundiertere Weiterentwicklung von Wundts

---

46 Ebd.

47 Lück 1991: 408 f. Zu Sterns Biographie s. auch Lück 1990: 39 ff. Probst/Bringmann 1993: 3 sprechen von einer Methodenpluralität; Schmidt 1991 u. 2005.

48 Die lange Zeit als Privatdozent und außerordentlicher Professor in Breslau hatten ganz offensichtlich mit seiner jüdischen Religionszugehörigkeit zu tun, denn er hatte sich längst einen internationalen Ruf erworben, der dazu führte, dass er 1909 mit nur 38 Jahren gemeinsam mit Sigmund Freud und C.G. Jung die Ehrendoktorwürde der Clark University verliehen bekam, verbunden mit einer Konferenz, an der auch Franz Boas teilnahm. Stanley Hall war zu der Zeit Rektor der Universität und selbst ein Kinderpsychologe, der ein einflussreiches Buch über Adoleszenz schrieb, das auch Verwoerd rezipierte. Möglicherweise war die Verleihung des Ehrendoktors an Stern direkt auf Hall zurückzuführen: Bühring 1996: 52 ff.. Zu Sterns Biographie s. Schmidt 2005; zu den Vorläuferinstitutionen s. auch Probst/Bringmann 1993: 5 f. zu den Umständen der Berufung Sterns ebd. S. 8.

49 Lück 1991: 410; Bühring 1996: 116.

Völkerpsychologie mit einer auf die symbolischen Formen gegründeten neukantianischen Erkenntnistheorie.

Stern rückte die Person[50] in den Mittelpunkt seiner Forschung und leitete daraus die Notwendigkeit einer am Kind orientierten Entwicklungspsychologie ab. Das Experiment konnte nur Teilwahrheiten über Teilaspekte zu Tage fördern, die Integrationsleistung durch die Deutung der Ergebnisse zeigt wiederum Sterns Nähe zur Philosophie und den Geisteswissenschaften: „Die Stern'sche Philosophie hat ein streng antimechanistisches Gepräge".[51] Da er die Variantenbreite einer differentiellen Psychologie herausarbeitete, überrascht es kaum, dass er sich auch mit sozialer Devianz befasste. Stern trat früh als Sachverständiger bei Gericht auf und reflektierte intensiv über Verbrechen und Strafe.[52] Neben Hugo Münsterberg, der aber schon 1892 nach Harvard ging, gehörte Stern zu den ersten Psychologen, die die angewandte Seite in ihre Forschungen einbezogen. Als ehemaliger Professor für Pädagogik bot er ein Aufbaustudium für Lehrer an und entwickelte Verfahren zur Begabungsforschung und -förderung.[53]

Der südafrikanische Gast besuchte, seinem Studienbuch zufolge, in der Zeit vom 9. November 1926 bis zum 16. Februar 1927 lediglich vier Veranstaltungen, drei davon bei Stern selbst, wobei aus den Einträgen nicht hervorgeht, um welchen Veranstaltungstyp es sich handelte. „Allgemeine Psychologie" dürfte vermutlich eine Vorlesung gewesen sein, während „Anleitung zu psychologischen und jugendlichen Arbeiten" und „Übungen über die Psychologie der Pubertät" eher Übungen oder Seminare waren.[54] Daneben sah er sich Tests für Autofahrer im Polizeidienst an und auch die gerichtspsychologische Arbeit. Im Januar 1927 besuchte er die Ausbildungsstätte auf der Blohm-und-Voss-Werft, wo er Tests von Bewerbern beobachtete. Ingenieur Beinhoff, ein „typischer Schulmeister", der die Tests durchführte und die Ausbildungsstätte leitete, hatte „anscheinend keine psychologische Ausbildung", doch an den Kursen am Hamburger Institut teilgenommen, dessen Tests er zur Anwendung brachte. Er lehnte Tests mit Apparaten ab, „doch alles sozusagen mit Papier und Bleistift."[55] Beinhoff vertraue auf sein

50 Sichler 1998: 73.

51 Bittner/Deutsch 1990: 61 f. Moser 1991: 490 betont, dass in Hamburg keine Parteinahme für eine entweder natur- oder geisteswissenschaftliche Psychologie erfolgte.

52 Vgl. seine Ausführungen über die Glaubwürdigkeit von Kindern als Zeugen vor Gericht: Stern 1928 a: 221 f.; Bühring 1996: 154 ff. Stern 1928 a: 485 ff. u. 1928 b: 56 ff. sowie 1931: 202 ff. u. 210 ff.

53 Stern 1931: 205 ff.; Bühring 1996: 147 ff.; Moser 1991: 491. Vgl. auch Schmidt 1994: 13 ff.

54 Als Verwoerd in Hamburg war, hatte Sterns Interesse und Engagement in der Jugendpsychologie und der Erforschung der Pubertät seinen Höhepunkt erreicht: Allport 1968: 323 datiert dieses Interesse auf die Jahre 1925–8.

55 FAV 4.3.2, Tagebuch der Studien in Übersee, Eintrag zum Wintersemester 1926/7 in Hamburg.

eigenes Urteil, statt die Testergebnisse richtig zu berechnen, d.h. „subjektive Elemente spielen hinein. Hier zeigt sich wieder die Abweichung von den streng mathematischen Rechenmethoden wie bei Moede im Sinn der subjektiven Beurteilung", wie er es schon in Leipzig beobachten konnte.

Noch im April 1927 besuchte Verwoerd von Hamburg aus das Psychotechnische Institut der Technischen Hochschule Dresden, wo er ebenfalls feststellte, dass die Apparate bei den Tests nicht viel zum Einsatz kamen, aber eher aus Mittelknappheit als aus Abneigung, wie er überhaupt die räumlichen Verhältnisse des Instituts dürftig fand. Die Mitarbeiter bewerteten die schriftlichen Tests als besser geeignet für die Kinder im Vergleich zur scheinbaren Exaktheit der Apparatemessungen.[56] Es ist bezeichnend für Verwoerds positivistisches Wissenschaftsverständnis, dass ihn das Festhalten der deutschen Psychologen an ihrem Erfahrungswissen nicht zur Reflexion über den Nutzen von Apparaten und scheinbar objektiven Testverfahren anregte, sondern er ihre Methoden als unzureichend bemängelte.

Das Berliner Institut für Psychologie war neben dem Hamburger eines der bekanntesten in Deutschland, weil hier Carl Stumpf (1848–1936) lange als Professor für Philosophie und Psychologie von 1894 bis 1920 gewirkt hatte. Sein Nachfolger wurde 1920 Wolfgang Köhler (1887–1967), der sich mit seinen tierpsychologischen Studien in der Schimpansenstation auf Teneriffa während des Ersten Weltkriegs einen Namen gemacht hatte.[57] Neben Köhler wirkte mit Max Wertheimer ein weiterer wichtiger Vertreter der Gestaltpsychologie von 1916–1929 in Berlin, weshalb man von einer Berliner Schule sprach und die Gestaltpsychologie im wesentlichen an der Berliner Universität verortete.[58] Mit der Gestaltpsychologie beschäftigte sich der an Theorien desinteressierte Verwoerd so wenig wie mit Kruegers Holismus, sie hinterließ in seinen Vorlesungen und Notizen keinerlei Spuren. Verwoerd interessierte sich primär für die Psychotechnik und hatte deswegen mehr mit Otto Lipmann (1880–1933)[59] und Hans Rupp (1880–1955) in ihrer 1922 eingerichteten Abteilung für angewandte Psychologie zu tun als mit den Gestaltpsychologen am Institut für Psychologie, das sich im Berliner

---

56 Ebd., Eintrag zu Semesterferien 1927.

57 Köhler 1917.

58 Daneben gab es noch die weniger bekannte Grazer Schule der Gestaltpsychologie: Fabian 2005.

59 Otto Lipmann hatte zu Beginn des Jahrhunderts intensiv mit William Stern in dessen Berliner Zeit zusammengearbeitet. In der unmittelbaren Nachkriegszeit und dann wieder von 1923–25 wirkte Kurt Lewin zusammen mit Hans Rupp im Bereich der Arbeitspsychologie mit. Sprung/Brandt 2003; Lück 2001: 111. S. auch Guski-Leinwand 2007: 218 ff.

Schloss befand.[60] Lipmann hatte eine eigene Richtung der Psychotechnik entwickelt, die er Arbeitswissenschaft nannte und die eine Anpassung des Arbeitsumfelds an die Arbeiter für wichtiger hielt als Eignungsprüfungen.[61] Gerade über Verwoerds Berliner Aufenthalt schießen die Spekulationen ins Kraut. In Berlin waren Wissenschaftler und Institutionen ansässig, die später direkt oder indirekt mit der NS-Ideologie und ihrer Rassenforschung in Verbindung gebracht wurden. So wundert es kaum, dass immer wieder Behauptungen geäußert wurden, Verwoerd hätte in Berlin Eugen Fischer getroffen oder gar mit ihm zusammengearbeitet.[62] Eine Begegnung oder gar Kooperation mit Fischer oder anderen Rassentheoretikern und Eugenikern ist nirgendwo belegt und wenig plausibel, da Verwoerd an der Universität eingeschrieben war und keinerlei Hinweise auf Kontakte zum Kaiser Wilhelm-Institut für Erbpsychologie existieren.

Die Hauptbezugspersonen des Ehepaars Verwoerd waren vor allem Südafrikaner, die wegen ihres Studiums oder aus anderen Gründen in Berlin lebten. Betsie Verwoerd nannte Meiring Naudé, Hendrik Kotzé Muller, den später an der Universität Pretoria als Professor tätigen W. P. de Villiers und Dr. A. J. H. van der Walt und seine Frau. Van der Walt hatte Geschichte in Berlin studiert und bei Friedrich Meinecke promoviert, er sollte später eine Schlüsselfigur bei der Gründung der University of South Africa als Fernuniversität werden;[63] er reiste zusammen mit seiner Frau allerdings kurz nach Verwoerds Ankunft nach Südafrika zurück.

Darüber hinaus fiel einem Deutschen in Berlin die Rolle eines Mentors und Gastgebers zu, nämlich Oskar Hintrager, der auf burischer Seite im Burenkrieg gekämpft hatte. Hintrager (1871–1960) arbeitete nach seinem Jurastudium in der deutschen Kolonialverwaltung und stieg in der Verwaltungshierarchie Deutsch-Südwestafrikas kurz vor Ausbruch des Ersten Weltkriegs bis zum Stellvertreter des

60 FAV 4.3.2, Tagebuch der Studien in Übersee. Der einzige Eintrag in seinem Tagebuch zu Berlin ist eine Überschrift: „Somersemester 1927. Psigotegn. Inst. Uniw. Berlyn – Rupp“, danach bricht es ab. S. auch ebd.: Friedrich-Wilhelms-Universität zu Berlin. Anmeldebuch Verwoerds mit den besuchten Veranstaltungen: Prof. Köhler: Hauptprobleme der Psychologie, Prof. Rupp: Psychotechnik und ders.: Psychotechnische Übungen. Dr. Birnbaum: Psychpathologie des Verbrechers; Prof. Lipmann: Ausgewählte Kapitel aus der Sexualpsychologie. S. auch Geuter/Hagemeier/Ash 1986: 18.

61 Lipmann 1926: 8 u. 11.

62 Z. B. Q. Smith 2016: 341; ähnlich haltlose Behauptungen über Verwoerds Aufenthalt in Leipzig finden sich bei Burke 2006: 118.

63 Boucher 1973: 218 ff. u. 286 ff.

Gouverneurs auf.[64] Er war nach dem Krieg in verschiedenen Funktionen in der Verwaltung tätig und hielt gleichzeitig ein gastfreies Haus für in Berlin lebende Südafrikaner, die er einmal im Monat zu geselligen Abenden einlud.[65]

Hintrager war ein deutscher Nationalist der überschwenglichen Sorte, jedoch kein Nationalsozialist, dem es vielleicht sogar ganz gelegen kam, dass er im Dezember 1933 in den Ruhestand gehen konnte. Von irgendwelchen Verbindungen Verwoerds oder anderer Südafrikaner zu NS-Kreisen oder zu Rassenanthropologen ist auch bei Hintrager, der selbst ein Befürworter kolonialer Rassentrennung war, nichts zu erfahren.[66] Es gibt nach allen zugänglichen Informationen keine Hinweise darauf, dass Verwoerd sich in Berlin mit deutscher Politik beschäftigte oder dass er mit Rassenanthropologen, Rechtsextremisten und Nationalsozialisten Umgang pflegte. Die Behauptungen, er habe in Deutschland einen radikalen Nationalismus aufgesogen und dann nach Südafrika transferiert, sind empirisch nicht beweisbar, damit aber auch nicht widerlegt. Wie das erste Kapitel gezeigt hat, erübrigt sich die Frage, weil Verwoerd bereits in jungen Jahren ein fanatischer Kulturnationalist war.

Der Aufenthalt in den USA 1927

Verwoerds Besuch in den USA war ausschließlich der angewandten Psychologie gewidmet. Er hielt sich hauptsächlich in New York und Boston auf,[67] von wo aus er kleinere Reisen zu Instituten an der Ostküste der USA unternahm. Er sammelte Fragebögen und Untersuchungsmaterialien für Eignungstests und für die Optimierung von Arbeitsabläufen. Als Professor in Stellenbosch sollte er regelmäßig eine Vorlesung über Handelspsychologie halten, in der er Werbung sowie das Training von Verkäufern behandelte, wofür ihm die amerikanischen Erfahrungen gut zu pass kamen. Dazu gehörte eine Anleitung zum Auswahlverfahren von „Salesmen“ des Bureau of Personell Research der Warenhauskette Procter & Gamble in Cincinatti, die als Pioniere der Werbung und des Marketing

---

64 Seine Sympathie für die Buren reichte zurück in die Zeit, als er als Freiwilliger auf ihrer Seite im Burenkrieg kämpfte. s. Bundesarchiv N1137/1, Zeitungsbericht über seine Abordnung in den Hamburger Nachrichten v. 27.6.05.

65 Allgemeine Zeitung (Windhoek), 29.11.1930. Die Verwoerds fanden ein Zimmer zur Untermiete am Savignyplatz, A. Boshoff 1993: 27.

66 A.Boshoff 1993: 28. Anscheinend ging es Hintrager mehr um die soziale Betreuung der Südafrikaner und um geselliges Beisammensein, wie auch in Betsie Verwoerds Erinnerung die häufigen Opernbesuche ein für beide eindrückliches und neues Erlebnis waren.

67 FAV 4.3.2, E. Verwoerd an Annie Schombee (?), New York 29.11.1927.

sowie des Markenmanagement galten. Diese Anleitung war zweigeteilt: An eine allgemeine Richtlinie zur Durchführung von Bewerbungsgesprächen und der folgenden Auswahl schloss sich ein zweiter Teil an,[68] in dem die zusätzlichen Testverfahren erläutert wurden. Als Bestandsaufnahme der Rekrutierung, Ausbildung und des Einsatzes von Verkäufern ging dieses Papier methodisch über die standardisierten Tests hinaus, da es z.B. Mund-zu-Mund-Propaganda bei der Rekrutierung geeigneter Bewerber mit berücksichtigte.[69] Es enthielt aber auch genaue, auf Erfahrungswerten basierende Angaben zur Gestaltung von Stellenanzeigen sowie der verschiedenen Formen von Vorstellungsgesprächen und ihrer Choreographie.[70]

Harvard war seit den Tagen von William James und Hugo Münsterberg eine Universität, der in der psychologischen Forschung eine wichtige Rolle zukam. Verwoerd besuchte Dr. Dearborn am Wells Psychopathic Hospital, das dem Psychologieinstitut der Universität angeschlossen war sowie die Judge Baker Foundation in Boston. Er nahm Kontakt auf zur Yale Psycho-Clinic und weiter im Süden zur University of Pennsylvania und Dr. Murphy an der dortigen Psycho-Clinic.

Neben Berufseignungstests interessierte er sich für Testverfahren bei Kindern, etwa wie den Tests des Ehepaars Caroline und Garry Myers,[71] die sich intensiv mit pädagogischen und psychologischen Fragen der Primarschulbildung befasst hatten. Die Tests der Yale Psycho-Clinic unter Direktor Arnold Gesell an Kleinkindern[72] gingen wie der Detroit Kindergarten Test[73] und der Dearborn Group-Test of Intelligence (Harvard)[74] von Erfahrungswerten über das Verhalten kleiner Kinder aus. An der Judge Baker Foundation interessierte Verwoerd ein „Silent Reading Test" für Schulkinder,[75] ebenso am Institute for Juvenile Research in Chicago, wo er um die Weihnachtszeit war.[76] Darüber hinaus ging es bei den

---

68 PV 93/1/52/2, 7ff. Untersuchung (Titelblatt fehlt), S. 13ff.

69 Ebd., S. 2 (Bl. 9)

70 Ebd.. S. 3ff.

71 PV 93/1/52/2, Bl. 47, The Myers Mental Measure.

72 Gesell 1926.

73 PV 93/1/52/2, Bl. 31, Detroit Kindergarten Test, Individual.

74 PV 93/1/52/2, Bl. 38ff., Games and Puzzles sowie Games and Picture Puzzles, u. Kuhlmann Supplement. Intelligenztests wurden in Südafrika vor allem von dem deutschstämmigen Psychologen Paul Skawran (der mit Wilcocks kooperierte, Skawran 1929: 28 u. 30 u. 1930) und M. L. Fick standardisiert, der seinerseits in Harvard studiert hatte: J. Louw 1986: 76 u. Dubow 1991: 154.

75 PV 93/1/52/2, Bl 1, Silent Reading Test, Shimberg – Meehan, Judge Baker Foundation, Boston.

76 PV 93/1/52/2, Bl 50, Outline for Recreation Interview. 8 years and younger. Entsprechendes Material hatte er auch aus Deutschland mitgenommen: Bl. 86, Psychotechnische Eignungsprüfung, Leipziger Hochschulen. Zur Datierung seines Besuchs in Chicago s. E.Verwoerd 2001: 43.

Untersuchungen der Yale Psycho-Clinic[77] ebenso wie des Psychopathic Hospital (Psychological Laboratory), das dem Psych. Department in Harvard angegliedert war, um generelle Einschätzungen von auffälligen Personen.[78]

Während seines Aufenthaltes in den USA erhielt er die Mitteilung, dass in Stellenbosch eine neu geschaffene Professur für angewandte Psychologie ausgeschrieben war. Er bewarb sich mit genau vier Worten per Telegramm an seinen Doktorvater Wilcocks: „Herewith apply psychology post".[79] Er erhielt die Stelle, was sich als deutlicher Hinweis darauf lesen lässt, dass sie für ihn maßgeschneidert wurde und möglicherweise sogar Absprachen vor seiner Abreise existierten. Denn wie sollte sich sonst seine einseitige Konzentration auf angewandte Psychologie während seiner Reise nach Deutschland und die USA erklären, wenn damit nicht realistische Aussichten auf eine wissenschaftliche Karriere verbunden gewesen wären? Die Antwort kam dann auch sehr schnell. Am 6.12.1927 bestätigte der Registrator der Universität die Ernennung Verwoerds zum Professor, die er ihm zuvor bereits telegraphisch kundgetan hatte.[80] Verwoerd wurde im Alter von 26 Jahren Professor, was außergewöhnlich, aber in Stellenbosch nicht einzigartig war.[81]

Professor Verwoerd

Verwoerd kehrte früher als geplant aus den USA nach Stellenbosch zurück, wo er Anfang 1928 seine Lehrtätigkeit aufnahm. Eines der zentralen Themenfelder, mit dem er sich anschließend in seinen Vorlesungen wie auch in einigen Aufsätzen befasste, war die Persönlichkeitspsychologie. Zunächst stellte er die Entwicklungspsychologie vor, die in eine Typologie verschiedener Charaktere mündete. Letztere beginnen sich schon in der kindlichen Entwicklung auszuprägen; Verwoerd kombinierte, wie sein Hamburger Lehrer Stern, Entwicklungs- mit differentieller Psychologie und letztere fand Eingang in die Völkerpsychologie. Seine Äußerungen können Aufschluss darüber geben, ob Verwoerd stärker hereditäre

77 PV 93/1/52/2, Bl. 32, Observation of Adjustment u. Bl. 32ff., Introductory Report.

78 PV 93/1/52/2, Bl. 37, Record-Sheet for School Tests.

79 UA Stellenbosch, Personalakte Verwoerd, Telegramm v. 28.11.1927.

80 UA Stellenbosch, Personalakte Verwoerd, Registrateur an V. (c/o South African Trades Commissioner, New York), 6.12.1927. Am 6. Januar nahm Verwoerd die Stelle an und informierte die Universität über seine Rückreisepläne nach Südafrika: ebd., V. an Registrateur, 6.1.1928.

81 So wurde der Jurist Izak van Zyl Steyn schon mit 25 Jahren zum Professor berufen; er starb fünf Jahre später: Nachruf in: Burger 9.5.1935; Verwoerd nahm an der Beerdigung als Sargträger teil.

oder stärker umweltbezogene Faktoren betonte und inwiefern ethnische Differenzen in seine Typologien hineinspielten.

Psychologie der Kindheit

Verwoerds Vorlesung für Studierende im zweiten Studienjahr behandelte „Die menschliche Persönlichkeit“ und umfasste die Entwicklungspsychologie vom Kind zum Erwachsenen, wofür er seinen Studenten besonders Sterns und Koffkas Bücher über Kinderpsychologie ans Herz legte,[82] sowie die differentielle Psychologie im Sinn einer Persönlichkeitstypologie.[83] Diesen Autoren folgend betonte Verwoerd, dass man die kindliche Welt nur mit ihren eigenen Maßstäben verstehen könne. Er orientierte sich an seinem Hamburger Lehrer in der Einteilung der Kinder- und Jugendzeit in drei jeweils etwa sechsjährige Phasen.[84] Während in Leipzig Hans Volkelt der Experte für Kinderpsychologie war,[85] war Hamburg durch den Ordinarius William Stern selbst zu einem Zentrum der Kinder- und Jugendpsychologie geworden, gewissermaßen die erste Adresse in Deutschland für jemanden wie den jungen Wissenschaftler aus Südafrika, der sich speziell für dieses Gebiet interessierte.

Stern war einer der vielseitigsten und einflussreichsten Psychologen der 1920er und 30er Jahre, der in zahlreichen Feldern bahnbrechend arbeitete und Standardwerke verfasste.[86] Seine ganzheitliche oder holistische Psychologie fokussierte auf die menschliche Persönlichkeit. Wegweisend für die Psychologie der ersten Lebensjahre war sein Vorgehen, als er gemeinsam mit seiner Frau Clara jahrelang die Entwicklung seiner eigenen Kinder Hilde, Günther[87] und Eva in einem Tagebuch protokollierte und in seinen Schriften auswertete. Sein Einfluss auf Verwoerd lässt sich daran ermessen, dass dieser gemeinsam mit seiner Frau

82 Einige der Literaturtitel sind 1929 erschienen, woraus man schließen kann, dass Verwoerd die Vorlesung bereits als Professor, nach seiner Rückkehr von seinem Auslandsaufenthalt, konzipiert und gehalten hat. Stern und Koffka finden sich am Ende von PV 93/1/33/3 Bl. 64, Oorsake vir individuele verskille in kinder pers., S. 11.

83 Im Jahrbuch der Universität Stellenbosch für 1930, S. 131 wird der Inhalt der Vorlesung umrissen. Verwoerd hielt zudem standardisierte Vorlesungen u.a. über Handelspsychologie und Rechtspsychologie in jedem Jahr seiner Tätigkeit, s. Jahrbücher 1928: 218, 1929: 167 f., 1931: 136.

84 PV 93/1/33/3 Bl. 217, Die Psigiese Persoonlikheid van die Kind, handschr. Aufzeichnung, S. 1.

85 Volkelt regte eine Reihe weiterer Arbeiten zur Kinderpsychologie an, z.B. Rüssel 1943: 105 f.

86 Allport 1968: 322 zufolge schrieb er seine bahnbrechenden Werke alle innerhalb von nur sieben Jahren zu Beginn des 20. Jahrhunderts.

87 Sterns Sohn Günther (1902–1991) ist der unter dem Autorennamen, ursprünglich ein journalistisches Pseudonym, Günther Anders berühmt gewordene Philosoph, der u.a. von 1929 bis 1937 Ehemann von Hannah Arendt war.

ein ähnliches Tagebuch über seinen 1929 geborenen Sohn Wilhelm führte, woraus allerdings nie eine eigene Studie entstand.[88]

Im Jahr 1914 legte Stern mit seinem Werk „Psychologie der frühen Kindheit" ein Buch vor, das lange als Meilenstein und bis zu Piaget als die wichtigste Untersuchung zu dem Thema galt. Die zentrale und damals durchaus neuartige These des Buches lautete, dass Kinder nicht mit den Maßstäben von Erwachsenen psychologisch bewertet werden durften; sie waren keine defizitären Erwachsenen.[89] Darum plädierte Stern gleich zu Beginn seines Buches eindringlich dafür, scheinbar Bekanntes mit einem neuen Blick wahrzunehmen.[90] Zwar geht der Intelligenzquotient auf ihn zurück, doch distanzierte er sich von den schematischen Anwendungen bei Intelligenztests, die davon ausgingen, der IQ sei eine Eigenschaft und nicht ein Potential.[91] Er wurde der menschlichen Persönlichkeit nicht gerecht,[92] weshalb er seine eigene Richtung als „kritischen Personalismus" akzentuierte.

Die Erfahrungen von Kleinkindern beruhen nicht auf passivem Aufnehmen, sondern auf ihrer Selbsttätigkeit: „Nicht das Nachmachen des absichtlich Vorgemachten läßt das Kind die meisten Fertigkeiten erwerben, sondern das unausgesetzte ungewollte Ansammeln von Eindrücken, die schließlich in ähnlicher Weise von dem Kinde wieder nach außen projiziert werden."[93] Aus den Erwartungshaltungen von Kindern schloss er auf ein allgemeines Entwicklungsgesetz: „Die Bezugnahme auf die Zukunft wird früher vom Bewußtsein erfaßt als die auf die Vergangenheit."[94] Die Konfrontation mit Unbekannten, etwa fremden Menschen, löse Lernprozesse aus: „denn wie die Vertrautheitsgefühle zu den mnemischen Vorgängen gehören, so führen die Fremdheitsgefühle zu den intellektuellen Prozessen."[95] Die aktive Aneignung beobachtete er auch beim Erlernen

---

88 FAV 4.3.2, Tagebuch in der Handschrift von E. Verwoerd über Wilhelm Verwoerd, Januar bis November 1930. E. Verwoerd führte ein ähnliches Tagebuch im Jahr 1938 über ihre zweijährige Tochter Elsabet, ohne dass eine kinderpsychologische Absicht damit verbunden wurde sowie FAV 4.4.2, andere Teile des Tagebuchs von E. Verwoerd über ihren Sohn Wilhelm im Jahr 1929 und 1931.

89 Stern 1928 a: 249 und mit Bezug auf Farben und Formen S. 369 sowie dem zentralen Begriff des „Strebens": 393 f. S. auch Hansen 1960: 32 f.

90 Stern 1928 a: 2.

91 S. zu den methodischen Problemen der IQ-Test s. Chorover 1982: 64 u. 82 u. bes. Gould 2016: 161 ff.

92 S. die methodischen Einwände in: Stern 1911: 92 ff. und mit Bezug auf die Kinderpsychologie Stern 1928 a: 378 ff. u. 1931: 192 f.; Schmidt 1994: 16 f. Zur Ablehnung von mechanistischen Testverfahren in Hamburg s. Moser 1991: 492; Allport 1968: 323.

93 Stern 1928 a: 67.

94 Ebd.: 84.

95 Ebd.: 105.

der Sprache, wobei er hervorhob, dass die ersten sprachlichen Äußerungen des Kindes keine einzelnen Worte, sondern ganze Sätze seien.[96] Stern formulierte in seiner „Konvergenztheorie", dass vererbte Anlage und Umwelteinflüsse gemeinsam die Entwicklung des Kindes prägten.[97]

Neben Stern war der Leipziger Hans Volkelt der wichtigste deutsche Forscher zur Psychologie der Kindheit. Die Ganzheitspsychologie gab ihm die Möglichkeit, einen eigenen methodischen Zugang zu entwickeln, der sich von Wundts Elementenpsychologie abwandte.[98] Volkelt betonte, dass nicht die Zahl der wahrgenommenen Elemente mit dem Aufwachsen des Kindes zunehme, die sich dann im Gehirn zu Empfindungen zusammenschlössen, sondern dass vielmehr ein diffuser, ganzheitlicher Eindruck am Anfang stehe (Komplexqualität), der sich mit der Entwicklung des Kindes dann immer weiter ausdifferenziere. Der menschliche Reifungsprozess schlug sich darin nieder, dass Komplexqualitäten durch Erfahrung und die Verstandestätigkeit aufgelöst oder in strukturiertere Bahnen gelenkt wurden.[99] Damit war die Ganzheitspsychologie, anders als die Berliner Gestaltpsychologie, von ihrer Grundausrichtung her eindeutiger auf Entwicklung ausgerichtet.

Verwoerds Orientierung an Stern (und Volkelt) lässt sich nicht nur an seiner Betonung der Maßstabsrelativität erkennen, sondern auch daran, dass für ihn nicht einzelne Fähigkeiten oder Aspekte wie Gedächtnis, Wahrnehmung, Phantasie im Zentrum standen, sondern die ganze Persönlichkeit des Kindes. Die Entfaltung der Persönlichkeitspsychologie Sterns, die einerseits zur Entwicklungspsychologie und andererseits zur differentiellen Psychologie führte, veranlasste Verwoerd dazu, herauszupräparieren, was generell die kindliche Psyche kennzeichnet, und gleichzeitig die Differenzen aufzuzeigen, die zu unterschiedlichen Persönlichkeitstypen bei Kindern führen.

Im Rahmen seiner entwicklungspsychologischen Vorlesung ging Verwoerd der Frage nach, inwieweit dieses Lernen genetisch präformiert war. Bei seiner Diskussion der erblichen Veranlagungen zielte er bereits erkennbar auf deviantes Verhalten ab und damit auf jugendliche Delinquenz. Die populäre Neigung war es, vieles als „angeboren" zu erklären; es ziehe sich geradezu wie ein roter Faden durch die Literatur, Charaktereigenschaften als erblich anzusehen. Ohne auf einen bestimmten Autor Bezug zu nehmen, stellte er fest, es werde immerhin anerkannt, dass „äußere Umstände eine charakterformende Macht ausüben, eine

---

96 Ebd.: 120. Vgl. dazu Cassirer 1956: 27 u. 280 f.

97 Remplein 1962: 38.

98 Volkelt 1954: 2 ff.

99 Zu Volkelts Kinderpsychologie s. Hansen 1960: 81 ff.

Art Beeinflussbarkeit des kindlichen Gemüts".[100] Laien seien der Meinung, dass angeborene Eigenschaften wichtiger seien als der Einfluss der Umgebung, was Verwoerd als wohlfeile Entschuldigung für eigenes pädagogisches Versagen beurteilte, denn bei Anzeichen devianten Verhaltens werde sofort nach vererbten Veranlagungen gesucht. Die sich verändernde Einstellung der Eltern, etwa größere Nachgiebigkeit, sei der Grund, warum spätgeborene Kinder sich oft anders als ihre älteren Geschwister entwickelten, und nicht die Veranlagung. Dies führt ihn zum Schluß: „Neben den vielen beeinflussenden Erfahrungsfaktoren sinken die angeborenen Faktoren in eine relative Bedeutungslosigkeit ab, nämlich zur Erkenntnis, dass die angeborene Grundlage der Persönlichkeit hunderfältige Entwicklungsmöglichkeiten eröffnet. Und durch die unterschiedlichen Entwicklungsrichtungen erhalten wir die verschiedenen Persönlichkeiten."[101] Der soziale Kontext wurde zum entscheidenden Faktor, denn das Kind erfuhr früh, dass es als einzelnes auf eine Gemeinschaft angewiesen war.[102]

Seine Vorlesung geriet zu einem Plädoyer für die Präponderanz der Umwelteinflüsse über vererbte Eigenschaften, womit er seine Kritik an einer verbreiteten Haltung gegenüber sozial problematischen Familien unter den Afrikaanern verband. Anhand verschiedener Beispiele, etwa dem Laufen- oder dem Sprechenlernen, zeigte er, wie ein normal aufwachsendes Kind die Anerkennung der Gemeinschaft mit seinem Geltungsdrang[103] in Einklang bringen konnte, wenn es für seine Erfolge gelobt und belohnt wurde. Doch kann „ein Konflikt zwischen Geltungsdrang und Gemeinschaftsgefühl entstehen [...] wenn das Kind dazu gebracht wird, an seinem Leistungsvermögen oder seiner Begabung zu zweifeln."[104] Bereits seit dem 2. Lebensjahr wirkte sich der Geltungsdrang der Kinder dahingehend aus, dass sie wie die Erwachsenen sein möchten. „Alle kindlichen Erfahrungen in diesem Zeitraum beeinflussen das Persönlichkeitsideal. So kann z. B. ein Kind, das in einem Haus aufwächst, wo eine kränkliche, schwache Mutter von einem tüchtigen Vater auf Händen getragen wird, und das von allen verwöhnt wird und im Mittelpunkt steht, ein Persönlichkeitsideal entwickeln, das sich nicht

---

100 PV 93/1/33/3 Bl. 74, Oorsake vir individuele verskille in kinder pers., S. 1, datiert auf den 16. Juni, eine weitere Datierung auf der selben Seite mit Bleistift lässt erkennen, dass es sich um das Jahr 1929 handelte. Ähnlich betonte er die Umwelteinflüsse in seiner Vorlesung 231/2/3, Socio-Psigologie van misdaad, S. 1f.

101 PV 93/1/33/3 Bl. 74, Oorsake vir individuele verskille in kinder pers., S. 1

102 Verwoerd ging auf die Individualpsychologie Alfred Adlers ein, er bezog sich dabei insbesondere auf dessen grundlegenden Aufsatz A.Adler 1978. Zur sozialen Umwelt als Hauptfaktor für Jugendkriminalität s. 231/2/3, Socio-psigologie van misdaad, S. 14ff.

103 In einem weiteren Manuskript äußerte er sich über die Entstehung des Willens beim Kind und Jugendlichen: PV 93/1/33/3, Bl. 30, Onderlinge Verskille, S. 8f

104 PV 93/1/33/3 Bl. 73, Oorsake vir individuele verskille in kinder pers., S. 2f.

an der Leistungskraft des Vaters orientiert, sondern an den Vorrechten, die aus der mütterlichen Schwäche entstehen."[105] Demonstrative Schwäche konnte ein Weg sein, Macht über andere zu gewinnen. Wenn ein Kind ein solches Verhalten übernahm, entwickelte es sich zu einem egoistischen Persönlichkeitstyp.[106]

Diesen Weg zum „Persönlichkeitsideal" nannte Verwoerd die „Richtschnur" [rigtingslyn], der aber nicht bewusst gefolgt werde. „Die gesunde Entwicklung eines Kindes wird durch Leistungen derart gelenkt, dass sie in die Richtung seiner späteren Lebensaufgabe läuft. Jede Leistung dieser Art befriedigt nicht nur das Geltungsbedürfnis, sondern verstärkt den Kontakt mit der Gemeinschaft und die Anpassung an die Umgebung."[107] Wenn das Kind nicht den Weg der Selbstbehauptung (selfhandhawing) gehe, sei dies das Resultat einer Entwicklung, in der es nicht an seine Erfolgsaussichten glaubt und entmutigt wird. Darauf kann es mit Überkompensation reagieren, sich selbst unter massiven Erfolgsdruck setzen; statt Freude an der eigenen Leistung entwickelt sich Ehrgeiz (eergierigheid). Dies bewertete Verwoerd bereits als Fehlentwicklung, da der individuelle Geltungsdrang gemeinschaftsfeindliche Züge annahm, sobald ein Kind nur noch andere zu übertrumpfen trachtete. In dem Fall wurde Leistung nicht angestrebt, weil sie Befriedigung bringt, sondern sie war Mittel zum Zweck, nämlich um gelobt zu werden.

Als entscheidend erwies sich das Elternhaus sowie die Methode zielgerichteter Erziehung.[108] In elterlichen Versuchen, den Willen des Kindes zu brechen, konnte Verwoerd nur ein Zeichen der elterlichen Schwäche erkennen. Beim Kind führte dies zum Gefühl der Erniedrigung und zu einer Fehlentwicklung seines Leistungswillens: es konnte nicht selbständig werden.[109] Ähnliches galt für das völlig angepasste Kind, das nur auf Lob der Eltern aus war, oder für das verzärtelte Kind, dem alles abgenommen wurde.[110]

Verwoerd betrieb Psychologie als alltagsorientierte Wissenschaft, weshalb er seine Erkenntnis in eine Kurzgeschichte umsetzte, die er 1931 unter Pseudonym in „Die Huisgenoot" veröffentlichte und wo er am Beispiel eines jungen Mannes, der von seiner Kindheit an zur Unselbständigkeit erzogen wird, vorführte, wie fehlende Unterstützung für die Entwicklung eines Menschen dessen Scheitern im Leben bewirkt. Ein Kind, das in seiner Entwicklung nicht frei ist, sondern schon beim Spielen vom Vater gegängelt wird, wird auch kein selbständiger Erwachse-

105 Ebd. S. 3.
106 Ebd. S. 5. Vgl. auch 231/2/3, Socio-psigologie van misdaad, S. 17 ff.
107 PV 93/1/33/3 Bl. 72, Oorsake vir individuele verskille in kinder pers., S. 3.
108 Ebd. S. 5.
109 Ebd. S. 6.
110 Ebd. S. 6 f.

ner. Hier ging es indes nicht um den Gegensatz von individuellem Lebensglück und den Erwartungen der Gemeinschaft, sondern darum, dass jemand den Platz in der Gesellschaft gar nicht erst finden konnte, der ihm ermöglichen würde, gemeinschaftskonform zu handeln.[111] Die hier geschilderte Situation ähnelte strukturell derjenigen von poor whites, die ebenfalls durch soziale Umstände daran gehindert wurden, nützliche Mitglieder einer nationalen Gemeinschaft zu werden. Erst wenn sie am rechten Ort stehen, stellt sich die Wahl zwischen individuellem Lebensglück und Unterordnung unter die Gemeinschaft.

Die spezifische Familienkonstellation, z. B. die Anwesenheit jüngerer Geschwister[112], konnte die Entwicklung stark beeinflussen, ebenso wie das Geschlecht, wobei er hier erstaunlich relativierend argumentierte: „In unserer Kultur (!) fallen die Vorstellungen von ‚Männlichkeit' und ‚Überlegenheit' größtenteils ineins, während „zu übertreffen" das Persönlichkeitsideal jedes Mädchens wie Jungen ist. Der Junge, solange keine anderen entmutigenden Faktoren auftreten, wird darin nicht gehindert, sehr wohl aber das Mädchen. Sein Geschlecht ist für es die allgemeine Ursache der Entmutigung. Irgendwann erfährt es, dass es zu dem Teil der Menschheit gehört, der für diejenigen Leistungen, die als die größten und wertvollsten geschätzt werden, nach allgemeiner Meinung nicht geschaffen ist. Es muss erfahren, dass es nur für eine begrenzte Entwicklung bestimmt ist, aber nicht mehr."[113]

Trotz dieses Verständnisses trat Verwoerd keineswegs für die Emanzipation der Frauen ein, vielmehr bestätigte er in einer raffinierten argumentativen Wendung die männliche Führungsrolle. Denn wenn die Pubertät, wie bei Mädchen, früher eintrete, sei die intellektuelle Entwicklung noch nicht weit genug gediehen, um diese Zeit der Verunsicherung und des aufgewühlten Gefühlslebens verarbeiten zu können. Der Junge, der diese Phase später durchläuft, ist intellektuell reifer und kann die Zeit nutzen, um über grundlegende Fragen nachzudenken, „die aus seinen Erfahrungen aus der Zeit erwachsen – also z. B. über sich selbst und sein Verhältnis zur Gesellschaft, zum Leben, der Welt und Gott etc."[114] Daraus gewann er, ungeachtet aller Betonung individueller Abweichungen, ein generelles Bild des Geschlechtsunterschieds: „Tatsache ist aber, dass die frühere Reife des Mädchens mögliche Mitursache ist, dass ihr Interesse (wie das von früh entwickelten Jungen), schon früh stärker auf Menschen und ihr innerliches Gefühlsleben ausgerichtet wird, während das Interesse des Jungen (und des sich spät entwickelnden Mädchens) stärker auf sachliche Dinge gerichtet wird, auf

111 O. Nieuwenhuys [Verwoerd], Die Slagoffer, in: Die Huisgenoot, 19.6.1931, S. 37, 43 und 45.
112 PV 93/1/33/3 Bl. 67, Oorsake vir individuele verskille in kinder pers., S. 8.
113 Ebd., S. 10.
114 PV 93/1/33/3, Bl. 21, Onderlinge Verskille, S. 1.

Probleme und intellektuelle Themen."[115] Die Feststellung, dass ein Mädchen demnach „in anderen Menschen" aufgeht und von ihrem „Gefühlsleben erfüllt" ist,[116] lässt sich durchaus in eine neue Lesart der von Verwoerd in derselben Vorlesung referierten Charaktertypen Eduard Sprangers übertragen, nämlich dass der „soziale Mensch" eher eine Frau ist, während die anderen fünf Charaktertypen männlich konnotiert sind. Dies impliziert, dass Frauen nur einem Charaktertyp entsprechen und weniger differenziert sind als Männer.

Neben den geschlechtlichen thematisierte Verwoerd soziale Unterschiede sowie den Gegensatz von Stadt und Land, wobei das intellektuelle Leben bei Stadtkindern früher aktiv werde. Die Gefahr bestünde vor allem für Landkinder, denen die Anreize fehlten, weshalb „bei dem weniger geistig aktiven Landkind desselben Alters eine rein instinktive primitive Entwicklung" stattfinden würde.[117] Schließlich kam er auf die weitere soziale Umgebung zu sprechen und hob die Bedeutung von Armut hervor, die bei Kindern Selbstrespekt nicht entstehen ließ.[118]

Die Pubertät war der wichtigste und folgenreichste Entwicklungsschritt des Menschen. Der Forscher könne nur mit Empathie und unter Rekurs auf die eigene Jugend versuchen, die Bedeutung dieser Umwälzung zu verstehen.[119] Vieles deutete für ihn darauf hin, dass in dieser Zeit das Vorstellungsleben und das abstrakte Denken wenig miteinander zu tun hätten und erst in der Nachpubertät wieder zusammengeführt würden.[120]

Hinsichtlich der Pubertät argumenierte er insofern biologisch, als er Vergleiche mit dem Erreichen der Geschlechtsreife bei Tieren zog und auf die enge Verbindung von körperlicher Geschlechtsreife und bestimmten psychischen Entwicklungen beim Menschen hinwies. „Auch wird die Reifezeit begleitet von einer inneren und äußeren Unruhe, die das Individuum aus seiner Selbstgenügsamkeit und Ruhe aufscheucht; er muss sich des Ergänzungsbedarfs *bewusst* werden – das Ich entscheidet sich für eine zweite Person."[121] Diese Person konnte ein älterer Mensch sein, der die Rolle eines Mentors erfüllte, wobei Verwoerd betonte, dass dieses Hingezogensein nicht sexuell motiviert sei, sondern dem

115 Ebd. S. 1.
116 Ebd. S. 1.
117 Ebd. S. 3.
118 PV 93/1/33/3 Bl. 66, Oorsake vir individuele verskille in kinder pers., S. 9 f.
119 PV 93/1/33/3, Bl. 37, Die psigiese persoonlikheid v. d. Jeugdige en Najeugdige, S. 2. Vgl. auch PV 93/1/33/3, Bl. 32, Onderlinge Verskille, S. 6, zum religiösen Leben des Jugendlichen ebd. S. 11 (Bl. 27)
120 PV 93/1/33/3, Bl. 29, Onderlinge Verskille, S. 9 f.
121 PV 93/1/33/3, Bl. 36, Wat is puberteit? S. 1.

Übergangsstadium einer undifferenzierten Zuwendung des Kindes und der Verunsicherung des Pubertierenden zugehörte.[122] Der Wille musste in der Pubertät gewissermaßen neu aufgebaut und ausgerichtet werden: „Darum ist es eine Pflicht der Schule, um den 12–13jährigen Mädchen und 14–15jährigen Jungen die besten Persönlichkeiten zu geben, Menschen, die Taten vollbringen, und darum Vorbilder sein können."[123] Der körperlichen Reifung sei eine kulturelle an die Seite zu stellen, die auf die Gemeinschaft ausgerichtet sein muss, wenn die Kontinuität der Kultur gesichert werden soll.

Auch in seine Ausführungen zur Pubertät flossen die Lernerfahrungen in Leipzig ein. Volkelt hatte am 26. Juni 1926, noch während Verwoerds Aufenthalt, seine Antrittsvorlesung an der Universität Leipzig gehalten. Darin hob er die Besonderheit der Pubertät und Adoleszenz als distinkte Phasen im Leben eines Menschen hervor und unterstrich ihre immense Bedeutung für den weiteren Lebensweg. Er bewegte sich im selben Interpretationsrahmen wie die Kinderpsychologie, denn die Entwicklung des Kindes sollte nicht-teleologisch untersucht, nicht vom „fertigen" Erwachsenen rückprojiziert werden; vielmehr wurde die Offenheit der Entwicklung ebenso betont wie die ganz andere Form von Wahrnehmung, Handlungslogiken und Lernen, die sich fundamental von denjenigen der Erwachsenen unterschieden.[124]

Auch Verwoerd betonte, wie sehr die Pubertät eine Phase der Um- und Neuorientierung sein könne, eine Art biographischer Exklave, der man mit den üblichen Maßstäben, die für die psychische Entwicklung in anderen Lebensabschnitten galten, nicht beikommen konnte. Dies sollte für seine eigenen Schlußfolgerungen im Hinblick auf das Thema der Jugenddelinquenz, dem er sich in den folgenden Jahren als Soziologe widmen sollte, wichtig werden.[125]

Was Straftaten anbelangt, könne man bei Kindern kaum von solchen sprechen, eher von graduellem Fehlverhalten. Hier galt ebenfalls, dass Strafen, die die Persönlichkeitsentwicklung nicht berücksichtigten, eher eine Verschlimmerung zur Folge hatten. Auch seien bestimmte Dinge, wie kindliches Lügen, oft dramatisiert worden, wobei dieses Verhalten aber der Kindernatur entspringe. Im Hinblick auf jugendliche Straftaten plädierte Verwoerd für ein präventives Verhalten statt Bestrafung. Eine Kenntnis der Persönlichkeitszüge des Jugendlichen sei für die Kriminalitätspsychologie wichtig, weil sie helfe, seine Tat zu verste-

122 PV 93/1/33/3, Bl. 33, Onderlinge Verskille, S. 5; PV 93/1/33/3, Bl. 36, Wat is puberteit? S. 3.
123 PV 93/1/33/3, Bl. 29, Onderlinge Verskille, S. 9; vgl. auch PV 93/1/33/3, B. 17, Wat het ons gedurende die Bespreking v.d. Kinder, Jeugdige en Najeugdige persoonlikheid bereit wat prakties bruikbaar is? Manuskript, S. 3.
124 Nachlass Volkelt, Box 10, Antrittsvorlesung, versch., handschr. korrigierte Fassungen.
125 231/2/3, Socio-psigologie van misdaad, S. 30 ff.

hen und zu verhindern, dass er in das Verbrechen abglitt.[126] Diese Ausführungen wirken erstaunlich aufklärerisch, insbesondere wenn man die autoritäre Vorgehensweise des späteren Politikers Verwoerd in Betracht zieht, der gegenüber den Jugendkulturen der 1950er und 1960er Jahre auf Repression und nicht auf verständnisvolle Einflussnahme setzte. Dass er seine Erkenntnisse erst gar nicht auf schwarze Jugendliche anwandte, belegt wiederum seinen Rassismus.[127]

Völkerpsychologie und zivilisatorische Stufentheorien

Die Relativierung von Bewertungsmaßstäben beschränkte sich für ihn nicht auf die Entwicklungspsychologie des Individuums, sondern er übertrug sie im Sinn der Völkerpsychologie auf kulturessentialistisch verstandene Kollektive.[128] Dazu ist es notwendig, auf Verwoerds Leipziger Erfahrungen und die Entwicklung in der deutschen Psychologie zurückzublicken. Tatsächlich standen sich im späten 19. Jahrhundert die beiden stark positivistisch orientierten jungen Wissenschaften der Ethnologie und der Psychologie methodisch und theoretisch sehr nahe und beeinflussten einander.[129] Mit der Intensivierung von Forschungsreisen in außereuropäische Regionen und der wachsenden Bekanntheit ihrer Kulturen seit dem 18. Jahrhundert setzten sich kulturevolutionistische Stufenlehren durch, die von einem zivilisatorischen Gefälle ausgingen und dieses in eine evolutionäre Sequenz brachten, d. h. die sogenannten primitiven Gesellschaften waren die lebenden Überbleibsel früherer Stadien der menschlichen Zivilisationsentwicklung insgesamt. Gesellschaftstheoretiker des 19. Jahrhunderts entwarfen unterschiedliche Stufenmodelle, die sich häufig am Kriterium der technischen Entwicklung orientierten. So unterschiedliche Autoren wie Tylor, Spencer, Fraser, Morgan, Marx und Engels, Wundt, Lamprecht oder Breysig verknüpften sie wahlweise mit Familienstrukturen, Gesellschaftsformen oder wirtschaftlichen Produktionsweisen. Diese Stufentheorien waren unübersehbar eurozentrisch, da die Theoretiker die eigene Kultur zum Maßstab aller anderen erhoben, die dementsprechend defizitär erscheinen mussten. So konnten sie eine Hierarchie distinkter Entwicklungsstadien postulieren, in der sie die Kulturen der Welt positionierten.

---

126 PV 93/1/33/3, B. 18, Wat het ons gedurende ..., S. 4. Zum kindlichen Lügen s. auch Hansen 1960: 199 ff.

127 Vgl. dazu Smit 1989: 240.

128 Vgl. Nachlass Volkelt, Box 6: Notizen „Was ist Kulturpsychologie?"

129 Zu den deutschen Ethnologen, die sich für psychologische Fragestellungen interessierten s. Staeuble 1992: 146 u. Marx 1988: 211 ff. Zu den Leipziger Verhältnissen, wo Psychologie und Ethnologie in engem wechselseitig befruchtenden Austausch mit den historischen Ansätzen Karl Lamprechts standen s. Bruch 1995: 265 u. Chickering 1995: 238 ff.

Die Völkerpsychologie, wie sie Wilhelm Wundt schon früh entwickelte und immer als integralen Bestandteil seiner psychologischen Arbeiten verstand,[130] zeichnete sich durch eine Reihe zusätzlicher Ansätze und Erklärungsmuster aus. Wundt gab den zivilisatorischen Stufentheorien eine besondere Wendung, indem er die Abfolgeordnung eines zivilisatorischen Aufstiegs mit psychischen Stadien der individuellen Entwicklung parallel setzte. Er unterschied die drei Stufen der „primitiven" Völker, des Totemismus und des Zeitalters der Helden und Götter, die evolutionär der reifen Zivilisation vorgelagert waren und analogen individualpsychologischen Entwicklungsstufen entsprachen.[131] Das Hauptproblem der Völkerpsychologie war jedoch die Selbstverständlichkeit, mit der sie „Völker" als Grundeinheiten voraussetzte und alle Wandlungen und Veränderungen stets auf diese beziehen musste,[132] was sich in Kruegers Version eher noch verstärkte, weil er aus seiner völkischen Orientierung heraus der Gemeinschaft – im Gegensatz zur Gesellschaft – einen besonders hohen Stellenwert beimaß.[133]

Auf der Suche nach der „Psychogenese", der Entstehung der menschlichen Psyche, versprach Wundt sich von der Völkerpsychologie die besten Einsichten, denn „das Kind des Kulturvolkes ist von Einflüssen umgeben, die sich niemals von dem sondern lassen, was spontan im Bewußtsein des Kindes selbst entsteht. Dagegen führt uns die Völkerpsychologie in der Betrachtung der verschiedenen Stufen geistiger Entwicklung, die die Menschheit noch heute bietet, den Weg einer wahren Psychogenese."[134] Für die Völkerpsychologie war das „Primitive" nicht wie für die Ethnologie „vermöge der Genealogie der Völker das Ursprüngliche", sondern Stadium einer universalen geistigen Entwicklung.[135] Doch lehnte Wundt als Liberaler alten Schlages den rassistischen Schluss vom niedrigen Kulturstand

---

130 Jüttemann 2006: 17 ff.; Volkelt 1922: 7 f. u. 17. Vgl. Oelze 1991; zu den Vorläufermodellen von Steinthal und Lazarus s. Greavenitz 1999 sowie zu Hellpachs eigener Version s. Stallmeister/Lück 2006: 119 ff. u. Guski-Leinwand 2007: 130 f. Allerdings wurde die Völkerpsychologie in Leipzig nie institutionalisiert, wie ursprünglich beabsichtigt: Meischner-Metge 2006 a: 132. Danziger 1983: 307 ff. betont stärker die methodische Nähe der Völkerpsychologie zur experimentellen Psychologie.

131 Wolfradt 2009: 187. Für mich ist offensichtlich, dass Wundt in der Abfolge seiner Stufen sehr stark Giambattista Vico verpflichtet ist: Vico 2017: 29 f. u. 492 ff. Bezeichnenderweise promovierte Otto Klemm, ein Schüler Wundts, über Vico als Völkerpsychologen: Klemm 1911: 118 u. Loosch 2008: 71.

132 S. etwa Hellpach 1954: 32 ff., dessen Schriften Verwoerd bekannt waren, und seine Ausführungen über Rasse und Volk, wobei mit Rasse eine zweite unhinterfragte Einheit benutzt wurde.

133 Wellek 1953: 45 u. 48, die von Tönnies entliehene und ins Völkische gesteigerte Gegenüberstellung von Gemeinschaft und Gesellschaft ebd. S. 53. S. auch Meischner/Eschler 1979: 94.

134 Wundt 1913: 4.

135 Ebd.: 6.

der sogenannten „Primitiven" auf deren mangelnde Intelligenz nachdrücklich ab.[136]

Während Wundt hinsichtlich der Grundlagenpsychologie ausgesprochen vorsichtig in der Thesenbildung war, hatte er dergleichen Hemmungen bei der Völkerpsychologie keineswegs. Im Gegensatz zu seiner psychologischen Forschung war sie nicht experimentell ausgerichtet, da er der Ansicht war, die „höheren" psychischen Prozesse, die zudem zur Psychologie des Gemeinschaftslebens zählen, seien durch Laborversuche nicht erfassbar.[137] Vielmehr ging er ganz klassisch als Lehnstuhl-Wissenschaftler vor, d.h. die empirische Basis seiner Thesen war Wissen aus zweiter und dritter Hand, ohne dass er die Wahrnehmungsmuster der Forschungsreisenden, Missionare und Feldforscher, deren Schriften er auswertete, kritisch reflektiert hätte. Vielmehr nahm er diese Berichte für bare Münze und errichtete ganze Erklärungsgebäude darauf.

Wundts Schüler Felix Krueger, bei dem Verwoerd 1926 studierte, schloss die Völkerpsychologie, die Kinder- und Jugendpsychologie sowie die Psychologie der Tiere im Konzept der Entwicklungspsychologie zusammen.[138] Er hatte das Konzept der Ganzheitspsychologie „zunächst vornehmlich durch seine experimentell-tonpsychologischen Arbeiten (1904 ff.) und nicht zum wenigsten auch durch seine Vorlesungen und Übungen zur Psychologie primitiver Kulturen in die Schule Wundts hineingebracht",[139] indem er an der Einstellung zur Arbeit eine zivilisatorische Entwicklung feststellte und sie mit der Ablösung des Denkens von magischer Kausalität verknüpfte.[140] So gelang es Krueger, Wundts Thesen zur zivilisatorischen Entwicklung so zurechtzubiegen, dass er sie mit der Entwicklungspsychologie verkoppeln konnte.[141] Ein Volk lernt wie ein Kind die diffusen

---

136 Ebd.: 109 ff. Zu Wundts politischem Engagement im Rahmen der Arbeitervereine der 1860er Jahre s. Bebel 1910: 114.

137 Vorwerg 1984: 66 f. Graumann 2006: 59 f.; S. auch Eckardt 1998: 19. S. dazu auch Engstrom 1997: 167 f. Wundt hielt Kommunikation zwischen Menschen für die Psychologie nicht für zugänglich: Zitterbarth 2006: 110.

138 Beuchelt 1974: 25 ff., zu einschlägigen Arbeiten, die in Kruegers Institut entstanden, ebd.: 42; Thiermann 1981: 87 u. Wellek 1950: 18 f. Zu Kruegers Verbindung von Kinder- und Völkerpsychologie s. auch Schubeius 1990: 249. Krueger soll Nachfolger Wundts geworden sein, weil er versprach, dessen völkerpsychologische Studien fortzusetzen: Hammer 1995: 34 u. Wolfradt 2009: 189. Wundt selbst war von der Ernennung Kruegers nicht sehr erbaut: Guski-Leinwand 2007: 124, Anm. 141.

139 Volkelt 1962 a: 3, Anm. 1. S. auch ebd.: 7, „daß die Hauptrichtungen der Entwicklung auf weit abliegenden Gebieten oft überraschend übereinstimmen, z. B. bei Kindern und Naturvölkern."

140 Krueger 1913 a: 260 f.

141 S. dazu besonders Krueger 1915: 104, 167 ff. und kritisch gegenüber Wundt: 200 ff. Wundt selbst lehnte den Begriff Entwicklungspsychologie als umfassenden Ansatz ab: Mack/Kressley-Mba/Knopf 2006: 70 u. Meischner-Metge 2006 b.

Komplexqualitäten auszudifferenzieren und zu strukturieren. „Die seelische sowie die kulturliche Entwicklung schreitet mit Stetigkeit von primitiver Ganzheit zu weniger primitiver, das bedeutet u. a. gegliederterer Ganzheit fort.“[142] Differenzierung wurde damit zum Kriterium der Entwicklung, was in analoger Weise für die Völker galt, da Wundt zufolge die „primitiven“ Kulturen sich durch geringe Differenzierung nicht nur in kulturellen Mitteln, sondern auch in ihren Wahrnehmungsmustern auszeichneten. „Primitive“ waren demzufolge wie die Kinder, was weitverbreiteten kolonialistischen, auch von Verwoerd geteilten, Annahmen entsprach,[143] wobei Krueger behauptete, „Primitive“ seien stärker gefühlsgeleitet, Zivilisierte verstandesorientiert.[144] Allerdings unterschied sich Kruegers Völkerpsychologie von Wundts Stufentheorie dadurch, dass er sie als „differentielle Völkerpsychologie“ verstand, d. h. Völker wurden nicht nur aufgrund ihres unterschiedlichen Entwicklungsstands, sondern auch aufgrund fundamentaler Unterschiede bewertet, indem zwei Völker gleichen Entwicklungsstands dennoch große Unterschiede aufwiesen. Krueger ging es in erster Linie darum, die Besonderheit der deutschen Volksseele zu bestimmen.[145] Doch kann die Bedeutung der Völkerpsychologie zu Kruegers Zeit in Leipzig leicht übersehen werden, weil er und seine Schüler wenig dazu publizierten.[146] Sie spielte aber eine große Rolle in ihrer Lehre, so dass Verwoerd möglicherweise dadurch beeinflusst wurde.

Neben Krueger hat sich inbesondere Volkelt über Jahre hinweg immer wieder mit Wundts Völkerpsychologie beschäftigt[147] und die Ergebnisse in zahlreichen

---

142 Krueger 1926 a: 75. S. auch Buss 1934: 55.

143 Dass dergleichen in der Ethnologie noch keineswegs überwunden ist, zeigen beispielsweise die direkten Vergleiche von „Primitiven“ mit Kindern bei Hallpike 1990: 54 ff. u. Dux 1990: 103 ff.

144 Krueger 1940: 47. Diese „Erkenntnis“ verbreiteten auch afrikaanse Ethnologen: J. F. Eloff 1959: 56.

145 Guski-Leinwand 2007: 85; zu möglichen Manipulationen an Wundts späten Schriften s. ebd. S. 92, Anm. 99. S. auch Kruegers Vereinnahmung Wundts für seine eigenen deutschnationalen Positionen: Krueger 1922: 43 f.; ebenso Klemm, der die Abwendung von der experimentellen Psychologie unter Krueger bereits auf Wundt zurückprojiziert: Klemm 1922: 106.

146 Eine Ausnahme ist Krueger 1915.

147 Nachlass Krueger, 8, Magical Factors in the first development of human labor (1913), ein Text, aus dem der direkte Anschluss an Wundts Thesen evident ist sowie 3, Sammlung von Notizen zum Thema „Tabu“. In Kruegers Personalakte wurde am 30.6. 1909 vermerkt: „Seit seiner Rückkehr aus Amerika hat er namentlich auch viel besuchte Vorlesungen über die Psychologie der Naturvölker seinem sonstigen Vorlesungsprogramm angereiht.“ UA Leipzig, Phil. Fak., Mikrofilm, Nr 1272, Personalakte 664, Felix Krueger, Dok. 18, Personalakten 410, 455, 664., von 1891 bis ... (sic) und im Rahmen seiner Berufung 1917 wurde vermerkt: „Nach Leipzig zurückgekehrt, arbeitete er am psychologischen Institut weiter und leitete zugleich einen völkerpsychologischen Kursus an Lamprechts Institut für Kultur- und Universalgeschichte“ ebd. Dok. 28 sowie „Mit Entschiedenheit vertritt Krueger die Ansicht, daß die ganze Kulturforschung an einem Wende-

Lehrveranstaltungen umgesetzt. Eine davon war die Übung „Frühformen der Religion bei Kindern und Naturvölkern“, an der Verwoerd im Sommersemester 1926 teilnahm.[148] Zu dieser Zeit stellte Volkelt fest: „Die experimentelle Methodik fürs Kleinkind hat sich überhaupt nicht so sehr von Sonderhypothesen als vielmehr von der allseitig, auch völkerpsychologisch, fundierten Theorie des primitiven Bewußtseins leiten zu lassen.“[149] Schon 1925 hieß es in einer Selbstdarstellung des Instituts: „Die Untersuchungsrichtung, die Wundt ‚völkerpsychologisch‘ nannte, ist jetzt in Forschung wie Lehre fester dem Institute eingegliedert. Fast alle Fragestellungen werden unter den Gesichtspunkt genetischer Vergleichung gerückt. In der entwicklungspsychologischen Abteilung überwiegt gegenwärtig die – von Wundt nicht ausdrüclich herangezogene – Psychologie des Kindes und des Jugendlichen. Experimentelle und kulturwissenschaftliche Methoden arbeiten hier planmäßig Hand in Hand auf das Ziel einer Theorie des primitiven Bewußtseins und der geistigen Entwicklung hin.“[150] Volkelt stellte in einem eigenen Beitrag die Bezüge noch eindeutiger her, indem er auf die Wichtigkeit genetischer Zusammenhänge hinwies: „Sie führen durch das Einzelleben von der Psychologie des Embryo bis in die des Greisenalters, durch das Völkerleben von den tiefsten ‚primär-primitiven‘ [...] Stämmen – nicht etwa linear, sondern in unermeßlicher Verzweigung und Verästelung – zu den höchsten Kulturvölkern, von der Pflanze durch das Tierreich zum Menschen hinauf. Dazu findet sich, daß die Hauptrichtungen der Entwicklung auf weit abliegenden Gebieten oft überraschend übereinstimmen, z. B. bei Kindern und Naturvölkern, bei Tieren und Kindern.“[151] Ähnlich wie es in der Kinderpsychologie als Fortschritt angesehen werden konnte, dass man Kinderzeichnungen als „Ausdruck“ der kindlichen Psyche und nicht als naturgetreue Wiedergabe der äußeren Erschei-

---

punkte stehe, und daß sie sich von nun an weitmehr (sic), als es bisher geschehen ist, mit den Methoden und Problemen „der Entwicklungpsychologie“ in Zusammenhang zu setzen haben werde.“ Dok. 36. Würzburg, Nachlass Volkelt, Box 8, Völkerpsychologie u. Box 14, Psychologie IV, Vier Vorträge zur Völkerpsychologie sowie Vorlesungsmanuskript von 1921/22: Einführung in die Völkerpsychologie u. versch. andere Notizen zur Völkerpsychologie, aus versch. Jahren. Volkelt bezog sich auf dieselben ethnologischen Autoren und Beispiele wie Wundt. Box 21: Übungen Kunst und Völkerpsychologie sowie Boxen 23 und 24 zur Völkerpsychologie bzw. Kunst und Religion der Primitiven; Box 29, Kladde 6, Vorlesungen zu Wundts Völkerpsychologie (offenbar Mitschriften des Studenten Volkelt).

148 Von dieser Veranstaltung sind leider keine Aufzeichnungen im Nachlass Volkelts erhalten.

149 Volkelt 1926: 13 u. 48 ff.

150 UA Leipzig, Psych. Inst., Broschüre, S. 5.

151 UA Leipzig, Psych. Inst. Literarische Berichte a. d. Gebiet der Philosophie, Heft 6, 1925, S. 14 ff.; Volkelt 1925: 18.

nung verstand,[152] so musste man die eigenen Maßstäbe relativieren, sonst konnte man magisches Denken bei den „primitiven“ Völkern nicht verstehen.

Hinsichtlich des Zauberglaubens sei das, „was Furcht und Schrecken“ hervorruft, die Ursache und nicht das Kausaldenken: „Kausalität in unserem Sinne existiert für den primitiven Menschen nicht.“[153] Man konnte die sogenannten Naturvölker nicht mit den Maßstäben „späterer“ Kultur messen, sondern einzig an ihrer eigenen ‚Logik‘, im Kontext ihrer eigenen Naturphilosophie und den Normen ihrer eigenen Ethik.[154] Das Problem bestand nur darin, dass die Völkerpsychologen diese Maßstäbe und Normen gar nicht kannten, sondern imaginierten. Nur scheinbar überwand diese Art von verstehender Psychologie, wie Volkelt sie hier entwarf, Wundts Ethnozentrismus.

Volkelt erklärte die Religiosität primitiver Völker mit deren fehlendem Kausaldenken und einer Affektreaktion auf bestimmte Erscheinungen wie Krankheit und Tod.[155] Die Nähe zur „prälogischen Mentalität“ von Levy-Bruhl liegt auf der Hand und verweist auf die weite Verbreitung solcher Ansichten im frühen 20. Jahrhundert.[156] Denn nicht nur die rechtslastigen Leipziger Psychologen setzten die Entwicklung von „primitiven Völkern“ oder „Naturvölkern“ mit Kindern parallel, sondern dies war gängige Lehrmeinung bei allen Psychologen des frühen 20. Jahrhunderts, ganz unabhängig von ihrer politischen Orientierung. Selbst aufklärerische Psychologen wie Stern und Koffka nahmen eine Gleichsetzung von kindlicher Entwicklung bzw. kindlichen Wahrnehmungsformen mit derjenigen der „primitiven“ Völker vor.[157] Damit wurde impliziert, dass diesen Kreativität, Innovationskraft und logisches Kombinationsvermögen abgingen.[158]

---

152 Vgl. Marx 2013: 107 f.; Remplein 1962: 303.

153 Wundt 1913: 92 f. Zum Kausaldenken von Kindern s. Hansen 1960: 185 f. u. 217 ff.

154 Methodisch nah an die Kinderpsychologie brachte dies Wundt selbst in: Wundt 1914: 145 ff.

155 Nachlass Volkelt, Box 17, Kunst und Völkerpsychologie, III, 1 Phänomenol. der primitiven Natürlichkeit u. Phänomenlogie der Lücke u. versch. Notizzettel und Aufzeichnungen (unpaginiert). An anderer Stelle in derselben Sammlung von Notizen hieß es: „Ein denknotwendiges Moment des individuell-kausalen Geschehens, welches Moment selbst ein individuell kausales Geschehen sein kann. Doch ist das fehlende Moment auf frühen Stufen gewiss nicht im Bewußtsein, sondern im Bewußtsein ist nur, daß etwas fehlt: auf sehr primitiver Stufe: Fremdheit; oder – auf höherer Stufe – auch die Art dessen, das fehlt: Unnatürlichkeit.“ Vgl. auch Box 23 mit zahlreichen Notizen zur „Lücke“ und Wahrnehmungsformen bei den „Primitiven“ im Gegensatz zu „uns“.

156 Lévy-Bruhl 1959: 5 ff. u. 343 ff.; Holloway 1964: 24, z. B. auch Le Bon 1908: 43, 46 u. 81; zu Le Bon s. Hannaford 1996: 337 ff.

157 Stern 1911: 104 f.; Koffka 1921: 1 f. Wertheimer 1967: 151 ff. bei Wertheimer aber wesentlich differenzierter.

158 Koffka 1921: 253: Die Welt der Kinder und „Primitiven“ sei nicht logisch, d. h. widerspruchsfrei, aufgebaut.

Diese Bewertung fand sich später in auffallendem Maß in Verwoerds Mutmaßungen über die Entwicklungsfähigkeit der „Bantu“ wieder. Wie problematisch die Völkerpsychologie als Wissenschaft war, lässt sich daran ermessen, dass ihre Aussagen zur Unreife der Afrikaner, über ihre fehlenden Fähigkeiten auf der derzeitigen Stufe ihrer Entwicklung usw. sich mit populären Vorurteilen weitgehend deckten.[159] Abermals haben wir es mit einer zirkulären Argumentation zu tun: Der Wissenschaftler definiert willkürlich die Primitivität und entwickelt daraus Kriterien, mit deren Hilfe er sie dann beweist.

Das in Volkelts Leipziger Seminar Gelernte schlug sich in einer Feststellung Verwoerds wie der folgenden nieder: „Kennzeichnend für das kindliche Spiel ist, dass lebendige Objekte von ihm als beseelt und bewusst wahrgenommen werden“.[160] Dabei kann das Kind aber noch nicht zwischen lebend und leblos unterscheiden, es überträgt also nicht aufgrund seines eigenen Bewußtseins als lebendem Wesen dieses auf leblose Gegenstände, sondern „der primitive Mensch und das Kind nehmen ursprünglich den Inhalt als lebendig wahr, und erst später erhält er die Unterschiede zwischen lebendig und nicht.“[161] Führt man diese Parallelsetzung weiter und setzt für das Kind den „Primitiven“ ein, ergibt sich ein aufschlussreicher, wenn auch nur indirekter Einblick in Verwoerds Perspektive auf die afrikanische Bevölkerung Südafrikas: „Hier finden wir also eine Persönlichkeitseigenschaft des Kindes [und der ‚Primitiven‘?], nämlich ein festes, regelmäßiges Verhältnis seiner selbst, also seines ganzen Wesens gegenüber der ganzen, anorganischen, also auch natürlichen Welt“[162] wozu auch gehört, dass das Kind noch keinen Zeitbegriff hat und Vergangenheit oder Zukunft nicht mit der Gegenwart in Verbindung bringen kann.[163] Verwoerd unterstreicht aber, dass das Kind in einer Welt aufwächst, die von den Erwachsenen kontrolliert wird, so dass es sich schrittweise anpasst und zwischen Spiel und Arbeit gewissermaßen pendelt.[164] Der entscheidende Unterschied zwischen der Welt der Kinder (und der „Primitiven“) und derjenigen der Erwachsenen war das Fehlen der Logik in ersterer, was angesichts des Stellenwerts der Logik in Verwoerds Denken wichtig war, weil es ein Werturteil implizierte.

159 Koorts 2014: 202f. S. dazu noch nach Verwoerds Tod die weite Verbreitung solcher Vorstellungen unter der weißen Elite Südafrikas, wobei über 70 % der Befragten Afrikaner mit Kindern verglichen: Adam 1971: 80 u. 82.

160 PV 93/1/33/3, Verskynsels by die kind, handschriftliche Aufzeichnung, S. 1.

161 Ebd.

162 Ebd.

163 Ebd., S. 2.

164 Ebd., S. 1.

Verwoerd selbst sprach in seinen Vorlesungen vom „fehlenden Zusammenhang [onsamehangendheid] im kindlichen Bewusstsein“. Demnach war das Bewußtsein von Erwachsenen durch Logik und Konsistenz der Gedankenwelt geprägt, während die kindlichen Afrikaner ein unzusammenhängendes, nicht von Logik bestimmtes Bewußtsein hatten.[165] So konnte er den Nationalismus zur zivilisatorischen Errungenschaft deklarieren, wenn er die völkerpsychologische Annahme einer analogen Entwicklung bei Kindern und bei Völkern zugrunde legte. In einer Rede zum Dingaans-Tag, einem Feiertag, mit dem die Buren einen Sieg über die Zulu als göttliches Eingreifen zelebrierten, führte er aus: „Es sind Tage wie dieser, die uns emporführen, an denen wir uns selbst erziehen zu höherer Einsicht. Der Mensch wird in mancher Hinsicht wie ein Tier geboren – ichbezogen in seinen körperlichen Bedürfnissen und seinem Streben nach Befriedigung. Er interessiert sich für nichts, was nicht mit ihm zu tun hat, doch muss er erhoben werden über diese reine Sorge für sich selbst. Er muss zu einem größeren Kreis von Ideen geleitet werden, die außerhalb seiner selbst stehen, wo er seine armseligen Zwecke vergessen kann, und zu den Zielen höherer Werte geführt – so dass er eine Person wird, die aus dem Gefängnis seines Ich befreit ist und am Kulturleben teilnimmt.“[166]

Wie sehr Verwoerd direkt von der Völkerpsychologie beeinflusst war, lässt sich wegen fehlender Selbstaussagen kaum feststellen.[167] Doch seine politischen Reden wimmeln von Verweisen auf den niedrigen Entwicklungsstand der Afrikaner, den er gelegentlich mit dem von Kindern verglich. Ein besonderes Problem musste dann entstehen, wenn die Führungsgruppen selbst fehlgeleitet waren und die Grundprinzipien ihrer Kultur nicht erkannten, wie er das bei der schwarzen Bildungselite diagnostizierte. Mit „einer gewissen Gruppe Eingeborener, die an ihren Vorurteilen unerschütterlich festhalten,“ meinte er keineswegs eine traditionsverhaftete tribale Bevölkerung, sondern die „sogenannten Führer“ mit ihren „eigensüchtigen Ambitionen“, die seiner Politik im Weg standen.[168] Es erschien ihm als Symptom ihrer Unreife im Sinn der Völkerpsychologie, dass sie sich an der westlichen Zivilisation statt an ihrer eigenen orientierten. Die Binnendifferenzierung, die einer gesellschaftlichen Elite einen höheren Entwicklungsstand zuordnete, blieb vom allgemeinen Entwicklungsstand der Gesamtgesellschaft abhängig. Wenn diese auf einem barbarischen Entwicklungsniveau war, konnte man von der Bildungselite nicht erwarten, dass sie ihre eigentliche Aufgabe überhaupt

165 PV 93/1/33/3, B. 15, Wat het ons gedurende die Bespreking..., S. 1.

166 FAV 4.4.6, undatierte Redenotizen.

167 Doch strich er sich in einem Brief, den ihm Arthur Leib aus Hamburg schrieb, dick an, dass dieser Völkerpsychologe war. PV 93/1/11/5, Arthur Leib an V. 5.8.1958.

168 FAV 4.6.1.1, H. Jac. Rousseau (Pretoria), an V., 14.11.1950 und dessen Antwort v. 7.12.1950.

erkannte, ergo musste und konnte man mit ihr auch nicht darüber diskutieren. Die Formel der Afrikaaner-Nationalisten: „Apartheid und Vormundschaft“ fand hier ihre völkerpsychologische Begründung.

Verwoerd stellte fest, dass die Abstumpfung von Gemütsempfindungen bei den „entwickelteren“ Menschen vorkam, während die ungebildeteren Menschen auf Nebensächlichkeiten und Nichtigkeiten fixiert blieben. Außerdem seien bei entwickelteren Menschen die Urteile variabler, weil sie offener für neue Ansichten und Ideen seien. Diese Beobachtung ist insofern interessant, als sie sich auch auf ethnische und zivilisatorische Unterschiede übertragen ließ. Demzufolge waren weniger zivilisierte Menschen stärker von Emotionen gelenkt, weil sie in ihren Urteilen nicht bestimmten Werten, sondern Bräuchen und Traditionen folgen. Zivilisierte Menschen dagegen vertrauten ihrem Intellekt, weniger aus einer inneren Haltung heraus, sondern weil ihre Gefühle aufgrund der größeren intellektuellen Beweglichkeit schneller abstumpfen.[169]

Die Apartheidideologen zogen neben den Stufentheorien auch kulturrelativistische Argumente für diese Politik heran, nannten sie oft sogar in einem Atemzug, obwohl sie einander logisch widersprachen. Die Apartheidethnologen um Eiselen und Coertze sowie Verwoerd selbst entwickelten daraus eine Legitimation der Rassentrennungspolitik: Die „Bantu“ sind nicht nur weniger entwickelt als die Europäer, sondern ihre Kultur unterscheidet sich fundamental von der europäischen und ist darum unvereinbar mit ihr.[170] Die logische Schlussfolgerung daraus besagte, dass eine Mischung von Kultur sich für die „Bantu“ fatal auswirken würde, weshalb die einzige Antwort die Trennung, d. h. Apartheid, sein konnte. Damit rückte einmal mehr Differenz ins Zentrum der Argumentation, die ein Grundprinzip von Verwoerds Denken war. Es ist nicht auszuschließen, dass er sich dafür bei der differentiellen Psychologie seines Hamburger Lehrers Stern bediente.

Sterns Buch „Die Differentielle Psychologie in ihren methodischen Grundlagen“ zielte darauf ab, die Unterschiede zwischen Menschen, d. h. zwischen Einzelpersonen ebenso wie zwischen Menschengruppen, herauszuarbeiten. Deshalb war sie vergleichend angelegt und wollte Variabilitäten identifizieren und analysieren.[171] Stern war der Auffassung, dass Menschen weder allein von ihrem Erbgut bestimmt noch ausschließlich von der Umwelt in ihrer Entwicklung be-

---

169 Verwoerd 1924 a: 100 ff. S. auch Lehmann 1914: 381 ff.

170 Barnard 1967: 47: „Weil der Bantu 'anders' ist, muss er andes behandelt werden, ohne dass dies seinen Wert als Mensch mindert.“

171 Stern 1911: 55; unter Bezug auf Charakterologie und andere Herangehensweisen s. ebd.: 150 ff.

einflusst würden, sondern von beidem.[172] Die menschliche Persönlichkeit war im Verlauf ihrer Entwicklung zahlreichen Einflüssen der Umwelt ausgesetzt, wodurch bestimmte genetische Dispositionen zur Entfaltung kamen, umgelenkt oder behindert wurden.[173] Die differentielle Psychologie mündete in eine an den Individuen ausgerichtete Psychologie, die Unterschieden zwischen Persönlichkeiten Rechnung tragen sollte.

Die Apartheidideologen haben sich immer wieder politisch und philosophisch ganz anders ausgerichteter wissenschaftlicher Erkenntnisse bedient, die sie aus ihrem intellektuellen Kontext in denjenigen der Rassentrennung transferierten.[174] In der differentiellen Psychologie wie in der kulturrelativistischen Ethnologie dürfte eine der Wurzeln für Verwoerds spätere kulturrelativistische Argumentation über die Afrikaner liegen. Als Primitive befanden sie sich (völker)psychologisch gesehen auf dem Stand kleiner Kinder, an die man nicht die Maßstäbe der Erwachsenen bzw. Weißen anlegen konnte. Gleichzeitig durchliefen sie eine differente Entwicklung, die sie unvergleichbar machte – der darin liegende Widerspruch wurde nie reflektiert, ja noch nicht einmal wahrgenommen.

Apartheid und Entwicklung

Verwoerd sah den wesentlichen Unterschied zwischen Weißen und Schwarzen nicht darin, dass die einen kulturell weiter entwickelt waren als die anderen, sondern in psychologischen Faktoren, die erklären sollten, warum das so war. Äußere Umstände wie das Klima reichten nicht aus, um Differenzen im Entwicklungstempo zu erklären, denn er wusste, „dass die Geschwindigkeit der Entwicklung nicht so sehr durch Äußerlichkeiten bestimmt wird, sondern durch psychologische Empfänglichkeit in verschiedenen Stadien."[175] Die Afrikaner mussten nicht einfach nur einen Rückstand aufholen, sondern ihre Entwicklung musste kulturellen Besonderheiten Rechnung tragen. Er schloss zirkulär von empirischen Befunden, nämlich dass die Weißen in den seiner Ansicht nach wesentlichen Bereichen weiter entwickelt waren, auf Fähigkeiten, die dann wie-

---

172 Ebd.: 72ff., 270 u. 1928a: 26f. u. 31.

173 Bittner/Deutsch 1990: 61.

174 S. die Analyse von M.Sanders 1999: 614ff., wie van Wyk Louw Thesen des liberalen Philosophen Hoernlé übernahm, verzerrte und zur Unterstützung seiner eigenen kulturnationalistischen Argumentation missbrauchte.

175 G.D.Scholtz 1974: Bd. 1: 299. Hier kam offenbar Verwoerds Ausbildung als Psychologe und möglicherweise seine Beschäftigung mit „Völkerpsychologie" am Institut Felix Kruegers in Leipzig zum Tragen.

derum die Begründung für die Einschätzung ihrer Entwicklungschancen abgaben. So wusste er schon 1922 in seiner Masterarbeit, dass „nicht jeder sich die höheren Werte zu eigen machen kann, denn die menschliche Natur umfasst verschiedene Wertgrade und Fähigkeiten, diese zu realisieren." Das galt nicht nur für individuelle, sondern auch für kollektive Unterschiede, denn „der primitive Mensch sucht seine Werte in Genuss und Taten, die eine intellektuelle Zivilisation eher gering schätzt."[176]

Die Völkerpsychologen behaupteten, dass „primitive" Völker nicht nur Kindern ähnelten, sondern dass sie kindlich waren, ihre gesamten kognitiven Fähigkeiten und ihre kulturelle Ausdrucksform war die von Kindern. Kinder müssen von Erwachsenen geleitet werden, wie analog kindliche Zivilisationen. Darum konnte der Politiker Verwoerd im Hinblick auf Selbstverwaltungsstrukturen später sagen: „Daraus folgt logisch, dass nach dem Maß, in dem die Möglichkeiten des Verstandes, die Initiative und das Verantwortungsgefühl der Bantu zunehmen", an einen allmählichen Rückzug der Weißen aus der Administration gedacht werden könnte.[177] In vielen seiner Reden verwies Verwoerd, wenn er die Homelandpolitik ansprach, auf psychologische Faktoren, die man in Rechnung stellen müsse, wenn man die Entwicklungsmöglichkeiten richtig einschätzen wollte.

So betonte er stets die tiefgreifenden kulturellen Unterschiede zwischen Schwarzen und Weißen: „Zwischen den Weißen und den schwarzen Menschen existiert ein enormer Unterschied in Charakter und Lebenshaltung [die grootste verskeidenheid van karakter en van uitkyk] und folglich auch ein enormer Unterschied ihrer Ideale und Interessen." Neben der Hautfarbe, die er für wichtig hielt, lagen die Unterschiede in „Religion, Zivilisationsstand, Gebräuchen, geographischer Lage etc."[178] In seiner Begründung der Apartheid kam dem Begriff *beskawing* (Zivilisation) eine Schlüsselbedeutung zu.[179] Die Differenz zwischen Barbarei und Zivilisation musste immer wieder als Grund dafür herhalten, dass ein Zusammenleben in einem Staat und in einer Gesellschaft bei Menschen mit einer so großen „psychological variety of abilities among the various race groups in the country"[180] nicht möglich sei, sondern das Heil allein in der Trennung liege. Ein Zusammenleben wäre ein Zusammenzwingen und hätte vielfache Konflikte

---

176 Verwoerd 1922b: 1f.

177 Hansard, 25.5.1956, col. 3993f., s. auch col. 4021.

178 PV 93/4/1/9, Kongressrede auf dem ATKV-Kongress vom 1963, Bl. 172–187, hier 183.

179 Allerdings zeigte Verwoerd sich außerstande genauer anzugeben, was er unter „westlicher Zivilisation" verstand, wie es ein Mitglied des Föderalen Rates verlangt hatte: PV 54/2/5, Protokoll des Föderalen Rates der NP, 7.6.1965, TOP 6, S. 2.

180 Verwoerd, Annual Congress of the Afrikaans Trade Institute, Pretoria, on 19.9.1961, in: Pelzer 1966: 611–628, hier 625.

zur Folge,[181] durch die der zivilisatorische Standard der Weißen gefährdet würde. „It is as unlikely that it will be possible to hold together the Whites and the Bantu in peace and free of strife in one multi-racial unit as it is to do so in the case of Black nations in other parts of Africa or as it is to throw together Xhosa, Basuto and Zulu without conflict into one communal entity."[182]

In einer Rede vor der Südafrikanischen Akademie für Wissenschaft und Kunst im Juni 1964 führte er seine völkerpsychologischen Einschätzungen der „Bantu" in besonderer Klarheit auf:

> „Oft wird behauptet, dass die Bantu sich für jede Art von Arbeitsfeld eignen, das in der Gesellschaft gebraucht wird. [...] Aber diejenigen unter uns, die mit ihnen zu tun haben und sie gut kennen, wissen, dass dies nicht der Fall ist. Menschen, die die Geschichte studieren, wissen ebenfalls, dass dies nicht der Fall ist; sie wissen, dass es Unterschiede zwischen Mensch und Mensch gibt. Dies bedeutet nicht, dass man damit andere als minderwertig abstempelt gegenüber einer anderen Gruppe, die als höherwertig betrachtet wird, aber Menschen sind nun einmal nicht alle gleichartig; verschiedene Rassen sind auch nicht einfach gleichartig. In unseren eigenen Bantugebieten haben wir die Erfahrung gemacht, dass wir bereits seit achtzig Jahren versuchen, die Bantu zu gewöhnlichen guten Bauern zu erziehen, doch wegen gewisser Charakterzüge ist das bislang bei den meisten von ihnen noch nicht gelungen."

Neben äußeren Umständen sei es besonders „die menschliche Psychologie, die Psychologie der Bantu, die Talent, Initiative und Energie entgegenwirkt." Dies würde nicht nur für die südafrikanischen Homelands, sondern in ganz Afrika zum Problem. „Die Welt, die im Hinblick auf die Entwicklung Afrikas und Asiens die Psychologie der Menschen, mit denen sie es zu tun hat, nicht berücksichtigt und denkt, sie können sie alle zum Arbeiten bringen wie westliche Menschen arbeiten, begehen einen so großen Fehler, dass dies die Entwicklung dieser Länder eher hemmt als fördert."[183] Die Bezugnahme auf „psychologische Faktoren" meinte nicht einfach kulturelle Differenzen, sondern die zugrunde liegenden mentalen Entwicklungsschritte und Fähigkeiten.

Die psychologisch begründeten Zivilisationsunterschiede schlugen sich in der ökonomischen Entwicklung nieder: „In South Africa there was at the same time a Bantu community lagging behind that development. That community re-

181 „Südafrika hat wie alle Länder der Welt seine Probleme, wenn sie sich auch dadurch unterscheiden, dass sie mit dem grossen Unterschied zwischen Weiss und Schwarz, zivilisiert und unzivilisiert zu tun haben." PV 93/1/30/1/23, Verwoerd an H. Axt, München, 22.1.1964: Bl.68; original deutsch.

182 Verwoerd, House of Assembly, 23.1.1962, in: Pelzer 1966: 660–689, hier 665f.

183 PV 93/4/1/10, Bl. 81ff. Verwoerd vor der Akademie für Wissenschaft und Kunst, 27.6.1964, S. 11.

mained behind at a subsistence economy and practically continued to supply only unskilled labour. If our economy is to flourish in the future then the standpoint is that (even if the pace is slower than that elsewhere because of the psychological deficiencies as well as shortcomings in management, ability and capital wealth) those communities must be developed in one way or another, on similar lines to benefit sufficiently the whole of South Africa's economy."[184] Darum müsse man feststellen, dass „the development of backward nations with their psychological outlook is no easy matter as current history elsewhere in Africa shows."[185] Demgegenüber würde die Apartheid eine ökonomische Entwicklung der „Bantu" in Gang setzen, „which is right in every stage according to their ability and which, within their own circle is at a pace which is psychologically suitable for them."[186]

Tatsächlich waren für ihn Schwarze noch nicht einmal fähig, das weiterzubauen, was die Weißen ihnen in Afrika hingestellt hatten: Die „psychological problems" Afrikas lagen darin, dass „the Native's idea of ‚freedom', also in Central Africa, is not to work hard for one's independent existence, but that after ‚freedom' you need not work any more, because you will inherit that which the White man built up there! That is often the idea of freedom or ‚Uhuru'."[187] Im Gegensatz zur reinen Nehmerhaltung der Schwarzen hätten die Weißen sich Problemen gestellt und Schwierigkeiten getrotzt, was einer der Gründe für ihren zivilisatorischen Fortschritt war: „We become strong in mind and body only when we have difficulties to overcome, when we have hard work to do."[188] Der wichtigste Charakterzug der Weißen war ihre Initiative: „It is his character, his initiative and his other inherent qualities in the form of creative urge and intellectual capacity which have made the White man great."[189] Selbst nach dem Burenkrieg hätten die Weißen nicht resigniert: „Als wir besiegt waren, sind wir nicht liegen geblieben und haben uns selbst bemitleidet, sondern wir sind aufgestanden und haben neu gebaut und dadurch Wunder bewirkt. Aus dem verwundeten Herzen ist ein stählerner Geist hervorgegangen."[190] Sein Geschichtsbild war vom Fortschritts-

---

184 Verwoerd, Annual Congress of the Afrikaans Trade Institute, Pretoria, on 19.9.1961, in: Pelzer 1966: 611–628, hier 624.

185 PV 93/1/30/1/30, Verwoerd an Mrs. E. M. Gould, Pietersburg 07.09.1965.

186 Verwoerd, Annual Congress of the Afrikaans Trade Institute, Pretoria, 19.9.1961, in: Pelzer 1966: 611–628, hier 625.

187 Verwoerd, House of Assembly, 23.1.1962, in: Pelzer 1966: 660–689, hier 680. Vgl. auch PV 93/1/30/1/28, Verwoerd an E. Pots (Saldanha), 14.10.1964: Bl.184. Diese Bemerkung Verwoerds ist unfreiwillig komisch, da gerade Kenyatta eine Ethik harter Arbeit propagierte: Branch 2012: 9.

188 Verwoerd, Opening of the Hendrik Verwoerd Tunnels, 18.11.1961, in: Pelzer 1966: 636–641, hier 640.

189 Verwoerd, House of Assembly, 9.3.1960, in: Pelzer 1966: 340–369, hier 366.

190 PV 93/4/1/8, Botschaft zum Vereeniging-Monument, 17.1.1963.

denken geprägt, Fortschritt war sein Maßstab für Zivilisation: „Literally everything which comes into being or which is ordered, only exists because man looks ahead. Throughout the centuries humanity has been building the world of the future. It has seldom been concerned with the present. Man is a rational and creative being because he looks ahead.“[191] In seiner Wahrnehmung zivilisatorischer Differenzen beeinflusste ihn auch die Tiefe der Zeit der westlichen Zivilisation, wie er sie staunend in Pompeji erfahren hatte,[192] während die Afrikaner für ihn noch ganz am Anfang ihrer Entwicklung standen, hatten sie doch keine den römischen vergleichbare Kulturleistungen erbracht.[193]

Schließlich galt ihm sogar das sonst wenig geschätzte Britische Empire als Beweis für die schöpferische Kraft der Weißen und als Zeichen ihrer höheren Zivilisation: „It was possible by virtue of intellectual powers and because she [Great Britain] refused to abdicate from her duty and from her status.“[194] Die Herrschaft einer vergleichsweise geringen Zahl von Weißen über die Völker Asiens ließ sich psychologisch erklären: „The control of the future of civilization does not rest with numbers, but rests with those who have the strength of character, the knowledge, the initiative and the courage.“[195] Der Fortschritt in Südafrika war gesichert, denn „the presence of the white nation of South Africa is a definite and final guarantee.“[196] Aus dem unterschiedlichen Zivilisationsniveau resultierte die Überlegenheit der Weißen, was beim Zusammenleben in einem Staat nur zu „clashes“ führen konnte.[197] Territoriale Rassentrennung war die logische Konsequenz aus dieser völkerpsychologischen Einsicht.

Den zivilisatorischen Stand las Verwoerd am technisch-materiellen Fortschritt ab. Die Industriegesellschaft war der Inbegriff des zivilisatorisch hochstehenden Westens, man musste alles daran setzen, „to make South Africa a great agricultural country, a great industrial country, a great stronghold of civiliza-

191 Verwoerd, Inauguration of Sunday School Buildings, Bloemfontein, 1.10.1959, in: Pelzer 1966: 299 – 312, hier 302.

192 Verwoerds Frau schrieb über den Besuch in der archäologischen Stätte, dass sie beide erstaunt waren über „das Niveau, dass die Malerei schon in dieser Zeit erreicht hatte.“ E. Verwoerd, Rome en Napels, in: Ons Kerk, Mai 1927, S. 328 f., hier 329. S. auch FAV 4.3.2, W. Verwoerd an E. Verwoerd, 14.2.1995.

193 So sind Notizen zu einer seiner frühesten politischen Reden, als er noch Professor war, überschrieben mit: „Entstehen des Kulturmenschen aus dem primitiven.“

194 Verwoerd, House of Assembly, 9.3.1960, in: Pelzer 1966: 340 – 369, hier 366.

195 Verwoerd, 1820 Settlers' Trust Banquet, Johannesburg, 27.4.1962, in: Pelzer 1966: 690 – 696, hier 690 f.

196 Verwoerd, Opening of the Hendrik Verwoerd Tunnels, 18.11.1961, in: Pelzer 1966: 636 – 641, hier 640.

197 PV 93/1/11/2, Bl. 14 ff. Radioansprache nach Wahl zum Premierminister, S. 4.

tion!“[198] Umgekehrt waren die Schwarzen nicht in der Lage, „dieses hochindustrialisierte Land zu regieren, abgesehen von dem Unrecht, das dem Weissen geschehen würde, wenn man ihm dieses Land, das er vor dreihundert Jahren leer vorfand, abnähme um es dem Schwarzen zu geben.“[199] In seiner Antwort auf Macmillans „Wind of Change“-Rede verwies Verwoerd auf die Zivilisierungsleistungen der Weißen in Afrika. „They are the people [...] who brought civilization here, who made possible the present development of black nationalism by bringing the natives education, by showing them the Western way of life, by bringing to Africa industry and development, by inspiring them with the ideals which Western civilization has developed for itself.“[200]

Allerdings äußerte er auch immer wieder Zweifel daran, ob die „Bantu“ sich wirklich so weit entwickeln konnten wie die Weißen,[201] und er zeigte sich stets überzeugt, dass der Weg zur zivilisatorischen Entwicklung ein sehr langer sein würde. „If it is within the power of the Bantu, and if the territories in which he now lives can develop to full independence, it will develop in that way.“[202]

Auf jeden Fall müsse die Entwicklung der „Bantu“ an den Grundlagen ansetzen, d. h. nicht die kleine Bildungselite war Ausgangspunkt und Maßstab der Entwicklung, sondern die breite Masse der Bevölkerung. Darum stand fest, „dass der Bantu klein anfangen muss. Er ist psychologisch nicht auf die industrielle Welt vorbereitet und sicherlich nicht auf das Leben als Unternehmer, um in großem Stil anzufangen.“ Das würde sich natürlich auch in den kommenden Jahrzehnten nicht ändern, darum dürfe man die „psychologischen Fehler, die bei der

---

198 Verwoerd, Opening of the Hendrik Verwoerd Tunnels, 18.11.1961, in: Pelzer 1966: 636–641, hier 639.

199 PV 93/1/30/1/22, Verwoerd an Pater Romanus Pally, (Uznach, Schweiz), 14.12.1963 (Kommasetzung wie im Original).

200 Verwoerd, Speech of Thanks to Mr. Harold Macmillan, 3.2.1960, in: Pelzer 1966: 336–339, hier 338. Ganz ähnlich PV 93/4/1/3, 20 Uit Eenheid Krag: From Unity Strength. ’n Dramatiese Vorstelling vir die Vyfde Verjaarsdag van die Republiek van Suid-Afrika in die Amfiteater van die Voortrekkermonument, Pretoria op 31 Mei 1966, Rede Verwoerds.

201 Das Ziel seiner Regierung sei, „um den Bantu entsprechend seinen Fähigkeiten seine eigene Heimstatt aufbauen zu lassen. Wenn er die Fähigkeit hat, um sich zu einer eigenen selbständigen Nation zu entwickeln, wird ihm die Regierung nicht im Weg stehen.“ PV 93/1/30/1/19, Verwoerd an D.T. van der Walt, 14.5.1963: Bl.46. „But if development takes place, within the limits of the ability of the Bantu to govern himself ....“ Verwoerd, No Confidence Debate 27.1.1959, in: Pelzer 1966: 216–247, hier 246.

202 Verwoerd, Bantu Self-government, Senate, 20.5.1959, in: Pelzer 1966: 271–295, S. 278. Das afrikaanse Original unterscheidet sich hier deutlich: „Wenn der Bantu dazu in der Lage ist und wenn die Gebiete, die ihm *für seine Emanzipation geschenkt wurden – oder besser, was bereits seine eigenen Gebiete sind* –, sich zur vollen Selbständigkeit entwickeln können, dann soll dies so geschehen.“ Pelzer 1963: 254–275: hier 260.

Entwicklungsarbeit im ländlichen Raum begangen wurden," jetzt nicht in der Industrie wiederholen. Es handelte sich um eine Erziehungsaufgabe, weshalb die Regierung auf das Prinzip der Selbsthilfe setzte, um einen verantwortungsvollen Umgang mit finanziellen Mitteln einzuüben. „That is why the Government is opposed to the large-scale establishment in the Bantu areas of White industries which will then have to be taken over by the Natives who are not yet capable of doing so."[203]

Hilfe zur Selbsthilfe implizierte Vormundschaft, weil den „Bantu" die Initiative und das Durchhaltevermögen fehlten. Im Sinn seines Vergleichs der „Bantu" mit – in diesem Fall sogar sehr kleinen – Kindern denunzierte er das ältere System abschätzig als „Löffelfütterung", womit die „Bantu" in eine Abhängigkeitsmentalität hineinbefördert würden, wie er sie in früheren Jahren bei den „poor whites" diagnostiziert hatte.[204] Es ging ihm zufolge nicht um Unterdrückung, sondern die Nationalisten betrachteten alle Einwohner Südafrikas „als menschliche Wesen mit ihrem eigenen Wert, Rechten und legitimen Ambitionen, obwohl sie sich in unterschiedlichen Entwicklungsstadien befinden und darum über unterschiedliche Fähigkeiten verfügen, um heute die zahlreichen Gemeinschaftspflichten gegenüber ihren eigenen Leuten zu erfüllen."[205]

Seine Politik war jedenfalls von der Einsicht geleitet, „that if one wants to lead a community to adulthood, one has to begin by using the talents and the skills available in that community. One has to build on its traditions and institutions."[206] Denn, wie er schon 1922 wusste, „es ist wohl wahr, dass der primitive Mensch Gewohnheiten als bindend betrachtet und dass darin der Beginn eines Bewusstseins sittlicher Verpflichtung liegt."[207] Darum musste man vor allem anderen das Tempo drosseln. „Naturally the psychology of our Bantu is an obstacle to speed, since South Africa cannot allow chaos as in the Congo to develop in the Bantu Homelands."[208]

---

203 Verwoerd, Commission for the Development of Bantu Areas, 14.5.1956, in: Pelzer 1966: 102–123, S. 116. PV 93/1/30/1/3, Text „'n permanente aparte blanke Suid-Afrika" (undatiert [1960]), S. 2. Hier führte er deutlich andere Argumente als sonst an, warum er gegen Investitionen in den „Homelands" war.

204 Verwoerd, Policy of the Minister of Native Affairs, June 20, 1955, in: Pelzer 1966: 86–101, 92f. Seine Frau meinte, dass die „Bantu" durch das ältere System der „Löffelfütterung" ihren Selbstrespekt verloren hätten: Natal Daily News, 23.1.1959.

205 FAV 4.7.1.5, Presseerklärung Verwoerds vom 22.11.1960.

206 Verwoerd, House of Assembly, 23.1.1962, in: Pelzer 1966: 660–689, hier 667. Vgl. auch die äußerst skeptische Einschätzung der Zukunft Nigerias in Die Vaderland, 15.4.1959.

207 Verwoerd 1922b: 60.

208 PV 93/1/30/1/26, Verwoerd an O.W. Grinaker 9.7.1964.

Verwoerds Betonung, dass die gerade unabhängig gewordenen Staaten Asiens und Afrikas nicht „erwachsen" seien,[209] meinte nicht ihr tatsächliches Alter und ihre bloße Unerfahrenheit in der Handhabung bürokratischer Apparate, sondern ihre Unreife im Sinn der Völkerpsychologie. Auch wenn er nicht offen biologistisch argumentierte, lässt sich sein Rassismus daran erkennen, wie schnell er aus bestimmten Vorgängen in irgendeiner Region Afrikas zu verallgemeinernden Aussagen über den ganzen Kontinent schritt. Solche Entwicklungen führte der einstmalige Soziologieprofessor nicht auf soziale Ursachen zurück, sondern auf rassische.[210]

Es gab für ihn nicht nur unreife Völker und Nationen, sondern auch „unerwachsene" Staaten, besonders in Afrika und Asien, die „grievances and ambitions aimed at the Western nations" nährten.[211] Unreife und Unzivilisiertheit ließen sich entsprechend der Befunde seiner Dissertation dann konstatieren, wenn Politik nicht nach Maßstäben von Vernunft und Logik konzipiert wurde, sondern von Emotionen getrieben war. Vor allem in der UNO mit ihrer stets wachsenden Zahl asiatischer und afrikanischer Staaten sah er eine Art Kindergarten unreifer Völker, die dort den Ton angaben. Darum überlegte er, „whether this overcrowded UN must not give way to a smaller body consisting of the really responsible nations of the world."[212]

Um von ihren eigenen Defiziten abzulenken, waren diese „juvenile nations"[213] darauf erpicht, Südafrika an den Pranger zu stellen. Dies hatte auch Konsequenzen für das eigene Verhalten in der Außenpolitik: „Anybody who knows the native mind will know that help given without demanding proper respect from these Black States for South Africa will not have any desired result."[214]

Was bei Wundt eine Stufenlehre im Sinn einer Entfaltung kognitiver und intellektueller Eigenschaften im Sinn ihrer Ablösung vom Naturhaften war, wurde

---

209 Verwoerd, New Year Message, 31.12.1961, in: Pelzer 1966: 654–659, hier 655.

210 Dass Verwoerd mit solchen Ansichten nicht allein stand, lässt sich aus der Feststellung von W. Carr, Manager des Non-European Affairs Department der Stadt Johannesburg über „den Eingeborenen" ablesen: „His gullibility and his tendency to mass hysteria can, in fact, lead to riots." City of Johannesburg, Report of the Manager, Non-European Affairs Department for the Period 1st July, 1956 to 30th June, 1957, S. 6.

211 Verwoerd, New Year Message, 31.12.1961, in: Pelzer 1966: 654–659, hier 655. Ganz ähnlich 1963: FAV 4.7.2.4.5, Rede in Florida, S. 8. Südafrika würde sich als „erwachsener Staat" nicht viel am Verhalten der afrikanischen Staaten stören: „Die Zeit wird sie lehren, wie ein Kind allmählich lernt, von seinen vielen Launen zur Selbstbeherrschung zu kommen."

212 Verwoerd, New Year Message, 31.12.1960, in: Pelzer 1966: 429–433, hier 433.

213 Verwoerd, New Year Message, 31.12.1962, in: Pelzer 1966: 716–719, hier 716; im Original spricht er von „eendstertagtige nasies": Pelzer 1963: 667–670, hier S. 667.

214 PV 93/1/30/1/29, Verwoerd an Harry E. Teifel, Johannesburg, 26.4.1965.

bei Verwoerd auf gesellschaftliche und politische Felder erweitert. Für ihn waren Afrikaner gar nicht in der Lage, komplexe Gesellschaften zu bilden, sondern die politische Organisationsform des Chiefdoms war ihrer Entwicklungsstufe adäquat.

Von der Soziologie zur Sozialpolitik

Engagement für die „poor whites"

Die Verarmung von Weißen war kein neues Phänomen, denn soziale Divergenzen, die sich hinter dem egalitären Selbstverständnis der Buren verbargen, wurden schon im 19. Jahrhundert beobachtet. So weckte die Verarmung breiter Bevölkerungsteile nach den Zerstörungen des Burenkriegs die Aufmerksamkeit kirchlicher Kreise.[1] Mittlerweile kann als gesichert gelten, dass die Rebellion von Afrikaanern zu Beginn des Ersten Weltkriegs vor allem von verarmten Weißen getragen wurde.[2] Lange Zeit bemühten sich die Kirchen und einige Wohlfahrtsorganisationen um Abhilfe, doch wurde das Thema in der Öffentlichkeit eher selten angesprochen.[3] Im Gefolge der Weltwirtschaftskrise und einer verheerenden mehrjährigen Dürre in den frühen 1930er Jahren nahm die weiße Armut alarmierende Ausmaße an[4] und wurde daraufhin politisiert und nationalistisch aufgeladen zu einem gesamtgesellschaftlichen „Problem". Denn die Existenz einer großen Zahl völlig verarmter Weißer stellte die Rassenordnung Südafrikas in Frage und war dazu angetan, der schwarzen Bevölkerung die Selbstverständlichkeit und den Respekt vor der „höheren Zivilisation" der Weißen auszutreiben. Die Forschung zur weißen Armut in Südafrika lässt sich grob in zwei Felder unterteilen.

1. Die Forschung über Armut selbst: Von den frühen Arbeiten von William Macmillan[5] über den Carnegie Report bis zu neueren Untersuchungen von Historikern und Sozialwissenschaftlern haben sich Wissenschaftler intensiv mit dem Thema befasst.[6] Verwoerds akademischer Lehrer R.W. Wilcocks war einer der Autoren des „Carnegie-Report on the poor white problem", einer

---

1 Dazu zählte nicht zuletzt der Pfarrer D.F.Malan 1917; Koorts 2014: 78 ff. und über seine Erfahrungen in Graaff-Reinet, ebd.: 98 ff.

2 Grundlingh/Swart 2009: 25 ff.

3 Die Frauenabteilung der NP behandelte das Thema auf ihrem Kongress in Graaff-Reinet 1926 nur kurz, Nasionale Vroueparty 1927: 38.

4 Minnaar 2013: 28 u. 36.

5 W.M.Macmillan 1919 u. 1930.

6 In den 1970er Jahren wurden Auszüge erneut veröffentlicht: D.Joubert 1972, s. bes. die Einleitung. Der Bericht des Arztes und Dichters Louis Leipoldt 1988 über seine Erfahrungen als Mediziner im Lowveld des Transvaal wird in dem Zusammenhang zu Unrecht vernachlässigt. Er begann auch mit den ersten Intelligenztests an Schulkindern: J.Louw 1986: 74. Soweit ich sehen kann, hat nur Boehmke 1928: 84 auch das Thema Inzucht angesprochen. Zu neueren Forschungen s. bes. Morrell 1992.

https://doi.org/10.1515/9783110680508-006

umfassenden, 1932 in fünf Bänden veröffentlichten empirischen Studie über weiße Armut, wobei jede der beteiligten Disziplinen: Medizin, Ökonomie, Soziologie, Psychologie und Erziehungswissenschaft eine eigene Studie beisteuerte, mit Wilcocks als Autor der psychologischen. Auf Betreiben des Erziehungswissenschaftlers E.G. Malherbe, dessen berufliche Biographie und positivistisches Wissenschaftsverständnis erstaunliche Parallelen zu Verwoerd aufwies,[7] finanzierte die amerikanische Carnegie Foundation dieses Projekt, das 1929 mit einer Feldforschung begann, die das ganze Jahr in Anspruch nahm und erst 1930 abgeschlossen wurde.[8] Beteiligt waren neben Kirchenvertretern fast ausschließlich Wissenschaftler der Universität Stellenbosch[9] sowie mit M. E. Rothmann eine Journalistin, die eine enge Bindung an den Afrikaaner-Nationalismus und dessen intellektuelles Zentrum Stellenbosch unterhielt. Wilcocks war als einziger Forscher Mitglied des vierköpfigen Joint Board, des Aufsichtsgremiums über die Kommissionsarbeit, dem neben dem Erziehungswissenschaftler C.T. Loram und dem Pfarrer A.D. Luckhoff mit F.S. Malan auch ein Politiker angehörte.[10] Mit der Arbeit der Kommission war der Aufstieg des sozialwissenschaftlichen Experten in die Sphäre der Politikkonzeptionalisierung verbunden, wofür Verwoerd selbst das schlagendste Beispiel bot. Verwoerds Wechsel zur Soziologie, wie generell die Einführung der Soziologie als wissenschaftliche Disziplin in Südafrika mitsamt ihrer aus den USA stammenden positivistischen und quantifizierenden Ausrichtung,[11] war im Kontext der Carnegie-Kommission zu sehen, auch wenn er an der Arbeit der Kommission, die mit umfangreichen Reisen und Untersuchungen verbunden war, anscheinend nicht direkt beteiligt war.[12] Die Kommission empfahl, statt der nur wenige Jahre zuvor ein-

---

7 Dubow 2001 und Fleisch 1995: 349 f. u. 353; zu Wilcocks Funktion in der Carnegie-Kommission s. ebd. S. 111; s. auch Giliomee 2003 a: 346. Steensland 2013: 31 f. betont die viel wichtigere Rolle von Loram.

8 Malherbe 1973: 81, 84 u. 88; Louw/Foster 1991: 64 f.; Dubow 2006: 7 f. u. 221 ff. Die Carnegie Corporation war auch an der Finanzierung des South African Institute of Race Relations beteiligt: Brits 1994: 48. Zur Carnegie Corporation bes. nach 1945 s. Unger 2009: 255 f. u. 261 ff. sowie Steensland 2013: 26 ff.; Bick/Rispel/Naidoo 2008: 167.

9 D.J.Kotzé 1966: 455 f.

10 Bell 2000: 491.; Steensland 2013: 47 ff. unterstreicht Malans großen Einfluss, insbesondere was die Rolle von Kirchenvertretern in der Kommission betraf.

11 Groenewald 1987: 63 ff.; Lever 1978: 212.

12 M. E. Rothmanns Aufzeichnungen bieten keinen Einblick in die Arbeit des Forschungsteams, weshalb eine eventuelle Beteiligung Verwoerds nicht nachgewiesen werden kann: 55.M.3 (Rothmann-Sammlung Stellenbosch). Nur Kapp 2013: 49 zählt Verwoerd in einer Liste mit den Autoren des Report auf, aber ohne Beleg für seine Beteiligung. Verwoerd selbst pries seinen

gerichteten Altersrente für bedürftige Weiße diese zu harter Arbeit zu erziehen, denn eine Rente würde als ein Anrecht verstanden und damit die Abhängigkeitsmentalität der armen Weißen nur verstärken.[13] Der Soziologe Geoffrey Cronjé, der ganz ähnliche Konzepte wie Verwoerd verfolgte, behauptete sogar, Arbeit sei eine Form des Kampfes, das Volk eine Arbeitsgemeinschaft, woraus sich schließen lässt, dass er das Volk als Kampfgemeinschaft verstand.[14]

2. Daneben hat die Forschung sich mit den Reaktionen der afrikaans-nationalistischen Elite und der südafrikanischen Politik auf das „Poor White Problem" befasst. Weiße Armut übte auf die Angehörigen der afrikaansen Bildungselite und nicht zuletzt die Wissenschaftler unter ihnen eine radikalisierende Wirkung aus.[15] Die Politik der Rassentrennung und der Apartheid lässt sich als Versuch der Rehabilitierung der armen Weißen durch ihre Privilegierung auf dem Arbeitsmarkt verstehen. Umso merkwürdiger ist es, dass über Verwoerd als einen der wichtigsten Protagonisten der Apartheid-Politik und seine Beschäftigung mit weißer Armut bislang noch keine kritische Untersuchung vorliegt.[16] Die weiße Armut ist ein Schlüsselthema, um Verwoerds politisches Denken zu verstehen, und stellt die biographische Klammer dar zwischen seiner akademischen und der journalistisch-politischen Karriere, die sich zeitlich daran anschloss.

Bereits seit dem Beginn seines Studiums an der Universität Stellenbosch im Jahr 1919 hatte sich Verwoerd intensiv mit dem „Problem" der Poor Whites befasst,[17]

---

akademischen Lehrer Wilcocks als denjenigen, der „mit Recht als der Leiter der gesamten Untersuchung gelten kann": Die Burger 30.12.1932; dies war unzutreffend und sicher Verwoerds Abneigung gegen den wirklichen Initiator E.G. Malherbe geschuldet, der einem anderen politischen Lager angehörte.

13 Seekings 2008: 522f. Verwoerd äußerte sich nirgendwo über die staatliche Altersrente.

14 Cronjé 1964c: 352 u. 354.

15 Interessanterweise gab es innerhalb des nationalistischen Lagers eine dezidiert antikapitalistische Position eines Ökonomen zum Thema weißer Armut: A.J.Bruwer 1934: 45, s. seine Kritik am Carnegie-Report ebd.: 238ff. und am Kongress in Kimberley, ebd.: 269. Cooper/Nicholas/Seedat/Statman 1990: 2 sehen im Carnegie-Report eine wichtige Weichenstellung, die Psychologie der Rassentrennung dienstbar zu machen.

16 Die Arbeit von E. Theron 1970 ist zwar materialreich und gut informiert, ihr fehlt aber jede Distanz zu ihrem Thema. Das gilt auch für die Abschnitte zu Verwoerd in ihrer Autobiographie: E.Theron 1983: 22ff.

17 Marx 2011a: 286f. In einer Fußnote zu seiner Dissertation schrieb Verwoerd: „Unsere Aufmerksamkeit wurde u.a. durch die universitäre Vorlesung von Prof. Dr. R.W. Wilcocks im Jahr 1920 an der Universität von Stellenbosch auf die Tatsache gerichtet, dass Begierden und Wünsche Abstumpfungsfaktoren sein können." Verwoerd 1924a: 239. Der Verweis auf das Jahr belegt, dass

wahrscheinlich war sogar seine Entscheidung, Psychologie zu studieren, davon beeinflusst. Wie viele afrikaanse Psychologen der Zeit und der folgenden Jahrzehnte verstand er Psychologie als „Volksdienst", als praxisorientierte Wissenschaft.[18] In seiner ersten Publikation in einem Studentenmagazin beklagte er das fehlende Engagement all derer, die sich Nationalisten nannten, für die „Verachteten in unserer Mitte", die armen Weißen.[19] Der Student zeigte sich so schockiert über die Zustände, die er in den Armenvierteln von Kapstadt angetroffen hatte, dass die weiße Armut für ihn ein Dauerthema blieb, das ihn noch bis in seine Zeit als Parlamentarier beschäftigte. Tatsächlich finden sich in seiner Dissertation Beispiele mit Bezug zu weißer Armut, die nichts mit seinem Experiment zu tun hatten, sondern imaginierte Fälle aus dem „Alltagsleben" waren: „Ein armer Weißer erzählte z. B., dass er in seinen Unternehmungen Pech hatte und Verarmung drohte. Er hat jedes Mal etwas anderes probiert und entwickelte bei jeder Unternehmung wieder ein starkes Bedürfnis nach Erfolg. Doch zu seinem großen Verdruss folgte Misserfolg auf Misserfolg, bis er schließlich den Mut verlor. Er dachte, dass er die Dinge einfach treiben lassen sollte, nachdem er sich so vergeblich angestrengt hatte. Er arbeitet darum nur noch, um sein Überleben zu sichern, ist lustlos und ohne den Antrieb, seine Lage zu verbessern. Er hat keine Gemütsempfindungen mehr, z. B. wenn er wieder einmal seine Arbeit verliert." Da Wünsche ihre Erfüllbarkeit einschlossen, stumpften die Gemütsempfindungen ab, sobald die Verwirklichung unwahrscheinlich wurde, wie in diesem Fall.[20] Die Abstumpfung führte er in einem weiteren Beispiel drastisch vor Augen: „Eine arme Frau, deren kleines Kind jämmerlich daliegt und heult, zeigte keine Traurigkeit oder Liebe. Sie erzählt, dass sie früher immer das beste für ihr Kind wollte, wann immer es Hunger hatte, und dass sie jedoch nicht bekommen kann, was sie braucht und die Erfahrung sie lehrte, dass Wünschen nichts hilft." Oder es ging direkt um den gesellschaftlichen Abstieg, der abstumpfend wirkte: „Jemand von guter Herkunft, der sozial gesunken ist, bis er in einem Armenviertel landete, fühlt mit der Zeit keine Scham mehr wegen seines schmierigen Äußeren und der verwahrlosten Umgebung."[21] Das Thema begleitete ihn in seinen Gedanken ständig.

Nach vierjähriger Tätigkeit als Professor für Angewandte Psychologie an der Universität Stellenbosch wechselte Verwoerd 1932 auf eine neu eingerichtete

---

Verwoerd im Anschluss an seinen Artikel in der Studentenzeitung sich weiterhin mit den „Poor Whites" befasste.

18 Long/Foster 2013: 7.

19 Verwoerd 1920: 124.

20 Verwoerd 1924 a: 259 f., s. zur Änderung der Einschätzung: 257.

21 Ebd.: 4.

Professur für angewandte Soziologie und Sozialarbeit. Diese Professur hatte er selbst seit 1930 vorbereitet und maßgeblich das Arbeitsgebiet zugeschnitten.[22] 1936 bekundete er, dass er dem Poor White-Problem „mein Leben weiht".[23] „Für ihn gab es kein Problem im Land, dass von größerer Bedeutung und Dringlichkeit war als die beängstigende Verarmung und der Niedergang seiner Leute."[24] Die Urbanisierung führte viele Afrikaaner in eine englischsprachige Umgebung, in der Verwoerd sie als benachteiligt sah. Das war für ihn „aufs engste verbunden mit ihrer Befreiung aus der Armut."[25] Darum sollte für ihn der Kampf um kulturelle Gleichberechtigung in den Städten eine wichtige Voraussetzung für die Rehabilitierung der armen Weißen sein.[26]

Bis 1932 hatten der Philosophie-Professor N.J. Brümmer[27] und der Professor für pädagogische Psychologie J.J. Strasheim in Stellenbosch Soziologie gelehrt, doch ergab der Schwerpunkt in Psychotechnik, dass eine Etablierung der Soziologie als eines eigenständigen Faches aus der Psychologie heraus geschah. Verwoerd lehrte in den ersten Jahren weiterhin Psychologie und widmete sich erst allmählich ganz der Soziologie.[28] Gegenüber dem Senat der Universität hatte er einen neuen Kurs zur Ausbildung von Sozialarbeitern, an dem er maßgeblich beteiligt sein sollte, nur unter der Voraussetzung akzeptiert, „dass ihm die neue Aufgabe übertragen wird."[29]

---

22 Erste Kurse im Bereich Soziale Studien waren bereits im Jahr 1930 angekündigt worden. Social and Industrial Review, 9, 50, 5. Feb. 1930, pp. 54 f. Die Zeitschrift wurde vom Department of Labour herausgegeben. Bevor Verwoerd sein Amt antrat, hatte der „visiting professor" aus den USA, C.W. Coulter, die Ausbildung von Sozialarbeitern übernommen: P.S. du Toit 1966c: 82 u. D.J.Kotzé 1966: 476 f. Einen Überblick über die Anfänge der Soziologie in Südafrika bieten Ally/Mooney/Stewart 2003.

23 Zit. nach E.Theron 1970: 53.

24 PV 117, Bl. 6 Aufzeichnungen „Dr. Verwoerd, my professor tree tot die politiek toe." S. 1.

25 Ebd. S. 2. Vgl. auch Pauw 1946: 119 ff.; M.E.Botha 1970: 184; Fourie/Stals 1978: 173 f.; s. dagegen Grundlingh 2003: 174 u. 181 ff.

26 S. dazu Stals 1986; Terblanche 1995: 159; Bottomley 2012: 61 ff. sowie Grundlingh 2005: 197 u. mit Bezug auf Verwoerd: 201.

27 Brümmer war der Betreuer von Verwoerds Masterarbeit in Philosophie gewesen und hatte selbst Ambitionen, den neuen Lehrstuhl zu übernehmen: FAV 4.4.3, Inhaltsverzeichnis der Vorlesungen Verwoerds.

28 Verwoerd 1932: 26.

29 UA Stellenbosch, Senatsprotokolle, Vol. VIII, 17.10.1930–12.8.1932, hier Dezember 1931, S. 232. Louw/Foster 1991: 67 zufolge war Verwoerd schon 1929 als Psychologe an der Ausbildung von Sozialarbeitern beteiligt.

Zunächst war seine neue Tätigkeit eher eine Ausweitung seiner bisherigen Lehre,[30] getrieben durch sein wachsendes Interesse an einer praktischen, öffentlich-wirksamen Tätigkeit. Er erforschte in den Jahren nach 1932 die Situation der poor whites, wobei er die Erkenntnisse der differentiellen Psychologie mit soziologischen Fragestellungen verknüpfte, um daraus ein Programm für die universitäre Ausbildung von Sozialarbeitern zu entwickeln.[31]

Er arbeitete einen Zyklus soziologischer Vorlesungen aus, der sich über drei Jahre erstreckte, wobei die Verengung auf das Thema Poor Whites unübersehbar war, denn auf „Methoden soziologischer Forschung" folgte die „Sozio-Psychologie des Verbrechens [misdaad]" und „Armut und ihre Bekämpfung"; selbst in den Einführungskursen im ersten Jahr wurden die gesellschaftlichen Zustände in Südafrika das zentrale Thema, mit einer Schwerpunktsetzung auf Jugendkriminalität.[32] Im zweiten Studienjahr legte er den Schwerpunkt auf „das gesamte Problem der Armut", was im dritten Jahr noch vertieft, aber in dessen zweiter Hälfte mit Lehrveranstaltungen über Geschichte und aktuelle Trends in der Soziologie erweitert wurde. Seine erhaltenen Aufzeichnungen lassen erkennen, dass er kein Interesse an soziologischer Theoriebildung entwickelte und sich nie damit befasste,[33] sondern ausschließlich angewandte Soziologie im Hinblick auf die Ausbildung von Sozialarbeitern lehrte. „Statt theoretisch das Gebiet der Soziologie zu umschreiben, hatten wir es mit Inhalten zu tun, die so konkret wie möglich die Erscheinungen, Probleme und Prozesse erkennen ließen, die wir behandeln sollten. Sobald man begreift, was zu besprechen ist, ist es überflüssig, eine vage Definition zu geben, die ohnehin von drei Vierteln der übrigen Soziologen nicht akzeptiert wird."[34]

Der amerikanische Gastdozent C.W. Coulter, dessen Aufenthalt in Stellenbosch von der Carnegie Foundation finanziert wurde, hatte 1929 zeitweise die

30 231/2/1/1, Inleiding tot die Sociologie, S. 5f,: „Gleichzeitig können wir manchmal mit Hilfe psychologischer experimenteller Methoden sichere Kenntnis erwerben, die uns hilft, das gesellschaftliche Leben zu verstehen."

31 Die ersten Anstöße zu einer professionellen Ausbildung von Sozialarbeitern kamen von der Afrikaanse Christelike Vrouevereniging, in der M.E. Rothman an führender Stelle aktiv war: Lambrechts 1957: 116; zur frühen Zusammenarbeit mit Verwoerd: 117f.

32 PV 93/1/29/2 V.: Ontwikkelinge in die studie van Sociologie aan die Universiteit van Stellenbosch (no date), p. 3.; Verwoerd 1932: 26f. Daneben wandte er sich auch mit zahlreichen Vorträgen und Kursen an eine breitere Öffentlichkeit, s. z.B. Programm einer Vortragsreihe im April 1935 in Bloemfontein in: PV 93/1/37/1, Bl. 3f. u. Wagner 1937: 10.

33 Seine erhaltenen Aufzeichnungen und Manuskripte geben nicht zu erkennen, dass Verwoerd jemals nur eine Zeile von Max Weber, Emile Durkheim oder anderen Soziologen gelesen hätte. Seine Theoriefeindlichkeit ist Miller offenbar völlig entgangen: R.B.Miller 1993: 644.

34 231/2/1/1, Inleiding tot die Sociologie, S. 1.

Kommission auf ihren Reisen begleitet und war offenbar auch am soziologischen Band direkt oder indirekt beteiligt.[35] Verwoerd berief sich auf seine fachliche Autorität als „berühmter amerikanischer Soziologe“, als er betonte, eine rein ökonomische Lösung des Poor White-Problems im Sinn von Arbeitsbeschaffungsmaßnahmen könne nur dann sinnvoll sein, „wenn die gesellschaftlichen Probleme, die damit verbunden sind“, ebenfalls angegangen würden. Gut ausgebildete Sozialarbeiter waren die essentielle Voraussetzung, um die Vorschläge des Carnegie-Report umzusetzen.[36] Coulter, der sich nach seinem Südafrikaaufenthalt fachlich mit der amerikanischen Familie, mit höheren Bildungsinstitutionen, sozialen Verhältnissen in der Industrie, Armut und Gefängnissen in den USA sowie 1931 mit Arbeitsbeziehungen in Zentralafrika befasste,[37] brachte seinen Kollegen in Stellenbosch die spezifisch empirische Soziologie mit starkem Anwendungsbezug nahe, wie sie in den USA gepflegt wurde. Ähnlich wie Verwoerd, der möglicherweise von ihm beeinflusst wurde, beklagte Coulter die Abhängigkeitsmentalität der Armen, wobei er indirekt die Programme des New Deal kritisierte.[38] Im Hinblick auf die Etablierung der Soziologie an den Universitäten be-

35 P. S.du Toit 1966 c: 82. Dies hatte vor allem damit zu tun, dass es zu dem Zeitpunkt noch keine ausgebildeten Soziologen in Südafrika gab und auf Drängen F. S. Malans der Pfarrer J. R. Albertyn mit dem soziologischen Bericht betraut wurde, ihm aber zwei Amerikaner als Berater zur Seite gestellt wurden: Steensland 2013: 67 ff. Coulter war „visiting professor“ in Stellenbosch, möglicherweise hatte er sich über seine Arbeit zu einer ethnischen Minderheit in einer amerikanischen Stadt empfohlen: Coulter 1920: 5, 7, 10, wo er auf die jahrelange Unterdrückung, den Widerstand einer Landbevölkerung gegen die russische Vorherrschaft und das Bemühen um Bildungsmöglichkeiten eingeht – Themen, die auch die verarmten Afrikaaner betrafen. Zu Coulters Beteiligung s. Louw 1986: 91; außerdem war noch der Agrarökonom Dr. K. Butterfield vom Amherst College mit von der Partie: Malherbe 1973: 84 f. Möglicherweise war H.Adler 1925: 27 ff. ein direktes methodisches Vorbild für die Carnegie-Kommission, da die Reihentests an Schulkindern und an verhaltensauffälligen Kindern dem Vorgehen der südafrikanischen Kommission ähneln. Mehrere am Carnegie-Report beteiligte Dozenten aus Stellenbosch hielten sich zur Forschung in den USA auf, von der Stiftung finanziert: Stellenbossche Oudstudent, 2, 1, 1932, S. 4 u. 37, nämlich Wilcocks, Großkopf und der Bantuist Engelbrecht. S. auch Bell 2000: 492.

36 FAV 4.4.4, undatiertes Manuskript Die opleiding en gebruik van geskoolde sosiale werkers en werksters, S. 1. Allerdings hatten in den Jahrzehnten zuvor afrikaanse Organisationen, die sich um die poor whites kümmerten, bereits eigene Sozialarbeiter ausgebildet: Engelbrecht: 6 f. Demgegenüber betont die nationalistische Ausrichtung: M. du Toit 1992: 10.

37 Zu amerikanischen Gefängnissen: Coulter 1958 und seine Rezension zu Zwangsarbeit Coulter 1954 sowie seine Untersuchung zu Zentralafrika Coulter 1935: 583 u. 588 lassen erkennen, dass er kein Segregationist war. Er befasste sich noch lange nach seinem Südafrikaaufenthalt als Rezensent und im Hinblick auf die Rassentrennung distanziert-kritisch mit dem Land: Coulter 1943, 1953 u. 1958.

38 Coulter 1938: 23 f.

fürwortete er die anwendungsbezogene Forschung.[39] Verwoerd bezog sich in seinen öffentlichen Verlautbarungen auf diese amerikanische Soziologie als Vorbild und meinte damit die aufsehenerregenden Untersuchungen über die sozialen Zustände in bestimmten Städten oder Stadtteilen der USA.[40] In einer Rede kurz vor seiner Rückkehr in die USA listete Coulter amerikanische Erfahrungen auf und zeigte, wie die Probleme weißer Armut in Südafrika angegangen werden konnten. Die Vorschläge entsprachen weitgehend denjenigen, die Verwoerd wenig später mit dem Eifer des Proselyten propagieren sollte.[41] Es ist sicher kein Zufall, dass Verwoerd den neuen Lehrstuhl für Psychologie und Sozialarbeit – dessen Einrichtung Coulter für erforderlich hielt – 1930 plante. Keine der Ideen, die er später vertrat, stammte von ihm, und er formte die Auflistung verschiedener Maßnahmen durch Coulter in ein systematisches Programm um, das er in den folgenden Jahren mit dem ihm eigenen Dogmatismus verfolgen sollte. Ganz ähnlich ging keine einzige Konzeption der späteren Apartheid auf Verwoerd zurück, der ohnehin ein erstaunlich unkreativer Denker war, doch hatte er die Gabe der Systematisierung wie kein zweiter, und formte sie zu einer konsistenten politischen Heilslehre. Tatsächlich gewann die Rassentrennungspolitik dadurch eine andere Qualität, wurde sie aus einem Bündel eher konservativer Vorschläge durch Verwoerd in ein Gesamtkonzept der Zukunftsgestaltung, eine integrale Umwandlung der südafrikanischen Gesellschaft gegossen. Erst die Systematisierung durch Verwoerd machte aus der Apartheid ein umfassendes Modernisierungsprogramm.

Er bekannte sich wie zuvor in der Psychologie auch hinsichtlich soziologischer Forschung zu einer positivistischen Methode, wenn er betonte, „dass das Sammeln von Fakten immer der Ausgangspunkt ist, weshalb es Methoden geben muss, durch die Erscheinungen wahrgenommen und auf eine ganz konkrete, nachvollziehbare Art beschrieben werden können. Erst wenn man die Daten beisammen hat, kann man zu ihrer Bearbeitung übergehen und Gesetze und Prinzipien daraus ableiten. Wenn man also nicht genug oder nicht sorgfältig genug gesammelt hat, dann werden alle Theorien sich als wertlos erweisen."[42] Auch in seiner Methodenlehre legte er den größten Wert auf objektive Datenerhebung,

39 Coulter 1934: 357 u. 362. Jahre später äußerte er sich deutlich konservativer: Coulter 1945: 436. S. auch R. B.Miller 1993: 643 u. Groenewald 1987: 67.

40 Verwoerd geht darauf in seiner Vorlesung über Armut ein: 231/2/4/1, Armoede en sy bestryding, S. 8 ff. Verwoerd 1937 b: 91.

41 Coulter 1930: s. bes. die Auflistung auf S. 6, die exakt Verwoerds späterem Vorgehen entsprach.

42 231/2/1/1, Inleiding tot die Sociologie, S. 3. Er kündigte darum die Beschäftigung mit Theorien erst für das 3. Studienjahr an. S. auch 231/2/2, Metodes van sociologiese navorsing, S. 13 f.

bei der subjektive Formen der Wahrnehmung möglichst ausgeschlossen sein sollten und benutzte darum mit Vorliebe Apparaturen.[43] Aus der Fülle der Daten sollten sich allgemeine Prinzipien ableiten lassen, d.h. Regeln mit Allgemeingültigkeitsanspruch.[44] Gleichzeitig machte er aus seiner Not eine Tugend, denn seine Vorkenntnisse in dem neuen Fach, das er lehrte, dürften sehr gering gewesen sein.[45] Er unterschied in der Soziologie, dem jeweiligen Gegenstand entsprechend, zwei Richtungen, einerseits die Soziologie, deren Forschungsobjekt die „primitiven" Völker der Vergangenheit und Gegenwart waren, sowie diejenige, die die gesellschaftlichen Zustände bei zivilisierten Völkern wie den Griechen und Römern erforschte.[46] Damit zog er eine klare Trennlinie zwischen primitiven und zivilisierten Völkern und verneinte, dass das soziologische Studium der „Primitiven" zu Erkenntnisgewinnen über die Zivilisierten führen konnte. Denn bei den „Primitiven" seien alle „Regeln gleichartig", während sie sich mit dem Zivilisierungsprozess ausdifferenzierten.[47]

Abgesehen von einzelnen Verweisen blieben seine intellektuell nicht sehr anspruchsvollen Vorlesungen ganz auf die sozialen Zustände in Südafrika beschränkt.[48] Auch wenn Verwoerd sich skeptisch über den Aussagewert biologischer Rassentheorien äußerte, so hatte die Unterscheidung verschiedener Rassen in Südafrika für ihn dennoch einen großen Stellenwert, d.h. sie wurde als gegeben angenommen.[49] Der größte Teil der Vorlesung erschöpfte sich in einer Aus-

---

43 231/2/2, Metodes van sociologiese navorsing, S. 16 ff. Allerdings meinte er, nicht alle Apparate seien gut geeignet, so war der Aufmerksamkeits- und Ermüdungsmesser von Piorkowski seiner Erfahrung zufolge zu wenig präzise: Verwoerd 1928 a: 495 u. 510 u. 1928 b: 600 f.

44 Verwoerd 1929: 951.

45 Sooryamoorthy 2016: 16 ff. zur frühen Geschichte der Soziologie, die fast ganz ohne ausgebildete Soziologen auskommen musste, sondern von benachbarten Fächern her gegründet wurde, zuerst 1931 in Pretoria, anschließend in Stellenbosch.

46 231/2/1/1, Inleiding tot die Sociologie, S. 2,

47 Ebd., S. 22.

48 Ebd., S. 7 ff. S. auch die Gliederung 231/2/1/3, Opsomming van gebiede u. 231/2/4/1, Armoede en sy bestryding, Kap. 4, Die oorsake vir verarming in S.A., S. 21 ff.

49 231/2/1/1, Inleiding tot die Sociologie, S. 8 f. Die Stelle, auf die sich R.B.Miller 1993: 650 ohne genaue Angaben bezieht, ist 231/2/1/2, Eerstejaar Sociologie: Algemene kursus, S. 22 ff., wo er aufgrund neuer Forschungsergebnisse die Annahme von unterschiedlichen Gehirngrößen in Zweifel zog, ebenso wie die Behauptung, dass das sinnliche Wahrnehmungsvermögen unterschiedlich sei. Er äußerte sich skeptisch und zurückhaltend hinsichtlich aller Annahmen von Vererbung, insbesondere gegenüber lamarckistischen Thesen: S. 26; er konzediert aber, dass es in bestimmten Familien auffallend viele Menschen mit bestimmten Begabungen gebe (S. 27), wohl ein impliziter Verweis auf Kretschmer und Hoffmann.

breitung von Daten und Fakten über die südafrikanische Gesellschaft sowie Schlußfolgerungen, die ganz auf die Praxis der Sozialarbeit abzielten – und auf Sozialpolitik. So verweilte er sehr lange bei der Familie als Kerneinheit der Gesellschaft und wertete die Anzahl der „Mischehen" als Alarmzeichen.[50] Dies sollte das einzige dezidiert eugenische Thema bleiben, denn die ethnisch-kulturelle Reinheit des Afrikaaner-Volk war in seinen Äußerungen präsenter als die biologische der weißen Rasse.

Im Hinblick auf das Zusammenleben von Weißen und Coloureds vertrat er schon als Soziologieprofessor biopolitische Ansätze, die zu der Zeit zwar noch nicht ausformuliert, aber in ihren Konturen erkennbar waren. So publizierte Verwoerd 1931 eine Kurzgeschichte in der populären Zeitschrift „Die Huisgenoot". Darin schildert der Erzähler seine Freundschaft mit einem Mann, dessen Karriere er unterstützte. Dieser Mann verliebt sich in eine Frau, die dem Erzähler vorgestellt wird, der aber sofort eine innere Distanz zu ihr verspürt. Sein Freund jedoch schmiedet bereits Heiratspläne, als er erfährt, dass die Mutter seiner Braut eine Coloured war. Der Freund ist dieser Erkenntnis nicht gewachsen und wird fast verrückt; als seine Freundin ihm nachreist und erwartet, dass seine Liebe stärker ist als gesellschaftliche Konventionen, nimmt er sich aus Verzweiflung das Leben.[51] Verwoerds Botschaft war klar: Die Normen der Gemeinschaft waren wichtiger als die individuelle Lebenserfüllung, die Liebe zwischen Menschen wurde biopolitischen und rassehygienischen Erfordernissen untergeordnet, die rigorose Rassentrennung war ein Wert, dem Vorzug vor allem anderen, auch dem Lebensglück des einzelnen, gebührte. Anscheinend war für ihn die freiwillige Abgrenzung der „Rassen" voneinander natürlich, denn die „Abstumpfung der Gefühle über Rassenunterschiede und den eigenen Wert" las er als Symptom für die Degeneration von armen Weißen.[52]

Auch in seiner Aussage vor der Coloured Commission am 23. August 1937 in Cape Town ging er von drei Bevölkerungsgruppen aus, die getrennt werden sollten, aber Teil eines Gesamtproblems waren. Als dessen Kern identifizierte er den Arbeitsmarkt, wo Schwarze die Coloureds verdrängten, während weiße Facharbeiter ihrerseits die Coloureds ersetzten. Die Lösung sah Verwoerd zu der Zeit schon in der territorialen Rassentrennung, durch die Schwarze in den Reservaten gehalten werden sollten: „Native Affairs has got to start by making the

---

50 231/2/1/1, Inleiding tot die Sociologie, S. 30 u. 35: „Die Behausungszustände in den Hinterhöfen sind äußerst ungesund, vor allem wo Weiße und Coloureds durcheinander leben." Dies blieb ein Dauerthema für ihn: Transvaler, 20.1.1940: Nogeens gemengde huwelike.

51 VEE [Verwoerd], Die enigste weg? in: Die Huisgenoot, 13.2.1931, S. 57.

52 231/2/1/1, Inleiding tot die Sociologie, S. 103.

possibilities for the natives better."[53] Auf die Nachfrage, warum dann nicht auch die Weißen, die vom Land in die Städte kamen und dort den Coloureds die Arbeitsplätze wegnahmen, wieder aufs Land geschickt werden sollten, wich er aus und behauptete nur, dass dies nicht möglich sei. Vielmehr plädierte er dafür, die Coloureds in die Wohltätigkeits- und Sozialarbeitsprogramme mit einzubeziehen. Die bisherige Konzentration auf die Poor Whites könne neue Probleme schaffen, wenn man die Auswirkungen auf die Coloureds nicht in die Konzeption selbst integriere.[54] Grundzüge der Apartheidpolitik wurden bereits erkennbar, denn seine Argumentation zielte hier schon darauf ab, mit einem integrierten Gesamtprogramm alle Probleme auf einmal zu lösen. Dies ergab sich aus der Interdependenz der einzelnen Teilprobleme, sprich Bevölkerungsgruppen, miteinander. Ziel war die Trennung der drei Bevölkerungsgruppen, doch musste er ihre fortgeschrittene Integration und Verflochtenheit zum Ausgangspunkt nehmen, wenn er Erfolg haben wollte. Er pries seine Lösung als heilsam für alle an: „I am looking for the benefit not of one only but of all the sections."[55]

Verwoerd engagierte sich außerhalb der Universität in der Wohlfahrtspflege und war Mitglied verschiedener Gremien in der westlichen Kapprovinz.[56] Das kam seinen StudentInnen zugute, die eine berufsnahe Ausbildung erhielten. Sie sollten schon während des Studiums in die Armenviertel gehen und dort sozialwissenschaftliche Erhebungen durchführen, um sich auf die praktische Seite ihres Berufes vorzubereiten, wobei Verwoerd sie mahnte, besonders zu beachten, „inwieweit weiße und farbige Empfänger karitativer Hilfe in derselben Gegend wohnen." Diese und zahlreiche andere Bemerkungen Verwoerds belegen, dass er schon in dieser Zeit ein Rassist war und nicht, wie Miller anhand einer einzigen Belegstelle behauptet, erst ab 1937.[57] Immerhin hatte er zwei DoktorandInnen,[58] 3 MA-StudentInnen und 12 StudentInnen im dritten Studienjahr bei insgesamt 90 Studierenden.[59] Die spätere Ehefrau von John Vorster, die bei Verwoerd studierte, erinnerte sich noch Jahrzehnte später begeistert an die Möglichkeiten, die

---

53 77.17.3, Coloured Commission, Evidence, vol. 3, S. 2543.

54 Ebd., S. 2541 f. Vgl. auch 231/2/4/2, Armoede en sy bestryding, S. 17 f., auch in seiner Vorlesung nannte er als Ursache für die Verarmung unter den Coloureds den Verdrängungsprozess auf dem Arbeitsmarkt, weil schwarze Billiglohnarbeiter ins Western Cape kamen.

55 77.17.3, Coloured Commission, Evidence, vol. 3, S. 2543.

56 E.Theron 1970: 13.

57 PV 93/1/29/2 V.: Ontwikkelinge in die studie van Sociologie aan die Universiteit van Stellenbosch (no date), p. 4; R.B.Miller 1993: 650. Vgl. dagegen Tayler 1992: 52ff. über Verwoerds aggressives Vorgehen nach dem Kimberley-Kongress 1934.

58 Erika Theron und O.J.M. Wagner. Allerdings schloss nur Wagner bei ihm ab: Wagner 1936, Theron nach seinem Weggang bei Verwoerds Nachfolger Wagner: Tayler 2010: 91 u. 100.

59 PV 93/1/29/2 V.: Ontwikkelinge in die studie van Sociologie (no date), p. 1.

er seinen StudentInnen bot: „Er hat eine vortreffliche Übereinkunft mit den Vereinen im Kap gehabt, wodurch wir Fallstudien unternehmen konnten." Die Studierenden mussten nach den Ferien jeweils drei oder vier Fallstudien vorlegen.[60] Tatsächlich fanden die von ihm ausgebildeten SozialarbeiterInnen in den Wohlfahrtsverbänden Anstellungen,[61] wobei er immer insistierte, dass SozialarbeiterInnen eine Universitätsausbildung haben müssten.[62] Die Studierenden sollten den lokalen Wohlfahrtsvereinigungen zuarbeiten und gleichzeitig Verwoerds Konzept durchsetzen helfen, die bis dahin üblichen kurzfristigen Unterstützungsmaßnahmen durch langfristige Rehabilitierung zu ersetzen.[63] Verwoerds strategische Planung von Forschung wird daran erkennbar, wie er Themen vergab. So schrieb seine eigene Schwester ihre Masterarbeit über „Die alleinerziehende Mutter als Empfängerin von Unterstützungsleistungen", ein Thema, das eine besonders betroffene Gruppe behandelte,[64] die Gefahr lief, von Nothilfe abhängig zu werden.[65] Er brachte seine eigenen Studenten und Absolventen als die geeigneten Personen für die Umsetzung der von ihm vorgeschlagenen Maßnahmen ins Spiel, weil sie diejenigen waren, die er selbst dafür ausgebildet und auf sein Konzept einer integrierten Rehabilitierungsstrategie verpflichtet hatte.

Auf weitergehende Ambitionen Verwoerds deutete bereits sein Vorhaben, in Kapstadt ein Institut für Sozialforschung zu gründen, das vor allem Koordinierungs- und Steuerungsfunktionen für die dort tätigen Wohlfahrtsverbände übernehmen sollte.[66] Schon im April 1932 machte er Nägel mit Köpfen, als er dem Senat seiner Universität ein mehrseitiges Memorandum vorlegte, in dem er die Einrichtung eines solchen Instituts in Kapstadt vorschlug, das der Abteilung für Soziologie der Universität Stellenbosch unterstellt sein sollte, was der Senat durch

60 Jones/Muller 1986: 58 f.

61 FAV 4.4.1.2, Referenzschreiben Verwoerds für Frau R. H. J. Kotze v. 21.7.1936.

62 E.Theron 1970: 26 u. 28; s. auch Auret 1965: 39.

63 Theron/Stulting 1961: 26 ff. u. 80 ff.

64 77.17.3, Coloured Commission, Evidence, vol. 3, S. 2541. In seiner Aussage vor der Kommission erwähnte Verwoerd die Studie „by one of my students."

65 Lucy Cloete hat in ihrer Studie nicht nur die armen weißen, sondern auch die coloured alleinerziehenden Mütter untersucht: FAV 6, H. J. L. Cloete, Die alleenlopende moeder as 'n ontvanger van liefdadigheid, M. A. thesis Sociology, Stellenbosch, S. 5. Die Arbeit verrät deutlich den Einfluss ihres Bruders. Sie kommt zum Schluss, dass im Fall der alleinerziehenden Mütter keine wirkliche Selbstständigkeit erreicht werden könne, wohl aber eine Milderung der Probleme, ebd. S. 125 ff.

66 Verwoerd 1932: 28. Vgl. auch Verwoerds Kritik am soziologischen Teil des Carnegie-Report, wo ihm eine genaue Untersuchung über die Wohlfahrtsverbände im Land fehlte: Die Burger, 11.1.1933. Diese Übersicht über die etwa 200 wohltätigen Organisationen in Kapstadt erstellte er möglicherweise selbst, s. Manuskript Social Work in Cape Town, in: FAV 4.4.4, ohne namentliche Zeichnung. S. auch E.Theron 1970: 17 ff.

eine Beschlussfassung unterstützte.[67] Er wollte die etwa 200 unabhängigen karitativen Organisationen auf eine Berichtspflicht gegenüber dem neu zu gründenden Institut festlegen und begründete den Koordinationsbedarf damit, dass manche arme Familien mit verschiedenen sozialen Problemen wie Arbeitslosigkeit, Jugendkriminalität und Unsittlichkeit gleichzeitig konfrontiert seien, denen die spezialisierten Einzelorganisationen oft nicht beikommen könnten. Er verwies auf bereits funktionierende Institute dieser Art in den USA als Vorbilder.[68] Ein ähnliches Papier legte er der Cape Town Charity Commission am 3.6.1932 vor, worin er ebenfalls die Notwendigkeit der Überwachung und Kontrolle als Grund für die Institutsgründung nannte, während er den Bedarf für eine administrative Vereinheitlichung eher gering einschätzte.[69] In der für ihn typischen Manier ging er unverzüglich dazu über, bis in die Details den Personalbedarf und den Einsatz von fortgeschrittenen Studenten bei speziellen Problemen zu beschreiben.

Der Übergang in die Politik

Vermutlich hat sich Verwoerd bereits im Jahr 1932, vielleicht sogar schon vorher, eher als Politiker denn als Wissenschaftler verstanden, denn sein Drängen in öffentliches Wirken unterstreicht dies ebenso deutlich, wie sein Insistieren auf Anwendbarkeit sein sehr einseitiges Wissenschaftsverständnis dokumentiert. So legitimierte er seine akademische Arbeit mit Größerem: „Mit der Zeit wird darum nicht nur eine kleine Gruppe die Früchte dieser Ausbildung pflücken, sondern das ganze Land."[70] Er selbst bekannte im Jahr 1958 gegenüber seinem ehemaligen Kollegen C.G.W. Schumann: „Dass diese Arbeit zu meiner heutigen Aufgabe führte, war sicher ein Werk der Vorsehung."[71]

Der Administrator der Kapprovinz, Johannes Hendrik Conradie (1929–1939),[72] berief Verwoerd 1932 in eine Untersuchungskommission über zu treffende Maßnahmen in Kapstadt. Verwoerds Plädoyer für Rehabilitation statt Nothilfe prägte den Bericht der Kommission. In einem Artikel über eine Konferenz von

67 Die Burger, 22.9.1932, Inhaltsangaben und Auszüge aus dem Kommissionsbericht.

68 UA Stellenbosch, Senatssitzung v. 9.4.1932. Verwoerd unterstrich die Notwendigkeit der Koordination unter Berufung auf entsprechende Erfahrungen in den USA. S. auch Wannamaker 1925: 1, einen Text, den er aufgehoben hatte.

69 PV 93/1/19/1, Cape Town Charity Commission, Summary of Evidence, S. 53ff.: Professor Verwoerd, 3.6.1932.

70 PV 93/1/29/2 V.: Ontwikkelinge in die studie van Sociologie (undatiert), p. 1.

71 PV 276/2/1/1/3, V. an C.G.W. Schumann (privat), 22.9.58.

72 Conradie war von 1951 bis 1960 Speaker des House of Assembly.

Frauenvereinigungen in Bloemfontein im Jahr 1932 fand er starke Worte, als er konstatierte, dass Wohltätigkeit „Leben zerstörte“ und sich als „schlimmer als unzweckmäßig erwies“.[73] Eine wirkliche dauerhafte Verbesserung sei nur möglich durch ein Paket integrierter Rehabilitationsmaßnahmen,[74] das allein die armen Weißen dauerhaft wieder in die Arbeitswelt und zu einem „zivilisierten“ Lebensstil führen könnte. In dem Bericht wurde auf die niedrigen Löhne der Poor Whites hingewiesen, zu denen die hohen Mieten in keinem Verhältnis stünden. Da die Familien oft auf ein einziges Einkommen angewiesen seien, reiche die Erkrankung des Vaters aus, um eine ganze Familie ins Elend zu stürzen.[75] Wollte man eine nachhaltig wirksame Rehabilitation gewährleisten, seien Fachkräfte nötig, was mehr Geld erfordere, sich mittelfristig aber positiv auswirken werde. Unter den zu treffenden Maßnahmen tauchen erstmals „Arbeitskolonien für diejenigen, die nicht arbeiten wollen“ auf, also Zwangsmaßnahmen.[76] Mit den meisten anderen Autoren und Aktivisten, die sich mit dem Problem weißer Armut befassten, teilte Verwoerd die aus dem 19. Jahrhundert stammende Auffassung von der zivilisierenden und heilsamen Wirkung harter Arbeit,[77] wohingegen Müßiggang aller Laster Anfang sei. Die Konsequenz war, dass man diejenigen, die zur Arbeit nicht bereit waren, zu ihrem Glück zwingen musste. Darum müssten alle Rehabilitationsmaßnahmen „ergänzt – nein beherrscht werden – durch sozial-psychologische Bearbeitung.“[78]

Die Zukunft der überwiegenden Mehrzahl der Poor Whites konnte nur in den Städten liegen.[79] Damit ging er jedoch über Sozialreformen hinaus und ar-

---

73 V., Liefdadigheid in die Weegskaal, in: Vrouewêreld, Die Huisgenoot, 25.8.1933, S. 47.

74 Analog verlangte er später dasselbe von der schwarzen Bevölkerung: „I have already repeatedly pointed out that all the development services for the Bantu should form an organic whole. [...] Co-ordination of services will have the result that no longer will only one section be served and that the community will not be progressive in one respect and backward in another, but that it will progress as a whole and with regard to the community as a whole.“ Verwoerd, Policy of the Minister of Native Affairs, June 7, 1954, in: Pelzer 1966: 64–85, hier 84.

75 Die Burger, 21.9.1932.

76 Die Burger, 21.9.1932. Vgl. auch seine Ausführungen in seiner Vorlesung 231/2/4/2, Armoede en sy bestryding, S. 34f.

77 231/2/3, Socio-psigologie van misdaad, S. 23.

78 Die Burger, 30.12.1932. Zusätzlich legte er ein eigenes Memorandum mit konkreten Plänen vor, das weitgehend demjenigen entsprach, das er dem Senat in Stellenbosch unterbreitet hatte und das wiederum von der Kommission als wichtiger Lösungsvorschlag empfohlen wurde: Die Burger, 22.9.1932. Zur Umsetzung in Form zwangsweiser Rehabilitierung auf dem Land seit den 1920er Jahren s. Clynick 2007: 266ff., s. auch Department of Labour and Social Welfare 1937: 42 u. Higginson 2014: 276ff. Zur Zeit der Apartheid und über die Rolle von Cronjé s. Roos 2015: 1180ff.

79 S. etwa seinen Artikel über Grosskopfs Band zu den ökonomischen Aspekten des Poor White Problem, in: Die Burger, 28.12.1932 und noch deutlicher am Schluss der Besprechung von Wil-

gumentierte genuin politisch: „Heute liegt die Zukunft in unseren Händen. In der Vergangenheit hat der Afrikaaner gewonnen, weil er auf dem Land verwurzelt war. Veränderte Umstände verlangen nach Anpassung. Die Schlüsselposition verschiebt sich in die großen Städte. Dort wird der Streit um das Fortbestehen unseres Volkes gewonnen oder verloren werden“[80] Er selbst prägte den in den späten 1930er Jahren unter Nationalisten populären Begriff vom „Zweiten großen Trek“ in die Städte.[81]

Wie sein Lehrer Wilcocks zeigte sich Verwoerd überzeugt, dass die Ursache für weiße Armut nicht in der Minderbegabtheit derjenigen zu suchen war, die verarmt waren, wobei Wilcocks im Rahmen der Carnegie-Untersuchung gemeinsam mit Malherbe mehr als 15.000 Schüler mit dem von ihm mitentwickelten South African Group Intelligence Test prüfte und keineswegs allein Umweltfaktoren gelten ließ.[82] Wilcocks war jedoch kein Parteigänger der Vererbungslehre, sondern maß auch der sozialen Umwelt Bedeutung zu, wie seine differenzierte und an Theorien orientierte Diskussion des Intelligenzbegriffs zeigt.[83] Trotz einer unverkennbaren Tendenz zum Kulturessentialismus betonte er, dass der Konser-

---

cocks Untersuchung in: Die Burger 30.12.1932. Später beklagte er sogar, dass die Urbanisierung so spät eingesetzt hätte: E.Theron 1970: 31 u. G.D.Scholtz 1979: 27. Andere, wie etwa J.R. Albertyn, einer der Autoren des Carnegie-Report hielten dagegen an der Notwendigkeit einer substantiellen Landbevölkerung als Garant und Kraftbronn für das kulturelle Überleben der Afrikaaner fest: Clynick 1994: 2ff. Ursprünglich beklagte auch D.F. Malan die Landflucht der Afrikaaner: D.F.Malan 1923: 6ff. u. 11.

80 Notizen zu seinem Vortrag Betekenis van ons stede vir die politieke toekoms van die Afrikaner, den er für die NP hielt, in: FAV 4.4.6 (vermutlich 1937). Hier heißt es: „Zurück aufs Land – vergeblicher Aufruf.“

81 „Ich habe vor Jahren – ich glaube, es war in Malmesbury oder in der Gegend – als ich noch Professor in Stellenbosch war, diesen Zug in die Städte als den Zweiten Großen Trek unseres Volkes bezeichnet. Diese Formel hat Wurzeln geschlagen und wird seitdem häufig benutzt.“ PV 93/4/1/9, Kongressrede auf dem ATKV-Kongress, 1963, Bl. 172–187, hier 176.

82 Wilcocks 1931 a u. b: 7, der Test bestand aus 7 Teilen. Eine Rezensentin, Bolton 1934: 679, strich heraus, dass Wilcocks in Umwelt- und Kultureinflüssen die Ursache für Armut sah und weniger in angeborenen Defiziten, kritisierte aber die angewandte Forschungsmethode. Verwoerd lehnte die Thesen von Spencer ab: 231/2/4/1, Armoede en sy bestryding, Kap. Algemene oorsake vir die ontwikkeling van armoede, S. 2a. Doch finden sich bei ihm sozialdarwinistische Argumentationsfiguren, dass „ein Maß an Überbevölkerung nicht schlecht ist, denn im Kampf ums Dasein muss es eine Möglichkeit für die Schwachen geben, zugrunde zu gehen, sonst haben wir später eine Degeneration der menschlichen Rasse.“ 231/2/1/1, Inleiding tot die Sociologie, S. 85. Zu den Tests der Kommission s. Malherbe 1973: 84; Wilcocks 1929. S. auch Louw 1986: 77f.; Steensland 2013: 96ff.; Bottomley 2012: 45. Es gab aber durchaus andere Meinungen, die die Kausalität umgekehrt sahen: die Armen waren arm, weil sie geistig degeneriert waren: Eybers o.J.: 12.

83 Hier zeigt sich abermals die Bedeutung von Selz’ Denkpsychologie für die Ausdifferenzierung von Wilcocks Verständnis von Intelligenz: Wilcocks 1924: 672f.

vatismus der Afrikaaner durch die Überwindung ihrer Isolation einer Bereitschaft zum Neuen Platz mache.[84] Gerade darum aber erachtete er Rassentrennung am Arbeitsplatz als notwendig, um die psychologische Barriere der Poor Whites gegenüber körperlicher Arbeit zu überwinden, ebenso wie er für ihre Privilegierung durch höhere Löhne eintrat.[85] Doch waren die psychologischen Intelligenztester in den 1920er Jahren hinsichtlich hereditärer Faktoren zurückhaltender als in den 1930er und 1940er Jahren, als die Psychologen J. A. J. van Rensburg und M. L. Fick diese sehr stark in den Vordergrund rückten.[86] Verwoerd definierte „Sozialarbeit" sogar ausdrücklich als „Dienst an den Unterprivilegierten".[87] Die armen Weißen waren primär Opfer der Umstände und nicht selbst an ihrem Schicksal schuld, das war Konsens unter den Mitgliedern der Carnegie-Kommission.[88] Die Ursache für weiße Armut lag nicht in schwächerer Intelligenz, sondern primär in der sozialen Umwelt, wobei Verwoerd auf die schwarze Billiglohnkonkurrenz auf dem Arbeitsmarkt hinwies.[89] Hier zeigte sich eine auffallende Ähnlichkeit im methodischen Ansatz zu seiner Dissertation, wo er ebenfalls äußere Einwirkungsfaktoren auf das Individuum erforschte. Auch dort ging es darum, die Situation, in der sich das Individuum befand, so zu manipulieren, dass ein gewünschtes Ergebnis erzielt werden konnte. Das Individuum war, wie in seinen psychologischen Experimenten, ein reagierender Rezipient und Respondent auf Reize, aber kein eigenständiger Akteur.

Bei allem Insistieren Verwoerds auf seinem Konzept einer integrierten Rehabilitation dachte er primär politisch. Denn die Ausbreitung von Armut einzudämmen, war ihm wichtiger als Rehabilitation der bereits Armen.[90] Weil die Armut Weiße betraf, stieß die Eugenik in Südafrika nie auf breiteres Interesse, denn die weiße politische Herrschaft und der Zugang zu staatlichen Ressourcen

---

84 Wilcocks 1945: 297.

85 Wilcocks 1930: 3. Er zog damit die entgegengesetzten Schlußfolgerungen wie Macmillan, der für Anhebung der Löhne für Schwarze eingetreten war. Ähnlich wie Macmillan argumentierte Selope Thema: Cobley 2016: 187 ff.

86 Bei Fick lässt sich der Übergang von einer vorsichtigen Einbeziehung der Vererbung zu deren klarer Betonung biographisch beobachten: Louw/Foster 1991: 62 u. Louw 1997: 249 f.

87 FAV 4.4.6, Notiz zu einem Vortrag Beginsels en Methodes van Maatskaplike Sorg für den ANS in Bloemfontein (undatiert).

88 Malherbe 1973: 83.

89 231/2/1/1, Inleiding tot die Sociologie, S. 126 ff. Sozialarbeit ist keine Arbeitsbeschaffung, sondern „eine neuer sozialpsychologischer Aufbauprozess" (136).

90 Die Burger, 30.12.1932, Armblanke-vraagstuk in Suid-Afrika, deel. 2, s. auch seine Besprechung des soziologischen Teils, wo er in Frage stellte, ob Alkoholismus wirklich die Ursache für Verarmung oder nicht vielmehr deren Folge sei: Die Burger 11.1.1933.

ermöglichten die Umsetzung sozialer Rehabilitationsmaßnahmen.[91] Auch die spätere Apartheid zielte nicht primär auf eine biologische Manipulation der Menschen ab, sondern auf die Umgestaltung ihrer sozialen Umwelt, die ihren biologischen Voraussetzungen adäquater sein sollte.[92] Trotzdem war sie Biopolitik, weil ihr Ausgangspunkt biologisch definierte Gemeinschaften, nämlich sog. „Rassen" waren. Hier fanden sich analoge Möglichkeiten zur Arbeitspsychologie: entweder die Menschen an die Umwelt anpassen oder die Umwelt so verändern, dass das menschliche Potential optimal zur Entfaltung kommen konnte. Verwoerd und Wilcocks wählten stets die letztere Möglichkeit, was die weitgehende Abwesenheit biologistischer Argumentationen erklärt.

Verwoerd propagierte öffentlichkeitswirksam seine neuen Rehabilitierungskonzepte, wofür ihm „Die Burger" seine Spalten öffnete. Dabei muss in Rechnung gestellt werden, dass eine der wichtigsten Aktivistinnen, M. E. Rothmann, mit der Verwoerd intensiv zusammenarbeitete, gleichzeitig Redakteurin von „Die Burger" und eine der Autorinnen des Carnegie-Report war.[93] Verwoerd zog mit diesen ersten öffentlichen Äußerungen Aufmerksamkeit und Lob der englischsprachigen Presse[94] auf sich.

In den Plänen und Vorschlägen des Soziologen sind bereits Grundzüge seines politischen Denkens zu erkennen:

1. Ihm ging es dabei nicht um persönlichen Machtgewinn als Selbstzweck, sondern er war überzeugt, eine Patentlösung entwickelt zu haben, zu der es keine Alternative gab. Seine Untersuchungen hatten vielmehr ergeben, dass die bisherigen Formen von Sozialarbeit völlig unzureichend waren. Hier tritt bereits das Sendungsbewußtsein Verwoerds zutage, das er in späteren Jahren in allen Politikfeldern, in denen er tätig war, offenbaren sollte.
2. Jedem Handeln muss eine Analyse der einwirkenden Faktoren vorausgehen, um angemessene Maßnahmen zu entwickeln. Verwoerd verfolgte hier, wie

---

91 Verwoerd definierte Armut als „Missstand für ein Individuum oder eine Familie oder als gesellschaftlicher Missstand." 231/2/4/1, Armoede en sy bestryding, S. 3. Die Möglichkeit, die soziale Umwelt zu verändern, um Degeneration zu bekämpfen, stand in deutlichem Gegensatz zur Eugenik und Rassenhygiene in Europa, die viel stärker auf biologische Konzepte setzte: dazu Weingart/Kroll/Bayertz 2017: 122.

92 Differenzierte Ansätze, die die Arbeitsumwelt den Bedürfnissen des Arbeiters anpassen wollten, waren in der deutschen Psychotechnik bereits vorhanden: Hinrichs 1981: 231. Vgl. dazu auch C.Boshoff 1996: 9.

93 Verwoerd hielt Zeit seines Lebens große Stücke auf das Urteil Rothmanns und wußte ihr Vertrauen in seine politische Arbeit zu schätzen: 55.K.V.16 (8), Betsie Verwoerd an M.E. Rothmann, 3.2.1963 u. 55.K.V.16 (12), Betsie Verwoerd an Rothmann, 23.5.1965.

94 Cape Times, 23.9.1932.

auch in seiner Dissertation, einen systematischen Ansatz, aus dem sich dann ein integriertes Konzept der Abhilfe ergab.[95]

3. Wirksame Maßnahmen im Bereich gesellschaftlicher Politik bedürfen einer wissenschaftlichen Expertise und auf dieser aufbauend einer umfassenden Planung, wofür er aus nationalistischen Kreisen entsprechende Rückendeckung erhielt.[96] Wissenschaft führt zu objektiven Ergebnissen. Eine Politik, die darauf gründet, ist wahrheitsorientiert und alternativlos.
4. Seine Politik war zutiefst undemokratisch, da sie Alternativen und Diskussionen um den richtigen Weg ausschloss.

Der nächste Schritt war die Ausweitung der Arbeit über Kapstadt hinaus, wofür der geplante Kongress über die Poor Whites in Kimberley 1934 eine erstklassige Chance bot. Er schaltete sich erfolgreich in die Planungen ein und konnte die Agenda und Durchführung der Veranstaltung maßgeblich beeinflussen. Ein solcher Kongress sollte nicht nur dem Austausch von Erfahrungen dienen, sondern wichtiger war, „dass sich dadurch die Dynamik entwickeln kann, um Mittel für Zusammenarbeit und die Anwendung der besten Bekämpfungsmethoden sicherzustellen." Von ihm sollte ein Anstoß zu sozialpolitischem Handeln ausgehen, der das „ganze Volk" einbezog.[97] Abermals räumte „Die Burger" ihm die Möglichkeit ein, Ende 1932 eine ganze Artikelserie zu veröffentlichen, die in Gestalt einer ausführlichen Rezension die wichtigsten Inhalte des Carnegie-Reports rekapitulierte und kommentierte. Deren Lektüre pries die Zeitung als eine nationale Pflicht an.[98] Verwoerd unterstrich, dass die Aufteilung des Reports auf verschiedene wissenschaftliche Disziplinen nicht darüber hinwegtäuschen dürfe, dass nur ein integrierter Ansatz Abhilfe leisten könne, mithin handle es sich bei dieser Aufteilung um eine „mechanische Trennung." Verwoerd erwies sich in diesen Artikeln als kritischer Rezensent[99] und gleichzeitig als außerordentlich

95 Vgl. auch 231/2/1/1, Inleiding tot die Sociologie, S. 78 f. u. 231/2/3, Socio-psigologie van misdaad, S. 58 u. 231/2/4/1 u. 2, Armoede en sy bestryding.

96 Leitartikel „'n Ekonomiese Beleid" in: Die Burger, 20.6.1934.

97 V., Liefdadigheid in die Weegskaal, in: Vrouewêreld, Die Huisgenoot, 25.8.1933.

98 Die Burger, 28.12.1932: Armblanke-Vraagstuk in Suid-Afrika, deel I. Über die Rolle der Zeitung vor und während des Kimberley-Kongresses s. J. J.Joubert 1990: 138 f.

99 So wurde seine Rezension des medizinischen Teils (Bd. 3) des Reports geradezu zum Verriss: Burger, 3.1.1933, während er sich über den soziologischen Teil ebenfalls kritisch, aber im Hinblick auf einzelne Teile durchaus lobend äußerte: Burger 11.1.1933. In der soziologischen Untersuchung durch den Predikanten Albertyn und zwei seiner Kollegen fehlte ihm der objektivierende wissenschaftliche Ansatz, statt dessen fand er „eine Anhäufung allgemeiner Eindrücke und persönliche Auffassungen."

geschickter Popularisierer wissenschaftlicher Forschungsergebnisse.[100] Weil er auch die Defizite des Reports, insbesondere des soziologischen Teils, ansprach, konnte Verwoerd signalisieren, dass noch nicht das letzte Wort über das Problem weißer Armut gesprochen war; in seiner Rezension war die autoritative Stimme der Wissenschaft zu vernehmen.

Bei der Vorbereitung des Kongresses, der vom 2.–5. Oktober 1934 mit 500 Teilnehmern in Kimberley stattfand,[101] war es „vor allem Dr. Verwoerd, der stets die Richtung vorgab hinsichtlich der Tagesordnungspunkte, der Diskussionen und Beschlüsse."[102] Darum wurde ihm die Ehre zuteil, zu Beginn des Kongresses die „Keynote-Speech" zu halten. Der Kongress war kein „Volkskongress" von der Art, wie ihn der Broederbond und die FAK regelmäßig durchführten, um die kulturnationalistische Mobilisierung auf neue Themenfelder auszudehnen.[103] Vielmehr handelte es sich um einen Kongress aller Wohlfahrtsverbände auf Initiative und unter Federführung der Kirchen, an dem englischsprachige Gruppierungen ebenso beteiligt waren wie afrikaanssprachige. Der Speaker des Parlaments, E.G. Jansen, und der Vorsitzende des Senats, C.A. van Niekerk, übernahmen den Vorsitz und werteten damit die Veranstaltung zu einer nationalen auf.[104] Da weiße Armut als ein die gesamte weiße Bevölkerung angehendes „Problem" möglicher Degeneration und eines zivilisatorischen Verfalls aufgefasst wurde und damit in eine unmittelbare Verbindung mit der Gefährdung der Rassenordnung rückte, kam es in diesem Fall zunächst zu keiner Abkapselung der Afrikaaner-Nationalisten.[105]

Aus diesem Grund wurde in Rundbriefen alles, was Rang und Namen im Bereich der Wohlfahrt hatte, angeschrieben und aufgefordert, sich an dem Kon-

---

100 Die Burger, 28.12.1932: Armblanke-Vraagstuk in Suid-Afrika, deel I.

101 Im Anschluss an den Kongress fand vom 6–7 Oktober in Kimberley eine Kirchliche Armenfürsorge-Konferenz statt, mit vielen der Teilnehmer des Poor White Congress: PV 93/1/67/5, Bl. 145 ff.

102 55.K.T. (81), Aufzeichnungen von M.E. Rothmann, März 1967.

103 T.D.Moodie 1975: 105; s. auch Tayler 1992: 49 f.

104 PV 94/1/5/1/1, P. du Toit an Jansen, 23.7.34 u. dessen Antwort vom 24.7., worin er annimmt.

105 S. etwa die eugenischen Überlegungen von Dunston 1923: 151 f. Die beteiligten Afrikaaner-Nationalisten sahen allerdings in dem Kongress in erster Linie eine Anstrengung, um den „Bestand eines weißen Afrikaanertums zu sichern und zu verstetigen" und befürworteten in dem Kontext umfassende segregationistische Maßnahmen: z. B. W. J. Scholtz aus Paarl in seinen Anmerkungen: Die aanstaande volkskongres in sake die armblankevraagstuk: PV 93/1/67/3, Bl. 89 ff. R. B.Miller 1993: 654 behauptet, Verwoerd sei vor 1937 für eine gemeinsamen Nation mit den Engländern eingetreten. Sie stützt sich auf sein Engagement für Sozialarbeit, wobei sie nicht bedenkt, dass dies an der inklusiven Organisationsform des Volkskongresses lag und nicht an Verwoerds Überzeugungen.

gress zu beteiligen.[106] Die Vorbereitung oblag drei Komitees, nämlich einem psychologisch-pädagogischen unter Vorsitz Wilcocks und einem sozial-kirchlichen unter Leitung von Albertyn, während Verwoerd Vorsitzender des soziologisch-ökonomischen Komitees wurde.[107]

Im August stellten die Vorsitzenden der drei Komitees einen Katalog von 99 Resolutionen zusammen, die dem Kongress im Oktober zur Verabschiedung vorgelegt wurden. Die Forderungen des Kongresses waren in der Tat umfassend und sprachen Vermarktungsmöglichkeiten, Versicherungen für die Landbevölkerung, Arbeitsrechte und Gesundheitswesen, Bildung und Erziehung bis hin zu Sozialarbeit im engeren Sinn an.[108] Verwoerd gelang es, seine eigenen Zielsetzungen in den Vordergrund zu schieben, die auf die Verantwortung des Staates und die Bedeutung strategischer Planung zielten.[109] Der Historiker und Politikwissenschaftler Jeremy Seekings identifizierte einen Machtkampf zwischen Verwoerd und den Kirchenvertretern, die in Übereinstimmung mit dem Carnegie-Report die Rehabilitationsmaßnahmen als ihre Domäne betrachteten und in der Armut in erster Linie ein moralisches Problem erblickten, während Verwoerds Lösungsvorschläge ganz auf den Staat und administratives Handeln ausgerichtet waren.[110]

Um die Entwürfe verabschiedet zu bekommen, wurde die Diskussionszeit künstlich verknappt und jeder Vortrag mit der Verabschiedung einer Reihe thematisch verwandter Forderungen des Kongresses direkt verknüpft, so dass sich diese „Anträge" als Schlussfolgerungen aus dem jeweiligen Referat ableiten ließen. Da Verwoerd die wichtigste und zugleich erste Rede hielt, behandelte er die zentralen Forderungen des Kongresses, die in erster Linie die Rolle des Staates betrafen.[111]

Der Professor aus Stellenbosch stellte klar, dass konkrete Maßnahmen und keine akademische Reflexionen auf der Tagesordnung standen. Auch sollte es nicht um eine bestimmte Personengruppe, nämlich die armen Weißen, gehen,

106 PV 93/1/67/2, Rundbrief 28.12.1933, Rundbrief v. 13.1.34.

107 FAV 4.4.4, Die Sociologies-Ekonomiese Komitee, verfasst von V., mit Vorschlägen zur Bekämpfung von Arbeitslosigkeit in Stadt und Land. Das Komitee „hat versucht herauszufinden, wie gut der Staat dafür eingerichtet ist, um Verarmung und Abhängigkeit zu bekämpfen."

108 Zur Entstehung des Forderungskatalogs s. Albertyn 1934: 3f. u. Verwoerd 1934: 33ff.; E.Theron 1970: 32.

109 PV 93/1/29/2, Bl. 100, „Prof. Verwoerdt (sic) stimmt den folgenden Empfehlungen des Volkskongress zu", es handelte sich um die Resolutionen mit den Nummern 1, 2, 7, 8, 23, 24, 26–30, 35–41.

110 Seekings 2008: 527ff.

111 Broschüre „Proposals To Be Laid Before The National Conference On The Poor White Problem".

sondern generell um das soziale Problem weißer Armut, womit er auf die Ursachenbekämpfung hinwies und die notwendige Prävention einer sozialen Deklassierung weiterer Kreise.[112] Damit bewegte Verwoerd sich nicht mehr im Rahmen der Sozialarbeit, sondern er argumentierte politisch. Zudem betonte er, dass man noch viel radikalere Forderungen hätte erheben können, „was eine vollständige Umwälzung unseres gesamten Staatswesens [lands-organisasie] bedeutet hätte", aber man hätte sich statt dessen pragmatisch auf das konzentriert, was mit den bestehenden Instrumentarien umgesetzt werden könne. Es handle sich bei dem Forderungskatalog um ein Minimalprogramm, aber dies sei „auch das mindeste, womit wir uns zufrieden geben können."[113]

Dies war eine raffinierte Vorbereitung auf das, was er dann als Plan ausbreitete und in der Formulierung staatlicher Aufgaben in seinen Vorlesungen bereits konzipiert hatte.[114] 35 Jahre später stellte A.T. Winckler in seiner Geschichte der „Volkswohlfahrtspolitik" fest, es hätte „kein anderes Gremium so starke Erwartungen in den Staat gesetzt wie der Volkskongress."[115] Formuliert hatte diese Forderungen Hendrik Verwoerd. Der Staat sollte die Gesellschaft umgestalten und deren gewünschte Ordnung im Rahmen einer Modernisierung der Wirtschaft einrichten, denn Verwoerd sprach sich dezidiert für eine schnelle Industrialisierung Südafrikas aus.[116] Für ihn war der Staat von seinem Wesen her ein Sozialstaat, in dem Sinn, dass er ein Instrument der „Gemeinschaft" war. Deren Überordnung über das Wohl des einzelnen kam als Verwoerds Grundprinzip hier zum Tragen. Mit der Industrialisierung käme die „verstärkte Intervention der Gemeinschaft in das Handeln von Individuen und Unternehmen. [...] mehr und mehr wird der Staat zum Medium für sozialen Service."[117]

In seinem Problemaufriss war weiße Armut nur im Kontext einer multiethnischen Gesellschaft mit einem riesigen schwarzen Billiglohnsektor zu verstehen. Er stellte fest, dass es unmöglich sei, „Vorschläge zur Verbesserung der wirtschaftlichen Situation der armen Weißen zu entwickeln, ohne auf die ein oder andere Weise diese Gruppen einzubeziehen." Allerdings vermied er es, konkreter zu erklären, auf welche Weise die übrige Bevölkerung in die Konzepte involviert werden sollte, aber er versicherte, dass man nicht davor zurückschrecken werde, entsprechende Maßnahmen zu ergreifen. Hier benutzte Verwoerd bereits

112 Verwoerd 1934: 30.
113 Ebd.: 31.
114 231/2/1/1, Inleiding tot die Sociologie, S. 35 ff. Vgl. auch D.Prinsloo 1979: 521: „Für Dr. Verwoerd war die Staatsmacht die Waffe des Afrikaanervolk in seinem wirtschaftlichen Kampf."
115 Winckler 1969: 41.
116 Verwoerd 1934: 33.
117 231/2/1/1, Inleiding tot die Sociologie, S. 44.

eine typische Argumentationsfigur, die auch später für ihn kennzeichnend blieb: „Wenn darum in gewissen ökonomischen Vorschlägen eine Parteinahme im Interesse der weißen Arbeiter zu finden ist, muss klar sein, dass dies nicht allein für unsere Problemgruppe – die armen Weißen – von Vorteil ist, sondern für das ganze Land!" Der Subtext war eindeutig: Die Unterstützung der Poor Whites war wichtig für das Land, weil damit die Rassenordnung aufrechterhalten würde, die klare Trennlinie zwischen Privilegierten und Nichtprivilegierten entlang der Hautfarbe. Das Wohl der schwarzen Bevölkerung war diesem allgemeinen Interesse zu subordinieren. Die Widrigkeiten, die sich daraus für die Bevölkerungsmehrheit ergaben, deklarierte Verwoerd als „vernachlässigbare [verwyderbare] Schwierigkeit".[118] So sei es „ökonomischer" für Südafrika, wenn ein schwarzer als wenn ein weißer Arbeiter arbeitslos würde, was „die Bevorzugung zivilisierter Arbeit" rechtfertige, ohne dass Verwoerd klar begründet hätte, warum dies ökonomischer sein sollte. Die Verdrängung teurer durch billige Arbeitskraft könne man nur dadurch aufhalten, dass man den Weißen die Arbeitsplätze zuwies. Die Schwarzen müssten mit weniger attraktiven Beschäftigungen vorlieb nehmen, etwa indem sie die Wanderarbeiter aus dem Ausland ersetzten oder „durch eine bessere wirtschaftliche Entwicklung der Reservate."[119] Hier kündigt sich der spätere Apartheidpolitiker an, eingeschlossen die nebulöse Rhetorik, die die brutalen Maßnahmen als „vorübergehende Diskriminierung" bemäntelte, die von Sympathie getragen sei: „Dies ist, wenn Sie so möchten, eine politische Absichtserklärung [beleidsverklaring], wie man auf sympathisierende Weise die Rechte und Interessen von Weißen wie Nicht-Weißen berücksichtigt, um dann klar zu wählen, was im Interesse der Gemeinschaft als ganzer liegt, selbst wenn dies auf den ersten Blick den Anschein von Bevorzugung erweckt." Nur wenn man seine Ansicht, eine klare Rassenhierarchie sei das Beste für die „Gemeinschaft als ganze" teilte, erschien es nicht mehr als Heuchelei, wenn er die Schlechterstellung der schwarzen Mehrheit als „Anschein von Bevorzugung" der Weißen bezeichnete.

Nach diesen Ausführungen, die den gravierenden und umfassenden Charakter des Problems als eines der gesamten südafrikanischen Gesellschaft identifizierten, ging Verwoerd zur Begründung der ersten acht Forderungen über, die sich allesamt mit der Rolle des Staates befassten und mit denen er seine ureigensten Ziele formulierte. Er mahnte seine Zuhörer, dass im Hinblick auf die Forderung nach einer „definitiven staatlichen Organisation für soziale Wohlfahrt" der Kongress eine eindeutige Haltung einnehmen müsse. Das Problem von Armut

---

118 Verwoerd 1934: 31.
119 Ebd.: 32.

und Niedergang „und das Coloured-Problem" sei seit zehn Jahren bekannt und wäre noch nie „planmäßig" angegangen worden. Dies führte er darauf zurück, dass Wohlfahrtsmaßnahmen auf die verschiedenen Ministerien verteilt und nicht in einer Hand gebündelt waren. Darum zeigte er sich überzeugt, „dass der Staat zweifellos nur dann seiner Pflicht zur Lösung von Problemen öffentlicher Wohlfahrt wirklich nachkommt, wenn eine selbständige Abteilung zu diesem Zweck besteht."[120] Die Verantwortlichkeit für Wohlfahrt sollte eindeutig geregelt werden, denn nur eine eigenständige Abteilung verfügte über die notwendige Autorität und konnte eigene Prioritäten setzen, während die Verteilung von Wohlfahrtsmaßnahmen auf verschiedene Ministerien immer wieder zur Hintansetzung von Entscheidungen führen würde. „Wohltätigkeit war früher die Sache einiger selbst-angestellter Philanthropen; Sozialarbeit ist heute die Aufgabe der Demokratie. Neue Zeiten bringen neue Probleme mit sich und benötigen eine neue Maschinerie."[121] Verwoerd setzte auch später als Politiker stets auf zentrale Steuerungseinheiten mit eindeutiger Kompetenz, denn Effizienz ließ sich nach seinem Verständnis nur durch Steuerung und Kontrolle von oben erzielen.

Dem integralen Charakter seines Nationalismus entsprechend war auch sein Staatsverständnis ausgesprochen autoritär, immer vom Ganzen her zu den Teilen entwickelt: wie das Individuum über die Nation definiert wurde, so die Institutionen von der Staatsspitze her. Dies fügt sich zu dem systematischen und umfassenden Ansatz, der die groß angelegten Planungen und Umgestaltungen während der Apartheid vorwegnahm. Während staatliche Interventionen in das Privatleben der Bürger nach der Weltwirtschaftskrise weltweit zunahmen, ist der entscheidende Unterschied im Fall Verwoerds der, dass er den Staat vom integralen Nationalismus her entwickelte und dessen Interventionen nicht als vorübergehende Maßnahmen begriff, sondern als „wesenhafte". Der nächste Schritt vom interventionistischen Staat der 1930er Jahre führte zum Sozialstaat, in Südafrika freilich in der Variante einer sozialen Versorgung für Weiße bei gleichzeitiger Ausgrenzung und Marginalisierung der schwarzen Mehrheit, aber auch als „fremd" definierter Minderheiten.

Die zweite Forderung nach einem Staatsdienst für ausgebildete Sozialarbeiter war, wie er selbst betonte, eine Forderung, die er schon eineinhalb Jahre zuvor

---

120 Ebd.: 36 In der nachfolgenden Diskussion unterstützte sein Kollege Geoffrey Cronjé, Soziologieprofessor an der Universität Pretoria, diese Forderung: ebd: 39.

121 Ebd.: 37. Den Ruf nach einer Bündelung in einem Staatsdepartment hatte zehn Jahre vor Verwoerd bereits D. F. Malan erhoben: D. F.Malan 1923: 7.

der Untersuchungskommission der Kapprovinz vorgelegt hatte.[122] Je eine Sozialarbeiterin sollte in jedem Wahlkreis[123] fest eingestellt werden, um dort die Wohlfahrtsarbeit zu koordinieren und gleichzeitig die erforderlichen Informationen zu sammeln; Verwoerd sprach in dem Zusammenhang von einem „Nervensystem über das ganze Land [...] um die notwendigen Informationen zusammenzuführen".[124] Zu diesem Behuf sollte auch eine eigene Zeitschrift gegründet werden, die nicht für die Forschung gedacht war, sondern um SozialarbeiterInnen über die neuesten Entwicklungen zu informieren und die Konzeptionen des Kimberley-Kongresses propagandistisch zu verbreiten.[125] Neben der Zentralisierung machte sich Verwoerd für die Professionalisierung der Sozialarbeit durch die Einstellung wissenschaftlich ausgebildeter SozialarbeiterInnen stark.[126] Das Bild vom Nervensystem war nicht ohne Grund gewählt, denn Verwoerd sah auch ein Gehirn vor: „In den Provinzhauptstädten kann es Zentralbüros geben mit ein paar Beamten, die die Daten der gesamten Provinz verarbeiten und von wo aus die Dienstabteilung kontrolliert wird. Von dort aus ist die weitere Zentralisierung z. B. durch ein Department für soziale Wohlfahrt einfach."[127] Er deutete an, dass die Koordinierung bestehender Wohlfahrtsverbände ohne ein gewisses Maß an Zwangsmaßnahmen nicht erreicht werden konnte.[128] Mit einigen kleineren Veränderungen wurden alle Forderungen Verwoerds vom Kongress übernommen. Seine Rede war, wie seine Schülerin und Mitarbeiterin Erika Theron betonte, die Arbeitsgrundlage für das Fortsetzungskomitee.[129]

Verwoerds umfassender Ansatz, der vom „Poor White Problem" zu einer Neugestaltung der gesamten südafrikanischen Gesellschaft fortschritt, gehört in den Rahmen des Social Engineering. Thomas Etzemüller stellte für die schwedischen Social Engineers fest, was auch für Verwoerds positivistische Grundhaltung gilt: „Alva und Gunnar Myrdal oktroyierten keine Weltanschauung, sie

---

122 Ebd. S. 37. S. auch FAV 4.4.4, Die Opleiding van Sociale Werkers (en Matrones), mit zahlreichen handschriftlichen Anmerkungen Verwoerds sowie ebd., Die opleiding en gebruik van geskoolde sosiale werkers en werksters.

123 Es ist interessant, dass er Wahlkreise und nicht etwa Magistratsbezirke oder andere administrative Einheiten zur Grundlage nahm, was den politischen Charakter des Vorhabens unterstrich.

124 Verwoerd 1934: 37. S. auch V., Die Volkskongres van 1934, Teil 2, Die Burger, 19.2.1935.

125 FAV 4.4.4, Memorandum on the Need and Possibilities of Commencing a Journal of Social Service, bes. S. 2f. u. S. 5; er sah sich selbst als Herausgeber der Zeitschrift vor, ebd. S. 7.

126 Verwoerd 1934: 38.

127 Ebd.: 37.

128 Ebd.: 39. S. auch seine Bestandsaufnahme der Vielzahl von Wohltätigkeitorganisationen in Südafrika: FAV 4.4.4, Manuskript: The Organisation of Social Work in South Africa.

129 E.Theron 1970: 36.

gingen, ihrer Meinung nach, von der Realität aus."[130] Die geplante, positivistisch-sozialwissenschaftlich fundierte, Neuordnung der Gesellschaft bezog zwar den Staat mit ein, beruhte aber im Wesentlichen auf einer Selbstermächtigung von „Experten", die mit einem bis ins Privatleben der Menschen ausgreifenden Manipulierungswillen auftraten, dies aber im wesentlichen als eine Art Reparatur einer aus den Fugen geratenen Gesellschaft rechtfertigten.[131] In den USA gehörte nicht zuletzt die Carnegie Foundation zu den Förderern sozialwissenschaftlicher Projekte, die gleichzeitig Ansprüche erhoben, Social Engineering zu betreiben.[132]

Den stellvertretenden Vorsitz dieses vom Kongress eingesetzten Fortsetzungskomitees übernahm Verwoerd, um im Oktober 1935 an die Spitze aufzurücken.[133] Er sorgte auch dafür, dass ein kleineres Exekutivkomitee die eigentliche Macht hatte, innerhalb dessen wiederum ihm selbst die Geschäftsführung und damit weitgehende und kaum kontrollierbare Entscheidungsbefugnis oblag.[134] Es sollte auf die Umsetzung der Resolutionen bei den staatlichen und anderen Stellen dringen. Weil er als einziger ein klares Konzept hatte und über die notwendige Durchsetzungsfähigkeit verfügte, dominierte er das Fortsetzungskomitee von Anfang an und brachte die übrigen Mitglieder auf seine Linie.[135] In seinem Rechenschaftsbericht für das Jahr 1936 räumte er ein, dass es ihm erst in dem Jahr möglich war, sich „über jede wichtige Angelegenheit vorab mit der Geschäftsführung zu beraten, während er im vergangenen Jahr nicht anders konnte, als durchweg nach eigenem Gutdünken zu handeln."[136] Zuweilen unterschrieben andere die Briefe, die aber nach Diktion und Argumentationsform von Verwoerd vorformuliert waren, etwa als das Komitee dem Gesundheitsminister gegenüber am 16. August 1935 verdeutlichte, dass es einen klaren Zusammenhang gebe

---

130 Etzemüller 2006: 465.

131 Etzemüller 2015b: 20ff.; zum positivistischen Anspruch, der aber aufgrund der fehlenden empirischen Daten kaum eingelöst werden konnte, ebd.: 26ff. Zur mit dem Social Engineering einhergehenden Missachtung des Individuums und seiner eigenen Lebensgestaltung s. Doering-Manteuffel 2008: 48 u.53 sowie Marklund 2015; die Affinität zur Psychotechnik wird erkennbar bei Luks 2015.

132 Hochgeschwender 2015: 189.

133 Offenbar war Verwoerd zunächst zum Vorsitzenden gewählt worden, erklärte aber noch am 5.10. seinen Rücktritt, „weil ich glaube, dass damit den Interessen der Sache und des Kongresses am besten gedient ist." PV 93/1/67/5, Bl. 143, Verwoerd an P. du Toit, 5.10.1934.

134 Verwoerd 1936: 3.

135 55.K.T. (81), Aufzeichnung M.E. Rothmanns vom März 1967. Rothmann war Mitglied des Fortsetzungskomitees und vertrat dieselben Konzepte wie Verwoerd, über die Arbeit im Komitee schrieb sie: „Da konnte ich die Leitung unseres Vorsitzenden teilweise beobachten und von Herzen bewundern." Verwoerd kam zu der ersten Sitzung mit einem vollständig ausgearbeiteten Konzept: E. Theron 1970: 38.

136 PV 93/1/67/7, Bl. 71, Voorsitterverslag, 5.10.1936, S. 2.

zwischen „gesunder Behausung und dem Kampf dagegen, dass Weiße und Coloureds durcheinander wohnen“.[137] Alleinige Aufgabe des Komitees war die Umsetzung der Resolutionen des Kongresses, weshalb es die Reaktionen der Behörden auf jede einzelne der 99 Resolutionen genau auflistete und bewertete.[138] Verwoerd entfaltete eine außerordentliche Dynamik, er war die treibende Kraft hinter dieser Vielzahl von Aktivitäten.[139] Anfang Oktober 1936 trat er in Johannesburg als Referent bei einer Konferenz über Sozialarbeit auf und hielt Vorträge im ganzen Land.[140] Vehement plädierte er für die Einrichtung eines staatlichen Sozialdienstes, dessen Sozialarbeiterinnen eine Universitätsausbildung haben sollten.[141]

Die größten Erfolge konnte das Komitee in seiner Zusammenarbeit mit den Eisenbahnen vorweisen, die seit Beginn der Regierung Hertzog systematisch zu einer Domäne weißer Arbeitskräfte ausgebaut worden waren, weshalb dort arme Weiße am ehesten unterkommen konnten. Darum gab es die meisten Einrichtungen für eine soziale Betreuung bei der Bahn. Verwoerds frühere Schülerin und Mitarbeiterin Erika Theron baute aus dem Komitee heraus einen Sozialarbeitsdienst bei der Eisenbahn auf, wobei sich das Komitee bezeichnenderweise die Autoritätsstrukturen innerhalb der staatlichen Bahnen zunutze machte, um die Poor Whites der Kontrolle durch Sozialarbeiter zu unterwerfen.[142] Der häufige Gebrauch des Begriffes „schwach“ bei der Beschreibung der Poor Whites lässt erkennen, wie sehr auch Theron Arbeit, Charakterstärke und Verhinderung von Degeneration als einen Zusammenhang wahrnahm. Diese Tätigkeit zählte zu den

---

137 Ebd. Bl. 26 f., Korrespondenz mit dem Minister van Volksgesondheid.

138 Ebd. Bl. 10 ff., 10 Aufstellung über Kongressbeschlüsse und Reaktionen der einzelnen Ministerien darauf (offenbar aus der 2. Hälfte 1935).

139 PV 93/1/67/6, Bl. 97 Albertyn an Sekretärin d. Komitees, 10.6.35. Offenbar fanden die Entscheidungen im Uitvoerende Komitee statt und das größere Fortsetzungskomitee wurde meist vor vollendete Tatsachen gestellt. Im Fall von Albertyn wurden mehrfach die Termine so angesetzt, dass er nicht teilnehmen konnte.

140 Verwoerd 1936: 15, Liste seiner Vorträge u. S. 18 seiner Artikel.

141 Das Manuskript des Vortrags findet sich in FAV 4.4.4. Verwoerd 1937 b: 90. Für Verwoerd war Sozialarbeit insbesondere ein weiblicher Beruf, wobei er auch in der Universitätsausbildung Unterschiede zwischen Männern und Frauen machte, s. ebd. S. 91. Die Vorschläge von M. J. Adams 1936: 3 f. zur Rehabilitierung der armen Weißen gingen in eine ähnliche Richtung.

142 PV 93/1/67/1, Verslag van die Spoorwegwelsynswerk, Mai 1935 tot Maart 1938. S. auch PV 93/1/5/1, 17 f. über Aufgaben von SozialarbeiterInnen mit Betonung auf der Kontrolle der Bewohner der Häuser, Ratschläge und Unterstützung, aber auch stark paternalistische Einmischung. S. auch PV 93/1/67/7, Bl. 55, Bericht über Wohlfahrtsarbeit bei den Eisenbahnen für die Zeit vom Jan-Aug. 1936. PV 93/1/67/6, Bl. 81 Ministerium für Eisenbahnen und Häfen an Komitee, 27.5.35. Das Komitee dürfe sich nicht in die Arbeitsabläufe des Ministeriums einmischen. S. auch E. Theron 1970: 56 f.

„Experimenten“ des Komitees, mit deren Erfolg es die Behörden dazu animieren wollte, selbst tätig zu werden.[143] Allerdings hatte das oft autoritäre Auftreten und die nationalistische Motivation der Sozialarbeiterinnen zur Folge, dass die Bahn alsbald das Projekt in Eigenregie übernahm.[144] Die Rehabilitation der Poor Whites geschah keineswegs in emanzipatorischer Absicht, sondern als autoritäre Eingliederung in die Volksgemeinschaft, was eine finnische Ethnologin noch in den 1990er Jahren am Verhalten ihrer Nachkommen beobachten konnte.[145]

Das Komitee unternahm auf Betreiben Verwoerds mehrfach Vorstöße bei der Regierung, um dem Ziel, eine eigene Behörde für Wohlfahrt einzurichten, näher zu kommen.[146] In einem Schreiben an den Vorsitzenden seines Finanzkomitees, M. J. Adams, schrieb Verwoerd völlig unverblümt, es sei sein Ziel „of getting the government to follow the Conference's advice and to do certain concrete things.“[147] Verwoerd ließ keine Zeit verstreichen und bat bereits Anfang Februar 1935 um Gesprächstermine bei Premierminister Hertzog und Arbeitsminister A. J. Fourie.[148] In einem ausführlichen Schreiben informierte er Fourie über die wichtigsten Forderungen und Ziele des Komitees, wobei er in für ihn typischer Manier klarstellte, dass das Komitee keine „vagen theoretischen Ziele im Blick hat.“ Er lehnte insbesondere die verbreitete Sichtweise ab, die der Minister teilte, weiße Armut sei nur ein vorübergehendes Resultat der Weltwirtschaftskrise. „Some people believe that poverty and degeneration are mainly an unemployment problem. They do not realise the fundamental importance for employability and efficiency of bad housing, insufficient education, incomplete occupational training, discouragement, indifference, familiy strife and severed family relationships, low vitality, undernourishment and illness.“[149] Darum spiele es für ihn

---

143 Annual Report of the Work of the Continuation Committee of the National Conference on the Poor White Problem, Stellenbosch 1935, S. 26. S. bei Verwoerd selbst 231/2/4/1, Armoede en sy bestryding, Algemene oorsake, S. 12f.

144 Tayler 2004: 115 f.

145 Teppo 2004: 16 u. 49.

146 PV 93/1/29/3, Union Dept. of Education an V., 26.1.35, worin mitgeteilt wurde, dass das Dept. ein eigenes Büro für Opvoedkundige en Maatskaplike Navorsing eingerichtet hätte.

147 PV 93/1/67/6, Bl. 1 Verwoerd an Adams, 6.12.1934.

148 Ebd., Bl. 13, Brief an Hertzog mit Bitte um Empfang einer Delegation, 5.2.35.

149 Verwoerd, Poverty and the State, in: Cape Argus, 4.10.1935. Im Artikel unterstreicht er die Rolle, die dem Staat zufallen sollte und die Notwendigkeit eines eigenen Department of Social Welfare; vgl. auch V.: Die Volkskongres van 1934 – Tydelike Werkloosheid, in: Die Burger 26.2.1935, wo er die Arbeitslosenversicherung als Allheilmittel kritisiert; s. auch die Fortsetzung des Artikels in Die Burger, 4.3.1935 u. 11. u. 20.3.1935, worin er sich vor allem mit Arbeitsbeschaffung und Motivation zur Arbeit befasst. Zur Haltung der Regierung, weiße Armut primär als Problem von Arbeitslosigkeit zu behandeln s. auch M. C. Potgieter 1970: 22 u. Necker 1998: 59.

keine Rolle, dass die Regierung im Jahr 1932 15,9 % des Staatshaushalts für die Bekämpfung weißer Armut bereitgestellt hatte.[150] Außerdem stellte er dem Minister gegenüber klar, dass das Komitee ein politisches Mandat wahrnahm und sogar eine Art Kontrollfunktion über die Regierung beanspruchte.[151]

Am 25. Februar 1935 traf eine Delegation, bestehend aus Verwoerd, ds. Pieter du Toit, M. E. Rothmann, Z. Steyn, J. Pellissier und M. J. Adams mit Premierminister Hertzog zusammen, der seinerseits von Bildungsminister J. H. Hofmeyr begleitet wurde.[152] Wortführer der Delegation war Verwoerd, so dass das Gespräch zum direkten Schlagabtausch zwischen ihm und dem Premier geriet. Das Thema der Diskussion war die Gründung eines eigenen Department of Welfare, wobei Hertzog bis zum Schluss nicht überzeugt werden konnte, dass dessen Einrichtung wirklich notwendig war: „Ich habe den Eindruck, dass Sie zu viel Wert auf die Konzentration unter einer Zentrale legen. Die Einteilung, wie wir sie heute haben, beruht auf Jahren der Erfahrung und es gibt gute Gründe für sie."[153] Hier werden zwei unterschiedliche Organisationskonzepte erkennbar, denn Hertzog, politisch im eher schwachen Kolonialstaat sozialisiert, lehnte die autoritäre, straff hierarchisch durchgegliederte Administration ab, wie Verwoerd sie anstrebte.

Verwoerd betonte, dass das Department eine Oberaufsicht und Weisungsbefugnis über alle Wohlfahrtsverbände haben sollte, soweit diese staatliche Subventionen empfingen. Die Notwendigkeit eines eigenständigen Department begründete Verwoerd auf Nachfragen des Premiers mit der Bündelung von Befugnissen, der besseren Koordination und der Dringlichkeit des Problems: „Wir akzeptieren die Verbindung von Wohlfahrtsangelegenheiten mit allen möglichen anderen Interessen, legen aber nachdrücklich Wert darauf, dass sie zuerst, wo immer dies möglich ist, miteinander verbunden werden und nicht mit benachbarten Interessen."[154] Der Professor erwies sich als außerordentlich gut unterrichtet über die Kompetenzverteilungen in der staatlichen Verwaltung und konnte auch Hinweise, wie dergleichen im Ausland organisiert war,[155] argumentativ parieren. Er stellte seine politische Begabung unter Beweis, da er die Überlegungen Hertzogs sofort als feste Zusagen verstanden haben wollte: „Ich denke, dass diese

150 Giliomee 1986: 15. Zu den Maßnahmen im einzelnen s. J. de Villiers 2004: 173.
151 PV 93/1/67/6, Bl. 15 – 17, Schreiben des Sekretariats des Volkskongresses an den Minister für Arbeit, 5.2.1935.
152 S. auch ebd., Bl. 70, Brief an Sekretär für Erziehung, 7.5.1935, mit der Bitte um Unterstützung, dass ein Südafrikaner mit Abschluss in Sozialarbeit für 18 Monate nach Holland geht, um dort das Octavia Hill-System zu untersuchen.
153 Ebd., Bl. 20 ff. Delegation beim Premierminister, 25.2.35, Protokoll S. 3.
154 Ebd. Protokoll S. 2.
155 Vgl. dazu PV 93/1/29/3, V. über den Status von Wohlfahrts-Dept. in versch. Ländern.

Delegation mit Dank den Vorschlag des Ministers annehmen sollte, das derzeitige Arbeitsministerium umzuorganisieren in ein Ministerium für Arbeit und Volkswohlfahrt." Einen Vorschlag, eine unabhängige Kommission zu berufen, um die Kompetenzen dieses Unterdepartment für Wohlfahrt abzustecken, lehnte Hertzog unter Verweis auf die bestehende Civil Service Commission ab und meinte: „Vielleicht können wir später, wenn wir sehen, wie die ersten Schritte verlaufen, eine solche Kommission einrichten." Doch Verwoerd war nicht gewillt, locker zu lassen und insistierte: „Wir sind jetzt beim ersten Schritt."[156] Es könne nicht angehen, dass alles nur aus einem rein bürokratischen Blickwinkel betrachtet werde, wie es zu befürchten sei, wenn ausschließlich staatliche Behörden mit der Reorganisation betraut würden. Abermals münzte er eine vage Äußerung Hertzogs um in eine feste Zusage, dass die Aktivisten des Komitees zu einem späteren Zeitpunkt, nämlich nach der Reorganisation, ihre weiterführenden Vorschläge unterbreiten dürften „über die Ausweitung von Funktionen und die Einrichtung einer Kommission, um sich dieser Angelegenheit zu widmen." Hertzog bestätigte dies, fragte aber misstrauisch: „Möchten Sie die Entscheidung darüber haben, wer für diese Arbeit ernannt wird?" Doch Verwoerd beschied sich geschickt mit einem Mitspracherecht im Hinblick auf Prinzipien und versicherte, keineswegs in Personalangelegenheiten hineinreden zu wollen.

Einen Tag später wurde die Delegation beim Arbeitsminister vorstellig. Es kam zu einer offenen Kontroverse, als der Minister ein Recht des Komitees bestritt, die Regierung zu kontrollieren. Verwoerd versuchte zunächst zu beschwichtigen, enthüllte dann aber sein Verständnis von Nation und Demokratie, als er sagte: „Die Regierung kontrolliert den Besitz des Volkes und Repräsentanten eben dieses Volkes erteilten dem Fortsetzungskomitee einen Auftrag. Sie werden sehen, dass wir nicht beabsichtigen, eine Art Regierung über der Regierung zu sein, was lächerlich wäre. Wir appellieren nur an die Regierung, danach zu fragen, was das Volk beschlossen hat."[157] Dieses anmaßende Auftreten führte dazu, dass der

156 PV 93/1/67/6, Bl. 20 ff. Delegation beim Premierminister, 25.2.35, Protokoll, S. 5.

157 Ebd., Bl. 36 Delegation zum Arbeitsminister am 26.2.35, u. a. Verwoerd Vgl. auch ebd. Bl. 90 P. du Toit an V., 6.6.1935, worin er ihn mahnte, konziliianter mit dem Ministerium umzuspringen. Bezeichnenderweise verstand Verwoerd die Kritik überhaupt nicht: Bl. 108 V. an P. du Toit, 14.6.35. Ebd. Bl. 102 Brief d. Komitees an Minister, 12.6.35, worin unterstrichen wird, dass es keine Funktionen der Regierungsarbeit beanspruchte. Auch in einer gleichzeitig erscheinenden Artikelserie betonte Verwoerd, dass es sich um ein „Arbeitsprogramm für das ganze Volk" handle: Die Burger, 18.2.1935.

Minister zwischenzeitlich die Zusammenarbeit mit dem Komitee ganz aufkündigte.[158]

Im März 1936 traf eine Delegation des Fortsetzungskomitees bestehend aus M. E. Rothmann, A. Geyer, Z. Steyn, M. J. Adams und Verwoerd erneut mit Fourie zusammen. Die Burger berichtete darüber und druckte in voller Länge ein Memorandum des Komitees ab, das die Forderungen des Kongresses wiederholte und präzisierte, wodurch der öffentliche Druck auf Fourie erhöht werden sollte.[159] Interessanterweise wurde der vage Begriff des „Volk", der von den afrikaansen Kulturnationalisten sonst immer in exklusiver Weise reklamiert wurde, hier von Verwoerd ausgedehnt, weil auf dem Kongress in Kimberley ein breites Spektrum an Wohlfahrtseinrichtungen aus beiden Teilen der weißen Bevölkerung vertreten war. Daraus jedoch einen gleichwertigen Auftrag und eine Legitimation des Fortsetzungskomitees abzuleiten, wie sie der gewählten Regierung zukam, war einigermaßen abenteuerlich. Aufschlussreich ist auch das darin zutage tretende Selbstverständnis Verwoerds, auf den ja im wesentlichen die Resolutionen und die Grundkonzeption des Kongresses zurückgingen, die er nun als Beschlüsse des Volkes ausgab.

Immerhin stimmte der Premierminister der Gründung eines Departement innerhalb des Arbeitsministeriums unter einem eigenen Under-Secretary zu und benannte sogar das Ministerium um in Department van Arbeid en Volkswelsyn. „Unfortunately, this has been watered down by the responsible Minister to a division under a commissioner"[160], kritisierte Verwoerd später, wobei er sich gleichzeitig als Verdienst zurechnete, dass das Komitee „die Regierung zur Gründung des Department für Volkswohlstand zwang."[161] Zwar sei es ein erster Schritt, doch reichte ihm dies nicht und er drängte darauf, dass dieses Department weiter ausgebaut und schließlich ganz selbständig werden sollte, um sich völlig der Arbeit für die Poor Whites zu widmen. Er vertraute darauf, dass es

158 PV 93/1/67/6, 110 Brief d. Ministers f. Arbeit (A. P. J. Fourie) an Komitee, 25.6.35 und Antwort des Komitee (ebd., Bl. 118, 9.7.35), worin sie nochmals ihre Funktion erläuterten. PV 93/1/67/7, Bl. 24, Minister für Arbeit an Komitee, 2.8.35, worin der Minister sich mit der Erklärung des Komitees zufrieden erklärte und die Kooperation wieder aufzunehmen bereit war. Zu den Spannungen s. auch E.Theron 1970: 48 ff. u. Tayler 2010: 143. Fourie war ein sehr umstrittener Politiker, da er eine Zeitlang Anfang der 1930er Jahre zwischen Hertzog und Malan laviert hatte, aber sich dann als einer der wenigen Kap-Nationalisten 1934 doch dem General anschloss und versuchte, Malan in die UP zu bringen: Koorts 2014: 264 f., 274 f., 281 ff. u. 300.

159 Die Burger, 17.3.1936, insgesamt 6 Spalten. Der Artikel wurde auch als Sonderdruck verbreitet. Das Memorandum erschien in englischer Sprache zudem im Child Welfare Magazine, Juli 1936.

160 Verwoerd, Poverty and the State, Cape Argus, 4.10.1935.

161 W. J.Verwoerd 1990: 4. S. auch Department of Labour and Social Welfare 1937: 35.

möglich sei, dieses Department „danach auf natürlichem Weg sich entwickeln zu lassen“, womit er die Eigendynamik bürokratischer Kompetenzerweiterung meinte.[162] Es war insbesondere die Enttäuschung über Minister Fourie, die Verwoerd dazu bewog, sich der politischen Arbeit zu widmen.[163]

Verwoerd als Intellektueller

Verwoerd war zweifelsohne ein intelligenter Mann, aber war er auch ein Intellektueller? Trotz seiner wissenschaftlichen Karriere ist diese Kennzeichnung nicht haltbar.[164] Dies lässt sich am besten anhand seiner eigenen Äußerungen über die Rolle der Universität und der Akademiker in der Gesellschaft überprüfen.

Es gibt verschiedene und einander widersprechende Definitionen, was ein Intellektueller sei. Insbesondere innerhalb des Marxismus wurde dies intensiv diskutiert, denn Marxisten hatten mit dem Problem zu kämpfen, die „bürgerlichen“ Intellektuellen als Berufsrevolutionäre, denen Lenin eine Führungsrolle zugesprochen hatte, mit einer Klassenbasis zu verbinden, der sie nicht entstammten. Gleichwohl mussten sie die Lehre von Marx, dass das gesellschaftliche Sein das Bewußtsein prägt, für diese Gruppe bestätigen. Antonio Gramsci versuchte, mit dem der kommunistischen Lehre eher fremden Begriff des „organischen“ Intellektuellen eine Lösung zu finden. In diesem Sinn war Verwoerd ein „organischer“ Intellektueller, wobei in seinem Fall jedoch die Klassenzugehörigkeit irrelevant war, da er Protagonist einer klassenübergreifenden, ja klassennegierenden nationalistischen Bewegung war. Demgegenüber hat Karl Mannheim gerade die soziale Unabhängigkeit der Intellektuellen hervorgehoben, indem er den Begriff der „frei schwebenden“ Intelligenz einführte.[165] Er erkannte Intellektuellen, weil sie Intellektuelle waren, die Fähigkeit zu, sich außerhalb ihrer eigenen Klassenzugehörigkeit zu verorten. Für Mannheim zählte demnach zur Eigenschaft des Intellektuellen, dass er sich aufgrund seines höheren Reflektionsniveaus von seiner Klassenbasis abheben konnte. Genau dieses höhere

---

162 PV 202/6/4/1/1/1, FAK-Sammlung, Memorandum des Uitvoerende Komitee (ca. 1936). Zur weiteren Entwicklung des Department s. Winckler 1969: 75ff. S. auch Transvaler 5.10.1937, in dem Verwoerd im Leitartikel die Gründung begrüßte, aber auch Fourie nochmals kritisierte, ebenso Transvaler, 6.12.1937.

163 PV 72/3, Beukes, Bericht über Spaziergang mit Len Verwoerd durch Stellenbosch: „Ons staan in Drosdystraat...“, S. 12.

164 Sogar ein Autor, der alles andere als verdächtig ist, Verwoerd zu verehren, wie Max du Preez, zählt ihn zu den „great white intellectuals“: Du Preez 2004: 19, s. aber auch S. 60.

165 Mannheim 2015: 135.

Reflektionsniveau über den eigenen Standort und die eigene Tätigkeit ließ Verwoerd jedoch vermissen.

Der Absolvent der Universität Stellenbosch war wie deren langjähriger Rektor H. B. Thom ein entschiedener Verfechter des Verständnisses der Universität als einer „Volksuniversität“,[166] die kosmopolitische intellektuelle Strömungen eher abwehren sollte, um sich ganz dem Dienst an der Nation zu verschreiben: „In the midst of all that is happening, we have in the first instance to remain members of our own people, our own nation. The university is the body that has to see to that. [...] The youth who becomes denationalised by the world-wide stirrings, who only feels at home in the outside world but not in his own country, will surely be lost just as such persons have always been lost.“[167] Die Universitäten waren neben der Geschäftswelt die Bereiche des „Volkslebens“, die am stärksten den Versuchungen des Kosmopolitismus ausgesetzt waren: „For me this means that we should keep our identity as a people, that we should not become international, that we should not consider ourselves wise or learned or big when we abandon our people.“[168] Verwoerd verstand die Universität stärker als „Gemeinschaftseinrichtung“ als einige seiner früheren Kollegen, die die intellektuelle Freiheit und den Individualismus zu schätzen wussten.[169] Schon 1929 hatte er in seiner Rede zur Eröffnung des akademischen Jahres als sein Credo verkündet: „Eine Universität darf nicht nur eine Vorbereitung für den Egoismus sein, sondern eine Vor-

---

166 Thom 1965: 14 ff. u. 1969; Van Zijl 1969: 48 f. Für Verwoerd bedeutete dies die enge Einbindung der Universität in das „Volksleben“, d. h. die jungen Akademiker sollten auch lernen, dass sie ihre Kenntnisse in erster Linie für das „Volk“ erwarben: „They have a duty to themselves and a duty to their nation to make sure of gaining that knowledge which forever increases, which makes life more useful and supplements the practical life, and of making it their own, also for the sake of others.“ Verwoerd, Opening of the Extra-mural Building of the University of Pretoria, 25.3.1960, in: Pelzer 1966: 370 – 373, hier 371. Vgl. auch D.Prinsloo 1979: 398 ff. Zum Konzept der Volksuniversität kritisch: Degenaar 1978 b: 152 f. u. 156.f.

167 Verwoerd, Opening of the Academic Year at the University of Stellenbosch, 25.2.1959, in: Pelzer 1966: 248 – 257, hier 256. Darum ist die Darstellung des zeitweiligen AB-Vorsitzenden und Rektors der Randse Afrikaans Universiteit, Gerrit Viljoen, nicht glaubhaft, dass die ursprünglich bilingualen Universitäten Südafrikas wegen der Arroganz der Engländer, die zweifellos vorhanden war, unilingual wurden, denn er unterschlägt dabei die nationalistischen Impulse und das Konzept der „Volksuniversität“: G.Viljoen 1978: 173 ff.

168 Verwoerd, Centenary Celebrations of the Reformed Church at Rustenburg, 28.3.1959, in: Pelzer 1966: 258 – 270, hier 269.

169 Beispiele bei Du Raan 1998: 11. Allerdings bewegte Verwoerd sich ganz auf der Argumentationslinie, die T. J.Hugo 1941, Kap. 5, entworfen hatte. Vgl. auch D.Prinsloo 1979: 21. S. auch Welsh/Savage 1978: 136 f.

bereitung für das Opfer."[170] Darum müssten sich die Jugendlichen bewußt sein, dass ihr Wert primär darin lag, Teil der Nation zu sein und im „Volksdienst" aufzugehen.[171] Darum wurde der Afrikaanse Nasionale Studentebond auch stets unter Kontrolle von NP und Broederbond gehalten.[172] Studenten sollten sich bei ihrer Ausbildung vor Augen halten, dass „we prepare ourselves at the university for our own and for our share in our nation's future."[173] In einer Ermahnung an seinen ältesten Sohn, der 1947 sein Studium in Stellenbosch aufgenommen hatte, unterstrich Verwoerd, dass in der Zeit des Studiums das Fundament des späteren Lebens errichtet werde. „Vernachlässigt man dies, dann verwahrlost nicht nur die eigene spätere Entwicklung und das eigene Glück, sondern auch die von allen, die von einem abhängen."[174]

Jugendliche, die im Ausland studierten und dann nicht mehr zurückkehrten, um ihre Kenntnisse dem eigenen Volk zur Verfügung zu stellen, waren schlicht Verräter: „How could a nation whose potential leaders deserted it so, itself climb the ladder of civilisation and knowledge?"[175] Auch in einer Festrede an der Universität Potchefstroom verlangte er die Unterwerfung junger Akademiker unter die Imperative des „Volksdienstes": „Das Volk kann nur als Ganzes kulturell wachsen, wenn dies gemeinsam und in Nachfolge der Denker und Gelehrten geschieht, die in seiner Mitte geboren und aufgewachsen sind und die auf allen Gebieten die akzeptierten Führer sein können."[176] Als Verrat bewertete er aber nicht nur die Abwanderung von Intellektuellen, sondern auch ihre Öffnung gegenüber dem „Liberalismus", den er als Gleichmacherei betrachtete und für Südafrika wegen seiner heterogenen Bevölkerung als große Gefahr einschätzte.[177]

Er war verärgert, als 1960 die Studierenden der Universität Stellenbosch am Tag des Referendums über die Republik Examen schrieben: „Für mich geht es

---

170 E.Theron 1983: 22. Theron zitierte dies aus der Erinnerung, datierte die Rede aber fälschlich auf 1919.

171 Dazu Verwoerd Verhältnis zum Jeugbond der NP: Prinsloo 1979: 113 ff.

172 Heymans 1981: 68 ff.

173 Verwoerd, Opening of the Extra-mural Building of the University of Pretoria, 25.3.1960, in: Pelzer 1966: 370 – 373, hier 370. „So gering unsere Einrichtungen im Vergleich mit denjenigen der großen Nationen auch sind, so ist doch genug Verstandeskraft in unserem Land sowie eine Form der Freiheit, auch eine geringere Gebundenheit an feste Theorien und Schulen, was es uns ermöglicht, unsere Beiträge zu neuem Wissen zu liefern und damit unserer Republik zu dienen." PV 93/4/1/9 Kongressrede auf dem ATKV-Kongress 1863, Bl. 172 – 187, hier 185.

174 FAV 4.5.1.1, V. an seinen Sohn Wilhelm, 4.9.1947.

175 Verwoerd, Opening of the Academic Year at the University of Stellenbosch, 25.2.1959, in: Pelzer 1966: 248 – 257, hier 252.

176 Verwoerd 1957 a: 230.

177 Ebd.: 234.

nicht nur darum, dass gewisse Studenten an diesem Tag Examen schreiben und dass ihre Aufmerksamkeit darum nicht auf ein besonderes Volksereignis gerichtet sein kann, sondern dass dadurch ihrem jungen Gemüt etwas verloren geht, nämlich dass Stellenbosch voll und ganz etwas miterlebte, was einen besonderen Platz in der Geschichte einnehmen wird. [...] Ich weiß, dass man jetzt nichts mehr daran ändern kann und ich verstehe die Probleme, die Sie nennen, aber mir erscheinen sie kleiner als der psychologische Verlust, den sowohl die Universität wie die jungen Leute erleiden können."[178]

Verwoerds wissenschaftliches Interesse hielt sich in den engen Grenzen einer Anwendungsorientierung, wie seine ausgeprägte und lebenslange Theoriefeindlichkeit belegt. Unter Theorie verstand er weltfremde, abstrakte Hirngespinste, er begriff sie nicht als Erklärungsmodelle, die bei der Strukturierung und Interpretation empirischen Materials hilfreich sein konnten. Dazu war er zu ausschließlich Positivist, für den die Erklärungen und Schlußfolgerungen sich quasi von selbst aus dem angesammelten Material, den Daten und Fakten ergaben, weshalb Theorien sich erübrigten.

Der Politiker Verwoerd beschied seine Kritiker immer wieder damit, dass sie die „Fakten" nicht kannten und ihre Argumentation darum auf falschen Prämissen aufbauten.[179] Während er einerseits seine Politik aus Grundprinzipien ableitete, betonte er andererseits immer wieder seine positivistische Grundhaltung, dass die richtige Politik aus der Kenntnis der Fakten induktiv zu gewinnen sei. So gab er M.C. Botha, als dieser im November 1960 zum Juniorminister ernannt wurde, als Rat mit auf den Weg: „Denken Sie daran, dass es immer das Beste ist, wenn Sie sich auf Ihre Fakten verlassen; sie sollten nicht theoretisieren; gehen Sie an alles realistisch heran und widerlegen Sie Ihre Kritiker stets mit Fakten!"[180] Die Deduktion politischer Konzepte aus Prinzipien einerseits, die Fundierung der Politik und ihrer Begründung auf Fakten benötigte keine „theoretische" Orientierung.

In späteren Jahren wollte er die Forschung an Universitäten ganz den vom Staat formulierten ökonomischen Zielen unterwerfen und lehnte Erkenntnis als unnötigen Luxus ab:

---

178 PV 93/1/47/2/6, Bl. 180 ff., Thom an V., 21.9.1960 und Bl. 183 dessen Antwort v. 28.9.1960.
179 Um nur ein Beispiel anzuführen: „It is their [der Regierung] firm conviction that this was the divine purpose in bringing the White man to South Africa, namely to civilize and Christianise the black man and then to preserve this by ensuring the continued co-existence of both. The necessary steps to achieve this can be understood wrongly through lack of full knowledge of the facts as is clear in your case." PV 93/3/1/23, Verwoerd an Olive Warner, Verulam, 26.6.1959.
180 M.C.Botha 1977: 9.

> "Science in our country is not properly organized and planned as is desirable. Much more central consideration has to be given to, on the one hand, the protection of our scientists and our scientific enterprises and, on the other hand, the utilization in our practical projects of abilities, knowledge and talents in the scientific field. Eventually we shall have to get away from purely idealistic research, and science can be made useful in terms of what is profitable for South Africa. Thus part of the Government's central planning and co-ordinating tasks will also be bringing science in our country under strict, honest and purposeful examination."[181]

Individueller Ruhm verblasste neben der nationalen Pflichterfüllung. Eine Wissenschaft wie die Geologie konnte wichtig sein „für den Aufbau des Vaterlands," obwohl die Forschung erbracht wurde „von Personen, die oft unbekannt bleiben, aber alles zum Nutzen von uns allen."[182]

Die Obsession mit Daten und Fakten, die die Arbeit des Department of Native Affairs, aber auch die Apartheid-Vordenker im South African Bureau of Racial Affairs (SABRA) und die Apartheid-Regierung insgesamt kennzeichneten, entstammten dem naiven Glauben an eine wissenschaftsfundierte Politik, die logisch abgeleitet und damit wahrheitsorientiert sein konnte. Je vollständiger die Daten und Fakten, desto näher kam die Forschung an die Wahrheit. Verwoerd war kein Intellektueller, weil er für die Freiheit der Forschung, für den Selbstzweck der wissenschaftlichen Erkenntnis keinerlei Sensorium hatte.

Er war nicht, wie Giliomee meint, ein Professor in der Politik, sondern er war ein Politiker, der einen Umweg über die Wissenschaft genommen hatte.[183] Aus der Rückschau meinte eine alte Weggefährtin über ihn: „Ich konnte es nicht verstehen, dass ein Mann mit seiner besonderen Begabung für Volksordnung [volkaankantmaak] Journalist werden wollte. Ich habe ihm das auch so gesagt. Seine Antwort werde ich nie vergessen. Je älter ich werde, je stärker sich seine Karriere so bemerkenswert aufgeschwungen hat, um so deutlicher gibt diese Antwort mir seine Veranlagung zu erkennen: ‚Wenn man seinem Volk Verbesserungen bringen will, muss man seine Politik auch kennen.'"[184] Die Prägung durch seine akademische Karriere schlug sich weniger in einer aus theoretischen Positionen gewonnenen Politik nieder, sondern sie prägte ihn dahingehend, dass er von der

---

181 Verwoerd, Annual Congress of the Afrikaans Trade Institute, Pretoria, 19.9.1961, in: Pelzer 1966: 611–628, hier 618 f.

182 PV 93/3/4/13, Toespraak by geleentheid van die opening van die Museum van die Geologiese Opname op 17 Mei, 1966, Bl. 124–132, hier 128.

183 So sah es auch seine Frau: „Die Politik war letztlich sein Leben." 66.K.V.16 (27), Betsie Verwoerd an M.E. Rothmann, 12.1.1973.

184 55.K.T. (81), Aufzeichnung vom März 1967.

Notwendigkeit einer wissenschaftlich fundierten Politik als der einzig modernen Form von Politik überzeugt war und deren Durchsetzung mit allen Mitteln betrieb.

Propaganda

Der Journalist

Durch Verwoerds Tätigkeit beim Volkskongress und vor allem im Fortsetzungskomitee war die National Party auf ihn aufmerksam geworden, zumal Parteichef D.F. Malan selbst am Volkskongress in Kimberley teilnahm und ein Grußwort sprach.[1] Die NP hatte schon seit längerem geplant, eine eigene Tageszeitung im Transvaal zu gründen, deren Chefredakteur auf Vorschlag von Paul Sauer Verwoerd werden sollte,[2] denn seit der Spaltung der alten NP im Jahr 1934 waren die Kulturnationalisten parteipolitisch in dieser Provinz marginalisiert. Ihnen war mit J.G. Strijdom ein einziger Abgeordneter verblieben, der dadurch vom Hinterbänkler zum Parteivorsitzenden im Transvaal aufstieg. Doch fehlte der Partei der organisatorische Unterbau, die Finanzierungsbasis und vor allem ein Publikationsorgan, das zu gründen sie sich nun anschickte. Da sie außerdem in den städtischen Ballungsgebieten des Witwatersrand notorisch unterrepräsentiert war, sollte die geplante Zeitung ihren redaktionellen Sitz in Johannesburg haben. Die Afrikaaner-Nationalisten mobilisierten Kapital, das zum Teil vom Pressekonzern Nasionale Pers in Kapstadt stammte, teilweise aber aus etablierten Unternehmen und von wohlhabenden Privatleuten kam,[3] so dass am 3. März 1936 für Johannesburg und den Transvaal ein eigener Pressekonzern, Voortrekkerpers, offiziell gegründet werden konnte,[4] mit einer Direktion, die „überwiegend aus

---

1 Malan 1934. So findet sich im Nachlass von D.F.Malan der offizielle Bericht des Fortsetzungskomitees über sein erstes Tätigkeitsjahr: Malan-Sammlung, 1141/19 (20) sowie ein Artikel der Cape Times 20.8.1935. Verwoerds Top-Down Approach kam dem Denken Malans, wie sozialen Übeln abzuhelfen sei, sehr entgegen: Koorts 2014: 68, zu seinem Auftritt in Kimberley: 307f.

2 Meiring 1990: 49 zufolge war Sauer in Stellenbosch sein Hausnachbar. S. auch Meiring 1973c: 132.

3 Die Idee soll während einer Zugfahrt entstanden sein: Meiring 1987: 1, s. aber auch ebd.: 74ff. Die Transvaler, 13.10.1977. Zur Gründung und weiteren Entwicklung der Nasionale Pers, s. C.F.J. Muller 1990: Kap. 5–12. Ein flammender Aufruf D.F. Malans erschien als Oproep aan alle Afrikaners in der Broschüre Nasionale Dagblad vir Transvaal, 1935, kurz darauf kam eine neue Version, die einen Aufruf Malans und eine aktualisierte Aufstellung der bereits eingegangenen Anteilszeichungen enthielt: Nasionale Party 1935; s. auch Le Roux 1953: 81f.

4 PV 93/1/39/2/1, Voortrekkerpers Beperk, Erklärung der Direktion vom 10.2.1937, darin wird zum erstenmal die Ernennung Verwoerds zum Chefredakteur bekanntgegeben: „Prof. Verwoerd hat sich bereits Ruhm erworben, insbesondere im Zusammenhang mit dem Problem der armen Weißen und als Sprachrohr des Volksgefühls zum Einströmen ungewünschter Elemente aus Übersee in unser Land." Antisemitismus galt in der NP dieser Zeit als Ausweis für die Eignung zu höheren Ämtern. D. Prinsloo 1979: 32 u. C.F.J.Muller 1990: 492 u. 758f.; Coetzer/Le Roux 1986: 29.

https://doi.org/10.1515/9783110680508-007

Leuten vom Kap bestand".[5] Dieser Konzern sollte die neue Zeitung „Die Transvaler" herausgeben, für die ein eigenes Gebäude in der Nähe des Bahnhofs an der De Villiers-, Hoek- und Noord-Straat errichtet wurde.[6]

Malan und der einflussreiche nationalistische Geschäftsmann Willy Hofmeyr luden Verwoerd Anfang 1936 zum Essen ein, bei dem sie ihm ihre Pläne eröffneten und betonten, dass er nicht nur die Zeitung leiten sollte, „sondern Adv. J.G. Strijdom auf dem Gebiet der Politik unterstützen und vor allem am Rand die Führung übernehmen."[7] Zunächst sollte er wegen seiner fehlenden journalistischen Erfahrung nur stellvertretender Chefredakteur werden.[8] Verwoerd zeigte sich interessiert, verlangte aber, sofort Chefredakteur zu werden, um seine Autorität nicht zuletzt als Politiker unangefochten durchsetzen zu können.

Obwohl Studentenvertreter versuchten, ihn zum Bleiben zu überreden,[9] entschied Verwoerd sich, die gesicherte und vergleichsweise gut bezahlte Position eines Professors in Stellenbosch aufzugeben, weil er in der Politik „einen Beitrag zur Lösung des Problems der weißen Armen leisten will."[10] Erst im August 1936 informierte er die Universitätsleitung von dem Stellenangebot, das er erhalten hatte und setzte Willy Hofmeyr, den Vorsitzenden der Voortrekkerpers, von seiner Annahme des Angebots in Kenntnis.[11] Obwohl Verwoerd 1936 die Universität

5 C.F.J.Muller 1990: 610. Meiring 1987: 75 unterstreicht, dass kein einziger Journalist es jemals in die Direktion der Voortrekkerpers schaffte; außerdem wäre auch der ökonomische Sachverstand, der am Witwatersrand unter Afrikaanern existierte, nie genutzt worden, weil Politiker die Direktion beherrschten: ebd.: 78.

6 PV 93/1/39/2/1, V. an A.J.R. van Rhyn, 12.3.1937, wo er den Chefredakteur von Die Volksblad um Unterstützung bat. Der kam der Bitte umgehend nach und brachte am 20.3.1937 einen als Leitartikel getarnten Spendenaufruf heraus. Ähnlich die Burger schon am 15.3.

7 FAV 4.6.2.3, Verwoerd, Huldeblyk aan adv. J.G. Strijdom (1958), maschinenschriftlich.

8 FAV 4.4.1.2, V. an Sauer (den er übrigens zu diesem Zeitpunkt bereits duzte), 23.2.1936. Im Gespräch für den Chefredakteursposten war S.P.E. Boshoff, ein Pädagoge und Schriftsteller: D.Prinsloo 1979: 37.

9 PV 117 Bl. 5, Dr. Verwoerd (4), berichtete, der Vorsitzende der Junior Nasionale Party und Haak selbst seien vom Vorstand beauftragt worden, Verwoerd zum Bleiben zu bewegen: FAV 4.5.1.4, Ben Strauss (Boshof) an V., 7.10.1937.

10 PV 117, Aufzeichnungen zu Verwoerd, S. 6. Erika Theron gegenüber sagte er: „Ich muss in die Politik, um diese Angelegenheit zu regeln." Zit. nach G.D.Scholtz 1974: Bd. 1: 40. Er selbst rühmte seine Zeit in Stellenbosch, wo „wir die glücklichsten Jahre unseres Lebens verbrachten, sowohl als Studenten wie als Dozenten." PV 276/2/1/1/3, Verwoerd an C.G.W. Schumann, 26.9.1958. Zu den finanziellen Schwierigkeiten der Familie in Johannesburg s. A.Boshoff 1974: 40 u. 57.

11 UA Stellenbosch, Personalakte V., V. an Rektor, 8.8.1936, verbunden mit der Bitte, statt der üblichen Laufzeit seines Vertrages bis Ende März 1937 diese um einen Monat zu verkürzen. Antwort des Registrateur v. 24.8.1936, dass die Universität dies genehmigte. Seine offizielle Kündigung erfolgte dann mit Schreiben vom 1.9.1936 an den Registrateur. FAV 4.4.1.2, V. an Hof-

verließ und sich später kaum noch zu Fachfragen der Psychologie äußerte, blieb er dem Fach verbunden. Als Premierminister verhinderte er anscheinend die Publikation einer unliebsamen Dissertation[12] und er war noch Anfang der 1960er Jahre direkt in die Gründung einer getrennten afrikaansen Fachvereinigung involviert.[13]

Zunächst musste er mit seiner neuen Arbeit vertraut werden und absolvierte nach Beendigung seines Dienstverhältnisses an der Universität ab Januar 1937 einen mehrmonatigen Crash-Kurs bei „Die Burger", wobei er alle Stationen der Herstellung einer Zeitung kennen lernte.[14] Gleichzeitig liefen die Vorbereitungen für die Gründung des „Transvaler" auf Hochtouren, da die Redaktion zusammengestellt werden musste. Verwoerd konnte einige Journalisten wie Piet Meiring von „Die Burger"[15] oder G. D. Scholtz vom „Volksblad"[16] abwerben und stellte im Lauf der Zeit andere Nachwuchskräfte ein, von denen einige in seinem Windschatten politische Karriere machten; Marais Viljoen etwa brachte es zum Minister und Staatspräsident.[17] Gleichzeitig musste er seinen Umzug nach Johannesburg organisieren, sein Haus in Stellenbosch sowie Teile seines Hausrats verkaufen und eine Unterkunft am Witwatersrand finden.[18] Zudem wollte er so rasch wie möglich die wichtigen Personen kennenlernen, um als Herausgeber der neuen Zeitung politisch etwas ausrichten zu können.[19] Verwoerd lebte während dieser

---

meyr, 28.8.1936, worin er das Ergebnis seiner Verhandlungen mit der Universität über die Dauer der Ausbezahlung seines Gehalts (bis Ende Februar 1937) als Professor mitteilte.

12 Louw/Foster 1991: 79.

13 Bell/Ntsebeza 2003: 38.

14 Meiring 1987: 5 zufolge dauerte der Kurs nur einen Monat.

15 PV 72/3, Erinnerungen von Piet Meiring an V., S. 1.

16 C. F. J.Muller 1990: 438.

17 Die Rotationsdruckmaschine wurde in Deutschland gekauft. D.Prinsloo 1979: 33; zu Viljoen ebd.: 47, zu den Mitgliedern der Redaktion, s. vor allem Meiring 1987: 4 ff. u. S. 7 zu ihren weiteren Karrieren; zu einzelnen Personen s. ebd. S. 84 ff. Verwoerd machte sogar dem später erfolgreichsten afrikaansen Unternehmer Anton Rupert kurz vor dessen Universitätsabschluss ein Angebot, der Redaktion beizutreten, Dommisse 2005: 41; zur Redaktionsgründung s. auch G. D.Scholtz 1974: Bd. 1: 68.

18 S. dazu FAV 4.4.1.2, Briefentwurf von V. an die Direktion der Voortrekkerpers, 10.8.1936 mit Vorschlägen hinsichtlich der Umzugskosten und seines Gehalts. Zum Hausverkauf in Stellenbosch s. Briefwechsel in FAV 4.5.1.3 aus dem Jahr 1940, d. h. er konnte sein Haus erst drei Jahre nach dem Umzug verkaufen. Der Käufer war der ehemalige Richter C. L. Botha, ebd. Telegramm De Villiers an V., 10.6.1940.

19 Meiring 1987: 6 datiert den Umzug bereits auf Mai 1937. Manche ergriffen auch selbst die Initiative, wie das Ehepaar (Senator) Stoffberg, die in den folgenden Jahren Verwoerds wichtige Freunde und Unterstützer wurden: FAV 4.4.1.2, Cinie Stoffberg an V., 27.10.1936. A.Boshoff 1993: 37 ff.

Jahre, ja noch in den ersten zwei Jahren als Senator,[20] eine ökonomisch marginale Existenz, was besonders schwer wog, da seine Familie ständig wuchs.

Während der Manager der Direktion, A. J. van Zyl, dafür plädierte, aus Kostengründen möglichst klein anzufangen und die Redaktion erst im Lauf der Jahre zu vergrößern, widersprach ihm Verwoerd energisch. Man müsse sofort mit einer starken Zeitung in Erscheinung treten „nicht nur, was den Umfang betrifft, sondern auch die Gründlichkeit und Vielfalt des Inhalts." Denn die Aufgabe bestand darin, „Leser und politische Anhänger in der Provinz zu gewinnen, wo wir politisch am schwächsten sind."[21] Hier trat bereits deutlich zutage, dass Verwoerd die Herausforderung in erster Linie als politische wahrnahm, während die journalistische nur Mittel zum Zweck war.[22] Die erste Ausgabe des „Transvaler" erschien am 1. Oktober 1937, doch hatte die Zeitung jahrelang ernsthafte Existenzprobleme.[23]

Vor Verwoerd hatte D. F. Malan einen ähnlichen Weg beschritten und seinen bisherigen Beruf des Pfarrers 1915 für die doppelte Funktion des Chefredakteurs von „Die Burger" und Parteichefs der NP in der Kapprovinz aufgegeben. In beiden Fällen war der Schritt in den Journalismus durch die nationalistischen Überzeugungen motiviert. Verwoerd spekulierte allerdings von Anfang an darauf, möglicherweise durch Malans Vorbild inspiriert, dass ihm die journalistische Tätigkeit die notwendige öffentliche Aufmerksamkeit zukommen lassen würde, die ihm die politische Karriere erleichterte.[24] Der „Transvaler" war das Sprachrohr der im Transvaal dominierenden Linie der Partei, wie sie von Strijdom und Verwoerd vertreten wurde, nämlich eines radikalen Kulturnationalismus, eines geradezu fanatischen Republikanismus und einer dezidierten Empirefeindlichkeit, die pointierter und ausgeprägter war als im Süden. Daraus ergab sich schon bald eine Entfremdung zwischen Verwoerd und den Nationalisten der Kapprovinz.

Während der heftigen Machtkämpfe im nationalistischen Lager in den Kriegsjahren stellte Verwoerd journalistische Standards zurück, denn seine Leitartikel waren einseitig und oft nicht viel mehr als Verlautbarungen der Partei.[25] So bezeichnete Verwoerd durchweg politische Gegner oder auch nur diejenigen, die

---

20 Van Schoor 1979: 109.

21 FAV 4.4.1.2, Zwei undatierte Briefe von A. J. van Zyl an V. (vermutlich vom 13. und 15.12.) und dessen Antwort v. 20.12.1936.

22 Spies/Theron/Scholtz 1981: 770; D.Prinsloo 1979: 45 u. Meiring 1990: 50 f.

23 J. L.Basson 1980: 200 f.

24 Einen solchen Zusammenhang stellte Stultz 1975: 74 für die NP nach 1948 generell fest.

25 D.Prinsloo 1979: 86; Meiring 1987: 4 f. betonte, dass Nachrichten eher ein Nebengeschäft neben der Parteipropaganda ausmachten, was für viele Redaktionsmitglieder ungewohnt war, s. ebd.: 28.

anderer Meinung waren, als „Feinde".[26] Dabei ließ er sich auf teilweise kleinliche und scholastische Argumentationen ein, die nur Leser verstehen konnten, die selbst direkt in die Konfrontation involviert waren.[27] Zuweilen bezog er sich auf Erklärungen und Papiere, ohne deren Kenntnis ein Zeitungsleser seine Kommentare gar nicht verstehen konnte.[28] Er neigte ohnehin zu Schachtelsätzen und statt pointierten Kommentaren schrieb er langatmige, verwickelte Leitartikel.[29]

Bald kam es zu ersten Problemen mit seinen Kollegen von der Nasionale Pers. Der Vorsitzende der Direktion von Voortrekkerpers, Willy Hofmeyr, gab nach relativ kurzer Zeit auf, weil er mit Verwoerd nicht klarkam.[30] Sein Posten ging an Strijdom, womit die Transvaal-NP auch ihr wichtigstes Presseorgan kontrollierte. Der Chefredakteur geriet zudem nach wenigen Jahren in einen Dauerkonflikt mit dem Geschäftsführer A.J. van Zyl, der in Form von Bürointrigen und übler Nachrede ausgetragen wurde.[31] Verwoerd beklagte sich bei Strijdom über Van Zyl, dem er eine „hysterische Persönlichkeit" und einen „Minderwertigkeitskomplex" bescheinigte. Er könne es nicht ertragen, dass Verwoerd durch seine politische Tätigkeit bekannter und prominenter sei. Für sich selbst nahm er in Anspruch, dass sein Handeln einzig seinem Pflichtbewusstsein entsprang und er nur Konflikte ausfocht, um den Kulturnationalismus in aller Reinheit durchzusetzen. Demgegenüber waren seine Gegner, in diesem Fall Van Zyl, von unbeherrschbaren Gefühlen geleitet und von unbefriedigtem Geltungsdrang, was dazu führe, dass seine Autorität als Chefredakteur systematisch untergraben würde. Seine Interpretation des Streits entsprach einem für Verwoerd typischen Muster: Er selbst verhielt sich rational, durchdacht und hielt die rechtlich angemessenen Prozeduren und administrativ vorgeschriebenen Abläufe ein, Auseinandersetzungen gingen auf seiner Seite um die richtige Linie, nicht um persönliche Macht. Doch er polarisierte und es blieb nicht aus, dass sein Verhältnis zu den Chefredakteuren von „Die Burger", A.L. Geyer, und „Die Volksblad," (Bloemfontein) A.J.R. van Rhyn, ebenfalls nicht gut war.[32]

Der „Transvaler" hatte während Verwoerds Tätigkeit als Chefredakteur wiederholt mit Bestandskrisen zu kämpfen, da die Auflagenzahlen unbefriedigend niedrig blieben und sich die Zeitung in der Stadt schlechter verkaufte als auf dem

---

26 Transvaler, 16.8.1941 (Leitartikel).

27 Z.B. die Leitartikel im Transvaler, 11.8.1941.

28 Transvaler, 8.9.1941.

29 Meiring 1987: 6 u. 143; D.Prinsloo 1979: 55f.

30 J.Muller 1989: 125; Meiring 1987: 183.

31 FAV 4.5.1.5, V. an Vors. Voortrekkerpers (J.G. Strijdom), 5.5.1941.

32 D.Prinsloo 1979: 59 u. 70ff. u. Meiring 1990: 128. Zu Geyer s. A. van Wyk 1983: 14.

Land;[33] 1939 mussten sogar die Gehälter um zehn Prozent gekürzt werden.[34] Während des Krieges hatte die Zeitung mit Papierknappheit zu kämpfen und blieb personell immer unterbesetzt. Auch konnte sie ihre Journalisten nicht so gut bezahlen wie die Konkurrenz beim die UP unterstützenden „Vaderland", weshalb immer wieder Mitarbeiter dorthin abwanderten.[35] Wegen der dezidiert ideologischen Ausrichtung und des eindeutigen Charakters als NP-Zeitung, ja als nationalistisches Kampfblatt, konnte die Zeitung einen Abonnentenstamm aufbauen, der aus politischen Gründen der Zeitung treu blieb.[36] In der späten Kriegsphase litt die Zeitung unter einem nachlassenden Interesse an Frontnachrichten, weshalb sie statt Agenturmeldungen zu bringen auf ihre personell ohnehin unterbesetzte eigene Berichterstattung zurückgreifen musste. Der Chefredakteur stand in personeller Hinsicht 1944 wieder da, wo er 1937 angefangen hatte, da er kaum über erfahrenes Personal verfügte. Nur Redakteure wie Meiring und Scholtz waren politische Überzeugungstäter, die ihm auch in späteren Jahren die Treue hielten, denn Meiring wurde während seiner Regierungszeit Informationsdirektor, während Scholtz beim „Transvaler" blieb und sein Hagiograph wurde.[37]

Nicht nur „Die Transvaler", sondern auch der Pressekonzern Voortrekker-Pers geriet nach dem 2. Weltkrieg in heftige Turbulenzen, was teilweise an Missmanagement lag[38] und vor allem bei der Anzeigenacquise zu starken Verlusten führte. Sogar der Verkauf des Gebäudes wurde notwendig, Voortrekker-Pers entwickelte sich zum Sanierungsfall,[39] 1948 hatte der Konzern 84.000 Pfund Schulden.[40]

---

33 Meiring 1973 b: 121 f.

34 Transvaler, 13.10.1977.

35 D.Prinsloo 1979: 41 betont, wie sehr Verwoerd „Die Vaderland" auch ideologisch als Gegner betrachtete.

36 S. etwa das Glückwunschschreiben nach dem ersten Erscheinen eines früheren Kommilitonen aus Stellenbosch, der sich erinnerte, 1923 mit V. über das „Wesen der Intelligenz" diskutiert zu haben und ihm nun viel Erfolg wünschte: FAV 4.5.1.4, J.S. Loubser (Heilbron) an V., 6.10.1937. S. auch ebd. Prof. P.J. Schoeman an V., 7.10.1937, der sich beschwerte, dass elf Abonnenten, meist Professoren aus Stellenbosch, bislang noch keine Zeitung erhielten.

37 Scholtz beschwerte sich bei Verwoerd, als die Zeitung einmal Photos von leichtbekleideten Frauen veröffentlichte, was Scholtz als sittenwidrig empfand. Dies ging selbst dem in dieser Hinsicht erzkonservativen Verwoerd zu weit, der ihn mahnte, „die Zügel nicht zu fest halten zu wollen und die Grenzen zu eng zu ziehen. Dann landet man in ständigen Konflikten." FAV 4.5.1.5, V. an Scholtz, handschr. Entwurf, undatiert. S. dazu auch Meiring 1987: 113 u. 151. Über Scholtz als Person s. ebd.: 145 ff.

38 Vor allem der Geschäftsführer A.J. van Zyl geriet in die Kritik: PV 18/3/1/53, Strijdom an Swart, 19.4.1948. Piet Meiring wurde nun für die Anzeigeneinwerbung zuständig.

39 PV 18/3/1/51, Strijdom an Swart, 15.11.1947. Meiring 1987: 184 f.

Verwoerds aggressiver Journalismus, der eher Propaganda gleichkam als Berichterstattung,[41] führte zu heftiger Kritik. „Die Rand Daily Mail" wollte dem „Transvaler" nicht einmal die Bezeichnung „Zeitung" zugestehen, sondern sprach verächtlich von einem „Nationalist propaganda sheet". „In Dr. Verwoerd's day this publication performed some of the most extraordinary antics in the history of journalism."[42] Der „Transvaler" hatte in einem Artikel vom 27.10.1941 Material einer NS-Propagandasendung des Kurzwellensenders bei Zeesen südlich von Berlin benutzt, das er vom Informationsbüro des Innenministeriums erhalten hatte, wobei er die Zusatzinformationen südafrikanischer Stellen wegließ. Daraufhin veröffentlichte der Star am 31.10.1941 einen Artikel mit dem Titel „Speaking Up for Hitler", worin Verwoerd der Propaganda für das nationalsozialistische Deutschland beschuldigt wurde, was Verwoerd ganz zutreffend als „Beschuldigung des Hochverrats gegen eine verantwortliche Person, den Chefredakteur," verstand.[43] Er verwahrte sich in seiner Zeitung gegen die Beschuldigung[44] und strengte, obwohl ihm Malan und andere NP-Granden dringend abrieten, einen Prozess gegen den „Star" an, den er prompt verlor.[45] Offenkundig hatte er die Situation falsch eingeschätzt, so dass „was als kleiner Schritt der Selbstverteidigung gedacht war [...] nicht erfolgreich verlief, sondern im Gegenteil einen Charakter und Umfang annahm, wodurch weitere Interessen u. a. diejenigen

40 Transvaler, 13.10.1977. Noch in den frühen 1960er Jahren las die Mehrheit der Afrikaaner regelmäßig englische Zeitungen: G. D.Scholtz 1963 a: 364.

41 Meiring 1973 b: 120.

42 Rand Daily Mail, 4.6.1954. Allerdings war die Direktion der Voortrekkerpers denn doch dagegen, in der Zeitung Anzeigen eines „Komitee vir Navorsing oor Imperialistiese metodes" zu plazieren, um weiteren Schaden von der Partei abzuwenden: PV 18/2/1/3, Notule van die Direksievergadering van die Voortrekkerpers Beperk, 22.5.1946, S. 5. S. auch D.Prinsloo 1987.

43 PV 93/1/65/1, V. an Otto du Plessis, 28.4.43. Ironischerweise verhielt es sich, wie ein Brief eines Denis J.G. Fitz-Patrick an den Anwalt H. de Villiers vom 21.6.1943 erkennen lässt (Abschrift in PV 93/1/65/1), gerade umgekehrt, nämlich dass der Zeesen-Sender Artikel des Transvaler, die über die Grenze nach Lourenco Marques gebracht und von dort nach Deutschland weitergeleitet wurden, ausschlachtete. Interessanterweise war Verwoerd mit Erik Holm, dem Südafrikaner, der als Hochverräter für Zeesen arbeitete, so gut bekannt, dass er sich ein Relief, das dessen Frau hergestellt hatte, in die Wand seines Ferienhauses in Bettys Bay einfügen ließ: A.Boshoff 1974: Abb. auf S. 153. Die Skulptur war das direkte Modell für das Emblem von Orania, dem Versuch rechtsradikaler Buren, nach der Apartheid einen eigenen Staat zu gründen. Über Holm s. Marx 1998: 473 f. D.Prinsloo 1979: 415 ff. Zum Prozess gegen den Star ebd.: 421 ff u. Meiring 1987: 41 ff. Einer der Anwälte des Star war der spätere UP-Vorsitzende und Oppositionsführer J. G. N. Strauss.

44 Transvaler, 22.2.1940.

45 PV 93/1/65/8, Urteil des Supreme Court mit ausführlicher Begründung, worin die Klage abgewiesen wird. Die umfangreichen Materialien finden sich in PV 93/1/65, einschließlich der Berichterstattung des Transvaler über den Prozess. P.W.Coetzer 1994: 376 ff.

des Unternehmens betroffen wurden."[46] Die Niederlage brachte ihn in erhebliche finanzielle Schwierigkeiten, weil er die Prozesskosten von £ 6192.17.5 zu zahlen hatte und die Anwälte der Gegenseite ihr Geld von ihm verlangten.[47] Trotz der Fehleinschätzung interpretierte Verwoerd den Richterspruch in der Weise, „dass in der Sache dem ganzen Afrikaanertum Unrecht zugefügt wurde."[48] Der verlorene Prozess trug Verwoerd überdies Kritik der Direktion der Voortrekkerpers sowie der Nasionale Pers ein.[49] Vom drohenden Bankrott konnten ihn nur die Hilfe und Unterstützung von Gesinnungsgenossen und der Nasionale Pers retten.[50]

Verwoerds eigenartiges Verständnis von Journalismus erregte durch das Verhalten seiner Zeitung während des Besuchs des britischen Königs in Südafrika erneut besonderes Aufsehen. Premierminister Jan Smuts hatte 1947 die Königsfamilie zu einer Rundreise durch Südafrika eingeladen, die nicht zuletzt dem Ziel dienen sollte, seine Chancen auf eine Wiederwahl zu erhöhen, was seinen politischen Gegnern keineswegs entging. Verwoerd als überzeugter Republikaner traf die Entscheidung, den Besuch einfach totzuschweigen und überhaupt nicht darüber zu berichten.[51] Sogar Strijdom, dem man nicht unbedingt Sympathien für die Monarchie nachsagen konnte, meldete seinen Widerspruch an. Für ihn waren die Entscheidung und das Verhalten Verwoerds journalistisch unprofessionell. Er wies ihn darauf hin, dass es keinen Beschluss der Partei gebe, den Besuch zu boykottieren, vor allem aber erinnerte er ihn daran, dass „Die Transvaler" eine Zeitung sei, die Nachrichten publiziere: „Die Ankunft und die Anwesenheit des Königs in Südafrika sind doch ganz wichtige ‚Neuigkeiten', und ich kann deshalb nicht begreifen, warum Du dies, insoweit es Neuigkeiten sind, aus dem Trans-

46 FAV 4.5.1.7, V. an A. J. van Zyl, Geschäftsführer von Voortrekkerpers, 14.8.1943.

47 PV 93/1/65/1, Bl. 84 Hoofbestuurder Voortrekkerpers an Hoofbestuurder Nasionale Pers, 22.10.43. Letztlich halfen ihm Nasionale Pers und die NP aus der Bredouille, aber Verwoerd blieb Jahre lang finanziell in Schwierigkeiten: W. et al.Verwoerd 2001: 66.

48 FAV 4.5.1.7, V. an A. Hertzog, 29.7.1943, in ähnlichem Tenor ebd., V. an M. Nolte (Groot Marico), 29.7.1943 u. an N. Diederichs, 30.7.1943.

49 D.Prinsloo 1979: 434.

50 FAV 4.5.1.7, V. an A. J. van Zyl, Voortrekkerpers, 6.1.1943, worin er anbietet, privat 100 Pfund zu der Sammlung beizusteuern und ebd. 14.8.1943 mit Dank an die Direktion der Voortrekkerpers für ihre Unterstützung; trotzdem blieben immer noch finanzielle Engpässe, als die Rechnungen der Anwälte bezahlt werden mussten: ebd., V. an A. J. van Zyl, 18.9.1943.

51 Die Reise war bei den englischsprachigen Weißen ein Riesenerfolg, s. Lambert 2017: 104. Nach Südafrikas Austritt aus dem Commonwealth meinte Verwoerd zu Queen Elisabeth, dass damit nicht alle Bande durchschnitten seien: „Das ganze Land wird dies hoch schätzen, wenn sie einmal zum Urlaub nach Südafrika kommen." Es ging ihm um die politische Abhängigkeit, nicht um die Königin als Person. Zit. nach E.Theron 1983: 27.

valer heraushältst"[52] Strijdom hatte kein Verständnis für Verwoerds Einstellung, er machte aus der Angelegenheit keine Prinzipiensache, sondern dachte an die journalistische Verpflichtung den Lesern gegenüber, sie mit Nachrichten zu versorgen.[53] Verwoerds Verwunderung, dass Strijdom seine Haltung nicht billigte,[54] ist ein deutlicher Hinweis darauf, dass journalistische Standards bei ihm dem Propagandaauftrag für die Partei eindeutig untergeordnet waren, ja dass er sie sich nach zehn Jahren Berufspraxis als Chefredakteur gar nicht zu eigen gemacht hatte.[55] Durch seinen Radikalismus manövrierte er sich in eine Falle, ohne dessen gewahr zu werden. Denn seine ausgeprägt politische Form der Berichterstattung führte zu allen möglichen Mißverständnissen und einem generellen Mißtrauen, dass selbst redaktionelle Fehler seinem politischen Radikalismus entsprängen, weshalb er sich bald unter einen Generalverdacht gestellt sah und sich ständig gegen aus seiner Sicht ungerechtfertigte Angriffe wehren musste.[56]

Propaganda-Techniken

Schon in seiner Tätigkeit für die Poor Whites legte Verwoerd auf Propaganda größten Wert, denn er sah durchaus die Gefahr, dass der Kongress in Kimberley 1934 nur zu einem Betroffenheits-Strohfeuer führen könnte. Darum erschien es ihm notwendig, durch Propaganda das Thema ständig in der Öffentlichkeit lebendig zu halten.[57] Er schritt selbst unverzüglich zur Tat und verfasste in Afrikaans und Englisch Artikelserien über den Kongress und das Fortsetzungskomitee, in denen er freimütig die Notwendigkeit der Propaganda ansprach. Sein Ansehen als Experte auf dem Gebiet war mittlerweile so hoch, dass ihm die „Cape Times" und der „Cape Argus" ihre Spalten zur Verfügung stellten.[58] In „Die

---

52 PV 93/1/56/1, Bl. 48, Strijdom an V., 28.2.1947. Hervorhebungen im Original.

53 Ebd., Bl. 50 ff., Strijdom an V., 10.3.1947. Ben Schoeman 1978: 123 zufolge war Verwoerds Haltung der Grund, warum die HNP bei den Wahlen 1943 kaum Stimmen von englischsprachigen Weißen erhielt.

54 PV 93/1/56/1, Bl. 49, V. an Strijdom, 4.3.1947.

55 Den Nachrichtenboykott gegen politische Gegner hatte Verwoerd bereits während des Krieges gegen die Ossewabrandwag durchgeführt und anderen Zeitungen zur Nachahmung empfohlen. PV 93/1/1/1, 52 ff. Telegramm an Malan, der zu der Zeit in Aliwal-North war. Dringend. (undatiert).

56 PV 93/1/56/1, Bl. 55 ff, V. an Strijdom, 3.3.1947.

57 Über Propaganda für die von ihm angestrebten Reformen machte Verwoerd sich viele Gedanken, die er teilweise in seinen Vorlesungen vortrug: 231/2/2, Metodes van sociologiese navorsing, S. 47 u. 57.

58 Drei Artikel erschienen im Cape Argus am 2., 3. und 4.10.1935, einer in der Cape Times mit einem Verwoerd unterstützenden Kommentar. Die Artikel sind leider nicht genau datiert und

Burger" präsentierte er ebenfalls in einer ganzen Artikelserie im Februar 1935 das Fortsetzungskomitee, das er als „Propaganda-Institution" bezeichnete, dessen Aufgabe es nicht sei, selbst soziale Projekte durchzuführen.[59] Die Propaganda beschränkte sich nicht auf Zeitungsartikel, sondern Verwoerd hielt zahlreiche Vorträge, u. a. beim Rotary-Club und bei anderen Institutionen, insbesondere im Western Cape.[60] Doch trat er auch als Hauptredner bei einem dreitägigen Kurs der Oranje Vrouevereniging in Bloemfontein auf, wo er die Gelegenheit nutzte, seine Forderungen erneut zu unterstreichen.[61]

Verwoerd benutzte, wie in Südafrika zu der Zeit üblich, einen sehr weit gefassten Propaganda-Begriff, der Reklame einschloss. Dabei kam ihm seine Befassung mit der Werbepsychologie zugute. Zwar hat er nie dazu publiziert, doch seine Aufzeichnungen dokumentieren ein intensives Interesse.[62] Die Techniken des späteren Journalisten und Politikers ähnelten sich so sehr, dass sie hier bis in seine Zeit als Regierungschef verfolgt werden sollen. Dabei lassen sich bestimmte Maximen identifizieren:

1. Immer die Initiative behalten. Verwoerd vermied es sehr erfolgreich, auf Andere reagieren zu müssen, sondern behielt immer die Initiative. Selbst wenn er, wie 1959 im Fall der High Commission Territories, die Initative kurzzeitig verlor, gelang es ihm dennoch, in seiner eigenen Darstellung die Entwicklung so zu verdrehen, dass der Anschein geweckt wurde, die Initiative anderer sei nur eine Reaktion auf seine eigene. Dahinter steckte seine Angst vor Kontrollverlust.

2. Sofort zum Gegenangriff übergehen. Dabei handelte es sich um eine Variante von 1, doch unterschied sie sich in einem entscheidenden Punkt. Wenn Verwoerd einen Gegenangriff begann, wollte er die Öffentlichkeit von der Richtigkeit seines eigenen Standpunkts überzeugen. So sammelte er als Premierminister Beispiele für soziale und ethnische Diskriminierungen in zahlreichen Ländern, um propagandistisch besonders gegen Staaten wie Indien oder

finden sich in FAV 4.4.5.1, die Manuskripte dazu in FAV 4.4.4. S. auch das Schreiben des Cape Argus an V v. 22.8.1935, womit sie sein Angebot für drei Artikel annehmen.

59 Die Burger, 18.2.1935. Das Ziel der Propaganda formulierte er eindeutig: „Wann immer das Fortsetzungskomittee auf ungerechtfertigten Widerstand stößt, muss es vorbereitet sein, um durch Propaganda und Aufklärung die öffentliche Meinung für sich zu gewinnen, um seine Kraft für die Kongressbeschlüsse einzusetzen und um dadurch Druck auf unwillige Organisationen oder Personen auszuüben." Der propagandistische Charakter wird auch unterstrichen in Cape Times, 20.8.1935.

60 Cape Argus 15.8.1935 und Cape Times, 16.8.1935 sowie über einen Vortrag in Franschhoek: Burger, 31.8.1935. Eine ganze Liste seiner Vorträge findet sich in E.Theron 1970: 43.

61 Volksblad, 16.4.1935.

62 PV 93/1/33/2.

Schweden zurückschlagen zu können.[63] Sein propagandistischer Grundsatz, sofort zum Gegenangriff überzugehen, lässt sich an seinen Attacken auf die United Party ablesen, wo er den Vertretern der Opposition die Konsequenzen ihrer eigenen politischen Haltung in gnadenloser Logik entwickelte und sie dadurch in eine defensive Position drängte, aus der sie nicht mehr entkamen. Liest man Verwoerds Reden im Parlament so fällt auf, dass er sich häufig eher wie ein Oppositionsführer verhielt und weniger wie ein Regierungschef, denn er zerpflückte in seitenlangen Suaden die Politik der Opposition, während er die eigenen Konzepte eher beiläufig vorstellte. Die negative Färbung von Verwoerds Propaganda, die sich häufig in Kritik am politischen Gegner erschöpfte, wurde von manchen Beobachtern bemängelt.

3. Konflikte personalisieren. Dies handhabte Verwoerd mit großer propagandistischer Virtuosität im Wahlkampf 1948, als er Jan Hendrik Hofmeyr zur Zielscheibe seiner Attacken erkor und ihn als typischen Repräsentanten einer „liberalistischen" Politik der United Party auswählte, obwohl Hofmeyr in Wirklichkeit eine Position einnahm, die die Mehrheit seiner Partei gar nicht teilte.[64]

4. Sendungsbewusstsein, Härte und Unbeugsamkeit, völlige Kompromisslosigkeit. Dabei handelte es sich auch um Charakterzüge Verwoerds, so dass hier möglicherweise kein intendiertes propagandistisches Kalkül umgesetzt wurde. Gleichwohl erwies sich diese Haltung als wirkungsvoll, da sie Verwoerd den in seinem Lager prestigeträchtigen Ruf eintrug, ein „Mann aus Granit" zu sein, d. h. jemand, auf den Verlass war und in dessen Händen man das Schicksal des Burenvolkes getrost lassen konnte.

5. Wiederholungen. Die propagandistische Bedeutung von Wiederholungen, das beständige Einbläuen ein- und derselben zentralen Botschaft, unterstrich Verwoerd selbst, als er zwischen Nachrichten und Propaganda unterschied, denn letztere beruhte auf „andauernden Wiederholungen".[65] Wiederholungen der im-

---

63 PV 93/1/53/2/5, Bl. 45, V. an Sekr. Buitelandse Sake, 7.11.1960, s. auch PV 93/10/1/3, verschiedene Ordner: Inligting vir Eerste Minister, mit Zitaten und Angaben über Diskriminierung in Indien; über „Voorbeelde van Wetgewing wat aanhouding sonder verhoor moontlik maak." Roter Stempel: Dringend/Urgent; Pressezensur; Nordirland, willkürl. Verhaftungen und Menschenrechtssituation; „Vorms van diskriminasie tussen rasse en groepe in ander state", u. a. Chinesen in Indonesien und Malaysia; Israel, Schweden, Kaschmir, Sansibar, Liberia u. a. m. Louw nutzte diese Informationen in der UNO-Vollversammlung: RDM, 15.10.1960 u. Transvaler, 17.10.1960. 1961 berichtete Louw, dass die Angriffe gegen Südafrika immer stärker würden: PV 4/86, Bl. 74, Louw an Verwoerd, 29.9.1961.

64 Brits 1994: 114. Eine ganz ähnliche personenzentrierte Propagandatechnik benutzte Goebbels mit seinen „Isidor"-Schmähungen: Longerich 2012: 102 f.

65 FAV 4.5.2.4, Verklaring Dr. H. F. Verwoerd, masch.schriftl., 13.2.1941, S. 5. Möglicherweise war er hier beeinflusst von Le Bon 1908: 89.

mer gleichen Ausführungen und Argumentationsketten hatte bei ihm aber auch obsessive Züge[66] und hingen mit seinem Sendungsbewußtsein und der Überzeugung zusammen, die einzige tragfähige Lösung für Südafrikas Probleme gefunden zu haben.[67] Der frühere US-Botschafter Lewis Douglas kam nach einem längeren Gespräch mit Verwoerd zum Schluss, „that Verwoerd is a psychopath" und Modifizierungen der Apartheidpolitik seien nicht möglich „as long as he remains Prime Minister."[68] In seinen Reden und Briefen fällt dieses gebetmühlenartige Wiederholen auf, das Verwoerd offenbar nie leid wurde. Vielmehr genoss er es, anderen seine politischen Grundsätze in oft stundenlangen Monologen darzulegen, ohne dass nennenswerte neue Argumente hinzukamen. Die späteren Reden Verwoerds dienten dazu, durch seine Geisteskraft einzuschüchtern. Seine Reden dauerten, wie die Fidel Castros, bis zu vier Stunden und selbst sein ihn bewundernder Privatsekretär Fred Barnard meinte, man hätte vieles auch kürzer sagen können: „Er hat seine Gegner einfach mutlos geredet."[69]

Zahlreiche Besucher aus dem In- und Ausland berichteten von ermüdenden, manchmal stundenlangen Stegreifvorlesungen über die Apartheid, die sie über sich hätten ergehen lassen müssen, wobei selbst Interviews zu reinen Monologen wurden.[70] Phil Weber bemerkte schon 1952 trocken: „Ich habe mich anderthalb Stunden mit Verwoerd unterhalten, oder besser er mit mir"[71] und eine deutsche Journalistin stellte fest: „Seine Lust am Dozieren ist groß."[72] Piet Meiring berichtete, dass Verwoerd nichts mehr Freude bereitet hätte, als andere zu wider-

---

66 Verwoerd selbst verteidigte seinen Vorgänger Strijdom, dem ähnliche Vorwürfe gemacht wurden, er würde „immer über dieselben Dinge" sprechen: „Er hat das jedes Mal anders dargestellt und Nachdruck jeweils auf einen anderen Aspekt zu legen." Doch könne man daraus erkennen, „dass gerade diese Themen sein gesamtes Denken und Handeln so dominierten." FAV 4.6.2.3, Huldeblyk aan adv. J. G. Strijdom (1958), S. 4.

67 UP Achive, Report of preliminary U.R. meeting of Die Afrikaner Broederbond, Johannesburg, 11.12.1944, S. 12: „Much of this oration by Verwoerd was exactly the same as that contained in the report of the morning's proceedings." S. auch Report of a meeting of the Dagbestuur of the U.R. of the A.B. 13.12.1944, S. 6.

68 DNSA, Telegramm Satterthwaite an Department of State, 12.6.1964, S. 3.

69 Barnard 1967: 23.

70 Flather 1977: 172f., ähnlich etwa Marion Dönhoff in ihrer Reportage „Ein Silberstreif in Südafrika" für Die Zeit, 2.11.1960; Sunday Tribune, 21.12.1958. Verwoerd war über Dönhoffs Bericht sehr ungehalten, da er ihm zu kritisch war. Er hatte auf Berichte über ihren viel konservativeren Bruder Christoph vertraut. S. dazu PV 35/2/1/1/2, Dr. Graf Dönhoff, Deutsch-Südafrikanische Gesellschaft an Mr. Op't Hof, Department of Education, Arts and Science, 4.2.1966 über eine Tour des Chors der Rhodes University, die „for our pro-South African propaganda work" hilfreich gewesen sei. Prof. Jan Rabie berichtete ähnliches: Lazar 1987: 69, Anm. 105.

71 296.K.Ge 112 (2a), Weber an Geyer, 26.11.1952.

72 Dönhoff 1965: 158.

legen. Woraufhin er die Strategie entwickelte „nach dem Entgegengesetzten zu fragen, was ich wirklich wollte!“[73] Als A. J. van der Merwe, der Moderator der DRC in der Kapprovinz und einer der einflussreichsten Kirchenführer Südafrikas, mit einer Delegation Verwoerd aufsuchte, kam er während des gesamten „Gesprächs“ nicht einmal selbst zu Wort.[74]

Die Wiederholungen dienten auch dazu, Feindbilder zu verstärken und Schuldige auszumachen. Ebenso wie das Feindbild auf einer Vereinfachung beruhte, war auch die Lösung eindeutig: Betrachtet man die Themen, die Verwoerd als Journalist bevorzugt behandelte, wird leicht ersichtlich, dass er verschiedenste Ereignisse und Gelegenheiten immer auf dieselbe Grundursache zurückführte. So war während der Kriegsjahre der „britisch-jüdische Kapitalismus“ hauptsächlich an der Armut der Afrikaaner schuld. Verwoerd bot immer eine Lösung für die meisten politischen Probleme an, die er alle auf absichtsvolle Diskriminierung zurückführte. Die Lösung war die Republik und das Ende aller Bindungen an das Britische Empire oder Commonwealth. Dies bläute er seinen Lesern in hunderten von Artikeln ein und er war so erfolgreich, dass er die Erwartungen auf die unmittelbar bevorstehende Republikgründung dämpfen musste, als er Premierminister wurde.

Viele, vor allem seine Anhänger, zeigten sich beeindruckt und bedankten sich oft hinterher bei ihm für die Einsichten, die sie jetzt gewonnen hätten: Der Journalist A.M. van Schoor, der zeitweilig für die South Africa Foundation arbeitete, arrangierte ein Treffen für den amerikanischen Finanzmagnaten C.W. Engelhardt,[75] den Verwoerd mit seinem üblichen Redeschwall bedachte. Engelhardt kam wie benommen aus Verwoerds Büro und rief auf der Straße plötzlich aus: „This man Verwoerd is right. His is the only policy for multi-racial South Africa.“[76] Verwoerd bereitete sich auf solche Besuche sorgfältig vor und legte sich seine Argumentation zurecht, was zeigt, wie sehr er mit der scheinbar „spontanen“ Ausführung beeindrucken wollte.[77] Andere nannten das Zuhören

73 Meiring 1987: 143. Meiring gehörte wie Scholtz zu der kleinen Gruppe Journalisten, die Verwoerd aus der Zeit beim „Transvaler“ gefolgt waren; er wurde Informationsdirektor, als Verwoerd Premier war.

74 Meiring 1990: 81.

75 Van Schoor 1979: 123. Zu Engelhardt s. auch DNSA, Memorandum of conversation zw. Governor Harriman und Lawrence Gandar (Rand Daily Mail), State Department, 27.11.1964, S. 1.

76 Van Schoor 1979: 126. Immerhin wandte sich Engelhardt anschließend nochmals brieflich an Verwoerd und zeigte sich von der Idee der Grenzindustrien beeindruckt. PV 93/1/34/1, Bl. 12 f. C.W. Engelhard, 8.9.58.

77 Barnard 1967: 27 f.

seiner endlosen Monologe eher „exacting“[78] oder bemerkten bewundernd, dass er seine Zuhörer „stundenlang am Stück hypnotisierte.“[79]

Wiederholungen betrafen jedoch nicht nur die Argumentationsketten, sondern auch Bekräftigungswiederholungen. Diese fanden sich auffallend häufig in Verwoerds Reden und Briefen, wenn er ein Argument noch einmal neu formulierte, was er mit der Formel „mit anderen Worten“ begann. Dies diente ihm dazu, durch die Neuformulierung zu generalisieren und damit zu unterstreichen, dass Prinzipielles im Spiel war. So wandte er sich gegen Vorschläge der Opposition, weiße Repräsentanten der Afrikaner ins Parlament wählen zu lassen, da dies in Rhodesien nicht funktionierte, um dann fortzufahren: „Mit anderen Worten, es gibt keine Hoffnung auf Frieden oder den Fortbestand der Weißen, wenn wir einmal begonnen haben, die abschüssige Straße eines gemischten Volks in einem gemischten Vaterland zu beschreiten.“[80]

6. Vereinfachungen. Es gehörte generell zu seiner argumentativen Vorgehensweise, komplizierte Sachverhalte in einzelne Stränge aufzulösen und später wieder zusammenzuführen, so dass sich erst am Ende die ganze Komplexität erschloss, es aber dennoch in verständlicher Weise vorgetragen wurde.

Verwoerd hatte in seiner psychologischen Masterarbeit im Gegensatz zu Westphals Untersuchung von Haupt- und Nebenaufgabe die Besonderheit der doppelten Aufgabe darin gesehen, dass sie nicht zu Teilantworten führte, sondern beide Aufgaben sich in einer Antwort auflösten. Genau das fand sich ausgesprochen häufig in der Argumentation des Politikers Verwoerd. Eine seiner häufig benutzten rhetorischen Strategien war es, eine Lösung zu präsentieren, mit der verschiedene Probleme gleichzeitig und auf einen Schlag gelöst werden. Er konstruierte das Problem von der bereits konzipierten Lösung her und konnte es damit von Anfang an als bewältigbar präsentieren.

Dies deckt sich mit der Beobachtung, dass auch sein logisches Argumentieren immer vom Ergebnis her aufgebaut war. Dadurch konnte er seine Überlegenheit als Politiker demonstrieren, der mit Lösungen aufwartete, die den gordischen Knoten komplizierter politischer Problemlagen zerschlugen. Indem er auf doppelte Aufgaben eindeutige Antworten gab, legitimierte er seine Machtposition. So kritisierte er den von seinem Doktorvater verfassten Band des Carnegie-Reports, weil dort bestimmte Themen nicht sauber genug voneinander unterschieden und getrennt dargestellt worden wären, womit er die Laien unter seinen Lesern nicht gut erreichen könnte.[81]

---

78 Natal Mercury, 29.8.1959.

79 Barnard 1967: 23.

80 Zit. nach G. D.Scholtz 1974: Bd. 2: 183.

81 Die Burger, 30.12.1932.

7. Verdrehungen. Verwoerd verdrehte häufig Sachverhalte dergestalt, als seien die Opfer und Verlierer seiner Politik die eigentlichen Nutznießer. Die Entscheidung für die Republik war demnach eigentlich vor allem für die englischsprachigen Weißen segensreich, die Apartheidpolitik diente dem Wohlergehen der Schwarzen:

„The scope of the policy which I have reviewed to-day is to clear up inconsistencies in our guidance of the Bantu and to place our plans of development for him on a sound footing, as I have just said. It is in the best interest of the Bantu that this should happen and it is the wish of white South Africa that we should act accordingly."[82] Die Influx Control nütze eigentlich in erster Linie den Schwarzen: „In the long run it is perhaps the native who will be the biggest victim of the selfishness of the European if he allows uncontrolled influx, because when excessive numbers of natives are present then the consequences are low wages, inferior housing and vagrancy."[83] Minister Verwoerd war der Ansicht, dass der Stadtrat Johannesburgs zuviel Geld für seine schwarzen Bewohner ausgab.[84] Die Kürzung als Wohltat auszugeben, war eine typische argumentative Wendung des Psychologen Verwoerd, dem es in seiner politischen Karriere immer wieder gelang, durch logisch klingende Räsonnements Negativmaßnahmen als im Interesse der Betroffenen hinzustellen. So versprachen manche Gesetze wie der „Abolition of Passes and Coordination of Documents Act" im Titel das Gegenteil dessen, was sie bewirkten.

Kaum eine Technik war so erfolgreich wie diese. Verwoerd brachte es zur Meisterschaft in den argumentativen Tricks, mit denen er Opfer als Gewinner präsentierte.[85] Der propagandistische Wert offenbarte sich in dem langen Nachhall, der teilweise bis heute nicht verklungen ist. Wenn manche Südafrikaner immer noch meinen, die Absichten der Apartheidpolitiker seien ehrenwert gewesen, es hätte nur mit der Ausführung gehapert, dann äußert sich darin der Langzeiterfolg von Verwoerds Propaganda, die gebetsmühlenartig eine moralische Legitimation der Apartheid herbeiredete, indem er die schwarze Bevölkerung als Nutznießer dieser Politik nannte. So erschien seine auf den Macht- und Privilegienerhalt der Weißen zielende Politik als altruistisches Unternehmen, ja gar als Aufopferung zugunsten anderer.[86]

---

82 Verwoerd, Policy of the Minister of Native Affairs, 30.5.1952, in: Pelzer 1966: 31–52, hier 52.

83 Verwoerd, Speech Delivered at the Congress of the Institute of Administrators of Non-European Affairs, held at Bloemfontein, on 17.9.1956, in: Pelzer 1966: 124–148, hier 130.

84 PV 276/1/9/5/6/2/10, Bl. 13, V. an Heckroodt, 20.2.56.

85 Dies hatte schon Hepple 1967: 30 ff. festgestellt.

86 Eine Diskussion prominenter Apartheid-Theologen mit einem niederländischen Kollegen machte deutlich, dass sich die Südafrikaner immer wieder auf reine Absichtserklärungen Ver-

Verwoerd als Redner

Mit seiner Übernahme des Redakteursamts beim „Transvaler“ war der Eintritt in die aktive Politik verbunden, weshalb auch der öffentliche Redner Verwoerd Beachtung finden muss. Der Einsatz von Überzeugung als Mittel der Überredung bestimmte Verwoerds Auftreten als Redner. Von den Erkenntnissen seiner Dissertation über die Unverlässlichkeit von Gefühlen ausgehend, setzte Verwoerd auf die Überzeugungskraft seiner Argumentation und verzichtete darauf, die (kurzlebigen) Emotionen seiner Zuhörer aufzuheizen. Verwoerd war nie ein Demagoge oder populistischer Hetzer. Im Gegenteil, er appellierte an das logische Denkvermögen. „Die Kraft seiner Rede lag in der hypnotisierenden Logik, womit er seine Argumente Schritt für Schritt aufbaute zu einer Einheit, auf der seine Schlussfolgerung basierte.“[87] Das Adjektiv „hypnotisierend“ ist vielsagend, denn es verweist auf die rhetorische Instrumentalisierung der Logik. Darin unterschied er sich von vielen anderen Rednern, ja seine logische Argumentation wurde von A. M. van Schoor sogar als eine Besonderheit hervorgehoben: „That was his technique – Dr. Verwoerd never addressed a private or public meeting in the orthodox sense of the word. He always reasoned with his audience, taking them personally along with him in his argument, so complete in its logical content, that no one ever left him with any unanswered questions or reservations.“[88]

US-Botschafter Crowe beobachtete: „The Prime Minister has a great deal of confidence in his powers as a persuader.“[89] Er vertraute auf die Durchschlagskraft seiner logischen Argumentation und begann schon früh, eine Art Geniekult zu begründen. Als Professor war Verwoerd berühmt dafür, dass er seine Vorlesungen aus dem Stegreif hielt und über ein photographisches Gedächtnis verfügte.[90] So hätte er montags nie fragen müssen, wo er am vergangenen Freitag aufgehört hatte. „Wenn er ans Katheder trat, begann er unmittelbar. Es hat mich erstaunt, wie er das schaffte, alle die Punkte auf die Tafel zu schreiben und zu diktieren, ohne Notizen zu benutzen.“ Zu dieser Zeit diktierten die Professoren ihren Stu-

woerds bezogen, während der Niederländer die Realität zur Sprache brachte: Verkuyl/Gericke/Vorster/Snyman 1970: 3 ff.

87 D.Prinsloo 1979: 8.

88 Van Schoor 1979: 121, s. auch 130: „Dr Verwoerd was our psychologist-statesman par excellence, whose speeches were always made at his audiences in long masterly exercises in reasoning *with* them.“; ganz ähnlich G. D. Scholtz 1974: Bd.2: 22. S. auch A.Boshoff 1974: 29.

89 Telegram from the Embassy in South Africa to the Department of State, 30.10.1959, in: La-Fantasie 1992: 738.

90 E.Theron 1970: 24: „Was die jungen Studenten auch beeindruckte, war das phänomenale Gedächtnis ihres Professors. Niemals hatte er Notizen vor sich.“ S. auch ebd. S. 25. S. auch J.Basson 2004: 68 f.

dierenden die Texte, weshalb diese eher ausnahmsweise mit Büchern arbeiteten.[91] Diese Art der Lehre erklärt auch, warum Verwoerds Vorlesungen, etwa über Logik oder Charakterkunde, weitgehend Handbuchwissen enthielten. Tatsächlich hatte er seine Vorlesungen vorformuliert und dann offenbar auswendig gelernt; die archivierten Manuskripte enthalten teilweise handschriftlich Markierungen am Rand, wie weit er in der jeweiligen Stunde gekommen war. Die Datumsnotizen erklären, warum er in der nächsten Stunde immer an der richtigen Stelle die Vorlesung fortsetzen konnte. Neben Eitelkeit spielte sicher das Kalkül eine Rolle, aus der Demonstration seiner intellektuellen Überlegenheit Macht zu gewinnen. Der Eindruck, den er bei seinen Studenten hinterließ, war, dass sie einen „originellen Denker" mit einem „großen Intellekt und fotografischen Gedächtnis" vor sich hatten,[92] der aber keine Diskussionen oder Fragen zuließ.[93] „Dr. Verwoerd war für uns der ideale Dozent [...] Er war überzeugend, man hatte das Gefühl, der Mann steht mit Herz und Seele hinter dem, was er sagt."[94] Noch Jahrzehnte später rühmten sich Politiker, dass sie „als Student im ersten Jahr im Kurs von Professor Verwoerd saßen."[95] Hier wurde also an einem Mythos gearbeitet, der sich lange erhielt und teilweise heute noch nachwirkt: „sein brillianter Geist und seine Denkkraft, seine Führungsqualitäten und staatsmännische Vision"[96] – Verwoerd der überragende Intellektuelle, der die Apartheid erfand und durchsetzte; der, wenn man ihn nur am Leben gelassen hätte, die Dinge zu einem guten Ende geführt hätte. Verwoerd hätte als Redakteur des „Transvaler" „sehr schnell gezeigt, dass er ein Mann von außergewöhnlichem Talent und Begabung war. Darum wurde oft von verschiedenen Seiten darauf gedrängt, dass er Parlamentsabgeordneter werden soll."[97] Die Kausalverknüpfung zwischen seiner außergewöhnlichen Begabung und der politischen Karriere ist bezeichnend, denn der wahre Grund, nämlich dass Verwoerd parallel zu seiner Redakteurstätigkeit eine Karriere in Partei und Broederbond zielgerichtet durchlief und dies auch von

91 Du Raan 1998: 60 f. Die kleine Universitätsbibliothek war zu der noch in dem C. L. Marais-Bibliotheksgebäude untergebracht, in der gleichzeitig auch die Verwaltung residierte und Rat und Senat ihre Versammlungsräume hatten: Booyens 1995: 2 f.

92 PV 117, Bl. 6 Aufzeichnungen „Dr. Verwoerd, my professor tree tot die politiek toe." S. 3.

93 Ryan 1990: 20; Meiring 1973 b: 119.

94 Tinie Vorster, zit. nach Jones 1986: 57.

95 PV 132/3/6/1, Rede von Vorster in Stellenbosch, am 14.9.66. Ehemalige Studierende in anderen Berufen gratulierten zu den verschiedenen Schritten seiner Karriere und zeigten sich höchst zufrieden mit der Ernennung ihres ehemaligen Professors. zum Minister: FAV 4.6.1.1, ds. C. J. J. Brand (Mission Morgenster in Südrhodesien) an V., 4.11.1950 u. dessen (PS) Antwort, 10.11.1950: „Es ist Dr. Verwoerd immer angenehm, von seinen ehemaligen Studenten zu hören."

96 PV 873/5/2/1/1, Dr. Hendrik Verwoerd †, handschriftlich 14.9.1966, S. 3.

97 PV 377/4/1/1, J.W. Rall: Hulde aan wyle dr. H. F. Verwoerd (1966), S. 1.

der NP-Führung so beabsichtigt war, wird verschwiegen, so dass die Genialität als der eigentliche Grund stärker hervortreten kann. Die Schlussfolgerung konnte nur lauten, dass ein Genie wie Verwoerd geradezu zwangsläufig im höchsten Regierungsamt ankommen musste.

1959 lud ihn H. B. Thom, der Broederbond-Vorsitzende und Rektor der Universität Stellenbosch ein, zur Eröffnung des akademischen Jahres am 25. Februar die Festrede zu halten.[98] Verwoerd überraschte die Anwesenden, als er direkt an eine Rede anschloss, die er 30 Jahre zuvor zum selben Anlass gehalten hatte. Offenbar kam niemand auf den Gedanken, dass er im Vorfeld recherchiert und sich gut vorbereitet hatte, sondern es wurde generell als Zeichen seines bekannt guten Gedächtnisses und seines genialen Intellektes gewertet.[99] In Wirklichkeit hielt er auch als Politiker nicht alle seine Reden aus dem Stegreif, wie es die Legende will, dazu sind zuviele Manuskripte erhalten.[100] Außerdem wäre diese Fähigkeit nicht weiter bemerkenswert, denn andere Politiker waren dazu auch in der Lage. Jan Hofmeyr hat ebenfalls seine Reden auswendig gelernt, weil er über ein ähnlich photographisches Gedächtnis verfügte. Aber Verwoerd hat zu verschleiern versucht, dass er auswendig lernte und stattdessen das Genialische hervorgehoben. Kaum ein anderer Politiker hat sein gutes Gedächtnis, seine Begabung, eine Argumentation zu strukturieren und seine Politik als systematischen Gesamtzusammenhang darzustellen, so zielgerichtet eingesetzt wie er.

Dabei war er noch nicht einmal ein herausragender Redner, denn er sprach viel zu schnell[101] und war vielen in seinem Duktus zu akademisch. „Verwoerd hat gestern abend gesprochen und er war schwach – ungefähr wie ein Anfängerdozent, der seinen gesamten Stoff innerhalb einer kurzen Zeit abhandeln muss

98 PV93/1/60/2/1, Bl. 36, Thom an Verwoerd, 27.10.1958 u. Bl. 37, Annahme der Einladung am 4.11.1958.

99 A.Boshoff 1993: 33. Im selben Jahr erhielt Verwoerd auch die Ehrendoktorwürde seiner Alma mater. Die Vergabe von Ehrendoktorwürden an die Professoren der eigenen Universität war in Stellenbosch durchaus gebräuchlich. In diesem Fall betrieb die Verleihung der AB-Vorsitzende und Verwoerd-Vertraute H. B. Thom höchstpersönlich: PV 93/3/1/19, H. B. Thom, Brief an V., 23.6.1959: UA Stellenbosch, Eregrade, Verwoerd 1959, Schriftwechsel.

100 S. z. B. das ausführliche Manuskript für eine Rede vor dem Senat, das von seinen Beamten erstellt und von Eiselen am 15.5.56 abgezeichnet wurde: PV 93/1/31/1/27, Konsept-Beleidstoespraak 1956. Scholtz räumt ganz offen ein, dass er sich sehr genau vorbereitete und Konzepte schrieb: G. D.Scholtz 1974: Bd. 1: 75. Barnard 1967: 24 berichtet, dass er sich stundenlang auf größere Reden vorbereitet hätte und die Notizen hinterher vernichtete, „als ob er sich etwas schämte, dass jemand darüber lachen könnte!“

101 Zu Beginn seiner Karriere galt Verwoerd zusammen mit dem späteren Chief Whip der NP, J. E. Potgieter, als der schnellste Redner des Parlaments: Haigh 1951: 204. A.Boshoff 1993: 33: „Er hat so unmenschlich schnell gesprochen!“

und so schnell spricht, dass er die meisten Worte verschluckt."[102] Schon 1924 berichtete die „Cape Times" über seinen Auftritt in der Debattiervereinigung der Universität Stellenbosch: „Like a machine gun he rattled off a variety of facts and figures."[103] Außerdem hatte er „eine etwas hohe Stimme, die zur Heiserkeit neigte."[104] Er war kein begabter Debattierer, der ein Plenum durch seinen Witz bezaubern und mitreißen konnte wie Harry Lawrence oder Walter Madeley. Van Schoor berichtete, dass Verwoerd ein ausgezeichneter Gesprächspartner gewesen sei, mit dem man über jedes Thema haben reden können, weil er zu allem Interessantes zu sagen gewußt habe.[105] Diese oft bewundernden Beobachtungen und Reminiszenzen von denjenigen, die seiner Politik nahe standen, lassen aber übersehen, dass Verwoerd in der Politik dialogunfähig war. Die Medien und die Opposition beklagten oft, dass der Minister auf Fragen nicht einging.[106]

Geschichten, die um 1990 in die Welt gesetzt wurden, sollten seine Genialität und geistige Unabhängigkeit herausstreichen. Demnach hätte er eine Kehrtwende anzukündigen vorgehabt just an dem Tag, an dem er ermordet wurde.[107] Weil er seine Reden aus dem Stegreif hielt, lässt sich diese Behauptung weder beweisen noch widerlegen. Doch die ganze Geschichte ist ziemlich durchsichtig: Dem ehemaligen Chief-Whip der NP, J. E. Potgieter, fiel ausgerechnet im Jahr 1990, als das Ende der Apartheid absehbar wurde und die NP wegen der Vorgänge auf Vlakplaas und andernorts jeden moralischen Kredit verloren hatte, ein, dass selbst der dogmatische Verwoerd in Wirklichkeit ein ganz flexibler, lernfähiger Politiker war.[108] Wenn selbst er, konnte sich jeder Afrikaaner-Nationalist fragen, warum dann nicht wir alle? Es gibt jedoch einen Beleg, dass Potgieter eine Mär in die Welt setzte, denn nach seinem Tod fand Verwoerds Sohn Daniel Redenotizen in seiner Brieftasche, die ganz offensichtlich der Vorbereitung der Rede

---

102 296.K.GE 127a, Phil Weber an A. L. Geyer, 27.3.1953. S. auch I. L.De Villiers 2009: 130; Meiring 1973a: 76.

103 Cape Times, 15.8.1924.

104 E.Theron 1983: 25 u. J.Botha 1967: 44.

105 Van Schoor 1979: 130.

106 Graaff 1993: 159. Andries Treurnicht, ein großer Bewunderer Verwoerds und seiner Politik, behauptete, er hätte in den Debatten „jeden Punkt oder jedes Argument voll und ganz beantwortet," und wäre sehr schlagfertig gewesen: PV 873/5/2/1/1, Bl. 4ff. „Dr. Hendrik Verwoerd." Dies stimmt nun, wie vieles andere, was Treurnicht sagte, nicht mit der Realität überein. Denn Verwoerd war im Gegenteil dafür bekannt, dass er nicht auf die Argumente seiner Gegner einging. Er war also kein schlagfertiger Debattierer, sondern dozierte lieber.

107 Dommisse 2005: 169. S. auch die apologetischen Äußerungen von Potgieter in Die Burger, 13.11.1990. zu Potgieter s. auch J.Basson 2008: 2f.

108 Sehr skeptisch zeigt sich Meiring 1990: 9. Potgieter war ein ehemaliger Student Verwoerds und offenbar mit ihm persönlich befreundet: Grobbelaar 1966: 157.

dienten, die er dann nicht mehr halten konnte. Aus diesen Notizen ging hervor, dass Verwoerd mitnichten eine politische Wende ankündigen wollte, sondern im Gegenteil wollte er von den Grundprinzipien der Apartheid ausgehend erneut sein politisches Programm deduzieren, wie er es schon hundertemal zuvor getan hatte.[109]

Logik als rhetorisches Mittel

In einem Kapitel über Propaganda Verwoerds Logik zu behandeln, mag auf den ersten Blick etwas befremden, wurde doch seit der Antike klar zwischen Rhetorik und Logik unterschieden. Rhetorik als die Kunst der Überredung war die Gabe des großen Redners, Argumente so einzusetzen, dass der größtmögliche Effekt erzeugt wurde und er seine Zuhörer zum eigenen Standpunkt bekehren konnte. Demgegenüber war die Logik die Kunst der richtigen Schlussfolgerung und damit ein wesentliches Instrument zur Wahrheitsfindung. Wahrheitsfindung und Überredungskunst zielten auf Unterschiedliches und standen öfter sogar in einem klaren Gegensatz zueinander. Das Besondere an Verwoerds Propaganda lag darin, dass er beides miteinander zu vereinbaren wusste, Logik zu einem Mittel der Rhetorik machte.[110] Sein Sohn Daniel brachte es gut auf den Punkt, denn sein Vater hörte sich bei häuslichen Diskussionen die Argumente der Kinder an, um „dann mit logischer Überredung, eher als mit Gegenargumenten, seinen Standpunkt auseinanderzusetzen."[111] Wie gezeigt werden konnte, vertrat Verwoerd einen faktenbezogenen Wissenschaftsbegriff, für den durch möglichst umfassendes Sammeln von Daten der einzig richtige Weg zur Wahrheitsfindung beschritten wurde. Da er seine Politik als wissenschaftlich fundiert verstanden wissen wollte, präsentierte er sie als wahrheitsbasiert. Sie sollte durch ihre Wahrhaftigkeit und logische Schlüssigkeit überzeugen.

Gegenüber seinem älteren Bruder betonte der junge Psychologieprofessor die Bedeutung der Logik, was dieser dankend als wichtigen Hinweis annahm: „Eine wichtige Sache, die Hendrik mich gelehrt hat, ist logisch zu denken. [...] Wenn man den logischen Zugang zum Leben einmal erfasst, vergisst man ihn nie wieder. Objektiv zu denken macht dich konsequent."[112] Der letzte Satz lässt aber

109 FAV 4.7.2.4.7, 5 Blätter undatierte Notizen, aber mit klarem Bezug in den einleitenden Sätzen auf die Misstrauensdebatte.

110 Barnard 1967: 24.

111 W. et al.Verwoerd 2001: 76.

112 PV 72/3, Beukes: Brandfort, Stellenbosch, Arme-blanke vraagstuk, S. 3 (beruht auf Interview mit Len Verwoerd).

auch erkennen, wie sehr Verwoerd auf Dauer Gefangener seines deterministischen Denkens und seiner inhärenten Konsequenz wurde. Erika Theron sprach von seinem „unerbittlich logischen Überzeugungstalent".[113] Die Deduktion seines gesamten Handelns aus grundlegenden Prinzipien verlieh seinen politischen Konzepten die Überzeugungskraft, die sie als alternativlos erscheinen ließen und seinen Anhängern grenzenlose Bewunderung abnötigten, während andere schon früh Verwoerds Neigung zum Dogmatismus kritisierten.[114] Piet Meyer brachte es auf den Punkt, als er sagte, Verwoerd hätte „nie aufgehört, bevor er zum Kern, zum Wesen einer Sache vorgedrungen war. Und wenn eine Sache als richtig erkannt war, wurde sie durchgeführt bis zu den letzten Konsequenzen, was auch immer die Folgen sein konnten."[115] Dioné Prinsloo beschreibt sein logisches Räsonnieren: „Weil er in Logik geschult war, hat Dr. Verwoerd ein Problem Schritt für Schritt durchdacht bis zur Schlussfolgerung und dann erklärt, wie vorgegangen werden muss, um diese bestimmte Lösung dieses bestimmten Problems zu erreichen."[116] So behauptete er, wenn man den Coloureds ein Zugeständnis in Form mehrerer Parlamentssitze einräumte, würden sie unausweichlich sofort weitere Forderungen nachschieben, danach würden die Schwarzen ebenfalls Sitze verlangen, dies führe zur schwarzen Mehrheitsherrschaft und am Ende stünde die biologische Assimilation und der Untergang der Weißen. Die Kausalkette ist erkennbar vom Endergebnis her rückwärts konstruiert, um das schlimmste Horrorszenario vorzustellen und die Zuhörer zu überzeugen, dass nur Verwoerds harte Haltung sie davor bewahren könnte.

Durch ihren Einsatz als rhetorisches Mittel wurden Wahrheit und Wahrheitsfindung Instrumente der Überredung. Tatsächlich diente Verwoerd die Kunst der Wahrheitsfindung zur Verschleierung der Wahrheit, sie verkam zur Sophisterei, zum Biegen von Argumenten, um ein bestimmtes Ziel zu erreichen. Wie hat Verwoerd dieses Kunststück bewerkstelligt? Wie gelang es ihm, durch logisches Argumentieren den Anschein, aber eben nur den Anschein, einer wahrheitsorientierten Politik zu erwecken und diese als alternativlos zu präsentieren?

Verwoerd drehte die Logik in ihrer zeitlichen Sequenz um, indem er vom gewünschten oder befürchteten Ergebnis her die Prämissen konstruierte.[117] An

---

113 E.Theron 1983: 25.

114 J.Basson 2006: 102. Basson hatte ein Jahr lang Verwoerds Soziologieveranstaltungen in Stellenbosch besucht.

115 P.J.Meyer 1978: 10.

116 D.Prinsloo 1979: 11.

117 Meines Wissens war der Anwalt David de Villiers der einzige, der dieses Vorgehen klar durchschaute: D.de Villiers 2001: 144.

seiner Politik gegenüber den Coloureds wird offenbar, wie Verwoerd im Lauf der Jahre immer stärker ein Gefangener seiner eigenen Logik wurde. „Die Praxis zeigt, dass so ein bisschen Geben der Anfang ist von immer weiterem Voranschreiten auf dem Weg zur Integration. Auf ein wenig politische Partnerschaft folgen weitere Forderungen und weitere Zugeständnisse; soziale und ökonomische Integration ist das nächste; und dann biologische Assimilation. Es fängt vielleicht mit den Coloureds an, dann kommen die Inder und Bantu. Ich sehe nur Unheil für alle durch dieses erste Abweichen von einer konsequenten Apartheid."[118] Er verlängerte die logischen Ketten einer Eigendynamik, die durch kleinste Konzessionen ausgelöst würde, um immer beim Horrorszenario einer schwarzen Herrschaft zu enden. So belehrte er den Ethnologen Johannes Bruwer „wenn man erstmal um eines kurzfristigen Ziels beginnt, Zugeständnisse zu machen, wird der Druck nicht geringer, sondern größer, und die Zufriedenheit nimmt eher ab. Weil man seine Prinzipien aufgegeben hat, wird der weitere Prozess fast unumkehrbar."[119] Um einen solchen Dammbruch zu vermeiden, „care will have to be taken to ensure that concessions which may appear superficially fair, are thought out to their logical consequences and that consideration is given to the eventual injustice to others which may arise from apparent friendliness towards one person."[120] So argumentierte er im November 1960 in einem Interview mit der Tageszeitung „Die Burger" gegen kleine Zugeständnisse an die Coloureds. Mittner fasst seine Argumentation wie folgt zusammen: „Dies wäre die erste Abweichung von Prinzipien, und darum erklärt er mit Nachdruck, dass die NP und die Regierung nicht bereit sind, um erste Schritte auf dem ‚Integrationsweg' zu gehen. In dem Gespräch skizzierte Dr. Verwoerd auch die ‚Konsequnzen' der ‚kleinen Zugeständnisse' (direkte Repräsentanz): Ausbreitung des Wahlrechts auf getrennten Listen in die nördlichen Provinzen; Einführung des Wahlrechts für Coloured-Frauen; quantitative Ausweitung der Coloured-Abgeordneten auf getrennten Listen in beiden Häusern des Parlaments und die Rückkehr zu einer gemeinsamen Liste von Wahlberechtigten mit voller politischer Gleichstellung, schließlich auch im Hinblick auf die Wahl politischer Repräsentanten in allen Wahlkreisen. Dr. Verwoerd zufolge wird die direkte Repräsentanz und die damit einhergehenden Zu-

---

118 PV 93/1/24/11, Antwortbrief von V. an C.H. Badenhorst, Wellington, auf dessen umfangreiches Memorandum über die Rassenfrage, 12.11.1960: Bl.5–6. Ähnlich in seiner Antwort vom 29.11,1960 auf ein Unterstützungstelegramm von E. Theron: PV 93/1/30/1/10, Bl.19.

119 PV 93/1/24/10, 110 Antwort an Prof. J. Bruwer, Stellenbosch, 30.7.60

120 Verwoerd, Congress of the Institute of Administrators of Non-European Affairs, Bloemfontein 7.9.1956, in: Pelzer 1966: 124–148, S. 141.

geständnisse letzten Endes auf vollständige Integration hinauslaufen, mit anderen Worten auf ‚biologische Assmiliation'."[121]

Von einem perhorreszierten Endzustand ausgehend konstruierte er eine Unausweichlichkeit vom Anfang des „kleinen Zugeständnisses". Man musste den Zuhörern klar machen, dass es nur einen richtigen Weg gab, der sich wissenschaftlich ermitteln ließ durch das wichtigste Werkzeug, nämlich die Logik. So sollten sie von der Alternativlosigkeit von Verwoerds Politik überzeugt werden.[122] Der Opposition hielt er immer wieder vor, dass ihre Politik kleiner Zugeständnisse an die schwarze Mehrheit eine Abfolge von Konsequenzen erzeuge, bei denen eine Folge die nächste auslöste, bis am Ende die schwarze Mehrheitsherrschaft stünde. Mit der falschen Wahl der Prämissen würden die Oppositionspolitiker, wenn man sie denn ließe, einen Determinismus in Gang setzen, so dass sie mit der ersten falschen Entscheidung ihre Handlungsmöglichkeiten verloren. Umgekehrt wählte Verwoerd mit der Politik der radikalen Rassentrennung die Prämisse, die zu „guter Nachbarschaft" und dem Glück aller, jedem in seiner getrennten Lebenswelt, führen würde. Der Trick funktionierte, denn ein Anhänger bescheinigte ihm für diese Argumentation „absolut meisterhafte Logik."[123]

Dies trägt allerdings nicht Verwoerds strategisch kalkuliertem Einsatz der Logik als rhetorischem Mittel Rechnung, denn er kannte seine Lösung bereits vorher und konstruierte die Auswahl seiner Syllogismen in einer Weise, dass sie nur zu dieser einen Lösung führen konnten. Damit wurde Politik aus einer Kunst, Entscheidungen in kontingenten Situationen zu treffen, zu einer Abfolge determinierter Kausalketten. Wenn er vorgab, dass es nur eine mögliche Lösung geben konnte, wurde Kontingenz ausgeblendet und das, was eigentlich eine Entscheidung war, erschien als Notwendigkeit. So konnte er die Zukunft über eine eindeutige Kausalität erklären und als unausweichlich präsentieren, je nachdem, welche Prämissen gewählt wurden.[124] Es ging ihm um die Zukunft, doch er argumentierte wie ein schlechter Historiker, der über die Vergangenheit sprach als bestände sie aus kontingenzfreien determinierten Entwicklungen. Dadurch, dass er seine logische Argumentation von einem imaginierten Ziel her entfaltete, konnte er sich die Prämissen so zurechtlegen, wie er sie brauchte. Mit dieser

---

121 Mittner 1986: 287.

122 1947 beobachtete Albert Hertzog noch eine andere Strategie: „Er nimmt in seiner Rede das eine oder andere Argument heraus, übertreibt und betont es. Dann gilt er als eine fürchterlich schlaue Person, aber in Wirklichkeit ist alles nur eine logische Abstraktion von einem Faktor, der übertrieben wird." PV 451/4/1/173, Tagebuch, Eintrag 5.8.1947, S. 358.

123 Treurnicht 1988: 10.

124 Ganz ähnlich sah G. Cronjé die Gesellschaft als von Konstanten und Kontinuitäten geprägt, während er Kontingenz noch nicht einmal diskutierte: Cronjé 1937: 15 ff.

antezipierenden Vorwegnahme von Ergebnissen, die in der Zukunft lagen, gelang es Verwoerd, Selbstgewißheit zu vermitteln. Wenn man die von ihm logisch von einem zukünftigen Ziel, einer Utopie, rückwärts entwickelten Zwischenschritte ging, konnte gar nichts schiefgehen.

Der britische Botschafter Sir John Maud, der Verwoerd gut kannte, beschrieb dessen Verständnis von Politik: „When I suggested to Dr. Verwoerd, before the present parliamentary session, that he must be much preoccupied with the difficult problems ahead, his obviously sincere answer was that this was not so. He said in effect that once the major premise had been clearly established (as of course it had) it was only necessary to apply it to problems and situations as they arose and the conclusions were inescapable. Day-to-day problems therefore presented no serious difficulty. The fact that he was evidently not speaking for effect but expressing his real conviction made his words all the more frightening."[125]

Indem er sich dieser Logik ergab, die eine ungewisse, kontingente Zukunft in eine gewisse Imagination und eine imaginäre Gewissheit verwandelte, büßte er schließlich jede politische Flexibilität ein, wofür er außenpolitisch einen hohen Preis zahlte. Die Alternativlosigkeit einer auf Logik und Wahrheit aufgebauten Politik führte ihn in genau die Falle, in der er stets seine politischen Gegner wähnte. Eine Politik, die nur auf Unbeugsamkeit beruhte und keinerlei Verhandlungsmöglichkeiten mehr zuließ, war keine Politik mehr – er wurde ein Gefangener seiner eigenen Argumentationslogik. Giliomee legt großen Wert auf die Unterscheidung von Zweck und Mittel in Verwoerds Politik. Der Zweck seines Handelns war ihm zufolge die Erhaltung, das „Überleben" des burischen Volkes, während die Apartheid Mittel zu diesem Zweck war.[126] Wenn sie das einzige verfügbare Mittel war, fallen aber Mittel und Zweck ineins und Giliomees Unterscheidung wird hinfällig. Wenn die Mittel nicht disponibel sind, erledigt sich die bereits angesprochene Behauptung, die Apartheid sei eine pragmatische Politik gewesen. In Wirklichkeit war sie eine prinzipienorientierte Politik, die ihrer Ei-

125 FAV 4.7.1.2. South Africa's Future, Zusatztext, darüber von Eric Louw handschriftlich: Streng Geheim. Unten auf der Seite handschr. Anmerkung von W.J. Verwoerd aus dem Jahr 2015: „Dieser Geheimbericht wurde meiner Erinnerung zufolge durch eine afrikaanse Schreibkraft in der britische Botschaft unterschlagen und dem Premier zugespielt." Maud fügte seinem Portrait die ebenso kluge Bemerkungen hinzu: „Facts which, when the major premise is applied, cannot be fitted into his syllogism, are unfacts." Diese Äußerungen Mauds finden sich auch in Hyam/Louis 2000: 455. G.D. Scholtz berichtete, dass Verwoerd wegen seines Rekurses auf bekannte Prinzipien in seinen Reaktionen immer berechenbar war: D.Prinsloo 1979: 9.

126 Giliomee 2003a: 144 u. 621 und 1980: 18f., s. auch O'Meara 1996: 52. Zu einer Kritik an Giliomees Position, die den Kontext des afrikaansen Nationalismus nicht verlassen habe, s. A.du Toit 2008: 573f.

genlogik folgte und sich in einem äußerst eingeengten Handlungsspielraum bewegte. Durch seine Ausrichtung auf Prinzipien gab Verwoerd die Flexibilität auf, die ein Politiker für erfolgreiches Agieren benötigte. Aus der Alternativlosigkeit ergab sich die Verweigerung der geringsten Zugeständnisse.[127]

Die Erreichung des Zieles wurde durch Antezipation zur Gewissheit, weil seine Politik auf Wahrheit aufgebaut war, was sich an ihrer logischen Konsistenz ablesen ließ. Sich der Überzeugungskraft solchen Räsonnierens zu entziehen, war, wie viele Zeitgenossen bezeugten, nicht einfach. Ein Bewunderer sprach von seiner „Zukunfts-Erhellung",[128] ohne den Trick dabei zu durchschauen; andere sahen in ihm geradezu einen prophetisch begabten Politiker.[129]

Dabei kam ihm zugute, dass er mit seinen gegensätzlichen Szenarien nicht nur die unmittelbaren Interessen der Wähler ansprechen und über die Gefährlichkeit der Standpunkte der Opposition diese in die Defensive drängten konnte, sondern er machte aus den kleinsten nebensächlichen Zugeständnissen eine Frage von Leben und Tod, entwarf das Horrorbild des völligen Untergangs der Weißen. Doch machte es ihm die Opposition auch denkbar leicht, denn die verschiedenen Parteiflügel der äußerst heterogenen United Party standen für unterschiedliche Haltungen zur Apartheid, was dazu führte, dass die Partei insgesamt zu keiner klaren Linie und erst recht nicht zu einer Alternative finden konnte.[130] Für Verwoerd war es ein leichtes, die Opposition als konzeptionslos vorzuführen[131] oder mit Hilfe seiner logisch klingenden Projektionen zu „beweisen", dass jeder von der Opposition vorgeschlagene Schritt, der sich von seiner eigenen Konzeption unterschied, in eine schwarze Mehrheitsherrschaft münden musste.[132]

---

127 Z.B. im Fall des Anwalts Duma Nokwe, dem Verwoerd nicht erlaubte, seine Kanzlei im selben Gebäude wie seine weißen Kollegen einzurichten: Maisels 1999: 72ff.

128 PV 425/2/1/1, Radiosendereihe „Verkiesings en Premiers 1910–1974", S. 55.

129 M.C.Botha 1977: 10.

130 So gab es in einem Wahlkreis Stimmen, die schwarzen Universitätsabsolventen das Wahlrecht geben wollten: Pretoria News, 7.8.1957, und die Partei wollte „for tactical reasons" im Wahlkampf 1958 ihre Haltung zur Apartheid verhärten: Cape Times und Rand Daily Mail, 7.11.1958. Vaderland, 19.2.1959 (Kommentar).

131 So richtete er acht Fragen an den Oppositionsführer, s. Die Burger, 6.2.1954. Sunday Times, 21.11.1954: aus dem Artikel geht deutlich hervor, dass sich die Ziele der UP in vielen von der NP kaum unterschieden; s. auch den Kommentar in Die Vaderland 18.11.1954. Vor allem die Heterogenität dieser Partei erleichterte es der NP, immer abweichende Stimmen auszumachen und den fehlenden Konsens über Grundlinien der Politik offenzulegen: Die Burger, 6.9.1956 (Leitartikel); Die Transvaler, 22.12.1954 (Leitartikel) S. auch den Leitartikel im Sunday Express, 9.12.1956, der nur vage Allgemeinplätze enthält.

132 Die Burger, 31.1.1953.

Indem er die langfristigen Folgen ausmalte, konnte er vorführen, wie gefährlich gut gemeinte, tolerante und liberale Positionen gegenüber der schwarzen Mehrheit waren. Sie mussten zum Machtverlust für die Weißen und zu ihrem kulturellen und sogar physischen Untergang führen. Verwoerd zeigte dies aber nicht nur an einer bestimmten Position der United Party auf, sondern an jeder Position, die nicht seine eigene war. Damit konnte er alle Grautöne eliminieren und die Politik letztlich auf zwei konträre Positionen reduzieren: Chaos und Ordnung. Der Trick bestand darin, dass die Argumentation über die Konsequenzen lief und nicht auf die gegenwärtigen Positionen konzentriert war. Somit war jede politische Position, die sich auf Zugeständnisse welcher Art auch immer, und seien es nur die allerkleinsten, einlassen wollte, zum Scheitern verurteilt, weil Verwoerd von diesen kleinen Zugeständnissen her seine Kausalketten entwickelte, an deren Ende die „Bantu-Diktatur" stand.

So war für ihn die Notwendigkeit langsamen Vorgehens eine Schlußfolgerung aus der Beobachtung, dass die „Bantu" und generell die Afrikaner zur Demokratie nicht reif waren. „It inevitably leads to dictatorship by a small group of politically interested persons",[133] wofür er insbesondere das Beispiel Ghanas unter Kwame Nkrumah wiederholt nannte.[134] Er zog Mau-Mau in Kenia, vor allem aber den Kongo als Beispiele heran, dass die Weißen unter schwarzer Herrschaft keine Zukunft hätten. Schon in seinen Soziologievorlesungen behauptete er einen Zusammenhang von Gewaltausübung und mangelnder Zivilisierung: „In den Ländern, wo die Kultur auf dem niedrigsten Stand ist, finden wir die meisten Morde und Angriffe."[135] Was für den Kongo galt, galt auch für Südafrika, wie er noch 1959, als er schon die Unabhängigkeit der Homelands anvisierte, in abschätzigen Bemerkungen über schwarze Politiker in der Transkei feststellte: „They just concentrated on talking and all their actions were aimed at being popular so as to be re-elected. We must guide these people and teach them to govern properly and to assume responsibility."[136]

Doch Verwoerd täuschte sich selbst. Er vermeinte, aus Grundprinzipien Regeln abzuleiten, die sein Denken und Handeln leiten sollten. Daraus entstand die

133 Verwoerd, Union Council for Matters Concerning Coloureds, Cape Town 12.12.1961, in: Pelzer 1966: 642–653, S. 646.

134 Die Vaderland, 24.4.1959; die Zeitung publizierte eine ganze Artikelserie über Ghana, in der der Abbau der Demokratie gezeigt wurde. Verwoerds begrenzte ethnologische Kenntnisse werden darin offenbar, dass er gar nicht bedachte, dass Nkrumah und die Bevölkerung Ghanas keine „Bantu" waren.

135 231/2/3, Socio-psigologie van misdaad, S. 89, s. auch S. 91.

136 Verwoerd, Bill Promoting Bantu Self-government, Senate, 20.4.1959, in: Pelzer 1966: 271–295, S. 277.

Illusion der logischen Konsistenz seines Denkens und seiner Argumentation, der fast alle seine Hörer aufsaßen – nicht zuletzt er selbst.

Denn in Wirklichkeit war seine Argumentation nicht logisch, sondern analogisch. Verwoerd meinte, ganz Positivist, durch das Sammeln von Fakten, Daten und Einzelerfahrungen würden sich dahinter verborgene Regeln erschließen lassen. Waren diese einmal gefunden, ließ sich alles weitere Handeln notwendig aus diesen Regeln ableiten. Das induktive Schließen auf Regeln ist aber nicht logisch, da die Zahl der Beispiele immer begrenzt ist, begrenzter in ihrer Anzahl als die Anwendungsbreite der vermuteten Regel, der sie gehorchten. Ein Beispiel soll dies erläutern: Verwoerd führte immer die Vorgänge im Kongo an, wo mit der Unabhängigkeit heftige interne Machtkämpfe ausgebrochen waren, die schnell blutig ausgefochten wurden und schließlich zur Ermordung des gewählten Premierministers Patrice Lumumba und nach wenigen Jahren zur Errichtung der Diktatur von Mobutu führten. Verwoerd führte dieses Beispiel gern an, um seinen Hörern klar zu machen, welche Entwicklung drohte, wenn man den eigenen Afrikanern oder den Coloureds auch nur die geringsten Zugeständnisse machte. Dabei rekurrierte er auf die „Bantu-Psychologie", aus der er seine Analogie zum Kongo ableitete: „Naturally the psychology of our Bantu is an obstacle to speed, since South africa cannot allow chaos as in the Congo to develop in the Bantu Homelands it creates by similar rapid withdrawal of the Guardian's authority."[137]

Verwoerd wies also nur darauf hin, wie die Entwicklung in einem analogen Fall abgelaufen war und behauptete, dass es in Südafrika genauso kommen würde. Der Anschein der Logik kam daher, dass die Analogie eine Regelhaftigkeit beschwor, die ihrerseits auf eine Grundannahme rekurrierte, nämlich dass man Afrikanern keine politische Macht übertragen könne, ohne Chaos hervorzurufen. Diese Grundannahme ihrerseits wurde von Verwoerd behandelt, als sei damit ein historisches Gesetz angesprochen, wobei er in Wirklichkeit eine rassistische Behauptung aufstellte. Darum zog er keine Analogien einer künftigen Entwicklung Südafrikas ohne Apartheid mit der Demokratisierung Frankreichs oder Japans, sondern nur des Kongo, Ghanas oder anderer afrikanischer Länder. Doch hatte dieser Analogieschluss so wenig Plausibilität für sich wie alle Analogien. Die Regel selbst war nichts anderes als Rassismus, denn sie setzte voraus, dass es gleichgültig war, um welche Afrikaner in welchem Land unter welchen Umständen es sich handelte – der Weg in die Diktatur war unausweichlich. Menschheit war ihm keine Kategorie, seine Analogie erschöpfte sich in der Immanenz rassischen Verhaltens.

137 PV 93/1/30/1/26, Verwoerd an O.W. Grinaker, 9.7.1964: Bl.70.

Die liberale Oppositionspolitikerin Helen Suzman war eine der wenigen, die die Problematik von Verwoerds Logik durchschaute. „Here was a man who could stand up in Parliament and talk for more than two hours without a note, building up an argument so convincingly that one sat there nodding one's head like a zombie, until one realised that his entire argument was built on a false premise."[138] Was sie Prämissen nannte, waren die scheinbaren Regeln, von denen Verwoerd in deduktiven Schlüssen Handlungsanweisungen ableitete, während seine „Regeln" nichts anderes als bloße Analogien waren.[139] Gerade daraus aber bezog er seine Überzeugungskraft, denn Analogien können Menschen so überwältigen, „dass die Schlussfolgerung unausweichlich wird. Es ist also, kurz gesagt, einfacher, sich von einem logischen Argument zu distanzieren als von einem Argument, das auf einer Analogie beruht."[140] Verwoerds Überzeugungskraft resultierte also gerade daraus, dass er nicht logisch argumentierte, sondern seine Zuhörer überwältigende Analogien fand, die ihnen keine Wahl mehr ließen.

Ganz offensichtlich verfolgte Verwoerd eine andere Propaganda-Methode als die Nationalsozialisten. Während für Goebbels die Maxime lautete, Propaganda müsse Hass und Aggression schüren, vertraute Verwoerd auf die intellektuelle Technik seines logischen Schlussfolgerns. Kracauers Analyse der totalitären Propaganda trifft auf die Verwoerdsche Propaganda nicht zu. Dies wirft dennoch die Frage auf, ob Verwoerds Propaganda trotzdem totalitär war und sich nur einer anderen Technik bediente, zumal Kracauer ausschließlich die faschistischen und nationalsozialistischen Propagandatechniken untersuchte.[141] Während die totalitäre Propaganda von Kriegsrhetorik lebte und die Neuformierung der Gesellschaft durch den Ausnahmezustand in Permanenz anstrebte, zielte Verwoerd auf die Errichtung eines kalten Bürokratismus ab. Wenn ein Redner wie Verwoerd sich auf das logische Denkvermögen seiner Zuhörer verließ, öffnete er sich ihnen und baute eine Art Vertrauensverhältnis zu ihnen auf.

Das scheint auf den ersten Blick das Gegenteil totalitärer Denkmuster zu sein, doch Verwoerds logische Argumentation ist wegen der Verdrehung der Kausalketten eine Überwältigungsrhetorik, wozu sich der selbstgeschaffene Mythos von seinem überragenden und überlegenen Intellekt fügt. Das Arbeiten mit Ausschließlichkeiten ohne Zwischentöne, die Feindbilder und die Diffamierung Andersdenkender als naiver Dummköpfe oder schlauer Kommunisten, der Gegensatz von Chaos oder Ordnung, die Atemlosigkeit, mit der er immer wieder darauf

138 Suzman 1994: 65 f.
139 Hofstadter/Sander 2014: 412 und 416 ff.
140 Ebd.: 417.
141 Kracauer 2013: 40 ff.

hinwies, dass es gerade noch Zeit sei, die Integration der Gesellschaft zu verhindern, der damit implizierte Ausnahmezustand, der außergewöhnliche Maßnahmen erfordert, der Anspruch, eine wissenschaftlich fundierte Politik zu betreiben, die die gesamte Gesellschaft in all ihren Bereichen betrifft – all dies ist Kennzeichen totalitären Denkens.[142]

142 Crick 1966: 49 u. 120 f.

Organisierte Volkseinheit

Als Verwoerd 1936 die Universität verließ, war die alte Nationale Partei bereits zerbrochen und der radikale kulturnationalistische Flügel der NP hatte sich als „Gesäuberte“ Nationale Partei unter der Führung D. F. Malans neu formiert. Die gemäßigteren Nationalisten waren General Hertzog 1933 in die große Koalition mit der South African Party unter Jan Smuts gefolgt, was in eine Parteienfusion in Gestalt der United Party mündete.[1] Deren Regierungszeit zwischen 1933 und 1938 brachte dem Land einen raschen Wirtschaftsaufschwung und eine Erholung von den Folgen der Weltwirtschaftskrise, die Nationale Partei Malans schien für längere Zeit zur Opposition verdammt.[2] Doch sprachen die Mehrheitsverhältnisse für sie, denn die Afrikaaner machten drei Fünftel der weißen Bevölkerung aus, die zudem zu dieser Zeit sozial noch vergleichsweise homogen war.[3] Erst 1948 gelang es der Partei, die Afrikaaner unter dem Dach des Nationalismus zu vereinen. Darum blieben die 1930er Jahre turbulent, da sich alle möglichen rechtsextremen, teilweise faschistischen, teilweise antiparlamentarischen, in jedem Fall aber antidemokratischen Gruppierungen gebildet hatten, die sich als Alternative und Konkurrenz zu Malans Partei verstanden. Diese reagierte teilweise mit Abwehr und Konfrontation, teilweise aber auch mit Anpassung und Adaption, letzteres gerade im Hinblick auf den Antisemitismus, der von den sog. Greyshirts vertreten wurde.[4]

Verwoerds journalistische Tätigkeit fiel in eine Zeit heftiger interner Kämpfe und Auseinandersetzungen, die die politische Landschaft umgestalteten und in einer Neuformierung des afrikaansen Kulturnationalismus resultierten. Verwoerd selbst spielte als Politiker in dieser Zeit noch in der zweiten Reihe, doch als Journalist war er einer der maßgebenden und einflußreichsten Akteure. Er hatte sich mit J. G. Strijdom, Parteichef der NP im Transvaal, verbündet und erkannte dessen Führung vorbehaltlos an, d. h. Strijdom konnte sich sicher sein, dass ihm in Verwoerd kein Rivale entstand.[5] Dieser übernahm neben seiner Arbeit als Chefredakteur des „Transvaler“ Parteiämter, seit 1938 als stellvertretender Vor-

1 Die Vorgänge sind oft dargestellt worden. Eine neuere Darstellung bringt zusätzliche Klarheit in die Entwicklung: Koorts 2014: Kap. 8.

2 United Party 1938.

3 Trapido 1963: 78 f.

4 Marx 1998: Kap. 14.

5 Angeblich sollen die beiden trotz ihrer engen politischen Zusammenarbeit ein persönlich eher distanziertes Verhältnis gehabt haben, s. z. B. Meiring 1987: 5. Doch in den Briefen aus dem Jahr 1944 duzen sie sich, d. h. sie benutzen jeweils „jy“ statt „u“, z. B. PV 93/1/56/1, Bl. 19, Verwoerd an Strijdom, 6.1.1945. Zum Verhältnis der beiden: D.Prinsloo 1979: 121 ff.

https://doi.org/10.1515/9783110680508-008

sitzender der Nationalen Partei am Witwatersrand sowie Vorstandsmitglied im Transvaal, seit 1946 als stellvertretender Vorsitzender, doch als Verwoerd 1943 für das Parlament kandidieren wollte, wies ihn Strijdom an, sich auf seine Arbeit als Chefredakteur zu konzentrieren.[6]

Mit seinem Ausscheiden aus dem akademischen Leben hatte Verwoerd das Fortsetzungskomitee des Kongresses von Kimberley in die Hände führender Broederbond-Aktivisten übergeben,[7] doch blieb er mit dem Thema weißer Armut beschäftigt, allerdings im größeren Rahmen der sich Ende der 30er Jahre formierenden „Ökonomischen Bewegung“, denn er hatte erkannt: „Die ökonomischen Verhältnisse beherrschen praktisch unser ganzes Leben.“[8] Er beteiligte sich an der Organisation eines Kongresses zur wirtschaftlichen Situation der Afrikaaner, der sich die Begeisterung nach dem Symbolischen Ochsenwagentrek von 1938 zunutze machen wollte.[9] Schon während der Trekfeierlichkeiten wurde geschickt die Aufmerksamkeit auf das Problem der „poor whites“ gelenkt, indem man den allseits verehrten „Vater“ Kestell, den ehemaligen Feldgeistlichen der Armee des OFS, zu emotionalen und aufrüttelnden Reden animierte. Aus dem Volkskongress sollten weitere dauerhafte Organisationen wie der Red-

---

6 D.Prinsloo 1979: 103. Zu den Parteiämtern s. J. L.Basson 1980: 198.

7 PV 93/1/67/7, Bl. 36 Protokoll eines Treffens des Komitees in Kapstadt, 20./21.12.1935. Mit einem Rundschreiben vom 1.2.1937 kündigte Cronjé unter Bezug auf die Resolution 88 des Volkskongresses die Gründung eines Instituts an: PV 93/1/6/1. Am 5.4.1939 wurde im Protokoll van Rooy als der Vorsitzende des Instituts benannt: PV 93/1/67/7, Bl. 5. Iwan Lombard erwähnte in seinem historischen Rückblick auf die Geschichte des Broederbond, dass die Organisation die Umwandlung des Fortsetzungskomitees in ein Institut für Volkswohlfahrt betrieb: FAV 4.5.2.4, Broschüre zum 25jährigen Bestehen des AB 1943, S. 21: „Inzwischen hat sich der A.B. auch dem Problem der armen Weißen zugewandt und dafür gesorgt, dass das Fortsetzungskomitee des Volkskongresses umgeschaffen wird in das Institut für Volkswohlfahrt der F.A.K.“ Vorsitzender eines neu gewählten UK war Wm. Nicol, sein Stellvertreter wurde ds. Albertyn, unter den weiteren UK-Mitgliedern waren mit Albert Hertzog, Diederichs und Cronjé weitere AB-Prominente, die ursprünglich mit dem Kongress in Kimberley wenig zu tun gehabt hatten: PV 93/1/67/7, Bl. 77, Protokoll der Versammlung des Komitees, am 5.10.1936 in Johannesburg. S. auch Stals 1998: 121.

8 231/2/1/1, Inleiding tot die Sociologie, S. 48. Er blieb auch weiterhin an dem Thema interessiert, wie eine Materialsammlung mit studentischen Arbeiten und Exzerpten zeigt, die frühestens aus dem Jahr 1950 stammen: PV 93/1/29/5 – 7. Noch als Senator engagierte Verwoerd sich im Bereich der Welfare und Charity: PV 93/1/4/1 u. /2, versch. Schriften zum Armsoorgraad von 1948 – 50.

9 PV 202/1/4/3/2/1, ANS, Protokolle einer Versammlung am 10.2.1939; Verwoerd wurde als Einzelperson mit dem Unterkomitee für Verbrauchervereinigungen betraut, wobei diese Subkomitees wie seinerzeit in Kimberley die Resolutionen vorbereiten sollten.

dingsdaadbond hervorgehen, der als populäre Massenorganisation in erster Linie das Kapital der Afrikaaner mobilisieren sollte.[10]

Volkseinheit: Organisierter Nationalismus

Wem es gelang, die Afrikaaner in einer Partei zu vereinen, dem fiel die Macht im Staat zu. Doch war die Formierung des Nationalismus nicht allein derartigen Kalkulationen mit Wählerstimmen geschuldet, vielmehr war Nationalismus ebenso Glaubensinhalt und Weltbild, wie er ein politisch-strategisches Konzept darstellte. Ziel der 1914 gegründeten Nationalen Partei war die Volkseinheit, wobei der Parteigründer General Hertzog offen ließ, was er damit genau meinte. Seine Two-Stream-Policy wollte beide weißen Bevölkerungsgruppen zusammenführen.

Die dafür notwendige Chancengleichheit der Buren existierte nach Einschätzung der Nationalisten noch keineswegs, weshalb die Vereinigung von Engländern und Afrikaanern ein Fernziel blieb und die Durchsetzung der kulturellen und politischen Gleichberechtigung der Afrikaaner im Vordergrund stand. So hieß Volkseinheit zunächst die Einheit der Afrikaaner innerhalb der Nationalen Partei, was deren Selbstdarstellung und ihrer Wählerklientel durchaus entsprach. Aus der Unklarheit, was Volkseinheit eigentlich sein sollte, ergab sich der heterogene Charakter von Hertzogs NP, wobei er klug genug war, diese Uneindeutigkeit nicht aufzuheben, um seine Mehrheitsfähigkeit nicht zu gefährden. Das änderte sich indes, als er sich unter dem Eindruck der Weltwirtschaftskrise und einem massiven Vertrauensverlust seiner Regierung Ende 1932 entschloss, mit seinem langjährigen politischen Gegner und Rivalen um das Amt des Premierministers, Jan Smuts, in eine große Koalition zu gehen.[11] Die dadurch ausgelöste Eigendynamik vor allem auf der Ebene der Ortsverbände beider Parteien führte 1934 zu einer Fusion zur United Party. Damit hatte Hertzog das bis dahin für eine vage Zukunft in Aussicht gestellte Projekt der Volkseinheit im Sinn einer Zusammenführung beider „Ströme" plötzlich in die Gegenwart geholt. Offensichtlich war der Premierminister zu der Einsicht gelangt, dass die angestrebte und angemahnte Gleichberechtigung der Afrikaaner nun soweit hergestellt war,

---

10 Ebd., FAK, Protokoll des 5. Kongresses, 5.7.1939, S. 2, TOP 8, mit einem Beschluss wurde zur allgemeinen Regel der FAK, „um nach Einleitung durch Volkskongresses über ungelöste Volksprobleme verschiedene permanente Institute als Unterabteilungen der F.A.K. zu gründen", die das Thema dauerhaft weiter vertreten sollten. O'Meara 1983: 134 ff.

11 Ironischerweise kam Smuts Malan im Wahlkampf 1933 zu Hilfe, als dieser mit einer Niederlage in seinem Wahlkreis Calvinia rechnen musste: Korf 2010: 312.

dass der nächste Schritt gegangen werden konnte. Es konnte nicht ausbleiben, dass es Anhänger der NP gab, die das anders beurteilten und noch keineswegs die Zeit für gekommen sahen, an dem man mit den Engländern in einer gemeinsamen Nation aufgehen konnte. Deswegen bedeutete Vereinigung zugleich Spaltung, denn 1934 sagten sich die NP der Kapprovinz sowie Minderheiten in den beiden nördlichen Provinzen von Hertzog los und gründeten die NP neu, doch nun mit eindeutig kulturnationalistischer Ausrichtung, d.h. als exklusiv afrikaanse Partei.

Der besonders intensive, das Individuum völlig mit Beschlag belegende Nationalismus prägte die Organisation, die ihn propagierte und vertrat, die 1934 neu gegründete Nationale Partei. Sie verstand sich als Speerspitze einer nationalistischen Bewegung, zu der neben ihr selbst die Geheimgesellschaft Afrikaner-Broederbond mit ihrem Netzwerk an Unterorganisationen gehörte, die afrikaans-nationalistischen Gewerkschaften, die reformierten Kirchen, die afrikaansen Universitäten,[12] die afrikaansen Berufsverbände und die vielen Einzelpersonen, die sich in Politik, Journalismus, Kultur und anderen gesellschaftlichen Bereichen zum Nationalismus bekannten. Zwar war die Partei organisatorisch konventionell aufgebaut, doch unterschied sie sich in ihrem Selbstverständnis von anderen Parteien. Noch 1964, zu ihrem 50jährigen Bestehen, unterstrich Verwoerd, sie sei nicht nur eine Partei, „sondern eigentlich das schöpferische Element im Leben dieses Volkes."[13] Die NP bildete eine Art „Familie", in der es wechselseitige Hilfe und Fürsorge, aber auch Kontrolle und Konformität gab – eine interessante Parallele zum Selbstverständnis des ANC im Exil und noch nach 1994.[14]

Verwoerd brachte es in einer Weihnachtsbotschaft 1962 auf den Punkt: „Die Nationale Partei ist eine vergrößerte Familie, verbunden durch Bande der Liebe und Treue sowie gemeinschaftliche Ideale und Interessen."[15] Das nationalistische Geschichtsverständnis war ein heilsgeschichtliches, Südafrika wurde von der Vorsehung in Richtung einer Republik gelenkt, doch war die Erreichung dieses Ziels aufgrund von Konflikten und falschen Entscheidungen immer wieder bedroht.

Zum afrikaansen Kulturnationalismus gehörte die calvinistische Konfession, vor allem aber die Sprache, die im Mittelpunkt des Wertekanons stand. Verwoerd war ein besonders fanatischer Verteidiger der Rechte von Afrikaans. Im Oktober 1948 beschwerte er sich, dass in einigen Rundbriefen von Ministerien ebenso wie

---

12 Auch die Suid-Afrikaanse Akademie vir Wetenskap en Kuns war zumindest zeitweilig eng über die FAK mit dem Broederbond verknüpft, Kapp 2009: 63ff.

13 Verwoerd 1964a: 7. Zu diesem Selbstverständnis s. schon Coetzee 1942: 221.

14 Gevisser 2015: 263.

15 PV 93/4/1/7, 187 Weihnachtsbotschaft an Zeitungen (Die Burger, Die Transvaler) 1962.

von der Stadtverwaltung Johannesburgs ausschließlich Englisch benutzt wurde.[16] Das ging soweit, dass er in seinem Ministerium ein ziemliches Theater anfing, weil die Mietverträge in Sophiatown in englischer, statt in afrikaanser Sprache abgefasst waren, obwohl die Mehrzahl der Mieter afrikaanssprachig seien und ein Recht auf afrikaanse Verträge hätten. Daraufhin wurde der gesamte Verwaltungsapparat in Bewegung gesetzt, um das zu ändern.[17] Ebenso beschwerte er sich bei seinem Ministerkollegen Swart, eine „Bantu"-Anwaltskanzlei, nämlich die von Mandela und Tambo, hätte ihn auf Englisch angeschrieben. Der Staatsanwalt in Pretoria hatte für ihn eine Antwort entworfen, die ebenfalls in Englisch gehalten war. „Gegen einen solchen Standpunkt, der impliziert, dass selbst (!) ein Eingeborenenkläger oder eine Eingeborenen-Anwaltskanzlei [...] mich dazu zwingen kann, eine englische Erklärung abzugeben, nur weil sie in englischer Sprache beginnen, erhebe ich den allerstärksten Einspruch."[18]

Demgegenüber war die United Party in seinen Augen eine Partei ohne Prinzipien, denn, wie oben gezeigt wurde, verstand er unter „Prinzip" den Kulturnationalismus mit seinen historischen und ethnizistischen Mythen, während sein eigentliches Handlungsprinzip die Kompromißlosigkeit war. Das Bekenntnis zum Kulturnationalismus, zur geschichtsphilosophischen Bedeutungsaufladung der Besiedlung Südafrikas durch Europäer als historischen Zivilisierungsauftrag, hatte politische Implikationen, weil damit die Ablehnung des britischen Imperialismus verbunden war. Der Revanchismus, der weite Teile der burischen Bevölkerung nach dem Burenkrieg erfasst hatte, floss in diese verfassungspolitische Zielsetzung mit ein und verlieh ihr die emotionale Aufladung, durch die überhaupt erst die Mobilisierung der weißen, afrikaansen Bevölkerung für die Ziele des Kulturnationalismus möglich wurde. Revanchismus und Antiimperialismus fanden ihr Ziel in der Republik, sie war „das größte unter den Idealen des afrikaansen Volk."[19] Verwoerds Kompromißlosigkeit, ja seine Kompromißunfähigkeit, die ein Grundzug seines politischen Denkens war und bis zu seinem Lebensende bleiben sollte, war aufs engste mit dem Republikanismus verbunden. In den elf Jahren seiner journalistischen Tätigkeit nutzte Verwoerd jede sich bietende Gelegenheit, republikanische Propaganda zu betreiben.[20] Die Heftigkeit, mit der er in den internen Streitereien der 1930er und 1940er Jahre Position bezog, lassen sich nur erklären aus dieser Vermengung – und Verwechslung – von Be-

16 PV 93/1/56/1, Bl. 96, V. an Strijdom, 19.10.1948. Ebd., Bl. 68, V. an Strijdom, 5.5.1947.
17 NA, NTS 5941, Bl. 488 – 493, V. an Eiselen, 4.5. 53 und anschließender interner Briefwechsel.
18 PV 276/I/27/8/1, V. an Swart, 5.3.1955.
19 Transvaler, 1.6.1943, zit. nach Geyser 1972: 85.
20 S. dazu auch D.Prinsloo 1979: Kap. 5.

kenntnis (Kulturnationalismus) und Handlungprinzip (Kompromißlosigkeit).[21] Dies ging über politischen Richtungsstreit hinaus ins Grundsätzliche, wie der aggressive Tonfall erkennen lässt, in dem der erkrankte Premierminister Strijdom seinen Stellvertreter Swart mit Bezug auf eine anstehende Parlamentssitzung telegraphisch ermunterte: „Schlag den Feind, wo Du in treffen kannst [heup en skenkel] und rotte ihn voll und ganz aus."[22] Im Sinn dieses Verständnisses von Prinzip setzte die NP neben Hertzogs Ziel einer Vereinigung [Vereiniging] nun einen konkurrierenden Entwurf, nämlich die Wiedervereinigung der Afrikaaner [Hereniging] in einer Partei.

Während Verwoerds Redakteurstätigkeit war er selbst an drei Konflikten und Machtkämpfen innerhalb des nationalistischen Lagers beteiligt, nämlich

1. dem Versuch einer Wiedervereinigung der Nationalisten (Hereniging) nach dem Ende von Hertzogs Regierung,
2. dem Konflikt mit der rechtsextremen, paramilitärischen Ossewabrandwag ab 1941 und
3. dem parteiinternen Konflikt über das sich ab 1946 abzeichnende Wahlbündnis zwischen der National Party und der Afrikaner Party unter Nicolaas Havenga. In diesen drei Konflikten ging es um die ideologische Hegemonie innerhalb des Kulturnationalismus, darum wurde der Afrikaner Broederbond in alle hineingezogen.

Der Kriegsausbruch und das Scheitern der „Hereniging"

Gerade in der Woche, als sich die Situation in Europa zuspitzte und der Zweite Weltkrieg ausbrach, wurde zufälligerweise das südafrikanische Parlament außerhalb der Sitzungsperiode zusammengerufen, um eine reine Formalität zu beschließen. Zuvor tagte das Kabinett, wobei die Frage des südafrikanischen Verhaltens im Fall eines Kriegsausbruchs diskutiert wurde. Dabei zeigte sich, dass der von Hertzog unterstellte Konsens einer neutralen Haltung Südafrikas im Kriegsfall nicht mehr bestand, sondern eine Mehrheit der Minister unter Führung von Smuts für den Kriegseintritt auf seiten Großbritanniens war. Hertzog ließ das Parlament über diese gravierende Frage entscheiden. Als er die Abstimmung trotz Unterstützung der oppositionellen NP verlor, trat er zurück und erwartete vom

---

21 Auf der anderen Seite maß er mit unterschiedlichen Maßstäben, wenn er von der UP-Regierung 1937 verlangte, dass sie den italienischen Überfall auf Äthiopien und das imperiale Ausgreifen Mussolinis akzeptieren solle: Transvaler, 18.12.1937.

22 PV 18/3/1/63, Telegramm Strijdom an Swart, 20.1.1958.

Generalgouverneur Duncan die Auflösung des Parlaments. Dieser nutzte eine der wenigen Entscheidungsmöglichkeiten, die ihm in diesem zeremoniellen Amt zustanden und weigerte sich, weil es eine regierungsfähige Mehrheit gab. Tatsächlich gelang es Smuts, in einer Koalition mit der Dominion Party und der Labour Party eine neue Regierung zu bilden und das Land an der Seite Großbritanniens in den Zweiten Weltkrieg zu führen.[23]

Mit dem Bruch der Regierung im September 1939 schien für die Nationalisten der Status quo ante wiederhergestellt, doch hatte sich die Nationale Partei seit 1934 erheblich radikalisiert. Nicht zufällig hatte sie sich den ursprünglich als Spottnamen gedachten Zusatz der „Gesäuberten“ Nationalen Partei zu eigen gemacht. Hereniging hieß zwar Wiederherstellung einer Einheit im dem Sinn, dass alle Afrikaaner in einer Partei zusammengeführt werden sollten, aber Einheit nun eindeutig im Sinn des afrikaansen Kulturnationalismus.

Führende NP-Politiker erhoben das Glaubensbekenntnis zum exklusiven Afrikaaner-Nationalismus zu einem Prinzip, weswegen sie die Fusion als Prinzipienlosigkeit ablehnten und deren Protagonisten mit Argwohn betrachteten. Besonders Verwoerd verdächtigte viele Nationalisten, die Anhänger Hertzogs gewesen waren oder die andere politische Positionen als die NP vertraten, dieser Haltung. Ihm zufolge waren die „Smelters“ (Anhänger der Fusion) bereit zu faulen Kompromissen mit den Engländern, insbesondere zur Akzeptanz des Empire bzw. Commonwealth und zur Beibehaltung des Status der Union, statt eine Republik anzustreben. In letzter Konsequenz kam dies für ihn der Bereitschaft gleich, sich imperialen Zielen zu unterwerfen und Interessen zu unterstützen, die keine südafrikanischen waren, wozu er stets auch die finanziellen und wirtschaftlichen Interessen des Großkapitals zählte.

Nach dem Rücktritt Hertzogs begannen unverzüglich Gespräche mit Malan über eine „Hereniging“, die über der Frage der Republik ins Stocken kamen, weil Hertzog sich entschieden dagegen aussprach.[24] Verwoerd, der streitbare Chefredakteur des „Transvaler“ und aufstrebende Mann in der NP des Transvaal wurde von vielen, auch innerhalb seiner eigenen Partei, als Prinzipienreiter und Scharfmacher beargwöhnt, eher als Spalter denn als Vereiniger.[25] Tatsächlich war Verwoerd aufs höchste bedacht, innerhalb der NP die klare Linie des Kulturnationalismus durchzuhalten und alle Versuche einer Verwässerung im Sinn der Two Stream Policy zu bekämpfen. Lieber wollte er noch länger auf die Mehrheitsfähigkeit der NP warten, als Kompromisse einzugehen. Er strebte nach der

---

23 D.Joubert 1973 u. A.van Wyk 1985.

24 PV 18/2/1/2, Aantekening oor konferensie te Pretoria: 23 November 1939.

25 Vgl. das hellsichtige Portrait von René de Villiers 1945.

„Volkseinheit", aber zu seinen eigenen Bedingungen, d. h. gemäß dem Prinzip, für das er einstand. Volkseinheit war nicht um jeden Preis erstrebenswert. Er äußerte sich, wenn auch parteiintern, in einer Weise, die Malan zu einer äußerst heftigen Reaktion veranlasste: „– (a) Dr. Verwoerd will keine Wiedervereinigung [hereniging]. (b) Dr. Verwoerd misstraut diesen Leuten (den Hertzog-Anhängern) völlig, (c) wenn ich täte, was Dr. Verwoerd vorschlägt, wäre dies der törichteste Schritt in meiner ganzen heutigen politischen Laufbahn."[26] Verwoerd wies die Vorwürfe in einer zwölfseitigen beeidigten Erklärung vor dem Führungsgremium des Broederbond zurück.[27] Doch dürfte unbestritten sein, dass er als einer der größten Polarisierer galt und von verschiedenen Seiten dafür verantwortlich gemacht wurde, dass die „Hereniging" 1940 mißlang.[28]

Im Zentrum von Verwoerds Mißtrauen stand General Hertzog selbst, dem er seinen neuerlichen Sinneswandel nach dem Auseinanderfallen der United Party nicht abnahm. Darüber hinaus zählten alle diejenigen, die zur persönlichen Gefolgschaft des alten Generals zählten oder seiner Two-Stream-Policy anhingen, ebenfalls zu den Verdächtigen, insbesondere Oswald Pirow und Hans van Rensburg. Beide drifteten, nachdem sich Hertzog aus der Politik zurückgezogen hatte, nicht zuletzt aufgrund der ihrer Ansicht nach unwürdigen Behandlung des von ihnen verehrten Generals ins rechtsextreme Lager ab. Sie generalisierten ihre Erfahrung, als sie behaupteten, die Parteipolitik und die Berufspolitiker in der NP wären für die Niederlage Hertzogs verantwortlich, kleingeistige Drahtzieher und ehrgeizige Karrieristen. Als Hertzog einen eigenen Entwurf für Statuten der vereinten Partei des Oranje-Freistaats durchsetzen wollte, hatten seine Gegner um C. R. Swart vorgesorgt und überstimmten ihn. Ergrimmt zog sich der alte General aus der Politik zurück, sein heimatlos gewordener politischer Anhang um N. Havenga gründete die Afrikaner Party.[29] Verwoerd trug maßgeblich zu der von per-

---

26 PV 93/1/1/3, 36 f. Erklärung von P. A. Wilken. Vgl. auch Meiring 1987: 48 und J. L.Basson 1980: 294 f.

27 FAV 4.5.2.4, Verklaring Dr. H. F. Verwoerd, masch.schriftl., 13.2.1941.

28 Vgl. etwa Transvaler, 17.1.1940: Stryd uitgelok. Ähnlich relativierte er eine gemeinsame Erklärung von Malan und Hertzog als reine „Empfehlung" und versuchte, Hertzog und seine Anhänger auf ein republikanisches Programm zu verpflichten: Transvaler, 29.u. 30.1.1940. Möglicherweise bezieht sich die Bemerkung seiner Mutter auf die Kontroverse über Wilkens Behauptungen und auf den Streit mit der OB, weshalb selbst in Brandfort die Wogen hochgingen: FAV 2.2.7, Anje Verwoerd an Lucie Cloete, 7.8.1940: „Ich frage mich, wie die Angelegenheit Hendriks weitergehen wird, die Leute hier sind alle sehr erregt deswegen." Selbst Piet Meiring meinte im Rückblick, dass der Transvaler zu negativ in seiner Kritik anderer war, aber kaum eine attraktive politische Richtung vorgab, vom Republikanismus abgesehen: Meiring 1987: 55. S. auch Grobler 1988: 334, P.W.Coetzer 1994: 202 u. B.Schoeman 1978: 42, 46 ff. u. 57 ff.

29 Marx 1998: 340 f.

sönlichen Animositäten aufgeladenen Ausschaltung Hertzogs bei und er bekämpfte dessen Anhänger, ob Demokraten oder nicht, mit derselben Abneigung, die er gegen den General selbst hegte. Neben Pirow und van Rensburg sowie die von ihnen angeführten Organisationen richtete sich sein Verdacht auch gegen überzeugte Republikaner wie L.J. du Plessis, dem er ebenfalls eine Affinität zu den Positionen der „Smelter" vorwarf, obwohl der ehrgeizige Professor aus Potchefstroom mit seinen Bekenntnissen zu einem politischen Calvinismus mindestens ebenso prinzipienorientiert argumentierte wie Verwoerd.[30]

Der Afrikaner Broederbond

Die öffentlichen Debatten über den Broederbond (AB) wurden in Südafrika lange Zeit vom Enthüllungsjournalismus geprägt, was angesichts des Charakters der Organisation als Geheimgesellschaft nicht weiter verwunderlich ist. Manche Veröffentlichungen bewegten sich am Rand von Verschwörungstheorien, belastbare Informationen über den Broederbond wurden mit weitreichenden Spekulationen umwoben. Vor allem wurden Vermutungen über Macht und Einfluss schon in die Geschichte der Organisation vor 1948 projiziert und sie wurde zu einer sinistren, allwissenden und allmächtigen Kraft, die aus dem Hintergrund die sozialen und politischen Verhältnisse in Südafrika manipulierte. Der Broederbond selbst hat in seiner Geschichte mehrfach auf die über ihn kursierenden Gerüchte reagiert. Neben lancierten Artikeln in der NP-Presse veröffentlichte er anläßlich seines 50-jährigen Bestehens eine autorisierte Geschichte, die von A. N. Pelzer, einem Mitglied und professionellen Historiker, verfasst wurde, der aber nur das offenbarte, was der Broederbond veröffentlicht sehen wollte.[31] Daneben gibt es einige kritische wissenschaftliche Untersuchungen, die nicht von Spekulationen geprägt sind und versuchen, die historische Bedeutung dieser Organisation zu analysieren.[32] Sie haben vor allem den Systemcharakter des organisierten Afri-

30 Paton 1971: 276 liegt völlig falsch mit seiner Behauptung, Du Plessis wäre ein persönlicher Freund Malans und Verwoerds gewesen.

31 Pelzer 1979, Mouton 2007: 108 über Pelzer als Mitglied des UR des AB von 1965–70. Schon zum 25jährigen Jubiläum gab es eine Rekonstruktion der Geschichte des Broederbond durch den damaligen Generalsekretär Iwan Lombard, abgedruckt in der Broschüre zu dem Anlass, die den Mitgliedern zuging, aber nicht für die Öffentlichkeit gedacht war: FAV 4.5.2.4, Broschüre zum 25jährigen Bestehen des AB 1943. Am Ende seines Bestehens, das mit der Abschaffung des Apartheidstaates und dem Machtverlust der NP zusammenfiel, wurde eine noch viel umfangreichere und detailliertere historische Aufarbeitung in Auftrag gegeben, die bislang unveröffentlicht geblieben ist: Stals 1998.

32 O'Meara 1977; T. D.Moodie 1975.

kaaner-Nationalismus unterstrichen und gezeigt, wie ineinandergreifende und einander wechselseitig verstärkende Organisationen und Suborganisationen für große Effizienz sorgten und ein Vordringen des Broederbond in immer neue Felder des gesellschaftlichen Zusammenlebens erleichterten.

Die Gründung des Broederbond war eine Reaktion auf die Urbanisierung der Afrikaaner in einem englischgeprägten Umfeld, denn die afrikaanssprachigen, meist schlecht ausgebildeten und ökonomisch marginalisierten Neuzuwanderer in die Städte mussten sich englischen Institutionen, Verhaltensweisen und der englischen Sprache anpassen, wollten sie dort Fuß fassen.[33] Darum ist es wenig überraschend, dass der Broederbond in der Bergbaumetropole Johannesburg von Eisenbahnangestellten gegründet wurde. Die Eisenbahnen waren eine der wenigen Institutionen, in denen vergleichsweise viele Afrikaaner Arbeit fanden und wo sie eine Gruppenkohäsion und Solidaritätsnetze aufbauen konnten. Premierminister Hertzog machte nach 1924 die Eisenbahnen zu einem Auffangbecken für arbeitssuchende afrikaanssprachige Weiße.[34]

Nach seiner Gründung 1918 verfolgte der Broederbond kulturelle Ziele, nämlich die Chancen und Möglichkeiten für afrikaanse Weiße zu verbessern, indem er das englisch geprägte städtische Umfeld dazu bringen wollte, sich kulturell für sie zu öffnen. Ausbleibende Erfolge der Kulturarbeit waren der Hauptgrund für den 1921 getroffenen Beschluss, künftig als vertrauliche Organisation zu arbeiten, wovon man sich einen größeren Einfluss erhoffte: „Das ist nur eine Frage der Zweckmäßigkeit".[35] Diese Rechnung ging auf, nicht zuletzt aufgrund einer energischen Expansionspolitik über den Witwatersrand und das Milieu kleiner Angestellter hinaus. Der Broederbond etablierte sich in den urbanen Zentren und in kleineren Landstädten des Transvaal, bald auch im Oranje-Freistaat und den wenigen nördlichen Distrikten Natals, in denen die Buren in nennenswerter Zahl lebten. In der Kapprovinz fasste er spät Fuß, weil dort eine schlagkräftige und ihrerseits kulturnationalistisch ausgerichtete Nationale Partei wenig Bedarf für eine solche Kulturorganisation entstehen ließ.[36] Zudem hegten

---

33 Stals 1986: 50 f.; Albertyn/du Toit/Theron 1947: 49.

34 AB-Archiv, 2/3/19, Bylae by die U.R.-agenda 17.11.50, Rapport van die Komitee vir aktuele vraagstukke oor die bestaan, doel, en strekking van die Afrikaner-Broederbond, S. 1. S. auch die Rede von I. Lombard über die Geschichte des Broederbond beim Bondsraad 1943, in: FAV 4.5.2.4, Broschüre zum 25jährigen Bestehen des AB 1943, S. 3 ff. mit längeren Auszügen aus dem Tagebuch des Mitgründers H.W. van der Merwe.

35 AB-Archiv, 2/3/19, Rapport oor die bestaan, doel, en strekking van die Afrikaner-Broederbond, S. 2. S. auch die Liste der Mitglieder des Jahres 1921, die fast alle aus Johannesburg und dem West Rand kamen: FAV 4.5.2.4, Broschüre zum 25jährigen Bestehen des AB 1943, S. f. und g; die Broschüre enthält auch die Namen aller Delegierten, die am 22. Bondsraad 1943 teilnahmen.

36 Marx 1998: 138 ff.

einflussreiche Vertreter der NP wie der ehemalige Chefredakteur von „Die Burger", A. L. Geyer, eine ausgeprägte Abneigung gegen geheime Organisationen.[37] Der AB strebte lokale Abteilungen von 15 – 20 aktiven Mitgliedern mit einem Durchschnittsalter von höchstens 40 Jahren als ideale Größe an; tatsächlich aber klagte der AB ständig über seine Überalterung, und der Wunsch, eine eigene Jugendorganisation zu gründen, wurde eine Art Dauerbrenner.[38]

Federführend im Broederbond war schon bald die kleine intellektuelle Elite, die sich in den freien Berufen, unter Lehrern und an den Universitäten,[39] besonders am kleinen Universitätscollege Potchefstroom, tummelte, die in den späten 1920er Jahren Führungspositionen übernahm. Das College in Potchefstroom, das erst 1952 den Rang einer eigenständigen Universität erhielt, war eine dezidiert calvinistische Einrichtung und stark geprägt von der in der Region des Westtransvaal einflussreichen Gereformeerde Kerk, der kleinsten und konservativsten der drei afrikaansen Kirchen, deren Anhänger auch unter dem Namen „Doppers" bekannt waren. Gerade zu einigen der Intellektuellen dieser Universität baute Verwoerd intensive Kontakte auf, ohne dass ihn eine erkennbar religiös-kirchliche Affinität motivierte. Die Kooperation war primär politisch-strategisch begründet.[40] Mit dem Eintritt dieser Intellektuellen wurde die Arbeit des Broederbond professionalisiert. Es erwies sich als sinnvoll, nicht nur als Geheimgesellschaft zu agieren, weswegen ein „sichtbarer Arm" in Gestalt der Federasie van Afrikaanse Kultuurvereniginge (FAK) gegründet wurde. Die FAK, deren Führungspersonal weitgehend mit dem des Broederbond identisch war, war ihrerseits ein Dachverband mit zentralistischen Steuerungsambitionen. Sie vereinte eine Vielzahl afrikaanser Kulturorganisationen, eine „galaxie métapolitique",[41] die dadurch eine größere Sichtbarkeit und Schlagkraft erhielten, aber auch ideologisch auf kulturnationalistischen Kurs gebracht wurden. Die Arbeit der FAK – und damit auch des Broederbond – lässt sich in drei Vorgehensweisen unterscheiden:

---

37 296.K.Ge207, Geyer an Phil Weber, 3.7.1959: „Sie wissen, was ich von geheimen Organisationen halte!"

38 AB-Archiv, 2/3/18, UR-Sitzung, 12.–13.5.1950, Aanhangsel A: Die toekomstaak en reorganisasie van die A.B., S. 1 f.

39 Noch Ende der 1970er Jahre waren Lehrberufe überdurchschnittlich stark vertreten: Pirie/Rogerson/Beavon 1980: 100.

40 Der Senat-Abgeordnete Verwoerd setzte sich entschieden dafür ein, dass Potchefstroom 1952 eine unabhängige Volluniversität wurde, wofür er sich die dauerhafte Dankbarkeit der dortigen Professorenschaft einhandelte: Van der Schyff 2003: 590, 598 f. u. 620 f.

41 Sabalot 2009: 43.

1. Bündelung und Koordination bereits bestehender,
2. Infiltration bis dahin unabhängiger und
3. Gründung neuer kulturnationalistischer Organisationen in denjenigen Feldern, in denen Afrikaaner bislang unter- oder gar nicht repräsentiert waren oder in denen sie bislang englischsprachigen oder bilingualen Organisationen angehört hatten.

Auf diese Weise entstand eine afrikaanse Parallelgesellschaft zu der dominierenden englischsprachigen, von der sie sich aber durch ihren wesentlichen höheren Organisations- und Koordinationsgrad unterschied. Der Broederbond war und blieb eine elitäre Organisation, der sorgfältig neue Mitglieder aussuchte und kooptierte, denn nicht jedermann konnte aus freien Stücken eintreten. Vielmehr wurde jedes Mitglied, das männlich, weiß und calvinistisch mit einwandfreier Gesinnung und Lebensführung sein musste, zuerst genau geprüft und dann von Broederbond-Mitgliedern angesprochen und aufgenommen. Der Broederbond rekrutierte vorrangig Verbandsfunktionäre, Spitzenpersonal sowie bewährte Propagandisten und sozial einflussreiche Männer. „Der A.B. sucht nicht nach übermenschlichen Wesen, aber doch nach einer auserlesenen Gruppe von Männern von einer Gesinnung, die sie in einem Team zusammenarbeiten lässt."[42] Trotz des hohen Organisationsgrades ähnelte die Organisation informellen konservativen Netzwerken, in denen der Aufbau persönlicher Bekanntschaften, die politische Information und ideologische Bestätigung wichtiger waren als direkte Einflussnahme.[43] Doch der Broederbond unterschied sich von ihnen dadurch, dass er den von Coser so genannten „gierigen Institutionen" zugerechnet werden kann, die die Lebenswelt ihrer Mitglieder zu einem erheblichen Teil okkupierten. Der Afrikaaner-Nationalismus, der die Familie als Keimzelle der Nation ansah, hob das Gegengewicht des Privaten, der Familienbindung, gegenüber der totalen Gefolgschaft auf und verstärkte letztere sogar.[44] Erst in den 1930er Jahren gelang es der Organisation, ihre elitäre Einkapselung zu überwinden, als sie sich die Hundertjahrfeiern des Großen Trek zunutze machte und eine kulturnationalistische Massenbewegung erzeugte, die der AB auch später unter seiner Kontrolle halten konnte. Die Mobilisierung dieser Massenbewegung änderte nichts am elitären Charakter des Broederbond, in dem Arbeiter, kleine Selbständige und Kleinfarmer unterrepräsentiert blieben. Die Führung besaß eine auffallende personelle Stabilität, denn der Uitvoerende Raad als das eigentliche Machtzen-

42 AB-Archiv, 2/3/12, Bericht des Sek. des UR an den Bondsraad, Okt. 1946, S. 7.
43 Grossmann 2014: 3ff.
44 Coser 2015: 40.

trum der Organisation rekrutierte seine Mitglieder aus einer vergleichsweise kleinen Gruppe von Personen.[45] Diese konnten sich unter den Mitbrüdern dadurch den Ruf erwerben, „prominente Afrikaner" zu sein.[46]

Verwoerd wurde während seiner Arbeit im Fortsetzungskomitee für den Kimberley-Kongress im Jahr 1936 rekrutiert.[47] Seine bisherige Tätigkeit ließ ihn nicht nur als „guten Afrikaaner" erscheinen, sondern auch als einen vielversprechenden Intellektuellen mit der rechten Gesinnung und beeindruckender Dynamik. Schon bald rückte er in den Uitvoerende Raad auf, dem er von 1940 – 50 angehörte. Während seine Neigung zu hierarchisch durchstrukturierten Organisationsformen sich schon in seiner Studentenzeit Bahn brach, lernte er im Broederbond viel über Effizienz und wie man sich gegen äußere Einflüsse und Kritik immunisiert.

Er schloss sich eng an Joon van Rooy, einen Pädagogikprofessor aus Potchefstroom, an, der von 1932 bis 1938 und von 1942 bis 1952 Vorsitzender war. Verwoerd lobte ihn 1954 in einem Nachruf, weil van Rooy die Nationale Partei aus dem Hintergrund gefördert hatte.[48] Irving Hexhams Behauptung, Verwoerd hätte Mitte der 1950er Jahre die Macht der „doppers" im Broederbond gebrochen, ist nicht belegbar und angesichts seiner guten Beziehungen zu verschiedenen Intellektuellen in Potchefstroom wenig glaubwürdig.[49] In einem Bericht des südafrikanischen Geheimdienstes wurde Verwoerd, „who dominated the proceedings as usual"[50] eine Schlüsselstellung in der Führung des Broederbond zugeschrieben: „Verwoerd held the floor for the major part of the discussions, & his opinion definitely appears to carry more weight than that of any other member of the U.R."[51] Er konzentrierte sich auf den Ausbau der Macht des UR und den Kampf gegen die „Feinde".

45 AB-Archiv, 2/3/15, Bondsraad, 10.–12.11.1948, S. 12, TOP 19, Komiteeverslag i. s. samestelling van die U.R.

46 PV 93/3/1/4, J. N. Marais (East London) an V., 27.8.1949.

47 Stals 1998: 121. Verwoerd war Broeder Nr. 1596, s. die Widmung in seinem persönlichen Exemplar des Heftes zum 25jährigen Bestehen des AB 1943, in: FAV 4.5.2.4. P. J.Meyer 1984: 30 zufolge wurde Verwoerd als Mitglied des AB vorgeschlagen, nachdem bekannt wurde, dass er den Chefredakteursposten beim Transvaler annehmen würde. Kenney 1980: 46 datiert seine Aufnahme in den AB auf Februar 1937, aber ohne dies zu belegen.

48 Verwoerd 1954: 93.

49 Hexham 1981: 190 vermutet dies offenbar wegen des lang andauernden Streits mit L. J. du Plessis.

50 UP, Report of a meeting of the Dagbestuur of the U.R. of the A.B., Johannesburg 13.12.1944, S. 3.

51 UP, Report of preliminary U.R. meeting of Die Afrikaner Broederbond, Johannesburg 11.12.1944, S. 1.

Die Arbeit im Broederbond kam Verwoerds Naturell sehr entgegen, hatte er doch schon in seinem Bericht als Vorsitzender des Studentenrats in Stellenbosch auf die Notwendigkeit guter Organisation, klarer Hierarchien und Zuständigkeiten sowie auf die disziplinierende Wirkung einer tatkräftigen zentralen Führung hingewiesen. Formal war das oberste Organ des Broederbond der sogenannte Bondsraad, ein jährlich stattfindendes Treffen von Delegierten der lokalen Zellen, die wichtige Beschlüsse verabschiedeten und den Uitvoerende Raad wählten. Tatsächlich fiel diesem Gremium die eigentliche Macht zu, wobei sich mit einer kleineren Geschäftsführung (Dagbestuur) ein innerer Kern die wichtigsten Entscheidungsbefugnisse aneignete. Der Uitvoerende Raad bzw. seine Geschäftsführung kontrollierte die gesamte Kommunikation und konnte, trotz des scheinbar demokratischen Charakters der Organisation, diese in ihrem Sinn lenken und manipulieren.

Verwoerds Ziel war es stets, Überschneidungen von Arbeitsfeldern zu verhindern, aus denen Konkurrenzsituationen und unnötige Reibereien entstehen konnten. Mit seiner Unterstützung nahm der Broederbond von einer beabsichtigten Gründung eines Instituts für Volkskultur wieder Abstand, obwohl bereits ein „Volkskongress" zur Vorbereitung geplant war.[52] Auch warnte er explizit davor, den Schwarzen – etwa durch eine Förderung antikommunistischer Gewerkschaften – beizubringen, „was Organisation bedeutet. Die Geschichte der Gewerkschaften zeigt, dass die Gründung von Vertretungen für Eingeborene ein Frankenstein-Monster ist, was uns vernichten wird."[53]

Anders sah es freilich im Fall weißer Gewerkschaften aus, denn unmittelbar nach seiner Ankunft in Johannesburg begann er, sich für die weißen Minenarbeiter zu engagieren.[54] Über seine Zeitung macht er Propaganda für den Blanke Werkers Beskermingsbond, dessen Vorstandsmitglied er bis kurz vor der Wahl 1948 blieb.[55] Im Kampf um die Übernahme der bis dahin englisch dominierten Gewerkschaften unterstützte er das Vorgehen von Albert Hertzog.[56]

Doch als 1947 die weißen Minenarbeiter streikten und Albert Hertzog als einer der Drahtzieher einer nationalistischen Übernahme der weißen Minenarbeitergewerkschaft im Uitvoerende Raad (UR) um finanzielle Unterstützung für die Streikenden nachsuchte, war es Verwoerd, der sich dagegen aussprach, denn „persönliches Mitgefühl" sei kein zureichender Grund. Als Hertzog kurz darauf abermals um 10.000 Pfund vom AB für die Minenarbeiter bat, warnte er erneut

52 AB-Archiv, 2/3/11, UR-Sitzung 14.2.1946, S. 6, TOP 25, Kultuuruitbouing.

53 AB-Archiv, 2/3/14, UR-Sitzung, 27.-28.10.1947, S. 2, TOP 9, Naturelle-vakbonde.

54 D.Prinsloo 1979: 370 ff.

55 FAV 4.5.1.6, B.W.B. an V., 10.3.1948.

56 L.Naudé 1969.

davor, „die Angelegenheit in Zeiten solcher Vorkommnisse nicht nüchtern und sachlich abzuwägen," eine solche Ausgabe könne sich der AB „als freundliche Gebärde" nicht leisten.[57] Diese Haltung offenbarte einmal mehr sein Mißtrauen gegen spontane, gefühlsgesteuerte Handlungen.

Weil ihm die Effizienz des Broederbond wichtig war, mahnte er wiederholt die Vertraulichkeit der UR-Diskussionen an.[58] Er befürwortete 1943 die Unterwanderung bestehender Organisationen und die wechselseitige Unterstützung von afrikaansen Unternehmen.[59] Bei demselben Anlass nannte der Vorsitzende J.C. van Rooy ganz offen als Ziel des AB, „dass Männer in den AB einbezogen werden müssen, die in verschiedenen Bereichen unseres Volkslebens Führungspositionen innehaben oder dass Männer aus dem AB heraus diese Führung übernehmen. Allmählich hat es sich im Lauf der Zeit so ergeben, dass Brüder auf fast allen Gebieten den Ton angeben konnten."[60]

Verwoerd trat im Wahljahr 1943 für die Umwerbung von Kriegsveteranen ein[61] und wies auf die Bedeutung derjenigen hin, die den reformierten Kirchen den Rücken gekehrt und sich verschiedenen Sekten, besonders der Apostolischen Missionskirche, angeschlossen hatten. Wegen der ablehnenden und feindseligen Haltung der etablierten Kirchen machten die Sektenangehörigen bei Wahlen keinen Gebrauch von ihrem Stimmrecht. Verwoerd wollte sich mit Vertretern der Kirchen treffen, um sie zu einer „besseren Einstellung gegenüber den Sekten" zu bewegen.[62]

Obwohl Verwoerd im Broederbond die zentrale Institution des Afrikaaner-Nationalismus sah, implizierte dies nicht, dass er ihm eine leitende Funktion oder gar Weisungsbefugnis gegenüber der Partei einräumte. Vielmehr verhielten beide Organisationen sich zueinander komplementär: Der Partei fiel eindeutig die Führung im Rahmen der Politik zu, worin sich der Broederbond nicht einzumischen hatte, doch war er auch keine reine Hilfs- und Unterstützungsorganisation für die Partei. Er sollte vielmehr die kontinuierliche kulturnationalistische Mobilisierung auf breiter Front über sein Netzwerk an Unterorganisationen bewerk-

---

57 AB-Archiv, 2/3/13, U.R.-Dagbestuurvergadering, Johannesburg 17.2.1947, S. 1, TOP 3, Staking onder Mynwerkers.

58 AB-Archiv, 2/3/10/1, UR-Sitzung, 24.10.1941, S. 8, TOP 13, Vertroulike aard van U.R.-Vergaderings.

59 AB-Archiv, 2/3/10/2, Bondsraad, 13–14.12.1943, S. 7f., TOP 12, Ondersteuning van Afrikaneronderneminge. S. auch A.Boshoff 1974: 57.

60 FAV 4.5.2.4, Broschüre zum 25jährigen Bestehen des AB 1943, Rede des Vorsitzenden van Rooy, S. 38.

61 AB-Archiv, 2/3/10/2, UR-Versammlung, 5.-6.5.1944, S. 9, TOP 38, Terugkerende soldate.

62 AB-Archiv, 2/3/13, UR-Sitzung, 8.-9.5.1947, S. 6f., TOP 25, Sektewese en die Uitoefening van Stemreg.

stelligen. Verwoerd unterstrich deutlich diese Rolle: „The people must be made to understand & realise that the A.B. was the important factor in the life of the Afrikaner community. It was the duty of the A.B. to advise the people on the cultural aspect & other aspects of their national life through the medium of the F.A.K. and kindred bodies."[63] Der Bond selbst nannte seine Mitglieder „die Kuratoren der höchsten Interessen des Afrikaanervolk".[64] Er folge „in erster Linie geistigen Werten" und sein Ziel sei es, „als Planungsrat und Kraftbronn des Afrikanertums" zu wirken,[65] womit er den elitären Charakter unterstrich. Der AB sei „keine Bewegung für die Masse" und sollte „nur die paar wirklichen Führer in einzelnen wichtigen Lebenssphären des örtlichen Zusammenlebens oder junge Männer mit unübersehbaren Kennzeichen künftiger Führungsqualitäten" organisieren.[66]

Verwoerd verteidigte die elitäre Ausrichtung, weil die Zellen nur effizient arbeiten konnten, wenn sie „klein genug" waren, „um effektiv nachzudenken und zu diskutieren, was im besten Interesse des Landes ist."[67] In Verteidigung des „vertraulichen" Charakters der Organisation verdrehte er bewußt Ursache und Wirkung, indem er den „Imperialisten" unterstellte, dass sie AB-Mitglieder verfolgen würden, sollten ihre Namen bekannt werden. Es sei also die Regierung, die den AB zur Geheimhaltung nötige, was angesichts der Geschichte der Infiltrierung zahlreicher Institutionen durch den AB eine einigermaßen abenteuerliche Behauptung war.[68]

Organisatorische Effizienz konnte nur Erfolg haben, wenn sie mit einer eindeutigen Ideologie verknüpft war, d. h. die „Prinzipien" des Broederbond waren nicht verhandelbar. Die Positionen des Afrikaaner-Nationalismus wurden aus Geschichte, Kultur und Religion abgeleitet und mussten in aller Eindeutigkeit durchgesetzt werden, ohne dass irgendwelche Kompromisse und Verwässerun-

---

63 UP, Action Committee of the UR, Johannesburg 12.12.1944, S. 4. Report of preliminary U.R. meeting of Die Afrikaner Broederbond, Johannesburg 11.12.1944, S. 8: „Verwoerd pointed out that what the Afrikaners were today was through the work of the A.B., which had consistently fought against the attempts to oppress the Afrikaner nation, & this must be known to the nation."

64 AB-Archiv, 2/3/12, Bericht d. Sekr. des UR an den Bondsraad, Okt. 1946, S. 10.

65 AB-Archiv, 2/3/15, Bericht d. Sekr. d. UR über den Zeitraum Juli 1946 – Juni 1948, S. 1 f., Punkt 5: Werksaamhede van die U.R.

66 AB-Archiv, 2/3/19, Verlag van werksaamhede, 1950, S. 36.

67 AB-Archiv, 1/1/142/2, V. an Basson, 26.3.1964. Auch in seiner Rede vor dem Bondsraad 1958 betonte Verwoerd, dass die AB-Mitglieder nicht besser als andere seien und dass die Auswahl allein den Erfordernissen effizienter Organisation geschuldet sei: AB-ARchiv, 1/1/142/1, Verwoerd se boodskap, Bondsraad 1958, S. 2f.

68 UP, Report of preliminary U.R. meeting of Die Afrikaner Broederbond, Johannesburg 11.12.1944, S. 5.

gen zugelassen wurden. Der Erhalt der afrikaansen Kultur war zentral, darum war eine Zusammenarbeit mit Engländern abzulehnen, wenn dabei essentielle Positionen aufgegeben würden.

Als die Regierung im August 1944 zu ersten Angriffen auf den Broederbond ausholte, wurde das Thema während des Bondsraads diskutiert und der AB-Vorsitzende J.C. van Rooy sprach in seiner Eröffnungsrede den Delegierten Mut zu: „Aber wir werden nicht verzweifeln, wie werden nicht den Mut verlieren, denn unsere Sache ist gerecht, unsere Sache ist heilig und unsere Richtung stimmt."[69] Verwoerd trat für den Gegenangriff ein, insbesondere auf die Freimaurer und sog. patriotische Gesellschaften.[70] Außerdem sollte die NP Smuts' Verbot mit einem Antrag auf das Mitgliedschaftsverbot für Staatsbeamte bei den Sons of England, den Freimaurern, der British Empire Service League und dem South African Jewish Board of Deputies beantworten.[71] Verwoerds virulenter Antisemitismus brach sich mit der Nennung der letzteren Organisation Bahn, die keinerlei Geheimhaltung praktizierte, sondern eine offen agierende Interessenorganisation der südafrikanischen Juden war.[72]

Am 15. Dezember 1944 beschuldigte Premierminister Jan Smuts den AB, eine Geheimorganisation mit politischer Zielsetzung zu sein, weshalb die Regierung Staatsbeamten die Mitgliedschaft untersagte.[73] Im AB sorgte diese Maßnahme für Empörung, und es war bezeichnenderweise abermals Verwoerd, der zum Gegenangriff drängte.[74] Seiner Ansicht nach sollte der AB den Kampf aufnehmen und in dem Zug auch Informationen über sich selbst preisgeben, wobei Verwoerd auf das Überraschungsmoment setzte: „This would come as a great shock to the Government, as they would not expect that the A.B. would be so bold

69 AB-Archiv, 2/3/10/2, Bondsraad, 2.-3.10.1944, S. 1.

70 Ebd. S. 8, TOP 24, Vyandige propaganda teen die A.B.

71 UP, Action Committee of the UR, Johannesburg 12.12.1944, S. 4. Verwoerd drohte damit, dass man nach einem Regierungswechsel ganz analog wie Smuts jetzt verfahren und die Sons of England sowie die Freimaurer verbieten könne: UP, Report of preliminary U.R. meeting of Die Afrikaner Broederbond, Johannesburg 11.12.1944, S. 6.

72 S. auch ebd. S. 14: „A speaker mentioned something about a secret letter regarding the machinations of Jewry, implying that the Jews had their secret organisation as well as the Afrikaners having their A.B., & Verwoerd said if such a letter could be obtained, it would assist their cause greatly if it were made public."

73 AB-Archiv, 2/3/10/2, Dagbestuur, 21.10.1944, TOP 4, Posisie van staatsamptenare. Zunächst reagierte der AB noch zurückhaltend, empfahl aber den betroffenen Beamten nicht, auszutreten. Noch in der UR-Sitzung vom 3.–4.11. (in ebd.), S. 8 f., TOP 45, wurden Verhaltensempfehlungen für die Beamten formuliert, aber noch keine aggressive Gegenstrategie entwickelt.

74 S. etwa auch die Diskussionen über die christlich-nationale Erziehung, die 1949 erhebliche Kritik ausgelöst hatte. Verwoerd riet, zum Gegenangriff überzugehen: AB-Archiv, 2/3/16, UR-Sitzung, 20.–21.5.1949, S. 7, TOP 34, Aanvalle op C.N.O.-beleid.

as to disclose the percentages of Government employees in their ranks."[75] Ihm selbst war es egal, wenn seine Mitgliedschaft bekannt wurde, doch müssten die Namen der Mitglieder sonst streng geheim bleiben, „as herein lay the strength of the A.B."[76] Als im Jahr 1949 die der UP nahestehende Zeitung „Suiderstem" die Nachricht verbreitete, Verwoerd sei zum neuen Vizevorsitzenden des AB gewählt worden, was nicht zutraf, riet der UR ihm, die Nachricht nicht zu dementieren.[77] Offenbar sah man darin einen Vorteil, wenn die Strukturen des AB unklar blieben. Verwoerd wies entschieden Smuts' Charakterisierung des Broederbond als faschistisch zurück.[78]

Die Erklärung, die der UR verabschiedete und die über Verwoerd an die Presse weitergeleitet wurde, verrät unfreiwillig die autoritäre Denkweise im Broederbond, denn es heißt dort u. a.: „Der Ausführende Rat hat vor, demnächst das Afrikanervolk in sein Vertrauen zu ziehen und es öffentlich über seine Geschichte, Ziel, Streben und Aktivitäten aufzuklären."[79] Eine Öffentlichkeitskampagne in Form einer Serie von Zeitungsartikeln sollte die allgemeinen Ziele des AB bekannt machen, wofür Verwoerd als Pressemann seinen Einfluss geltend machen wollte.[80] Darin sollte auch die Geschichte des AB in „serial form" dargestellt werden, „so as to maintain the interest of the public in the affairs of the A.B., & thus enlist their sympathy."[81] Die möglichst lange Präsenz der Organisation in den Medien

---

75 UP, Action Committee of the UR, Johannesburg 12.12.1944, S. 1.

76 UP, Report of preliminary U.R. meeting of Die Afrikaner Broederbond, Johannesburg 11.12.1944, S. 2.

77 AB-Archiv, 2/3/16, UR-Sitzung, 20.–21.5.1949, S. 9 f., TOP 41, Perspropaganda teen die A.B. Selbst der spätere AB-Vorsitzende Piet Meyer behauptete noch 1978, Verwoerd sei stellv. Vorsitzender des UR gewesen: P. J. Meyer 1978: 3.

78 UP, Report of a meeting of the Dagbestuur of the U.R., Johannesburg 13.12.1944, S. 2 u. S. 5: „Verwoerd actually seemed hurt on this score." Vgl. auch Transvaler, 4.10.1937, worin er als Unterschied benennt, dass die NP eine demokratische Partei sei, während Nazis und Faschisten Diktaturen begründet hätten. „Solch ein fremdes Staatssystem will der Nationalist unter keinen Umständen in Südafrika eingeführt sehen." Vgl. auch Die Transvaler, 3.11.1937 über ein gescheitertes Abkommen zwischen der NP und den Greyshirts. Während man einen breiten gemeinsamen Boden im Antisemitismus fand, machten die unterschiedlichen Vorstellungen über den Staat eine Übereinkunft unmöglich. Dies hinderte den Transvaler nicht, ein Bild abzudrucken, auf dem Hitler umringt von ihn anhimmelnden Frauen zu sehen war: Die Transvaler, 10.12.1937. Zu Smuts' Vorwürfen s. Wilkins/Strydom 1980: 84.

79 AB-Archiv, 2/3/10/2, Buitengewone UR-Vergadering, 11.12.1944, S. 1, TOP 5 (e) Besluite.

80 UP, Report of preliminary U.R. meeting of Die Afrikaner Broederbond, Johannesburg 11.12.1944, S. 1. Die Artikel erschienen u. a. in Die Burger, 14., 21. u. 28.12.1944, 3.1.1945; s. die Berichte in der regierungsnahen Zeitung Die Suiderstem, 14., 28. u. 30.12.1944 sowie 3.1.1945. S. dazu Bloomberg 1989: 195 ff.

81 UP, Action Committee of the UR, Johannesburg 12.12.1944, S. 1.

war ein wichtiges Propagandainstrument,[82] wie Verwoerd aus seiner Kenntnis der Werbepsychologie wußte. Er witterte propagandistischen Wert in der Kombination von Geheimhaltung der Mitglieder und öffentlicher Selbstdarstellung des AB durch eine Artikelserie, weil dies „would fire the imagination of Afrikaners."[83]

In seinem Eifer, die Macht des AB zu zeigen, verlor Verwoerd jedoch den Bezug zur Realität, als er vorschlug, die 900 Lehrer sollten sich weigern, den Broederbond zu verlassen: „Would the Government have the courage to dismiss such a large number?"[84] Jeden Staatsbeamten, der entlassen wurde, wollte er zu einem „official organiser of the H.N. Party" ernennen. Die Staatsbeamten sollten vor eine alternativlose Situation gestellt werden: „The A.B. must tell these dismissed Government employees that they have no alternative but to work for the H.N. Party in their own personal interests, because their only hope of eventually being reinstated in their former places of employment would be for a Nationalist Government to take power."[85] Eine „ehrenvolle Entlassung" der betroffenen Beamten aus dem Broederbond lehnte Verwoerd kategorisch ab.[86] Doch als am 15. Dezember 1944 die Regierung das Verbot für alle Staatsbeamten erließ, Mitglieder des Broederbond zu sein, verzichtete der AB darauf, rechtlich dagegen vorzugehen. Denn der UR hatte kalte Füße bekommen und empfahl den Beamten nun doch den Austritt aus dem AB, um sie nicht ökonomisch zu schädigen.[87] Dies führte zu einer Welle von mehr als 800 Austritten.[88]

82 S. auch UP, Report of preliminary U.R. meeting of Die Afrikaner Broederbond, Johannesburg 11.12.1944, S. 13.

83 Ebd., S. 2.

84 Ebd., S. 7.

85 UP, Action Committee of the UR, Johannesburg 12.12.1944, S. 2.

86 UP, Report of preliminary U.R. meeting of Die Afrikaner Broederbond, Johannesburg 11.12.1944, S. 1. Einer der Gründe war, dass der AB damit dem Vorbild der OB folgen würde, was Verwoerd unter allen Umständen vermeiden wollte.

87 AB-Archiv, 2/3/10/2, UR-Sitzung 21.12.1944, S. 2.

88 Ebd., UR-Sitzung 1–2.2.1945, S. 9, TOP 42 (d). Im September 1945 waren es schon mehr als 1000, d. h. der Broederbond verlor durch Smuts' Verordnung mehr als ein Drittel seiner Mitglieder: AB-Archiv 2/3/11, UR-Sitzung 25.9.1945, Aanhangsel A, Ledetal; die Zahl der Austritte betrug 1095, die Zahl der aktiven Mitglieder nur noch 1691. Ende 1946 gestand die AB-Führung ein, dass ihre Organisation durch die Regierungsmaßnahme schweren Schaden genommen hatte: AB-Archiv, 2/3/12, Bericht des Sek. des UR an den Bondsraad, Okt. 1946, S. 6. Einige Abteilungen seien so geschwächt worden, dass sie nicht mehr funktionierten und zeitweise aufgelöst werden mussten.

Der Kampf gegen die Ossewabrandwag

Die rechtsextreme Ossewabrandwag (OB) war im Januar 1939 gegründet worden und hatte sich nach dem Ausbruch des Krieges sehr rasch zu einer breiten außerparlamentarischen Massenbewegung entwickelt.[89] Im Januar 1941 übernahm der ehemalige Administrator des Oranje Freistaats, J. F. J. van Rensburg, als neuer Kommandant-Generaal (KG) die Führung dieser paramilitärischen Bewegung. Dadurch erhielt sie rasch ein klareres politisches Profil, da Van Rensburg als Bewunderer des Dritten Reiches sich offen zu faschistischen Ordnungsmodellen bekannte und aus seiner ideologisch begründeten Ablehnung von Parteipolitik und Parlamentarismus keinen Hehl machte. Zunächst blieb das Verhältnis noch harmonisch und gerade Verwoerds Zeitung unterstützte die OB durch intensive Berichterstattung und wohlwollende Kommentare.[90] Als am 1. Februar 1941 außer Kontrolle geratene Soldaten, erbost über die Berichterstattung der Zeitung, begannen, das Gebäude der Voortrekkerpers anzugreifen, in dem sich auch die Redaktionsräume und die Druckerei befanden, ließ Van Rensburg seine Schlägertrupps als Verteidiger agieren.[91]

Van Rensburg gestaltete die Bewegung zu einer straff geführten paramilitärischen Organisation um. Mit ihrem neuen charismatischen Führer und durch die geschickte Adaption kulturnationalistischer Symbolik wandelte sich die Ossewabrandwag im Frühjahr 1941 von einem Verbündeten zu einer Konkurrenz. Ihr autoritärer Antiparlamentarismus konnte leicht zu einer grundsätzlichen Delegitimierung der National Party beitragen.[92]

Die Parteiführung versuchte, die OB auf das sog. Cradock-Abkommen zu verpflichten, das noch vor Van Rensburgs Amtsantritt als KG abgeschlossen worden war in der klaren Absicht, die OB an die Leine der Partei zu legen. Van Rensburg lavierte eine Zeitlang herum, indem er immer wieder papierene Kompromisse begrüßte und unterschrieb, sich aber nicht wirklich darum scherte. Dieses doppelte Spiel ließ die Parteiführung um D. F. Malan zu der Einsicht

---

89 Marx 1994.

90 D.Prinsloo 1985: 77. Verwoerds Frau war sogar zeitweilig Mitglied der OB, D.Prinsloo 1979: 236. Noch im April 1941 bezog Verwoerd Stellung gegen eine Gruppe Professoren aus Stellenbosch, die sich gegen den Einfluss neuer Ideologien aussprachen und damit offenbar die verschiedenen faschistischen Gruppierungen meinten, ebd. S. 254. Meiring 1987: 55 schreibt: „Ganz am Anfang war Dr. Verwoerd jedoch noch ziemlich empfänglich für die Botschaft der OB, solange diese noch nicht das Gebiet der Politik betreten hatte."

91 Über die Ereignisse als Augenzeuge: Meiring 1987: 152ff.

92 S. FAV 4.5.1.6, V. an D. F. Malan, 15.7.1941 über eine sich abzeichnende Konfrontation mit der OB u. beigefügter Artikel über eine Rede van Rensburgs, in der er sich von der Republik Krugers distanzierte: Vaderland, 14.7.1941.

kommen, dass er allenfalls ein unverlässlicher Partner, viel wahrscheinlicher ein verschlagener Gegner und Konkurrent war, dem man entschieden entgegentreten musste. Malan erhielt die uneingeschränkte Unterstützung des radikalen Parteiflügels um Strijdom, Swart und Louw.

Die OB sorgte für Empörung in der Partei, als sie den Verfassungsentwurf für eine künftige Republik, der von einer Broederbond-Kommission unter führender Mitarbeit Verwoerds entwickelt worden war, als eigenen Rundbrief 1/41 veröffentlichte, womit sie im Verständnis der NP ihre Befugnisse und ihr Tätigkeitsfeld als Kulturorganisation überschritt und sich in die Politik und damit in die Angelegenheiten der Partei einmischte.[93] Die Partei distanzierte sich erst von dem autoritären Verfassungsentwurf, als die OB sich ihn zu eigen machte und im Sinn eines „autoritären Staates [gesagstaat]" interpretierte. Ansonsten legte Verwoerd kein ausgeprägtes Abgrenzungsbedürfnis gegen faschistische Vorstellungen an den Tag, er betonte vielmehr die Parallelen, wenn er im Transvaler schrieb, es sei „der heutige Volksführer, Dr. Malan, der wie Hitler für Deutschland, schon seit Jahren für Südafrika die Vision einer Afrikaaner-Republik mit einem glücklichen und fortschrittlichen Volk verfolgte."[94] Bei anderer Gelegenheit betonte er, dass die Herenigde Nasionale Party „stets ihre Hochachtung für das, was der Nationalsozialismus für Deutschland erreichte, bezeugt hat", doch sei die Ideologie nicht übertragbar.[95]

Im Juli 1941 veranstaltete die NP einen ihrer eher seltenen landesweiten, „unialen", d. h. alle vier Provinzparteien umfassenden, Parteitag in Bloemfontein. Der dort gekürte „Volksführer" Malan nutzte die Gelegenheit, um die gesamte Partei auf seine Linie einzuschwören. Als wenig später Van Rensburg öffentlich für den faschistischen Parteiabweichler Pirow Position bezog und sich damit in die Angelegenheiten der Partei einmischte, rief Malan die NP-Mitglieder dazu auf, aus der OB auszutreten. In der Folge zeigte sich rasch, dass die Autorität Malans diejenige Van Rensburgs übertraf, da ein Massenexodus aus der OB einsetzte, der in den nächsten Jahren anhielt. Stalingrad und die schwindenden Aussichten des Dritten Reiches, den Krieg zu gewinnen, trugen das ihre zur Delegitimation der OB und ihrer Führung bei, so dass sie seit August 1941 schnell an politischem Gewicht verlor. Gleichwohl blieb sie eine gefährliche Kraft und Van Rensburg ließ von

---

93 Allerdings geht aus dem Protokoll des Komitee insake Algemene Beleid vom 28. u. 29.11.1940 hervor, dass „die Grundgedanken des Papiers inzwischen propagiert werden sollen. Beschlossen wird, dass das Papier in seiner Gesamtheit nicht veröffentlicht werden soll." PV 93/1/1/1, Bl. 118, Protokoll (Verwoerd war anwesend).

94 Transvaler, 26.8.1941 (Leitartikel). Die NP veröffentlichte den Entwurf sogar unter ihrem Namen: Nasionale Party o. J.

95 Transvaler, 16.9.1941 (Leitartikel).

seinen verbalradikalen Äußerungen nicht ab, so dass der Konflikt bis zum Ende der 1940er Jahre virulent blieb.

In diesem Konflikt fiel Verwoerd eine entscheidende Rolle zu, da er als Herausgeber der wichtigsten nationalistischen Tageszeitung des Transvaal im Zentrum des Geschehens stand. In seinen Leitartikeln kam seine Kompromißlosigkeit zum Ausdruck, die auf der Führungsrolle der Partei beharrte. Zudem erkannte er klar, dass Van Rensburg – und innerhalb der Partei Oswald Pirow – alte Anhänger Hertzogs waren, so dass sich der Konflikt zwischen Kulturnationalisten und „smelters" in einer neuen Konstellation präsentierte. Verwoerd ging ab August dazu über, in seinen Leitartikeln massive Angriffe gegen Oswald Pirow[96] und dann verstärkt gegen die OB zu fahren.[97] Van Rensburg goss seinerseits Öl ins Feuer, als er, einem Zeugen zufolge, sagte, „dass die O.B. keine politische Partei anerkennt. Es gibt nun einen Eid, den H.N.P-Mitglieder beim Parteieintritt ablegen müssen und er rät O.B.-Mitgliedern, es sich gut zu überlegen, bevor sie diesen Eid schwören. Er sagte auch, ein Mensch kann nicht zwei Herren dienen."[98]

Weil die paramilitärische Organisationsform der OB populär war, begann die NP, ihre Lokalstrukturen ebenfalls militaristisch umzugestalten. In den Zusammenhang der organisatorischen Nachrüstung der HNP gehörte auch die Gründung des Nasionale Jeugbond, woran der geschasste Grootraad-Vertreter und engagierte van Rensburg-Gegner C.R. Swart federführend beteiligt war.[99] Verwoerd wurde in seiner unnachgiebigen Haltung bestärkt, als Swart ihm das Manuskript von N.G.S. van der Walt „Die Strauchelei [kronkelgang] einer Partei" zuschickte. Dabei handelte es sich um ein OB-internes Pamphlet aus der Feder des Redakteurs der OB-eigenen Zeitschrift, das im wesentlichen aus einer Aneinanderreihung von Zitaten führender NP-Politiker, vor allem Malans, bestand, die dessen Opportunismus nachweisen sollten.[100] Als sich die Versuche der Ver-

---

96 Z.B. Transvaler, 28.8.1941 (Leitartikel).

97 Transvaler, 11., 16., 18.8.1941. Zwar sprach er sich noch am 18.8. in seinem Leitartikel für Versöhnung und Ausgleich aus, goss aber mit seiner Weigerung, Leserbriefe abzudrucken, und seinen fortgesetzten Attacken Öl ins Feuer. Ähnlich am 25. und 26.8.1941.

98 PV 93/1/1/1, Bl. 1 Joh. Barry an V., 19.8.41.

99 Federführend ist wörtlich zu nehmen, weil er die Statuten entwarf – auf Papier mit dem OB-Briefkopf: PV 18/1/10/1, Konstitusie, Nasionale Jeugbond. 1941. Darin wurde sorgfältig vermieden, dass OB-Mitglieder, die allerdings nicht erwähnt wurden, in der Jugendorganisation Mitglied werden konnten. In die Grundsätze wurde auch die Lösung „der Judenfrage" als Ziel aufgenommen. Juden wurden auch ausdrücklich von der Mitgliedschaft ausgenommen.

100 PV 93/1/1/1, Bl. 7, Swart an V., stimmt ihm in seiner Haltung zu. Schickt als Beilage das Manuskript von „kronkelgange van 'n party" sowie eine Erklärung von J.E.T. Gildenhuys (hulpsekretaris des OFS-beheerrraad), dass das Manuskript aus dem OB-Büro stammt. S. dazu auch Die Transvaler, 18.9.1941 (mehrere Berichte). PV 93/1/1/3, Bl. 124 ff. Die Kronkelgang van 'n Party.

mittlung und Versöhnung zwischen den streitenden Gruppen häuften, riet Malan allen Parteifunktionären dringend, sich nicht auf Kompromisse einzulassen.[101]

Verwoerd seinerseits ließ sich keine Gelegenheit, wie den Rücktritt des Grootraadvorsitzenden C. R. Kotzé am 4.9.1941 oder den Austritt des NP-Politikers M. D. C. de Wet Nel aus dem „Kontrollrat", dem Führungsgremium der OB im Transvaal, entgehen,[102] um die Organisation propagandistisch anzugreifen, als er behauptete, Van Rensburgs Vorstellungen deckten sich nicht mit denjenigen der OB-Mitglieder.[103] „Die Transvaler" begann, systematisch Austrittserklärungen zu publizieren bzw. darüber zu berichten.[104] Er war sogar so perfide, unter Artikel, die die OB heftig kritisierten, die Namen von Redakteuren seiner Zeitung zu setzen, die OB-Sympathien hegten.[105] Mit dieser publizistischen Strategie war Verwoerd immerhin so erfolgreich, dass er von der OB bald zu einem ihrer Hauptgegner erklärt wurde.[106]

Auf dem Höhepunkt der Auseinandersetzung schaltete sich L. J. du Plessis als selbsternannter Vermittler ein. Der Professor war einer der führenden Intellektuellen im Afrikaaner-Nationalismus, insbesondere weil er als „dopper", als Angehöriger der besonders konservativen Gereformeerde Kerk mit ihrem intellektuellen Zentrum in der Universität Potchefstroom, seine Politik aus calvinistischen Prinzipien ableitete. Er war als einer der ersten Vertreter der Universität Potchefstroom dem Broederbond beigetreten und zwei Jahre lang (1930–32) dessen Vorsitzender gewesen. Daneben war er auch einige Zeit an führender Stelle in der NP des Transvaal aktiv gewesen. Allerdings war er im Gegensatz zum langjährigen Broederbond-Vorsitzenden J. C. „Joon" van Rooy eine ausgesprochen umstrittene Figur. Viele misstrauten ihm, denn er galt als jemand, der mit politischen Vorstößen eigensüchtige Ambitionen verband. Über seine persönliche Freundschaft mit van Rooy konnte er seinen Einfluss sichern und sich im beginnenden Streit zwischen Nationaler Partei und OB eine Art Schiedsrichter-

101 PV 93/1/1/1, Bl. 10, Telegramm an V.: „Standpunkt Dr. Malan wie folgt zitieren. Kampf kann nicht auf halbem Weg eingestellt werden. Van Rensburg würde dies ausnutzen und das wird einen schlechten Eindruck beim Volk hinterlassen. Van Rensburg will den Kampf mit allen Mitteln unterbrochen sehen, um seine Kräfte zu mobilisieren. Die Erwartung, dass Verschweigen ihn neutralisiert, ist falsch. Die Stimmung im Kapland und Freistaat ist überwältigend für die Partei. Die Leute warten auf die richtigen Erklärungen und Führung, wenn wir diese verweigern, wird dies unsere Sache sicherlich benachteiligen. Potgieter."

102 Die Transvaler, 6.9.1941 (Bericht), zu De Wet Nel: Die Transvaler, 9.9.1941 (Leitartikel) u. 17.9.1941 (Bericht).

103 Die Transvaler, 12. und 18.9.1941 (Leitartikel).

104 Z. B. Die Transvaler, 19.9.1941 (versch. Berichte).

105 D.Prinsloo 1981: 15.

106 Die Transvaler, 18.9.1941 (Bericht), 19.9.1941 (Leitartikel).

funktion aneignen. Zunächst war er Vorsitzender einer AB-Kommission „für allgemeine Strategie" [algemene beleid], die den wegen seiner faschistischen Ausrichtung berüchtigten Verfassungsentwurf von 1940 zu verantworten hatte. In dem sich verschärfenden Konflikt versuchte Du Plessis, selbst die Führung eines durch ihn vereinten kulturnationalistischen Lagers zu übernehmen.[107]

Noch im Mai 1941 trat er für die Parteipolitik und eine führende Rolle der Partei ein,[108] sollte sich aber bald, von der Eigendynamik seines antiliberalen Denkens getrieben, davon abwenden. Er wandelte kurzerhand die „Kommissie in sake Algemene Beleid" in das sogenannte Afrikaner-Eenheidskomitee (AEK) um.[109] Dem Komitee gehörte neben den beiden streitenden Organisationen auch der Reddingsdaadbond an, dessen Vorsitzender Diederichs gleichzeitig der Chef des Broederbond war. In den Sitzungen des Komitees ging es hoch her, denn die Vertreter von Partei und OB überhäuften einander mit Vorwürfen und Beschuldigungen.[110] Verwoerd traute Du Plessis nicht über den Weg, denn er vermutete in ihm einen heimlichen Parteigänger van Rensburgs. Die Standpunkte der Partei und der OB erwiesen sich als unversöhnlich, so dass auch die letzten Treffen des AEK erfolglos blieben.[111] Als dessen Vorsitzender riet du Plessis Anfang Oktober dringend, „mit unumkehrbaren Schritten" zu warten, bis er seinen Bericht vorgelegt hatte, der ein ganz anderes Licht auf die Sache zu werfen verspreche, „als nun von Führern suggeriert wird."[112]

---

107 Verwoerd war ihm zunächst noch wohlgesonnen und bedauerte sein, wie er es einschätzte, übereiltes Vorgehen: PV 93/1/1/1, Bl. 50 f. undatiertes Telegramm (möglicherweise 1939) V. an A. J. R. van Rhyn.

108 L. J.Du Plessis 1941.

109 PV 93/1/1/1, Bl. 121 ff. Kommissie insake Algemene Beleid, 2.6.1941, TOP 8, L. J. du Plessis beantragte, einen „Strategierat [beleidsraad]", dem neben der Partei die OB, der RDB und die FAK angehören sollten, zu gründen, was einstimmig angenommen wurde (Verwoerd war anwesend, aber offenbar als Delegierter von FAK und RDB, s. D.Prinsloo 1979: 262).

110 Ebd., Bl. 66, undatierte handschr. Notizen Verwoerds mit zahlreichen anderen Vorwürfen, bes. an die Adresse des Transvaler; s. auch ebd., Bl. 89 ff. mit Äußerungen von J. A. Smith und van Rensburg, die V. sich notiert hatte.

111 Ebd., Bl. 56, Telegramm V. an Malan, undatiert: „Versammlung wurde auf totem Punkt abgebrochen, da die Gegenseite nicht Ihre Forderung erfüllen will. Es wird keine Erklärung geben. Keine Beschlüsse gefasst ausgenommen einen Antrag von Predikanten, dass der Vorsitzende, der Sekretär und Van Rensburg eine persönliche Aussprache mit Ihnen suchen sollen. Die Parteivertreter haben sich dazu der Stimme enthalten. Inzwischen geht Publikation und Entwicklung weiter wie in der letzten Woche, denn das Komitee hat begriffen, dass es keinen Waffenstillstand mehr erreichen kann. Verwoerd."

112 Ebd., Bl. 11, Meldung der South African Press Agency (SASPA) v. 3.10.1941. Ebd., Bl. 93 ff. undatierte handschr. Notizen V. s beziehen sich offenbar auf dieselbe Sitzung.

Auf dem Bondsraad von 1941 trug du Plessis seinen Bericht als Vorsitzender des Afrikaner Eenheidkomitee vor. Dabei gelang es ihm mit einem Trick, seinen schriftlichen Bericht den offiziellen Bondsraad-Akten hinzuzufügen. Dies war ein klarer Verstoß gegen die Regeln, da nur in die Akten aufgenommen werden durfte, was zuvor der UR behandelt hatte. Darum blieb ihm die Demütigung nicht erspart, dass alle Anwesenden den Bericht aus diesen Akten entfernen und abgeben mussten. Auf Antrag von T.E. Dönges wurde unter Verweis auf die „drohende Spaltung des Volkes“ eine Diskussion von Du Plessis’ Bericht unterbunden und an den UR verwiesen.[113]

In der nächsten UR-Sitzung zweieinhalb Wochen später kam Dönges auf seine Intervention zurück, die er damit begründete, dass es nun darauf ankäme, die Einheit des AB zu wahren. Van Rooy berichtete von einer Initiative, der zufolge J.D. du Toit, der „Volksdichter“ Totius, der gleichzeitig Theologieprofessor in Potchefstroom war, vermitteln sollte, und der Van Rensburg bereits zugestimmt hatte. Malan allerdings machte die Pläne, die auf eine Gleichberechtigung der OB mit der NP hinausliefen, zunichte, indem er mit einem eigenen Vorschlag an die Öffentlichkeit trat, ein „Nationales Komitee“ zu gründen, innerhalb dessen ihm als Parteivorsitzenden die Führung zufiel, während die verschiedenen Organisationen ihm klar untergeordnet wurden.[114] Mit einem nebulösen Bekenntnis zum faschistischen „italienischen korporativen System“, das man jetzt entwickeln wolle, meinte Malan vor allem, dass die angegliederten Organisationen wie die OB zu bloßen ausführenden Organen des Nationalen Komitees werden sollten.[115] Verwoerd stellte zusätzlich klar, „dass der Vorschlag Dr. Malans nicht als auf eine Koordination der Organisationen abzielend interpretiert werden sollte.“[116] Unter Bezugnahme auf den Verfassungsentwurf bestand er auf der Unterordnung der verschiedenen Organisationen unter das Komitee und damit unter Malans Führung.

Du Plessis hielt sofort dagegen und behauptete, dass das Vertrauen in die Partei gesunken sei. Eine wichtige Führungsaufgabe sollte dem UR zufallen, zumal der Bondsraad die Diskussion über seinen Bericht an dieses Gremium verwiesen hatte. Seine langatmigen Einlassungen ließen erkennen, dass er die politische Führungsrolle der Partei ablehnte und dem UR eine zentrale Kompetenz

113 AB-Archiv, 2/3/10/1, Bondsraad, 6.10.1941 in Bloemfontein, S. 1f. TOP 6, Verslag van Beleidskommissie. Zu Du Plessis Vorgehen s. das persönlich gefärbte Porträt durch Albert Hertzog, in: PV 451/4/1/169, Tagebuch 1942–44, S. 110–7, hier bes. 110–2. S. auch Bekker 1988: 187.

114 Das propagierte Verwoerd schon im Transvaler, 26.8.1941 (Leitartikel, Abschnitt über die OB).

115 PV 93/1/1/1, Bl. 25, D.F. Malan an van Rensburg, 24.11.41: Vorschlag des Nasionale Komitee.

116 AB-Archiv, 2/3/10/1, UR Sitzung, 24.10.1941, TOP 10, S. 3.

zuweisen wollte, weshalb er auch die Geschichte des Broederbond ganz in diesem Sinn rekapitulierte. Er sprach dem Broederbond und der OB ein politisches Mandat zu, als er eine Unterscheidung von „Politik" und „Parteipolitik" vornahm und nur letztere als das Feld der NP definierte.[117] Der UR berief ein Komitee aus dem Vorsitzenden Diederichs, seinem Stellvertreter van Rooy, dem OB-Führer van Rensburg und Verwoerd, das ein Gespräch mit Malan über die beiden Vorschläge, den von Totius und den von Malan selbst, führen sollte. Die anvisierte Zusammenarbeit scheiterte jedoch rasch und der UR stellte daraufhin seine weitere Vermittlungstätigkeit ein und wandte sich mit einem Dank an Verwoerd und Du Plessis als den wichtigsten Autoren des Verfassungsentwurfs wieder seinen üblichen Aufgaben zu.[118] Zudem hatte in der Zwischenzeit die OB durch massenhafte Austritte von NP-Anhängern stark an Kraft verloren und die NP war dabei, ihre Hegemonie im nationalistischen Lager endgültig durchzusetzen. Du Plessis warf im März 1943 das Handtuch und gab seinen Sitz im UR auf.[119]

In den Zusammenhang mit dem Kampf gegen die OB gehört auch die Disziplinierung der Trekmaats, der Jugendorganisation des AB, der Verwoerd große Priorität einräumte.[120] Die wichtigsten OB-Sympathisanten im Broederbond, N. Diederichs und P.J. Meyer, kontrollierten die Trekmaats, weshalb die Gefahr bestand, dass sie unter den Einfluss der OB geraten könnten.

1942 monierte Verwoerd, dass der AB den Kontakt mit den Trekmaats verloren habe, „und dass die Trekmaats sich in einen Gegensatz zum AB bewegen können."[121] Es ging ihm vor allem um die Kontrolle des AB über die Jugendorganisation, die Verhinderung einer möglichen Konkurrenzsituation bzw. abwei-

117 Marx 1998: 380.

118 AB-Archiv, 2/3/10/1, UR-Sitzung, 23.1.1942, S. 2f., TOP 8, Konsolidering van die Afrikanerdom. Im Bondsraad Anfang Oktober kam die Volkseinheit erneut zur Sprache, doch diesmal wurde eine Resolution angenommen, die so allgemein gehalten war, dass sie keine Parteinahme des UR mehr provozieren konnte. AB-Archiv, 2/3/10/1, Bondsraad, 6.10.1941 in Bloemfontein, S. 7, TOP 26, Volkseenheid.

119 AB-Archiv, 2/3/10/1, Dagbestuur, 5.3.1943, S. 3, TOP 12, Bedanking as U.R.-lid: Br. L.J. du Plessis sowie ebd. UR-Sitzung, 3.–4.5.1943, TOP 38, hier gab Du Plessis Gesundheitsgründe an. Das war nicht vorgeschützt, denn es ging ihm nicht gut und er wurde vom Rektor der Universität Potchefstroom aufgefordert, seine außeruniversitären Aktivitäten zu reduzieren: PV 451/4/1/169, Tagebuch 1942–44, S. 114.

120 Stals 1998: 245f. Jahre später zeigte Verwoerd sich gegenüber neuen Bewegungen und Organisationen nach wie vor misstrauisch, da sie oft Versöhnung anstrebten „was zu einer Verwässerung der Prinzipien führt." PV 54/2, Protokoll des Federale Raad der NP, 18.8.1955, TOP 9b, S. 3.

121 AB-Archiv, 2/3/10/1, Dagbestuur, 5.3.42, S. 2f., TOP 14, Trekmaats, s. auch ebd. UR, 24–25.4.42, pt. 12(d), Beschluss des UR, sich die Statuten der Trekmaats zu besorgen und bei späterer Gelegenheit zu besprechen.

chender Auffassungen und Haltungen sowie die Herstellung der „Volkseinheit". Ein halbes Jahr später, am 30.10.1942, legte Verwoerd dem UR einen Bericht dazu vor, auf dessen Grundlage dieser den Beschluss fasste, dass der AB „die Zügel der Trekmaats, der F.A.K. und des Reddingsdaadbond in seinen Händen hält" und dass die Büros von AB, FAK und Trekmaats zusammengeführt werden sollten, womit sie der Kontrolle der AB-Führung auch im täglichen Betrieb unterstanden.[122] Mit der Entlassung des OB-Aktivisten Piet Meyer als Assistentsekretär des AB sollten auch die Trekmaats seiner Kontrolle entzogen und unter die Aufsicht des UR gestellt werden. Dabei kam den NP-Vertretern ein Beschluss der AB-Abteilung Nylstroom gerade gelegen, die sich für eine Auflösung der Trekmaats aussprach, wegen der Gefahr eines Konflikts mit dem AB, „und Personen, die nicht geeignet sind, Brüder zu sein, sind als Trekmaats gefährlich."[123]

Im Dezember 1943 behandelte der UR erneut das Thema. Mittlerweile hatte der Hoofsekretaris der Trekmaats, Prof. J. H. Coetzee aus Potchefstroom, dem AB schriftlich mitgeteilt, dass die Organisation bereit sei, sich dem AB-Netzwerk einzugliedern und Verwoerd wurde beauftragt, das Thema auf dem Bondsraad vorzustellen.[124] Am 22.2.1944 kam es zu direkten Verhandlungen mit dem Vorstand der Trekmaats, bei denen Verwoerd den Standpunkt des AB vortrug: „Die Trekmaats sind eine Schöpfung des A.B. und sollen als Testfeld für A.B.-Mitgliedschaft dienen." Wenn diese Organisation sich nun wie bisher weiter ausbreite, drohe eine Konkurrenzsituation. Der UR wollte die Mitgliederlisten sehen und würde in Fällen, in denen Trekmaats nicht in den AB aufgenommen werden konnten, die Ablehnung begründen.[125] Verwoerd berichtete im Mai desselben Jahres über die Verhandlungen und betonte die Dringlichkeit einer „lokalen Bearbeitung der Jugend".[126] Kurz darauf begannen zahlreiche Abteilungen des AB, Trekmaats in ihre Reihen aufzunehmen, wobei ihnen ein Fragebogen an die Hand

---

122 Ebd., UR, 30.10.1942, S. 4, TOP 21, Koördinering van Organisasies.

123 Ebd., Agenda en Mededelings, UR, 29/30.1.43, S. 3. J.G. Strijdom, der Parteichef der NP im Transvaal, wohnte in Nylstroom und war Mitglied des AB, wenn auch kein sehr aktives. Es nicht auszuschließen, dass er mit diesem Beschluss zu tun hatte, um seinem Mitstreiter Verwoerd im UR zu helfen. Obwohl Strijdom gelegentlich am Bondsraad teilnahm, war das Verhältnis distanziert und Strijdom immer darauf bedacht, dass der AB sich nicht in die Politik einmischte: B. M. Schoeman 1982: 11 u. 1973: 120.

124 AB-Archiv, 2/3/10/2, Buitengewone U.R.-Vergadering, Bloemfontein 13.12.1943, S. 1, TOP 5, Trekmaats.

125 Ebd. U.R.-Dagbestuursvergadering, Johannesburg 22.2.1944, S. 1f., TOP 4, Trekmaats.

126 Ebd., UR-Versammlung, 5.–6.5.1944, S. 7, TOP 22, Trekmaats.

gegeben wurde.[127] Eine im August 1944 eingesetzte Kommission des UR unter Vorsitz Verwoerds sollte die Aufnahme von Trekmaats-Mitgliedern in den AB auf lokaler Ebene in direkter Tuchfühlung mit den AB-Abteilungen und den Trekmaats überwachen und auf diese Weise verhindern, dass unerwünschte Personen Mitglieder des Broederbond werden konnten; die Zahl der vom AB übernommenen Mitglieder betrug schließlich etwa 130.[128]

Während die NP-Vertreter mit Du Plessis leichtes Spiel hatten, war die Säuberung der AB-Führung selbst eine wesentlich kompliziertere Angelegenheit und dauerte einige Jahre. Verwoerd führte die Attacke gegen die Trekmaats-Führer Diederichs und Meyer an, die Leitungspositionen im UR (Vorsitzender und Hilfssekretär) innehatten.

Schon während des Bondsraad 1941 verwahrte sich Meyer gegen gezielt gestreute Gerüchte über Amtsträger des Broederbond.[129] Diederichs betonte, dass der UR sich keineswegs zugunsten irgendeiner Partei in die Politik eingemischt hätte.[130] Außerdem beschwerte er sich über einen Artikel Verwoerds zu seinem Rücktritt als bezahlter Amtsträger des RDB.[131] Beim nächsten Bondsraad fiel er bei den Wahlen durch und an seiner Stelle wurde der allseits akzeptable Kompromisskandidat J.C. van Rooy ins Führungsamt des AB gewählt, das er dann zehn Jahre innehaben sollte.[132]

---

127 Ebd., Agenda für UR-Versammlung am 18. u. 19.8.1944, S. 4, TOP 20, Trekmaats. Zu einzelnen Fällen s. auch ebd. UR, 30.9.44, S. 2ff. TOP 7. Mitglieder des Vorstands der Trekmaats nahmen an der Sitzung teil.

128 Ebd., UR, 30.9.1944, Anhang A Die Trekmaats. Allerdings mussten die ausgewählten Trekmaats die üblichen Aufnahmeprozeduren des AB durchlaufen, d.h. es war immer noch möglich, dass sie abgelehnt wurden: ebd. Dagbestuur, 21.10.1944, S. 5, TOP 18, Trekmaats.

129 AB-Archiv, 2/3/10/1, Bondsraad, 6.10.1941 in Bloemfontein, S. 2, TOP 8, Praatjes teen amptenare.

130 Ebd., TOP 13, A.B. en Partypolitiek.

131 Ebd., Dagbestuur-Sitzung, 1.12.1941, S. 2, TOP 11, Verklaring i.s. Uittrede van Dr. N. Diederichs.

132 Ebd., Bondsraad, 2.–3.10.1942, S. 4, TOP 16, Prosedure i.s. U.R.-verkiesing. Erstmals gab es direkte Vorschläge von einzelnen Abteilungen, dass bestimmte Leute nicht mehr kandidieren sollten; S. 6, TOP 19 und 20 über die Kandidaten und das Ergebnis der Wahl zum Vorsitzenden; Diederichs wurde in das Amt des Stellvertreters gewählt; die übrigen UR-Mitglieder wurden alle wiedergewählt, doch hatte Du Plessis keine Bundesgenossen. Ein Jahr später wurde Diederichs auch nicht mehr zum Stellvertreter gewählt, sondern der NP-Politiker Dönges: Ebd., Bondsraad, 13.–14.12.1943, S. 7, TOP 20, Verkiesing van Ondervoorsitter. Die Wahl 1943 war offenbar abgekartet, denn Van Rooy hielt eine Rede als Vorsitzender, die er nur hatte vorbereiten können im Wissen, dass er das Amt übernehmen würde.

Meyer wurde 1942 als Assistentsekretär des UR entlassen, weil er nicht bereit war, sein Führungsamt in der OB niederzulegen.[133] Ab Ende 1942 verlor er fast alle seine zahlreichen Ämter im Netzwerk des Broederbond, die er systematisch seit Ende der 1930er Jahre „gesammelt" hatte.[134] Der Ostrakismus funktionierte, denn Meyer blieb bis Mitte der 1950er Jahre weitgehend einflusslos, bevor ihm innerhalb des Broederbond ein Comeback glückte. Neben der Entmachtung von Diederichs und Meyer fand zur selben Zeit eine weitergehende Säuberung des AB statt, denn auffallend viele Mitglieder wurden verwarnt oder ausgeschlossen.[135]

Nachdem sich die Parteilinie durchgesetzt hatte, predigten die Sieger die Einheit. UR-Mitglied Dönges ging sogar so weit, die Öffnung gegenüber englischsprachigen Weißen zu befürworten. Albert Hertzog konnte sich eines kaustischen Kommentars nicht enthalten, denn Dönges und Verwoerd galten wegen ihrer Prinzipienreiterei als die großen Spalter. „Es war schon komisch, diese Ansichten zu hören, nachdem er und seine Freunde in den letzten Jahren mit soviel Gehässigkeit zehntausende Afrikaaner weggejagt und beschimpft haben, und es war vor allem komisch, Verwoerd zu sehen, wie er bei dem Treffen die Haltung einnahm, als ob er alles gutheiße, was Dönges sagte – eben derselbe Verwoerd, der den großen Bruch im Afrikanertum verursachte, als er einer der Hauptbetreiber war, die Vater [General Hertzog] aus der Nationalen Partei jagten, und als er wieder mit solcher Gehässigkeit gegen die O.B. Sturm lief. Es fiel mir umso mehr auf, dass, als Verwoerd in den Transvaal kam und ich ihn kurze Zeit danach wieder sah, er wieder der alte Verwoerd war, die zentrifugale Kraft, die alle Afrikaaner vertreibt."[136]

Auf dem Bondsraad 1943 hielt sich der UR mit Stellungnahmen zur Volkseinheit zurück und beließ es bei Allgemeinplätzen. Damit war allerdings das Bedürfnis nach Diskussion keineswegs gestoppt und noch ein Jahr später mühte sich eine Kommission, einen Resolutionsvorschlag zur Volkseinheit auszuarbei-

133 Ebd., Dagbestuur, 3.12.1942, S. 1, TOP 5, Skrywe br. Hulpsekretaris sowie UR, 29.–30.1.1943, S. 2ff. TOP 12, Koördinering van Organisasies, worin der Rücktritt Meyers diskutiert wird. S. auch ebd. Agenda en Mededelings, UR, 29/30.1.1943, S.2f., TOP 10, Koördinering van Organisasies, worin ausführlich aus dem Briefwechsel mit Meyer zitiert wird. Verwoerd hatte mit einem persönlich gegen Meyer gezielten Leitartikel im Transvaler v. 30.3.1942 die Auseinandersetzung initiiert. P. J.Meyer 1984: 21 datiert seinen Rücktritt als Hoofsekretaris der FAK auf 1943, die Akten des AB geben aber eindeutig Ende 1942 als Datum seines Rücktritts an.

134 PV 451/4/1/169, Tagebuch 1942–44, S. 113f. So war Meyer u.a. Sekretär des Afrikaanse Nasionale Kultuurraad und des Instituut vir Volkswelsyn, PV 202/2/1/1/1, Cronjé an Meyer mit Angebot, 23.7.1939 und dessen Akzeptanz. Marx 1998: 389.

135 AB-Archiv, 2/3/10/1, UR-Sitzung, 3.–4.9.1943, S. 3.

136 PV 451/4/1/169, Tagebuch 1942–44, S. 36.

ten.[137] Ihre Vorschläge, wie der UR sich konkret verhalten sollte, gingen nicht über allgemeine Appelle an die streitenden Parteien hinaus.[138] Die Führung konnte jede Beschlussfassung des Bondraad und ein neues Vermittlungsengagement erfolgreich verhindern.[139] Sie sah davon ab, noch einmal eine Einheitsbewegung ins Leben zu rufen,[140] zumal mittlerweile durch die Wahlen von 1943 die HNP als einzige politische Vertretung des Afrikaaner-Nationalismus fest etabliert, die übrigen Gruppen und Parteien dagegen erheblich geschwächt waren. Noch bis in die unmittelbare Nachkriegszeit kam das Thema immer wieder auf, doch ließen die Parteivertreter jeden Vorstoß, den AB erneut zu involvieren, ins Leere laufen.

Nachkriegszeit

Während Verwoerd bei einer Nothilfesammlung für die Niederlande wenig Engagement an den Tag legte, betrieb er umso eifriger eine solche Aktion für Deutschland nach dem Ende des Zweiten Weltkriegs.[141] Im August stellte er sogar einen Dringlichkeitsantrag, dass der UR sich mit der drohenden Zwangsre-

137 AB-Archiv, 2/3/10/2, Bondsraad, 2.–3.10.1944, S. 1–4, TOP 9, Volkseenheid en Eenheid binne die A.B.

138 Ebd., S. 11 ff., TOP 30, Volkseenheid en Eenheid binne die A.B.

139 Ebd., S. 13, TOP 32, Volkseenheid.

140 Ebd., UR-Sitzung, 1.–2.2.1945, S. 11, TOP 43, Volkseenheid.

141 Ebd., UR-Sitzung, 11.–12.5.1945, S. 1, TOP 3 Dringende voorstelle (a) u. S. 2, TOP 7: „Br. Verwoerd verlangt, dass nicht allein zur Nothilfe für Holland aufgerufen werden soll, sondern dass auch Hilfe an Deutschland durch das Afrikaanervolk gegeben werden soll." AB-Archiv 2/3/11, Der UR griff das Thema in seiner Sitzung vom 10.–11.8.1945 wieder auf und rief in Rundbriefen zu Spenden für Deutschland auf, regte dasselbe auch bei den Kirchen an, S. 2, TOP 11, Noodleniging aan stamverwante lande. Im Bondsraad wurde auch für die Pläne, deutsche Waisenkinder nach Südafrika zu bringen, Werbung gemacht: ebd. Bondsraad, 26.–27.9.1945, S. 4, TOP 8 Noordleniging aan stamverwante lande sowie ebd. UR-Sitzung 14.2.1946, S. 6 f., TOP 30 Duitsers in Suid-Afrika, wo es vor allem um Propaganda für die Freilassung deutscher Internierter ging. Verwoerds Sympathien waren eher Deutschland als seinem Geburtsland zugewandt. Darum war er „als Republikaner" auch dagegen, der niederländischen Königin Wilhelmina, „einem fremden Fürstenhaus", eine Botschaft zu ihrer Abdankung zu schicken: AB-Archiv, 2/3/15, UR-Sitzung 11.–12.6.1948, S. 5, TOP 25, Adres an Koningin Wilhelmina. Zu Verwoerds Haltung zu Deutschland und den Niederlanden s. D.Prinsloo 1979: 510 ff. Seine Kinder beteten während der Kriegsjahre vor dem Schlafengehen „für die armen Kinderchen in Deutschland": A.Boshoff 1974: 42. S. auch Dommisse 2005: 168. S. aber auch Terblanche 2001: 229 zu einer Verurteilung des deutschen Überfalls auf die Niederlande.

patriierung deutscher Familien aus Südafrika befassen solle.[142] Die Einwanderung von Weißen war wegen des prekären demographischen Verhältnisses von englisch- und afrikaanssprachigen Weißen ein Dauerthema für die Afrikaaner-Nationalisten,[143] doch Verwoerd äußerte sich ablehnend zu einer gezielten Einwanderungspolitik, die die demographische Situation der Weißen gegenüber der schwarzen Mehrheit verändern sollte. Das Thema wurde in der unmittelbaren Nachkriegszeit im Broederbond diskutiert, als eine Auswanderungswelle aus Großbritannien die weißen Dominions und die USA erreichte. Den Vorschlag, verstärkte Einwanderung aus Europa zu unterstützen, parierte Verwoerd mit der Bemerkung, „dass das Absorptionsvermögen der Afrikaaner unter den derzeitigen Verhältnissen nicht groß genug ist, weshalb die meisten Einwanderer sich anglisieren."[144]

Nach dem Krieg regte die der rechtsextremen OB nahestehenden Danie-Theron-Abteilung in Pretoria eine Diskussion im Broederbond über die zukünftigen Ziele der Geheimgesellschaft an, wobei sie selbst eine stärker „sozialistische" Orientierung im Sinn der OB-Arbeitsfront befürwortete. In der Diskussion ging Verwoerd auf die sozialistische Orientierung nicht ein, sondern verschob das von Meyer angesprochene Problem sozialer Divergenzen in einen ethnisch-kulturellen Konflikt, indem er vom „britisch-jüdischen Kapitalismus" und von der Gefahr des Materialismus als kulturell subversiver Kraft sprach.[145]

Der UR beauftragte eine Kommission, die Zukunftsaufgabe des Broederbond zu umschreiben. Wegen des sich abzeichnenden Entkolonialisierungsprozesses forderte die Kommission, der Broederbond solle sich auf die Rassenproblematik im eigenen Land konzentrieren.[146] Auch für Verwoerd lag die Zukunftsaufgabe des A.B. darin, dass der AB „erstens gegen eine Kulturkrise [kultuurnood] und zweitens gegen wirtschaftliche Not kämpft. Nun ist er mit der Furcht vor dem Unterpflügen der Weißen in Südafrika konfrontiert. Zu diesem Problem zählen selbstverständlich auch die Inderfrage und die Immigration." Hier lägen die

142 AB-Archiv, 2/3/11, UR-Sitzung 10.–11.8.1945, S. 1, TOP 3, Dringende voorstelle.

143 PV 202/1/7/8/4/1, Immigrasie-Komitee des Ekonomiese Instituut. Direktor war Diederichs, Vors. L.J. du Plessis, 7.6.52; 4.3.1955, Maatskappy vir europese immigrasie, darin u. a. Mönnig, PJ Meyer u. a. m. Meyer wurde zum Vorsitzenden gewählt.

144 AB-Archiv, 2/3/11, UR-Sitzung, 14.2.1946, S. 8, TOP 37, Immigrasie.

145 Ebd., UR-Sitzung, 16.–17.8.1946, S. 4, TOP 16, Die Toekomstaak en Reorganisasie van die A.B. S. auch Stals 1998: 181f.

146 Ebd, UR, 9./10.5.1946, Aanhangsel, Re-Organisasie van AB, Deel II, S. 1ff. Der Bondsraad, der vom 3.–5. Oktober 1946 in Bloemfontein tagte, lehnte die vom UR vorgeschlagene Unterteilung, insbesondere die Schaffung einer Kategorie von Assessor-Br. ab. Ebd., UR, Johannesburg 16.–17.8.1946, S. 5, Beschlüsse (a); AB 2/3/12, Bondsraad, 3.–5. Oktober 1946, Bloemfontein, S. 4, TOP 12, Reorganisasie van die A.B.

Hauptaufgaben des AB, also in der Durchsetzung des Kulturnationalismus, der Beseitigung des „Poor White Problem“ und in der Apartheidpolitik. Eine weitere Gefahr lauerte darin, dass selbst dann, wenn die weiße Zivilisation gerettet würde, die Afrikaaner ganz unter den Einfluss des „britisch-jüdischen Kapitalismus“ geraten könnten, was zu einer Vernichtung des „Volkslebens“ führen könnte.[147]

„Hereniging“

Van Rensburg versuchte nach dem Krieg, mit seiner OB in den Städten stärker Fuß zu fassen, indem er eine „Arbeitsfront“ gründete und eine eigene „parlamentarische Front“ ankündigte.[148] Beide hatten kaum Erfolg und Strijdom beobachtete, dass die OB 1944 auch auf dem Land an Boden verlor.[149] Malan sah die Zeit gekommen, in einem Rundbrief die Parteifunktionäre aufzurufen, alle Parteimitglieder, die gleichzeitig OB-Mitglieder waren, davon zu überzeugen, mit der OB wegen deren fortgesetzt feindseliger Aktivitäten zu brechen.[150] Verwoerd war skeptischer, was den Niedergang der OB betraf, denn viele OB-Mitglieder reduzierten zwar ihre Aktivitäten, aber das bedeutete nicht, dass sie zur NP wechselten.[151] Als er einen internen Bericht von Van Rensburgs Stellvertreter in die Hand bekam, in dem der desolate Zustand der OB sichtbar wurde, schlug er Strijdom sofort vor, ihn zu publizieren, um den Versöhnungsbemühungen den Garaus zu machen.[152] Ebenso lehnte er Friedensangebote ab, die ihm von einzelnen OB-Funktionären unterbreitet wurden, weil sie der OB zu viel Handlungsfreiheit ließen.[153]

---

147 AB-Archiv, 2/3/11, UR, Johannesburg 16.–17.8.1946, S. 4.

148 Malan-Sammlung 1/1/2130, Mitschrift einer Rede van Rensburgs in Pretoria, Anfang 1944, s. Begleitbrief Vs. an Malan, 8.8.1944. S. auch Marx 1998: 426 ff.

149 PV 93/1/56/1, Bl. 13, Strijdom an Verwoerd, 22.8.1944.

150 PV 93/1/1/1, Bl. 34, Rundbrief Malans, 10.11.1944. Dagegen war Verwoerds frühere Mitarbeiterin Erika Theron eine Zeitlang sogar die Generalin der Frauenabteilung der OB in der Kapprovinz E.Theron 1983: 41 ff. und auch M.E. Rothmann wie ihre Tochter Anna gehörten noch 1944 der Organisation an: 55. K.T. (3), M. E. Rothmann an Ida Theron, 27.6.1944. Dennoch warnte Rothmann schon 1930 Erika Theron vor deren Europa-Reise vor den Deutschen: „Sie sind auch Snobs und Imperialisten und schauen auf die Afrikaaner herab.“ 55. K.T. (1), M.E. Rothmann an E. Theron, 7.4.1930.

151 PV 93/1/56/1, Bl. 14, V. an Strijdom, 29.8.1944.

152 PV 93/1/56/1, Bl. 47, V. an Strijdom, 28.11.1946. S. auch Malan-Sammlung 1/1/2246, Verwoerd an Malan, 28.11.1946, mit angehängtem Bericht von Smith.

153 Vgl. Verwoerds handschriftliches Gedächtnisprotokoll eines Treffens mit OB-Generaal Louis Bootha, das auf dessen Wunsch zustandegekommen war: PV 93/1/1/3, undatierte Notizen.

Da die Aussichten der NP nicht allzu gut waren, im Alleingang die Wahlen zu gewinnen, suchte sie nach möglichen Bündnispartnern, mit denen sie Wahlabsprachen schließen und damit die Chancen ihrer Kandidaten erhöhen konnte. So gab es geheime Verhandlungen zwischen der HNP und einer Gruppe von Politikern der „kommunistisch unterwanderte Arbeiterpartei"[154] um Walter Madeley, die allerdings an den Geldforderungen der Madeley-Gruppe scheiterten.[155]

Während Anfang der 1940er Jahre der Streit zwischen NP und OB sowie kleineren rechtextremen Gruppen wie der Nuwe Orde (NO) die „Volkseinheit" verhindert hatte, verschob sich der Konflikt vor den Wahlen 1948 auf Bemühungen seitens des Broederbond, die NP und die Afrikaner Party zu einem Wahlbündnis zusammenzuführen. Albert Hertzog, der über gute Kontakte zu Hertzogs altem Gefolgsmann und Nachfolger Havenga verfügte, brachte das Thema erstmals auf und der UR befand, die Gelegenheit sei günstig. Er empfahl ein Treffen zwischen Malan und Havenga, um Sondierungsgespräche zu führen.[156] Tatsächlich fanden diese Konsultationen im Haus von Dönges in Kapstadt statt und führten zu einer Wahlabsprache, die den Wahlsieg 1948 ermöglichen sollte. Allein diese Vorschläge stießen bereits auf Bedenken, Widerspruch und heftige Gegenwehr bei Strijdom und Verwoerd, da sie hinter der Wiederauferstehung der schon moribunden AP mit Recht die OB vermuteten. Doch witterten sie politische Ambitionen van Rensburgs, wo bei diesem nur noch Resignation vorhanden war.[157]

Während die Kap-NP und ihre Schwesterparteien im OFS[158] und in Natal das Abkommen mit der Afrikaner Party unterstützten, legte sich Strijdom quer. Was er als „Prinzip" artikulierte, war in Wirklichkeit der seit 1941 andauernde Machtkampf zwischen der Partei und der OB. Havenga hatte seine moribunde

---

154 PV 18/4/1/1, Verkiesings Manifes 1948, S. 3.

155 PV 2/1/56, Bl. 90, Jan de Klerk an F.C. Erasmus, 16.4.1948: „Mit der Gruppe von Madeley haben wir wieder verhandelt. Hinsichtlich der Mandate konnten wir Übereinstimmung erzielen, aber sie möchten auch Geld von uns." Vgl. auch PV 2/1/76, Bl. 31, Telegramm 1.4.1948 u. Bl. 32, Brief von De Klerk an F.C. Erasmus, 2.4.1948; die Labour Party verlangte eine Anzahl Sitze, für die sich die NP gute Chancen ausrechnete, so dass es zu keiner Einigung kam. Verwoerd hatte dies mitbekommen und betrachtete die Angelegenheit mit großem Mißtrauen, weil er dahinter Pirow und andere Leute vermutete: PV 93/1/56/1, V. an Strijdom, 15.4.1946.

156 AB-Archiv, 2/3/13, UR, 22.–23.1.1947, S. 4, TOP 20, Gees van toenadering.

157 S. Marx 1998: 495 ff.

158 Im September 1960 setzte sich Swart in einem Brief an den Verlag von Malans Autobiographie und an den Historiker und Journalisten G. D. Scholtz gegen Anschuldigungen Malans zur Wehr, er hätte sich gegen das Abkommen mit Havenga ausgesprochen: PV 18/3/1/65, Swart an Nasionale Boekhandel, 1.12.1960 und fast gleichlautend an Scholtz, 5.12.1960. PV 18/3/1/66, Nasionale Boekhandel an Swart, 9.2.1961 über Vereinbarung, dass in Biographie über Swart der Sachverhalt richtiggestellt würde u. dessen Antwort v. 15.2.1961.

Partei nur reaktivieren können, indem er in Absprache mit Van Rensburg die OB-Mitglieder schwarenweise in seine Partei eintreten ließ. Dabei hatten weder er noch Malan klare Festlegungen mit der OB hinsichtlich ihrer politischen Haltung getroffen. Malan verhandelte nicht mit Van Rensburg, fasste aber soviel Vertrauen zu Havenga, dass er dessen Zusicherungen glaubte – und damit recht behalten sollte. Strijdom dagegen war von tiefem Mißtrauen erfüllt und fürchtete noch bis kurz vor der Wahl, die OB könnte eine Art parlamentarische Auferstehung feiern.[159] Dies wurde nicht zuletzt durch den Umstand genährt, dass lokale OB-Führer, um ihr Gesicht zu wahren, die NP-Kandidaten mit Wahlboykottdrohungen zu Abkommen nötigen wollten, in denen sie die OB offiziell als Partner anerkannten. Im Wahlkreis Brakpan gelang es der OB sogar, ihren eigenen Kandidaten John Vorster durchzusetzen und dafür die Unterstützung der lokalen NP zu bekommen.

Trotz des hartnäckigen Widerstands von Strijdom und Verwoerd erhielt Malan im Föderalen Rat der Partei Zustimmung zu seiner Verhandlungsführung und ihrem Ergebnis. Strijdom versuchte das Beste aus der Situation zu machen, indem er eine Resolution einbrachte, mit der die AP aufgefordert wurde, sich sobald wie möglich mit der HNP zu vereinigen, die OB zur Auflösung zu bewegen und sie zum Rückzug aus der Politik und Aufgabe ihrer antidemokratischen Ziele zu veranlassen.[160]

Wohl nicht nur aus taktischen und journalistischen Erwägungen lehnte Verwoerd es ab, Artikel des Informationsbüros der Partei abzudrucken, sondern er wollte sie je nach Bedarf in die Nachrichtenteile einbauen.[161] Ebenso wies er das Ansinnen zurück, über die Annäherung der OB an die AP im Transvaler zu berichten. Er betonte vielmehr, dass sein konsequentes Ignorieren der OB deren Niedergang befördert hätte.[162] Außerdem würde eine positive Berichterstattung

---

159 PV 18/3/1/53, Strijdom an Swart, 19.4.1948. Für die „Demoralisierung" in den eigenen Reihen, wie Strijdom die Konzessionsbereitschaft gegenüber der OB bewertete, machte er Malan und sein Abkommen mit Havenga verantwortlich. Auf das unterschiedliche Politikverständnis zwischen dem pragmatischen und kompromissbereiten Malan und dem prinzipienfesten, konsequenten Verwoerd weist D. Prinsloo 1979: 150 f. hin. Zu den Vorgängen insgesamt s. J. L.Basson 1980: 520 ff.

160 PV 18/2/1/3, Protokoll des Föderalen Rates der NP, 21.5.1947, S. 2.

161 PV 93/1/1/1, Bl. 47, V. an P.W.Botha, 10.7.1947.

162 FAV, 4.5.1.7, V. an E. Louw, 29.7.1943. „Diese Taktik des Totschweigens war aber nur durchführbar, weil wir zuvor so hart gearbeitet haben, unsere Leute aufzuklären. Was mich betrifft, können wir mit dem Totschweigen weitermachen, denn sie haben keine Kraft mehr. Doch hoffe ich, dass jetzt nicht wieder gnädige Annäherungsversuche, mit Angeboten beseelt, kommen." S. auch P.W.Coetzer 1994: 576 f.

nur den politischen Gegnern Munition liefern, die eine Nähe der NP zum Nationalsozialismus unterstellen könnten. Es sei Aufgabe Havengas, öffentlich die Auflösung der OB zu verlangen, „weil es völlig unlogisch ist, dass sich Personen einer demokratischen Partei anschließen, die gleichzeitig Mitglied einer politischen Organisation mit völlig entgegengesetzten Zielen sind."[163]

Die Zukunft der Afrikaaner lag Verwoerd und anderen zufolge in den Städten und damit in erster Linie am Witwatersrand. Darum musste sich die NP, wollte sie eine landesweite Wahl gewinnen, auf die Städte konzentrieren. Diese Einsicht hatte sich zwar bereits herumgesprochen und war nach 1943 zu einer wichtigen strategischen Priorität erhoben worden, doch hielt sich die praktische Umsetzung in Grenzen. Noch 1946 hielt es kaum ein Parlamentarier für nötig, bei einer Nachwahl im Wahlkreis Westrand unterstützend tätig zu werden.[164] Statt dessen traten Abgeordnete gemeinsam mit OB-Vertretern und dem Anführer der faschistischen Greyshirts bei Veranstaltungen auf, obwohl sie damit gegen die Anordnungen der Parteiführung verstießen.[165] Ein Jahr später hatte sich die Situation nicht verbessert, da die Partei offensichtlich versäumt hatte, die afrikaansen Minenarbeiter zu organisieren und als künftige Wähler anzusprechen.[166] Verwoerd hatte mittlerweile eine so prominente Stellung innerhalb der NP errungen, dass die Partei in verschiedenen Wahlkreisen an ihn herangetreten war, um ihn zu einer Kandidatur aufzufordern.[167] Allerdings kam es wegen seiner und der Kandidatur anderer Parteigrößen zu Unstimmigkeiten, da dem Parteivorsitzenden am Witwatersrand, Ben Schoeman, „diktatorisches Auftreten" vorgeworfen wurde, um einzelne Kandidaturen durchzusetzen.[168] Tatsächlich war Schoeman ein erklärter Gegner Verwoerds, dem er tief mißtraute, weil er ihn für machtgierig hielt. Das Verhältnis entspannte sich erst, als Verwoerd Premiermi-

---

163 PV 93/1/1/1, Bl. 39, V. an P.W. Botha, 22.4.1947. M.E. Rothmann war mit van Rensburgs Annäherung an AP und NP unzufrieden, weil sie darin eine Abweichung vom rechten Kurs sah: 55.K.T. (14), V. an E. Theron, 13.6.1952.

164 PV 2/1/55, Ben Schoeman an J.G. Strydom, 12.4.1946.

165 Ebd., Bl. 64, P.J. Steyl, Ass.-Sekr. an Dr. S.J. Swanepoel, Pretoria, 6.9.1946 u. Bl. 87, Steyl an Sekr. HNP-Hoofkantoor, 11.11.1946 über Dr. N.J. van Nierop, der ebenfalls mit den Greyshirts aufgetreten war.

166 Ebd., J.A. Louw an L.J. Rautenbach, Sekr. der NP d. Tvl., 23.3.1947.

167 PV 2/1/56, Bl. 54, Jan de Klerk an Adv. A.J. van Zyl, Hauptgeschäftsführer der Voortrekker Pers, 27.11.1947. Es müssten noch einige Hindernisse, die offenbar mit Vs. Arbeitsvertrag zu tun hatten, aus dem Weg geräumt werden.

168 PV 2/1/56, Memorandum an den Vors. der HNP Witwatersrand (ohne Namensnennung), 11.10.1946.

nister wurde und den in der Partei einflussreichen Schoeman, der zudem als effizienter Minister galt, in der Regierung behielt.[169]

Wegen seiner Feindseligkeit gegenüber der OB boykottierten deren Mitglieder in Verwoerds Wahlkreis Alberton die Wahl und sorgten so dafür, dass der UP-Kandidat mit einer kleinen Mehrheit siegte und Verwoerd unterlag.[170] Doch errangen die beiden verbündeten Parteien Malans und Havengas mit 70 bzw. 9 Mandaten eine knappe Mehrheit von fünf Sitzen über die bisherigen Regierungsparteien. Das Ergebnis der Parlamentswahlen 1948 überraschte alle Seiten, nicht zuletzt die Bündnispartner NP und AP. Obwohl die UP landesweit die meisten Stimmen auf sich vereinigte, erhielt sie aufgrund des Systems der Direktwahl in Wahlkreisen nur eine Minderheit der Mandate. Verwoerd hatte sich im Wahlkampf als Vertreter der kleinen Leute präsentiert und auf seine Expertise als früherer Professor für Soziologie und Mitorganisator des Kongresses in Kimberley verwiesen.[171] Seine Verbündeten in der Partei waren jedoch mächtig und Verwoerd war immerhin Mitglied des Föderalen Rates, des höchsten Parteigremiums. Nach einem vergeblichen Versuch, Verwoerd auf den Posten eines Botschafters in den Niederlanden abzuschieben,[172] lenkte Malan ein und unterstützte die Kandidatur des streitbaren Redakteurs für die Senatswahl.[173]

---

169 Ben Schoeman 1978: 62f. u. 67ff., 76, 81. Verwoerds Wahl in den Senat hatte für Schoeman den „einen Vorteil, dass er als Redakteur von Die Transvaler abtreten musste“, ebd. S. 160.

170 Vgl. FAV 4.5.1.6, Ben Schoeman an V., 4.6.1948 zum Wahlausgang. Vgl. auch D.Prinsloo 1979: 105f.

171 FAV 4.5.2.2, Parliamentary Election 1948. Alberton Constituency.

172 FAV 4.5.1.6, V. an Malan, 14.7.1948, worin er das Angebot ablehnt.

173 D.Prinsloo 1979: 109f.; Government Gazette v. 30.7.1948 mit der Liste der gewählten und ernannten Senatoren. Zu Verwoerds Mitgliedschaft im Federale Raad s. PV 54/2/2, Protokolle der Sitzungen des Federale Raad, Anwesenheitsliste, 2.11.1948 und alle folgenden Sitzungen. Ab dem Protokoll der Sitzung vom 5.6.1954 taucht auch E. Verwoerd unter den Delegierten des Transvaal auf. Verwoerd war aufgebracht, dass Malan ihn nicht in das Kabinett aufnahm: Ben Schoeman 1978: 148.

Chaos und Ordnung

Während gerade die Afrikaaner-Nationalisten aus dem Transvaal stärker eine Dichotomie von Chaos und Ordnung beschworen, die ihre Begründung im calvinistischen Fundamentalismus fand,[1] kam bei Verwoerd eine Ambiguitätsintoleranz hinzu, die den Gedanken für ihn unerträglich werden ließ, Ordnung könnte sich auflösen.[2] Die massive Bedeutung seiner Ambiguitätsintoleranz äußerte sich sogar körperlich, denn die Sekretärin seiner Frau, Anna Boshoff, erinnert sich: „Seine Pingeligkeit war sehr bekannt. Wir haben oft gesehen, wie er ein Bild, das schief hing, oder einen Stuhl, der nicht auf dem rechten Platz stand, zurechtrückte, oder ein Ornament auf seinen zugewiesenen Platz setzte."[3] Offenbar ging es hier um etwas geradezu Existentielles, denn der Gegensatz von Chaos und Ordnung, der Horror vor Auflösung, prägte Verwoerds Denken und Handeln in fundamentaler Weise. Seine Tochter Anna berichtete: „Seiner Auffassung zufolge war die systematische Ausführung einer Arbeit oder die Ordentlichkeit einer Person, eines Zimmers oder des Verhaltens alles Resultat einer gut geordneten Gedankenwelt."[4]

Verwoerds Obsession mit Ordnung lässt sich früh in seiner akademischen Tätigkeit beobachten. Am Beispiel seiner Vorlesung zur Charakterkunde wird erkennbar, wie stark das Bedürfnis nach Eindeutigkeit und die Ambiguitätsintoleranz seine wissenschaftliche Arbeit prägte. In seiner Vorlesung nahm er sich viel Zeit, die differentielle Psychologie sowie die damit zusammenhängende Charakterkunde zu behandeln, ihre Methoden und die Grundpositionen zu präsentieren. Viktorianische Vorstellungen vom Charakter, der positiv und männlich konnotiert war, setzten ein Kontinuum von „charakterfest" zu „charakterschwach", wobei letzteres an Armut, Neigung zu Trunksucht und Kriminalität abzulesen war. Mit der Professionalisierung der Psychologie kam ein neues Interesse daran auf, wie sich charakterliche Einschätzungen objektivieren ließen. Darum entwarfen verschiedene Psychologen Typologien, die über die einfachen Dichotomien von stark vs. schwach hinausgingen.

Während seines Aufenthaltes in Deutschland hatte Verwoerd dieses erhöhte Interesse an Charakterpsychologie beobachten können, sie war etwa bei den

1 Der Gegensatz von Chaos und Ordnung fand sich aber auch bei bekennenden Faschisten wie Le Grange 1944.

2 Verwoerd war, wie viele Afrikaaner dieser Zeit, ein autoritärer kombiniert mit einem obsessiven Charakter: Van der Spuy 1978: 6.

3 A.Boshoff 1974: 39.

4 W.et al. Verwoerd 2001: 70.

https://doi.org/10.1515/9783110680508-009

Leipziger Ganzheitspsychologen, besonders bei Klemm, ein zentrales Thema.[5] Vor allem aber die differentielle Psychologie William Sterns hinterließ bei ihm einen nachhaltigen Eindruck. Die Nähe der differentiellen Psychologie zur Entwicklungspsychologie war dadurch gegeben, dass die Unterschiede zwischen Menschen in der frühen Kindheit gelegt wurden. Bezeichnenderweise ging Stern selbst den Schritt von der differentiellen Psychologie zur Charakterologie nicht, im Gegenteil: er warnte sogar davor und betonte, dass die Persönlichkeit, die sein zentraler Begriff war, nicht restlos im Typus aufginge.[6] Auch wenn sein Verhältnis zur Charakterologie ambivalent blieb, so lag der heuristische Wert einer Zwischenstufe zwischen allgemeinen psychologischen Gesetzen und individuellen Ausprägungen auf der Hand. Die Zusammenfassung bestimmter Erscheinungsformen in Gruppen von Individuen erleichterte die Zuordnung etwa in der angewandten Psychologie ganz gewaltig. Als zentraler Grundzug einer Person wurde ein Element herausgegriffen, das die Person maßgeblich bestimmte und es zuließ, von einem Charakter zu sprechen. Daraus resultierte einerseits die Vielfalt charakterologischer Klassifizierungsangebote, andererseits auch die Vorsicht bei den meisten Autoren, die unterstrichen, dass ihre Einteilungen dem jeweils individuellen Menschen nicht wirklich gerecht werden konnten.

Schon vor seinem Europa-Aufenthalt hatte Verwoerd sich als junger Dozent für das Thema interessiert, doch orientierte er sich 1924 noch stark an einer Weiterentwicklung der frühneuzeitlichen Temperamentenlehre durch die niederländischen Philosophen und Psychologen Gerard Heymans (1857–1930) und seinen Schüler Henri J. F.W. Brugmans (1884–1961) in Groningen, die in Richtung einer Charakterologie tendierte.[7] In seiner Vorlesung musterte er die verschiedenen Erklärungsansätze und Methoden, um als Resultat zwei Aufsätze mit einem eigenen Neuansatz zu veröffentlichen.

Zunächst behandelte er den Wert von Tests.[8] Tests sind keine Untersuchungen von Einzelpersonen, sondern sie richten dieselben Fragen an zahlreiche Individuen, die aufgrund der Ergebnisse miteinander verglichen werden. Ähnlich

---

5 Krueger 1939: 62. S. auch den Forschungsüberblick von Selz 1924 b: 8 f. zu Spranger.

6 Stern 1911: 4 f. u. 169. Bezeichnenderweise versucht Stern im Anschluss, die Psychologie aus ihrer allzu starken „nomothetischen“, sprich naturwissenschaftlichen, Ausrichtung zu lösen und ihr daneben eine idiographische Orientierung zu ermöglichen: „neben die eigentliche Psychologie muss die Psychographie treten: Darstellung einzelner Individualitäten nach ihrer seelischen Seite hin.“ Ebd.: S. 5, 136 ff. u. 3. Hauptteil, 318 ff.

7 PV 93/1/33/3, Bl. 108 ff, datiert auf den 1.9.1924. Zwei Jahre später besuchte er Brugmans in Groningen: FAV 4.3.2, Tagebuch Verwoerds, 15./16.4.1926.

8 Während Wilcocks und einige seiner Mitarbeiter schon in den 20er Jahren Berufstests ausarbeiteten, scheint Verwoerd daran nicht beteiligt gewesen zu sein, s. M.Scholtz 2002: 30.

wie Laboruntersuchungen müssen sie wenige Variable isolieren, d. h. eine massive Komplexitätsreduktion vornehmen, um zu validen Ergebnissen zu gelangen. Genau dieser Umstand erklärt, warum ein von der differentiellen zur Persönlichkeitspsychologie fortschreitender Wissenschaftler wie Stern solchen Tests mit erheblicher und im Lauf seines Lebens wachsender Skepsis begegnete. Verwoerd zeigte sich ähnlich kritisch, was den Wert von Tests betraf, aber aus anderen Gründen als Stern. Tests prüften Verhalten nicht nur in einer bestimmten Situation, sondern sie sollten die grundlegenden Neigungen und Motive erforschen, dafür aber waren die bislang angewandten Testmethoden unzureichend. Verschiedene Tests in den Blick nehmend kam Verwoerd zur Schlußfolgerung, dass „auf diesem schwierigen Gebiet noch nichts Brauchbares erreicht wurde".[9] Bei allen sei bislang noch nicht erwiesen, ob auf diese Weise wirklich stabile Charakterzüge getestet wurden oder ob die Tests nicht vielmehr Momentaufnahmen einer bestimmten Verfassung der Versuchsperson ergaben.[10] Trotz seiner grundsätzlichen Skepsis hielt Verwoerd an Testverfahren fest, insbesondere bei der praktischen Anwendung, um Personen für bestimmte Tätigkeiten auszuwählen. Diese Haltung wurde von zahlreichen anderen Sozialwissenschaftlern geteilt.[11]

Psychophysische Theorien suchten die Entstehung einer psychischen Persönlichkeit mit Instinkten zu erklären. Als Beispiel bezog Verwoerd sich auf den amerikanischen Arzt und Psychologen Morton Prince (1854–1929), der sich in erster Linie mit neurologischen Fragen und der sog. „abnormal psychology" befasste. Bei Instinkten handelte es sich Verwoerd zufolge um „angeborene psychophysiologische Strukturen, aufgrund derer ein Mensch besonderen Themen oder Inhalten Aufmerksamkeit schenkt", d. h. die Assoziationen sind angeboren.[12] Erfahrungen finden nur als modifizierendes Element Eingang in die Lehre vom Menschen, der als instinktgesteuertes Wesen definiert wird.[13] Einige Biologen wiederum suchten nach einer organischen Grundlage, die in verschiedenen körperlichen Drüsen, z. B. der Schilddrüse, zu finden sein sollten.[14] In Verwoerds Bewertung von Instinkten wie Drüsenfunktionen offenbarte sich eine deutliche Skepsis gegenüber biologischen Erklärungen.[15]

Anschließend wandte er sich der geisteswissenschaftlichen Psychologie, vor allem der Charaktertypologie von Eduard Spranger, zu. Dessen Schwerpunktge-

---

9 PV 93/1/33/3 Bl. 55 Persoonlikheidstoetse, S. 7.

10 Ebd., S. 7 f.

11 Fleisch 1995: 357 ff.

12 PV 93/1/33/3, B. 77, Die Grondslag waarop die psigiese persoonlikheid berus, S. 1.

13 Ebd., S. 2 f.

14 Z. B. auch Kretschmer 1922: 188.

15 PV 93/1/33/3, B. 75, Die Grondslag waarop die psigiese persoonlikheid berus, S. 3 ff.

biete Jugendpsychologie und Charakterologie kamen seinen eigenen Interessen nahe, weshalb er 1926 zwei Seminare Sprangers an der Berliner Universität besuchte. Spranger ging es nicht um die Aggregation bestimmter Charakterzüge, sondern um die Persönlichkeit als in sich geschlossene Einheit, was ihn trotz aller methodischen und weltanschaulichen Unterschiede in die Nähe von Sterns Persönlichkeitspsychologie rückte. In seiner eigenen Vorlesung in Stellenbosch referierte Verwoerd ausführlich Sprangers Einteilung in verschiedene Charaktertypen.

Für Spranger war es der probate Weg, die Kulturprodukte selbst zu unterscheiden und von dort aus auf die Menschen, die sie hervorbrachten, zurückzuschließen. Seine geisteswissenschaftliche Methode verfuhr analog zu derjenigen der Völkerpsychologie Wundts. Spranger bestimmte sechs Kulturgebiete und identifizierte sechs zu ihnen gehörende Charaktertypen: Wissenschaft, Kunst, Religion, Wirtschaft, Gesellschaft und Staat.[16] Es gebe Menschen, deren Werte sich in ihrem starken Streben in einem dieser Gebiete offenbarten. Doch seien Menschen daneben auch immer auf die Verwirklichung anderer Werte orientiert. „Für Spranger sind diese Bestrebungen nach dem Theoretischen, Religiösen, Ästhetischen oder Macht etc. Wertordnungen, die dazu führen, dass ein Mensch eine bestimmte Persönlichkeit hat. Dies gibt seiner Persönlichkeit Einheit und Struktur."[17] Die Typen, die Spranger entwickelte, waren eingestandenermaßen Konstrukte, „sechs Grundtypen der ganzen Persönlichkeit", nämlich der theoretische, der ästhetische, der religiöse, der ökonomische, der soziale und der politische Typus. „Nun mögen dies wohl Ideale oder reine Typen sein, die konstruiert sind und in der Wirklichkeit nicht vorkommen. Ihr Wert besteht ihm zufolge jedoch darin, dass sie als Maßstäbe dienen können, durch die wir die Bedeutung dessen, was Individuen im täglichen Leben zu tun versuchen, entschlüsseln können, nämlich das Streben nach welchem Wert oder Worten oder Zielen darin zum Ausdruck kommen, vielleicht ohne dass sie dies selbst wissen."[18]

Sprangers Einteilung überzeugte Verwoerd, denn er übernahm die Konstruktion von Charakteren, um bestimmte Grundzüge herauszuarbeiten, wenn er etwa in einem öffentlichen Vortrag über die „theoretische" Persönlichkeit sprach: „theoretical type of person perceives book otherwise than economic".[19] Während der theoretische Mensch ganz der Wahrheitssuche, den abstrakten, in

16 S. auch die Darstellung bei Hoffmann 1926: 3 ff.

17 PV 93/1/33/3, Bl. 105, Indeling volgens Spranger, S. 1 f.

18 Ebd., S. 2. Hier wird auch deutlich, dass Verwoerd Max Weber nicht gelesen hat, denn dass es sich hierbei um Idealtypen in Webers Sinn handelt, ist offenkundig.

19 FAV 4.4.6, Notizen in engl. Sprache zu „Personality" (undatiert). Darin referierte er auch Kretschmers Thesen ohne jeden kritischen Kommentar.

sich schlüssigen intellektuellen Konstrukten verpflichtet ist, sei der ökonomische Mensch von Nützlichkeitserwägungen bestimmt.[20] Ebenso einseitig fallen die anderen Charaktertypen aus, etwa wenn dem „sozialen Mensch" bescheinigt wurde, dass er primär von Liebe zu anderen Menschen angetrieben würde oder der „politische Mensch" mit dem Machtmenschen gleichgesetzt wurde. Verwoerd referierte dies in seiner Vorlesung, ohne solche Einseitigkeiten Sprangers zu kritisieren, offenbar weil dessen Typologie seinem eigenen Bedürfnis nach klaren Kategorien und eindeutigen Zuordnungen entgegenkam und seinen Beifall fand.

Zum Abschluss seiner Vorlesung resümierte er kritisch die Palette verschiedener charaktertypologischer Ansätze. „Bei der Beschreibung eines Typus werden gewöhnlich nur bestimmte Grundzüge in Rechnung gestellt, die als typisch bezeichnet werden, weil sie bei einer Anzahl von Menschen vorkommen."[21] Eine Typologie sei gar nicht möglich, wenn man versuchen würde, alle Züge einer Persönlichkeit mit einzubeziehen, sondern hier würden bestimmte Grundzüge hervorgehoben. Dennoch hätten sie einen Wert, da sie halfen, Menschen besser zu verstehen, denn man erhielt „eine einigermaßen formulierte Idee von einer normalen Persönlichkeit, wenn man sagen kann, mit welchem Typus der jeweilige Mensch in den verschiedenen Klassifikationen am meisten übereinstimmt. Dadurch wird zumindest die Aufmerksamkeit auf seine zentralen Persönlichkeitsmerkmale und Motive gerichtet."[22]

Das Problem mit den verschiedenen Typologien lag in ihrer Unterschiedlichkeit, auch wenn alle ihre Rechtfertigung hätten.[23] Daran anschließende Überlegungen zu einer Vereinheitlichung der Charaktertypologien flossen in zwei Aufsätze ein, die er kurz darauf, im Jahr 1930, im South African Journal of Science veröffentlichte. Darin systematisierte er seine Befunde und zeigte Wege auf, um die Verfahren zur Messung von Persönlichkeitszügen zu objektivieren. Er zielte auf nichts weniger ab, als aus den unterschiedlichen Typologien, die er in der psychologischen Literatur fand, eine allgemein verbindliche zu gewinnen.

Zunächst stellte er fest, dass alle Verfahren, auch erbbiologische, sowie Tests letztlich auf reinen Einschätzungen beruhten, d. h. sie waren gar nicht so objektiv, wie sie vorgaben. Letztlich spielte die Erfahrung des Psychologen eine Rolle und die Verfahren blieben bis zu einem gewissen Grad subjektiv.

---

20 Interessanterweise wäre für Spranger die pragmatische Philosophie etwa von William James oder Charles Pearce keine echte Theorie oder Philosophie, was auf seine eigene starke Verwurzelung in der deutschen intellektuellen Tradition verweist, ähnlich wie der Liberalismus keine echte Politik für ihn sein konnte, s. PV 93/1/33/3, Bl. 100, Indeling volgens Spranger, S. 6.

21 PV 93/1/33/3, Bl. 84, Persoonlikheidstiepes volgens Jung en Kretschmer, S. 8.

22 Ebd., S. 8.

23 Ebd., S. 9.

Verwoerd kritisierte 1930 in seinem kurzen Artikel „Oor die persoonlikheid van die mens en die beskrywing daarvan“ [Über die menschliche Persönlichkeit und ihre Beschreibung], dass die psychologischen Begrifflichkeiten unscharf waren und jeder Wissenschaftler entweder seine eigenen benutzte oder bereits eingeführte auf eine höchst idiosynkratische Weise anwandte, so dass kaum zwei Forscher Begriffe mit demselben Inhalt füllten. Dies führte weniger zu Mißverständnissen, sondern vielmehr zu einer allgemeinen Unklarheit beim Leser, womit er es überhaupt zu tun hatte. Verwoerd schickte sich an, die Persönlichkeitspsychologie zu systematisieren und damit die notwendige Klarheit herzustellen. Regelmäßigkeiten im Bewußtseinsleben und Verhalten von Menschen wollte er im Begriff der „Persönlichkeit“ fassen.[24] Die wiederum konnte sich nur anhand von Regelmäßigkeiten charakterisieren lassen, wofür Verwoerd den Begriff der „Persönlichkeitszüge“ vorschlug. Demnach ließ sich die menschliche Persönlichkeit in folgende Persönlichkeitszüge zergliedern: Alles, was mit dem Willen zu tun hatte, subsumierte er unter den Begriff des „Charakters“, während er das Gefühlsleben dem „Temperament“ zuordnete, Denkprozesse dem Begriff der „Intelligenz“ zuwies. „Die Intelligenz einer Person ist also ein deskriptiver Begriff, durch den die Existenz einer gewissen Regelmäßigkeit in den intellektuellen Prozessen angedeutet wird. Die Mittel, durch die Intelligenz beschrieben wird, sind wieder Kennzeichen oder Züge, wie z. B. Dummheit, Schlauheit oder Tiefsinnigkeit etc.“[25] Seine Definition von Intelligenz unterschied sich deutlich vom landläufigen Verständnis als messbarem Vermögen, denn sie war umfassender, da die Auffassungsgabe sich in intellektuellen Prozessen manifestiert, die mehr als diese testbaren Fähigkeiten umfassen.[26] Als vierten Begriff schlug er das Verhalten vor und meinte, dass sich die menschliche Persönlichkeit durch die vier Kategorien Temperament, Charakter, Intelligenz und Verhalten konstituierte. Diesen ließen sich die verschiedenen Persönlichkeitszüge zuordnen und durch ein solches Raster größere Klarheit in die psychologische Begrifflichkeit bringen. Er verlangte darum, die Begrifflichkeiten jedesmal klar zu definieren, wodurch sich auf Dauer eine „Einheitlichkeit in den Gebrauch“ jedes einzelnen Psychologen einschleifen würde.[27] Gleichwohl müsse man bei jeder Benutzung von Begriffen wie z. B. „Unehrlichkeit“ klar stellen, worum es sich konkret handle, z. B. um Diebstahl oder Plagiat, damit anschließend diese Züge einer der vier Kategorien zugeordnet werden konnten.[28] Ein weiterer Schritt sei dann, von Einzel-

24 Verwoerd 1930 a: 578.
25 Ebd.: 579.
26 Stern 1920: 145.
27 Verwoerd 1930 a: 579.
28 Ebd.: 580.

fällen ausgehend die Beziehungen dieser Persönlichkeitszüge zueinander zu untersuchen, um bestimmte Muster herausarbeiten zu können.

Im zweiten Text „Oor die opstel van objektiewe persoonlikheidsbepalingskemas" [Über die Entwicklung objektiver Persönlichkeitsbewertungsschemata] ging er einen Schritt weiter, weil er die Verfahren selbst objektivieren wollte. Die beiden kurzen Aufsätze schlossen inhaltlich aneinander an und wurden nicht zufällig direkt aufeinanderfolgend im „South African Journal of Science" publiziert. Er zog aus dem ersten Aufsatz die Konsequenz und schlug vor, experimentelle Situationen der Personeneinschätzung so zu konstruieren, dass sie eine Vergleichbarkeit z. B. unterschiedlicher Bewerber um eine Stelle erlaubten. Hier spielte seine eigene Erfahrung mit Laborversuchen herein, bei denen die Variablen so reduziert wurden, dass die Vergleichbarkeit gewährleistet war. Dies war bei Auswahlverfahren in derselben Weise nicht möglich, dennoch musste eine Situation geschaffen werden, von der aus die Vergleichbarkeit der Probanden hergestellt werden konnte. Verwoerd wollte in einer solchen Situation eine bestimmte Zahl von Beurteilern, d. h. Psychologen (10), eine bestimmte Zahl (100) von Bewerbern beurteilen lassen. Die Vergleichbarkeit der Situation war dann gegeben, wenn eine signifikant hohe Zahl von Beurteilern, z. B. neun, eine signifikante hohe Zahl von Bewerbern, z. B. 99, in gleicher Weise beurteilte.[29] Er ging also davon aus, dass die Vergleichbarkeit eine sehr hohe statistische Wahrscheinlichkeit erreichen musste, um als objektiv gelten zu können. Auf diese Weise war der entscheidende Schritt getan, denn der Beurteiler konnte als subjektive Person weitgehend ausgeschaltet werden. So ließ sich ein Testverfahren entwickeln, das übertragbar war und objektive Ergebnisse zu erzielen vermochte. Das Verfahren, das die zehn Psychologen entwickelt hatten, konnte dann von anderen übernommen und zur Anwendung gebracht werden. Auf diese Weise sollten die im ersten Aufsatz vorgegebenen vier Kategorien mit ihren jeweiligen Begrifflichkeiten zu einzelnen Eigenschaften in ein kohärentes System gebracht und allgemein verbindlich werden. Während seines Deutschlandaufenthalts hatte Verwoerd wiederholt die dortigen Testverfahren als zu wenig objektiv kritisiert, sein charakterpsychologisches Klassifizierungsraster war die Konsequenz, die er daraus zog.[30]

---

29 Verwoerd 1930 b: 584. S. auch 231/2/2, Metodes van sociologiese navorsing, S. 78.

30 Vgl. auch FAV 4.4.6, Psych. Tests as an Aid to Personnel Selection in Industry, handsch. Notizen für einen Vortrag vor einer nicht genauer identifizierten Econ. Soc. Hier führte er die Testverfahren in versch. Industriebetrieben in Europa an und konzentrierte sich ganz auf die praktische Anwendbarkeit von Testverfahren. S. auch ebd. Die Waarde en Gebruik van Beroepstoetse, wo er eher systematisch die verschiedenen Testverfahren typologisierte. Vgl. auch Ehrenstein 1934: 147, allerdings unter unkritischem Bezug auf Kretschmer, S. 156. Andere waren aufgrund

Bei allen individuellen Unterschieden zwischen Menschen, die Verwoerd keineswegs in Abrede stellte, sondern als methodische Herausforderung für Psychologen begriff, konnte die menschliche Persönlichkeit seiner Ansicht zufolge durch das im ersten Aufsatz entwickelte Raster in eine Zahl von Persönlichkeitszügen untergliedert werden, die dann untereinander vergleichbar wurden. Nicht die Menschen als Individuen, sondern als Aggregate von Persönlichkeitszügen wurden vergleichbar. Dessenungeachtet wollte er durch die Auflösung in Persönlichkeitszüge eine Entkontextualisierung erreichen, die allein einen Vergleich ermöglichen konnte.[31]

Verwoerd hatte sich einer Wissenschaft verschrieben, die den Anspruch auf Objektivität erhob. Da die Psychologie überdies trotz ihrer den Naturwissenschaften entlehnten Methoden sich gleichzeitig in der Nähe zu den Geisteswissenschaften sah, ja es sogar eine direkte Deutungskonkurrenz zwischen naturwissenschaftlichen und geisteswissenschaftlichen Psychologen gab, bewegte sie sich in einem ständigen Spannungszustand zwischen ihrem objektivistischen Anspruch und dessen kaum möglicher Einlösung. Interessanterweise hat Verwoerd nicht die gestalt- und ganzheitspsychologischen Ansätze aufgegriffen, sondern die Richtung, die den umfassendsten Erklärungsanspruch entwickelt hatte, nämlich Sterns Persönlichkeitspsychologie, die er zu einer größeren Operationalisierbarkeit für die Psychotechnik weiterentwickeln wollte.

Ein Lerneffekt seiner eigenen wissenschaftlichen Arbeit war der Glaube an objektive Ergebnisse und die positivistische Herangehensweise. Hier zeigte sich ein Grundzug im Denken Verwoerds, das ein tiefes Vertrauen in die Möglichkeiten der Wissenschaft offenbarte. Wenn nur die richtige Methode gefunden war, konnte Wissenschaft selbst die komplexesten Zusammenhänge wie die menschliche Persönlichkeit in einer Weise zergliedern, dass sie zu objektiven Befunden gelangte. Verwoerd war überzeugt, mit den von ihm identifizierten Grundeinheiten der menschlichen Persönlichkeit, nämlich den Persönlichkeitszügen, in völlig logischer und rationaler Weise arbeiten zu können. Dies implizierte freilich auch, dass man Menschen manipulieren kann, sobald man sie richtig, d.h. objektiv, durchschaut hatte. Erst die Entsubjektivierung der Wissenschaft, hinter deren verlässlichen Methoden der Wissenschaftler als Person verschwand, ließ die Person des Untersuchten als Aggregat von Persönlichkeitszügen erkennbar werden; aber dann würde die angewandte Psychologie auch in der Lage sein, diese

---

empirischer Forschungsergebnisse wesentlich skeptischer, ob sich Typologien so eindeutig bestimmen ließen: Schmidt-Durban 1939: 81ff.

31 Dieser Art von Psychologie widersprach auf dem Höhepunkt der Apartheid der an Heidegger orientierte Philosoph der Universität Pretoria, Oberholzer 1970: 70, freilich ohne dass er Verwoerds Aufsatz kannte.

Züge mit einer bestimmten Zielsetzung zu benutzen. Hinter dem Gewimmel der sichtbaren Welt verbarg sich die klare Ordnung der Kategorien, die der Wissenschaftler nur erkennen muss, um die Welt der Phänomene zu durchschauen. Selbstverständlich saß Verwoerd einer Illusion auf, wenn er das dachte und wenn er allen Ernstes glaubte, es ließen sich verbindliche Kategorisierungen für alle Psychologen – und letztlich für alle Menschen – einführen.[32] Dass er davon überzeugt war, war aber kennzeichnend für sein Denken, das eine objektive und allgemeingültige Wahrheit postulierte.

In seinen Aufsätzen ging er über Stern hinaus, an dem er sich sonst in seiner Persönlichkeitspsychologie orientierte, eingeschlossen dessen Warnungen vor der scheinbaren Eindeutigkeit statistischer Daten, wie sie Testergebnisse erbrachten. Stern hatte die Persönlichkeit ins Zentrum seiner Psychologie gestellt und damit gleichzeitig die Grenzen dieser Wissenschaft aufgezeigt. Denn bei allen Ambitionen der Psychologie, die er mit seinen eigenen Werken erfüllte und weitertrieb, blieb immer ein unauflösbarer Rest, der „Zauber" der Persönlichkeit. Während Stern dies nicht mit Bedauern ob der Grenzen seiner Wissenschaft feststellte, sondern affirmativ aus einer humanistischen und konservativen Grundposition begrüßte, sah Verwoerd darin eher eine Herausforderung, eine zu lösende Aufgabe, die in eine Überwindung der bisherigen Persönlichkeitspsychologie münden sollte.

Verwoerds konnte seinen psychodiagnostischen Schematismus im Alltagsleben indes kaum zur Anwendung bringen, weswegen es nicht verwundert, dass Zeitgenossen Verwoerd bescheinigten, kein guter Menschenkenner gewesen zu sein. Seine auf Messungen ausgerichtete Psychologie versagte gerade in der Anwendbarkeit im Alltagsleben, womit er sie zu rechtfertigen suchte. Sein Bedürfnis, menschliche Persönlichkeiten „lesbar" zu machen, indem verschiedene Bereiche ihrer Persönlichkeit, wie Emotionen und Intellekt voneinander isoliert und messbar wurden, ließ Verwoerd in der sozialen Wirklichkeit zu einem schlechten Psychologen werden, wie ihm Diederichs bescheinigte: „Seine Beurteilung von Individuen war oft falsch. Es gibt Fälle, dass er bestimmte Personen nie vergaß, weil sie seiner Meinung nach gegen Prinzipien, an die er glaubte, verstießen. Auf der anderen Seite gab es auch entgegengesetzte Fälle, als er z. B. frühere politische Gegenspieler sogar zu Kabinettsmitgliedern beförderte. Das alles lässt sich nur verstehen, wenn man davon ausgeht, dass der Mensch als Einzelner für ihn nicht den höchsten Stellenwert hatte, sondern die Nation."[33] Piet Meiring wurde noch

---

32 Hofstadter/Sander 2014: 325 ff.

33 Diederichs 1975: 5 f. Ganz ähnlich auch C. Bakkes, Piet Meiring und J. H. Abraham: D.Prinsloo 1979: 10; Meiring 1973 b: 131.

deutlicher: „Subtilität war niemals eine herausragendes Kennzeichen von Dr. Verwoerds Verhalten, sowenig wie Menschenkenntnis."[34]

Bedeutsamer als diese biographischen Details ist jedoch das in seinen Thesen zutage tretende Ordnungsdenken, das sich während seiner akademischen Karriere Bahn brach in der Vorstellung, man könne Menschen anhand einer Reihe von Eigenschaften klassifizieren. Ebenso wie er in seiner Dissertation Gedanken und Gefühle trennscharf zu unterscheiden suchte, wollte er mit den Kategorien Willen, Gefühl, Gedanke und Verhalten menschliche Persönlichkeiten analysieren, ohne die Interdependenzen und Ambiguitäten der Begriffe selbst hinreichend zu reflektieren.[35] Verwoerd war kein Mann der Zwischentöne, sondern er strebte eindeutige Zuordnungen an, selbst wenn sie auf rein kontradiktorischen Unterscheidungen wie weiß und nicht-weiß beruhten.

In seinen Reden bemühte der Politiker Verwoerd häufig die krasse Dichotomie zwischen seiner eigenen Politik der Ordnung und dem Chaos, das entstünde, folgte man anderen politischen Konzepten. Dieser Gegenüberstellung war eine propagandistische Ausrichtung zu eigen und sie war Ausdruck eines zutiefst undemokratischen Bewusstseins, das keinerlei Alternativen zur eigenen Politik zulassen mochte. Während auf diese Weise alle möglichen politischen Richtungen auf zwei reduziert wurden und damit die Wähler vor eine Alternative gestellt wurden, die in Wirklichkeit keine war, kam in dem Gegensatz mehr als reine Propaganda zu Tage. Denn Verwoerd und andere Apartheidpolitiker, die ähnlich sprachen, brachten damit gleichzeitig ihre eigenen Ängste vor der Ambiguität zum Ausdruck.

Der Politiker Verwoerd neigte dazu, alles, was klare Grenzen und Eindeutigkeiten überschritt, mit Chaos gleichzusetzen, d. h. die Auflösung einer Ordnung war ihm unerträglich. Darum war für ihn in erster Linie der Kommunismus der Inbegriff der Auflösung jeder Ordnung, der generellen Grenzüberschreitung, der Zerstörung aller Normen und Werte: „The communist states see their interests in creating chaos wherever they can."[36] Die weltweite Gefahr des Kommunismus konnte Verwoerd nicht genug betonen: „Es ist leider wahr, dass es als Folge der teuflischen Umtriebe von Agitatoren von Zeit zu Zeit zu Angriffen auf das Leben von Weißen kam. [...] Dabei handelt es sich leider um eine weltweite Erscheinung. Der Weltkommunismus ist überall dabei, durch verschiedene subversive Aktivi-

34 Meiring 1990: 156. S. auch die Umfrage unter Personen, die ihn gut kannten in: Rapport 21.9.1975.

35 Zu dem damit verbundenen Denkfehler, Kategorien bildeten die Wirklichkeit ab, s. Hofstadter/Sander 2014: 576.

36 FAV 4.7.2.4.5, Rede auf dem Parteitag der Natal-NP in Durban, 27.8.1963, S. 3.

täten Probleme zu schaffen."[37] Der Kommunismus war nicht zufällig atheistisch, die südafrikanischen Kommunisten waren dezidierte Gegner der Rassentrennung, der Ostblock und insbesondere die Sowjetunion selbst hatte sich zum Ziel gesetzt, den Nationalstaat zu überwinden und war damit der Inbegriff des Chaos. Das Massaker von Sharpeville erschien als Zeichen für das hereinbrechende Chaos. Da für ihn ohnehin nicht die Polizei die Schuld an dem Massaker trug, sondern die Organisatoren des „Aufstands", konnte er leicht die wahren Aufrührer ausfindig machen, nämlich Kommunisten,[38] ungeachtet der antikommunistische Ausrichtung des PAC. Doch vertraute er auf die Einsicht der „Bantumasse", dass es für sie besser sei, mit den weißen Südafrikanern zusammenzuarbeiten als mit „foreign countries, which will result in conflict and chaos."[39] Hier sind wir wieder bei Verwoerds Prinzip der nationalen Gemeinschaft, demzufolge die Menschheit in Nationen gegliedert war und dies eine gottgewollte Ordnung darstellte.[40] Dies galt auch für die postkoloniale Ordnung in Afrika, die eben nicht aus wirklichen Nationalstaaten bestand, die zudem „unreif" waren: „I think there will rather be chaos between competing states in Africa, born out of conflicting ambitions."[41] Darum stand nur Südafrika „unshaken" vom „chaos, poverty and internal strife which is overwhelming Africa."[42] Im nachkolonialen Afrika genössen nur wenige Privilegien, „For the masses socalled freedom has

---

37 PV 93/1/30/1/18, Verwoerd an Frau G. Nothnagel, 25.2.1963: Bl.38.

38 „Es ist sehr deutlich erkennbar, dass ein kommunistisch inspirierter Kopf hinter den Unruhen steckt, der entsprechend einem vorab ausgearbeiteten Plan arbeitet. Des weiteren ist auch deutlich, dass die übergroße Mehrheit der Bantu-Bevölkerung ordnungsliebend ist und keine Form von Aufstand beabsichtigt. Allerdings ist dieser übergroße Teil nicht organisiert wie die Banden von Agitatoren und Einschüchterern. [...] Wir werden unsere Verteidigung der weißen Zivilisation in unserem Interesse und dem unserer Nachfahren fortsetzen." PV 93/1/36/1/2, V. an J. E. Pieterse (Denver), 7.4.1960 u. PV 93/1/36/1/7, V. (PS) an Rev. A.W. Blaxall (Roodepoort), 7.4.1960: „Through the action of agitators and intimidators a situation was created which did great harm to peaceloving and orderly Bantu people, as well as others. Through their actions they disrupted the lives and home life of men in the Police and Defence Force, and this disruption and discomfort and their separation from loved ones will continue till the situation so created has been satisfactorily ended and order restored." Schon Anfang der 1950er Jahre konnte Phil Weber sich den Widerstand der Coloureds gegen ihre politische Entmündigung nur mit dem Wirken kommunistischer Agitatoren unter ihnen erklären: 296.K.GE 54, Weber an A. L. Geyer, 15.4.1951.

39 Verwoerd, House of Assembly, 23.1.1962, in: Pelzer 1966: 660 – 689, hier 685 f.

40 Der Glaube der Afrikaaner-Nationalisten an eine gottgewollte und schon immer gegebene Aufteilung der Menschheit in Völker zeigt auffallende Parallelen zur frühen Völkerpsychologie von Steinthal und Lazarus: Graevenitz 1999: 23 f., 34 u. 39 f.

41 Verwoerd, House of Assembly, 9.3.1960, in: Pelzer 1966: 340 – 369, hier 363.

42 PV 93/4/1/11, New Year's Message by the Prime Minister, 31.12.1964, Bl. 279 – 283, hier 279.

meant impoverishment, chaos and often death through famine and disorder."[43] Darum sei es eine der größten Herausforderungen für den „Erhalter der zivilisatorischen Ordnung", um seinen Weg inmitten des „geistlichen und sittlichen Chaos, das ihn täglich zu überwältigen droht", zu finden.[44] Es gab eine Pseudo-Moral, die nur als Deckmantel von christlichen und anderen Kritikern der Apartheid benutzt wurde, um ganz andere Ziele zu verfolgen. Hier konnte Logik helfen, den falschen Schein zu zerstören: „But we must try by logical thinking to tear away all the cloaks that hide the true facts."[45]

In den Diskursen der Afrikaaner-Nationalisten ist der Gegensatz von Chaos und Ordnung ein wiederkehrendes Thema in ganz verschiedenen Zusammenhängen. Während die Zitate Verwoerds sich auf die politische Unabhängigkeit der ehemaligen Kolonien beziehen, finden sich zahlreiche Entgegensetzungen von Chaos und Ordnung im Hinblick auf die Situation der frisch urbanisierten Buren und als Zeitdiagnose über den kulturellen Verfall. Soweit erkennbar, taucht dieser Gegensatz etwa seit den 1920er Jahren auf und hat vermutlich mit dem gleichzeitigen Aufkommen des calvinistischen Fundamentalismus zu tun. Das Gegenteil von Ordnung ist das „Chaos", das in der zeitgenössischen Literatur, in Reden und Korrespondenzen der Afrikaaner-Nationalisten auffallend häufig behandelt wird. Chaos ist negativ definiert als Auflösung von Ordnung, als Dekadenz und Degeneration, als Sünde und Verstoß gegen die göttliche Ordnung. Verwoerd selbst beteiligte sich intensiv an diesem Diskurs, die Unterscheidung von Chaos und Ordnung wurde grundlegend für seine Sicht der Welt, vor allem aber der Gesellschaft, wie er sie vorfand und wie er sie gestalten wollte; wenn auch für ihn die religiösen Bezüge weniger wichtig waren, abgesehen von ihrem propagandistischen Wert.

Wie sehr die nationalistische Ideologie aus dem letztlich theologisch begründeten Gegensatz von Chaos und Ordnung ihre Rechtfertigung bezog, erhellt der bloße Hinweis darauf, dass Chaos keineswegs per se negativ konnotiert sein muss, denn Chaos setzt schöpferische Kräfte frei, die zur spontanen Bildung von Institutionen führen.[46] Doch ist die Spontaneität eines menschlichen Schöpfungsprozesses kein Abbild einer göttlichen oder gottgewollten Ordnung, sondern etwas anderes. Ein schöpferisches Chaos wäre für die religiösen Afrikaaner-Nationalisten eine typische Denkfigur des Humanismus gewesen, der den Menschen statt Gott ins Zentrum rückte.

43 PV 93/1/30/1/30, Verwoerd an John Salmon (New York), 9.7.1965: Bl. 48.

44 PV 93/4/1/15, Verwoerd, Aufzeichnungen oder Redemanuskript, n.d.: Bl. 13–15, hier 13.

45 FAV 4.7.2.4.5, Rede auf dem Parteitag der Natal-NP in Durban, 27.8.1963, S. 5.

46 Vgl. Seyfert 2011: 46.

Bei Benutzung des Gegensatzes Chaos – Ordnung waren die biblischen Bezüge unübersehbar, insbesondere auf das 1. Buch Genesis mit der Schaffung der Weltordnung durch Gott aus dem vorfindlichen Chaos. Gott erschuf die Welt, indem er Unterscheidungen traf und Gegensätze herstellte: zwischen Licht und Dunkel, Erde und Wasser, einer unstrukturierten und einer unterteilten Zeit, zwischen einer amorphen Welt und der Gestaltung in Lebewesen. Das narrative Gegenstück zur Schöpfungsgeschichte war die Sintflut, als die sündigen Menschen nicht in der Lage waren, die Ordnung aufrechtzuerhalten und Gott sie bestrafte, indem er, zeitweilig, das Chaos wieder heraufziehen ließ in Gestalt einer Wiederkehr der Wassermassen, aus denen er einst die Welt erschaffen hatte. Neben dem ordnungschaffenden Gott wird dem Chaos schaffenden Menschen eine invertierte demiurgische Funktion zuerkannt, da er durch sein Fehlverhalten die Welt in ihren Grundfesten verändern, nämlich zerstören kann; der Grund dafür ist die Sündhaftigkeit des Menschen. Während die Welt von Gott als Ordnung und damit als in sich gefügt und gefestigt geschaffen wurde, war der Mensch das eine Wesen, das nicht in der Ordnung ruhte, sondern trotz seiner Vernunftbegabung fehlbar und schwach war und darum stets der göttlichen Leitung bedurfte. Es war wenig erstaunlich, dass gerade der calvinistische Fundamentalismus diesen Gegensatz von göttlicher Ordnung und menschlicher Zerstörung neu aufwertete, erhielt doch im Calvinismus die menschliche Fehlbarkeit und Sündhaftigkeit sowie die Notwendigkeit der Unterwerfung unter Gottes Leitung einen hohen Stellenwert. Die göttliche Ordnung ließ sich fassen in Gestalt von Gottes Gesetz. Gottes Regeln waren für den Menschen erkennbar, er musste sich an sie halten, um Gott wohlgefällig zu leben. Die neocalvinistische Philosophie im Gefolge Kuypers bemühte sich intensiv, dieses auf einer Gesetzesordnung aufruhende Denken zur Grundlage ihres Welt- und Gesellschaftsbildes zu machen,[47] insbesondere Hermann Dooyeweerd, der sich einige Zeit in Südafrika aufhielt und gerade in Potchefstroom, aber auch in Stellenbosch eine längere und tiefere Wirkung ausübte als in den Niederlanden selbst.[48] Neben Hendrik Stoker haben sich zahlreiche calvinistische Intellektuelle auf Gottes Gesetz als oberste Richtschnur für menschliches Alltagshandeln bezogen, doch errang ihr „calvinistischer Nationalismus" nie eine hegemoniale Stellung innerhalb des afrikaansen Kulturnationalismus.[49] Allerdings ging der Einfluss deutlich über die Doppers

47 Kuyper 2007: 52f.

48 Dooyeweerd 1931: 93ff.; N.Smith 2009: 170f. u. 203ff.

49 Norval 1996: 67ff. betont diesen calvinistischen Grundzug sehr stark. Zur Grundlegung einer calvinistischen Philosophie s. den grundlegenden Text von Stoker 1935: 18 u. 22.

hinaus, da auch Theologieprofessoren der NGK an der Vrije Universiteit in Amsterdam promoviert hatten.[50]

Doch besteht ein entscheidender Unterschied zwischen dem, was man als calvinistischen Fundamentalismus bezeichnen kann, der von einigen prominenten Vertretern an der Universität Potchefstroom gepflegt wurde, und der Orientierung an einer gottgewollten Ordnung, für die Verwoerd stand.[51]

Die Gesellschaft nach dem Gesetz Gottes zu strukturieren, ist Fundamentalismus. Es gibt demnach keinen freien menschlichen Willen; wenn er sich nicht Gottes Willen unterordnet und dessen Gesetze zur Ausführung bringt, geht er schlicht zu Grunde, er versinkt im selbstgeschaffenen Chaos. Die Gestaltungsfreiheit des Menschen ist gering, gleichzeitig sind aufgrund seiner Fehlbarkeit menschliche Gesetze nur ein schwacher Abglanz des göttlichen Gesetzes. Es kommt für den Menschen darauf an, seine eigenen Gesetze der göttlichen Ordnung soweit wie möglich anzugleichen. Der Fundamentalismus bezog sich auf das offenbarte Wort Gottes in der Bibel, er bediente sich seiner als einer unmittelbaren Richtschnur für das Handeln in der Welt. Das Wort Gottes wurde verstanden als eine wörtliche Anweisung, in ihm und nur in ihm drückten sich unmittelbar Gott selbst und seine Rechtsordnung aus. Im entstehenden Apartheid-Diskurs wurde eine normative Ordnung entscheidend und erhielt die biblische Rechtfertigung der Rassentrennung einen hohen Stellenwert. Denn wenn Rassentrennung als Wille Gottes gedeutet werden konnte, ließ sich die Apartheid theologisch und damit auch moralisch rechtfertigen.

Verwoerd dagegen bewegte sich auf der generelleren und abstrakten Ebene der Welt als gottgewollter Ordnung, für die er keiner unmittelbaren Offenbarung des göttlichen Willens in der Schrift bedurfte, ließ dieser sich doch an der Ordnung der Welt selbst unmittelbar ablesen. Zwar waren ihm die theologischen Anstrengungen einer Legitimierung der Rassentrennungspolitik aus der Bibel willkommen, um in kirchlich-frommen Kreisen seine Politik abzusichern, doch brauchte er sie für sich selbst nicht. Vielmehr fand er sie in dem von Gott dem Menschen eingepflanzten Instrument der Erkenntnis der Wahrheit, nämlich im logischen Denkvermögen. Die göttliche Ordnung war für den Menschen erkennbar, da der Mensch als vernunftbegabtes Wesen trotz seiner Fallibilität am Göttlichen teilhatte. Die göttliche Ordnung war die Wahrheit, da sie von einem allwissenden Geist eingerichtet war, der keinen Fehler begehen konnte. Darum war das Mittel zur Erkundung der Wahrheit der „göttliche Funke“ im Menschen, seine

50 N.Smith 2009: 97.

51 Furlong 2015: 9 ff. unterstreicht die wesentlichen Unterschiede zwischen Kuypers sozialpolitischen Konzepten und der Apartheid. Vgl. Marx 1998: 177 ff.

Vernunft. Die Vernunft verfügte über eine Methode zur Suche nach der Wahrheit, die damit den Weg zur Erkenntnis der göttlichen Ordnung eröffnete, nämlich das logische Denkvermögen. Mit den Erkenntnissen der Würzburger Schule der Denkpsychologie und insbesondere der Schriften von Otto Selz lag es nahe, die Logik im Denkvermögen des Menschen zu verorten.

Die Ambiguitätsintoleranz wirkte sich selbst auf Nebenaspekte seiner Politik aus. Gerade die Coloureds als angebliche Ergebnisse von Rassenmischung stellten ein Problem dar, sie repräsentierten die Auflösung der gottgegebenen Ordnung. Für Verwoerd war die Apartheidpolitik ein Teil des nationalistischen Bekenntnisses; er stellte diese Verbindung als eine intrinsische und unverbrüchliche in einem Aufsatz für eine Studentenzeitung im Jahr 1950 her[52] und verknüpfte umgekehrt die Auflösung von Rassenschranken mit Imperialismus oder Kommunismus. Wer nationale Schranken mißachtete und verletzte, verstieß auch gegen die Trennung der Rassen, die dahinter stehende Gesinnung war für Verwoerd dieselbe, ebenso wie die Bezugnahme auf festgefügte ethnische Einheiten Kennzeichen des Nationalisten war.

1960 beklagte er gegenüber dem Generalsekretär des Broederbond, J.P. van der Spuy, dass die interne Opposition, allen voran SABRA, durch ihre Haltung gegenüber den Coloureds bereit sei, die Apartheid aufzuweichen und den Weg zur Gleichstellung zu beschreiten. Es sei ihm zuvor gelungen, den Gegensatz zwischen der Apartheid als durchgängiger Trennungspolitik und allen anderen Politikentwürfen, die allesamt auf Gleichstellung und Integration hinauslaufen müssten, herauszustellen. „Nun kommen diese Leute und verwischen den klaren Unterschied, indem sie hinsichtlich der Coloureds und vielleicht auch der Inder ebenfalls diesen Weg zu beschreiten beginnen." Er appellierte an van der Spuy, ihn zu unterstützen, da diese Tendenzen auch aus den Reihen des AB kämen.[53] Bezeichnend ist die Wahl der Worte, denn der „klare Unterschied" offenbart Verwoerds tiefsitzende, nur psychologisch zu erklärende Ablehnung aller Zwischentöne und Ambiguitäten. Er projezierte sie als Gefahr der „Verwirrung" auf die Schwarzen: „If we allow the Native Representatives to remain in Parliament [...] it will only result in confusion amongst the Natives and in the implementation of this policy."[54] In Wirklichkeit ging es um ihn selbst, dem Ambiguität unerträglich war und der stets nach Eindeutigkeiten und Klarheit suchte. Douglass Mitchell, der UP-Chef in Natal, beobachtete: „When he was taken up, point by point, on a stand he had adopted and shown what its inevitable [!] consequences

52 Verwoerd 1950: 13.

53 PV 93/1/47/2/7, Verwoerd an van der Spuy, 31.10.1960.

54 Verwoerd, Reply to the Motion of No Confidence, 27.1.1959, in: Pelzer 1966: 216–247, hier 245.

would be he would accept them no matter how deplorable they might have seemed."[55]

Der Tod war das Chaos, die Auflösung jeder Ordnung, wie das Verwesen des Körpers zur Formlosigkeit führte. Der Sturz in die bodenlose Tiefe erforderte eine Gegenstrategie auf der Ebene der Symbole. Der Psychoanalytiker Robert Jay Lifton verortet den Wunsch nach Überleben auf der Ebene der Symbole.[56] Der Mensch bildet sich das Überleben nur ein und er weiß um seine Sterblichkeit, aber es bleibt ihm keine andere Wahl. Um das Chaos, mit dem er aufgrund dieses Wissens konfrontiert wird, und was ihn völlig der Fundamente eines normalen Weiterlebens beraubt, wieder „in Ordnung zu bringen", bewegt er sich auf der Ebene eines symbolischen Überlebens. Für Verwoerd geht es um das Überleben der Nation, die Macht über sich selbst haben muss. Der einzelne hat sich diesem letzten Ziel unterzuordnen, denn die nationale Gemeinschaft ist als die segmentäre Zelle, aus der sich die Menschheit zusammensetzt, der Inbegriff von Ordnung. Die Gemeinschaft überlebt den Tod des einzelnen, darum war die Apartheidpolitik selbst eine Todesüberwindungsstrategie, weil sie ein für allemal das Chaos verhindern und beseitigen, eine endgültige Ordnung schaffen sollte, die der perfekten Ordnung eines ewigen Lebens entsprach.

Die vorgefundene Welt war die Degeneration einer ursprünglichen gottgeschaffenen Ordnung, deren Wiederherstellung ein providentieller Auftrag war. Die Beschreibungen der vorfindlichen Welt durch Afrikaaner-Nationalisten waren von einem starken Krisenbewusstsein gefärbt, das sich daher erklärt, dass diese Welt weiter degenerierte, sich von der Ordnung zum Chaos hinbewegte. So war allein die mit der Industrialisierung einhergehende Urbanisierung der schwarzen Bevölkerung, die Auflösung ihrer ethnischen Zugehörigkeiten und ihrer „traditionellen" Ordnung ein alarmierendes Symptom für einen generellen Niedergang.

Verwoerd und die Afrikaaner-Nationalisten sahen um sich herum nur Zerfall: Die Auflösung der eigenen geordneten ländlichen Welt, die Desintegration der afrikanischen „Stämme" und das Chaos einer unkontrollierten Urbanisierung. Das Ministerium schätzte die Zuwanderer in die Städte als parasitär und unfähig zur eigenständigen Entwicklung ein, für den Staatssekretär Eiselen waren ungeregelte neue Formen des Zusammenlebens ein Greuel, „was wegen des Mangels an Planung häufig auf Entartung hinausläuft."[57] Sein Ethnologenkollege P.J. Coertze, einer der wichtigsten Vordenker der Apartheid, hatte 1947 in einem ausführlichen Memorandum Alarmierendes mitzuteilen: „Das soziale Leben von

55 Wilks 1980: 152.

56 Lifton 1970: 27.

57 FAV 4.6.2.2, Memo Eiselen an V., 7.9.1951.

Eingeborenen in den Städten und Dörfern, vor allem in den Großstädten, ist in jeder Hinsicht chaotisch; in Handel, Wandel und Denken wird der städtische Eingeborene von selbst ein revolutionäres und widerborstiges Individuum. Sie müssen nur noch durch Kommunisten organisiert werden, was heutzutage bereits in großem Ausmaß geschieht."[58]

Verwoerds Vorstellung von der Unreife der Afrikaner spiegelte sich besonders intensiv in Formulierungen zur Landflucht wider, die das Irrationale unterstrichen: „The Bantu are pressing blindly into the towns whether or not there is work for them there, and those not employed are taking to vagrancy and crime in alarming proportions."[59] Wie das Adverb „blindly" zeigt, waren für ihn die „Bantu" nicht in der Lage, ihr Leben selbst zu organisieren, so dass der Staat dies für sie übernehmen musste. Er konnte keinen gesellschaftlichen Fortschritt darin erkennen, „that the Bantu who works in the European cities, searches and finds, is allowed and even encouraged to break away from his tribal connections with their sound communal rules, and then to lead an uncontrolled and disorderly life, seeing that the vast majority are not in the least ready for community life on the Western levels, with its generally acknowledged although unwritten laws."[60] Hier lässt sich die Vermischung einander widersprechender rassistischer und völkerpsychologischer Argumentationsfiguren gut erkennen, denn die Schwarzen waren „noch" nicht reif für Lebensformen, wie sie die Weißen ausgebildet haben, andererseits waren sie für das Großstadtleben überhaupt ungeeignet und bedurften einer ständigen Kontrolle. Darum empfand er es als skandalös, dass in der Vergangenheit „these persons were practically left to find their own housing."[61] So hob er im Zusammenhang mit der Räumung von Pageview, einem Vorort Johannesburgs, den Umstand gebührend hervor, wie dort „Weiße, Inder, Coloureds und Eingeborene" „neben- und durcheinander" gewohnt hätten, was nur „Brutnester von Unheil und Untaten" hervorgebracht hätte.[62] Vermutlich von Eiselen stammte

---

58 PV 94/1/53/2/1, dok. 34, P.J. Coertze, Memorandum insake rasseverhoudingsprobleme en 'n beleid van segregasie (ca. 1944), S. 3.

59 PV 276/3/1/1, Bantu in the Urban Areas (undatiert und kein Autor genannt, aber offizielle Darstellung des Ministeriums), S. 3 und 1.

60 Verwoerd, Policy of the Minister of Native Affairs, 20.6.1955, in: Pelzer 1966: 86–101, hier 87. Verwoerd selbst hielt die Rede für so wichtig, dass sie als eigenes Pamphlet gedruckt und sogar 1958 neu aufgelegt wurde: Verwoerd 1955.

61 Verwoerd, Institute of Administrators of Non-European Affairs, Bloemfontein, 17.9.1956, in: Pelzer 1966: 124–148, hier 132.

62 Schon in seiner Zeit als Soziologe hatte sich Verwoerd mit dem Thema und möglichen empirischen Erfassungsmethoden beschäftigt, etwa Karten, auf denen die verschiedenen „Rassen" in einem Stadtbezirk eingetragen werden sollten: 231/2/2, Metodes van sociologiese navorsing, S. 88ff.

die Beschreibung des sozialen Lebens der Gegenwart: „The present day scene in South Africa is a queer patchwork of the European and Bantu ways of life.“[63] Der Kontrast zur europäischen Lebensweise wurde als so stark empfunden, dass der Autor behauptete, „Bantu life in the reserves takes one right back to pre-history.“[64] Entscheidend aber war die Geordnetheit eines traditionsverhafteten Lebens, wo jeder seinen Platz kannte. Für Afrikaaner-Nationalisten war Rassentrennung, darauf hat Hermann Giliomee hingewiesen, nicht allein eine Ordnung entlang der Hautfarbe, nach rassischen und ethnischen Kriterien, sondern sie war so stark emotional besetzt, weil sie gleichzeitig eine soziale Ordnung war. Die Auflösung der Rassenschranken bedeutete „Gleichstellung“ und damit die Zerstörung der gottgewollten Ordnung, also Chaos. In den 1940er Jahren war die Affinität einer Art „ständischen Bewusstseins“ zu faschistisch-korporatistischen Ordnungsvorstellungen offenbar geworden.[65]

Wenn der Nationalismus für Verwoerd das politische Grundprinzip war, so stand dahinter die Vorstellung der Segmentierung der Menschheit in Kollektive. Diese Kollektive waren für ihn als Kulturgemeinschaften bestimmt, alle übrigen, etwa soziale Schichten, waren davon abgeleitete unselbständige Kategorien, d. h. es konnte nur eine afrikaanse, eine englische, eine Sotho-Arbeiterschaft geben, aber keine Arbeiterklasse als solche. Klassenkonflikte konnte er nur als ein Krisensymptom in dem Sinn verstehen, dass eine Degeneration eingetreten war und sich Defizite ergeben hatten, z. B. „als eine Schwächung der geistigen Bindungen eintrat wie des Patriotismus, der Erinnerung an gemeinsame Herkunft, Stolz auf eine gemeinsame Religion oder Geschichte etc.“[66] Die Nation, die Gemeinschaft war die gegebene Ordnung, erst wenn sie aus dem Lot geriet, wurde Klassenkampf möglich, der darum als eine Art Krankheitssymptom erschien. Soziale Klassen, Interessengruppen usw. konnten nur zeitlich begrenzte und vergängliche soziale Einheiten sein, während die Nation ewig war.

Die Perhorreszierung von Mischung bezog sich indes nicht allein auf die „Rassen“, sondern auch auf Institutionen und Verfahren. So entstanden für Verwoerd Probleme, sobald die tribale mit einer westlichen Verwaltungsstruktur gemischt wurde. Die Einrichtung von Räten, deren Aufgaben unklar blieben, provozierten aus seiner Sicht nur die Forderungen des Natives Representative Council nach Gleichstellung.[67] Dem ließ sich nur gegensteuern durch eine klare

---

63 FAV 4.6.2.2, The Bantu in South Africa (ca. 1953, Autor vermutlich Eiselen), S. 6.

64 ebd. S. 7.

65 Marx 1998: 449 f.

66 231/2/1/1, Inleiding tot die Sociologie, S. 75.

67 Verwoerd, Policy of the Minister of Native Affairs, 30.5.1952, in: Pelzer 1966: 31–52, hier 39 ff.

Entscheidung für das Eine oder das Andere. Aus einer Klarheit der Grundprinzipien erwuchs die Klarheit der Politik und die Eindeutigkeit der Ergebnisse.

Indem die Politik als Wiederherstellung der Ordnung, wie sie von Gott eingerichtet und gewollt war, präsentiert wurde, ließ sich der utopische Charakter verschleiern, die revolutionäre Ordnung der Apartheid maskierte sich als eine Rückkehr zu einer verlorenen Ordnung. Verwoerd verkaufte die Apartheid als machbar, er verwandelte sie durch seine logischen Deduktionen von einer abstrakten in eine konkrete, d. h. verwirklichbare Utopie. „His policies were executed almost as mathematical deductions from the few basic tenets which he inherited."[68] Auf diese Art gelang es ihm, seine monströse und umstürzlerische Modernisierungspolitik als traditionsorientiert und an einem theologischen Ordnungsdenken ausgerichtet zu präsentieren: Der Homo Faber gerierte sich als Vollstrecker des göttlichen Willens.

Wenn die Logik das dem Menschen zur Verfügung stehende Vermögen war, um Gottes Gesetze in der Welt zu erkennen, dann diente sie auch dazu, die menschlichen Gesetze zu gestalten, um eine Welt der (menschlichen) Ordnung hervorzubringen, die soweit dies dem Menschen möglich war, sich der göttlichen Ordnung annäherte, sie nachgestaltete und abbildete.[69] Half die Logik, Gottes Ordnung zu erschließen, so waren die Gesetze das Mittel, sie aufrechtzuerhalten. Verwoerds existentiellem Bedürfnis nach Ordnung entsprang der Legalismus, der den Apartheidstaat insgesamt kennzeichnete. Der Rückbezug auf die Gemeinschaft, deren „allgemeinen Willen" sie – mit unübersehbarem rousseauistischem Bezug – zum Ausdruck bringen, war für eine gesetzliche Ordnung grundlegend, die Gesetze brachten den Allgemeinen Willen zum Ausdruck, standen darum über individuellen Wünschen und waren absolut. Schon der 21jährige hatte erkannt: „Als Gesetz bezeichnet man die Befehle, wodurch die Verwesentlichung des Allgemeinen Willens der Mitglieder einer Gemeinschaft in ihrem Umgang miteinander erzielt und durch Zwang gesichert wird. Dieser Befehl, Garantie und Sicherheit der Verwesentlichung des Allgemeinen Willens ist der einzige absolut gültige Wert des Gesetzes. Wenn eine Gemeinschaft bestehen bleiben will, dann müssen nur diejenigen Taten durch es zugelassen werden, die als recht und billig erachtet werden. Es soll ohne Bedeutung, Ziel oder Wert sein, wenn ihre Taten nicht mit ihrem Willen übereinstimmen. So bleiben die Taten als Ausdruck ihres Willens, wie sie im gesetzlichen Befehl gefasst werden, ewig wertvoll, während individuelle Forderungen jeder Zeit vernichtet werden kön-

---

68 J. J.Venter 1999: 440.
69 Diese Bedeutung der Logik trug die Philosophie: Thomas 2005: Bd. 1: 8 ff.

nen."[70] Für Verwoerd war die menschliche Freiheit durch natürliche Prägung extrem eingeschränkt, zumal Ethnizität die natürliche Ordnung nicht nur widerspiegelte, sondern sie selbst war. Darum stellte für ihn die Apartheid die natürliche Ordnung wieder her, während Kosmopolitismus, interkulturelle Kontakte und Internationalität für das Chaos standen.

Der Angstvorstellung vor dem hereinbrechenden Chaos, das aus ungeregelten sozialen Dynamiken resultierte, entsprach ein obsessives Ordnungs- und Kontrollbedürfnis. So war die Influx Control die Voraussetzung für „bessere Kontrolle über die Menschen, die sich dort aufhalten, bessere Ordnung, bessere Bekämpfung von Frustrationen, weil die Arbeitsscheuen, die Kriminellen und die Überzähligen nicht mehr da sind." In dem Zusammenhang war die folgende Aufzählung von Zielen aufschlussreich für Verwoerds Denken. Der Bau von Townships „ist eine Form der Nachbarschafts-Segregation, eine Form der Beseitigung unerwünschter Behausungszustände; eine Einführung besserer gesundheitlicher Umstände und eine Einführung besserer Kontrolle."[71] Die Schlüsselworte waren „Nachbarschafts-Segregation", „Beseitigung [opruiming]" und „Kontrolle", alles Gegenbegriffe zum Chaos. Sie standen für Übersichtlichkeit, Sauberkeit und Beherrschbarkeit. Ordnung war das Ziel und die Voraussetzung für ein gutes Zusammenleben. Man müsse dafür sorgen, „dass auch der Eingeborene die Tragweite der Gesetze versteht und sehen lernt, wie sich dies alles in ein Schema der Ordnung und Planung einfügt, was letztendlich zur ökonomischen Selbständigkeit, Fortschritt und Glück des Eingeborenen beiträgt, und demjenigen, der ordentlich ist, zu helfen, sich von dem Druck zu befreien, der heutzutage durch unordentliche Elemente auf ihn ausgeübt wird." Kriminelle waren primär „unordentliche Elemente", sie repräsentierten das Chaos, während Planung und Ordnung zusammengehörten.

Die Apartheid bezog ihre Legitimation demnach nicht allein aus ihrer moralischen Rechtfertigung als angeblich gerechte Lösung, sondern die Logik selbst war eine intrinsische Legitimationsquelle, da sie als Mittel zur Wahrheitssuche mit der Moral ineinsfallen musste. Denn die Ordnung manifestiert ihren moralischen Charakter dadurch, dass sie logisch in sich schlüssig und widerspruchsfrei ist. Damit bewegte Verwoerd sich in den Denkstrukturen des Zeitalters der Extreme, die aus einer Erkenntnis der Wahrheit der Weltordnung heraus die real vorgefundene Lebenswelt dieser Erkenntnis anzupassen suchten.

---

70 Verwoerd 1922b: 38.

71 NA NTS 4562, 1049/313, Conference between Officers of the Native Affairs Department and Managers of Departments of Non-European Affairs, S. 8 (Eröffnungsansprache Verwoerds).

Vergleicht man Verwoerds Utopismus mit der Zukunftsorientierung des Marxismus, so lässt sich die Funktion seiner Logik genauer beschreiben. Der orthodoxe Marxismus gewinnt seine Zukunftsgewissheit aus einer Interpretation der Geschichte, die ihm das Selbstbewußtsein verleiht, ein „wissenschaftlicher Sozialismus" zu sein. Geschichte als dialektische Dynamik von Klassenkämpfen wird in die Zukunft hinein verlängert, indem der Prozess kapitalistischer Akkumulation gedanklich radikalisiert wird in Richtung einer extremen Polarisierung, die dann in die Revolution mündet. Verwoerd fehlte dergleichen Zukunftssicherheit durch eine geschichtsphilosophische Interpretation der Welt. Sein historischer Blick beschränkte sich auf die bekenntnishafte Zuwendung zur eigenen nationalen Geschichte in ihrer mythischen Gestalt, aus der sich aber nicht unmittelbar Handlungsanweisungen für die Zukunft ableiten ließen, wohl aber die Legitimation für ein geschichtsphilosophisch ungehemmtes und zukunftsoffenes Handeln, das genau mit dieser Geschichte an entscheidender Stelle brach, weil es radikal modernistisch und antitraditionell war. Hier findet Verwoerds von einem zukünftigen Zustand rückwärts konstruierte und logisch abgeleitete Handlungsanweisung ihren Ort. Er schuf einen Pseudo-Determinismus, der einen und nur einen Weg ins Land Utopia wies. Verwoerds Utopismus war nicht historisch herleitbar, ihm fehlte der geschichtsphilosophische Unterbau, wie ihn der Marxismus hatte. Vielmehr konstruierte er die Zukunft von der Gegenwart her, aber historisch gerechtfertigt als eine Art Reparaturmaßnahme, die auf den rechten Pfad der gottgewollten Ordnung zurückführte.

Differenz und Reinheit

Reinheit ist ein Differenzbegriff, Reinheit stellt Ordnung her, während Chaos der Unreinheit, der Vermischung entspricht. Es liegt nahe, diese Dichotomie von Ordnung und Chaos, Vermischung und Differenz im Zusammenhang mit Verwoerds Rassismus einer genaueren Betrachtung zu unterziehen. Gemeinschaft erwächst aus der Feststellung eindeutiger Differenzen zwischen Menschen. Für Verwoerd war die ethnische Differenz, die sich aus einem Nebeneinander verschiedener Gemeinschaften ergab, ein Prinzip seines Denkens und Handelns. Differenzen zwischen Individuen, deren Bandbreite er etwa in seinen Vorlesungen über die menschliche Persönlichkeit keineswegs bestritt, waren in ihrer Bedeutung den Unterschieden zwischen Menschengruppen untergeordnet. So stand ein schwarzer ökonomisch denkender Mensch sanguinischen Temperaments einem ebenso ausgestatteten weißen ferner als einem schwarzen sozial eingestellten Phlegmatiker. Gerade dann, wenn ganze Menschengruppen gegeneinander abgegrenzt werden, ist es notwendig, diejenigen, die diese Abgrenzung erschweren und eine Situation der Ambiguität erzeugen, ebenfalls klar zuzuordnen und damit die Ambiguität aufzuheben. In diesem Fall bietet sich die Vorstellung von Reinheit an, da sie die Differenz mit einer Bewertung verbindet, aus einer symmetrischen eine asymmetrische Beziehung werden lässt. Reinheit verbindet sich mit asymmetrischen Gegenbegriffen, wie sie Reinhart Koselleck analysiert hat, d.h. die Differenz ist keine der Austauschbarkeit, in der jeder des anderen Nachbarn ist.[1] Vielmehr erzeugt die Vorstellung von Reinheit als Selbstzuschreibung ein Gefälle. Das Andere ist das Unreine.[2]

Mary Douglas hat in ihrer grundlegenden Studie Reinheit mit Ordnungsdenken in Verbindung gebracht und an verschiedenen Beispielen nachgewiesen, wie über Reinheit Ambiguität abgewehrt und aufgehoben wird.[3] Ambiguität ist der Zustand der Unreinheit und als Gegensatz von Reinheit erhält Ambiguität damit auf einer anderen Ebene eine Eindeutigkeit. In rassistischen Diskursen werden sogenannte „Mischlinge“ als unrein beschrieben. Tatsächlich wurde biologischer Rassismus in Südafrika stets im Zusammenhang mit der Coloured-Bevölkerung bemüht, deren bloße Existenz als unrein, nämlich als Ergebnis einer

---

1 Koselleck 1985: 213.

2 Für einen Richter Synman zählte der ANC zu den „besudelten Organisationen“. Zit. nach G.D.Scholtz 1974: Bd. 2: 187.

3 Douglas 2010: 91 ff.; s. auch Burschel/Marx 2011: 12 f.

https://doi.org/10.1515/9783110680508-010

angeblichen Rassenmischung denunziert wurde.[4] Während sich die Differenz zur schwarzen Bevölkerung kulturell bestimmen ließ, konnte diejenige zu den kulturell eng verwandten Coloureds nur biologisch hergeleitet werden. Darum lässt sich anhand von Verwoerds Einstellung zu dieser Bevölkerungsgruppe und seinen Vorstellungen von Reinheit am ehesten klären, ob er ein Rassist war. Dabei muss man allerdings festhalten, dass Verwoerd diesbezüglich keineswegs eine Ausnahme war, sondern die Ablehnung von „Rassenmischung" in der weißen Bevölkerung bis in liberale Kreise hinein weit verbreitet war, ebenso wie der Rassentrennungsdiskurs in Südafrika sich generell stärker auf kulturellen Essentialismus als auf biologische Rassenlehren bezog.[5]

Was ist unter einem Rassisten zu verstehen? Die nicht zu bestreitende Tatsache, dass Verwoerd seinen extremen Kulturnationalismus auf die Schwarzen projizierte und ihnen als notwendiges und erwartbares Verhalten unterstellte, ist per se noch keine Widerlegung des Rassismusvorwurfs. Rassismus und Nationalismus liegen vielmehr auf einem Kontinuum und es gibt Überlappungen und Übergänge.[6] Dies gilt insbesondere für den von Verwoerd vertretenen Kulturnationalismus, der aufgrund scheinbar objektiver Kriterien wie Sprache, Geschichte und Kultur die Zugehörigkeit zu einer Nation zuschrieb, selbst wenn dies in seinem persönlichen Fall etwas problematisch sein mochte. Im Gegensatz zum Staatsbürgernationalismus, der als Voluntarismus von der Selbstverortung, vom Bekenntnis des einzelnen zu seiner Nation ausgeht, haben Kulturnationalismus und Rassismus gemeinsam, dass die Zuschreibung von außen erfolgt.

Detlev Peukert hat im Fall des Rassismus eine plausible Erklärung für seine Popularität entwickelt, die angesichts der stürmischen Industrialisierung Südafrikas auf die dortige Situation übertragen werden kann:

„Wie rechtfertigt sich das rationale Ideal des größten Glücks der größten Zahl in diesseitiger Vollkommenheit vor der Tatsache, daß es in jedem Einzelfall durch Krankheit und Tod dementiert wird? Dieser Grenzerfahrung ist mit innerwissenschaftlicher Rationalität nicht endgültig beizukommen, solange es der Wissen-

4 Abercrombie 1938: 6 ff. u. 87, was bei ihm mit offenen faschistischen Sympathien gepaart ist, ebd.: 28 f. S. auch Smit 1989: 239 über ähnliche Überlegungen bei Cronjé und Willemse, den beiden führenden afrikaansen Kriminologen der Zwischenkriegszeit. Vgl. damit jedoch Kuyper, der in der Rassenmischung ein Movens der Geschichte identifizierte: Kuyper 2007: 34 ff. Giliomee 1975: 42 sieht Rassenreinheit als funktional bezogen auf den Erhalt der eigenen Privilegien als Weiße.

5 J. J. Venter 1999: 427; Dubow 1992: 209; Giliomee 2008: 84. Zum Bezug auf Kultur statt Biologie s. Rich 1983: 5.

6 Das wird evident in der kulturnationalistischen Schrift von J. A.Coetzee 1931: 19 ff. Zur engen Verbindung von Rassismus und Nationalismus s. Geulen 2007: 78 ff.

schaft nicht endgültig gelungen ist, den Tod abzuschaffen. Folgerichtig treibt die Logodizee der Humanwissenschaften diese in die Irrationalität. Sie muß sich in die schrittweise Eliminierung des Todes verrennen, die durch den Lebensgang jedes einzelnen Individuums immer neu falsifiziert wird. Der naheliegende Ausweg ist die Verdoppelung des Objekts der Humanwissenschaft in den vergänglichen Einzelkörper und den potentiell ewigen Volkskörper. Nur an diesem und besonders an dessen materiellem Ewigkeitssubstrat, dem Erbcode, beweist sich der unvergängliche Triumph der Wissenschaft."[7]

Um zwei Arbeitsdefinitionen vorzustellen, an denen ich mich im Folgenden orientieren werde, sehe ich Rassismus als einen Sonderfall von Ethnozentrismus. Ethnozentrismus ist die Erhebung der eigenen Kultur zum Maß aller anderen. Damit werden die Anderen über das bestimmt, was sie (noch) nicht sind, d. h. über Entwicklungsdefizite. Diese Haltung war im europäischen Kolonialismus universal verbreitet, sie wurde auch von zahlreichen Missionaren vertreten, doch waren Missionare trotz ihrer Überzeugung, Afrikanern kulturell überlegen zu sein, noch keine Rassisten. Was also ist Rassismus? Es ist wichtig, dies zu klären, da in der Literatur diesbezüglich einige Verwirrung besteht, weil die Afrikaaner-Nationalisten nicht biologistisch argumentierten. Ist der biologische Rassismus eine Art Normalform des Rassismus und Kulturrassismus eine Besonderheit, eine Abweichung? Dies ist nicht so, sondern beide sind nur verschiedene Ausprägungen derselben Sache. Rassismus ist die Kausalverknüpfung von Kultur und Biologie, die auf ganze Menschengruppen, unabhängig von ihrem Geschlecht, bezogen wird.[8] Der Rassismus erhebt wie der Ethnozentrismus die eigene Kultur zum Maßstab für alle anderen. Doch stellt er darüber hinaus eine kausale Verbindung kultureller Leistungen oder Fähigkeiten von Menschen mit bestimmten biologischen Merkmalen her, seien es sichtbare wie die Hautfarbe oder unsichtbare bzw. vermutete wie das Erbgut. Rassisten können darum von beiden Seiten her argumentieren, biologistisch, wie insbesondere die Nationalsozialisten, oder sie rücken die Kultur in den Vordergrund, beziehen sie aber implizit immer auf biologische Merkmale, wie die Afrikaaner-Nationalisten und andere weiße Rassisten, die westlich gebildete Schwarze eben nicht primär als Gebildete, sondern

---

7 Peukert 1989: 110; den Hinweis auf das Zitat verdanke ich Bajohr 2015: 152.

8 Ein explizites Beispiel findet sich bei Gerdener 1950: 85. Der Ethnologe P.J. Coertze wie auch der Soziologe G. Cronjé verknüpften Kultur und Biologie (vererbte Eigenschaften) in ihren anthropologischen Ausführungen in einer Weise, dass Kultur keine unabhängige Variable mehr sein konnte, sondern zur Substanz eines rassisch bestimmten „Volk" oder „Ethnos" wurde: P.J.Coertze 1980: 71 ff. u. 91 f. und 1963: 169 f. sowie Cronjé 1937: 6. Coertze bezog sich häufig auf den deutschen Ethnologen Wilhelm Mühlmann, dessen Publikationen aus der NS-Zeit er gern zitierte: P.J.Coertze o.J.: 2 ff.

als Schwarze bewerteten. Somit ist es eine Frage der konkreten Argumentation, aber nicht der Grundannahmen: Wenn Leute wie Eiselen oder Verwoerd Kultur in den Mittelpunkt rückten, gingen sie den Kausalnexus einfach nur von der kulturellen Seite her an, statt von der biologischen, aber die rassistische Grundannahme blieb, dass Hautfarbe und Kultur in einem direkten Wirkungszusammenhang stünden und kulturelle Entwicklungen oder Fähigkeiten direkt auf „Rasse" bezogen wurden.[9] Rassismus ist ein Sonderfall des Ethnozentrismus, weil er die Unterlegenheit der anderen Kulturen behauptet und dieses Defizit biologisch begründet, während der Ethnozentrismus nicht notwendigerweise die Perfektibilität derer abstreitet, die er für weniger entwickelt hält. Die meisten Missionare waren ethnozentrisch, aber nur wenige unter ihnen waren Rassisten, da sie Afrikaner für bekehrbar und zivilisierbar hielten.

Darum sind biologischer und kultureller Rassismus nur unterschiedliche Seiten derselben Medaille. Wenn der biologische Rassismus das „Blut", die biologischen Grundlagen ins Zentrum seiner Argumentation stellt, geht es ihm primär um die Erklärung kultureller Differenzen als naturgegeben. Demgegenüber argumentiert der kulturelle Rassismus von der Kultur her, setzt aber immer voraus, dass die kulturellen Differenzen biologisch erklärt werden können, da die Gruppen, die über kulturelle Differenzen identifiziert werden, gleichzeitig „rassisch" definiert sind, weil sie sich durch ein bestimmtes Merkmal, etwa die Hautfarbe, als solche bestimmen lassen.[10]

In einer seiner Kurzgeschichten, die er als Psychologieprofessor schrieb, äußerte Verwoerd sich über die Schwarzen:

„Auch wenn man nicht viel aus dem Eingeborenen herausbekommt, so ist doch eine verhaltene Fröhlichkeit in ihm – oder sollte er es lieber Lebensfreude nennen –, die ihm schon mehrmals bei den Viehhirten aufgefallen war. Und das war kein Wunder: Für diese Geschöpfe [skepsels] muss das eine Art Befreiung sein, um ihr Leben so frei zu genießen, auf eine Art und Weise, wie sie ihnen aufgrund ihrer Vererbung und Geartetheit eigen ist."[11] Wenn er annahm, kultu-

---

9 Damit löst sich auch der Gegensatz von kultureller versus biologisch-rassistischer Argumentation bei Eiselen auf: er hat einfach den Schwerpunkt seiner Argumentation verschoben: Bank 2015c: 191. Ganz ähnlich Bruwer: PV 123/4/5/1, Manuskript „Towards a New Deal for Those Between", S. 2.

10 Rhoodie 1965: 118 erklärt sogar Rasse zur „primären Determinanten und Norm" in Südafrika. Das ist umso überzeugender, als diese gegenüber ihrem Gegenstand völlig unkritische Dissertation sich über weite Strecken wie Regierungspropaganda liest.

11 VEE [Verwoerd], Die Skok, in: Die Huisgenoot, August 1931, S. 75. In einer anderen Kriminalgeschichte wird jedoch der schwarze Mörder als ausgesprochen schlau geschildert, der Entwicklungen im voraus kalkulieren konnte: Ockert Witte [Verwoerd]: Die vermiste egpaar, in: Die Huisgenoot, 23.10.1931, S. 19 u. 36, 30.10.1931, S. 35 u. 39, 6.11.1931, S. 41 u. 49.

relle Eigenschaften, wie „Lebensfreude“ und eine Art, das Leben zu genießen, seien vererbbar und damit biologisch bedingt, sind dergleichen Bemerkungen Belege für seinen Rassismus. Ein Afrikaner konnte nicht frei wählen, sondern blieb Gefangener seiner Kultur. Selbst wenn Verwoerd betonte, „that the Government's policy is not based on people being inferior but being different“,[12] blieb diese Unterscheidung, und damit die Apartheid insgesamt, letztlich biologisch begründet. Zeitgenossen betonten, dass gerade Verwoerd die Hautfarbe zum Kriterium erhob und dies ihn zu kurzsichtigen Entscheidungen verleitete.[13]

Die Apartheid betonte die kulturelle Seite, sie beruhte auf der ungleichen Bewertung unterschiedlicher kultureller Muster und ihrer Verknüpfung mit biologischen Merkmalen wie der Hautfarbe. Darum war sie nicht weniger rassistisch als die biologische Variante, sie war sogar ihrer Zeit voraus, weil die Entfaltung des Apartheid-Diskurses in eine Zeit fiel, in der biologistische Erklärungsmuster noch Hochkonjunktur und eine hegemoniale Stellung innehatten; die Zeit des kulturellen Rassismus kam anderswo erst später.[14] Tatsächlich wurde biologischer Rassismus in der Zwischenkriegszeit hauptsächlich von englischsprachigen Autoren wie Harold B. Fantham (1876–1937), Zoologe an der University of the Witwatersrand, vorgetragen,[15] dann ab den 1930er Jahren aber von einem Diskurs kultureller Differenzen abgelöst. Deborah Posel hat den auch von Verwoerd geteilten Alltagsrassismus, der unwissenschaftlich war, in seiner Herleitung vage blieb, sich aber auf verbreitetes Einverständnis und Zustimmung aufgrund von Erfahrung berufen konnte, treffend als „Common Sense“ bezeichnet. Dieser Rassismus, der mehr auf allgemeine soziale Eindrücke als auf „wissenschaftliche“ biologische Merkmale oder Abstammung rekurrierte, lag auch dem Popu-

---

12 Verwoerd, South Africa Club, London 17.3.1961, in: Pelzer 1966: 502–512, hier 506. Auch in einem Interview mit dem britischen Independent Television Network am 17.3.1961 betonte Verwoerd, „It's not a matter of inferiority. It's a matter of difference.“ FAV 4.7.1.3.1, Transkript des Interviews mit Richard Goold-Adams.

13 Ben Schoeman 1978: 308. Allerdings bleibt unklar, was er meinte, als er in Bezug auf Malaysia sagte, „there are no colour differences but racial differences“: Verwoerd 1964a: 23.

14 McCarthy 2015: 141ff. Diesen wechselseitigen Bezug von Kultur und Rasse beobachtet auch T. D. Moodie 2017: 158.

15 Fantham verknüpfte menschliche Kultur und Moral mit dem Erbmaterial des Menschen: Er minimierte die Bedeutung von Umwelteinflüssen zugunsten des Erbguts: Fantham 1924: 499ff. und trat deswegen für eugenische Maßnahmen ein: Fantham 1918: 304 hielt Rassenmischung für höchst problematisch und insbesondere die Coloureds für eine hybride, kulturell unfruchtbare Bevölkerungsgruppe: Fantham 1927: 12f., wobei er auch Zwangssterilisierungen nicht ausschließen wollte: Fantham 1926: 628 u. 1925; ähnlich Abercrombie 1938, zur Kritik an Fantham s. Duerden 1925: 68f. Vgl. auch Louw 1986: 111ff. u. 1997: 238ff. Zu Fantham s. auch Brits 1994: 51 u. Appel 1989: 553f. sowie Rich 1990: 667ff.

lation Registration Act zugrunde.[16] Erst nach dem Zweiten Weltkrieg, als Rassismus nach dem Holocaust immer mehr in Frage gestellt wurde und weltweit auf dem Rückzug war, sollte der Professor für Psychologie an der University of the Witwatersrand, I. D. MacCrone, nicht mehr Rasse, sondern den Rassismus problematisieren.[17]

Verwoerd war ohne jeden Zweifel ein Ethnozentrist, wobei er auch in dieser Hinsicht ein Repräsentant des Afrikaaner-Nationalismus war, d. h. die verbreiteten Meinungen innerhalb des Broederbond, der NP und intellektueller Kreise teilte. Es gibt einige klare Hinweise aus seinem Alltagsleben, dass er Rassist war, etwa dass er, abgesehen von schwarzen Gärtnern, meist weiße Hausangestellte hatte.[18] Der Ethnozentrismus bestimmte seinen Nationalismus, die dort zur Geltung kommenden Differenzkriterien ließen sich ohne weiteres zur Grundlage rassischer Identifizierungen machen.

Obwohl Verwoerd biologische Rassentheorien durchaus wahrnahm, die entsprechende Literatur las und sich dafür interessierte, sind die Äußerungen, in denen er sich offen dazu bekannte, extrem spärlich. Allerdings artikulierte er in seiner ersten Publikation als Student seinen Abscheu vor Rassenmischung in den Armenvierteln Kapstadts und war 1938 der Autor eines rassistischen Wahlkampfpamphlets der NP, in dem die Folgen von Mischehen zwischen Weißen und Coloureds zu einer großen Gefahr aufgeblasen wurde.[19] Ebenso publizierte er im „Transvaler" ein Plakat der NP, in dem ein schwarz-weißes Paar vor einem heruntergekommenen Haus und seine „gemischten" Nachkommen als Zukunft Südafrikas unter der UP-Regierung präsentiert wurden.[20] Seine Partei vertrat

---

16 Posel 2001: 100 ff.

17 MacCrone 1947: 7 ff. u. 15.

18 Natal Daily News 21.1.1959. H.Macmillan 1972: 152; A.Boshoff 1974: 40 und 1993: 38; J.Botha 1967: 33. Das wird allerdings weniger als rassistische Haltung erklärt, denn als Fürsorgepflicht für „Poor Whites". B. Verwoerd 2001: 44. Fred Barnard, der Privatsekretär Verwoerds, betonte, dass er auch einen schwarzen Hausangestellten hatte: Transvaler 7.6.1972.

19 Verwoerd 1938, Wahlkampfflugblatt der NP, 1938, verfasst von Verwoerd. Verwoerd behauptete in seiner Soziologievorlesung, dass der Umgang weißer Jugendlicher mit Coloureds sie ihren Selbstrespekt verlieren lasse und für kriminelles Verhalten anfällig mache: 231/2/3, Socio-psigologie van misdaad, S. 15 u. 51.

20 Spies/Theron/Scholtz 1981: 771. Auf dem Flugblatt rechts unten stehen einträchtig die vier Drahtzieher zusammen, deren Identität auf ihre Hosen geschrieben ist, nämlich Jude, Imperialist, Kommunist und Kapitalist. Das Plakat findet sich in FAV 4.5.2.2. Es löste bei der UP und in Kreisen der weißen Bevölkerung Empörung aus und trug möglicherweise zum schlechten Abschneiden der NP bei den Wahlen bei, s. Suiderstem, 3.5.1938, Volkstem, 3.5.1958. S. dazu und zu Verwoerds Haltung zu „Mischehen" und Rassenmischung auch D.Prinsloo 1979: 475 ff. In der Rückschau bezeichnete selbst ein nationalistischer Pressehistoriker Verwoerds journalistisches Auftreten im Wahlkampf als „oft zu unbeholfen." C. J. H.Muller 1990: 666. Basson 2006: 182 f. zufolge ging das

ähnliche Vorstellungen wie Verwoerd selbst, denn schon am 6. Juni 1940 sprach C.R. Swart vor dem Afrikaanse Nasionale Studentebond der Universität des Oranjefreistaats in Bloemfontein über die Gefahren und Abwehr von Mischehen.[21] Verwoerd selbst hatte das Thema der Rassenmischung seit Beginn seiner journalistischen Tätigkeit immer wieder in seinen Leitartikeln behandelt und die UP einer zu laxen Haltung bezichtigt.[22]

Schon aus Verwoerds Zeit als Wissenschaftler stammen viele negative Äußerungen über Rassenmischung, meist im Zusammenhang mit den „poor whites" und ihrer physischen Nähe zu den Coloured-Wohnquartieren; sie ziehen sich wie ein roter Faden von seiner ersten Publikation im Jahr 1919 bis zu seiner Zeit als Premierminister. Man kann hier die Unterscheidung von Johannes Degenaar zwischen einem harten und einem „sanften" Rassismus benutzen, denn Verwoerd äußerte sich nie im Sinn eines „harten" Rassismus, der Afrikaner als minderwertig ansah, doch immer wieder kam sein „sanfter" Rassismus, der Rassenmischung als verwerflich auffasste, zum Vorschein.[23] Verwoerd war hier durchaus repräsentativ für die Afrikaaner-Nationalisten, denen Degenaar bescheinigte, „that race has played an important role in the thinking of the Afrikaner nationalist."[24]

Am offensichtlichsten wird die biologische Grundlage der Apartheid in den zentralen eugenischen Gesetzen, nämlich den verschiedenen Verboten von Mischehen und Sexualkontakten.[25] Die Mixed Marriages und Immorality Acts von 1949 und 1950 waren denn auch die Maßnahmen, die am eindeutigsten rassistisch waren, doch trotz manchmal bemühter Parallelen zu den Nürnberger Gesetzen lässt sich nachweisen, dass die amerikanischen Pendants als Vorbilder genommen wurden.[26] Es überrascht nicht, dass der Politiker Verwoerd sich hierzu am eindeutigsten im rassenbiologischen Sinn positionierte. So stand jede Form von Rassenmischung „in spite of the well-known pride of both the Bantu and the European in their respective purity of descent."[27] Der Große Trek, dessen Vorbildcharakter zu rühmen er nie nachließ, „was a struggle of the whole family—

Plakat auf Verwoerd zurück, s. aber auch Steyn 1987: 134 f. Ein weiteres Beispiel für Verwoerds Ablehnung von Rassenmischung s. Serfontein 1979: 72.

21 S. Notizen dazu in PV 18/4/1/1, Gemengde huwelike, handschr. Notizen 6.6.1940.

22 Transvaler 3.12.1937.

23 Degenaar 1980: 19.

24 Degenaar 1978 a: 55.

25 Furlong 1983: 7 ff. Interessanterweise äußerte sich Premierminister Strijdom 1958 gegenüber seinem Justizminister geschockt über das Verhalten der Polizei, die einen weißen Mann mit Hilfe einer schwarzen Prostituierten in eine Falle gelockt und dann unter dem Immorality Act angeklagt hatte: PV 18/3/1/63, Strijdom an Swart, 30.1.1958. Bunting 1986: Kap. 9.

26 Heese 1989 a: 70 ff.

27 Verwoerd, Policy of Apartheid, 5.12.1960, in: Pelzer 1966: 20 – 30, hier 24.

man, woman and child – side by side to safeguard the future of their posterity and to preserve the purity of the blood of the nation."[28] Wie bedeutsam die biologische Seite für Verwoerd war, geht aus seiner Bemerkung hervor: „Ich werde nicht als der Mann in die Geschichte eingehen, der das Afrikanervolk zur Bastardisierung [verbastering] geführt hat. Falls die Mehrheit dafür sein sollte, trete ich zurück."[29] Immer wenn es um die Nation und ihre Rassenreinheit ging, war der sonst eher nüchterne Redner Verwoerd zu einigem Pathos fähig: „And if with admiration we look back at the way the forefathers by the purity of their lives left us a White nation, then we have to realize that it is our task also by a pure, decorous life to maintain a White nation here. Great is the pain and suffering of any family and any friend when this highest law has been infringed. But greater still is the pain and the damage to a nation when some of its children have sinned against its blood."[30]

Obwohl Verwoerd und anderen Apartheidideologen klar gewesen sein muss, dass kulturelle Innovation und Entwicklung auf wechselseitiger Beeinflussung beruhte, bestanden sie auf einem abstrakten und unrealistischen Reinheitsprinzip, das solche kulturelle Entwicklung ausschloss.[31] Sobald Forderungen nach Konzessionen an die schwarze Mehrheit geäußert wurden, entwarf Verwoerd eine Entwicklungsdynamik, die zur Mehrheitsherrschaft führen musste und über politische Gleichstellung hinaus ein Schreckensbild der Rassenmischung und des biologischen Untergangs des „Volk", denn „wenn wir beginnen, Coloureds durch Coloureds im Parlament vertreten zu lassen, wird dies keine große Dankbarkeit hervorrufen, sondern vielmehr das Sprungbrett sein für immer mehr Zugeständnisse an die Coloureds, Inder und urbanisierten Bantu. [...] Dies wird schließlich zur Vermischung der Rassen führen."[32]

---

28 Verwoerd, Address at Blood River, 16.12.1958, in: Pelzer 1966: 206 – 211, hier 208.

29 Äußerung gegenüber seiner Frau, zitiert nach G. D.Scholtz 1974: Bd. 2: 171.

30 Verwoerd, Kruger Day, Pretoria, 10.10.1959, in: Pelzer 1966: 313 – 318, hier 317. Als Premierminister sah er dies auch als globales Problem: „How right you are that some evil spirit seems to be passing through the world making people believe that White civilization has spent itself and that the new vision of the future depends upon the bastardisation of all nations. Yet I believe that this will not come about, and that the creative power and greater initiative of the White man will make him survive – here and elsewhere." PV 93/1/30/1/19, Verwoerd an H.G. Kibler (Johannesburg), 10.6.1963: Bl.123. Auch in seinen Vorlesungen betonte er immer wieder die Gefahren, die von einem zu nahen Zusammenleben von Weißen und Coloureds ausgingen: 231/2/4/1, Armoede en sy bestryding, S. 43

31 S. dazu auch J. J.Venter 1999: 424 f.

32 PV 93/1/24/10, Bl. 134 – 9, V. an S. Pretorius, 26.10.1960: „Ungeachtet der Tatsache, dass sich die Coloureds während der letzten Jahre vermehrten, indem [!] sie immer schwärzer wurden, sollen diesen Leuten zufolge die Weißen sie nicht nur politisch, ökonomisch und dann sozial inte-

Einer der wenigen Anlässe, bei denen Verwoerd sich zur Rassenbiologie explizit bekannte, war in einer seiner ersten Reden als Senator im Jahr 1948, als er den Fagan-Report behandelte, der von der Vorgängerregierung der United Party in Auftrag gegeben worden war. Da der Report rassenbiologische Annahmen verwarf, konnten in Verwoerds Verständnis seine Empfehlungen nur in einer Integration enden: „It virtually boils down to this, that the distinctions are of a social and educational nature and then necessarily administration and trusteeship must some day fall away. Thus, though you dare not draw the distinctions on racial and biological lines, yet you will eventually find yourself on the course which leads to equality."[33]

Über den Grund für seine Zurückhaltung im Hinblick auf biologische Rassenlehren kann man nur spekulieren: möglicherweise überzeugten sie ihn nicht vollständig, wahrscheinlicher aber sind politische Rücksichtnahmen, insbesondere weil er gegenüber dem Ausland nicht als biologischer Rassist im Sinn des Nationalsozialismus dastehen wollte. Die Apartheid ging offiziell zwar von unterschiedlichen Stadien der Zivilisiertheit aus, aber wenn sie als „getrennte Entwicklung" angepriesen wurde, musste sie die Entwicklungsfähigkeit der schwarzen Bevölkerung bejahen. Eine Äußerung Verwoerds zumindest deutet daraufhin, dass er dies so annahm, da die verschiedenen Bevölkerungsgruppen „sich in unterschiedlichen Entwicklungsstadien befinden und darum [dus] über unterschiedliche Fähigkeiten verfügen, um heutzutage ihren verschiedenen Pflichten gegenüber den Gemeinschaften ihrer eigenen Leute nachzukommen."[34] Das Wort „darum [dus]" ist hier das entscheidende, da es einen direkten Kausalbezug zwischen der zivilisatorischen Entwicklung und den Fähigkeiten herstellt, d. h. entwicklungsgeschichtlich, nicht biologisch argumentiert. Doch ist dies eine einzelne Äußerung, die durch andere nicht weiter substantiiert wird. Dennoch schloss er eine biologi-

---

grieren, sondern sogar durch Gesetzgebung Änderungen akzeptieren, die eine biologische Integration ermöglichen." Verwoerd sammelte Zeitungsartikel über tatsächliche oder vermeintliche Übertretungen der Rassengesetze Südafrikas (PV 93/1/24/6 u. PV 93/1/24/3), was Tür und Tor für Denunzianten und Spanner öffnete, einige sogar bei der Presse: Vaderland, 14.1.1957. Sozialer und moralischer Niedergang, wie er in solchen Berichten und Ausspähungen zum Ausdruck kam, hat Verwoerd offenbar nicht weiter beunruhigt. Er hat immer die Rassentrennung im Alltagsleben bis in ihre schikanösesten Einzelheiten mitgetragen und verteidigt, s. auch seine Sammlung von Zeitungsberichten über Strände, Kirchen und andere segregierte Einrichtungen, in: PV 93/1/24/2.

33 Verwoerd, Policy of Apartheid, 3.9.1948, in: Pelzer 1966: 1–19, hier 13. Ich kann die Beobachtung von T. D.Moodie 1975: 276 f., Verwoerd sei nach 1958 in seinen Äußerungen rassistischer geworden, als er zuvor war, nicht nachvollziehen. Zudem muss man bedenken, dass er erst nach 1958 mit der Politik gegenüber den Coloureds befasst war, bei denen sich eine Begründung durch kulturelle Unterschiede verbot und nur die Hautfarbe als Kriterium blieb.

34 PV 93/1/24/11, Bl. 43, Erklärung von Verwoerd, offenbar für die Presse, 22.11.1960, S. 5.

sche Begründung keineswegs aus, er ließ offen, ob er die schwarze Bevölkerung für fähig hielt, jemals ganz zu einem zivilisatorischen Stand aufzuschließen, der dem der Weißen entsprach oder nicht. Aber er betonte immer wieder, dass Native Affairs nicht eine „bloß administratives Vorgehen" sein könne, sondern „ein Entwicklungsprozess, der erst allmählich seine Dynamik erhält."[35] Der Ethnologe Bruwer ging sogar soweit, jede Verbindung der Apartheid mit Rassismus zu bestreiten und sie stattdessen als eine „technische Kontrollmethode" zu bezeichnen.[36]

Rassistische Stufentheorien sind mit entwicklungspsychologischen eng verwandt, radikalisieren sie aber insofern, als sie die Unterschiede zwischen den Gesellschaften nicht klimatisch, räumlich oder kulturgeschichtlich begründen, sondern biologisch. Heutige Gesellschaften repräsentierten in dieser Sicht frühere Entwicklungsstufen, die sie nicht überwunden haben. Dies wird dadurch erklärt, dass sie sich gar hätten nicht weiter entwickeln können, zumindest würden sie nie das Niveau der Europäer erreichen. Rassistische Stufentheorien stellen die Perfektibilität der „Anderen" in Frage, und nehmen den niedrigeren Entwicklungsstand der Kultur als Beleg für die eingeschränkte Entwicklungs*fähigkeit*, die dann wieder im Zirkelschluss das niedrige Kulturniveau erklären soll.[37]

Afrikaner und andere „Primitive" seien demzufolge zivilisatorisch zurückgeblieben und auch gar nicht in der Lage, zu den Europäern aufzuschließen, weil sie in einer bestimmten Phase, die sich in der individuellen Psyche beobachten lässt, steckenblieben und die Reife des Erwachsenen nicht erreichten. Eine populäre Annahme war die Vorstellung des „arrested development": Afrikanische Kinder entwickelten sich wie europäische Kinder bis zur Pubertät. Hier trennten sich die Entwicklungen, denn während europäische Kinder mit und nach der Pubertät einen entscheidenden Schub intellektueller Entwicklung erlebten, würden die Afrikaner von ihrer sexuellen Triebhaftigkeit so überwältigt, dass sie die Pubertät nie überwanden.[38] Dudley Kidd, der ein rassistisches Buch über die Psychologie afrikanischer Kinder schrieb, zog auch die Schlußfolgerungen aus der These des „arrested development" für die Erziehung: „When puberty is drawing to a close, a degenerative process seems to set in, and the previous efflorescence of the faculties leads to no adequate fruitage in later life. [...] Our main aim in the education of backward races should be to draw out, discipline, and

35 Hansard, 25.5.1956, col. 3997.

36 Bruwer 1956 a: 96.

37 In dieser Argumentationsfigur werden Intelligenz und allgemeine kulturelle Befähigung, die Volkelt voneinander getrennt hatte, wieder zusammengeführt. Damit wurde die Völkerpsychologie anschlussfähig für populäre Rassismen, die Ende des 19. Jahrhunderts besonders in Siedlerkolonien wie Südafrika weite Verbreitung und Beliebtheit genossen.

38 Duerden 1921: 15 widersprach dieser Theorie entschieden.

strengthen the various faculties [...] of the children so that, when the age of puberty arrives, these faculties may be able to resist the degenerative and blighting tendencies that must soon arise." [39] Die Ähnlichkeit zum Freudschen Konzept der Sublimierung ist offensichtlich und sicherlich kein Zufall: Europäer können sublimieren, weil sie es lernen, ihre Triebe zu kontrollieren und sie in Richtung intellektueller Reife und kulturellen Fortschritts zu lenken. Afrikaner dagegen seien dazu nicht in der Lage und blieben für immer Kinder. Diese Annahme wiederum konnte Paternalismus, Rassentrennung und Körperstrafen rechtfertigen.[40]

Verwoerd lehnte eine neolamarckistische Position ab, da die Vererbung modifizierter Eigenschaften eine Rehabilitierung der poor whites wenig erfolgversprechend gemacht hätte und als wissenschaftliches Projekt kaum hätte überzeugen können. Keineswegs ausgeschlossen ist aber, dass Verwoerd die Unterschiede zwischen Schwarz und Weiß biologisch begründet sah und von einer überlegenen Intelligenz der Weißen ausging. So stellte er in einer seiner Soziologievorlesungen die Frage, „ob die allgemeine Intelligenz des Negerkindes dem des Weißen gleichkommt."[41]

Um das weiter zu untersuchen, lohnt sich ein Blick zurück in Verwoerds akademische Karriere. In seiner Vorlesung über Charakterkunde gab er erbpsychologischen Theorien auffallend viel Raum. Besonders ausführlich ging er auf die Bücher der beiden deutschen Psychiater Ernst Kretschmer und Hermann Hoffmann ein. „Es ist nämlich eine Tatsache, dass man es bei einigen Psychosen (Geisteskrankheiten) ziemlich deutlich mit einem Zerfall der Persönlichkeit zu tun hat, so dass die Einheitlichkeit, die das Geistesleben des normalen Menschen kennzeichnet, verloren geht."[42] Dieser Interpretation lag seine eigene Ansicht zugrunde, dass sich die menschliche Persönlichkeit aus bestimmten „Persönlichkeitszügen" zusammensetzte, in die sie im Fall von Geisteskrankheiten wieder zerfiel. Auffallend interessiert zeigte sich Verwoerd an dem Buch „Körperbau und Charakter" des Marburger Psychiaters Ernst Kretschmer (1888–1964), dessen „Erkenntnisse" auch der aus Deutschland stammende, in Pretoria lehrende Psychologe Paul Skawran propagierte.[43]

---

39 Kidd 1906: viiif. Volkelt hat nachweislich Kidds Buch zur Kenntnis genommen. S. auch Abercrombie 1938: 55. Über die These s. auch Loram 1917: 206 ff. Über die Vorstellung im historischen Kontext: Dubow 1995: 197 ff.

40 Marx 2000: 274 ff.

41 231/2/1/1, Inleiding tot die Sociologie, S. 107.

42 PV 93/1/33/3, Bl. 91, Persoonlikheidstiepes volgens Jung en Kretschmer, S. 1.

43 Möglicherweise wurde Verwoerd in Leipzig auf Kretschmer und Spranger aufmerksam gemacht. UA Leipzig, Nachlass Krueger, Aufzeichnungen offenbar aus einem Kolloquium, 1930er

Es war keineswegs ein neuer Gedanke, eine Verbindung zwischen dem äußeren Erscheinungsbild des Menschen und seinem Charakter anzunehmen. Rassenanthropologen waren schon seit Jahrzehnten damit beschäftigt, Schädelformen, Gehirngrößen u. a. mit bestimmten Fähigkeiten in Beziehung zu setzen, jedoch in Form einer Zuschreibung dieser Eigenschaften zu großen Menschengruppen, die biologisch identifiziert wurden. Die Rassenanthropologie war eine besondere Ausprägung einer Forschungsrichtung, die ursprünglich individuelle Differenzen innerhalb einer Bevölkerungsgruppe untersucht hatte. Charakterkunde war also nicht dasselbe wie Rassenanthropologie, da sie die Ausdifferenzierung von Charakteren innerhalb einer gegebenen Bevölkerung untersuchte, während die Rassenanthropologie diese Differenzierungen eher vernachlässigte, um Großgruppen direkt miteinander zu vergleichen. Beiden gemeinsam war jedoch die Suche nach einem Zusammenhang kultureller und biologischer Merkmale.

So geht die Physiognomik, die einen Zusammenhang von Gesichtsbildung und Charakter behauptete, auf die einschlägigen Arbeiten von Johann Caspar Lavater im 18. Jahrhundert zurück. Doch beschied sich Kretschmer keineswegs mit einer Bewertung des Gesichts als Ausdruck des Charakters, sondern er behauptete, aufgrund des gesamten äußeren Erscheinungsbildes von Menschen ihren Charakter erschließen zu können. Sprangers und Kretschmers Charaktertypologien wurden in Leipzig immer wieder diskutiert[44] und beider Werk fand einen auffallenden Nachhall in Verwoerds Vorlesungen.[45] Kretschmer meinte, zwischen psychiatrischen Krankheitsbildern und dem Körperbau der Kranken einen Zusammenhang zu sehen und übertrug diese Beobachtungen dann auch auf gesunde Menschen, woraus sich eine Art Grundraster ergab, das es ihm ermöglichte, bestimmte Eigenschaften, die bei den Kranken in extremer Weise zum Vorschein kamen, bei Gesunden als Anlage und damit als Charakterzug festzustellen. So behauptete er, dass manisch-depressive (bipolare) Menschen, die er zirkulär nannte, rundlicher waren als schizophrene, die eher hager, entweder mager oder athletisch, gestaltet wären.[46] Von diesen Beobachtungen ausgehend fand er bei Gesunden, deren Körperbau ähnliche Züge aufwies, die glei-

---

Jahre; darin werden die beiden Namen häufig erwähnt. Neben Verwoerd interessierte sich mit W. A. Willemse einer der führenden Kriminologen Südafrikas in den 1930er Jahren für Kretschmer, über dessen Theorien er promovierte: Smit 1989: 230. Zu Skawran: Louw 1986: 79 f. Dies wurde wiederum von anderen Kriminologen rezipiert: H. J.Venter 1952: 124 ff.

44 UA Leipzig, Nachlass Krueger, 7, Protokoll des Kolloquiums, vermutlich 1936.

45 PV 93/1/33/3: Persoonlikheidstiepes volgens Jung en Kretschmer. Vgl. Kretschmer 1922: 87.

46 Kretschmer 1922: 14 ff. und unter kritischer Distanzierung von der Physiognomik Lavaters und seiner Nachfolger: 11 f.

chen psychischen Merkmale, die bei den psychiatrischen Fällen ins pathologische Extrem gesteigert wären. Deswegen nannte er die gesunden Menschen, deren Körperbau und Charakter Ähnlichkeiten mit Schizophrenen aufwiesen, Schizothyme bzw. im Fall von Zirkulären sprach er von Zyklothymen. Dabei bewegte er sich in Zirkelschlüssen, da Beobachtungen des Körperbaus und bestimmter Charakterzüge sich wechselseitig bestätigten. Erbbiologische Annahmen verbanden Gesunde mit schizothymen Merkmalen und Schizophrene.[47] Verwoerd übernahm Kretschmers Argumentation, wenn er feststellte: „Wichtig ist seine Betonung, dass man sich nicht so in all die Erscheinungen von Geisteskrankheit vertiefen muss, so dass man, wann immer man etwas dergleichen begegnet, gleich die Person als teilweise abnormal einschätzt. Es verhält sich vielmehr umgekehrt, dass man im Halbnormalen und Geisteskranken sozusagen eine Karikatur der normalen Persönlichkeit vor sich hat, also einige Züge im Verhältnis vergrößert sind."[48]

Er nahm eine charakterologische Einteilung vor, die das Pathologische als normal ansah und Gesundheit vom Pathologischen und Kranken her bestimmte. Kretschmer war von einer extremen erbbiologischen Einseitigkeit, da Erfahrungen und Erlebnisse weitgehend irrelevant waren. Eigentlich psychologische Fragestellungen interessierten ihn nicht, denn er beurteilte Menschen ausschließlich nach medizinischen Gesichtspunkten.[49] Die merkwürdige Mischung aus medizinischem Fachjargon, in dem die Expertise, der ärztliche Blick sich manifestierte,[50] und lyrisch gefärbten Beschreibungen von Menschen und weit ausholenden kulturellen Alltagsbeschreibungen – farbige Milieuausmalungen und Schilderungen von kauzigen Einzelgängern – deren Vagheit und Offenheit der scheinbar präzisen Fachsprache kontrastierte, erlaubte ihm, die gesamte Menschheit auf die beiden Typen zu reduzieren.[51] Dabei wird bei der Lektüre von Kretschmers Personenbeschreibungen deutlich, dass es sich um rein subjektive Eindrücke und Annahmen handelte. Kretschmer pathologisierte diese Charaktertypen und unterwarf sie der Deutungshoheit und dem obrigkeitlichen Zugriff

47 Kretschmer 1922: 154 und z. B. S. 29. Als Grundzug der Erbbiologie sieht dies Etzemüller 2015 a: 119.

48 PV 93/1/33/3, Bl. 89, Persoonlikheidstiepes volgens Jung en Kretschmer, S. 5.

49 Kretschmer 1922: 79 ff. sowie 90 ff., mit direkter rassistischer Bezugnahme 81 u. 9.

50 Foucault 1985: 121 ff.

51 Kretschmer 1922: 113 f. Das zeigt sich auch in seiner Beschreibung von Typen im Singular, so dass die Darstellung einer Einzelperson gleichzeitig als die eines Charaktertyps erscheint: Ebd.: 103 f. Das unterscheidet sich in der Darstellungsform keineswegs von der Beschreibung tatsächlicher Fallbeispiele: 108 ff. Zu Kretschmers musischen Neigungen s. Priwitzer 2004: 90 ff.

des Psychiaters,[52] er war ein typisches Beispiel für die Selbstermächtigung psychiatrischer Experten.

Dieses Menschenbild nahm in seiner pathologisierenden Ausschließlichkeit, in seiner monokausalen hereditologischen Diagnostik seinerseits wahnhafte Züge an und das eigentlich Erschreckende war, dass dieses 1922 erstmals erschienene Buch ein wahrer Bestseller wurde, auch von Psychologen als Standardwerk zitiert und empfohlen und bis in die 1960er Jahre immer wieder neu aufgelegt wurde.[53]

Obwohl Verwoerd in seiner Psychologie-Vorlesung durchaus kritische Einwände gegen einzelne Autoren und ihre Positionen vorbrachte, nahm er es kommentarlos hin, dass Kretschmer einen Zusammenhang zwischen körperlicher Erscheinungsform und Charaktereigenschaften behauptete. Es ist auffallend, wie viel Zeit er der Darstellung von Kretschmers Typologie widmete. Ähnlich wie Kretschmer selbst beschrieb Verwoerd geradezu schwelgerisch die Menschentypen, als ob man es nicht mit einem Typus, sondern mit einer wirklichen Person zu tun hätte.

Kretschmers Tübinger Kollege Hermann Hoffmann entwickelte in seiner 1926 erschienenen Studie „Das Problem des Charakteraufbaus" eine weitere erbbiologische Typologie, die die Vererbbarkeit von Charaktereigenschaften, insbesondere bei Kriminellen, behauptete. Dabei ging es ihm in Absetzung zu Kretschmer darum, „nicht nur bestimmte Eigentümlichkeiten eines Individuums" herauszuarbeiten, sondern „die Eigenart der betreffenden Individualität in ihrer Gesamtheit".[54] Verwoerd referierte in seiner Vorlesung ein Fallbeispiel einer erbbiologischen Rekonstruktion, als er Hoffmanns Untersuchung der Charaktereigenschaften der verschiedenen Mitglieder der Bonaparte-Familie thematisier-

---

52 S. auch seine Pathologisierung von Homosexualität: Kretschmer 1922: 77. Vgl. dazu Mildenberger 2002.

53 Kretschmer war zwar kein Mitglied der NSDAP, aber förderndes Mitglied der SS und er trat 1934 für die Sterilisierung sog. „Schwachsinniger" ein und stand den Euthanasieaktionen der Nazis zumindest wohlwollend-duldend gegenüber; er legitimierte sie mit seiner fachlichen Autorität, auch wenn er nicht selbst aktiv daran beteiligt war: Klee 2003: 339. Differenziert äußert sich dazu Priwitzer 2004: 286 f. Ein südafrikanischer Bewunderer Kretschmers war der deutschstämmige Psychologe Paul Skawran an der Universität Pretoria, der als richtigen Schritt in die Richtung einer praktischen Anwendung wissenschaftlicher Erkenntnisse die „Sterilisierung von Schwachsinnigen und Geisteskranken sowie die Bewahrung von Gewohnheitsverbrechern in Konzentrationslagern" in NS-Deutschland begrüßte (Skawran 1936: 5, Anm. 7) und auch sonst seiner Bewunderung für den „Psychologen" Hitler Ausdruck verlieh: ebd.: 6.

54 Hoffmann 1926: 27.

te.[55] Hoffmann stellte eine Reihe von charakterlichen Merkmalen in der Familie Bonaparte fest wie Ehrsucht, Eitelkeit und Beständigkeit. Des weiteren sei es erforderlich herauszufinden, wie diese von den Eltern ererbten Eigenschaften im jeweiligen Individuum zusammenkommen, eine neue Struktur schaffen, eine neue Verschmelzung eingehen. Hoffmann ging von einzelnen Charakterzügen aus und konstatierte, dass zentrale Eigenschaften der Eltern bei ihren Kindern peripher sein könnten und umgekehrt, womit er indirekt einräumte, dass es gar keine diagnostischen Kriterien für seine Behauptung gab. Der Beitrag zur Erbbiologie sollte gerade darin liegen, einzelne Eigenschaften als unabhängig voneinander vererbbar wahrzunehmen, so dass das jeweilige Individuum als Kompositum solcher Eigenschaften adäquat klassifiziert werden konnte, aber stets im Kontext der Vererbung, während Erlebnisse und Erfahrungen nur modifizierend oder verstärkend wirkten.[56] Dabei entging Verwoerd freilich, dass die Eigenschaften ja selbst schon Abstraktionen und Konstruktionen waren, weshalb die Ermittlung eines Mischungsverhältnisses methodisch extrem problematisch sein muss.[57] Die Thesen des Tübinger Psychiaters überzeugten ihn immerhin so sehr, dass er in einer allgemeinen entwicklungspsychologischen Übersichtsvorlesung über Pubertät und Jugend explizit auf dessen Buch verwies.[58] Immerhin hatte Verwoerd sich als Soziologe auch über sog. „Schwachsinnige" und deren mögliche Fortpflanzung geäußert:

„Der Schwachsinnige benötigt institutionelle Fürsorge, sogar Bewahrung, wenn er erwachsen ist. Das große Problem ist jedoch, dass Schwachsinn vererblich ist und die Gefahr, die gegenwärtig die Gesellschaft bedroht, liegt in der schnellen Vermehrung von Schwachsinnigen, wenn sie gänzlich frei bleiben. Außerdem finden wir, dass der Prozentsatz unter ganz Armen und unter Kriminellen sehr hoch ist. Wahrscheinlich sind zwischen 30 und 50 % derjenigen, die man als dauerhaft Arme bezeichnen kann, und ungefähr derselbe Prozentsatz bei

---

55 S. ebd.: 97 ff. Zur Bedeutung der Erbbiologie für die „biowissenschaftliche Objektivierung" von Rassentheorien s. Potthast 2003: 276; zum Zusammenhang mit psychologischen Eignungstests s. Schmuhl 2003: 26 ff.

56 Hoffmann 1926: 62 f. u. 89, S. 70 zur Pubertät, mit Betonung rassischer Unterschiede zwischen Juden und „Germanen" ebd.: 71. Einen Bezug zu Eugen Fischers Rehoboth-Studie stellt er 77, Anm. 1, her. Auch in seiner Einführung in die Soziologie sah Verwoerd bestimmte Charakterzüge, die er auf „Instinkte" zurückführte, als vererbt an: 231/2/1/2, Eerstejaar Sociologie: Algemene kursus, S. 30.

57 PV 93/1/33/3, Bl. 49 f Vgl. Studie v. d. Voorgeslag (Erbiologiese Ondersoek).

58 PV 93/1/33/3, Bl. 22, Onderlinge verskille, S. 16.

Kriminellen diejenigen, die einige Psychologen und Soziologen als intellektuell mangelhaft beurteilen."[59]

Tatsächlich betrachtete Verwoerd Charakterzüge als vererbbar. In einer seiner Kurzgeschichten, die er während seiner Tätigkeit als Professor für Psychologie in „Die Huisgenoot" veröffentlichte, schilderte er ein kleines Kind. Seine Anwendung von Erkenntnissen der Kinderpsychologie, die er durchaus einfühlsam in anderen Geschichten zur Anwendung brachte,[60] kontrastierte hier dem zynischen Tonfall der Erzählung. Der Vater des Kindes wird als Dickkopf geschildert. Diese Eigenschaft und die spätere Entwicklung des kleinen Jannie erklären sich aus der Ahnenreihe von Jannies Vater: „Seine ersten Vorfahren, von denen er hörte, waren Landstreicher und Faulenzer, aber auch nichts mehr. Ihnen folgten ein paar Nichtsnutze. [...] Sie lebten vergnügt – so wie ein Kind vergnügt mit Dreck spielt – und starben dann, ohne eine andere Hinterlassenschaft als ihre Nachkommen. Aber die war von Bedeutung, weil sie die kennzeichnenden Eigenschaften von Unkraut nicht vermissen ließ." Die schlechten Eigenschaften manifestierten sich in späteren Generationen in deren unseriöser Art des Geldverdienens, die Jannies Vater übernahm, der seine Farm „ziemlich stark der natürlichen Entwicklung überließ, aber das war darauf zurückzuführen, dass er wie seine Vorfahren mit Geld gefarmt hat." Weil er es ungeschickt anstellte, wurde er trotzdem nicht reich. Jannies Mutter kam dagegen aus einer „guten Familie" von ehrlichen Handwerkern. Aber statt auf einer Farm wuchs sie im Dorf auf, wo sie allerhand schlechten Einflüssen ausgesetzt war. „Und dieses Gemisch von angeborenen Neigungen und Gewohnheiten seiner Eltern sollte die Grundlage für Jannies Charakter bilden."[61]

Verwoerd befasste sich auch mit der Charakterkunde von Adolf Ehrhardt, Leiter der Berufsberatung des Arbeitsamtes Leipzig, der zu dem Thema publiziert und gelegentlich auch als Assistent in der Abteilung für angewandte Psychologie am Institut gelehrt hatte,[62] wenn auch nicht während Verwoerds Aufenthalt. Doch hat ihn Verwoerd vermutlich während seiner Besuche im Arbeitsamt kennengelernt. Ehrhardt stellte ähnlich wie Kretschmer eine Verbindung zwischen seiner

59 231/2/1/1, Inleiding tot die Sociologie, S. 147, allerdings ist nicht klar, ob sich die Zahlen auf Südafrika beziehen, vermutlich sind sie eher der allg. Literatur entnommen, wie er ja auch hier Lehrmeinungen referiert, wie am letzten Satz erkennbar wird.

60 FAV 4.4.7, Elsa op die Plaas, handschriftlich, bricht auf S. 9 mitten im Satz ab. Im Fragment einer anderen Geschichte ironisiert er jedoch die Herkunft, indem der Held von sich sagt, er sei erblich vorbelastet, weil seine Vorfahren sich immer verliebt hätten, was ihm nun auch passiert sei: ebd. Grille en Giere (van Famielie-lewe), masch.schriftlich, 2 Seiten.

61 FAV 4.4.7, 'n Mense lewe, handschr. Manuskript, das nach fünf Seiten abbricht.

62 UA Leipzig, Psych. Inst., Krüger an Sächs. Ministerium f. Volksbildung, 29.3.34.

psychologischen Charakterkunde, Körperbau und Rassenlehren her.[63] Verwoerd kannte Ehrhardts Veröffentlichungen und benutzte sie in seinen eigenen Lehrveranstaltungen.

Über Jahrzehnte hinweg blieb Verwoerd nach der Beendigung seiner akademischen Karriere noch an rassenbiologischer Forschung interessiert und war mit einigen ihrer Vertreter befreundet, während er andere aktiv förderte. Dies galt besonders für diejenigen, die innerhalb des nationalistischen Lagers als Protagonisten des biologischen Rassismus bekannt waren. Dazu zählte der Soziologe an der Universität Pretoria, Geoffrey Cronjé, der biologistisch argumentierte und eine viel größere Nähe etwa zu den Thesen Eugen Fischers aufwies als die meisten Afrikaaner-Nationalisten,[64] damit aber nicht unbedingt für die Mehrheit der Nationalisten sprach, für die kulturalistische Herleitungen der Unterschiede zwischen Schwarzen und Weißen im Vordergrund standen. In einer internen Diskussion des Broederbond wandte sich 1946 ein „Komitee" der Danie-Theron-Abteilung an den Uitvoerende Raad (UR), um Vorschläge für die „Zukunftsaufgabe" des Bond nach dem Ende des 2. Weltkriegs zu formulieren. Darin wurde u. a. auf die große Bedeutung von Eugenik als Studienfach an Universitäten hingewiesen[65] und die Gründung eines „aktiven Büros, durch das der Standpunkt und die Strategie der Afrikaaner hinsichtlich der Rassenverhältnisse" ausgearbeitet werden sollte, angemahnt.[66] Sicher war es kein Zufall, dass dem Komitee neben bekannten Rechtsextremisten wie H. J. Piek, P. J. Meyer sowie dem späteren Minister M. C. Botha auch der Eugeniker Gerhard Eloff angehörte, der wie die beiden erstgenannten Mitglied der rechtsextremen Ossewabrandwag (OB) war.[67] Eloff hatte sich in den 1940er Jahren in einer Buchreihe, der für den Afrikaaner-Na-

63 Ehrhardt 1954: 153 mit Bezugnahme auf Kretschmer; Krueger 1939: 13 f.

64 Z. B. Cronjé 1945: Kap. 2; J. M. Coetzee 1991: 13. Zur begrenzten Breitenwirkung von Cronjés und Eloffs biologistischen Thesen s. Dubow 2014: 26. Zu Ähnlichkeiten bei Fischer s. Etzemüller 2015 a: 108 f.

65 AB-Archiv, 2/3/11, UR, 9./10.5.1946, Aanhangsel, Die Taak van die Bond. Verslag van 'n Komitee van die Afd. Danie Theron, 4. Mai 1946, S. 7 f. Eugenik war nicht nur hinsichtlich der Rassentrennungspolitik und insbesondere der Abgrenzung von den Coloureds wichtig, sondern auch durch praktische eugenische Maßnahmen im Hinblick auf eine gewünschte Auswahl unter der weißen Bevölkerung selbst. So sollten Maßnahmen für eine größere Kinderzahl der afrikaansen Oberschicht eingeleitet werden. Die Universitäten sollten zur Zuchtwahl unter Afrikaanern beitragen, um Erbkrankheiten auszuschalten.

66 Ebd., S. 7. Ob mit diesem Vorschlag der erste Anstoß zur Gründung von SABRA gegeben wurde, ist nicht auszuschließen, lässt sich aber erst nach einer viel systematischeren Auswertung der AB-Akten wirklich feststellen.

67 Meistens taucht das Thema Rassenbiologie im Zusammenhang mit dem Namen Eloff auf: AB-Archiv, 2/3/37, UR-Sitzung, 1.8.1958, S. 14, TOP 34, Biologiese verskille blank en nie-blank.

tionalismus dieser Jahre programmatischer Charakter zuzuschreiben ist, im Sinn des biologischen Rassismus über „Rassenmischung" geäußert und unter Berufung auf Eugen Fischer nachdrücklich davor gewarnt.[68] Verwoerd setzte sich für ehemalige Internierte ein, selbst wenn sie der OB angehört hatten, wobei sein besonderes Engagement über einen längeren Zeitraum und in auffallender Intensität gerade Eloff galt, dem er behilflich war, Arbeit zu finden,[69] und dessen Berufung zum Professor für Genetik an der Universität des Oranje-Freistaats in Bloemfontein er energisch vorantrieb. Dabei geht aus den Unterlagen nicht hervor, ob es persönliche Verbundenheit war oder ob er Eloffs Tätigkeit für besonders wertvoll erachtete.[70]

Saul Dubow hat die Rezeption und Adaption rassistischer Theorien durch südafrikanische Intellektuelle im Einzelnen untersucht und sich insbesondere mit Befähigungs- und Intelligenztests befasst.[71] Nachdem Verwoerd das Institut für Psychologie in Stellenbosch verlassen hatte, war einer seiner Nachfolger dort J. A. J. van Rensburg, der Ende der 1930er Jahre auf Anregung von R.W. Wilcocks solche Tests durchführte und zwar, wie er schon eingangs bemerkt, aus Interesse an „racial differences".[72] Er reflektierte ausführlich über die kulturelle Unterschiede und Testsituationen missachtenden Verfahren anderer Tests und behauptete, er hätte diese Unterschiede sehr wohl in das Arrangement seiner eigenen Tests aufgenommen. Van Rensburg wandte eine Testmethode von Moede an, bei dem Verwoerd an der TU Berlin 1926 einige Kurse besucht hatte, und dessen Verfahren in Stellenbosch auch später noch als vorbildlich beurteilt wurden. Van Rensburg kam zum Ergebnis, dass Schwarze in den Tests deutlich schlechter abschnitten als Weiße und sich auch Lerneffekte schwächer und später auswirkten. Allerdings erkannte er nicht seinen methodischen Grundfehler, nämlich dass er die Einheit, die er testete, die Rassengruppe, unkritisch als gegeben annahm und Unterschiede in den Tests nicht auf individuelle, sondern kollektive Unterschiede zurückführte, die man in Wirklichkeit gar nicht messen konnte.

---

68 G.Eloff 1942: 65 u. 74 ff.

69 AB-Archiv, 2/3/11, UR-Sitzung, 24.2.1946, S. 2, TOP 6(c).

70 Ebd., UR-Sitzung, 9.–10.5.1946, TOP 5: „Br. G. Eloff. Br. H. F. Verwoerd teilt mit, dass Br. Eloff sich um eine Stelle als Psychologe im Department für Erziehung unter Dr. Cook beworben hat. Er [Verwoerd] und Adv. Strydom haben versucht, Einfluss zu nehmen und die Zusicherung erhalten, dass die Internierung von Br. Eloff bei der Staatsdienstkommission nicht gegen ihn gewertet werden soll." Als Eloff 1961 um einen Gesprächstermin bei Verwoerd bat, erhielt er ihn sofort: PV 93/1/34/8, 107 Notiz. S. auch Furlong 1991: 229.

71 Dubow 1991 u. 1995: Kap. 6.

72 J. A. J. van Rensburg 1938: 1, der Bezug auf Wilcocks findet sich im Vorwort.

Verwoerd stand im Austausch mit dem Rassentheoretiker J. D. J. Hofmeyr[73] vom Genetischen Institut der Universität Pretoria, den er aus Studentenzeiten im Wohnheim „Dagbreek“ in Stellenbosch kannte und während seines Aufenthalts in den USA wiedergetroffen hatte. Hofmeyr bezeichnete Apartheid als etwas Naturgegebenes: „Apartheid ist der Prozess, den die Natur mit soviel Erfolg anwendet, um ein ausgeglichenes, harmonische Ganzes zu bilden. Ökologische und andere Umweltfaktoren führen in der Natur zur Apartheid und deren notwendiges Resultat ist die Herausbildung von Rassen.“ Indem sowohl die Rassenentstehung selbst als auch ihre Trennung angeblich naturgegeben waren, glaubte Hofmeyr eine Art naturwissenschaftliche Begründung für die Politik Verwoerds entwickeln zu können. Im März 1956 hatte er die Südafrikanische Genetische Vereinigung an der Universität Pretoria gegründet, mit sich selbst als Präsidenten. In dieser Funktion initiierte er die Gründung eines Anthropogenetischen Instituts, das sich mit menschlicher Erblehre befassen und die Forschungen dazu an allen südafrikanischen Universitäten zusammenführen sollte.[74] Das Buch „Race and Reason“ von Carleton Putnam, das Hofmeyr ihm zur Lektüre sandte und von dem er eine von ihm besorgte afrikaanse Übersetzung ankündigte, fand Verwoerd so interessant, dass er es unter Kollegen und Freunden weiterverbreiten wollte.[75] Putnam schrieb in den 1960er Jahren unter dem Eindruck der amerikanischen Bürgerrechtsbewegung und präsentierte sich als etwas hemdsärmeligen common-sense-Amerikaner, der seinen Landsleuten die Selbstverständlichkeit rassischer Über- und Unterlegenheit nahebringen wollte. Der Verursacher dessen, was er eine „self-delusion“ und „trance“ nannte, war für ihn Franz Boas, „a foreign-born Columbia University professor“, in dessen Schülerkreis Putnam gefährliche Angehörige der politischen Linken ausmachte.[76] Von Boas initiiert hätte sich ein Defätismus in der amerikanischen Gesellschaft ausgebreitet, der den Blick auf die Wahrheit, wie sie Putnam sah, nämlich dass Schwarze weniger begabt seien als Weiße, verstellte. Es verwundert kaum, dass dieses krude Pamphlet dem antiintellektualistisch eingestellten Verwoerd gefiel.

---

73 Über Hofmeyr s. Billig 1981: 100.

74 FAV 4.7.2.1, Hofmeyr an Verwoerd, 23.9.1958. Verwoerd antwortete am 3.10., ohne auf die inhaltlichen Aspekte weiter einzugehen, bekundete aber großes Interesse und bot ihm ein Gespräch über das Thema an. Zu Hofmeyr s. Dubow 2015: 238 ff.

75 PV 93/1/30/1/12, Uni Pretoria, Hofmeyr, J. D. J. an V., 26.5.1951 und dessen Antwort v. 16.6.1961: Bl.109.

76 Putnam 1961: 10, die Bewertung als „self-delusion“ findet sich auf S. 8. Das empfehlende Vorwort zu Putnams Buch ist u. a. unterschrieben von Gayre of Gayre. Die implizit antisemitische Denunziation von Boas und seinen Schülern, denen kommunistische Neigungen unterstellt wurden, fand in afrikaans-rassenwissenschaftlichen Kreisen weitere Verbreitung: Hitzeroth 1966: 20 f.

Angesichts seiner Bekenntnisse und seines Selbstverständnisses, ein Demokrat zu sein, ist es erstaunlich und vielsagend, welch geringe Berührungsängste Verwoerd gegenüber dem rassistischen und rechtextremen Milieu sowohl in Südafrika als auch in Übersee zeigte.[77] So ließ er es sich nicht nehmen, dem Zentralorgan der europäischen Neofaschisten, Nation Europa, den Abdruck einer Rede zu gestatten, in der er die Heuchelei des Westens geißelte.[78] Er pflegte beste Beziehungen zu früheren Greyshirts und deren vormaligem Anführer und jetzigen NP-Abgeordneten Louis Weichardt sowie zu Johannes Strauß von Moltke, beide glühende Anhänger des Nationalsozialismus und, wie Verwoerd selbst, ausgewiesene Antisemiten.[79] Im Apartheidstaat waren Neo-Nazis und Rechtsextremisten der verschiedensten Spielarten wie Oswald Mosley, Manfred Roeder oder David Irving willkommene Gäste.[80]

Insbesondere unterhielt Verwoerd engen Kontakt mit dem schottischen Rassisten Robert Gayre of Gayre, der ihn öfter in Südafrika besuchte und für den er trotz chronischer Terminnot immer Zeit fand.[81] Der Ethnologe und spätere

77 PV 93/3/2/9, 1 Solidaritätsbrief von Otto Strasser, 12.5.60. So bedankten sich die Greyshirts am 12.10.1949 bei ihm für eine Spende in Höhe von 5 Pfund: PV 93/3/1/5, Greyshirts an V., 12.10.1949: Bl. 27. Zuvor hatten sie schon eine Wiederannäherung an die NP gesucht: PV 93/3/1/5, Swieger, R. A. (Aksie-Komitee) an V., 5.9.1949: Bl. 1. 1951 zeigte sich die Partei besorgt wegen einer Erkrankung von L.T. Weichardt, dem ehemaligen Anführer der faschistischen Greyshirts, dem finanzielle Unterstützung zugesichert wurde: PV 54/2/2, Federale Raad, Sitzung v. 15.8.1951, TOP 8, S. 2. Der Rechtsextremist Strauss von Moltke war in den 1960er Jahren sogar Abgeordneter der NP und bedrohte den South African Jewish Board of Deputies: Er wäre von einem Gericht an der Publikation eines Buches behindert worden, weil er darin aus Protokollen des Board of Deputies zitieren wollte. Er werde dies nun im Parlament tun, wenn der Board seinen Widerstand gegen den Gesetzentwurf zur Abschaffung der Gewissensklausel nicht aufgebe. PV 93/1/51/6/1, N. Philips (Präsident South African Jewish Board of Deputies), Briefwechsel mit J. von Moltke (MP für die NP) an Premierminister (Kopie), 30.3.1961: Bl. 130 – 132. Einen Überblick über rechtsextreme Bewegungen im Südafrika der Nachkriegszeit gibt M. M. Visser 1999: Kap. 3.

78 Verwoerd 1964 b. Die Zeitschrift veröffentlichte nach seiner Ermordung ein Gedenkblatt, das sie seiner Witwe zuschickte: 4.7.8.1, Arthur Ehrhardt (Nation Europa) an E. Verwoerd, 17.10.1966 u. deren Dank v. 24.10.

79 Darum stimmt die Behauptung von D.Prinsloo 1979: 256 in der Form nicht, dass Verwoerd aufgrund seiner demokratischen Prinzipien die Greyshirts abgelehnt hätten. Vielmehr hatte Verwoerd keine demokratischen Prinzipien, sondern nur nationalistische. Zu Moltke ebd. S. 373. Schon J. H.Hofmeyr 1945: 18 ff. bewertete den Antisemitismus als Import aus Nazi-Deutschland.

80 Shain 1998: 10 f.

81 PV 93/1/34/9, H.O. Mönnig an V., 6.7.1962, mit angehängtem Memorandum u. dessen Antwort v. 10.7.1962: Bl.123 – 132. S. auch PV 93/3/1/33, R. Gayre of Gayre an V., 28.7.1960: Bl.1., Verwoerd verabredete sich mit Gayre auf den Nachmittag des 6.9.1966, den Tag, an dem er ermordet wurde. PV 93/1/34/16, Verwoerd ging auch auf Empfehlungen von Gayre ein, etwa Sir John Greig Dunbar, der im Conservative Club in Edinburgh „very active" sei, zu empfangen: PV 93/1/34/15, Bl. 128,

Vorsitzende seines wissenschaftlichen Beratergremiums, H.O. Mönnig, hatte Gayre in Edinburgh kennengelernt. Dieser wollte dort ein Institut gründen und nach Pretoria zu einer Konferenz kommen, die Hofmeyr organisierte. Gayre war für Mönnig „zumindest einer der wenigen Wissenschaftler auf seinem Gebiet, der den Mut hat, entgegen der liberalistischen Weltmeinung die faktische Lage klar darzustellen und ist darum einer unserer wenigen Freunde unter den Anthropologen."[82] Verwoerd bestätigte in seiner Antwort, dass Gayre „gute Arbeit" verrichte und er selbst „Abonnent der Zeitschrift ‚Mankind Quarterly'" sei.[83] Bei diesem noch heute existierenden Journal handelt es sich um ein von Gayre ediertes Forum für die extremsten rassenbiologischen Ansichten, das pseudowissenschaftliche Flagschiff des internationalen Rassismus.

Gayre war nicht nur ein eifriger Propagandist und Verteidiger der Apartheid, sondern er wies dem Land sogar eine welthistorische Aufgabe zu: Wenn Südafrika durchhalte und die Politik der territorialen Rassentrennung erfolgreich „with a conservative point of view, and standards of conduct" realisiere, „then in due course, from Southern Africa there would flow back to the U.S.A., the U.K., Holland, and the northern European countries, concepts which we once had and have now lost, and from this European greatness could arise again." Darum war die Apartheid keineswegs eine defensive Politik, sondern Vorbote einer wünschenswerten neuen Weltordnung.[84] Der schottische Adlige wandte sich auf Empfehlung des südafrikanischen Botschafters in London, A.J.R. van Rhijn, der früher Chefredakteur des Volksblad in Bloemfontein gewesen war, an Cillié von Die Burger mit dem Vorschlag, eines seiner Buchmanuskripte zu veröffentlichen. Es handelte sich um eine zweibändige „Grundlage der Ethnologie", die die „in-

---

Gayre of Gayre an V., 24.11.65. Unter Verwoerds Nachfolger setzte sich die Kooperation fort, denn Vorster erklärte sich bereit, Gayre schon kurz nach Verwoerds Tod zu empfangen, wobei das Treffen interessanterweise von der South Africa Foundation arrangiert wurde: PV 132/2/6/2/1/1, G.L. Dickerson an Vorster, 14.9.1966. Zu Gayre s. Billig 1981: 96 ff.

82 PV 93/1/34/9, H.O. Mönnig an V. 6.7.1962. Dem Brief ist ein Memorandum Gayres beigelegt, in dem dieser begründet, warum er ein Internationales Forschungsinstitut für Rassenkunde für wichtig hält. Die Nazis hätten Lamarckismus vertreten und darum angeborene Rasseneigenschaften geleugnet; das aber sei die falsche Doktrin gewesen, ebd. Bl. 124–131.

83 PV 93/1/34/9, V. an H.O. Mönnig, 10.7.1962: Bl. 123–132.

84 PV 93/1/34/16, R. Gayre of Gayre an V., 13.5.1966 u. dessen Antwort v. 14.5.1966 sowie weiterer Brief Gayres vom 16.6.66: Bl.69–74. Außerdem riet er ihm zu repressiven Maßnahmen gegen die englischsprachigen Universitäten in Südafrika und plauderte, wie er als Mitglied der britischen Besatzung in Italien vor allem Jagd auf politisch Linke gemacht hätte. Auch S. le Roux, ein früherer Minister, schrieb Südafrika eine Bestimmung in der Welt zu: PV 18/3/1/72, S. le Roux an C.R. Swart, 13.3.1966: „... dass wir eine Rolle spielen sollten, die für eine neue Herangehensweise an die Weltprobleme durchschlaggebend werden kann." Zu einer künftigen Führungsrolle Südafrikas beim Wiedererstarken des Rassismus s. auch Nixon 1993: 127.

heritance of mental and temperamental characters, both in individuals and racial groups" beweise.[85]

Hofmeyrs Anthopogenetisches Institut ging auf eine Initiative Gayres zurück, der in Südafrika ein Gegenstück zu seinem rassengenetischen Institut in Schottland aufbauen wollte. Wie das Innenministerium versicherte, sei der Vorschlag Gayres in Südafrika auf großes Interesse gestoßen. Allerdings waren die beteiligten Forscher handverlesen und die ganze Sache wurde geheimgehalten, vermutlich wegen des einschlägigen internationalen Rufs Gayres und seiner Zeitschrift.[86]

In den Kontext von Verwoerds internationalen rassistischen Kontakten gehörten auch die zahlreichen Zuschriften von deutschen Altnazis und Rassisten, die Südafrika ihre Sympathie ausdrückten, oft verbunden mit praktischen Vorschlägen zur effizienteren Durchsetzung der Rassentrennung,[87] sowie von amerikanischen Rassisten, einschließlich Scientology-Gründer Ron Hubbard, der sich mit praktischen Vorschlägen als Apartheidpropagandist andiente.[88] Zu den deutschen Korrespondenzpartnern zählte der Tübinger Geograph und frühere NSDAP-Aktivist Warhold Drascher, der sich seiner Freundschaft mit dem umstrittenen Missionar Heinrich Vedder[89] rühmte und Verwoerd sein kolonialapo-

85 220.K59 (42), Gayre of Gayre an Cillié, 26.5.1959; eine Antwort Cilliés ist nicht überliefert.

86 Später zog Eloff seine Mitarbeit am Afrika-Institut zurück, da dies entgegen früherer Ankündigungen ein allgemeines Institut für Anthropologie geworden sei statt ein auf Anthropogenetik und Eugenik spezialisiertes. PV 93/3/1/65, Geoffrey Eloff an Sekretär des Afrika-Institut mit Kopie an V., weitere Briefe und Memorandum für Innenminister, 1.4.1964: Bl.33. Direktor des Instituts war übrigens der führende SABRA-Intellektuelle und extrem rechte P. F. D. Weiss.

87 Z. B. PV 93/3/1/45, Hermann Gauch an V., 31.5.1961: Bl.21. u. PV 93/3/1/27, Fritz Winter (Freiburg) an Verwoerd, 7.2.1960: Bl.130. Der abstoßendste Fall ist der ehemalige Marinezahlmeister Fritz Huhn, der Verwoerd verklausuliert einen Völkermord vorschlug: PV 93/1/30/1/19, Marine Oberzahlm. a. D. F. Huhn (Osnabrück) an V., 3.5.1963. Dagegen diente Albr. C. Matingen aus Rotenburg o.d.T., ein ehemaliger Wehrmachtsoffizier, seine Erfahrung in der Partisanenbekämpfung an: „Ich würde mich für diese Aufgabe, die eine klare Stellungnahme erfordert, gerne zur Verfügung stellen." PV 93/1/36/1/2, A.C. Matingen (Rothenburg o.d.T.), V., 31.3.1960.

88 PV 93/1/30/1/9, Ron Hubbard an V., 9.11.1960: Bl.95. S. auch 1/53/2/5, Bl. 40 ff., S. J. Parkhouse (Hubbard Association of Scientologists International) an V., 7.11.1960 mit angehängtem Vorschlag für eine Klage Südafrikas gegen Liberia und Äthiopien.

89 Vedder schenkte ihm später ein Exemplar der Autobiographie des Kommandant-Generaal der Ossewabrandwag, J. F. J. van Rensburg, mit Widmung; das Buch steht in der Tübinger Universitätsbibliothek. Auch der damalige deutsche Botschafter, Hans U. Granow, richtete Verwoerd Grüße von Vedder aus, der ihm versichern ließ, wie sehr er ihn schätze: PV 93/3/1/19, Granow an V., 7.11.1959.

logetisches Buch „Schuld der Weißen?" zusandte.[90] Der rechtsextremistische Schriftsteller Peter Kleist kündigte eine Studienreise nach Südafrika an und wollte anschließend ein Buch zur Verherrlichung der Apartheid schreiben.[91]

Welche Blüten solche Zusammenarbeit treiben konnte, zeigt Verwoerds Briefwechsel mit dem österreichischen Nazi Theodor Soucek, der ihm Muster seiner journalistischen Verteidigung Südafrikas zuschickte, die der Premier wohlwollend aufnahm, bis der Briefwechsel durch eine Mitteilung der südafrikanischen Polizei unterbrochen wurde, die ihn informierte, dass es sich bei seinem Korrespondenzpartner um einen international gesuchten, in Österreich zum Tod verurteilten Nazi handle, der prompt abgeschoben wurde.[92]

Verwoerds Antisemitismus

Verwoerds Sohn Wilhelm hält es für „abgedroschene Beschuldigungen", wenn seinem Vater unter anderem Antisemitismus nachgesagt wurde.[93] Doch lässt sich sein Antisemitismus bereits früh, noch vor Beginn seiner politischen Laufbahn, feststellen, so dass es sich nicht um politischen Opportunismus handelte, sondern man den Antisemitismus dem Grundbestand seiner Überzeugungen zurechnen kann. In einer seiner Soziologievorlesungen sprach er über die mit Einwanderung verbundene Problematik, ohne die Juden direkt zu nennen, „wenn die neuen Einwanderer nicht helfen, um neue Quellen zu erschließen, sondern selbst

---

90 PV 93/3/1/29, Warhold Drascher an Verwoerd, 23.3.1960: Bl.74. Drascher trat 1937 in die NSDAP ein, veröffentlichte u. a. im Völkischen Beobachter und publizierte kolonialapologetische Literatur mit stark rassistischem Einschlag, was ihm bei der Fortsetzung seiner akademischen Karriere in der Bundesrepublik keineswegs schadete. Bundesarchiv (früher Berlin Document Center), Personalakte Drascher, Nr. 5455042.

91 PV 93/1/34/10, Peter Kleist an V. mit angehängtem Lebenslauf, 7.9.1962: Bl. 74. Über Kleist s. auch 220.K64 (94 b), Bericht des S.A. Jewish Board of Deputies über antisemitische Besucher in Südafrika, worin als erster Kleist genannt wird, u. 94 d, Some Notes on right-wing movements throughout the world, S. 3. Unter den Antisemiten war auch A. K. Chesterton, der zwei Jahre später in Großbritannien die National Front gründete und das Internationale Symposium über Antikommunismus besuchte, an dem Koot Vorster und Hendrik van den Bergh prominent teilnahmen: ebd. 94 f., S. A. Jewish Board of Deputies (L. Hodes) über den Besuch von Chesterton, 11.6.1964.

92 PV 93/1/30/1/20, Theodor Soucek, Briefwechsel mit Verwoerd, versch. Daten, 27.6.1963: Bl. 46. Soucek hielt sich 1963/4 in Südafrika auf, wo er dubiosen Geschäften im Zusammenhang mit Waffen und Rüstung nachging, die in den Angaben der südafrikanischen Behörden im Einzelnen aufgelistet sind. Er wurde dann von den Südafrikanern in die Schweiz ausgewiesen, von wo er nach Spanien floh, um einer Auslieferung an Österreich zu entgehen. S. auch 220.K64(94 b), S.A. Jewish Board of Deputies, Bericht über rechtsextreme Besucher in Südafrika, S. 3 über Soucek.

93 W. J.Verwoerd 2001: 8.

vom bereits bestehenden Produktionsvermögen des Landes zehren, indem sie z. B. Händler werden."[94] Zu Beginn der 1930er Jahre schrieb er eine Reihe Kurzgeschichten, von denen einige in „Die Huisgenoot" veröffentlicht wurden. Eine dieser Geschichten wurde nicht publiziert, ist aber im Manuskript erhalten. „Die Rückkehr von Moses Levinsohn" lässt kaum ein antisemitisches Klischee aus. Moses Levinsohn ist ein kleiner Ladenbesitzer, der seinem indischen Konkurrenten den Erfolg neidet und darum schadenfroh lacht, wenn Kinder diesem Streiche spielen. Er selbst ist kein guter Geschäftsmann und nicht besonders klug, weshalb seine Geschäfte nach seiner Verheiratung immer schlechter laufen. Daraufhin zündet er seinen Laden an, um die Versicherung zu betrügen, wobei er sich aber so tolpatschig anstellt, dass die Versicherung ihm auf die Spur kommt und nicht zahlen will. Nachdem man sich auf einen Vergleich geeinigt hat, kann er weiter seinen Laden betreiben. Nach einiger Zeit geht es ihm erneut wirtschaftlich schlecht und er hat den Eindruck, seiner Frau nur Unglück zu bringen, weshalb er beschließt, sich das Leben zu nehmen. Er erhängt sich ausgerechnet in der Synagoge, für die er einen Schlüssel hat. Bald darauf machen Gerüchte die Runde, dass der Tote wiederkehre und es bei der Synagoge spuke.[95] Als schließlich seine Frau der Sache auf den Grund gehen will, findet sie ihren totgeglaubten Mann lebendig. Durch einen unglücklichen Zufall hatte sich sein Bruder erhängt und die Leiche wurde mit ihm verwechselt. Da seine Frau mittlerweile von der Lebensversicherung ihres für tot erklärten Mannes gut leben kann, nimmt er die Identität seines Bruders an und sie beginnen andernorts ein neues Leben.

Der Jude Levinsohn ist unbegabt, womit das erste antisemitische Klischee die fehlende Kreativität der Juden ist. Levinsohn betrügt zweimal die Versicherung und hat kein Problem damit, seine Identität zu verändern, weil er für Verwoerd als Jude eigentlich gar keine hat. Er kann überall ein neues Leben beginnen, weil er nirgendwo wirklich verwurzelt ist. Schon die Beschreibung seines Äußeren lässt erkennen, dass Verwoerd bereits zu dieser Zeit durch und durch antisemitisch war: „Eigentlich war Moses nur ein erbärmliches Kerlchen [besukkelde ventjie]. Seine fünf Fuß drei Zoll führte er nicht würdig vor. Dafür waren seine Lippen zu

---

94 231/2/1/1, Inleiding tot die Sociologie, S. 87; eine Seite danach nennt er dann aber die Juden direkt als nicht nur Südafrika betreffendes, sondern weltweites Problem und verteidigt den Quota Act von 1930. In völliger Verkennung der Tatsachen behauptete er, dass heute (1933!) nicht mehr religiöse oder politische Verfolgung die Hauptursache für die Auswanderung von Juden seien, sondern ökonomischer Druck, etwa zu wenig Land für die Landwirtschaft, ohne dass er offenbar wusste, dass in den meisten europäischen Ländern Juden Landbesitz über Jahrhunderte verboten war, ebd. S. 93.

95 Verwoerd verarbeitete hier offenbar ein Kindheitserlebnis, da die Verwoerds in Wynberg in der Nachbarschaft der Synagoge lebten, von der es hieß, es spuke dort: L.Cloete 2001: 32.

dick, sein Rücken zu krumm, sein Kopf zu groß und seine Augen zu wässerig. Aber er war nicht alt – zumindest nicht so, dass es aufgefallen wäre." Als Jude gehört er zum Reich der Finsternis, weshalb er nach seinem Tod in der Nacht wieder auftaucht und herumspukt. Der Spuk wird indes entlarvt, denn Levinsohn ist gar nicht tot, der Spuk ist nicht gefährlich. Juden sind nicht mächtig, so lautet die implizite Botschaft; sie werden nur mächtig, weil es genug Leute gibt, die an ihre Macht glauben. Vielmehr legte Verwoerd sich sehr ins Zeug, um den Juden Levinsohn als lächerliche Figur vorzustellen, der nur durch Betrügereien und glückliche Zufälle Erfolg im Leben hat.[96]

Noch als Professor organisierte Verwoerd zusammen mit seinem deutschstämmigen Professorenkollegen Christian Gustav Waldemar Schumann, einem Ökonomen der Universität Stellenbosch, Proteste gegen die Einreise jüdischer Flüchtlinge aus Deutschland.[97] Die rechtsextreme Studentenorganisation ANS mobilisierte gemeinsam mit Schumann und seinen Kollegen Basson und dem späteren Ministerkollegen T.E. Dönges für eine Protestaktion, als das Flüchtlingsschiff „Stuttgart" in Kapstadt ankam;[98] der Theologe J.S. Gericke, später lange Vice-Chancellor der Universität und enger Vertrauter Verwoerds, war zu der Zeit ein gegen Juden agitierender Studentenvertreter. Professor Verwoerd trat öffentlich als antisemitischer Redner auf und sagte: „Das kardinale Problem dieser jüdischen Kolonisierung liegt darin, dass die Hoffnung der Afrikaaner darauf ausgerichtet ist, die einflussreichen Positionen in Handel und Industrie einzunehmen, die ihrem Anteil an der Bevölkerung entsprechen." Auf Minister Hofmeyrs Mahnung zu Toleranz antwortete Verwoerd bei der nächsten Gelegenheit, als er öffentlich in Malmesbury sprach: „Die Verträglichkeit, die Minister Hofmeyr von uns verlangt, ist die Verträglichkeit von Schwäche, Verrat und Selbstmord."[99]

---

96 FAV 4.4.7, O. Nieuwenhuys [Verwoerd], Die Terugkeer van Moses Levinsohn, masch.schriftliches Manuskript.

97 Schumann seinerseits war offenbar von den Schriften des antisemitischen Sozialwissenschaftlers John Atkinson Hobson beeinflusst: PV 118 Haak-Sammlung, Aufzeichnungen zu Prof. C.G.W. Schumann (unpaginiert), erste Seite. Dass Schumann eindeutig rassistisch argumentierte, ging aus seinem Verweis auf das jüdische „Genie" hervor: „Der Jude nimmt in der ökonomischen Struktur eine besondere Position ein. Seinem Genie gelang es, das kapitalistische System zu seinem Vorteil zu nutzen. Er wird nicht Arbeiter, sondern Beherrscher." Ebd. zweite Seite.

98 Bekker 1988: 107 ff. u. G. D.Scholtz 1979: 485 f.; Sichel 1966: 17 u. 24, ohne Verwoerd namentlich zu erwähnen. Zu den Beteiligten s. Shain 2015: 131 ff. Zum Antisemitismus in der NP sowie in den Reformierten Kirchen s. Saron/Hotz 1955: 384 f.

99 PV 118 Haak-Sammlung, Aufzeichnungen „1937. Die Jode." S. 2 mit Zitaten aus den Reden der drei sowie derjenigen Verwoerds, wobei er als Quelle Die Burger vom 5. und 29.11. (Rede in Malmesbury) angibt. Auch Haak lässt noch Jahrzehnte später in seinen Aufzeichnungen nicht erkennen, dass die antisemitischen Aktionen vielleicht falsch gewesen sein könnten, sondern zitiert

Hofmeyrs Kritik an ihrer Intoleranz wurde als Einschränkung der Redefreiheit zurückgewiesen, bei den sechs Professoren, die eine Erklärung unterschrieben, war nicht die Spur eines Unrechtsbewußtseins erkennbar, sondern sie betrachteten ihre antisemitischen Tiraden als völlig legitim. Denjenigen, die sich geweigert hatten, für den rechtsextremen Studentenverband ANS bei einer antisemitischen Veranstaltung aufzutreten, wurde unterstellt, dass sie „nicht von jüdischer Beeinflussung frei waren." Demgegenüber betrachteten sich die Professoren selbst als vorurteilslos. Verwoerd zeigte schon zu dieser Zeit einen seiner kennzeichnenden Charakterzüge, nämlich dass er zu Selbstkritik völlig unfähig war und, wenn er mit Kritik konfrontiert wurde, sofort mit Gegenbeschuldigungen antwortete. So auch diesmal, als er in Worcester erneut öffentlich auftrat und die Professoren in die Rolle des Opfers rückte: „Und dürften wir uns fragen, wie die hochgerühmte Verträglichkeit, die Minister Hofmyer von den Professoren gegenüber den Juden in Deutschland erwartet, von ihm selbst gegenüber den Professoren in Südafrika geübt wird, die mit tiefstem Ernst und Verantwortungsbewusstsein den für sie ungewohnten Weg direkt zu ihrem Volk gingen, weil sie überzeugt waren, dass die Existenz des Volkes bedroht wird?"[100] Es ging ihm nicht um irgendeine Gruppe von Einwanderern, sondern sein Motiv war antisemitisch, denn in einer anderen Rede bei einer NP-Veranstaltung äußerte er sich grundsätzlich gegen Juden, als er bemerkte, dass ihre Einwanderung nicht nur nach Südafrika unterbunden werden sollte, sondern „auch nicht nach Palästina", was auffällt, da Verwoerd sonst stets betonte, dass ihn nur Südafrika und das Afrikaanervolk interessiere.[101] Die Behauptung der Professoren, sie gehörten keiner Partei an und hätten mit Parteipolitik nichts zu tun, wurde von Verwoerd selbst widerlegt, der eine Woche zuvor während der Provinzwahlen in Worcester bei einer Parteiveranstaltung der NP gesprochen hatte.[102] Im Rückblick auf Verwoerds Aufenthalt in Deutschland, wo er bei jüdischen Wissenschaftlern wie William Stern studierte, auf dessen Schriften er in seinen Vorlesungen auch häufig verwies, kann man sich der Frage nicht ganz verschließen, ob er wohl einen einzigen

---

ausführlich aus den einschlägigen Auslassungen Malans im Parlament und Verwoerds im Transvaler, S. 194.

100 Burger, 29.11.1936. Die Unterzeichner waren die Professoren J. Basson, A. C. Cilliers, C. G. S. de Villiers, C.G.W. Schumann, H. F. Verwoerd und J. A. Wiid, alle von Stellenbosch. In der offiziellen Geschichte der Universität Stellenbosch wird der Vorgang nirgendwo erwähnt: Thom et al. 1966. Zu Verwoerds Beteiligung an den Protesten gegen die „Stuttgart" s. Mendelsohn/Shain 2008: 110.

101 Notizen zu seinèm Vortrag „Betekenis van ons stede vir die politieke toekoms van die Afrikaner", den er für die NP hielt, in: FAV 4.4.6 (vermutlich 1937). Auch Hepple 1967: 219 ff. macht deutlich, dass es sich nicht um einmalige opportunistische Entgleisungen handelte. Vgl. auch Sabalot 2009: 63.

102 Die Burger, 23.11.1936. Paton 1971: 193 f.

Gedanken an die Möglichkeit verschwendete, dass unter den Flüchtlingen, denen er seinen ganz speziellen Willkommensgruß darbrachte, auch einer seiner Lehrer hätte sein können.

Als eine der Ursachen für die Situation der „Poor Whites" identifizierte Verwoerd „fremde Elemente, die sich nicht ans Christentum assimilieren", d. h. Juden.[103] Diese antisemitische Interpretation des „Poor White Problem" fand keinen Niederschlag in Verwoerds öffentlichen Aussagen während der Konferenz in Kimberley 1934 und auch nicht in den entsprechenden offiziellen Papieren, denn hier war er sehr darauf bedacht, die englischsprachigen Teilnehmer nicht vor den Kopf zu stoßen, hatte er doch selbst befürwortet, den jüdischen Parlamentsabgeordneten Morris Alexander wegen seines Einflusses in den Kongress einzubeziehen. Der offene Antisemitismus kam zum Ausdruck in Verwoerds parallelen Aktivitäten, die bereits viel stärker einem sektionellen afrikaansen Kulturnationalismus verpflichtet waren, wie etwa in den genannten öffentlichen Aktionen gegen jüdische Flüchtlinge und dem bewußt in der ersten Nummer von „Die Transvaler" plazierten antisemitischen Artikel „Die Judenfrage", der noch stark von seiner Arbeit mit den „Poor Whites" geprägt war.[104]

In der Pilotausgabe des Transvaler, an der prominente Nationalisten als Autoren beteiligt waren, veröffentlichte Chefredakteur Verwoerd einen umfangreichen Artikel, dessen programmatischer Charakter unübersehbar war.[105] Er war überschrieben „Die Judenfrage vom nationalen Standpunkt aus betrachtet" und war eine klare Manifestation von Verwoerds Antisemitismus. In den Eingangssätzen schirmte er sich gegen den Vorwurf des Rassismus ab, indem er behauptete, dies würde den Afrikaanern immer vorgehalten, wenn sie ihre Rechte verteidigten, dagegen als völlig natürlich bewertet, wenn Engländer sich zur Wehr setzten. Im Fall der Juden müsse man ebenso davon ausgehen, „dass einige der Ankläger zu Unrecht, aber dennoch aus ehrlicher Überzeugung, meinen, dass der Standpunkt des Nationalisten allein aus Hass gegen diese Rassengruppe herrührt." Wie bei Antisemiten üblich, folgte dieser Selbstimmunisierung gegen

---

103 PV 93/1/67/3, Bylae op toeligting van beskrywingspunte, Bl. 88, aber auch Bl. 86.

104 Verwoerd selbst sah seine journalistische Arbeit als Fortsetzung seiner bisherigen Tätigkeit, Universitätsarchiv Stellenbosch, Senatsprotokolle, vol. XI, 9.12.1935–19.3.1937 undatiertes [1937] Schreiben von Verwoerd an Rektor Wilcocks: „Nur die Überzeugung, dass ich in meinem neuen Arbeitsfeld die Aktivitäten, mit denen ich während meiner Dozentenzeit befasst war, weiterführen kann, hat mich veranlasst, die neue Aufgabe zu übernehmen." Ich halte die Vermutung von T. D.Moodie 1975: 167, dass Verwoerd sich unter Druck der Parteibasis antisemitisch geäußert habe, für nicht zutreffend, dazu war sein Antisemitismus zu konsistent und eindeutig von Überzeugungen getragen. S. auch P.Beinart 1996: 69.

105 Dieser Artikel führte zum Bruch zwischen Verwoerd und Willy Hofmeyr: O'Meara 1983: 105.

Vorwürfe, rassistisch zu sein, ein antisemitisches Pamphlet, das die Beherrschung der südafrikanischen Wirtschaft durch die Juden in den Vordergrund stellte. Dabei bediente er sich einer typisch antisemitischen Figur, indem er den Anteil der Juden an der Gesamtbevölkerung mit dem Antisemitismus in einen Kausalnexus setzte, also den Juden die Schuld am Antisemitismus zuschob. Er behauptete, aus einer positiven Einstellung heraus, nämlich aus Liebe zu seinem Volk, zu argumentieren, was indes implizierte, dass er als Kulturnationalist sich radikal von Anderen, die immerhin Bürger desselben Landes waren, abgrenzte. Auch die Juden würden sich in erster Linie für ihr eigenes Volk engagieren, wie der Widerstand gegen das Vorgehen gegen jüdischen Einwanderer gezeigt hätte. Daraus konstruierte er ein planmäßiges und intentionales Vorgehen der Juden, die als eng verschworene Gemeinschaft ihre Position auf Kosten anderer verbessern wollten. Er nannte die Juden konsequent „Fremdlinge", die „eingeströmt" seien und sich „in die städtischen Berufe eingegraben" hätten. In dem Konflikt zwischen Engländern und Juden, die „so gastfreundlich empfangen wurden", aber dann nach der politischen Herrschaft „im Land ihrer Gastgeber" gestrebt hätten, seien die Juden von den Afrikaanern zunächst gar nicht wahrgenommen worden. Verwoerd behauptete nichts anderes, als dass Südafrika nur den Afrikaanern gehörte, die Eroberung durch Großbritannien blendete er aus und klassifizierte stattdessen Zuwanderer als „Fremde", gleichgültig, wie lange sie schon im Land lebten. Die Urbanisierung der Afrikaaner hätte zu spät eingesetzt, so dass alle lukrativen Positionen im Wirtschaftsleben bereits von Anderen besetzt waren. „Im Fall einiger jüdischer Geschäfte waren, zumindest in gewissem Maß, die Geschäftsmoral und -methoden anders als bei Christen." Diese Defizite benannte er aber wohlweislich nicht näher.

Der prominente Aktivist im Patronagenetzwerk des Broederbond beklagte dann, dass Juden sich gegenseitig geholfen hätten. Selbst wenn es einzelnen Afrikaanern gelang, in „jüdischen" Unternehmen in Führungspositionen zu kommen, konnten für Verwoerd nur niedrige Motive ausschlaggebend sein, etwa das Kalkül der Juden, dadurch afrikaanse Kunden anzulocken. Ebenso würden Juden nun in diejenigen Berufe wie Ärzte oder Anwälte drängen, in denen die Afrikaaner bislang gut etabliert waren. Politisch verfolgten die Juden individuelle Eigeninteressen, was nicht so ganz zu seiner vorigen Behauptung der starken inneren Solidarität passte. Er erwähnte sogar ausdrücklich die „Ereignisse in Deutschland" und die Organisationen, die von dort „ihre Inspiration erhielten", als Ursachen, dass die Afrikaaner jetzt den Zustand erst wirklich wahrnehmen würden. Seine eigenen Aktivitäten führte er als Beispiel für diese neue Aufmerksamkeit an, wobei er sich zu den „jungen Afrikaanern der freiberuflichen Klasse" rechnete, „die in ihrer Analyse der gesellschaftlichen Lage ihres Volkes die Umstände, wie sie oben beschrieben wurden, klar erkannten." Tatsächlich war der Artikel mit den Photos der rechtsextremen Professoren aus Stellenbosch dekoriert, eingeschlossen Verwoerd selbst. Die jüdischen Bürger Südafrikas, so Verwoerd vorwurfsvoll, hätten sich das alles selbst zuzuschreiben, weil sie einer Aufforderung der Professoren aus Stellenbosch nicht nachgekommen seien, sich an den Protesten gegen jüdische Flüchtlinge aus Deutschland zu beteiligen. Stattdessen hätten sie „fast über-emotionalen Widerstand gegen den zum Ausdruck gebrachten Wunsch der Mehrheit der Bewohner des Landes" geleistet. Verwoerd ging schon im Rahmen des Fortsetzungskomittees ganz selbstverständlich davon aus, dass er mit seinen Aktionen den Mehrheitswillen zum Ausdruck brachte. Abhilfe suchte er in einer staatlichen Steuerung über den Anteil, den die verschiedenen Bevölkerungsgruppen im Wirtschaftsleben erhalten sollten, wobei er gegen Ende des Artikels aber ziemlich offen mit Repression im Fall einer Machtübernahme der Nationalisten drohte und gleichzeitig die Engländer umwarb, mit den Afrikaanern ein Bündnis gegen die Juden zu schließen.[106]

Dieser Artikel war keineswegs ein „Ausrutscher", sondern Verwoerd färbte seine Artikel häufig mit antisemitischen Verweisen ein, etwa wenn er die Afrikaner Party als „Halb-Imperialisten" bezeichnete, die eine Republik nur akzeptieren würden, „wenn drei Viertel der Juden und Engländer auch dafür stimmten."[107] Die Reihenfolge war nicht zufällig, denn Kapitalismus und Imperialismus wurden von Verwoerd und anderen Nationalisten als ausgesprochen jüdische Phänomene denunziert. Die Quotenregel für Berufe wurde auch im Broederbond propagiert, wo man es als Skandal ansah, dass es zuviele jüdische Ärzte mit „niedrigen Methoden" gab: „Für die 7 ½% Juden in der weißen Bevölkerung sollten 7 ½% Ärzte ausreichen."[108] In ihrem Wahlprogramm 1938 forderte die NP

---

106 Transvaler 1.10.1937, Die Joodse Vraagstuk Besien vanuit Die Nasionale Standpunt. S. Meiring 1987: 9f. über den auf den Artikel folgenden Anzeigenboykott des Transvaler durch jüdische Geschäfte. Anschließend äußerte sich der NP-Vorsitzende im OFS, N. J. van der Merwe, mit einem weiteren antisemitischen Ausfall, s. Transvaler 27.11.1937; der Jewish Board of Deputies gab daraufhin eine Erklärung ab, dass es keine Anzeigenboykotte gäbe, was Verwoerd wiederum in derselben Ausgabe als falsch kommentierte. S. auch Transvaler, 30.11.1937, worin er meinte, jüdische Firmen mit Drohungen dazu bewegen zu können, in seiner Zeitung Anzeigen zu schalten. Meiring 1990: 52f. zufolge schrieb Verwoerd seinen Artikel trotz der abzusehenden Folgen ohne Konsultation mit der Verlagsdirektion; und Meiring 1973a: 73ff. S. auch Shain 1994: 147. Uys 1959: 1 unterstreicht, dass viele antisemitische Artikel im Transvaler erschienen.

107 Transvaler 20.9.1941 (Leitartikel). S. weitere Beispiele bei Shain 2015: 194f. u. 258.

108 FAV 4.5.2.4, Aanhangsel G, Tekort aan Afrikaner-Verpleegsters en Geneeshere (opgestel deur Mediese Kommissie Afd. Kaapstad) [1936]. Der Broederbond pflegte seinen Antisemitismus auf der höchsten Ebene, s. AB-Archiv 2/3/8/2, UR-Sitzung am 12.8.1938, Bylae B „Die Christen-Afri-

explizit einen Einwanderungsstop für Juden.[109] Noch 1950 wurde in einem internen Papier des Broederbond vor einer „allgemeinen jüdischen Gefahr“ gewarnt und empfohlen: „Die Berufung von Professoren und Dozenten muss strenger kontrolliert werden. Die zwei größten Universitäten wimmeln von Liberalisten, in deren Reihen kommunistisches Kriegstreibholz [oorlogsopdrifsels], selbst aus Osteuropa, sich vollkommen zu Hause fühlen und sich eifrig daran beteiligen, die Lebensform der Afrikaaner zu zerstören und vor allem die Rassentrennungslinie zu verwischen.“[110] Im Zentrum von Verwoerds Attacken blieb die jüdische Einwanderung, die er rigoros ablehnte und auch nach Kriegsende, als die Nachrichten über den Holocaust Südafrika erreicht hatten, unbeirrt weiter bekämpfte.[111]

Diese Form des Rassismus, der die Juden für den Antisemitismus verantwortlich machte, teilte die NP als offizielle Parteilinie,[112] propagierte ihn bis in die Nachkriegszeit und verschärfte ihn durch das Wort „unvermeidlich“ sogar noch: „Wenn der Anteil der Juden in irgendeinem Land einen gewissen Prozentsatz überschreitet, ist Antisemitismus die unvermeidliche Folge.“[113] Ebenso trug Verwoerd die Entscheidung mit, dass die NP im Transvaal keine Juden als Mitglieder aufnahm.[114] Zudem polemisierte er in zahlreichen Artikeln gegen den jüdisch-britischen Kapitalismus und insbesondere gegen die nicht assimilierbare Gruppe der Juden, obwohl es unter den jüdischen englischsprachigen Südafrikanern eine erkennbar größere Bereitschaft gab, Afrikaans zu lernen als unter christlichen.

Als er Redakteur des „Transvaler“ war, versuchte er, über seine Verbindungen zum Rektor von Stellenbosch, seinem Doktorvater Raymond Wilcocks, dem eng-

---

kaner en die Joodse Vraagstuk“, das voller antisemitischer Klischees ist und den Juden unterstellt, Feinde der Afrikaaner zu sein.

109 Erasmus 1938: 5.

110 AB-Archiv, 2/3/19, Report van die Mediese Komitee van Afdeling Kaapstad: Toename van Joodse dokters.

111 Weitere Beispiele bei D.Prinsloo 1979: 407 ff. P.J.Meyer 1984: 30 unterstreicht, dass die jüdische Beherrschung der Geschäftswelt und der schwarze Bevölkerungszuwachs die beiden Hauptthemen Verwoerds in den 1930er und 1940er Jahren gewesen seien.

112 Malan trat im Januar 1937 im Parlament unverhohlen für ein Einreiseverbot für Juden ein und setzte sogar das Wort Flüchtlinge in Anführungszeichen, um deren Motive in Zweifel zu ziehen: PV 18/2/1/2, Voorstel in Volksraad, 12.1.1937.

113 PV 93/1/30/1/2, Bl. 95 Rundschreiben des Inligtingskantoor, Okt. 1947, hier Bl. 99. S. auch die antisemitische Ausrichtung der Propaganda gegen Einwanderung 1946: NP, ’n Roekelose Regeringsplan. Onbeheerde Immigrasie bedreig Suid-Afrika, Cape Town [1946], S. 4. Malherbe 1946: 6 ff. berichtet, dass während des 2. Weltkriegs der antischwarze Rassismus unter den Soldaten zurückgegangen sei, nicht jedoch der Antisemitismus.

114 HNP 1940: 11. J.Basson 2006: 75 zufolge ging die Entscheidung auf Verwoerd zurück, s. auch ebd.: 102.

lischsprachigen, aus Kanada stammenden Mineningenieur Carleton Jones, der in seinen Augen neben einem hohen Ansehen auch die besondere Tugend vorzuweisen hatte, dass er „antijüdisch“ war, eine Ehrendoktorwürde zu verschaffen, doch hatte er damit keinen Erfolg.[115]

Nachdem die Nachrichten über den Holocaust in Südafrika bekannt geworden waren und nicht mehr einfach als alliierte Propaganda abgetan werden konnten, ließ der Antisemitismus nach 1945 auffallend nach. Stattdessen wurden die xenophoben Energien und teilweise dieselben Stereotype auf die Inder umgerichtet. Die Kampagnen gegen Inder, die auch Geschäftsboykotte einschlossen, wurden von denselben Leuten organisiert und propagiert, die sich zuvor als Antisemiten betätigt hatten.[116]

Verwoerds Sorge um Nachkriegsdeutschland, was bis hin zu Spendenaufrufen für die deutschen „Opfer“ des Krieges ging, stand in auffallendem Kontrast zu seiner Gefühllosigkeit gegenüber dem Schicksal der Juden. Er verlor nie ein Wort darüber, es gibt keine einzige Äußerung von ihm über den Holocaust und die Lehren, die daraus zu ziehen wären. Im Gegenteil, er blieb auch nach dem Krieg bei seiner Haltung zu unerwünschten Einwanderern. Während des Bondsraad im Oktober 1946 wies Verwoerd mit Nachdruck auf die Gefahren einer neuen Immigrationswelle hin, wobei die Alliierten vor allem die sogenannten „Entwurzelten“ loswerden wollten. Aus den skandinavischen Ländern, Großbritannien, Deutschland oder den Niederlanden wolle oder dürfe keiner kommen, „und alle, die darum zur Verfügung stehen, werden Italiener, Balten, Slawen, Polen und Juden sein.“[117]

Dabei befand sich Verwoerd in einem auffallenden Gleichklang mit J.G. Strijdom, der aus seinem Antisemitismus ebenfalls keinen Hehl machte und dafür sorgte, dass in die Statuten der Nationalen Partei des Transvaal ein Passus aufgenommen wurde, der Juden die Mitgliedschaft in der Partei verwehrte. Noch 1947 zeigte Strijdom sich in einem Schreiben an F.C. Erasmus empört darüber, als

115 UA Stellenbosch, Eregrade afgewesen, Verwoerd an Wilcocks, 15.4.1939. Sein Begleitschreiben lässt ein politisches Kalkül dahinter erkennen, auch wenn nicht ganz klar wird, welches; zumindest hatte die Universität des Witwatersrand wohl ihrerseits eine Ehrendoktorwürde für denselben Mann in Erwägung gezogen. Verwoerd selbst räumte ein, dass es schwierig würde, die Verleihung mit der wissenschaftlichen Tätigkeit über Publikationen zu begründen, doch wäre es möglich, wenn es um eher praktische, angewandte Wissenschaft ginge. Der ganze Brief ist nicht so formuliert, dass Verwoerds Vorstoß Aussicht auf Erfolg gehabt hätte. Zu Jones s. auch J.Davenport 2013: 320.

116 Zur geographischen Ausbreitung s. Millar 1988: 10 ff.; Marx 2008: 248 f.; Shain 1994: 53 f. u. 152.

117 AB-Archiv, 2/3/12, Bondsraad, 3.–5.10.1946, S. 12, TOP 21, Immigrasiebeleid. S. auch Peberdy 2009: 110 u. 125 f.

die NP der Kapprovinz behauptete, ihre Ablehnung gelte nicht alteingesessenen Juden, sondern nur Neuzuwanderern der 1930er Jahre aus Europa, die Strijdom nie als Flüchtlinge, die sie waren, ansprach, sondern sogar als „überflüssig“ apostrophierte. Die Partei müsse sich davor hüten, die Stimmen von „tausenden Greyshirts, Deutschen und Engländern“ zu verlieren „zugunsten eines zweifelhaften Grüppchens jüdischer Wähler“.[118] Strijdom versuchte, die NP des Kaplands auf einen antisemitischen Grundkonsens zu verpflichten, nämlich dass die Diskriminierung sich nicht nur gegen Flüchtlinge, sondern alle Juden, egal wie lange sie in Südafrika lebten, richtete.[119] Während Antisemitismus für Louw, Verwoerd und andere Überzeugung war, entpuppte er sich bei Malan und der Kap-NP als opportunistische Haltung.[120] Eric Louw empörte sich, als Malan den antisemitischen Konsens aufgab und die Diskriminierung von Juden nach dem Krieg beenden wollte.[121]

Die drei führenden Politiker der radikalen Rechten innerhalb der NP, Strijdom, Swart und Louw, sahen sich von Malan marginalisiert, witterten eine gegen sie gerichtete Absicht der Kap-NP und betrachteten deren Aufgabe des Antisemitismus als Symptom dafür.[122] Da sich der Ingrimm der drei gegen das Bündnis von Herenigde Nasionale Party und Afrikaner Party und daraus resultierend gegen das persönlich immer besser werdende Verhältnis zwischen Malan und Havenga richtete, wird erkennbar, dass weder Strijdom noch die beiden anderen als aufrechte Demokraten im Gegensatz zur OB identifiziert werden können. Vielmehr ging es um den Machtzuwachs Havengas und die Angst vor einer neuen „Fusion [smeltery]“, d.h. einer Verwässerung der kulturnationalistischen Prinzipien, zu deren Bestand der Antisemitismus zählte.[123]

---

118 PV 97/1, Strijdom an Erasmus, 10.11.1947, die Bezeichnung „diese Überflüssigen“ findet sich auf S. 3 des Briefes.

119 PV 97/2, Erasmus an Strijdom, 29.11.1947, worin er hervorhebt, dass nur die NP des Transvaal in den Parteistatuten Juden die Mitgliedschaft verwehrt.

120 Koorts 2014: 310 ff.

121 PV 18/3/1/1, Louw an Erasmus, 17.11.1947.

122 Besonders deutlich in PV 18/3/1/51, Louw an Strijdom, 24.11.1947 u. ebd., Swart an Louw und Strijdom, 29.11.1947 u. ebd. Brief an B. Sachs mit Abschrift und antisemitischer Anmerkung an Malan, 28.11.1947. Ebd. Malan an Swart, 2.12.1947. J. L.Basson 1980: 551 ff.

123 PV 18/3//51, Strijdom an Swart, 3.12.1947.

Apartheid

In diesem Kapitel wird es um politische Konzepte, Planungen und Szenarien für die Apartheid, die gesetzlich festgeschriebene Rassentrennung gehen, die zwischen 1948 und 1994 den Versuch darstellte, Staat und Gesellschaft auf der Grundlage von Rassenzugehörigkeiten neu zu ordnen. Die Umsetzung dieser Pläne in politisches Handeln werden dagegen nur soweit berücksichtigt, als sich aus ihnen die Konzeptionen ablesen und erkennen lassen. Der handelnde Politiker Hendrik Verwoerd ist sowenig Gegenstand dieses Kapitels wie des Buches.

Während es im 19. Jahrhundert in den britischen Kolonien und burischen Republiken Südafrikas unterschiedliche Formen der Rassendiskriminierung gegeben hatte, setzte sich im frühen 20. Jahrhundert ein Rassentrennungsdiskurs durch. Vorläuferpraktiken, wie die territoriale Trennung im kolonialen Natal, die der langjährige Secretary for Native Affairs, Theophilus Shepstone, dort eingeführt hatte, können nur schwer als Modell bezeichnet werden, da die Apartheidpolitiker selten darauf Bezug nahmen.[1] Andere Einflüsse aus den 1920er Jahren sind diesbezüglich eher nachweisbar.[2] Dafür waren sowohl amerikanische Vorbilder geltend zu machen als auch das Bedürfnis der weißen Administrationen, die schwarze Bevölkerung zu kontrollieren und möglichst ihre Landflucht und Urbanisierung zu verhindern. Seit den 1930er Jahren wurden biologische Rassenlehren, die vor allem unter englischsprachigen Intellektuellen und Beamten Anklang gefunden hatten, allmählich abgelöst von einer Betonung kultureller Differenzen, was den Segregationismus mit dem afrikaansen Kulturnationalismus kompatibel erscheinen ließ und von diesem eifrig aufgegriffen und adaptiert wurde.[3]

In den 1930er und dann mit starker Dynamik in den 1940er Jahren fand eine Verschiebung der bisherigen Konfliktkoordinaten der Afrikaaner-Nationalisten statt. Das britische Empire blieb zwar ein Hauptgegner, doch rückten mit der beschleunigten Urbanisierung der schwarzen Bevölkerung während des 2. Weltkriegs die sich rasch verändernden demographischen Verhältnisse in den Mittelpunkt. Die Afrikaaner-Nationalisten waren angesichts der demographischen Expansion der „Nicht-Weißen" alarmiert, noch mehr aber wegen ihrer beschleunigten Urbanisierung, der Anteil der „enttribalisierten" Afrikaner wurde bereits

---

1 Welsh 1971: 29.

2 Rich 1980: 171, der auf die Rezeption von E.T. Stubbs Ideen durch SABRA hinweist. S. etwa die Befürwortung einer territorialen Trennung durch Stubbs 1953. Jan Smuts war einer der frühen Protagonisten der Segregation: Smuts 1940: 11–21.

3 Rich 1990: 685 f.

https://doi.org/10.1515/9783110680508-011

auf 50 % geschätzt.[4] Die Zahl der in der verarbeitenden Industrie beschäftigten Schwarzen verdoppelte sich zwischen 1937/8 und 1947/8.[5] Viele Weiße waren als Soldaten an die Front gegangen, so dass die Rassentrennung vorübergehend gelockert wurde, um die industrielle Produktion in Gang zu halten. So konnten Schwarze die Arbeitsplätze von Weißen übernehmen und durch Streiks Lohnerhöhungen durchsetzen.[6] Erstmals bildeten sie die Mehrheit der städtischen Bevölkerung in Johannesburg. In den 1940er Jahren entfaltete sich in den verschiedensten Gesprächskreisen und Diskussionszirkeln des Afrikaaner-Nationalismus das, was man „Apartheid-Diskurs" genannt hat, an dem sich Theologen und Ethnologen, Staatsrechtler, Pädagogen und schließlich auch die Politiker beteiligten.[7] Darin zeichnete sich eine Neuausrichtung der Rassentrennungspolitik in Richtung eines systematisierten und integrierten Gesamtkonzepts ab.[8] Badenhorst lieferte bereits 1939 eine ethische, aus der calvinistischen Theologie Kuyperscher Spielart entwickelte Rechtfertigung von Rassentrennung.[9]

Während Aletta Norval von einem Apartheid-Diskurs spricht und Hermann Giliomee von einem Apartheid-Plan, ist hier vom Apartheid-Konzept die Rede. Die Begriffe meinen durchaus Unterschiedliches, denn der Apartheid-Diskurs umfasst die Diskussionen in verschiedenen Zirkeln des Afrikaaner-Nationalismus in den 1930er und 1940er Jahren, während der Apartheid-Plan die direkte Umsetzung eines – angeblich ausgearbeiteten – Konzepts in eine praktikable Politik war. Der Übergang vom Diskurs über das Konzept zum Plan impliziert gleichzeitig eine schrittweise Einengung der daran beteiligten Personen und Gruppierungen. Während am Diskurs weite Kreise der afrikaansen Intelligenz mitwirkten, wurde das Konzept zu einer Angelegenheit von „Experten", der Plan war dagegen das Werk führender Politiker der Nationalen Partei.

Angeblich soll der Apartheid im Wahlkampf eine eher untergeordnete Bedeutung zugekommen sein.[10] Dem widersprechen Äußerungen aus der NP, die

---

4 AB-Archiv, 2/3/14, Die Verhouding van die blankes tot die nie-blankes, Aufstellung vom 28.10.1947. Offenbar handelte es sich dabei um die Rede des Vorsitzenden auf dem Bondsraad, die im Protoll nicht wiedergegeben ist, sondern als eigenständiges Schriftstück angekündigt wurde, s. ebd. S. 3, die Bezugnahme auf den Bondsraad. S. auch Mostert 1985.

5 Van Eck 1951: 13 f.

6 Hirson 1990: 86 f.

7 Ds. J. C. du Plessis aus Pretoria nahm für sich in Anspruch, den Begriff erstmals bei einem Vortrag in Kroonstad am 28.6.1929 geprägt zu haben: Cillié 1965: 49.

8 Rhoodie 1960: 178 ff.

9 Badenhorst 1939: 113, 161 ff. u. 192 ff.

10 Giliomee 2003 a: 480 ff.

Apartheid in einer Wahlbroschüre als „höchste Aufgabe" bezeichnete.[11] Doch hatte die NP keinen wirklich klaren Plan, was sich darin niederschlug, dass die Grundformel für die angestrebte Rassentrennung schon 1914 im Gründungsprogramm der Partei stand.[12] Apartheid statt Segregation kündigte etwas Neues an, ohne das klar war, worin dies bestehen sollte. Strijdom folgerte aus dem Wahlergebnis, die Wähler hätten für den Erhalt der weißen Zivilisation gestimmt.[13] Verwoerd selbst betonte in einem Flugblatt für seinen Wahlkreis Alberton „The Colour problem dominates everything."[14] D. F. Malan unterstrich in einem Gespräch mit dem Inligtingskomitee der NP, „dass die Rassenfrage [kleurvraagstuk] eine wichtige Rolle bei den kommenden Wahlen spielen wird."[15] In einem Wahlmanifest der HNP aus dem Jahr 1948 hieß es ausdrücklich mit Bezug auf die Apartheid: „Es gibt jedoch ein größeres Problem, dass alle anderen überschattet. Das Volk, das nun, vielleicht für immer, über sein eigenes Schicksal bestimmt, muss es darum auch mehr als alles andere im Blick behalten."[16] Der Historiker Jaap Brits sieht sogar in der Apartheid das durchgängige Thema, das nur durch den symbolischen Ochsenwagentrek und den Zweiten Weltkrieg zeitweise in den Hintergrund gedrängt worden sei.[17]

Dunbar Moodie und Patrick Furlong vermuteten einen Einfluss des deutschen Nationalismus bzw. des Nationalsozialismus, doch lieferten die Vertreter dieser These nie eindeutige Belege für ihre Behauptungen. Viel plausibler ist, dass die Apartheid aus dem Kontext des Kolonialrassismus hervorging, wie er für Siedlerkolonien typisch war.[18] In fast allen Siedlerkolonien wurden Rassentrennungsmaßnahmen eingeführt, doch erhielten sie in den afrikanischen Siedlerkolonien, in denen Weiße immer in der Minderheit gegenüber der indigenen Bevölkerung blieben, eine besondere Dringlichkeit und Aggressivität, da die

---

11 NP 1948. Die Broschüre besteht im Wesentlichen aus der Wiedergabe einer Rede Malans; sowie mit besonderem Bezug auf die Coloureds: Rassevrede langs die weg van Apartheid. Spesiale opleidingskanse vir kleurlinge: FAV 4.5.2.2. Dubow 2014: 28 sieht den Zweck der Apartheid primär in ihrer Eigenschaft als eine „election-winning force."

12 Nationale Partij in Transvaal 1914: 3.

13 J. L.Basson 1980: 568.

14 FAV 4.5.2.2, NP-Flugblatt: Parliamentary Election 1948. Alberton Constituency, erst danach folgen die „bread-and-butter-issues."

15 PV 17/2/1/3, Notule. Spesiale Vergadering van die HNP-Inligtingskomitee, 5.11.1947, S. 2.

16 PV 18/4/1/1, Verkiesings Manifes 1948, S. 1 und nach Kritik an der UP als erster Punkt des eigenen Programms, ebd. S. 7. S. auch die jeweils vierseitigen Wahlkampf-Flugblätter der NP mit Malans Darlegung der Apartheidpolitik: NP 1948, darin wurde die Abschaffung des NRC unzweideutig als einer der ersten Schritte angekündigt.

17 Brits 1994: 100, s. auch ebd.: 118 ff.

18 So schon De Kiewiet 1956: 32.

weiße Bevölkerung sich in ihrem Bestand bedroht fühlte.[19] So orientierten sich die weißen Südafrikaner in ihrer Rassengesetzgebung, soweit sie das Mischehenverbot betraf, an amerikanischen Modellen und nicht an den Nürnberger Gesetzen.[20]

Die Apartheid war, bei allem Eingehen auf den verbreiteten Vulgärrassismus in der weißen Bevölkerung, ein Projekt von Intellektuellen in Kirchenkreisen, den Universitäten, den Medien und der Politik. Lange war die Forschung von der Einschätzung beherrscht, der Einfluss des Transvaal, insbesondere von der Universität Potchefstroom, sei wegen deren starker Präsenz im Broederbond, ausschlaggebend gewesen.[21] Doch weist Giliomee auf eine regionale Dichotomie zwischen dem Transvaal und dem Western Cape hin, die in ihrer Gegensätzlichkeit überzogen sein dürfte.

Denn originäre Beiträge der aufeinanderfolgenden Chefredakteure der Nasionale Pers A. L. Geyer, Phil Weber und Piet Cillié, denen Giliomee eine größere Bedeutung zumisst,[22] sind nicht zu erkennen. Wohl war Geyer ein einflussreiches Mitglied, später sogar Vorsitzender von SABRA, Weber und Cillié äußerten sich immer wieder zur Apartheid, doch selten konzeptionell innovativ, sondern eher propagandistisch, indem sie über ihre Zeitungen für die Verbreitung und Popularisierung sorgten.

Im September 1948 erläuterte Premierminister Malan in einer Parlamentsrede ausführlich die Apartheidpolitik seiner Regierung. Dabei bestritt er, dass eine „umfassende territoriale Trennung“ geplant sei, wohl aber Rassentrennung „auf sozialem, politischem und dem Gebiet des Wohnens.“ Doch sei eine Form der Selbstverwaltung für die „Nicht-Weißen“ in ihren eigenen Gebieten vorgesehen. Für ihn hatte die Rassentrennung in den städtischen Wohngebieten, in der Industrie, vor allem aber in der Politik, Vorrang.[23]

In Wirklichkeit spielte Malan bei der Ausarbeitung und Umsetzung der Apartheid eine eher untergeordnete Rolle, auch wenn er für die Rassentrennung eintrat und sie im Wahlkampf propagierte.[24] Für ihn war ihr Abwehrcharakter im

19 Marx 2015 b und Giliomee 2003: 495.

20 Heese 1989 a: 79, s. aber Furlong 1983: 4 u. 45.

21 Giliomee 2003 c: 230 mit direktem Bezug auf Verwoerd und Gerdener; s. auch Giliomee 2003 a: 454 ff.

22 Giliomee 2003 b: 375. S. aber Giliomee 2004: 3, woraus sich erkennen lässt, dass von Cillié keine konzeptionellen Impulse ausgingen, wohl aber propagandistische.

23 Burger 3.9.1948.

24 Auch Rhoodie 1958: 197, ein Schüler Cronjés, betont: „Die Nationale Partei schuf nichts Neues, sondern hat nur die herrschenden Einflüsse, Gesinnungen und Aspirationen unter den Afrikaanern in ein klar umrissenes Konzept übertragen.“

Sinn einer Rettung des Afrikaaner-Volk wichtiger als die Entwicklung einer „positiven“ Politik, die sich eine Umgestaltung der Gesellschaft zum Ziel gesetzt hätte; bezeichnenderweise taucht in seiner Autobiographie das Wort Apartheid gar nicht erst auf.[25] Nicht ohne Grund äußerte ein einflussreicher Mann aus Malans Umfeld wie Phil Weber von der Nasionale Pers noch 1952 Zweifel, „ob der alte Doktor unsere Rassenfrage wirklich begreift.“[26] Seine Berater waren zuweilen entsetzt ob der geringen Kenntnisse Malans über die aktuelle Politik. „Er war bereit, eine Erklärung zu entwerfen, aber als er sagte, was darin stehen sollte, lief es mir eiskalt über den Rücken.“[27] Noch 1948 waren den eigenen Anhängern der NP die Positionen zur Apartheid so wenig bekannt, dass P.W. Botha sich bewogen fühlte, öffentlich zu dementieren, dass Malan für das Wahlrecht für Coloureds und Inder eintrete.[28] Während Giliomee ein Übergewicht der Cape NP bei der Formulierung der Apartheid annimmt, gehört auch ins Bild, dass De Wet Nel aus dem Transvaal in der Nationalen Partei einer der wichtigsten Protagonisten und „Experte“ für die Apartheid war.[29]

Der Einfluss des Soziologen Geoff Cronjé auf die Apartheid-Konzeption wurde möglicherweise überschätzt, doch kann man ihn nicht wegdiskutieren, selbst wenn seine rassenhygienischen Vorstellungen nur ansatzweise rezipiert wurden.[30] Es gibt zumindest Aussagen, dass Cronjé „ein großer Freund von Dr. Verwoerd“ war und sein Buch „Regverdige Rasse-apartheid“ einen starken Einfluss auf die Formulierung der Apartheid gehabt hätte.[31] Der Broederbond trug zur Verbreitung der Apartheid-Ideen bei, war aber keineswegs nur eine bedeutsame Institution im Transvaal, sondern mittlerweile auch im Cape. Zahlreiche Vertreter der Universität Stellenbosch mit Verankerung in SABRA waren Mitglieder im Broederbond und der Verwoerd-Vertraute H.B. Thom, langjähriger Rektor der

25 Auch Korf 2010: 459 betont, dass Malan in seinen Ansichten über Rasse und Republikanismus nicht so konsistent war, dies aber geschickt hinter der Fassade der Standfestigkeit verbarg.

26 296. K.GE106a, Weber an A.L. Geyer, 29.9.1952.

27 296. K.GE172a, Phil Weber an A.L. Geyer, 27.3.1953. Vgl. auch einen Bericht über eine Rede Malans in Standerton über die Grundlagen der Apartheid: Transvaler 29.8.1949. Giliomee 2004: 8 weist dagegen Malan und seinem Zirkel eine zentrale Rolle bei der Formulierung der Apartheid zu, was aber kaum belegt ist und im wesentlichen auf der Beobachtung beruht, dass zu der Zeit die NP der Kapprovinz der mächtigste Parteiflügel war.

28 P.W.Botha 1948.

29 Brits 1994: 102f.

30 Z.B. FAV 4.5.2.4, Die Verhouding van die Blankes tot die Nie-Blankes met inagneming van die jungste sensussyfers, Memorandum des Broederbond, S. 4. S. das Kapitel über Rassenunterschiede von J.D.J. Hofmeyr in Schumann 1962: 115–135, wonach Schwarze für das Leben in Städten nicht geeignet seien: 125. Zu Cronjé s. auch Smit 1989: 232ff.

31 Meiring 1990: 103 u. Smit 1989: 230 u. 236.

Universität Stellenbosch, war von 1952 bis 1960 Vorsitzender der Geheimgesellschaft. Der prominente NP-Politiker Eben Dönges war viele Jahre als Stellvertretender Vorsitzender der wichtigste Vertreter der Kap-NP im Broederbond.[32]

Apartheid war die spezifisch südafrikanische Antwort auf die innergesellschaftliche Dynamik, die der Zweite Weltkrieg ausgelöst hatte. Sie verhielt sich gegenläufig zur Entwicklungspolitik in anderen Regionen des Kontinents, weil sie die gerade in Südafrika vergleichsweise etablierte und organisierte schwarze Bildungselite noch weiter abdrängte, sie schließlich sogar kriminalisierte und einsperrte, wohingegen sie die Chiefs stärker als zuvor in den administrativen Apparat einband.[33] Damit verbunden war die Retraditionalisierung und Retribalisierung der ländlichen und zumindest der Absicht nach auch der städtischen Gebiete.[34] Wegen der ‚Umtriebe von Agitatoren' gestaltete sich diese Aufgabe schwierig, weshalb man vor allem Zeit und guten Willen benötigte, um ein „psychological readjustment" zu erreichen,[35] die Reorientierung der „Bantu" auf die Homelands und weg von einer Integration mit den Weißen.[36]

Vom Konzept zum Plan: Der Sauer-Report

Bei aller Rhetorik der Nationalisten, die die bisherige Politik verächtlich als Flickwerk abtaten, zielte das Apartheid-Konzept anfangs auf nicht viel mehr als auf eine radikalisierte Form eben dieser Segregationspolitik. Doch im Verlauf der 1940er Jahre nahm sie allmählich einen systematischen Charakter an, wie sich

---

32 Zum Einfluss des Broederbond auf die Konzeptionalisierung der Apartheid s. im Gegensatz zu Giliomee: Brits 1994: 79 ff. und zu Cronjé: 81 f. u. 96. Stals 1998: 188, 196 u. 204 verneint eine entscheidende Rolle des AB, s. auch ebd.: 301 ff.

33 In anderen Ländern wurde nach dem Zweiten Weltkrieg der Einfluss der Chiefs systematisch zurückgedrängt und statt dessen die Bildungselite an der Verwaltung beteiligt, etwa in Ghana: Rathbone 2000: 18 ff.

34 Die Retribalisierung diente vor allem der Ausweitung zentralstaatlicher Kontrolle: I.Evans 1997: 168 u. Kap. 6. Das ging sogar soweit, dass man in Pretoria Experimente mit „traditionellen" Hausformen in den Townships unternahm, weil die „bindende Wirkung der traditionellen Bantubehausung" das beste Mittel zur Bekämpfung der negativen Folgen der Urbanisierung, wie Kriminalität, sei: C.W.Prinsloo 1950: 13 u. 16. Die Behauptung, „die geistigen Väter" der Apartheid „gaben vor", überzeugt zu sein, Afrikaner lebten noch in tribalen Verhältnissen, war eine der wenigen zutreffenden Einschätzungen in einem ansonsten von Halbwissen und Fehlurteilen geprägten Artikel: Anonym 1959: 37. S. auch Tabata 1980: 18.

35 FAV 4.6.1.1, V. an Isaac Frank, Milnerton, 22.4.1953. Ganz ähnlich in seiner Rede auf dem Parteitag der Transvaal-NP 1957: FAV 4.6.5, S. 11.

36 D.F.Botha 1951: 18 u. 22: Die tribale Ordnung führte zur richtigen Sozialisierung der jungen Schwarzen, während das Stadtleben sie völlig aus der Bahn warf.

an der inhaltlichen Konvergenz der verschiedenen Memoranden erkennen lässt, die auf ein gemeinsames Konzept zusteuerten.[37] Das Innovative an der Apartheidpolitik war die neue Funktion, die die Reservate erhielten, denn sie wurden jetzt als „Heimatländer", d. h. als Orte angesehen, an denen Identitäten wachsen sollten, wobei der Begriff „Tuisland" [Homeland] eine Erfindung von Verwoerd selbst war.[38] Nun wurden die Reservate erstmals mit der städtischen Rassentrennung in einen funktionalen Zusammenhang gebracht, was sich deutlich von der älteren Politik abhob; zudem wurde die städtische wie die ländliche Apartheid grundlegend territorialisiert.[39] Nach wenigen Jahren NP-Herrschaft wurde Apartheid als etwas Neues erkennbar. Sie unterschied sich von der bisherigen Segregationspolitik nun nicht mehr nur graduell, sondern grundsätzlich: Sie war eine umfassende, totale und tendentiell totalitäre, Politik einer autoritären Umgestaltung und Modernisierung von Staat und Gesellschaft. Dies wurde verschleiert, weil Vertreter der NP und der Regierung sich anhaltend bemühten, die Apartheid als „traditionelle" Politik auszugeben, und ihren konservativen Charakter betonten.[40]

Das Gesamtkonzept fand Gestalt im sog. „Sauer-Report", benannt nach dem Vorsitzenden einer von der NP-Führung eingesetzten innerparteilichen Kommission, Paul Sauer, einem der engsten Mitarbeiter Malans und ironischerweise der Sohn eines der führenden Kapliberalen, J.W. Sauer.[41] In der Kommission waren prominente Politiker der Nationalen Partei wie M.D.C. de Wet Nel (Transvaal) und J.J. Serfontein (OFS) vertreten, die als Experten in Rassenfragen galten. Sie kamen aus ganz Südafrika, so dass man eigentlich nicht sagen kann, es wären die NP-Politiker der Kapprovinz, das Umfeld von Daniel Malan gewesen, die die Apartheid entwickelt hatten.[42] E.G. Jansen wurde nur wenige Monate nach der Präsentation des Sauer-Reports Minister for Native Affairs und G.B.A. Gerdener schließlich war als Theologe und Experte zu Missionsfragen Professor in Stellenbosch. Damit wurde eine Verbindung zu den reformierten Missionstheologen in Südafrika hergestellt, die bereits 1935 ihren eigenen Rassentrennungs-

37 S. die zahlreichen Memoranden in PV 94/1/22/3/1 u. 2.

38 M.C.Botha 1977: 3.

39 Die territoriale Rassentrennung war der Hauptunterschied zu den USA, wo es sie nicht gab.

40 Bes. ausgeprägt bei Van Biljon 1956: 4, der territorialer Rassentrennung zudem eine antiimperialistische Stoßrichtung zuerkennt. Vgl. PV 93/4/1/1, Bl. 42ff., Toespraak deur Sy Edele M.D.C. de Wet Nel, Minister van Bantoe-Administrasie en -Ontwikkeling, voor die Calvinistiese Beweging, Potchefstroom, 17.9.1960, S. 3 u. 15; gleichzeitig unterstrich er aber, dass die Politik „auf wissenschaftlicher Grundlage" betrieben würde, ebd. S. 13.

41 Sauer soll selbst eingeräumt haben, dass er nur 60% der NP-Politik mittrug: J.Basson 2004: 123.

42 Giliomee 2003b: 388.

diskurs entfaltet und in eine soziale Praxis umgesetzt hatten.[43] Ein von Gerdener organisierter kirchlicher Kongress über die „Native Question“ im Jahr 1950 nahm wesentliche Konzepte von Verwoerds Politik bereits vorweg und unterstützte nachdrücklich die Apartheid.[44] Mit Gerdener arbeitete außerdem ein führendes Mitglied von SABRA und damit der intellektuellen Zirkel in der Kommission mit, die den Apartheid-Diskurs der 1930er und 40er Jahre maßgeblich formuliert hatten.[45]

Der Sauer-Report war kein „Blueprint“ in dem Sinn, dass er nach dem Wahlsieg 1948 nur noch in juristische Form hätte gegossen und vom Parlament beschlossen werden müssen. Dazu war der Text viel zu vage, er war eine Sammlung zahlreicher Forderungen aus dem nationalistischen Lager und bestand zu wesentlichen Teilen aus allgemein gehaltenen Absichtserklärungen. Obwohl das Schriftstück sich „Report“ einer Kommission nannte, die das „Rassenproblem“ untersuchen sollte, findet sich darin keine Analyse der Zustände, sondern nur die Formulierung von Zielen. Eingeflossen waren zahlreiche Forderungen aus der Wählerschaft, zuweilen wirkt der Text eher wie eine Kondensation des „gesunden Volksempfindens“, verquickt mit ökonomischen Interessen.[46]

Die Apartheid entwickelte sich für die Nationale Partei zu einer Frage der verfassungsrechtlichen Ordnung.[47] Wenn das Ziel der weiße Nationalstaat sein sollte, mussten alle Formen der Mitsprache für die schwarze Mehrheit beseitigt werden, denn sie sollten diese in den Reservaten erhalten. Tatsächlich hat die NP die schwarze Bevölkerung nach 1948 politisch entmündigt und gegen Ende der 1950er Jahre die weißen Native Representatives im House of Assembly abgeschafft, „damit den weißen Charakter unseres höchsten Gremiums für die Zukunft sichergestellt“,[48] und statt dessen die Segmentierung in Homelands angestrebt.

43 Rhoodie 1958: 190 datiert die Beschäftigung mit „Rassenproblemen“ in der Reformierten Kirche bereits auf die 1920er Jahre.

44 Gerdener 1950, s. auch Kinghorn 1997: 145. Zu Gerdener s. Van der Watt 1981: 186.

45 Gerdener 1964: 28 u. 44ff. u. ein Bekenntnis zur Planung: 68ff.; eine Bezugnahme auf Warnecks Konzept findet sich in dieser Schrift nicht. Giliomee 2003b: 382f. bezieht sich auf einige wenige Kirchenvertreter, während es sich in Wirklichkeit zu dieser Zeit um eine Meinungsvielfalt handelte, in der auch dissentierende Stimmen bis Ende der 1950er Jahre gehört werden konnten. Erst nach Cottesloe setzte sich eine biblische Herleitung der Apartheid hegemonial durch, doch sollte man diese Vorherrschaft eines Rassentrennungsdiskurses nicht auf die früheren Jahrzehnte zurückprojizieren. Zu Gerdeners Lebenslauf s. auch Bruwer 1956b.

46 PV 18/4/1/1, Verkiesings Manifes 1948, S. 7ff., wie Apartheid schrittweise umgesetzt werden soll. Zur Entstehung des Sauer-Report durch Befragung der eigenen Basis s. Brits 2000: 66.

47 Dagbreek en Sondagnuus 16.10.1949.

48 PV 93/1/30/1/3, Text „'n permanente aparte blanke Suid-Afrika“ (undatiert [1960]), S. 3.

Minister Verwoerds Apartheid-Konzept

E. G. Jansen war ein Konservativer, der in seiner zweijährigen Amtszeit als Minister for Native Affairs keine neuen Akzente setzte, sondern den eingespielten Paternalismus seines Ministeriums fortführte, was bald Unruhe unter den Radikalen in der Nationalen Partei auslöste. Sie fürchteten, dass die Partei ihre Wahlversprechen nicht einhalte und verlangten, Jansen durch einen dynamischeren Mann abzulösen, wobei sehr bald der Name Verwoerd fiel. Als Jansen plante, städtischen Schwarzen Eigentumsrechte an Immobilien einzuräumen,[49] wurde er auf den Posten des Generalgouverneurs weggelobt und, ausgerechnet auf Vorschlag von Paul Sauer wurde Verwoerd am 19. Oktober 1950 zu seinem Nachfolger ernannt, was von Liberalen als „concession to extremism“ verstanden wurde.[50] Verwoerd gelang es, das Ministerium, das wie die meisten staatlichen Einrichtungen von englischsprachigen Beamten geprägt war, innerhalb kurzer Zeit ideologisch zu homogenisieren und durch eine gezielte Ernennungspraxis zu einer Bastion des Afrikaaner-Nationalismus umzubauen.[51] Dadurch erhielt es eine große Schlagkraft und der neue Minister konnte aus dem bis dahin eher untergeordneten Ressort ein Schlüsselministerium machen, zumal er während der folgenden Jahre Zuständigkeiten von anderen Ministerien abzog und sich selbst damit eine Universalkompetenz für die Verwaltung der schwarzen Mehrheit aneignete.[52] Es verwandelte sich, wie Ivan Evans in seiner bahnbrechenden Studie resümierte „from a vacillating liberal outpost into an arrogant apartheid fortress.“[53]

Um institutionell eindeutige Verhältnisse zu schaffen, ließ Verwoerd 1950 das Natives Representative Council (NRC) einberufen, das seit 1946 nicht mehr getagt hatte. Mit der Umorientierung der Politik auf die Homelands und der Verleugnung einer schwarzen Nation durch die Regierung wurde das NRC für die NP überflüssig, ja seine bloße Existenz war kontraproduktiv. Verwoerd selbst hielt ihm vor, sich von seiner Aufgabe als rein beratendes Gremium abgewandt und mit allgemeinen politischen Fragen befasst zu haben, womit es seine Befugnisse

---

49 B. M. Schoeman 1973: 35 u. 42 ff.

50 Kentridge 1959: 376.

51 Malan/Mulder 1966: 3; Posel 1997: 64 u. 117; I. Evans 1997: 57 u. 69 ff.; diese personelle Angleichung an Verwoerds Politik betraf auch die eigentlich unabhängige Native Affairs Commission: 73.

52 Einen Einblick in das Innenleben des Ministeriums in den Anfangsjahren gibt Mills 2001: 155 f. Schon nach wenigen Jahren galt Verwoerd als die autoritative Stimme seiner Regierung und Partei in Sachen Apartheid: Rheinallt Jones 1953: 16.

53 I. Evans 1997: iv u. 2 f.

überschritten hätte oder, wie es bei anderer Gelegenheit aus dem Ministerium verlautete: „Die Zeit ist vorbei, in der zugelassen wird, dass Eingeborenenführer unverantwortbare Forderungen ohne Bestrafung [!] erheben können.“[54]

In seiner Einführungsrede erläuterte er den Mitgliedern auf deren Wunsch die Grundzüge der neuen Politik der Apartheid. Wenn sie sich auf eine Kooperation mit der Regierung zu deren Bedingungen eingelassen hätten, hätte dies die Abschaffung des NRC möglicherweise verhindern können. Es kam jedoch darauf an, ob der Minister seinerseits ein Entgegenkommen zeigte, was bei Verwoerd angesichts seiner Pläne für eine ethnizistische Politik nicht ernsthaft zu erwarten war. Schon 1944 hatte er sich im „Transvaler“ für die Abschaffung eingesetzt.[55] Giliomees Behauptung, Verwoerd hätte eine neue Politik der Repräsentanz und Selbstverwaltung in den Städten angeboten, die sich von der deklarierten Apartheid unterschied und eine Einbeziehung der schwarzen Mehrheit in Entscheidungsprozesse implizierte, lässt sich durch die Quellen nicht bestätigen.[56] Vielmehr beharrte er auf seinem Standpunkt, das Council dürfe keine politischen Themen diskutieren[57] und erklärte sich nur bereit, mit einzelnen Mitgliedern anschließend privat, d. h. außerhalb der Sitzung, zu sprechen.[58] Dieser Versuch, das Gremium zu einem rein beratenden zu machen, das nur Ausführungsdetails, aber nicht den politischen Gehalt von Gesetzentwürfen diskutieren durfte, erwies sich als entscheidend. In der anschließenden Debatte bestanden die Mitglieder auf ihrem Recht, politische Themen zu verhandeln, da sie das NRC als Teil der gesetzgebenden Institutionen des Staates betrachteten, was zu einem Dissens der Ratsmitglieder mit dem Vorsitzenden Werner Eiselen führte und zur Vertagung auf unbestimmte Zeit. Durch den Bantu Authorities Act vom Juli 1951 wurde der Rat schließlich abgeschafft.[59]

Hendrik Verwoerd, der bis dahin in der Konzeptionalisierung der Apartheid kaum in Erscheinung getreten war,[60] fügte nach seinem Amtsantritt als Minister

54 FAV 4.6.2.2, Punte vir die Minister vir die opening van die 1ste Kongres van die O.V.S. en Noord-Kaaplandse Vereniging van Bestuurders van Nie-Blanke Sake, Punkt 10.

55 G.D.Scholtz 1974: Bd. 1: 114.

56 Giliomee 2012a: 54f. Dass dergleichen von Verwoerd auch kaum zu erwarten war, s. Roth 1987: 560.

57 Verwoerd, Policy of the Minister of Native Affairs, 30.5.1952, in: Pelzer 1966: 31–52, hier 39: „With this a body disappeared from the scene which by the very nature of its composition and its lack of a positive task devoted itself exclusively to the fighting of the traditional native organization of South Africa.“

58 PV 93/1/31/1/5, Rede Verwoerds vor dem NRC, 5.12.1950; die Rede ist in dem Protokoll des NRC (s. folgende Anm.) nicht enthalten. Zu den Vorgängen am 5. Dezember s. auch Roth 1987: 542ff.

59 Ebd.: 545ff.; Report on the Proceedings of the NRC 1951: 6ff.

60 Ally/Mooney/Stewart 2003: 82 behaupten dies, aber ohne Belege.

die Apartheid in ein kohärentes System, stimmte alle Einzelmaßnahmen aufeinander ab und verlieh ihr den Anschein eines geschlossenen ideologischen Konzeptes. Noch bevor er Minister wurde, erregte Verwoerd Aufsehen durch eine Rede, die er am 3. September 1948 im Senat hielt. Darin entfaltete er erstmals die Apartheid als in sich schlüssiges Gesamtkonzept, womit er in der eigenen Partei großen Eindruck machte. Möglicherweise hat diese Rede zu seiner bald darauf erfolgten Ernennung zum Minister of Native Affairs beigetragen; zumindest aber trat hier erstmals ein Politiker der NP auf, der Apartheid aus einem Wahlslogan zu einem Programm entwickelte und der die vielfältigen Positionspapiere innerhalb des nationalistischen Lagers in ein geschlossenes Konzept zusammenfügte. Er war kein origineller Denker und sicher nicht, wie der spätere schwarze Präsident Nelson Mandela meinte, der „Chief Theorist",[61] denn fast keine der Apartheidideen stammte wirklich von ihm,[62] doch als Chefredakteur einer Zeitung war er auf der Höhe der jeweils aktuellen Diskussion.[63] In der Systematisierung, die er vollzog, lag der qualitative Sprung von der Segregation zur Apartheid und nicht im Übergang vom Apartheid-Diskurs der 1940er Jahre zum Sauer-Report. Damit verbunden war die Verwandlung einer Reihe eher defensiver und konservativer Rassentrennungsmaßnahmen in ein geschlossenes Zukunftskonzept. Verwoerd, der sich rasch einen Namen als „the ablest and most energetic man any South African Government had placed in charge of Native Affairs",[64] machte, ging über den Report hinaus, weil er die verschiedenen Forderungen argumentativ miteinander verknüpfte, er wurde zum führenden „Glossator" der Apartheid.[65] Dadurch erhielt die Apartheid einen dogmatischen Charakter, ein Eindruck, der durch Verwoerds Intoleranz gegenüber jeder Abweichung noch verstärkt wurde.

---

61 Mandela 1995: 513; auch Mbeki 1992: 65 meint, Verwoerd hätte die Apartheidideologie gemeinsam mit Eiselen entwickelt.

62 So taucht eine zentrale Forderung der Apartheid allgemein und der Bantu-Education im Besonderen schon in einem FAK-Dokument im Jahr 1931 auf: „Die Entwicklung von Eingeborenen und Coloureds muss entsprechend ihrer eigenen Art und Tradition geschehen mit ihrer eigenen Sprache als Medium." PV 202/1/2/3/2/1, 1931, FAK-Kongressbeschlüsse, CT, 21–23 Dez. 1931, Punkt 10.

63 D. Prinsloo 1979: Kap. 8, 322 ff. u. G. D. Scholtz 1974: Bd. 1: 109.

64 Der US-Diplomat Joseph Sweeney, zit. nach Brits 2002: 191.

65 T. R. H. Davenport 2000: 392.

Vergleicht man den Report mit der späteren Politik Verwoerds, so fallen folgende Punkte auf:

1. Verwoerd hat nach eigener Aussage den Forderungskatalog des Sauer-Reports abgearbeitet, allerdings mit einigen Modifikationen.[66] Er war nicht der „Architekt" der Apartheid, als der er so häufig bezeichnet wird.
2. Der Sauer-Report stellte schon in der Einleitung klar, dass es nur zwei Wege gab, nämlich einerseits die Apartheid, andererseits „Gleichstellung", d.h. die Integration in eine egalitäre Gesellschaft. Damit wurden alle Alternativen zur Apartheid eingeebnet und auf denselben Nenner gebracht: „Jeder Mittelweg oder Kompromiss ist höchstens vorübergehend und bleibt bloßes Flickwerk."[67] Im Sauer-Report war die Dichotomisierung der politischen Möglichkeiten schon greifbar, die Verwoerd später als Dreh- und Angelpunkt seines Argumentierens setzen sollte.
3. Bereits im Sauer-Report rückten die Reservate ins Zentrum der Politik und wurden mit der Urbanisierung funktional verknüpft: „Die Eingeborenenreservate müssen das Vaterland des Eingeborenen werden. Sie müssen die Wiege seiner Nationalität sein und der Boden, auf dem seine Vaterlandsliebe und nationaler Stolz wachsen und gedeihen können. Für jeden Eingeborenen müssen sie die geistige Heimat sein. Sie müssen der Ort seines Regierungssystems sein. Sie müssen das Zentrum seiner Kirchen darstellen. Hier müssen seine wichtigsten Erziehungseinrichtungen stehen. Kurzum, sie müssen die Heimat seiner persönlichen und nationalen Ideale und Sehnsüchte sein."[68] Schon vor ihrer Regierungsübernahme territorialisierte die NP die Rassentrennung und verband sie mit ethnischen Identitäten.
4. Apartheid war für die Verfasser des Report nur denkbar als moralisch fundierte Politik: „Jede Form der Unterdrückung wird darum als falsch, volksschädlich für Weiße wie Nicht-Weiße und im Gegensatz zur Politik der Apartheid abgelehnt."[69] Verwoerd bemühte sich in allen späteren Reden und Handlungen, seine Politik als moralisch gerechtfertigt und im Interesse der schwarzen Mehrheit zu präsentieren. Er verstand sie als eine „doppelte Aufgabe", wie eine Notiz, die sich auf ein Gespräch mit seinem geistlichen Berater und politischen Verbündeten J.S. Gericke bezieht, zu erkennen gibt.

---

66 FAV 4.6.5, Rede Verwoerd, Transvaal NP-Kongress 1957 in Johannesburg, die gleichzeitig Bilanz seiner Amtszeit als Minister zog. Dubow 2014: 65ff.

67 PV 93/1/25/2, Verslag van die Kleurvraagstuk-Kommissie van die Herenigde Nasionale Party (Sauer-Report), S. 2.

68 Ebd., S. 9.

69 Ebd., S. 1. Ähnliches wurde auch von englischsprachigen Segregationisten vorgetragen: Heaton Nicholls 1937: 6.

„Grundprinzip Ethik. Wahl zwischen einer ethischen Pflicht + einer anderen. Pflicht ist, für das Volk und die Nachkommen zu sorgen, eine andere Pflicht, ist für die Unterentwickelten und weniger Begabten zu sorgen. Gibt es in S.A. einen anderen Ausweg aus diesem moralischen Dilemma als die Apartheidpolitik?“[70] Er beantwortete sie an anderer Stelle: „It is not permitted to sacrifice a nation to another, whether greater in number or not, and less permissible still to destroy an existing nation for the sake of one or more just in an embryonic stage. Separate development, justice to each.“[71] Ohne auf die unterschiedlichen Ausgangslagen einzugehen, unterstrich er immer wieder, dass durch die territoriale Rassentrennung den Schwarzen die Kontrolle in „ihren Gebieten“ übergeben würde, womit er implizierte, dies bringe ein Ende der weißen „Herrschaft [baaskap]“ über die Schwarzen mit sich.[72] In Wirklichkeit zeigte das Wahlprogramm der NP von 1958 ganz eindeutig, wo die Prioritäten lagen, nämlich bei dem „Erhalt und Schutz der weißen Bevölkerung Südafrikas als einer reinen weißen Rasse und Aufrechterhaltung ihrer Herrschaft.“[73] Weil sich die Quadratur des Kreises, die Gleichzeitigkeit eines weißen Privilegienerhalts und einer für alle gerechten Ordnung, nicht bewerkstelligen ließ, verlegte sich Verwoerd auf eine rhetorisch geschickte Propaganda, die den Erfolg seiner Politik mit Hilfe logischen Räsonnierens beschwor.

Verwoerd griff das Bedürfnis vieler Afrikaaner nach einer moralischen Rechtfertigung geschickt auf, denn gerade die Homelandpolitik nach 1959 erfüllte für viele den Wunsch, Apartheid als „positive“ Politik zu gestalten. Zwar bevorzugte er, insbesondere seit ihrer Einführung, die Formel „separate development“, doch war dies keine propagandistische Zauberformel, sondern sie verriet eher, wie er Apartheid verstanden wissen haben wollte. Für den seit 1958 amtierenden Premierminister befand sich die Apartheid „in Übereinstimmung mit der Perspektive, die immer das Denken der Nationalisten bestimmte. Sie meint, dass er alle Bewohner des Landes als menschliche Wesen mit einem eigenen Wert, Rechten und gerechtfertigten Ambitionen akzeptiert.“[74] War Verwoerd ein Zyniker, der seine Anhänger wie die Öffentlichkeit durch Vortäuschung von Wahrhaftigkeit und

---

70 PV 93/6/1/1, Notizzettel Vs. Die ganze Verlogenheit von Verwoerds Homelandpolitik hat schon Tatz 1962: 19 ff. offengelegt.

71 PV 93/6/1/1, Notizzettel Vs. S. auch Giliomee 1994: 535.

72 Verwoerd 1959 a.

73 Nasionale Party 1958: 2.

74 PV 93/1/24/11, Bl. 43, Erklärung von Verwoerd, offenbar für die Presse, aber ohne Angabe, für welche Zeitung, 22.11.1960, S. 5.

Edelmut hinters Licht führte? Oder war er ein wohlmeinender Politiker, der die Folgen seines Handelns nicht absehen konnte oder die Augen davor verschloss?

Deborah Posel hat 1990 unterstrichen, der Apartheid habe kein Masterplan im Sinn eines „blueprint" zugrunde gelegen, der nach dem Wahlsieg 1948 nur noch in Gesetzesform gegossen werden musste.[75] Damit hat sie zweifellos recht, zumal sie und zahlreiche andere Autoren immer wieder mit guten Gründen auf die innere Vielfalt und Gegensätze im afrikaans-nationalistischen Lager hinwiesen.[76] Doch hat sie den Gegensatz so konstruiert, dass man ihr nur zustimmen kann, denn wann existierte jemals in der Geschichte ein „blueprint" für eine Politik, der anschließend eins-zu-eins umgesetzt worden wäre? Wenn von einem „blueprint" in diesem Sinn nicht die Rede sein kann, so kann es dennoch einen Masterplan im Sinn einer Strategie gegeben haben, die taktische Flexibilität im Zug der Umsetzung dieser Politik keineswegs ausschloss. Außerdem wandte Verwoerd schon 1952 ein, die NP-Regierung könne nicht alles, was die vorige Regierung in die Wege geleitet habe, kurzfristig abschütteln. „Das wirkliche Leben ist nun einmal nicht so. Wo sein Fortschreiten auf dem Weg der Apartheid durch solche Einflüsse der Vergangenheit behindert wird, muss er, selbst wenn es gegen seinen Sinn ist, einen Umweg nehmen, um dahin zu kommen, wo er hinmöchte."[77] Er warf SABRA und den Kirchen jedoch vor, dass sie das Fernziel so präsentiert hätten, als könne es heute schon Teil der praktischen Politik sein.[78] Auch wenn das Vorgehen Verwoerds und der Behörden von *Trial and Error*, zuweilen von opportunistischem Lavieren geprägt war, von flexiblem Eingehen auf als legitim erkannte Widerstände und rigoroser Überwindung der für illegitim gehaltenen, blieb ein Plan erkennbar. Koorts benennt den Unterschied treffend: „It was a principle – not a set of measures."[79] Insgesamt ist Posels Befund allerdings zuzustimmen, „the construction of Apartheid has not been a wholly linear, systematic or monolithic project."[80]

---

75 Lazar 1987: 27 stimmt ihr zu und behauptet, dass „vital aspects of apartheid policy had not yet been clearly defined when the nationalist alliance won power." Das kann man bezweifeln, soweit es um Grundkonzepte geht, die Umsetzung in praktische Politik erwies sich als das Hauptproblem, insbesondere was die „positiven" Aspekte betraf, nämlich die anvisierte Entwicklung der Bantustans.

76 Korf 2010: 459 nennt die Selbstdarstellung als politischer Monolith „one of the greatest public relations successes in the history of South Africa." Wichtige Beiträge zur Dekonstruktion kamen von Posel 1987 sowie Giliomee 1980.

77 PV 276/I/14/5/1, Abschrift, vertrauliches Schreiben von V. an G. B. A. Gerdener, 5.12.1952, S. 6; dieser Brief ist auch wiedergegeben in Barnard 1967: 32ff.

78 Ebd.: 7.

79 Koorts 2014: 366.

80 Posel 1988: 1.

Ein Masterplan zur Erzwingung der Apartheid in allen gesellschaftlichen Bereichen ließ sich gar nicht anders durchsetzen als über flexibles Vorgehen und notwendige, aber – wie Verwoerd betonte – zeitweilige, Kompromisse, etwa mit der Industrie. 1948 versicherte er in einer Rede, „Apartheid, wie wir sie verstehen," sei „nicht totale Segregation".[81] Er leitete seine Ziele von allgemeinen Grundprinzipien ab, während die Mittel dazu disponibel waren.[82] Als Premierminister versuchte er, auch in der Ökonomie Kontingenz durch umfassende Planung auszuschließen. Posel behauptet, die Unterscheidung von kurzfristiger Flexibilität und der unbeirrbaren Verfolgung der Fernziele sei ein Versuch des Native Affairs Department gewesen, die internen Konflikte zu maskieren „and present a united Afrikaner nationalist front", ohne für solch absichtsvolles Handeln einen empirischen Beleg anzubringen.[83] Sie unterstrich besonders, dass die Homeland-Politik nach 1959 als fundamentaler Kurswechsel in der Apartheidpolitik anzusehen sei, die als Reaktion auf das Scheitern der bisherigen Politik verstanden werden müsse. Dieser Interpretation wurde mit guten Gründen widersprochen[84] und tatsächlich fällt die Radikalisierung der Apartheid mit dem Amtsantritt Verwoerds als Premierminister und der damit einhergehenden Ausweitung seiner Kompetenzen zusammen. Sie kann darum mit seinem viel systematischeren Zugriff in Verbindung gesehen werden und mit dem Versuch, die Rassentrennung zur Grundlage von Staat und Gesellschaft zu machen.

Verwoerd hielt es für problematisch, wenn die eigenen Anhänger oft nicht zwischen kurzfristigen und langfristigen Zielsetzungen zu unterscheiden wussten. „Das spielt in die Hände von Gegnern, die nur allzu gern unseren eigenen Leuten Angst einjagen, indem sie suggerieren, dass spätere Schritte (die nur nach zwischenzeitlicher Entwicklung und Vorbereitung möglich sein können) Pläne für die unmittelbare Zukunft seien, was sicher ihre Störung zur Folge hat."[85] Auch hinsichtlich der städtischen Apartheid müsste man zwischen kurzfristigen und vorläufigen Entscheidungen und der langfristigen Politik und Lösungen unterscheiden. So erscheine es auf den ersten Blick, als gebe er mit dem Bau von Townships und der Umsiedlung der schwarzen Bevölkerung aus Slumgebieten in feste Siedlungen ein Grundprinzip der Apartheid auf. In Wahrheit sei dies öko-

---

81 FAV 4.5.2.7, Rede vor der Afrikaanse Sakekamer Kapstadt, 27.9.1948, Notizen.

82 Dies tritt etwa in einem Memorandum zutage, in dem Verwoerd von Grundprinzipien ausgehend die Spielräume für das praktische politische Vorgehen auslotete, in vielen Fällen noch nicht sicher war, was die beste Lösung sein sollte, aber wusste, wie sie im Endeffekt aussehen würde: FAV 4.7.1.5 Memorandum, Wat vorentoe gedoen moet word, 27.4.1960.

83 Posel 1997: 262.

84 Eidelberg 1997: 100 f. Schon N. J. J. Olivier 1973: 2 sprach von einem „allmählichen Prozess".

85 296.KV.32 (5), Verwoerd an P. A. Weber, 9.1.1956.

nomischen Erfordernissen geschuldet, dass das Land „noch für eine geraume Zeit in der Zukunft den Charakter haben wird, den wir jetzt kennen." Sicherlich würde weiterhin eine bestimmte Zahl Schwarzer in den Städten leben „im Zusammenhang mit den ökonomischen Tätigkeiten, die es für sie gibt", aber der Zustrom müsse gebremst werden, um dann durch eine langfristige ökonomische Umsteuerung, insbesondere den Aufbau von grenznahen Industriezentren, die Zahl zu vermindern.[86] Der Charakter einer langfristigen Entwicklung erforderte, dass man zuerst den „unkontrollierten Zustrom" eindämmen musste. „Solange wir sie nicht in ethnischen Gebieten [groepsgebiede] versammeln, schwärmen sie überall ungezählt und unkontrolliert zwischen den Weißen herum."[87]

So eindrucksvoll das System der Apartheid in Verwoerds wortreichen Ausführungen auch erscheinen mochte, so konnte es den kritischen Zeitgenossen nicht verborgen bleiben, dass es praktisch nicht durchführbar war. „The truth is that apartheid is not a calculated policy expressed through a known programme of action. It is an attitude of mind expressing itself in a series of random, ad hoc responses to situations as they arise. Apartheid is reflexive rather than determinative in character, and as such it is negative rather than positive. The result is that the apparatus of apartheid, which is now grown combrous, works in fitful jerks without consistent purpose. It prods and pricks and jostles the non-White population at a hundred points, but it does not induce any broad movement in a predetermined direction."[88] Mehr noch, hinter dem papiernen System steckte keine klare politische Richtung und keine eindeutige Zielsetzung. Das lag natürlich daran, dass Verwoerd Unvereinbares zusammenzwang: ein Privilegiensystem für die Weißen und eine gerechte Lösung für alle.

Überzeugt von der Richtigkeit seiner Systematik, reagierte Verwoerd misstrauisch gegenüber all denjenigen, die auch nur einzelne Aspekte seiner Politik kritisierten, brachten sie doch dadurch deren systematische Konsistenz in Gefahr. Er befürchtete, weltfremde Theoretiker könnten sich in „seine" Angelegenheiten einmischen, von denen sie ohnehin nichts verstanden: „Schon seit geraumer Zeit beobachten wir die Neigung, die sich bei einigen aus unserer Intelligenzschicht und ein paar Kirchenführern hinsichtlich der Rassenfrage festsetzt. Ich will Ihnen darum von Anfang an die Versicherung geben, dass die Regierung nicht vor denjenigen, die in diesem Zusammenhang Druck auf uns ausüben wollen, zurückweichen wird. Wir lassen uns nichts von Theoretikern vorschreiben, die von

86 NA NTS 4562, 1049/313, Conference between Officers of the Native Affairs Department and Managers of Departments of Non-European Affairs and other Officers concerned of Urban Local Authorities, S. 8 (Eröffnungsansprache Verwoerds).

87 Ebd. S. 9.

88 Owen Vine, in: RDM 26.3.1958.

der Praxis keine Ahnung haben, sondern wir werden [...] zielstrebig auf dem Weg voranschreiten, dem wir seit 1948 eingeschlagen haben."[89]

Schon in seiner Rede in Kimberley 1934 und in seiner Aussage vor der Wilcocks Commission hatte Verwoerd den Reservaten eine Schlüsselfunktion zugewiesen. Der frühe Zeitpunkt der Bantu Authorities-Gesetzgebung 1951, kurz nach seinem Amtsantritt als Minister, lässt erkennen, dass er daran festhielt.[90] Bis dahin fungierten die 1913 mit dem Natives Land Act eingerichteten Reservate als eine Art landwirtschaftlicher Ergänzungsraum zur Wanderarbeit.[91] Zwar kam mit der Ankündigung Verwoerds im Jahr 1959, den Homelands die politische Unabhängigkeit in Aussicht zu stellen, etwas Neues hinzu, doch zeigte die territoriale Rassentrennung an sich eine bemerkenswerte Kontinuität, weshalb auch Posels These, 1959 hätte eine zweite, neue Phase der Apartheid begonnen, die als Lerneffekt aus dem „Scheitern" der ersten zu verstehen sei, schwer nachvollziehbar ist.

Afrikanische Landwirte hatten vielerorts in „weißem" Gebiet Land erworben und darauf produktive Farmen aufgebaut, was sich mit den Plänen einer vollständigen Rassentrennung nicht vereinbaren ließ. Diese Gebiete, teilweise einzelne Farmen, manchmal ganze Dörfer oder größere Gebiete, wurden nun als „schwarze Flecken" zu Ergebnissen einer Fehlentwicklung deklariert und ins Programm der umfassenden Entflechtung aufgenommen. Der Minister wollte ausschließen, dass der Landkauf zu einer Ausweitung des schwarzen Siedlungsgebietes generell führte, dafür sollten neu angekaufte Gebiete diesen Umgesiedelten vorbehalten bleiben.[92] Landkauf als Erweiterung der Reservate wurde nur vorgenommen, um die Beseitigung der „schwarzen Flecken" zu erleichtern, nicht um eine fairere Landverteilung zu bewerkstelligen.

Neben den „black spots" gab es aber auch deren Gegenteil: weißen Landbesitz innerhalb der Reservate, der eigentlich nach 1913 gar nicht mehr hätte möglich sein dürfen. Verwoerd machte klar, er werde an dem Grundsatz festhalten, „dass der Eingeborene dasselbe Recht hat, um im Rahmen seiner Fähigkeiten in weiße Flecken vorzudringen und das Eingeborenengebiet zu einer Einheit zu formen, wie der Weiße das Recht hat, das weiße Gebiet vollkommen weiß zu machen, zumindest was Eigentumsrechte betrifft." Während die Regierung

89 PV 93/1/24/10, 146, Verwoerd an Senator S. F. Malan, 3.11.1960.

90 Für Heale 1981: 381 begann mit dem Bantu Authorities Act die Apartheidpolitik.

91 Verwoerd und den Afrikaaner-Nationalisten ging es, anders als Marxisten wie Wolpe mutmaßten, primär um die Zukunftssicherung für die weiße Bevölkerung und weniger um die Industrieinteressen, die er zwar berücksichtigte, die aber keineswegs oberste Priorität genossen. Wirtschaftspolitik blieb der nationalen Identitäts- und Kontinuitätssicherung subordiniert.

92 PV 276/1/7/1/1, Bl. 16 Memo, V. an Sekr. NA, 29.7.1957.

„schwarze Flecken" aufkaufte und die bisherigen Besitzer „entschädigte", sollten das die Schwarzen in ihren Gebieten selbst tun, wenn sie den Besitz von Weißen übernehmen wollten. Auf die völlig unterschiedliche Preisstruktur und Machtsituation der Betroffenen ging er nicht ein, ebensowenig stellte er in Rechnung, dass die schwarze Bevölkerung Steuern an den „weißen" Staat zahlte, der ihnen damit ihr Land abkaufen konnte.[93]

Die funktionelle Umorientierung der Homelands ging in eine andere Richtung, denn wenn die Apartheid städtische und ländliche Rassentrennung miteinander verklammerte, konnten die Homelands auf Dauer keine rein landwirtschaftlichen Gebiete bleiben.[94] Erklärtes Ziel der NP-Regierung war der Aufbau einer Parallelwirtschaft in den Homelands, d. h. diese sollten industrialisiert und mit einem Dienstleistungssektor versehen werden, in dem auch die schwarze Bildungselite ihre Zukunft finden sollte.[95] Mit Hilfe des Tribalismus sollte der afrikanische Nationalismus entlegitimiert werden und statt seiner neue ethnische Bildungseliten herangezogen werden, denen sozialer Aufstieg und Führungspositionen in den Bantustans offen stünden. Auf diese Weise sollte sogar langfristig die Landflucht rückgängig gemacht und eine Entflechtung der Wirtschaft zustande gebracht werden: „As far as the towns are concerned, the reserves play quite a big part apart from the development there; one would try gradually to induce more and more of those who are seeking opportunities to move there, out of the towns."[96] Verwoerd warf sich später zum Propheten auf, als er den Wendepunkt, an dem die Rückkehr der Schwarzen in die Homelands einsetzen sollte, auf 1978 datierte.[97]

Darum zielte seine Politik auf eine räumliche Diversifizierung der Industrie im „weißen" Südafrika, wo er Voraussetzungen und Anreize für Unternehmen schaffen wollte, nicht mehr in den Ballungsgebieten am Witwatersrand oder in den Hafenstädten Durban, Kapstadt oder Port Elizabeth zu investieren, sondern

---

93 PV 276/2/1/1/1, Verwoerd an J. J. Nepgen, Fort Beaufort, 9.5.1955. Verwoerd sah sich als Vormund für die schwarze Bevölkerung, „die ihre eigenen Interessen nicht richtig versteht" und lehnte deswegen Schürfgenehmigungen ab, wenn sie sich zum ökonomischen Nachteil einer Reservatsbevölkerung auswirken könnten: ebd. Bl. 63, V. an Jacob Wilkens (Abgeordneter der NP), 26.10.1952.

94 Verwoerd 1952: 3.

95 FAV 4.5.2.7, Notizen für Rede vor der Afrikaanse Sakekamer in Kapstadt am 27.9.1948. Der argumentative Zusammenhang von Industrialisierung der Homelands und kulturanthropologischen Behauptungen findet sich erstmals bei P. A.Theron 1952. Es ist gut möglich, dass das SABRA-Mitglied Verwoerd den Aufsatz kannte.

96 Verwoerd, The Policy of Apartheid, 3.9.1948, in: Pelzer 1966: 1–19, hier 17.

97 Verwoerd 1964 a: 15.

in der direkten Nähe der Homelands.[98] Die starke industrielle Expansion der 1950er Jahre bereitete ihm Sorgen, weil sie immer mehr schwarze Zuwanderer in die Städte zog, was seine Arbeit erheblich erschwerte.[99] Bei der Einrichtung von Grenzindustrien war er auf die Kooperation der Industrie angewiesen, denn mit Zwangsmaßnahmen konnte er nichts erreichen; darum betonte er die Notwendigkeit der Kooperation von Staat und Wirtschaft.[100] Der Staat sollte die Infrastruktur bereitstellen, und mit Hilfe von Steuererleichterungen und anderen Vergünstigungen wollte er weiße Unternehmen animieren, in diesen Regionen Betriebe aufzubauen. „The object of border development is of course to hasten the process of withdrawing the Bantu from the White areas."[101] Keine Arbeitgeber sollten gezwungen werden, ihre Betriebe in die Grenzregionen zu verlegen, sondern nur neue Unternehmen sollten dort angesiedelt werden. Diese Pläne stießen bei Unternehmern aber nur auf begrenztes Interesse, und bis Mitte der 1960er Jahre waren von 168 Anträgen auf staatliche Unterstützung solcher neuer Betriebe nur 38 genehmigt worden.[102] Die Arbeitnehmer sollten in neuen städtischen Siedlungen innerhalb der Homelands wohnen, um als Tagespendler in die neuen Industriezonen des „weißen" Südafrika zu kommen. Dieser Punkt stand im Zentrum der Auseinandersetzungen um den Tomlinson-Report.

Als die „Commission for the socio-economic development of Bantu areas within the Union of South Africa" unter Vorsitz des Agrarökonomen Professor Frederick Tomlinson von der Universität Pretoria Mitte der 1950er Jahre nach jahrelanger Tätigkeit ihren Bericht vorlegte, betrachtete Verwoerd die bloße Existenz dieser Kommission als Einmischung in seine Prärogative. Angesichts des

---

98 Schon 1937 trat er für eine stärkere Industrialisierung der „weißen" ländlichen Gebiete ein: Transvaler 20. u. 22.12.1937. Damit griff man Trends aus den USA zu einer stärkeren Verteilung industrieller Zentren, weg von den Ballungsgebieten auf: Van Nierkerk 1950: 26.

99 „Vor allem behindert mich die gewaltige industrielle Entwicklung, durch die immer mehr Eingeborene um unsere Städte zusammenkommen. Wenn wir den Strom nicht zu den Eingeborenengebieten oder in ihre Nachbarschaft zurücklenken können, werden wir scheitern." PV 93/1/13/1/2, Verwoerd an J. de Beer, 9.8.1951: Bl.116.

100 Verwoerd, Federated Chambers of Industry, Cape Town, 26.5.1954, in: Pelzer 1966: 53–63, hier 58. Immerhin hatte Van Eck 1951: 8 auf die mit der Elektrifizierung gegebene Möglichkeit einer Dezentralisierung der Industrie hingewiesen. Gerade das ungeklärte Verhältnis von Politik und Wirtschaft sowie die unausgegorene Konzeption wurde von einem der führenden südafrikanischen Ökonomen 1964 deutlich und sogar mit namentlichem Bezug auf Verwoerd kritisiert: Lombard 1964: 170.

101 Verwoerd, Budgetary Committee, 14.4.1961, in: Pelzer 1966: 576–600, hier 593.

102 Andrews/Berrill/Guingand/Holloway/Meyer/Van Eck 1965: 221, s. auch Rautenbach 1965: 109. Die Grenzindustrien waren darum keine neue Politik, die erst in den 1960er Jahren begann, sondern gingen auf Verwoerds gegen den Tomlinson-Report gerichtete Konzepte Mitte der 1950er Jahre zurück: Posel 1997: 230 u. Lipton 2007: 54 f.

möglichen Kontrollverlusts über die Grundkonzeption der Apartheid hielt Verwoerd mit seiner ablehnenden Haltung nicht hinter dem Berg.[103] Die Kommission war noch von seinem Vorgänger als Minister for Native Affairs, E. G. Jansen, eingesetzt worden und sollte die Förderung einer „eigenen Volksstruktur basierend auf zielgerichteter sozio-ökonomischer Planung" untersuchen.[104] Der Auftrag ging also über eine rein ökonomische Analyse hinaus und sollte die Chancen der getrennten Entwicklung eruieren, bei der die soziale Differenzierung generell einbezogen wurde und kulturelle Besonderheiten gewahrt blieben.[105] Verwoerd brauchte keine Experten für Entscheidungen, die nicht technische Details, sondern Grundsätzliches betrafen: „The Government and my Department did not have to wait for this report in order to have a policy and objectives. This forward movement has been in progress for a long time. Long ago we adopted positive directions."[106] Um seine Bedeutung zu minimieren, sorgte er dafür, dass der Tomlinson-Report in seinem beträchtlichen Umfang von 17 Bänden niemals publiziert wurde und damit keinen amtlichen Charakter erhielt. Er begründete seine Entscheidung mit den hohen Druckkosten[107] und erklärte sich erst später bereit, wenigstens eine Zusammenfassung als Regierungspublikation zu veröffentlichen.[108] Der Dichter N. P. van Wyk Louw kritisierte Verwoerds Haltung in einer Radiosendung im niederländischen Rundfunk, was möglicherweise ein Grund für

103 „Die derzeitige Kommission war bereits größtenteils ernannt und wurde im wesentlichen von mir geerbt." PV 276/I/18/2/1, Bl. 6 V. an T. B. Floyd, Joburg, 2.11.1950; s. auch Burger 28.3.1956. Verwoerd und Tomlinson waren schon seit ihrer gemeinsamen Studentenzeit einander nicht grün: B. M.Schoeman 1973: 231; über seine persönlichen Angriffe auf Tomlinson s. Welsh 2010: 59 u. Steyn 2002: 107. S. auch A. H.van Wyk 2005: 9 ff.

104 Tomlinson-Report 1955: xviii.

105 PV 276/I/18/2/1, Eiselen an Privatsekretär Justizminister, 3.10.1950, mit angehängtem Memorandum. Einen guten Überblick über die Arbeit der Kommission und die öffentliche Debatte bietet: Horrell 1956: 139 ff.

106 Verwoerd, Commission for the Development of Bantu Areas, 14.5.1956, in: Pelzer 1966: 102–123, hier 110.

107 FAV 4.7.8.3, Uittreksel uit gesprek tussen Erika Theron en Rykie van Reenen, Hermanus, Junie 1981. SABRA unterstützte die Empfehlungen der Tomlinson-Kommission einschließlich der Investitionen in die „Homelands": E.Theron 1983: 47 f. Zu einer verhaltenen Kritik an Verwoerd s. Sadie 1960: 62 f.

108 Die Debatte fand am 14. Mai 1956 im House of Assembly statt. In einer nur wenige Tage später im Senat gehaltenen Grundsatzrede über die Apartheid strich Verwoerd die Passagen aus dem von seinen Beamten erstellten Manuskript, die die Erkenntnisse der Tomlinson-Kommission hervorhoben und erwähnte sie nur en passant: PV 93/1/31/1/27, Konsep-Beleidstoespraak 1956, S. 7. Tomlinson konnte aber in einem vom AB organisierten „Volkskongress" seine zentralen Thesen vorstellen: Tomlinson 1956.

seinen späteren Konflikt mit ihm war.[109] Wie viele andere afrikaans-nationalistische Intellektuelle sah er in den Vorschlägen Tomlinsons die ökonomische Lösung für das moralische Grundproblem der Apartheid,[110] ohne freilich zu realisieren, dass eine solche Lösung nur im Dialog mit der betroffenen Bevölkerung hätte gefunden werden können.

Als im Mai 1956 der Tomlinson Report im Parlament debattiert wurde, konnte darum niemand mehr überrascht sein wegen Verwoerds ablehnender Reaktion, auch wenn sie etwas verklausuliert geäußert wurde: „[N]o report, not even this one, speaks the final word or suggests the only possible methods. There is a certain object, and in order to attain that object all kinds of possible methods can be evolved."[111]

Bereits im Vorfeld hatte er seine Parteifreunde und Anhänger darauf eingestimmt, dass er den Bericht nicht zur Grundlage seiner weiteren Politik machen würde. In konziliantem Ton versuchte er, den tiefen Dissens zwischen dem Report und seiner eigenen Meinung zunächst zu verschleiern: „I now find to my surprise and pleasure that the Commission, with its more detailed analysis of the figures, comes to approximately the same conclusions and gives approximately the same answer."[112] Er sprach sogar davon, dass der Bericht „is accepted in principle notwithstanding the obvious provisos concerning the methods and measures proposed. It is obvious that there should be freedom to judge the merits of every proposed method and every detail."[113] Das Lob diente der Schadensbegrenzung, denn der Report wurde in der Öffentlichkeit überschwenglich als Beginn einer neuen Ära gelobt und weckte Erwartungen, dass nun erstmals eine realistische Politik in Gang gesetzt würde.[114] Der Minister verlegte sich auf eine Relativierung seiner Meriten durch historische Kontextualisierung: „It is nothing but the continuation of the continual search by the population of the country for a solution of an old and historic problem, a problem which was not always seen very clearly and one which, as it develops, now becomes clearer to us."[115]

Seine inhaltlichen Begründungen offenbarten seine anders gelagerte Konzeption der Apartheidpolitik und lassen erkennen, was ihn von Tomlinson und

---

109 Steyn 1998: 787 f.

110 M.Sanders 1999: 629.

111 Verwoerd, Commission for the Development of Bantu Areas, 14.5.1956, in: Pelzer 1966: 102–123, hier 103.

112 Ebd.: 104.

113 Ebd.: 105.

114 PV 442/2/2/1, Thomas Boydell an Tomlinson, Bl. 1 u. 2, 24. u. 26.12.1954.

115 Verwoerd, Commission for the Development of Bantu Areas, 14.5.1956, in: Pelzer 1966: 102–123, hier 103.

seinen Mitarbeitern inhaltlich trennte. Verwoerd war überzeugt, dass die Homelandpolitik auf Dauer weniger Geld koste als die fortschreitende Urbanisierung, denn sie sei billiger als der Bau ständig wachsender Siedlungen in den Ballungsgebieten und billiger als in den Berechnungen der Kommission, weshalb er die veranschlagte Summe von 104 Millionen Pfund notwendiger Investitionen als viel zu hoch ablehnte.[116] Verwoerd wollte von seinen Wählern nicht die Opfer verlangen, die andere, etwa im Verzicht auf schwarze Hausangestellte, als unausweichlich betrachteten, sollte die Apartheid Erfolg haben.[117]

Die Lösung, die er anbot, sollte mit einem Schlag alle Probleme lösen, denn eine selbstverantwortliche Einbeziehung der „Bantu“ war viel billiger.[118] Sie würde die Schwarzen zu verantwortlichem Handeln erziehen, gleichzeitig ihre Zivilisierung fördern und ihnen längerfristig ökonomische Prosperität verschaffen. „That means that instead of extensive soil conservation works and the improvement of small areas, less intensive and more extensive work is done in a large area by stabilizing against deterioration.“[119] Damit räumte er selbst ein, dass die ökologischen Maßnahmen, die eigentlich notwendig gewesen wären, um die überweideten Gebiete bewohnbar zu erhalten, zu teuer waren und darum nur noch der Niedergang aufgehalten werden konnte. „I feel that the new direction must be that the Native himself be trained in the conserving of his own land so that each work of improvement is his, not only that we say it is his, but that he believes and he feels that it is his, and that he must maintain it.“[120]

Am Beispiel eines Staudammbaus rechnete er die Effekte dieser Form von Erziehung zur Selbsthilfe vor. Ein Staudamm würde nach dem alten System £6,000 bis £8,000 kosten, wobei die Bewohner die Instandhaltung des Damms

---

116 Tomlinson-Report 1955: 194.; Verwoerd, Toespraak in die Volksraad, 14.5.1956, in: Pelzer 1963: 95–114: hier 101. Ein regierungsnaher Wirtschaftsexperte bezifferte die Investitionen, um 100 grenznahe Betriebe zu gründen, auf 200 Millionen Pfund: RDM 28.3.1955; zu den Sonderkonditionen für Unternehmer s. Horrell 1973: 102 ff. Interessanterweise wurde in einer Propaganda-Geschichte Südafrikas für deutsche Leser diese Ablehnung verschwiegen und behauptet, noch der Premierminister Verwoerd hätte auf den Tomlinson-Report für die Gestaltung seiner Politik zurückgegriffen: De Kock 1970: 52. Tomlinson hatte bis dahin hauptsächlich zur weißen Farmwirtschaft gearbeitet, in seiner Antrittsvorlesung von 1939 erwähnt er die Arbeiter nur am Rande und als Produktionsfaktor, auf Ausbeutung etc. ging er mit keinem Wort ein: Tomlinson 1939: 11. Bereits Van Eck 1951: 27 hatte die Gründung einer eigenen Investitionsgesellschaft nach dem Vorbild der Industrial Development Corporation vorgeschlagen.

117 Barker 1953: 24 f., dabei schwang auch immer die Angst vor Dekadenz durch Müßiggang mit.

118 Verwoerd, Begrotingskomitee, 14.4.1961, in: Pelzer 1963: 537–559: hier 549.

119 Verwoerd, Commission for the Development of Bantu Areas, 14.5.1956, in: Pelzer 1966: 102–123, hier 109.

120 Verwoerd, Policy of the Minister of Native Affairs, 20.6.1955, in: Pelzer 1966: 86–101, hier 93.

der Regierung überlassen würden. „Under the new system, by having the dam built by the Bantu authority with our assistance, it cost between £650 and £750, and the dam is accepted by the tribe as its own."[121] Der entscheidende Punkt, an dem seine Ansichten zur Methode von derjenigen der Kommission divergierten, war neben der Einbeziehung der „Bantu" durch „Hilfe zur Selbsthilfe" die Investitionen von Weißen in den Gebieten.

Für Verwoerd liefen die von der Kommission empfohlenen Investitionen in die Homelands auf eine Politik der Integration hinaus, Industrieansiedlungen konterkarierten das zentrale Ziel der territorialen Rassentrennung.[122] Diese Auseinandersetzungen um den Tomlinson-Report widerlegen nun keineswegs, dass Verwoerd ein „possessed ideological visionary" war – im Gegenteil.[123] Während der Historiker John Lazar und andere Autoren Verwoerd als einen Pragmatiker einschätzen, zeigt zumindest dieser Vorfall, dass er dogmatischer war als Tomlinson und seine Kritiker in SABRA.[124] Denn sein Konzept einer radikalen territorialen Trennung, das keinerlei Investitionen von Weißen in den „Homelands" zuließ, war eindeutig rigider als Tomlinsons Vorschläge, die von der ökonomischen Umsetzbarkeit ausgingen. Er beharrte auf den Grundsätzen der totalen Apartheid, während die SABRA-Intellektuellen mit ihrer Forderung nach direkten Investitionen in den Bantustans eher eine pragmatische Aufweichung anstrebten.

In der Tat ist Lazars Gegenüberstellung von Apartheid-„Utopisten" in SABRA und einem „pragmatischen" Verwoerd ausgesprochen problematisch. Denn dadurch wird der Eindruck erweckt, dass im Gegensatz zu wohlmeinenden, aber weltfremden Akademikern Verwoerd realistische Ziele im Blick gehabt hätte. Dies entspricht indes keineswegs der Wirklichkeit, vielmehr strebte Verwoerd ebenso unrealistische Fernziele an wie die SABRA-Intellektuellen; sie unterschieden sich nur in der Methode, wie Verwoerd es selbst ausdrückte. Tatsächlich war Verwoerd von beiden der dogmatischere, der sich, um sein Fernziel zu erreichen, viel Zeit einräumte, so dass sein Staatssekretär Werner Eiselen sogar von einem Prozess sprach, der Generationen dauern könne.[125] Tatsächlich sahen zeitgenössische Autoren den Hauptunterschied in den angesetzten Zeiträumen, da die Tomlinson-Kommission stärker auf schnelle Maßnahmen drängte,[126] Verwoerd in

---

121 Verwoerd, Commission for the Development of Bantu Areas, 14.5.1956, in: Pelzer 1966: 102–123, hier 109.

122 Strydom 1967: 61ff.

123 Lazar 1987: 209f.

124 S. auch A.H. van Wyk 2005: 18. Gordon 1988: 546 zur Übereinstimmung der Ideen von SABRA und der Tomlinson Commission.

125 Eiselen 1953: 23 u. 1959: 7.

126 J.F.Eloff 1959: 58 u. 61.

längeren Phasen dachte. In der Ablehnung des Tomlinson-Report äußerte sich nicht Verwoerds größerer Realismus, sondern seine rigorose Prinzipienorientiertheit, die sich auch in seinem Begriff „Ausbeutung“ niederschlug.

In der Diskussion um den Report benutzte Verwoerd den Begriff der „Ausbeutung“ in einer eigentümlichen Weise, da er ihn nicht primär ökonomisch verstand, sondern ethnisch. Ein weißer Geschäftsmann, der an weißen Kunden verdiente, betrieb ein legitimes Geschäft, verhielt sich dagegen mit demselben Geschäftsgebaren gegenüber schwarzen Kunden als „Ausbeuter“.[127] Er meinte damit konkret investitionswillige Juden und möglicherweise beeinflusste Antisemitismus seine Ablehnung des Tomlinson-Reports.[128] Wenn Weißen gestattet würde, in den Homelands zu investieren, wie es der einflussreiche afrikaanse Unternehmer Anton Rupert schon 1950 und in den 1960er Jahren wiederholt gefordert hatte,[129] entwickelte sich ein neuer Kolonialismus und ökonomische Ausbeutung mit Dumping-Löhnen.[130] So würde die Industrie im „weißen“ Südafrika unter unfairen Konkurrenzdruck gesetzt: „A low wage policy in the Bantu areas would, therefore, be opposed and it would not necessarily attract a White firm.“[131]

Die Argumentation war letztlich eine moralische und berührte das eigentliche Legitimationsproblem der Apartheid: „[T]hat is that if the White guardian foists a private undertaking on it or allows it into those areas, it will be viewed as economic colonialism. It will be regarded as an attempt by the Whites to rid themselves of the responsibilities of government in the political sphere, but to carry on with economic exploitation.“[132] Wenn man Weißen einräumte, in den Homelands zu investieren, müsste man zulassen, dass sie sich dauerhaft dort niederließen und Eigeninteressen als Siedlerbevölkerung entwickelten. In dem Fall hätte man keine Argumente, um den „Bantu“ dasselbe in den weißen Städten zu untersagen: „[I]f in the Bantu areas you are going to give the White industrialist such rights as the ownership of property, the same rights would have to be given to the Bantu in the White areas and that would put an end to the possibility of Se-

127 PV 276/I/9/5/6/2/9, Interview mit London Sunday Times 15.2.1955. S. auch Verwoerd 1964a: 28.

128 Meiring 1990: 97.

129 PV 206/3/2/1, Anton Rupert: Die Afrikaner in die Nywerheid [1950], S. 107, s. auch Lazar 1987: 155f. Zu unerquicklichen Gesprächen mit Verwoerd über Ruperts geplante Investitionen in den Homelands s. Dommisse 2005: 128f. u. 154ff. u. Welsh 2010: 194.

130 Verwoerd, Wetsontwerp ter bevordering van Bantoe-self bestuur, 20.5.959, in: Pelzer 1963: 254–275: hier 266.

131 Verwoerd, House of Assembly, 23.1.1962, in: Pelzer 1966: 660–689, hier 677.

132 Ebd.: 678.

paration, which is what the Commission wants and what we want.“[133] Im Gegensatz zu „weißen“ Investitionen erschien ihm der Aufbau von Grenzindustrien problemlos,[134] doch nannte er kein plausibles und überzeugendes Argument, warum eine Investition in der Nähe nicht zu denselben Problemen wie in den Homelands selbst führen sollte, nämlich zum Abwürgen eigenständiger schwarzer Initiativen und zur Billiglohnkonkurrenz für die weißen Unternehmen in den Ballungszentren. Seine ökonomische Begründung war fadenscheinig, da die tatsächlichen Folgen weißer Investitionen innerhalb oder außerhalb der Homelands ziemlich ähnlich ausfallen mussten, wie es die weitere Entwicklung offenbarte.

Die Auseinandersetzung um den Tomlinson-Report und Verwoerds ablehnende Haltung darf indes nicht den Eindruck erwecken, als sei hier eine wichtige Chance verpasst worden. Vielmehr missachteten auch Tomlinson und seine Kollegen, dass die Mehrheit der Schwarzen die Homeland-Politik ablehnte. Ob weiße Unternehmer in großem Stil in die Homelands investiert hätten, kann bezweifelt werden.[135]

Ähnlich kontrafaktisch war Verwoerds Argumentation, dass die Homelands groß genug seien, um die schwarze Bevölkerung zu ernähren. Er war überzeugt, hier liege nur ein verbreiteter Rechenfehler vor. Die Annahme, die Homelands seien zu klein, beruhe auf der falschen Vorstellung, alle Afrikaner müssten in der Landwirtschaft tätig sein. Er behauptete über Pondoland, „that if a European nation which is accustomed to making great use of small and difficult land had lived there – if the Italians or the Danes, the Dutch or the English had lived here – those areas alone could perhaps have carried 19,000,000.“[136] Dies könne selbstverständlich nicht geschehen, wenn die Bantustans rein landwirtschaftlich genutzt würden, sondern die Menschen müssten Arbeitsplätze in anderen Bereichen finden, denn „it is in addition clear that other sources of earning incomes will have to be created for the large numbers who will live there. It is self-evident, as in

---

133 Verwoerd, Commission for the Development of Bantu Areas, 14.5.1956, in: Pelzer 1966: 102–123, hier 115.

134 Verwoerd, Naturelle-verteenwoordigende Raad, 5.12.1950, in: Pelzer 1963: 17–26: hier 23. Beobachter wie der deutsche Journalist Werner Holzer hielten dieses Unterfangen für aussichtslos: Holzer 1961: 194.

135 Sadie 1989: 153 f. Immerhin hatte der Tomlinson-Report Saayman zufolge eine Intensivierung der Rassentrennung in der reformierten Kirche zur Folge. Saayman 2008: 7 u. 14.

136 Verwoerd, Commission for the Development of Bantu Areas, 14.5.1956, in: Pelzer 1966: 102–123, hier 119.

all countries which have developed in that way, that one must look to secondary industries."[137]

Er lehnte darum eine Vergrößerung der Reservate, wie Teile der Opposition sie forderten, mit Verweis auf diese Entwicklungspotentiale ab. Statt mehr Land zur Verfügung zu stellen, solle die Qualität der Landwirtschaft verbessert werden, wozu ein erster Schritt die Reduzierung der Zahl der Bauern sei. „That does not necessarily mean a decrease in the population of the native areas, but a regrouping of them according to occupation. We must get away from that idea of the past that the salvation of the native in his own areas should be done only by way of agriculture. Other sources of income and other occupations must be created for him as well. To contribute effectively to the building up of a Bantu community the separation between the rural native on the one hand and the townsman or city man on the other must take place actually within those areas."[138]

Die gegenwärtige Rückständigkeit der Bantustans sei der Fehler der Weißen „for neglecting them, for expecting so little from them, for leaving them to their beer pots. As Europeans we colonized those areas by simply taking over control. We did not teach the Bantu to control himself. We did not allow him to develop. We tried to put ourselves in his place in his own area."[139]

Ebenso wies er den Vorwurf zurück, „that Bantu authorities are established to return the Natives to their primitive conditions."[140] Vielmehr sollte ein Entwicklungsprozess in Gang gesetzt und von den Weißen als „Vormündern" unterstützt werden, der ihrer eigenen kulturellen Entwicklungslogik vollen Entfaltungsspielraum gebe. Er warnte allerdings, dass man auch von den neuen Obrigkeiten keine zu schnellen Ergebnisse erwarten dürfe, „as though they were westerners with centuries of civilization behind them. Their leadership is a progressive leadership starting with their people and thereafter rising in steps to which the capacity of the Bantu can adapt itself."[141]

Seinen Berechnungen zufolge bot die Einrichtung von Grenzindustrien auf „weißem" Territorium nicht nur den unmittelbar dort Beschäftigten Arbeitsplätze, sondern sie würde sich auf Dienstleistungen und Handel auswirken: „if 100,000 persons are employed as wage-earners in secondary industry, or in primary industry, it means that provision has to be made for roughly 500,000 persons (at 5 persons per family). But on a basis of that kind the scope of the super-structure, that is to say, the number of people who fulfil all sorts of tertiary duties, is so

---

137 Verwoerd, Policy of the Minister of Native Affairs, 20.5.1952, in: Pelzer 1966: 31–52, hier 37.
138 Ebd.: 34.
139 Verwoerd, Policy of the Minister of Native Affairs, 20.6.1955, in: Pelzer 1966: 86–101, hier 95.
140 Ebd.: 94.
141 Ebd.: 94.

great that the total number earning a livelihood on this basis is roughly 2,500,000 (husband, wife and child).“[142] Triumphierend wies er 1956 darauf hin, dass die Zahl der schwarzen Handeltreibenden in den Homelands deutlich zugenommen hatte.[143] Dem Natives Representative Council malte er die Möglichkeiten aus, die durch die Entstehung einer Parallelgesellschaft in den Reservaten auch für die Bildungselite entstünde: „According as a flourishing Community arises in such territories, however, the need will develop for teachers, dealers, clerks, artisans, agricultural experts, leaders of local and general governing bodies of their own. In other words, the whole superstructure of administrative and professional people arising in every prosperous community will then become necessary.“[144] Durch Ausdifferenzierung der Gesellschaft könnten die „gelehrten Bantu“, die derzeit noch in den weißen Gebieten ein Auskommen suchten, hier eine Zukunft finden.[145]

Um kein zusätzliches Land an die „Bantu“ geben zu müssen, hielt Verwoerd an den „betterment“ schemes der vergangenen Jahrzehnte fest, obwohl diese auf energischen Widerstand der schwarzen Landbevölkerung gestoßen waren und kaum Erfolge gebracht hatten. Für Verwoerd lag das nicht an den Konzepten, sondern an der Notwendigkeit, „to protect the natives from themselves.“[146] Darum ließ der Minister regelrechte Frondienste einrichten, an denen Afrikaner, ohne dass sie konsultiert worden waren, zwangsweise teilnehmen mussten: „Dämme werden mit kostenloser Arbeit gebaut, Zäune werden ohne Bezahlung errichtet und Baumplantagen für Feuerholz werden durch die Eingeborenen selbst angelegt.“[147]

Verwoerd bewegte sich in einem geschlossenen Interpretationsrahmen, der sich gegen jede Störung durch Erfahrung erfolgreich immunisiert hatte: „The betterment proclamations [...] demand of the native population considerable immediate sacrifices for the sake of long-term benefits which appear to it to be very doubtful. Hence the resistance of the natives who, incited by irresponsible elements from outside, in certain cases have gone over from passive resistance to active sabotage and rebellion.“[148] Man musste sie zur Entwicklung zwingen, das –

142 Verwoerd, Commission for the Development of Bantu Areas, 14.5.1956, in: Pelzer 1966: 102–123, hier 117.

143 Verwoerd, Volksraad, 14.5.1956, in: Pelzer 1963: 95–114, 105.

144 Verwoerd, Government's Policy of Apartheid, 5.12.1960, in: Pelzer 1966: 20–30, hier 26.

145 PV 93/1/31/1/31, Memo Dorpsontwikkeling in Naturellegebied, S. 2.

146 Verwoerd, Policy of the Minister of Native Affairs, 30.5.1952, in: Pelzer 1966: 31–52, hier 36, s. auch Delius/Schirmer 2000: 729 f.

147 PV 93/1/31/1/31, Dorpsontwikkeling in Naturellegebied, S. 3.

148 Verwoerd, Policy of the Minister of Native Affairs, 30.5.1952, in: Pelzer 1966: 31–52, hier 33.

ohnehin langsame – Begreifen würde sich irgendwann schon einstellen. Damit war die Legitimation gängelnden Verhaltens oder repressiver Maßnahmen gegeben.[149]

In den Homelands sollten ausschließlich schwarze Unternehmen Betriebe aufbauen dürfen, was Verwoerd als gerechte Lösung anpries,[150] selbstverständlich immer mit den die eigenen Wähler beruhigenden Zweifelsbekundungen versehen, ob die Schwarzen überhaupt in der Lage dazu wären. „We all realise, however, that the Bantu, due to his financial position and the limits of his knowledge and experience, and to a very important extent, his character, will not make the development of industry on a large scale by himself in Bantu areas possible within a short enough time to absorb all those workseekers who must seek an outlet for their energies."[151] Während die schwarze Industrie aufgrund von Kapitalknappheit und der unterstellten Unreife und Unfähigkeit der Schwarzen noch lange benötigen würde, sollten die Grenzindustrien so rasch wie möglich eingerichtet werden. 1955 stellte er gegenüber besorgten Geschäftsleuten, die schon seit langem in der Transkei wirtschaftlich aktiv waren, klar, dass „es das Bedürfnis des Eingeborenen nach seinem weißen Vogt sein wird, was ihn noch etliche Jahre in der Transkei hält und seine Existenz sichert."[152] Ein schnelles Entwicklungstempo erwartete er nicht, was nicht nur auf fehlende Kenntnisse, sondern auch auf „gewisse Charakterzüge" der „Bantu" zurückzuführen sei, die er nicht genauer benannte.[153] Er setzte so großes Vertrauen in die langsame Entwicklung der „Bantu", dass er für längere Zeit keinen Grund zur Verunsicherung sah: „Ähnlich werden Eingeborenenhändler, wenn sie einmal Geschäftssinn und -moral sowie Geld genug haben – was noch lange dauern wird – durch Konkurrenz die weißen Händler ablösen."[154] Diese Relativierungen seiner ansonsten konsistenten und als gerechte Lösung präsentierten Trennungspolitik ließen seine wirklichen Absichten erkennen. Der Erhalt weißer Privilegien hatte für ihn immer Vorrang vor Entwicklungschancen für die schwarze Bevölkerung. Trotz aller Beschwörung der Entwicklung der Bantustans rechnete er in Wirklichkeit gar nicht mit einer ei-

---

149 „By doing missionary work and sometimes by exercising a little pressure, much has been done in that regard." Verwoerd, Commission for the Development of Bantu Areas, 14.5.1956, in: Pelzer 1966: 102–123, hier 110.

150 Verwoerd, Volksraad, 23.1.1962, in: Pelzer 1963: 615–641: hier 631.

151 Verwoerd, Federated Chambers of Industry, Cape Town 26.5.1954, in: Pelzer 1966: 53–63, hier 56.

152 PV 276/2/1/1/1, Verwoerd an J. J. Nepgen (Fort Beaufort), 9.5.1955, s. auch Verwoerd, Volksraad, 14.5.1956, in: Pelzer 1963: 95–114, 105.

153 PV 276/1/6/1/8, Bl. 146 ff., V. an T.W. N. Hitge (Pretoria), 15.3.1957, S. 2. S. auch Verwoerd 1964 a: 17.

154 PV 276/2/1/1/1, Verwoerd an J. J. Nepgen, Fort Beaufort, 9.5.1955; s. auch Dönhoff 1965: 160.

genständigen Industrialisierung. Wegen der niedrigen Löhne konnten Grenzindustrien nur auf extreme Ausbeutung gegründet werden. Darum waren Verwoerds Ankündigungen von steigenden Löhnen für schwarze Arbeitnehmer im besten Fall Wunschdenken, im schlechteren und wahrscheinlicheren billige Propaganda.[155]

Die Apartheid sollte als eine in die Tradition eingebettete Modernisierungspolitik erscheinen, weshalb er vorzog, sie als getrennte Entwicklung zu bezeichnen. Allerdings müsse man die Homelands zuerst „psychologisch aufbauen". Die Weißen könnten den Aufbau nicht übernehmen, denn das sei Kolonialismus. „Der schwarze Mann muss sich also entwickeln und er muss das schneller als in der Vergangenheit tun, wenn er eine eigene industrielle Entwicklung haben will." Da sie Verwoerd zufolge nicht einmal ihre eigenen Bedürfnisse einschätzen konnten, erübrigte sich jeder Versuch, mit den „Bantu" wie mit Weißen verhandeln zu wollen.

Politische Führung musste nach Verwoerds Meinung auf „traditioneller Grundlage beruhen und zwar innerhalb seines Stammes und der ethnischen Gruppe", weshalb es keine „Parteien im westlichen Sinn" geben dürfe.[156] Statt dessen wurden die „traditionellen" Oberhäupter, die Chiefs, als „die echten Bantuführer"[157] ins Zentrum der neuen Verwaltungsstrukturen befördert. Denn sie könnten Innovationen leichter durchsetzen, „for there are still strong superstitions opposing the adoption of new practices into tribal life, unless introduced by the chief in person." Darum hätten auch die bisherigen Councils keinen Erfolg gehabt, den „sense of proprietorship and responsibility" zu wecken, „which is the essence of true democracy."[158] Dies bedeutete, dass die Chiefs nun Teil der Administration wurden, faktisch Befehlsempfänger, mit denen nicht verhandelt wurde und denen nur das Mittel des Hinhaltens und der Subversion blieb.[159] Sie sollten den Transformationsriemen zwischen den Native Commissioners als der untersten Verwaltungsebene des Native Affairs Department und der schwarzen Bevölkerung bilden, mittelfristig nicht nur auf dem Land, sondern auch in den

155 Möglicherweise war es auch seine Antwort auf kritische Berichte in der südafrikanischen und britischen Presse über die zu geringe Kaufkraft der Schwarzen als Hemmnis für weiteres Wirtschaftswachstum: Star 6.4.1955 u. 26.2.1958 (Kommentar), RDM 19.3.1958 (Kommentar).

156 FAV 4.6.1.3, V. an W. L. Marais (Germiston), 31.8.1956.

157 PV 276/I/7/1/1, Bl. 11 V. an G.G. Mabunda, (Letaba, Tvl.), 6.12.1956.

158 PV 276/3/1/1, Bantu Self Government (undatiert und kein Autor genannt, möglicherweise von Verwoerd selbst, zumindest aber handelt es sich um eine offizielle Darstellung des Ministeriums), S. 2. und 1.

159 PV 276/I/8/1/4, Bl. 292, V an L.W. Yates (Pietermaritzburg), 17.10.1953. Zur Ambiguität im Verhalten der Chiefs instruktiv Kelly 2015: 274.

städtischen Siedlungen. Wenn es um die Beurteilung afrikanischer Politiker wie den Premierminister von Basutoland, Leabua Jonathan, ging, war er sich immer „bewusst, dass die Perspektive und Moral der Eingeborenen in politischen Angelegenheiten wie auch in anderen sich von den unseren unterscheiden."[160] Ganz im Sinn des integralen Nationalismus war die vordringlichste Aufgabe, den Schwarzen die Notwendigkeit von „Gemeinschaftsbau" zu vermitteln. Unter Rückgriff auf die eigenen Traditionen sollte eine „organische" Gemeinschaft zu sich selbst finden, adäquate Institutionen und Strukturen entwickeln und damit einem vorgegebenen Entwicklungspfad folgen.

Dem Bantu Authorities Act von 1951 wohnte eine völkerpsychologisch-pädagogische Funktion inne: „The Government with its Bantu Authorities Act created the framework for the logical and natural development of the Bantu community in the administrative field. Nobody will deny that it is educationally sound to give rights of self-government to a backward people not suddenly, but gradually. That is why the Authorities Act makes provision for the creation in native areas in succession to tribal authorities, regional authorities and territorial authorities, and it makes provision further for the expansion of their powers and authority as they earn the moral right to that through their initiative and sense of responsibility."[161] Die Bantu Authorities sollten eine mehrgliedrige Hierarchie bilden, mit den Chiefs auf der untersten Ebene, darüber sollten „Distriktobrigkeiten [streeksowerheide]" und „territoriale Autoritäten [gebiedsowerhede]" ressortieren, übergeordnete und oberste Chiefs, die ebenfalls nicht gewählt wurden, d.h. das gesamte System der Bantu Authorities war undemokratisch, was im Widerspruch zu seinen wiederholten Ankündigungen stand, man wolle es von unten allmählich demokratisch aufbauen.[162] Statt dessen sollten nach traditionellen Bräuchen, d.h. den Regeln eines Erbadels folgend, die Amtsträger aus den Familien, die Anspruch auf die Ämter hatten, ausgewählt werden, wobei aber die letzte Entscheidung beim Minister of Native Affairs liegen sollte. Dies war in der Tat eine Erneuerung kolonialer Herrschaftspraktiken unter dem Banner der eigenständigen Entwicklung, da die Manipulation schon bei der Auswahl des Personals begann.[163]

Bis in die 2. Hälfte der 1950er Jahre zeigte Verwoerd keinerlei Absicht, den Homelands die staatliche Unabhängigkeit in Aussicht zu stellen. Seine Vorbehalte

---

160 FAV 4.7.2.1, Verwoerd an Justizminister Vorster, 24.2.1966 (geheim).

161 Verwoerd, Policy of the Minister of Native Affairs, 30.5.1952, in: Pelzer 1966: 31–52, hier 39 f.

162 Thompson 1966: 79 ff. S. auch Hammond-Tooke 1975: Kap. 12.

163 In Gebieten wie der Ciskei gab es noch nicht einmal eine traditionelle Elite, sondern die Machtstrukturen ergaben sich erst mit dem Aufbau der Bantu Authorities und den massiven Zwangsumsiedlungen in die Ciskei, s. L.Evans 2014: 27 ff.

und Zweifel hinsichtlich der Entwicklungsfähigkeit der Afrikaner ließen ihn in sehr langen Zeiträumen rechnen: „Progressive farming is impossible unless you make the farmer progressive."[164] Die Entwicklung hin zu territorialen Obrigkeiten würde nach Verwoerds Einschätzung „still take a considerable time." Alles weitere würde die Zukunft erweisen, die jetzige Regierung hätte aber „development of rights within the Bantu areas" eingeleitet.[165]

Zur Einführung der Bantu Authorities gehörte die Förderung traditioneller Kultur oder dessen, was die Beamten dafür hielten. Im Gegensatz zur früheren Politik in der Kolonie und Provinz Natal, die auf die Zerschlagung des Zulu-Königreichs ausgerichtet war, wollte Verwoerd die Würde des Königtums, nicht aber seine Macht, wiederherstellen, was ein geschickter Zug war, da die Königsfamilie in der Bevölkerung über ein ungebrochen hohes Ansehen verfügte. So ließ er die Königsgräber von der Historischen Monumente-Kommission besuchen, Gedenksteine errichten und wollte die Gebiete, auf denen sie sich befanden, vom Staat aufkaufen lassen, um sie mit den Siedlungsgebieten der Zulu zu verbinden.[166] Im Fall von Paramount Chief Cyprian, dem Zulukönig, blieb er jedoch mißtrauisch angesichts dessen Bestrebens, „die Gründung der Bantu-Autoritäten von oben zu bewerkstelligen", und bestand darauf, dass die neuen Autoritäten von „unten" aufgebaut werden müssten. Verwoerds Abneigung war keineswegs seiner demokratischen Gesinnung geschuldet, sondern er wollte verhindern, dass Cyprian zu viel Macht und Einfluss bekommen könnte: „Cyprians Ratgeber wollen das Heft in die Hand bekommen und das dürfen wir nicht zulassen."[167] Statt auf eine eigenständige Machtbasis zurückgreifen zu können, sollte auch Cyprian in die staatliche Verwaltungsstruktur als Amtsträger eingegliedert werden.

Die Absicht der Regierung, „traditionelle" Einrichtungen wie das Amt des Chief zu unterstützen, führte zum Gegenteil, weil sie selbst dafür sorgte, dass seine Legitimationsbasis durch finanzielle Abhängigkeiten und administrative Befehlsstrukturen untergraben wurde.[168] Verwoerds Hauptinteresse galt in Wirklichkeit der Intensivierung von Kontrolle und der Stärkung autoritärer Strukturen, während ökonomische Entwicklung und ökologische Nachhaltigkeit von nach-

---

164 Verwoerd, Policy of the Minister of Native Affairs, 30.5.1952, in: Pelzer 1966: 31–52, hier 35.

165 Verwoerd, Commission for the Development of Bantu Areas, 14.5.1956, in: Pelzer 1966: 102–123, hier 120.

166 PV 276/1/8/1/1, Bl. 245, Presseerklärung, undatiert; s. auch PV 276/I/27/11/4/1, 54 V. an Henning Klooper, 18.11.1952: „Vor ein paar Wochen waren drei Mitglieder der Native Affairs Commission in Nord-Zululand, um Probleme im Zusammenhang mit den Königsgräbern zu untersuchen."

167 PV 276/I/7/1/1, Memo, V. an Sekr NA, 30.4.1956.

168 RDM 13.11.1952, s. auch Keppel-Jones 1968: 186.

geordneter Bedeutung blieben,[169] da sie spätere Resultate eines erst noch durch die Weißen in Gang zu setzenden Lernprozesses sein sollten. Zudem widersprach die Rede von der Bildung einer demokratischen Kultur durch Institutionenaufbau „von unten" der verfassungsrechtlichen Realität, die mit den Bantu Authorities geschaffen wurde, dass nämlich die Befehlswege immer von oben kamen und in den Herrschaftsapparat des Native Affairs Department gezwängt blieben. Die neu eingeführten Selbstverwaltungsstrukturen, ein Kompromiß zwischen dem ursprünglich anvisierten traditionsorientierten System und westlichen Modellen, sollten „eher als Ergänzung und Erweiterung des existierenden Systems der territorialen Autoritäten statt ein umfassender Bruch mit der Vergangenheit" gesehen werden.[170]

Während er in der Öffentlichkeit die Autonomie der retribalisierten Selbstverwaltung betonte, unterstrich er in seiner Privatkorrespondenz die autoritären Züge: „Je weiter wir das Bantu-Obrigkeitssystem auch in der Transkei verankern, werden die Chiefs nicht nur mit mehr Autorität ihre Menschen kontrollieren können und besser gegen Nichtsnutze und Aufrührer vorgehen, sondern wir werden auch stärker gegen sie selbst auftreten können, sollten sie ihren Verantwortlichkeiten nicht nachkommen."[171] Nur mit dieser Reform konnte nach Verwoerds Meinung gewährleistet werden, dass auf Dauer die politischen Ambitionen der Schwarzen in ihren eigenen Gebieten gesichert wurden und es zu keinen Machtkonflikten mit den Weißen kam. Darum sei „the tribal System [...] the Springboard from which the Bantu in a natural way, by enlisting the help of the dynamic elements in it, can increasingly rise to a higher level of culture and self-government on a foundation suitable to his own inherent character."[172]

Städtische Apartheid

Eines der ersten Projekte des Minister for Native Affairs war die Räumung der sogenannten „Westlichen Gebiete" in Johannesburg, zu denen Sophiatown gehörte, wo es schwarze Grundstückseigentümer gab. Da die Bevölkerung gemischt und Sophiatown der Ort war, in dem der südafrikanische Jazz und eine neue großstädtische schwarze Literatur entstanden, gab es mehrere Gründe für Verwoerd, ein Exempel zu statuieren, weshalb er sich über Jahre hinweg intensiv in

169 Vgl. Hendricks 1989.

170 PV 93/1/20/4/1, Bl. 100, Verduidelikende Bylae zum Memorandum über Selbstverwaltungseinheiten, S. 3.

171 PV 276/1/19/11/3, Bl.226, Verwoerd an Daan de Wet, NP, (Transkei), 17.11.1954.

172 Verwoerd, Policy of the Minister of Native Affairs, 30.5.1952, in: Pelzer 1966: 31–52, hier 40.

der Räumung und Zerstörung von Sophiatown sowie der Zwangumsiedlung der BewohnerInnen in die neue Siedlung Meadowlands südwestlich von Johannesburg engagierte.

In dem Zusammenhang kam es zu einer grundlegend anderen Sicht der rechtlichen Lage, da der Stadtrat von Johannesburg der Ansicht war, die zwangsumgesiedelten Bewohner müssten in Meadowlands ähnliche „freehold titles", d. h. Grundeigentum, erhalten, während Verwoerd von den Grundprinzipien der Apartheid ausging, eine strikte territoriale Trennung durchzuführen.[173] Dabei bezog er sich auf die bereits im ersten Urban Areas Act von 1923 getroffene Festlegung, die Städte seien Orte der Weißen und Schwarzen stünden darum keine Eigentumsrechte zu. Im Fall von Zwangsumsiedlungen befürwortete er für die Umgesiedelten Mietverhältnisse, aber: „I do not for example like leases as long as 30 years." Denn man müsse beachten, dass die lokalen Autoritäten in der Lage sein sollten, „to move Natives in case of need."[174] Er wollte sich nicht an der Verwirklichung seiner langfristig angestrebten Ziele hindern lassen und bläute den Beamten ein, dass die Stadtverwaltungen keineswegs autonom und zu einer eigenen Politik befugt seien, sondern die Quelle politischer Entscheidungen sei einzig die Zentralregierung.[175] Die Umsiedlung und die Weigerung, Grundstücke und Häuser an Schwarze zu verkaufen, war Teil von Verwoerds allmählich entstehendem Gesamtkonzept für die Apartheid, ebenso wie die Kostenersparnis, um die öffentlichen Haushalte zu entlasten.

Der von Verwoerd in Auftrag gegebene Report seines Parteifreundes Frans Mentz entwickelte ein Programm für das Ballungsgebiet am Witwatersrand, das im Lauf der 1950er Jahre umgesetzt wurde.[176] In dem dichtbesiedelten Industriegebiet war der Raum knapp, um neue Siedlungen zu errichten und ihr zukünftiges Wachstum einzukalkulieren, womit eine dauerhafte territoriale Trennung hätte gewährleistet werden können. Auch mussten die möglichen Industriegebiete sowie die vorhandenen Einrichtungen mit eingeplant werden, gleichzeitig aber durfte das längerfristige Ziel der Verlagerung der Industrie in die

173 PV 93/1/24/10, Bl.77–87, H.W. van der Merwe (Kroonstad) an V., 20.6.1960, dessen Antwort v. 30.6.1960, Antwort von v.d. Merwe v. 16.7.1960 und Verwoerds Antwort v. 26.7.1960. Für Verwoerd war es ein Grundprinzip, „that the native cannot acquire any right to own land in the European areas, or in the location or native residential quarter." Verwoerd, Congress of the Institute of Administrators of Non-European Affairs, Bloemfontein 17.9.1956, in: Pelzer 1966: 124–148, hier 129.

174 PV 276/I/9/5/6/2/2, Gespräch am 24.9.1951 zwischen Stadtrat und Minister Verwoerd, S. 3 (Bl. 110).

175 Verwoerd 1957b: 6 ff.

176 Bonner/Nieftagodien 2008: 171.

Gebiete nahe den Homelands nicht aus dem Blick geraten.[177] In einem komplexen Siedlungsraum wie dem Witwatersrand musste das Wachstum einzelner Stadtteile in die Zukunft projiziert und in die Planungen so einbezogen werden, dass auch in späteren Jahrzehnten eine erneute territoriale „Vermischung" ausgeschlossen werden konnte. Er setzte auf endgültige Lösungen: „The demand for one adequate site per town or urban area is necessary to avoid a series of smaller locations around every town, which would within a foreseeable time lead to the fusion of white and non-white residential areas, as experience has taught us in the past. The latter development must further be avoided by so arranging the hinterlands for the town and the location that their development will be away from one another."[178] Der Mentz-Report war das erste Beispiel für Planung in ganz großem Stil, die das Leben von Millionen Menschen in vieler Hinsicht veränderte. Während der 1950er Jahre wurde in allen Minenstädten eine Siedlungsstruktur verwirklicht, wodurch die als „weiß" definierten Städte von schwarzen Townships umgeben wurden, die eher nach militärischen Gesichtspunkten konstituiert waren als nach den Bedürfnissen der Bewohner.[179] Dabei stand Verwoerd in seinem Rigorismus keineswegs allein, denn konservative Stadtregierungen wie in Potchefstroom übertrafen ihn sogar noch in ihrer Ruchlosigkeit wie der Sophisterei, mit der sie diese zu verharmlosen suchten.[180]

Ein Township war „preferably separated from the European area by an area of industrial sites where industries exist or are being planned; [...] the provision of suitable open buffer spaces around the proclaimed location area, the breadth of which should depend on whether the border touches on a densely or a sparsely occupied white area, and a considerable distance from main, and more particularly national roads, the use of which as local transport routes should be discouraged."[181] 1957 zog Verwoerd eine Zwischenbilanz und berichtete, dass sein Ministerium seit 1948 59 neue Townships errichtet und 64 erweitert hatte.[182]

---

177 Verwoerd, Gefedereerde Kamers van Nywerheid, Kaapstad 26.5.1954, in: Pelzer 1963: 48–58: hier 54.

178 Verwoerd, Policy of the Minister of Native Affairs, 30.5.1952, in: Pelzer 1966: 31–52, hier 42. S. H.Frankel 1952: 2f. zeigte, wie unsinnig die Suche nach „endgültigen Lösungen" in Fragen des menschlichen Zusammenlebens ist.

179 So wurden auch geplante Städte im Umfeld von Industrieanlagen nach den Vorgaben der Rassentrennung gestaltet: Brockett 1996: 168 u. 172ff. Dabei wurde das tatsächliche Bevölkerungswachstum immer viel zu niedrig angesetzt: Sadie 1950: 7.

180 F.J.van Rensburg 2006: 134ff.

181 Verwoerd, Policy of the Minister of Native Affairs, 30.5.1952, in: Pelzer 1966: 31–52, hier 42f. Das führte in manchen Gebieten zu Protesten der weißen Bewohner, in deren Nachbarschaft Townships errichtet wurden: Star 2.4.1952. PV 2/1/33, Protestbrief von P.G.T. Geyser an Town Clerk, Randfontein, 25.9.1953. Zur Umsetzung s. Christopher 1994: 106f.

Die Städte waren Orte der Weißen, „citadels of his culture" und „strongholds of white civilisation"[183] und sollten dies bleiben bzw. wieder werden. „There is the home of the European's rights and there the native is the temporary resident and the guest, for whatever purpose he may be there."[184] Ziel der städtischen Rassentrennung war die Verminderung der schwarzen Stadtbewohnerschaft, auch wenn dies von Anfang an mit Kompromissen und Zugeständnissen gegenüber weißen Arbeitgeberinteressen verbunden war.[185] In für ihn typischer Deduktion leitete Verwoerd politische Maßnahmen, wie die Verhinderung des Zuzugs schwarzer Familien, aus abstrakten Grundprinzipien her.[186] Auf lange Sicht sollten schwarzen Familien Möglichkeiten geboten werden, zeitweilig in den Städten zu wohnen, eine permanente Ansiedlung musste jedoch verhindert werden. Städtische Schwarze, auch und gerade Familien, blieben austauschbar, was einer der wesentlichen Gründe für die Weigerung Verwoerds war, ihnen längerfristige Mietverträge einzuräumen. Es sei eine unbegründete Annahme, dass in den Townships „the same persons will always be domiciled here permanently."[187] Vorgesehen war also eine permanente Fluktuation einer nur vorübergehend urbanisierten Bevölkerung, die sich an das Stadtleben gar nicht erst gewöhnen sollte und darum vom Staat als Verfügungsmasse behandelt wurde. Verwoerd wollte das System der Wanderarbeit nicht nur für den Bergbau beibehalten, sondern sogar auf die Industrie ausdehnen.[188] Gleichzeitig sollte es perfektioniert werden, indem die Rekrutierung über Arbeitsbüros erfolgte und die Zügel der Zuzugskontrollen in die Städte und der vereinheitlichten Passgesetze angezogen wurden.[189]

Mit der systematischen Einrichtung schwarzer Townships wollte der Minister auch die bisherigen Verwaltungsstrukturen ändern, denn es sei notwendig geworden, „that in one way or another we will have to assist to promote the ad-

---

182 PV 93/1/31/1/31, Entwurf einer Rede Vs. über Wohnungsbau, S. 18. Zur jahrzehntelangen Vernachlässigung des Wohnungsbaus für die schwarze Bevölkerung durch überforderte Stadtverwaltungen s. Sevenhuysen 2012: 110 f.

183 PV 276/3/1/1, Bantu in the Urban Areas (undatiert und kein Autor genannt, aber offizielle Darstellung des Ministeriums), S. 2 und 1.

184 Verwoerd, Congress of the Institute of Administrators of Non-European Affairs, Bloemfontein 17.9.1956, in: Pelzer 1966: 124–148, hier 128.

185 Posel 1997: 132 ff.

186 Verwoerd, Instituut van Administrateurs van Nie-blanke Aangeleenthede, Bloemfontein 17.9.1956, in: Pelzer 1963: 115–137: hier 120.

187 Verwoerd, Commission for the Development of Bantu Areas, 14.5.1956, in: Pelzer 1966: 102–123, hier 120.

188 Lipton 1989: 25; Terreblanche 2012: 404.

189 Platzky 1985: 107 f. u. Unterhalter 1987: 31 f.

ministration of native residential areas by the establishment on a sound basis of a form of Bantu authority in the urban areas."[190] Die ethnische Segregation in den Städten, die mit den Zwangsumsiedlungen und dem Bau der Townships verbunden war, sollte die Rückwanderung aufs Land erleichtern, ebenso wie die Einrichtung traditioneller „Bantu Authorities" in den Städten die kulturelle Wiedereingliederung in den ländlichen Gebieten erleichtern sollte: Die Stadtbewohner sollten „exercise their rights as part of those ethnic entities. That is why (unlike the present position) they will be able to go back later on and will not become weaned in the meantime of any rights which they may have there."[191] Der Einfluss des Großstadtlebens auf die schwarze Bevölkerung erschien ihm schädlich, da er sie für unreif und unfähig hielt, sich in einer städtischen Umgebung zurecht zu finden, ohne moralisch zu degenerieren.[192] Afrikaner waren seiner Ansicht nach auf die Gemeinschaft ausgerichtet, deren heilsamer Einfluss mit kommunaler Kontrolle und der patriarchalischen Autorität der Chiefs in den Städten fehlte.[193]

Die Bantu Authorities sollten deshalb vom Land in die Städte ausgedehnt werden. Die städtische Obrigkeit sollte „ihre Autorität direkt von der Stammesautorität ableiten, die in den Homelands verankert ist, von wo die verschiedenen Gruppen herstammen."[194] Hinter diesen Maßnahmen wurde das pädagogische Prinzip erkennbar, das Verwoerd auch in den ländlichen Gebieten angewendet sehen wollte: die Bewohner sollten lernen, Verantwortung zu übernehmen, wobei er ihnen die Risiken zuschob.

Die Bedenken, dass die Zerschlagung gewachsener sozialer Bindungen in den Städten durch die groß angelegte Umstrukturierung nach ethnischen Gesichts-

---

190 Verwoerd, Congress of the Institute of Administrators of Non-European Affairs, Bloemfontein 17.9.1956, in: Pelzer 1966: 124–148, hier 140.

191 Verwoerd, Bill Promoting Bantu Self-government, Senate, 20.5.1959, in: Pelzer 1966: 271–295, hier 276. Er kehrte die Argumentation um, indem er sagte, dass die ethnische Segregierung die Voraussetzung für begrenzte Selbstverwaltung sein sollte: Verwoerd, Gemeenskapsontwikkeling deur die Bantoe, 20.6.1955, in: Pelzer 1963: 80–94: hier 91.

192 Einen ganz ähnlichen Standpunkt vertrat P. J.Coertze 1963: 172f.

193 PV 276/3/1/1/1, The Bantu in South Africa, S. 3ff. Es ist nicht ersichtlich, ob dieses Dokument von Verwoerd verfasst wurde, zumindest teilte er die dort geäußerten Meinungen, wie aus anderen Texten ersichtlich. Kaum irgendwo findet man die skurrilen Annahmen über die afrikanische Kultur so gut gebündelt wie in diesem Memorandum.

194 NA NTS 4562 1049/313, Memo (von Verwoerd paraphiert) an den Sekretär NA über „Konferensie tussen plaaslike besture en die Department van Naturellesake." 9.7.1953. Verwoerds Detailversessenheit ging soweit, dass er sogar klare Vorschriften erließ, wo die Büros der Native Commissioners in den Städten eingerichtet werden sollten: PV 276/I/27/11/2/1, Bl. 40f. Memo V. an Eiselen, 7.6.1955.

punkten fatale Folgen für das Zusammenleben und eine Zunahme von Problemen wie Kriminalität usw. haben könnte, teilte er keineswegs.[195] Die neu gebildeten sozialen Bindungen in den Städten konnten nach seinem Verständnis ethnischer Einheiten als organischer „Gemeinschaften" per se keinen Wert haben, weil sie Ethnizität mißachteten und „unorganisch" waren. Seiner Ansicht nach verhielt es sich umgekehrt: die ethnische Separierung führte zu einer Verminderung von Gewalt und Kriminalität.[196]

Der ehemalige Professor für Sozialarbeit wandte seine Erkenntnisse, getränkt mit kulturnationalistischen Überzeugungen, auf die schwarze Bevölkerung an, wenn er im Senat mitteilte: „Social and welfare services take place within the perspective and policy of this side of the House and best by providing for the Native through the Native himself. The hand that gives must be drawn from the people to whom the services are given. That is the first principle of all welfare services."[197] Für ihn war die traditionelle Ordnung „des Bantu" durch „strict discipline" und „great respect" ausgezeichnet. Durch die Urbanisierung ginge dies verloren, da er „his bonds with the tribal usages" abstreift. „It is necessary that there should be a restoration in this sphere for the sake of order and peace, and especially for the sake of the welfare and prosperity of the Bantu themselves."[198] Frieden und Wohlfahrt beruhten demzufolge in erster Linie auf Disziplin und Unterordnung, nicht auf Bürgerbeteiligung, Dialog und Mitwirkung an gemeinsam gefundenen Lösungen.[199] Die weiße Regierung wußte am besten, auf jeden Fall besser als die Betroffenen selbst, was für die schwarze Mehrheit gut war: „The masses of the Bantu population are not concerned with political matters. [...] If there is anything they prefer in that respect it is, as far as one can ascertain [!], that they want to be left alone i.e. to develop separately. That is also the tendency in Africa. [...] If the masses desire anything, it certainly is not a mixed form of government."[200] Die Journalistin Margaret Lessing stellte in einem Gespräch mit

---

195 Demgegenüber machte der Oppositionsführer De Villiers Graaff die Überregulierung durch Gesetze für die Kriminalität verantwortlich, da die Schwarzen in den Gesetzen primär Instrumente der Unterdrückung sehen würden: Star 16.11.1957. Typischerweise bog auch der Ethnologe Bruwer, der die sozialen Ursachen des starken Bevölkerungszuwachses bei Schwarzen und Indern in der Armut durchaus erkannte, seine Argumentation in kulturelle Ursachen im „lobola" um: Bruwer 1955: 21.

196 Verwoerd, Senaat, 30.5.1952, in: Pelzer 1963: 27–47: hier 42.

197 Verwoerd, The Policy of Apartheid, 3.9.1948, in: Pelzer 1966: 1–19, hier 11.

198 Verwoerd, Congress of the Institute of Administrators of Non-European Affairs, Bloemfontein 17.9.1956, in: Pelzer 1966: 124–148, hier 130.

199 Verwoerd, Kongres van die Instituut van Administrateurs van Nie-blanke Aangeleenthede, Bloemfontein 17.9.1956, in: Pelzer 1963: 115–137, 134. S. auch Thompson 1966: 10.

200 Verwoerd, Motion of No Confidence, 27.1.1959, in: Pelzer 1966: 216–247, hier 229.

Verwoerd mit Erstaunen fest, „dass er allen Ernstes darauf aus war, das Denken für die Schwarzen zu übernehmen."[201] Dies galt auch für seinen Staatssekretär Eiselen, der betonte, die Entscheidung für Integration oder getrennte Entwicklung läge bei den Schwarzen, gleichzeitig jedoch eine Entscheidung für ersteres kategorisch ausschloss und auf ein falsches Bewusstsein der Bildungselite zurückführte.[202] Ebenso fanden sich Behauptungen von „Experten", die Afrikaner würden aus „Gewohnheit" der Wanderarbeit frönen und seien nicht dazu bereit, auf Dauer bei einem Arbeitgeber zu bleiben.[203]

Die Einrichtung einer begrenzten Selbstverwaltung war kein Zugeständnis an Forderungen der schwarzen Mehrheit, vielmehr stellte er klar, „that the native residential areas, the locations, in the European cities and towns are not native territory. They are parts of the European area."[204] Dies bedeutete logischerweise, dass die schwarze Selbstverwaltung dort eng begrenzt bleiben musste. Es sollten keinesfalls eigenständige schwarze Gemeinden entstehen „with its own governing body standing on its own feet as an independent co-ordinate, urban authority over and against the European urban governing body."[205]

Ein Zusammenschluss der lokalen Verwaltungseinheiten der städtischen Bantu Authorities auf höherer Ebene „in a sort of general country-wide congress of advisory boards" lehnte er darum konsequent ab, denn „ordinary members have been made vulnerable to the influence of agitators, both Black and White. [...] They will have to be municipal bodies, local organisations, and local they must remain."[206] Alles andere hätte bedeutet, eine wirklich eigenständige Selbstverwaltung in „weißen" Gebieten Südafrika zuzulassen. Einer solchen standen insbesondere die Passgesetze entgegen, mit denen der Zustrom in die Städte begrenzt und die Bewegungsmöglichkeiten der schwarzen Bevölkerung

---

201 Zit. nach Meiring 1990: 172.

202 Besonders deutlich in der höchst widersprüchlichen Argumentation in Eiselen 1965: 6 u. 8 u. ff. sowie 1959: 14.

203 P. A.Theron 1950: 23.

204 Verwoerd, Congress of the Institute of Administrators of Non-European Affairs, Bloemfontein 17.9.1956, in: Pelzer 1966: 124–148, hier 128.

205 Ebd.: 138. Vgl. auch NA NTS 4562, 1049/313, Conference between Officers of the Native Affairs Department and Managers of Departments of Non-European Affairs, S. 10 (Eröffnungsansprache Verwoerds): „... was wir mit dem Gesetz über städtische Bantu-Autoritäten erreichen, ist nicht die Überstellung des schwarzen Wohngebiets [lokasie] an den Eingeborenen, solange der Eingeborene noch nicht durch Erfahrung dazu ausgebildet ist. Das Ziel ist, um an die Person gewisse Befugnisse zu übertragen, die durch die Kontrolle des örtlichen Vormunds und Schöpfer seiner Wohnung, des Besitzers des Bodens, worauf sie sich befindet, begrenzt ist."

206 Verwoerd, Congress of the Institute of Administrators of Non-European Affairs, Bloemfontein 17.9.1956, in: Pelzer 1966: 124–148, hier 140.

kontrolliert werden sollten.[207] Die Influx Control wurde im Jahr 1952 mit Hilfe standardisierter „Reference Books“ vereinheitlicht und mit Hilfe willkürlicher Überprüfungen und Razzien rigoros durchgeführt. Da die Regierung trotz ihrer erklärten Absichten, die Wirtschaft zu modernisieren, weiterhin auf billige Wanderarbeit setzte, verhinderte sie, dass die Unternehmer durch besser ausgebildete Belegschaften einen Anreiz erhielten, ihre Betriebe zu mechanisieren. Stattdessen wurden sie durch die Regierungspolitik bis in die frühen 1960er Jahre ermutigt, arbeitsintensive Produktionsmethoden beizubehalten, für die schnell angelernte, billige Neuzuwanderer vom Land genauso gut geeignet waren wie alteingesessene Stadtbewohner. Die Regierung sah nur ein probates Mittel, um dieses Problem zu lösen, nämlich noch stärkere bürokratische Eingriffe, indem durch eine extrem restriktive Anwendung der Influx Control, durch „the closing of the urban labour market“, die Zahl der Arbeitsuchenden verknappt wurde, „until the young urban seekers for work have been absorbed.“[208] Dies wurde zentral koordiniert, womit der Minister die „wasteful employment of labour power“ durch „the expansion of the labour bureaux system“ abbauen wollte.[209] Allerdings konnte Verwoerd die Arbeitgeber beruhigen, dass er ihnen keineswegs die „juvenile offenders and hardened vagrants“ aufzwingen wolle. Diese sollten vielmehr „in work colonies and as labour groups in Native areas for the benefit of the Native communities“ verbracht werden, „to rehabilitate them there“.[210] Hinter der Verschärfung der Passgesetze stand unübersehbar die Furcht vor Aufständen, die bei weiterer Urbanisierung nicht mehr zu kontrollieren sein würden.[211] In einer Zunahme der Zahl der Farmarbeiter, die weit verstreut wohnten, sah er darum keine Gefahr, sehr wohl aber im Zustrom Arbeitssuchender in die Städte,[212] wo das Organisationspotential wesentlich höher war.

In den internen Schriftwechseln wurden die Probleme angesprochen, die nach außen durch ostentativen Optimismus überspielt wurden. Die Bereitschaft zur Brutalität wird auch in Verwoerds Äußerung aus dem Jahr 1954 deutlich, dass diejenigen, die man aus den Städten vertreiben wollte und die keiner Gruppe

---

207 Einen guten Überblick über die Gesetzeslage zur städtischen Apartheid bietet N. J. J. Olivier 1984.

208 Verwoerd, Policy of the Minister of Native Affairs, 30.5.1952, in: Pelzer 1966: 31–52, hier 49.

209 Verwoerd, Congress of the Institute of Administrators of Non-European Affairs, Bloemfontein 17.9.1956, in: Pelzer 1966: 124–148, hier 135. In der Realität funktionierte das System nicht, weil sowohl Arbeitgeber als auch Arbeitnehmer die Arbeitsbüros nicht benutzten: Sambureni 1996: 79 f.

210 Verwoerd, Policy of the Minister of Native Affairs, 30.5.1952, in: Pelzer 1966: 31–52, hier 49.

211 Verwoerd bat Justizminister Swart, die in seinen Augen potentiell gefährliche Watchtower Bewegung unter Beobachtung zu stellen. PV 276/I/19/11/3, Bl. 219 V. an Swart, 4.11.54.

212 PV 93/1/24/8, Verwoerd an L. L. S. J. Kruger (Potgietersrus), 1.3.1955, S. 3.

eindeutig zuzuordnen seien, „should be brought together temporarily into evacuation camps of some kind.“[213] Vor seinen Mitbrüdern im AB brüstete er sich, dass er eine strengere Gesetzgebung gegen „Müßiggänger und unerwünschte Eingeborene, wie sie bis dahin noch nicht existierte,“ einführen werde.[214] Er zeigte sich ganz zuversichtlich: „Mit der Zeit werden wir die Eingeborenen, die z. B. nach Johannesburg verschwinden, zu fassen bekommen. Doch schon jetzt sind diejenigen, die sich unserer Arbeitsmaschinerie entziehen, viel weniger als früher.“[215]

Die Ausweitung der Passgesetze auch auf afrikanische Frauen war schon kurz nach der Gründung der Union mehrfach versucht worden, konnte aber nie durchgesetzt werden. Für Verwoerd war die 1956 eingeführte Erfassung der Frauen durch Pässe essentiell, da er nur so den Familienzuzug in die Städte unterbinden zu können glaubte.

Neben der Influx Control musste auf dem Land eine Abwanderungskontrolle eingerichtet werden, die verhinderte, dass junge Männer in die Stadt zogen, dort keine Arbeit fanden, womöglich kriminell wurden und die sozialen Probleme noch verstärkten. „That is why the labour bureaux to which I have repeatedly referred have been established on a national scale to canalize manpower in the interests of both employee and employer. Emigration control must be established to prevent manpower leaving the platteland to become or to create loafers in the cities.“[216] Dabei hatte Verwoerd stets die ländlichen Wähler im Blick, die nach billigen schwarzen Arbeitskräften verlangten.

Die Bantu Education

Ein wichtiger Einfluss auf die Bantu Education kam von Verwoerds Secretary for Native Affairs, Werner Eiselen. Noch bevor er in dieses Amt berufen wurde, wurde Eiselen am 19. Januar 1949 zum Vorsitzenden einer Untersuchungskommission für Native Education ernannt, die 1951 ihren Bericht vorlegte. Die Wahl fiel auf ihn, weil er über langjährige Erfahrung im Erziehungswesen verfügte, ein prominentes Mitglied des Broederbond war und aus einer Missionarsfamilie stammte. Er ging von essentialistischen Ethnizitätskonzepten aus, die seine Befunde und Empfehlungen für die Bantu Education prägten, aber im wesentlichen einen

213 Verwoerd, Federated Chambers of Industry, Cape Town, 26.5.1954, in: Pelzer 1966: 53–63, hier 62.
214 PV 276/2/3/1/2/1, Verwoerd an J. P. van der Spuy (AB), 14.12.1951.
215 PV 276/1/25/1/1, Bl.23, Verwoerd an W.G. v.d. Merwe (Louis Trichardt), 12.5.1955.
216 Verwoerd, Policy of the Minister of Native Affairs, 30.5.1952, in: Pelzer 1966: 31–52, hier 50.

bereits bestehenden Konsens der Afrikaaner-Nationalisten artikulierten.[217] Die Bantu Education war ein integraler Bestandteil der Apartheidpolitik, schon SABRA wies 1954 in einer Resolution zum Bericht der Eiselen-Kommission darauf hin, dass diese lobenswerterweise der „organischen Verbindung, in der die Erziehung der Bantu stehen muss", Rechnung trug.[218] Das Bildungssystem der Apartheid zielte auf „Gemeinschaftsbau" unter den Schwarzen, auf eine Stärkung der ethnischen Identitäten durch muttersprachlichen Unterricht, der mit einem verstaatlichten und vereinheitlichten Curriculum durchgesetzt wurde. Verwoerd hatte in den 1940er Jahren die bilingualen Schulen für Weiße rigoros abgelehnt, denn in ihnen könne „keine gebührende Charakterbildung oder Heranbildung eines Volksgefühls" mehr stattfinden.[219] So könne etwa Geschichte nur vermittelt werden, „wenn dies im richtigen Licht, in der eigenen Sprache und durch einen Volksgenossen geschieht."[220] Während für das pädagogische Prinzip des muttersprachlichen Unterrichts vieles sprach und der Bildungsexperte C.T. Loram es schon 1917 propagierte,[221] sollte es mit einer nationalistischen Indoktrination verbunden werden. Vor allem waren die Schulen auf die Umstellung überhaupt nicht vorbereitet und es gab keine Schulbücher in den afrikanischen Sprachen.[222]

Eiselens Eintreten für die ethnizistisch geprägte Bantu Education wurde vom Broederbond inspiriert und unterstützt. Den gebildeten Schwarzen sollte deutlich gemacht werden, dass eine andere als die bisherige „akademische" Ausbildung für den Dienst an den eigenen Leuten notwendig sei. „Das Ziel darf nicht sein, um aus ihm eine Imitation des Europäers zu machen, sondern einen guten Eingeborenen. […] Er muss die Erziehung erhalten, die zu ihm und seiner Volksart passt und er muss sie in seiner Muttersprache bekommen."[223] In der NP wurden Anfang der 1950er Jahre Forderungen nach einer Übertragung der schwarzen Bildung in die Zuständigkeit des Native Affairs Department sowie eine von der

217 Viele der Befunde und Forderungen der Eiselen Commission finden sich schon in dem 1942 veröffentlichten zweibändigen Werk von B.F.Nel 1942. Auf ähnliche Ergebnisse der etwas früheren De Villiers-Kommission von 1947 weist Rakometsi 2008: 50 hin, zu afrikanischen Reaktionen auf die Eiselen-Kommission s. ebd.: 54 ff.

218 PV 276/I/14/5/1, Bl. 73 Resolutionen der 4. SABRA-Jahresversammlung, S. 4.

219 Verwoerd 1948: 4. S. dazu auch Fleisch 1995: 365 ff. und Verwoerds im Transvaler geäußerte Kritik ebd.: 368 ff.

220 Verwoerd 1948: 12.

221 Loram 1917: 225 ff.; s. Maphalala 1996: 110.

222 Chisholm 2017: 81 ff.; Johnson 1982: 221. Nach 12 Jahren zog der Psychologe Bloom 1965: 90 ff. eine ausgesprochen negative Bilanz.

223 AB-Archiv, 2/3/14, Bondsraad, 1.–3.10.1947, S. 7 f. TOP 15 D.

schwarzen Bevölkerung selbst zu bezahlende Schulbildung verlangt.[224] In dieser Diskussion wurden, noch vor Einrichtung der Eiselen-Kommission, schon wesentliche Argumente der späteren Bantu Education angesprochen, die Verwoerd nicht erfunden, sondern 1952 nur systematisiert hat. Der Federale Sendingraad der Gefedereerde Nederduitse Gereformeerde Kerke adaptierte im Dezember 1952 die Empfehlungen der Eiselen-Kommission, einschließlich der Übernahme des Bildungswesens in staatliche Obhut, legte aber wert darauf, dass der christliche Charakter des Unterrichts gewahrt bleiben müsse und dass die Anpassung an die afrikanische Kultur nur soweit gehen dürfe, wie sie sich mit christlichen Grundsätzen vereinbaren lasse.[225] Die ideologischen Zielsetzungen waren offensichtlich, es ging darum, das Prinzip ethnischer Identität mit Hilfe des Bildungssystems zu verankern; dabei war der schlechte Zustand der missionsbetriebenen Schulen ein willkommener Vorwand, aber nicht, wie Giliomee betont, die Ursache für die Bantu Education.[226]

Verwoerd gelang es, die Zuständigkeit für das Bildungswesen für Afrikaner an sein Ministerium zu ziehen. Im Juni 1954 begründete er den im Vorjahr beschlossenen Bantu Education Act in einer langen Rede vor dem Senat. Diese Rede ist vor allem durch einige Sätze berüchtigt, die häufig zitiert werden und die Essenz seines Konzeptes enthielten:

„The Bantu must be guided to serve his own community in all respects. There is no place for him in the European community above the level of certain forms of labour. Within his own community, however, all doors are open. For that reason it is of no avail for him to receive a training which has as its aim absorption in the European community while he cannot and will not be absorbed there. Up till now he has been subjected to a school system which drew him away from his own community and partically misled him by showing him the green pastures of the European but still did not allow him to graze there. [...] It is abundantly clear that unplanned education creates many problems, disrupts the communal life of the Bantu and endangers the communal life of the European."[227]

Giliomee betont mit Recht,[228] dass die Apartheidideologen eine vertikale (territoriale) und keine horizontale (soziale) Trennung wollten. Darum sagte Verwoerd, alle Möglichkeiten und Karrierechancen stünden für sie in ihrer eige-

---

224 PV 276/5/1/1/1, Beskrywingspunte und Antworten eines NP-Kongresses [1953] mit Forderungen nach äußerster Restriktion.

225 PV 276/I/6/1/1, Schreiben an V. mit Stellungnahme des Federale Sendingraad, undatiert (1952).

226 Giliomee 2009: 191 ff. u. Giliomee 2012 b: 68.

227 Verwoerd, Policy of the Minister of Native Affairs, 7.6.1954, in: Pelzer 1966: 64–85, hier 83 f.

228 Giliomee 2003 b: 384.

nen Bevölkerungsgruppe und ihrem eigenen Gebiet offen und verneinte, dass sie dadurch unten gehalten werden sollten. Allerdings war das Curriculum kulturspezifisch konzipiert und das hieß nicht nur, es war auf die afrikanische Kultur, sondern es war auf eine imaginierte primitive und evolutionär weit zurückgebliebene Kultur ausgerichtet. Darum war es weniger anspruchsvoll als das für weiße Schüler. Auch wenn es auf eine vertikale Trennung zielte, so konzentrierte es sich auf eine Ausbreitung der Primarschulausbildung, was dem Bedarf der Wirtschaft nach ungelernten Arbeitskräften entgegenkam.[229]

Bildung sollte nicht mehr Selbstzweck sein, sondern der Gemeinschaft dienen. Statt weiter zuzulassen, dass die Missionskirchen in den schwarzen Schülern falsche Hoffnungen weckten, ihnen Bildungsideale einimpften, die mit ihrer eigenen Kultur nichts zu tun hatten und sie auf diesem Weg für „liberalistische" und egalitäre Ideen empfänglich machten, sollten sie durch die Bantu Education ganz auf den „Gemeinschaftsbau", d.h. die eigene ethnische Kultur umgelenkt werden[230] oder, wie Zungu es fasst, Ziel dieses Bildungssystems war „the production of ‚Bantus'".[231]

Als Zwecke seines Gesetzes gab er an: „transforming a service which only benefits a section of the Bantu population and consequently results in alienation and division in the community, into a general service which will help in the building up of the Bantu community."[232] Er strebte eine Grundschulbildung für die gesamte schwarze Bevölkerung an,[233] und tatsächlich brachte die Bantu Education erstmals eine breite Einschulung und generalisierte Bildungsstandards, als der Staat ein einheitliches Curriculum durchsetzte: „Suitable educational matter and an effective curriculum for the schools which keeps track of the psychological factors are required."[234] Widerstandskampagnen des ANC verliefen weitgehend erfolglos, weil viele Eltern zufrieden waren, dass ihre Kinder von der

229 Giliomee 2008: 95 u. Posel 2011: 340.

230 S. hierzu PV 276/I/6/1/3, Memo V. an Eiselen, 8.12.1954, inwieweit die Vermittlung der „Gesetze und Gebräuche seines Stammes" geplant sei.

231 Zungu 1977: 211.

232 Verwoerd, Policy of the Minister of Native Affairs, 7.6.1954, in: Pelzer 1966: 64–85, hier 67.

233 Verwoerd betonte selbst, dass es sich um dasselbe Gebiet einer großen Breitenwirkung handelte wie bei den „betterment schemes" in der Landwirtschaft: Verwoerd, Gemeenskapsontwikkeling deur die Bantoe, 20.6.1955, in: Pelzer 1963: 80–94, 87.

234 Verwoerd, Policy of the Minister of Native Affairs, 7.6.1954, in: Pelzer 1966: 64–85, hier 77. Allerdings war eine allgemeine Schulpflicht keineswegs das Ziel, wie Verwoerd eigens hervorhob: PV 276/I/6/1/6, 9 V. an W.C. du Preez, Senekal, 28.4.56: „... es gab nie die Idee, Schulpflicht für Eingeborene einzuführen." Offenbar musste er sich gegen Vorwürfe, er unternehme zu viel für die Schwarzen, zur Wehr setzen. PV 93/3/1/22, Bl.139, Verwoerd an Anne M. Bromfield (Fishhoek), 14.4.1959.

Straße geholt wurden und wenigstens eine Mindestbildung erhielten.[235] Tatsächlich war das Niveau der Missionsschulen höchst unterschiedlich gewesen und meist nicht besonders gut. Mit der Bantu Education wurde eine quantitative Ausweitung der Schulbildung erreicht, jedoch eine starke Beschränkung des intellektuellen Niveaus und eine Konzentration auf die Primarschulen. Trotzdem bot sie, wie Glaser überzeugend nachgewiesen hat, engagierten Lehrern doch einige Schlupflöcher und Möglichkeiten für eine subversive Aneignung.[236] Mit dem neuen Schulsystem war eine Senkung der Bildungsstandards, u.a. durch Reduzierung der Unterrichtsstunden,[237] aber eine verstärkte Disziplinierung der Schüler und Lehrer verbunden.[238] „Besides the usual acquirements already mentioned, religious Instruction, handicraft, singing and rhythm will come into their own. That is self-evident. The economic structure of our country, of course, results in the Natives in large numbers having to earn their living in the service of Europeans."[239]

Die Einführung der Bantu Education richtete sich gegen die schwarze Bildungselite, Träger des afrikanischen Nationalismus. Die meisten führenden Mitglieder des ANC und anderer Organisationen waren aus Missionsschulen hervorgegangen. Ihnen wollte Verwoerd den Nachwuchs abschneiden. So war es auch logisch, dass weiterführende Schulen in Zukunft von den Städten in die

---

235 Hyslop 1999: 78ff., 1991: 95f. und 2001: 394, über die gescheiterten Kampagnen des ANC s. Mandela 1995: 197, Gerhart/Karis 1991: 30ff. u. Lodge 1990; zu einer marxistischen Einschätzung der Bantu Education s. Christie/Collins 1990: 181. Ross 1967: 9 beschreibt sie unkritisch als großen Erfolg.

236 Glaser 2015: 163ff.

237 Verwoerd, Bantoe-onderwysbeleid, 7.6.1954, in: Pelzer 1963: 59–79: hier 69. Die Reduzierung der Schulstunden diente dem Zwecke, dass die Lehrer doppelt so viele Klassen wie zuvor unterrichten konnten. Auf diese Weise konnten ohne große Investitionen 180.000 Schüler mehr aufgenommen werden: PV 93/1/31/1/31, Positiewe stappe sedert 1948 om verhoudings tussen blanke en nie-blanke te bevorder – Bantoe-Onderwys, S. 1.

238 „The daily cleaning of the school building and grounds, will obviously be the job of the pupils under the supervision of the teaching staff." Verwoerd, Policy of the Minister of Native Affairs, 7.6.1954, in: Pelzer 1966: 64–85, hier 73. Zur Entlassung unliebsamer Lehrer s. Hyslop 1989: 208.

239 Verwoerd, Policy of the Minister of Native Affairs, 7.6.1954, in: Pelzer 1966: 64–85, hier 77. S. auch „The curricula, in the fundamental stage cannot go further than teach them to read, write and do arithmetic through the mother tongue medium, and give them the beginnings of Afrikaans and English along with religious education and singing. There was a great deal of difference between theory and practice in the past when this was considered." Ebd.: 76. Verwoerd kündigte bereits als Ziel an, den Unterricht in Afrikaans zu verstärken, Verwoerd, Bantoe-onderwysbeleid, 7.6.1954, in: Pelzer 1963: 59–79, 63, was allerdings erst der Spät-Verwoerdianer Treurnicht 1976 umsetzen sollte, mit dem bekannten Ergebnis des Schüler-Aufstands in Soweto.

Reservate verlagert werden sollten, schließlich lag dort das künftige Tätigkeitsfeld der Schulabgänger, die gar nicht erst mit dem Großstadtleben in Berührung kommen durften.[240] Bislang sei der schwarzen Bevölkerung immer nur der Gegensatz zwischen der Assimilation an die westliche Kultur oder dem Verbleib in einem primitiven Zustand vorgestellt worden, mit der Bantu Education eröffneten sich neue Möglichkeiten: „That you may remain a Bantu, that your Bantu language can become a medium to civilization, and that you and your whole community together with you in this manner can achieve far quicker a higher spiritual, social and economic level of living, is for them a brand new and almost unbelievable thought."[241]

Mit der angestrebten intellektuellen Umorientierung der schwarzen Elite auf die Homelands entstand ein unlösbarer innerer Widerspruch der Bantu Education: Einerseits verkündete Verwoerd, dass die Zukunft der Bildungselite in den Homelands liegen sollte, wo ihr alle Möglichkeiten offen stünden bis zu den höchsten Ämtern.[242] Andererseits nahm er ihr die Standards einer Bildung, die genau das überhaupt erst ermöglichen konnte. Wie sollte es in den Homelands Ärzte, Rechtsanwälte, Hochschullehrer, Journalisten und Pfarrer geben, wenn ihnen nur das Curriculum der Bantu Education offen stand, das ihnen genau dieses „westliche" Wissen verwehrte?[243]

---

240 Ebd.: 77. Darum sollten nur die Primarschulen „to local Bantu Controlling bodies under the supervision of the Department" transferiert werden, während alle weiterführenden Schulen bis auf weiteres unter direkter Kontrolle des Ministeriums blieben. Verwoerd, Policy of the Minister of Native Affairs, 7.6.1954, in: Pelzer 1966: 64–85, hier 71. Allerdings zeigte er sich aus Kostengründen ablehnend gegenüber einem Ausbau der weiterführenden Schulen, in diesem Fall Handwerksschulen: PV 93/1/24/12, Bl.22, Verwoerd an C. A. Haupt (Durban), 27.5.1961. Er hatte aber durchaus auch politische Gründe, weil er fürchtete, dass dadurch die Apartheid unterlaufen werden könnte: „Ich fürchte auch, dass gewisse weniger brauchbare Fächer gelehrt werden und dass Fachausbildung missbraucht werden könnte auf Kosten der Weißen, z. B. wenn eingeborene Textilarbeiter keine Kleider für Eingeborene herstellen, sondern wie die Malaien im Kapland heimlich bei weißen Textilherstellern arbeiten." PV 276/I/6/1/9, V., Memo an Sek NA, 11.6.58.

241 Verwoerd, Policy of the Minister of Native Affairs, 20.6.1955, in: Pelzer 1966: 86–101, hier 88 u. Verwoerd 1959 b: 6.

242 Dem widerspricht die Art, wie er ganz offen an die sozialen Ressentiments der „Bantu" appellierte, die er vor der Ausbeutung durch eine kleine Elite schützen wollte, wie sie in anderen afrikanischen Staaten an die Regierung kamen, was nach Verwoerds Wahrnehmung automatisch zu parasitären Diktaturen führen musste. Doch wenn er genau diese Elite in den Bantustans an die Macht bringen wollte, passte dies nicht mit seiner Argumentation zusammen. PV 93/1/31/1/42, 224 ff. Nuwejaarsboodskap aan Bantoe deur Eerste Minister (undatiert, frühe 1960er Jahre).

243 Trotz seiner grundsätzlichen Unterstützung der Apartheid kritisierte dies, wenn auch eher indirekt, der Ethnologe J. P. Bruwer 1967: 71.

Die Bantu Education verfolgte ironischerweise eine ähnliche Absicht wie einst Milners Anglisierung burischer Kinder mit Hilfe der Schulen zu Beginn des Jahrhunderts, nämlich Kontrolle, Stabilität und Herrschaft dauerhaft zu sichern. Doch waren die dabei angewandten Mittel genau entgegengesetzt, nämlich nicht Entfremdung von der eigenen Kultur, sondern die ausschließliche Zuwendung zu ihr. Beide Versuche sind gescheitert und haben aus ihrer inneren Dialektik heraus genau das Gegenteil dessen bewirkt, was sie anstrebten: Milner befeuerte den Afrikaaner-Nationalismus, Verwoerd den afrikanischen.

Ende der 1950er Jahre, als er bereits Premierminister war, wurden die Universitäten segregiert,[244] wobei sich der Widerstand dagegen in Grenzen hielt und in der Rückschau oft höher bewertet wird, als er wirklich war.[245] Die Empörung entzündete sich an den Eingriffen in die Hochschulautonomie und weniger am rassistischen Charakter der Gesetze.[246] Für die mehrheitlich afrikaanssprachigen Coloureds etwa brachten die niedrigeren Studiengebühren, Unterkünfte und die Lehre in ihrer Muttersprache durchaus auch einige Vorteile.[247] Die Begründung des Ministeriums war nicht nur kulturessentialistisch, sondern auch psychologisch, da ein schwarzer Student an einer weißen Universität für einige Jahre „in einem Zustand der Unwirklichkeit" lebe, „denn sein soziales Zusammenleben mit den Weißen kann er nach seiner universitären Laufbahn außerhalb nicht fortsetzen."[248] Es handelte sich schlicht um die Übertragung des Konzepts der

---

244 Thompson 1978: 289. Verwoerd räumte ein, dass es noch Ausnahmen geben müsse, weil die schwarzen Universitäten noch nicht alle Fächer wie Medizin anbieten könnten, doch sei dies nur vorübergehend: PV 34/1, V an J.L. Lombard (Vereeniging), 26.2.1966. Nationalisten in der Kapprovinz wie M.E. Rothmann wollten bezüglich der Universitätsausbildung einen Unterschied zwischen Coloureds und der schwarzen Bevölkerung machen: 55.K.T. (47), Rothmann an Erika Theron, 30.3.1959. Trotz aller Bewunderung wahrte sie auch eine gewisse kritische Distanz zu Verwoerd und hatte Vertrauen eher in die Urteilskraft seiner Frau: „Die kurzen Gespräche mit Hendrik während des Essen haben keine Aufklärung gebracht, nur dass er mir wie früher in der Stellenbosch-Zeit erschien; doch suche ich dafür noch die Bestätigung. Aber ich bin doch eher bereit, seiner Politik zu vertrauen; und ich kann mir nicht denken, dass Betsie es nicht wüsste, wenn er verkehrt liegt; ich kann mir auch nicht vorstellen, dass sie etwas Falsches mittragen würde."

245 Murray 1997: 289 ff., über die eigenen diskriminierenden Praktiken in Wits, die dem Widerstand einen Teil seiner Glaubwürdigkeit nahmen: 314 f. S. auch G.Moodie 1994: 9.

246 Das wird schon erkennbar in T.B.Davie 1955: 5 ff. Die englischen Universitäten praktizierten teilweise selbst Rassentrennung auf ihren Campi: McKay 2015: 183. Dagegen wird oft unterschlagen, dass es an den afrikaansen Universitäten durchaus Abweichungen von der offiziellen Regierungslinie gab: Ebd.: 236 u. bes. A.du Toit 2005: 44 ff.

247 Van der Ross 1978: 239.

248 Verwoerds Ministerium leistete propagandistische Schützenhilfe für Befürworter unter den weißen Studierenden wie R. Gernholtz, der an der University of the Witwatersrand gegen den

„Volksuniversität" der Afrikaaner-Kulturnationalisten auf die schwarze Bevölkerung. Die Neugründung eigener Universitäten für die schwarze Bevölkerung hatte eine außerordentliche Interventionsmacht des Ministeriums für Bantu Education in akademische Angelegenheiten zur Folge, was mit der Unreife der Schwarzen begründet wurde, vor allem aber Verwoerds Kontrollmanie geschuldet war.[249] Während für die Coloureds die University of the Western Cape in Bellville und für die Inder eine eigene Universität in Durban-Westville gegründet wurden, erhielten die Schwarzen ethnisch getrennte Universitäten in Zululand und die University of the North bei Pietersburg (heute Polokwane). Die University of Fort Hare, bislang für alle zugänglich, wurde trotz zahlreicher Proteste der Studierenden in eine Universität nur für Xhosa-Sprecher umgewandelt und verlor ihre bisherige Autonomie.[250]

Selbst wenn Verwoerd mit der Betonung des muttersprachlichen Unterrichts eine noch heute anerkannte pädagogische Erkenntnis umsetzte, fehlte der Bantu Education jeglicher emanzipatorische Impuls; vielmehr war sie Teil einer Beherrschungs- und Kontrollstruktur und sie war Teil einer Strategie des „Social Engineering".[251] Sie sollte keine kritischen Jugendlichen, sondern ethnische Konformisten hervorbringen. Verwoerd betonte den instrumentellen Charakter, wenn er sie als „Schlüsselfaktor der Gemeinschaftsentwicklung" charakterisierte, als Teil des „organisch zusammenhängenden Systems" der Apartheid.[252]

---

dortigen Widerstand vorgehen wollte: FAV 4.6.1.3, V. an Gernholtz, 5.9.1956, Aktennotiz von Piet Koornhof, 12.9.1956 sowie von demselben verfasstes Schreiben vom 7.9. mit ausführlicher Darlegung der Universitäts-Apartheid, aus dem das obige Zitat entnommen ist; vgl. auch Koornhof 1957: 80.

249 Beale 1992: 88 u. 95.

250 Williams 2001: 27, 88, 111, 125 ff., 193 f., 376 ff. u. Kap. 9; Kgware 1978: 226.

251 Johnson 1982: 214.

252 PV 93/1/31/1/27, Konsep-Beleidstoespraak 1956, S. 8, 9 und 3.

Wissen und Nichtwissen – Die geisteswissenschaftlichen Begründungen der Apartheid

In Verwoerds Reden wird ein politisches Denken erkennbar, das auf unverrückbare Grundsätze und Prinzipien aufgebaut und in sich konsistent war. Der Eindruck entsteht, dass die Apartheid, wie Verwoerd selbst sagte, eine umfassende Lösung für eine einzigartige Problemkonstellation war, die Gerechtigkeit für alle herstellen würde. Bei vielen Gelegenheiten kam er auf diese Legitimationsgrundlage zu sprechen, gleichzeitig waren seine Äußerungen zur Apartheid repräsentativ für die afrikaans-nationalistische Machtelite, die seit 1948 das Land regierte.[1]

Doch abstrakte Prinzipien allein reichten nicht aus, um eine Politik wie die Apartheid adäquat zu beurteilen. Sie scheiterte nicht etwa an ihrer unzulänglichen Ausführung, während die Grundidee „richtig" war, wie etwa der letzte weiße Nachfolger Verwoerds als Regierungschef, F.W. de Klerk, noch 2012 glaubte.[2] Ein anderer Vertreter des Apparats zeigte sich im Rückblick überzeugt davon, dass ein „höchst intelligenter Mensch wie Verwoerd sich genau bewusst gewesen sein muss über die Untragbarkeit einer solchen Situation" der Ungerechtigkeit in der Landverteilung, brachte also Intelligenz und Moral in einen ursächlichen Zusammenhang, um im Nachhinein Mutmaßungen über eine bevorstehende Kurskorrektur Verwoerds kurz vor dessen Ermordung anzustellen.[3] In den 1960er Jahren betonten Apartheidpropagandisten wie der Soziologe N. Rhoodie ganz im Sinn Verwoerds die guten Absichten.[4] Der NP-Dissident und langjährige Parlamentarier Japie Basson und andere Beobachter fanden heraus, dass Verwoerds politisches Denken nur dann überzeugte, wenn man die Prämisse akzeptierte, dass das Zusammenleben verschiedener Ethnien in einem Staat zu Konflikten führen müsse. Auf dieser Annahme baute er ein in sich völlig konsistentes und logisches Programm auf.[5] Das Problem steckte in den Grundannahmen, in der Methodik und den theoretischen Ansätzen, die diesem politischen Denken zu-

---

1 O'Meara 1996: 64 ff. und Norval 1996.

2 The Telegraph online 11.5.2012, Zitat aus CNN-Interview mit de Klerk: http://www.telegraph.co.uk/news/worldnews/africaandindianocean/southafrica/9260637/FW-de-Klerk-not-all-aspects-of-apartheid-morally-repugnant.html (6.12.2015). Giliomee 2003 b: 375 f. gibt Umfrageergebnisse wieder, die belegen, dass De Klerk mit seiner Meinung keineswegs allein stand.

3 J. P.Coetzer 2000: 44.

4 Rhoodie 1966: 71 ff.

5 J.Basson 2004: 146 f., s. auch Heard 1991: 107.

https://doi.org/10.1515/9783110680508-012

grunde lagen. Wenn sie auf nicht einlösbaren, nicht beweisbaren, irrationalen Vorannahmen beruhten, die sich jeder empirischen Überprüfung entweder entzogen oder diese durch dogmatisches Insistieren abblockten, ergab ihr logisch konsistentes Zuende-Denken nur eine immanente Rationalität in einem Denkgebäude, das auf irrationalen Grundlagen beruhte. Was Herbert Marcuse der industriellen Zivilisation bescheinigte, gilt dann besonders für die Apartheid, sie war getragen vom „rationalen Charakter ihrer Irrationalität."[6]

Im folgenden soll darum das weltanschaulich bedeutsame Grundlagenwissen, das als Legitimationsbasis der Apartheid diente, genauer betrachtet werden. Wie ließ sich die Trennung von Bevölkerungsgruppen bis hin zur territorialen Segmentierung im Rahmen der 1959 eingeleiteten sog. Homelandpolitik wissenschaftlich rechtfertigen? Giliomee identifizierte drei Legitimationswege für die Apartheid: rassisch, ethnisch und historisch.[7]

Im folgenden soll darum anhand der drei Wissenschaften der Völkerpsychologie, der Ethnologie und der Geschichte untersucht werden, inwiefern Verwoerd tatsächlich empirisch gesichertes Wissen als Grundlage seiner Politik für sich reklamieren konnte. Auch wenn die Apartheid und ihre Umsetzung viel mit technokratischen Kenntnissen, bürokratischer Expertise und einer positivistischen Datenobsesssion zu tun hatten, waren es die Geisteswissenschaften, die dem Apartheid-Konzept die Legitimationsgrundlage verliehen. Es wird also zu fragen sein, ob das aus diesen Geisteswissenschaften gewonnene Wissen einen Umbau der Gesellschaft, wie ihn die Apartheidpolitik anvisierte, wirklich rechtfertigen konnte.

Völkerpsychologie

Die Völkerpsychologie wurde bereits in Kapitel 3 eingehender dargestellt, hier soll sie nur im Hinblick auf die Wissensgrundlagen behandelt werden. In Verwoerds Legitimation der Apartheid fand sich durchgängig die der Völkerpsychologie zugrundeliegende Unterscheidung verschiedener zivilisatorischer Entwicklungsstufen von der Barbarei zur Zivilisation. Zudem gab es in seiner Verwendung völkerpsychologischer Versatzstücke einige Besonderheiten, die mit der Anwendungsorientiertheit und der propagandistischen Verwertung im Kontext der südafrikanischen Rassentrennungspolitik zu tun hatten. Zwar durchlief die gesamte Menschheit dieselben Entwicklungsstadien, doch schloss dies eine

6 Marcuse 1976: 29.
7 Giliomee 2003b: 385.

zivilisatorische Vielfalt keineswegs aus, d.h. innerhalb der verschiedenen Stadien waren kulturelle Differenzen möglich. Aufgabe des Völkerpsychologen war es ja, hinter dieser Vielfalt die Stufen überhaupt erst zu entdecken und für jede Kultur festzustellen, auf welcher sie sich befand. Weil dieser Entwicklung eine individualpsychologische Abfolge zugrunde lag und die Einheit der Menschheit nicht unbedingt in Frage gestellt wurde, bewegte sich die Vielfalt in einem vergleichsweise engen Variationsspielraum.

Doch unverbunden, ja sogar in logischem Widerspruch zu diesen Stufentheorien standen kulturrelativistische Argumente, die möglicherweise aus der deutschen Ethnologie entliehen wurden.[8] Ihnen zufolge ist die Kultur der „Bantu" fundamental anders als die europäische und mit dieser darum weder direkt vergleichbar noch in Gestalt einer Akkulturation vereinbar. Der Schluss, den Apartheidpolitiker wie Verwoerd aus dieser kulturrelativistischen Argumentation zogen, lief darauf hinaus, dass die „Bantu"-Kultur in ihrer weiteren Entwicklung nicht der europäischen folgen solle, vielmehr wäre die Akkulturation an die europäische Zivilisation sogar fatal für die „Bantu". Diese sollten eine Entwicklungslinie der eigenen Kultur wieder aufnehmen und die Fehlentwicklung vermeiden. Diese Entwicklungslinie war quasi-biologisch, d.h. wie eine Art genetisches Programm, der Kultur vorgezeichnet. Die Kriterien, anhand derer sich dieser Entwicklungsweg erkennen ließ, machte Verwoerd indes nie explizit, behauptete aber stets, dass es ein klar distinkter Kurs sein müsse.

Die Hereinnahme des Kulturrelativismus in die völkerpsychologische Stufenfolge weitete die Möglichkeiten kultureller Evolution stark aus, doch wurde gleichzeitig die Stufenfolge immer weniger erkennbar, da die fundamentale Alterität der „Bantu"-Kultur einen Vergleich mit der europäischen Entwicklung eigentlich ausschloss und damit auch die Bemessung des Unterschieds von Barbarei und Zivilisiertheit, die Verwoerds Argumentation ebenso zugrundelag. Wenn die „Bantu" ganz anderen Entwicklungsgesetzen folgten, ließen sie sich nicht mehr auf einer bestimmten Stufe einer allgemeingültigen Zivilisationsentwicklung positionieren und etwa dem Stadium der „Barbarei" zuordnen. Die Unvereinbarkeit von Stufentheorien und Kulturrelativismus hat Verwoerd nie reflektiert, es ist sogar fraglich, ob er ihn überhaupt bemerkte. Jedenfalls vermischten sich seine Äußerungen häufig, wenn er völkerpsychologische gleichzeitig mit kulturrelativistischen Aussagen benutzte, oft waren sie in seiner Argumentation

8 Rich 1983: 56 sieht eine der Wurzeln in der funktionalistischen Schule der englischen Sozialanthropologie, die er fälschlicherweise mit dem eine Zeitlang in Kapstadt tätigen A.R. Ratcliffe-Brown in Verbindung bringt, die aber in Wirklichkeit mit Bronislaw Malinowski verbunden ist. In dem Zusammenhang ist sicher nicht uninteressant, dass Malinowski eine Zeitlang bei Wilhelm Wundt studiert hatte.

austauschbar oder waren miteinander vermengt. Allein in der häufig benutzten euphemistischen Formel für die Apartheid, „to develop along their own lines", war der Widerspruch enthalten, denn „to develop" bezog sich auf das völkerpsychologische Argument der zivilisatorischen Defizite, während „along their own lines" den Kulturrelativismus beschwor.

Seine Beurteilung der Bantu-Kultur schlug sich in der eigentümlichen Art nieder, in der Verwoerd zu Vertretern dieser Kultur sprach. Offenbar war er überzeugt, dass sich die Primitivität der Afrikaner in ihrer Syntax wiederspiegeln müsse, weshalb er sich, um sich ihnen verständlich zu machen, auf ihr Niveau herabbegeben musste. Im Gegensatz zu seinen übrigen Reden zeichneten sich seine Ansprachen vor Afrikanern durch einen extrem einfachen Satzbau aus, meistens benutzte er nur Hauptsätze. Dazu kam der oft unfreiwillig komische Versuch, die Denkungsart der „Bantu" nachzuahmen, als er Sachverhalte anhand von Sprichwörtern oder einer Bildersprache vorstellte, die er dem bäuerlichen Umfeld entnahm – aber immer so, wie er sich dieses vorstellte, d.h. ohne wirkliche ethnographische Kenntnis. In Witzieshoek, dem späteren „Homeland" Qwaqwa an der Grenze von Lesotho, Natal und Oranje Freistaat, dem er nach der gewaltsamen Niederschlagung des Widerstands 1952 einen Besuch abstattete, begründete er seine Verspätung damit, dass „there had been thorn branches and boulders in the way."[9]

In seiner ministeriellen Abschiedsbotschaft an die „Bantu" erklärte er wie ein Märchenonkel: Entwicklung „bedeutet wachsen. Ein Mensch sollte nie zurückgehen, sondern er muss immer neue Sachen anpacken. Durch die Arbeit der menschlichen Hände und des Verstandes muss ständig etwas Neues zu Stande kommen. Das ist Schaffen. Entwicklung ist darum Wachsen durch das, was der Mensch stets neu schafft. Darum bedeutet getrennte Entwicklung das Wachsen dessen, was der Mensch mit eigener Kraftanstrengung für sich selbst und sein Volk schafft. Getrennte Entwicklung [...] ist ein Baum, ein Obstbaum, den die Regierung den Bantu von Südafrika gegeben hat. Die Regierung hat den Baum gepflanzt, aber der Baum muss versorgt werden, damit er wachsen kann."[10] In einer Rede in Thaba N'Chu verglich er den Kommunismus mit einer Schlange,[11] renitenten Zuluchiefs drohte er, sie sollten niemals „throw back honey at the

9 Pretoria News 8.11.1952. Andere Beispiele finden sich bei G.D.Scholtz 1974: Bd. 1: 214.

10 PV 93/1/31/1/32, Boodskap van sy Edele die Eerste Minister van Suid-Afrika, dr. H.F. Verwoerd, aan die Bantoe van Suid-Afrika, S. 1.

11 FAV 4.6.2.2 Rede in Thaba Nchu sowie Begleitschreiben von Eiselen, der mit dem Manuskript noch nicht zufrieden war. Verwoerd ließ sich Sprichworte der Tswana zusammenstellen: FAV 4.6.5, Tswana Spreuke.

honey-bird."[12] Streckenweise klingt es wie das Bemühen eines Erwachsenen, begriffsstutzigen kleinen Kindern Sachverhalte zu erklären, obwohl er weiß, dass sie diese eigentlich nicht verstehen. In diesem Kontext muss man Verwoerds Worte interpretieren, die „Bantu" sollten zu ihm sprechen „wie ein Kind zu seinem Vater." Als Vater könne er beurteilen, „was gut für meine Kinder ist und was nicht gut ist."[13]

Nur gelegentlich griff er zu Milieutheorien: „This nation will never grow big if it continues to enjoy the easy times of the Africa of the past. This ease resulted in no civilization being built in Africa. We have built up something because life for us, and for those before us, was not as easy as life in the tropics where people mererely gathered their food and vegetated."[14] Äußerungen wie diese über ein vermeintliches Schlaraffenland in einer Region, die im Durchschnitt jedes dritte Jahr von einer Dürre heimgesucht wurde und wo Vorratshaltung darum überlebensnotwendig war, offenbarten die beschränkten Kenntnisse Verwoerds über die Lebensweise und die ausdifferenzierte Agrarwirtschaft der afrikanischen Bevölkerung, was ihn allerdings keineswegs daran hinderte, diese immer wieder als defizitär zu kritisieren.

Wie wenig er wirklich über die afrikanische Bevölkerung, über die Ursachen der Landflucht, über die Wünsche und Ziele derjenigen wußte, die in die Städte zogen, zeigen die folgenden Äußerungen, aus denen klar hervorgeht, wie sehr er reinem Wunschdenken folgte. Die Ausbreitung des „Stammessystems" in die Städte, sei, so meinte er, „in the interest of the Bantu". Ebenso realitätsfremd war seine Behauptung, „that the Bantu prefers, because of the social consideration, the migratory labour system to removal to the European areas. [...] It is clear that the Bantu who have not yet become city-acclimatized in general prefer this system, provided commerce and industries grant fair leave arrangements."[15] Eine empirische Basis für diese Aussagen über die Wünsche der „Bantu" gab es nicht, weil er sich auf keinen Dialog mit ihnen einließ. Hier stand ihm die Selbstreferentialität seiner entwicklungspsychologischen Annahmen im Weg: Entspre-

12 Kelly 2015: 284.

13 G.D.Scholtz 1974: Bd. 1: 213, in den Worten von Scholtz. Weitere Beispiele sind seine Neujahrsbotschaft an die „Bantu" aus dem Jahr 1961, wo er die Entkolonialisierung anderer Staaten Afrikas möglichst schlicht zu erklären versuche: „Das ist wie ein Diamant, den ein Mann in der Wüste aufliest, aber trotzdem nicht das Essen und Wasser kaufen kann, was er benötigt." PV 93/1/31/1/42, Nuwejaarsboodskap vir Radio Bantu, 14.12.1961 oder W.et al. Verwoerd 2001: 61; Uys 1959: 10; Mills 2001: 162 sowie Dyason 2001: 229 f. Auch dies hatte Tradition, s. Wiederroth 2016: 215 f. Ganz ähnlich sein Tonfall bei der Eröffnung der Bunga in der Transkei: Verwoerd 1951 a.

14 Verwoerd, Opening of the Hendrik Verwoerd Tunnels, 18.11.1961, in: Pelzer 1966: 636–641, hier 640.

15 Verwoerd, Policy of the Minister of Native Affairs, 20.6.1955, in: Pelzer 1966: 86–101, hier 92.

chend der Parallelisierung von individual- und völkerpsychologischer Entwicklung waren die „Bantu“ wie kleine Kinder, sie konnten deswegen selbst gar nicht beurteilen, was gut war für sie, ergo erübrigte sich ein offenes Gespräch mit ihnen.

Wie selten Verwoerd mit der Bildungselite und generell mit Schwarzen im Dialog zusammenkam, lässt sich an der Überraschung ablesen, mit der er Leabua Jonathans gutes Englisch vermerkte, als er sich einige Tage vor seiner Ermordung mit dem Premierminister von Basutoland (Lesotho) traf.[16]

Entwicklungspotential gab es zwar bei den „Bantu“, doch sollte es eine Entwicklung auf der Grundlage sein, „of what historically speaking is his own: but that does not mean a reversion to the primitive. It means the only sound and the only psychological manner in which a future can be given to a people.“[17]

So konnte er die Apartheidpolitik als psychologisch und damit wissenschaftlich fundierte und reflektierte Form der Entkolonialisierung anpreisen, denn: „It is true that their political rights are limited – limits imposed by history and their own psychological deficiencies. Notwithstanding this programme the Government has set for their political development will gradually lead to full political control of their own peoples and destinies [...] [The white man] is even to cut off portions of his own land to increase their chances of development.“[18]

Doch konnte dies nur gelingen im Rückgriff auf traditionelle afrikanische Formen von Demokratie: „What is happening elsewhere in Africa can't happen here. [...] The Bantu Authorities in the South African reserves, which receive progressively more administrative powers as they show themselves capable of exercising this in the interest of their own people, are being developed along the lines of their home-grown democracy. The traditional tribal leadership-in-council, based on the family unit is in fact only another form of democracy than that to which the West is accustomed, and it can progress and change gradually in accordance with modern needs.“[19] Hier schloss sich der ethnologisch begründete Neotraditionalismus mit einer völkerpsychologischen Ableitung praktischer Entwicklungspolitik zusammen.

Das grundlegende methodische Problem der Völkerpsychologie lag darin, dass der Völkerpsychologe selbst keine Feldforschung betrieb, sondern sich auf die Aussagen anderer Autoren verließ. Dieses Manko potenzierte sich bei Verwoerd, weil er selbst kein Völkerpsychologe war, sondern diese nur rezipierend kannte. Zudem war die zivilisatorische Stufenfolge der Völkerpsychologie ein

16 PV 72, Aufzeichnung „Die laaste dag in dr. Verwoerd se lewe...“, S. 1.
17 Verwoerd, Policy of the Minister of Native Affairs, 20.6.1955, in: Pelzer 1966: 86–101, hier 95.
18 PV 93/1/30/1/26, Verwoerd an Irene Lees (Manchester), 19.6.1964.
19 PV 93/1/34/1, Bl.166–170, George H. Pipal, Interview mit V. für United Press, 13.12.1958.

Konstrukt, das nicht bewiesen werden konnte, schon allein, weil das Quellenmaterial räumlich und zeitlich viel zu disparat war und Völker in ihrer Gesamtheit einer bestimmten Entwicklungsstufe zugeordnet wurden, ohne dass man die soziale Differenzierung berücksichtigt hätte. Verwoerds Wissen blieb ein Tertiärwissen. Tatsächlich gab es generell wenig empirische Forschung über Schwarze in der südafrikanischen Psychologie.[20] Verwoerds völkerpsychologische Aussagen beruhten wie diejenigen über die Geschichte und die Ethnologie auf subjektiven Annahmen.

Ethnologie

Die afrikaanse Ethnologie war kulturnationalistisch aufgeladen, und die wichtigsten Vertreter des Fachs waren prominente Mitglieder des Broederbond, ein Umstand, in dem sich die legitimatorische Bedeutung der Ethnologie für die Apartheid zu erkennen gibt. Integraler Nationalismus wie kulturessentialistische Ethnologie sahen die Entwicklungsmöglichkeiten des Einzelnen nur im Rahmen einer Gemeinschaft, die alles bestimmte und den Einzelnen überwältigte. Angesichts der direkten Kompatibilität beider ist es müßig, darüber zu spekulieren, ob das Bild afrikanischer Ethnien eine Projektion des eigenen Nationalismus war oder nicht. Entscheidend ist, dass die Grundkonzepte die gleiche Struktur aufwiesen, was die Selbstverständlichkeit erklärt, mit der Afrikaaner-Nationalisten davon ausgingen, auch die „Bantu" seien in erster Linie von ihrer Ethnizität her zu definieren. Verwoerds Nachfolger im Ministeramt De Wet Nel behauptete: „Blutsverwandtschaft ist die grundlegende Realität, worauf die Einheit des Bantustamms beruht." Darum sei ein solcher Stamm „eine feste psychologische und kulturelle Einheit."[21] Er verstand Ethnizität als eine biologische Einheit, sprach gar von „natural ethnical groups" was von vielen Afrikaaner-Nationalisten geteilt wurde.[22]

Selbst Verwoerds Hagiograph Scholtz musste indirekt einräumen, dass Verwoerds Wissen über die afrikanischen Kulturen recht begrenzt war. Doch konnte er die Expertise im eigenen Haus nutzen: „Es spricht für sich selbst, dass Dr.

---

20 Louw/Foster 1991: 61.

21 PV 93/4/1/1, Bl. 42ff., Toespraak deur M.D.C. de Wet Nel voor die Calvinistiese Beweging, Potchefstroom 17.9.1960, S. 11.

22 Verwoerd 1952: 13. Zur Übernahme des Begriffs „ethnisch" bei den Apartheid-Ideologen s. Dubow 1994: 358f. Selbst ein Psychologe, der kein direkter Anhänger der Apartheid war, behauptete, „the differences between African cultures far outweigh the similarities." Biesheuvel 1959: 10.

Eiselen mit seinem breiten Wissen und Erfahrung Verwoerd eine große Hilfe und Stütze war. Der Mann, der Verwoerd als Minister für Eingeborenenangelegenheiten folgen sollte, Herr M. D. C. de W. Nel, war damals Mitglied der Kommission für Eingeborenenangelegenheiten und auch er besaß ein großes Wissen über die Eingeborenen. Darauf konnte Verwoerd immer gut zurückgreifen."[23] Ein Mitarbeiter im Ministerium glaubte sogar, dass Eiselen die Politik erdachte und Verwoerd sie umsetzte.[24] Es gibt keine Hinweise darauf, ob und wie intensiv Verwoerd sich jemals mit ethnologischer Literatur befasste oder dass seine Aussagen über afrikanische Kultur durch eigene Erfahrung gestützt gewesen wären. Auch wenn er sich etwas darauf zugute hielt, alle „Bantu"-Gemeinschaften besucht zu haben, erteilte er ihnen meist Frontalunterricht und trat selten in Dialog mit der Bevölkerung. Der Historiker William Beinart hat solche Szenarien beschrieben: „Bowler-hatted, dark-suited ministers were helicoptered in to wax eloquent in deliberately archaic language about the virtues of progress through tradition."[25] Gerade weil es von Verwoerd selbst keine Zeugnisse gibt, ist es notwendig, einen Blick über seine Person hinaus auf die Geschichte der afrikaanssprachigen Ethnologie zu werfen.

Die konservative und essentialistische Ethnologie der Afrikaaner-Nationalisten war in ihren grundlegenden Bewertungen afrikanischer Kultur nicht sehr weit von der Völkerpsychologie und ihren Stufenmodellen entfernt, tatsächlich fanden sich viele Interpretationsversatzstücke aus der Völkerpsychologie in den Konstruktionen afrikanischer Gesellschaften durch die afrikaanssprachige „Volkekunde" wieder.

Die Debatte über die afrikaanse Volkekunde ist sehr stark von einem Ansatz geprägt, in dem meist über Lehrer-Schüler-Verhältnisse konkreten Einflüssen nachgespürt wird. So wichtig dies ist, und die folgenden Abschnitte werden diese Wirkungen nachzeichnen, so darf doch nicht vergessen werden, welche Funktion der Ethnologie in der Rassentrennungspolitik zukam. Da das Hauptproblem der Rassentrennung die afrikanische Bildungselite und die urbanisierten Schwarzen waren, konnte das Fach gar nicht anders, als kulturessentialistisch und kulturdeterministisch zu argumentieren, denn jede Relativierung hätte die Segregation argumentativ unterminiert. Insofern muss die Bedeutung von Lehrer-Schüler-

---

23 G.D.Scholtz 1974: Bd. 1: 208 u. Bd. 2: 196. Tatsächlich galt de Wet Nel als eine Art ethnologischer Experte: „Sein Leben lang studierte er die Bantu-Sitten und nun ist diese Arbeit für ihn zur Lebensaufgabe geworden." 55.K.V.16 (10), Betsie Verwoerd an M. E. Rothmann, 18.8.1963. Eiselen selbst räumte ein, dass Verwoerd nur über geringe Kenntnisse verfügte: Kenney 1980: 88.

24 Mills 2001: 159. Zu Eiselens „Crash Course" in Ethnologie für seinen neuen Minister s. auch Bank 2015c: 190.

25 Beinart 2001: 163.

Verhältnissen etwas relativiert werden, da in der Adaption bestimmter Vorstellungen ein funktionalistisches Selektionsprinzip am Werk war, das von politischen Zielsetzungen her gesteuert wurde.

Gleichzeitig sollte die Nähe der Expertenaussagen zu populären Annahmen vor Einseitigkeiten wissenschaftsgeschichtlicher Rekonstruktionen warnen, die allzu sehr auf die Weitergabe bestimmter konzeptioneller Grundpositionen vom Lehrer auf die Schüler ausgehen und die Vorprägung der Schüler durch ihre soziale Umwelt und die dort vertretenen Bestände an „Wissen" über die „Bantu" zu wenig beachten.

Die afrikaanse Ethnologie, die „Volkekunde", wurde anfangs von einigen wenigen Personen dominiert, zu denen Werner Eiselen (1899–1977) und P. J. Coertze gehörten. Eiselen war als Student Carl Meinhofs von dem linguistisch geprägten Strang der Ethnologie in Deutschland[26] beeinflusst und vertrat die Vorstellung von Ethnien als in sich abgeschlossener, objektiv bestimmbarer Kulturgemeinschaften, für die in Deutschland auch Diedrich Westermann und der in Ostafrika tätige Missionar Bruno Gutmann standen, wobei letzterer mit den Leipziger Ganzheitspsychologen zusammenarbeitete und in ihrem Buchreihen veröffentlichte.[27] Darum ist die These von Werner van der Merwe plausibel, dass die kulturessentialistische Haltung der Berliner Missionsgesellschaft zahlreiche Missionsvertreter in eine große ideologische Nähe zur Apartheid führte. Eiselens Vater Gustav war als Missionar einer der ausgesprochenen Vertreter dieser Konzepte,[28] so dass eine elterliche Prägung des Ethnologen möglicherweise entscheidender war als die seiner Lehrer, ja, dass sie ihn sogar zur Wahl dieser Lehrer führte. Eiselen hielt Zeit seines Lebens an zivilisatorischen Stufenfolgen fest, weshalb für ihn die afrikanischen Gesellschaften, etwa im Vergleich zu Asien, besonders „zurückgeblieben" waren.[29] Letztlich auf Herder zurückgehende Vor-

26 Daneben gab es eine kulturhistorische Ethnologie, die in Südafrika kaum rezipiert wurde. Zu Eiselens Verhältnis zu Meinhof s. Eiselen 1946: 78 f.

27 Eiselen 1957: 117 f.; Wellek 1954: 15; Krueger 1926 b;747 mit einer kulturrelativistischen Stellungnahme u. 1948: 93. Der Nachlass von Eiselen ist derzeit nicht auffindbar. Kros 2010 liefert kaum neue Erkenntnisse und erschließt auch kein archivalisches Material etwa aus seiner Tätigkeit als Secretary for Native Affairs. Zu Eiselen s. auch Kallaway 2015: 158 f. u. K. Ward 2015: 236 f.

28 W.van der Merwe 1987: 11 u. Bank 2015 c: 173. Der Einfluss ging aber auch in die Gegenrichtung, von der bereits essentialistisch geprägten Ethnologie auf eine jüngere Generation von Missionaren wie Carel Boshoff: C.Boshoff 2012: 96.

29 Eiselen 1961: 105.

stellungen vom „Volksgeist" hatten Eiselens Denken über Ethnizität ebenso beeinflusst wie der afrikaanse Kulturnationalismus.[30]

Von anderen afrikaansen Ethnologen, wie J. A. Engelbrecht[31] oder B. I. C. van Eeden ist nicht viel mehr bekannt, als dass sie bei Meinhof studierten. Insgesamt krankt die ganze Debatte über die Ursprünge des afrikaansen Kulturessentialismus jedoch daran, dass sie von national einheitlichen wissenschaftlichen Kulturen ausgeht, eine „deutsche" ethnologische Tradition einer „englischen" kontrastiert und damit genau das reproduziert, was Gegenstand der Kritik ist.[32] Schließlich war Meinhof in Deutschland umstritten, insbesondere stieß seine Verkoppelung ethnischer mit linguistischen Einheiten auf Kritik.[33] Denn Meinhof war gar kein Ethnologe und forschte als reiner Lehnstuhlgelehrter nie selbst in Afrika.[34] Er war ein Linguist, der nach Verwandtschaften afrikanischer Sprachen suchte und weitreichende, schon zu seiner Zeit kritisierte Thesen vertrat. Denn er verknüpfte sprachliche Einheiten mit ethnologischen Grundannahmen, die keineswegs empirisch unterfüttert waren, sondern letztlich seine eigenen Vorurteile über die „Wilden" widerspiegelten. Weil er als Linguist jedoch eine Autorität darstellte, konnte er seinen spekulativen Behauptungen über Ethnien den Schein der Wissenschaftlichkeit verleihen. Diese Scheinwissenschaftlichkeit pflanzte sich bei seinen Schülern fort, wie Andrew Bank überzeugend für Werner Eiselen nachweisen konnte.[35] Generell hielten die afrikaansen Ethnologen gerade an den Theorien fest, in denen Meinhof biologische Merkmale wie die Hautfarbe mit linguistischen Erkenntnissen vermischt hatte. Meinhof war der Auffassung, dass eingewanderte „Herrenvölker" die primitiven Ureinwohner unterworfen hätten. Er verstand Spracheinheiten als anthropologisch-kulturelle Gemeinschaften, die nach außen klar abgegrenzt und nach innen homogen waren; zudem war er von

---

30 In der englischsprachigen Literatur wird Herder oft so dargestellt, als handle es sich um einen rechtsnationalen Konservativen, während er in Wirklichkeit ein gegen die herrschende Ordnung des Absolutismus eingestellter, subversiver Autor war: Israel 2013: 298 u. 301. S. auch Danziger 1983: 304.

31 Stoecker 2008: 113.

32 Pugach 2004: 841 misst meines Erachtens dem Umstand, dass F. S. Malan sich bei Meinhof bedankte, zu viel Bedeutung bei, da der Kontext nicht erklärt wird und es gar nicht ausgemacht ist, inwieweit Malan dies als Regierungsvertreter qua Amt und aus purer Höflichkeit tat, oder ob er damit persönliche Überzeugungen zum Ausdruck brachte.

33 Pugach 2012: 84 ff. sowie Kap. 4. Dagegen bestreitet R. D.Coertze 1998: 11, 13 u. 23 eine einseitige Ausrichtung an deutschen Konzepten.

34 Dies hatte seine Wirkungen auf seinen Schüler Eiselen: Bank 2015 c: 179.

35 Bank 2015 c: 170 u. 176 ff. Dagegen spielen Van Dyk/Coertze 1987: 247 f. den deutschen Einfluss so herunter, dass sie Meinhof nicht einmal erwähnen.

Wilhelm Wundts Völkerpsychologie beeinflusst.[36] So wurden die Bantu als eigenständige Rassengruppe eingestuft, die aus einer Vermischung von zentralafrikanischen „Negroes" mit Hamiten hervorgegangen seien, was in Südafrika über Jahrzehnte zu einem Glaubenssatz wurde.[37]

Die gründlicheste Studie über Meinhof stammt von Sara Pugach, die auch die Verbindung zu Südafrika untersucht, aber hinsichtlich des Einflusses Meinhofs auf Van Warmelo und Eiselen hauptsächlich Parallelismen und ähnliche Affinitäten aufzeigt, weniger kausale Zusammenhänge nachweist. Insbesondere widerspricht ihre, empirisch nicht belegte, Behauptung, die Kulturkreislehre und generell der Diffusionismus hätte Niederschlag in südafrikanischen Konzeptionen von Ethnizität und Apartheid gefunden, deren Kulturessentialismus, der von einer unverbrüchlichen Kernsubstanz ausgeht und darum kulturelle Beeinflussungen eher minimiert, wenn nicht gar ausschließt.[38]

Ein weiteres Charakteristikum der deutschen Ethnologie war der Kulturrelativismus, der wie in Deutschland auch mit dem Kulturnationalismus verknüpft blieb und sich im 20. Jahrhundert für Rassentheorien öffnete. Hier dürften über die von Herder herrührenden ideengeschichtlichen Stränge hinaus die in Göttingen tätigen rassistischen Gelehrten des späten 18. Jahrhunderts wie Christoph Meiners und Johann David Michaelis traditionsbildend gewirkt haben. Dies ging bis zur Wiederbelebung polygenetischer Annahmen über die Entstehung des Menschen an mehreren Orten, was tiefergreifende biologische Differenzen implizierte als die Abstammung von gemeinsamen Urahnen.[39] Auch die Wirkung

---

36 Pugach 2012: 74, 83, 92. Darum forderte Meinhof in Hamburg auch die Einführung von Veranstaltungen zur Völkerpsychologie: Ruppenthal 2007: 171; zu Meinhofs Berufung nach Hamburg: 176 ff.

37 Stoecker 2008: 32 f.; ein Beispiel aus der südafrikanischen Literatur ist Schumann 1962: 195 sowie Bruwer 1957: 54 f., der ganz im Sinn Meinhofs die Hamiten als überlegene Bevölkerungsgruppe mit „Eroberung" in Verbindung brachte. Schüler 1956: 168 betonte, dass die Einteilungen in Großgruppen rein linguistische seien, ging aber dann zu einer eingehenden Beschreibung der anthropologischen Phänotypen über, ähnlich der Meinhof-Schüler B. I. C. Van Eeden 1956: 179. Zu den Folgen s. Springbok Atlas 1978: 11, Karte: Races and Languages.

38 Auch benennt sie keine Rezeption der Kulturkreislehre durch Meinhof selbst: Pugach 2002: 19 f. u. 2012: 16. Hammond-Tooke 2001: 61 erwähnt zwar, dass Frobenius' Thesen in Stellenbosch während Eiselens Zeit gelehrt wurden, doch sagt dies noch gar nichts über Einwirkungen auf die Apartheid-Konzeption. Meinhof hielt sich 1927/8 in Südafrika auf, hielt Vorträge an der Universität Kapstadt: 176 f.; zu Eiselen ebd.: 179 ff. Im Fall von Van Warmelo ist aber immer noch unklar, wieviel Einfluss er tatsächlich auf die Apartheidpolitik hatte. Dies gilt auch für seinen Vorgänger als Regierungsethnologe Gerard Lestrade: Dubow 1985: 63.

39 Zur frühen Rassenanthropologie s. Etzemüller 2015 a: 78. Trotz gleicher Wurzeln entwickelte sich der Kulturrelativismus unter dem Einfluss des deutschen Emigranten Franz Boas in den USA in ganz anderer Richtung, weshalb man mit Pfadabhängigkeiten vorsichtig sein sollte.

von Diedrich Westermann dürfte nicht allzu tief gegangen sein. Er war Spezialist für Ewe, eine Sprache in Togo und konzentrierte sich in seiner Arbeit eher auf Westafrika. Vom 8. Juli bis 22. November 1933 war er an der Universität Stellenbosch,[40] wo er wahrscheinlich mit Verwoerd in Kontakt kam, zumal er insgesamt fünf Vorträge an der Universität hielt.[41]

Als Dozent (seit 1926) und Professor (seit 1933) für Ethnologie in Stellenbosch übte Eiselen einen starken Einfluss auf die Entwicklung der afrikaanssprachigen *Volkekunde* aus,[42] als Secretary of Native Affairs (1950–60) war er der wichtigste Mitarbeiter von Minister Verwoerd.[43] „Stundenlang bis spät in die Nacht konnten sie über Probleme nachdenken, debattieren und argumentieren, bis sie eine Lösung fanden. Eine bessere Zusammenarbeit als diejenige, die sich über Jahre hin zwischen diesen beiden Arbeitstieren einspielte, ist kaum denkbar," erinnerte sich Verwoerds Privatsekretär.[44] Während Eiselens frühe Schriften noch voll rassistischer Vorannahmen über die kulturell zurückgebliebenen und minder begabten Afrikaner waren, deren exzessive Libido er herausstrich,[45] milderte er, wie Andrew Bank gezeigt hat, in den 1930ern diese offen rassistischen Begründungen durch kulturrelativistische ab, die jedoch durch ihren fortgesetzten Bezug auf Hautfarbe rassistisch blieben. In späteren Jahren zeigte Eiselen größere Skepsis gegenüber biologischen Rassentheorien. Von M. L. Fick gebeten, ein Vorwort zu dessen Ergebnissen von Intelligenztests an schwarzen Kindern zu schreiben, ging er sogar soweit, sich vom Inhalt der Studie zu distanzieren und deren Methode (mit Recht) in Zweifel zu ziehen.[46] Eiselen hielt noch 1948 einen Vortrag beim

40 HU-Archiv Berlin, W252, Personalakte Westermann, Bl. 10, Ministerium an Westermann, 31.1.1933, s. Stoecker 2008: 45 ff. u. 66 ff. sowie 134; Meier 1994: 51.

41 Rassistische Äußerungen von Westermann zitiert J. D. J. Hofmeyr zustimmend, in: Schumann 1962: 131. Die Vorträge behandelten „Group and Individual in African Society", „Secret Societies in West Africa", Some Features of Negro Mentality", „Language and Education" sowie „Growth and Effects of the Islam in Africa", s. Die Stellenbossche Oudstudent, 2, 1, 1932, S. 38. Eiselen schied genau einen Monat nach Verwoerd aus dem Universitätsdienst aus: De Bruyn 1989: 10. Kros 2010: 32 zufolge fühlte er sich dort nicht wirklich am richtigen Ort, wofür die Autorin aber keinen Beleg anbietet.

42 Gordon 1988: 539. als akademischer Lehrer zog er viel mehr Studenten an als seine englischsprachigen Kollegen.

43 Zöllner/Heese 1984: 75 f. u. Gordon 1991: 80 f. Zu seinem Einfluss in Missionskreisen s. Stals 1998: 236.

44 Barnard 1967: 49.

45 Bank 2015 c: 183 f. Diese Obsession mit afrikanischer Sexualität war von Meinhofs amateurhafter Ethnologie inspiriert und setzte sich bei Eiselens Schülern fort: Bank 2015 a: 187 ff. und 2015 b: 165 ff.

46 Fick 1939, Vorwort von W. Eiselen, S. iv. S. aber auch schon Eiselen 1929 a: 5. Bank 2015 b: 168 f. interpretiert dies anders.

South African Institute of Race Relations und im Johannesburger Bantu Men's Social Centre.[47]

Weil Eiselen den Begriff „Bantu" schon 1929 benutzte, dürfte er dafür verantwortlich sein, dass in den offiziellen Unterlagen und in der politischen Sprachregelung des Ministeriums nicht „Natives", sondern „Bantu" verwendet wurde, was der Apartheidpolitik wissenschaftliche Seriosität verleihen sollte.[48] Nach Verwoerds eigener Aussage ging eine Anweisung an seine Mitarbeiter, gegenüber afrikanischen Korrespondenzpartner „Greetings" als Anrede zu benutzen, auf einen Rat Eiselens zurück. „Dies wurde eingeführt, nachdem Völkerkundige und Bantuführer konsultiert wurden, was im Geist der Bantu als höfliche Anredeform in Briefen betrachtet wird. [...] Der Brauch zielt also nicht auf eine Entwürdigung der Bantu, vielmehr wurde eine eigene korrekte Art gesucht."[49] Verwoerds Nachfolger De Wet Nel ordnete an, seine Beamten dürften Afrikanern nicht mehr die Hand geben, weil dies angeblich ihrer Kultur widerspreche.[50]

Kulturrelativismus und Essentialismus schlossen einander für die afrikaansen Ethnologen keineswegs aus, im Gegenteil. Monadenhafte Kulturen trugen ihren Wert in sich, sie sollten sich möglichst nicht beeinflussen, sondern ihren eigenen Entwicklungsgesetzen folgen, da jede wechselseitige Beeinflussung fatal werden könnte. „Their habit of mind is to think in terms of the group", während das Individuum noch nicht freigesetzt sei.[51] Die Möglichkeit einer Applikation des Kulturrelativismus war im Rahmen der Apartheid gegeben, die Eiselen und Verwoerd voller Überzeugung als antikoloniales Projekt präsentierten, wobei die Auffassungen der beiden zum größten Teil übereinstimmten und allenfalls in kleineren Nuancen differierten.

Die afrikanischen Kulturen zu erhalten und sie vor Auflösungserscheinungen in einer modernen Industriegesellschaft zu bewahren, war Eiselens vordringliches Ziel.[52] Wie die meisten afrikaanssprachigen Ethnologen hatte er selbst nur wenig ethnologische Feldforschung betrieben, die sich zudem auf die Befragung schwarzer Chiefs und Missionsangehöriger beschränkte, wobei er in

47 Kathrada 2012: 36, s. auch Gillespie 2011: 505 ff.

48 Eiselen 1929 a: 3.

49 PV 93/1/24/12, 1961–1963, 25 V. an N. M. Smit, Missionar der NGK in der Transkei, 20.6.1961.

50 Holzer 1961: 197 u. 231 f.

51 FAV 4.6.2.2, The Bantu in South Africa, S. 3. J. Bruwer wirkte enthusiastisch an Dokumentarfilmen mit, in denen afrikanische Kulturen als in sich geschlossene Einheiten dargestellt wurden. PV 123/2/1/3, E. G. Tabor, Ethnofilms, an Bruwer, 14.2.1966 und dessen Antwort v. 23.2.1966, Bruwer an Tabor, 17.3.1966 mit Zusage und weiteren Vorschlägen zu Südwestafrika, Tabor an Bruwer, 20.3.1966.

52 S. schon Eiselen 1929 a: 11; Dubow 2014: 60 f.

erster Linie Sprachwissenschaftler blieb.[53] Er übertrug, wie Verwoerd auch, die Grundannahmen eines zum integralen Nationalismus gesteigerten Kulturnationalismus auf die afrikanischen Völker. Eiselen blieb ein Kulturessentialist par excellence, der insbesondere vom afrikaansen Kulturnationalismus inspiriert wurde, nicht umsonst war er Mitglied des Broederbond. Sein ethnologisches Konzept bestand im Wesentlichen darin, dass er den eigenen Kulturnationalismus auf die Afrikaner projizierte,[54] ob dabei ein starker Einfluss von Meinhof geltend gemacht werden kann, lässt sich bezweifeln. Denn die Vorstellung von der eigenen, organischen Kultur, die man auch bei den Schwarzen zu finden glaubte, war im Afrikaaner-Nationalismus zu weit verbreitet, um dafür wissenschaftliche Nachhilfe aus der Ethnologie unbedingt erforderlich zu machen.[55] Auch wenn ihm manche eine wohlwollende und paternalistische Haltung gegenüber der schwarzen Bevölkerung bescheinigen, so muss man doch festhalten, dass er die autoritären und menschenverachtenden Maßnahmen seines Ministers während dessen ganzer Amtszeit mittrug, verteidigte und vielfach sogar selbst initiativ wurde. Eiselens Wirkung hielt aufgrund seiner prominenten Tätigkeit in Politik und Verwaltung noch nach seinem Ausscheiden aus dem akademischen Leben an.

Pieter Johannes Coertze (1907–1998) stand, wie Eiselens Nachfolger in Stellenbosch, P.J. Schoeman, noch weiter rechts als sein Lehrer, denn er bezog sich affirmativ auf Rassentheorien und war als akademischer Lehrer und Autor einflussreicher Studienbücher einer der wichtigsten Vertreter der Apartheidethnologie.[56] Coertzes Veröffentlichungen zeichneten sich dadurch aus, dass sie Gesellschaften und Kulturen, die als organisch beschworen wurden, dessen ungeachtet ausgesprochen mechanistisch von abstrakten Vorstellungen her konstruierten und

---

53 Bank 2015b: 170; Hammond-Tooke 2001: 57ff. Noch 1962 begründete J. Bruwer einen Forschungsantrag damit, dass bis dato die Universität Stellenbosch „noch nie ein so fundamentales ethnologisches Projekt" durchgeführt hätte. PV 123/4/19/5, Bruwer an H. B. Thom, 10.3.1962, mit angehängtem Projektantrag, S. 4.

54 Gordon 1988: 549 stellt ebenfalls fest, dass es weniger ethnologische Konzepte wie die Ethnos-Theorie waren, sondern die nationalistische Forderung nach „Volksdienst", die viele afrikaanse Ethnologen motivierte. S. dazu P.J.Coertze 1977: 65f. u. Van der Waal 2003: 5.

55 S. zu van Wyk Louw M.Sanders 1999: 618.

56 P.J.Coertze 1977: 6–56 stellt die Rassenkunde vor. In einem anderen Buch betonte Coertze in seiner Definition eines Volkes: „das biologische Wachstum und das geistige Wachstum eines Volkes sind für seinen Fortbestand gleich wichtig und eigentlich nicht voneinander zu trennen." P.J.Coertze 1983: 4.

nur selten empirische Beispiele bemühten.[57] Oft erging er sich seitenweise in anthropologischen Plattitüden, meist ohne Literaturverweise und ohne konkrete, empirisch fundierte Differenzierungen.[58] Zudem lässt sich in seinen Schriften keine intellektuelle Weiterentwicklung entdecken. Sein „Wissen" über Afrikaner bestand zu einem beträchtlichen Teil aus gelehrt herausgeputzten populären Imaginationen, etwa wenn er von der Neigung der Afrikaner zur Imitation schrieb und einen schwarzen Nationalismus ex cathedra für ein Unding erklärte, das in der kulturellen Entwicklung der „Bantu" nicht vorgesehen war. Ihre Akkulturation an die westliche Lebensweise erzeuge nur innerliches „Chaos", ohne dass er sich dazu herabgelassen hätte, dies durch Befragungen zu untermauern, die er offensichtlich für überflüssig erachtete, da er es ohnehin besser wusste.[59] Sein Buch über „Das Afrikaanervolk und die Coloureds" fußte keineswegs auf ethnologischer Feldforschung, sondern es enthält nicht viel mehr als eine Entstehungsgeschichte der Coloureds, die zudem auf völlig veralteter Literatur aufbaute, was für Coertze den Vorteil hatte, dass er sich mit neuen Forschungserkenntnissen, die seinen Annahmen und Überzeugen widersprachen, gar nicht erst auseinandersetzen musste.[60]

Als Wissenschaftsorganisator war er eine machtvolle Figur im Afrikaner Broederbond und in SABRA, wo er den Vorsitz einer Forschungskommission innehatte.[61] Als Gründer der ethnologischen Institute in Bloemfontein und an der University of South Africa war er ab 1950 an der Universität Pretoria als Nachfolger Eiselens ungemein einflussreich. Fast alle ethnologischen Professuren an afrikaansen Universitäten wurden mit seinen Schülern besetzt.[62] Coertze bezog sich, wie Sharp hervorhebt, in verschiedenen Schriften auf das Ethnos-Konzept des deutschen Ethnologen Wilhelm Mühlmann, der innerhalb der deutschen Ethnologie ein Exponent des Bestrebens war, Ethnologie und Rassenkunde mit-

---

57 E. F.Potgieter 1956: 54 f. als Beispiel, wie sehr von abstrakten Vorannahmen deduziert wurde. Dies zeigt sich besonders, wenn er Langzeitkontakte als „logische Prozesse" zu fassen sucht: ebd: 64.

58 Beispielsweise P. J.Coertze 1966 a und b; in diesen beiden Artikeln geht er mit keinem Wort auf Südafrika ein.

59 P. J.Coertze 1952: 18 ff. Auch benutzte er über Jahrzehnte eine bemerkenswert unakademische Terminologie, wenn er afrikanische Heiler als „Zauberdoktoren [toordokter]" bezeichnete und indigene Nordamerikaner als „Rothäute".

60 Nur im Fall von Hans Heese konnte er wegen der Wahrnehmung von dessen Forschungen in der Öffentlichkeit nicht umhin, sich darauf zu beziehen, aber nur in Form einer Erwähnung, nicht in argumentativer Auseinandersetzung P. J.Coertze 1983: 74 f. Das Schlusskapitel war als eigene SABRA-Publikation schon einige Jahre zuvor erschienen: P. J. Coertze 1975.

61 PV 123/2/14/1, Hoofsekretaris SABRA, Niekerk, an J. Bruwer, 25.1.1966.

62 R. D.Coertze 1991: 25; Bank 2015 a: 186. Die Ausnahme war Stellenbosch.

einander zu verbinden.[63] Auch ein Lehrbuch seines Kollegen Hennie Coetzee von der Universität Potchefstroom, der sich seinerseits auf Coertze bezog, beschrieb „Naturvölker“ abstrakt und ohne Bezug zur Empirie, die erst in den Arbeitsaufgaben für die Studierenden auftauchte.[64]

Die meisten von Coertzes Schülern waren später als Regierungsethnologen, im Native Affairs Department oder in der südafrikanischen Armee tätig.[65] So betrug die Zahl der Ethnologiestudenten an der UNISA im Jahr 1955 240 und stieg innerhalb von vier Jahren auf die dreifache Zahl.[66] Allerdings betrieben sie kaum ernstzunehmende Feldforschung, was ihnen neben ihrer eigenen Abneigung, mit Afrikanern zusammenzuleben, die Apartheidgesetze gar nicht erlaubt hätten.[67] Ein Schwerpunkt der Arbeiten afrikaanser Ethnologen lag im Bereich der Rechtsethnologie, womit sie sich eine afrikanische Rechtstradition zurechtkonstruierten, auf der die Apartheid als Politik kultureller Differenz aufbauen konnte.[68] Die afrikaanssprachige Ethnologie verlor spätestens in den 1950er Jahren den akademischen Anschluss an die methodisch und theoretisch innovative englische Sozialanthropologie Südafrikas und schottete sich weitgehend von ihr ab.[69] Stattdessen orientierte sie sich weiterhin an der deutschen Völkerkunde. In der Forschung war sie methodisch nicht innovativ und kaum ein Ethnologe publizierte jemals eine Monographie.[70] Trotz des großen institutionellen Einflusses der afrikaansen Ethnologen in der Verwaltung und im Department of Native Affairs muss man sich stets vor Augen halten, dass ihr intellektueller Einfluss eher bescheiden war. Ihre Kollegen an den englischen Universitäten, die Manuskripte afrikaanser

---

63 Sharp 1981: 19. u. 32 sowie 1980: 5. Mühlmann spielte im Kontext des Nationalsozialismus eine höchst ambivalente Rolle, denn einerseits war er überzeugt von der Bedeutung von Rasse, äußerte sich häufig auch ausgesprochen rassistisch, hielt aber dennoch eine gewisse Distanz zum spezifischen Rassismus der NS-Bewegung: Fischer 1990: 39 ff., 160 f., 170 ff. u. 220 ff. Mühlmann hatte keinen Einfluss auf Eiselen, s. Bank 2015 c: 177.

64 Coetzee/Booysens/van Rensburg 1980: 41 Beispiele für die Fragen.

65 Gordon 1988: 536; zu Coertzes Einfluss ebd.: 540. Hammond-Tooke 2001: Kap. 6; Carel Boshoff studierte für einen M.A. bei Cronjé und Coertze, C.Boshoff 2012: 153 f. u. R. D.Coertze 1998: 15.

66 Boucher 1973: 311.

67 Gordon 1988: 544 u. Bank 2015 a: 191; dem widerspricht R. D.Coertze 1991: 28. Allerdings betonte der Ethnologe E. F.Potgieter (University of South Africa) die Notwendigkeit von Feldforschung und Sprachkenntnissen, äußerte sich auch einigermaßen differenziert über die anglophone Ethnologie: E. F.Potgieter 1956: 17.

68 Gordon 1989: 291 u. 294, zum imaginären Charakter der Rechtskonstruktionen, die kaum auf wirklichen Feldstudien aufbauen ebd.: 292, 295, 301 f. u. 308.

69 Gordon 1990: 30 ff. differenziert hier jedoch, indem er auf die Rezeption von Malinowski bei afrikaansen Ethnologen hinweist, während Radcliffe-Brown keine oder nur ablehnende Resonanz fand. Zum Aufenthalt des letzteren an der University of Cape Town s. Phillips 1993: 22 ff.

70 Hammond-Tooke 2001: 137 f.

Ethnologen für die Veröffentlichung evaluierten, äußerten sich meist sehr kritisch und sprachen in einzelnen Fällen den Texten sogar den wissenschaftlichen Charakter ab.[71] Außer ein paar kulturessentialistischen Dogmen, Sprachkenntnissen und der Überzeugung, „den Bantu" zu kennen, hatten sie in der Regel nicht allzu viel zu bieten. So wurde zuweilen auch die Orthographie afrikanischer Sprachen geändert, wie der afrikanische Journalist Selope Thema mutmaßte, um sie für Weiße leichter erlernbar zu machen.[72] Schon ein zeitgenössischer amerikanischer Beobachter stellte fest: „Assertions are rife, data are few."[73] Auch Erika Theron musste 1950 eingestehen, dass die Afrikaaner die Coloureds, über deren Schicksal ihre Politiker entschieden, gar nicht kannten.[74]

Sie traten als „Experten" auf, die eher ihrer eigenen Imagination und ihren unüberprüften Überzeugungen folgten, als empirische Forschung zu Rate zu ziehen. Dazu gehörte vor allem die immer wieder vorgetragene Behauptung, die „Bantu" seien von ihrer Kultur prädeterminiert und nicht fähig, sich an die westliche zu akkulturieren.[75] A.W. van Schalkwyk, Professor für Bantukunde an der Universität des Oranje-Freistaats in Bloemfontein und aktives SABRA-Mitglied, regte 1952 an, eine eigene Presse für die „Bantu" aufzubauen, um den „Standpunkt der Afrikaner deutlich und auf sympathische Weise in die Aufmerksamkeit unserer Bantubevölkerung zu bringen." Aus seiner tiefen Kenntnis der Afrikaner wußte er, dass nämlich das geschriebene Wort für sie „sehr viel größere Autorität" hätte als das gesprochene. „Das Bantukind wächst [...] mit dem Verständnis auf, dass das gesprochene Wort sehr wenig Bedeutung hat. Es kann verdreht, bestritten und vergessen werden. Dagegen hat es gelernt, dass unumstößlich ist, was schwarz auf weiß zu lesen ist. Es hat die Autorität des schriftlichen Dokuments kennen gelernt."[76] Ein jüngerer Vertreter des Faches, der zusammen mit Coertze eine der programmatischen Schriften zur Apartheid verfasste und zu dieser Zeit als Verwaltungsbeamter in Brakpan die Apartheid besonders harsch und rücksichtslos durchsetzte, war F.J. Language, der einige Zeit bei Verwoerd Psychologie studiert hatte.[77]

---

71 Beispiele bei Bank 2015a: 189ff.

72 Cobley 2016: 130ff.

73 Allport 1956: 11.

74 E.Theron 1950: 21 u. 23.

75 P.A.Theron 1952: 15.

76 PV 276/1/27/11/4/1, 44f. Prof. A.W. van Schalkwyk, 31.10.1952.

77 PV93/1/13/1/1, F.J.Language, Brakpan, an V. 19.10.1950, leider gibt er nicht an, ob er Psychologie oder Soziologie studierte. Seine rigorose Haltung kommt in Language 1950: 33 zum Ausdruck; s. auch Sapire 1987: 358ff. u. 383ff. Language wurde später selbst Professor in Bloemfontein: Language 1961; Coertze/Language/Van Eeden 1943.

Die auffallende Deckungsgleichheit der wissenschaftlichen „Erkenntnisse", die afrikaanse Ethnologen vortrugen, mit populären Vorurteilen in der weißen Bevölkerung lässt sich daraus erklären, dass ihre Expertise empirisch ungesichert war, um es zurückhaltend auszudrücken. Daraus entsprang die Attraktivität von Bantuistik und Ethnologie für viele afrikaanse Studenten.[78] Tatsächlich reichte hier eine Traditionslinie der Pseudowissenschaftlichkeit, was die ethnologischen Kenntnisse betraf, von Meinhof über seine südafrikanischen Schüler bis zu den Verwaltungsethnologen, was von den wenigen Ethnologen, die sich an höheren Standards orientierten, heftig kritisiert wurde.[79]

Einer dieser wenigen Feldforscher unter den afrikaansen Ethnologen, für einige sogar der „bedeutendste Afrikaaner-Anthropologe"[80] war Johannes Bruwer, der sich skeptisch über Rassentheorien äußerte, als er einem Vertreter derselben entgegenhielt: „Ihre Ansichten beginnen mit Gobineau und sind später festgefahren in einer ganzen Reihe unsinniger Publikationen über inhärente Rassenunterschiede. [...] Es gibt tatsächlich keine objektive Methode, um Rassenunterschiede in einem inhärenten Sinn zu messen."[81] Er unterstrich in verschiedenen Publikationen, dass Rasse allein physische Merkmale wie Hautfarbe betraf, nicht jedoch kulturelle Fähigkeiten oder Intelligenz.[82] Dessen ungeachtet unterschied er, ganz ähnlich wie Eiselen, die südafrikanischen Bevölkerungsgruppen trotzdem primär anhand der Hautfarbe, ohne die Bedeutung dieses Kriteriums wirklich zu klären.[83] Im Gegensatz zu vielen anderen Ethnologen hielt Bruwer auch noch Ende der 1950er Jahre Kontakt zu Intellektuellen wie Z.K. Matthews, einem führenden ANC-Mitglied.[84] Ethnologen wie er, die es eigentlich besser wussten, wurden, Gordon zufolge, über ritualisierte Sitzungen und die mit der Mitgliedschaft im Broederbond verbundene Überzeugung, zu einem Kreis der Auserwählten zu gehören, gegen ihre wissenschaftlichen Überzeugungen zur Konformität getrieben.[85]

So blieb bei allem nach außen zur Schau gestellten Expertentum das tatsächliche Wissen über die afrikanische Bevölkerung im dafür zuständigen Mi-

78 R. D.Coertze 1991: 30 u. bes. 1998: 3 u. 14.

79 Zur sozialen Herkunft vieler afrikaanser Ethnologen s. Bank 2015 a: 181 ff.

80 De Jongh 1987: 107.

81 PV 123/2/1/4, Bruwer an Valentyn Büchner, 18.5.1966.

82 Bruwer 1958: 124 u. 1953: 72.

83 Bruwer 1956 a: 104; Eiselen 1950: 11.

84 PV 123/2/19/5, Briefwechsel mit Matthews über eine Publikation 1958. Er kooperierte auch mit englischsprachigen Kollegen wie Monica Wilson, ebd., versch. Briefe 1960.

85 Gordon 2018: S. 98 u. 107 ff. u. bes. 112 sowie Gordon 2004: 5 ff. Zu Bruwer s. auch Kapp 2009: 401.

nisterium rudimentär. Ein Manuskript, das wahrscheinlich von E. Wyatt Sampson,[86] einem Mitarbeiter des Ministeriums, stammte, gibt einen aufschlußreichen Einblick in die innerhalb der Behörde verbreiteten Ansichten über die schwarze Bevölkerung. Sampson schrieb seinen Artikel im Jahr 1951 zu einer Zeit, als Verwoerd bereits Minister war und Eiselen seit zwei Jahren Staatssekretär. Bei der Kontrolle, die beide über das Ministerium ausübten, kann man sich sicher sein, dass es sich bei diesem Artikel keineswegs um die Privatmeinung von Sampson und schon gar nicht um eine dissentierende Stimme gehandelt haben kann. Nach einer einleitenden Passage, in der Daten und Fakten über die Reservate ausgebreitet und auch die Legende wiederholt wurde, es handle sich um die ursprünglichen Heimatländer der Schwarzen, „when the Europeans took over the government of the country" (S. 2), folgt eine Rechtfertigung der Landverteilung, bei der Afrikaner die besten Teile erhalten hätten. Zwar gebe es Armut, aber diese sei nicht auf die schlechte Qualität des Landes zurückzuführen, sondern auf das „human element" (S. 3). Dies wurde dann das Hauptthema der weiteren Ausführungen, nämlich die psychischen Unzulänglichkeiten und „why it is so difficult for the Bantu to orientate themselves to western agricultural ideas" (S. 4). Um dies nachzuweisen, beschrieb der Autor in einem zweiten Teil ausführlich das „Life in a typical Kraal", ohne dass die sonst für das Department so wichtige Unterscheidung ethnischer Gruppen Niederschlag in Form einer Differenzierung gefunden hätte. Die kulturellen Unterschiede der Schwarzen untereinander wurden zugunsten einer Betonung des generell primitiven Zustands aller Afrikaner eingeebnet. Durch die anekdotenhafte Einflechtung persönlicher Erlebnisse wurde der Leser belehrt, dass der Verfasser mit der Autorität langjähriger Erfahrung sprach.

In dieser Vorstellung des Alltagslebens betonte der Autor, wie sehr die Hauptarbeit in der Landwirtschaft von Frauen verrichtet wurde, die mehr oder weniger explizit als unterdrückt präsentiert wurden. Wenn Männer sich in der Landwirtschaft betätigten und erfolgreich waren, kam sofort die arme Verwandtschaft und hielt die Hand auf: „It is thus best not to be exceptional in any way in Bantu society" (S. 5), die Gesellschaftsstrukturen verhindern Invidiualisierung und Fortschritt. Dieses Bild allgemeiner Indolenz wurde genüsslich ausgemalt, denn der Tagesablauf gerade der Männer bestand im wesentlichen aus

86 NA ABO 733/400 Vol. 6, Bl. 331, Syndicate Publishing Company an E. Wyatt Sampson, 6.7.1951, mit Bitte, die beiliegenden „galley proofs" durchzulesen und zurückzusenden. Da der Artikel selbst keine Namenszeichnung enthält und nicht eindeutig erkennbar ist, ob der oben genannte Brief der Begleitbrief dazu war, halte ich eine gewisse Vorsicht bei der Zuordnung zu dem genannten Autor für geboten. Im folgenden beziehen sich die eingeklammerten Zahlen auf die Paginierung dieses Manuskriptes.

dem „serious business of sitting either in the sun or the shade for the rest of the day" (7). Zusätzlich verlieh der Glaube, dass alle Widrigkeiten von Geistern verursacht seien, der Indolenz weiteren Vorschub, da man Probleme nicht lösen konnte, sondern hinnehmen musste (9). Den Glauben an die Macht der Geister identifizierte Sampson als das Haupthindernis auf dem Weg zu einer Verbesserung der Situation (10).

Sampson hatte wie Verwoerd selbst nur Verachtung für „Theoretiker", denen das empirische Wissen fehle und die weltfremd argumentierten: „Those who believe that the Bantu have only to be shown better methods to have them generally adopted have little conception of the true position." (10). Anschließend hämmerte er wiederholend seinen Lesern ein, wie wenig Fortschritt in einer solchen Gesellschaft möglich war, denn unter der Überschrift „Love of repetition" wies er darauf hin, dass die „Bantu" Innovationen generell feindlich begegneten: „Tribal life [...] is an unthinking rhythmical thing that goes drowsily on without mental effort. [...] These customs are so ingrained in a mature tribal Native that they appear verily part of his basic nature." (10) Afrikaner würden so gern repetitive Tätigkeiten in der industriellen Welt verrichten, weil das ihrer mentalen Grundverfassung sehr entgegen käme. Dazu gehörte ebenso die „avoidance of harsh and unpalatable facts, in both of which traits he is thoroughly schooled as a child". (11) Allmählich dämmert es dem Leser, welch heroische Anstrengungen die Regierung unternahm, um in dieser Welt Verbesserungen einzuführen, die im einzelnen aufgezählt wurden (11 ff.). Sampson unterstrich darum, „officials must use great tact and patience to better the people's lot in spite of themselves and their age-old prejudices." (13).

Diese Weisheiten wusste ein Native Commissioner durch eigene Erkenntnisse über die „Natives" zu ergänzen: „Für sie ist Autorität die Fähigkeit, um durch Strafe einen Befehl durchzusetzen."[87] Ein anderer Mitarbeiter begründete das faktische Verbot der Gewerkschaften damit, dass sie „have not yet reached the stage at which they can assume so responsible a role." Ohnehin sei die geeignetste Arbeit für sie der taylorisierte Produktionsprozess, „repetitive work at which the Bantu excel."[88] Ähnliche Erkenntnisse sprachen aus einem weiteren Beamten: „Wie wir wissen, ist der Eingeborene im Allgemeinen nicht für verantwortliche Arbeiten geschaffen."[89] Auch die Neugier, etwas dazuzulernen, hielt sich in engen

---

87 PV 276/1/9/4/3/3, Bl. 78, T.F. Coertze (Native Commissioner Witzieshoek) an Chief Native Commissioner Western Areas (Potchefstroom), 6.8.1952.

88 PV 276/3/1/1, Native Labour Conditions (kein Autor und kein Datum genannt, vermutlich 1953), S. 6 u. 3.

89 PV 276/1/8/2/1, 1 Forschungsbeamter (kein Name, Durchschlag eines Schreibens) an Sek NA, 30.7.52.

Grenzen. So führte ein anderer Beamter den Widerstand afrikanischer Bauern gegen „ökologische" Maßnahmen nur auf ihre Indolenz zurück, statt sie zu fragen.[90] Tatsächlich waren die Klagen über die unzulänglichen Kenntnisse weit verbreitet und wurden Forderungen laut, allen, die mit der Verwaltung der „Bantu" direkt zu tun hatten, zumindest ethnologische Grundkenntnisse beizubringen.[91] Selbst der Wirtschaftsprofessor J. L. Sadie von der Universität Stellenbosch behauptete, „that thousands of migrant labourers who regularly return to the Bantu Areas after spells of work outside, do not return because they are prevented from settling permanently in the existing urban areas by influx ontrol, but because they much prefer to have their domicile in their tribal area."[92] Woher wollte er das wissen? Statt die Betroffenen zu befragen, war es einfacher, die vertrauten Imaginationen über tribale Identitäten weiterzupflegen.

So stand es also um das ethnologische Expertenwissen, das sich Verwoerd in seinem Ministerium zunutze machen konnte.[93] Es handelte sich um vorurteilsverstärkendes Erfahrungswissen, das durch keine wissenschaftliche Literatur oder ethnologische Kenntnisse gestützt oder korrigiert wurde, sondern hier wurde die unter südafrikanischen Weißen weitverbreitete Meinung wiederholt, man kenne die Schwarzen, die in diesem Fall zusätzlich mit der Arroganz des Expertentums daherkam.[94] Daran konnten auch Fehleinschätzungen nichts ändern, wie etwa bei den Unruhen in Witzieshoek, wo die Bedeutung der Rinder für die lokale Bevölkerung von den Beamten überhaupt nicht verstanden wurde und die ökologischen Verbesserungsmaßnahmen am Schreibtisch entwickelt und der Bevölkerung aufgezwungen wurden.[95] Die Vorstellung, Afrikaner seien nicht nur durch ihre Lebensumstände und ihre Religion in ihren Traditionen gefangen, sondern sie seien psychisch nicht in der Lage, sich daraus zu befreien, da sie wie Kinder den wirklichen Problemen auswichen, sie lieber hinnähmen als sie zu lösen, waren kompatibel mit Verwoerds völkerpsychologischen Vorstellungen. Über einen schwarzen Lehrer, der sich etwas zu schulden hatte kommen lassen

---

90 T. F.Coertze 1950: 25.

91 C.W.Prinsloo 1951: 14 u. 19 ff.

92 Sadie 1960: 58.

93 Ein Text, der vermutlich von Eiselen stammt, unterschied sich nicht in der Bewertung der indigenen Lebensweise, wohl aber durch den sachlicheren Ton, in dem er verfasst war: FAV 4.6.2.2, The Bantu in South Africa.

94 Während des 2. Weltkriegs folgten die Radiopropagandisten der Regierung Smuts auch lieber ihren vorgefassten, von Kenntnissen nicht getrübten Meinungen, s. Wiederroth 2016: 293 ff.

95 Beerstecher 1994: 31 ff., S. 52 f., 105 f., 109 ff., 122 u. 185 ff.

und um Vergebung und Wiedereinstellung bat, notierte der Minister milde: „Diese Leute sind in ihren Torheiten oft wie Kinder."[96]

Obwohl das Department seit 1926 die Planstelle eines eigenen Ethnologen vorsah und Mitarbeiter, die eine Zusatzausbildung in Ethnologie oder einer verwandten Wissenschaft erwarben,[97] mit Preisen prämierte, blieben die ethnologischen Kenntnisse der Ministeriumsbeamten gering. Von 1930 – 69 hatte der Meinhof-Schüler N. J. van Warmelo die Stelle des Regierungsethnologen inne,[98] und die Universitäten, an denen Sozialanthropologie gelehrt wurde, dienten sich dem Staat schon seit den frühen 1920er Jahren an.[99] So hat Meinhof neben Eiselen zweifellos einen prägenden Einfluss auf van Warmelo ausgeübt, dieser hat aber seinerseits die Apartheid nur indirekt, nicht konzeptionell beeinflusst,[100] indem er die Beschreibungen ethnischer Gruppen lieferte, auf die der Staat sich dann beziehen konnte.[101] Zwar war van Warmelo der Ethnologe des Department of Native Affairs, doch war seine Wirkung offenbar sehr begrenzt und externe Ethnologen wie Bruwer waren einflussreicher.[102] Er verweigerte auch die Zusammenarbeit mit der Sauer-Kommission, weil er der Meinung war, dass Apartheid aus der Parteipolitik heraus gehalten werden sollte.[103]

Ethnologische Forschungsergebnisse wurden von Politik und Verwaltung kaum rezipiert und die Wissensakkumulation schritt, wenn überhaupt, sehr langsam voran, denn noch 15 Jahre später, im Jahr 1965, begründete der Ethnologe Johannes Bruwer seinen Rücktritt als Generalkommissar für die „Bantu" Südwestafrikas folgendermaßen: „Das völlige Fehlen von Kenntnissen und Empathie mit den Menschen auf der Ebene der Administration, wo Wissen und Macht nur aus Gesetzen und Regeln bezogen werden, wogegen ein Generalkommissar

---

96 PV 276/I/6/1/5, Bl. 127, V. an Stanton Thomas Ntuka, 3.11.1955.

97 Herbst 1930: 484.

98 Pugach 2012: 180 ff. u. 2002: 10 zur Übernahme der Verknüpfung linguistischer mit rassischen Kriterien durch van Warmelo.

99 Dubow 1985: 57 ff. Aus der fehlenden Resonanz bei Beamten des NAD trotz damit verbundener Karriereanreize lässt sich deutlich ersehen, dass viele keine Notwendigkeit sahen, etwas über afrikanische Kulturen zu lernen, vermutlich im Bewußtsein, das Notwendige ohnehin schon zu wissen.

100 Gordon 1990: 41, Anm. 6 bezweifelt ebenfalls, ob Van Warmelo die Ausrichtung des Native Affairs Department wirklich beeinflusste. S. auch Hammond-Tooke 2001: 111 ff. Kuper 1987: 2 scheint ihn ähnlich zu beurteilen, wenn er ihn gemeinsam mit Isaac Schapera als herausragenden Wissenschaftler bewertet.

101 Lekgoathi 2009: 71 u. 73.

102 Gordon 2004: 8 erhebt starke Zweifel an van Warmelos ethnologischer Kompetenz. Zu Bruwers Einfluss im Broederbond s. Stals 1998: 317 ff. u. 423 f.

103 Brits 2000: 80.

eigentlich machtlos steht und Ratschläge keine Bedeutung haben.“ Dadurch sei es ihm nicht möglich gewesen, neben den Ovambo auch die Herero, Dama und Nama „für uns zu gewinnen.“ Er vermisste die Führung „von oben“ und unterstrich, rein technokratische Verwaltung könne „ohne tieferes Einfühlungsvermögen in andere Menschen“ kein Vertrauen schaffen. Selbst ein kenntnisreicher Beamter in den oberen Rängen der Hierarchie wie er konnte gegen den kalten Bürokratismus, der das NAD beherrschte, nicht viel ausrichten, zumal er hatte feststellen müssen, dass „Beamte dort keine Ahnung von menschlicher Entwicklung haben, was über ein bisschen technische Kenntnisse hinausgeht.“ Er hatte nicht erwartet, „dass Beamte für die Aufgabe, die vor uns steht, so schlecht vorbereitet sind, als ich es dort entdeckte.“ Dieselben Fehler, die in Nordrhodesien in den 40er Jahren gemacht worden waren, wurden in Südwestafrika und, wie er ausdrücklich betonte, auch in Südafrika wiederholt.[104] Damit sprach er indirekt ein Kernproblem der Verwoerdschen Herangehensweise an, nämlich ihre Dialogverweigerung und ihren Autoritarismus, die durch die verbreitete Inkompetenz und schlechte Ausbildung der Beamten in der staatlichen Verwaltung noch verstärkt wurden,[105] was er schon Jahre zuvor bei seiner ersten Reise durch das Territorium festgestellt hatte.[106]

Verwoerd ging in seiner Antwort auf die Kritik nicht ein und griff nur Bruwers Vorschlag auf, statt die „Bantu“ als Gesamtheit anzusprechen, die Unterschiede zwischen den „Völkern“ stärker in Rechnung zu stellen, was der allgemeinen Auffassung unter afrikaansen Ethnologen ohnehin entsprach.[107] Bruwer waren die Unterschiede zwischen den „Bantu“ wichtiger als die Gemeinsamkeiten,[108] er teilte die Grundannahmen des Kulturrelativismus. Für ihn stand außer Frage, dass jede der Bevölkerungsgruppen Südafrikas „eine eigene Volkart hat, die nicht mehr nur über eine globale Betrachtung erkannt werden kann.“[109] Doch kritisierte er auch später noch die ethnologische Inkompetenz im Department of Native Affairs, weshalb man den kulturellen Unterschieden zwischen den „Bantu“ bis-

104 PV 123/2/11/6, Bruwer an V., 29.7.1965. Zu seinem Rücktritt s. auch Ebd., Bruwer an V., 15.1.1965. S. auch PV 123/2/1/2, Bruwer an G. J. Jordaan, 10.11.1965 als Antwort auf dessen Brief v. 5.10. S. auch I.Evans 1997: 194 f. Zu den Fehlern in Nordrhodesien s. Bruwer 1967: 69. Ganz ähnlich beurteilte der Stellenboscher Ethnologe Nic Olivier den Kenntnisstand in der Verwaltung: Gordon 2018: 106 f. u. 1991: 88.

105 Posel 1999: 103.

106 Gordon 2004: 6

107 PV 123/2/11/6, V. an Bruwer, 4.8.1965.

108 PV 123/2/14/1, Bruwer an Hoofsekretaris SABRA, 17.1.1966: „Ich würde es sehr bedauern, sollte S.A.B.R.A. weiterhin die globale Bantupolitik verstetigen helfen!“

109 PV 123/2/19/5, Die Volkskunde en Bevolkingsbeleid, Manuskript (Afr. Inst. Bulletin, Junie 1963), S. 3.

lang nicht gerecht werden konnte.[110] Demgegenüber stellte ein Außenstehender, der apartheidkritische Theologie B. B. Keet, schon 1955 die Frage, „was die volkseigene nicht-weiße Kultur, die bewahrt werden soll, eigentlich ist." Die Antwort darauf sei „äußerst vage. Normalerweise geht das nicht weiter als sein Verständnis von Gemeinschaft, seine Ehrfurcht vor Autorität (der Eltern oder der Obrigkeit) und seine strengen Sitten."[111]

Interessanterweise griff Bruwer den Trend zur groß angelegten Planung auf und forderte in einem Memorandum 1963 analog eine wissenschaftliche Fundierung der getrennten Entwicklung von der Ethnologie her. Diesbezüglich sah er ein Defizit und verlangte: „Fundamentale Planung durch Einsatz von Expertenwissen ist in diesem Zusammenhang genauso wichtig wie auf jedem anderen Gebiet." Ganz ähnlich wie Verwoerd Anfang der 1930er Jahre eine Bündelung des Wissens in einem Department für Volkswohlfahrt verlangt hatte, forderte Bruwer 30 Jahre später eine systematische wissenschaftliche Erforschung der verschiedenen Volksgruppen Südafrikas und darauf aufbauend eine Planung der weiteren Apartheidpolitik: „Es kann zweifellos festgestellt werden, dass angewandte völkerkundliche Kenntnis Südafrikas Bevölkerungspolitik und -entwicklung zugrunde liegen muss."[112] Eiselen selbst hatte die geringen Kenntnisse vieler Beamter eingeräumt, aber letztlich auch nichts daran geändert. Ein anderer Außenstehender, der Schriftsteller N. P. van Wyk Louw, bekannte in seinem Buch „Liberale Nasionalisme", generell seien die Kenntnisse der Bevölkerungsgruppen übereinander marginal: „Praktisch, in unserem eigenen Land, was wissen wir voneinander – weiß von schwarz, schwarz von weiß, weiß von braun, braun von weiß, braun von schwarz, schwarz von braun? Wissen ja, in mancher Hinsicht; und ‚mit Sachkompetenz' sprechen können wir leicht; aber das bleibt ein äußerliches Kennen; immer aus dem eigenen Blickwinkel, niemals aus dem anderen, so wie wir meinen, dass wir unsere ‚eigenen Menschen' kennen; wir lesen in die anderen etwas hinein, was unsere Perspektive uns anzunehmen zwingt."[113]

So bestätigte die als ethnologische Forschung weitgehend sterile afrikaanse *Volkekunde* vorgefasste Meinungen, wie sie typisch für den europäischen Kolo-

110 Bruwer 1966: 72f. In Bruwer 1962: 87ff. unterstrich er die Notwendigkeit, bereits in den Schulen Grundkenntnisse über die schwarzen Gesellschaften zu vermitteln. Auch Eiselen 1953: 24f., 1955a u. 1965: 21 machte sich vehement für die Einführung von „Bevölkerungskunde" in den Schulen stark und andere SABRA-Aktivisten stimmten dem zu, z. B. Gerdener 1952: 9 und hinsichtlich der Universitäten N. J. J.Olivier 1956a: 36f.

111 Keet 1955: 82.

112 PV 123/2/19/5, J. P. Bruwer, Die Volkekunde en Bevolkingsbeleid, Manuskript (Afr. Inst.Bulletin, Junie 1963), S. 1.

113 N. P.Louw 1958: 85.

nialismus und für Siedlergesellschaften waren.[114] Daraus ergab sich ein selbstreferentielles System eines dünkelhaften Nichtwissens, das koloniale Selbstverständnisse immer bestätigte und das der ganzen Apartheidpolitik die Legitimationsgrundlage bot. So ging die afrikaanse Ethnologie sowenig wie das Wissen anderer „Experten" über die unter Weißen verbreiteten populären Annahmen hinaus, die gleichzeitig zu Gewißheiten gerannen und sich gegen jede äußere Kritik immunisierten.[115] Trotz des Einsatzes zahlreicher Ethnologen in Regierung und Verwaltung lässt sich keine Zunahme des Wissens über die „Bantu" erkennen, vielmehr galt, was der französische Journalist Alfred Fabre-Luce 1961 beobachtete: „In truth, although one rubs shoulders with him [the Black] every day, one does not know him."[116] Nichtwissen war kein Defizit, sondern Teil des Systems, für die Funktionalität des Apartheidstaates war es sogar unabdingbar.

Geschichte

Wenn in diesem Zusammenhang von Verwoerds Bild der Geschichte die Rede ist, so ist nicht das historische Selbstbild der burischen Nationalisten gemeint, sondern, da es um die Rechtfertigung der Apartheidpolitik geht, seine Kenntnisse der vorkolonialen afrikanischen Geschichte. Denn er leitete die historische Legitimation der Apartheid nicht aus der Kolonialgeschichte ab, vielmehr war für ihn der zivilisatorische Entwicklungsstand ausschlaggebend, den die Afrikaner aus eigener Kraft, d. h. vor dem Beginn der Kolonialisierung erreicht hatten. Dem ist ein kleiner historiographischer Überblick vorauszuschicken, um zu zeigen, was er auf dem Stand der historischen Forschung der späten 1950er Jahre überhaupt wissen konnte.

Seit ihren Anfängen als Geschichtsschreibung mit wissenschaftlichem Anspruch im späten 19. Jahrhundert erzählte die südafrikanische Historiographie eine koloniale Triumphgeschichte der weißen Siedler. Insbesondere der Archivar und Historiker George McCall Theal hatte die Grundlage einer Geschichte aus Siedlerperspektive und mit der europäischen Besiedlung als ihrem wichtigsten Gegenstand gelegt. Als ab den 1920er Jahren eine Gruppe junger Forscher um den Historiker und Sozialwissenschaftler William Macmillan diese Sichtweise und vor allem ihre legitimatorischen Implikationen für eine Politik der Diskriminierung und Ausgrenzung in Frage stellten, hielten sie ähnlich wie Theal an der Vorstel-

---

114 Die verbreitete Unkenntnis über die „Bantu"-Kulturen gestand Eiselen 1955a: 28 durchaus ein, problematisierte aber nicht, dass diese Ignoranten alle das Wahlrecht hatten.

115 S. etwa die Untersuchung von Hudson/Jacobs, Biesheuvel 1966: 73 ff.

116 Fabre-Luce 1961: 427. Das galt auch für die Kriminologie: Smit 1989: 244.

lung fest, dass die vorkolonialen afrikanischen Gesellschaften weitgehend barbarisch waren. Im Unterschied zu Theal und anderen Autoren bejahten sie aber das Entwicklungspotential der Afrikaner. Hinsichtlich der vorkolonialen Geschichte blieben sie innerhalb des Interpretationsrahmens, den Theal und andere gesteckt hatten und in dessen Zentrum die Gestalt von Shaka Zulu stand, dem in der kolonialen Historiographie eine prominente Bedeutung zukam.[117] Shaka (ca. 1787 bis 1828), der mit Hilfe militärischer Innovationen im frühen 19. Jahrhundert das Zulu-Reich als mächtigste politische Einheit außerhalb der Kapkolonie gründete, wurde zum Inbegriff des afrikanischen Despoten stilisiert.[118] Die afrikanische Despotie bildete die Grundlage des Geschichtsbildes der Afrikaaner-Nationalisten, für die die Geschichte Afrikas von Chaos und permanenten ethnischen Konflikten bestimmt war. „Es ist nämlich zutreffend, dass Südafrika nie ein Land der Schwarzen war, wie es viele Uninformierte behaupten. Es waren gerade die Weißen [...], die den Bantu vor sich selbst retteten."[119] Dieses Motiv der pazifizierenden und zivilisierenden Kraft der weißen Herrschaft[120] tauchte vielfach im Rahmen der sich entfaltenden Apartheid-Ideologie seit den 1930er Jahren auf.[121] Verwoerds Nachfolger als Minister, Daniel de Wet Nel, ein weiterer ausgewiesener Experte über die „Bantu", behauptete 1956 allen Ernstes, „dass allein in der Umgebung von Basutoland mehr als eine halbe Million Bantu durch Menschenfresserstämme in dieser Zeit verschlungen wurden."[122] Es war etabliertes „Wissen" im Ministerium, dass die „Bantu" einer autoritären Form von Herrschaft bedürften, denn anders waren sie „still prone to acts of senseless violence when stirred up by agitators."[123] Das Adjektiv „senseless" verweist darauf, dass Schwarze einer Art prälogischer Mentalität verhaftet waren. Damit ließ

---

117 Saunders 1988: 36 ff. zu Theal, zu Macmillan und seinen Schülern 47 ff. sowie H.Macmillan 1989.

118 Zur Revision dieses Bildes und der Relativierung der Bedeutung Shakas s. Hamilton 1996. Ein vergleichbarer Fall ist der Ndebele-König Mzilikazi (ca. 1790 – 1868), über den der südafrikanische Ethnologe Peter Becker 1962 ein Buch mit dem Titel „Path of Blood" schrieb, das er Verwoerd als „eine wahre und vorurteilslose Geschichte Südafrikas" anpries. PV 93/1/34/9, Bl, 39, Peter Becker an Verwoerds Privatsekretär Barnard, 13.3.1962 und Bl. 70, am 27.3.1962.

119 PV 93/3/1/38, Verwoerd an W.J.N. Badenhorst (Klerksdorp), 17.1.1961. Ganz ähnlich N.J.Olivier 1956 b: 22 f.

120 PV 93/1/30/1/26, Verwoerd an A. Graham (Bournemouth, England), 24.8.1964: Bl.144.

121 University of the North-West, Ossewabrandwag-Archiv, Van der Westhuysen-Slg. 11/79, H.N. Theunissen, in: Gedenkbuch des Komitee Johannesburg: 21 ff. Ganz deutlich etwa bei Holloway 1964: 40 u. 45.

122 M.D.C.Nel 1956: 5.

123 FAV 4.6.2.2, The Bantu of South Africa (ca. 1953, vermutlich von Eiselen), S. 4.

sich das repressive Vorgehen gegen „Agitatoren“ und im Fall von Demonstrationen wie in Sharpeville 1960 begründen.

Erst ab den späten 1960er Jahren begann die kritische Geschichtswissenschaft intensiv und mit politisch inspiriertem Elan, sich mit den vorkolonialen afrikanischen Gesellschaften zu befassen, deren Geschichte nun eigentlich erst entdeckt und in allen ihren Facetten rekonstruiert wurde.[124] Verwoerd bewegte sich demnach noch in einem Feld, das bis zu seiner Amtszeit empirisch kaum erforscht war. Umso auffallender ist die Selbstsicherheit, mit der er seine historische Unkenntnis als objektiv gesichertes Wissen vortrug. Dies verwies einerseits darauf, dass er sich eines breiten Einverständnisses unter Weißen sicher war, und andererseits, dass es kein afrikaanser Historiker dieser Zeit überhaupt für nötig hielt, die afrikanische Geschichte zu erforschen, da sie als Kreislauf aus despotischer Herrschaft, Stammesfehden, Ausrottungsfeldzügen und Vertreibungen unterstellt wurde, der eine kumulative kulturelle Entwicklung gänzlich ausschloss. 1962 wies T. B. van Rooyen, der Geschichte kurzerhand mit Veränderung gleichsetzte, die Afrikaner der Prähistorie zu, so dass sie erst von den betriebsamen weißen Kolonisten ins Licht der historischen Entwicklung geführt worden waren.[125] Die afrikaanse Historiographie war introvertiert, als emphatisch nationalistische Geschichtsschreibung auf die Geschichte der Afrikaaner bezogen, sie wurde zudem durch die Personalpolitik und den Einfluss des Broederbond auf ein bestimmtes Geschichtsbild festgelegt, weshalb sie bis in die 1980er Jahre in einem sterilen Positivismus verharrte.[126]

Der zentrale Mythos, den Verwoerd bei zahlreichen Gelegenheiten wiederholte, besagte, Südafrika sei ein menschenleeres Land gewesen, mit Ausnahme

124 Dieses intensive Interesse für die vorkoloniale Geschichte, das auch die Archäologie erfasste, war seinerseits eine Reaktion auf die Apartheid-Politik. Zum Aufstieg der „radikalen“, oft marxistisch ausgerichteten, Historiographie seit den frühen 1970er Jahren s. Wright 1978; allgemeinere Überblicke bieten Saunders 1988 sowie K.Smith 1988.

125 T. B.van Rooyen 1962: 108.

126 Insbesondere H. B. Thom, Historiker und langjähriger Rektor in Stellenbosch und von 1952 bis 1960 Vorsitzender des Broederbond, sorgte dafür, die Lehrstühle an den afrikaansen Universitäten mit linientreuen Historikern, oft seinen eigenen Schülern, zu besetzen: D. J. Kotzé 1969: 19; dort auch weitere Angaben zu seiner Patronage, die ihm durch die vielfache Mitgliedschaft und Vorsitze in Kommissionen ermöglicht wurde sowie durch den Umstand, dass er 16 Promotionen betreute, mehr als jeder andere Historiker seiner Zeit, womit er genügend loyales Personal hatte: Kapp 2004: 46 ff. und 2005: 45 ff. G. D.Scholtz 1970: 18 betont die „Berufung“ des Historikers, der seinem Volk dienen müsse. Zur Isolation und methodischen Sterilität der afrikaans-nationalistischen Historiographie s. Grundlingh 1987: 42 f. Auch an den „Bantu“-Universitäten wie Fort Hare wurde bei Stellenbesetzungen im Fach Geschichte auf die rechte Gesinnung geachtet: Williams 2001: 528.

freilich der nicht wegzuleugnenden Khoisan.[127] Allerdings fiel dies leicht, weil die südafrikanischen Weißen dem selbstgeschaffenen Mythos aufsaßen, die Coloureds wären „Mischlinge", und dabei ausblendeten, dass die meisten von ihnen Nachkommen der Khoisan oder der Sklaven waren.[128] Die „Ureinwohner" lebten zwar weiter, sie hießen jetzt nur Coloureds, doch wurde deren Entstehung mit der weißen Besiedlung und der „Rassenmischung" in einen so ursächlichen Zusammenhang gebracht, dass die ältere Geschichte der Khoisan ausgeblendet werden konnte. Die Weißen hatten Verwoerd zufolge darum jedes Recht gehabt, sich hier niederzulassen und das Land auch in der Gegenwart noch für sich zu beanspruchen, da die „Bantu", d. h. die bantusprachigen Afrikaner, zur selben Zeit aus Zentralafrika zugewandert seien: „In Südafrika ist ein weißer Staat durch die Inbesitznahme eines leeren Landes entstanden. Sie haben das ganze Land drei Jahrhunderte lang zu einem höchst modernen Staat entwickelt und eine weiße Nation zu Stande gebracht. Zur gleichen Zeit kamen verschiedene schwarze Nationen aus Zentralafrika und haben sich an verschiedenen Orten niedergelassen. Tatsächlich haben sie nichts entwickelt, aber als sie in einem Angriff auf die Weißen besiegt wurden und danach von den Weißen auf allen möglichen Gebieten beschützt wurden, haben sie ihren Lebensunterhalt in der Arbeit gefunden, die die unternehmerischen [inisiatiefvolle] Weißen ihnen gaben."[129] Aus der Zeit ihrer Ankunft leiteten die Weißen – angesichts des primitiven Zustands der Schwarzen – ein Vorrecht ab.[130]

Verwoerd bediente populäre Einstellungen und Ansichten, wenn er dergleichen propagierte,[131] denn die christlichen Afrikaaner-Nationalisten hielten sich etwas darauf zugute, dass die schwarze Bevölkerung nicht ausgerottet worden sei wie in anderen Siedlerkolonien, sondern sich unter ihrer Herrschaft sogar

---

127 N. J. J.Olivier 1954: 23. Bei den Khoisan handelte es sich um Wildbeuter- und Viehzüchter-Kulturen, die nicht zu den bantusprachigen Afrikanern zählten: vgl. dazu Marx 2012: 15 ff.

128 Adhikari 2006: 19 ff.

129 PV 93/1/30/1/24, Verwoerd an A. E. Breytenbach, 31.1.1964, S. 94.

130 PV 93/1/30/1/29, Verwoerd an John McKenzie (Auckland, Neuseeland), 10.11.1964, S. 5; s. auch in einem anderen Brief, in dem er sich noch deutlicher zur afrikanischen Barbarei äußert: „In fact, if it were not for the initiative of the white man and his care of the black people very few of the latter would still have existed due to internecine strife, famine and lack of own health services." PV 93/1/30/1/24, Verwoerd an C. Sutherland (Madison, Wisconsin), 10.2.1964. Ähnliches verbreitete Louw in einem Interview, in: U.S. News & World Report, 22.7.1955, S. 58 ff.; s. auch die propagandistische Verwertung in: Südafrikanische Botschaft 1981: 4 f. Der Mythos von der späten Einwanderung der Bantu wurde bereits von Westermann vertreten: Pugach 2012: 174.

131 F. Tomlinson vertrat ganz ähnliche Ansichten über die Geschichte Südafrikas: Vaderland 17.9.1952. S. aber auch die massive Kritik an den Voortrekkermythen, die Verwoerd immer wieder bemühte: Cape Times 14.4.1959 (Kommentar).

vermehrt hätte. A.W. van Schalkwyk aus Stellenbosch, später Professor für Bantukunde an der Universität in Bloemfontein, berichtete vor dem Bondsraad des Broederbond 1950 in diesem Sinn: „Während der nicht-weiße Teil der Bevölkerung in anderen Erdteilen zu einem unbedeutenden Rest reduziert wurde, brachten unsere Vorfahren den Nicht-Weißen Südafrikas Schutz und Frieden.“[132] Der Bedarf an schwarzen Arbeitskräften und die damit verbundene extreme Ausbeutung und sklavereiähnliche Zustände wurden sorgsam verschwiegen und die Afrikaaner präsentierten sich als selbstlose, humane Zivilisationsbringer.

In einer Rede am 23. Januar 1962, in der er die Einrichtung autonomer Selbstverwaltungsstrukturen im ersten Homeland, der Transkei, ankündigte, unterstrich Verwoerd die Bedeutung dieser historischen Herleitung für die Legitimation seiner gesamten Politik, als er Rassentrennung als Praxis bis in die Zeit der angeblich gleichzeitigen Einwanderung von Afrikanern und Europäern zurückdatierte: „These two groups established themselves in specific areas and generally speaking these specific areas did not encroach upon each other.“[133] Entscheidend für seine Argumentation war die Behauptung, die Gebiete hätten sich nicht überlappt, sondern seien klar voneinander unterscheidbar gewesen. Schon die frühen Siedler hätten diese Gebiete, die späteren Homelands, als den Schwarzen gehörende Territorien anerkannt,[134] so dass die Vermischung der Lebensräume ein relativ rezentes Phänomen war, das erst mit der britischen Kolonialherrschaft, mit der Industrialisierung und Verstädterung seit Ende des 19. Jahrhunderts Einzug gehalten hatte.

Das Geschichtsbild von der späten Einwanderung der Afrikaner konnte sich teilweise durchaus auf Forschungsergebnisse stützen, insbesondere aus der Bantuistik. Denn nicht nur die deutsche, sondern auch die englische historische Linguistik ging zu dieser Zeit von einer schnellen Ausbreitung der bantusprachigen Bevölkerung aus ihrem ursprünglichen Sitz im heutigen Kamerun aus.[135] Die Besiedlung von Zentral-, Ost- und Südafrika sollte in Gestalt einer Völkerwanderung stattgefunden haben, was Verwoerds Behauptung, es seien distinkte Nationen gewesen, die sich auf diese Weise über den Kontinent verteilt hätten, im Licht der zeitgenössischen Forschung plausibel erscheinen ließ. Auf der anderen Seite gab es eine Reihe von Entdeckungen, die dieses Geschichtsbild in Frage stellten. Die südlichsten bantusprachigen Völker hatten von den Sprachen

132 AB-Archiv, 2/3/19, Bondsraad, 2.–3.10.1950, S. 2, TOP 7, Die Afrikaner en sy toekoms.

133 Verwoerd, House of Assembly, 23.1.1962, in: Pelzer 1966: 660 – 689, hier 660 f.; ähnlich, aber differenzierter der Historiker Pelzer 1963: 147 f. Auch der Soziologe Rhoodie 1958: 208 behauptete, die Schwarzen seien „nie die oorspronklike bewoners van Suid-Afrika“.

134 PV 93/1/30/1/17, Verwoerd an H.J. Bekker, 5.11.1962.

135 Vgl. dazu Flight 1988. S. auch Duerden 1921: 6.

der ortsansässigen Khoisan Schnalzlaute übernommen, was ein klarer Hinweis auf viel ältere und kontinuierliche Kontakte war.[136] Zudem war in den 1930er Jahren eine archäologische Stätte im äußersten Norden des Landes entdeckt worden, die nicht nur die Anwesenheit von bantusprachigen Afrikanern für eine viel frühere Zeit belegte, sondern auch einen besonders entwickelten kulturellen Stand bezeugte: Mapungubwe. Es war ein Herrschaftszentrum mit einer Blütezeit zwischen etwa 1000 und 1200 n. Chr.[137] Dieses Gold produzierende Reich war in die Fernhandelsnetze des Indischen Ozeans eingebunden, wie Funde in Mapungubwe belegen. Grabbeigaben aus Gold wiesen auf den hohen Entwicklungsstand und die fortgeschrittene politische Zentralisierung hin. Doch sollten solche Fakten nicht das Bild von der späten Einwanderung der „Barbaren" stören. Darum wurde die Fundstätte zum militärischen Sperrgebiet erklärt und für die Öffentlichkeit sowie für regierungsunabhängige Wissenschaftler unzugänglich. Die handverlesenen, linientreuen Archäologen der Universität Pretoria bemühten sich um den rassenanthropologischen Nachweis, dass die in Mapungubwe gefundenen menschlichen Skelette nicht von „Bantu", sondern von „Proto-Hottentotten" stammten, um nicht zugeben zu müssen, dass jene schon vor den Weißen im Land ansässig waren und urbane Siedlungen sowie eine zentralisierte Herrschaft aufgebaut hatten.[138]

Angesichts der zu seiner Zeit noch kaum vorhandenen Forschung zur afrikanischen Geschichte gingen Verwoerds Aussagen, denen eine zentrale legitimatorische Funktion zukam, nicht über bloße Annahmen hinaus, sie konnten nicht auf empirisch gesichertes Wissen zurückgreifen oder, wie im Fall von Mapungubwe, wurde dies bewußt unterdrückt. Seine Kenntnisse über Gesellschaft und Kultur der „Bantu" waren insgesamt alles andere als wissenschaftlich fundiert. Sie gingen, wie aus seinen Äußerungen abzulesen ist, kaum über die unter Weißen verbreiteten populären Auffassungen und das hinaus, was in seiner Jugend in der Schule gelehrt wurde. Durch seine Vertrautheit mit der Völkerpsychologie meinte er jedoch, sie hätten eine wissenschaftliche Fundierung. Insgesamt kam der prominente Paläoanthropologe und Mediziner Philip Tobias zum

---

136 Parkington/Hall 2010: 96 f.

137 M.Hall 1987: 74 ff.; Huffman 2005: 32 ff.

138 Zum Forschungskontext A.Meyer 1998: P.J. Coertze war in den 1950er Jahren mit den Ausgrabungen betraut; in dieser Zeit begann die Konzentration auf physisch-anthropologische Forschung, nicht zuletzt mit dem Ziel nachzuweisen, dass die Bewohner Mapungubwes keine „Bantu", sondern „Proto-Hottentot", d. h. Khoisan, gewesen seien; s. auch Voigt 1983: 4 ff. u. 130 ff. Solche Behauptungen verbreitete der in der Anthropologischen Abteilung des Afrika-Instituts in Pretoria arbeitende Hitzeroth 1966: 17 f.

Schluss: „Science provides no evidence that any single one of the assumptions underlying South Africa's racial legislation is justified."[139]

Die legitimatorische Grundlegung der Apartheid beruhte nicht auf Rassentheorien, die biologistisch argumentieren, sondern sie war geisteswissenschaftlicher Herkunft, da sie Unterschiede zwischen Menschengruppen von ihren Kulturen her definierte. Doch bezog sie sich in den drei Wissenschaften, die als Kronzeugen immer wieder benannt wurden, auf empirisch entweder ungesichertes oder methodisch unreflektiertes Wissen, im Fall der Geschichte lagen zur Zeit Verwoerds noch überhaupt keine gesicherten Erkenntnisse vor. Er konnte also einzig Behauptungen aufstellen und wiederholen, die er jedoch mit dem größten Selbstbewußtsein als empirisch gesichertes Wissen präsentierte, wobei letzteres sich aus der Gewißheit speiste, mit seinen Aussagen einen kolonialistischen Grundkonsens unter Südafrikas Weißen anzusprechen.

Nichtwissen als Grundlage der Apartheid wurde in diesem Kapitel nicht deswegen untersucht, um fundamentale Wissensdefizite zu entlarven. Viel entscheidender ist, dass dieses Nichtwissen konstitutiv für die Apartheid war. Ohne dieses Nichtwissen wäre die Rassentrennung nicht durchführbar gewesen, denn fundiertes Wissen auf der Grundlage wissenschaftlicher Forschung hätte die postulierte kulturelle Kluft zwischen Weißen und Schwarzen, die als zivilisatorischer Entwicklungsabstand verstanden wurde, ernsthaft in Frage gestellt. Außerdem hätte es zu unerwünschten Differenzierungen gezwungen und die rassistische Einteilung der südafrikanischen Bevölkerung kaum legitimieren können. Die Apartheidpolitiker reklamierten ein Wissen für sich, dass sie nicht hatten, sie gaben vor, die Kultur der Afrikaner zu kennen, für die sie sich eigentlich gar nicht interessierten. Damit verbunden war die Abwehr der Kritik von Europäern, denen Kenntnisse rundweg abgesprochen wurden. So kritisierte Verwoerd die mit dem Wohnungsbau befasste Abteilung des Wissenschaftlichen Forschungsrates, da dort u.a. „ein Gelehrter niederländischer Herkunft", dem offensichtlich die notwendigen Kenntnisse über „den Hintergrund und die Lebensweise der Eingeborenen" fehlten, in einer Weise forschte, die „stark theoretisch und europäisch orientiert ist".[140] Sich das Wissen der Afrikaner selbst nutzbar zu machen, kam für Apartheidideologen nicht in Frage, weil es impliziert hätte, in einem zentralen Feld der Legitimation Wissenslücken einzugestehen. Die Herrschaft der Weißen beruhte ja auf der behaupteten zivilisatorischen Überlegenheit und ihren Wissensvorsprüngen auf allen Gebieten.[141] Zudem wa-

139 Zit. nach Thompson 1966: 172.
140 PV 276/I/4/1/1, Bl. 18, V. an Eiselen, 24.8.1951.
141 Eiselen 1955a: 25.

ren die Ansprechpartner, die sich anboten, genau die schwarzen Intellektuellen, denen die Apartheidpolitiker „falsches Bewusstsein“ vorhielten, weil sie den zivilisatorischen Abstand zwischen Weißen und Schwarzen nicht nur leugneten, sondern in ihrer eigenen Existenz widerlegten. Vielmehr hielten die weißen Politiker an ihrer aus Ignoranz geborenen Vorstellung fest, die schwarzen Intellektuellen seien als Angehörige einer barbarischen Bevölkerung gar nicht in der Lage, Wissen über sich selbst zu produzieren, wo sie doch ihren eigenen sozialen Ort so gründlich missverstanden und Gleichheit da anstrebten, wo Gleichheit nicht sein durfte.

Ignoranz und Nicht-Wissen reproduzierte sich innerhalb des Native Affairs Department in Form eines Expertenwissens, das sich in seiner Dürftigkeit kaum von den populären Annahmen anderer Weißer unterschied.[142] Nicht-Wissen schafft, wie man am Beispiel der Apartheid gut sehen kann, soziale Fakten, es ist deswegen, wie Thomas Kirsch und Roy Dilley feststellten, nicht einfach nur das Negative des Wissens im Sinn eines Defizits oder, noch genauer, eines Desiderats, das durch Wissenszuwachs verschwindet.[143] Nichtwissen ist nicht einfach das Fehlen, die Abwesenheit von Wissen, sondern es wird selbst handlungsleitend. Ein Regime of ignorance ist „a constellation of discursive practices and power relations giving rise to epistemological gaps and forms of un-knowing that have generative social effects and consequences.“[144] Damit eröffnet sich eine neue Perspektive auf die Funktion von Nichtwissen, denn Ignoranz wird ein Faktor eigenen Rechts in der historischen Entwicklung, „as though it has a social life.“[145] Wie das Beispiel Südafrika zeigt, kann Ignoranz Gewissheiten erzeugen. Die Apartheid beruhte auf Überzeugungen, die ohne Ignoranz gar nicht möglich gewesen wären. Vielmehr war sie nur durchführbar, wenn man das Nichtwissen sorgsam pflegte und sich gegen Kenntnisse über die Kultur der Afrikaner immunisierte.[146] So hatten Überzeugungen bei Apartheidideologen regelmäßig Vorrang vor Kenntnissen, ebenso wie die Ethnologen von abstrakten Gesetzmäßigkeiten im Verhalten ethnischer Gruppen zueinander ausgingen und durchweg unhistorisch argumentierten.[147] Wäre man Bruwer gefolgt und hätte den Unterschieden zwischen den verschiedenen ethnischen Gruppen Rechnung getragen, hätte ein differenzierter Blick auf Ethnien unweigerlich auch die Perspektive auf

---

142 S. zu dem Thema dieses Kapitels auch Marx 2015.

143 Dilley und Kirsch, Introduction, in: Dilley/Kirsch 2015: 20 ff.; s. auch mit Blick auf die Gewalt als Grundlage staatlicher Strukturen, die auf Nichtwissen beruht: Graeber 2012: 86 f.

144 Dilley/Kirsch 2015: 2.

145 Ebd.: 2.

146 S. dazu auch Gordon 2018: 113.

147 Z. B. E. F. Potgieter 1956: 56 ff.

soziale Unterschiede innerhalb dieser Gruppen eröffnet, auf die Lernfähigkeit der „Bantu“ und den mittlerweile weit fortgeschrittenen Kulturwandel. Damit hätte Wissen die bürokratische und notwendigerweise pauschale Umsetzung der Rassentrennungspolitik torpediert. Nichtwissen wurde zu einer politischen Ressource, die sich im Mythos vom leeren Land niederschlug. Man kann sogar sagen, dass die Apartheid ohne Ignoranz über die Kultur der Afrikaner gar nicht möglich gewesen wäre, weil sich das Bild vom ganz Anderen dann nicht hätte halten lassen.

Homelands

Premierminister Verwoerd

J.G. Strijdom war schon seit längerem krank, eigentlich war er, seit er 1954 Premierminister geworden war, kein gesunder Mann gewesen. Als er am 24. August 1958 starb, kam sein schneller Tod doch überraschend.[1] Wie das immer so ist, begannen bereits während der Trauerzeit die Auseinandersetzungen um die Nachfolge. Die Kap-NP, die hoffte, auf diese Weise ihre einflussreiche Stellung in der Gesamtpartei zurückgewinnen zu können, protegierte die Kandidatur von T.E. Dönges. Der Innenminister konnte mittlerweile einen Senioritätsrang beanspruchen und war zudem im Broederbond bestens vernetzt.[2] Gegen ihn trat Justizminister C.R. Swart an, der zu den *hardlinern* gehörte, in seiner Amtszeit die drakonischen Sicherheitsgesetze durchs Parlament gebracht und ihre Anwendung überwacht hatte; angeblich soll Strijdom ihn kurz vor seinem Tod als Nachfolger empfohlen haben.[3] Im Transvaal einigte man sich schnell auf Verwoerd, der sich während der acht Jahre, die er Minister for Native Affairs war, einen Namen als außerordentlich dynamischer und durchsetzungsfähiger Politiker gemacht hatte.[4]

Die anschließende Kampfabstimmung war die erste in der Geschichte der NP, da bislang potentielle Gegenkandidaten immer einen Rückzieher gemacht hatten, wenn sie ihre Aussichtslosigkeit erkennen mussten. Es wurden zwei Wahlgänge notwendig, denn im ersten erhielt Verwoerd zwar die meisten, nämlich 80, Stimmen, aber nicht die absolute Mehrheit, da auf Dönges 52 und Swart 41 entfielen. Nach dem ersten Wahlgang zog Swart seine Kandidatur zurück und seine Anhänger verteilten sich: 18 entschieden sich für Verwoerd, der insgesamt

1 Die Nachrufe in der englischsprachigen und internationalen Presse waren eher kritisch, z.B.: South Africa (London), 30.8.1958, S. 179 f. und 193 f. Swart hatte das Amt des Premierministers seit dem 21. August 1958 wahrgenommen: Burger 22.8.1958. Über Strijdoms lange Krankheit s. Munger 1967: 45.

2 Allerdings gab es selbst in der Kap-NP Vorbehalte, da Dönges als Egoist galt und mehrfach wegen unsolidarischen Auftretens aufgefallen war: 296.K.GE 54, Phil Weber an A.L. Geyer, 15.4.1951. Während der Verfassungskrise wegen der Abschaffung des Coloured-Wahlrechts sprach er sich für Kompromisse aus, was von anderen in der Partei, wie P.W.Botha und Phil Weber, als „Feigheit [papbroekigheid]" verurteilt wurde: 296.K.GE 103 a, Weber an A.L.Geyer, 2.9.1952.

3 Das behauptete – aber ohne Beleg – Marquard 1962: 165.

4 Ben Schoeman 1978: 239 f. berichtete allerdings, dass er alle Hebel in Bewegung setzte, um Verwoerds Wahl zu verhindern. Albert Hertzog hatte schon länger beobachtet, dass Verwoerd immer darauf achtete, mit aufs Bild zu kommen, wenn Strijdom fotografiert wurde: PV 451/4/1/176, Tagebuch 22.7.1948, S. 1481. S. dazu auch B.M.Schoeman 1973: Kap. 8.

https://doi.org/10.1515/9783110680508-013

98 Stimmen erhielt, während 23 für Dönges votierten, der auf 75 kam.[5] Damit war Verwoerd zum Parteivorsitzenden und nach Lage der Mehrheitsverhältnisse im Parlament faktisch zum Premierminister gewählt. Verwoerds Stellung war zunächst keineswegs gesichert, er war innerhalb seiner eigenen Partei umstritten und musste sich eine unangefochtene Machtstellung erst noch erwerben.

Dazu dienten ihm nicht zuletzt die Möglichkeiten der Patronage, die sein neues Amt ihm bot, denn 1963 waren nur sechs Mitglieder seiner Regierung von einem seiner Vorgänger ernannt worden, alle anderen verdankten ihm ihre Ministerämter,[6] was die starke Autorität Verwoerds über das Kabinett teilweise erklären kann. Die noch ungesicherte Macht des neuen Premierministers spiegelte sich auch in der Ausweitung des politisch-ideologischen Spektrums nach rechts wieder, da ihm nur von dort Gefahr drohen konnte.[7] Verwoerd holte ganz bewußt Politiker in die Regierung, die in den Kriegsjahren entweder aktive Mitglieder der OB (Vorster) gewesen waren oder deren ideologischem Umfeld angehörten (Diederichs, Hertzog).[8] Damit wollte der neue Premier, einst der erbittertste Gegner der Ossewabrandwag, sich deren wichtigste Vertreter in der NP verpflichten und seine Hausmacht erweitern, was auch ein bezeichnendes Licht auf seine angeblich prinzipienorientierte Gegnerschaft zur OB wirft. Mit Albert Hertzog band er eine der potentiell gefährlichsten Figuren der NP in die Kabinettsdisziplin ein, da Hertzog als einer der Anführer der NP-nahen „Arbeiterbewegung" und geheimniskrämerischer Netzwerker im Raum Pretoria über eine eigene Machtbasis verfügte, aber als Postminister auf einen eher nachgeordneten Kabinettsposten berufen wurde.[9] Demgegenüber wurde die NP der Kapprovinz weiter geschwächt, zwar Dönges zum Finanzminister gemacht, doch Sauer an den Rand

5 Zu den Vorgängen im einzelnen s. M.C.Botha 1979: 102ff.; Uys 1959: 6f. sowie M.P.A.Malan 1964: 279.

6 Thompson 1966: 118f. u. 158.

7 Dies kritisierte vor allem die oppositionelle UP: RDM und Cape Times 22.10.1958. Auch der Schriftsteller D.F.Malherbe, schon während des Krieges ein Gegner des afrikaansen Rechtsextremismus, warnte vor einer Aufnahme von „Nazis" ins Kabinett: PV 18/3/1/63, D.F.Malherbe an Swart, 20.10.1958. Zur Gefahr von rechts s. Kenney 1980: 164. Zu seiner Regierungsbildung insgesamt unter intensiver Benutzung der Tagebücher Albert Hertzogs: B.M.Schoeman 1973: 147ff. u. 1977: 367f.; s. auch Van den Berghe 1967: 174; Troup 1975: 318.

8 B.M.Schoeman 1982: 53.

9 Du Pisani 1988: 7ff. An diese Beweggründe erinnerte sich auch E. Verwoerd, da die Verwunderung über Hertzogs Aufnahme in das Kabinett weit verbreitet war: FAV 4.7.8.6, O. Geyser an E.Verwoerd, 25.3.1988 und deren Antwort v. 1.4. S. auch O'Meara 1996: 118f.; Ben Schoeman 1978: 244. Zu Hertzogs Intrigen s. S.P.Botha 2001: 114.

gedrängt.[10] P.W. Botha wurde erst auf Drängen von Dönges zum Juniorminister ernannt.[11] Schließlich rehabilitierte der Premier auch einen seiner erbittertsten Gegner von einst, P.J. Meyer, der 1958 Chef des südafrikanischen Rundfunks und bald darauf Vorsitzender des Broederbond wurde. Mit diesen Worten lud Verwoerd ihn zur Zusammenarbeit ein: „Die Differenzen der Vergangenheit spielen für mich keine Rolle – wir müssen alle nach vorne schauen und zusammenarbeiten im Interesse unseres Landes und Volkes."[12] Unter Meyers Führung übernahm der Broederbond Aktivitäten wie die Manipulation von Wahlen in den Homelands und High Commission Territories, die die Regierung selbst nicht durchführen konnte.[13] Mit seinem Ziel, den „Liberalismus" zu bekämpfen, sorgte Meyer auch für eine autoritärere Führung im Broederbond, woraus sich wiederum die wachsenden Bedenken bei späteren Dissidenten wie Beyers Naudé ergaben.[14] 1960 veranlasste Verwoerd, dass mit Henning Klopper ein Gründer des Broederbond und ein treuer Anhänger zum „Speaker" des Parlaments gewählt wurde.[15]

Oberflächlich betrachtet ähnelte das südafrikanische Kabinettssystem dem britischen, doch in Wirklichkeit war die Machtstellung des südafrikanischen Premierministers wesentlich ausgeprägter als diejenige seines britischen Kollegen.[16] Verwoerd schöpfte diese Befugnisse aus wie kein zweiter und dominierte sein Kabinett in einem Ausmaß, dass von autokratischen Tendenzen gesprochen oder sogar Vergleiche mit einer Diktatur gezogen wurden. „Verwoerd was more than a prime minister. He was de facto minister of almost everything else as well."[17]

Premierminister Verwoerd setzte deutlich neue Akzente, wollte gleichzeitig aber auf dem in den vergangenen acht Jahren von ihm errichteten Fundament der Apartheid weiterbauen. Seine Amtszeit lässt sich in zwei, einander zeitlich überlappende, Phasen einteilen, die aneinander anschlossen, d.h. die zweite

---

10 Zum immer gespannten Verhältnis zwischen Sauer und Verwoerd s. D.u.J.de Villiers 1977: 122 u. 125. S. auch Meiring 1990: 48.

11 J.J.van Rooyen 1976: 77; Daan Prinsloo 1997: 31.

12 PV 93/1/34/2, Verwoerd an P.J.Meyer, 14.1.1959: Bl.52. S. auch V. s Schreiben an J. G. van der Merwe über die Angelegenheit: PV 93/3/1/24, Verwoerd an J.G. van der Merwe, 15.6.1959: Bl.15., s. auch D.Prinsloo 1987: 51. Allerdings ging die Rehabilitierung Meyers auf A.Hertzog zurück, worauf Verwoerd zunächst äußerst ungehalten reagierte: B.M.Schoeman 1982: 46f.

13 Marx 2011 und Stals 1998: 322ff.; zu Meyers autoritärer Führung der SABC s. Hayman/Tomaselli 1989: 62f.

14 Stals 1998: 253ff., 269, 402, 527.

15 J.Basson 2008: 62.

16 Thompson 1966: 60f. u. Van der Walt 1968: 229.

17 Der Diplomat Marc Burger in: Wolvaardt/Wheeler/Scholtz 2010: Bd. 1: 101, ganz ähnlich sein Kollege Don Sole in Bd. 2: 11.

Phase wäre ohne die erste gar nicht realisierbar gewesen. Mit der viel weiter gefassten Kompetenz des Regierungschefs schob er die Umgestaltung von Staat und Gesellschaft eine Ebene höher: von der sektoral begrenzten, wenn auch im Umfang ständig wachsenden „Native Policy" zu allgemeineren und grundlegenderen Veränderungen, die auch die Coloureds und Inder einbezogen; von der Umgestaltung bestimmter Teilaspekte der Gesellschaft und beschränkt auf die schwarze Mehrheit zum Staat als ganzem.

Der erste Schritt nach 1958 war die Umgestaltung der südafrikanischen Staatsform, der zweite die Ausweitung der staatlichen Handlungskapazitäten, insbesondere in der Wirtschaft. Die Umgestaltung der Staatsform betraf drei zentrale Aspekte, nämlich die Homelandpolitik, die Republik und den Austritt aus dem Commonwealth. Sie werden in der Forschung meist getrennt behandelt und nicht als Bestandteile eines integrierten Umbauprogramms betrachtet, was sie in Wirklichkeit aber waren. Die Homelandpolitik war nicht einfach nur die Fortführung der bisherigen Apartheid, sie war auch nicht, wie noch gezeigt werden soll, eine defensive Reaktion auf die Entkolonialisierung Afrikas, sondern sie war die andere Seite der Republikwerdung. Die Republik als Einlösung des zentralen Versprechens des Afrikaaner-Nationalismus sollte eine weiße Republik sein und dafür war die Homelandpolitik die Voraussetzung: „Wir müssen sicherstellen, dass die Republik eine weiße Republik sein wird. Darum hat die Lösung der Rassenfrage Priorität. Doch kann dies nicht eine allgemeine Priorität sein, denn wie lange müssten wir dann noch auf die Republik warten?"[18] Nachdem die konstitutionelle Umgestaltung vollzogen war, d. h. ab der zweiten Jahreshälfte 1961, begann Verwoerd, sich auf den Aufbau eines starken, interventionsmächtigen, planenden und durchsetzungsfähigen Staates zu konzentrieren.

Die Homelandpolitik

Kurz nach Amtsantritt, im November 1958, kündigte der neue Premierminister seine Absicht an, die Natives Representatives, weiße Abgeordnete, die von den schwarzen Wählern auf einer eigenen Wählerliste bestimmt wurden, bei nächster

---

18 Verwoerd zit. in Burger 20.10.1958; die Verklammerung von Republikwerdung und territorialer Apartheid übernahm auch „Die Transvaler" 24.2.1960. Wie sehr der Promotion of Bantu Self-Government Act mit dem Projekt des weißen Nationalstaats verbunden war, betonte die NP selbst, denn dieses Gesetz gebe „uns Weißen zum ersten Mal in unserer Geschichte eine eigene politische Sicherheit". PV 93/1/30/1/3, Text „'n permanente aparte blanke Suid-Afrika" (undatiert [1960]), S. 5.

Gelegenheit abzuschaffen.[19] Dies war eine Konsequenz der territorialen Rassentrennung, die Verwoerd seit seinem Amtsantritt als Minister mit großer Energie betrieben hatte.[20] In seiner ersten Rede als Premier überraschte er nicht nur das Parlament, sondern seine eigene Partei mit der Ankündigung, dass die „native reserves" verfassungspolitisch weiterentwickelt werden sollten zu sich selbst verwaltenden Einheiten mit der Aussicht auf staatliche Unabhängigkeit.[21] Verwoerd selbst hatte dies noch kurz zuvor abgelehnt und immer mit dem niedrigen zivilisatorischen Stand der Afrikaner begründet. Eine Propagandabroschüre sprach noch 1957 verächtlich von entsprechenden Gerüchten als „Bantustanspuk".[22] Die enthusiastischen Reaktionen in der Presse des NP-Lagers entsprangen der Überzeugung, dass die Homelandpolitik der Apartheid erstmals eine moralische Grundlage zu geben schien: Verwoerd hätte die „Lösung" nicht nur in „einer Reihe negativer Schritte" gesehen, sondern gezeigt, „dass etwas Positives erreicht werden muss".[23]

In seiner Rede verstieg Verwoerd sich zu reichlich schiefen Vergleichen: „Moreover, what is happening in this country is similar to the development which is taking place in the relations between Britain and her Protectorates. Has the Basutoland Protectorate any representatives in the British Parliament? It has not. But what is Britain doing? She is considering granting Basutoland a system of government whereby they will be given a controlling body which will consider

19 Cape Times 6.11.1958; RDM 7.11.1958 (Leitartikel), Cape Times 15.1.1959 (Bericht und Kommentar),

20 Burger 19.1.1959.

21 F.W.de Klerk 1999: 30. Auf der anderen Seite sprach der apartheidkritische Theologe B. B.Keet schon 1957 davon, Ziel der Apartheid sei „the creation of an independent state or states." Keet 1957: 10.; Van den Berghe 1967: 146 hielt noch Anfang der 1960er Jahre die Unabhängigkeit für höchst unwahrscheinlich und mutmaßte, dass eher eine Art modernisierte *indirect rule* gemeint war. Selbst Verwoerds engster Mitarbeiter Eiselen hatte in einem Beitrag, der etwa zu selben Zeit erschien, die Unabhängigkeit ausgeschlossen: Eiselen 1959: 8.

22 M. P. A.Malan 1957: 3.

23 PV 377/4/1/1, J.W.Rall: Hulde aan wyle dr. H. F.Verwoerd, S. 1. S. z.B. Transvaler 28.1.1959 (Kommentar „Die groot visie"), Burger 29.1.1959 (Kommentar). S. sogar, wenn auch sonst eher ablehnend, Cape Argus 28.1.1959 (Kommentar). S. auch O'Meara 1996: 72f. u. J.Botha 1967: 46. Einzelne Abgeordnete, wie Japie Basson, fanden Verwoerds Vorgehen jedoch zurecht zutiefst undemokratisch: J.Basson 2006: 106. Die Hoffnung, durch Apartheid eine moralisch zu rechtfertigende Lösung für Südafrikas „Problem" zu finden, war etwa in Barker 1949 präsent. Demgegenüber fand die US-Administration eine territoriale Teilung eine weniger moralisch als politisch mögliche Lösung, war aber von der Aufrichtigkeit der südafrikanischen Regierung keineswegs überzeugt, weil sie nicht bereit war, in die Homelands zu investieren: DNSA, William Duggan, Memo on Background of the South African Problem, 10.7.1963, S. 1 u. 4f.

and decide upon their own affairs to an ever-increasing extent."[24] Verwoerd erweckte durch diesen Vergleich den Anschein, als sei Südafrika bereits ein weißer Nationalstaat, der nun Bevölkerungsgruppen, die nicht als zugehörig betrachtet wurden, in die Unabhängigkeit entlassen wollte. Die Bantustans sollten eigenständige Staaten werden, die mit Südafrika durch zwischenstaatliche Strukturen und ökonomische Kooperation verbunden bleiben sollten. Die neun Bantustans wurden zu „Nationalstaaten" aufgewertet, von denen fälschlicherweise behauptet wurde, dass es sich um ethnisch homogene Gebilde handle. Hier behalf man sich mit der subtilen Unterscheidung von „tribe" als politischer Einheit und der „ethnic group" als biologischer Abstammungsgemeinschaft weiter, denn „a tribe is not necessarily an ethnic group, but the Natives domiciled in a certain area."[25] Da bei den südlichen Bantu die Verwandtschaftsgruppen nicht gleichzeitig Residenzgruppen waren, sondern weil „Clans", als die mehrere *lineages* vereinenden übergeordneten Einheiten über große Gebiete verstreut lebten, waren im NAD „ethnic groups" als solche Verwandtschaftseinheiten definiert. Dagegen trug die Unterscheidung von einem „Tribe" dem Umstand Rechnung, dass die entscheidenden Einheiten politisch, nämlich über Loyalitäten zu einem Chief und damit durch gemeinsame Residenz definiert waren. Darum war auch die Jurisdiktion eines Chief diejenige des „Tribe", nicht der ethnischen Gruppe. Trotz dieser Unterscheidung wurden „tribale" und „ethnische" Gruppen gleichermaßen als Nationen behandelt, wie auch sprachliche und politische Einheiten nicht genau auseinandergehalten wurden. Dies lässt sich an der Gleichsetzung der sprachlichen Verbreitung des isiXhosa mit einem ethnischen Siedlungsgebiet ablesen, obwohl dort ganz verschiedene Gruppierungen lebten und die Transkei eben nicht kulturell, wohl aber sprachlich homogen war.[26]

Verwoerds abrupter Richtungswechsel in seiner Homeland-Politik ist in der Forschung intensiv diskutiert worden. Dabei besteht ein weitgehender Konsens, dass die Neuausrichtung der Apartheid nur erklärbar ist im Kontext der Unabhängigkeitsbewegungen auf dem afrikanischen Kontinent.[27] Ghana war 1957 als

---

24 Verwoerd, First Speech as Prime Minister, on 18.9.1958, in: Pelzer 1966: 164–190, hier 173.

25 PV 276/I/27/11/1/4, M. Smuts, Native Affairs Department, an Chief Native Commissioner, Pietermaritzburg, 19.9.1951.

26 Eigentlich gab es keinen ethnologischen oder sprachlichen Grund, die Transkei und Ciskei nicht zu einem Gebiet zusammenzufassen, doch die Regierung verweigerte allen Vorstößen der Transkei-Regierung auf territoriale Erweiterung die Zustimmung: Benson 1966: 247 f.

27 Dies galt aber auch für die Republik, was Vorster auf dem Parteitag der NP 1960 in einer Resolution begründete, denn er verwies auf „die Ereignisse in Afrika und das Weltgeschehen, mit den Bedrohungen für alle Bevölkerungsgruppen und für Frieden und Ordnung in unserem Vaterland." PV 54/2, Protokoll des Unialen Parteitags der NP, 29./30.8.1960 in Bloemfontein, S. 2. Den

erstes subsaharisches Land selbständig geworden und die Dekolonisierung Nigerias lief zur Zeit von Verwoerds Rede auf Hochtouren. Im französischen Kolonialreich zeichnete sich nach der Unabhängigkeit Guineas 1958 ab, dass de Gaulles Pläne einer Communauté nicht mehr zu halten sein würden und selbst die Belgier machten eine rapide Kehrtwende, als sie 1959 die Unabhängigkeit des Kongo einleiteten. Verwoerd schien mit seiner Politik auf diese Entwicklungen zu reagieren, die er propagandistisch raffiniert ausschlachtete.[28] Immer wieder wies er darauf hin, dass die weißen Südafrikaner in ihrer Großzügigkeit aus eigenen Stücken das taten, wozu die Europäer durch den Druck nationalistischer Bewegungen gezwungen werden mussten. „If our policies were rightly understood, we believe, however, that it would be seen that what we are attempting to do is not at variance with a new direction in Africa but is in the fullest accord with it."[29]

Es erscheint durchaus plausibel, die politische Kehrtwende als Reaktion auf die Entkolonialisierung zu interpretierten.[30] Nach anfänglichen heftigen Irritationen über die einsetzende, schnelle Entkolonialisierung begrüßte die südafrikanische Regierung zumindest im Prinzip die Selbständigkeit von Kolonien wie Nigeria, doch hielt sie das Tempo für viel zu schnell. Im Hinblick auf Siedlerkolonien dagegen war die Haltung eine gänzlich andere, denn hier wurde Entkolonialisierung mit Verrat an den Weißen gleichgesetzt. Die britische Regierung kam ihrer Pflicht gegenüber den weißen Siedlern nicht nach und übergab deren Schicksal leichtfertig in die Hände von „unreifen" Afrikanern wie in Kenia. Verwoerd und seine Regierung beobachteten und dokumentierten gerade die Entwicklung in Ghana genau, um Fehlentwicklungen und die rasch erkennbaren diktatorischen Tendenzen des ersten Premierministers Kwame Nkrumah propagandistisch zu nutzen. Aber warum sollten sie die bereits erkennbare Fehlentwicklung nachahmen? Verwoerds Versprechen, in den Homelands die für ihn aufgrund des barbarischen Entwicklungsstands der Afrikaner unvermeidliche Tendenz zur Diktatur zu verhindern, indem er langsam und von der lokalen Ebene aus demokratische Strukturen aufbauen und Demokratie einüben wollte, erwiesen sich vor dem Hintergrund der weiteren Entwicklung als bloße Rhetorik. Es sprach eigentlich nichts dafür, eine solche radikale Änderung der bisherigen Politik einzuleiten, die Verwoerd Sympathien in der eigenen Anhängerschaft

---

reaktiven Charakter von Verwoerds Homeland-Politik betonte auch sein Mitarbeiter und Bewunderer G. D.Scholtz 1960: 21.

28 Terreblanche 2012: 348.

29 Verwoerd, Speech of Thanks to Harold Macmillan, 3.2.1960, in: Pelzer 1966: 336–339, hier 337 u. Begrotingspos van die Eerste Minister, 10.4.1961, in: Pelzer 1963: 512–527, hier S. 514.

30 Das ist die gängige Meinung in der Literatur, s. z. B. Barratt 1979: 220 ff.; Lazar 1988: 104 interpretiert Verwoerds Kurswechsel als Versuch, den schwarzen Widerstand zu kanalisieren.

kosteten und ihn unter beachtlichen Rechtfertigungsdruck bei seinen Wählern, ja sogar innerhalb der NP, setzten. Der Ankündigung von 1959 folgten rasch Taten, da die Regierung in allen Reservaten mit der Einrichtung der neuen Selbstverwaltungsinstitutionen begann, womit neben die bisherigen Chiefs als Bantu Authorities nun auch parlamentarische Gremien traten, die allerdings nur teilweise von der Bevölkerung gewählt werden konnten.[31]

Statt der Unabhängigkeit Ghanas veranlasste in Wirklichkeit die Entwicklung direkt vor der eigenen Haustür Verwoerd zu seiner Neuausrichtung der Apartheid. Die südafrikanischen Regierungen hatten vom frühen 20. Jahrhundert an ziemlich unverhohlen Expansionsabsichten bekundet. Seit 1915 strebten sie eine stärkere völkerrechtliche Anbindung des von ihnen eroberten Südwestafrika an mit dem Ziel der Annexion als fünfte Provinz, was indes nie gelang. 1923 scheiterte die Regierung von Jan Smuts mit dem Ziel, das nördliche Nachbarterritorium Südrhodesien als weitere Provinz zu gewinnen. Vor allem aber fanden sich die verschiedenen Regierungen nie damit ab, dass Großbritannien die drei High Commission Territories Basutoland, Swaziland und Bechuanaland unter eigener Verwaltung behalten hatte und nicht der 1910 neu entstandenen Union von Südafrika angegliedert hatte.[32]

In den folgenden Jahrzehnten hatten alle südafrikanischen Regierungen sich beharrlich um eine Revision dieser Entscheidung bemüht und für die Integration der drei Territorien in den südafrikanischen Staatsverband gekämpft, freilich ohne auch nur die geringsten Konzessionen hinsichtlich Wahl- und Bürgerrechten für die schwarze Bevölkerung anzubieten.[33] Verwoerd hatte schon im September 1951 verkündet, in den Gebieten sollte dieselbe Politik Anwendung finden wie in den Reservaten.[34] Die Integration der drei Kolonien in das südafrikanische Staatsgebiet hätte der südafrikanischen Regierung mehr Steuerungs-, Kontroll- und Repressionsmöglichkeiten eröffnet. Die Homelandpolitik wird gewöhnlich als innersüdafrikanisches Problem wahrgenommen, doch in Wirklichkeit war sie ein Programm einer regionalen, über die südafrikanische Union hinausgreifenden territorialen Umstrukturierung, die auf ein weißes Kernsüdafrika mit einem Kranz kleiner schwarzer „Nationalstaaten" auf tribaler Basis hinauslief.[35] Als ethnisch

---

31 G.D.Scholtz 1974: Bd. 2: 134, Verwoerd räumte 1962 ein, dass er die Entwicklung in Afrika nicht hätte voraussehen können, die diese Schritte Richtung Selbstverwaltung jetzt notwendig werden ließen.

32 Thompson 1960: 271 ff.

33 Die Vorstöße von Botha und Smuts, s. T.R.H.Davenport 2000: 290 f. und Hertzog, ebd.: 305 u. Halpern 1965: 52 ff.

34 Thom 1980: 233, vgl. auch Maylam 1995: 196.

35 PV 93/1/30/1/13, Bl.31, Verwoerd an Rev. Pholo Mokhozi (Lesotho), 26.9.1961.

homogene Gebilde waren die High Commission Territories bereits Einheiten, wie sie innerhalb des Unionsterritoriums erst noch geschaffen werden mussten. Sie waren zudem territorial arrondiert und stellten nicht einen Flickenteppich kleiner Enklaven dar wie etwa KwaZulu oder Bophuthatswana. „One must also consider that the Bantu South of the Limpopo already possess 50 % of the country for one must take Bechuanaland, Basutoland and Swaziland into consideration as well as the territories in the Republic."[36] Das sah quantitativ schon viel besser aus als die 13 % Flächenanteil der Homelands am südafrikanischen Territorium, allerdings musste man dann großzügig darüber hinwegsehen, dass das größte Gebiet, nämlich Bechuanaland, fast gänzlich in der Kalahariwüste lag. Die Bevölkerungsgruppen Südafrikas, die mit denjenigen der High Commission Territories ethnisch verwandt waren, sollten mit diesen territorial vereint werden, konkret: Qwaqwa mit Basutoland, Kangwane mit Swaziland und Bophuthatswana mit Bechuanaland.[37] Dadurch wuchs die Zahl der Homelands mit der Inkorporation nicht an, sondern sie nahm sogar ab, da drei ethnische Gruppen von den Protektoraten absorbiert werden sollten, so dass die Zahl der aus Südafrika auszugliedernden Homelands auf sieben reduziert werden konnte: Transkei, Ciskei, Kwa-Zulu, Venda, Lebowa, Gazankulu und (seit 1975) KwaNdebele. Die Arrondierung der Protektorate konnte deren, aber auch den „nationalen" Charakter der Homelands, noch stärker und glaubwürdiger betonen: „Were it possible for them to be joined to those High Commission Territories to which their people are ethnically linked, then the present difficulty of establishing one big Tswana area, or one large Sotho or Swazi area in Southern Africa would fall away."[38] Der Verwoerd nahestehende Physiker T. E. W. Schuman behauptete ebenfalls in einem politischen Buch, das er 1962 veröffentlichte: „Ein wohldurchdachter und koordinierter Plan für die Entwicklung der Bantugebiete wird sehr erschwert, solange

---

36 PV 93/1/30/1/33, Bl.141, Verwoerd an Nassey Simaan, Johannesburg, 4.8.1966: „In fact, the heartlands (in situation, not in numbers) of that horseshoe are Basutoland, Bechuanaland and Swaziland. Just look at the map; those are the heartlands of that horseshoe, apart from the Transkei and Zululand." Verwoerd, Bill Promoting Bantu Self-government, 20.5.1959, in: Pelzer 1966: 271–295, hier 282; s. auch Business News, Nov. 1954 „Is this the 'Master Apartheid Plan'?"; s. Stultz 1979: 140.

37 PV 93/1/42/1/4, V. an Hermann E. Martins, (NP-Abgeordneter von 1952–72), 21.9.1962. Martins war auch Mitglied des Broederbond, Wilkins/Strydom 1980: A156. S. auch Cape Argus 6.9.1958. Vgl. PV 93/1/34/1, George H. Pipal, Interview mit V. für United Press, 13.12.1958: Bl.166–170. Verwoerd, Opening of the Transvaal Congress of the National Party Pretoria 12.11.1958, in: Pelzer 1966: 191–205, hier 197.

38 Verwoerd 1963: 15. So argumentierte zur selben Zeit Bruwer 1966: 67.

die Protektorate nicht Teil der Republik sind, und ihre Einverleibung muss als notwendig beurteilt werden."[39]

Die Protektorate sollten als Muster für die übrigen Homelands dienen, da in ihnen, vor allem in Basutoland und Bechuanaland, nur eine äußerst geringe Zahl von Weißen ansässig war.[40] Ein Verbot für Weiße, dort Kapital zu investieren, sollte einen Zustand erhalten, der für die auf südafrikanischem Territorium liegenden Gebiete erst angestrebt wurde, nämlich eine ökonomische Entflechtung; im „weißen Südafrika" würde freilich die Anwesenheit eines schwarzen urbanen Industrieproletariats auf absehbare Zeit fortbestehen.

Als die Apartheid sich im Lauf der 1950er Jahre durch die energische und rücksichtslose Politik Verwoerds immer mehr verschärfte, sah sich Großbritannien gegen Ende des Jahrzehnts veranlasst, in den drei Territorien Selbstverwaltungsstrukturen aufzubauen.[41] Der britische High Commissioner setzte die südafrikanische Regierung 1956 darüber in Kenntnis, dass ein „Tribal Council" mit beratenden Befugnissen für die Bamangwato in Bechuanaland (Botswana) eingerichtet würde. Für die südafrikanische Regierung bedeutete dies nichts weniger als einen Systemwechsel, eine Abkehr vom „traditional Bantu system of tribal rule, which has always been maintained in the Native areas of South Africa."[42] 1951 hatte Südafrika mit dem Native Authorities Act ein solches System erst neu installiert und strebte eine Harmonisierung der Herrschaftssysteme in Südafrika und den Protektoraten an. Nun musste Pretoria aber feststellen, dass Großbritannien mit den genannten Neuerungen die Protektorate in eine andere Richtung lenkte, nämlich zur Etablierung einer Selbstverwaltung nach Maßgabe des europäischen Staatsmodells. Der Wille Großbritanniens, die drei Gebiete auf die völkerrechtliche Unabhängigkeit vorzubereiten, war erkennbar und zog Eingaben und Nachfragen der südafrikanischen Regierung nach sich.[43]

Verwoerd versuchte sofort nach seinem Amtsantritt, die volle Unabhängigkeit der Protektorate zu verhindern.[44] Er forderte Großbritannien auf, die Gebiete an Südafrika zu übertragen, das besser dazu in der Lage sei, sie wirtschaftlich zu

---

39 Schumann 1962: 215.

40 In der Forschung wurden häufig Ähnlichkeiten und Unterschiede der Dekolonisierung der High Commission Territories und der Homelandpolitik gesucht, allerdings auf die Unabhängigkeits- und Machtbildungsprozesse bezogen und weniger auf die chronologische Abfolge, s. L.Evans 2012: 119ff.

41 Halpern 1965: 126ff. Nicht zufällig wurden Südafrikas Ansprüche gerade 1956 noch einmal deutlich unterstrichen: Barker 1956.

42 PV 93/1/42/2/2, Bl. 47ff., Aide Memoire v. Oktober 1956.

43 PV 93/1/42/1/1, Außenminister Eric Louw an Lord Home, 20.8.1957. S. auch den Bericht über eine Rede Scrivenors im Cape Argus 29.6.1956.

44 S. die Berichterstattung in Vaderland sowie in der RDM vom 14.11.1958.

entwickeln.[45] Die politische Entwicklung in den Protektoraten beobachtete er mit großer Aufmerksamkeit und studierte genau die neuen Verfassungsordnungen, die Großbritannien in den drei Territorien aufbaute. Doch musste er feststellen, dass die Briten in der ganzen Angelegenheit die Initiative behielten und er nur reagieren konnte. Nur wenige Wochen, nachdem er Premierminister geworden war, waren Vertreter der Basuto mit der britischen Regierung in Verhandlungen über eine neue Verfassung für das mitten in Südafrika liegende Protektorat getreten. Geplant war die Einrichtung eines indirekt von den District Councils gewählten und teilweise ernannten[46] Parlaments mit dem Namen Basutoland National Council sowie ein teilweise ernannter Exekutivrat, der die Regierungsgeschäfte führen sollte, wobei dem High Commissioner nach wie vor eine wichtige Funktion zukommen sollte.[47] Es handelte sich um begrenzte Autonomie, „representative government", meist der erste Schritt auf dem Weg zum „responsible government", einer wirklichen politischen Selbstbestimmung. Damit wurde in Basutoland der Weg bereitet, den andere afrikanische Kolonien wenige Jahre vorher ebenfalls beschritten hatten, die Entwicklung zur Unabhängigkeit wurde absehbar.

Kaum hatte Verwoerd wenige Monate später mit dem Promotion of Bantu Self-Government Act die politische Initiative zurückgewonnen, bemühte er sich, in der Öffentlichkeit die Entwicklung so zu präsentieren, als sei dies die ganze Zeit der Fall gewesen. Am 3. September 1963 hielt Verwoerd in Pretoria eine politische Grundsatzrede, in der er die Ähnlichkeiten der konstitutionellen Entwicklung hervorhob, diese aber so darstellte, als folge Großbritannien dem südafrikanischen Beispiel, wo es sich doch in Wirklichkeit genau umgekehrt verhielt: „Great Britain is aiming at exactly what we are achieving in the Transkei this year, namely the granting of self-government."[48]

---

45 „Ich appelliere darum an Großbritannien, das Problem in der Zukunft anders anzugehen, indem sie begreifen und uns glauben, dass wir die Protektorate nicht unter unserer Vormundschaft haben wollen, weil wir dadurch unser Territorium erweitern, sondern weil wir die Chance bekommen, friedliche und fortschrittliche Bantubevölkerungen an unseren Grenzen zu haben statt feindlicher, verarmter Gruppen." Verwoerd, Opening of the Transvaal Congress of the National Party, Pretoria 12.11.1958, in: Pelzer 1963: 1761–188, hier 182; Pretoria News und Star 13.11.1958.

46 Die Burger 19.12.1958.

47 Cape Times 19.12.1958.

48 Verwoerd 1963: 12; die Übereinstimmung betonte auch Eiselen 1965: 12. Tatsächlich musste Verwoerd in den frühen 1960er Jahren eigene Anhänger darauf hinweisen, dass keine territoriale Integration der drei Gebiete beabsichtigt sei, sie aber sehr wohl Teil des Gesamtkonzepts der Apartheid seien: PV 93/1/42/1/4, V. an D.H.W.Wessels, 19.6.1962. Nur kurz nach seiner Rede in

Verwoerds Bantustanpolitik war eine Reaktion auf die Autonomisierung der High Commission Territories, in der Hoffnung, diese Gebiete in sein Zukunftsmodell für die Region einzubinden, nämlich eine „Konstellation" von Staaten, zu denen neben Südafrika und den Bantustans auch die drei Territorien gehören sollten.[49] Verwoerd hat seine weiteren Pläne bezüglich der Homelands nie wirklich auf den Tisch gelegt. Hinter der propagandistischen Wolke einer wohlwollenden Entkolonialisierung durch das „weiße" Südafrika zeigt die Manipulation der Wahlen in der Transkei, dass er in Wirklichkeit eine dauerhafte ökonomische und politische Hegemonie anstrebte, in die zumindest auch die drei High Commission Territories einbezogen werden sollten.[50] Die Homelands sollten zu selbständigen Volkswirtschaften entwickelt werden, doch das Geld dafür wollte er nicht bereitstellen – die Homelandpolitik blieb wie die Apartheid insgesamt in einem unauflösbaren Widerspruch gefangen: Sie sollte eine moralisch zu rechtfertigende Trennung der Bevölkerungsgruppen bewerkstelligen, aber gleichzeitig den hohen Lebensstandards der Weißen und deren Privilegien erhalten.

Wenn die Bevölkerungen der Protektorate nun die Aussicht auf staatliche Unabhängigkeit vor Augen hatten, ließ sich das bisherige Streben nach ihrer Einverleibung nicht mehr aufrechterhalten: „Mere incorporation therefore no longer offers any possibility of establishing a sound relationship with the Protectorates. However, the policy of separate development which we advocate does in fact offer a possibility of establishing a sound relationship."[51] Angesichts der Aussicht auf Unabhängigkeit waren sie kaum dazu zu überreden, sich mit Südafrika zu vereinigen. Eine Föderation, wie verschiedentlich vorgeschlagen,[52] lehnte Verwoerd ab, weil sie zur Vorherrschaft der Schwarzen führen würde. Stattdessen schlug er vor, „to follow the example of the Commonwealth. In a Commonwealth of Southern Africa which we are contemplating for a time when

---

Pretoria sah er sich veranlasst, in einer Presseerklärung nochmals klarzustellen, er hätte keine Inkorporation der Gebiete verlangt: PV 93/4/1/9, Presseerklärung vom 5.9.1963.

49 „Dr. Verwoerd said he foresaw that there would be in time a number of friendly states in Southern Africa, black and white, who would not interfere with each other's policies but have common interests. This could lead to a Southern African Common Market. The Congo would also perhaps belong to this group." PV 93/4/1/10, Rede auf NP-Kongress in Port Elizabeth, August 1964, Bl. 141. Kondlo 2010: 89 weist zurecht darauf hin, dass die Idee einer Konstellation von Staaten, die meist mit der Amtszeit von P.W.Botha verbunden wird, auf Verwoerd zurückging.

50 Marx 2011 b.

51 Verwoerd, Speeches in Connection with the Republican Constitution, 9.2.1961, in: Pelzer 1966: 434 – 488, hier 461. S. auch Verwoerd, House of Assembly, 23.1.1962, in: Ebd.: 660 – 689, hier 684.

52 Sogar ein Liberaler wie Arthur Keppel-Jones schlug eine radikale territoriale Trennung und die Einrichtung einer darauf basierenden Föderation vor: Keppel-Jones 1949: 185 ff.

our Bantu territories achieved more independence, any neighbours who would wish to do so, could join. This would mean that really independent States with quite different forms of Government and independent of colour, could co-operate in one or more common causes."[53] Wenn die drei Gebiete gemeinsam mit den zehn Bantustans und einem übrigbleibenden Rumpf-Südafrika eine engere Gemeinschaft bilden würden, ließ sich der Einfluss Südafrikas aufgrund seiner Wirtschaftskraft aufrechterhalten und stabilisieren.[54] Um die Protektorate im direkten Machtfeld der Union zu halten, blieb ihm keine andere Wahl, als den südafrikanischen Bantustans ebenfalls die Unabhängigkeit in Aussicht zu stellen, um dann alle Gebiete, „Homelands" und ehemalige Protektorate, in seinem Hegemoniekonzept einer „Konstellation von Staaten" imperial einzufangen.[55] In den folgenden Jahren bemühte er sich immer wieder, die High Commission Territories in seine Politik einer „Konstellation" im südlichen Afrika einzubeziehen, sein Treffen mit Leabua Jonathan kurz vor seiner Ermordung diente demselben Ziel.[56]

Der Republikaner auf dem Siegespfad

Südafrika in eine Republik umzuwandeln, war eines der vordringlichsten Ziele des neuen Premierministers, da Verwoerd auf dem Parteitag der Kap-NP kurz nach seiner Wahl, im Oktober 1958, einen politischen Neuanfang im Sinn einer baldigen Republikwerdung angekündigt und eine Neuorientierung der Parteienlandschaft vorhergesagt hatte.[57] Im neuen Prinzipienprogramm der Partei wurde als Ziel ausdrücklich „die republikanische Staatsform, gelöst von der britischen Krone" genannt, was nichts anderes als einen Austritt bedeuten konnte, da die Königin Oberhaupt des immer noch „British" genannten Commonwealth war.[58] Nach eigener Aussage waren es im Kabinett geäußerte Bedenken, die ihn dazu veranlassten, noch ein halbes Jahr zu warten, bevor er am 20. Januar 1960 ankündigte, dass er die weiße Bevölkerung darüber in einem Referendum würde

---

53 PV 93/1/24/10, Antwort an W.C.Brown, Bulawayo, 30.7.1960.

54 PV 93/4/1/9, Presseerklärung des Premierministers, 5.9.1963: Bl.1–3.; Verwoerd, First Speech as Prime Minister, on 18.9.1958, in: Pelzer 1966: 164–190, hier 175.

55 PV 93/1/30/1/32, Bl.100–102, Verwoerd an J.S.Maritz, Ohrigstad, 2.5.1966.

56 FAV 4.7.1.5, gemeinsame Presseerklärung der beiden Premierminister vom 2.9.1966.

57 Er hatte dies bereits in seiner Radioansprache nach der Wahl angekündigt. Wie wichtig ihm das war, lässt sich daran erkennen, dass dieser eine Satz ganz in Großbuchstaben im Redemanuskript hervorgehoben ist: PV 93/1/11/2, Bl. 14 ff. Radioansprache am 3.9.1958, S. 6; Burger 29.10.1958.

58 PV 54/2, Dagbestuur des Federale Raad der NP, 15.9.1958.

befinden lassen. Damit folgte er einer Festlegung der Nationalen Partei auf eine solche Volksabstimmung, denn seine Vorgänger Malan und Strijdom hatten wiederholt beteuert, dass sie die Entscheidung nicht nur dem Parlament überlassen würden.[59]

Angesichts des Stellenwerts, den der Republikanismus für Verwoerd besaß, war dieser Vorstoß kaum verwunderlich. Erstaunlicher war eher, warum erst 12 Jahre nach der Regierungsübernahme der Nationalen Partei dieses Vorhaben in die Tat umgesetzt wurde. Schließlich stand das Ziel einer Republik bereits im Wahlprogramm der NP für 1943.[60] Allerdings war D.F. Malan immer ein eher lauwarmer Republikaner gewesen, was nicht zuletzt mit seiner Herkunft aus der ehemaligen Kapkolonie zu tun hatte,[61] die in der Union von Südafrika erst aufging, als Malan bereits 36 Jahre alt war, d.h. seine prägenden Jahre hatte er in einer selbstverwalteten Kolonie im Rahmen des britischen Empire verbracht. Seine prorepublikanischen Äußerungen während des Zweiten Weltkriegs waren wesentlich opportunistisch bestimmt, um den republikanischen Parteiflügel unter seiner Führung zu integrieren. Nach dem Besuch der Commonwealth Conference im Jahr 1949 sah Malan noch weniger Handlungsbedarf als zuvor, da er die Vorteile internationaler Konsultationsmöglichkeiten erkannte und erfahren konnte, dass das Commonwealth die Souveränität Südafrikas nicht beschränkte.[62]

1954 wurde Verwoerds politischer Freund J.G. Strijdom Premierminister, der einer der vehementesten Befürworter einer Republik war und sein großes Prestige nicht zuletzt seinem unbeirrbaren Republikanismus zu verdanken hatte. Dabei hatte er auch nie einen Zweifel daran aufkommen lassen, dass die Republik und der Austritt Südafrikas aus dem Commonwealth für ihn nicht voneinander zu

59 PV 93/1/47/2/4, Bl. 128, V. an Kol. W. A.Booysen, Bellville, 23.2.1960. Verwoerd selbst hatte diese Haltung schon 1937 eingenommen: Transvaler 11.10.1937. Zur Geschichte des Referendums s. Sussman 2006: 271 ff.

60 Nasionale Party 1943.

61 Allerdings galt dies nicht für alle Vertreter der NP in dieser Provinz. Eben Dönges etwa, der bezeichnenderweise einer der am stärksten im Broederbond engagierten Politiker aus der Kapprovinz war, trat während der Kriegsjahre mit großer Entschiedenheit für den Austritt Süafrikas aus dem Commonwealth ein, was Malan noch weniger wollte als die Republik: AB-Archiv, 2/3/10/2, UR, 1–2.2.44, S. 8, TOP 32, Toekomstaak van A.B.: „Abbruch der Verbindung mit Großbritannien ist eine unverzichtbare Forderung". Noch 1966 beschwerte sich Eben Dönges bei Verwoerd, weil dieser in einem Artikel D.F.Malan als „kalt" hinsichtlich der Republik bezeichnet hatte. Tatsächlich hatte die NP des Kap 1918 zwischen der Unabhängigkeit als politischem Prinzip und der Republik als einer Staatsform unterschieden, der nur ein nachgeordneter Rang als Ziel zugestanden wurde: Koorts 2014: 164 ff. Dönges fühlte sich dadurch sehr verletzt: FAV 4.7.2.1, Dönges an Verwoerd, 20.5.1966, dessen Antwort v. 21.5. und Dönges Gegenantwort am 23.5. Die schnelle Abfolge der Briefe unterstreicht, wie sehr die Frage das Verhältnis der Parteiflügel belastete.

62 Korf 2010: 461; Koorts 2014: 384.

trennen waren, was Verwoerd selbst noch vehementer vertrat.[63] Strijdom konnte indes aus taktischen Erwägungen und wegen wachsender gesundheitlicher Probleme sein Ziel nicht mit der gebotenen Energie verfolgen. Er wollte außerdem abwarten, bis die Zahl der englischsprachigen Weißen, die sich mit einer Republik anfreunden konnten, weit genug angewachsen war, so dass die Umwandlung der Republik Ausdruck eines neu gewonnenen nationalen Grundkonsenses der weißen Bevölkerung werden könnte. Der Jurist Strijdom hatte auch hinsichtlich des Prozedere Bedenken, denn er konnte sich einen Abstimmungserfolg nur im Sinn einer wirklich sichtbaren Mehrheit, nämlich als „breite Grundlage des Volkswillens“ vorstellen.[64] Außerdem befüchtete er, anders als Verwoerd, dass ein Scheitern eine Wiederholung ausschließen würde.

Für Verwoerd dagegen sollte die Republik nicht am Ende des Nationsbildungsprozesses stehen, sondern sie war die Voraussetzung, dass er überhaupt in Gang kommen konnte. Verwoerd drehte die Logik um, wie er das so oft tat. Er antezipierte das gewünschte Ergebnis, als würde mit der Republikwerdung ein Automatismus in Richtung einer nationalen Integration in Gang gesetzt. Das Haupthindernis für ein Zusammenwachsen der weißen Bevölkerung in eine gemeinsame Nation war die emotionale Bindung vieler englischsprachiger Weißer an Großbritannien.[65] Darum konnte nur die Republik die Grundlage für die Entstehung eines auf Südafrika gerichteten nationalen Bewußtseins auch bei den englischsprachigen Weißen bieten. Aus dieser Überlegung heraus war es verständlich, warum ihm eine einfache Mehrheit genügte, um daraus einen Auftrag für die Umwandlung in eine Republik abzuleiten: „Majority will mean a bare majority, even if it is one vote.“[66]

Noch bevor er seine Pläne der Öffentlichkeit vortrug, hatte Verwoerd schon durch die Staatsbürokratie die Chancen für eine Mehrheit anhand vorliegender Daten genau überprüfen lassen.[67] Die Beamten kamen zum Ergebnis, dass mit einer Mehrheit nicht zu rechnen sei, doch Verwoerd ließ sich dadurch nicht be-

63 G. D.Scholtz 1974: Bd. 1: 105. u. 182, wo er betont, dass man Verwoerds politisches Handeln, um die Republik durchzusetzen, nur verstehen könne, wenn man seine Tätigkeit als Journalist mit einbeziehe.

64 Nasionale Party, Oranje Vrystaat 1930: 12. PV 18/4/1/1, Verkiesings Manifes 1948, S. 6. S. dazu auch Nasionale Partynuus, No. 9. Okt. 1954, bes. S. 1 und Erklärung Strijdoms in Naboomspruit am 10.11.1956, in: FAV 4.7.1.4.1, der Verbleib im Commonwealth wurde damit nicht verknüpft, sondern darüber sollte entschieden werden „wenn die Zeit gekommen ist.“ Nasionale Party 1958: 6 f.

65 Die Transvaler, 15.10.1958.

66 Verwoerd, Motion of No Confidence, 20.1.1960, in: Pelzer 1966: 323–335, hier 325.

67 Vgl. z. B. PV 93/1/45/1/1, Memorandum von J. I.Raats vom April 1958 „Politike orientasie van die Suid-Afrikaanse (blanke) kieserkorps“, Algemene Verkiesing 1958.

irren.[68] Viele Zeitgenossen betrachteten Verwoerds Vorgehen als ausgesprochen riskant, die Opposition hoffte, der Regierung zum ersten Mal eine empfindliche Niederlage bereiten zu können.[69] Doch vertraute Verwoerd darauf, eine Mehrheit zu gewinnen, wenn er das Referendum gänzlich von parteipolitischem Geschacher freihielt: „I want to say unequivocally that I do not believe that the decision should be obtained by means of an election. [...] We do not want the casting of a vote to be determined on party lines. I do not want to bind members of my party who do not wish to vote for a republic to do so. [...] I do not even want the question of confidence or no-confidence in a Government to be linked up with it."[70] Er zeigte sich überzeugt, dass viele englischsprachige Weiße für eine Republik waren, aber sich nicht trauten, sich dazu zu bekennen.[71] Trotzdem betonte er, dass er im Fall einer Niederlage keineswegs aufgeben werde, sondern weiter am Ziel einer Republik festhalten wolle.[72] Gegenüber dem Broederbond, auf dessen Bondsraad 1958 er als erster Premierminister auftrat, wiegelte er dagegen ab und mahnte zur Besonnenheit. Man solle nicht Gefühlen folgen, sondern bedächtig und überlegt vorgehen: „aber der Kopf muss häufig das Herz beherrschen, wenn das Volk schließlich siegen soll."[73]

Verwoerds Rede vom 20. Januar 1960 im südafrikanischen Parlament war ein gelungener Überraschungs-Coup.[74] Als er ein Referendum über die Republik ankündigte, schloss er eine Beteiligung der Weißen in Südwestafrika aus, weil das Gebiet völkerrechtlich nicht zum südafrikanischen Staat gehörte, obwohl die weißen Bewohner des Territoriums das südafrikanische Wahlrecht hatten.[75] Doch schon bald fand er einen Vorwand, um seine Haltung zu revidieren, denn er konnte damit rechnen, dass die Weißen in Südwestafrika in ihrer übergroßen Mehrheit für die Republik stimmen würden. Obwohl ihre Zahl nicht sehr groß war, konnte sie bei einem knappen Ausgang entscheidend sein, weshalb der

---

68 Vgl. dazu auch PV 873/5/2/1/1, Bl. 4 ff. „Dr. Hendrik Verwoerd", S. 3. M. P. A. Malan 1964: 303.

69 Pretoria News 20.2.1960.

70 Verwoerd, Motion of No Confidence, 20.1.1960, in: Pelzer 1966: 323–335, hier S. 324. Im Jahr zuvor hatte er noch getönt: „By what method they will vote, whether by a referendum, an election or some other method, is of no importance." Verwoerd, Motion of No Confidence, 27.1.1959, in: ebd.: 216–247, hier 238.

71 PV 93/1/47/2/1, Bl. 5, V. an S. Kichenside (Durban), 13.5.1959.; ähnlich PV 93/1/47/2/2, V. an S. B. H. Estcourt, (Salisbury, Rhod.), 15.9.1959.

72 Burger 16.3.1960 u. Transvaler 17.3.1960.

73 AB-ARchiv, 1/1/142/1, Verwoerd se boodskap, Bondsraad 1958, S. 4. Im Broederbond kursierten noch die alten Vorstellungen eines Präsidialsystems: Stals 1998: 397.

74 Kenney 1980: 173.

75 Verwoerd, Motion of No Confidence, 20.1.1960, in: Pelzer 1966: 323–335, hier 326 und Verwoerd, Statement of Policy, 9.3.1960, in: ebd.: 340–369, hier 356.

Premierminister am 9. März im Parlament bekanntgab, dass die Südwestafrikaner nun doch mitstimmen durften.[76] Wie sehr diese Haltung von rein wahltaktischem Opportunismus bestimmt war, zeigt die gleichzeitige Verweigerung einer Beteiligung der wahlberechtigten Coloureds an der Abstimmung unter dem fadenscheinigen Vorwand, dass die Republik eine Angelegenheit der Weißen sei.[77] Angesichts fehlender Absichten, den Coloureds ein eigenes Territorium zuzugestehen und ihrer fortgesetzten Zugehörigkeit zum südafrikanischen Staat klang dies wenig überzeugend. Verwoerds Ausführungen waren die reine Sophisterei, denn der wahre Grund für den Ausschluss der Coloureds war, dass sie in ihrer Mehrheit für die United Party stimmten. Weil es um einen weißen Nationalstaat ging, lehnte Verwoerd es auch ab, die Meinung der anderen Bevölkerungsgruppen zum Verbleib im Commonwealth einzuholen.[78]

Die Ankündigung des Referendums muss im Zusammenhang mit der Afrikareise des britischen Premierministers Harold Macmillan gesehen werden.[79] Der Höhepunkt dieser Reise war seine Rede vor dem südafrikanischen Parlament am 3. Februar 1960, in der er den „Wind of Change", der über den afrikanischen Kontinent wehte, ansprach und mit einer zwar vorsichtig und zurückhaltend formulierten, aber doch unmißverständlichen Kritik an der Apartheid verband.[80] Dabei wies er darauf hin, dass im Commonwealth das Prinzip der Nichteinmischung gälte, aber dass es Fälle geben könne, da die interne Politik eines Landes internationale Wirkungen erzeuge.[81] Der verärgerte Verwoerd wies in seiner Antwort Macmillans Kritik zurück und beschwor stattdessen die „positiven" Aspekte seiner Politik – ein Thema, das Verwoerd in den folgenden Monaten und insbesondere beim Treffen der Premierminister ein Jahr später unermüdlich wieder-

---

76 Ebd.: 359.

77 Verwoerd, Speeches in the House of Assembly in Connection with the Republican Constitution, 9.2.1961, in: Pelzer 1966: 434–488, hier 467. Genauso beantwortete er im Parlament eine Frage des Abgeordneten Lee-Warden, ob die „Bantu" konsultiert werden sollten: PV 93/1/51/6/1, Bl. 65, Frage Nr. 14, Freitag 12.2.1960. S. auch Verwoerd, Speech at Meyerton, Transvaal 26.3.1960, in: Pelzer 1966: 374–387, hier 384 u. Mosie van Wantroue, 20.1.1960, in: Pelzer 1963: 305–316, hier 308.

78 PV 93/1/51/6/1, 117 House of Assembly, 27.1.1961, verneinende Antwort auf eine entsprechende Frage des Abgeordneten Tucker.

79 Verwoerd begrüßte Macmillans Vorschlag, auch Südafrika zu besuchen: Baker 1998: 174f.

80 Die Reden sind abgedruckt in: Parliament of the Union of South Africa 1960; Ovendale 1995; zur weiteren Wirkung in den Siedlerkolonien s. S.Ward 2011. Dubow 2011: 1100 unterstreicht, dass Macmillan keineswegs die schwarze Opposition in Südafrika unterstützen wollte.

81 Carrington 1960: 123.

holen sollte.[82] Möglicherweise hat Macmillans Rede, deren Inhalt er entgegen den üblichen Gepflogenheiten seinen Gastgebern nicht vorher zugänglich machte und die Verwoerd unangenehm überraschte, dessen Haltung eher verhärtet, eine Republik und den Austritt aus dem Commonwealth anzustreben.[83]

In einem Gespräch am Vorabend der Rede beschwerte sich Verwoerd heftig bei Macmillan über Großbritanniens Afrika-Politik, insbesondere was die High Commission Territories anbetraf. Dabei stellte er Bezüge zwischen diesen einzelnen Vorwürfen und dem Sinn und Zweck einer weiteren Mitgliedschaft im Commonwealth her,[84] die für ihn angesichts der britischen Haltung immer fragwürdiger wurde. Er versuchte ganz offenkundig, Macmillan Zugeständnisse hinsichtlich der britischen Afrikapolitik, insbesondere der ihm so wichtigen Protektorate, abzupressen, nachdem dieser hatte erkennen lassen, welch großen Wert er und die übrigen Mitglieder auf eine fortgesetzte Mitgliedschaft Südafrikas legten.[85]

Kaum ein Ereignis dieser Jahre trug so stark zu einem Meinungsumschwung bei, nicht zuletzt unter den Mitgliedern des Commonwealth, wie das Massaker von Sharpeville am 21. März 1960.[86] Im März 1960 rief der Afrikanische Nationalkongress (ANC) zu einer Aktion zivilen Ungehorsams gegen die verhassten Passgesetze für den 31. März auf. Der rivalisierende Panafricanist Congress (PAC) kündigte daraufhin eine eigene Aktion an, die einige Tage vor der des ANC stattfinden sollte. Sie war schlecht vorbereitet und wurde nur in den Hochburgen des PAC in einigen städtischen Gebieten befolgt. In Sharpeville, dem afrikanischen Township der Stadt Vereeniging südlich von Johannesburg, kam es zu einem folgenschweren Zwischenfall, als eine große Menschenmenge sich vor der örtlichen Polizeistation einfand, um ihre Pässe abzugeben. Die wenigen, aber schwer bewaffneten, Polizisten verloren die Nerven und schossen in die Menge, selbst dann noch, als diese wegen der sofort einsetzenden Massenflucht gar keine Bedrohung mehr darstellte. Bei dem Sharpeville-Massaker verloren mindestens 69 Menschen ihr Leben, die meisten durch Schüsse in den Rücken, mehr als 100

---

82 Zur Rede und den Kontroversen, die sie auslöste, s. H.Macmillan 1972: 155 ff.; Hutchinson 1980: 108 ff. sowie Horne 1989: 193 ff.

83 Makin 1996: 83 ff., der seine Überlegungen aber einzig auf das Referendum zur Republik beschränkt. S. auch Dubow 2011: 1112.

84 PV 93/1/55/2/2, Private gespreek tussen die heer Macmillan en myself te Groote Schuur op 4 Februarie 1960, 10 – 11,30 v.m.u. in derselben Sammlung Notizzettel (Bl. 15) für Gespräche, in denen „Use of High Commission territories as an escape area for Union Nationals" genannt wurde.

85 Ebd., S. 2; Macmillan warf ihm das auch vor, doch Verwoerd bestritt dann vehement, dass er Bedingungen stellen wollte: ebd. S. 9.

86 Horne 1989: 203 f. u. Horrell 1961: 56 ff.

wurden verletzt.[87] Trotz einiger Verunsicherung selbst in Regierungskreisen[88] behielt Verwoerd seine gewohnte Unbeugsamkeit[89] und wies die Alleinschuld den schwarzen Organisationen zu, die umgehend verboten wurden. Er verhängte den Ausnahmezustand und ließ Verhaftungen in großem Stil vornehmen.[90]

Am 9. April 1960 überlebte Verwoerd ein auf ihn ausgeübtes Attentat bei der Eröffnung einer Landwirtschaftsausstellung in Johannesburg, bei dem ihn der später als geisteskrank diagnostizierte[91] weiße Farmer David Pratt zweimal in den Kopf schoss. Verwoerd wurde schwer verletzt und musste mehrfach operiert werden, weshalb er für einige Wochen die Amtsgeschäfte nicht wahrnehmen konnte.[92] Paul Sauer übernahm als dienstältester Minister die Führung der Regierung und kündigte vage eine Änderung der bisherigen Politik an.[93] Kaum hatte Verwoerd sich von dem Attentat etwas erholt, stellte er unverzüglich seine Autorität wieder her, indem er Konzessionen in der Apartheidpolitik rundweg ablehnte. In die Zeit seiner Rekonvaleszenz fiel ein Premierministertreffen des Commonwealth, zu dem er eigentlich hatte reisen wollen. Er ließ sich stattdessen durch seinen Parteifreund und Außenminister Eric Louw vertreten.[94] Angesichts des bekannt aggressiven Charakters von Louw musste es Verwoerd klar gewesen

---

87 Zum Sharpeville-Massaker s. P.Frankel 2001: 109 ff. S. auch die Darstellung der Journalistin Ruth Weiss, dass die Menge nur aufgrund bloßer Gerüchte zusammen gekommen war, die „Demonstration" also gar nichts mit der PAC-Aktion zu tun hatte: Zeugen des Jahrhunderts, ZDF, 30.11. und 7.12.1994.

88 Auch aus Broederbond-nahen Organisationen wie dem Afrikaanse Handelsinstituut, etwa vom Verwoerd-Vertrauten J.G. van der Merwe, kamen Vorschläge zu einer Abmilderung der Passgesetze: PV 93/1/36/1/8, 19 ff. Memorandum von Wirtschaftsvertretern, u. a. Afrikaanse Handelsinstituut, 12.5.1960. I. L.de Villiers 2009: 133 berichtet von einer Delegation der DRC der Kapprovinz, die Verwoerd zum Rücktritt aufforderte. Doch hätte er sie umgestimmt und ihren Leiter J. S.Gericke dauerhaft zu seiner eigenen Position bekehrt.

89 Auch aus der afrikaansen Wirtschaft kamen Forderungen nach Reformen: Giliomee 2003 a: 522.

90 Horrell 1961: 79 ff. Das South African Institute of Race Relations bestätigte dagegen in seinem Bericht, dass die Menge nicht aggressiv gegen die Polizisten gewesen war: SAIRR 1961: 6 u. 12 f.

91 Rusty Bernstein traf ihn im Gefängnis und hatte nicht den Eindruck, dass er geistesgestört war: Bernstein 1999: 208. Zeitungsartikel schilderten ihn als unpolitisch, aber eine Person mit etlichen Problemen: Cape Argus 11.4.1960, s. auch Sunday Times 10.4.1960 und Haarlems Dagblad 11.4.1960.

92 Boshoff 2012: 191 f. u. Barnard 1967: 82 ff.

93 Noch im Juli 1960 äußerte er gegenüber Tomlinson, dass er hoffe, dessen Vorschläge jetzt umsetzen zu können: PV 442/2/2/1, Bl. 13, Sauer (Minister van Lande) an Tomlinson, 12.7.60: „Die ganze Denkrichtung Ihres Komitees läuft absolut parallel mit meiner eigenen..."

94 PV 93/1/53/2/3, Privatsekretär des Premier an Louw (geheim), 15.4.1960. FAV 4.7.4.7.3, Stück Papier, auf dem Verwoerds Diktat v. 19. 4. niedergeschrieben ist, dass Louw ihn in London vertreten solle, weil er die Strapazen noch nicht aushalten könne.

sein, dass er mit dessen Entsendung keineswegs zu einer Verbesserung der Atmosphäre beitragen würde.[95]

Louw setzte während der Commonwealth-Konferenz im Mai 1960 die in London versammelten Premierminister darüber in Kenntnis, dass die südafrikanische Regierung die weiße Bevölkerung des Landes in einem Referendum über eine Republik abstimmen lassen wollte. In diesem Kontext bat er um eine Zusage, die Mitgliedschaft Südafrikas auch als Republik zu ermöglichen. Seit dem Balfour-Report von 1926 wurde das „British Commonwealth" als Bund unabhängiger und souveräner Staaten definiert, die über die „allegiance" zur britischen Krone zusammengehalten wurden.[96] Indien hatte dieses Prinzip als erstes Land durchbrochen, als es Republik wurde, aber gleichzeitig um den Verbleib im Commonwealth ersuchte.[97] In den folgenden Jahren hatten weitere ehemalige Kolonien die Republik als Staatsform gewählt, sie mussten, wie Indien, die Zustimmung der übrigen Commonwealth-Staaten erhalten, um weiterhin Mitglied bleiben zu dürfen, da man an der nunmehr fiktionalen Bestimmung des Balfour-Reports festhielt. Um das Referendum nicht zu beeinflussen, bestand Macmillan darauf, dass Südafrika erst nach erfolgter Abstimmung seinen Antrag auf Verbleib stellen solle.[98]

Verwoerd, dessen Genesung erstaunlich schnell voranschritt,[99] gab nach der Konferenz eine eigene Erklärung ab. Er unterstrich das Prinzip der Nichteinmischung in die inneren Angelegenheiten anderer Länder und betonte, dass es nur um eine Veränderung der Staatsform von einer Monarchie zur Republik ginge.[100] In seiner republikanischen Propaganda sprach Verwoerd von der Umwandlung des Königreichs Südafrika in eine Republik und bezeichnete die Gegner der Re-

---

95 Geyser 1983: 69 u. Meiring 1990: 53 u. 59. Zu Louws notorischer Aggressivität s. auch Shearar 2007: 255 f. u. 306 ff.; Wolvaardt/Wheeler/Scholtz 2010: Bd. 2: 13 f. u. Van der Schyff 1987: 471.

96 Mansergh 1969: 233 ff.

97 Der damalige südafrikanische Premierminister D. F. Malan hatte dem Verbleib der Republik Indien im Commonwealth ausdrücklich zugestimmt: D. F. Malan 1959: 89 f.

98 Diefenbaker 1978: 175; Tennyson 1982: 156. S. auch das Abschlusscommunique des Treffens, abgedruckt in: Mansergh 1963: 362.

99 55.K.V.16 (6), Betsie Verwoerd an M. E. Rothmann, 26.4.1960. Verwoerds Frau berichtete, dass ihr Mann kaum zwei Wochen nach dem Attentat „schon beinahe wieder der alte ist." Allerdings müssten die beiden Kugeln noch herausoperiert werden. 220.K. 60 (24), A. L. Geyer an Cillié, 2.6.1960, berichtete von Verwoerds Rede zum Unionsfest in Bloemfontein am 31.5.1960: „Er spricht noch mit einiger Mühe, aber deutlich."

100 PV 93/1/55/2/2, Bl. 5 ff., Erklärung Verwoerds nach Commonwealth-Konferenz 1960 (kein genaues Datum), S. 4.

publik demonstrativ als Monarchisten, eine propagandistische Sprachregelung, die die nationalistische Presse unverzüglich übernahm.[101]

Das verbreitete Misstrauen gegenüber seinem republikanischen Vorhaben[102] hatte gute historische Gründe, denn es war kein Geheimnis, dass Verwoerd einer der Autoren des berüchtigten republikanischen Verfassungsentwurfs von 1940 gewesen war.[103] Das darin vorgesehene autoritäre Präsidialregime hatte Anleihen bei faschistischen Ordnungsvorstellungen gemacht und die antibritische und antisemitische Rhetorik, die den Entwurf begleitete, hatte für viel Unruhe gesorgt und war vielen noch in schlechter Erinnerung. Verwoerd versicherte darum in mehreren Reden und Verlautbarungen, dass die Republik keine verfassungsmäßige Neuorientierung bringen solle, sondern die bestehende Verfassung nur hinsichtlich der Bestimmungen, die das Staatsoberhaupt betrafen, modifiziert würde.[104] Parteiinternen Kritikern hielt er entgegen, dass es sich um eine wichtige

---

101 PV 93/1/45/1/3, Bl. 96ff. Radioansprache am 3.10.1960. Transvaler 17.3.1960, s. auch den höhnischen Kommentar in derselben Zeitung, 15.3.1960. Auch Außenminister Louw bezeichnete Oppositionsführer De Villiers Graaff als „den Anführer der Monarchisten", in: PV 4/55, Louw in Paarl, 16.8.1960.

102 RDM 18.3.1959; Verwoerd bestritt vehement einen Bericht im Cape Argus vom 17.3.1959, worin von Plänen für eine gemischte föderale Republik die Rede war, was in der Tat seinen Plänen diametral zuwiderlief. Explizit mit Verweis auf den Verfassungsentwurf von 1940 äußerte sich Marais Steyn, s. Cape Argus 29.1.1960. S. auch RDM 29.1.1960. Ähnlich bezog sich Oppositionsführer De Villiers Graaff direkt auf den Verfassungsentwurf: Cape Times 18.11.1958 u. zuvor schon der Cape Argus 5.11.1958 über die Entscheidung der UP der Kapprovinz, sich gegen eine Republik auszusprechen; s. auch Pretoria News 5.11.1958. Allerdings gab es aufgrund zahlreicher Erfahrungen mit Zusicherungen der Nationalen Partei wenig Vertrauen in die Äußerungen des Premiers: Cape Times 7.10.1958, Leitartikel. Zu Verwoerds Vorstellungen von einem völligen Umbau des Staates s. W. A.Muller 1973: 66f.

103 Spies/Theron/Scholtz 1981: 772 u. Stals 1998: 116.

104 Sunday Times 18.9.1960; s. auch PV 93/1/30/1/11, Bl. 48, V. an T. M.Zini, 1.2.1961. Zu einer Kritik aus der extremen Rechten s. Floyd 1975: 115. Verwoerd sah dies allerdings nur als vorübergehenden Zustand an, da er an seinem Fernziel festhielt, eine Präsidialverfassung einzuführen, die sich an den alten Burenrepubliken des 19. Jahrhunderts orientieren sollte: Verwoerd 1966: 9; zu seiner Rolle bei der Erstellung eines autoritär-korporatistischen Verfassungsentwurfs im Jahr 1940 s. auch Marx 1998: 370ff. und 2010: 54. Piet Meyer berichtete von seinem letzten Gespräch mit Verwoerd am 29.8.1966, in dem sie sich über die Weiterentwicklung in eine allerdings vom Modell der Burenrepubliken abweichende Form der Präsidialrepublik unterhielten: P. J.Meyer 1978: 14f. S. auch Stals 1998: 491 und Geyser 1983: 49, der schrieb, die Zeit sei „not yet ripe for this" gewesen. Dagegen trat der Jurist G. A. Coetzee für die Republik ein, weil die Verfassung nicht geändert werden sollte. Durch den Wandel der Staatsform würde jedoch der Premierminister als faktisches Staatsoberhaupt durch einen Dualismus mit dem Staatspräsidenten in seiner Machtfülle eingeschränkt, ohne dass Coetzee dies jedoch explizit gegen Verwoerd als Person richtete: C. A.Coetzee 1960: 68f.

Konzession an die englischsprechenden Südafrikaner handelte. Demzufolge war sie, wie er letzteren immer wieder klarmachte, ein Kompromiss, in dem auch die Buren wichtige Zugeständnisse machen müssten, nicht nur die englischsprechenden Südafrikaner, die deswegen auch keine Verlierer seien.[105]

Regierung und Nationale Partei ließen keine Chance ungenutzt, die Wähler zu erreichen. Die NP führte die Propaganda in generalstabsmäßig koordinierter Form durch.[106] Dabei war sie durchaus innovativ in den Methoden, denn sie verschickte ein von Verwoerd verfasstes handschriftliches Werbeschreiben für die Republik in faksimilierter Form an alle weißen Haushalte.[107] Der wichtigste Redner war der Premierminister selbst, der nach dem mißglückten Attentat Zuhörerzahlen in bislang ungekannter Größenordnung anzog, wobei der Broederbond mithalf, hinter den Kulissen die Anhänger zu mobilisieren.[108]

In seiner Radioansprache vom 3. Oktober 1960 unterstellte der Premier seinen Gegnern, dass sie es seien, die eine Verfassungsänderung wollten, nämlich eine „Partnerschaft" mit Indern, Coloureds und Schwarzen, d. h. sie strebten eine Aufgabe der Apartheidpolitik an, der er mittlerweile Verfassungsrang zumaß.[109] Damit aber machte er genau das, was er seinen Gegnern vorhielt, nämlich die Abstimmung über die Republik in den Parteienstreit hineinzuziehen, aus dem er sie angeblich heraushalten wollte.[110] Dieser letzte Aufruf an die Wähler vor der Abstimmung war bemerkenswert kämpferisch und wenig staatsmännisch.

Das Ergebnis war nicht überwältigend, aber bestätigte Verwoerds Kalkül, dass sich eine Mehrheit würde finden lassen: 850.458 Ja-Stimmen standen 775.858 Nein-Stimmen gegenüber. Das Ergebnis spiegelte die Spaltung der weißen Bevölkerung in den englischsprachigen und den afrikaanssprachigen Teil relativ

---

105 PV 93/1/47/2/5, Bl. 74 f., V. an D. L.Glenn (Bloemfontein), 31.3.1960 u. ebd. Bl. 166, V. an Frau S. L.Mackinnon (Germiston), 9.7.1960, worin er zudem nachdrücklich verneinte, dass die Republikwerdung etwas mit Hass auf die englischsprachigen Weißen zu tun hätte.

106 PV 93/1/45/5/1, 140seitiges Handbuch der NP des Transvaal, mit einem Vorwort des Hoofsekretaris J. H.Steyl, der zu äußerster Geheimhaltung mahnte. In dem Buch wurden alle Schritte, die notwendige Organisation bis zur Abwicklung der Briefwahl genau beschrieben. Nicht zuletzt, um die englischen Weißen zu beruhigen, veröffentlichte die Regierung Verwoerds Rede vom 20.1.1960 in Pamphletform, weil darin die Garantien für eine parlamentarische Demokratie abgegeben wurden: Verwoerd 1960 a und b. Zu den Gegnern s. Reid 1982: 91 ff.

107 PV 276/2/1/1/5, Rundschreiben vom 20.9.1960.

108 AB-Archiv, 2/3/39, Dagbestuur, 22.4.1960, S. 4 f., TOP 12, Noodtoestand en sluipmoordaanslag op Premier.

109 PV 93/1/45/1/3, Bl. 97, Radioansprache am 3.10.1960.

110 Ebd. S. auch das NP-Pamphlet Statebonds-Verhoudinge. Suid-Afrika se lidmaatskap, Bloemfontein 30.8.1960, in: Nasionale Party 1960 sowie das Pamphlet: Sal Suid-Afrika as republiek lid van die Statebond bly? Bloemfontein s.d. [1960]. Beide Schriften brachten zahlreiche Zitate von Commonwealth-Politikern, dass Südafrika Mitglied bleiben könne.

genau wider, was Verwoerds mit der Republikwerdung verknüpfte Überzeugung, damit würden die alten Gräben überwunden, in ein merkwürdiges Licht rückt.[111] Den Ausgang des Referendums feierte die Nationale Partei dennoch als ihren Triumph, der die Krise des Jahres 1960 beendete,[112] denn es mobilisierte die Afrikaaner und vereinte sie hinter ihrem Premier. Verwoerd hatte erneut seine Durchsetzungsfähigkeit und sein Gespür für das Mögliche unter Beweis gestellt.

In seinen journalistischen Jahren war Verwoerd kontinuierlich und mit starker Vehemenz für die Umwandlung Südafrikas in eine Republik eingetreten und hatte keinen Zweifel daran gelassen, dass dies für ihn nur vorstellbar war, wenn es mit einem Austritt aus dem Commonwealth verbunden würde.[113] Es gibt keinerlei Hinweis auf eine Änderungen dieser Überzeugung. Tatsächlich sah er keine Zukunft Südafrikas in der Staatengemeinschaft. In der Literatur herrscht nach wie vor weitgehend Konsens, Südafrika sei von den anderen Mitgliedern hinausgenötigt worden, doch hält dies den Fakten nicht stand.[114] In einem Brief vom 24. August 1960 an seinen australischen Kollegen Robert Menzies stellte Verwoerd fest, „that an important change in the character of the Commonwealth was taking place." Denn mit der Entkolonialisierung „the non-white members would gradually dominate by weight of numbers or due to the fact that the others wished to appease them at all costs and for whatever reasons." Darin sah er eine Gefahr für Südafrika ganz unabhängig von der Frage der Republikwerdung. Die daraus resultierenden Konflikte würden „most embarrassing" für Südafrikas alte Freunde im Commonwealth werden, „and could easily lead to estrangement from them as well. Under such circumstances a Republic outside the Commonwealth might have a better chance of retaining and cultivating friendship and co-operating wherever possible with those member states who would be willing and could then avoid taking sides in conferences which could no longer be confined to seeking common ends."[115] Allein das Datum des Briefes legt den Schluss nahe, dass Verwoerd das Resultat eines Austritts von vornherein beabsichtigt oder zumindest genau einkalkuliert hatte.[116]

---

111 Detaillierte Angaben zu den Ergebnissen in den einzelnen Wahlkreisen finden sich in FAV 4.7.1.4.1, handschriftlich in Vordruck eingetragen durch Verwoerds Privatsekretär J. F.Barnard, 5.10.1960.

112 Über diese Krise s. das folgende Kapitel.

113 Beispiele für Verwoerds Verknüpfung von Republikanismus und Austritt aus dem Commonwealth bei Geyser 1972: 44, 50, 64, 74 ff., 76 f., 81, 87 f. Ben Schoeman 1978: 255 sah einen rein taktischen Schachzug in Verwoerds Werben um eine Republik innerhalb des Commonwealth.

114 Hayes 1980: 476.

115 Menzies 1967: 208.

116 Zu dem Vorgang s. auch Marx 2014.

Tatsächlich hatte sich Verwoerd schon im März 1959 unverblümt für den Austritt aus dem Commonwealth ausgesprochen. Allerdings wurde das kurz nach seinem Amtsantritt geführte Interview mit der Tageszeitung „Die Burger" nach einer Intervention von deren Chefredakteur Piet Cillié nie veröffentlicht.[117] Verwoerd stellte darin Überlegungen an, wie die Freundschaft mit Großbritannien erhalten bleiben könne angesichts der jüngsten Drohungen Ghanas, selbst aus dem Commonwealth auszutreten, wenn Großbritannien sich nicht für Mehrheitsherrschaft in bestimmten Ländern Afrikas einsetze. Es ist kennzeichnend für Verwoerds Argumentationsweise, dass er einen tiefgreifenden und unüberbrückbaren Interessenkonflikt mit Großbritannien skizzierte, um dann einen Ausweg zu eröffnen, der mit einem Schlag alle Probleme beseitigen sollte. „Meiner Meinung nach sind es die verschiedenen Einstellungen Britanniens und des durchschnittlichen Weißen in Afrika, wie die besten Beziehungen mit dem schwarzen Mann in Afrika hergestellt werden können, die die gewünschte Freundschaft gefährden." Großbritannien versuche in den Siedlerkolonien zunächst, die weiße Herrschaft aufrechtzuerhalten, aber wenn sich das als nicht mehr möglich erweise, strebe es ein System der Partnerschaft an. „Herrschaft durch Partnerschaft ist vermutlich seine zweite Wahl". Wenn der Druck weiter zunahm, „macht Britannien jedoch das Zugeständnis schwarzer Herrschaft, lieber als die positive Gesinnung dieser Bevölkerung und Vorteile für sich völlig zu verlieren."[118] Für Weiße in Afrika sei die Situation völlig anders. „Er kann nicht einfach ein politisches System akzeptieren, in dem er als Weißer und als Nation untergeht, selbst wenn es erst mit der Zeit geschieht. Er muss sich selbst bewahren." Genau hier lag Verwoerd zufolge der unlösbare Interessenkonflikt: „Letzten Endes prallen die Perspektive Britanniens hinsichtlich seines eigenen Nutzens und damit auch der Form guter Rassenbeziehungen in Afrika fundamental gegen den Nutzen und damit auch die Form guter Rassenbeziehungen für den weißen Mann in Afrika."[119] Es war typisch für ihn, den nun eröffneten Ausweg so darzustellen, als ob er seinen Vorschlag primär im Interesse Großbritanniens unterbreitete, dem die Möglichkeit eröffnet werden sollte, seine Eigeninteressen im Verhältnis zu den neuen schwarzen Staaten zu verfolgen. „Das bedeutet, gerade herausgesagt, dass mit einem größeren Maß konstitutioneller Trennung

---

117 Weber 1973: 5 über die genauen Umstände und mit der Mutmaßung, Verwoerd hätte mit dem Interview die Reaktionen der englischsprachigen Südafrikaner testen wollen.

118 PV 93/1/9/2/4, Bl. 107–111 Interview von „Die Burger" mit Verwoerd am 14.3.1959, darüber handschriftlich „Nie veröffentlicht [Nooit gepubliseer]", Bl. 108. Zum ersten Mal wurde der Inhalt bekanntgemacht durch J. J.van Rooyen 1971: 115 ff., aber in der Literatur über den Austritt nie aufgegriffen.

119 Ebd., Bl. 109.

größere Chancen einer fruchtbaren Freundschaft auf allen Gebieten zwischen Britannien und dem weißen Mann im britisch geprägten Afrika einhergehen, während der Erhalt konstitutioneller und formaler Bande die Ursache für eine wachsende und schädliche Feindschaft werden kann." Dann ließ er die Katze aus dem Sack und sprach Klartext:

> „Die Frage, die ich deswegen an alle zum Überdenken gebe, ist diese: Ist es nicht im besten Interesse der Freundschaft und eines guten Verhältnisses zwischen Britannien und den schwarzen Staaten Afrikas, zwischen Britannien und dem weißen Mann Afrikas, zwischen dem weißen Mann Afrikas und dem schwarzen Mann Afrikas, wenn nicht Ghana, sondern der weiße Mann Afrikas aus dem Commonwealth austritt, in Afrika seinen eigenen Weg geht und auf diese Weise die Verlegenheit beendet, in der sich Britannien befindet, frei und zielgerichtet seine Freundschaft mit ihm auf allen anderen Gebieten verstetigt und erweitert, indem sie von der Streitfrage der Rassenbeziehungen gelöst wird?"[120]

Sei es nicht besser, wenn GB die schwarzen Staaten im Commonwealth behalte und „eine produktive Freundschaft mit dem weißen Mann in Afrika außerhalb des Commonwealth erhalte oder ist dies in seinem Interesse, konstitutionelle (und sei es beherrschende oder koloniale) Bindungen mit dem weißen Mann in Afrika zu jedem Preis zu erhalten und dadurch Gefahr zu laufen, die Freundschaft beider ebenso zu verlieren wie die Mitgliedschaft der schwarzen Staaten im Commonwealth?"[121] Der unüberbrückbare Gegensatz zwischen Großbritannien und Südafrika bestand in der Tat, darum musste Verwoerd nur noch eine Situation herbeiführen, die den Austritt zur Folge hatte, ohne dass es nach Absicht aussah. Macmillans Rede war für Verwoerd ein willkommener Anlass, darauf hinzuweisen, Großbritannien werde die weißen Südafrikaner fallen lassen, ungeachtet der Mitgliedschaft im Commonwealth.[122]

Es war darum das nächstliegende, einen Konflikt absichtsvoll herbeizuführen und eskalieren zu lassen, um dadurch in die Rolle des Opfers schlüpfen zu können. Mit Verweis auf die Souveränität Südafrikas konnte Verwoerd dann die Zurücknahme seines Antrags mit anderen Gründen als seinen langgehegten Motiven versehen. Zudem ließ sich der Konflikt dem heimischen Publikum schmackhaft machen, wenn es gelang, ihn als Gegensatz zwischen weißen und nicht-weißen Commonwealth-Mitgliedern zu präsentieren.

Nach dem erfolgreichen Referendum warnte er im November in einem Interview mit Blick auf die Rassentrennungspolitik, niemand solle glauben „dass die Preisgabe oder Verwässerung von Prinzipien nun anstehe. Jetzt müssen erst

---

120 Ebd., Bl. 110.
121 Ebd., Bl. 111.
122 Verwoerd 1960c: 8. Ganz ähnlich äußerte sich Douglas Mitchell: Wilks 1980: 124.

recht prinzipienfeste Standpunkte eingenommen werden.“[123] In diesem Zusammenhang ist ein Schreiben von J. P. van der Spuy an den Premier vom 23. Februar 1961, also kurz vor dessen Abreise nach London, besonders aufschlussreich, da es einen weiteren Hinweis darauf enthält, dass Verwoerd in Wirklichkeit Südafrikas Austritt anstrebte. Der Absender war Generalsekretär (Hoofsekretaris) des Afrikaner Broederbond und damit neben dem Vorsitzenden, dem Historiker Hendrik Thom von der Universität Stellenbosch, der wichtigste Amtsträger in der Geheimgesellschaft. Er schrieb:

> „Noch ganz unter dem Eindruck der großen Verantwortung, die Sie übernommen haben, um das Volk zu einem Beschluss über unsere Republikwerdung aufzufordern, und zutiefst dankbar über dessen wunderbaren Ausgang, will der U.R. sein wohlwollendes Interesse und hohe Wertschätzung für den Schritt, den Sie nun gehen werden, zum Ausdruck bringen und Ihnen seine Loyalität und Unterstützung zusichern. Niemand versteht die Schwere dieser Aufgabe besser als Sie selbst, aber der U.R. hat volles Vertrauen in das, was Sie vertreten, und in Sie, die es vertreten, und setzt darauf, dass Sie Kraft und Inspiration aus dem Wissen beziehen, dass Sie mit den besten Wünschen des U.R. und unserer Organisation aufbrechen und dass Ihnen ernste Fürbitten zuteil werden. Es ist unser aller Wunsch, dass Sie in Körper und Geist die nötige Kraft erhalten und dass der Segen des Herrn mit Ihnen ist.“[124]

Dieses Schreiben ist ungewöhnlich, denn der Broederbond pflegte sich sonst nicht in Fragen allgemeiner Politik an den Premierminister zu wenden. Wenn van der Spuy in so salbungsvollem Ton an den Premierminister schrieb, stellt sich die Frage, was er eigentlich meinte. Die Formulierung, dass niemand die Tragweite der Aufgabe besser verstünde als der UR des Broederbond, wäre sinnlos, wenn das Ziel der Verbleib Südafrikas im Commonwealth gewesen wäre.[125]

Der britische Premierminister versuchte seinerseits, einen Ausschluss Südafrikas zu verhindern, denn dieser würde die intransigente Haltung der südafrikanischen Regierung eher verstärken und die übrigen Staaten wichtiger, weil informeller, Einflussmöglichkeiten auf das Land berauben. Auf der anderen Seite wurden die afrikanischen Commonwealth-Mitglieder von den in der UNO vertretenen Ländern Afrikas offiziell „eingeladen“, „to take all possible steps to secure the exclusion of the Union of South Africa from the British Common-

---

123 PV 93/4/1/4, Text ohne Überschrift, faktisch Aneinanderreihung von Zitaten, Kontext eines Interviews ist nicht erkennbar, 22.11.1960, S. 2.

124 PV 93/3/1/28, J.P. van der Spuy an Verwoerd, 23.2.1961. Zu van der Spuy im AB s. Stals 1998: 199 f.

125 Tatsächlich hatte der Broederbond sich noch 1957 in einem internen Papier eindeutig gegen die fortgesetzte Mitgliedschaft einer Republik Südafrika im Commonwealth ausgesprochen. AB-Archiv, 2/3/34, UR-Agenda, 20.2.1957, Bylae B. Ons republikeinse beleid en taak, S. 6, Punkt 17.

wealth".[126] Signale der Kompromissbereitschaft aus den afrikanischen und asiatischen Ländern waren jedoch zunächst dazu angetan, seine Befürchtungen zu zerstreuen.[127]

Doch drohte Gefahr vom kanadischen Premierminister John Diefenbaker, der sich noch im Vorjahr klar für einen Verbleib Südafrikas ausgesprochen hatte, nun aber seine Haltung änderte. Diefenbaker hatte sich als Vorkämpfer für Bürgerrechte und Integration in Kanada profiliert und hatte als Premierminister erstmals einen Grundrechtekatalog in die Verfassung eingefügt. Er sah mit Südafrikas Antrag den Zeitpunkt gekommen, an dem auch das Commonwealth Farbe bekennen musste. Die Apartheid konnte seit Sharpeville nicht mehr einfach als innere Angelegenheit behandelt werden, denn schließlich hatte diese Politik internationale Auswirkungen, nicht zuletzt auf das Commonwealth selbst, aber auch auf das Abstimmungsverhalten Großbritanniens und Kanadas in der UNO.[128]

Im unmittelbaren zeitlichen Vorfeld der Konferenz bemühte sich der britische Premier in enger Abstimmung mit seinem konservativen australischen Kollegen Robert Menzies, den er dankbar als „a tower of strength" lobte,[129] zunächst über den Verbleib zu entscheiden und die nicht mehr zu umgehende Diskussion über die Apartheid-Politik zeitlich davon zu trennen.[130] Allerdings wurde die zeitliche Abfolge sogar umgedreht, denn Verwoerd selbst stellte mit seiner „Konzessionsbereitschaft" die Weichen. „When we started on Monday, however, it was clear that the other countries wanted to link up the question of policy with the constitutional issue and to discuss it immediately. So as not to spoil the prospects of harmonious relations, I then made this further concession and permitted this discussion."[131] Ein solches Verhalten war völlig untypisch für Verwoerd, der normalerweise darauf beharrt hätte, die beiden Dinge zu separieren, zumal der Verweis auf „prospects of harmonious relations" vor dem Hintergrund der Tragweite der Vermischung beider Themen wenig überzeugend klingt. Während Louw im Jahr zuvor darauf bestanden hatte, diese Diskussionen im privaten Kreis und damit inoffiziell zu halten, ging Verwoerd viel weiter und verlieh diesen Gesprä-

---

126 Resolution adopted by the Second Conference of Independent African States, Addis Abeba, 24.6.1960, Punkt 5, abgedruckt als Document 16, in: Boutros-Ghali 1994: 245. Dazu umfassend Goodwin 1965: 686.

127 Vgl. Wilson 1961: 443; H.Macmillan 1972: 173; Menzies 1967: 195. S. auch Interview mit Nkrumah bei seinem verspäteten Eintreffen in London: Times 10.3.1961, Guardian 10.3.1961. RDM 13.1.1959, Kommentar.

128 H.Macmillan 1972: 169; Henshaw 1994: 99 f. Zu einer Kritik am opportunistischen Verhalten der USA s. Marcum 1967: 8 ff.

129 H.Macmillan 1972: 174.

130 Ebd.: 288 f.

131 Verwoerd, House of Assembly, 23.3.1961, in: Mansergh 1963: 380.

chen einen quasi-offiziellen Charakter. Damit trug er maßgeblich dazu bei, Südafrikas fortgesetzte Mitgliedschaft mit der Apartheidpolitik zu verknüpfen, ja mehr noch: Das Resultat der Diskussion über die Apartheid musste nun über den Verbleib Südafrikas im Commonwealth entscheiden. Verwoerds Intransigenz hinsichtlich der Apartheidpolitik konnte nur zu einem Ergebnis führen – und das war vorher absehbar.[132]

Wenn er zuließ, dass über einen Disput zur Apartheidpolitik Emotionen ins Spiel kamen und die politischen Äußerungen dergestalt beeinflussten, dass aufgrund seiner eigenen Umbeugsamkeit seine Kollegen sich gegenseitig in eine antisüdafrikanische Position hineinredeten, war das nicht unbeabsichtigt.[133] Verwoerd wusste wie man Emotionen künstlich erzeugen konnte, etwa durch gezielte Provokationen. Seine gleichbleibende Freundlichkeit und Höflichkeit verbunden mit äußerster Härte in der Sache musste provozieren – und er wußte das genau.

Schon während seiner Afrikareise hatte Macmillan notiert: „His charming smile, his courtesy, his readiness to expound his views without any concealment and at any length were in a sense impressive. But they filled me with gloom."[134] Verwoerd blieb unbeugsam und war nicht zum geringsten Zugeständnis bereit, obwohl ihn Macmillan noch während der Konferenz in einem Brief darum bat.[135] Zunächst bot er eine Stunde Frontalunterricht, in dem er den in seinen Augen ignoranten Kollegen seine Politik darlegte.[136] Dass sie ihn nach seinen Ausführungen immer noch kritisierten, konnte er in seinen späteren Reden als die üb-

132 Verwoerd, House of Assembly, 23.3.1961, gerade die Premierminister von Indien und Nigeria nahmen Anstoß an Verwoerds Umschreibung der Apartheid als „good neighbourliness". J.D.B.Miller 1961: 61 u. Daily Herald 6.3.1961: Premiers answer Verwoerd u. Daily Telegraph 6.3.1961, Cape Argus 4.3.1961. S. auch Hawkes 1968: 74.

133 Diefenbaker betonte nach der Konferenz, „Dr. Verwoerd ... himself introduced the discussion which led to his country's withdrawal." Daily Sketch 18.3.1961.

134 H.Macmillan 1972: 153. Dass die Diskussionen über die Apartheid insgesamt 15 Stunden dauerten, war eine Dramatisierung, die vor allem Verwoerds Standfestigkeit herausstreichen sollte: S.van der Merwe 1966: 216.

135 „I fully understand that you base your policies upon a theoretical thesis which is very fundamental to you. Nevertheless men are not ruled entirely by logic, but often by sentiment." Daran anschließend bat er ihn um Zugeständnisse hinsichtlich der Botschafter: Macmillan an Verwoerd, 13.3.1961, in: Hyam/Louis 2000: Dok. 456: 424, s. auch Dok. 457, Minutes of six meetings of Commonwealth prime ministers, 13–15.3.1961, in: ebd.: 425–451. Die Frage diplomatischer Beziehungen mit afrikanischen und asiatischen Staaten erwies sich als „turning-point", s. Horrell 1962: 5f.

136 Hyam/Louis 2000: Dok. 457,425–451, hier 432ff.: minutes of six meetings of Commonwealth prime ministers, 13–15.3.1961, S. auch die ausführliche Exposition der Apartheid im Briefwechsel mit Menzies: Menzies 1967: 202ff.

liche Verstocktheit oder Lernunfähigkeit mit Blick auf die asiatischen und afrikanischen Premiers, abtun. Verwoerds Äußerungen trugen maßgeblich dazu bei, dass in den folgenden Tagen ein Kompromiß immer unwahrscheinlicher wurde. „It was Dr. Verwoerd's attitude and method of arguing his case, as well as the inflexibility of his dogmatic position, which finally turned the balance."[137]

Die asiatischen und vor allem die afrikanischen Mitglieder Ghana und Nigeria wurden durch einen Artikel von Julius Nyerere zu einer Verhärtung ihrer Haltung gedrängt, den dieser am 12. März 1961 im Londoner „Observer" veröffentlichte. Nyerere stellte als Regierungschef von Tanganyika, das sich gerade auf dem Weg in die Unabhängigkeit befand, unzweideutig klar, dass „we cannot join any ‚association of friends' which includes a State deliberately and ruthlessly pursuing a racialist policy. [...] We believe that the principles of the Commonwealth would be betrayed by an affirmative answer to South Africa's application for readmission as a Republic." Er appellierte direkt an Diefenbaker: „And how can Canada, or any other Commonwealth country which believes in justice and human rights, vote for the inclusion of South Africa [...] as long as South Africa allows herself to be ruled by men whose policies are an outrage to such beliefs? A vote in favour of South Africa [...] could logically be interpreted as a vote against the future membership of countries such as Tanganyika whose political philosophy condemns any form of racial discrimination as evil."[138] Dem folgte die offene Drohung, im Fall eines Verbleibs Südafrikas würde Tanganyika seinerseits nicht beitreten. Dies alarmierte Nkrumah, der seine Rolle als Wortführer der Entkolonialisierung und des Panafrikanismus in Gefahr sah, was ihn dazu veranlasste, seinerseits mit dem Austritt zu drohen, ebenso wie Nigerias Premierminister Abubakar Balewa.[139]

Diefenbaker insistierte auf einer Erklärung, derzufolge das Commonwealth für allgemeine Gleichberechtigung eintrat und seine Grundprinzipien proklamierte.[140] Der Kanadier brachte das Dilemma, in dem sich die Premierminister befanden, auf den Punkt, als er feststellte, „if we were to accept South Africa's request unconditionally our action would be taken as approval or at least condonation of racial policies which are repugnant to and unequivocally abhorred

---

137 H.Macmillan 1972: 298.

138 Julius Nyerere, South Africa or Us, Observer 12.3.1961; s. auch Daily Mail 13.3.1961, Times 13.3.1961 u. Guardian 7.3.1961 unter Bezug auf eine mündliche Äußerung Nyereres. Nyerere gab seinerseits an, von einem Brief Luthulis an ihn in seiner Haltung beeinflusst und bestärkt worden zu sein: Daily Mail 13.3.1961.

139 J. D. B.Miller 1961: 61.; Hyam/Louis 2000: Dok. 457: 425–451, hier S. 447: minutes of six meetings of Commonwealth prime ministers, 13–15.3.1961.

140 Robinson 1989: 184 f. Graaff 1993: 182 hatte Verwoerd sich zuvor mit Diefenbaker über seine Politik gestritten.

and condemned by Canadians as a whole."[141] Mit seinem eindeutigen Eintreten für Grundprinzipien machte Diefenbaker die Hoffnung der Südafrikaner zunichte, das Commonwealth entlang der Hautfarbe zu spalten.[142]

Schließlich scheiterte alles am Schlußcommunique, weil Verwoerd nicht bereit war, den vorgeschlagenen Wortlaut zu akzeptieren. Eine Art Grundsatzbekenntnis zu individuellen Rechten und Gleichheitsprinzipien, wie es Diefenbaker vorschwebte, wies er rigoros zurück. Indien und Ghana drohten, dass sie, sollte Südafrika Mitglied bleiben, sich das Recht vorbehielten, in Zukunft immer wieder die Apartheid zu thematisieren und den Ausschluss Südafrikas auf die Tagesordnung zu setzen.[143] Macmillan überredete Verwoerd, unter den gegebenen Umständen seinen Antrag zurückzuziehen, was Verwoerd nach einer Sitzungspause am 13. März dann auch tat.[144]

Verwoerd sagte hinterher, er hätte Konzessionen gemacht, als er den Communiques zustimmte. Diese nachgiebige Haltung hätte die anderen Premiers nur ermutigt, ihre Forderungen höherzuschrauben, was dann dazu führte, dass er den Antrag zurückzog. Genau diese Eskalation gab er sonst gebetsmühlenartig als Grund für seine Verweigerung von Konzessionen an. Damit räumte er indirekt ein, wie sehr er die Forderungen der anderen mit seiner scheinbar konzilianten Haltung bewusst provoziert hatte.

Macmillan beklagte im House of Commons, „that had Dr Verwoerd shown the smallest move towards an understanding of the views of his Commonwealth colleagues", wäre eine einvernehmliche Lösung nicht ausgeschlossen gewesen.[145] Diefenbaker traf Verwoerd und seine Frau am Abend im Buckingham Palast bei einem Empfang und Festessen der Queen wieder und beobachtete, „there was no suggestion that anything had happened to either surprise or shock them."[146] Auf einem Photo, das Verwoerd und Louw auf dem Rücksitz des Wagens zeigt, der sie von der Sitzung zurückfuhr, erscheinen die beiden äußerst fröhlich und kei-

141 Diefenbaker im kanadischen House of Commons, 17.3.1961, zit. nach Mansergh 1963: 367f.

142 M.P.A.Malan 1960: 2.

143 Hyam/Louis 2000: Dok. 457: 425–451, hier 448: Minutes of six meetings of Commonwealth prime ministers, 13–15.3.1961. Die Äußerungen einiger Premierminister, das Thema bei jedem Treffen erneut anzusprechen, nannte Menzies als den Hauptgrund für Verwoerds Entscheidung: PV 4/122, Office of Australian High Commissioner in the Union of South Africa, mit Äußerungen von Menzies in Pressekonferenz am 19.3.1961, S. 1.

144 Der Text von Verwoerds Erklärung ist abgedruckt in: Hyam/Louis 2000: Dok. 457: 425–451, hier 449f.: Minutes of six meetings of Commonwealth prime ministers, 13–15.3.1961, S. Daily Express, Guardian u. Daily Herald 16.3.1961; Transvaler 14.3.61; Burger 14.3.61; Cape Times 14.3.61; Transvaler 16.3.61 mit der Schlagzeile: S.A. is uit.

145 Macmillan vor dem House of Commons, 21.3.1961, in Mansergh 1963: 374.

146 Diefenbaker 1978: 182.

neswegs in deprimierter Stimmung, wie man hätte annehmen müssen, wenn Verwoerd wirklich am Verbleib im Commonwealth gelegen gewesen wäre.[147] Weniger erfreut war er nur, als ein vorher in den Medien angekündiger Besuch[148] in Frankreich und Deutschland ausfiel, weil beide Regierungen ihn nicht empfangen wollten und nach Ausflüchten suchten.[149]

Für absichtsvolles Verhalten Verwoerds spricht auch die Art, wie er das, was nach offizieller Lesart eine herbe Niederlage sein musste, in einen Triumph verwandelte, so dass sogar von einem „Wunder“ die Rede war.[150] Als er seinen Informationsdirektor Meiring mit dem Auftrag vorausschickte, Jubelscharen zum Empfang zu organisieren, was über die Broederbond-Kanäle bewerkstelligt wurde,[151] ließ Verwoerd die Maske fallen und gestand ein, dass er sein wahres Ziel erreicht hatte: „It shall remain for us a memory of one of the greatest days of our lives – the arrival on the soil of our fatherland, after what has been not a defeat but a victory for South Africa.“[152] Die 20.000 begeisterten Menschen, die ihn empfingen, waren allesamt Buren und Anhänger der Nationalen Partei, die ihren alten Traum verwirklicht sahen.[153] Verwoerd sah es ganz ähnlich, denn einige Jahre später schrieb er: „No matter how independent the Union was in its internal and

---

147 A.Boshoff 1993: 72 berichtete, dass Verwoerd nicht niedergeschlagen war, sondern eher im Gegenteil.

148 Guardian 4.3.1961; Scotsman, 4.3.1961; Burger 4.3.1961. Cape Times 7.3.1961; die Besuche waren beide fest eingeplant, für das Treffen mit De Gaulle waren Gespräche am 20.3. und mit Erhardt am 21. vorgesehen mit der Rückkunft in Johannesburg am 24.: FAV 4.7.1.3.1, Plan für die Rückreise, darüber handschriftlich: Wat kon gewees hat. Auch Verwoerds Frau erwähnte den bevorstehenden Besuch in Bonn: FAV 4.7.3.1.7, E. Verwoerd an W.J.Verwoerd, 10.3.1961; s. auch Wischnewski 1961: 2.

149 PV 4/72, E.H.Louw: Dr. H.F.Verwoerd. So Onthou Ek Hom (undatiert), S. 6; Louw betonte auch, dass Verwoerd „sehr pro-deutsch“ war. In der afrikaansen Presse wurde das freilich nicht so dargestellt: Burger 17.3.61 berichtet, dass Verwoerd den Besuch abgesagt hätte.

150 Meiring 1973 b: 142. Die Regierung veröffentlichte Verwoerds Rede vor dem South Africa Club in London als Propagandapamphlet mit Fotos u. a. von seiner triumphalen Rückkehr nach Südafrika: Verwoerd 1961 a und b.

151 Meiring 1979: 140, der den Broederbond selbstverständlich mit keinem Wort erwähnte. Der Verweis des Herausgebers in der Vorbemerkung zu Verwoerds Rede auf dem Flughafen, dass eine „great number of Afrikaans cultural organizations“ den Empfang vorbereitet hätten, kann als verschlüsselter Hinweis auf den Broederbond gelten, zumal der Herausgeber auch der Autor der offiziellen Geschichte des Broederbond war: Verwoerd, Speech on Arrival from London, Johannesburg 20.3.1961, in: Pelzer 1966: 513–516, hier 513. G.D.Scholtz 1974: Bd. 2: 116 stellt dies als „spontan“ dar. Etwa ein Viertel aller Studenten der Universität Potchefstroom nahm an dem Empfang teil: E.S.van Eeden 2006: 509.

152 Verwoerd, Speech on Arrival from London, Johannesburg, 20.3.1961, in: Pelzer 1966: 513–516, hier 513; s. auch A.Boshoff 1993: 74.

153 Als mehrseitige, reich bebilderte Propaganda: Transvaler 21.3.1961.

external government as a State within the Commonwealth with the British Sovereign as its own hereditary head of State, it was these very ties – however informal – which in the eyes of its own citizens, as well as those of the rest of the world, limited its true sovereign independence. In law and in practice there may have been no limits to our independence, but in the hearts and minds of the people limitations did indeed exist."[154]

Für Verwoerd war es innenpolitisch risikolos, sich für das, was er seit den 1930er Jahren aktiv angestrebt hatte, gebührend feiern zu lassen. Die Republik war beschlossene Sache und die englischsprachigen Südafrikaner hatten keine Möglichkeit, den Austritt rückgängig zu machen.[155] Da auch die oppositionelle United Party keineswegs eine integrierte Gesellschaft und eine Mehrheitsherrschaft anstrebte, hätte ein von ihr gestellter Premierminister kaum ein anderes Ergebnis mitbringen können – zumindest suggerierte Verwoerd dies in seinen Reden, die er während des Aufenthalts in England und nach seiner Rückkehr hielt.[156] Tatsächlich brach der Widerstand in der englischsprachigen Bevölkerung zusammen, selbst in Natal, und es gab keine Versuche, ihn wiederzubeleben.[157]

Unmittelbar nach Verwoerds Rückkehr von der Premierministerkonferenz veröffentlichte am 8. April 1961 Colonel Rupert D. Pilkington-Jordan, Senatsmitglied für die oppositionelle United Party und Mitautor der neuen republikanischen Verfassung, einen Leserbrief, in dem er gegen die landläufige Meinung bekannte: „I do not believe, that the Prime Minister ever intended to keep South Africa in the Commonwealth." Er begründete dies mit der Bereitschaft Verwoerds, sich ohne Not auf eine Diskussion über die Apartheid einzulassen, die voraussehbar die Konfrontation verschärfen musste.[158] Auch der von Verwoerd aus der NP ausgeschlossene Jaap Basson, der selbst ein Republikaner war,[159] zeigte sich überzeugt, Verwoerd habe den faktischen Ausschluss Südafrikas von Anfang an angestrebt, was er als „größten Akt des Opportunismus in der politischen Geschichte unseres Landes" bewertete.[160] Verwoerd war sich sicher, dass ihm der Austritt nicht schadete, denn er setzte für den 18. Oktober 1961 vorgezogene

---

154 Vorwort von Verwoerd zu Mulder/Cruywagen 1964: 11.

155 Vgl. auch G.V.D. 1961: 538.

156 Verwoerd, Speech on Arrival from London, Johannesburg, 20.3.1961, in: Pelzer 1966: 513–516, hier 514.

157 Wilks 1980: 144 f.

158 Natal Mercury 8.4.1961. Zu Pilkington-Jordan und seiner Reputation als Politiker, der sich auch durch die Parteidisziplin nicht den Mund verbieten ließ, s. Scher 1988: 77, zu seinem Beitrag zur Formulierung der republikanischen Verfassung.

159 J.Basson 2008: 22.

160 J.Basson 2006: 120. Douglas Mitchell, UP-Chef in Natal, hatte den Austritt schon im Vorfeld des Republikreferendums vorhergesagt: Wilks 1980: 123.

Wahlen zum Parlament an, die seiner Partei einen überwältigenden Wahlsieg und im Nachhinein eine Sanktionierung seines Vorgehens durch die Wähler bescherte.[161]

Obwohl Verwoerd ursprünglich die Zeit für zu kurz erachtete, um eine wirklich dem Anlass angemessene Feier zu veranstalten,[162] wurde der 31. Mai 1961 für seine Politik zu einem Triumph: Er hatte seine seit Jahrzehnten verfolgten und propagierten Ziele erreicht, nämlich Südafrika in eine Republik umzuwandeln und das Commonwealth zu verlassen. Letzteres hatte ihm nicht geschadet, vielmehr gelang es ihm, durch geschickte Organisation und Selbstdarstellung als Opfer südafrikafeindlicher Machenschaften die Stimmung so umzudrehen, dass er als Held gefeiert wurde. Der Premier nahm sich sogar die Zeit, Artikel für die populäre afrikaanse Familienzeitschrift „Die Huisgenoot“ sowie für „Die Brandwag“ zu verfassen, in dem er die bisherige Geschichte teleologisch interpretierte mit der Republikwerdung als Zeit der Erfüllung: „Die vorbereitenden Schritte wurden einer nach dem anderen seit 1910 unternommen, einige zielgerichtet, andere unwissend.“ Damit wurde der Entwicklung hin zur Republik nicht nur eine Folgerichtigkeit, sondern eine geschichtsphilosophisch begründbare Unausweichlichkeit zugesprochen: „In Übereinstimmung mit der weltgeschichtlichen Tendenz ist diese Entwicklung natürlich, da sich eine Nation bildet.“ Daran schließt sich der Aufruf an, sich jetzt gemeinsam der Zukunft zuzuwenden.[163] Wie sehr der Austritt aus dem Commonwealth für Verwoerd Teil der Republikwerdung war, zeigen Äußerungen, die er 1962 anlässlich des 50. Jahrestages von Hertzogs De Wildt-Rede machte,[164] die er ebenfalls dazu nutzte, um die Republik mittels symbolreicher Jahreszahlen in den größeren Kontext des burischen Nationalismus einzubetten. Verwoerd betonte, Südafrika wäre bei einem Verbleib im Commonwealth trotz aller konstitutionellen Freiheiten dennoch von Großbritannien abhängig geblieben. „Die neue Einstellung gegenüber der Republik konnte die Regierung in direkter Kommunikation von anderen Regierungen feststellen. Denn diese merken, dass sie nun zum ersten Mal mit der Regierung der Republik Südafrika als der eines vollkommen unabhängigen Staates verhandeln, ohne

---

161 S. dazu Stultz/Butler 1963: 87, 103 u. 107.

162 PV 93/1/47/1/6, Bl. 6f. Presseerklärung des Premierministers, 21.11.1960.

163 PV 93/1/47/1/6, Bl. 42f. Manuskript für Huisgenoot. Ganz ähnlich Scholtz 1963b, der in der Republikwerdung die historische Erfüllung sah.

164 In dem kleinen Ort De Wildt hatte General Hertzog am 7. Dezember 1912 eine aufsehenerregende Rede gehalten, in der er die englischen „Glücksritter“ attackierte. Die Rede gilt als erster Schritt zur Gründung der Nationalen Partei.

immer dabei gleichzeitig auch nach London blicken zu müssen."[165] In solchen Äußerungen offenbarte sich Verwoerds Abneigung gegen Zwischentöne und seine Ambiguitätsintoleranz.

Vom Kulturnationalismus zum Nation-Building

Nach 1961 war Verwoerd mit dem Problem konfrontiert, dass dem Afrikaaner-Nationalismus mit der Republikwerdung sein wichtigstes Ziel durch Erfüllung abhanden gekommen war.[166] Er verlor die entscheidende Klammer, die die verschiedenen Gruppierungen zusammengehalten hatte. Verwoerd wandte sich noch vor der Republikwerdung in beschwörenden Worten an seine Landsleute: „Aber wir dürfen nicht stillstehen, wir müssen uns sofort anstrengen, um die Ideale unserer Republik zu verwirklichen. Wir müssen jetzt schon weiter in die Zukunft blicken, um an unsere Nachfolger neue Ideale zu übergeben."[167] Das sollte jedoch nicht mehr gelingen, die Bantustanpolitik war zu kontrovers und eignete sich nicht dazu, die Bevölkerung zu begeistern. In den Folgejahren verlor der Afrikaaner-Nationalismus den Brennpunkt[168] und die verschiedenen Eigeninteressen brachen sich Bahn, wie sich in den heftigen internen Kämpfen nach Verwoerds Tod zeigen sollte.

Der Afrikaaner-Nationalismus, insbesondere in seiner radikalen kulturnationalistischen Variante, zu der sich Verwoerd und seit 1934 generell die NP bekannte, ging ganz selbstverständlich davon aus, dass die Nation als Burenvolk bereits existierte. Während bis in die 1950er Jahre die burischen Nationalisten besonderen Wert auf ihre kulturelle Eigenständigkeit als Volk innerhalb Südafrikas gelegt hatten und ihre politische Mobilisierung im Wesentlichen dazu diente, durch die Eroberung der Staatsmacht das kulturelle „Überleben" zu sichern, den „Fortbestand einer einzigartigen Nation für alle Zeit",[169] suchten sie mit dem wachsenden Erfolg der Dekolonisierung nördlich der südafrikanischen Grenzen eine breitere Machtbasis. Diese konnte für Verwoerd nur in der Öffnung gegenüber den englischsprachigen Weißen zu finden sein. Die Neuorientierung der Apartheid war keineswegs allein eine Reaktion auf die sich verändernde

165 PV 93/1/47/1/6, Bl. 181. Die Betekenis van Republiekwording vir Suid-Afrika. Boodskap van E.M.: De Wildt 50 jaar.

166 Cillié 1965: 200 (3.12.1960), s. auch Van der Walt 1968: 246 und Stals 1998: 250 u. 400.

167 PV 93/1/47/1/6, Bl. 26, Manuskript für Brandwag.

168 Van Jaarsveld 1978: 47.

169 220.T.8 (10), handschriftl. Notizen von Rede Verwoerds im Jahr 1960 (undatiert).

Weltlage, sondern Bestandteil eines Gesamtkonzepts, um die Nationsbildung zu erreichen – zu den Bedingungen der Kulturnationalisten.

Allerdings ging dies auf Kosten der bisherigen Exklusivität des Nationsverständnisses. Dieses behandelte die Afrikaaner-Nation als eine historisch gewachsene, homogene kulturelle Einheit, die als ‚organische' oder gar natürliche, jedenfalls aber gottgegebene Volksgemeinschaft definiert wurde. Diese Ideologie diente der Eindämmung von Zentrifugaltendenzen, da der Nationalismus die Egalität innerhalb der Volksgemeinschaft betonte und die Folgen der zunehmenden sozialen Ausdifferenzierung durch ihre Leugnung auffangen wollte. In Wirklichkeit war die Identität der Buren ohne den damit einhergehenden Alteritätsdiskurs gar nicht denkbar, der sich zunächst gegen die Briten richtete, die als Fremde, Ausbeuter, Geldmacht etc. dämonisiert wurden, später gegen die schwarze Bevölkerung, der bescheinigt wurde, unzivilisiert, barbarisch und das kulturell völlig Andere zu sein. In dem Moment, als Verwoerd den Engländern die Hand reichte und sie zur Überwindung der bisherigen Trennung aufforderte, um sich als gemeinsame weiße Nation gegen die schwarze Mehrheit zusammenzuschließen, gab er die burische Volksgemeinschaft faktisch auf, ungeachtet seiner fortgesetzten Bekenntnisse dazu. Er wandelte sich von einem Kulturnationalisten in einen Nation-Builder, der auf scheinbar objektiven Kriterien gründende Nationalismus wurde durch einen voluntaristischen abgelöst.

Im Gegensatz zu den englischen Weißen waren für ihn die Buren das „normale" Volk, denn sie lebten nur in Südafrika, hatten eine eindeutig bestimmbare Kultur, so wie die nationalistische Propaganda es seit Jahrzehnten suggerierte, während die Engländer nicht nur im Vereinigten Königreich selbst, sondern als Siedler in Australien, Kanada und Neuseeland, als koloniale Funktionsträger im gesamten Empire lebten. Weil die Umwandlung in eine Republik ihnen die Möglichkeit genommen hatte, an ihrer britischen Identität festzuhalten, war der Weg nun frei zur Schaffung einer gemeinsamen weißen Nation. Verwoerd betonte wieder und wieder, wie wichtig ihm dieser Schritt war. Er unterstrich seine Freundschaft für die Engländer und machte klar, es gehe um eine eindeutige kulturelle Gleichberechtigung innerhalb der weißen Nation, d. h. weder Buren noch Engländer dürften in irgendeiner Form benachteiligt werden.[170] Nach 1961 trat er demonstrativ und wiederholt vor rein englischsprachigem Publikum auf, unterstützte englisch-südafrikanische Traditionspflege und hob hervor, dass die Engländer ihren Platz in der südafrikanischen Geschichte hatten: Den 1820 Settlers etwa kam eine vergleichbare historische Bedeutung zu wie den Voor-

---

170 So etwa PV 93/1/47/2/6, Bl. 49, V. an T. A. Stewart (Nairobi), 15.8.1960.

trekkers.[171] Das war für einen kulturnationalistischen Heißsporn wie Verwoerd ein bemerkenswerter Schritt, aber keineswegs einer in Richtung Liberalismus, wie Munger seinerzeit mutmaßte.[172]

Für Verwoerd markierte die Umwandlung Südafrikas in eine Republik eine historische Zäsur,[173] den Abschluss des verfassungspolitischen Revisionismus. Gleichzeitig aber unterstrich er, dass damit ein Neuanfang verbunden sei, da mit der neuen Verfassung endlich klare Verhältnisse geschaffen seien. „Let us immediately begin to look to the future. Throughout I maintained that the change to a republic must be a means and not an end, not revenge for the past but consolidation of our efforts for the future, not so much the end of a period as the beginning of a new era."[174] Verwoerd appellierte an den guten Willen, denn die Nationwerdung folgte keinem Automatismus, auch wenn er dergleichen immer wieder insinuierte: „Die Schaffung der Republik hat nicht nur eine Brücke gebaut, sondern die Kluft wird gefüllt. Der Streit verschwindet. Die Nation wird einig."[175]

Trotz aller Selbstgewissheit, dass nach 1961 die Bildung einer neuen Nation der durch die Republikwerdung freigesetzten Eigendynamik folgen würde, musste er in fast jeder Rede das Nation-Building erneut beschwören, was als deutlicher Hinweis auf dessen ausbleibende Realisierung gesehen werden kann. Auch die Vorstellung von Volkseinheit veränderte sich nun, denn die neue Nation war heterogener, weshalb er die Vielfalt in der Einheit hervorhob: „The nation is a unity, although its people belong to various churches, each professing a faith unique in its own way, but all are partly the same and partly different, though bound together."[176]

---

171 Verwoerd, 1820-Setlaarstrust, Johannesburg 27.4.1962, in: Pelzer 1963: 642–647, hier S. 643.
172 Munger 1967: 67.
173 FAV 4.7.2.4.5, Rede auf dem Parteitag der Natal-NP in Durban, 27.8.1963.
174 Verwoerd, Message to the People after the Referendum, on 7.10.1960, in: Pelzer 1966: 409–414, hier 411. Schon in seinem werbenden Schreiben an alle weißen Haushalte vor dem Referendum betonte er die Zukunftsorientierung und verband sie mit dem Nation-Building: „Zur Selbsterhaltung und im Interesse unserer Kinder müssen wir lernen, nach vorne statt in die Vergangenheit zu blicken." Des Weiteren wurde der „Kampf zwischen östlichen und westlichen Nationen, zwischen Kommunismus und Christentum" als einheitsstiftende Notwendigkeit beschworen. PV 276/2/1/1/5, Rundschreiben zum Referendum.
175 PV 93/1/47/1/6, Bl. 181, Die Betekenis van Republiekwording vir Suid-Afrika. Boodskap van E.M.: De Wildt 50 jaar. Doch selbst im Broederbond wollte man dem Nation-Building nicht folgen: Stals 1998: 482.
176 Verwoerd, Centenary of the Municipal Administration of King William's Town, 8.2.1961, in: Pelzer 1966: 489–495, hier 490. Vgl. auch Barber 1999: 172f. Darum unterstützte Verwoerd auch Pläne zur Gründung einer bilingualen Universität in Port Elizabeth: E.J.Marais 1978: 201.

Die Politik der getrennten Entwicklung in Gestalt der Homelandpolitik sollte den Nationsbildungsprozess befördern helfen. Er eröffnete auch die Aussicht, die englischsprachige Bevölkerung in einer Republik aus ihrer politischen Isolation zu befreien und an der Landesregierung zu beteiligen.[177] Dahinter steckte seine Auffassung, dass die United Party als die heterogene Partei, die sie war, derzeit nur noch durch den Antirepublikanismus zusammengehalten wurde und diejenigen Engländer, die für die Apartheid waren, ihr nur deswegen die Treue hielen. „Ich richte meine Hoffnung darauf, dass wenn die Republik zustande kommt, alle, die hinsichtlich der Rassenfrage übereinstimmen, zusammenfinden, weil der andere große Streitpunkt beseitigt ist – und dann wird die Rassenpolitik weniger konfliktreich als jetzt".[178] Um diese „Normalität" zu befördern, ernannte Verwoerd 1961 erstmals zwei englischsprachige Minister, die NP-Mitglieder waren und ganz auf Regierungslinie lagen, nämlich Frank Waring und Alfred Ernest Trollip, bis dahin Administrator Natals.[179] Er prognostizierte, dass die alten Lager verschwinden und sich statt konkurrierender Nationalismen politische Parteien nach ideologischen Vorgaben neu ausrichten würden, etwa als Gegensatz liberaler und konservativer Parteien. Voraussetzung musste aber ein Grundkonsens über die Rassenpolitik sein, d.h. sie sollte „gelöst" und damit aus dem Parteienstreit herausgehoben werden. Die Folgen für die Demokratie sah der Politikwissenschaftler Paul Reinsch schon zu Beginn des Jahrhunderts in aller Klarheit: „It is evident that when the most important concerns of a nation are thus withdrawn from the field of party difference, party government itself must grow weak, as dealing no longer with vital questions."[180] Für Verwoerd jedoch konnte erst in einem klar definierten und gesicherten weißen Nationalstaat die südafrikanische Politik zu einer „Normalität" finden, wie er sie in den westlichen Staaten beobachtete.[181]

Die Nationsbildung, wie Verwoerd sie vorschwebte, war komplizierter als auf den ersten Blick erkennbar, denn es war nicht geklärt, welcher Platz Minderheiten zukommen sollte, insbesondere den Juden. Schließlich war Verwoerd bis dahin

---

177 Transvaler 31.10.1958.

178 PV 93/1/24/10, 117 Antwort an D.J.Wolfaardt, Heilbron, 4.8.1960. S. dazu etwa auch die Beobachtungen über den gemeinsamen Rassismus von afrikaans- und englischsprachigen Weißen in Die Burger, 6.7.1959.

179 PV 93/1/20/1/2, Bl. 1, Presseerklärung von V., 1.11.1961, in der für Waring noch kein Ressort genannt und für beide nur angekündigt wurde, dass sie der NP beitreten würden.

180 Reinsch 1900: 300.

181 PV 93/1/47/1/6, Bl. 182, Die Betekenis van Republiekwording vir Suid-Afrika. Boodskap van E.M.: De Wildt 50 jaar.

ein exponierter und rabiater Antisemit gewesen. Bezog er die Juden in die neue Nation mit ein?

Während Verwoerd nach dem Zweiten Weltkrieg sich kaum noch offen antisemitisch äußerte,[182] es aber auch keine Belege dafür gibt, dass er seine Meinung geändert hätte, versuchte er als Premierminister, insbesondere nach der Republikwerdung, die Juden zu integrieren, denn nun zählte jeder Weiße: „Jews are not looked upon as a separate racial community but only form a separate religious group with the White community, just as there are Catholics, Protestants, etc."[183] Trotzdem wich er einem eindeutigen Bekenntnis aus: „The Prime Minister believes in fact that such specific references to a population group as if it must be on the defensive and needs separate assurances, is unwise," ließ er seinen Privatsekretär mitteilen.[184] Er hätte ebenso wie Strijdom bei seinem Amtsantritt „a sympathetic statement with reference to the Jewish people of our country" abgegeben."[185] Statt dessen bemühte er sich, die Aktivitäten von jüdischen Mitgliedern der NP des Transvaal hervorzuheben,[186] also in der Partei, die ihnen über Jahre hinweg die Mitgliedschaft verweigert hatte. Erst 1962 nannte Verwoerd es „a matter of principle", dass die Regierung gegen Antisemitismus sei. Dennoch sah er sich in einem Fall selbst dazu veranlasst, „in view of his associations in the past he wished to state categorically, and to avoid all misunderstanding, that he was wholly opposed to antisemitism."[187] In ihrem Propaganda-Buch streitet die niederländische Journalisten Mary Pos jeden Antisemitismus Verwoerds ab und bemüht sich auch sonst, die Apartheid im besten Licht darzustellen.[188] Ihre Sichtweise erschien glaubwürdig, weil auch einzelne Juden bestritten, Verwoerd sei Antisemit, was Weisbord auf die Unterstützung etlicher für die Apartheid zu-

---

182 J.Basson 2006: 103 nennt jedoch ein Beispiel.

183 PV 93/1/30/1/12, Verwoerd an Constantin Paul Lent (New York), 27.2.1961: Bl.41.

184 PV 93/1/30/1/4, Bl.20, V. an J. Nossel, 13.12. 1958.

185 PV 93/1/30/1/7, Bl.65, Verwoerd an E. Bernstein, 16.9.1960. PV 93/1/34/1, Bl. 7 Brief d. S.A. Jewish Board of Deputies (E.J.Horwitz) an V., 5.9.1958, indem sie um ein Gespräch nachsuchten und ihn darauf hinwiesen: „Es ist üblich, dass die Vorstandsmitglieder dieses Rates ihre Glückwünsche dem Premierminister persönlich übermitteln."; Bl. 8, bejahende Antwort, 22.9.1958. Ebd., Bl. 84, S.A. Jewish Times, Leon Feldberg, 17.10.1958 mit Bitte um ein Interview. Verwoerd lehnte dies unter Verweise auf seine Gespräche mit dem Board of Deputies ab, zumal das Interview mit Strijdom noch nicht so weit zurückläge und er schon klar gemacht hätte, „that there will be no deviation by his Government from the policy towards Jewry in South Africa and the State of Israel."

186 PV 93/1/30/1/5, Bl.75, Verwoerd an J. Nossel, 9.11.1959.

187 PV 93/1/34/9, Bl.135–142, V. an Mendel Levin 20.7.1962.

188 Pos 1967: 99 ff.

rückführt.[189] Doch gibt es eine Reihe von Vorfällen, die seinen Antisemitismus belegen. Sein Sohn Wilhelm wollte neben seinem Vater auch den Kommunisten Sam Kahn als Autor für ein Studentenmagazin gewinnen, worauf sein Vater heftig ablehnend reagierte, „denn in dieser Gesellschaft wollte er nicht gesehen werden." Dies hatte aber nichts damit zu tun, dass Kahn Kommunist war, denn Verwoerd senior schlug statt dessen Bram Fischer vor, der zwar ebenfalls Kommunist, aber „ein gebildeter Mensch aus einer guten Familie" sei.[190]

Gleichzeitig bewegte sich die von Verwoerd geführte NP nach wie vor in großer Nähe zu rechtsextremen Kreisen wie der Boerenasie von Rudman oder sie hatte bekannte Antisemiten aus den Greyshirts und anderen Organisationen in die eigenen Reihen aufgenommen und sogar mit Parlamentsmandaten aufgewertet.[191] Es gab auch in der NP Stimmen, die auf eine Integration der Juden drängten, weil sie potentielle Wähler waren: Neben Albert Hertzog war das etwa der Pfarrer P.W. Venter, den Verwoerd beruhigte, dass es in der NP keinen „aktiven" Antisemitismus mehr gebe.[192] Verärgert und mit ziemlich dubioser Begründung äußerte sich Verwoerd im Jahr 1965, als Israel eine Verurteilung der Apartheid in der UNO mitgetragen hatte: „Israel können wir nicht mehr so sehen wie zuvor oder dass wir eine Verpflichtung hätten, um zu helfen. Es sieht eher dem Israel ähnlich, dass mehrfach in der Geschichte aufständisch war, fremden Göttern folgte und dafür gestraft wurde."[193] Als Premierminister gab Verwoerd eine private Untersuchung über den Umfang des Vermögens der Oppenheimers in Auftrag,[194] die mit Sicherheit antisemitisch motiviert war. Sein Antisemitismus bietet auch eine Erklärung, warum er Tomlinsons Vorschläge, in den Reservaten zu investieren, zurückwies, da er Juden keinen Zugang verschaffen wollte. Denn Piet Meiring berichtete, dass er mit einem befreundeten jüdischen Unternehmer, der die Entwicklung der Homelands unterstützen wollte, zu Verwoerd kam und

---

189 Weisbord 1967: 241.

190 W.et al.Verwoerd 2001: 52f. Angeblich soll Fischer in den 1940er Jahren versucht haben, Verwoerd zum Sozialismus zu bekehren: Clingman 2000: 135 u. 376 u. G.Frankel 2000: 84, was allerdings wenig glaubwürdig und nicht eindeutig belegbar ist.

191 Vgl. etwa den Brief von Mendel Levin an V., in dem er ihn zu einer Distanzierung von Äußerungen Rudmans und Schoemans aufforderte und eine Distanzierung Vorsters von Leibbrandt verlangte. PV 93/1/34/9, Bl.135 – 142, Mendel Levin an V., 11.7.1962, und dessen Antwort v. 20.7.1962.

192 PV 93/1/30/1/7, Bl.112, ds. P.W.Venter an Verwoerd; 21.9.1960, u. dessen Antwort v. 28.9.1960.

193 PV 93/3/1/74, Bl.84, Verwoerd an A. F. C.Swanepoel (Kimberley), 3.12.1965.

194 B. M.Schoeman 1973: 133.

der nur meinte: „You Jews are always out to make money somewhere new – What is it this time?“[195]

Verständlicherweise saß das Mißtrauen bei vielen Juden angesichts von Verwoerds einschlägiger Vergangenheit tief. Als ein Korrespondenzpartner einen an ihn gerichteten Brief Verwoerds über seine Haltung zu Israel in einer Zeitung veröffentlichte, brach der Premier mit barschen Worten und über den „Vertrauensbruch“ erzürnt den Kontakt ab.[196] Der aggressive Tonfall, in dem er das äußerte, löste bei vielen südafrikanischen Juden Besorgnisse aus,[197] die er durch eine öffentliche Erklärung beruhigen musste; er sah sich aber in der Rolle der verfolgten Unschuld, weil es nur eine feindliche Presse sei, die „sinister motives“ in seine Äußerungen lege.[198] Die defensive Haltung vieler Juden und jüdischer Organisationen gegenüber der NP und Verwoerd im besonderen ist auffallend und ein Hinweis, wie es der Partei gelungen war, die jüdische Bevölkerung einzuschüchtern und unter einen Rechtfertigungsdruck zu setzen, der auch nach dem Ende des 2. Weltkriegs bis in die 1960er Jahre spürbar blieb.[199]

Südafrika und der weltweite Rassenkonflikt

Die Teilnahme an der Commonwealth-Konferenz 1961 war der einzige Staatsbesuch, den Premierminister Verwoerd in seiner achtjährigen Amtszeit überhaupt absolvierte.[200] Die Kompromiß- und Perspektivlosigkeit seiner Politik trug mehr

195 Meiring 1990: 98; Meiring bekannte, dass er sich noch nie in seinem Leben so geschämt hätte wie nach Verwoerds gehässigem Ausbruch. Auch Maisels 1999: 288 bezeugte, dass Verwoerd Antisemit war.

196 „You have not respected that privacy but have become, directly or indirectly, responsible for the publication of the contents of a private letter, and should be held responsible by all Jewry for whatever harm they may feel may result from this act.“ PV 93/1/30/1/14, Verwoerd an E. A.East, wie Brief an Sylvia Resnik (s. dort), sowie wortgleicher Antwortbrief an A.S.A. East, 2.11.1961. East hat den Brief publiziert: Verwoerd an East., 20.11.1961.

197 PV 93/1/30/1/14, Bl.97, Verwoerd an C. Leventhal, Johannesburg, 22.11.1961.

198 PV 93/1/30/1/14, Bl.108, Verwoerd an Enid Alexander, 5.12.1961. Bei der Durchsicht von Verwoerds Korrespondenz fällt gleichwohl auf, dass er Gesprächsersuchen von Juden meistens ablehnte. S. auch Bunting 1986: 68.

199 So sieht das auch Suzman 1997: 431.

200 S. auch das außerordentliche Interesse der südafrikanischen Regierung an einem Staatsbesuch des neuseeländischen Premierministers Walter Nash, der diese Absicht bekundet hatte: PV 4/14, Bl. 70, Louw an Nash, 13.6.1960 und dessen Absage wegen Termindrucks, Bl. 75, 24.6.1960.

als alles andere zu dieser Isolation bei.[201] Dazu gehörte aber auch das Fehlen diplomatischer Sensibilität, was das ohnehin angespannte Verhältnis zu den Niederlanden noch weiter belastete.[202] Ungeachtet seiner außenpolitischen Erfolglosigkeit erhob er die äußeren Beziehungen zur Chefsache und ließ seinem Außenminister wenig Eigenständigkeit.[203] Die Unbeirrtheit, mit der er an der Apartheid festhielt, verführt zu dem Eindruck, die wachsende Isolation Südafrika habe ihn kaum gekümmert. In Wirklichkeit hat sie ihm ernsthafte Sorgen bereitet: „The main problems will undoubtedly be provided by external issues."[204] Tatsächlich wurde kaum ein Land in einer Zeit, als das Thema Menschenrechte in der internationalen Politik in den Vordergrund rückte, so permanent angeklagt und isoliert wie Südafrika.[205] Der Besuch von UN-Generalsekretär Dag Hammarskjöld war Verwoerd willkommen, weil er hoffte, dadurch internationale Kontakte aufrechtzuerhalten. Hammarskjöld konnte durch sein diplomatisch geschicktes Verhalten das Vertrauen des Premiers gewinnen, ohne dass er mit seiner Kritik an dessen Politik hinter dem Berg hielt.[206] Verwoerd seinerseits zeigte nach wie vor keine Neigung zu Konzessionen und baute 1961 stattdessen das bislang dem Außenministerium zugehörige Informations-Department zu einem eigenständigen Ministerium um,[207] weil er tatsächlich glaubte, die angebliche Unwissenheit des Auslands durch gezielte Propagandakampagnen beseitigen und eine seinem Land gegenüber freundliche Haltung induzieren zu können. Als ehemaliger Journalist wusste er, wie wichtig es war, die Deutungshoheit auch innen-

201 S. die zahlreichen Beispiele in Troup 1975: 366 f. So lobte im Jahr 1960 der SPD-Pressedienst die Amerikaner, die im Fall Südafrikas demokratischen Prinzipien Vorrang vor den Erfordernissen des Kalten Krieges eingeräumt hätten: Anonym 1960: 4 f.

202 Terblanche 1998: 141 u. 2001: 238. Rätselhafterweise bescheinigte ihm Kenney 1980: 260 „exceptional abilities" in der Außenpolitik. Zur besonders ausgeprägten Kritik an der Apartheid in den Niederlanden s. Terblanche 2010: 454 ff.

203 Geldenhuys 1984: 22 ff.; Meiring 1990: 30.

204 PV 93/3/1/24, Bl.11, ASB Uni Pretoria (Johan Strauss), Telegramm an V., 15.6.1959.

205 Eckel 2015 mit etlichen Beispielen. Über die Wahrnehmung durch das Regime s. Eiselen 1953: 22. Allein für das Jahr 1965 s. Horrell 1966: 84 ff. S. auch Gurney 2000: 133 ff. Es gab freilich auch Ausnahmen, so verharmloste der damalige deutsche Landwirtschaftsminister Heinrich Lübke die Situation in Südafrika und meinte: „Die Rassenprobleme des Landes befinden sich in guten Händen." Zit. nach Holzer 1961: 251.

206 Verwoerd kam mit Hammarskjöld besser zurecht als mit Macmillan, s. Saunders 2011: 71. Gleichzeitig unterband die Regierung weitgehend Kontakte des Generalsekretärs mit schwarzen Oppositionellen oder überhaupt mit der Bevölkerung, s. Sellström 2011: 44 ff.

207 Swanepoel 1982: 85.

politisch zu behaupten und ließ schon als Minister seine wichtigsten Reden in Pamphletform drucken.[208]

Die internationale Kritik veranlasste ihn nicht zu einem Überdenken seiner Politik, vielmehr lag für ihn der Fehler bei den westlichen Ländern, die um die Gunst der neuen unabhängigen Staaten buhlten und darum Südafrika mieden, ja sogar begannen, sich an Verurteilungen der Apartheid in der UNO zu beteiligen. Zumindest betrieben sie durch Enthaltung eine halbherzige Politik, statt klar Stellung zu beziehen.[209] Doch entwickelte er kein Konzept, wie sein Land der Isolation entgehen könnte, sondern er versuchte vor allem, beruhigend und gleichzeitig kämpferisch seine Anhänger hinter sich zu scharen, indem er den Westen der Schwäche zieh.[210] Dies galt auch für die unabhängigen afrikanischen Staaten, von denen einige Fühler nach Südafrika ausstreckten, doch Verwoerd lehnte die Aufnahme von Beziehungen aus ideologischen Gründen ab.[211]

Die westlichen Länder müssten erkennen, dass sie sich mit ihrer Haltung gegenüber Südafrika nur selbst schadeten, weil die Interessen der westlichen Zivilisation auf dem Spiel standen: „The world powers of the West seem to be becoming increasingly aware of the reality that South Africa and South-West Africa are only pawns in the game which is mainly directed against themselves, and that they will weaken their own cause by placing South Africa on the altar of appeasement."[212] Darum diagnostizierte er dem Westen „a psychotic preoccupation with the rights, the liberties and the privileges of the non-white peoples"[213] und scheute sich nicht, eine Parallele zur Politik von Neville Chamberlain gegenüber Hitler zu ziehen, ohne einzugestehen, dass er selbst in dem konkreten Fall weitaus mehr als bloßes Appeasement befürwortet hatte.[214] Er hoffte, wenn die Homelandpolitik über die bisherigen Absichtserklärungen hinaus endlich realisiert sei, die westlichen Länder von den guten Absichten Südafrikas überzeugen zu können. Als „normaler" Nationalstaat sollte Südafrika akzeptabel sein, denn „die Republik wird erkennbar ein weißer Staat mit einer Minderheit von Coloureds und keinen Bantu sein. Ihre staatlichen Zugehörigkeiten liegen wo-

---

208 Z. B.Verwoerd 1958, eine Rede aus dem Jahr 1957, die ihm als Begründung für die Homelandpolitik auch nach seiner Wahl zum Premier als programmatische Entfaltung seiner Politik wichtig genug erschienen sein dürfte.

209 Dies ist auch der Tenor seiner Rede aus dem Jahr 1963 in Florida, FAV 4.7.2.4.5, Transkript der Rede.

210 FAV 4.7.2.4.5, Transkript der Rede in Florida.

211 Wolvaardt/Wheeler/Scholtz 2010: Bd. 1: S. 101; ähnlich verhielt er sich gegenüber Japan, ebd.: Bd. 2: 186.

212 Verwoerd, New Year Message, 31.12.1961, in: Pelzer 1966: 654–659, hier 657 f.

213 Verwoerd 1960 c: 1.

214 Ebd.: 3.

anders. In diesem Sinn werden wir international sicherer, denn die diesbezüglichen Argumente verschwinden auch."[215]

So beschwor er in zahlreichen Briefen und anderen Äußerungen, dass sich die internationale Meinung allmählich ändere und ein Umschwung in der Wahrnehmung Südafrikas unmittelbar bevorstünde: „For the moment the spirit of the times may seem to be against us but this has happened before and just as in the past the pendulum of world opinion may be expected to swing back."[216] Gegenüber seiner Partei wurde er ideologisch noch deutlicher, als er prognostizierte, „immer mehr beginnt die rechte Bewegung in der Welt über die linke zu triumphieren."[217] Festigkeit würde sich auszahlen, weshalb er überzeugt war, dass „the attitude that we and other Whites are adopting in Africa is causing the wheel of world opinion to turn."[218]

Überhaupt erschienen ihm Geschäftsleute als verlässlicher, da sie an der Sicherheit ihrer Investitionen interessiert waren und die Stabilität Südafrikas erkannt hatten: „The confidence of world finance in the economic security and progress of South Africa is a natural consequence of this stability."[219] Die ökonomischen Interessen der westlichen Welt waren ihm eine Art Absicherung, dass sie Südafrika trotz aller verbalen Angriffe nicht fallen lassen würden: „This economic relationship will not be torn apart easily. In that lies a major guarantee."[220] Politische Standfestigkeit erschien ihm die beste Gewähr, um das Vertrauen von Anlegern zu erhalten: „If they can only have the assurance that we shall be able to retain control, that these threats mean nothing, they will remain here and leave their investments here. It is because they fear that we will have to submit and that

---

215 PV 93/1/30/1/32, Bl.100 – 102, hier 102,Verwoerd an J. S. Maritz, Ohrigstad, 2.5.1966.

216 PV 93/1/47/2/3, V. an Mrs. H. D.Bruyn, (Westville, Natal), 22.2.1960. Ähnlich PV 93/1/30/1/25, Bl.93, V. an Martha Flinte, 20.5.1964. „The world is also beginning to notice the latest turn of events in Africa, and in the disillusionment begin to wonder if South Africa has not perhaps got something after all. We must not be too impatient and expect a too rapid change"; PV 93/1/30/1/22, Bl.155, Verwoerd an B. D.Rosière (Johannesburg), 8.10.1963.

217 Verwoerd 1964 a: 13.

218 Verwoerd, Statement of Policy, 9.3.1960, in: Pelzer 1966: 340 – 369, hier 367.

219 Verwoerd, New Year Message, 31.12.1958, in: Pelzer 1966: 212 – 215, hier 214: „... I may add that in the industrial field the leaders are best informed on the position in South Africa and they help to disseminate the correct information."

220 Verwoerd, Convention for the Promotion of Export Trade, Johannesburg 16.5.1962, in: Pelzer 1966: 697 – 712, hier 702. Als Kalkül im Kontext des Austritts aus dem Commonwealth s. Makin 1997: 156 f.

in the long run this may lead to difficulties and defeat and incompetent Black rule and disorder, that they fear a depreciation in the value of their assets."[221]

Die Isolation Südafrikas wurde in zweierlei Weise in den Kontext des Kalten Krieges eingeordnet. Einerseits ließ sie sich damit erklären, andererseits nutzte Verwoerd die Ost-West-Konfrontation, um Südafrika als zuverlässigen Partner des Westens anzupreisen, gerade wenn westliche Länder Südafrika angriffen: „South Africa is the only reliable friend the western world has. [...] We are the one area on which the west can rely absolutely, the foremost fort in any possible east-west clash. Our friendship must remain even in spite of misunderstanding created by such attitudes and tactics because our interests are the same. If however we are left in the lurch in the present cold war for the friendship of Africa, and the whites lose out in this country, then even this bastion is lost to the Western World."

Die Entkolonialisierung Afrikas fand in einer Zeit der Blockkonfrontation statt. Dies hatte zur Folge, dass die kommunistischen Länder versuchten, sowohl die Entkolonialisierung in ihrem Interesse voranzutreiben, als auch die gerade unabhängig gewordenen Staaten politisch zu beeinflussen. „The real danger from communism is not that the native peoples of Africa would take over the communist ideology [...] but that they would come under the spell of other aspects of communist propaganda. By this I mean acceptance of the idea that the colonial powers or the white people of South Africa harmed them instead of creating civilised conditions on this continent."[222]

Der Westen konnte keine Verbündeten im Kalten Krieg unter den gerade unabhängig gewordenen ehemaligen Kolonien finden, da diesen die Reife dazu fehlte, sondern nur in Südafrika, das als weißer Staat die Werte des Westens teilte: „In the competition between Europe and America on the one hand and Russia and the East on the other, the important question is with whom will Africa side? [...] How can the East or Communist Russia get the great, uncivilized, slow-thinking masses of Africa on their side?" Sie würden durch ihre Propaganda die Afrikaner vergessen lassen, „what the so-called colonial powers have done for the territories of Africa. They continually place the accent on certain disadvantages such as, for example, that they have not yet received freedom and independence."

---

221 Verwoerd, Budgetary Appropriation of the Prime Minister, 10.4.1961, in: Pelzer 1966: 549–566, hier 556, ganz ähnlich PV 93/1/30/1/12, Bl.84, Verwoerd an Adv. G.F. van L. Froneman, M.P., 15.5.1961 u. Verwoerd, First Speech as Prime Minister, 18.9.1958, in: Pelzer 1966: 164–190, hier 182.

222 PV 93/1/34/1, Bl.166–170, George H. Pipal, Interview mit V. für United Press, 13.12.1958. Das Interview fand am 6.12. statt, ein Transkript als UPI-Meldung findet sich in FAV 4.7.1.2.

Die Kommunisten versuchten, „the average dweller in Africa" aufzuwiegeln. So würden die Afrikaner zu Feinden derer, „who are actually their benefactors."[223]

Der Westen sehe zwar die Gefahr, dass die afrikanischen Staaten sich zur Sowjetunion hin umorientieren könnten, aber er reagiere darauf mit Anbiederung, indem er den Afrikanern nach dem Mund rede.[224] Der Westen hätte dem Kommunismus durch eine übereilte Entkolonialisierung direkt in die Hände gespielt „by creating new states, many small and not economically viable, left and right in Asia and Africa, and even by competing in the stimulation of grievances, for example in connection with ‚colonialism', and of ambitions, such as the demand for political independence even if it came precipitately and without efficient preparation."[225] Der Grund für die Ablehnung Südafrikas und für ihren Konfrontationskurs lag Verwoerd zufolge darin, dass diese jungen Länder von ihren eigenen Defiziten abzulenken versuchten und in Südafrika einen Sündenbock fanden: „Sometimes they behave in this way towards South Africa to gain the reputation of what sound, strong, leading Black states they are which can take action against a White state or against the White man."[226] In Wirklichkeit ginge es überhaupt nicht um die Apartheid, sondern die Ursache für die Angriffe lägen in den inneren Zuständen dieser jungen Länder bzw. im Fall des Westens in einer Politik des Appeasement gegenüber den Afrikanern.[227] Da der Kommunismus allem widersprach, was dem Nationalisten Verwoerd wichtig und heilig war,[228] war der ideologische Konflikt wichtig und bedeutsam; gleichwohl bildete er aber nur die Oberfläche.

---

223 Verwoerd, Transvaal Congress of the National Party, Pretoria 12.11.1958, in: Pelzer 1966: 191–205, hier 200.

224 Verwoerd, Budgetary Appropriation of the Prime Minister, 10.4.1961, in: Pelzer 1966: 549–566, hier 551. „South Africa is landed in the position where both sides attack her, not because it is really a country in which injustice is done, because in fact it is a peaceful country, but because in this way the friendship of the Afro-Asian countries can be sought. [...] But it is mostly instigated from abroad and sometimes by incitement from within and this while the Government is trying to bring about reforms for their benefit"; ebd.: 550.

225 Verwoerd, New Year Message, 31.12.1961, in: Pelzer 1966: 654–659, hier 655.

226 Verwoerd, Budgetary Appropriation of the Prime Minister, 10.4.1961, in: Pelzer 1966: 549–566, hier 551.

227 Verwoerd, New Year Message, 31.12.1961, in: Pelzer 1966: 654–659, hier 657. Diese Einschätzung brachte er auch gegenüber amerikanischen Gesprächspartnern zum Ausdruck, die er damit jedoch nicht überzeugte: DNSA, Telegramm Botschafter Rountree an State Department, 24.1.1966, S. 2.

228 Verwoerd war schon während seiner Herausgeberjahre als Experte für Kommunismus aufgetreten, etwa bei einem von der NHK organisierten kirchlichen Kongress über Kommunismus, wo er über Kommunismus und die Presse referierte: PV 202/2/3/1/1/1, D. F. B.de Beer (NHK Johannesburg) an Sekr. FAK, Aug. 1946. Der Kongress fand am 9.10. statt.

Führende Politiker Südafrikas, nicht zuletzt Verwoerd selbst, ordneten den Kalten Krieg in einen größeren Kontext ein. Denn hinter der ideologischen Konfrontation verbarg sich ein weltweiter Rassenkonflikt, der in Südafrika vor allem in Gestalt eines Gegensatzes zwischen der indischen Minderheit, einer „Händlerrasse",[229] und den Weißen ausgetragen wurde, aber nur Teil einer globalen Konfrontation war. Der Gegensatz zwischen Ost und West hätte, wie es in einem nationalistischen Schriftstück dargestellt wurde, 500 v. Chr. begonnen und dauere bis heute fort. Vor allem in Nordafrika sei er in Gestalt des dort vordringenden Islam geführt worden, worauf er aber nicht mehr beschränkt sei, sondern es werde „seitdem eine äußerst wichtige Phase davon auf südafrikanischem Boden ausgetragen. [...] In Südafrika gibt es heute sowohl Westlinge als Ostlinge."[230]

Die australischen HistorikerInnen Marilyn Lake und Henry Reynolds haben in ihrem Buch „Drawing the Global Colour Line" darauf aufmerksam gemacht, wie sehr sich bis zum Zweiten Weltkrieg in der anglophonen Welt Intellektuelle und Politiker aus verschiedensten Ländern wechselseitig in ihrer rassistisch eingefärbten Wahrnehmung imaginierter und tatsächlicher Konflikte beeinflussten und bestätigten.[231] Insbesondere die Australier und Neuseeländer, aber auch die US-Amerikaner sahen sich vom Aufstieg Japans bedroht und schlossen sich enger zusammen. Die Zuwanderung indischer und chinesischer Vertragsarbeiter in zahlreiche Länder führte dort zu Absprachen bei fremdenfeindlichen Gesetzgebungen.[232] Die Formel Asien gegen Europa ließ sich mit vielerlei Konflikten füllen, so dass sie unter ganz unterschiedlichen Umständen plausibel erschien. Die „gelbe Gefahr", der Aufstieg Japans und der nur erst erahnbare Machtzuwachs Chinas wurden als Konfrontation Asiens mit Europa gedeutet, ähnlich wie die Unabhängigkeitsbewegungen in Indien und Südostasien. Vor allem aber wurde die Sowjetunion als asiatische Macht gesehen und der Kommunismus darum als asiatische Ideologie:[233] Asiatischer gesichtsloser Kollektivismus gegen europäisch-westliche Nationalstaatlichkeit. Verword bettete den Kalten Krieg in eine imaginierte Tiefenstruktur des europäisch-asiatischen Gegensatzes ein. Darin

229 PV 93/1/20/2/3, Bl. 75 ff, Departement van Gemeenskapsbou, Memorandum über Inderhandel, S. 1, Punkt 6.

230 PV 93/1/16/2, Schriftstück über die „Inderfrage", kein Autor genannt. S. auch Te Water 1953: 9.

231 Lake/Reynolds 2008: Teil 3. Sie behandeln zwar die anglophone Welt, doch gingen die Netzwerke darüber hinaus: Kühl 1997.

232 Dazu schon Huttenback 1976: 154 ff.

233 Verwoerd im Transvaler 19.9.1945, zit. nach D.Prinsloo 1979: 361.

fand auch der Antisemitismus seinen Platz, da die Afrikaaner-Nationalisten zumindest zeitweilig Juden als Asiaten definierten.[234]

Verwoerd sah die internationale Auseinandersetzung um die Apartheidpolitik ganz im Kontext eines Konfliktes zwischen dem europäischen und dem asiatischen Kontinent, die beide Afrika für sich gewinnen wollten: „Das Durcheinanderwürfeln von Völkern, die Formung neuer Staaten, Veränderung in menschlichen Verhältnissen und die Konflikte zwischen Kontinenten ist bereits in vollem Gang."[235] Afrika könnte ein Gegengewicht sein, doch dazu müsse man „the mind of man as it exists in Africa" in die gewünschte Richtung entwickeln, was von „the greatest value" auf der Suche nach guten Beziehungen und Frieden sein könne.[236] Allerdings war er zumindest skeptisch, wenn nicht pessimistisch: „The western world is losing the psychological battle for the mind of Africa." Westliche Anklagen gegen Südafrika waren für ihn einzig der Anbiederung an die neuen Staaten geschuldet. „The Western world would have been much wiser it they had countered the communists' generalised and vague attack by a clear and specific exposition of what the white man and the Union of South Africa has done, is doing and is still prepared to do for Africa, and the black man."[237] Er forderte eine Solidarität ein, wo keine mehr möglich war, weshalb er dies nur als Abweichung vom rechten Weg, als Opportunismus und vorübergehende Modeerscheinung bewerten konnte.[238]

Der Vorwurf der politischen Dummheit, den Verwoerd immer wieder gegen westliche Länder, die die Apartheid verurteilten, erhob,[239] beruhte auf der Überzeugung, seine eigene Sicht der Welt sei die richtige. Er bewegte sich noch im Rahmen des internationalen Vorkriegskonsenses, wie Lake und Reynolds ihn

---

234 Z. B. bei Cronjé 1946 a: 168; Shain 1994: 53 f., 88, 117. Dieser Gegensatz Westen – Osten wurde systematisch entfaltet bei Schumann 1962: 10 ff. mit eindeutig rassistischen Konnotationen, ebd.: 47 u. Kap. 7. Zum Rechtsextremismus Schumanns s. W.van der Merwe 1988: 19 ff.

235 PV 93/1/47/1/6, Bl.23, Verwoerd, Artikelmanuskript für Die Brandwag.

236 Verwoerd, Speech of Thanks to Harold Macmillan, 3.2.1960, in: Pelzer 1966: 336–339, hier 337.

237 PV 93/1/34/1, Bl.166–170, George H. Pipal, Interview mit V. für United Press, 13.12.1958.

238 Vgl. FAV 4.7.2.4.5, Rede auf dem Parteitag der Natal-NP in Durban, 27.8.1963, S. 6 f., in der er seinen Zuhörern vor Augen führte, dass vor dem Zweiten Weltkrieg Segregation von allen Kolonialmächten praktiziert und als legitim betrachtet wurde. Diese Interpretation war unter afrikaansen Intellektuellen verbreitet, s. z. B. Scholtz/D'Assonville 1966: 3 f.

239 Cape Times 19.10.1958. PV 93/4/1/15, Bl.13–15, hier 15, Verwoerd, Aufzeichnungen oder Redemanuskript, n. d.: „Die tragische Kapitulation des Westens war ein unbeholfener Versuch, sich feindlichen Mächten anzubiedern statt einer korrekten Abschätzung der Fakten, Umstände und eines daraus resultierenden nüchternen Vorgehens."

rekonstruiert haben.[240] Er verstand nicht, warum Südafrika nun das einzige Land war, das diese Position noch vertrat. Da der Holocaust und die darin sichtbaren Konsequenzen des Rassismus ein blinder Fleck bei ihm waren, erklärt, warum er diesen Wandel nicht registriert hatte.[241] Ihm blieb der Blick dafür verschlossen, dass für viele westliche Länder Südafrika primär eine unangenehme Erinnerung an die eigene rassistische Vergangenheit war. Wo sich für sie eine Chance auf Kooperation bot, konstatierte er ihre Blindheit für drohende Gefahren. Die westliche Zivilisation war für Verwoerd „die" Zivilisation, was zeigt, wie sehr er bei aller kulturrelativistischen Rhetorik an den aus dem 19. Jahrhundert stammenden Bildern von der zivilisatorischen Stufenfolge festhielt. Denn der Osten stand für „Chaos", das Gegenteil von Ordnung und Zivilisiertheit.

Ein Siegeszug des Kommunismus, des Ostens, kam einer Überflutung durch die afroasiatischen Völker gleich: „If they try to abdicate and to surrender on our behalf, then in the long run the flood of colour will not only overwhelm us but will reach their country in the years to come and eventually overwhelm them as well."[242] Südafrika war nicht nur als politisch-ideologisch dem Westen verbundener Staat ein natürlicher Verbündeter der Europäer und Amerikaner, sondern als weißer Staat: „The blind eye is turned to the fact that this could, nay must, lead to unilateral Non-white domination over the whole of Africa and the shrinking of white man's domain to encircled Europe and partly South and North America."[243] Der Erhalt der weißen Zivilisation und die Abwehr des Kommunismus fielen damit in eins: „The stand of this Republic of South Africa is in the interests of white civilization throughout the world against the rising tide of colour."[244] Der westliche Vorposten am Kap der Guten Hoffnung war gleichzeitig ein Garant gegen das Vordringen des Kommunismus in Afrika und für den Erhalt der weißen

240 Lake/Reynolds 2008; s. auch Heese 1989 b: 42 f. Zur Erosion des rassistischen Konsenses seit den 1930er Jahren s. Barkan 1992: Kap. 6 und zur Rolle von Franz Boas ebd.: 281 ff.

241 Gerade Verwoerds Zeitung „Die Transvaler" verschwieg den Holocaust oder tat ihn, bei den wenigen Anlässen, wo sie es nicht vermeiden konnte, als westliche Propaganda ab: S. L.Friedman 1982: 22, 25, bes. 28 ff., 56 u. zum Unterschied von Transvaler und Burger ebd.: 31; im Fall der Reichspogromnacht 1938 nutzte Verwoerd die Gelegenheit sogar, die antisemitische Propaganda noch zu steigern, ebd.: 12 f. sowie 40 f. Das betraf nicht nur ihn. Noch 1953 zeigte sich M. E.Rothmann geschockt über die Nachrichten vom Holocaust, neigte aber dazu, es als typisch britische und amerikanische Propaganda abzutun: 55.K.T. (20), Rothmann an Erika Theron, 26.10.1953.

242 Verwoerd, Statement of Policy, 9.3.1960, in: Pelzer 1966: 340 – 369, hier 369.

243 PV 93/4/1/9, Bl. 105 – 112, hier 109, Neujahrsbotschaft für 1964.

244 PV 93/1/30/1/32, Verwoerd an Miss P. J. Greenhalgh (Salisbury), 3.5.1966. Zu Südafrikas vergeblichen Versuchen, in ein militärisches und kolonialpolitisches Bündnis mit den westlichen Staaten zu kommen, s. Berridge 1992.

Zivilisation: „We shall remain the outpost of western civilization in the possible struggle between East and West; we shall still remain the outpost on the southern tip of Africa, inter alia, for spreading civilization through the rest of Africa."[245]

Hinter dem Systemstreit steckte für Verwoerd die Überlebensfrage für die westliche Zivilisation: „Nevertheless the leading white nations are in danger of sacrificing their position and their fundamental duty for the sake of temporary objectives which seem important during the present period of the liberation of nations and the struggle for power between the major states, each of whom attempts to obtain at all costs the support of the smaller and backward ones. Such white nations feel so safe in their own homogeneous countries, that they do not realize the extent of the retrogression of the white man's position in the world and the consequent gradual undoing of his civilizing influence."[246] Weil die westlichen Länder „blutsverwandt" waren, war ihr Verhalten deshalb umso weniger auf Prinzipien gegründet: „Stimmenzahl und wirtschaftliche Erwartungen zählen hierbei weit mehr als die Wahrheit oder gar ethische Prinzipien."[247] Schon 1957 sah er in der Bevölkerungsentwicklung asiatischer Länder ein bedrohliches Zeichen und interpretierte den Ost-West-Konflikt als Konfrontation von Ideen, als „einen Kampf um den Geist des Menschen."[248] Er zeigte sich „deeply convinced in my soul that we are fighting for the survival of white civilisation."[249]

Verwoerd verstand aus seinem Kulturessentialismus heraus Südafrika als quasi natürlichen Vorposten des Westens. Er hielt an diesen Vorstellungen fest, als die europäischen Regierung sie ablegten, auch wenn es in ihren Ländern noch zahlreiche Sympathisanten eines rassistischen Weltbildes gab, die die Entkolonialisierung im Kontext eines Rassenkonfliktes als existentielle Bedrohung wahrnahmen.

---

245 Verwoerd, First Speech as Prime Minister, 18.9.1958, in: Pelzer 1966: 164–190, hier 177. Vgl. auch Centenary of the Municipal Administration of King William's Town, 8.2.1961, in: Pelzer 1966: 489–495, hier 494: „We have lessons to teach the civilized world. We have services to render to Africa. We are in a certain sense the most advanced post in a possible struggle between the East and the West, which may be waged for the sake of everything in which we believe and which we love. We have been planted here, we believe, with a destiny – a destiny not for the sake of the selfishness of a nation, but for the sake of the service of a nation to the world of which it forms a part, and the service of a nation to the Deity in which it believes." Ganz ähnlich Eiselen 1961: 107.
246 Verwoerd, New Year Message, 31.12.1959, in: Pelzer 1966: 319–322, hier 321 f.. S. auch PV 93/1/30/1/5, Bl.143, Verwoerd an Neil Pascoe (Pinetown), 28.1.1960. Schon als Minister hatte er diese Haltung westlicher Länder angeklagt: Verwoerd 1957 a: 233.
247 PV 93/1/30/1/23, Bl.145, V. an Harald Hedenets (Krefeld), 17.10.1963.
248 Verwoerd 1957 a: 232.
249 Verwoerd, Day of the Covenant, 16.12.1958, in: Pelzer 1966: 206–211, hier 210.

Repression und Kontrolle

Wie ging ein Politiker, der Ambiguität nicht ertragen konnte und der zur Entgegensetzung von Ordnung und Chaos neigte, mit Kritik an seiner Politik um? Diese Frage ist darum besonders berechtigt, weil Verwoerd sich selbst als Demokrat bezeichnete und den demokratischen Charakter des südafrikanischen Staats als Zeichen der Zugehörigkeit zur westlichen Zivilisation betrachtete. In zahlreichen Äußerungen nach 1960 entwarf er das Zukunftsszenario einer „normalen“ Demokratie in Südafrika, nachdem die Republik erreicht und die Tür zum eigentlichen Nation-Building geöffnet war. Doch stellte sich mit der Integration der Weißen in eine gemeinsame Nation bei gleichzeitiger Polarisierung und Abgrenzung gegenüber der schwarzen Mehrheit eine andere Problematik, die Frage des Überlebens der Weißen, mit neuer Dringlichkeit. Dieses Überleben war nur möglich, wenn es über die Apartheid selbst keine grundsätzlichen Diskussionen mehr gab, sondern die radikale Rassentrennung den Grundkonsens unter Weißen bildete. Freilich konnte keine Demokratie entstehen, wenn die Apartheidpolitik der Diskussion enthoben wurde, diejenigen, die sie ablehnten, bestenfalls zu illegitimen Kritikern oder zu potentiellen oder realen Staatsfeinden erklärt wurden. Dadurch blieb die Nationale Partei die allein entscheidende und legitime Partei, weil nur sie die Apartheid wollte. In der Konsequenz wurde sie zur Verkörperung der weißen Nation und zur Staatspartei. In Verwoerds Politik war die Entlegitimierung jeder Opposition angelegt, sie strebte auf einen faktischen Einparteienstaat zu, selbst wenn aus kosmetischen Gründen und für das internationale Prestige die Fassade einer Mehrparteiendemokratie aufrechterhalten wurde.[1] Dies wurde bestätigt durch Verwoerds fortgesetzte Angriffe auf die Opposition, die immer ins Grundsätzliche zielten. Er sprach ihr die Daseinsberechtigung ab und rechnete ihr bei jeder sich bietenden Gelegenheit vor, dass ihre Politik auf schwarze Mehrheitsherrschaft hinauslaufen musste. Damit aber konnte sie nicht mehr die Interessen der weißen Nation vertreten, sie befand sich außerhalb des von Verwoerd postulierten Grundkonsenses.

Aus der Vorstellung einer tödlichen Bedrohung der weißen Nation durch politische Alternativen ergab sich neben der Delegitimierung der Opposition ein instrumenteller Umgang mit dem Begriff der Demokratie. Schon die Republik war nicht notwendig mit Demokratie verbunden, wie seine maßgebliche Autorschaft des Verfassungsentwurfs von 1940 zeigte. Seine Bekenntnisse zur Demokratie waren eher als Proklamationen der Zugehörigkeit Südafrikas zur westlichen Zivilisation zu verstehen, als dass es sich bei ihm um ein Grundprinzip seiner Politik

1 Adam 1977: 57. S. etwa die Argumentation von G. D. Scholtz 1950: 21.

https://doi.org/10.1515/9783110680508-014

gehandelt hätte. So kritisierte er am Ende des Zweiten Weltkriegs die Briten, die den Krieg aus Eigeninteresse geführt und mit Deutschland die Macht vernichtet hätten, die ihnen nun als Bündnispartner gegen den Kommunismus fehlte.[2] Das Bündnis mit einer totalitären Diktatur hielt er durchaus für opportun.

Wenn die Apartheid moralisch gerechtfertigt war und, wie Verwoerd immer wieder verkündete, von der Mehrheit der Bevölkerung akzeptiert wurde, stellt sich in der Tat die Frage, wie Verwoerd die ständig wachsende Repression rechtfertigte, die seine Regierung ausübte.[3] Zwar hatte die Regierung der Nationalen Partei, bereits kurz nachdem sie an die Macht gekommen war, begonnen, antidemokratische Gesetze zu erlassen, die Zuständigkeit dafür lag jedoch beim Justizminister, nicht beim Minister for Native Affairs. Seit Verwoerd 1958 Premierminister geworden war, war er politisch für die Repression verantwortlich. Er bekämpfte grundsätzliche Gegner der Rassentrennung, griff aber auch zu harten Maßnahmen gegen Kritiker im eigenen Lager, selbst wenn sie nur einzelne Aspekte seiner Politik in Frage stellten. In ihrem Fall setzte er Mittel innerparteilicher Disziplinierung sowie die Möglichkeiten indirekter und informeller Einflussnahme ein. Seine Begründungen wie sein Vorgehen erlauben Einblicke in sein politisches Denken und sein Selbstverständnis als handelnder Politiker. Die beiden Aspekte sollen im Folgenden nacheinander behandelt werden, wobei das Jahr 1960 im Zentrum steht, da es mit dem Besuch des britischen Premierministers Macmillan, Sharpeville, dem ersten Attentat, dem Referendum über die Republik und dem innerparteilichen Streit um die Coloureds ein Krisen- und Bewährungsjahr für den noch neuen Premierminister werden sollte.

Repression gegen politische Gegner

Als Soziologe hatte sich Verwoerd bereits für autoritären Dirigismus bei der Koordination karitativer Tätigkeiten für die „Poor Whites“ starkgemacht. So arbeitete er einen Entwurf für eine Verordnung aus, die eine zwangsweise Registrierung der Wohlfahrtsverbände bei der Provinzverwaltung vorsah und Nichtbeachtung mit

---

2 Transvaler, 8.5.1945.

3 Horrell 1978: 414 ff. und 1964: 37 ff. Zu Detention without trial s. Horrell 1965: 64 ff. u. 1966: 47 ff. S. auch J. J.Kruger 1961: 144, Swart hätte von diesen Maßnahmen „ständigen Gebrauch gemacht.“ PV 276/I/27/11/4/1, Bl.8, Verwoerd an A. L.Geyer (London), 21.11.1950: Schon bei seinem Amtsantritt machte Verwoerd klar: „Gewisse negative Aktionen werden mir bald genug durch die Umstände aufgenötigt werden. Ich suche sie also nicht und werde sie solange wie möglich vermeiden.“ 1952 hatte der abgewählte ANC-Präsident A. B.Xuma sein Schweigen gebrochen und Verwoerd wegen seiner repressiven Politik angegriffen: Xuma 2012: 362.

Freiheitsstrafen mit harter Arbeit bis zu drei Monaten ahnden sollte.[4] Zwangsmaßnahmen kamen seinem Naturell entgegen und entsprangen der Erkenntnis, dass die Nation das Recht hatte, Individuen zu ihrem Glück zu zwingen. In einem höchstwahrscheinlich von ihm entworfenen Memorandum trat er auch für Zwangsmaßnahmen gegenüber denjenigen „Poor Whites" ein, die nicht arbeiten wollten.[5] Die Eingriffe in persönliche Rechte der Bürger nahm Verwoerd vermutlich als solche gar nicht wahr, da er das ganze Problem nur aus der Perspektive der Gemeinschaft, nämlich der Rettung des „Volk", betrachtete. In seiner Dissertation ließ er sich über einen Richter aus, der seine Pflicht, jemand zum Tod zu verurteilen, als „sehr unangenehm" empfand, doch weil es sich um Pflichterfüllung handelte, „entsteht auch eine ziemlich starke Zufriedenheit mit sich, weil er doch seine Pflicht erfüllte."[6] Schon in den 1930er Jahren verteidigte Verwoerd die Polizei gegen alle Kritik und sah die Ursache von Gewalt grundsätzlich und immer bei der schwarzen Bevölkerung.[7] Nach der Regierungsübernahme der Nationalen Partei nahm die Polizeigewalt deutlich zu, da der Staat sie bewußt und absichtlich schürte, Widerstand gegen die eigene Politik dagegen kriminalisierte.[8] Die bürokratische Gnadenlosigkeit, mit der die landwirtschaftlichen „Betterment Schemes" in den Reservaten erzwungen wurden, die beständige Dialogverweigerung der Regierung und die Förderung politischer Strukturen, die alles andere als demokratisch waren, hatten zur Folge, dass am Ende der 1950er Jahre in zahlreichen Bantustans Revolten ausbrachen. Diese entstanden teilweise spontan und waren lokal begrenzt, in einigen Fällen wie in Pondoland wurden sie von Wanderarbeitern organisiert und weiteten sich rasch auf größere Regionen aus.[9] Die Aufstände wurden überall mit der üblichen Polizeibrutalität niedergeschlagen, wie etwa in Sekukuniland nördlich von Pretoria, wo die Polizei während einer

4 PV 93/1/29/2, Bl. 76 ff. Draft ordinance for the co-ordination of social welfare work in municipalities, districts, divisions or other local government areas within the Cape Province. In seiner Vorlesung begründete er diese Strafen: „Obwohl die Mitglieder des Rates freiwillige Mitarbeiter sind und auch das Recht haben, in der Öffentlichkeit für ihre Arbeit Geld zu sammeln, weshalb die Organisation in diesem begrenzten Sinn halbprivat ist, ist sie in der Praxis eigentlich als öffentliche oder eine Art Staatskörperschaft bekannt"; 231/2/4/2, Armoede en sy bestryding, S. 66.

5 PV 93/1/29/2, Bl. 1 ff. Compulsory Labour Colonies. Zwangsarbeit für sog. „arbeitsscheue" Coloureds war in der Zeit offensichtlich eine häufigere Praxis: Burger 31.7.1935. Vgl. auch im Hinblick auf jugendliche Kriminelle: 231/2/3, Socio-psigologie van misdaad, S. 62 u. 68 f.

6 Verwoerd 1924 a: 246 f.

7 Transvaler 22.11.1937.

8 Dazu trugen auch die Gemeinderäte bei, die von der UP beherrscht wurden, wie der Stadtrat von Johannesburg: RDM 27.1.1950.

9 Mbeki 1984: 117 ff. u. Horrell 1961: 39 ff. sowie 1963: 12. S. auch I.Evans 1997: Kap. 8; Mnaba 2006: Kap 3 über die vielfältigen Ursachen der Revolte.

von ihr für illegal erklärten Protestversammlung begann, Personen zu verhaften. Als die Menge daraufhin die Polizisten bedrohte, behaupteten diese, zur Waffengewalt gezwungen gewesen zu sein. Wie immer wurde scharf und gezielt geschossen, wodurch vier Menschen starben. Polizeiverstärkungen sorgten nicht für eine Deeskalation, sondern sie verhafteten über 120 weitere Personen, um die Unruhen zu ersticken.[10] Kritik an den Betterment Schemes interpretierten die Behörden als „Einmischung" von außen durch den ANC oder durch bestimmte Personen und beantworteten sie mit intensivierter Repression.[11] Verwoerd selbst behauptete, dass die aktuelle Unruhe „ein Kräftemessen zwischen dem ANC und Entwurzelten auf der einen Seite und der Masse ordnungsliebender Eingeborener ist."[12] Darum unterstellte er „several of the churches", der Liberalen Partei, vor allem aber dem ANC, den Boykott der Bantu-Eduation durch Aufhetzung der Bevölkerung unter tätiger Mithilfe des „Tsotsi-hooligan element" organisiert zu haben.[13]

Er befürwortete 1954 auch, Straflager für schwarze großstädtische Jugendliche, die pauschal als „Tsotsis" kriminalisiert wurden, in den ländlichen Gebieten einzurichten. Eiselen stellte ein Jahr zuvor dazu fest, dass „some Bantu youths have been spoilt by idle habits in such a manner that they have become work shy and they should receive treatment in order to impress upon them the value of industry and discipline."[14] Verwoerd seinerseits griff einen Vorschlag auf, den „Arbeitsscheuen" in diesen Lagern die Herstellung von Backsteinen beizubringen, sie dann im Hausbau zu beschäftigen und mit diesen Fertigkeiten wieder in die Gesellschaft einzugliedern, denn dadurch würde „die Rehabilitierung [...] billig und nützlich."[15] Die Jugendlager, die als Erziehungsanstalten ausgegeben wurden,[16] bedeuteten nichts anderes als Zwangsarbeit.[17] So war denn auch von

---

10 Pretoria News, 19.5.1958. P.Delius 1996: Kap. 4.

11 PV 276/I/27/11/1/4, Bl. 363f. Inmenging van Naturelle in administratiewe aangeleenthede (undatiert).

12 PV 93/1/36/1/1, handschriftliche Anmerkungen von V.

13 PV 93/1/31/1/7, Statement to be published by Minister of Native Affairs (undatiert), Verwoerd setzte den Schülern (und ihren Eltern) eine Frist, bis zu der sie wieder am Unterricht teilnehmen mussten, da sie andernfalls auf Dauer ausgeschlossen würden. Auf zahlreiche Anträge und Bitten von ausgeschlossenen Schülern und arbeitslos gewordenen Lehrern reagierte er eisern und ging nicht darauf ein, weil er damit nicht den ANC zu weiteren Boykotten ermutigen wollte. S. auch Pretoria News 4.12.1954, Cape Times 16.4.1955, Rand Daily Mail 20.4.1955 (Leitartikel), Star 30.8.1955.

14 University of the Witwatersrand Cullen Library, A 2628, Box 72, W.W. M.Eiselen, Urban Native Administration. A Review of the first Quarter Century and the second in being, S. 9.

15 PV 276/I/6/1/1, Memo V. an Sekr. NA, 22.10.1953.

16 PV 276/I/3/1/1, 67 Briefentwurf (Aktenzeichen am unteren Rand: VRZ/AMN) undatiert.

wirklicher Rehabilitierung und pädagogischen Maßnahmen nichts zu finden, anscheinend sollte die Zwangsarbeit aus sich heraus eine erzieherische Wirkung entfalten.[18]

Als Verwoerd Minister wurde, unterdrückte er den Widerstand der schwarzen Bevölkerung von Witzieshoek, der im Wesentlichen durch die autoritären und brutalen Methoden der weißen Administratoren ausgelöst worden war, mit rigiden Mitteln. Eine angeblich unabhängige Untersuchungskommission, die von der Bevölkerung abgelehnt wurde, riet offen zu verschärfter Repression und kam ihrem Auftrag, die Ursachen zu untersuchen, nicht nach. Sie empfahl sogar, die vorgeschlagene Deportation der Anführer nicht nach Recht und Gesetz wegen der damit verbundenen Einspruchsmöglichkeiten, sondern als reinen Verwaltungsakt durchzuführen, während sie Gerichtsverfahren als „Formalitäten" abtat; das Ministerium folgte diesen Empfehlungen.[19] Verwoerd ließ keine Zweifel daran, dass er die elf „Missetäter" nicht vor Gericht bringen, sondern ohne Urteil in Haft behalten wollte.[20]

Das erste repressive Gesetz des Apartheidstaates war das 1950 erlassene Gesetz zur Unterdrückung des Kommunismus, das einen wesentlichen Einschnitt in die Rechtsstaatlichkeit bedeutete. „Kommunisten" wurden gebannt, wobei afrikanischen Nationalisten die Nähe zum Kommunismus einfach unterstellt wurde.[21] So rückte Verwoerd 1963 den Rivonia-Prozess in den Kontext des Kalten Krieges: „Schließlich muss einmal mehr betont werden, dass Sabotage in Südafrika kommunistisch inspiriert ist und von der weltkommunistischen Bewegung unterstützt wird. Der Zusammenhang mit den Verurteilten von Rivonia ist deutlich dadurch nachgewiesen, dass hier zum ersten Mal direkte Versuche durch eine ganze Reihe kommunistischer Staaten, mit denen Südafrika keinerlei Kontakte unterhält, unternommen wurden, die südafrikanische Regierung zu ihrer Freilassung zu bewegen."[22] Die Regierung ging in ihren Fantasien über die Manipulierbarkeit der „kindlichen" Afrikaner davon aus, Widerstand von Schwarzen

17 PV 276/I/3/1/1, 50 V. an J.C.Dobey (Johannesburg), 23.2.1953.

18 Darum griff Verwoerd in einem Leitartikel des „Transvaler" heftig Alan Paton an, der zu dieser Zeit in Diepkloof daran arbeitete, schwarze jugendliche Delinquenten zu resozialisieren, s. Alexander 2009: 102.

19 PV 276/I/9/4/3/1, Vierde tussentydse verslag, 16.1.1951; PV 276/I/9/4/3/2, Abschriften der Proklamationen 293 von 1950 und 32 und 33 von 1951, wobei die Namen denjenigen in den Zwischenberichten der Untersuchungskommission genau entsprachen.

20 PV 276/I/9/4/3/2, Bl. 29, V. an Swart, 13.4.1951.

21 PV 276/I/9/11/1, V von Swart, 8.2.1951 mit der Anfrage ob Dr. O. B. Z.Bikitsha aus Butterworth, die einen Reisepass beantragt hatte, Kommunistin sei, was dieser am 22.2.1951 negativ beantwortete.

22 PV 93/4/1/10, Bl.97–99, Verwoerd, Presseerklärung, 28.7.1964.

würde in irgendeiner Form von weißen subversiven Kräften inspiriert und angestachelt.[23] Das waren reine Behauptungen, die empirischen Beweise blieben natürlich aus.

Als Minister sorgte Verwoerd systematisch dafür, Entscheidungen vom gewählten Parlament in die Bürokratie zu verlagern,[24] ebenso wie Behörden entdemokratisiert wurden, als die eigentliche Entscheidungkompetenz in kleinen geschäftsführenden Gremien konzentriert wurde. Hinter einer demokratischen Fassade entstand ein Gebäude bürokratischer Entscheidungsmacht, das über autoritäre von oben nach unten verlaufende Kontrollstrukturen funktionierte. Verwoerd verweigerte während seiner gesamten politischen Karriere systematisch den Dialog mit den von seiner Politik direkt Betroffenen und entschied meist bürokratie-intern.

Verwoerd legte schon in seiner bisherigen Arbeit sowohl als Studentenfunktionär wie als Hochschullehrer ein klares Bedürfnis nach Kontrolle an den Tag und auch als Chefredakteur war er „bereits eine Art Diktator", der seine Stellung mit der eines Ministers verglich.[25] Verwoerd war ein Mensch, der immer an die Praktikabilität dachte, jedoch nicht unreflektiert und eher intuitiv vorging, sondern in einer überlegten Weise. Effizienz war für ihn von höchster Bedeutung, um sein eigentliches politisches Ziel so rasch wie möglich und so vollständig wie möglich zu erreichen.[26] Dazu gehörten klare Kompetenzverteilungen und Zuständigkeiten, Reibungsverluste durch konkurrierende Institutionen sollten möglichst vermieden werden.

Es handelt sich um Vorgehensweisen und Organisationsprinzipien, die er als Minister nicht neu entwickelte, sondern die er in seinem Leben schon häufiger angewandt hatte. Dabei standen immer zwei Imperative im Vordergrund: Effizienz und Kontrolle.

---

23 PV 93/1/53/6/7, V. an Vorster, 1.11.1961, nachdem weiße Aufrührer einige Zeit ruhig gewesen wären, gäbe es wieder Anzeichen, dass sie an der OFS-Grenze zu Basutoland und in der Transkei aktiv seien, „mit dem Ziel, binnen kurzem wieder an verschiedenen Orten Unruhen anzuzetteln."

24 Maisels 1999: 191.

25 D.Prinsloo 1979: 46 u. 51.

26 Dies zeigte sich etwa auch in seinen Vorschlägen, die Bondsraad-Sitzungen effizienter zu gestalten, indem über ein großes Thema gesprochen und die Rede des Vorsitzenden auf ein kurzes Willkommenswort beschränkt werden sollte. AB-Archiv 2/3/13, UR-Dagbestuur, 23.5.1947, S. 2, TOP 6, Agenda vir Bondsraad 1947.

Um beides zu erreichen, waren vor allem drei Maßnahmen von entscheidender Bedeutung:

1. Der Aufbau von Wissen in Gestalt einer Datenbank, die eine möglichst lückenlose Überwachung ermöglichte.
2. Eine Hierarchie von Organisationen, mit einer zentralen, machtvollen Steuereinheit, bei der die Informationen zusammenliefen und die darum allein die wegweisenden Entscheidungen treffen konnte.
3. Die Umgruppierung von Organisationen nach dem Kriterium der Effizienz, so dass für ein bestimmtes Problem eine neue Steuereinheit entstand, die durchsetzungsfähig und machtvoll war, das angestrebte Ziel auch gegen Widerstände durchzufechten.

Während Posel darauf hinwies, in welch groteskem Widerspruch die Manie des Datensammelns, die Vorliebe für Statistiken und Informationen zur Handlungsfähigkeit des Staates standen, machte Breckenridge darauf aufmerksam, dass der südafrikanische Staat in seiner Sammelwut durchaus innovativ war, indem er mit den vereinheitlichten Reference Books das erste biometrische Überwachungssystem der Welt einführte, aufgrund der mangelnden Reichweite des Staates aber grandios scheiterte.[27] In seinem Buch „The Biometric State" hat er das Argument noch radikalisiert, indem er Südafrika als Experimentierfeld für biometrische Erfassung identifizierte, dessen erfolgreich ausprobierte Methoden anschließend exportiert wurden.[28] Der Anspruch auf vollständige Überwachung war allerdings nicht allein der Eigendynamik einer zentralisierten Polizei und einer Ausrichtung der Überwachung auf die Bedürfnisse der Minenindustrie geschuldet. Vielmehr gab es individuelle Beiträge, insbesondere von Verwoerd, bei dem die Kontrollmanie geradezu ein persönlicher Charakterzug war. Denn das Institut für Sozialforschung, das Verwoerd Anfang der 1930er Jahre in Kapstadt gründen wollte, hatte schon ähnliche Ambitionen, wenn auch in deren regionalem Ausgriff bescheidener. Das Institut sollte eine Datenbank über alle „Poor Whites" im Großraum Kapstadt anlegen und diese differenzieren nach den sozialen Problemen, mit denen die einzelnen Familien und Personen konfrontiert waren. Aufgrund einer solchen Datenbank sollte dann die Arbeit der karitativen Organisationen und der Sozialarbeiter als Koordinatoren organisiert und zu größtmöglicher Ef-

---

27 Breckenridge 2005: 101 konstruiert einen m. E. zu eindeutigen Zusammenhang zwischen dem Scheitern des Systems und dem Rückgriff auf Polizeigewalt, da das NP-Regime immer eine ausgeprägte Neigung zur Gewalt an den Tag legte.

28 Z. B.Breckenridge 2014: 88. Allerdings überzeugt mich seine These nicht, dass es sich um einen eigenständigen und neuen Staatstyp handelt, da biometrische Überwachung in seiner Analyse letztlich nicht mehr als ein, allerdings innovatives, Mittel ist.

fizienz gebracht werden.[29] Sogar noch früher hatte Verwoerd als Vorsitzender des Studentenrates in Stellenbosch ebenfalls eine Vielzahl neuer Initiativen, die jeweils mit eigenen Komitees und Kommissionen verknüpft wurden, ins Leben gerufen und dazu eine zentrale, machtvolle Steuereinheit, nämlich den Studentenrat bzw. seinen Vorstand.

Piet Cilliė hat Verwoerds Ordnungsdenken zutreffend beschrieben: „Dr. Verwoerds geistige Ausrichtung war überwiegend intellektuell: ordentliches Denken, deutliche Lehrsätze, feste Zukunftsbilder. Was von Prinzipien her verantwortbar und korrekt ist, muss auch ausführbar sein. Hindernisse, die die menschliche Natur bietet, müssen Platz machen für Ordnung und System. Das Ideal muss der Gemeinschaft aufgezwungen werden."[30] Dem steht die Behauptung von Lazar, Posel und, mit etwas anderer Zielrichtung, Giliomee entgegen, Verwoerd sei vor allem ein Pragmatiker gewesen.[31]

Das Muster wiederholte sich, als Verwoerd Premierminister wurde. Er eignete sich eine zentrale Entscheidungskompetenz an und gründete zu diesem Zweck neue Institutionen, die eine möglichst große Effizienz erreichen und gleichzeitig die Macht der Zentrale, in diesem Fall das Amt des Premierministers, steigern sollten. Dazu zählte etwa der ökonomische Beraterstab, der für den Aufbau eines planenden Staates notwendig war und der es Verwoerd gleichzeitig erlaubte, zentrale Entscheidungen an den eigentlich zuständigen Fachministerien vorbei zu treffen.

Die autoritäre Methode Verwoerds blieb nicht unwidersprochen. Als er um Ratschläge bei der Einrichtung des ökonomischen Beratungsgremiums bat, kritisierte E. I. Rowland, möglicherweise in Unkenntnis des Ursprungs dieser Praktiken bei dem Adressaten seines Briefes, die Art, wie der Staat solche Ratschläge einhole: Die „Konsultation [oorlegpleging]", wie der Staat sie praktiziere, sehe normalerweise so aus, dass eine staatliche Institution eine Organisation darüber informiere, dass sie dies oder jenes vorhabe und die verlange, „dass die Mitglieder der Organisation voll und ganz kooperieren bzw. dass sie der neuen Regel gehorchen müssen." Seine eigenen Vorstellungen sahen dagegen so aus, dass die staatliche Institution „schon früh ihre Vorstellungen mit den Organisationen bespricht und gemeinsam mit ihnen den Wert dieser Vorschläge abschätzt und die notwendigen Schritte überlegt." Er wehrte sich gegen die gerade von Verwoerd

---

29 PV 93/1/19/1, Cape Town Charity Commission. Summary of Evidence, Prof. Verwoerd, 3.6.1932, S. 53 ff., hier bes. S. 55.

30 Cilliė 1980: 25.

31 Lazar 1987: 70.

praktizierte top-down Vorgehensweise, die die Ministerien gegen alle neuen Ideen immunisierte und trat für eine stärker kooperative Form der Beratung ein.[32]

Mit dem neuen 1952 eingeführten Passsystem gab es drei Möglichkeiten, einen Afrikaner zu identifizieren: „nämlich seine Kennziffer, sein Passbild und seine Fingerabdrücke",[33] wobei letztere in staatlichen Büros hinterlegt wurden.[34] Der Staat verbarg seine Informationen über die einzelnen Personen vor diesen und baute ein umfassendes Herrschaftswissen auf, das die Steuerung des Arbeitsmarktes und die Kontrolle über die räumlichen Bewegungen von Menschen sicherstellen sollte.[35] Die Passgesetze sollten die Durchführung der Masters-and-Servants-Laws unterstützen, da der Arbeitgeber eine Entlassung bestätigen musste, so dass Schwarze, bei denen diese im Pass fehlte, automatisch unter Verdacht gerieten, ihren Arbeitsplatz „unrechtmäßig" verlassen zu haben. „Mit anderen Worten, wenn er verschwindet, ist der Eingeborene ein Rechtsbrecher und wenn ein anderer Arbeitgeber einen Eingeborenen einstellt, dessen Pass nicht abgezeichnet ist, macht er sich auch schuldig.."[36] Damit war verboten, was nicht ausdrücklich erlaubt war – Kennzeichen eines autoritären, wenn nicht totalitären Staates.

Bei jeder sich bietenden Gelegenheit bestritt Verwoerd, dass der ANC für die afrikanische Bevölkerung sprach und behauptete: „They act on behalf of a very small portion of the Native people and reflect the opinion of a very small portion. The large portion of Native opinion is still inarticulate and also not in a position to judge." Demgegenüber unterstützten die „natural leaders", d. h. die Chiefs, die Apartheidpolitik seiner Regierung.[37] Wenn sie dies nicht taten, wurden sie kurzerhand entmachtet, wie der Zulu-Chief Albert Luthuli, der gleichzeitig Präsident

32 1/53/3/1, Bl. 2, E. I.Rowland an Premier, 1.10.1958.

33 PV 93/1/24/8, Verwoerd an L. L. S. J.Kruger, Potgietersrus, 1.3.1955, S. 1.

34 NA, NTS 9792/ 1027/400, Bericht eines Inter-Departmental Committee zur Überprüfung der Passgesetze vom 22.1.1952. Diese Kommission legte Vorschläge zur Reform der Passgesetze vor, die dann zum Abolition of Passes and Coordination of Documents Act führten. Da es sich um eine Abschrift handelt, sind die Namen der Kommissionsmitglieder nicht angegeben. Duplikate der Pässe sowie die Fingerabdrücke aller zehn Finger sollten in einer zentralen Datei gesammelt werden, die dem Native Affairs Department unterstand. Mit dem Überwachungssystem direkt verbunden war auch die Steuereintreibung, die damit ebenfalls lückenlos durchführbar werden sollte. Dass dies gelang, konnte Verwoerd 1957 bestätigen: PV 276/I/5/1, V. an W. F.Bezuidenhout, 10.6.1957, worin er die Verbindung des Passsystems mit der Eintreibung ausstehender Steuerschulden herstellte. Immerhin bezahlte die schwarze Bevölkerung im Haushaltsjahr 1956/57 an direkten Steuern ca. 3 Mio Pfund: PV 276/I/27/11/3/1, Bylae A, Inkomste van Naturelle.

35 PV 276/I/25/1/1, Bl.23, Verwoerd an W. G.v. d.Merwe (Louis Trichardt), 12.5.1955; Breckenridge 2005.

36 PV 93/1/24/8, Verwoerd an L. L. S. J.Kruger (Potgietersrus), 1.3.1955, S. 1.

37 FAV 4.7.1.2., Interview von George Pipal (United Press) mit Verwoerd, 6.12.1958, S. 10.

des ANC war.[38] Es ist ziemlich sicher, dass Verwoerd in seiner Bewertung des schwarzen Widerstands von dem kulturpessimistischem Buch „Das Zeitalter der Massen" des französischen Theoretikers Gustave le Bon beeinflusst war.[39] Le Bon behauptete, von amateurhaften sozialpsychologischen Annahmen ausgehend, die grundlegende Irrationalität menschlicher Kollektive, die ohne Führung durch Eliten zu einer rein gefühlsgelenkten Masse verkämen.[40] Verwoerd war überzeugt, es mit Menschen zu tun zu haben, die noch der Entwicklungsstufe der Barbarei verhaftet waren und deren Geschichte ihm zahlreiche Beispiele lieferte, dass die Irrationalität der Masse und die Despotie zwei Seiten derselben Medaille waren. Hier half nur das stabilisierende Element der „natürlichen" Autorität, die die Chiefs besaßen, gepaart mit archaischen Strafen. Südafrika zählte zu den wenigen Ländern, in denen die Zahl der Vergehen, die mit Körperstrafen geahndet wurden, im Lauf des 20. Jahrhunderts zunahm, d. h. es verhielt sich gegenläufig zu einem weltweiten Trend einer Humanisierung des Strafvollzugs.[41]

Die nationalistische Presse benutzte gewaltsame Vorfälle wie am Ende der Defiance Campaign 1952, um die gesamte Bewegung und die weißen „liberalistischen" Kräfte, die für Dialog und eine politische Entspannung eintraten, zu diffamieren.[42] Der Congress of the People von 1955 und die dort verabschiedete Freedom Charter erfüllten für die Regierung den Tatbestand des Hochverrats. Darum wurden ein Jahr später umfangreiche Verhaftungen vorgenommen und dem gesamten Führungspersonal der außerparlamentarischen Opposition der Prozess gemacht. Dieser wurde jedoch von seiten der Regierung und Staatsanwaltschaft so unprofessionell durchgeführt, dass nach fünfjähriger Prozesszeit alle Angeklagten freigesprochen wurden. Doch ließ sich die Regierung von solchen Rückschlägen nicht in ihrem Repressionskurs bremsen. Während Verwoerds Amtszeit als Premierminister wurden drakonische Gesetze verabschiedet, die es der Polizei ermöglichten, Personen ohne richterlichen Haftbefehl zu inhaftieren und bis zu drei Monate im Gefängnis festzuhalten – mit der Möglichkeit, sie bei Haftentlassung sofort erneut festzusetzen.[43]

---

38 Luthuli 1965: 109 ff. u. Pillay 1993: 47 ff.

39 Vgl. das Verwoerd-Zitat bei Kenney 1980: 187.

40 Le Bon 1908: 16, Le Bon zog immer wieder Vergleiche mit Gruppen, die für ihn per se primitiv waren, nämlich Wilde, Frauen und Kinder, S. 18, 20 f., und sah darum im Zeitalter der Massen einen Rückfall in den Zustand der Primitiven, S. 36; zudem behauptet er, dass „Rasse" „alles Fühlen und Denken der Menschen beherrscht", ebd.: 33 u. 54 f. sowie 115 u. 135.

41 Marx 2000: 271 f.; Hoernlé 1948: 15 f.

42 Z. B.Dagbreek en Sondagnuus 26.10.1952 (Kommentar).

43 J. P. J.Coetzer 2000: Kap. 14 hielt diese Maßnahmen noch im Jahr 2000 für gerechtfertigt.

Selbst das Massaker von Sharpeville verteidigte Verwoerd als angemessene Reaktion: „Die unglücklichen Geschehnisse der jüngsten Zeit in der Union wurden von Liberalisten und Linksgesinnten und auch durch einen groszen Teil der Presse dargestellt als ob eine kleine Zahl weiszer Polizei, welche sich selbst verteidigte, unverantwortlich und unnötiglich (sic) streng gehandelt hätte. Die wirkliche Lage ist jedoch, dass die kleine Zahl der Gesetzesdiener durch eine Übermacht von mehr als 100 zu 1 überfallen [!] wurde, und notwendigerweise muszte zur Selbstverteidigung auf die Terroristenmasse [!] geschossen werden. Trotz der unberechtigten und mutwilligen Kampagnien [sic] seitens Linksgesinnter wird die Regierung zielgerichtet fortfahren für das Fortbestehen der westlichen Zivilisation und für die Erhaltung des weiszen Mannes zu kämpfen."[44] Repressive Mittel hielt er für grundsätzlich geboten, auch wenn man ihre Anwendung restriktiv handhaben sollte, doch der Staat musste sie in seinem Arsenal haben.[45]

Die gewaltsame Unterdrückung erreichte mit dem Amtsantritt von Justizminister John Vorster am 3.8.1961 eine neue Dimension. Während Verwoerd sonst eine striktere Kontrolle über die gesamte Politik ausübte als seine Vorgänger und Nachfolger und sich zuweilen in die Kompetenzen von Fachministern einmischte, ließ er Vorster erstaunlich freie Hand und hielt sich aus dessen Politik weitgehend heraus. Es ist sicher kein Fehlschluss, hier eine Arbeitsteilung nach dem Muster „good guy – bad guy" zu vermuten, d. h. der Premier war das freundliche Gesicht des Regimes, der mit gewinnendem Lächeln[46] die Apartheid als wohlwollende Politik und Weg zu einem friedlichen Zusammenleben anpries, während Vorster den harten Law-and-Order-Mann abgab.[47] Diese Rechnung ging auf, wie die Fehleinschätzung des deutschen Journalisten Christoph von Imhoff erkennen lässt. Nach Verwoerds Tod äußerte er sich besorgt über Vorster wegen seiner OB-Vergangenheit und seiner harten Repressionspolitik. Er meinte, „daß von allen

44 PV 93/1/36/1/2, Bl.119, V. an A.C.Matingen (Rothenburg o.d.T.), 8.4.1960, deutsch wie im Original.

45 Verwoerd, Institute of Administrators of Non-European Affairs, held at Bloemfontein, 17.9.1956, in: Pelzer 1966: 124–148, hier 147.

46 Nach seinem Amtsantritt als Premierminister präsentierte sich Verwoerd auch auf den offiziellen Photos stets als freundlich und großmütig lächelnd.

47 A.Delius 1970: 372 sprach von einer Arbeitsteilung, in der Vorster für die Repression gegen politische Gegner, Verwoerd für die innerparteiliche Disziplinierung zuständig war. Danziger 1993: 179; Stultz 1969: 3 sieht mit der Republikgründung eine Zunahme von Zentralismus und Repression sowie eine Verstärkung des Antikommunismus, S. 8; s. auch Benson 1966: 220 ff.

Übeln Verwoerd immer noch das kleinere gewesen ist."[48] Im Gegensatz zu Vorster war Verwoerd für ihn „kein bösartiger Mann", sondern er sah in ihm einen „hemmungslosen Idealisten".[49] Während Vorster „ein neuer Typ" sei, nämlich repressiv und rassistisch, stellte er Verwoerd in eine Reihe mit seinen Vorgängern als „in ihrer Art ausnahmslos würdige Patriarchen, überzeugte und oft auch überzeugende Politiker des alten burischen Stils",[50] was immer das heißen mochte. Im Gegensatz zu Verwoerd war Vorster jedoch zugänglicher für Oppositionelle wie Helen Suzman,[51] die trotz aller Gegensätze ein persönlich gutes Verhältnis zu ihm aufbauen konnte, während sie Verwoerd für einen völlig unbelehrbaren Fanatiker hielt.[52]

Tatsächlich hat Verwoerd die Vorgehensweise seines Ministers immer verteidigt, etwa die Bannungen unter dem Suppression of Communism Act, Gesetzesverschärfungen, die die Inhaftierung ohne gerichtliche Anordnung für 90 Tage ermöglichten, was eine Einladung zu Folter und Machtmißbrauch durch die Sicherheitspolizei war.[53] Auch ließ er sich schon während seiner Amtszeit als Minister über jedes Detail mit Bezug auf Verbannungen und einzelne Personen informieren, was erkennen lässt, dass er dergleichen Maßnahmen guthieß, wenn er sie nicht sogar initiiert hatte.[54] Er hatte die Stirn zu behaupten, dass seine Regierung im Gegensatz zu Ghana „detention without trial" ablehne und Maßnahmen wie die Verhängung von Hausarrest sich nur gegen Kommunisten, nicht

48 Institut für Zeitgeschichte, München, ED 339, Bd. 43, Imhoff an Ruth Weiss, 17.10.1966. Imhoff arbeitete für verschiedene deutsche Zeitungen sowie den Rundfunk, er setzte sich durchaus kritisch mit der Entwicklung in Südafrika auseinander.

49 Ebd., Bd. 44, Sendungsmanuskript DLF, 2.7.1976.

50 Ebd., Sendungsmanuskript DLF, 13.9.1966. Er betonte diesen Gegensatz zwischen dem hardliner Vorster und dem eher patriarchalischen Verwoerd in einer ganzen Reihe von Sendungen kurz nach der Ermordung Verwoerds: ebd., Sendungsmanuskripte DLF v. 9. u. 15.9.1966. S. auch Sendung am Tag der Ermordung, 6.9.1966: „Der weisshaarige, ruhige und so gelassen wirkende Herr war der Prototyp jener Buren, die seit Generationen mit den Bantus (sic), wie man in Südafrika die Schwarzafrikaner nennt, in einem guten patriarchalischen Verhältnis lebte."

51 Helen Suzman wandte sich direkt an Vorster, wenn sie etwa politische Gefangene besuchen wollte, wie Nelson Mandela oder Robert Sobukwe, s. PV 132/2/5/1/7, Suzman an Vorster, 2.8.1966. D'Oliveira 1977: 229 f.

52 Suzman 1994: 65.

53 PV 93/1/30/1/25, Bl.69, Verwoerd an Dr. Jack Penn (Johannesburg), 4.5.1964 u. PV 93/1/30/1/24, Bl.262, Verwoerd an F.M.Purcell (Hermanus), 31.3.1964. Foster 1987: 21 ff.

54 FAV 4.6.2.2, versch. Memos Verwoerds aus dem Ministerium, Mitte der 1950er Jahre. Vgl. auch die Androhung von Verbannungen in einer Presseerklärung [1956]: FAV 4.6.2.3. Selbstverständlich wurde dies so ausgegeben, als hätten „Vertreter der ordnungsliebenden Bantu" den widerstrebenden Minister dazu gedrängt.

gegen die Opposition generell richte.[55] Kurz nach Verwoerds Amtsantritt beschloss die Regierung, auf Robben Island ein Hochsicherheitsgefängnis zu bauen, was ein deutlicher Hinweis war, dass die spätere Repression von langer Hand geplant war.[56]

Umgang mit der Presse

Mit der Übernahme des höchsten Regierungsamtes durch Strijdom verschoben sich bald die Schwergewichte der Macht innerhalb von Partei und Regierung in den Transvaal, dessen Politiker, in erster Linie Strijdom und Verwoerd, die bedingungslose Unterstützung der NP-Presse in der Kapprovinz einforderten. Es wirft ein bezeichnendes Licht auf Verwoerds Verständnis von Journalismus, wenn ihm selbst die vorsichtige Distanz, die „Die Burger" gegenüber der Regierung wahrte, schon zu weit ging und er Verrat witterte. Ganz gegen die Gepflogenheiten kritisierte er 1957 in einer Kaukus-Sitzung die Presse im Süden: „Die Nasionale Pers war in den letzten Jahren auf Distanz zur Nationalen Partei gegangen, sie unterstützt nicht die Abgeordneten wie in der Vergangenheit." Paul Sauer verwahrte sich „geschockt" gegen die Vorwürfe, doch erhielt Verwoerd Unterstützung von anderen Abgeordneten und von Strijdom selbst.[57]

Als Verwoerd Premierminister wurde, gratulierte ihm der geschäftsführende Direktor der Nasionale Pers, Phil Weber, und nutzte die Gelegenheit, um ihn zu mehr Toleranz gegenüber der Presse zu mahnen. „Als alter Journalist weißt Du, dass Zeitungen, die nur nachplappern, in breiteren Kreisen keinen Einfluss gewinnen."[58] Verwoerd antwortete konziliant, betonte aber: „Doch hoffe ich, dass ihr, wenn ihr anders schreiben wollt, als die Partei scheinbar [!] denkt, ihr die von mir angebotene Möglichkeit erst nutzt, um euch bei uns selbst über die Gründe für unsere Haltung zu informieren. Es ist immer bedauerlich, wenn Meinungsverschiedenheiten auf Missverständnissen beruhen."[59] Da er meinte, seine politischen Konzepte beruhten auf der Wahrheit, konnten Meinungsverschiedenheiten nur durch Unverständnis verursacht sein. Sein Bekenntnis zur Tolerierung

---

55 PV 93/1/30/1/17, Bl.180, Verwoerd an W.A.Dugmore (Grahamstown), 1.12.1962.

56 Baßmann 1978: 26.

57 296.D.5, masch.schr. Notiz, Koukusvergadering, 9.4.1957. Louw hätte nach der Sitzung gemeint, dass man sich direkt an die Aktionäre wenden müsse.

58 296.KV.32, Weber an Verwoerd, 14.9.1958, Briefentwurf. Die zahlreichen Durchstreichungen und Verbesserungen zeigten, wie Weber sich bemühte, seine Kritik so zu formulieren, dass sie bei Verwoerd auch ankam.

59 Ebd., Verwoerd an P. A.Weber, 14.10.1958.

abweichender Meinungen war bloßer Schein, denn die internen Kritiker mussten eines Besseren belehrt werden oder sie wurden als unbelehrbar verstoßen.

Unter dem Druck des Premierministers unterwarfen sich die meisten Zeitungen ab 1962 einer Selbstzensur, wobei Vertreter der Nasionale Pers aktiv mithalfen, ihre englischsprachigen Kollegen vom Vorteil der Maßnahme zu überzeugen.[60] Allerdings beurteilte Verwoerd zwei Jahre später die Praxis der vorauseilenden Selbstzensur als gescheitert, sei man doch nicht weiter gekommen, „um unser Ziel von Ordentlichkeit inmitten der Pressefeindschaft zu erreichen“.[61] Er dachte darum an direkte Zensurmaßnahmen und während seiner Amtszeit begann die systematische Beschattung und Überwachung ausländischer Medienvertreter.[62] Einer von ihnen charakterisierte Verwoerd treffend: „Verwoerd had no tolerance for dissent, no tolerance even for tolerance.“[63] Die Zustimmung im eigenen Lager zu Konformismus und Unterdrückung abweichender Meinungen fand seine Ursache in der Überlegung, dass man das Ausland von der Aufrichtigkeit der eigenen Politik nicht überzeugen könne, wenn interne Uneinigkeit vorherrsche.[64]

Dialogverweigerung

Verwoerd betrieb gegenüber allen Organisationen, die er als illegitim, nämlich als Gegner der Rassentrennungspolitik, einschätzte, eine konsequente Dialogverweigerung, wie die häufigen handschriftlichen Anweisungen auf den Briefen „keine Antwort“ belegen.[65] Welche Form von Kritik akzeptabel war, entschied

---

60 Ebd., P. A.Weber an Verwoerd, 14.3.1962. S. auch Horrell 1964: 66 ff.

61 296.KV.32, Verwoerd an Weber, 14.8.1964.

62 PV 93/1/53/2/3, Buitenlandse persverteenwoordigers en rolprentfotograwe in die Unie, geheim, vom 20.10.1959. Darin wurden bis auf die Minute genau die Bewegungen einzelner Reporter aufgelistet, offenbar abgehörte Besprechungen wiedergegeben und im Fall der Stern-Reporter (S. 3) darauf hingewiesen, dass sie ihre Photos von Jürgen Schadeberg erhalten hätten. S. auch B. M.Schoeman 1973: 218 ff.

63 Lelyveld 1989: 14. Einen Überblick über die 1960er Jahre bietet Merrett 1995: Kap. 4.

64 Gerdener 1952: 6 f.

65 S. die Sammlung von Protesttelegrammen aus der ganzen Welt, aber auch von den Congress-Organisationen Südafrikas, nach Sharpeville in PV 93/1/36/1/3 – 5 und PV 93/3/2/2 – 3. Die internationale Presse berichtete intensiv über Sharpeville mit verheerenden Folgen für das Ansehen der Regierung: Daily Mirror u. Daily Express 22.3.1960. In Verwoerds Nachlass gibt es eine umfangreiche Sammlung unbeantworteter Briefe, zu denen neben Schreiben von offensichtlich Geistesgestörten und Querulanten auch etliche Protestbriefe und -telegramme aus aller Welt nach Sharpeville und der Einführung der Passgesetze für schwarze Frauen zählten: PV 93/3/2.

ausschließlich er selbst: „Niemand hat etwas gegen Kritik und Ratschläge, vor allem nicht, wenn sie aus den eigenen Reihen kommen, denn die Gedanken von niemandem sind unfehlbar. Es ist aber etwas anderes, wenn verlangt wird, die politische Richtung des Feindes zu übernehmen, selbst wenn dies zunächst nicht Preisgabe genannt wird."[66] Verwoerd, der in den 1930er und 40er Jahren als Professor und Journalist sowie als AB-Funktionär das selbstverständliche Recht für sich beanspruchte, politische Ziele zu formulieren und die Politik zu kritisieren, lehnte dies ab, sobald die Politik seine eigene Prärogative geworden war. Dies wirft ein bezeichnendes Licht darauf, wie er seine eigene Rolle als Premierminister verstand.

Der Vice-Chancellor der Rhodes University in Grahamstown beschwerte sich 1963 bei ihm, weil Albert Hertzog die englischsprachigen Universitäten beschimpft und Verbindungen zwischen den Universitäten und einigen ihrer Absolventen, die sich linken Gruppen angeschlossen hatten, suggeriert hatte. Doch Verwoerd reagierte abweisend und lehnte es ab, sich von Hertzogs Äußerungen zu distanzieren.[67] Als sein alter Kontrahent E. G. Malherbe, zu der Zeit Rektor der University of Natal, seine Politik öffentlich kritisierte, betrachtete er dies als „Unterminierung der staatlichen Autorität" und forderte Minister Maree als NP-Chef in Natal auf, etwas gegen Malherbe zu unternehmen: „Das mindeste wäre, den Rektor vor seinem Universitätsrat anzuklagen. Das mag nicht viel bewirken, wird ihm aber doch einige Unannehmlichkeiten bereiten. Das stärkste Mittel wäre das Einfrieren eines Teils der staatlichen Unterstützung für die Universität bis der Rat und der Rektor ihre Haltung ändern. Das könnte aber rechtliche und andere Schwierigkeiten hervorrufen. Darum sollte in alle Richtungen sorgfältig überlegt werden, wie man das unerhörte Verhalten von E. G. Malherbe beenden kann."[68]

Generell war er schnell damit bei der Hand, Kritiker als „Theoretiker" abzutun, für ihn waren „theoretical humanitarians" oder „theoretical liberals" welt- und politikfremde Phantasten, die abstrakten Ideen folgten.[69] So äußerte er sich über die Progressive Partei: „Diese Art Liberalisten findet man unter Reichen. Sie können Gespräche führen, mit wem sie wollen – aber sie leben selbst nicht in gemischten Wohnvierteln."[70] Dies galt für ihn nicht minder, dessen angebliche

66 PV 93/1/24/12, 11 V. an P. C. Jooste (Parow East), 22.5.1961.

67 PV 451/1/28/1/1, Verwoerd an Minister für Post und Telegraphie mit angehängtem Briefwechsel mit J. M. Hyslop, Vice-Chancellor der Rhodes University, 2.12.1963.

68 FAV 4.7.2.1, V. an W. A. Maree, 1.3.1961. Maree war wie Verwoerd in Brandfort zur Schule gegangen.

69 Beide Begriffe in PV 93/1/36/1/9, undatierte Presseerklärung nach Sharpeville.

70 FAV 4.7.2.4.2, Aufzeichnungen für Rede in Debatte über Mißtrauensantrag der Opposition am 20.1.1960, S. 5.

Erfahrung, in einer „gemischten" Wohngegend zu leben, nur auf Phantasien zurückgreifen konnte. Ganz zu recht gab der liberale Politiker Edgar Brookes darum den Vorwurf, weltfremder Idealist zu sein, an die Politiker der Nationalen Partei zurück.[71]

Gegenüber denjenigen Parteien und Organisationen, die nicht offen für die gesellschaftliche Integration oder gar für schwarze Mehrheitsherrschaft eintraten, hielt Verwoerd sich formal an demokratische Spielregeln. Der Frauenorganisation Black Sash, die die Bürgerrechte verteidigte, warf er „nur" unzulässige Einmischung in die Politik vor und ging den schweigend protestierenden Damen in der Öffentlichkeit möglichst aus dem Weg.[72] Allerdings war er immer schnell dabei, kommunistische Umtriebe zu wittern, mit Unterstellungen und Drohungen zu arbeiten. Dies ließ sich besonders deutlich an seinem Umgang mit dem South African Institute of Race Relations sehen, das politisch eher konservativ und alles andere als eine revolutionäre Organisation war. Eine klare politische Linie hatte es jedenfalls nicht, denn als Verwoerd Minister wurde, bot ihm das Institut seine Kooperation an.[73] Bald kam es zu Verstimmungen, als das Institut eine „gemischte" Delegation zum Minister schicken wollte, denn Verwoerd wollte die Abgesandten nur nach Rasse getrennt empfangen.[74] Nur wenige Jahre später verhärtete sich Verwoerds Haltung zu rigoroser Ablehnung. Die Antwortschreiben an das Institut waren in einem teilweise groben Ton gehalten und ließen eine generelle Dialogverweigerung erkennen. Auf ein Schreiben, in dem das Institut ihm die Ergebnisse der letzten Ratsversammlung zuschickte,[75] ließ Verwoerd seinen Privatsekretär antworten: „You will no doubt realise that the Minister has usually found your organisation's findings to be propagandistic and prejudiced, and therefore not worthy of consideration."[76]

Die Feindseligkeit setzte sich in die Jahre fort, als Verwoerd Regierungschef war. 1962 ließ er in einem Rundschreiben seine Minister vor einer für Januar 1963 angekündigten Konferenz des Instituts über „Human Relations and Communi-

---

71 Brookes 1950: 11. Der damalige Bildungsminister weigerte sich auch, auf dem Höhepunkt des Streites um die Universitäts-Apartheid einen Brief von Studentenvertretern entgegenzunehmen: McKay 2015: 106, wobei Verwoerd ihn offenbar unter Druck setzte: ebd.: 122.

72 PV 93/3/1/25, Bl.82–114, Black Sash und Verwoerd, Briefwechsel ab September 1959, 28.9.1959 u. S. 15. Über Versuche, rabiater gegen Black Sash vorzugehen s. D'Oliveira 1977: 150 und über ihre Umsetzung s. E.Benjamin 2004: 50.

73 PV 276/I/14/6/1, Bl. 1 f., Van Wyk an V., 4.11.1950 und dessen Antwort, 8.11.1950, worin er seine grundsätzliche Bereitschaft zu einem Treffen erklärte. Verwoerd war in den 30er Jahren sogar Mitglied des Instituts: Brits 1994: 76.

74 PV 276/I/14/6/1, Bl. 21, V an Whyte (SAIRR), 4.2.1951.

75 PV 276/I/14/6/3, Bl. 6, SAIRR an V., 1.2.1956.

76 PV 276/I/14/6/3, Bl. 7, V. an SAIRR, 7.2.1956.

cation Today" warnen und verbot allen Regierungsmitarbeitern ausdrücklich die Teilnahme, denn es handle sich um eine Propagandaveranstaltung von „Intellektualisten" gegen die Regierungspolitik.[77] Eine Gruppe besorgter Bürger aus Port Elizabeth, die 1962 Einwände gegen die General Law Amendment Bill vorbrachten, beschied er kurz und grob: „Your are wrong in every respect,"[78] ohne sich die Mühe zu machen, dieses Verdikt zu begründen.

Die Liberale Partei würdigte er keiner Antwort, als sie gegen die Verhängung des Ausnahmezustands nach dem Massaker von Sharpeville protestierte.[79] Internationale Proteste gegen Bannungen oder Verurteilungen wies er stets mit dem Hinweis auf die inneren Angelegenheiten eines souveränen Staates zurück,[80] das galt besonders gegenüber Protesten nach dem Rivonia-Prozess.[81] Bei Nachfragen von Privatpersonen aus dem Ausland ließ er die Chance, in die propagandistische Offensive zu gehen, nie verstreichen: Die Regierung zeige dasselbe Augenmaß wie die britische Regierung gegenüber den Iren, in Südafrika drohe keine Revolution und den schwarzen „Horden" würde eine Zukunft in ihren eigenen Gebieten ermöglicht, „even politically".[82]

Konflikte mit den englischen Kirchen

Verwoerds Konflikte mit den englischsprachigen Kirchen sind Resultat seiner nationalistischen Ablehnung und seines allgemeinen Misstrauens gegenüber den Briten. Verschiedene hohe Würdenträger der Anglikanischen Kirche äußerten sich kritisch gegenüber der Apartheid, etwa der englische Kanoniker Collins, der eine Reise durch Südafrika unternahm und die Apartheid mehrfach scharf anpran-

---

77 PV 93/4/1/7, Vertrauliches Rundschreiben des Sekretärs des Premierministers an „alle Abteilungsleiter, Provinzsekretäre und Privatsekretäre" vom 27.9.1962 mit angefügter Presseerklärung des Premierministers v. 30.4.1962.

78 PV 93/1/30/1/16, Citizens of Port Elizabeth, Telegramm an V. und dessen Kommentar dazu, undatiert (1962).

79 PV 93/3/1/33, Bl.47, Liberal Party an V. mit Resolution, 4.8.1960.

80 PV 93/3/1/25, Bl.172, Fédération internationale des droits de l'Homme an Verwoerd, 13.10.1959, u. Antwort vom 7.11.1959, s. auch PV 93/3/1/26, Bl.13, International Press Institute an V., 24.10.1959.

81 FAV 4.7.1.5, Verbatim Verslag van die Eerste Minister se verklaring in die Volksraad op 16 Junie 1964 i/s wêreldwye reaksie op uitspraak in Rivonia-saak. Verwoerd sah in den Protesten eine vom Weltkommunismus gesteuerte Bewegung, die sich gegen den Westen generell richte, aber Südafrika als Zielscheibe ausgesucht habe. Als Beweis führte er die erstmals aus kommunistischen Staaten kommenden Protesttelegramme und -briefe an.

82 PV 93/1/30/1/19, Bl.91, Verwoerd an R.O.Hellyer (GB), 3.6.1963.

gerte,[83] doch niemand bezog in so entschiedener Weise Stellung wie Erzbischof (1957–63) Joost de Blank.[84] Andere englische Kirchen, wie die Methodisten, machten aus ihrer Ablehnung der Apartheid ebenfalls kein Hehl,[85] während die Baptisten sie unterstützten.[86] Verwoerd verhielt sich gegenüber kritischen Kirchenvertretern genauso wie gegenüber Nichtregierungsorganisationen wie dem SAIRR oder Black Sash: er wies sie ab.[87] Als etwa die Anglikanische Kirche in Cape Town wegen eines Gesprächstermins über den Group Areas Act und seine Folgen für die Bevölkerung nachsuchte, kam die schroffe Antwort: „The spirit in which the request is made would make such an interview utterly futile."[88] Als seine Regierung Bischof Ambrose Reeves von der Anglikanischen Kirche 1960 des Landes verwies und Vertreter der Kirche protestierten, antwortete er mit bewerkenswerter Sophisterei: „Naturally the Government regards your statement as wholly beside the point since action had to be taken against an individual. It is looked upon as mere propaganda to publicise this as an affront to the Church of the Province of South Africa which as such is surely in no way associated with politics or any activities against which the State must protect its people."[89] Einer der höchsten Repräsentanten der Kirche wurde zum bloßen „individual", dessen Deportation diese Kirche nichts angeht.

Im Rahmen des Nation-Building nach der Republikwerdung erhielten auch die englischsprachigen Kirchen einen neuen Stellenwert, denn sie sollten auf die Apartheidpolitik als Grundlage des Staates verpflichtet werden. Mit Blick auf die Kirchen betonte der Premier, auch die englischsprachigen Weißen lernten den Wert von Standfestigkeit schätzen, weil sie Grundlage ihrer eigenen Sicherheit

---

83 Die nationalistische Presse fiel regelrecht über ihn her, z. B. Die Burger 20.7.1954, aber auch UP-Abgeordnete wie Piet van der Bijl: RDM 16.7.1954. Zu der kirchlichen Kritik aus Großbritannien s. generell Skinner 2005.

84 Cape Argus 25.1.1958 u. Paine 1978: Kap. 4. Zur Anglikanischen Kirche während Verwoerds Regierungszeit s. auch Elstadt 1988: 36 ff.

85 Etwa der Präsident der Südafrikanischen Methodistischen Konferenz, Rev. S. B. Sudbury: Star 10.10.1955; auch der katholische Bischof Denis Hurley von Durban äußerte sich kritisch: Hurley 1964.

86 FAV 4.6.1.1, F.W.Schwarz (Wepener), der in den Südstaaten der USA in Theologie ausgebildet wurde, an V., 18. u. 29.3. sowie 6.4.1957 verbunden mit deutlicher, theologischer Kritik an den Kirchen, die sich gegen die Apartheid wandten.

87 Er hatte schon 1948 eine Delegation von Kirchenvertretern abgefertigt, die die Rassentrennung aus dem Wahlkampf gehalten wissen wollten, sie hätten sich nicht in Dinge einzumischen, von denen sie nicht genug Kenntnisse besäßen: D.Prinsloo 1979: 338.

88 PV 93/1/34/3, Bl. 159, Anglik, Kirche, Diözese Kapstadt, 22.2.1960.

89 PV 93/3/1/20, Bl.61, Verwoerd an Dean and Rector, St. Mary's Cathedral (Johannesburg), 26.10.60.

sei.[90] Er verdrehte die Geschichte, als er behauptete, Rassentrennung sei in den Kirchen immer praktiziert worden. Erst später hätten einige englische Kirchen gemischte Gemeinden aus politischen Gründen eingeführt.[91]

Auch im Umgang mit Kritikern aus dem eigenen Lager war Verwoerd nicht wählerisch, sondern bekämpfte sie mit allen Mitteln. Dies sollten das South African Bureau of Racial Affairs, die Kirchen sowie die Zeitung „Die Burger" erleben, wobei die Auseinandersetzung im Jahr 1960 über die Coloured-Politik des Premiers eskalierte, an der sich alle drei genannten Institutionen beteiligten und von ihm anschließend auf Linie gebracht wurden.

Seit Mitte der 1930er Jahre beschäftigten sich afrikaanse Intellektuelle, Kirchenvertreter und Missionare mit der „Rassenproblematik". Eine Initiative zur Institutionalisierung und Zusammenführung aller Interessenten wurde in den 1940er Jahren explizit „gegen das existierende Institute of Racial (sic) Relations" gerichtet. Ihr Ziel war „Aufrechterhaltung der Trennlinie zwischen weiß und nichtweiß in Südafrika auf kirchlichem, sozialem und ökonomischem Gebiet."[92] 1944 fand ein „Volkskongress" zum Thema statt,[93] doch erst 1948 gründete der Broederbond das South African Bureau of Racial Affairs (SABRA), woran neben den reformierten Kirchen auch „einzelne Dozenten" der Universität Stellenbosch beteiligt waren.[94] Im Vorstand des AB trat Verwoerd dafür ein, ein Komitee von „nur drei bestens geeigneten Mitgliedern" einzurichten. „Viele denken an eine Art afrikaanses Institut of Race Relations, doch er fürchtet, dass die Einrichtung eines solchen Instituts eine zwecklose Organisation wäre."[95] Diese Haltung gab er auch später nicht auf. Diederichs widersprach Verwoerd und befürwortete ein umfassendes Gremium von mehreren hundert Mitgliedern und dezentraler Struktur, nicht zuletzt, weil es mit mehr Autorität auch gegenüber der Regierung

---

90 PV 93/1/30/1/29, Bl.36, Verwoerd an Frau C.J.Hamel (Mt. Ayliff, Pondoland), 11.12.1964.

91 PV 93/1/30/1/28, Bl.23, Verwoerd an J.Valentyn (Glencoe, Natal), 20.8.1964, ganz ähnlich PV 93/1/30/1/17, Bl.162, Verwoerd an Dierk Böger (Vryheid), 6.2.1963.

92 PV 202/1/1/3/1, Verslag van Samespreking van Verteenwoordigers van F.A.K., die Instituut vir Volkswelstand an die Afrikanerbond vir Rassestudie, 30.4.1940, S. 2 (G.Cronjé über SAIRR und I.Lombard zur Judenfrage) u. Anhang (zweites Zitat). Allerdings beschloss die Geschäftsführung der aus dieser Versammlung hervorgegangenen Kommission für Rassenbeziehungen ein Jahr später, dass der Bond solange bestehen bleiben solle, bis das geplante Institut gegründet worden sei: PV 202/1/1/3/1, Dagbestuur der Kommissie vir Rasseverhoudinge, 7.6.1941.

93 PV 202/1/4/3/2/1, FAK. Protokoll des Volkskongress über den „Rassebeleid van die Afrikaner", 29. u. 30.9.1944.

94 Stals 1998: 208 ff. Vgl. zur Rolle der Akademiker der Uni Stellenbosch auch Broodryk 1991: 204 ff. Die Verbindungen zwischen SABRA und den reformierten Kirchen waren und blieben eng: Redaksie 1950.

95 AB-Archiv, 2/3/14, UR-Dagbestuur, 29.8.1947, S. 1, TOP 5, Komitee i. s. Kleurvraagstuk.

auftreten könne.[96] Der Uitvoerende Raad (UR) entschied, das Thema im Bondsraad zu besprechen,[97] was dann auch geschah. Der Vorsitzende des Broederbond, J.C. van Rooy, begründete die thematische Schwerpunktsetzung des Bondsraad 1947 auf „Eingeborenenpolitik", „um größere Klarheit hinsichtlich der Form, Art und Folgen unserer Apartheidpolitik zu gewinnen und um die Haltung des Afrikaaners dazu zu untersuchen."[98]

Der Bondsraad ernannte ein Komitee, das den Kontakt zu Prof. B.I.C. van Eeden[99] und anderen ethnologischen „Experten" der Universität Stellenbosch suchte. Kurz danach wurde absehbar, dass sich Diederichs' Vorstellung eines großen Instituts durchsetzen würde. Bei der Gründung am 31. Januar 1948 wurde das SABRA, das auch Propagandaarbeit leisten sollte, unzweideutig mit der Apartheidpolitik identifiziert.[100] Auf dem nächsten Bondsraad im November 1948 stellte Prof. H.B. Thom, ein Historiker von der Universität Stellenbosch, den AB-Mitgliedern das neue gegründete SABRA vor. Es handle sich um ein Forschungs- und Aktionsinstitut, das als ein „Verlängerungsstück, als ein Instrument des Bondsraad von 1947" zu sehen sei. Es solle „der sichtbare Arm des A.B. in Rassenangelegenheiten sein", seine Aufgabe sei, „das Prinzip der Apartheid wissenschaftlich zu begründen" und sie in allen Bevölkerungsgruppen sowie im Ausland zu propagieren.[101] Der Vorstand des Broederbond machte sich die Forderung nach einer Neubesetzung der Native Affairs Commission zu eigen,[102] worin der Anspruch von SABRA deutlich wurde, die Konzeptionalisierung der Apartheid in Zukunft den wissenschaftlichen Experten zu überlassen.[103]

---

96 Ebd., S. 1f., TOP 5, Komitee i.s. Kleurvraagstuk.

97 Ebd., UR-Versammlung, 30.8.1947, S. 3, TOP 14, Komitee i.s. Kleurvraagstuk.

98 Ebd., Bondsraad, 1–3.10.1947, CT., S.4, TOP 15, Die verhouding van die blankes tot die nieblankes. Die einzelnen Themen sind im Protokoll aber nur stichwortartig festgehalten, jedoch wird die Diskussion zusammengefasst.

99 Van Eeden war seinerseits ein Schüler von Carl Meinhof, s. Pugach 2012: 1 u. 177.

100 PV 94/1/66/1/1, Bl. 18, Protokoll der Gründungsvers. am 31.1.1948 in Kapstadt; den Vorsitz hatte der AB-Chef J.C.van Rooy; PV 94/1/66/1/1, SABRA, Bl. 6, B.I.C.van Eeden an Jansen, 2.4.1948 und PV 94/1/66/1/2, SABRA (van Schalkwyk) an Jansen, 19.10.48: Mitteilung über die formale Gründung von SABRA am 23.9.

101 AB-Archiv, 2/3/15, Bondsraad, 10.–12.11.1948 in Bloemfontein, S. 1, TOP 5: Die S.A. Buro vir Rasse-Aangeleenthede (SABRA). Vgl. auch AB-Archiv, Sekretariele Verslag van die U.R. oor die tydperk Julie 1946 – Junie 1948, S. 8, worin sich der UR zugute hielt, dass er die verschiedenen Initiativen von Kirchen, Wissenschaftlern und dem AB selbst in SABRA zusammenführen und damit Reibungsverluste vermeiden konnte.

102 AB-Archiv, 2/3/18, UR-Sitzung, 6.–8.2.1950, S. 4f., TOP 26, Apartheid; aus dem Kontext geht nicht klar hervor, ob es sich um die AB-eigene Kommission oder die staatliche handelte.

103 Ebd., S.6, TOP 20, Die Kleurvraagstuk en SABRA. Im Februar 1950 wurde die FAK als Organisation Mitglied von SABRA: PV 202/1/2/3/2/4, Bl. 72ff. UK-Sitzung 9.2.1950, Punkt 11: Sabra.

Verwoerd teilte dieses anfängliche Wohlwollen und setzte ein Zeichen, als er 1950 kurz nach seiner Ernennung zum Minister die Eröffnungsrede beim Jahreskongress von SABRA hielt.[104] Außerdem empfing er regelmäßig Delegationen von SABRA zu Gesprächen, und die Organisation ließ ihm ihre Publikationen und Resolutionen zukommen.[105] Noch 1953 bewegte sich SABRA ganz in der hermetischen Welt der Apartheidpolitik, die jeden Protest für illegitim und den Dialog mit den übrigen Bevölkerungsgruppen wegen deren kindlichem Entwicklungsstand für überflüssig hielt. Die vierte Jahresversammlung verurteilte die Defiance Campaign mit scharfen Worten, sprach ihr jede Berechtigung ab und betrieb ihre Kriminalisierung.[106] Ebenso unterstützte SABRA, das von Professoren der Universität Stellenbosch dominiert wurde, die Haltung der Regierung, besonders Eiselens, die Zuwanderung von Schwarzen ins Western Cape zu unterbinden.[107] In dem Zusammenhang war aber erstmals konkreter von „Kenntnis der beiderseitigen Meinungen aus erster Hand" die Rede, die nur durch „gemeinsame Gespräche" erlangt werden konnte, d. h. durch Dialog mit den übrigen Bevölkerungsgruppen.[108]

Ein Jahr später mahnte Thom eine stärkere Unterstützung von SABRA durch die FAK an und forderte dazu auf, in einem Rundbrief die Afrikaaner dazu zu ermuntern, Mitglied zu werden: PV 202/1/2/3/2/4, Bl. 127 UK-Sitzung am 22.2.1951, Punkt 26 SABRA.

104 PV 276/I/14/5/1, Bl. 1 SABRA (F.S. Language, Vors. des Tvl. Org.komitee) an V., 8.11.50 u. dessen Antwort v, 11.11.50. Ebd. Bl. 9 SABRA an V., 24.1.51, bedankte sich Sekretär P. J. N.Myburgh nochmals für Verwoerds Rede und ebd. Bl. 11 SABRA an V., 1.2.51, mit Dank, dass V. in Parlamentsrede auf SABRA Bezug genommen hat und Bl. 34 Myburgh an V., 25.9.51, dass Verwoerd ihnen erlaubte, seine Rede in ihrer Zeitschrift abzudrucken. S. auch PV 93/1/13/1/1, SABRA, Telegramm an V., 1950: Bl.20. u. PV 93/3/1/7, H. J. van Eeden an V., 12.12.1950.

105 S. den Briefwechsel dieser Anfangsjahre in: PV 276/I/14/5/1. Lazar 1987: 169 betont, dass Verwoerd diese Untersuchungen von SABRA in praktische Politik umsetzte. Zur Übereinstimmung in zentralen Punkten s. Verwoerd 1951b: 3.

106 PV 276/I/14/5/1, Bl. 76, Resolusies geneem op die vierde Jaarvergadering van SABRA, Resolutionen 1–4.

107 PV 276/I/14/5/2, Bl. 2, SABRA (N. J. J.Olivier) an V., 24.1.1955, mit der Bitte um ein Gespräch, worauf V. umgehend, nämlich am 27.1. (Bl. 3) mit einem Terminvorschlag antwortete. Eiselen 1955b: 6 mit Betonung auf der Gemeinschaftsbildung unter den Coloureds und der Kontrolle über die Schwarzen; ähnlich argumentierte N. J. J.Olivier 1953: 8 u. 11. Die Coloured Preferential Policy wurde auch in den Resolutionen der 6. Jahresversammlung von SABRA 1955 unterstützt: ebd. Bl. 10, Resolution Nr. 9. Zur „Eiselen-Line", die mehrfach verschoben wurde, s. Cole 2012: 2ff. Nach zehn Jahren musste man einräumen, dass die Maßnahmen nicht viel genützt hatten: N. C.de Klerk 1963: 120, weshalb die Grenzindustrien bei Ciskei und Transkei höchste Priorität erhalten sollten, ebd. S. 125. Zur rassistischen Einstellung vieler SABRA-Mitglieder und zum anfänglich noch guten Verhältnis s. Lazar 1988: 105.

108 PV 276/I/14/5/2, Bl. 9 Resolusies van die sesde Jaarvergadering van SABRA, Nr. 2.

Während man im AB-Vorstand Treffen von SABRA-Vertretern mit Repräsentanten der „Bantu" und der Coloureds positiv bewertete,[109] war Verwoerd ganz anderer Meinung. Seine Einstellung gegenüber SABRA hatte sich über die Jahre hin eingetrübt, da er die Organisation immer mehr als Konkurrenz empfand und darin eine Selbstermächtigung von Experten witterte, während für ihn das Entscheidungsmonopol ausschließlich bei der Politik liegen sollte.

Die führenden Akademiker in SABRA waren keineswegs Apartheid-Gegner, sie hielten diese Politik aus moralischen Gründen sogar für gerechtfertigt, wenn sie auf eine gerechte Lösung hinauslief.[110] Wie Verwoerd waren sie vom afrikaansen Kulturnationalismus motiviert und wollten über die Apartheid in erster Linie das kulturelle und physische Überleben der weißen burischen Minderheit sichern.[111] Viele von ihnen waren rassistisch und sahen biologische Rassenmischung als ein grundlegendes Übel an, dessen Bekämpfung mit Hilfe des Strafrechts sie durchaus zustimmten. Der Unterschied zu Verwoerds Politik rührte daher, dass sie nicht gleichzeitig ein rassisches Privilegiensystem und die territoriale Apartheid anvisierten, da letztere in dieser Kombination auf eine Fortsetzung von Kolonialismus und Ausbeutung hinauslaufen musste. Ähnlich wie die Dissidenten der Potchefstroom Universität waren sie häufig unpolitische Intellektuelle, die von idealistischen Vorstellungen angetrieben wurden.[112]

Als unübersehbar wurde, dass Verwoerds Politik eine Perpetuierung der bisherigen Ausbeutungsverhältnisse zum Ziel hatte und er nicht zuletzt aus diesem Grund jeden echten Dialog mit den anerkannten politischen und intellektuellen Führern der übrigen Bevölkerungsgruppen verweigerte, musste es früher oder später zum Bruch kommen. Als Mitglied der Tomlinson-Kommission hatte Professor N. J. J. Olivier, zugleich der führende Kopf von SABRA, die „Bantu" für entwicklungsfähig erklärt und ihnen darum einen Anspruch auf gleiche Bürgerrechte zuerkannt, sobald sie ein bestimmtes Niveau erreicht haben würden.[113] Zwei Jahre später sprach er sich für eine stärkere Öffnung zur Bevölkerungs-

---

109 AB-Archiv, 2/3/36, UR-Sitzung, 13.12.1957, S. 11f., TOPs 38, Voeling met nie-blanke leiers und 39, SABRA.

110 SABRA wurde schon Mitte der 1950er Jahre von Keet 1955: 49ff. als realitätsfremd und von Wunschdenken geleitet kritisiert.

111 S. z.B. Cape Times 1.4.1954. Dem Artikel zufolge war SABRA bereit, ein geringeres Wirtschaftswachstum in Kauf zu nehmen und die wirtschaftliche Entwicklung vor der Sicherung des Fortbestands der Weißen hintanzustellen.

112 S. die Ausführungen des Erziehungswissenschaftlers C. F.Gunter von der Universität Stellenbosch in: Die Burger 2.5.1958.

113 N. J. J.Olivier 1956b: 16 u. seine positivere Bewertung der Urbanisierung: N. J. J.Olivier 1959a: 41ff. Hindernisse der Entwicklung sah er in Institutionen, nicht in kulturellen Zuständen oder gar in fehlender Begabung: N. J. J.Olivier 1961: 210. Zu Oliviers Bedeutung s. Schüler 1989: 6ff.

mehrheit und gegen eine zwangsweise Implementierung der Rassentrennung aus, auch wenn er an den Grundsätzen der Apartheid festhielt und sich als Afrikaaner-Nationalist verstand.[114] SABRA propagierte Verzichtleistungen der Weißen, um ihre Ökonomie von schwarzer Arbeitskraft unabhängiger zu machen; so sollte etwa die Hausarbeit von Weißen selbst übernommen werden.[115]

Verwoerd dagegen widerstrebte schon die Bereitschaft von SABRA, in ein offenes Gespräch mit den Vertretern der schwarzen Mehrheit zu treten, während seine eigene Politik gerade in der Verweigerung eines solchen Dialogs wurzelte.[116] Ebenso fasste er die von SABRA betriebene Einsetzung der Tomlinson-Kommission im Jahr 1950,[117] also noch zur Amtszeit von Verwoerds Vorgänger Ernest Jansen, als Einmischung in die Politik auf.[118] Anfang Dezember 1957 kam es zum offenen Konflikt, als Verwoerd über seinen Privatsekretär brieflich mitteilen ließ, „dass der nicht mehr länger die Möglichkeit sieht, sich weiterhin mit der Arbeit von SABRA einzulassen, nachdem letztere bereit war, mit dem Institute of Race Relations und anderen ein Büro für Literaturverbreitung einzurichten – was anscheinend auch noch eine gemischtrassige Körperschaft ist wie das Instititut auch. Indem es sich mit einer liberalistischen und politisch feindlichen Organisation in eine unheilige Allianz begeben will, selbst wenn die Absicht gut sein sollte und andere afrikaanse kirchliche Personen oder Institutionen dies auch tun, hat SABRA es dem Minister unmöglich gemacht, noch länger mit ihm durch Mitgliedschaft oder Beiträge verbunden zu bleiben."[119]

Der Angriff war ein Volltreffer, denn in SABRA-Kreisen reagierte man bestürzt. Verwoerd, der sich am längeren Hebel wusste, war nicht geneigt, sich konziliant zu zeigen, sondern verlangte die Entmachtung Oliviers und eine Neuausrichtung der Organisation.[120] Sein Wunsch nach einer Ausschaltung Oliviers wurde

---

114 N.J.J.Olivier 1959b: 68; s. etwa seine Rolle beim SABRA-Kongress 1958. Die Burger 3.5.1958

115 SABRA scheiterte daran schon im eigenen Haus, da die Studenten der Universität Stellenbosch sich weigerten, ihre eigenen Betten zu machen und die Zimmer aufzuräumen, weil dies „Kafir-work" sei: Cape Times 7.11.1958.

116 Die Konsultationen von SABRA mit Vertretern der schwarzen Mehrheit brachten denn auch eine weitgehende Ablehnung der Regierungspolitik zu Tage: Anonym 1961: 174; bezeichnend ist auch, dass dies für viele weiße Intellektuelle, die sich gern als „Experten" gaben, die erste Gelegenheit war, „um zum ersten Mal die Bantu in der richtigen Perspektive zu sehen." (S. 198)

117 Broodryk 1991: 215.

118 Lazar 1987: 186 f., der auch feststellte, dass die Initiative zur Einsetzung der Kommission von De Wet Nel ausging.

119 PV 276/I/14/5/2, Bl. 18, V. an SABRA, 5.12.1957.

120 Olivier machte sich nicht beliebter, als er sich gegen die vorgesehene Rassentrennung an den Universitäten aussprach und darin einen Eingriff in die Freiheit der Universitäten sah: Cape Times 9.1.1958 (Leitartikel).

dringlicher, als SABRA auf der Jahrestagung 1958 mit nur einer Gegenstimme seinen Vorstand beauftragte, Gespräche mit „Nicht-Weißen“ in die Wege zu leiten.[121] Eiselen gegenüber bekundete Verwoerd seine Absicht, SABRA auf die gefährlichen Abwege führender Mitglieder, gemeint war in erster Linie Olivier, hinzuweisen. „Vielleicht kann die Sache gerettet werden, wenn sie mit einem frontalen Angriff oder einer Warnung konfrontiert werden.“[122] Kurze Zeit danach verbot er den Beamten seines Ministeriums, die Gespräche von SABRA mit afrikanischen Politikern durch Informationen zu unterstützen.[123] Gegenüber führenden SABRA-Mitgliedern unterstrich er, dass Olivier an seinen Presseerklärungen gehindert werden sollte und forderte, dass „noch vor der Parlamentssitzung eine Erklärung einer reformierten SABRA-Führung abgegeben wird, die hinsichtlich der abgelehnten Haltung und dem angeblich gemischtrassigen Kongressplan eine Richtigstellung enthält.“[124]

Danach begann Verwoerd die Säuberung der Organisation von den Kritikern seiner Politik vorzubereiten, ähnlich wie er dafür sorgte, dass in diesen Jahren kritische Stimmen unter den Studierenden der Universität Stellenbosch zum Schweigen gebracht wurden.[125] So ließ er in befreundeten Publikationsorganen wie dem rechtsextremen „South Africa Observer“ von S. E. D. Brown Stimmung gegen Olivier und seine „liberalistischen“ Freunde machen.[126] Gleichwohl änderte sich zunächst noch nichts, ja wichtige Mitglieder von SABRA wie ds. Brink nahmen unter dem Eindruck des Sharpeville-Massakers an dem theologischen Gespräch zwischen verschiedenen, auch englischen, protestantischen Kirchen in Cottesloe (Johannesburg) Ende 1960 teil. Möglicherweise war diese sichtbare Verbindung von SABRA, den Kirchen und Kreisen in der Kap-NP für Verwoerd, mittlerweile Premierminister, ein Grund, endgültig für klare Verhältnisse zu sorgen. Der Anlass war seine Politik gegenüber den Coloureds.

Mit diesem Thema erfolgte eine Zuspitzung, die sich für Verwoerd zu einer Autoritätskrise entwickelte. Im Jahr 1960 war seine Führung mehrfach angefochten worden, obwohl er mit dem Referendum über die Republik einen großen Triumph einfuhr. Mit dessen Rückenwind gelang es dem Premier, die Kritiker im

121 RDM 3.5.1958. Star 2.4.1958. S. auch den kritischen Kommentar von Jordan Ngubane in Cape Argus 14.10.1958. Verwoerd und Olivier konnten einander nicht ausstehen: Schüler 1989: 10.

122 PV 276/I/14/5/2, Memo, V. an Eiselen, 26.5.1956. Dabei sicherte er sich gleichzeitig bei Premier Strijdom ab: „Ich habe nicht den Eindruck, dass eine nachsichtige und versöhnende Haltung zum gewünschten Resultat führen wird.“ Ebd., Bl. 25, V. an Strijdom, 26.5.1956.

123 PV 276/I/14/5/2, Bl. 33, Memo V. an Eiselen, 13.6.1958.

124 Ebd., Bl. 32 V. an Eiselen, 5.6.1958.

125 McKay 2015: 137, 163 u. 174 ff.

126 South African Observer 11.3.1959.

eigenen Lager weitgehend auszuschalten, was nicht zuletzt daran lag, dass er hinsichtlich der dabei angewandten Mittel nicht wählerisch war und mit mehreren exemplarischen Abstrafungen die erwünschte Einschüchterung der übrigen erreichte.

Inder und Coloureds

Mit seiner Übernahme des höchsten Regierungsamtes 1958 zog Verwoerd die Politik gegenüber den Minderheiten der Inder und Coloureds an sich. Die Ressortminister wurden zu reinen Exekutoren einer Politik, die der Premierminister selbst formulierte. Mit der Ausweitung seiner Kompetenzen ging die rigorose Durchsetzung seiner Autorität einher und die Unterdrückung offener Diskussionen innerhalb des nationalistischen Lagers.[127] Im Hinblick auf die indische Minderheit gab es innerhalb der weißen Bevölkerung einen breiten Grundkonsens. Wie die meisten NP-Anhänger und darüber hinaus die meisten Weißen lehnte Verwoerd die indische Präsenz in Südafrika ganz grundsätzlich ab, weil er die Inder als Asiaten für nicht assimilierbar hielt.[128] Verwoerds Ablehnung der Inder Südafrikas erfuhr keine Differenzierung durch persönliche Bekanntschaften. Sie war vielmehr ideologisch geprägt und tief verwurzelt in seiner Ansicht, dass der Ost-West-Konflikt primär ein Konflikt zwischen Europa und Asien sei. Wie seine Regierung trat er bis 1961 für die Repatriierung der Inder ein[129] und war erst danach bereit, sich der Realität zu stellen und die Inder als dauerhafte Bewohner des Landes zu akzeptieren – eine der wenigen Kurskorrekturen der Apartheidpolitik. Der Versuch, die Inder über beratende Gremien in die Apartheidpolitik einzubinden, war verknüpft mit kleineren Zugeständnissen, etwa der Möglichkeit, weiterhin außerhalb ihrer „Group Areas“ Geschäfte betreiben zu dürfen.[130]

Während die Inder-Politik der Regierung auf breite Zustimmung in der weißen Bevölkerung traf, war ihr Vorgehen gegenüber den Coloureds umstritten. 1956 hatte die Apartheidregierung der Coloured-Bevölkerung nach Jahren verfassungsrechtlich dubioser Winkelzüge ihr Wahlrecht genommen, das sie seit 1853 ausüben konnte.[131] Der Grund dafür war kein Apartheid-Dogmatismus, kein ab-

127 Adam/Giliomee 1979: 202.

128 P.J.Meyer 1984: 188 war noch 1984 dieser Meinung.

129 Darum wies er auch lange jede sozialpolitische Zuständigkeit der südafrikanischen Regierung zurück: PV 93/1/16/1, Treatment of Indians, handschr. undatiert [1959]. S. auch G.D.Scholtz 1974: Bd. 2: 177 f.

130 Andrews/Berrill/Guignand/Holloway/Meyer/Van Eck 1965: 207.

131 Chronik der Entwicklung in: Horrell 1956: 21 ff. S. auch Bekker 2005: 72 ff.

straktes Prinzip, sondern schlicht die Tatsache, dass in einigen Wahlkreisen die Coloured-Wähler den Ausschlag gaben.[132] Da die NP den Coloureds traditionell wenig zu bieten hatte, unterstützten sie in ihrer Mehrheit, wenn auch keineswegs begeistert, die United Party.[133] Statt nun die Coloureds als Wähler zu umwerben und ein attraktives Programm für sie zu entwerfen, entschloss sich die NP, sie für ihr „falsches" Wahlverhalten mit Entzug des Wahlrechts zu bestrafen.[134]

Obwohl Verwoerd als Professor für Soziologie und Sozialarbeit die Coloureds in seine Pläne eines „Social Engineering" einbezogen hatte,[135] aber ihr Wahlrecht bereits in den 1920er Jahren als problematisch einschätzte,[136] versteifte er sich später auf eine bürokratische Verfahrensweise, die die Coloureds nur noch als Teil eines Gesamtplanes für die Apartheid sah. Dies rief Widerstand in der Kapprovinz hervor, in der die überwiegende Mehrheit der Coloureds lebte, der sich mit innerparteilichen Spannungen anreicherte. Viele Nationalisten hegten, obwohl sie in den 1950er Jahren den Entzug des Coloured-Wahlrechts unterstützt hatten, eine grundsätzliche Sympathie für eine Bevölkerungsgruppe, „die lieben braunen Menschen",[137] die sich in ihrer Mehrheit kulturell kaum von den Weißen unterschied.[138] Manche mag auch ihr schlechtes Gewissen nach der politischen Entmündigung einer Bevölkerungsgruppe geplagt haben, für die viele Weiße eine Art Fürsorgeverpflichtung empfanden.[139] Der Soziologe S.P. Cilliers von der Universität Stellenbosch unterstrich die demographische Dynamik der Coloureds, bei

132 Allerdings bezweifelte dies Meiring 1990: 119 mit überzeugenden Argumenten. Es war demnach doch eher ideologischer Dogmatismus als parteipolitisches Kalkül.

133 Lewis 1987: 178.

134 Das geschah mit Unterstützung der parteinahen Presse, namentlich Piet Cilliés: Cillié 1965: 96. Diesbezügliche Forderungen kamen von der NP schon in den 1930er Jahren: Abercrombie 1938: 146. Über die Vernachlässigung der Coloureds durch die NP s. auch J.Basson 2004: 127.

135 So nannte er in einem Artikel vom 4.10.1935 im Cape Argus neben den „Poor Whites" die „Cape Coloured" als die „two groups of people in our community", die nicht die „attention they merit" erhalten hätten. Ähnlich äußerte er sich vor der Coloured Commission im Jahr 1937: 77.17.3, Coloured Commission, Evidence, vol. 3, S. 2941–2952.

136 231/2/1/1, Inleiding tot die Sociologie, S. 106: „In der Politik wird über ihren Missbrauch des Stimmrechts oft geklagt und verschiedene Personen sind der Meinung, dass sie politische Missstände herbeiführen."

137 55.K.T. (65), M.E.Rothmann an Erika Theron, 28.11.1963.

138 Dies ging deutlich hervor aus einem Schreiben von Phil Weber an A.L.Geyer vom 18.2.1951, in dem er auf den Dissens innerhalb der Partei wegen der Coloureds verwies und insbesondere hinter der harten Haltung von Strijdom u.a. einen tiefergehenden Konflikt vermutete: 296.K.GE (42). Cillié betonte dies noch im Jahr 1963: Cillié 1965: 261 (26.10.1963).

139 Vgl. den von Sympathie für die Coloureds getragenen Bericht eines Farmers über die Situation in der nördlichen Kapprovinz: 220.K 61 (54), F.J.van Zyl an Piet Cillié, 8.9.1961. S. auch Adam/Giliomee 1979: 124 f.

denen der Anteil junger Menschen besonders hoch sei,[140] was als Verweis auf ihr Potential als Bundesgenossen der Weißen gelesen werden konnte.

So gab es Personen, die den Immorality Act, Arbeitsplatzreservierung u. a. m. im Hinblick auf die Coloureds in Frage stellten und mehr Rechte für sie forderten, einschließlich ihrer direkten Vertretung im Parlament.[141] Verwoerd lehnte dies rigoros ab und sah einmal mehr „unverantwortliche und unpraktische oder theoretisch schön klingende politische Richtungen“[142] am Werk: „Es ist äußert bedauerlich, wenn Menschen, die nichts mit der praktischen Umsetzung und den Folgen der staatlichen Politik zu tun haben, nur um ihrer intellektuellen Befriedigung willen versuchen, die Regierenden zu nötigen.“[143] Er nahm an zwei Dingen Anstoß, einmal, dass diese Diskussion kurz vor dem Referendum über die Republik einsetzte, und zum anderen, dass sie in die breitere Öffentlichkeit gelangen und „Uneinigkeit“ verursachen könnte. Die Geschlossenheit des nationalistischen Lagers hatte für ihn immer Vorrang vor interner Meinungsvielfalt, abweichende Meinungen von seiner eigenen konnten nur auf fehlender Faktenkenntnis beruhen.[144] Er glaubte beobachtet zu haben, dass solche Streitereien „am leichtesten entstehen, wenn eigentlich alles ruhig ist und das Afrikaanertum nach außen besonders stark dasteht.“[145]

Eine Wiederaufnahme der Coloureds in eine gemeinsame Wählerliste mit den Weißen kam für ihn überhaupt nicht in Frage und eine parlamentarische Vertretung von Coloureds durch Coloureds erst recht nicht.[146] Apartheid musste auch bei dieser Bevölkerungsgruppe kompromisslos und konsequent durchgesetzt werden, obwohl es für sie kein Homeland geben konnte, weil sie auch nicht annäherungsweise ein geschlossenes Siedlungsgebiet bewohnten. Ihre kulturelle Nähe zu den Weißen war sicher einer der Gründe, warum Verwoerd ihre Zukunft in einem gemeinsamen Staat mit den Weißen sah, aber nur als segregierte Juniorpartner. Dabei hatte er selbst zunächst gar keine klaren Pläne, wie F.W. de Klerk

---

140 Cilliers 1966: 15 u. 18.

141 PV 93/1/47/2/4, Bl. 107, P. A.Weber an Verwoerd, 26.8.1960.

142 PV 93/1/24/11, Bl.5 – 6, Verwoerd an C. H.Badenhorst (Wellington), auf dessen umfangreiches Memorandum über die Rassenfrage, 12.11.1960.

143 PV 93/1/24/12, Bl.15, Verwoerd an ds. J. A. J.Steenkamp, Moderator N.G.Sendingkerk (Goodwood), 22.5.1961.

144 296.KV.32, Verwoerd an P. A.Weber, 6.9 1960. In seiner Antwort PV 93/1/47/2/4, Bl. 111, v. 12.9.1960 kündigte Weber an, beim nächsten Treffen der AB-Abteilung werde Verwoerds Brief verlesen: „Es ist nötig, dass unsere Leute wissen, wie Sie denken.“

145 PV 72/3, Piet Koornhof berichtete von einem Gespräch mit V. am 10.8.1966.

146 PV 93/1/30/1/10, Bl.49, Verwoerd an J. D. A.Crafford, 16.1.1961.

im Gespräch mit ihm feststellen musste: „The absence of any principled approach troubled me.“[147]

Da die Coloureds verstreut lebten, müsse dem „Gemeinschaftsbau“[148] Priorität eingeräumt werden, wobei Sentimentalitäten wie „the understandable but selfish desire to stay where one spent one's childhood years,“ dem Aufbau der Coloureds als einer „national group“ nicht im Weg stehen durfte.[149] Damit meinte er Zwangsumsiedlungen, denn: „It is easier to achieve good relations when there is a side-by-side existence instead of a mixed-up one.“[150] – Ordnung statt Chaos. Wenn die Trennung erst einmal vollzogen sei, bestünde „no reason why people who differ from one another cannot live close together.“[151] In welcher Hinsicht Weiße und Coloureds sich voneinander unterschieden, konnte er nie spezifizieren, weil sich außer der Hautfarbe keine Differenz aufzeigen ließ. Seine Politik war von der Absicht getragen, die beiden genannten Minderheiten durch eine Teilprivilegierung auf der Seite der Weißen zu halten und ihre Solidarisierung mit der schwarzen Mehrheit zu unterbinden,[152] was die Strategie bis zum Ende der Apartheid und noch darüber hinaus bleiben sollte.

Der Dissens innerhalb des nationalistischen Lagers rührte aus der logischen Inkonsistenz von Verwoerds Politik. Während seine Politik gegenüber der schwarzen Mehrheit, die sich in den Homelands selbst verwalten sollte, zumindest in der Theorie moralisch verteidigbar war, wurde für die Coloureds, deren Zukunft in einem gemeinsamen Staat mit Weißen und Indern liegen sollte, eine permanente Entmündigung anvisiert. Sie sollten nur auf der lokalen Ebene, d. h. in den Stadtvierteln und Landgemeinden, die nach der Segregation als „coloured“ klassifiziert werden konnten, politische Rechte erhalten, nicht dagegen auf der Ebene des gemeinsamen Staates.[153] Tatsächlich nannte Verwoerd nie

---

147 F.W.de Klerk 1999: 41.

148 Verwoerd, Uniale Raad vir Kleurlingsake, 12.12.1961, in: Pelzer 1963: 599 – 609, hier 604. Ganz ähnlich argumentierte er in: PV 93/1/30/1/29, Bl. 192, Verwoerd an Mrs. C.Greenland (Fishhoek), 5.4.1965.

149 Verwoerd, Union Council Concerning Coloureds, 12.12.1961, in: Pelzer 1966: 642 – 653, S. 647 f.

150 Ebd.: 644.

151 Ebd.: 642.

152 PV 93/1/30/1/7, Bl.5, Verwoerd an ds. W. J.Wentzel, 22.7.1960. Dazu gehörte auch die Politik, das Western Cape als Gebiet auszuweisen, indem Coloureds Vorrechte, etwa auf dem Arbeitsmarkt, gegenüber Schwarzen haben sollten. Diese Politik funktionierte so wenig wie die Apartheid generell: Humphries 1989: 178.

153 Vgl. dazu PV 93/1/25/2, Departement van Gemeenskapsbou. Verslag van Ondersoekkomitee na die ontwikkeling van plaaslike bestuur vir Kleurlinge, 11.12.1961. Dieses Komitee kam zum Schluss, dass Coloureds zur Selbstverwaltung gar nicht in der Lage waren und dass diese auf

plausible Gründe, warum der schwarzen Mehrheit eine staatliche Selbstverwaltung in Aussicht gestellt wurde, den Coloureds dagegen nicht. Sie sollten dauerhaft keine Bürger, sondern Untertanen bleiben.[154]

Einen der ersten Vorstöße hinsichtlich der politischen Rechte für Coloureds unternahm 1959 Prof. N. J. J. Olivier, stellvertretender Vorsitzender von SABRA, der darauf hinwies, dass nach internationalen Standards die Coloureds durch ihre eigenen Abgeordneten entsprechend ihres Anteils an der Bevölkerung vertreten werden müssten.[155] Verwoerd blieb unbeweglich und reagierte mit dem immergleichen Argument, dass ein Zugeständnis nur weitere Forderungen provozieren werde.[156]

Im Oktober 1960 äußerte er sich bekümmert über den „unberechenbaren Professor Olivier und seine Freunde", deren „fortgesetzte Kontrolle über Sabra" er bekämpfte,[157] zumal er sich beim Thema Coloureds einer viel stärkeren internen Opposition und Kritik ausgesetzt sah als bei jedem anderen Aspekt der Apartheidpolitik. Wenige Wochen später, am 22. November 1960, bekräftigte Verwoerd seine Haltung in einer ausführlichen Presseerklärung, indem er seinen Kritikern, „von denen einige einmal Nationalisten waren", „liberalistische" Neigungen unterstellte, und dass sie ihre Kritik an der Apartheid gegenüber den Schwarzen, weil sie keinen Anklang mehr finde, jetzt auf die Coloured-Politik verschoben. Er polarisierte bewusst, als er behauptete, diejenigen innerhalb der NP, die hinsichtlich der Coloureds anderer Meinung waren, seien grundsätzlich gegen die Apartheid.[158] Doch unterschätzte er den Widerstand gegen seine rigorose Politik, als er schrieb, es handle sich nur um „ein kleines Grüppchen von

---

Provinzebene begonnen werden müsse, während sich eine direkte Unterstellung unter den Unialen Kleuringraad als ungünstig erwies.

154 Mamdani 1996: 90 ff. arbeitet mit dem Gegensatz von Citizen und Subject in Südafrika, allerdings nicht mit Bezug auf die Coloureds, auf die er aber genauso zutraf.

155 Burger 16.6.1959.

156 PV 93/1/24/10, Bl. 149, V. an J.Crafford (Ceres), 14.11.60. „Wenn zugelassen wird, dass Coloureds durch Coloureds im Parlament vertreten werden, dann werden sie morgen Vertreter im Provinzialen Rat verlangen, und welches Recht hätten wir dann später, um ihnen die Repräsentanz in allen anderen Gremien und selbst in unseren Schulen zu verweigern? Außerdem wäre es unlogisch, um dann nur den Coloureds eine Vertretung zu geben und den anderen Gruppen zu verweigern. Die Leute, die solche Integration befürworten, verstehen nicht die Folgen, die daraus notwendigerweise entstehen." Ganz ähnlich: PV 93/1/30/1/9, Bl.22, Verwoerd an P.J.Venter (Upington), 5.11.1960. Allerdings gestand Verwoerd zu, dass Coloureds in der Kapprovinz auch weiterhin weiße Abgeordnete ins Parlament sollten wählen können, allerdings auf einer getrennten Wählerliste: PV 93/1/30/1/30, Bl. 7, Verwoerd an Frau Dr. M. Vera Bührmann (Cape Town), 10.6.1965.

157 PV 93/1/47/2/7, Verwoerd an J. P. van der Spuy (AB), 31.10.1960.

158 FAV 4.7.1.5 Presseerklärung Verwoerds vom 22.11.1960.

Geschäfts- und Kirchenleuten [...], die nun aufgeben, was immer die Politik der Nationalen Partei war."[159]

Verwoerd war sorgsam darauf bedacht, die Initiative zu behalten, denn schon am 7. Dezember 1960 veröffentlichte die Informationsabteilung des Department for Coloured Affairs ein „positives Entwicklungsprogramm". Darin betonte der Premier die Einigkeit innerhalb der Regierung bezüglich der Coloured-Politik und wies nochmals alle Vorschläge für eine Vertretung der Coloureds im Parlament zurück; stattdessen setzte er auf die Fortentwicklung des Uniale Raad vir Kleurlinge, dem sukzessive Selbstverwaltungskompetenzen zugeteilt werden sollten,[160] so dass er sich zu einer Art von Parlament würde entwickeln können. „Da dies ein Unialer [landesweiter] Rat sein wird, wird er eine größere Bedeutung erhalten, als wenn er an Provinzobrigkeiten und -interessen gebunden bleibt, und dies wird ihre Ambitionen noch mehr befriedigen. Statt ihnen eine Repräsentanz im Senat zu geben, die vielleicht auch missbraucht werden kann und als Anfang von einem Zusammengehen mit den Weißen gesehen werden könnte, schlagen wir jährliche Konsultationen der Coloured-Führer mit der Führung des weißen Staates mehr oder weniger nach dem Muster der Premierministerkonferenzen vor."[161] Dabei machte er sich keine Illusionen, dass die Coloureds große Sympathie für die Afrikaaner-Nationalisten hätten und er mit Wohltaten ihre Sympathie gewinnen könnte: „Was die Coloureds betrifft, müssen wir ihnen genau wie den Bantu zu einer eigenen Entwicklung verhelfen, um sie uns vom Leib zu halten. Ich stimme Ihnen jedoch zu, dass wir selbst damit bei vielen keine gute Einstellung uns gegenüber erzeugen, weshalb wir auch keine Werbung um gute Gesinnung betreiben, sondern kühler Überlegung folgen sollten, was politisch und sozioökonomisch im Rahmen unserer Apartheidpolitik gesund ist."[162]

---

159 PV 93/1/24/11, Bl. 27, Verwoerd an Dr. W.Venter, L.V. (Barkly West), 7.12.1960. Als Beispiel für solche Ratschläge s. PV 93/3/1/48, Bl. 125, ds. S.Grosskopf an V., 20.11.1961.

160 PV 93/1/24/11, Bl. 59 ff. Positiewe Ontwikkelingsprogram van die Regering ten opsigte van die Kleurlingbevolking aangekondig deur Sy Edele die Eerste Minister, 7.12.1960. Seinen Parteifreund S. P. Botha beschwor er, dass die Parteiorgane eine eindeutige Haltung in der Sache einnehmen müssten: ebd., Bl. 76, V. an S. P.Botha, M.P. (Louis Trichardt), 3.1.1961. Vgl. dazu auch PV 93/1/25/2 Departement van Gemeenskapsbou. Verslag van Ondersoekkomitee na die ontwikkeling van plaaslike bestuur vir Kleurlinge, 11.12.1961. Dem Bericht zufolge war der Kleurlingraad dazu nicht in der Lage. Der Auftrag an dieses Komitee kam auch nicht zufällig zu dieser Zeit, da wegen des starken Widerstands gegen Verwoerds radikale Form der Apartheid die Regierung Handlungsbedarf sah, um Fakten zu schaffen. Ob der eher skeptische Bericht des Komitees letztlich in seinem Sinne war, lässt sich nicht feststellen, kann aber bezweifelt werden.

161 PV 93/1/24/11, Bl. 35 f. V. an Dr. W. J. B.Pienaar (Rondebosch), 7.12.1960. Mit den Premierministerkonferenzen meinte Verwoerd das Commonwealth als Modell.

162 Ebd., Bl. 72 f. V. an N. J.Basson, 3.1.1961.

Viele Nationalisten in der Kapprovinz sahen in den Coloureds potentielle Verbündete gegen die schwarze Mehrheit, die sie darum an sich binden wollten.[163] In der Zeit begann eine intensive publizistische Tätigkeit von Theologen und anderen Akademikern, die einen anderen Weg als den der radikalen Trennung wünschten. Der reformierte Pfarrer D.P. Botha lieferte mit seinem Buch „Die Opkoms van ons Derde Stand [Die Entstehung unseres Dritten Standes]" im Jahr 1960 ein engagiertes Plädoyer für die gesellschaftliche Integration von Weißen und Coloureds, was die politische Mitsprache der „braunen Menschen" einschließen musste.[164] N.P. van Wyk Louw, der wohl berühmteste afrikaanssprachige Dichter dieser Zeit, schrieb ein Vorwort dazu und ging auch mit seiner Beteiligung an Protesten gegen die Universitäts-Apartheid deutlich auf Distanz zu Verwoerd.[165] Mit dem sich anbahnenden Konflikt über die Coloureds brachen auch die alten Gegensätze zwischen den Provinzparteien heftig hervor, die immer wieder im Zusammenhang mit Kabinettsumbildungen hochgekocht waren. Die Nationalisten der Kapprovinz sahen sich seit dem Rücktritt von Premierminister Malan 1954 politisch marginalisiert, ihre führenden Politiker auf weniger wichtige Kabinettsposten abgeschoben, die Gesamtpartei wurde vom Transvaal dominiert. Hinzu kamen Gegensätze zwischen den verschiedenen Zeitungen und Pressekonzernen der parteinahen Medien, wobei der Premierminister und ehemalige Journalist den Vorsitz eines dieser Konzerne innehatte, nämlich von Voortrekkerpers in Johannesburg. Oft reagierte er kleinlich und betrieb eine scharfe Konkurrenz zur Nasionale Pers, weil sie ihm zu wenig auf seiner eigenen Linie lag.[166]

Gegenseitiges Mißtrauen schürte einen Konflikt, in dessen Mittelpunkt im Dezember 1960 Piet Cillié geriet, der Chefredakteur von „Die Burger", des jour-

---

163 Als Anfang 1961 eine „nicht-weiße Einheitsfront" von Coloureds ins Leben gerufen werden sollte, versuchte der Fachminister P.W.Botha sofort, die Furcht der Coloureds vor der schwarzen Mehrheit gegen diese Initiative auszuspielen. Eher kurios ist seine Begründung der Diskriminierung der Coloureds mit ihrem geringeren Entwicklungsstand, wobei er wiederum die Gründung dieser Einheitsfront als Beleg für diesen geringeren Entwicklungsstand nahm, da sie „das angekündigte Entwicklungsprogramm und das effektive Department of Coloured Affairs ablehnen". Kritik an der Regierungsarbeit wurde damit zum Beweis für Unzivilisiertheit: PV 93/1/20/2/2, Bl. 165, Erklärung von Minister Botha, 24.2.1961.

164 D.P.Botha 1960: 150 ff, für ihn waren die Coloureds das Proletariat des Afrikaaner-Volks.

165 Steyn 1998: 897 f. u. 907 f.

166 Vgl. den ausführlichen Bericht Cilliés in 296.K.D.11 (9/1), Cillié an T.E.Dönges, 31.7.1964 u. beigefügte Abschrift eines Briefes Verwoerds an Dönges v. 16.6.1964 (9/2). S. auch Cilliés Artikel vom 6.1.1960, wo er sein Recht unterstrich, nicht einfach nur die Parteilinie nachzuplappern: Cillié 1965: 169.

nalistischen Flagschiffs der NP.[167] Wie so oft waren auch in diesem Fall persönliche Animositäten[168] und politische Streitfragen kaum voneinander zu trennen, obwohl Cillié die Apartheidpolitik, insbesondere im Hinblick auf die territoriale Trennung, nie in Frage stellte, sondern sogar zu ihren überzeugten und energischen Verteidigern gehörte.[169]

In seiner „Dawie"-Kolumne betonte Cillié Ende November süffisant, dass die Idee einer Repräsentation im Zentralparlament mitnichten von der UP oder den Progressiven vertreten wurde, sondern aus den Reihen der Nationalisten kam. Genüßlich zitierte er Verwoerds ministeriellen Nachfolger Daan de Wet Nel, der im Parlament die Repräsentation von Schwarzen durch Schwarze als die einzig realistische und ethische Politik bezeichnet hatte und fügte an: „Das war die Art Logik, die Unterstützer der Regierung und der getrennten Entwicklung zum Gedanken einer Repräsentierung von Coloureds durch Coloureds führte."[170] Cillié wollte damit klarstellen, dass sich diejenigen Nationalisten, die für dieses Ziel eintraten, völlig im Rahmen der Apartheidpolitik bewegten und keine „Liberalisten" waren. Es half ihm nicht viel, denn de Wet Nel und Verwoerd beschuldigten ihn genau dessen, nämlich „liberalistische" Gedanken zu verbreiten, was Cillié indigniert zurückwies. Er verwahrte sich generell gegen derartige Beschuldigungen und sprach von einer „Ketzerjagd" und einer drohenden Spaltung der „Volkseinheit", eine Beschuldigung, die sich gegen den nicht namentlich genannten Premierminister richtete. Die Leser wussten, wer gemeint war, wenn Cillié schrieb: „Nun finden sich unglücklicherweise Anzeichen, dass einige von uns die Geduld mit dem mühsamen Prozess von Diskussion und Überzeugung verloren haben. Wir wollen diejenigen, die in dieser Sache von uns abweichen, mit Macht und Gewalt in ihre Schranken weisen."[171]

Cilliés Mahnung zu Toleranz und offener Diskussion sollte ihm bei einem Premierminister nicht viel nützen, der von Sendungsbewußtsein und der Überzeugung angetrieben wurde, er allein wüsste die Patentlösung für Südafrikas Probleme. Cillié erhielt indes unverzüglich Zuspruch von seinen Vorgängern und

---

167 Zu früheren Verstimmungen s. PV 18/3/1/63, Cillié an Swart, 20.1.1958 und angehängt Cillié an Verwoerd, 20.1.1958. Zu dem Konflikt s. Steyn 2002: Kap. 7; zu Cilliés uneinheitlicher Haltung zu den Coloureds s. ebd.: 206. Zur Presse und den Vorgängen um die Coloureds sowie um Cottesloe s. Mouton 2002: 42ff.

168 Cillié selbst charakterisierte das Verhältnis zu Verwoerd als eher distanziert: „Eine gewisse Distanz erschien mir als goldener Weg und ich denke, er sah das genauso." Cillié 1980: 17.

169 296.K.C.5 (1), Cillié an Phil Weber, 26.3.1954; Steyn 2002: 125. S. auch Mittner 1986 mit einer Chronologie der Auseinandersetzung.

170 Cillié 1965: 196 (26.11.1960)

171 Ebd.: 199 (3.12.1960).

Vorgesetzten in der Nasionale Pers. A.L. Geyer fand den Artikel „meisterhaft; während er Verwoerd die paar Schläge versetzt, die er verdient, schiebt er ihm mit Recht die Verantwortung dafür zu, die Einheit zu bewahren.“[172] Phil Weber meinte bewundernd: „Seit wir vor 12 Jahren an die Macht kamen, hat keine nationale Zeitung so mit ihrem Premierminister gesprochen.“[173] Doch nicht nur von alten Mitstreitern aus dem eigenen Haus erhielt er Unterstützung, sondern auch aus dem Transvaal, wo Verwoerd in ähnlich autoritärer Manier Oppositionelle zum Schweigen gebracht hatte,[174] sowie von Pfarrern wie Bürgern aus der südwestlichen Kapprovinz, die die soziale Situation der Coloureds beklagten.[175]

Verwoerd schlug zurück und initiierte eine regelrechte Kampagne gegen „Die Burger“ und gegen Cillié im Besonderen, denn „Die Transvaler“ machte Stimmung gegen die Nasionale Pers, die in Johannesburg das Etikett „liberalistisch“ erhielt, was sich negativ auf ihren Buchhandel auswirkte.[176] „Die Burger“ erhielt in der Vorweihnachtszeit 1960 zahlreiche aggressive und beleidigende Leserbriefe, „die durchweg ungerecht und ungerechtfertigt waren“.[177] Cillié berichtete entsetzt: „Die Wut der Anti-Leute – jetzt auch noch gegen die Kirche – zu beobachten, ist etwas Erschreckendes. Wir erhalten hier Briefe, aus denen der Hass quillt.“[178] Der Chefredakteur bekannte, er habe gehofft, dass mit Erreichung der Republik eine größere Flexibilität möglich wäre. „Aber was jetzt unser Volksleben beherrscht, und das in beängstigendem Maß, ist stumpfe Unbeweglichkeit, Nur-die-Afrikaaner-und-zur-Hölle-mit-den-Übrigen, all die Dinge, die ich bei unseren

172 220.K 60 (55), A. L.Geyer an Piet Cillié, 4.12.1960.
173 220.K 60 (59), Phil Weber an Piet Cillié, [12.12.1960].
174 220.K 60 (57), B.J.Slabber an Cillié, 6.12.1960.
175 220.K 60 (58), T.Bruynzeel (Stellenbosch) an Cillié, 12.12.1960 u. dessen Antwort v. 19.12.1960, worin er sich ermutigt fühlte „durch die Haltung der N.G. Kirchen von Kapland und Transvaal, wie sie in der kirchlichen Erklärung von Johannesburg bekannt wurde“; zur Bewertung von Cottesloe s. Cillié 1965: 202ff. (17.12.1960); s. auch ebd. J. S.van der Spuy an Cillié, 14.12.1960, 220.K 61 (36), Myra Davis (Benoni) an Cillié, 10.4.1961, obwohl sie für mehr Rechte für die „Zivilisierten“ unter Coloureds und Schwarzen plädiert, nennt sie die Schwarzen „black monkies“. Andere ergriffen eher Partei für Verwoerd und waren gegenüber Cilliés Haltung und Cottesloe ablehnend: 220.K 60 (58), Bill Bezuidenhout an Phil Weber, 16.12.1960, H. L.Minnaar (Strand) an „Dawie“, 17.12.1960 u. zahlreiche andere Briefe in derselben Sammlung. Vor allem aber erhielt nun Cillié anti-intellektualistisch gefärbte Vorwürfe, dass er es sei, der die Einheit der Afrikaaner zerstöre: ebd., J.P.W.Jacobs an Cillié, 26.12.1960. S. auch 220.K 61 (9), anonymer Brief aus Molteno an Cillié, 6.1.1961, worin ihm vorgeworfen wird, an dem Zwist allein schuld zu sein. S. auch Cilliés Einschätzung, dass Verwoerd stets den zentrifugalen Kräften innerhalb der burischen Bevölkerung entgegenwirken wollte: Cillié 1980: 56.
176 220.K 60 (59), Phil Weber an Cillié, 18.12.1960.
177 Ebd., Phil Weber an Cillié, 20.12.1960.
178 296.K.C.5 (3), Cillié an Phil Weber, 21.12.1960.

Leuten am wenigsten bewundere." Die Aggressivität sei deswegen so ausgeprägt, weil sie mit Absicht geschürt worden sei, weshalb er selbst seine Sympathie „mit dem gesamten Kurs und dem Geist, in dem wir nun geführt werden," verlor. In einem Privatbrief machte er seinem Ärger Luft und bekannte, „es war bitter schwer, meine Empörung und Wut über das, was dieser Mann unserem Afrikanervolk zugefügt hat, zu unterdrücken und meine Angst, was er noch anrichten kann. Sie können in den Briefen sehen, welcher Hass auf Coloureds, Dominees, Professoren und die Burger er losgetreten hat. Er hat den Neanderthaler in unseren Leuten gegen alles, was intelligent und suchend ist, geweckt, indem er dem klassischen Rezept des Tyrannen folgte, der seine Macht vervollständigt, indem er den Pöbel gegen seine anerkannten Führer in allen Lebensbereichen aufstachelt."[179] Verwoerd, dem der britische Botschafter Sir John Maud einen „bully's mind" bescheinigte,[180] zeigte sich einmal mehr von seiner rücksichtslosen Seite, da er bei solchen Konfrontationen mit Vorliebe auf die ökonomische Existenzgrundlage seiner Gegner zielte.[181] In dem Streit ging es offensichtlich weniger um die Coloured-Politik, sondern um die Deutungshoheit über die Apartheidpolitik, die Verwoerd monopolartig für sich beanspruchte und so skrupellos wie undemokratisch durchsetzte.[182]

Weber zog gegen Jahresende ernüchtert den Schluß: „Wir mussten feststellen, dass der Afrikaaner für ein offenes Gespräch nicht reif ist."[183] In seinem Vorgehen trat Verwoerds tiefsitzender Anti-Intellektualismus offen zutage. Ver-

---

179 Ebd., Cillié an Phil Weber, 21.12.1960; die rassistische Bezeichnung „hotnot" wurde hier mit Coloureds übersetzt. Er erwähnte, dass Dönges sein Vorgehen guthieß. Dönges war auch der Meinung, dass das Attentat „die despotische Neigung verstärkt hat. Außer in amtlichen Dingen sprechen sie nicht mehr miteinander." Weber seinerseits hatte über Verwoerds Pfarrer A.M.Meiring gehört, dieser hätte „bei einer früheren Gelegenheit V. höflich mitgeteilt, dass er platzen würde. Piet [Meiring] diagnostiziert eine Paranoia, denn in Privatgesprächen benutzt er [Verwoerd] mittlerweile Ausdrücke wie: ‚Sie werden mich totschlagen' und ‚Sie werden mir die Kehle durchschneiden müssen.'"

180 FAV 4.7.1.2. South Africa's Future, Zusatztext, darüber von Eric Louw handschriftlich: Streng Geheim. Unten auf der Seite handschr. Anmerkung von W.J. Verwoerd aus dem Jahr 2015: „Dieser Geheimbericht wurde nach meiner Erinnerung durch eine afrikaanse Sekretärin in der britischen Botschaft unterschlagen und dem Premierminister zugespielt."

181 Das vielleicht bekannteste Beispiel war der Treason Trial, der mit Absicht über Jahre geführt wurde, um die Existenz der Angeklagten zu vernichten. Ähnlich war die Zielrichtung Verwoerds gegen L.J. du Plessis, als er intrigierte, um ihm seine Professor zu entziehen. Hinsichtlich der Kap-Presse s. O'Meara 1996: 129 ff.

182 Mittner 1986: 303 f. 1972 übernahm Cillié sogar die Argumentation Verwoerds: Treurnicht 1988: 10 f.

183 220.K. 60 (59), Weber an Cillié, 29.12.1960; zum „offenen Gespräch" als Formel für eine Einstellung s. Nash 2009: 14 ff. u. 123 ff.

woerd kontrastierte die weltfremden Intellektuellen mit den betroffenen Menschen und mit dem „wirklichen Leben", weshalb er Anstoß an der Veröffentlichung von Leserbriefen in „Die Burger" nahm, etwa von dem bekannten Apartheid-Kritiker Prof. Jan Rabie von der Universität Stellenbosch: „Für die Briefschreiber ist das eine intellektuelle Übung mit intellektueller Befriedigung, wenn sie all ihre Entwürfe schön theoretisch herleiten. Für die betroffenen Menschen geht es dagegen um ihre Lebensweise, Hoffnung und Ehre."[184]

Vor allem erbitterte ihn, dass seine Kritiker diesen Streit kurz nach dem Sieg im Republiksreferendum vom Zaun gebrochen hatten. „Darin liegt ja auch die Tragödie, dass diese Leute uns nicht erst die Möglichkeit gaben, diesen Sieg gebührend zu konsolidieren und die Gegner weiterhin zu schwächen, da sie selbst den Zankapfel warfen und unseren Gegnern neuen Mut und Kampfmöglichkeiten eröffneten." Er hätte immer wieder versucht, ein Einvernehmen mit der Zeitung herzustellen und unterschieden „zwischen Die Burger als einem Blatt, dessen Redakteure und ein paar andere Amtsträger ihre eigenen Meinungen äußern und Die Burger als Besitz und Institution des Nationalen Volkes (sic)."[185]

Einige Tage nach der Auseinandersetzung mit „Die Burger" verabschiedete der Föderale Rat der NP auf Betreiben Verwoerds eine lange Stellungnahme, in der er eine Aufweichung der bisherigen Linie gegenüber den Coloureds ablehnte.[186] Das oberste Parteigremium verlieh der Haltung des Premiers einen parteioffiziellen Charakter, „dass Coloureds nicht durch Coloureds repräsentiert werden, wo dergleichen besteht, nämlich im Parlament und im Provinzrat von Kapland. Sie müssen dort durch Weiße repräsentiert werden. Außerdem gehört es zur Politik der Partei, dass Führungsinstitutionen für Coloureds auf verschiede-

---

184 220.K. 65 (8a), Verwoerd an Cillié, 3.2.1965. In diesem Zusammenhang ist interessant, dass ein Parteifunktionär wie P.W.Botha, dessen anti-intellektualistische Einstellung allseits bekannt war, ganz ähnlich argumentierte und gleichzeitig Cillié vorhielt, dass er die Leserbriefe nicht genügend kritisierte: „Aber ich finde, Sie könnten weniger passiv sein und stärker darauf hinweisen, wie die Regierungspolitik gegenüber den Coloureds Erfolg hat und gleichzeitig die wilden Ideen dieser Theoretiker angreifen." Denn „Personen wie W. A. de Klerk und Jan Rabie" würden nur „von ihren Lehnstühlen aus Blödsinn von sich geben, während mein Ministerium und ich harte Arbeit verrichten und große Fortschritte machen." Ebd. 8b, P.W. Botha an Cillié, 4.2.1965.
185 PV 93/1/24/11, Bl. 72f. V. an N. J.Basson, 3.1.1961. Ganz ähnlich PV 93/1/24/11, Bl.5 – 6, Verwoerd an C. H.Badenhorst, 12.11.1960: „Es ist äußerst bedauerlich, dass in dieser Stunde des Triumphes für unser Volk sofort dieser Coloureds-Zankapfel in unsere Mitte geworfen wird, was nur zu Uneinigkeit und neuen Problemen führen kann." Ein Jahr später witterte er die Gefahr, die Coloureds könnten aufgewiegelt werden, „als einige unserer eigenen Freunde letztes Jahr nach dem Referendum damit begannen, Propaganda für mehr Rechte für die Coloureds zu machen"; PV 93/1/24/12, Bl. 15, Verwoerd an ds. J. A. J.Steenkamp, Moderator N.G.Sendingkerk (Goodwood), 22.5.1961.
186 296.KV.32, Verklaring Federale Raad NP, 23.1.1961. s. auch PV 93/1/25/2 u. Horrell 1962: 10.

nen Ebenen entwickelt werden sollen, in denen sie allein durch ihre eigenen Leute repräsentiert werden." Dem wurde zur Klarstellung angefügt, dass es sich nicht um eine vorläufige Meinung handle, sondern „dass die Partei an diesem Prinzip jetzt und in der Zukunft festhält."[187] Auf diese Weise band Verwoerd auch seinen für die Coloureds zuständigen Minister P.W. Botha in die Regierungsdisziplin ein, von dem bekannt war, dass er eigentlich für eine politische Repräsentanz der Coloureds war.[188]

Am 17. Mai 1961 ließ der Premier die Geschäftsführung des Föderalen Rates, einen typisch Verwoerdschen engeren Machtzirkel im wichtigsten gemeinsamen Gremium der NP, eine Erklärung hinsichtlich einer besseren Zusammenarbeit zwischen Partei und Presse verabschieden, in der versucht wurde, über den Weg eines Gesprächs mit der Direktion der Nasionale Pers deren Redakteure an die Leine zu nehmen.[189] Verwoerd war so klug, nach der gewonnenen Wahl von 1961 der parteinahen Presse seinen Dank auszudrücken und dabei vor allem Piet Cillié hervorzuheben, „weil wir nicht immer über einige Dinge einer Meinung waren."[190] Die Botschaft war deutlich: Konformismus wurde belohnt, die Sonne des Wohlwollens schien wieder über einem Redakteur, dem die Grenzen aufgezeigt worden waren und der sich nunmehr innerhalb derselben bewegte.[191] Verwoerds Entschiedenheit, dass eine Vertretung der Coloureds im „weißen" Parlament ausgeschlossen sei, enttäuschte viele Nationalisten in der Kapprovinz,[192] trug aber mittelfristig dazu bei, dass die Diskussionen beendet wurden, zumal auch Cillié nie eine glaubwürdige Alternative etwa im Sinn einer eindeutigen Befürwortung politischer Mitsprache für die Coloureds entwickelte.[193]

Am 12. Dezember 1961 skizzierte Verwoerd in einer Rede vor dem Union Council for Coloured Affairs seine Pläne. Er eröffnete den Anwesenden eine

---

187 PV 54/2/2, Protokoll des Föderalen Rates der NP, 21.1.1961, S. 2f. Das war ihm so wichtig, dass es schon in der Agenda der Sitzung des Dagbestuur auftauchte: PV 93/1/30/1/27.

188 Daan Prinsloo 1997: 35f.

189 PV 54/2/2, Protokoll des Dagbestuur des Föderalen Rates der NP, 17.5.1961, TOP 3.

190 296.KV.32, Verwoerd an Weber, 31.10.1961 und Antwort Webers v. 6.11.1961: „Einen beträchtlichen Teil seines Einflusses verdankt das Blatt dem Umstand, dass es als erwachsener und selbständiger Denker im Rahmen der Politik unserer Partei auftritt."

191 Statt auf ihn schoss Verwoerd sich im Lauf der Jahre immer stärker auf Schalk Pienaar ein, einen unabhängigeren Kopf als Cillié, dessen Kritik an Rechtsauslegern wie Albert Hertzog die ganze Intoleranz des Premierministers herausforderte, Mouton 2002: 62ff.

192 55.K.T. (60), M.E.Rothmann an E.Theron, 7.2.1961: „Gerade weil ich an Hendrik und Betsie festhalte, bedaure ich diese Erklärung so sehr." Allerdings beurteilte sie sein Verhalten in der Diskussion um die Coloureds als „das einzige Zweifelhafte in der bisherigen Laufbahn Hendriks als Premierminister."

193 Giliomee 2004: 16.

leuchtende Zukunft, „that it can participate in the development of a Union Control Board for the Coloureds with actual, even legislative powers, and its own officials (call it a civil service) so that it can attend to the administration of its resolutions in different spheres.“[194] Statt selbst im Parlament vertreten zu werden, sollten die Räte der Inder und Coloureds „exercise authority over their own affairs, similar to the powers now enjoyed by the provincial authorities.“[195] Angesichts der geringen Kompetenzen der Provinzräte war dies eine klare Ankündigung, den Coloureds nur eine sehr eingeschränkte Selbstverwaltung einzuräumen. Dazu sollten dem Gremium die von den Coloureds erbrachten Steuereinnahmen zur Verfügung stehen „to be spent on the Services under its control.“[196] Im Klartext hieß dies, dass sie keine Gelder aus dem allgemeinen Staatshaushalt erhielten, sondern alle Maßnahmen selbst finanzieren sollten. Das zuständige Ministerium wolle nicht „rule the roost“, doch während der „transition period“ müsse es „the necessary guidance“ geben. So sollte es zuerst die Zuständigkeit für das Bildungssystem von den Provinzen an sich ziehen „and with the help of its officials, who as far as possible will be Coloureds“, entwickeln. Es könne dann, wenn es gut organisiert wäre, „be placed under Coloured control.“[197] Indem die Regierung die Mehrheit der Ratsmitglieder selbst ernannte, ließ sie erkennen, dass sie keineswegs gewillt war, die Kontrolle aufzugeben und wirklich demokratische Strukturen zuzulassen.[198]

Neben „Die Burger“ wurde auch SABRA, dessen meiste Mitglieder gleichzeitig der NP angehörten, durch die Erklärung des Föderalen Rates der Partei eingeschüchtert, weshalb die Organisation einen schon anberaumten Kongress

---

194 Verwoerd, Union Council Concerning Coloureds, 12.12.1961, in: Pelzer 1966: 642–653, hier 650. Die Rede wurde in Broschürenform zu Propagandazwecken auch gedruckt: Verwoerd 1962 u. Verwoerd, Begrotingspos van die Eerste Minister, 10.4.1961, in: Pelzer 1963: 528–536, hier 531. Das Manuskript der Rede weicht von dem veröffentlichten Text ab, aber da Verwoerd meistens frei sprach, dürfte dieser der authentischere sein: FAV 4.7.2.4.3.

195 Verwoerd, Budgetary Appropriation of the Prime Minister, 10.4.1961, in: Pelzer 1966: 567–575, hier 571: „On the lines of separate development and good neighbour treatment, we shall also have to grant increasingly rights and opportunities to Coloureds and Indians on a separate basis and, other than in the case of the Bantu, within the same boundaries.“ PV 93/1/24/10, Bl. 97, Verwoerd an Col. C. F.Miles-Cadman, 28.7.1960.

196 Verwoerd, Union Council Concerning Coloureds, 12.12.1961, in: Pelzer 1966: 642–653, S. 652.

197 Ebd.: 651 f. Den Grund dafür gab er in einem Privatbrief an, nämlich „dass es kein gemeinsames Erziehungsministerium gibt, dass der Diskriminierung bezichtigt werden kann, wenn es aufgrund unterschiedlicher Normen vorgeht.“ PV 93/3/1/71, Bl. 164, Verwoerd an J.Burger Read, 6.4.1965.

198 Als führende Vertreter der Coloureds daraufhin eine Coloured Convention gründeten, drohte die Regierung mit einem Verbot: Van der Ross 2015: 147.

über die Situation der Coloureds auf unbestimmte Zeit verschob.[199] Verwoerd sorgte, offenbar über die Kanäle des Broederbond, dafür, dass so viele seiner Anhänger zu der Jahreskonferenz in Bloemfontein 1961 erschienen, dass sie Olivier und seine Freunde aus den Führungspositionen abwählen konnten;[200] der extrem rechte Theologe P. F. D. Weiss, ein ehemaliger Student Verwoerds,[201] wurde statt Olivier zum neuen Vizepräsidenten gewählt und 1964 wurde das SABRA-Büro nach Pretoria verlegt.[202] Die Presse führte die Säuberung zutreffend auf Verwoerds Intrigen und „sledgehammer methods" zurück.[203] Damit wurde SABRA der Parteidisziplin unterworfen und tanzte auch in der folgenden Zeit nicht mehr aus der Reihe, wozu möglicherweise auch der Parteiausschluss von L. J. du Plessis im Vorjahr als Warnung beigetragen haben mag. Letztlich sollte sich die Linie des Premierministers durchsetzen, da in den Jahren danach SABRA seine Rolle als Vordenkerorganisation der Apartheid aufgab und erheblich an Bedeutung und Einfluss auf die Öffentlichkeit verlor.[204]

Ein weiterer Kritiker, den Verwoerd in dieser Zeit mundtot machte, allerdings mit noch gröberen Mitteln, war L. J. du Plessis, mit dem ihn eine alte gegenseitige Antipathie verband, die noch aus der Zeit der Kriegsjahre stammte, als du Plessis Chefideologe der rechtsextremen Ossewabrandwag gewesen war. In den 1950er Jahren war es still um ihn geworden, doch nach Verwoerds Amtsantritt als Regierungschef trat er als lautstarker Kritiker seiner Politik hervor. Zwar befürwortete er als altgedienter Kulturnationalist die Apartheid, weil sie allein die Gewähr bot, das eigene Volk zu erhalten. Doch als radikaler Calvinist konnte er sich dies nur vorstellen, wenn es in einer vor Gott zu rechtfertigenden Weise geschah. Er plädierte dafür, mit der Bevölkerungsmehrheit ein offenes Gespräch zu führen. Er

199 Natal Daily News, 6.2.1961. Zur Unterwerfung auch Rand Daily Mail 25.4.1961.

200 P.Hugo 1989: 27 ff., zum genauen Ablauf der Säuberung: Holleman 1989: 42 u. 45; E.Theron 1983: 49; Stals 1998: 311 ff, bes. 315 f.; über Versuche, Olivier auch aus dem Broederbond zu drängen s. ebd.: 283.

201 UA Stellenbosch, Personalakte Verwoerds, Ass. Registrateur an V., 22.8.1930.

202 Sunday Times 1.10.1961; zur Vorbereitung der Säuberung diente möglicherweise ein Prozess, den Oliviers von ihrem Mann verlassene Ehefrau anstrengte, in dem sie auf Unterhaltszahlungen klagte. Ihr Ex-Mann erschien als eine Person, der sich nicht um seine Familie kümmerte: Sunday Times 8.1.1961. Du Pisani 1988: 11. SABRA blieb ein „think tank", der der Apartheidregierung zuarbeitete und seit Verwoerds Schwiegersohn Carel Boshoff 1972 den Vorsitz übernahm, sich zunehmend mit den Konzeptionen für einen „weißen Volksstaat" befasste: C.Boshoff 2012: 257 ff. Dadurch kam es auch zu Vorwürfen der Korruption, weil SABRA, eine Privatorganisation, etwa ein Viertel seiner Einnahmen aus staatlichen Quellen erhielt: Star 9.10.1980.

203 Sunday Times, 8.1.1961. Auf die Säuberung war es vermutlich auch zurückzuführen, dass SABRA nach seiner Ermordung Verwoerd ausschließlich positiv würdigte und den Konflikt mit keinem Wort erwähnte: PV 123/2/14/1, Hoofsekretaris SABRA, Niekerk, Rundbrief v. 9.9.1966.

204 C.Boshoff 2012: 253 ff.

trat sogar für Verhandlungen mit dem ANC ein und verlangte, dass die Afrikaaner als die ältesten Antiimperialisten auf dem Kontinent sich an die Spitze der Entkolonialisierungsbewegung setzen sollten.[205] Verwoerd begann in den afrikaansen Medien und in den kulturnationalistischen Organisationen eine Kampagne gegen du Plessis, der einem weitgehenden Ostrakismus verfiel, aus der NP ausgeschlossen wurde und als gebrochener und verbitterter Mann weitgehend vergessen starb.[206]

Für Cillié musste es fast als Erleichterung kommen, als einige Tage, nachdem Verwoerd die Leserbriefkampagne gegen ihn gestartet hatte, ein Streit mit den Kirchenvertretern wegen der Erklärung von Cottesloe losbrach. Dadurch rückte „Die Burger" etwas aus der Schusslinie und Cillié fand in den Theologen Gesinnungsgenossen, zumal er überzeugt war „dass es besser ist, aus dem Gleichschritt mit der Partei als mit der Kirche zu fallen."[207] In der gemeinsamen Erklärung der an den Gesprächen in Cottesloe beteiligten englischen und afrikaansen Kirchen wurde unter anderem die Forderung nach einer parlamentarischen Vertretung für die Coloureds erhoben, doch sollte Verwoerd auch gegenüber den Kirchen seine Linie durchsetzen.[208] Die Gefahr für seine Deutungshoheit bestand nicht zuletzt darin, dass mit der Erklärung von Cottesloe aus einem der wichtigsten Zentren des burischen Nationalismus eine Alternative zur Apartheid hervorging und seine eigene Politik moralisch diskreditiert und delegitimiert wurde. „Das Argument von der inakzeptablen Alternative überzeugte nicht mehr. Alternativen konnten erwogen werden."[209]

Während das Verhältnis der NP-Regierung und Verwoerds im besonderen zu den meisten englischsprachigen Kirchen gespannt und konfliktreich war, in erster Linie zur anglikanischen und römisch-katholischen Kirche, gestaltete es sich im Hinblick auf die drei niederländisch-reformierten Kirchen wesentlich komplizierter. In dem Zusammenhang ist auch der Frage nach Verwoerds eigenem Verhältnis zur Religion nachzugehen.

Verwoerds Haltung zu Religion und Kirche einzuschätzen, ist nicht einfach. Er bekannte sich öffentlich stets zum christlichen Glauben, betonte immer wieder,

---

205 Neben du Plessis waren noch andere Professoren der Universität Potchefstroom an dieser „Rebellion" beteiligt, wie etwa der Ethnologe J. H.Coetzee: E. S.van Eeden 2006: 510 f. u. 516 f.

206 P. J. J. S.Potgieter 1976: 17 f. u. 1981: 23 ff.; Marx 2010: 72 f.; Holzer 1961: 237.

207 296.K.C.5 (2/1), Cillié an Phil Weber, 14.12.1960. Zu den Cottesloe-Äußerungen über die Coloureds, s. Lückhoff 1978: 62 u. 87 und die Reaktion des damaligen Redakteurs der Kirchenzeitung „Die Kerkbode", Andries Treurnicht, ebd.: 108 f.

208 Vgl. dazu auch die Schilderung von J. J.van Rooyen 1971: 102 ff., der allerdings Cottesloe auf den Streit um die Coloureds reduziert.

209 Kinghorn 1986: 120, ähnlich Piet Meiring 2013: 46 f. u. zeitgenössisch Horrell 1962: 63 ff.

für ihn gehörten Zivilisation und Christentum zusammen, doch scheint er selbst nicht sehr religös gewesen zu sein. Seine Modernisierungspolitik war eine durch und durch säkulare; sie war in ihrem hybriden Anspruch frei von jeder christlichen Demut. Über Verwoerd wurde immer wieder berichtet, er habe es nicht so intensiv mit der Religion gehalten, er sei etwa besonders gern am Wochenende auf seine Farm gegangen, um Gottesdienstbesuche zu vermeiden. Piet Meiring, der ihn lange kannte, bezeichnete ihn als „Agnostiker“ und war überzeugt, dass Verwoerd „eigentlich überhaupt nicht gläubig war.“[210] Andererseits berichten diejenigen, die ihm im Alltag nahestanden, er habe auf seiner Farm Radioübertragungen von Gottesdiensten angehört.[211] Verwoerds Tochter Anna litt darunter, „dass mein Vater so selten in die Kirche ging.“[212] Doch schon 1942 verwahrte sich Verwoerd energisch gegen den Vorwurf, ein „godloenaar“ [Gottesleugner] zu sein, den ihm AB-Mitglied J.G. van der Merwe gemacht hatte,[213] und noch 1958 wurden entsprechende Gerüchte gestreut, um seine Chancen zu torpedieren, zum Premierminister gewählt zu werden.[214]

Verwoerds Vater war ein strenggläubiger Calvinist und Missionar gewesen, der junge Verwoerd wollte nach erfolgreichem Abschluss seines Masterstudiums Theologie studieren und Pfarrer werden. Wegen seines rüden Auftretens gegenüber den Examinatoren bei der Aufnahmeprüfung wurde er ausgeschlossen und wandte sich daraufhin von der Kirche ab.[215] Unabhängig von seiner persönlichen Religiosität war ihm stets bewußt, wie bedeutend die Religion für seine Zeitgenossen war und welcher Stellenwert ihr im Rahmen des Kulturnationalismus zukam. Darum pflegte er gute Beziehungen zu zahlreichen Pfarrern der verschiedenen calvinistischen Kirchen und holte sich bei einigen Rat, wie z.B. bei J. Gericke. Auch beantwortete er Zuschriften von Pfarrern, vor allem wenn sie seine Politik unterstützten, immer ausführlich und in freundlichem Ton.[216] Die Aufgabe der Kirche lag für Verwoerd in der „Charakterformung“, insbesondere der Jugend: „Character-building, which is so essential, does not only demand the

---

210 I.L.Villiers 2009: 132 u. Meiring 1973b: 125f.

211 A.Boshoff 1974: 57.

212 W.et al. Verwoerd 2001: 71, s. auch die Aussage von Sohn Hendrik, ebd.: 93. S. auch Meiring 1990: 35.

213 Serfontein 1979: 56.

214 G.J.Kruger 1985: 156.

215 NGK-Archiv Stellenbosch, Admissie-Eksamen Notulen S10 1/3, 6.2.1923, S. 91ff. Einer der Prüfer war der Vater des Journalisten Piet Meiring, der darum verschiedentlich darüber berichten konnte, wie aufgebracht sein Vater über Verwoerds Benehmen war: Meiring 1973a: 29f. u. b: 118f. sowie 1990: 45.

216 PV 93/1/30/1/11, J.M.Venter, Kerkraad der GK Naboomspruit, an V., 31.1.1961 und dessen (PS) Antwort v. 6.2. 1961.

Inspiration that a people draws from its deeds in the material field and from its national ideals. Such building of character calls for inspiration from the ideals set by the Church and religion, and which are all-embracing, as the Bible itself. Once again a field where Church and State should go hand in hand if we wish to remain a people who can triumph in the difficult times that lie ahead."[217]

Besonders zu Vertretern der kleinen Gereformeerde Kerk, den sogenannten Doppers, hatte er ein besonders gutes und intensives Verhältnis, was aber kaum mit deren theologischer Ausrichtung zu tun hatte. Denn er war alles andere als ein Anhänger der Souveränität im eigenen Kreis,[218] die der niederländische Theologe und Politiker Abraham Kuyper propagierte, zu dessen Kirche und Universität[219] die Doppers besonders enge Kontakte unterhielten, nachdem der Niederländer sich vergebens als Vermittler im Burenkrieg angeboten hatte.[220] Allerdings ist nicht zu übersehen, dass sich einige Versuche, die Apartheid theologisch zu rechtfertigen, sehr wohl auf Kuyper bezogen.[221] Verwoerd strebte im Gegenteil gerade nach dem Ausbau der Staatsmacht, deren Begrenzung eines der wesentlichen Ziele Kuypers und seiner Anhänger war.[222] Seine enge Verbindung nach Potchefstroom hat in erster Linie mit dem Broederbond zu tun, da besonders viele Professoren dieser kleinen Universität sich in der Geheimgesellschaft engagierten. Zu einigen, insbesondere zu dem Erziehungswissenschaftler J.C. „Joon" van Rooy, der mit einer Unterbrechung 20 Jahre lang Vorsitzender des Broederbond war, unterhielt Verwoerd ein enges Vertrauensverhältnis.

Für den Premier war die NGK, der er selbst angehörte, die wichtigste kirchliche Legitimationsgrundlage, denn das reformierte Bekenntnis war ein zentraler Bezugspunkt der nationalen Identität: „It would be inconceivable that the Afrikaner people did not stand fast on these two mainstays of Church and State."[223]

---

217 Verwoerd, Centenary Celebrations of the Reformed Church at Rustenburg, 28.3.1959, in: Pelzer 1966: 258 – 270, hier 263.

218 Zur Souveränität im eigenen Kreis s. auch PV 873/5/2/1/1, Handschriftliche Aufzeichnungen, Hoofstuk 5: Soewereiniteit in eie kring as beperking op staatssoewereiniteit, S. 66 f.

219 Kuyper 1880: 9 u. 11, wo er betonte, diese Souveränität sei Teil von Gottes Schöpfungsordnung; Schutte 2005: 357 ff. u. zu Kuypers Universitätsgründung s. Koch 2006: 221 ff.

220 Kuypers anhaltendes Interesse an Südafrika schlug sich auch darin nieder, dass er dem Land im ersten Band seiner Antirevolutionären Staatskunde ein ganzes Kapitel widmete: Kuyper 1916: Bd. 1: Kap. 11.

221 F. J. M.Potgieter 1958.

222 Die antitotalitären und demokratischen Potentiale von Kuypers Lehre der Souveränität im eigenen Kreis arbeitet J. J.Venter 1997: 112 f. heraus.

223 Verwoerd, Centenary Celebrations of the Reformed Church at Rustenburg, 28.3.1959, in: Pelzer 1966: 258 – 270, hier 261 f.

Jede Kritik an der Politik, die aus der Kirche kam, wog deshalb besonders schwer und konnte seine Legitimationsbasis gefährden.

Die NGK war in den vier Provinzen autonom organisiert, doch waren nur die Kirchen im Oranje Freistaat und in Natal homogen konservativ, wobei die starke Missionskirche im OFS schon in den 1940er Jahren wesentlich zur Formulierung der Apartheidideologie beigetragen hatte.[224] Eine größere Bandbreite an Meinungen und Einstellungen gab es sowohl im Transvaal als auch in der Kapprovinz. Weil die Frage nach der moralischen Rechtfertigung der Apartheidpolitik eine zentrale war, reagierte die Regierung auf jede Kritik aus den Reihen der Kirche mit Besorgnis. Verwoerd fürchtete, dass eine Lockerung der Rassentrennung in den Kirchen das Einfallstor für allgemeine Egalität werden könnte. Darum schwang er sich zum Verteidiger der Reformierten Kirchen auf, diese würden, gerade weil sie der „mainspring in the life of the Afrikaner" waren, von ihren Gegnern „systematically belittled as narrow-minded in order to cause dissension and a weakening of the churches' influence. Alternatively every indication of support for the principle of mixed congregations is encouraged and exaggerated in the hope that multi-racialism may increase in religious activities and then be transplanted to the political scene."[225]

Zuweilen äußerten prominente Theologen der NGK Bedenken gegen die Apartheid und die Rigorosität ihrer Umsetzung, einige wenige bezogen sogar eindeutig dagegen Stellung wie B.B. Keet,[226] Ben Marais[227] oder, für die NHK, Albert Geyser.[228] So sprach sich Keet, ein prominenter Theologe in Stellenbosch, dafür aus, das Individuum über die Gemeinschaft zu stellen und nannte die Gruppeneinteilung der Apartheid „ein Kastensystem der übelsten Sorte", das das

---

224 PV 94/1/3/1/1, Memorandum van die Gefedereerde NGK von SA, Sept. 1947 u. ebd., Memorandum der reformierten Missionskirchen.

225 PV 93/3/1/24, Bl. 113, Verwoerd an D.G.Steyn, 5.8.1959.

226 Zu Keets Vorschlägen eines mittleren Weges nach dem Vorbild der Central African Federation s. Pretoria News 18.6.1956 (Kommentar). Keet 1955: 18 ff. kritisierte massiv die biblische Rechtfertigung der Apartheid und die daraus resultierenden Folgen der Rassentrennungspraxis.

227 Maritz 2003: 152 ff. zu Cottesloe.

228 Zu einem Häresieverfahren gegen Geyser wegen seiner Haltung zur Apartheid, s. Horrell 1963: 4 f. Aber auch Theologiestudenten wurden durch die Erfahrung von Begegnungen mit Afrikanern in eine andere Richtung bewegt. Attie van der Colf zeigte sich beeindruckt durch eine Konferenz in Umtata, wo Schwarze „so spontan in einer wohlwollenden Art bei Versammlungen die Initiative ergriffen und Weiße wie Nicht-Weiße dazu bringen, erwachsen genug zu sein und sich nicht durch bloße Gefühle von Höher- oder Minderwertigkeit leiten zu lassen, so dass jeder seinen angemessenen Platz beim Aufbau *unseres* Landes einnehmen kann." PV 58, Attie van der Colf an Japie Basson, 13.11.1957.

Individuum zum Gefangenen in seiner Gruppe aufgrund äußerer Erscheinungsmerkmale mache.[229]

Unter dem Eindruck des Massakers von Sharpeville stellte sich die Frage nach der Ethik der Apartheid dringlicher als zuvor, da viele Kirchenangehörige vom Ausmaß der Gewalt erschüttert waren. In diesem Kontext fanden Vorschläge des Weltkirchenrats Widerhall, ein theologisches Gespräch der niederländisch-reformierten mit den englischsprachigen protestantischen Kirchen zu führen, da sich die wechselseitigen Angriffe in der zurückliegenden Zeit gehäuft hatten. Es war offenbar, dass der Hauptgrund für die Auseinandersetzungen, nämlich die Haltung der Kirchen zur Apartheid, das zentrale Thema des Gesprächs sein sollte, als sich im Dezember 1960 Vertreter von acht verschiedenen Kirchen in dem Wohnheim Cottesloe der University of the Witwatersrand zu einer zehntägigen Klausursitzung trafen. An diesem Gespräch nahmen auch schwarze Kirchenvertreter sowie auf Seiten der englischen Kirchen Laien wie die Ethnologin Monica Wilson, der Schriftsteller Alan Paton oder der liberale Politiker und Publizist Edgar Brookes teil.[230] Unter der geschickten Leitung von Vertretern des Weltkirchenrats gelang es, das anfängliche Mißtrauen zu überwinden und nach zehn Tagen ein Abschlussdokument vorzulegen, das in wesentlichen Punkten von der offiziellen Apartheidpolitik abwich.[231] So traten die Kirchenvertreter für eine Repräsentanz der Coloureds im Parlament ein, sahen keine biblische Rechtfertigung für Mischehenverbote und hielten sogar das Wahlrecht für die schwarze städtische Bevölkerung für denkbar, wenn die Homeland-Politik ihnen keine echte Alternative bieten könnte. Dabei waren diese Positionen keineswegs neu, sondern von den Kirchen schon früher geäußert worden.[232] Doch war die gemeinsame Erklärung der Kirchen ausgesprochen medienwirksam und konnte durch die Verbindung mit dem Weltkirchenrat auch internationale Resonanz finden.

Doch distanzierte sich die erzkonservative NHK sofort von dem Schlussdokument[233] und brachte dadurch die NGK in eine sehr schwierige Situation, da viele der Mitglieder und Pfarrer dieser Kirche gleichzeitig Mitglieder der regierenden Nationalen Partei oder deren Unterstützer und Wähler waren und nun in einen

229 220.K.56 (44), B. B.Keet an Piet Cillié, 15.8.1956. Cillié behandelte den Brief als Leserbrief und antwortete darauf in „Die Burger", wofür er Lob von SABRA erhielt: 220.K.56 (46), J.W.Germishuys (Sekr. von SABRA) an Cillié, 27.8.1956.

230 Lückhoff 1978: 71 f.

231 Das Dokument ist abgedruckt in ebd.: 83 ff.

232 Ebd.: 154 ff.

233 Dreyer 2013: 134. Es war nur die NHK und nicht, wie Meli 1989: 188 fälschlicherweise behauptet, alle Reformierten Kirchen.

Loyalitätskonflikt gerieten. Dies nutzten konservative Kräfte in den Kirchen aus, um die beteiligten Theologen zu isolieren.[234]

Cillié identifizierte als Ursache für die aggressive Kritik an Cottesloe den „Schock", dass die Kirchen es gewagt hatten, Verwoerd zu widersprechen, während er beim Premier selbst Kalkül am Werk sah: „Die Schwierigkeit liegt darin, dass alles, was wir von dem anderen Mann wissen, darauf hindeutet, dass er einen Konflikt will und dass er die Gemeinden gegen die Pfarrer aufhetzen wird, so wie er die Masse gerade gegen uns und die ‚Intellektuellen' aufhetzt."[235] Tatsächlich stellte er am nächsten Tag schon fest, man könne die eingegangenen Leserbriefe nicht mehr abdrucken, denn es sei, als hätte man ein Abwasserrohr geöffnet, die Briefe enthielten „die erschreckendsten und widerwärtigsten Beschwerden gegen die Kirche, alle ohne direkte Verbindung mit der Erklärung [von Cottesloe]. [...] Die Bluthunde sind in Politik und Kirche losgelassen und sie fühlen sich sehr mächtig, da sie den Premierminister hinter sich wissen."[236]

Nach außen verhielt sich Verwoerd nach Cottesloe distanziert und spielte die Bedeutung eher herunter. Doch nutzte er seine Neujahrsansprache zu unverhohlenen Drohungen gegen die Unterstützer von Cottesloe: „I do not intend to discuss recent announcements on colour policy by individual churchmen. It is, however, necessary to correct the wholly wrong impression, which has been created by antagonists to the policy of separate development, that certain Afrikaans churches have thereby declared their standpoint. [...] I express the hope that the names of our churches will no longer be dragged in unfairly in a debate which can as yet only be conducted by individuals as such."[237] Verwoerd sah in der Opposition gegen seine Coloured-Politik, in Cottesloe und dem Widerstand, der immer noch von einigen Kreisen in SABRA ausging, „gefährliche Strömungen in unseren eigenen Reihen", doch man dürfe nicht zulassen, „dass die Nationale Partei auf die liberalistische Politik eingestimmt wird."[238] In seinem Verständnis von Gesellschaft und Politik hatten Kirchen als zivilgesellschaftliche Organisa-

---

234 A.C.Cloete 1981: 44 ff. Allerdings ist Cloete ausgesprochen apologetisch und unkritisch gegenüber dem Broederbond. Über den Anteil des Broederbond und insbesondere Gerickes an der Ablehnung der Cottesloe-Beschlüsse durch die Synoden s. N.Smith 2009: 124 ff. Zu Kritik an Cottesloe und dem Weltkirchenrat aus Kreisen der NGK s. PV 93/1/30/1/11, Dr. D. R.Snyman (East London), an V., 7. und 9.2.1961 und dessen (PS) Antwort v. 16.2.1961. Wilkins/Strydom 1980: 296.

235 296.K.C.5 (3), Piet Cillié an Phil Weber, 21.12 1960.

236 296.K.C.5 (4), Cillié an Weber, 22. 2.1960; vor allem Treurnicht war im Kerkbode besonders aggressiv.

237 Verwoerd, New Year Message, 31.12.1960, in: Pelzer 1966: 429 – 433, hier 432; s. dazu auch Lückhoff 1978: 116 u. Ryan 1990: 64.

238 PV 93/1/34/5, Bl. 131, V. an W.Bührmann, Volkskas, Pretoria, 22.12.1960.

tionen keinen Platz, außerdem konnte er die Beteiligung des Weltkirchenrats als externe Einmischung denunzieren.[239]

Verwoerds enger Verbündeter H.B. Thom, Rektor der Universität Stellenbosch, verständigte sich mit dem Verwoerd-Vertrauten und Theologen J. S. Gericke über ein abgestimmtes Vorgehen und war insbesondere für Verwoerds „Führung" in der Angelegenheit dankbar, denn sie bedeute „besonders für das Kapland viel, denn unglücklicherweise haben dort eine ganze Anzahl unserer Erziehungs- und Kirchenführer einen gefährlichen Weg eingeschlagen."[240] Tatsächlich hatte der Premier in der Zwischenzeit alle Hebel und seine Anhänger innerhalb der Kirche sowie den Broederbond in Bewegung gesetzt, um mehr als nur eine Distanzierung der wichtigsten Kirchenvertreter sowie der Synoden der Provinzen zu erreichen.[241] Letztere lehnten mit großen Mehrheiten das Abschlussdokument von Cottesloe ab; ja, mehr noch, die NGK im Transvaal wie in der Kapprovinz trat aus dem Weltkirchenrat aus und kam in der Folge unter die Kontrolle ihrer konservativen Vertreter.[242] Da die hervorragendsten Theologen der NGK in die Gespräche in Cottesloe involviert waren und nun in die Defensive gerieten, nutzten regierungsnahe Kirchenvertreter das entstandene personelle Vakuum, um steile Karrieren innerhalb der Kirchenhierarchie zu machen. Interessanterweise waren dies Personen wie J.D. „Koot" Vorster, der rechtsextreme Bruder des späteren Premierministers, sowie J. S. Gericke, ein früherer Student Verwoerds,[243] der ebenfalls eine wichtige Person im Broederbond war und später ins Amt des Moderators der Kirche sowie dasjenige des Vice-Chancellor der Universität Stellenbosch aufstieg.[244]

Auf diese Weise brach Verwoerd den Widerstand innerhalb der Kirche.[245] Abermals war es ein Exempel, das dauerhaft einschüchterte, nämlich der Umgang mit dem Theologen Beyers Naudé, der über Jahrzehnte ausgegrenzt wurde. Auf ihn richtete sich besonderer Hass, weil durch ihn geheime Dokumente des Broederbond an die Öffentlichkeit gelangt waren und von der Wochenzeitung „Sunday Times" publiziert wurden.[246] Verwoerd okkupierte nun auch im kirch-

239 Piet Meiring 2015: 220.
240 PV 93/3/1/39, H.B.Thom an V., 25.1.1961.
241 Meiring 1990: 106 ff. Zu den Machenschaften Meyers im Broederbond s. Stals 1998: 504 ff.
242 Kinghorn 1986: 119; Lückhoff 1978: 138 ff.
243 PV 72/3, Beukes, Brandfort, Stellenbosch, Arme-blanke vraagstuk, S. 1.
244 Vgl. zu diesen Machenschaften Lückhoff 1978: 116 ff. u. 130 f.
245 Ebd.: 165 f. u. 170 f.
246 Zur offensichtlich koordinierten Kampagne gegen Naudé s. N.Smith 2009: 102 ff.; Horrell 1965: 12 f. Zum AB s. Pelzer 1979: 70 f. Auch Bruwer/Olivier 1964: 71 ff. beteiligten sich an den Denunziationen gegen Naudé.

lich-religiösen Bereich die Deutungshoheit, indem er nicht nur seine Freunde in den Kirchen nach biblischen Rechtfertigungen für die Apartheid suchen ließ, sondern selbst Reden hielt über den unbezweifelbar christlichen Charakter der Rassentrennungspolitik.[247] Verwoerd unterwarf in diesem Krisenjahr 1960 die bislang durch eine gemeinsame Zielsetzung zusammengehaltene, aber in sich heterogene und von Meinungsvielfalt geprägte afrikaans-nationalistische Bewegung seiner Autorität.[248] Auf Dauer ließen sich, gerade hinsichtlich der Coloureds, dissentierende Meinungen zwar nicht unterdrücken, doch verhinderten Verwoerd und seine Verbündeten Thom, Gericke, Vorster u. a. zu seinen Lebzeiten eine offene Diskussion über seine Politik.[249]

Mit Du Plessis, Olivier, Cillié und Naudé hatte Verwoerd im Jahr 1960 vier Exempel statuiert, wodurch er gegenüber unterschiedlichen Institutionen und Personengruppen seine Macht demonstrierte und drastisch vor Augen führte, dass er seine Schläge *ad personam* führte.[250] Wie sehr dieses Vorgehen System hatte, sieht man daran, dass auch die einzige oppositionelle Abgeordnete im Parlament, Helen Suzman, 1963 einer Einschüchterungs- und Hetzkampagne der NP ausgesetzt war.[251] Verwoerds Stellung blieb anschließend weitgehend unangefochten, wozu noch der erhöhte Nimbus des nationalistischen Märtyrers trat, der nur durch Gottes Eingreifen das Attentat vom April 1960 überlebt hatte.

---

247 So am 12.5.1963 vor Studenten in Kapstadt: FAV 4.7.2.4.5, handschr. Notizen „Is ons Rassebeleid Christelik?", worin er vor allem die Homelandpolitik als moralisch gerecht bezeichnet, weil man anderen gönne, was man selbst in Anspruch nehme (S. 4). Vgl. auch F. J. M.Potgieter 1958; Ngcokovane 1989: 148 ff. zur Entwicklung in der NGK, insbesondere der theokratischen Grundhaltung gegenüber dem Staat.

248 Giliomee 2003 a: 530.

249 M. J.Olivier 1964, der hinter einer generellen Verteidigung der Apartheid sein Verständnis für die Situation der Coloureds und seine Kritik nur mühsam verbarg.

250 O'Meara 1996: 204, Anm. †.

251 Suzman 1991: 36.

Modernisierung

Der britische Premierminister Harold Macmillan fasste 1961 in einer Rede vor dem House of Commons, in dem er über die Commonwealth-Konferenz referierte und sein Bedauern über Südafrikas Austritt zum Ausdruck brachte, seine Eindrücke zusammen: „What shocked the Conference was that the policy of the present South African Government appeared to set up what we would regard as an unhappy practice, inherited from the past, perhaps, as a philosophy of action for the future. [...]. All this accentuation and systemisation of the policy of apartheid is something very new."[1] Tatsächlich war es ein Schock, den viele externe Beobachter empfanden, als sie realisieren mussten, dass die Apartheid keineswegs ein zu überwindendes Relikt eines rasch dahindämmernden Kolonialismus war. Apartheid erwies sich nicht als die panische Starre einer in die Defensive gedrängten weißen Minderheit, sondern Verwoerd präsentierte sie als zukunftsgerichtete, moderne Politik. Wo die anderen Premierminister geglaubt hatten, auf einen Konservativen zu stoßen, erkannten sie einen modernisierenden *state builder*, der Rassismus zur Grundlage von Staat und Gesellschaft machen wollte. Apartheid bot in seinen Augen eine dauerhafte Lösung, sie war keineswegs eine Politik, die eigentlich überwunden werden musste. Gleichzeitig wurde klar, dass seine Unbeugsamkeit genau aus dieser Konzeption resultierte.[2] Schon bei seiner Afrikareise im Vorjahr hatte Macmillan während Gesprächen, die er mit Verwoerd führte, „the full degree of obstinacy, amounting really to fanaticism" festgestellt. „Apartheid to him was more than a political philosophy, it was a religion. [...] He was certainly as convinced as John Knox himself that he alone could be right, and that there was no question of argument but merely a statement of his will."[3] Während kleine Konzessionen, um die ihn Kollegen wie Macmillan oder Menzies

---

1 Rede Macmillans im House of Commons 22.3.1961, zit. nach Mansergh 1963: 373; s. auch Geyser 1983: 90. Die verbreitete Einschätzung der Apartheid als reaktionäre Politik brachte der britische Labour-Abgeordnete James Griffiths zum Ausdruck: „South Africa remains the country which is trying to put the clock back." Times 26.4.1960. Dabei hatte Verwoerd schon 1944 die Entscheidung des Stadtrats von Johannesburg, den Joubert-Park für Schwarze zugänglich zu machen, als „Schritt zurück" verurteilt: zit. nach D.Prinsloo 1979: 336.

2 Macmillan, House of Commons, 22.3.1961, in: Mansergh 1963: 373. H.Macmillan 1972: 303 f.

3 H.Macmillan 1972: 152. Etwas später schreibt er: „I had the unusual experience of soon noticing that nothing one could say or put forward would have the smallest effect upon the views of this determined man." ebd.: 153. Vgl. auch die Einschätzung des amerikanischen Botschafters nach seinem Antrittsbesuch beim neuen Premierminister 1959: „He is a fanatic with a fanatic's absolute faith in his own righteousness." Doc. 337, Telegram from the Embassy in South Africa to the Department of State, 27.4.1959, in: LaFantasie 1992: 732. Roux 1978: 430, verglich ihn sogar mit Metternich.

https://doi.org/10.1515/9783110680508-015

baten, für diese ein erster Schritt auf dem Weg Südafrikas in die postkoloniale Normalität gewesen wären, waren sie für Verwoerd gefährliche Aufweichungen einer politischen Programmatik, der die Zukunft gehörte. Als die versammelten Premierminister während der Konferenz 1961 kleine Zugeständnisse als Hoffnungszeichen anmahnten, war ihre Haltung für ihn ein weiterer Beweis, dass Konzessionen nur in neuen Forderungen und am Ende in schwarzer Mehrheitsherrschaft resultieren würden.[4]

Das Instrument für seine Modernisierungspolitik war ein durchsetzungsfähiger, starker Staat. Der Staat der Apartheid unterschied sich, zumindest in seinen Ambitionen, grundsätzlich vom noch kolonial geprägten Staat der ersten Hälfte des 20. Jahrhunderts mit seiner schwachen Bürokratie. Erste Ansätze zum starken Staat manifestierten sich in der Politik einer staatlich gesteuerten Industrialisierung, die Premierminister Hertzog mit der Gründung einer eigenen Eisen- und Stahlindustrie (ISCOR) in den 1920er Jahren initiierte. Er wollte Südafrika von der einseitigen Abhängigkeit als Rohstofflieferant für die britische Industrie befreien und über Importsubstitution eine sich selbst tragende Modernisierung Südafrikas einleiten. Die zahlreichen parastaatlichen Industrien, die im Lauf der folgenden Jahrzehnte entstanden, sowie die Bedeutung, die Planung im Kontext des 2. Weltkriegs zukam, zeigen, dass die südafrikanische Wirtschaft in hohem Maß von politischer Initiative abhing.[5] Die Apartheid ihrerseits lässt sich als Reaktion auf die Folgen dieser Modernisierung verstehen. Sie begegnete ihnen mit einem weiteren Modernisierungsschub, der noch deutlicher staatlich gesteuert war.[6]

Dergleichen philosophisch zu begründen, war typisch für die afrikaans-nationalistische Intelligenz. Der Veterinärmediziner und Broederbonder Hermann Otto Mönnig (1897–1978) hielt auf der Jahresversammlung der Südafrikanischen Akademie am 29.7.1944 einen Vortrag über „Naturwissenschaft und Technik im Dienst des Menschen“,[7] in dem er zunächst ganz hegelianisch eine Geschichte der Evolution als Zu-sich-selbst-finden des Geistes entwarf. Die Entwicklung des Menschen war zunächst durch Instinkte bestimmt, dann durch die Intuition, die vom Geist geleitete Erkenntnis war (7). Erst die Entwicklung der Naturwissen-

4 PV 93/1/30/1/19, Bl. 26, Verwoerd an C. R. Amm (Johannesburg), 8.5.1963.

5 Clark 1994: 133 und zur Gründung der ersten parastaatlichen Konzerne nach ISCOR: 160 ff. S. auch Dubow 2005: 9 f.

6 Die Auffassung, Apartheid sei eine Form autoritärer Modernisierung, hat sich mittlerweile in der jüngeren Forschung weitgehend durchgesetzt, s. etwa Edwards/Hecht 2010: 620 ff.

7 Gedruckt in „Wetenskap en Kuns“, 25.3.1945. Hier Sonderdruck, offenbar mit eigener Paginierung. Zu Mönnigs Biographie s. https://repository.up.ac.za/bitstream/handle/2263/15226/hc_hom%C3%B6nnig.pdf;sequence=1 (16.12.2019)

schaft brachte die Befreiung, denn mittlerweile war die Entwicklung soweit fortgeschritten, um ihren weiteren Fortgang zielgerichtet betreiben zu können (8). Denn der Eindruck ließ sich nicht abweisen, „dass mit immer wachsendem Tempo die nächsten 50 oder höchstens 100 Jahre die Lösung all unserer wichtigen materiellen Probleme bringen werden“(9). Krankheiten und Ernährungsprobleme seien bis dahin gelöst. Die Menschheit sei durch die Entwicklung der westlichen Zivilisation in der Lage, jetzt den weiteren Weg bewußt und in rationaler Planung zu beschreiten (9), wozu auch die Verschiebung und geplante Umsiedlung großer Bevölkerungsgruppen gehörte.[8]

Verwoerd teilte diesen emphatischen Fortschrittsglauben. So war es wenig überraschend, dass er Mönnig später mit der Leitung des wissenschaftlichen Beratungsgremiums betraute, als er ernsthaft die gesamtgesellschaftliche, vor allem aber ökonomische Planung in den Mittelpunkt seiner Politik stellte.[9]

Die weiße südafrikanische Elite insgesamt war von diesem Fortschrittsoptimismus beseelt, wie einige Denkschriften belegen, die in verschiedensten Institutionen während der 1950er Jahre verfasst wurden. 1957 legte Dr. Moolman vom Natural Resources Development Council ein Memorandum vor, indem er für stärkere Planung und Koordination durch wissenschaftliche Beratungsgremien plädierte. Politik war nur noch denkbar, wenn sie dauerhafte Änderungen und Lösungen finden wollte und wissenschaftlich fundiert war.[10] In besonderen Fällen trug der Staat selbst die ökomische Entwicklung wie im Fall von ISCOR. „Unser Wunsch in Südafrika geht dahin, dass Entwicklung in koordinierter und geplanter Form stattfinden soll. In einigen Fällen heißt das, dass neue Entwicklungen zur rechten Zeit und Ort stimuliert werden müssen, und in anderen Fällen bedeutet

---

8 Eiselen 1955b: 10 ff.

9 Sein Stellvertreter wurde 1961 Prof. D.C. Krogh, zuerst Direktor der Gefedereerde Kamers van Nywerheid van Suid-Afrika, dann Professor für Ökonomie an der UNISA: Boucher 1973: 313. Schon Verwoerds Vorgänger Premier Strijdom war auf Mönnig aufmerksam geworden und zwar durch den hier zusammengefassten Vortrag. A.J.R. van Rhyn übersandte dem Premier ein Memorandum Mönnigs, in dem dieser argumentierte, die naturwissenschaftliche Forschung hätte einen Grad der Komplexität entwickelt, der eine Neuorganisation erforderlich mache. So solle eine zentrale Organisation geschaffen werden, die unter einer Autorität stehen sollte, am besten derjenigen des Premiers. Dadurch könne das Kabinett leicht erreicht werden und es könne sichergestellt werden, dass „Empfehlungen des Beratungsgremiums die nötige Aufmerksamkeit erfahren. Eine solche Regelung wird auch verhindern, dass sich eine Abteilung mit den Angelegenheiten anderer befasst. Ausreichender Kontakt und Kontrolle über medizinische, landwirtschaftliche und Industrieforschung wird für die betroffenen Minister über die Vertreter in den Räten und Komitees der Forschungsorganisationen hergestellt.“ PV 93/1/68/1, A.J.R. van Rhyn an Strijdom (Premier), 23.8.1957.

10 PV 93/1/68/1, Bl. 16, Bericht von Dr. Moolman an den Premierminister, 3.9.57, S. 10.

es, dass eine bereits laufende Entwicklung Führung und Rat erhalten muss."[11] Dazu sei eine beratende Institution notwendig, die auf „eine systematische und umfassende Weise die breiten, nationalen Aspekte von Entwicklung untersucht." Sie müsse in der Lage sein, „von Zeit zu Zeit realistische, ausführbare Entwicklungspläne vorzulegen"[12], und „die verschiedenen Entwicklungsaktivitäten innerhalb des Staates miteinander zu koordinieren." Die Ambitionen der Wissenschaftler waren hoch, denn Moolman verlangte, dass das Gremium das Recht haben solle, um „auf eigene Initiative" Forschung zu betreiben und Vorschläge zu entwickeln, „aber Abteilungen, die große Entwicklungen planen, müssen die Organisation konsultieren und mit ihr kooperieren."[13] Die Organisation sollte also selbst Politik formulieren und sogar eine Art Weisungsbefugnis gegenüber den Ministerien haben. Hier bahnte sich eine Selbstermächtigung des Expertentums an, die Verwoerd kurze Zeit später in die Schranken wies.

Diese Haltung gegenüber Experten, denen er die umfassende Kompetenz des Politikers entgegensetzte, bestimmte die letzte Phase von Verwoerds politischer Laufbahn. Seit Frühjahr 1958 trat Mönnig als Vorsitzender des „Adviserende Raad vir Wetenskaplike Beleid [Beratungsgremium für wissenschaftliche Strategie]" auf und schlug vor, diesen Rat mit weitreichenden Kompetenzen auszustatten. So sollte er die Aufsicht über „alle wissenschaftlichen Dienste" haben und diese koordinieren, entweder in Gestalt eines neuen Department für Wissenschaft oder als beratendes Gremium im Amt des Premierministers. Verwoerd erachtete die Koordinierung auf wissenschaftlichem Gebiet als „äußerst notwendig", da es zu viele Überlappungen und Auseinandersetzungen darüber gab. Er ließ indes keinen Zweifel daran, dass die Entscheidungen den Politikern, d. h. dem Kabinett vorbehalten sein mussten, weswegen das Beratungsgremium sich aus den Staatssekretären der beteiligten Ministerien und ausgesuchten Wissenschaftlern zusammensetzen sollte. Allerdings sollte im Amt des Premierministers ein „herausragender" Wissenschaftler als Ratgeber und Vorsitzender des Beratungsgremiums ernannt werden.[14]

---

11 Ebd. Bl. 9, S. 2.

12 Ebd. Bl. 10, S. 3.

13 Ebd. Bl. 16, S. 10.

14 PV 93/1/68/1, Durchschlag „Notas samespekting op 10 November 1959 met Dr. Mönnig, Naude en Prof. Oosthuizen". Dem war ein Briefwechsel vorangegangen mit entsprechenden Vorschlägen von Seiten Mönnigs: Ebd., Brief d. Vorsitzenden eines „Adviserende Raad vir Wetenskaplike Beleid" (Mönnig) in Pretoria, 27.5.1958 an den Privatsekretär des Premiers, worin er ihm ein Memorandum übersandte. Antwort vom 16.6.58, dass der Premier sich mit der Sache befasste und sie im Kabinett besprechen wollte.

Ein gemeinsames Memorandum mehrerer Broederbond-Organisationen, das von dem Ökonomen C.G.W. Schumann, Verwoerds altem Bekannten aus Stellenboscher Tagen, unterzeichnet war, unterstützte ihn. Grundsätzlich schätzten die beteiligten Institutionen die Notwendigkeit eines solchen Gremiums hoch ein, da sich die Zeiten geändert hatten und der „ziemlich ungehemmte freie Wettbewerb des 19. Jahrhunderts nicht mehr angemessen ist." Die geistige Anpassung könne oft mit der technischen Entwicklung nicht mehr Schritt halten. „Oft werden veraltete politisch und technisch-administrative Denkformen und Kontrolleinrichtungen benutzt, um damit die hochkomplexe moderne Staatsmaschine zu steuern." Auch wenn man sich keine Illusionen über die Transformationskraft machte, die ein solches einzelnes Gremium entwickeln konnte, zeigten die Erfahrungen anderer Länder, „dass nach dem Weltkrieg bewusstere Anstrengungen unternommen wurden, um nicht einfach entsprechend ökonomischer Sektoren oder Regierungsabteilungen kurzfristige Untersuchungen anzustellen und dann zu planen, sondern um in umfassendem Maßstab planmäßig die gesamte ökonomische Entwicklung des Landes zu fördern." Man könne die Entwicklung nicht mehr den freien Marktkräften überlassen, sondern der Staat müsse viel stärker als bisher eingreifen. Weil ein solches Gremium eher global ausgerichtet sei und in allgemeineren Bezügen denke, müsse es auch direkt dem Premierminister unterstellt sein und nicht einem der Ressortminister.[15] „By the agency of the economic adviser and all who assist him, certain programmes to attain our aims are being drafted. Plans, which set a certain aim in which direction the country wants to move in a fixed period of time and by which it can be determined whether or not sufficient progress is made, are of very great value. Improvements in respect of financing methods have already been made and ideas in respect of further adaptations are being obtained."[16]

Seine Zukunftsorientierung war keineswegs eine persönliche Spezialität Verwoerds, sondern fand sich in der politischen Semantik des Afrikaaner-Nationalismus generell, in Namensgebungen für Orte, Gebäude, sogar Zeitungen in solcher Fülle, dass sie als programmatisch verstanden werden musste: Sonop [Sonnenaufgang] oder Dagbreek [Tagesanbruch], so wurden Gebäude an der

---

15 PV 93/1/53/3/1, Bl. 33–45, Memorandum oor 'n adviserende ontwikkelingsraad, opgestel namens die Ekonomiese Instituut, die Afrikaanse Handelsinstituut en die Suid-Afrikaanse Akademie vir Wetenskap en Kuns. In dem Zusammenhang auch PV 93/1/34/1, Bl. 46, J.G. van der Merwe, undatiert [1958], an V., „eine kleine Gruppe führender Freunde in der Wirtschaft" hätten sich an den UR des AB gewandt, ob es nicht einen zweiten ökonomischen Volkskongress geben solle.

16 Verwoerd, Annual Congress of the Afrikaans Trade Institute, Pretoria 19.9.1961, in: Pelzer 1966: 611–628, hier 626 f.

Universität Stellenbosch benannt, in denen der Jugend die Zukunftsgewißheit eingebläut wurde. Oosterlig [Licht im Osten] und Dagbreek[17] waren Namen nationalistischer Zeitungen, die ebenfalls Programm waren. Die Zukunftsorientierung war ein Grundzug im politischen Denken Verwoerds und wurde von ihm immer wieder emphatisch proklamiert. Sie schlug sich in den grandiosen Planungen der 1960er Jahre nieder.

Verwoerd war der mächtigste und machthungrigste Premierminister in der südafrikanischen Geschichte. Während seiner Regierungszeit weitete der Staat seinen Einfluss immens aus, bis in die intimsten Bereiche seiner Bürger hinein, „in Lebensbereichen, die während der Amtszeiten früherer Premierminister ziemlich unangetastet blieben." Ohne die geringsten Selbstzweifel baute er die ohnehin schon starke Machtstellung des Premierministers aus, der im Vergleich zu seinen europäischen Amtskollegen mit besonders vielen Befugnissen ausgestattet war. „Am Ende seines Lebens hielt er mehr Zügel der Regierung in den Händen, steuerte er mehr große Projekte direkt und selbst bis in die erstaunlichste Detailarbeit hinein als der dominanteste seiner Vorgänger, nämlich General Smuts."[18]

Verwoerd betrachtete eine Politik nur dann als wirklich substantiiert, wenn sie wissenschaftlich begründet war.[19] Eine Politik, die auf Intuition vertraute, lag ihm ebenso fern, wie ihm Demagogie suspekt war. Da Politik auf objektivierbaren Kriterien aufbauen musste und sie wahrheitsorientiert, nämlich faktenbegründet sein sollte, lag es nahe, sie wissenschaftlich zu fundieren, ja die Politik war geradezu abhängig von wissenschaftlicher Expertise.[20] Dabei war sein sehr spezifisches, positivistisches und theoriefeindliches Wissenschaftsverständnis ebenso in Anschlag zu bringen, wie seine starke Neigung zur Systematisierung, die sich auch in seiner neuen selbstgestellten Aufgabe als oberster Wirtschaftskoordinator und -entwickler Bahn brach: „If we want to increase our national production, if we want to set about it systematically, then we will have to build our future on this type of economic-scientific study."[21] Zur Unterstützung des Premiers

17 Möglicherweise wurde die Zeitung nach dem Wohnheim benannt, in dem Verwoerd während seiner Studentenzeit in Stellenbosch wohnte, s. dazu auch Booyens/Oosthuysen 1971: 27.

18 Cillié 1980: 55 f. Zu Verwoerds Detailversessenheit s. auch A.Boshoff 1974: 15.

19 So verlangte er schon 1937, dass staatliche Untersuchungskommissionen nach wissenschaftlichen Maßstäben arbeiten müssten: Transvaler 21.12.1937.

20 „... zeigt uns allen, wie der normale Landesadministrator auf den Erkenntnissen dieser Wissenschaftler aufbaut für vieles, womit er täglich zu tun hat"; PV 93/3/4/13, Bl. 131, Toespraak by geleentheid van die opening van die Museum van die Geologiese Opname op 17 Mei, 1966.

21 Verwoerd, Annual Congress of the Afrikaans Trade Institute, Pretoria 19.9.1961, in: Pelzer 1966: 611–628, hier 627.

wurde zusätzlich im August 1961 J. F.W. Haak zum Juniorminister für Planung ernannt.[22] Verwoerds Aufstieg vom Minister zum Premierminister, der die Lösung der verfassungsrechtlichen Probleme anpackte, gehorchte nicht nur politisch-inhaltlich, sondern auch in ihrem immer entschiedeneren Ausgreifen einer Eigendynamik, so dass seine Machtentfaltung ihren Höhepunkt in technisch-industriellen Großprojekten fand. Er bietet ein weiteres, wenn auch international bislang weitgehend unbeachtet gebliebenes, Beispiel für die Planungseuphorie, die in der Zeit nach dem Zweiten Weltkrieg in Kreisen von Verwaltung und Wissenschaft aufschäumte. Als ehemaliger Wissenschaftler und langjähriger Administrator war Verwoerd geradezu ideal plaziert, um diese Aufgabe zu meistern, deren Zielsetzung die dauerhafte Sicherung des Gesellschaftsmodells der Apartheid war.[23]

Verwoerd wollte Südafrika ökonomisch unverwundbar machen, weil er die zunehmende Isolation des Landes fürchtete und erste Boykottmaßnahmen erlebte.[24] Bezeichnenderweise wurde das Beratungsgremium am Tag nach Sharpeville gegründet.[25] 1961 hielt Mönnig eine Rede vor der Südafrikanischen Genossenschaft für Wissenschaftsförderung in Pretoria, wo er die Wissenschaftsorganisation in verschiedenen westlichen Ländern mit Südafrika verglich und massive Defizite feststellte. So würden in Südafrika proportional (er nahm nur die weiße Bevölkerung zur Grundlage) viel zu wenig Wissenschaftler ausgebildet, was er auf die mangelhafte Forschungsförderung zurückführte. Die Universitäten seien traditionell Lehreinrichtungen, darum müsse die Forschung systematisch ausgebaut werden. Die Forscher, die es bereits gab, müssten in ihrer Arbeit besser

22 PV 93/4/1/8, Bl. 17 f. Pressemitteilung über wiss. Ratgeber, 2.5.1963. Im selben Jahr gründete Verwoerd ein neues Ministerium für Planung, behielt aber die beiden Beratungsgremien im Amt des Premierministers. Damit unterstrich er, dass die Planung weiterhin Chefsache war. Ebenso stellte er klar, die einzelnen Ministerien sollten ihre Planungsfunktionen behalten, diese würden also nicht in dem neuen Ministerium zusammengezogen. In dieser Auffächerung von Planungsaktivitäten auf alle Ministerien schlug sich der generelle Bedeutungszuwachs von Planung für seine Politik nieder, die nun alle Bereiche durchdrang. Im Planungsministerium selbst sollten bislang dezentralisierte Planungsstäbe vereint werden; der bisherige Adjunk-Minister J. F.W. Haak wurde aufgewertet, als er auf den neuen Posten berufen wurde, dem noch die Abteilung Minenwesen zugefügt wurde. PV 93/1/20/1/2, Bl. 124 ff. Presseerklärung, 4.6.1964.

23 Zur Zeitdiagnose des 20. Jahrhunderts als Zeitalters der (staatlichen) Planung s. van Laak 2008: 308 ff. sowie 322. Zur intrinsischen Verbindung von Ordnung und Kontrolle mit Planung s. Doering-Manteuffel 2008: 398 u. 402.

24 Nach Einschätzung von US-Vertretern war Südafrika 1966 tatsächlich ökonomisch fast unverwundbar: „nothing less than an absolute blocade (sic) for 3 – 4 years would hurt her so badly that she would feel real pressure to recede from apartheid." Digital National Security Archive, Ed Hamilton, White House, Memo: Assassination of Hendrik Verwoerd, 6.9.1966.

25 J.Botha 1967: 61.

unterstützt werden, indem man sie von Lehrverpflichtungen und Verwaltungsarbeit freistellte. Daneben sollten Forschungsräte aufgebaut werden, die für Koordinations- und Förderungsaufgaben zuständig waren.[26] Tatsächlich lag Südafrika in seinen Forschungsleistungen weit zurück, doch dass gerade zur Amtszeit Verwoerds entdeckt wurde, wie wichtig Forschung, sowohl Grundlagen- als auch angewandte Forschung, für eine Volkswirtschaft war, hatte mit der gewachsenen Bedeutung von Planung für eine Politik zu tun, die sich selbst als die zentrale Steuereinheit der gesamten Gesellschaft sah. So wurde der Forschungsrat für Wissenschaft und Industrie, der schon 1949 gegründet worden war, stärker in gezielte Forschungsvorhaben eingebunden.[27] In der Folgezeit drängte das wissenschaftliche Beratungsgremium darauf, dass Südafrika sich in der Forschung international besser darstellen müsse.[28] Die schwache internationale Präsenz des Landes in der Wissenschaft wurde wegen der Apartheidpolitik und wegen der Bantu Education zum Problem. Wohl auch deshalb gab sich Verwoerd am 26.3.1964 im Parlament angesichts von Bestrebungen, Südafrika aus der Weltgesundheitsorganisation auszuschließen, kämpferisch. Südafrika war nicht bereit, sich aus der Organisation zurückzuziehen, sondern wollte weiter mitarbeiten.[29]

Im Sinn Mönnigs wurde die Wissenschaftsorganisation und -entwicklung nationalen Zielen untergeordnet, wie Verwoerd betonte: „Es ist wissenschaftliche Arbeit, doch liegt es im Interesse Südafrikas, dass die ökonomischen Früchte wissenschaftlicher Arbeit gepflückt werden."[30] Die Universitätsausbildung sollte generell an einem allgemeinen Bedarf orientiert sein: „Throughout the years, the Government has realized that we in South Africa still have much to do for which we must train our own experts. Practically each country in the world suffers a shortage of scientists, experts and practical people of every description. It is, perhaps, in the field of engineering that we feel the deficiency most, and we therefore had to realize that we in South Africa would ourselves have to provide for our needs and not extend beggar's hands to other countries albeit that they

26 PV 93/1/34/6, Bl. 83ff., H.O. Mönnig, Die Ontwikkeling van die natuurwetenskap in Suid-Afrika, Vortrag vom 10.5.1961. S. auch S. Naudé 1964: 15f. u. 41.

27 Ebd.: 7, zur personellen und finanziellen Ausstattung: 9f.

28 PV 93/1/68/1, Bl.77, Mönnig an Premier und angehängtes Memorandum über die Konferenz, 26.11.1963.

29 PV 93/1/4/1/10, 4f. Erklärung im Parl. am 26.3.64 über Weltgesundheitsorganisation.

30 PV 93/3/4/13, Toespraak by geleentheid van die opening van die Museum van die Geologiese Opname op 17 Mei, 1966, Bl. 127.

have in many respects recorded greater progress than we.“[31] Ziel sei es, „to do what is also done in other countries with excellent results. Where they might have greater ability in this field than South Africa, we shall still try, within the limits of our ability, to harness science on the planning of our future life and our economic endeavours.“[32]

Zu diesem Zweck musste zunächst ein Überblick über die südafrikanischen Wissenschaftler geschaffen werden sowie über ihre Arbeitsschwerpunkte, „wo sie genau arbeiten, was ihre Ausbildung ist und in welche Richtung sie sich eventuell bewegen könnten, wenn dies im Interesse des Landes notwendig sein sollte.“[33] Bislang hatten einzelne Abteilungen des Staatsapparats sich mit diesen Fragen beschäftigt. „Jetzt kann ich darauf verweisen, wie in den vergangenen Jahren der Staat begriffen hat, dass er eine zentrale Koordinierungs- und Planungsmaschinerie einrichten muss, die alle Abteilungen des Staates unter einem Dach zusammenführt, gemeinsam mit dem privaten Sektor, und dass wir dies nicht nur im Bereich der Wirtschaft, sondern auch dem der Wissenschaft bewerkstelligen müssen.“

Das wissenschaftliche Beratungsgremium konzentrierte sich auf die bessere Organisation von Wissenschaft und sollte sich auch mit der Koordination der Forschung zur Kernenergie befassen. Die Regierung strebte nach größtmöglicher wirtschaftlicher Autarkie, um Boykotten und Sanktionen standhalten zu können:

> "When we initiated this policy in 1915, we did not have a programme or a 'blueprint' covering all the aspects which this economic development should embrace. We did not know whether or where there would be Iscors or Sasols. We set ourselves an overall ultimate objective, namely to make South Africa as self-sufficient as possible in the economic field, and in the financial field to finance its capital requirements in our own country as far as possible because no country can strive for constitutional independence without striving to attain economic independence. To this I added that of course no country is completely

31 Verwoerd, Inauguration of a Bust and Plaque at the J.G. Strijdom Building for Engineering, University of Pretoria 15.9.1961, in: Pelzer 1966: 605–610, hier 605f. Er griff hier auch als Premier ein, als sich herausstellte, dass sein Sohn aufgrund einer bürokratischen Hürde nicht von einer Korrespondenzuniversität an eine Residenzuniversität wechseln konnte, ohne ein Studienjahr zu verlieren. Verwoerd erkannte hier sofort einen prinzipiellen Fehler, der mit dem Problem seines Sohnes nur noch als Anlass zu tun hatte, sondern auch andere an einem zügigen Studium hindern konnte. Aus diesem Grund setzte er sich sofort für eine Änderung ein: FAV 4.7.4.2, Verwoerd an Rektor C.H. Rautenbach (Universität Pretoria), 16.2.1965, dessen Antwort v. 23.2., Verwoerds erneute Replik am 3.3. und die Auskunft des Ministers für Ausbildung, Kunst und Wissenschaft, Jan de Klerk, vom 11.3.1965.

32 Verwoerd, Annual Congress of the Afrikaans Trade Institute, held in Pretoria, 19.9.1961, in: Pelzer 1966: 611–628, hier 618f.

33 PV 93/4/1/10, Bl. 81ff. Verwoerd vor der Akademie für Wissenschaft und Kunst, 27.6.1964, S. 5.

> independent economically, just as in the international political sphere no country is ever completely independent of the tendencies and influences making themselves felt in that sphere. But it should be our aim to achieve this independence to the extent which any country can achieve it."[34]

Die neue Aufgabe des Premierministers lag in der planmäßigen Steuerung des wirtschaftlichen Auf- und Ausbaus: „A new task awaits the Prime Minister and his department when certain big constitutional and other problems have been handled. This task is to take a lead in planning and co-ordinating the steps required to solve certain central problems in regard to the country's economic development and which affect the life of the country in all fields."[35]

Zum ersten Mal ventilierte Verwoerd kurz nach Sharpeville die Idee, die Apartheid über einen Fünf-Jahres-Plan umzusetzen, wobei er für die Finanzierung sogar an einen Kredit der Weltbank dachte.[36] Doch stand der emphatische Appell an Ideale und den Willen der Menschen im Vordergrund, wobei Verwoerd versuchte, die bisherige Mobilisierungskraft des Republikanismus auf ein neues Ziel umzulenken:

> "When one sees the faith in South Africa's inherent strength reaffirmed, then one wonders whether one can help encourage and whether it can be assisted in the future, not only through the work of entrepreneurs, but also through study by Government experts. The Government believes that this is surely possible. We do not only believe that it can be done, but that it must be done. In South Africa up to now we have been very busy with short-term planning. Not enough consideration was given to planning on a long term. The principles which work against the growth of the country in the long run have not always been noticed. There was no specific and purposeful study of these principles. The Government, i.e. the Department of the Prime Minister under the supervision of an economic adviser with research officials, has started a study of the great trends in our economic life. They are also looking for the obstacles on the country's way to progress."[37]

Verwoerds Politikverständnis war stark voluntaristisch geprägt, weshalb ihn der Historiker Pieter Kapp so charakterisierte: „Dieser Idealismus, der unter der persuasiven und charismatischen Führung von Dr. H. F. Verwoerd einen Höhepunkt

---

34 Verwoerd, First Speech as Prime Minister, 18.9.1958, in: Pelzer 1966: 164–190, hier 181. Ganz ähnlich FAV 4.7.2.4.5, Rede auf dem Parteitag der Natal-NP in Durban, 27.8.1963, S. 15.

35 Verwoerd, Annual Congress of the Afrikaans Trade Institute, Pretoria 19.9.1961, in: Pelzer 1966: 611–628, hier 611.

36 FAV 4.7.1.5, Memorandum, Wat vorentoe gedoen moet word, S. 10.

37 Verwoerd, Annual Congress of the Afrikaans Trade Institute, Pretoria 19.9.1961, in: Pelzer 1966: 611–628, hier 623 f.

erreicht, ging davon aus, dass das scheinbar Unmögliche durch Engagement, harte Arbeit, Imagination und Glauben möglich sei.“[38]

Trotz seines Enthusiasmus für staatliche Planung und die Systematisierung einer Selbstentwicklung Südafrikas blieb der menschliche Wille für Verwoerd ein zentraler Faktor, denn auch die bisherige Entwicklung Südafrikas von einer Rohstoffe produzierenden Kolonie zu einem Industriestaat wäre ohne Willensanspannung der Südafrikaner nicht denkbar gewesen.[39] Südafrika verfügte über keine eigenen Ölvorkommen und war im Energiesektor am verwundbarsten. Mit einem geradezu absurd klingenden Aufruf appellierte Verwoerd an den Willen der südafrikanischen Geologen, wider bessere Erkenntnisse weiter nach Erdöl zu suchen, als ob der bloße Wille, Öl zu finden, Gewähr dafür biete, es wirklich zu entdecken:

> „Aber da ist ein Bereich, der uns in den vergangenen Jahren einigen Kummer bereitete und in dem der Geologe sich als Pessimist erwies, wo aber der Politiker, dessen Aufgabe ihn antrieb, dem Geologen nun wieder voraus war und ihn antrieb, nämlich der Bereich der Erdölversorgung. [...] Naja, ein Politiker ist nun mal ein Mann, der mit Treten und Stoßen lebt und wenn er das nun selbst abbekommt, dann kann er auch austeilen. So begannen wir, die Geologen zu treten und zu stoßen und sagten ihnen, dass es vorhanden sein muss und sie müssen es finden. [...] Das Interessante ist, dass in diser Zeit auch die Hoffnung des Geologen wieder aufzublühen begann.“[40]

---

38 Kapp 2009: 421.

39 Verwoerd, Union Show, Milner Park, Johannesburg, 9.4.1960, in: Pelzer 1966: 388–393, hier 393. Ganz ähnlich voluntaristisch argumentierte Anton Rupert bei seiner 1950 veröffentlichten Bestandsaufnahme über den erreichten und den möglichen Anteil der Afrikaaner an der südafrikanischen Wirtschaft, wobei er sich bezeichnenderweise auf die voluntaristische ökonomische Bewegung des Afrikaaner-Nationalismus und auf den Zionismus bezog: PV 206/3/2/1, Anton Rupert, Die Afrikaner in die Nywerheid [1950], S. 105 ff. In der jüngsten Zeit wurde versucht, Anton Rupert im Nachhinein als eine Art verpasste Alternative zu Verwoerd aufzubauen. Dabei wird allerdings übersehen, dass Rupert selbst aus dem Lager des Afrikaaner-Nationalismus kam, eine rechtsextreme Vergangenheit hatte und nie ein politisches Alternativkonzept zu Verwoerds Apartheid entwickelte, das innerhalb der weißen Bevölkerung mehrheitsfähig gewesen wäre. Auffallenderweise hat Rupert vielen rechtextremen Vertretern des Afrikaaner-Nationalismus Stellen in seinem Konzern besorgt, etwa Nicolas Diederichs und P. J.Meyer, zu letzterem s. P. J.Meyer 1984: 58; s. auch Witz 2003: 124. Auf der anderen Seite ist Rupert als Bedrohung für Verwoerds hegemoniale Stellung innerhalb des nationalistischen Lagers nicht zu unterschätzen. Rupert war im Broederbond bestens vernetzt, er war der reichste Afrikaaner, als äußerst erfolgreicher Geschäftsmann ein Vorbild für viele und über seinen Rembrandt-Konzern sowie sein persönliches Vermögen verfügte er über Einfluss, vor allem aber über eine Unabhängigkeit, die ein L.J. du Plessis als lohnabhängiger Professor nie hatte.

40 PV 93/3/4/13, Toespraak by geleentheid van die opening van die Museum van die Geologiese Opname op 17 Mei, 1966, Bl. 129 f. 1965 antwortete Verwoerd in einem Gespräch mit der Financial Gazette auf die Frage nach dem Grund für die Einführung eines Planungsministeriums, dass man

Der Bedeutungszuwachs, den das wissenschaftliche Beratungsgremium während Verwoerds Regierung erfuhr, wurde 1962 sichtbar, als es aus dem Ministerium für Handel und Industrie ins Amt des Premierministers verlagert wurde. Seine Mitglieder wurden „ausgewählt mit Blick auf ihre Kenntnis der ganzen Breite wissenschaftlicher Disziplinen" und aufgrund ihrer Sachkenntnis. Darüber hinaus sollten auch solche Mitarbeiter Mitglieder werden „die in halbstaatlichen Einrichtungen und denjenigen staatlichen Abteilungen arbeiten, in denen wissenschaftliche Kenntnisse von großer Bedeutung sind."[41]

Im 1. und 2. Mai fand dann in Pretoria unter Leitung Mönnigs die erste Sitzung des Gremiums statt. Premierminister Verwoerd ließ es sich nicht nehmen, in der Mittagspause die Mitglieder kennenzulernen und das Gremium mit seinen Erwartungen zu konfrontieren. „Weil dem Amt des Premierministers die höchste koordinierende und planende Funktion in der Regierungsmaschine zukommt, findet auch diese neue Einrichtung hier ihren Platz, genauso wie der Wirtschaftsberater und das wirtschaftliche Beratungsgremium."[42]

Planung erwies sich als essentiell, um das zentrale Ziel seiner Politik, die dauerhafte Sicherung der Fortexistenz einer weißen Nation im südlichen Afrika, zu erreichen. „By looking far ahead and planning wisely, one can achieve the preservation of European civilization [...] It seems to us that the way in which this can happen, is by allowing the economic development to take place in such a way that there is certainty that that portion of South Africa which we know as European South Africa, remains European-controlled."[43] Die Vorstellung, die wirtschaftliche Entwicklung Südafrikas könne nicht sich selbst überlassen bleiben, sondern müsse geplant und politisch gesteuert werden, war in den 1960er Jahren nichts Neues. Eines der Ziele war die Importsubstition, die im wesentlichen der Immunisierung gegen Sanktionen dienen und gleichzeitig eine Art wirtschaftspolitische Entkolonialisierung vorantreiben sollte. Sie war nicht zuletzt nationalistisch motiviert und sollte, so Verwoerds erklärte Absicht, die koloniale Abhängigkeit des Rohstofflieferanten vom Industriestaat Großbritannien abbauen: „There is only one method and that is to provide for sufficient compensating exports. It is, therefore, necessary to establish industries to earn income by exports and industries to replace imports. [...] Firstly, one must select the type of

---

nach Öl suche und auch in Phalaborwa, das nahe an einem Bantustan liege und Bodenschätze enthalte, die Entwicklung voranbringen wolle: PV 93/1/4/1/10, Bl. 150 ff. Pressegespräch in der Financial Gazette.

41 PV 93/4/1/7, Bl. 123 ff. Presseerklärung, 30.11.1962.

42 PV 93/4/1/8, Pressemitteilung 2.5.1963.

43 Verwoerd, Federated Chambers of Industry, Cape Town 25.5.1954, in: Pelzer 1966: 53–63, hier. 55.

industry which will earn exports and replace imports so that on the one hand the country will obtain a steady income which will enable South Africa to pay for what must be imported and local development."[44] Das Broederbondmitglied F. S. Steyn hatte im Rahmen eines Vortrags auf dem Bondsraad bereits im Oktober 1950 auf die enge Verknüpfung von sozialen, politischen und ökonomischen Faktoren bei der Zukunftsgestaltung für die Afrikaaner hingewiesen. Dabei warnte er vor den „Auswüchsen der sozialistischen Tendenz", weil dies der schwarzen Bevölkerung eine mächtige Waffe werden könne. Vielmehr käme für die Afrikaaner „kontrollierter Kapitalismus" in Frage, womit er konkret die parastaatlichen Unternehmen meinte.[45] 1957 befasste sich der Broederbond mit verschiedenen Aspekten der Wirtschaft, u.a. mit dem Verhältnis zum Staat.[46] Hinzu kam die in den 1960er Jahren zunehmende Wahrscheinlichkeit, dass Sanktionen gegen Südafrika verhängt werden könnten, insbesondere ein Waffenembargo.[47]

Der außergewöhnlich große parastaatlichen Sektor war während der Kriegsjahre unter der Federführung von van der Bijl erweitert worden.[48] In der frühen Apartheidszeit wurde er weiter ausgebaut[49] und erhielt in den Jahren der Regierung Verwoerd neue starke Impulse in Richtung eines „regulated private enterprise system."[50] Trotz seiner Lippenbekenntnisse zur Marktwirtschaft[51] strebte Verwoerd eine ökonomische Entwicklung an, bei der der Staat die zen-

---

44 Verwoerd, Annual Congress of the Afrikaans Trade Institute, Pretoria 19.9.1961, in: Pelzer 1966: 611–628, hier 625 f.

45 AB Archiv, 2/3/18, Bondsraad, 2.–3.10.1950, S. 10, TOP 14, Die Afrikanernasie en sy toekoms. Verwoerd hatte schon 1946 den Vorschlag von H. J. van der Byl, ISCOR der staatlichen Kontrolle zu entziehen, entschieden abgelehnt: D.Prinsloo 1979: 542.

46 AB-Archiv, 2/3/34, UR-Sitzung, 20.–21.2.1957, S. 6, TOP 24, Die Afrikaner se ekonomiese strewe en die staat.

47 PV 93/4/1/11, Bl. 174 ff. Rede in Pietersburg, 14.11.1964 zu angeblich geplantem Waffenembargo der brit. Reg., mit einer Warnung wegen der britischen Flottenbasis in Simonstown. Bl.182, Presseerklärung vom 26.11.1964, worin begrüßt wurde, dass die britische Regierung, wie ursprünglich angekündigt, die bestellten Militärflugzeuge liefern werde. Ebd. Bl. 199 Presseerklärung, 9.12.1964, es kam erneut zu Verstimmungen, als Premier Wilson behauptet, es würden keine Sportgewehre und Munition mehr an Südafrika verkauft, weil sie für interne Zwecke gebraucht würden. Der Botschafter sei daraufhin beim brit. Außenministerium vorstellig geworden und hätte Beweise dafür verlangt. Der Minister hätte zugegeben, dass sie keine hätten.

48 Clark 1994: 110 ff.

49 So war auch der Broederbond in die Gründung von Sasol involviert: AB-Archiv, 2/3/15, UR-Sitzung, 9.11.1948, S. 5, TOP 27, Vervaardiging van petrol uit steenkool sowie AB-Archiv, 2/3/19, Verslag oor UR-Werksaamhede, 1950, S. 7.

50 Andrews/Gerrill/Guingand/Holloway/Meyer/Van Eck 1965: 46.

51 Besonders explizit noch im Juni 1966 in einer Rede vor der Johannesburger Börse: FAV 4.7.2.4.7, Address at a Banquet by the Committee of the Johannesburg Stock Exchange, 30.6.1966, bes. S. 11.

tralen Vorgaben machte und ihre Durchführung kontrollierte. Zwar sollte es weiterhin ein unabhängiges Unternehmertum geben, doch wollte der Staat klare Rahmenvorgaben erstellen, innerhalb derer sich die wirtschaftliche Entwicklung abzuspielen hatte.

Den parastaatlichen Unternehmen wies Verwoerd eine leitende Funktion zu, sie sollten den Entwicklungsweg für die Privatindustrie öffnen und diese mit sich ziehen. „Think, for example, of the tremendous plans of Escom, Iscor, Sasol and Foskor. Within the next 10 – 12 years, if not sooner, according to plans that they already have, an expansion of R2,000 m. will take place."[52] Das lag nahe, weil diese Unternehmen den Infrastrukturausbau und Schlüsselindustrien unter langfristigen strategischen Gesichtspunkten angehen und sich nicht dem direkten Zugriff staatlicher Planung entziehen konnten. Die Umgestaltung der Städte nach segregationistischen Vorgaben, insbesondere der Bergbaumetropole des Witwatersrand, war mit Planung in großem Stil verbunden.[53] Dies hatte mit der Stärkung des Staates und der staatlichen Verwaltung durch die Apartheid generell zu tun; die Apartheid als politisches Programm war auf Planung und Koordination der einzelnen Schritte angewiesen.[54]

Eine sich selbst regelnde Markwirtschaft war Verwoerd ausgesprochen suspekt. So stellte er denn auch fest, die Koordination innerhalb der Wirtschaft funktioniere bislang nur unzureichend: „That is one of the reasons why the Government instituted an economic council and appointed in my Department an economic adviser who will also be chairman of that council."[55] Wie bei der Frage weißer Armut war auch bei der Weiterentwicklung der Ökonomie nur der Staat in der Lage, eine Steuerungsfunktion zu übernehmen, zumal in einem zentral geplanten, integrierten Vorgehen neben rein ökonomischen auch andere Aspekte berücksichtigt werden mussten: „All will be linked together in any future planning so that we can guide our future economic development in such a way that the social consequences of the new development are taken cognisance of without interfering with the economic progress which we all value."[56]

Verwoerd legte Flexibilität bei der Wirtschaftssteuerung an den Tag, denn er konnte die Wirtschaft nicht völlig gängeln und strebte einen funktionierenden

52 Verwoerd, Annual Congress of the Afrikaans Trade Institute, Pretoria 19.9.1961, in: Pelzer 1966: 611 – 628, hier 621 f.; s. auch Verwoerd, Inauguration of a Bust and Plaque at the J. G. Strijdom Building for Engineering, University of Pretoria 15.9.1961, in: Pelzer 1966: 605 – 610, hier 607.

53 I.Evans 1997: Kap. 4.

54 M. D. C.Nel: 1.

55 Verwoerd, Statement of Policy, 9.3.1960, in: Pelzer 1966: 340 – 369, hier 345.

56 Verwoerd, Federated Chambers of Industry, Cape Town 26.5.1954, in: Pelzer 1966: 53 – 63, hier 57.

Abgleich zwischen kurz- und langfristigen Planungszielen bei ausreichender Handlungsfreiheit für die Wirtschaft an:

> "We cannot hold up that development pending the location of suitable areas and sites according to the longterm policy. But in permitting the laying out of industrial sites cognisance must be taken of the requirements of the long-term policy. [...] If we allow speculators to go on laying out industrial areas and sites, whether they are needed or not, vested interests will be created which will oppose the development of industry elsewhere for selfish reasons."[57]

Homogenisierte, statistisch verwertbare Daten lassen sich nur gewinnen unter Mißachtung und Abwertung von Qualität. In der vor etwa 200 Jahren einsetzenden interpretierenden Transformation qualitativ unterschiedlicher und damit nicht vergleichbarer Einzelheiten in quantitativ einander komparable Einheiten lässt sich ein Signum der Moderne ausmachen. Bereits in seiner Befürwortung psychologischer Tests und dem Versuch, den menschlichen Charakter in messbare Einheiten zu zerlegen, hatte Verwoerd gezeigt, wie sehr er solchen Herangehensweisen verpflichtet war. In den 1930er Jahren war die Verbindung der positivistischen Datenerhebung mit der formalen Logik, wie Verwoerd sie repräsentierte, der Inbegriff von Wissenschaft.[58] Dies entspricht dem von James Scott beschriebenen „Blick von oben". Je höher die Position des Beobachters, desto mehr verschwinden Lebenswelten, werden stattdessen Strukturen und Systeme sichtbar. Einem homogenisierenden Blick entgehen aus großer Höhe oft die wichtigsten Details. Es handelt sich nicht nur um eine massive Komplexitätsreduzierung, sondern auch um eine Verfälschung auf einer elementaren Ebene, was bis zur völligen Wertlosigkeit der Daten führen kann. Damit gewinnt der Staat zwar Handlungsfähigkeit, doch setzt er allzu leicht Fehlentwicklungen in Gang, die zu völlig kontraproduktiven Resultaten führen können.[59] Der Apartheidstaat sammelte bis zum Exzess Daten und Statistiken, er war der Staat gewordene Positivismus. Planungs- und Regelungswut verliefen sich oft in umfassenden Datenerhebungen, die Bürokraten ertranken in den eigenen Informationen.[60] Der geplante Überwachungsstaat paralysierte sich selbst. Der Anspruch, allumfassendes Wissen zur Grundlage des Handelns zu erheben, ließ sich nicht einlösen, was die Apartheidpolitiker aber nicht daran hinderte, an ihren Plänen und den dahinter stehenden Ansprüchen weitreichender Regelungen festzuhalten.

---

57 Ebd.: 58.
58 Tayler 2010: 127.
59 Scott 1998: 57 ff. u. Kap. 9.
60 Posel 2009 a.

In der Debatte über den Tomlinson Report 1956 hatte Verwoerd sich noch sehr zurückhaltend gegenüber längerfristigen Planungen geäußert,[61] doch seit Anfang der 1960er Jahre legte er seine anfängliche Skepsis ab und schwang sich fortan zum Protagonisten groß angelegter Projekte auf.[62] Im September 1961 verkündete er, dass nun eine neue Phase der ökonomischen Entwicklung beginnen müsse, die sich von der ersten durch ihren geplanten Charakter unterschied: „South Africa is beginning the second phase of its industrial development. The first one is past and the second one must be less by chance and more purposefully planned. The state machinery is being tuned for specialized planning."[63] Es handelte sich um einen Entwicklungssprung, indem nun vage Ideale früherer Zeiten konkrete Gestalt annahmen: „Für die Vorgänger war es noch ein Ideal; für uns ist es ein Projekt; in der Zukunft soll es als eine der großen Taten gelten, die in Südafrika verrichtet wurden."[64] In einer Rede vor der „Convention for the Promotion of Export" betonte er im Jahr darauf, „that we look upon economic policy and economic development as the mainspring of our policy for the future. Much which we politicians felt had to be done in the constitutional field, in connection with Native policy and in other directions, has now been completed or is becoming routine. Fundamentally, just as in most other countries economic policies and economic development have become the most important government tasks. It is for that reason that I too, although Prime Minister, have had to give more attention to providing the ministers mainly concerned with Economic Affairs with the necessary support, and that within my own department an advisory body had to be developed to make it possible for me to co-ordinate such endeavours."[65] Verwoerds Vorhaben hatte ausgeprägte planwirtschaftliche Züge, denn er sprach von „greater development and the preparation for much more to come, expansion planned systematically, even for ten years ahead."[66] Allerdings machte er klar,

---

61 Verwoerd, Commission for the Development of Bantu Areas, 14.5.1956, in: Pelzer 1966: 102–123, hier 105.

62 Verwoerd, Annual Congress of the Afrikaans Trade Institute, Pretoria 19.9.1961, in: Pelzer 1966: 611–628, hier 626.

63 Ebd.

64 PV 93/4/1/9, Bl. 42, Verwoerd, Kaapse Middelland Ontwikkelingsvereniging, 23.10.1963.

65 Verwoerd, Convention for the Promotion of Export Trade, Johannesburg, 16.5.1962, in: Pelzer 1966: 697–712, hier 712. Kurz nach der Ankündigung der Berufung eines solchen Gremiums nach Verwoerds Amtsantritt als Premierminister im Jahr 1958 meldete sich eine Gruppe von Vertretern der ökonomischen Organisationen des Broederbond unter Führung von Verwoerds altem Stellenboscher Freund C.G.W. Schumann und bat um einen Audienztermin: PV 93/1/34/1, Bl. 109, Ekonomiese Instituut an V. mit angehängtem Memorandum, 8.10.1958.

66 Verwoerd, Address to the South Africa Club, London, 17.3.1961, in: Pelzer 1966: 502–512, hier 503.

dass es sich nicht um eine rein nach ökonomischen Kriterien gestaltete Entwicklung handeln würde.

1964 wurde dann tatsächlich ein Fünf-Jahres-Plan für die Jahre 1964–69 durch das Ökonomische Beratungsgremium ausgearbeitet, der aufgrund der bisherigen Wachstumszahlen ein durchschnittliches Wirtschaftswachstum von fünfeinhalb Prozent pro Jahr anvisierte.[67] Der Premier wies ausdrücklich auf den Zusammenhang der Planung mit der Souveränität der neuen Republik hin: „For it is a fact that this development is taking place at the beginning of our development as a republic, and it is the desire of all that the Republic should grow to real greatness – greatness not only in the political sphere, but also in the economic sphere."[68]

Dabei mussten vor allem die bisherigen Schwachstellen und Defizite identifiziert werden, um Abhilfe durch den zielgerichteten Aufbau neuer Industrien zu schaffen: „Where the deficiencies, the gaps, are found, purposeful action will be necessary to fill them."[69] Nur der Staat konnte die wissenschaftliche Expertise bereitstellen und durch Investitionen in Infrastruktur Impulse setzen. „For his reason, provision, particularly, is made for co-ordination and central planning in the gradual expansion of the Prime Minister's department."[70]

Sein systematischer Ausgriff, der ihn von allen seinen Vorgängern unterschied, offenbarte sich schon in seiner ersten Rede als Premier, in der er die Gründung eines ökonomischen Beratungsgremiums ankündigte. Dabei trat immer wieder sein tiefsitzendes Misstrauen gegenüber vom Staat unabhängiger ökonomischer Initiative hervor:

> "The idea behind such an economic body will be to assist in the achievement of the co-ordination of the economic activities both of the state and of the private sector, not the achievement of co-ordination by throttling private enterprise, because, as has often been stated, we believe in the basic principle of private initiative in the industrial life of our country. [...] The eventual aim in establishing such an economic council is therefore not the development of some sort of central autocratic control over all economic activities, whether public or private. It envisages the proper organization and regulation of the economic life of the

---

67 FAV 4.7.1.5, Presseerklärung v. 11.12.1964 nach einer Versammlung des ökonomischen Beratungsgremiums am 30.11.1964.

68 Verwoerd, Inauguration of a Bust and Plaque at the J.G. Strijdom Building for Engineering, University of Pretoria 15.9.1961, in: Pelzer 1966: 605–610, hier 606 f. S. auch Verwoerd, Kruger Day, Pretoria 10.0.1959, in: ebd.: 313–318, hier 317: „The country must also be independent economically to the fullest extent that a nation can be independent in the present world order."

69 Verwoerd, Annual Congress of the Afrikaans Trade Institute, Pretoria 19.9.1961, in: Pelzer 1966: 611–628, hier 617.

70 Ebd.: 611.

> country in so far as this can be done through investigation, research, the dissemination of knowledge and the co-ordination of state activities."[71]

Die Ursache für dieses Mißtrauen lag in Verwoerds integralem Nationalismus: „Es soll jedoch unsere Pflicht gegenüber dem Staat sein, dessen Belange Vorrang vor denjenigen des Individuums haben, um, während wir dem Individuum Gerechtigkeit wiederfahren lassen wollen, gleichzeitig nicht die Gemeinschaft, die Steuerzahler, durch unverantwortliches Vorgehen [...] auszubeuten."[72] Geschäftsleute waren primär an Gewinnmaximierung und persönlichem Profit interessiert, weshalb ihre Bekenntnisse zum Nationalismus in Zweifel gezogen werden konnten. „The prosperity of the country as a whole must be preserved in the first and final instance. The share of the individual in this will follow in one form or another, but must never be sought at the country's cost."[73] Immer wieder appellierte Verwoerd an die nationale Solidarität der Wirtschaft, gerade weil sie am wenigsten bereit war, ihre Eigeninteressen denjenigen der Nation zu subordinieren: „It is to preserve this most vital fundamental strength that everyone should co-operate in submerging understandable personal aspirations and interests in what is good for all."[74]

Daraus erklären sich die spezifischen Gegensatzpaare, die er als zwei verschiedene Formen von wirtschaftlicher Tätigkeit einander gegenüberstellte: „The year 1965 will be a testing year. Will it prove South Africa and South Africans to be weak or strong? Energetic developers or easy-going exploiters? True patriots or selfseeking opportunists?"[75] Es war keineswegs allein seinem Kulturkonservatismus geschuldet, wenn er einen Aufstieg vom Materialismus zum Geistigen beschwor, denn das Geistige war die Einheit des Volkes, der sich auch der Geschäftsmann verpflichtet fühlen sollte: „Wer sich über die materialistische zur geistigen Bereicherung seines Volkes und dessen Angehörigen erheben kann,

---

71 Verwoerd, First Speech as Prime Minister, 18.9.1958, in: Pelzer 1966: 164–190, hier 176 f. PV 93/1/53/3/1, Bl. 52, Handelskammer an V., Bl. 73–75, Memorandum der Handelskammer: The Growth and Orientation of our Economy. S. auch PV 93/1/34/1, Bl. 115 South African Federated Chamber of Industries an V., 11.12.1958: Sie hätten gehört, dass ein Beratungsgremium gegründet werden sollte und baten um mehr Informationen.

72 PV 93/4/1/9, Verwoerd, Kaapse Middelland Ontwikkelingsvereniging, 23.10.1963, Bl. 63.

73 PV 93/4/1/11, Bl. 279–283, New Year's Message, 31.12.1965, hier 280. S. auch Van der Westhuizen 2007: 67 f.

74 Ebd., Bl. 279.

75 Ebd., Bl. 283. Trotzdem gab er sich als Premierminister betont wirtschaftsfreundlich und trat bei einem Bankett der Johannesburger Börse als Redner auf: PV 93/1/60/2/13, Bl. 74 f. J. A. Hyman an V., 24.6.1966.

bereichert seine eigenen Werke, umarmt sein Volk und wird von seinem Volk umarmt."[76]

Die Bedeutung und den Umfang seines neuen Vorhabens spielte Verwoerd zunächst noch herunter: „All that is needed is that our industrial capacity must be properly organized, that plans must be properly co-ordinated and that the fullest initiative must be taken in the opportunities in the new directions which are opening up and on which we are embarking."[77] Ein erwünschter Effekt der intensiveren Verwissenschaftlichung und staatlichen Steuerung der Politik war die Mechanisierung der Landwirtschaft, aber auch die Automatisierung in der Industrie, was die Wirtschaft unabhängiger von billigen schwarzen Arbeitskräften machen sollte. „This is a policy the seeds of which are being planted but which will yield its fruits to an ever-increasing extent during the new industrial development of the next 50 years."[78]

Planung diente dem Hauptziel der Apartheid, nämlich die Zahl der schwarzen Arbeiter und Stadtbewohner zu reduzieren, da „durch Mechanisierung, Automatisierung und Immigration der Bedarf an schwarzer Arbeit abnimmt oder entfällt."[79] Die planmäßige Durchführung der Apartheid und die Wirtschaftsplanung behinderten sich jedoch gegenseitig, weshalb Koordination immer dringlicher wurde. Ein Memorandum seines Wirtschaftsberaters ließ schon das bürokratische Monster erahnen, das da herangezüchtet wurde. Die Ausbildung von Facharbeitern sollte dem Bedarf entsprechend durchorganisiert und gleichzeitig streng nach Rassen getrennt vollzogen werden. Bestimmte Wirtschaftszweige, die Coloureds und Inder ausbildeten und diese in ihre Regionen locken und dort halten sollten, sollten wie die Grenzindustrien in den Genuss von Subventionen kommen. Ebenso musste verhindert werden, dass schwarze Facharbeiter in die „weißen" Gebiete zogen, sondern in den neu gegründeten städtischen Zentren der Homelands blieben, weshalb dort die Gewerbe- und Berufsschulen angesiedelt werden müssten. „Wenn Bantu-Arbeit von den arbeitsintensiven Industrien in

---

76 PV 93/4/1/9, Kongressrede auf dem ATKV-Kongress 1963, Bl. 172–187, hier 172.

77 Verwoerd, Convention for the Promotion of Export Trade, Johannesburg 16.5.1962, in: Pelzer 1966: 697–712, hier 711.

78 Verwoerd, First Speech as Prime Minister, 18.9.1958, in: Pelzer 1966: 164–190, hier 184f. Verwoerd hatte das schon 1951 als Ziel seiner Politik verkündet: PV 276/I/8/1/2, Bl. 128 V. an H. Dold (Howick, Natal), 8.8.1951, S. 2.

79 PV 93/1/24/10, Bl. 86, V. an H.W. van der Merwe (Kroonstad) 26.7.1960. 1960 ermutigte er nachdrücklich die Arbeitgeber, „durch Rationalisierung ihrer Betriebe ihre Möglichkeiten zu vergrößern, höhere Löhne zu bezahlen." PV 276/3/1/2/1, Verklaring van die Eerste Minister namens die Regering oor verdere stappe in verband met die toepassing van die kleurbeleid (1960), S. 6. Dabei ging es nur in zweiter Linie um Lohnzuwächse für die Arbeiterschaft, sondern vor allem darum, deren Zahl zu verringern.

den weißen Städten ferngehalten wird, kann dies nicht nur die Entwicklung der Grenzindustrien beschleunigen, sondern wird wahrscheinlich auch die Arbeitslosigkeit unter Coloureds und Indern beseitigen."[80] Dies alles war stets mit Anträgen, Genehmigungen und Kontrollen verbunden, was Unternehmern ihre Arbeit nicht gerade erleichterte. Außerdem sollten Beteiligungen an Betrieben über die Rassenschranken hinweg möglichst unterbunden oder zumindest nicht gefördert werden.

Tatsächlich trug die von Verwoerd angestoßene Umstellung der südafrikanischen Wirtschaft von arbeits- auf kapitalintensive Produktionsmethoden in seinem Sinn Früchte, da seit den späten 1960er Jahren die Zahl der Arbeitslosen unter ungelernten Arbeitskräften rasch anwuchs.[81] Nattrass und Seekings haben in dieser Umstellung den Beginn eines fundamentalen Wandels in der südafrikanischen politischen Ökonomie identifiziert,[82] der sich als bedeutsamer erwies als die politische Revolution der 1990er Jahre. Diese Umstellung wird oft der Regierung von John Vorster zugeschrieben, weil sie sich während seiner Amtszeit konkret gesellschaftlich auszuwirken begann, doch die eigentliche Weichenstellung lässt sich auf die frühen 1960er Jahre unter Verwoerd datieren.

Die Ausweitung staatlicher Aktivitäten betraf nicht nur neue parastaatliche Unternehmen in strategisch wichtigen Sektoren wie der Kohleverflüssigung, um Südafrikas Abhängigkeit von Öllieferungen zu vermindern, sondern die Regierung richtete eine makroökonomische Steuerung ein. Hinzu kam ein erheblich intensiviertes staatliches Engagement bei infrastrukturellen Großprojekten wie dem Bau gigantischer Stauseen für künstliche Bewässerung, Wasserversorgung der Industriemetropolen und Stromerzeugung. Nicht zuletzt wollte Verwoerd Südafrika auch militärisch sichern, weshalb in seiner Amtszeit der Aufbau einer eigenen Waffenindustrie begann, aber auch die Waffenkäufe insbesondere in Frankreich nach 1961 sprunghaft zunahmen und der Militärhaushalt zwischen 1957 und 1966 um das Siebenfache anwuchs.[83] In mancher Hinsicht war dieses steuernde und aktive Engagement des Staates eine Fortsetzung des Ausbaus seiner Kompetenzen während Verwoerds Amtszeit als Minister und folgte der

---

80 PV 93/1/20/2/5, Bl. 47, Vakleerlingskap by die Nie-Blankes ..., 13.11.1964, S. 15; s. auch Bl. 46, den Brief des Wirtschaftsberaters an den Premier, 10.12.1964. S. auch Franzsen 1949: 20.

81 Jones/Muller 1992: 238 ff.; Posel 1997: 134 f.

82 Seekings/Nattrass 2006: 157 ff.

83 Malan/Mulder 1966: 6; Terblanche 2001 b: 24. Zu den militärischen Beziehungen sehr instruktiv: Moukambi 2008: 84 ff. Zur Rolle von Verteidigungsminister Jim Fouché s. Sabalot 2009: 143. S. auch die Einschätzung der US-Administration: „No other nation or combination of nations on the African continent is in a position to challenge South Africa militarily today." DNSA, William Duggan, Memo on Background of the South African Problem, 10.7.1963, S. 2.

Entwicklungslogik der Apartheid. Man kann darum von einem kontinuierlichen Prozess des Aufbaus eines interventionsstarken Staates im Sinn der „Hochmoderne" sprechen, wie James Scott sie beschrieben hat. Wie in anderen „hochmodernen" Projekten des 20. Jahrhunderts ging es auch Verwoerd um industrielle Kernbereiche: „I have said that there are three elements on which industry, mining and agriculture all rest, namely water, power and steel."[84] Neben dem staatlichen Wirtschaftshandeln zielte Planung auf den Ausbau der staatlichen Kontrollmöglichkeiten über Wirtschaft und Gesellschaft, auf die Umgestaltung der südafrikanischen Gesellschaft durch den Staat und auf die Entmündigung der Bürger durch eine wuchernde Bürokratie bei rhetorischen Bekenntnissen zur Demokratie.

Die Identifizierung von Entwicklungszielen und die Anstrengungen, diese in koordinierter Weise zu erreichen, waren für Verwoerds Wähler und Anhänger ein neues Thema, weshalb er bei verschiedenen Gelegenheiten ausführlicher darauf zu sprechen kam, etwa gegenüber der Kulturorganisation der Eisenbahnangestellten, einer Schlüsselgruppe des Afrikaaner-Nationalismus: „Wirtschaftsplanung ist nichts anderes als die Bestimmung von Zielen, die innerhalb einer bestimmten Zeit erreicht werden sollen, die aber darauf beruht, dass die Schwächen im Wirtschaftsleben des Landes ausfindig gemacht und untersucht wurden."[85] Er argumentierte hier ganz im Kontext der zeitüblichen kybernetischen Denkweise, wenn er „feedback" und Kontingenz einbezog und seine Programme offen genug halten wollte, dass sie kurzfristige Verschiebungen und Veränderungen produktiv verarbeiten konnten:

> „Ein solches Wirtschaftsprogramm findet nie ein Ende. Sobald jemand aufgrund der klaren Erkenntnisse des Programms die Schwächen auszufüllen beginnt, verändert sich das Gesamtbild. Dann muss das Programm angepasst werden an die neue Situation und die neuen Bedürfnisse. Auch andere Teile der Welt entwickeln sich weiter. So wie sich in anderen Ländern wirtschaftliche Veränderungen vollziehen oder Entdeckungen gemacht werden, verschieben sich für jedes Land die Ziele. Südafrika muss sich auf permanent sich verändernde Zielprogramme in der Wirtschaft einstellen."[86]

Der Premierminister war von den neuen Möglichkeiten, die natur- und ingenieurswissenschaftliche Forschung erschlossen hatten, begeistert und wollte diese Potentiale nutzen, „including the greater role science will play when atomic

84 Verwoerd, Union Show, Johannesburg 9.4.1960, in: Pelzer 1966: 388–393, hier 390.
85 PV 93/4/1/9, Kongressrede auf dem ATKV-Kongress 1963, Bl. 172–187, hier 179.
86 Ebd.

energy may tap the oceans for irrigation of the land.“[87] Vor allem hatte Südafrika aufgrund seines Reichtums an Bodenschätzen ungeahnte Entwicklungschancen, weil sich mit dem technischen Fortschritt neue Nutzungsmöglichkeiten für bis dahin weniger wichtige Mineralien ergaben.[88] Als er im September 1961 ein neues ingenieurswissenschaftliches Gebäude an der Universität Pretoria einweihte, war Verwoerd bereits nicht mehr sicher, „that even this well-progressed undertaking which you have here, [...] will be able to satisfy the tremendous need. Daily one becomes more and more aware of the tremendous potential for development and of our duty towards realizing it and daily one becomes more and more aware of the great effort it will take not only in acquiring the opportunities or the financial means, but in finding the people to train for what we wish to do.“[89] So war der Fortschritt nicht mehr zu stoppen, selbst wenn aus ökonomischen Gründen das Wirtschaftswachstum vorübergehend gebremst werden musste.[90] Die Aufgabe staatlicher Lenkung bestand darin, den Fortschritt zum eigenen Wohl zu steuern, die freiwerdenden Kräfte einzuhegen und auf ein Ziel hin auszurichten, von dem er sicher war, dass es „the beginning of our golden age“ sei.[91]

Der Orange River Dam

Am Beispiel eines der ersten wirtschaftlichen Großprojekte soll Verwoerds Argumentationsweise genauer rekonstruiert werden. Das Projekt eines Staudamms zur Wasserregulierung und Stromerzeugung am Mittellauf des Oranje wurde Anfang der 1960er Jahre entwickelt, nach Abschluss des Genehmigungsverfahrens wurde 1965 mit dem Bau begonnen, doch der Damm wurde erst fünf Jahre nach Verwoerds Tod in Betrieb genommen und nach ihm benannt. Der durch ihn entstandene Stausee ist der größte Südafrikas mit einer Fläche von 374 km² und betreibt vier Turbinen, die zusammen 360 Megawatt Strom erzeugen.

---

87 PV 93/4/1/12, Neujahrsansprache 1966, Bl. 157–163, hier 158. „And the end of our possibilities has not yet been reached, because we are also fortunately endowed with the resources required by the atomic age.“

88 PV 93/3/4/13, Toespraak by geleentheid van die opening van die Museum van die Geologiese Opname, 17.5.1966, Bl. 129.: „... und dann wissen wir, dass wir in Südafrika etwas besitzen, was andere gern hätten, was sie brauchen für die Entwicklung ihrer Luftfahrtindustrie, bei der Suche nach den äußersten Grenzen des Weltall, dass dies dabei gebraucht wird und wir unseren Beitrag leisten, mit dem was wir aus unserer Erde holen.“

89 Verwoerd, Inauguration of a Bust and Plaque at the J.G. Strijdom Building for Engineering, University of Pretoria 15.9.1961, in: Pelzer 1966: 605–610, hier 606.

90 PV 93/4/1/12, Neujahrsansprache 1966, Bl. 157–163, hier 158.

91 Verwoerd 1963: 1.

In seiner Rede auf dem Kongress der Cape Midlands Entwicklungsvereinigung am 23. Oktober 1963 machte Verwoerd seinen Zuhörern gleich eingangs deutlich, dass es nicht irgendein Dammprojekt war, über das er sprach, sondern dass sie es hier mit Zukunftsplanung in großem Stil zu tun hatten. „Wenn wir einen Damm im Oranjefluss bauen, dann sprechen wir von seinem Volumen, das für 1000 Jahre und mehr ausreichen wird. Wir sprechen also heute über einen Schatz, der nicht ausgeschöpft werden wird, sondern den die Natur uns geschenkt hat, um ihn zu gebrauchen, und bis weit in die Zukunft zu nutzen."[92] Er hatte also die notwendigen Schlußfolgerungen aus anderen Projekten gezogen, bei denen sich schon bald herausgestellt hatte, dass sie durch die sich rasch entwickelnden Verbrauchsdaten veraltet waren, bevor sie überhaupt fertiggebaut waren. Gleichwohl war es notwendig, bevor ein solches Mammutprojekt in Angriff genommen werden konnte, ausreichend Erfahrungen mit kleineren Dammbauten zu sammeln, „damit, wenn eine so groß angelegte Entwicklung wie diese in die Praxis umgesetzt wird, sie auf einem sehr tragfähigen Fundament der wasserwirtschaftlichen Planung für das Land beruht. Sie wissen, dass es die Aufgabe früherer Minister für Wasserversorgung war, in großen Maßstäben vorauszudenken und darum auch sehr breit angelegte Untersuchungen anstellen zu lassen, aber gleichzeitig sich [in der Praxis] auf das zu konzentrieren, was sie tun konnten und wollten."[93] Verwoerd nutzte den Verweis auf die früheren Arbeiten nicht nur, um den Ingenieuren und Politikern der Vergangenheit Reverenz zu erweisen, sondern vor allem, um sie als Kontrastfolie zu nutzen: „Aber es war eine vornehmere Pflicht, nicht seinen eigenen Namen und seine Taten mit einem großen Zukunftsideal verbunden zu sehen, sondern den eigenen Ruhm einzugrenzen, Selbstkontrolle zu üben und in erster Linie dafür zu sorgen, dass im ganzen Land das getan wird, was als essentiell anzusehen ist."[94]

Das neue Projekt bewegte sich in ganz anderen Dimensionen und war schon allein dadurch ein Sinnbild der „Hochmoderne", für die Verwoerds ganze Planungspolitik stand. „The face of the whole of the southern part of South Africa will be changed as a result of a blueprint for development on a scale that has never before been undertaken here."[95] Mit dieser Argumentation gelang es ihm, sich gleichzeitig einer Tradition von Planung und Dammbauten zuzurechnen und dennoch das Neue hervorzuheben, das mit seiner eigenen Regierungszeit verbunden sein sollte: „Aber es wurde sehr deutlich, dass das ganze Land erst ent-

---

92 PV 93/4/1/9, Verwoerd, Kaapse Middelland Ontwikkelingsvereniging, 23.10.1963, Bl. 40 – 65, hier 40. Die Rede ist mittlerweile veröffentlicht in W. J. Verwoerd 2018.

93 Ebd.: 42.

94 Ebd.: 42.

95 Verwoerd 1963: 2.

wickelt werden musste, bevor wir für den Riesenschritt bereit waren, den wir nun gehen möchten."[96] Die ostentative Bescheidenheit, mit der er nach den Vorläufern verwies, war sachlich völlig angemessen, sollte aber subtil darauf hinweisen, dass in diesem Fall der Riese auf den Schultern von Zwergen stand, weil alles frühere nur „eine notwendige Vorbereitung für das war, was nun geschehen soll. Um so mehr müssen wir mit Ehrerbietung und Wertschätzung derer gedenken, die es ermöglichten, dass wir mit diesem großen Plan voranschreiten, weil es ihnen selbst nicht beschieden war, dies zu tun. Sie waren die Führer des Auszugs, der das Volk schließlich ins gelobte Land bringen soll, wobei sie wussten, dass sie selbst es vielleicht nicht erblicken würden."[97] Tatsächlich schloss sich an die Verbeugung vor den Vorläufern der Hinweis auf den eigenen Beitrag des Premiers an, von dem er immerhin annahm, er könnte „historischen Wert" haben.

Die beiden wichtigen Beiträge zu dem Projekt, deren Verdienst er für sich in Anspruch nahm, seien überdies der Beweis dafür „wie wichtig es ist, dass ein Politiker an der Spitze der Regierung eines Landes stehen muss, denn er erwägt die Dinge oft aus einem anderen Blickwinkel als andere Interessenten. Seine spezifische Perspektive kann sich für das Land noch als wichtig herausstellen. Diese kurzen Bemerkungen erweisen darum auch der Rolle der politischen Führung bei der Planung die Ehre. Es geht hier nicht um die Politik einer bestimmten Partei, sondern um den Wert politischer Überlegungen im breitesten Bedeutungssinn."[98] Die Politik war die übergeordnete Steuerungseinheit, sie nahm die Perspektive „von oben" ein und verfügte über eine umfassende Kompetenz.

Sein Beitrag bestand in der Entscheidung für einen von zwei möglichen Plänen für den Staudammbau, nämlich entweder am Pongola-Fluß oder am Oranje.[99] Die mit einer Untersuchung betrauten Ingenieure gaben dem Pongola-Plan den Vorzug. Nun kam jedoch die breitere Perspektive des führenden Politikers ins Spiel, denn er dachte nicht nur an die technische Durchführbarkeit, sondern „auch an die Bedeutung der allgemeinen Entwicklung in zwei Landesteilen für viele andere Menschen. Als wir aus der breiteren Perspektive das Zukunftsbild des Landes betrachteten und uns von den rein technischen Fragen zu den menschlichen, den sozialökonomischen und politischen Implikationen bewegten, stellten wir uns die Frage: Ist es wirklich unmöglich, beide Projekte gleichzeitig umzusetzen? Dies ist die eine Leistung, die ich mir selbst zuschreibe, dass ich diese Frage in ihrer ganzen Schärfe im kritischen Augenblick formuliert

96 PV 93/4/1/9, Verwoerd, Kaapse Middelland Ontwikkelingsvereniging, 23.10.1963, Bl. 40 – 65, hier 43.
97 Ebd.: 43.
98 Ebd.: 44.
99 Ebd.: 44.

habe."[100] Dies führte tatsächlich zu der Entscheidung, beide Projekte in Angriff zu nehmen, allerdings mit einer verlängerten Bauzeit.[101]

Im Kontext dieser Einbeziehung breiterer Gesichtspunkte ergab sich auch sein zweiter Beitrag, der den Oranjedamm unmittelbar betraf.[102] Abermals weitete er die Fragestellung aus, weil er nicht den Damm selbst ins Zentrum stellte, sondern den Fluß, d. h. die gesamte Region.[103] Der Premierminister nahm dafür den „Blick von oben" ein, er bewertete das Projekt aus der Vogelperspektive. Er stellte die ursprünglich rein technische Frage in einen größeren Kontext, den nur der Politiker hinreichend kennen konnte. Aus einem bloßen Staudammbau leitete er ein systematisch angelegtes gesamtgesellschaftliches Projekt ab, indem für jeden einzelnen Schritt überprüft wurde, „was sich am besten in einen umfassenden und zusammenhängenden Plan einfügt."[104] Die Botschaft an seine Zuhörer war, dass es nicht um eine Beurteilung eines solchen Projekts nach rein technischen Gesichtspunkten gehen konnte, sondern die Leitung bei der Politik liegen musste, weil nur sie über die breitere Perspektive verfügte aufgrund der Notwendigkeit und Fähigkeit, zusätzliche Gesichtspunkte zu beachten. Es durfte also keine Selbstermächtigung von Experten und Spezialisten geben, sondern der systematische Zugriff eignete nur dem Politiker: „Nicht allein wird so eine richtige Flussplanung möglich, sondern sie soll auch die beste sein, nicht nur für die Wassernutzung, sondern für das Land insgesamt. Mit anderen Worten, weil die politischen Führer notwendigerweise einen anderen Blick als die rein technischen haben müssen, können sie Aufträge erteilen und letztlich die Beschlüsse fassen, die zu diesem wirklich enormen Projekt führten, mit dem wir es nun zu tun haben. Darum ist es immer das Beste, dafür zu sorgen, dass stets Politiker an der Spitze des Staates stehen!!!"[105]

Danach verschob er die Argumentation, denn er ging nun nicht mehr primär von den technischen Erfordernissen aus, sondern vom zentralen Rohstoff, mit dem es der Dammbau zu tun hatte, dem Wasser. Nach der eher trivialen Feststellung, dass Wasser „fundamental to the constitution of communities, even the most primitive communities" sei,[106] kam er auf die Verwendungsmöglichkeiten von Wasser zu sprechen und baute nun von dieser Seite die Komplexität des Problems vor seinen Zuhörern auf und wies dadurch nach, wie notwendig der

100 Ebd.: 45.
101 Ebd.: 46.
102 Ebd.: 46.
103 Ebd.: 47.
104 Ebd.: 47.
105 Ebd.: 47.
106 Ebd.: 48.

systematische Zugriff war. Die vielseitige Verwendung von Wasser wurde dadurch mehr als nur Nutzbarmachung, sie geriet zum Ausweis von Zivilisation: „Consequently the greater and the better use that is made of the water available, became a sign and a symbol of the higher development of all communities, past and present. If we in South Africa do not think basically in terms of water, then the hope of developing our civilisation in this southern tip of Africa must fall to the ground."[107] Hier, wie auch an anderer Stelle, zeigte sich, dass sein Zivilisationsbegriff eng an die Evolution moderner Technik gekoppelt ist.

Südafrikas Mangel an Wasser machte einen besonders sorgfältigen und behutsamen Umgang mit diesem knappen Rohstoff notwendig und unterstrich die Bedeutsamkeit von Planung in die Zukunft hinein: „The second fundamental consideration in our basic thinking on what must be the South African attitude towards water, is that South Africa is poor in water resources. If we do not make the utmost use of all the water resources placed at our disposal, then we will be lacking not only in our duty now but we will be making the future more difficult for the generations to come. In the conservation of water one has to think ahead."[108] Man müsse die Bedürfnisse der nächsten 20 oder sogar 40 Jahre in die Planung einbeziehen.[109] Die Planung von Dämmen zeigte eine wichtige historische Entwicklung, wobei er nicht die technische Seite meinte, sondern die politische: „'The Dam' was usually an ideal propagated by those who needed more water. It was a local demand, of local value and ultimately a local scheme. [...] In the course of time this outlook changed. People started to think about irrigation schemes not as intended for the benefit of a locality but as a scheme for a nation. [...] In our country in the thinking about the Orange River scheme we have come to this modern outlook."[110]

Mit der Überwindung des lokalen Blicks und der lokalen Bedürfnisse ließ er gleichzeitig die kleinlichen Eigeninteressen hinter sich und öffnete den Blick für die „Gemeinschaft", nämlich die Nation, Verwoerds zentrale Bezugseinheit. Er präsentierte seine Planung als etwas gänzlich Neues, er zeigte den Unterschied zwischen den Bedürfnissen eines Farmers, den Interessen eines Geschäftsmanns oder einer regionalen Gemeinschaft und denjenigen einer ganzen Nation und markierte damit einen qualitativen Sprung.

---

107 Ebd.: 48.

108 Ebd.: 49.

109 In einer anderen Rede drehte er die Argumentation um und meinte, es sei ein Zeichen für das Selbstvertrauen der Südafrikaner, dass sie eine so weit in die Zukunft reichende Planung in Angriff nahmen: FAV 4.7.2.4.5, Rede auf dem Parteitag der Natal-NP in Durban, 27.8.1963, S. 22.

110 PV 93/4/1/9, Verwoerd, Kaapse Middelland Ontwikkelingsvereniging, 23.10.1963, Bl. 40–65, hier 50.

Es gab drei Bereiche, in denen Wasser benötigt wurde, nämlich in der Landwirtschaft, in der Industrie und in den Städten und Dörfern der Region. Für alle drei standen unterschiedliche soziale Gruppen, deren Interessen der Politiker zu einem Ausgleich bringen musste, wozu auch nur er in der Lage war. „Ich möchte vor einer Überbetonung der einen oder anderen dieser drei Nutzungsmöglichkeiten warnen. Alle drei sind notwendig. Die Frage ist nur, wie man sie in das beste Gleichgewicht bekommt und dies ist eine Frage, die nicht unbedingt schon jetzt beantwortet werden muss. [...] Eine der schönen Seiten des Oranjeflussplans ist seine Anpassungfähigkeit.“[111] Damit bezog er Kontingenz mit ein, denn der Damm konnte in seiner Verwendung jeweils wechselnden Bedürfnissen angepasst werden. Dies aber setzte große Kapazitäten voraus, d. h. man musste in riesigen Dimensionen planen. „Stets hat die Erfahrung gezeigt, dass das, was heute als eine enorme Idealvorstellung erscheint, eigentlich zu klein erscheint, wenn die zukünftige Entwicklung stattfindet.“ So hätte sich der Staudamm am Vaalfluß bereits als zu klein erwiesen. „Der Plan wurde durch sich selbst überholt: Darum wiederhole ich: Man darf nicht in zu kleinen Maßstäben denken oder zu schnell meinen, dass wir zu weit gehen.“[112]

Diese neue Perspektive konnte nur der Politiker einnehmen, weil nur er alle Dinge gleichzeitig im Blick hatte, es war der „sehende Staat“ im Sinn von James Scott, der mit einer umfassenden, der Komplexität eines Problems gerecht werdenden Planung eine Universallösung entwickelte. Mit dem Damm sollten verschiedene Probleme gelöst und höchst unterschiedlich gelagerte Bedürfnisse gleichzeitig befriedigt werden:

> "The creation of a satisfied society, with no feeling of domination by one part over the other, has political implications too. Constituencies will then be properly spread over the country. Nobody wants a whole nation to be overwhelmingly controlled by a huge number of representatives of constituencies from one urban area. It is not healthy for a nation that that should be the case. I am trying to show in fact how, when one thinks in the broader terms of the O.R. Scheme, one finds how much is at stake. The development of this part of South Africa, a fine part of South Africa, a central part of South Africa which is as yet relatively thinly populated, is necessary. It should be better populated so that we will not have a bikini-like country with top and bottom covered, and the rest denuded."[113]

Er meinte damit, dass der Mittellauf des Oranje sich in einer relativ trockenen, dünn besiedelten Gegend befand, während nördlich daran das Ballungsgebiet des Witwatersrand anschloss und sich südlich der dichter besiedelte Küstenstreifen

111 Ebd.: 56.
112 Ebd.: 57.
113 Ebd.: 53.

mit den Großstädten Port Elisabeth und East London hinzog. Der Damm versorgte die lokale Bevölkerung mit Wasser und Strom, er ermöglichte zudem eine Dezentralisierung der Industrie, was regionale Ungleichgewichte zu beseitigen half, nicht nur im Sinn eines besseren regionalen Ausgleichs,[114] sondern auch im Hinblick auf Verwoerds Projekt einer Entwicklung dezentralisierter Industrien rings um die Homelands, einem fundamentalen Ziel der territorialen Apartheid: „Als Folge dieser Denkweise, die ich gerade vorgestellt habe, erscheinen weitere Prinzipien, die man beachten muss. [...] Eines impliziert, dass wir ein großes und fundamentales Problem einbeziehen müssen, was mit der grundlegenden politischen Strategie verbunden ist. Denn wir sind überzeugt, dass das Heil der verschiedenen Bevölkerungsgruppen in ihrer getrennten Entwicklung liegt."[115] Weil der Damm am Mittellauf des Oranje lag, blieb er im „weißen" Gebiet und damit auch unter der Kontrolle der Weißen. In der Gegend wohnten aber viele Coloureds, durch den Dammbau sollten sich mehr Weiße als zuvor in diesem „heartland" ansiedeln und dadurch die Kontrolle langfristig sichern.[116]

Im weiteren Verlauf seiner Rede führte Verwoerd immer neue und weitere Gesichtspunkte ein, um dem Publikum vor Augen zu führen, mit welch komplexen Problemen Politiker konfrontiert waren und wie sie sie zu lösen verstanden. Er widmete dem touristischen Wert gebührende Beachtung,[117] bezog die regionalen Verwaltungen in die Planung ein[118] und kalkulierte selbst die landwirtschaftlichen Produkte, die unter künstlicher Bewässerung produziert werden konnten, voraus,[119] d. h. das Projekt umfasste auch landwirtschaftliche Forschung

114 Ebd.: 51: „One of the great needs of South Africa is the decentralisation of industry. Industry cannot remain concentrated in a few large centres. Otherwise it not only becomes strategically vulnerable but the large aggregations of people create problems which we in this country (with many races on whose future we have to decide) have to take into account. ... Decentralisation of industry is not only strategically beneficial and useful for a better geographical distribution of the population, but it is also necessary for the development of under-developed portions of a country."

115 Ebd.: 53.

116 Ebd.: 54.

117 Ebd.: 61: „Diese Stauseen werden unter anderem Urlaubsorte und einer der Vorteile wird sein, dass sie neben den normalen Industrien auch dem Tourismus dienen. [...] Darum muss, wenn überlegt wird, wo der Bauort angelegt wird, gleichzeitig mit denjenigen beraten werden, die die Angelegenheit aus der Perspektive des Tourismus oder der Gemeinschaftsbildung oder Industrieansiedlung betrachten."

118 Ebd.: 62: „Die Provinzverwaltung, die betroffen ist, muss frühzeitig einbezogen werden. Sie muss wissen, was die Entwicklung des Projekts bezweckt und wofür geplant werden muss."

119 Ebd.: 62: „Ich kann fortfahren, indem ich aufzeige, dass die Farmprodukte, die unter künstlicher Bewässerung hergestellt werden, frühzeitig festgelegt werden müssen."

und Planung in großem Stil.[120] Weil der Damm nicht zuletzt der Elektrizitätsversorgung diente, war er ein Impuls für die Mechanisierung der Landwirtschaft und verhinderte den Zuzug schwarzer Wanderarbeiter, was die Sicherung des weißen „heartland" von einer anderen Seite gewährleistete: „Die Farmen, Industrien und Siedlungen, die dort entstehen, müssen als weiße Farmen, weiße Industrien und weiße Siedlungen wachsen."[121]

Mit dem Damm wurde ein gordischer Knoten durchgehauen, denn der Bau des Oranjedamms sollte Impulse für die industrielle Entwicklung geben und die bislang vorherrschende Zurückhaltung beseitigen. „Die Zeit, als Südafrika dasaß und zögerte, weil es nicht wusste, was aus ihm werden sollte, [...] ist vorbei."[122] Am Ende blieben zwei Botschaften:

1. die neue Qualität dieses Projekts, „ein Projekt von Weltniveau. Es wird eines der größten Projekte in Afrika sein. [...] Ich spreche hier nicht von der Höhe der Staumauer oder wieviel Kubikmeter Wasser der See enthalten wird. Ich spreche von der funktionellen Bedeutung dieses Plans für Südafrika unter Berücksichtigung seiner Größe und Bevölkerung. In diesem Sinn haben wir eines der großen Projekte der Gegenwart vor uns; etwas, was die Imagination in Bann zieht, nicht nur von Südafrika, sondern von Menschen jenseits unserer Grenzen."[123] Die Regierung war in der Fortschrittsentwicklung im internationalen Vergleich ganz vorn mit dabei.
2. Der Damm sollte helfen, das Überleben der Weißen in Südafrika zu sichern: „Wir bekennen hiermit unsere Überzeugung, dass unser Volk noch in 40 Jahren, wenn dies vollendet ist, und noch länger, hier sein wird. Dies ist ein Symbol unseres Willens, um als Volk fortzubestehen, und auch unseres Willens, dieses Land, so weit entwickelt wie nur möglich, an künftige Generationen zu übergeben."[124]

Mit dem Projekt würde eine neue Ära staatlichen Handelns anheben: „Hier muss koordiniert und geplant werden, wie vielleicht noch bei keinem anderen Projekt

120 Ebd.: 63: „Die Wirkung künstlicher Bewässerung muss natürlich von Anfang an von der Agrarforschung beachtet werden und sie erhält selbstverständlich bereits die notwendig Aufmerksamkeit, auch wenn einige glauben, dass nicht daran gedacht wurde." Für die seinerzeit erwarteten positiven Folgen auch für den Unterlauf des Oranje s. Jooste 1965: 117.

121 PV 93/4/1/9, Verwoerd, Kaapse Middelland Ontwikkelingsvereniging, 23.10.1963, Bl. 40–65, hier 55.

122 Ebd.: 57.

123 Ebd.: 64 f.

124 Ebd.: 65.

der Vergangenheit."[125] Es war multidimensional und betraf verschiedene Aspekte des gesellschaftlichen Zusammenlebens.[126] Die Regierung dachte in großen, nicht in kleinen Dimensionen.[127] Weil das Problem so komplex war, richtete der Premierminister als wichtigster Ideengeber und Steuermann des Ganzen ein eigenes ressortübergreifendes Komitee ein, denn:

> „Weil dieses Projekt soviele Interessen betrifft, muss die Planung und ihre Koordination aus verschiedenen Richtung besonders sorgfältig sein. Dies wird sichergestellt, weil die Regierung als ganze dafür verantwortlich ist. [...] Denn der Aufbau eines Gemeinschaftslebens dort im breiteren Sinn betrifft mehr als die Hälfte – fast drei Viertel – der staatlichen Verwaltungsabteilungen. [...] Weshalb die Regierung selbst die zentrale Kontrolle behalten muss."[128]

Geleitet wurde dieses Komitee nicht von einem Fachminister, sondern vom Vorsitzenden des Ökonomischen Beratungsgremiums.[129]

Zum Abschluss seiner Rede suchte Verwoerd sich gegen Kritik zu immunisieren, denn er habe nur auf die Komplexität des Projekts und seiner Planung hingewiesen, „weil man regelmäßig Artikel von schlauen Leuten in den Zeitungen lesen kann, die behaupten, die Regierung oder ihre Beamten hätten bestimmte Aspekte nicht berücksichtigt. Sie denken ohne weiteres, unsere Planung sei unvollständig. [...] Darum muss hier unterstrichen werden, dass an viel mehr Einzelheiten gedacht wird, als viele Menschen begreifen."[130] Verwoerds Abneigung gegen Partikularinteressen, die sich dem zentralen Zugriff des Staates entzogen, wurde deutlich, wenn er den Vorrang des Staates vor dem Individuum betonte: „Es soll jedoch unsere Pflicht gegenüber dem Staat sein, dessen Belange Vorrang

---

125 Ebd.: 58.

126 Ebd.: 59: „Hier wird etwas in Angriff genommen, was viele andere Aspekte des menschlichen Lebens betrifft."

127 Ebd.: 58: „Wir beabsichtigen alles mit diesem Projekt, denn wir planen nicht klein, sondern groß."

128 Ebd.: 59. Diesen Anspruch der Überlegenheit der Politik, weil nur sie über „umfassende Kenntnis" verfüge und ihre Entscheidungen „nach Abwägung aller Fakten und Folgen, und nach Beratung mit Fachleuten" träfe, betonte Verwoerd in seiner nach dem Attentat, aus dem Krankenhaus, ergangenen Erklärung: PV 276/3/1/2/1, Verklaring deur die Eerste Minister namens die Regering oor verdere stappe in verband met die toepassing van die kleurbeleid (1960), ein weiteres Exemplar findet sich in PV 93/1/24/12, Bl. 53 ff. Wegen der Entscheidungshoheit der Politik legte Verwoerd auch wenig Wert auf Untersuchungskommissionen, die von Wissenschaftlern geführt wurden, selbst wenn sie zu seinen Weggefährten zählten: Meiring 1990: 83 und 88 ff.

129 PV 93/4/1/9, Verwoerd, Kaapse Middelland Ontwikkelingsvereniging, 23.10.1963, Bl. 40 – 65, hier: 60.

130 Ebd.: 60.

vor denjenigen des Individuums haben, um, während wir dem Individuum Gerechtigkeit wiederfahren lassen wollen, gleichzeitig nicht die Gemeinschaft, die Steuerzahler, durch unverantwortliches Vorgehen [...] auszubeuten.“[131]

Dieser Text wurde deswegen ausführlich vorgestellt und analysiert, weil er typische Argumentationsmuster Verwords zeigte. Abgesehen von der Überlegenheit des planenden Politikers, der die Moderne verkörperte, führte er vor, wie mit einem einzigen Projekt zahlreiche Probleme gelöst werden konnten, aber nur, wenn der Komplexität des Ganzen Rechnung getragen wurde, wozu wiederum nur er in der Lage war. Diese Figur, eine Lösung für zahlreiche Probleme gleichzeitig zu finden, kehrte in seiner Begründung der Apartheid immer wieder und war einer der Gründe für seine überzeugende Wirkung bei seinen Anhängern und Wählern, für sein Charisma als visionärer und gleichzeitig realistischer, als von Grundprinzipien ausgehender, aber bis in die kleinsten Konsequenzen sorgfältiger Planer.

Ein Rede, die er ein Jahr später, am 27.6.1964, vor der südafrikanischen Akademie für Wissenschaft und Kunst hielt, war ähnlich aufgebaut. Verwoerd gab sich bescheiden als jemand, der sich in eine „Konferenz von Hochgelehrten“ begeben hatte, ohne zu wissen, was er sagen wollte. Umso größer musste der Effekt dessen sein, was er bescheiden als „kleines Gespräch [geselsie]“ angekündigt hatte. Im Sinn des Kongressthemas, nämlich das „menschliche Potential Südafrikas“, entfaltete er die ganze Komplexität von dessen administrativer Erfassung und Einbeziehung in staatliche Planung, mit der ein Staat konfrontiert war. „Es wird mit Recht erwartet, dass ein gewisses Maß zentraler Aktion von denjenigen ausgeht, die die Zukunft des Landes gestalten, aber es ist nicht immer bekannt, mit welchen Problemen dies verbunden ist.“[132] Zunächst argumentierte er psychologisch, dass man eingefahrene Verhaltensmuster und Gewohnheiten in bestimmten Berufsgruppen und Gemeinschaften verändern müsste, bevor man zu anderen Maßnahmen greife. Die Beispiele, die er nannte, betrafen fehlende Effizienz beim Berechnen des Bedarfs oder beim Einsatz von Arbeitskräften.[133] Die dazu eingerichteten Beratungsgremien für Wissenschaft und Ökonomie im Department des Premierministers hätten sich so weit entwickelt, dass er einen Adjunkminister für Planung berufen hatte. Der nächste Schritt war nun, ein regelrechtes Planungsministerium mit umfassenden Aufgaben einzurichten.[134] Neben Rassenunterschieden gab es innerhalb einer Bevölkerungsgruppe Unterschiede

131 Ebd.: 63.
132 PV 93/4/1/10, Bl. 81 ff. Verwoerd vor der Akademie für Wissenschaft und Kunst, 27.6.1964, S. 1.
133 Ebd.: 1 ff.
134 Ebd.: 10.

zwischen Menschen. Ein Überfluss an Arbeitskräften war ein Anzeichen für Rückständigkeit, Knappheit dagegen ein Symptom für Entwicklung. „Arbeitskräftemangel ist ein Anreiz. [...] Wenn Arbeitskräftemangel eintritt, Bedarfe entstehen, macht man Pläne. Dann strengt man sich an, um die maximale Leistung aus der Geistes- und Arbeitskraft der Männer herauszuholen, die zur Verfügung stehen."[135] Das Wichtigste jedoch war die Geisteskraft und zwar in Bezug auf die Gemeinschaft, die Nation. „Menschliches Potential ist gegenüber dem Potential des Volkes eine Nebensache."[136] So müssten „Durchhaltevermögen, Fleiß, Vertrauen, Glaube, Arbeitsbereitschaft" nicht nur Züge einzelner sein, sondern „volkskenmerke", Charakterzüge des Volkes. Erst wenn das erreicht war, konnte der Fortschritt als gesichert gelten. Es handelte sich also um eine volkspädagogische Aufgabe: man wollte nicht nur den Einzelmenschen, sondern das Volkspotential gezielt entwickeln. Gerade im weißen Südafrika mit seiner Bedrohung durch die schwarze Mehrheit müsse das Volk starkes geistiges Widerstandsvermögen aufbauen.[137] Damit kam er zum „Essentiellen", nämlich „der Kampf des Volkes um sein Fortbestehen". Um darin zu bestehen, müsse die Abhängigkeit von nicht-weißer Arbeitskraft vermindert werden. Er verwies in einem seiner schiefen Vergleiche auf die Schweiz, in der Apartheid praktiziert würde. Denn die Schweiz hätte aufgrund ihrer rasanten wirtschaftlichen Entwicklung nicht genug Arbeitskräfte gehabt und hätte diese deswegen aus Italien und Spanien geholt. Als Wanderarbeiter wurden sie getrennt gehalten und müssten als solche immer wieder nach Hause zurückkehren.[138] Er endete mit einem Bekenntnis zum integralen Nationalismus: „Die Gemeinschaft ist größer als der Einzelne. Größer als alle, die jetzt leben, ist das Volk, das über die Jahrhunderte weiterbestehen muss." Alle Anstrengungen dürften nicht nur heutigen Bedürfnissen gelten, sondern in erster Linie der Erhaltung des Volkes in der Zukunft.[139] An diesem Beispiel zeigte sich komplementär zur Rede über den Oranje-Damm die Bedeutung des menschlichen Potentials für den planenden Staat. Der Mensch war Verfügungsmasse, er wurde durch umfangreiche Datenerfassung sichtbar und damit für eine umfassende Planung verwertbar. Schon Verwoerds psychologische Personentypologie hatte auf dergleichen Zugriffe auf Individuen abgezielt. Allerdings räumte er den Weißen alle Freiheitsrechte ein, was Berufswahl etc. betraf, bei Schwarzen war er dagegen an keine demokratischen Spielregeln gebunden und konnte hier seine Planungsobsessionen ungehemmt ausleben.

135 Ebd.: 12.
136 Ebd.: 13.
137 Ebd.: 14.
138 Ebd.: 15.
139 Ebd.: 16.

Viele Zeitgenossen wie Historiker hielten Verwoerd für einen Konservativen oder einen Reaktionär, der einer Gesellschaftsordnung anhing, die längst überholt war. Seine Zukunftsorientierung und die Zerstörung überkommener Ordnungen, die er energisch vorantrieb, wurden oft übersehen, weil Verwoerd den Habitus des Konservativen pflegte, von seinem äußeren Erscheinungsbild angefangen bis hin zu den Bekenntnissen zur christlichen Werteordnung. Diese Haltung war innerhalb des organisierten Afrikaaner-Nationalismus weitverbreitet[140] und erzeugte einen kulturkonservativen Konsens, der gleichzeitig das Revolutionäre des Modernisierungsprogramms verschleierte.

140 Ein Beispiel ist eine Rede von L. I. Coertze auf Bondsraad 1950: AB-Archiv, 2/3/19, Bondsraad 2.–3.10.1950, S. 4f. TOP 9, Die Afrikanernasie en sy toekoms u. AB-Archiv, 2/3/39, UR-Agenda 18.–19.2.1960, Bylae B, Blanke integriteit en leierskap. S. auch PV 93/3/1/18, Bl.57, Eine Frau R. A. Haasbroek (Kroonstad) an V., 2.12.1958, beschwerte sich über zu kurze Röcke.

Der Todeshauch

Nachdem Verwoerd aus seinem „Krisenjahr“ 1960 an allen Fronten als Sieger hervorgegangen war und seine Gegner im eigenen Lager kaltgestellt und mundtot gemacht hatte, befand er sich während der letzten Jahre bis zu seinem Tod auf dem Höhepunkt seiner Macht und erschien als „fast unantastbare Figur“,[1] wie der Ausgang der Wahlen im Frühjahr 1966 erkennen ließ.[2] Die Nationale Partei fuhr ihren bisher größten Sieg ein, Verwoerd konnte seine Politik als in jeder Hinsicht bestätigt ansehen, denn die große Mehrheit der Weißen unterstützte ihn. Darum musste er in der Folgezeit weniger Rücksicht bei der Zusammensetzung des Kabinetts nehmen. So drängte er den Einfluss der Kap-NP weiter zurück. Zwar berief er seinen Rivalen Dönges ins Schlüsselministerium für Finanzen,[3] doch war der aus der Kapprovinz stammende neue Landwirtschaftsminister Uys – bis dahin ein eher unbedeutender Hinterbänkler – ein erklärter Verwoerd-Anhänger.

Als 1964 Paul Sauer aus Altersgründen als Minister for Lands, Forestry and Public Works zurücktrat und in den Ruhestand ging, nutzte Verwoerd die Gelegenheit, sein Kabinett noch stärker nach seinen Wünschen umzugestalten. Sauers bisheriges Ministerium teilte er in seine einzelnen Departments auf und verteilte sie auf andere Ministerien. Schließlich nahm er nach der erfolgreichen Wiederwahl am 4. April 1966 nochmals Umbesetzungen vor, als die altgedienten Minister De Wet Nel und Serfontein ihre Ämter aufgaben.[4] Die langfristig folgenreichste Änderung war sicher die Berufung von P.W. Botha auf den Posten des Verteidigungsministers, der sich in den folgenden Jahren eine eigene Machtbasis aufbaute.[5] Die bisherigen Juniorminister (Adjunkminister) Marais Viljoen und M.C. Botha, treue Verwoerd-Anhänger, wurden zu vollwertigen Kabinettsmitgliedern, wobei in Viljoens Ressort Arbeit und Coloured Affairs zusammengebracht wurden. Unter M.C. Botha wurden die beiden Ministerien für Bantu Administration and Development und Bantu Education wieder vereint, weil der Umgestaltungsdruck dort mittlerweile nachgelassen hatte; dennoch wurden Botha mit B. Coetzee und A.H. Vosloo zwei neue Adjunk-Minister zur Seite gestellt.

---

1 Barnard/Marais 1982: 159.

2 PV 34/1, V. an M.P.A.Malan, 19.4.1966, mit Dank für den Wahlkampf.

3 Bekker 2005: 138.

4 PV 93/1/20/2/5, Bl. 136, Rücktritt von de Wet Nel, 30.3.1966 in einem Brief an V. u. ebd., Bl. 137, Rücktritt von Serfontein, 30.3.66.

5 PV 93/1/20/1/2, Bl. 88 ff, Presseerklärung vom 4.4.1966.

https://doi.org/10.1515/9783110680508-016

Verwoerd dominierte sein Kabinett wie kein anderer seit Jan Smuts;[6] Piet Meiring mutmaßte sogar, „that his colleagues were so weak in their association with him, that he may very well have become a dictator if fate had not intervened."[7] Sein stures Festhalten an seiner Politik, seine Bereitschaft, die zeitweilige Isolation Südafrikas als Prüfung auf sich zu nehmen, wurde durch den Gedanken an eine historische Bestimmung erleichert, winkte ihm doch die Rechtfertigung durch spätere Geschlechter. „It cannot be pleasant to anyone in these difficult times to occupy this responsible position. It results in days and nights of worry and pain; it gives one no pleasure; it cannot mean anything to one personally. If I were to be selfish and consider my own comfort I would get out of here as quickly as possible."[8]

Im Lauf der Jahre prägte Verwoerds autoritäre Regierung die politische Atmosphäre im Land derart, dass kaum noch Alternativen im Rahmen des von Weißen beherrschten politischen Systems entwickelt werden konnten. Selbst utopische Entwürfe blieben im Bann des Bestehenden, wie etwa das 1960 erschienene Buch von Garry Allighan „Verwoerd – The End. A look-back from the Future". Der einflussreiche Journalist pflegte einen erstaunlichen Hang zum Fiktionalen, wie die zahlreichen Fehler in den gegenwarts- und vergangenheitsorientierten Passagen am Beginn seines Buches bezeugten; doch betraf dies auch einige seiner Zeitungsartikel, etwa die abwegige Behauptung, Frau Verwoerd sei die eigentliche Fanatikerin, die ihren anscheinend etwas naiven und unbedarften Mann erst auf den radikalen Nationalismus und die Apartheid gepolt hätte.[9] Allighan entwarf in seinem Roman ein Szenario in der unmittelbaren Zukunft, in der Verwoerd durch eine Reihe schwerer politischer Fehler eine nicht mehr zu meisternde Wirtschaftskrise verursacht, die schließlich zu seinem Rücktritt führt. Sein Nachfolger ist ein parteiunabhängiger Wirtschaftsfachmann, der eine Art Diktatur der Experten aufbaut und die außenpolitische Isolation Südafrikas durchbricht, indem er die negativen Seiten der Apartheid abschafft, ihren Kern aber radikalisiert und durch eine Teilung des Landes in einen schwarzen und einen weißen Staat zur Vollendung führt. In dem Buch brach sich eine unter Südafrikas Weißen

---

6 Meiring 1973 b: 143, sprach sogar von einer Überschreitung seiner Amtsbefugnisse als Premier.

7 Meiring 1973 a: 158 u. 170 ff.

8 Verwoerd, Budgetary Appropriation of the Prime Minister, 10.4.1961, in: Pelzer 1966: 567–575, hier 575.

9 Garry Allighan, The Woman who MADE Verwoerd, Sunday Times 9.6.1963, s. dazu FAV, 5.5.2. handschr. E. Verwoerd: Leuens Alleghan sowie ebd. 5.3.1986: My reaksie by die herlees van die Garry Allighan-stuk und Natal Mercury 5.3.1966: I'm No Atom Bomb, Says Mrs. Betsy Verwoerd. Die Familienangehörigen von Betsie Verwoerd waren Anhänger von General Botha, also keine Kulturnationalisten: A.Boshoff 1993: 13 u. 23.

verbreitete Ablehnung von Parteipolitik und eine abschätzige Haltung gegenüber dem Parlamentarismus als unproduktivem Gerede Bahn – obwohl das Buch zu großen Teilen aus langatmigen fiktiven Parlamentsreden besteht. Die Expertendiktatur, die faktische Abschaffung der letzten demokratischen Institutionen, die Notstandsregierung in Permanenz, waren letztlich nur eine Überbietung dessen, was Verwoerd repräsentierte und geschaffen hatte, ebenso wie die „Lösung" sich ganz im Kontext des Apartheiddenkens, der unüberwindbaren rassischen Differenzen und der zivilisatorischen Entwicklungsunterschiede bewegte, also im Universum Verwoerds verblieb.[10]

Während Verwoerd in seinen Reden normalerweise sachlich argumentierte und durch Logik zu überzeugen versuchte, wurde er pathetisch und emotional, sobald es um das „Volk" ging. In einer Ansprache vor der Afrikaanse Taal- en Kultuurvereniging der Eisenbahnen, von der die ursprüngliche Idee für den Symbolischen Ochsenwagentrek von 1938 ausgegangen war, rief er aus: „Ich will diejenigen ehren, die, als das Rollen der Wagenräder immer größer und lauter durch ganz Südafrika zu hören war, die weitere Initiative und das Durchhaltevermögen zeigten, um der glühenden Größe des Ereignisses gerecht zu werden, und deren Begeisterung nie nachließ."[11] Gerade im Zusammenhang mit dem Symbolischen Ochsenwagentrek erging sich Verwoerd in sonst für ihn eher ungewöhnlichem Schwulst: „Der heutige Afrikaner ist wieder mit einem geistigen Trek befasst", wobei auch das Feindbild der Schwarzen bereits eine prominente Rolle spielte: „In Zeiten der Gefahr, als wilde Kaffern wüst herangestürmt kamen, war der getreue Ochsenwagen die Festung der Voortrekker."[12] Diese Emphase stand durchaus im Einklang mit seiner Auffassung, dass Werte und Ideale von Gefühlen begleitet waren, wie ihm ja auch daran lag, dass solche Ideale hervorgehoben und dem „Volk" eingehämmert wurden. So gerieten ihm einzig die Passagen seiner Reden, in denen der Nationalismus angesprochen wurde, gefühlsorientiert, vor allem wenn es um die Helden des Großen Trek und des Burenkriegs ging.[13]

Wenn der afrikaanse Kulturnationalismus die Ein- und Unterordnung des Einzelnen in die Gemeinschaft des Volkes verlangte, so galt das nicht nur für poor whites oder für weiße Arbeiter, sondern vor allem für die Elite und insbesondere für die politischen Führer, „die paar, die zwar Führer genannt werden, aber die

---

10 Allighan 1961.

11 PV 93/4/1/9, Kongressrede auf dem ATKV-Kongress 1963, Bl. 172–187, hier 174.

12 Transvaler 8.8.1938, Leitartikel.

13 Insbesondere „Dingaansdag" war für ihn immer wieder ein Anlass zu nationalistischen Ergüssen: Transvaler 16.12.1937.

auch nur Knechte ihres Volkes sind."[14] Die Helden der Vergangenheit verdienten diese Bezeichnung, weil sie sich in diesem Sinn vorbildlich verhalten hatten, „who wanted to give all to their country and their people. It is a tribute to the unselfish national leaders of the whole period of our young history!"[15] Gerade von denen, die an der Spitze standen und als Vorbilder wirken sollten, musste man Demut und Bescheidenheit verlangen. „A leader is but an ordinary person who, although he stands at the head, means nothing himself. His deeds and words count not at all if the people do not take those words and deeds to heart and carry them further."[16]

Daher rührte auch Verwoerds Selbststilisierung als Diener des Volkes und der NP als einer Partei der Unbestechlichen, in der es keine Korruption gab.[17] In dieser Logik konnten Afrikaaner-Politiker gar nicht korrupt sein, waren sie doch nur Werkzeuge und Diener der Nation. Der Inbegriff des skrupellosen Parteipolitikers war für viele Afrikaaner-Nationalisten und vor allem für viele afrikaansnationalistische Historiker Tielman Roos, dem oft abschätzig zugesprochen wurde, dass für ihn Politik nur ein Spiel gewesen sei.[18] Politische Führer, die keine Vollstrecker des Volkswillens waren, gerieten Verwoerd zufolge zu recht in Vergessenheit, womit er vermutlich auf Smuts abzielte: „They are like detached mountains — not forming part of the mountain range. They are persons through whose life the golden thread does not run. They are forgotten in the national life because only that which was by nature deeply attached to it sticks in the national mind. So we must also see our own national life and own national history."[19] Für Malan, Strijdom, Verwoerd und andere war Politik eine todernste Angelegenheit, mit der nicht zu spaßen war, denn – das machten sie ihren Anhänger wieder und wieder klar – es ging ums Überleben.[20]

---

14 PV 93/1/30/1/29, Bl.142, Verwoerd an J. Cloete, Elandsfontein, 17.2.1965.

15 Verwoerd, Kruger Day, Pretoria, 10.10.1959, in: Pelzer 1966: 313–318, hier 313.

16 Verwoerd, Transvaal Congress of the National Party, Pretoria 12.11.1958, in: Pelzer 1966: 191–205, S. 191. Im Gedenken an seine Vorgänger im Amt stellte er fest: „In retrospect we think of them, and all who fought with them, for leaders cannot accomplish anything alone. Leaders are but the overseers of the people who actually do the work"; Verwoerd, Republican Thanksgiving Festival, Pretoria 15.10.1960, in: Pelzer 1966: 423–428, hier 424.

17 Diese Seifenblase platzte spätestens mit Muldergate: Marx 2018: 65.

18 Brits 1987: 113 u. 233; s. auch Koorts 2014: 161 f.

19 Verwoerd, Kruger Day, Pretoria 10.10.1959, in: Pelzer 1966: 313–318, hier 314. Das Bild des Berges war möglicherweise eine Anspielung auf Smuts bekannte Eloge auf den Tafelberg. P. J. Meyer sah mit Blick auf Verwoerd im wahren „Volksführer" die Verkörperung des Volkswillens: P. J. Meyer 1978: 1.

20 Die große Bedeutung einer moralischen Politik, die über die billigen parteipolitischen Tricks erhaben war, erklärt den Schock in der afrikaansen Öffentlichkeit über Muldergate.

Verwoerd redete nicht nur der Bescheidenheit das Wort, sondern er lebte sie tatsächlich vor. Das war nur teilweise bewußt eingesetzte Stilisierung aus propagandistischen Gründen, schließlich war er von ihrer Notwendigkeit überzeugt. Die ostentative Demut als Repräsentant und Vollzieher des Volkswillens umriss Verwoerd 1958 vor dem Bondsraad: „Die Spitze einer Pyramide ist nur ein kleiner Punkt. [...] Ein Führer ist so ein kleiner Punkt. Er ist nur ein einzelner Mensch, er hat nur begrenzte Kraft, eine begrenzte Zeit, das begrenzte Urteilsvermögen eines einzelnen Menschen."[21]

Die Politiker sollten ihren Dienst durchaus sichtbar erbringen. „If the people can sometimes see their leaders thinking about their daily problems and worries then they will feel happier through this experience than when this always happens far away."[22] Die Mischung von Autoritarismus und dem Verständnis des politischen Führers als Diener und Ausführer des „Volkswillens" war kennzeichnend für den Afrikaaner-Nationalismus, wie ihn Verwoerd vertrat. Er verstand jede Form von Tätigkeit als Dienst an der Nation, sei es Politik, Forschung und Wissenschaft, Landwirtschaft und Industrie, das Familienleben und die Kirche. „You all feel part of one community – a community with a clear-cut duty not to serve self but to serve others."[23] Er unterstrich dies, als er sich gegen das Betreiben der Opposition wehrte, die in ihm persönlich das Haupthindernis auf dem Weg zu einer Lösung der südafrikanischen Probleme sah: „If I were convinced that I did not represent the will of the people, I would not remain in this place a moment longer."[24]

Umso auffallender jedoch kontrastierte die demonstrative Bescheidenheit mit seinem Sendungsbewusstsein und der Arroganz in seinem Umgang mit Kritikern und Gegnern. Sein langjähriger politischer Gegner Douglas Mitchell bescheinigte ihm: „He was a most difficult man to talk to, in the sense that he always gave the impression he knew himself to be mentally superior, and that he was only pandering to a weakness by listening patiently to someone babbling on. He was always like this, in his office or in parliament, with his own people and with the Opposition. [...] There were many in Parliament on the Government benches who

---

21 AB-Archiv, 1/1/142/1, Verwoerd se boodskap, Bondsraad 1958, S. 7 f.

22 Verwoerd, Opening of the Transkeian Territorial Authority, 7.5.1957, in: Pelzer 1966: 149–159, hier 150.

23 Verwoerd, Centenary of the Municipal Administration of King William's Town, 8.2.1961, in: Pelzer 1966: 489–495, hier 491.

24 Verwoerd, Budgetary Appropriation of the Prime Minister, 10.4.1961, in: Pelzer 1966: 567–575, hier 574.

didn't like being treated as mewling infants or intellectual inferiors."[25] Verwoerds Selbstverständnis als Vollstrecker des allgemeinen Willens erklärte die von Diederichs beschriebenen Widersprüche in seinem Charakter: „Auf der einen Seite der freundliche, bescheidene Mensch, der in Einfachheit, ohne große Schau nach außen gelebt hat; auf der anderen Seite der oft unerbittlich harte Mensch, der rücksichtslos kämpfen konnte gegen alles, was er als nachteilig für Südafrika betrachtete, und der sich unermüdlich aufopferte für die Prinzipien, an die er glaubte."[26]

Trotz seiner demonstrativen Bescheidenheit kam seine Freundin M.E. Rothmann, die ihn seit seiner Professorenzeit in Stellenbosch gut kannte, zum Schluss: „Er scheint mir so, als hätte Hendrik nur wenig Freunde, als ob er nicht über die Gabe verfügte, starke Freundschaften aufzubauen. Und er hat den Fehler, Menschen oft vor den Kopf zu stoßen."[27] Der Schriftsteller John Cope charakterisierte ihn: „Intellectually arrogant, lacking a sense of humour and intolerant of fools, he has many political admirers but few personal friends."[28] Im Gegensatz zu seinem Nachfolger Vorster war Verwoerd nie populär, eher gefürchtet.[29] Tatsächlich hatte er ein Akzeptanzproblem, das mit seiner Geburt in Europa zu tun hatte und generell mit seiner Herkunft aus einer „neuen", nicht alteingesessenen Familie. Die Kenntnis des familiären Hintergrunds war unter Buren wichtig für die Einschätzung eines Politikers,[30] weshalb der Immigrant Verwoerd für viele unberechenbar blieb: „Dr Verwoerd ist uns weniger bekannt als unsere anderen Premierminister; wir kennen seine Familie und seine Vorgeschichte nicht, wie wir die von den Steyns, den Hertzogs, den Malans und Strydoms kannten."[31]

Verwoerd fiel schon in jungen Jahren als besonders sturer Mensch auf, der Entscheidungen, wenn sie einmal getroffen waren, nicht revidierte. Cillié zitierte

---

25 Wilks 1980: 153. Ganz ähnlich der Mitarbeiter im Außenministerium Don Sole, in: Wolvaardt/Wheeler/Scholtz 2010: Bd. 2: 12, der sich am 24.11.1961 notierte: „He is an amazingly dominant personality but he does not listen. He has always made up his mind and nothing you will say will move him from the essentials of his policy decisions, although he may be a little flexible on tactics."

26 Diederichs 1975: 5.

27 55.K.T. (60), M. E.Rothmann an Erika Theron, 7.2.1961. S. auch 55.K.T (61) Rothmann an Theron, 14.5.1961, „es scheint mir so, als hätte Hendrik kaum Freunde."

28 RDM, 17.5.1954; s. auch Kenney 1980: 140 u. 154 f.; ganz ähnlich Burger 1961: 5 f.; er nannte ihn S. 9 „a strange combination of philosopher and sergeant-major."

29 Swanepoel 1982: 42 und Mitchell: „Any affection the Nationalist might have had for Dr. Verwoerd before his death was waning rapidly. His personal character had not really endeared him to his followers." Wilks 1980: 153.

30 Zu den verwandtschaftlichen Referenztermini s. Marx 2008: 36 ff.

31 220.K.61 (14), M. E.Rothmann an Piet Cillié, 15.1.1961.

seinen Vater, der wie Verwoerd Professor in Stellenbosch gewesen war, Verwoerd sei „der dickköpfigste Mann, dem ich jemals begegnet bin."[32] Sein Starrsinn wurde nicht zuletzt durch die Überzeugung gestärkt, seiner Umgebung an Intelligenz weit überlegen zu sein – eine Einschätzung, die viele Zeitgenossen teilten: „Ich bin noch niemandem begegnet, selbst unter denjenigen, die mit ihm nicht übereinstimmen, die daran zweifelten: Er ist in besonderem Maß intelligent und in besonderem Maß ehrlich."[33] Aus diesem Selbstbewusstsein bezog er die Überzeugung, dass nur er die Probleme Südafrikas lösen konnte. Im Lauf der Jahre, insbesondere nach 1960, glaubten dies auch immer mehr seiner Anhänger, was soweit ging, dass er nach seinem Tod gar als „Prophet" glorifiziert wurde.[34] Diese war ein Ergebnis seines von einem gewünschten Ergebnis her konstruierten logischen Räsonnierens, das in Wirklichkeit immer falsifiziert wurde: Die Republik brachte nicht die nationale Einheit von Engländern und Afrikaanern,[35] die Landflucht der Afrikaner kehrte sich niemals um, die Afrikaner fanden sich nie mit den Homelands ab, die internationale Meinung schlug nie zugunsten Südafrikas um und selbst das Oranje-Staudammprojekt brachte nicht die gewünschten Ergebnisse einer höheren Konzentration der weißen Bevölkerung an dem Stausee mitsamt touristischem und agrarökonomischem Aufschwung, die beide ausblieben.

Helen Suzman nannte ihn „lofty" und sprach von seinem „divine missionary ardour."[36] Sobald er Entscheidungen getroffen hatte, revidierte oder modifizierte er sie nicht mehr, selbst wenn triftige Einwände geäußert wurden. Seine Frau charakterisierte diese Form der Entscheidung so: „He only acts when he feels he has made the right and best decision and, when that decision has been made, he never wavers. Criticism never worries him because he is confident, in his own mind and heart, of the essential rightness of what he is doing."[37] Britische Beobachter bewerteten seinen Charakter als repräsentativ für die burischen Nationalisten: „This conviction of absolute right, the total exclusion of any possibility of error, lies at the root of all Nationalist and more especially of all Verwoerdian behaviour. To a Western European it seems to owe more to the 17th than to the

32 Cillié 1980: 12.

33 FAV 5.5.2.2, M.E.Rothmann an E. Verwoerd, 14.5.1965.

34 Grobbelaar 1966: 135.

35 Weber 1973: 6f. u. 10.

36 Lewsen 1991: 72.

37 Interview von Dorothy Mason mit E. Verwoerd, in: Natal Daily News 22.1.1959. Ähnlich Graaff 1993: 186.

20th century – though there is an ominous Hitlerian smell about it."[38] Selbst Eric Louw räumte ein, Verwoerd habe „Opposition nicht leicht hingenommen. Ich könnte fast sagen, dass er diktatorische Neigungen hatte, die selbst in Kabinettsversammlungen sichtbar wurden." Zwar wäre er auf Änderungsvorschläge zu seinen Vorlagen eingegangen, „aber er ließ seine Unzufriedenheit deutlich spüren, wenn seinem Vorschlag oder Plan widersprochen wurde. Die Folge war, dass seine Kabinettskollegen davor zurückschreckten, einem Vorschlag oder selbst nur einer Meinung des Premierministers zu widersprechen oder sie zu kritisieren."[39] Cillié schrieb über die Haltung gegenüber dem Premierminister: „Verehrung war mit einer ansehnlichen Dosis Furcht gemischt. Der Premier war erlaucht, erhaben, einsam – und kalt."[40]

Verwoerd zog wegen seines Dogmatismus und nationalistischen Fanatismus, wegen seiner Intransigenz, Rücksichtslosigkeit und fehlenden Kompromissbereitschaft schon früh den Hass seiner Gegner auf sich. Er war der einzige Politiker des Apartheidstaates, der gewaltsam ums Leben kam. Ja mehr noch, auf ihn wurden insgesamt mindestens drei Attentate verübt. Bereits am 22. Oktober 1941 gab es einen ersten Anschlag auf sein Leben, der allerdings glimpflich ausging und keine weiteren Folgen hatte, weshalb er in biographischen Darstellungen meist unerwähnt bleibt. Am frühen Abend hatte seine Frau einen Anruf von Unbekannten erhalten und ihnen in aller Naivität mitgeteilt, wann sie ihren Mann zurück erwartete. Als Verwoerd nach Hause kam, war die Zufahrt zu seiner Garage versperrt. Kaum hatte er sein Auto verlassen, um sie zu öffnen, fand er sich mit zwei maskierten Männern konfrontiert, von denen ihn einer mit einer Pistole bedrohte. Sie forderten ihn auf, die Hände zu heben, was er verweigerte. Obwohl noch weitere maskierte Männer hinzukamen, gelang es ihm, die Vordertür seines Hauses zu erreichen, worauf die Angreifer, die höchstwahrscheinlich der Ossewabrandwag angehörten, sich zurückzogen.[41]

---

38 4.7.1.2. Ungenannter Mitarbeiter der Britischen Botschaft: South Africa's Future, Zusatztext, darüber von Eric Louw handschriftlich: Streng Geheim. Unten auf der Seite handschr. Anmerkung von W.J.Verwoerd aus dem Jahr 2015: „Hierdie geheime verslag is volgens my herinnering deur 'n Afrikaanse tikster in die Britse ambassade onderskep en aan die E.M. besorg."

39 PV 4/72, Eric Louw, So onthou ek hom, S. 7. S. auch J.Basson 2004: 145.

40 Cillié 1980: 25 u. 52: „Manchmal beschlich einen der Eindruck, als beherrschte er die Bühne Südafrikas so vollkommen, als sei die mitreißende Kraft seiner Persönlichkeit und Autorität so überwältigend, dass die Initiative anderer darunter litt und dass die freie Bürgerschaft durch bloße Gefolgschaft verdrängt werden könnte." S. auch Kenney 1980: 223.

41 Meiring 1987: 156 f.; D.Prinsloo 1979: 277; A.Boshoff 1993: 44; G.D.Scholtz 1974: Bd. 1: 170. E.Verwoerd 2001: 47 f. u. J.Botha 1967: 12. Jacoba van Zyl berichtete sogar davon, dass OB-Mitglieder „zweimal auf Sie geschossen haben": PV 93/1/11/1, Jacoba J. van Zyl an V., 16.11.1954. G.C.Visser 1977: 146 f. berichtete von einem weiteren Plan für ein Attentat im Jahr 1943.

Weil er sich den Ruf eines Autokraten und eines „Architekten" der Apartheid erworben hatte, zog er gerade als Premierminister Gewalt auf sich. Seine herausragende Bedeutung und der Anschein, er hätte die Apartheid erfunden und umgesetzt, konnte durchaus bei politischen Feinden die Erwartung wecken, dass die Beseitigung dieser einzelnen Person zum Zusammenbruch des Apartheidsystems führen würde. So hatte David Pratt, ein weißer Farmer, am 9. April 1960 versucht, Verwoerd während der Eröffnung der Union Exposition, einer Industriemesse in Johannesburg, zu erschießen. Zwar traf er ihn zweimal in den Kopf, doch Verwoerd überlebte wie durch ein Wunder und konnte nach wenigen Wochen die Amtsgeschäfte wieder aufnehmen, während Pratt für unzurechnungsfähig erklärt wurde und nie vor Gericht kam;[42] er nahm sich später im Gefängnis das Leben.

Viele seiner Anhänger und nicht zuletzt der Premierminister selbst interpretierten sein Überleben als Eingreifen Gottes. Deutsche Bewunderer versicherten ihm dies: „Sie, lieber Herr Doktor Verwoerd kamen wie durch ein Wunder mit dem Leben davon und die Heilung der Wunden geschah – ist dies nicht der Beweis einer goettlichen Vorsehung!"[43] Doch er brachte es einmal sogar selbst so zum Ausdruck: „In conclusion, I trust that I will be permitted to testify to my conviction that the protection of Divine Providence was accorded me with a purpose, a purpose which concerns South Africa too."[44] Während seine Frau zuweilen Zukunftsängste erfassten, blieb er völlig frei davon: „Ich kann manchmal kleingläubig werden, aber Hendrik *niemals*. Er sieht seinen Weg stets deutlich vor sich und schafft es, die Leute hinter sich zu bringen."[45] Zeitgenossen beobachteten, dass Verwoerd nach dem Attentat noch härter als zuvor geworden sei.[46] Sein Selbst- und Sendungsbewusstsein erhielt Rückenwind durch den anhaltenden wirtschaftlichen Aufschwung der 1960er Jahre, durch den der Eindruck entstehen konnte,[47] diesem Premierminister gelinge einfach alles.

Nach 1960 bildete sich ein veritabler Personenkult um ihn. Angesichts seiner betonten Bescheidenheit geriet er in eine gewisse Erklärungsnot angesichts der

---

42 Maisels 1999: 102ff.; Bell/Ntsebeza 2003: 24; Bird 1992: 18 zufolge wurde zur damaligen Zeit in Südafrika Epilepsie als Geisteskrankheit bewertet, woran Pratt litt. Vgl. auch B. M. Schoeman 1973: 204 u. Wolf 2012.

43 PV 93/1/34/5, Bl. 11–18, Walter W. K. Boehme (Nylstroom) an V., 15.9.1960; original deutsch.

44 Verwoerd, First Speech after attempted Assassination, 20.5.1960, in: Pelzer 1966: 394–397, hier 397. S. auch Kenney 1980: 195 u. O'Meara 1996: 105.

45 55.K.V.16 (5), Betsie Verwoerd an M. E. Rothmann, 22.2.1960. Auch Betsie Verwoerd sah sein Überleben als „eine deutliche Führung durch die Höhere Hand": 55.K.V.16 (6), Betsie Verwoerd an M. E. Rothmann, 26.4.1961.

46 I. L. de Villiers 2009: 133ff, zur fast schon religiösen Verehrung Verwoerds.

47 Houghton 1969: 198ff.

um sich greifenden Sitte, Straßen, Gebäude und Infrastruktureinrichtungen nach lebenden Politikern der Nationalen Partei zu benennen, etwa die Hendrik-Verwoerd-Tunnel in den Soutpansbergen. Er beteuerte, er hätte „consented to my name being linked herewith, not to honour my person, not to perpetuate my name, because I do not deserve that, but rather, by using my name as present leader of the government to show that our generation has also accomplished a few great things for South Africa."[48] Er stimmte auch zu, dass Gebäude und Einrichtungen nach ihm benannt wurden.[49] Albert Hertzog, der Verwoerd ursprünglich durchaus kritisch gesehen hatte, insbesondere wegen seiner Haltung gegenüber Hertzogs Vater, wurde in den frühen 1960er Jahren zum glühenden Bewunderer: „Selten geschieht es in der Geschichte einer Nation, dass die ganze Zukunft so in die Hände eines einzelnen Mannes gelegt ist, wie die Zukunft des Afrikaanervolkes in die Ihren. Ob es fortbestehen oder verschwinden wird, hängt von Ihnen ab – und niemals könnte sie in besserer und sicherer Obhut sein."[50] Verwoerd war selbst davon überzeugt, „dass ich gerettet wurde, damit wir auf ehrliche und christliche Weise auf dem Kurs, der sich in Südafrika entwickelt hat, weitergehen",[51] d. h. sein Sendungsbewußtsein erhielt durch das überlebte Attentat gewissermaßen die höheren Weihen. Nach dem Anschlag 1960 gründete die FAK einen Verwoerdtrust, der einen Preis vergab. „Zunächst war die Meinung verbreitet, dass ein großer Dankgottesdienst beim Monument gehalten werden sollten, doch Seine Exzellenz Dr. Verwoerd fürchtete, dass dies Personenkult sei und dass der Dank nur dem Allerhöchsten gebührt. Das Komitee, das 17 Volksorganisationen repräsentierte, hat unter dem Eindruck des tiefen Ernstes von Dr. Verwoerd seine Sichtweise respektiert."[52] Die Nationalisten bemerkten anscheinend gar nicht die Peinlichkeit, als sie Verwoerd selbst zum ersten Preisträger des H. F. Verwoerd-Preises kürten.[53] Eine aufwendige Feier zu seinem Geburtstag im Jahr 1962 mit einem kitschigen und überbordenden Personenkult, der

48 Verwoerd, Opening of the Hendrik Verwoerd Tunnels, 18.11.1961, in: Pelzer 1966: 636–641, hier 639. Der Town Clerk von Alberton wandte sich auch an Verwoerd mit dem Ansinnen, ein neues weißes Wohngebiet nach ihm zu bennen: PV 93/3/1/19, Stadtdirektor von Alberton an V., 29.8.1958. Zu den Ausmaßen, die das annahm, s. Hepple 1967: 199 f.

49 Er ließ es sogar zu, dass ein kitschiges und geschmackloses Heldengedicht auf ihn in der mit Steuergeldern finanzierten Propagandazeitschrift „Bantu" veröffentlicht wurde: Lawrence 1978: 235; Lapping 1987: S. 202.

50 FAV 4.7.2.1 Albert Hertzog an V., 23.12.1962.

51 Ebd., V. an Dr. S. P. van der Walt, Gereformeerde Kerk (Potchefstroom), 15.6.1960.

52 PV 202/2/19/1/4/1, C.L. de Jager war Sekr. des Trust (entnommen einem Brief vom 20.10.60), Anhang, Darstellung des Trust.

53 FAV 4.7.2.1, Konvokasie der Universität Stellenbosch mit Glückwunschresolution zur Preisvergabe an Verwoerd 19.8.1966.

ihm selbst peinlich war, zeigte, wie sehr die Lobhudelei jedes Maß verloren hatte.[54] Verwoerds erfolgreiche Selbststilisierung, aber auch seine Dominanz in Partei und Regierung trugen dazu bei, dass ihm fast übermenschliche Fähigkeiten attestiert wurden. Obwohl kein einziger Apartheidgedanke von ihm stammte, wurde er nach seinem Tod als „unser geliebter visionärer Führer Dr. Verwoerd" und der „große und wundervolle Staatsmann" gepriesen.[55] Sein Nachfolger Vorster verstieg sich zu der Eloge: „The history of South Africa of the past eight years and for many years to come will be found in the life and work of Dr. Hendrik Verwoerd."[56] In einer Parteibroschüre zu seinem Gedenken wurden seine herausragenden Eigenschaften zusammengefasst und weil die Autoren es mit der Wahrheit nicht so genau nahmen, fand ihre Liste schier kein Ende: „seine gewaltige Arbeitskraft, sein heller Geist, seine tiefe Religiosität, seine Loyalität gegenüber seinen Kollegen, sein unbeugsamer Patriotismus, seine Bescheidenheit und innige Menschlichkeit, sein unverwüstlicher Einsatz für alles, woran er glaubte, seine Prinzipienfestigkeit, sein unüberwindliches Vertrauen in das Volk und die Jugend von Südafrika, seine Vaterlandsliebe, seine nüchterne Logik und noch vieles mehr."[57] Am fünften Jahrestag der Republik im Mai 1966 nahm Verwoerd in Pretoria eine Truppenparade von über 20.000 Soldaten ab und demonstrierte triumphierend die Macht, über die er gebot.[58]

Am 6. September 1966 wurde Südafrikas Premierminister Hendrik Verwoerd kurz vor Beginn einer Parlamentssitzung von dem angeblich geisteskranken Parlamentsboten Dimitrios Tsafenas mit vier Messerstichen in der Regierungsbank ermordet. Dieses Attentat wurde von vielen Augenzeugen und den Kompilatoren dieser Berichte in allen Details beschrieben.[59] Statt den Tathergang erneut zu rekonstruieren, soll hier eine weniger bekannte Aufzeichnung einer Besucherin aus dem damaligen Rhodesien wiedergegeben werden, die in der Besuchergalerie in der ersten Reihe saß und die Vorgänge so beobachtete:

> "One minute we could see him just sitting down, the next this man was up on the bench in front of him and appeared to be hitting, but of course, he had a long knife which we couldn't see at the time. Then there was shouting and men running, struggling, and we

---

54 A.Boshoff 1974: 142.

55 Allerdings stammte diese Äußerung von Jimmy Kruger, dessen eigene visionäre Fähigkeiten eher begrenzt waren: PV 132/2/6/4/2/3, Jim Kruger an Vorster, 13.9.1966; das zweite Zitat findet sich in PV 54/2/5, Protokoll des Jahresberichts des Föderalen Rates der NP für das Jahr 1966, S. 1, Punkt 2c.

56 PV 132/3/6/1, Radioansprache am 14.9.1966.

57 Malan/Mulder 1966: 4.

58 Sabalot 2009: 175.

59 Z. B.J. J.Scholtz 1967: Kap. 2 und 3.

> could see Dr. Verwoerd lying back in his seat with a face like chalk. A dozen men had grabbed the man with the knife and were dragging him along the floor – he was bleeding too by then. An official near us said something about 'a bloody Greek'. Then all visitors were asked to leave so we got out somehow, everyone so shocked and women crying. We waited outside, trying to get news – no one wanted to go away. We saw him brought out to the ambulance; he looked so pathetic, the top of his head with this white hair showing and one helpless-looking foot. He must have been dead already but we were not sure until we heard the announcement at about half-past three. I didn't feel he could possibly survive a second time but we kept hoping until there was no hope."[60]

So unterbrach ein kontingentes Ereignis das Leben dessen, der wie kaum ein anderer Politiker seines Landes versucht hatte, Kontingenz durch logisches Räsonnieren zu verbannen. Unvorhersehbares wurde durch Selbstgewissheit verdrängt und durch die Überzeugung, die Zukunft sei planbar. Am Ende holte ihn die Wirklichkeit ein, denn gerade seine unerschütterliche Sicherheit, den einzigen richtigen Weg zu kennen, konnte bei Gegnern die Hoffnung wecken, durch seine Beseitigung den Weg der Geschichte ändern zu können. Obwohl ein internationaler Kommentator nach Verwoerds Tod meinte, „if any people had motive enough to assassinate their ruler it was the 12 million Africans of South Africa"[61], waren es stets Weiße, die die Attentate durchführten.

Verwoerds Ermordung und vor allem deren Umstände schockierten große Teile der weißen Bevölkerung.[62] Anlässlich der Beerdigung[63] und noch einige Wochen danach waren die Zeitungen und Zeitschriften voll der Würdigungen und Elogen auf einen Politiker, der als „Staatsmann" gefeiert wurde und als unersetzbar galt, weil er aufgrund seiner überlegenen Intelligenz seinen Anhängern

---

60 55.K.P.3, Eileen Pike an Anna Rothmann, 7.9.1966. S. auch die öffentliche Erklärung von T. E.Dönges direkt nach der Ermordung, in der er zur Ruhe mahnte: FAV 4.7.7.1, Verklaring deur Sy Edele dr. T. E.Dönges, L.V., Dinsdag, 6 September 1966; in der Sammlung befindet sich auch eine Kopie des Abridged Death Certificate v. 8.11.1966. S. auch A.Boshoff 1993: 136 ff. Vgl. auch Heard 1991: 126.

61 Anonym 1966: 146.

62 PV 18/3/1/72, A. Neethling-Pohl an C. R.Swart, 6.9.1966. Zur Reaktion in Potchefstroom s. E. S.van Eeden 2006: 509.

63 Verwoerds früherer Student, enger Vertrauter und Berater ds. J. S.Gericke, Vice-Chancellor der Universität Stellenbosch, hielt die Trauerrede, in: PV 18/4/1/2, Begrafnisrede waargeneem deur ds. J. S.Gericke tydens die staatsbegrafnis van wyle die Eerste Minister Sy Edele dr. H. F.Verwoerd, 10.9.1966. Sämtliche Zeitungen enthielten umfangreiche Nachrufe und bebilderte Sonderausgaben über das Leben Verwoerds und die Beerdigung. Vgl. auch PV 873/5/2/1/1, Dr. Hendrik Verwoerd †, handschriftlich 14.9.1966.

wie Gegnern immer ein paar Schritte voraus gewesen wäre.[64] Die afrikaanse Presse berichtete besonders emotional und pathetisch über die Beerdigung,[65] vor allem aber sind die Reden und Predigten afrikaanser Predikanten von Interesse: Eine kleine Blütenlese aus Predigten reformierter Pfarrer bringt Erstaunliches zutage und wirft ein bezeichnendes Licht auf die politische Kultur Südafrikas in diesen Jahren. Auffallend ist der große Anteil von Personen mit höheren Universitätsabschlüssen, was den Grad der Selbstentmündigung und intellektuellen Gleichschaltung einer früher diskussionsfreudigen nationalistischen Elite offenbart. So wird der Mann, der wie kein zweiter die südafrikanische Gesellschaft gespalten und polarisiert hat, wundersamerweise zum Repräsentanten des ganzen Landes.

Ds. Corneels Hattingh schrieb in seinem Vorwort zu einer kurz nach Verwoerds Beerdigung veröffentlichten Sammlung dieser Äußerungen: „Diese Bestürzung, diese Niedergeschlagenheit, diese Tränen, diese Ehrungen als sein Körper auf dem Weg zu seiner letzten Ruhestätte war, diese Respektbekundungen von allen Rassen haben die Tageszeitungen, das Radio und andere Schriften uns auf eine Weise sehen und hören lassen, die wir nie vergessen werden!" (S. 1). Ds. F.J. Conradie aus Stellenbosch betonte die Trauer der anderen Bevölkerungsgruppen: „Herr Schwartz hat als der Vorsitzende des Coloured-Rates erklärt: ‚Wir fühlen uns wie ein Bötchen auf einem stürmischen Meer!' Die Bantus haben durch den Vorsitzenden der Afrikastiftung gesagt: ‚Dieser Mann hat nicht Dr. Verwoerd erstochen, er hat uns erstochen!' " (110) Ds. N. van Loggerenberg aus Farrarmere, meinte denn auch: „Der von Dr. Verwoerd eingeschlagene Weg des christlichen Dienstes für die Unterprivilegierten wird unser Weg bleiben." (124) A.P. Treurnicht war, wie bei ihm nicht anders zu erwarten, in seiner Vereinnahmung Verwoerds primär für das Afrikaanervolk eindeutiger: „Ein Volk bringt nicht jeden Tag, selbst nicht in jeder Generation, einen Mann seines Formats hervor. Die vortrefflichsten Eigenschaften eines Volkes – sein Mut und Beharrlichkeit, sein Wille zur Freiheit, seine gedankliche Kraft und Glaubensvision, womit es die Verhältnisse seiner Zeit umformt und beherrscht, sein Gerechtigkeitssinn gegenüber anderen wie sich selbst, sein Sendungsbewusstsein und Tatkraft – wird selten auf so treffende Art in einer einzigen Person verkörpert, wie dies bei unserem verstorbenen Premier der Fall." (23). N. van Loggerenberg jammerte: „Er, unser geliebter

64 S. die umfangreichen Sammlungen von Zeitungsartikeln sowie die Sonderausgaben verschiedener Zeitungen anlässlich der Beerdigung. Auch ausländische Gäste stimmten in die Lobeshymnen ein, Verwoerd wäre „one of South Africa's greatest leaders." 220.K. 66 (191), J. van R.Maartens, Stellenbosch-Boerewynmakery an Piet Cillié, 14.9.1966, mit angehängtem Grußwort des amerikanischen Professors E.J.Enright.

65 Z.Adams 2011: 50 ff.

Premierminister, wurde unseren Herzen entrissen[...]" (121) und war außer sich über „die schockierende Tragödie, den tödlichen Angriff auf unseren geliebten Führer und Premier" (124), während H. F. Heyman betonte: „Er war der Liebling seiner Volksgenossen und Landsleute!" (29)

Nach seinem Tod wurde Verwoerd nicht nur der Einiger seines Landes, sondern mit geradezu übermenschlichen Eigenschaften ausgestattet, so wußte ds. H. F. Heyman aus Paarl „Auf jedem Gebiet war er tätig: – Justiz, Außenpolitik, Wirtschaft, Finanzen, Erziehung, Innenpolitik, Bantu-, Coloured-, Inderpolitik etc. Er war ein harter Arbeiter! Er hatte seine Hand am Puls Südafrikas" (31) und sein Kollege D.T. du P. Moolman aus Port Elizabeth berichtete nicht ganz wahrheitsgemäß: „Er war ein erfolgreicher Geschäftsmann", vor allem aber ein „Staatsmann von Weltformat" (98). Ds. J. A.V. Knipe aus Pietermaritzburg pflichtete ihm bei, Verwoerd war „sicherlich ein geborener Führer, jemand, dessen Führung sich jeder anvertrauen konnte." (72) Dr. Geldenhuys bekannte: „Wir hatten ein grenzenloses Vertrauen in einen unfehlbaren Mann am Steuer" (109), auch Dr. J. Louw aus Bloemfontein bekannte obrigkeitsgläubig: „Wir haben uns unter seiner inspirierenden Führung so sicher gefühlt – sicher trotz all der Feindseligkeit der Völker der Welt – sicher mit Blick auf die Zukunft unserer Kinder und unseres Volkes." (39) Dr. S. J. Eloff aus Potchefstroom sinnierte selbstkritisch: „Vielleicht waren wir allzu träge in den letzten Jahren. Wir wussten, dass ein großer, starker, erfahrener Steuermann unser Volksschiff leitete." (92)

Prof. Dr. H. L. N. Joubert von der Universität Fort Hare zog kühne Vergleiche mit Abraham Lincoln und Wilhelm von Oranien: „Jetzt können wir zum ersten Mal wirklich das Gefühl maßlosen Schmerzes nachvollziehen, wie es die Seele des niederländischen Volkes erfüllt hat als ein Meuchelmörder seinen geliebten Prinz von Oranien ermordete." (126). Mehrere Prediger stellten gar den Vergleich mit dem Märtyrer der nationalistischen Heilsgeschichte, Piet Retief, her, wie etwa Dr. J. Kemp, ein Jugendpfarrer aus Natal: „Während die Flagge der Republik Südafrika auf Halbmast gesetzt wurde, schaute ich auf das Standbild von Piet Retief, der mit seiner Hand über den Augen in Richtung von Dingaans Stadt weist." (113)[66] Auch ds. J. du P. Malan aus Brits zog den Vergleich mit Retief und meinte über den einen wie den anderen, dass er „wie ein Moses sein Volk führte, aber dessen Herz durch die scharfe Klinge eines Barbaren aus seinem Körper gerissen wurde und dessen Afrikaanerblut unseren Boden netzte, um so das somit verbriefte Eigentumsrecht an diesem, unserem einzigen Vaterland zu besiegeln." (33 f.) Für Ds. D. Fourie aus Rosettenville war Verwoerd gar der „Märtyrerführer der Republik in ihrem gol-

66 Ebenso Ds. F. J.Conradie, S. 111.

denen Zeitalter" (41), womit der Mord zu einem heilsgeschichtlichen Ereignis stilisiert wurde.

Aus den Predigten geht hervor, wie sehr die Pfarrer versuchten, der sinnlosen Tat eines Geisteskranken einen Sinn zu verleihen, indem sie kontrafaktisch wilde Verschwörungstheorien in die Welt setzten. Für ds. H. F. Heyman war der Mörder „ein ausländischer Schurke" (29), aber wirklich schuld waren andere, wie ds. D. J. Hattingh aus Stellenbosch wusste: „Die ausländische Presse und selbst ein großer Teil unserer eigenen Presse hat ein verzerrtes Bild von Dr. Verwoerd gezeichnet und dies der Leserschaft vorgehalten. Er wurde als ein unmenschlicher Unterdrücker der Bantu dargestellt, als jemand, der durch kein redliches Argument überzeugt werden kann, ein unzugänglicher Mensch, der oft mit einem Granitfelsen verglichen wurde. In Karikaturen wurde er sogar mit einer Nilpferdpeitsche in der Hand gezeichnet, der sich über einen Bantu beugt. Die Suggestion wurde häufig wiederholt: Dieser Mann muss beseitigt werden!" (44) Treurnicht zeigte, wie er das gern tat, mit dem Finger auf andere: „Die Frage bleibt, ob der Hass und die Hysterie, die gegen unser Land angefacht wurden, nicht das Klima mitgeschaffen haben, in dem ein Meuchelmörder sich bewegen konnte." (25) Sein Kollege P. Luckhoff aus Carletonville ging gar noch weiter und sah den Teufel höchstpersönlich am Werk: „Wie ist er eifrig dabei, um die Blüte unserer Jugend zu brechen und zu besudeln. Wie viele von uns Afrikaanern trampeln nicht auf den Sitten, Traditionen und der Religion unserer Vorfahren herum und werfen sie über Bord! Wie viele haben sich nicht zügellos dem Betrug, der Korruption, Haltlosigkeit und Unsittlichkeit ergeben. Oberflächliche, langhaarige Beatles und wimmernde Sänger und Klimbim und sittenlose Protzpuppen der Filmwelt wurden unsere Helden und Götter [...] Und Satan erhebt seine gekrümmte Hand mit dem blutigen Dolch und fragt spottend: ‚Wo ist dein Gott?'" (60 f.) Der Mord wurde zum Beweis für die Sündigkeit des Menschen und in gut calvinistischer Weise rief Ds. P. J. Viljoen aus Verwoerd Wahlkreis Heidelberg zu Zerknirschung und Buße auf: „Die Ursache des Mordes ist die Sünde. Und solange die Sünde auf der Erde weilt, wird der Meuchelmord bleiben und wenn die Sünde wächst, wird auch der Meuchelmord gedeihen. Wenn wir weinen über das, was geschah, müssen wir Einkehr nehmen in unseren eigenen Herzen und bekennen: Ich bin daran beteiligt. Ich habe geholfen, diesen Dolch in die Hand dieses Mannes zu legen. Auch meine Sünde hat den Tod unseres geliebten Premierministers verursacht." (74) Prof. P. A. Verhoef aus Stellenbosch machte aus der Tat gar einen Mord an „einem Gesalbten des Herren, der sein Volk durch Gottes Gnade führte, der sich für Recht und Ordnung, für Recht und Gerechtigkeit einsetzte – die das Leben sinnvoll und erst möglich machen und die Früchte des Sühnopfers von Christus sind!" (77) Verwoerd war demnach nicht über Wahlen an die Macht gekommen, sondern von Gottes Gnaden, was ein interessantes Selbstverständnis von Republikanern ist.

„In der dunklen Stunde der Geschichte unseres Volkes“, wie Dr. P.J. Loots aus Bethlehem die Situation beschrieb, konnte der Mord nur eine Strafe für die Sünden sein: „Aber jetzt, liebe Zuhörer, ist die Gelegenheit da, sich wieder dem Wort Gottes zuzuwenden“ (95), wies ds. D.F. Malan aus Melville einen Ausweg. Dagegen argumentierte ds. A. P. Potgieter profaner, wenn er sich überzeugt zeigte, „dass, sollten unsere Feinde gehofft haben, das Afrikaanervolk zu brechen, sie am Dienstag, den 6. September 1966 ihre letzte Chance vertan haben, denn noch größer als er im Leben war, soll unser verstorbener Führer nach seinem Tod vor unserem geistigen Auge stehen als ein Monument des Heldenmuts. Aus seinem vergossenen Blut werden unsere Volksideale neue Kraft beziehen und mit größerer Entschlossenheit als jemals zuvor wird ein durch diesen Tod vereintes Volk bereit sein, für Südafrika zu leben und zu sterben.“ (S. 65)

Obwohl es auf der Hand lag, dass der Anschlag Verwoerd als Person gegolten hatte, behauptete Dr. F.E. O’B. Geldenhuys aus Pretoria, „dass das Attentat sich nicht gegen Dr. Verwoerd als Person richtete, sondern gegen die Amtsperson; gegen ihn als die oberste Spitze der Pyramide, die auf dem breiten Fundament des Afrikaanervolks ruht; gegen alles, woran dieses Volk glaubt, gegen die Leistungen dieses Volkes in den letzten Jahrzehnten; gegen die besondere Weltanschauung und Ideologie, mit der dieses Volk lebt.“ (106) So wurde Verwoerd der Spalter zum Einiger, der Politiker, der nur über eine Kampfabstimmung Premier geworden war, wurde der „Gesalbte Gottes“, ein geborener Führer, der Mann, der wie kein anderer zur dauerhaften Spaltung der Gesellschaft und zur Verarmung der Bevölkerungsmehrheit beigetragen hatte, wurde zum Retter, seine Ermordung zum Heldentod stilisiert. Ds. H.F. Heymann zeigte sich denn auch überzeugt: „Dieses Ereignis wird fortleben in den Herzen der kommenden Generationen [...] solange es eine Zivilisation im südlichen Afrika gibt. Dr. Verwoerd hat seinen Platz unter den Größten der Großen eingenommen!“ (29).[67]

Doch schon nach einigen Monaten wurde es still um ihn,[68] trotz aller Bemühungen seiner Anhänger, die Erinnerung wachzuhalten. So plante Voortrekkerpers, der Medienkonzern, dessen Vorsitzender Verwoerd gewesen war und für den er einst als Chefredakteur gearbeitet hatte, ein Buch mit den Erinnerungen

---

67 Alle Zitate der Predikanten finden sich in Hattingh 1967, auf die Paginierung in dieser Publikation beziehen sich die eingeklammerten Seitenzahlen.

68 So erwähnte ihn sein Nachfolger John Vorster schon bald nicht mehr in seinen Reden, s. PV 132/3/6/98, Reden, 1966–67 u. PV 18/4/1/20.

Prominenter zu veröffentlichen, das aber nie erschien.[69] Auch beriefen sich zuweilen Minister, um ihre Absichten durchzusetzen, auf Verwoerds Konzepte.[70] Obwohl die neue Regierung sein Programm mit geringen Änderungen weiterführte, geriet Verwoerd erstaunlich schnell in Vergessenheit. Die Öffentlichkeit war noch einige Zeit mit den Umständen des Attentats beschäftigt, zumal Dimitrio Tsafendas, Verwoerds Mörder, genauso wie Pratt vor ihm, in verdächtiger Eile für unzurechnungsfähig erklärt wurde.[71] Die Vernehmungsprotokolle deuten darauf hin, dass die Polizisten, die Tsafendas befragten, mit Suggestivfragen arbeiteten, um seine Unzurechnungsfähigkeit nachzuweisen.[72] Adams vermutet als Grund, dass man Tsafendas nicht hinrichten wollte, um keinen politischen Märtyrer aus ihm zu machen.[73] Ob Tsafendas und Pratt für geisteskrank erklärt wurden, weil ein Attentat auf Verwoerd für viele Afrikaaner-Nationalisten gar keine andere Erklärung zuließ, mag dahin gestellt bleiben.[74] Plausibel ist eher, dass Tsafendas keine Gelegenheit erhalten sollte, seine Handlungsmotive darzulegen und über mögliche Hintermänner zu sprechen.

Die Frage, warum ein Mann wie Tsafendas mit einer langen Geschichte psychischer Instabilität und außerdem einer früheren Mitgliedschaft in der Kommunistischen Partei in einem Hochsicherheitsbereich wie dem südafrikanischen Parlament eine Anstellung finden konnte, wurde von verschiedenen Seiten und

---

69 Das Buch sollte den Titel tragen „So onthou ons hom." PV 132/2/6/1/1, Danie Malan (Voortrekkerpers) an B.J.Vorster, 18.10.1966 und angehängtes Exposé des Buches. Einige bekannte Politiker schrieben Beiträge, die sich in ihren eigenen Nachlässen noch auffinden lassen. Doch erschien ein Buch unter dem genannten Titel erst zum 100. Geburtstag Verwoerds im Jahr 2001, von seinem Sohn herausgegeben. Daraus geht deutlich hervor, wie sehr die Erinnerung mittlerweile Privatsache geworden war.

70 PV 132/2/6/2/1/1, Marais Viljoen an Vorster, 8.11.1966, der dem neuen Coloured Council möglichst viele Kompetenzen übertragen wollte und sich auf Aussagen Verwoerds bezog.

71 Neuerdings hat der Politikwissenschaftler Dousemetzis 2018 einen ausführlichen Report vorgelegt, in dem er den Nachweis führt, dass Tsafendas nicht geisteskrank war und aus politischen Motiven handelte; s. bes. die Ausführungen von Bell/Ntsebeza 2003: 56 ff.; Beresford 2010: 16 f. Allerdings war Tsafendas für einige Zeit auf Robben Island eingesperrt, wo ihn Kathrada sah, aber nicht sprechen konnte: Kathrada 2012: 220 f. S. auch Sisulu 2004: 288 f. Tsafendas Leben wurde neu erzählt von Van Woerden 2000 a und b, der aber nichts Neues herausgefunden hat, was über den offiziellen Untersuchungsbericht hinausgeht: J.T.van Wyk 1966. Statt ihn in eine Psychiatrie zur Behandlung zu bringen, wurde Tsafendas 23 Jahre lang in Einzelhaft im Hochsicherheitsgefängnis in Pretoria direkt neben der Hinrichtungsstätte festgehalten: Z.Adams 2011: 26 u. 100 ff.

72 Bell/Ntsebeza 2003: 57 f.

73 Z.Adams 2011: 215, s. auch Posel 2009 b: 346.

74 Die meisten Angaben über das Verhör von Tsafendas finden sich in J.J.J.Scholtz 1967: Kap. 9.

immer wieder gestellt.[75] Tatsächlich waren schon früher Sicherheitsmängel zutage getreten, als es der Zeitschrift „Drum“ gelang, einen Photographen in den Amtssitz Groote Schuur in Kapstadt einzuschmugglen, der Photos von einem schwarzen Angestellten in den Privaträumen Verwoerds machte, die die Zeitschrift veröffentlichte.[76]

Der ganze Vorgang, dass ein Premierminister in der Regierungsbank ermordet wurde, empfanden manche als „eine Schande, die wir so schnell nicht loswerden.“[77] Da Justizminister John Vorster die Verantwortung für die Sicherheit des Parlaments trug, gab die nie befriedigend beantwortete Frage, wie Tsafendas durch alle Sicherheitskontrollen schlüpfen konnte, über die Jahrzehnte hinweg Anlass zu teilweise abenteuerlichen Verschwörungstheorien.[78] Dazu zählt auch

---

75 PV 132/2/6/2/1/1, Elsa Wiechmann an B.J.Vorster, 16.11.1966; Z.Adams 2011: 34 u. 78 f. J.T.van Wyk 1967: 3, §23, S. 6, §31 u. 32.

76 Verwoerd war über den Bericht höchst empört und ließ eine polizeiliche Untersuchung anstellen, da der Hausangestellte sich kritisch, wenn auch höchst unkonkret, über seine Politik geäußert hatte: FAV 4.7.1.10.1., Geheimes Schreiben des Department des Premierministers an den Police Commissioner v. 23.7.1963 mit anhängten Kopien des Artikels in der Zeitschrift „Drum“ vom August 1963 sowie der „Sunday Times“ und dem ebenfalls geheimen Bericht des Polizeibeamten v. 5.9.1953, der die Untersuchung durchführt, allerdings ohne Befragung des schwarzen Hausangestellten Michael Ntseto. Als problematisch wurde vor allem gesehen, dass er nicht nur über den Alltag des Premiers plauderte, sondern auch über die Sicherheitsmaßnahmen in Groote Schuur.

77 220.K 66 (96), G.P.Kempen (Anwalt aus Victoria-West) an P. Cillié, 7.9.1966.

78 Schon kurz nach der Ermordung 220.K 66 (100), A.M.Schaap an Cillié, 12.9.1966. Die Herstigte Nasionale Partei setzte solche Geschichten in Umlauf, es gab auch immer wieder Gerüchte über eine Involvierung der CIA in Verwoerds Ermordung. Insbesondere der Vorsitzende der HNP, Jaap Marais, trat als Verschwörungstheoretiker hervor, der in einem Buch Vorster und Hendrik van den Bergh ebenso verdächtigte, wie die Amerikaner und natürlich die Kommunisten: J.Marais 1992: 185 ff. Doch stellt sich dabei die Frage, was sich die Amerikaner von John Vorster hätten versprechen können. Jedenfalls heißt es in einem internen Memorandum des Weißen Hauses noch am Tag des Attentats, „to tell the South Africans what little we know about Tsafendakis.“ DNSA: Memo Ed Hamilton für Walt Rostow, 6.9.1966. S. auch den ausgesprochen negativen Kommentar zu Vorsters Wahl in New York Times 14.9.1966. Man kann in verschiedene Indizien viel hineininterpretieren, etwa dass in Vorsters Kalender für 1966 alle Geburtstage von Kabinettsmitgliedern eingetragen sind mit Ausnahme des Geburtstags von Verwoerd: PV 132/5/1/8. Doch lässt sich daraus 1. gar nichts ablesen, weil es sich um einen Zufall handeln kann und 2. werden dadurch keine Motive noch Hinweise auf Vorsters Beteiligung an der Tat sichtbarer. S. auch den, grammatikalisch fehlerhaften Brief von J. L. van Schalkwyk an Vorster vom 8.9.1966: „Jetzt kommen wir zum Herrn Bürger Hauptparlamentsboten, jeder Mann im Leben hat seinen Preis. Wie kommt es, dass er Dimitir den Mörder unseres Premierminister, als Parlamentsboten eingestellt hat? Den Zeitungen zufolge kann er kaum englisch oder afrikaans sprechen, warum hat nicht einen Engländer oder Afrikaaner eingestellt, warum eine zweifelhafte Person.“ PV 132/2/5/1/7. Völlig grotesk sind die fiktiven Geschichten von Elsdon 2009: 76 ff.

die von Allan Bird in die Welt gesetzte Mär, sein ehemaliger Kollege, der Psychiater Solly Jacobson, hätte sowohl David Pratt als auch Demitrio Tsafendas medizinisch behandelt und sie in hypnotisiertem Zustand zu Verwoerd geschickt, um ihn umzubringen.[79] Andere konstruierten Zusammenhänge zwischen der Ermordung und einer angeblich von Cillié angeführten Revolte in der Partei, mit der Verwoerd durch Anton Rupert ersetzt werden sollte.[80] Doch können all diese Erklärungen keine plausible Erklärung dafür liefern, ob und wie Tsafendas instrumentalisiert wurde und warum er nach seiner Freilassung Ende der 1990er Jahre nicht darüber sprach.[81]

„Der Hauch des Todes"

Anfang der 1930er Jahre verfasste Verwoerd neben anderen Kurzgeschichten auch einen kurzen Krimi mit dem Titel „Der Hauch des Todes". Eine prominente Person, ehemaliger Rugbystar und nun als unbestechlich gefeierter Schiedsrichter, fällt nach einer Auseinandersetzung mit seiner Tochter plötzlich tot um. Die Obduktion führt zu keinerlei Befund bis durch Zufall herauskommt, dass der Kaffee, den der Schiedsrichter getrunken hatte, mit einem extrem starken Gift versetzt war. Der vorschnell urteilende Polizeibeamte richtet seinen Verdacht auf die Schwester des Toten und nimmt sie fest, obwohl sie beteuert, dass ihr Bruder gar nicht von dem Kaffee getrunken hat. Plötzlich kommt Bewegung in die scheinbar schon geklärte Angelegenheit, als der Verlobte der Schwester, ein Arzt, der Zeuge der ganzen Vorgänge war, seinen Professor, einen berühmten Toxikologen, um Rat fragt. Als dieser erfährt, dass der Schiedsrichter keinerlei Krämpfe oder andere Symptome aufwies, bevor er umfiel, wendet sich die Geschichte. Ein Anwalt, den der Arzt eingeschaltet hat, hat die Apotheke kontaktiert und den Boten, der die Arznei ausgeliefert hat, befragt. Dabei stellte sich heraus, dass dieser, ein Coloured und damit in Verwoerds Augen per se pflichtvergessen, auf dem Weg herumgetrödelt und zwischendurch seinen Onkel besucht hat, der ein

79 Bird 1992: 213ff.; zu Jacobson s. auch 199f., zum ersten Attentat und Jacobsons angeblicher Verwicklung 204ff. Zu Jacobsons Biographie s. https://www.rcpe.ac.uk/obituary/dr-solomon-solly-jacobson-frcp-edin. S. auch B.M.Schoeman 1974: 10. Vgl. J. Sanders 2006: 24ff., der diese Geschichte auf den südafrikanischen Sicherheitsdienst BOSS zurückführt. Dies würde auch die spürbar antisemitische Stoßrichtung erklärten, warum einem Juden die Schuld zugeschoben werden sollte. S. auch Dousemetzis 2018: 1901f.

80 220.K 66 (99), P.D.Basson (Rhodesien) an Cillié, 12.9.1966. S. auch Sabalot 2009: 182.

81 In seinem Nachruf gibt Robins 2000 seiner Verwunderung Ausdruck, dass der ANC und die KP Tsafendas nach dem Ende der Apartheid nie beachteten.

kapmalaischer Spezialist für Kräuter ist. Der Arzt, der Anwalt, der Polizist und der Professor, also die geballte westliche Expertise, konfrontieren den Onkel und der Professor spricht ihn auf den „Hauch des Todes" an, woraufhin der Muslim moralisch kollabiert und ein Geständnis ablegt. Der Professor hatte von einem extrem starken geheimnisvollen Gift „aus dem Osten" gehört, das in einer muslimischen Familie am Kap jeweils vom Vater auf den Sohn vererbt wurde, aber nie benutzt oder geöffnet werden durfte. Der muslimische Kräuterhändler hat nicht nur die Kopfschmerzmedizin des Schiedsrichters mit diesem Gift versetzt, sondern ihn auch Tage zuvor an dem Fläschchen mit dem Gift riechen lassen, das daraufhin seine tödliche Langzeitwirkung entfaltete, weswegen es „Hauch des Todes" hieß. Dem plötzlichen, unerwarteten und dramatischen Tod des Schiedsrichters kontrastiert das lächerliche und triviale Motiv des Täters, der den Schiedsrichter nur deswegen ermordete, weil der seinen Lieblingsverein nicht gewinnen ließ.

Ähnlich seltsam mischten sich Tragik und Trivialität bei Verwoerds Ermordung, denn der Täter handelte angeblich auf Befehl eines Bandwurms in seinem Körper. In beiden Fällen waren die Täter Außenseiter. Dimitrio Tsafendas sah sich Zeit seines Lebens wegen seiner dunklen Hautfarbe ausgegrenzt, der Kräuterhändler war Angehöriger einer muslimischen Minderheit, deren Bezeichnung „Malaien" auf ihre asiatische Herkunft verwies. Ebenso wie das ungeheuer wirksame Gift, das ein Massensterben in Kapstadt durch seine unsichtbare Wirkung, nämlich über die Luft als „Hauch des Todes", auslösen könnte, kam auch der Muslim selbst aus Asien, woher in Verwoerds Weltbild die Nicht-Assimilierbaren stammten, was sich auch in der synonymen Verwendung des Begriffs „Coolie" für den Händler niederschlug. Während der christliche Gott den Menschen mit seinem Hauch zum Leben erweckte, war das Gift aus dem Osten der Hauch des Todes, der die gesamte gesellschaftliche Ordnung gefährdete, aber durch das kluge Eingreifen von Arzt, Gelehrtem, Anwalt und Polizist unschädlich gemacht wurde.[82]

In Wirklichkeit ging der Todeshauch vom Apartheidsystem selbst aus, nicht nur im Hinblick auf die vielen Opfer, auf die sich intensivierende Armut und soziale Ungleichheit im Land. Der Hauch des Todes lähmte auch die eigene Kultur, die so sehr im Zentrum des Afrikaaner-Nationalismus stand. Verwoerd selbst war maßgeblich für die kulturelle Paralysierung verantwortlich, die er mit seinen wiederholten Interventionen beispielgebend verstärkte.

82 FAV 4.4.7, masch. schriftliches Manuskript, Ockert Witte [Verwoerd], Die asem van die dood, 17 Seiten. Die Geschichte wurde anscheinend nicht publiziert.

Verwoerds Regierung, seine Kontrollmanie, sein Autoritarismus waren maßgeblich dafür verantwortlich, dass genau das, was die afrikaanse Kultur wirklich lebendig und überlebensfähig machen konnte, auf der Strecke blieb. Die Ausweitung staatlicher Handlungsspielräume während Verwoerds Amtszeit als Premierminister würgte genau das ab, was der Nationalismus bewahren und fördern wollte: Künstlerische und wissenschaftliche Kreativität, Innovation und Meinungsvielfalt, die allein das Lernen und die Weiterentwicklung einer Gesellschaft gewährleisten.[83]

Der Dekadenzvorwurf, den Verwoerd dem Westen entgegenschleuderte, ging weiter, als er in anderen Siedlerkolonien, die sich emphatisch als „junge Völker" gegen das müde und dekadente Europa profilierten, vertreten wurde. Die Zensur „unerwünschter Literatur" und die staatliche Einmischung in das kulturelle Leben waren darauf zurückzuführen, dass jeder Bereich des Alltagslebens wie der Hochkultur, der Bildung, des Sports, der Religion und der Populärkultur für die Afrikaaner-Nationalisten überlebenswichtig wurden, wie Verwoerd selbst betonte: „Is it not when he perpetrates crimes, becomes a juvenile delinquent, ducktail or whatever you may like to call it? Is it not when he abandons his people or even worse, when he betrays his people? Is it not when he derides his faith?"[84] Daraus bezog der Staat in Gestalt des Regierungschefs, mit Rückendeckung durch die Reformierten Kirchen,[85] das Recht, sich einzumischen, Zensur zu üben, AutorInnen und KünstlerInnen zu maßregeln: „The State must often fight against the results of evil. It is often confronted with the results of decline, of downfall in the personal lives of people. It is confronted with evils that beset a whole Community and sometimes spread right through the nation. Sometimes this calls for severe action, and sometimes mercy can be shown. But it must fight against the evils which can cause the downfall of the society."[86]

Verwoerd hielt auch als Premier an den alten kulturnationalistischen Überzeugungen über das „Volkseigene" fest, wonach die Kultur organisch aus den eigenen Wurzeln entstanden sein musste, während „volksfremde" Einflüsse abzulehnen waren, selbst wenn er *in abstracto* konzedierte, dass historisch nur Kontakte zwischen Völkern Fortschritt brachten.[87] Bei Justizminister Swart regte

---

83 De Kiewiet 1956: 58f.; s. auch Meredith 1998: 231.

84 Verwoerd, Inauguration of the Sunday School Buildings, Bloemfontein 1.10.1959, in: Pelzer 1966: 299–312, hier 305.

85 Albertyn 1951: 91f.

86 Verwoerd, Centenary Celebrations of the Reformed Church at Rustenburg, 28.3.1959, in: Pelzer 1966: 258–270, hier 262

87 231/2/1/2, Eerstejaar Sociologie: Algemene kursus, S. 13: „Immer wenn Völker miteinander in Berührung kamen, folgten darauf soziale Veränderungen und gewöhnlich Fortschritt." Das Problem der armen Weißen sei u.a. auf die Isolation zurückzuführen, ebd. S. 15.

er darum neue Gesetzgebung gegen Striptease-Clubs an, damit man „diese neue Entwicklung aus Übersee abwehren kann."[88] Noch als recht junger Mann lehnte Verwoerd ganz im Sinn des konservativen Calvinismus das Tanzen ab.[89] Wie die meisten Nationalisten betonte er seinen Kulturkonservatismus, der ihn Erscheinungen der internationalen Jugendkultur scharf ablehnen ließ. In seinen Vorlesungen hatte Verwoerd Verständnis für die problematische Situation junger Frauen geäußert, die in eine untergeordnete Rolle gezwungen wurden und durch die Mutterrolle oft keine Möglichkeit hatten, ihre intellektuellen Fähigkeiten auszubilden. Gleichwohl hielt er Zeit seines Lebens an diesem traditionellen Frauenbild fest. So ist nicht erkennbar, ob er überhaupt einen Gedanken daran verschwendete, dass seine eigene Frau, die immerhin studiert und ein gutes Examen abgelegt hatte, einen Beruf ergreifen sollte, sondern sie blieb stets auf die Rolle als treusorgende Ehefrau und Mutter beschränkt, was sie allerdings emphatisch selbst vertrat.[90] Chancengleichheit hielt sich in äußerst engen Grenzen, emanzipatorisch eingestellt war Verwoerd in keiner Hinsicht: Er vertrat die Überzeugung, „dass verheiratete Frauen mit kleinen Kindern zu Hause bleiben sollen, um für sie zu sorgen. Manchmal trifft es zu, dass verheiratete Frauen, nicht wegen des Vergnügens, sondern weil ihre finanzielle Lage sie dazu zwingt, arbeiten müssen. Es gibt sicher auch die Fälle von verheirateten Frauen, die lieber außer Haus arbeiten gehen, als ihre Kinder zu versorgen. Das ist bedauerlich."[91] So verhielt er sich gegenüber seiner älteren Tochter Anna. Als Carel Boshoff Anfang der 1950er Jahre um ihre Hand anhielt, reagierte Verwoerd zurückhaltend bis ablehnend. Diese Haltung änderte sich indes schlagartig, als der Bräutigam ihm von sich aus erklärte, dass er keineswegs wolle, dass Anna ihr Studium abbreche, sondern sie sollte ihren Abschluss in Stellenbosch machen, während er in der Zwischenzeit eine Stellung als Missionar im mehr als 1000 km entfernten Belfast im Osttransvaal annehmen wollte. Die Tochter sollte also ihr Studium zu Ende ausführen, ihre intellektuelle Ausbildung abschließen, anschließend aber nicht

---

88 PV 93/1/69/1/1, Bl. 30, V. an Swart, 14.9.59.

89 D.Prinsloo 1979: 549.

90 Natal Daily News 21.1.1959. Offenbar musste sie dafür auch Kritik einstecken. So schrieb sie nach dem Tod ihres Mannes: „Ja, ihr, die ihr es nicht wirklich gutgeheißen habt, dass ich für Hendrik stand und gewartet habe, habt sicher auch später gedacht, dass ich mich zu sehr unterwerfe." 55.K.V.16 (18), Betsie Verwoerd an Anna Rothmann, 29.10.1966. Zu Betsie Verwoerds Studium s. die Zeugnisse und Gutachten in FAV 5.2 über ihre Sprachkenntnisse aus den Jahren 1922 und 1923 sowie aus dem Jahr 1925 als sie im Dept. Education der Universität Stellenbosch Dozentin war. Ihren M.A. schrieb sie über die Zeitschrift Die Huisgenoot, die diese Arbeit denn auch später würdigte: Die Huisgenoot, 12.9.1958, S. 13f. S. auch A.Boshoff 1974: 37f. und 1993: Kap. 2.

91 PV 93/3/1/36, Bl.4, Verwoerd an Frau H.Olivier (Louis Trichardt), 2.11.1960.

ins Berufsleben eintreten, sondern sich in ihre Rolle als Ehefrau und Mutter schicken.[92] Die Verhältnisse in seiner Familie waren, soweit dies aus der Korrespondenz ersichtlich ist, von der bei afrikaans-nationalistischen Familien üblichen elterlichen Autorität geprägt. So unterschrieb er selbst Privatbriefe an seine Kinder formell mit „H. F. Verwoerd“[93] und die Kinder sprachen ihre Eltern in der dritten Person an.

Modische Erscheinungen der Jugendkultur waren für ihn der Pilz, der von innen her die westliche Zivilisation zerfraß und ihr jede Widerstandskraft gegen den kommunistischen Angriff zu nehmen drohte. Mode, Haartracht, Popmusik und nonkonformes Auftreten Jugendlicher waren darum keine Nebensache, sondern sie zerstörten den Kernbestand der westlichen Zivilisation, ihr Immunsystem gegenüber der kommunistischen, letztlich asiatischen, Subversion. Daraus erklärten sich die Intoleranz der Nationalen Partei gegenüber dieser Jugendkultur[94] und alberne Behauptungen, etwa Miniröcke seien auf kommunistischen Einfluss zurückzuführen. So äußerte Verwoerd sich mehrfach öffentlich in höchst abfälliger Weise über die sog. „eendsterts“, die „Ducktails“, junge Männer in Lederjacke und mit Elvis-Frisur, die in den 1950er Jahren auch in Südafrika auftauchten.[95] Für Verwoerd wurde „eendsterts“ geradezu zu einem generellen Begriff für alles, was er als rein modisch, als Konzession an die westliche Dekadenz und als psychologisch unreif ablehnte.[96] Ganz ähnlich wie Albert Hertzog[97] sah auch Verwoerd in solchen Er-

---

92 C.Boshoff 2012: 117. Dies war auch die Einstellung der Mutter: Natal Daily News 21.1.1959: „While Mrs. Verwoerd does not believe in married women going out to work, she does firmly believe that all women should be as highly educated as possible.“ Boshoffs Schwester Anna (Annatje) wurde Privatsekretärin von E. Verwoerd, zu ihrer Person, s. C.Boshoff 2012: 54 f.

93 FAV 4.7.4.1, H. F.Verwoerd an Henrik Verwoerd jnr., 12.9.1965 u. ebd., H. F.Verwoerd an Elsabet du Bois, 1.7.1966.

94 So befasste sich die Regierung mit so skurrilen Dingen, wie Überlegungen, wie man eine Einreise der Beatles nach Südafrika verhindern könne, ohne dass diese ein Interesse daran bekundet hatten: PV 93/3/1/28, Schriftstück des Innenministeriums „Toelating van burgers van die Vereinigde Koninkryk en kolonies tot die republiek (21.1.1964). Ähnlich vermutete der bekannte Rechtsextremist Rud Meyer die Beatles hinter der Aufmüpfigkeit gerade der jüngeren Generation Schwarzer: PV 132/2/6/2/1/1, Rud Meyer an B. J.Vorster, 26.11.1966.

95 Mooney 1998: 757 ff.

96 Demgegenüber brachte S.Pauw, der Soziologe im UR des Broederbond, Verständnis auf und führte das Phänomen auf den Aktivitätsdrang der Jugend, die keinen Platz mehr in der Gesellschaft finde, zurück: AB-Archiv, 2/3/36, UR-Sitzung, 13.12.1958, S. 12, TOP 41, Eendstertbeweging. Eric Louw sprach dies gegenüber amerikanischen Zuhörern an: „You also send us ‚Rock'n Roll‘, Jive dances; Duck-tail fashions and methods, comics and 'pulp' magazines – all of which we could well do without!“ PV 188, South Africa reports (2.10.1956): Auszüge aus Rede Louws vor dem American Club, Johannesburg 28.9.1956, S. 2.

97 Z. B. PV 451/4/1/198, Bl. 11849 u. 11889 f.

scheinungen ein Zeichen der Dekadenz, die er dem Westen generell bescheinigte und was den Niedergang der Kolonialreiche erklärte.

Der 21jährige Verwoerd hatte schon in seiner Masterarbeit über das Problem der Werte hervorgehoben, dass diese von der Gemeinschaft her ihren Sinn bezogen, und daraus geschlossen: „Die zwei wichtigen Erscheinungen der Bewertung, nämlich Ethik und Ästhetik erhalten darum einen wichtigen Kulturwert. Sittlichkeit, Tugend, Kunst, Schönheit wird als dem Glück der Gesellschaft zuträglich verstanden. Eine Grundlage ethischer Wertung ist die Voraussetzung, um ein Zusammenleben zu bilden und zu festigen, und in der Gesellschaft erhalten ästhetische Wertungen ihre höchste Bedeutung."[98] Auch der ästhetische Genuss war demnach keine Privatangelegenheit, sondern den Bedürfnissen der Gemeinschaft und ihrer kollektiven Identität untergeordnet.

Der Psychologe Peter Lambley konnte die Folgen in den 1970er Jahren beobachten: Korruption, Machtmissbrauch, sexuelle Promiskuität.[99] Verwoerds Regierung ging gegen unerwünschte Gedanken in Gestalt von Publikationen, Musikaufnahmen und Filmen vor, die genau die kulturellen Innovationen hätten hervorbringen können, die eine Kultur benötigt, um ihre Vitalität zu erhalten. Dies war vielleicht der größte Widerspruch und die größte Ironie der Geschichte der Apartheid: Eigentlich sollte sie das „Überleben" der Afrikaaner sichern, doch interpretierten Politiker und „Kulturführer" die kulturelle Öffnung zur Welt als Selbstaufgabe. Sie unterdrückten Aufnahmebereitschaft und Vitalität, schnürten der eigenen Kultur die Luft ab. Dafür sorgte nicht zuletzt Piet Meyer als Chef des Rundfunks, der dort geistesverwandte Broederbondmitglieder wie den langjährigen Dirigenten und Musikspezialisten Anton Hartman plazierte.[100] Unter Meyer wurde die SABC gänzlich in den Dienst der staatlichen Interessen und derjenigen der NP gestellt, der einflussreiche Rundfunk griff mit einem Sendeverbot in die populäre Musik ein, konnte sie aber nie ganz in seinem Sinn manipulieren.[101]

Während Verwoerd den Nutzen des Rundfunks für die Propagierung seiner Politik unter den „Bantu" frühzeitig erkannt hatte,[102] war er mit Albert Hertzog einer Meinung, das Fernsehen sollte in Südafrika nicht eingeführt werden. Hertzog als zuständiger Minister lehnte das Fernsehen aus kulturkonservativen Gründen ab und weil er fürchtete, dass sich auf diese Weise alternative Auffassungen über multirassisches Zusammenleben verbreiten könnten. In einem Memorandum wurde Fernsehen vor allem als Medium charakterisiert, das die

98 Verwoerd 1922b: 60.
99 Lambley 1981: 134 ff.
100 Walton 2004: 69 f., zur kulturnationalistischen Verengung der afrikaansen Musik: 73.
101 S. van der Merwe 2014: 353 f.
102 Hayman/Tomaselli 1989: 51 ff.

möglichst große Zahl Menschen erreichen wolle, um Werbeeinnahmen zu generieren, „die Universalsprache des Gefühls und nicht die Sprache des unterscheidenden und umgrenzenden Denkens gebraucht."[103] Verwoerd, der seit seiner Promotion nicht auf Emotionen setzte, weil er sie für unverlässlich und zu veränderlich hielt, stimmte Hertzogs Befunden zu. Fernsehen diene insbesondere der Werbung für Massengüter,[104] zudem sei die Fernsehtechnik noch nicht ausgereift, um sie in Südafrika flächendeckend einführen zu können, so dass sich die Kosten für eine schnell veraltende Technik auf mindestens 20 Millionen Pfund belaufen würden. Verwoerd teilte, wie seine Anstreichungen zeigen, vor allem Hertzogs Schlußfolgerung: „Wenn der Staat sich also gegen die Einführung des Fernsehens in unserem Land entscheidet, geht es nicht um die Verurteilung einer neuen Kommunikationstechnik als solcher, sondern um die Art dieser Technik, die eigentlich eine Kombination aller bekannten Kommunikationsmedien darstellt."[105] Das klang ökonomisch plausibel, entpuppte sich jedoch bei näherem Hinsehen als Verwoerds übliche Sophisterei, denn das Argument wandte er einzig und allein in der Diskussion um das Fernsehen an, während er sonst die eigenständige Weiterentwicklung technischer Möglichkeiten enthusiastisch unterstützte. Der eigentliche Beweggrund Verwoerds war es, Zeit zu gewinnen, bis die Apartheid sich bewährt hatte, und die Bevölkerung immun gegen externe Kritik sein würde. Er war mit Hertzog einer Meinung, dass gerade über das Fernsehen einer geographisch, durch Kulturnationalismus und Zensur isolierten Bevölkerung an der Südspitze Afrikas alternative Gesellschaftsordnungen und Lebensformen direkt ins Haus gebracht würden, die seiner Politik der Rassentrennung die Legitimation entziehen könnten.[106]

Das tiefe Misstrauen gegen subversive kulturelle Einflüsse von außerhalb lag auch der immer schärferen Zensur zugrunde. Dieser fiel die linke, in irgendeinem Sinn als marxistisch klassifizierte Literatur zum Opfer, aber auch Romane und

103 PV 93/1/59/1, Aantekeninge oor beeldradio (kein Autor genannt), S. 2.

104 Möglicherweise war Verwoerd, der Vorsitzende eines Zeitungskonzerns, auch von Befürchtungen über ein wegbrechendes Anzeigengeschäft für die Druckmedien motiviert: s. Corrigan 1974: 28.

105 PV 93/1/59/1, Aantekeninge oor beeldradio (kein Autor genannt), S. 3 ff. Deswegen musste Verwoerd auch W. Grünbauer gegenüber, einem aus Hamburg stammenden, in Südafrika tätigen Filmemacher, der sich darüber beklagte, immer mehr Ministerien eröffneten ihre eigenen Filmabteilungen und er könne deswegen keine Arbeit finden, unterstreichen, dass er nicht mit einer Rücknahme der Entscheidung rechnen könne, worauf dieser seine ganze Hoffnung gesetzt hatte: PV 93/1/53/14/1, Bl. 20, W. Grünbauer an V., 22.5.1959 und Bl. 21, Antwort desselben am 3.6.1959. Die Regierung führte darüber hinaus eine ganze Reihe von Gründen ins Feld: Bevan 2008: 66 ff.; zu den moralischen „Gefahren" s. ebd.: 85 ff.

106 Nixon 1993: 127.

Gedichte südafrikanischer Autoren sowie internationale kulturelle Erzeugnisse, die auch nur im geringsten in Gegensatz zur Apartheid standen. Das Regime war sich selbst für lächerliche Aktionen nicht zu schade, als auf internationalen Zeitschriften im Namen der Bekämpfung von Pornographie barbusigen Photomodellen die Brustwarzen überklebt wurden. Einmal in Gang gesetzt, war die Zensur offen für jede Form paranoiden Überfremdungswahns: „By 1963 there were 8,629 publications on the banned list. Many of these are pornographic; others are banned for political reasons. They include not only Commuist publications, but also the writings of Dostoevsky and Tolstoy, Lawrence and Graves, Hemingway and Salinger, Faulkner and Caldwell, and Bertrand Russell, and works by South African authors such as Peter Abrahams and Harry Bloom. South African librarians are continually engaged in recalling and destroying books that have been banned; booksellers have a difficult task in deciding what foreign publications to order."[107]

Der Dichter N. P. van Wyk Louw hatte schon 1938 die angemaßte Deutungshoheit der „Kulturführer" beklagt, die die kulturellen Leistungen der Vergangenheit kanonisierten und daraus Normen für Neuschöpfungen ableiteten, die dazu angetan waren, die ganze afrikaanse Kultur in konservative Erstarrung zu führen.[108] Dazu gehörte, dass auch die Geschichte als Orientierungswissenschaft in einem konservativen, kontinuitätsversichernden Sinn verstanden wurde, einschließlich der großen Männer, die sie machten.[109] In einem Beitrag mit dem provozierenden Titel „Kultuurleiers Sonder Kultuur [Kulturführer ohne Kultur]" stellte Louw die entscheidende Frage: „Wird der Versuch, eine Kultur durch intensive Organisation zu verstetigen, nicht zum Untergang der Kultur als einer lebendigen Kraft führen?"[110] Er hatte damit sicher nicht Verwoerd persönlich gemeint, doch dieser begann gerade in dieser Zeit als Chefredakteur von „Die Transvaler", sich zum Wächter über das aufzuschwingen, was ihm als das Wahre und Gute galt.

Als Premierminister betätigte Verwoerd sich höchstpersönlich als Zensor. Als der AB-Veteran Wm. Nicol anfragte, ob in einem kurzen Theaterstück zum Dingansdag „ein paar Bantu in einem Stück eingesetzt werden können anstatt angemalte Weiße, wie wir das in der Vergangenheit taten", äußerte Verwoerd sofort starke „Bedenken".[111] Er positionierte sich in der Auseinandersetzung um den

107 Thompson 1966: 129, s. auch Cope 1982: 75 f. u. https://www.news24.com/Books/how-the-apartheid-regime-burnt-books-in-their-tens-of-thousands-20181025

108 N. P.Louw 1965: 2 f. Erhellend dazu S.Muller 2008: 202 f.

109 Pelzer 1966 b: 48.

110 N. P.Louw 1965: 7.

111 PV 93/1/34/9, Bl. 34, W.Nicol an V., 8.2.1962 und Bl. 36, Antwort Vs. vom 17.2.1962.

Roman „Sewe dae by die Silbersteins [Sieben Tage bei den Silbersteins]" von Etienne Leroux, des wohl bedeutendsten afrikaansen Romanciers des 20. Jahrhunderts, gegen die meisten afrikaansen Intellektuellen und lehnte die Verleihung des renommierten Hertzog-Preises an den Autor vehement ab; als Leroux ihn dennoch erhielt, kam er zur eigentlichen Preisverleihung demonstrativ zu spät.[112] Ebenso kritisierte er im Frühjahr 1966 in aller Öffentlichkeit und mit seiner ganzen Amtsautorität Van Wyk Louws Drama „Die Pluimsaad waai ver [Die Flugsaat weht weit]", weil es keine reine Heldenverehrung über den Burenkrieg betrieb, sondern neben den Helden auch Feiglinge und Kollaborateure zu Wort kommen ließ.[113] Verwoerd sah die Aufgabe des Künstlers schließlich darin, „zu verherrlichen und nicht zu verwirren."[114] Das ging sogar soweit, dass er, nachdem er sich eine neue Verfilmung von Othello angesehen hatte, anordnete, „der Film darf in keinem Kino öffentlich gezeigt werden."[115] Der bedeutendste junge afrikaanse Lyriker, Breyten Breytenbach, wurde ins Exil getrieben, weil er mit seiner vietnamesischen Frau nicht in Südafrika leben durfte.[116] Der Rundfunk verhängte ein Sendeverbot gegen Lieder, nur wenn in deren Titel das Wort „Gott" vorkam, ebenso wie das Musical Jesus Christ Superstar nach massiven Beschwerden konservativer Hörer nicht mehr gesendet wurde.[117] Der Premierminister höchstpersönlich befasste sich mit einzelnen Vorfällen, wie „gemischten" Parties oder Konferenzen, wobei er den gesamten Regierungsapparat in Bewegung setzte, um herauszufinden, ob es sich um Gesetzesübertretungen handelte oder einzelne Behörden ihre Befugnisse überschritten hatten, als sie solche Veranstaltungen genehmigten.[118] Sein totalitäres Kontrollbedürfnis war am Ende seines Lebens so ausgeprägt, „als wollte er keine Angelegenheiten des Landes und vor allem nicht

---

112 Steyn 1998: 986 ff., bes. 993.; Kannemeyer 2008: 383 f.; Kapp 2009: 407.

113 Steyn 1998: 1037 ff.; Mouton 2002: 61; s. auch Steyn 2004: 496 f. u. Welsh 2010: 175 f. Verwoerds Einmischung in kulturelle Angelegenheiten hatte eine ähnlich einschüchternde Wirkung wie Stalins Kritik an Schostakowitsch, was Louw selbst möglicherweise ähnlich sah, ebd. S. 1090. Schon 1937 attackierte Verwoerd den Roman „Turning Wheels" von Stuart Cloete, der die Voortrekker nicht nur als fromme Helden dargestellt hatte: Transvaler 10.12.1937 u. 15.12.1937. s. auch J.Basson 2008: 67. Die Auseinandersetzung mit Louw hatte ein Vorspiel und nach Meiring 1990: 94 f. handelte es sich um eine späte Vergeltungsmaßnahme Verwoerds; s. auch ebd. S. 185.

114 PV 72/2, Gert van der Walt, Erinnerungen an Verwoerd, S. 4. Über andere Einmischungen Verwoerds in den afrikaansen Literaturbetrieb der 1960er Jahre s. Cope 1982: 153.

115 296.KV.32, masch.schr. Notiz von P. A.Weber, 8.9.1966. S. auch A.Boshoff 1974: 228.

116 Seine Frau erhielt noch nicht einmal ein Visum, um ihren Mann zu begleiten, als dieser einen renommierten Literaturpreis erhielt: Bekker 2005: 216 f.

117 S.van der Merwe 2014: 354.

118 FAV 4.7.2.1 Verwoerd an Justizminister Vorster, 23.3.1965 wegen eines Zeitungsartikels von B. Pogrund über eine „gemischte" Konferenz in East London sowie Antwort von Vorster, 9.4.1965 mit angehängtem ausführlichem Bericht des Police Commissioner v. 30.3.1965.

das Denken im Land seinem Interesse und seiner Aufmerksamkeit entgehen lassen.“[119] Darauf sprach einer der führenden Journalisten des nationalistischen Lagers, Schalk Pienaar, von einem Krankheitssymptom, womit er die Verdächtigung von allem und jedem meinte, der nicht auf der Linie der Kulturhüter lag. Zwar nannte er Verwoerd nicht namentlich, doch war deutlich, wen er meinte, als er ausdrücklich Louw in Schutz nahm.[120]

Die Lähmung des kulturellen Lebens in der Zeit der Apartheid, der Konformismus und die Verbiegung von Charakteren spiegelte sich im Werdegang von Abraham Jonker. Jonker war während des 2. Weltkriegs ein Gefolgsmann von Jan Smuts gewesen und vertrat von 1936–1945 dessen Regierungspolitik als einflussreicher Journalist der Zeitung „Die Suiderstem“, die der United Party nahestand. Zudem veröffentlichte er drei Bücher, in denen er den Antisemitismus der Nationalen Partei und der rechtsextremen außerparlamentarischen Opposition kritisierte.[121] Nach der Regierungsübernahme durch D. F. Malan war er einige Jahre Abgeordneter der oppositionellen United Party, trat aber 1956 der Regierungspartei bei. Neben seiner journalistischen und politischen Tätigkeit war Jonker vielseitig kulturell interessiert und veröffentlichte mehrere Romane, die ihm allerdings nicht die erhoffte Anerkennung brachten. Die Enttäuschung war für ihn umso stärker, als seine von ihm abgelehnte Tochter Ingrid einen renommierten Literaturpreis für ihre Lyrik erhielt. Ingrid Jonker litt an Depressionen, die durch die jede kulturelle Kreativität lähmende Atmosphäre in Verwoerds Südafrika zweifellos verstärkt wurden.[122] Dass ihr Vater ihr Gedicht über ein von der Polizei in Langa 1960 erschossenes Kind[123] im Parlament verurteilte und sich damit öffentlich von seiner Tochter abwandte, war ein schwerer Schlag für sie. Abraham Jonker war opportunistisch genug, sich zum Vorsitzenden eines Parlamentsausschusses wählen zu lassen, der für die erste Zensurgesetzgebung verantwortlich war;[124] Ingrid unterzeichnete einen Protest dagegen. Gerüchten zufolge soll sich Abraham Jonker auf die Nachricht vom Freitod seiner Tochter am

---

119 Cillié 1980: 56 u. 72.

120 Pienaar 1975: 4 f. Dabei war Pienaar kein Apartheidgegner, wie seine Reaktion auf Verwoerds Ermordung zeigt: 9.

121 Jonker 1940, 1941 und 1943.

122 L.Viljoen 2012: 134.

123 Es war dieses Gedicht, dass Nelson Mandela am 24. Mai 1994 im ersten demokratisch gewählten Parlament Südafrikas vortrug, um hervorzuheben, dass es eine widerständige afrikaanse Kultur gab, womit er gleichzeitig Ingrid Jonker und ihrem Werk zu neuer Popularität verhalf: Nicol 1995: 85 ff.

124 Dazu auch B. M.Schoeman 1973: 219.

19. Juli 1965 extrem negativ über sie geäußert haben.[125] Die familiäre Tragödie lässt sich neben Ingrid Jonkers psychischer Instabilität auf den Opportunismus des Vaters zurückführen, der für seine Aufnahme in die Machtelite alles opferte, wofür er einst gestanden hatte. Statt dessen unterstützte er den verknöcherten Konservatismus, der sich wie eine bleierne Decke über das Land legte.

Verwoerds Politik der Alternativlosigkeit nahm der afrikaansen Bevölkerung nicht ihre Ängste, sondern schürte sie sogar. Das zeigte sich in den 1980er Jahren, als die Irrationalität und Undurchführbarkeit der Apartheid für jeden offenbar geworden und ihr Ende absehbar wurde. Die starke Zunahme der Familienmorde gerade unter Afrikaanern, bei denen Väter ihre Familien und dann sich selbst töteten, war ein Resultat der Unsicherheit angesichts des bevorstehenden Wandels und ein Ergebnis völlig überzogener Rollenbilder afrikaanser Männer, die so gewaltbesetzt wie unrealistisch waren.[126] Die Obsession mit dem „Überleben", die das Hauptmotiv der Afrikaaner-Nationalisten war, wirkte sich in tragischer Weise dahingehend aus, dass die Gewalt der Apartheid sich gegen ihre eigenen Unterstützer kehrte. Der Ökonom Herbert Frankel stellte schon 1952 mit Blick auf Südafrika fest: „A civilization which is not in process of change, which can be grasped, defined, cut off and circumscribed, is a civilisation which is not living but has been, or is being, frozen to death."[127]

---

125 L.Viljoen 2012: 129 u. Metelerkamp/Jonker 2003: 201. Zur deprimierenden politischen Atmosphäre und dem gestörten Verhältnis zu ihrem Vater s. auch Cope 1982: 85 ff.

126 S. I.du Toit 1990: 294 f.

127 S. H.Frankel 1952: 9.

Schluss

Entgegen der Behauptungen mancher Historiker, Verwoerd sei erst im späteren Berufsleben zum Nationalisten geworden, hatten die Zeitgenossen, die ihn kannten, recht in ihrem Urteil: Er war ein politischer Fanatiker. Er war es schon in jungen Jahren und er blieb es sein Leben lang. Diese Untersuchung konnte nachweisen, dass sein politisches Denken von Kontinuität geprägt war und die Brüche, die manche gesehen haben wollen, nicht existierten. Schon als Halbwüchsiger bekannte er sich zu dem, was er später als sein „Prinzip" bezeichnete, nämlich den Vorrang der kulturnationalistisch konstituierten Gemeinschaft vor dem Einzelnen. Im Gegenzug ist vielsagend, was bei ihm nicht als Prinzip firmierte, ja in seinem Denken keine Rolle spielte und schon gar nicht reflektiert wurde: nämlich Demokratie und Dialog oder Verantwortbarkeit. Es erwies sich als erkenntnisfördernd, seine akademische Karriere genauer zu untersuchen und das, was er als Wissenschaftler lernte und sich aneignete, als einen biographischen Lernprozess zu verstehen. So führte sein Interesse an der doppelten Aufgabe im Alltagsleben, die er zum Thema seiner Masterarbeit in Psychologie erkor, dazu, trotz der Häufigkeit doppelter Aufgaben die Orientierung des eigenen Denkens und Handelns an festen Grundsätzen als Wissenschaftler wie später als handelnder Politiker zu betonen und in seinem eigenen Alltag stets hervorzuheben.

Seine Verbindung von Entwicklungspsychologie und Rasse lief nicht auf einen biologischen Rassismus hinaus, sondern vielmehr auf die Verbindung von zivilisatorischer Reifung und Hautfarbe. Seine Entwicklungspsychologie war insbesondere von der Völkerpsychologie beeinflusst, weniger von der älteren Wilhelm Wundts als vielmehr von derjenigen Felix Kruegers und seiner Schule. Die direkte Verknüpfung mit Hautfarbe war indes Verwoerds eigener Zusatz. Allerdings machte er sich offenbar selbst nicht klar, wie diese Entwicklungsstadien mit kognitiven und intellektuellen Fähigkeiten verbunden sein sollten. Wenn alle Menschen der Gattung homo sapiens angehören – Verwoerd bestritt das nirgendwo –, dann mussten alle Menschen gleiche Potentiale und Fähigkeiten besitzen, d. h. die entwicklungsgeschichtliche Abstufung, die er vornahm, bedurfte der Begründung. Vor allem aber wäre es notwendig, zu klären, warum die „Bantu" noch lange Zeit benötigen würden, um zu den Europäern aufzuschließen, wobei zu beachten ist, dass Verwoerd selbst dies mit einem Fragezeichen versah und bezweifelte, ob sie überhaupt dazu in der Lage seien. Freilich brachte Verwoerd mit der Gleichsetzung von „Eingeborenen" und Kindern nur populäre koloniale Vorstellungen auf den Punkt und verlieh ihnen die akademischen Weihen. Hier hörte die von seinen Anhängern bewunderte logische Konsequenz bezeichnen-

https://doi.org/10.1515/9783110680508-017

derweise auf und Verwoerd vertrat inkonsistente und in sich widerspruchsvolle Positionen.

Ein Ergebnis seiner psychologischen Ausbildung war seine Entdeckung, wie man Menschen manipulieren kann. Die Labor-Situation, in der die Umgebung so eingerichtet wird, dass die psychischen Reaktionen der Versuchspersonen konditioniert und beobachtet werden können, prägte seine Haltung gegenüber den „Bantu", die er zudem als intellektuell für nicht fähig zum Dialog hielt. Einige der Aufsätze, die er als Professor in wissenschaftlichen Zeitschriften publizierte, legen Zeugnis ab von seinem Bedürfnis nach Eindeutigkeit der Zuschreibungen, der Systematisierung von Bewertungsmaßstäben und der Vorstellung, Menschen ließen sich als Raster psychischer Charakterzüge „lesen". In diesem ungemein starken Bedürfnis, Ordnung zu schaffen, brach sich Verwoerds Abscheu vor allem, was chaotisch und ungeregelt war, Bahn. Der Inbegriff des Chaos war für ihn der Kommunismus, weil er angeblich „organische" Gemeinschaften auflöste und statt dessen, ähnlich wie der „Liberalismus", eine Gesellschaft atomisierter Individuen schuf. Die Obsession mit Ordnung und Überschaubarkeit speiste sein Bedürfnis, die Rassentrennung mit größter Radikalität durchzusetzen, sie war aber auch gleichzeitig der Motor seines Bestrebens, die Kompetenzen von Institutionen und Personen so klar wie möglich voneinander zu trennen und eindeutig zu regeln. Ordnung war für ihn der Ausdruck von Reinheit, Apartheid als Politik der Differenz sollte die Reinheit der Rassen und Nationen, und damit ihren Fortbestand, garantieren.

Der Zusammenhang zwischen Verwoerds akademischer und politischer Karriere beschränkt sich indes nicht auf seine Erkenntnisse über Denkprozesse und Gefühle. Die verbindende Klammer war eine inhaltliche, nämlich das Thema der „Poor Whites". Dieses hatte ihn als jungen Studenten schockartig während eines Aufenthaltes in Kapstadt erfasst und ließ ihn nie wieder los. Ja, er begann sogar die Bekenntnisse seiner Zeitgenossen zum Nationalismus daran zu messen, inwiefern sie damit in ihrer Zuwendung zu den „Verachteten in unserer Mitte" ernst machten oder eben nicht.

Sein Engagement für die „Poor Whites" war nicht aus Solidarität geboren, sondern aus seinem „Prinzip", dem Kulturnationalismus, abgeleitet; es trieb ihn in die Politik. Schon kurz nach seinem Amtsantritt als Professor für angewandte Psychologie und Psychotechnik 1928 begann er, nach neuen Möglichkeiten zu suchen, als Akademiker im Interesse des Kulturnationalismus tätig zu werden. 1930 wartete er mit dem Konzept einer neu einzurichtenden Professur für angewandte Soziologie und Sozialarbeit auf, für das ein zeitlicher Vorlauf angesetzt werden muss, weshalb man davon ausgehen kann, dass ihn seine Tätigkeit als akademischer Psychologe schnell nicht mehr befriedigte. Als Professor für Soziologie seit 1932 drängte er mit großem Elan in die öffentliche Tätigkeit, der seine wissenschaftliche Arbeit eindeutig subordiniert wurde. Die Priorität, die Verwoerd der wissenschaftlichen Ausbildung weißer SozialarbeiterInnen verlieh, unterstreicht ebenso wie die erhaltenen Vorlesungsmanuskripte, dass nunmehr das „Poor White Problem" ganz im Zentrum seiner Aufmerksamkeit und Arbeit stand. Die Vorbereitung des Kongresses über das „Poor White Problem" in Kimberley 1934 und sein Vorsitz im Fortsetzungskomitee nahmen einen erheblichen Teil seiner Zeit in Anspruch, wobei die Quellen keine Aussage darüber erlauben, ob und wie weit er schon zuvor in die Arbeit der Carnegie-Kommission einbezogen war.

Der Denkpsychologie, vor allem dem Werk von Otto Selz, entnahm er die physiologische Veranlagung des Menschen zum logischen Denken, das er allerdings rassistisch verzerrte, indem er bei Afrikanern eine prälogische Mentalität und eine Überwältigung durch Gefühle behauptete. Seine eigene Forschung erbrachte die Erkenntnis, dass Gefühle fluid und unverlässlich seien, weshalb er in seiner politischen Propaganda darauf verzichtete, sie anzusprechen oder aufzupeitschen. Vielmehr versuchte er mit dem, was er für logisches Räsonnement hielt, seine Wähler und Anhänger zu überzeugen, doch manipulierte er diese Logik in einer Weise, dass sie für rhetorische Überredung verfügbar wurde.

Einer der zumindest bei den eigenen Anhängern erfolgreichen propagandistischen Tricks Verwoerds war seine Masche, die eigenen Maßnahmen so zu präsentieren, als seien sie im Interesse ihrer Opfer, die er darum auch nie in Entscheidungsfindungen einbezog. Indes strafte seine ideologische Nähe und sein Austausch mit Rechtsextremisten, Faschisten und Rassisten die Behauptungen Lüge, seine Politik sei Ausdruck eines grundsätzlichen Wohlwollens, ebenso wie sie sein Bekenntnis zur Demokratie wenig glaubwürdig klingen ließ.

Verwoerds Logik erschöpfte sich allzu häufig nur darin, dass er Kettenreaktionen konstruierte und daraus eine Politik der kompletten Konzessionsverweigerung ableitete. Zudem argumentierte er häufig gar nicht logisch, sondern in Analogien, indem er oft äußerst gewagte und skurrile Vergleiche herstellte, um einen Entwicklungsautomatismus zu „beweisen". Die Analogien, mit denen er besonders gern arbeitete, um den barbarischen Zustand der „Bantu" zu unterstreichen, betrafen andere afrikanische Länder wie Ghana, wo nicht einmal „Bantu" lebten. Dass Verwoerd in kurzschlüssiger Weise von einem Land Afrikas auf alle Afrikaner schloss, ist der klarste Beleg für seinen Rassismus. Denn seine eigene angebliche Grundlegung der Apartheid in der Ethnologie hätte ihm dergleichen verbieten müssen, da er diesbezüglich stets mit der Vielfalt der afrikanischen Kulturen argumentierte.

Auch wenn Verwoerd sich nie im Sinne eines biologischen Rassismus äußerte, war die Verbindung zwischen Kultur und biologischen Merkmalen wie der Hautfarbe so eindeutig, dass man ihn als Rassisten bezeichnen kann. Jeder

Zweifel daran wird ausgeräumt, wenn man seinen Antisemitismus betrachtet, an dem er festhielt, als die eher opportunistische Fraktion der NP um D. F. Malan ihn nach dem Ende des 2. Weltkriegs aufgab. Verwoerd dagegen war ein antisemitischer Überzeugungstäter wie J.G. Strydom und E.H. Louw, denn er vertrat antisemitische Positionen noch bis in die 1960er Jahre. Diese brachen immer wieder aus ihm heraus, obwohl er sich alle Mühe gab, sie nicht mehr offen zu zeigen, insbesondere als er nach 1960 eine alle Weißen umfassende Nationsbildung betrieb.

Seine wissenschaftliche Beschäftigung mit Psychologie wirkte sich auch auf sein Verständnis und seine Praxis von Propaganda aus. Insbesondere der Einsatz von Logik als rhetorischem Mittel weist auf seine Erfahrung in der Denkpsychologie zurück und gleichzeitig auf seinen Rassismus. Denn gegenüber den „Bantu" verzichtete er auf Logik, erging sich vielmehr in einer Bildersprache, von der er überzeugt war, dass diese leichter verständlich sei, während er logisches Räsonnement für seine weißen Zuhörer und Zuhörerinnen reservierte.

Verwoerds elfjährige Tätigkeit als Journalist bestätigt eindrucksvoll, dass die Umsetzung seines politischen Programms für ihn im Vordergrund stand. Seine souveräne Missachtung journalistischer Standards, sein Selbstverständnis als Propagandist des Kulturnationalismus und der NP und seine gleichzeitige intensive Arbeit in Partei und Broederbond belegen, dass er sich nie als professioneller Journalist verstand. Sein späterer Umgang mit Journalisten und Zeitungen sowie sein Eintreten für Zensur könnte diesen Befund, wenn es denn nötig wäre, noch weiter erhärten. Tatsächlich kam in seinem mangelnden Professionalismus als Journalist sein Fanatismus zum Ausdruck. Er benutzte „Die Transvaler" von Anfang an als reines Propaganda-Instrument und nicht als Zeitung, was sich auch in seinen Leitartikeln niederschlug, die die Parteistandpunkte zum Ausdruck brachten. Sein Ziel war, seinem Prinzip der Gemeinschaft folgend, die Herstellung der Volkseinheit, ohne dass er auch nur einen Gedanken daran verschwendete, wie sich dies mit seinen Bekenntnissen zur Demokratie und damit, zumindest implizit, zur Meinungsvielfalt und zum Meinungsstreit, vertragen sollte.

Nach dem Ende seiner akademischen Karriere begann er, sich in der Nationalen Partei und im Broederbond zu engagieren, wo er schnell in führende Positionen kam. Hier wie in seiner journalistischen Arbeit erwarb er sich rasch den Ruf eines unerbittlichen, intoleranten Prinzipienreiters, der jeden Kompromiss ablehnte. Dialog als Prinzip demokratischer Politik war ihm fremd. Er war kein Sokratiker, der im Dialog Probleme zu lösen versuchte. Verwoerds Apartheid eröffnete nie eine Chance für ein offenes Gespräch, für Konsulationen oder gar Verhandlungen. Kommunikationsverweigerung erstreckte sich auf alle grundsätzlichen Kritiker der Apartheid, denen Verwoerd verächtlich „Theoretisieren" vorwarf oder die er als Feinde attackierte. Dies widersprach seinem immer wieder verkündeten Ziel guter Nachbarschaft und freundschaftlicher Beziehungen. Weil er seiner Politik den Allgemeinen Willen einer überhistorischen Gemeinschaft zugrunde legte, war er ein Rousseauist. Statt des Fragens und der Suche nach der Wahrheit präsentierte er Antworten, über die zu diskutieren sich für ihn erübrigte.

Gleichzeitig lernte Verwoerd während dieser elf Jahre viel im Hinblick auf Netzwerkbildung und sein Verständnis organisatorischer Strukturen und Hierarchien. Insbesondere der Broederbond mit seiner von oben nach unten verlaufenden Autoritätsstruktur, die durch den formal demokratischen Aufbau von unten nach oben maskiert wurde, prägte sein Verständnis des Staates und staatlicher Bürokratien, wie sie in seiner späteren Tätigkeit als Minister for Native Affairs und Premierminister zum Ausdruck kam.

Der Staat, den Verwoerd maßgeblich mitschuf, war im Vergleich zum älteren südafrikanischen Kolonialstaat ein ausgesprochen starker Staat mit extensiven Ambitionen. Er mischte sich ins Privatleben seiner BürgerInnen ein, mit dem Immorality Act bis in die intimsten Bereiche, und zielte generell auf eine möglichst umfassende Überwachung. Dies geschah freilich im Rahmen der rassistischen Abstufung, so dass die weißen SüdafrikanerInnen davon am wenigsten spürten – so lange sie nicht auf die Idee kamen, den Kriegsdienst zu verweigern oder die Apartheid grundsätzlich abzulehnen. Der Kontrollobsession des südafrikanischen Staates kontrastierte in auffallender Weise das weitgehende Desinteresse an den Menschen als Kulturwesen, obwohl die Behauptung unübersteigbarer kultureller Differenzen der ganzen Apartheid-Ideologie zugrunde lag. Die Kenntnisse Verwoerds und der Administration generell über Kultur und Geschichte der Afrikaner waren gering und wurden durch mit größter Selbstsicherheit vorgetragene Gewissheiten kompensiert. Das Nichtwissen erschien den Apartheidprotagonisten wie gesichertes Wissen, weil es in dem selbstreferentiellen Kommunikationsrahmen der Machtelite stets aufs Neue bestätigt und nie hinterfragt wurde. Die Politiker konnten sich außerdem des Einverständnisses ihrer WählerInnen sicher sein, weshalb sich eine Überprüfung ihrer Behauptungen erübrigte. Tatsächlich war die Apartheid, die ihre Legitimation aus kulturellen Differenzen und zivilisatorischen Niveauabstufungen bezog, ein „Regime of Ignorance".

Als Premierminister ging Verwoerd zu umfassenden Planungen über, die nicht mehr „nur" die schwarze Mehrheit, sondern den gesamten Staat und die südafrikanische Gesellschaft grundlegend umbauen sollten. Dies betraf sowohl den internationalen Status Südafrikas, den er durch Ausgliederung der „Homelands" in einen „normalen" Nationalstaat mit weißer Mehrheit transformieren wollte, aber auch die Wirtschaft, die nun immer stärker staatlicher Steuerung unterworfen wurde. Auch die Folgen dieses Handelns zogen weitere Planungen nach sich, etwa als Verwoerd nach 1960 zu einem Nation-Builder wurde, wie insgesamt in dieser Phase der stark voluntaristische Zug seines politischen Denkens in den Vordergrund trat. Direkt damit verbunden war der immer repressivere Charakter seiner Politik, die sich auch nach innen, gegen die eigene Basis richtete. Denn Verwoerd war primär daran interessiert, seine eigene Machtposition zu sichern und die für ihn damit untrennbar verbundene Deutungshoheit der Rassentrennungspolitik. Aus diesem Grund ging er gegen Kritiker aus dem eigenen Lager vor, indem er an einzelnen Personen Exempel statuierte, um andere einzuschüchtern und von ähnlicher Kritik abzuhalten. Diese Politik war durchaus erfolgreich, wohingegen sein repressiver Umgang mit der afrikaansen Kultur deren Vitalität so einengte, dass Südafrika in den 1960er Jahren in einem ausgeprägten Provinzialismus verstaubte. Doch waren diese repressiven Züge keine späte Erscheinung, sie wurden in seiner letzten Lebensphase nur ausgeprägter. Schon seine Pläne für Arbeitskolonien und Zwangsarbeit für „Arbeitsscheue" lassen erkennen, dass Verwoerd ein autoritärer Charakter war. Repression war ein intrinsischer Bestandteil der Apartheid, sie war nicht erst eine Reaktion auf Widerstand und Opposition, sondern Resultat eines autoritären Denkens, das dem Apartheidkonzept selbst zugrunde lag. Es wäre demnach ein Fehler, Apartheid und Repression voneinander zu trennen.

Eric Hobsbawm hat mit dem „Zeitalter der Extreme" eine Formel gefunden, die das 20. Jahrhundert charakterisiert: die Hybris, den neuen Menschen zu schaffen, neue Welt- und Gesellschaftsordnungen aus Grundideen zu entwickeln und den Menschen aufzuzwingen, das Glück der Menschen auch mit Hunderttausenden, ja Millionen von Toten zu erkämpfen. Gleichzeitig zeigt aber die Formel, dass es extrem entgegengesetzte Ideologien waren: Hier der „wissenschaftliche Sozialismus", dessen Mensch- und Gesellschaftsbild auf die Aufklärung zurückging und dessen Grundlage rational war, dort der sich ebenfalls auf Wissenschaft berufende Rassismus, der im NS-Staat Millionen Menschen im Namen des Fortschritts exekutierte und von der biologisch verstandenen Formel vom Übermenschen das Recht auf Züchtung und Ausrottung ableitete. Die Unterschiede zwischen beiden Extremen sind freilich groß und die Totalitarismuskonzepte tendieren eher dazu, sie zu verwischen. Gleichwohl haben beide Richtungen etwas Gemeinsames, was sie von der Demokratie unterscheidet, nämlich den Glauben an eine Sendung, das religiöse Verständnis von Geschichte als Heilsgeschehen, die Überordnung des großen Zieles über das Lebensrecht der einzelnen und die Überzeugung, dass Menschen nicht frei sind, ihr Leben zu gestalten, sondern biologisch oder sozial so vorgeprägt, dass sie unabhängig von ihrer individuellen Überzeugung stets als „Schädlinge" oder „Klassenfeinde" zu entlarven sein werden.

Statt des Zeitalters der Extreme wäre die Benennung als Zeitalter der Extremisten angemessener, da sie auf das Gemeinsame in einer Grundeinstellung zur Gesellschaft und zur menschlichen Natur verweist: die Annahme grenzenloser Manipulierbarkeit durch „social engineering" und Biopolitik. Diese Formel vom Zeitalter der Extremisten hat zudem den Vorteil, dass sie statt auf Ideologien und Strukturen die handelnden Menschen und verantwortlichen Personen benennt. Ohne sich in der Problematik von Totalitarismuskonzepten zu verfangen, öffnet sie die Perspektive über die beiden Extreme des Kommunismus und des Nationalsozialismus hinaus und zeigt, dass das 20. Jahrhundert an vielen Orten der Welt, nicht nur in Europa, ein Zeitalter der Extremisten war und ist. Dieses Zeitalters ist nämlich keineswegs abgeschlossen, doch sind an die Stelle von Staaten heute die großen Unternehmen wie Google und Facebook als Hauptakteure getreten.[1] James Scott hat mit seinem Buch „Seeing like a state" herausgearbeitet, wie sich die Annahme von der grenzenlosen Manipulierbarkeit von Menschen und Gesellschaften Bahn brach, und damit die Perspektive erweitert auf die Forstmeister und Bürokraten, auf Architekten und Stadtplaner, auf Sozialarbeiter und Psychologen.

Die globale Ausweitung des Zeitalters der Extreme rückt auch das Südafrika der Apartheid in den Blick, denn hier waren ebenfalls Extremisten am Werk, die mit dem dünnen Firnis ihres kulturpolitischen Konservatismus die Monströsität ihrer Gesellschaftsentwürfe übertünchten. Die Apartheid Verwoerds war kein reaktionäres Festhalten an einer längst vergangenen Ordnung einer guten alten Kolonialzeit, denn in ihr hatte es keine Apartheid gegeben. Vielmehr war die Apartheid der Entwurf einer neuen Gesellschaftsordnung, die nur durch einen Staat hergestellt und in ihrem Bestand garantiert werden konnte, wie es ihn in Südafrika noch nie zuvor gegeben hatte.

Dies kündigte Verwoerd in seiner Keynote-Speech auf dem Kongress in Kimberley 1934 bereits an und ist auf seine Rettungsversuche für die „Poor Whites" zurückzuführen. Auch hier befindet er sich in guter Gesellschaft, da viele der Extremisten des Jahrhunderts von der Dringlichkeit, in letzter Stunde ihre Welt vor dem Abgrund zu retten, motiviert waren. Verwoerd wollte etwas Gutes, nämlich den „Poor Whites" helfen, um noch etwas besseres zu erreichen: die burische Nation in ihrem Bestand zu sichern und damit zum Erhalt der weißen Zivilisation weltweit beizutragen. Weil die Integration der südafrikanischen Gesellschaft weit vorangeschritten war, wurde auch er von einem Gefühl der

1 https://www.huffingtonpost.de/2016/05/18/google-i-o-konferenz_n_10039388.html https://www.faz.net/aktuell/feuilleton/medien/die-strategie-von-google-und-facebook-ueberwachen-und-verkaufen-15802775.html

Dringlichkeit angetrieben. Daraus erklärt sich die ungeheure Dynamik seiner Politik, die simultan vorging, Stadt und Land, Kirchen, Bildungswesen und Gefängnisse, die ganze Gesellschaft umzubauen. Die Entkolonialisierung verstärkte dieses Bewusstsein, in letzter Minute in die Speichen des Rades der Geschichte gegriffen zu haben, das sich auf einen Abgrund zubewegte. Resultat war die Ruchlosigkeit und Kaltschnäuzigkeit, mit der er seine Politik umsetzte, mit bestem Gewissen und bürgerlicher Biederkeit politische Gegner ins Gefängnis sperren ließ, Gewaltorgien der Polizei zuließ und in politisch Andersdenkenden gefährliche Feinde witterte, sobald sie sich nicht mehr in einem rassistischen Grundkonsens einfangen ließen.

Wenn man Verwoerd als Vertreter des Zeitalters der Extremisten identifiziert, so impliziert dies nicht, dass er auf eine Stufe mit Hitler und Stalin zu stellen sei. Verwoerd war sicherlich ruchlos, doch ein Völkermörder war er so wenig wie ein Herr der Lager. Wollte man ihn mit einem anderen Vertreter dieses Zeitalters vergleichen, so böte sich, bei allen diametralen ideologischen Gegensätzen, am ehesten Lenin an – nicht Stalin. Verwoerds Charakter weist zu demjenigen Lenins einige Gemeinsamkeiten auf, inbesondere den Dogmatismus, der bei Lenin freilich mit größerer taktischer Flexibilität einherging; den ideologischen Fanatismus, gepaart mit einem persönlichen Sendungsbewusstsein, den Machthunger und die Verachtung für Konsens, Transparenz und Dialog. Allerdings war Lenin der bessere Politiker, weil er sich trotz seines Dogmatismus eine größere Handlungsfreiheit erhielt und damit über größere Spielräume verfügte. Seine frühe Erkenntnis, dass sich ein demokratischer Parlamentarismus am besten mit der Parole „Alle Macht den Sowjets“ aushebeln ließ und gleichzeitig die Macht der Sowjets auf die Macht seiner Partei hinauslaufen musste, ebenso wie seine späte Konzession der „Neuen Ökonomischen Politik“, um seinem Land nach dem verheerenden Bürgerkrieg zur wirtschaftlichen Erholung und damit dem Experiment des Kommunismus zum Überleben zu verhelfen, unterscheiden ihn von Verwoerd, der viel engstirniger und unflexibler an Rezepten festhielt, die er aus seinen „Prinzipien“ deduzierte.

Verwoerd war ein Mann der extremen Gegensätze: freundlich im Umgang mit seinen Nächsten, gnadenlos gegenüber Gegnern, die er bezeichnenderweise nicht als solche, sondern als „Feinde“ bezeichnete. Er überragte seine Kollegen in Regierung und Partei an Intelligenz und war gleichzeitig borniert und engstirnig. Ihm fehlte Kreativität, doch eignete ihm eine besondere Begabung zur Systematisierung der Gedanken anderer, was ihm unter seinen Gefolgsleuten den Ruf eines orginellen Denkers eintrug. Verwoerd war ein politischer Fanatiker, ein Prinzipienreiter und Rechthaber, er war autoritär und zeigte insbesondere als Premierminister diktatorische Züge. Im äußeren Auftreten und in seinen Meinungen zu Kultur und Gesellschaft war er ein altbackener Konservativer, doch gleichzeitig ein Vertreter der Hochmoderne, der sich von umfassender Planung und zentraler Lenkung das Heil für sein Land versprach. Ungeachtet seines Konservatismus und seiner Bekenntnisse zu Volkstraditionen hatte er keinerlei Respekt für gewachsene Strukturen und die emotionalen Bedürfnisse anderer, wie die von ihm in die Wege geleiteten Zwangsumsiedlungen, Stadtzerstörungen und die willkürliche Zerschneidung emotionaler Bande zwischen auseinandergerissenen Nachbarn, Familienmitgliedern und FreundInnen nur zu deutlich offenbarte. Auch wenn die Apartheid keineswegs die Umsetzung von Verwoerds Dissertation in politische Praxis war, so bleibt die Gefühlsabstumpfung, die bürokratische Kälte das Signum des Apartheidstaates, eines Staates, für den Menschen nur Verschiebemasse waren, Objekte des Handelns, Menschenmaterial. Wenn man sie nicht mehr verwerten konnte, grenzte man sie als „surplus people", überflüssige Menschen, aus.

Wenn Verwoerds Mörder darauf kalkuliert hatte, dass mit seinem Tod die Apartheid zusammenbrechen würde, hatte er sich verschätzt. Denn Verwoerds Nachfolger führten sein Programm weiter aus, verschoben die Akzente vom Rassismus auf den Antikommunismus, änderten aber nichts am undemokratischen Charakter einer Minderheitenherrschaft. Verwoerds Erbe ist darum heute noch zu spüren in der verbreiteten Armut, in der Gewaltkultur und in der Uneinsichtigkeit vieler Weißer, die weiterhin unter dem Bann seiner suggestiven Propaganda zu stehen scheinen. Es ist aber auch noch ganz konkret zu sehen in Gestalt der schwarzen Townships und Squatter Camps sowie in der Bodenerosion in den ehemaligen „Homelands". Hendrik Verwoerd hat dafür gesorgt, dass die Erinnerung an ihn wach bleibt.

Bibliographie

Archive

Südafrika

Bloemfontein

Archive for Contemporary Affairs, University of the Free State, Bloemfontein
PV 2 NP Transvaal
PV 4 E.H. Louw
PV 14 Marais Viljoen
PV 18 C.R. Swart
PV 34 M.P.A. Malan
PV 35 J. de Klerk
PV 42 A.H. Jonker
PV 54 NP Federale Raad
PV 58 J. Basson
PV 59 NP Informationsdienst
PV 72 Piet Beukes
PV 93 H.F. Verwoerd
PV 94 E.G. Jansen
PV 97 F.C. Erasmus
PV 118 J.F.W. Haak
PV 123 J.P. van S. Bruwer
PV 132 B.J. Vorster
PV 188 W.C. du Plessis
PV 202 FAK
PV 203 P.W. Botha
PV 206 A.E. Rupert
PV 276 F. Barnard
PV 377 J.W. Rall
PV 425 Marius Swart
PV 442 F.R. Tomlinson
PV 451 A. Hertzog
PV 609 Len Verwoerd
PV 614 Tinie Vorster
PV 741 E. Verwoerd
PV 873 A. Treurnicht

Johannesburg

University of the Witwatersrand. Cullen Library, Documents
A 2628, Non-European Affairs Department, Johannesburg.

https://doi.org/10.1515/9783110680508-018

Kapstadt

University of Cape Town
BC 282 Eiselen-Commission (Murray-Collection)

Potchefstroom

University of the North-West, Ferdinand Postma Library
Ossewabrandwag-Archiv
H. M. van der Westhuysen

Pretoria

National Archives
BAO
GG23_807
GGR
MEM
MHG
NTS
SAP
TES
UOD
URU

University of South Africa, Library
United Party

Erfenisstigting
Archiv des Afrikaner Broederbond

Stellenbosch

Stellenbosch University, J. S. Gericke Library
24 D. F. Malan
55 M. E. Rothmann
77 R.W. Wilcocks
191 H. B. Thom
205 G. G. Cillié
220 P. J. Cillié
231 H. F. Verwoerd
289 S. P. Cilliers
296 P. A. Weber
297 E. Theron

Stellenbosch University, Universitätsarchiv
Personalakte Verwoerd

Personalakte Wilcocks
Raad en Senaat
Studenteraad

Archiv der Nederduits Gereformeerde Kerk

Deutschland

Berlin

Humboldt-Universität, Universitätsarchiv
Personalakte Westermann
Personalakte Rupp
Kaiser-Wilhelm-Institut für Erbpsychologie

Bundesarchiv (ehemals Document Center)
Personalakten Dürckheim-Montmartin und W. Drascher.

Koblenz

Bundesarchiv
Nachlass Hintrager

Leipzig

Universität Leipzig, Universitätsarchiv
Nachlass F. Krueger
Personalakte F. Krueger
Psychologisches Institut

Mannheim

Universität Mannheim
Nachlass Otto Selz

München

Institut für Zeitgeschichte
Nachlass Christoph Imhoff

Würzburg

Julius-Maximilians-Universität
Adolf-Würth-Zentrum für Geschichte der Psychologie
Nachlass Hans Volkelt

USA

Digital National Security Archive (DNSA)

Literatur

Abercrombie, H. R.
1938 Afrika se Gevaar. Ons donker probleem, Pretoria.

Ach, Narziß
1999 Über die Willenstätigkeit und das Denken (Ausschnitte), in: Ziche, Paul (Hrsg.): Introspektion. Texte zur Selbstwahrnehmung des Ichs, Wien, S. 98 – 156.

Adam, Heribert
1971 The South African Power-Élite: A Survey of Ideological Commitment, in: Canadian Journal of Political Science, 4, 1, S. 76 – 96.
1977 Südafrika. Soziologie einer Rassengesellschaft, Frankfurt am Main.

Adam, Heribert; Giliomee, Hermann
1979 Ethnic Power Mobilized. Can South Africa Change?, New Haven.

Adams, M. J.
1936 The Solution of Unemployment by the Aid of Token Money. Prepared for Submission to the National Conference of Social Work held at Johannesburg, 30th September – 3rd October, 1936.

Adams, Zuleig
2011 Demitrios Tsafendas. Race, Madness and the Archive. PhD Thesis, Bellville.

Adhikari, Mohamed
2006 Not white enough, not black enough. Racial identity in the South African coloured community, Athens.

Adler, Alfred
1978 Die Individualpsychologie, in: ders. Praxis und Theorie der Individualpsychologie. Vorträge zur Einführung in die Psychotherapie für Ärzte, Psychologen und Lehrer, Frankfurt a. M, S. 19 – 32.

Adler, Herman
1925 Report of Mental Health Survey of La Salle, Peru and Oglesby, Springfield, Ill.

Albertyn, J. R.
1934 National Conference on the Poor White Problem, Kimberley, Oct. 2 – 5, 1934. Programme and Proposals.
1951 Die twee Volkspilare. Die Funksie van Staat en Kerk in die Volkslewe, Cape Town – Pretoria.

Albertyn, J. R.; Du Toit, P.; Theron, H. S.

1947 Kerk en Stad. Verslag van die Kommissie van Ondersoek van die Gefedereerde N. G. Kerke na kerklike en godsdienstige toestande in die nege stede van die Unie van Suid-Afrika, Stellenbosch.

Alexander, Peter

2009 Alan Paton. Selected Letters, Cape Town.

Allighan, Garry

1961 Verwoerd – The End. A Look Back from the Future, London.

Allport, Gordon W.

1923 The Leipzig Congress of Psychology, in: The American Journal of Psychology, 34, 4, S. 612–615.

1956 Prejudice in modern Perspective. Hoernlé Memorial Lecture 12, Johannesburg.

1968 The personalistic psychology of William Stern, in: Wolman, Benjamin B. (Hrsg.): Historical roots of contemporary psychology, New York u. a., S. 321–337.

Ally, Shireen; Mooney, Katie; Stewart, Paul

2003 The state-sponsored and centralised institutionalisation of an academic discipline: Sociology in South Africa, 1920–1970, in: Society in Transition, 34, 1, S. 70–103.

Alter, Peter

1985 Nationalismus, Frankfurt am Main.

Anderson, Benedict R. O'G

2006 Imagined Communities. Reflections on the origin and spread of nationalism, London.

Andrews, H. T.; Berrill, F. A.; Guingand, Francis de; Holloway, J. E.; Meyer, F.; Van Eck, H. J. (Hrsg.)

1965 South Africa in the Sixties. A Socio-Economic Survey.

anonym

1959 Der weiße Traum in: Der Spiegel, 24. Juni.

1960 Wie lange noch, Dr. Verwoerd? in: Sozialdemokratischer Pressedienst, 9. April, S. 4–5.

1961 Verslag van die Projek vir Skakeling met Bantoe, in: Journal of Racial Affairs, 12, 4, S. 183–199.

1964 Partners in Apartheid: U.S. Policy on South Africa, in: Africa Today, 11, 3, S. 2–17.

1966 Apartheid Unassassinated. Economic and Political Weekly, 1, 4, S. 146–147.

Appel, Stephen W.

1989 „Outstanding Individuals do not Arise from Ancestrally Poor Stock": Racial Science and the Education of Black South Africans, in: Journal of Negro Education, 58, 4, S. 544–557.

Aristoteles

1995 Über die Seele, in: Philosophische Schriften, Hamburg.

Ash, Mitchell G.

1998 Gestalt Psychology in German Culture, 1890–1967. Holism and the Quest for Objectivity, Cambridge.

2002 Psychologie, in: Hausmann, Frank-Rutger (Hrsg.): Die Rolle der Geisteswissenschaften im Dritten Reich, 1933–1945, München, S. 229–264.

2003 Die erbpsychologische Abteilung am Kaiser-Wilhelm-Institut für Anthropologie, menschliche Erblehre und Eugenik (1935–1945), in: Sprung, Lothar; Schönpflug, Wolfgang (Hrsg.): Zur Geschichte der Psychologie in Berlin, Frankfurt am Main, S. 205–222.

2004 Zeitpunkte. Geschichte eines Kongresses als Geschichte einer Disziplin, in: Psychologische Rundschau, 55, 3, S. 107–117.

2005 The Uses and Usefulness of Psychology, in: Annals of the American Academy of Political and Social Science, 600, S. 99–114.

Auret, Abraham Josef

1965 Enkele Aspekte in die Ontwikkeling van Professionele Maatskaplike Werk in Suid-Afrika. MA Thesis, Pretoria.

Austin, Dennis

1966 The Commonwealth Turned Upside Down, in: The World Today, 22, 10, S. 418–426.

Badenhorst, François Gerhardus

1939 Die Rassevragstuk. veral betreffende Suid-Afrika, in die lig van die gereformeerde etiek. zugl. theol. Diss. Vrije Universiteit Amsterdam 1939, Amsterdam.

Bajohr, Frank

2015 Der Nationalsozialismus als „Krankengeschichte der Moderne“. Ein kritischer Blick zurück, in: Hachtmann, Rüdiger; Reichardt, Sven (Hrsg.): Detlev Peukert und die NS-Forschung (Beiträge zur Geschichte des Nationalsozialismus, Band 31), Göttingen, S. 146–158.

Baker, Colin

1998 Macmillan's ‚Wind of Change‘ Tour, 1960, in: South African Historical Journal, 38, S. 171–182.

Bank, Andrew

2015 a „Broederbande“ [brotherly bond]: Afrikaner Nationalist masculinity and African sexuality in the writings of Werner Eiselen's students, Stellenbosch University, 1930–1936, in: Anthropology Southern Africa, 38, 3–4, S. 180–197.

2015 b Fathering volkekunde: race and culture in the ethnological writings of Werner Eiselen, Stellenbosch University, 1926–1936, in: Anthropology Southern Africa, 38, 3–4, S. 163–179.

2015 c The Berlin Mission Society and German Linguistic Roots of Volkekunde: The Background, Training and Hamburg Writings of Werner Eiselen, 1899–1924, in: Kronos, 41, 1, S. 166–192.

Barber, James P.

1973 South Africa's foreign policy, 1945–1970, London.

1999 South Africa in the twentieth century. From empire to rainbow nation, Oxford.

Barkan, Elazar

1992 The retreat of scientific racism. Changing concepts of race in Britain and the United States between the world wars, Cambridge.

Barker, W. E.

1949 Apartheid – The Only Solution, in: Journal of Racial Affairs, 1, 1, S. 24–38.

1953 South Africa Can Do Without Native Labour, in: Journal of Racial Affairs, 4, 4, S. 24–35.

1956 South Africa's 6-Point Claim to the Protectorates, in: Journal of Racial Affairs, 8, 1, S. 20–33.

Barnard, Fred

1967 13 Jaar in die skadu van Dr. H. F. Verwoerd, Johannesburg.

Barnard, S. L.; Marais, A. H.

1982 Die Verenigde Party. Die groot eksperiment, Durban.

Barratt, John

1979 South Africa in a Changing World, in: Hellmann, Ellen; Lever, Henry (Hrsg.): Conflict and progress. Fifty years of race relations in South Africa, Johannesburg, S. 213–248.

Bartlett, F. C.

1929 Experimental Method in Psychology.

Baßmann, Winfried

1978 Menschenrechtsverletzungen in Südafrika. Zur Systematik der Rassendiskriminierung unter dem Apartheid-Regime, in: ders. (Hrsg.): Menschenrechte in Südafrika. Perspektiven von Widerstand und Unterdrückung, München, S. 11–29.

Basson, J. L.

1980 J. G. Strijdom. Sy politieke loopbaan van 1929 tot 1948, Pretoria.

Basson, Japie

2004 Raam en rigting in die politiek en die storie van apartheid, Kaapstad.

2006 Politieke kaarte op die tafel, Kaapstad.

2008 Steeds op die parlementêre kolfblad. Met insigte oor die Afrikaner en Afrikaans, Kaapstad.

Bateson, Gregory

2011 Ökologie des Geistes. Anthropologische, psychologische, biologische und epistemologische Perspektiven, Frankfurt am Main.

Beale, Mary

1992 The Evolution of the Policy of University Apartheid, in: Institute of Commonwealth Studies (Hrsg.): The Societies of Southern Africa in the 19th and 20th Centuries, Vol. 18 (Collected Seminar Papers; Bd. 44), London, S. 82–98.

Bebel, August

1910 Aus meinem Leben, Stuttgart.

Beckmann, Herbert

2001 Selz in Amsterdam. Der Denkpsychologe Otto Selz (1881–1943) im niederländischen Exil, in: Psychologie und Geschichte, 9, 3/4, S. 3–32.

Beerstecher, Shan

1994 Witzieshoek. Women, Cattle and Rebellion. MA Thesis, Cape Town.

Behrens, Peter J.
2001 Applied Psychology at Leipzig University in the Inter-War Period: The Work of Otto Klemm. Paper presented at the 20th annual conference of the European Society for the History of the Human Sciences, 14–18 August 2001, Amsterdam.

Beinart, Peter
1996 The Jews of South Africa, in: Transition, 71, S. 60–79.

Beinart, William
2001 Twentieth-Century South Africa, Oxford.

Bekker, Anton E.
1988 Eben Dönges. Lewe en loopbaan tot 1948, Stellenbosch.
2005 Eben Dönges. Balansstaat, historiese perspektief, Stellenbosch.

Bell, Morag
2000 American Philanthropy, the Carnegie Corporation and Poverty in South Africa, in: Journal of Southern African Studies, 26, 3, S. 481–504.

Bell, Terry; Ntsebeza, Dumisa Buhle
2003 Unfinished business. South Africa, apartheid and truth, London.

Benjamin, Eileen
2004 An Historical Analysis of Aspects of the Black Sash, 1955–2001. MA Thesis, Stellenbosch.

Benjamin, Walter
2015 Zur Kritik der Gewalt und andere Aufsätze, Frankfurt am Main.

Benson, Mary
1966 The Struggle for a Birthright, Harmondsworth.

Beresford, David
2010 Truth is a strange fruit. A personal journey through the apartheid war, Auckland Park.

Bernstein, Rusty
1999 Memory against forgetting. Memoirs from a life in South African politics, 1938–1964, New York.

Berridge, Geoff
1992 South Africa, the colonial powers and „African defence". The rise and fall of the white entente, 1948–60, New York.

Beuchelt, Eno
1974 Ideengeschichte der Völkerpsychologie, Meisenheim am Glan.

Bevan, Carin
2008 Putting Up Screens: A History of Television in South Africa, 1929–1976. MA Thesis.

Biesheuvel, Simon
1959 Race, Culture and Personality (Hoernlé Memorial Lecture, Bd. 15), Johannesburg.

Billig, Michael

1981 Die rassistische Internationale. Zur Renaissance der Rassenlehre in der modernen Psychologie, Frankfurt.

Bird, Allan

1992 Bird on the Wing. Autobiography 1916–1992, Simonstown.

Bittner, Christian; Deutsch, Werner

1990 William Stern und die Experimentelle Psychologie, in: Psychologie und Geschichte, 2, 2, S. 59–63.

Blignaut, H.; Burger, A. J. V. (Hrsg.)

1926 Na vyftig jaar. Gedenkboek van die Unie-Debatsvereniging, Stellenbosch, 1876–1926, Stellenbosch.

Bloom, Len

1965 Education for Africans in South Africa, in: Equity and Excellence in Education, 3, 4–5, S. 89–94.

Bloomberg, Charles

1989 Christian-nationalism and the rise of the Afrikaner Broderbond in South Africa, Houndmills.

Boehmke, B.

1928 Some Implications of the Poor White Problem, in: South African Journal of Science, 25, S. 82–88.

Böhmke, Werner; Tlali, Tshepo

2008 Bodies and behaviour: Science, psychology and politics in South Africa, in: van Ommen, Clifford; Painter, Desmond (Hrsg.): Interiors. A history of psychology in South Africa, Pretoria, S. 125–151.

Bolton, Euri Belle

1934 Review: The Poor White Problem in South Africa: Report of the Carnegie Commission. Part II: The Poor White by R. W. Wilcocks, in: The American Journal of Psychology, 46, 4, S. 678–679.

Bonner, P. L.; Nieftagodien, Noor

2008 Alexandra. A history, Johannesburg.

Booyens, Bun

1995 Die Universiteit van Stellenbosch Biblioteekdiens 1895–1995, Stellenbosch.

Booyens, Bun; Oosthuysen, J. J.

1971 Dagbreek, 1921–1971. Uitgegee ter viering van Dagbreek se vyftigjarige bestaan, Stellenbosch.

Boring, Edwin Garrigues

1929 A History of Experimental Psychology, New York – London.

Boshoff, Annatje

1974 Sekretaresse vir die Verwoerds. Dankbare Herinneringe, Cape Town – Pretoria.

1993 Betsie Verwoerd, die vrou, Pretoria.

Boshoff, Carel W. H.
1982 Suid-Afrika se vraagstukke vereis 'n duidelike beleid en daadwerklike optrede. Agste H. F. Verwoerd-Gedenklesing, 8. September 1982, Pretoria.
1996 'n Gelate Verwoerd? En 'n vraag wat die denke van Afrikaners se vryheidstrewe onderlê. Een-entwintigste H. F. Verwoerd-gedenklesing, 13.9.1996, Orania.
2012 Dis nou ek, Pretoria.

Botha, D. F.
1951 Waarom is die Stadsnaturel meer onbestendig as die Stamnaturel?, in: Journal of Racial Affairs, 3, 1, S. 17–24.

Botha, D. P.
1960 Die opkoms van ons derde stand, Cape Town.

Botha, Jan
1967 Verwoerd is dead, Cape Town.

Botha, Marthina Elaine
1970 Partikuliere volksorg in die Afrikaanse volkskultuur met verwysing na die ATKV (SAS en H), 1930–1964, Potchefstroom.

Botha, M. C.
1977 Die beleidsnalatenskap van dr. Verwoerd. Derde H. V. Verwoerd-gedenklesing, University of Port Elizabeth, 8.9.1977, Pretoria.
1979 Premiersverkiesings sedert 1910, Johannesburg.

Botha, Pieter Willem
1948 Aanvalle op dr. Malan oor sy kleurbeleid. Wanvoorstellings en die feite, Cape Town.

Botha, S. P.
2001 Leier en vriend, in: Verwoerd, Wilhelm J. (Hrsg.): Verwoerd. Só onthou ons hom, Pretoria, S. 107–119.

Botha Commission
1967 Report of the Commission of Enquiry into the Circumstances of the Death of the Late Dr. The Honourable Hendrik Frensch Verwoerd, Pretoria.

Bottomley, Edward-John
2012 Poor white, Cape Town.

Boucher, Maurice
1973 Spes in Arduis. 'n Geskiedenis van die Universiteit van Suid-Afrika, Pretoria.

Boutros-Ghali, Boutros (Hg.)
1994 The United Nations blue books series. With an introduction by Boutros Boutros-Ghali, Secretary-General of the United Nations, New York.

Branch, Daniel
2012 Kenya. Between hope and despair, 1963–2012, New Haven, Conn.

Breckenridge, Keith Derek
2005 Verwoerd's Bureau of Proof. Total Information in the Making of Apartheid, in: History Workshop Journal, 59, S. 83–108.

2014 Biometric state. The global politics of identification and surveillance in South Africa, 1850 to the present, New York.

Brits, J. P.

1987 Tielman Roos. Political prophet or opportunist?, Pretoria.

1994 Op die vooraand van apartheid. Die rassevraagstuk en die blanke politiek in Suid-Afrika, 1939–1948, Pretoria.

2000 The voice of the ‚people'? Memoranda presented in 1947 to the Sauer commission by ‚knowledgeable' Afrikaners, in: Kleio, 32, S. 61–83.

2002 Despatching Apartheid: American Diplomats in South Africa, 1948–1953, in: South African Historical Journal, 46, S. 175–202.

Brockett, Linda

1996 The History of Planning South African New Towns: Political Influences and Social Principles Adopted, in: New Contree, 40, S. 160–179.

Broodryk, Jacobus Johannes

1991 Stellenbosse Academici en die politieke problematiek in Suid-Afrika, 1934–1948. MA Thesis, Stellenbosch.

Brookes, Edgar H.

1950 We Come of Age. Hoernlé Memorial Lecture 6, Johannesburg.

Bruch, Rüdiger vom

1995 Von der Sozialethik zur Sozialtechnologie. Neuorientierungen in der deutschen Sozialwissenschaft um 1900, in: Vom Bruch, Rüdiger; Graf, Friedrich Wilhelm (Hrsg.): Kultur und Kulturwissenschaften um 1900, Stuttgart, S. 260–276.

Bruwer, A. J.

1934 Kapitalisme, party-politiek en armoede, Bloemfontein.

Bruwer, J. P. van S.

1953 Grondbeginsels i. v. m. Fisiese en Kulturele Verskille, in: Journal of Racial Affairs, 4, 4, S. 36–43.

1955 Realistiese of Kwantitatiewe Bevolkingsbeleid?, in: Journal of Racial Affairs, 6, 1, S. 17–23.

1956 a Die Kontakpatroon in Afrika. B. Interne Staatkundige Ontwikkeling en Beleids-Benadering in Afrika, in: Journal of Racial Affairs, 7, 3, S. 91–106.

1956 b Prof. Dr. G. B. A. Gerdener Ons Huldig Sy Leierskap en Sy Lewe, in: Journal of Racial Affairs, 7, 2, S. 47–52.

1957 Die Geboorte van 'n Onafhanklike Staat in Afrika – Ghana, in: Journal of Racial Affairs, 8, 2, S. 52–67.

1958 Theories Based on the Concept of Race, in: Journal of Racial Affairs, 9, 3, S. 123–128.

1962 Ons Opvoedkundige Taak in die Nuwe Staatsvorm t. o. v. Interne Rasseverhoudings, in: Journal of Racial Affairs, 13, 2, S. 85–93.

1966 Die Staatkundige Uitbouing van 'n Selfbesturende Bantoe-volkerebeeld in Suid-Afrika, in: SABRA (Hrsg.): Triomf. Jaarboek van die Suid-Afrikaanse Buro vir Rasse-Aangeleenthede, Nr. 1, Pretoria, S. 60–74.

1967 Education and Political Development, in: Duminy, P.A. (Hrsg.): Trends and Challenges in the Education of the South African Bantu. Golden Jubilee Lectures, Faculty of Education, University College of Fort Hare, 1966, Pretoria – Fort Hare, S. 67–74.

Bruwer, J. P., Olivier, M. J.

1964 Hedendaagse Integrasiepoginge. Is dit Vernuwing of ... Veraad? in: Journal of Racial Affairs, 15, 1, S. 64–78.

Bühler, Karl

1999a Antwort auf die von W. Wundt erhobenen Einwände gegen die Methode der Selbstbeobachtung an experimentell erzeugten Erlebnissen, in: Ziche, Paul (Hrsg.): Introspektion. Texte zur Selbstwahrnehmung des Ichs, Wien, S. 213–236.

1999b Tatsachen und Probleme zu einer Psychologie der Denkvorgänge. I. Über Gedanken, in: Ziche, Paul (Hrsg.): Introspektion. Texte zur Selbstwahrnehmung des Ichs, Wien , S. 157–212.

Bühring, Gerald

1996 William Stern oder Streben nach Einheit, Frankfurt am Main.

Bunting, Brian Percy

1986 The rise of the South African Reich, London.

Burger, Martin

1961 Dr. Verwoerd of South Africa. Architect of Doom. A Christian Action Pamphlet, London.

Burke, Alban

2006 Mental Health Care During Apartheid in South Africa, in: Gozaydin, Istar; Madeira, Jody Lyneé (Hrsg.): Evil, Law and the State. Issues in State Power and Violence, Oxford, S. 117–133.

2007 Mental Health Care During Apartheid in South Africa: An Illustration of how „Science" can be Abused. Seminar-Paper, University of Johannesburg, Sociology Seminar, 11. Mai.

Burschel, Peter; Marx, Christoph

2011 Einleitung, in: dies. (Hrsg.): Reinheit, Wien, S. 7–14.

Buss, Onko

1934 Die Ganzheitspsychologie Felix Kruegers. Methodische Grundgedanken und grundlegende Ergebnisse, München.

C. E. C.; C. M. C.

1961 South Africa's Withdrawal and What It May Mean, in: The World Today, 17, 4, S. 135–142.

Carnegie Commission

1932 The Poor White Problem in South Africa. Report of the Carnegie Commission. 5 Bände, Stellenbosch.

Carrington, C. E.

1960 Mr. Macmillan in Africa, in: The World Today, 16, 3, S. 119–125.

Cassirer, Ernst

1956 Die Sprache. Philosophie der symbolischen Formen; Bd. 1, Darmstadt.

Chestnut, R.W.

1972 Psychotechnik. Industrial Psychology in the Weimar Republic 1918–1924, in: Proceedings of the annual convention of the American Psychological Association, 7, S. 781–782.

Chickering, Roger

1995 Das Leipziger ‚Positivisten-Kränzchen' um die Jahrhundertwende, in: Vom Bruch, Rüdiger; Graf, Friedrich Wilhelm (Hrsg.): Kultur und Kulturwissenschaften um 1900, Stuttgart, S. 227–245.

Chisholm, Linda

2017 Between Worlds. German Missionaries and the Transition from Mission to Bantu Education in South Africa, Johannesburg.

Chorover, Stephan L.

1982 Die Zurichtung des Menschen. Von der Verhaltenssteuerung durch das Wissen, Frankfurt.

Christie, Pam; Collins, Colin

1982 Bantu Education: apartheid ideology or labour reproduction? in: Comparative Education, 18, 1, S. 59–75.

1990 Bantu Education: Apartheid Ideology and Labour Reproduction, in: Kallaway, Peter (Hrsg.): Apartheid and Education. The Education of black South Africans, Johannesburg, S. 160–183.

Christopher, Anthony John

1994 The Atlas of Apartheid, London.

Cillié, P.J.

1965 Dawie 1946–1964. 'n Bloemlesing uit die geskrifte van Die Burger se politieke kommentator saamgestel deur Louis Louw, Cape Town.

1980 Tydgenote, Kaapstad.

Cilliers, S.P.

1966 Die Kleurlingbevolking van Wes-Kaapland.

Clark, Nancy L.

1994 Manufacturing apartheid. State corporations in South Africa, New Haven.

Clark, Jennifer

1998 ‚The Wind of Change' in Australia. Aborigines and the International Politics of Race, 1960–1972, in: The International History Review, 20, 1, S. 89–117.

Clingman, Stephen

2000 Bram Fischer. Afrikaner revolutionary, Amherst.

Cloete, Andries Christof

1981 Die Ned. Geref. Kerk en die Afrikaner-Broederbond. Master Thesis Theology, Stellenbosch.

Cloete, Lucie

2001 Broer, in: Verwoerd, Wilhelm J. (Hrsg.): Verwoerd. Só onthou ons hom, Pretoria, S. 31–38.

Clynick, Tim

1994 A boerevolk for a boerestand? Broedertwis and Two Manuscripts of Platteland Modernity, c. 1959 (Seminar Paper), Johannesburg.

2007 White South Africa's Weak Sons. Poor Whites and the Hartebeespoort Dam, in: Bonner, P. L.; Esterhuysen, A.; Jenkins, Trefor (Hrsg.): A Search for Origins. Science, History and South Africa's Cradle of Humankind, Johannesburg, S. 248 – 273.

Cobley, Alan G. (Hrsg.)

2016 From cattle-herding to editor's chair. The unfinished autobiography and writings of Richard Victor Selope Thema, Cape Town.

Coertze, P. J.

o. J. Filosofiese grondslae van die Volkekunde. Voordrag gehou voor die Filosofiese Vereniging van die Universiteit Pretoria.

1952 Die Rol van Opvoeding en Onderwys in die Sosiale Struktur van die Bantoe, in: Journal of Racial Affairs, 3, 2, S. 11 – 23.

1963 Die bio-genetiese grondslae van kulturele differensiasie, in: Cronjé, Geoffrey (Hrsg.): Die westerse kultuur in Suid-Afrika, Pretoria, S. 156 – 173.

1966 a 'n Prinsipiele en feitlike Inleiding tot die Studie van die Bevolkingsverhoudingsvraagstuk in Suid-Afrika, in: Journal of Racial Affairs, 17, 2, S. 4 – 12.

1966 b 'n Prinsipiele en feitlike Inleiding tot die Studie van die Bevolkingsverhoudingsvraagstuk in Suid-Afrika, in: Journal of Racial Affairs, 17, 3, S. 12 – 19.

1975 Die ethniese posisie van die kleurlinge, Pretoria.

1977 Inleiding tot die algemene volkekunde.

1979 Die Afrikanervolk en die Nie-Blanke – ethnies- en kultuurhistories beskou, in: Nel, Petrus Gerhardus (Hrsg.): Die Kultuurontplooiing van die Afrikaner, Pretoria, S. 245 – 264.

1980 Filosofiese en metodologiese grondslae van die volkekunde, Johannesburg.

1983 Die Afrikanervolk en die Kleurlinge, Pretoria.

Coertze, P. J.; Language, F.; van Eeden, B.

1943 Die Oplossing van die Naturellevraagstuk in Suid-Afrika. Wenke ooreenkomstig die Afrikanerstandpunt van Apartheid, Stellenbosch.

Coertze, R. D.

1991 Aanvang van Volkekunde aan Afrikaanstalige Universiteite in Suid-Afrika, in: South African Journal of Ethnology, 14, 2, S. 25 – 34.

1998 Antropologie aan die Universiteit van Pretoria. Die grondleggers en hulie invloed tot 1972, in: South African Journal of Ethnology, 21, 1, S. 1 – 31.

Coertze, T. F.

1950 „Facta non Verba", in: Journal of Racial Affairs, 1, 3, S. 23 – 26.

Coetzee, C. A.

1960 The Republic – a reasoned view, Johannesburg – Cape Town.

Coetzee, J. Albert

1931 Nasie-Wording in Suid-Afrika. 'n Sielkundige sleutel tot die politieke probleem van Suid-Afrika.

1942 Politieke organisering van die Afrikanerdom, in: Koers, 9, 6, S. 220–222.

Coetzee, J. H.; Booysens, J. H.; Van Rensburg, N. S. J.

1980 Inleiding tot die algemene Volkekunde. 'n Studiegids (Kursus 1), Potchefstroom.

Coetzee, John M.

1991 The Mind of Apartheid: Geoffrey Cronjé 1907–, in: Social Dynamics, 17, 1, S. 1–35.

Coetzer, J. P. J.

2000 Gister se dade vandag se oordeel, Pretoria.

Coetzer, Pieter Willem

1994 Die Nasionale Party, Deel 5: Van Oorlog tot Oorwinning, 1940–1948, Bloemfontein.

Coetzer, P. W.; Le Roux, J. H.

1986 Die Nasionale Party, Deel 4: Die „Gesuiwerde" Nasionale Party 1934–1940, Bloemfontein.

Cole, Josette

2012 Behind and beyond the Eiselen line, Cape Town.

Cooper, Saths; Nicholas, Lionel J.; Seedat, Mohamed; Statman, James M.

1990 Psychology and Apartheid: the Struggle for Psychology in South Africa, in: Nicholas, Lionel J.; Cooper, Saths (Hrsg.): Psychology & Apartheid, Johannesburg, S. 1–21.

Cope, Jack

1982 The adversary within. Dissident writers in Afrikaans, Cape Town.

Corrigan, Edward C.

1974 South Africa Enters the Electronic Age: The Decision to Introduce Television, in: Africa Today, 21, 2, S. 15–28.

Coser, Lewis A.

2015 Gierige Institutionen. Soziologische Studien über totales Engagement, Berlin.

Coulter, Charles W.

1920 The Lithuanians of Cleveland, Cleveland.

1930 Shifting the Emphasis in Social Work, in: The Social and Industrial Review, S. 6–11.

1934 The Present Challenge, in: Journal of Higher Education, 5, 7, S. 355–364.

1935 Problems Arising from Industrialization of Native Life in Central Africa, in: American Journal of Sociology, 40, 5, S. 582–592.

1938 The Family as a Unit in Industrial Society, in: Annals of the American Academy of Political and Social Science, 196, S. 20–24.

1943 Review: A History of South Africa, Social & Economic by C. W. de Kiewiet; The Native Labor Problemof South Africa by J. M. Tinley, in: Geographical Review, 33, 2, S. 336–338.

1945 With the Technicians, in: Journal of Higher Education, 16, 8, S. 436–441.

1953 Review: Racial Separation in South Africa: An Analysis of Apartheid Theory by Eugene P. Dvorin, in: Annals of the American Academy of Political and Social Science, 285, S. 219.

1954 Review: Report of the Ad Hoc Committee on Forced Labour by International Labour Office. United Nations, in: Annals of the American Academy of Political and Social Science, 292, S. 179–180.

1958 Review: The Native Reserves of Natal by Edgar H. Brookes; N. Hurwitz, in: Annals of the American Academy of Political and Social Science, 319, S. 175–176.

Coulter, Charles W.; Korpi, Orvo E.

1954 Rehabilitation Programs in American Prisons and Correctional Institutions, in: The Journal of Criminal Law, Criminology, and Police Science, 44, 5, S. 611–615.

Cowan, L. Gray

1961 The Current Political Status and Significance of Africa South of the Sahara, in: The Journal of Negro Education, 30, 3, S. 180–192.

Crick, Bernard

1966 Eine Lanze für die Politik, München.

Cronjé, Geoffrey

1937 Die deterministiese standpunt in die Sosiologie. Rede by die aanvaarding van die Professoraat in die Sosiologie aan die Universiteit van Pretoria uitgespreek op 8 September 1937, Pretoria.

1939 Instituut vir Volkswelstand, Pretoria.

1945 'n Tuiste vir die Nageslag. Die Blywende Oplossing van Suid-Afrika se Rassevraagstukke, Johannesburg.

1946 a Afrika Sonder die Asiaat. Die Blywende Oplossing van Suid-Afrika se Asiatevraagstuk, Johannesburg.

1964 b 'n Prinsipiele uiteensetting van die vennootskap van die Staat en die partikuliere welsynsorganisasies op die gebied van die maatskaplike sorg, in: Tydskrif vir Geesteswetenskappe, 4, 1, S. 20–30.

1964 c Opvoeding vir en deur die Arbeid, in: Tydskrif vir Geesteswetenskappe, 4, 4, S. 350–360.

1968 Persoonlikheidsteorie: 'n Kritiese Beskouing van Enkele Sieninge van die Persoonlikheid, in: Tydskrif vir Geesteswetenskappe, 8, 1, S. 27–39.

1970 Die wysgerige antropologie en die menswetenskappe, Pretoria.

Danziger, Kurt

1979 The Social Origins of Modern Psychology, in: Buss, Allan R. (Hrsg.): Psychology in social context, New York S. 27–45.

1980 Wundt and the Two Traditions in Psychology, in: Rieber, Robert W. (Hrsg.): Wilhelm Wundt and the making of a scientific psychology, New York, S. 73–87.

1983 Origins and basic principles of Wundt's Völkerpsychologie, in: British Journal of Social Psychology, 22, S. 303–313.

1993 The social context of research practice and the priority of history, in: Psychologie und Geschichte, 4, 3/4, S. 178–186.

Davenport, Jade

2013 Digging deep. A history of mining in South Africa, 1852–2002, Johannesburg.

Davenport, T. R. H; Saunders, Christopher C.

2000 South Africa. A modern history, Hampshire.

Davie, T. B.

1955 Education and Race Relations in South Africa. Hoernlé Memorial Lecture 11, Johannesburg.

Davie, Grace

2015 Poverty Knowledge in South Africa. A social history of human science, 1855–2005, New York.

De Bruyn, G. F. C.

1989 Professore: Universiteit van Stellenbosch en voorgangers, Stellenbosch.

Degenaar, Johan J.

1978 a The roots of nationalism, Pretoria – Cape Town – Johannesburg.

1978 b The Concept of a Volksuniversiteit, in: Van der Merwe, Hendrik W; Welsh, David (Hrsg.): The Future of the University in Southern Africa, New York, S. 148–171.

1980 Voortbestaan in geregtigheid. Opstelle oor die politieke rol van die Afrikaner, Kaapstad.

De Jongh, M.

1987 Bruwer, Johannes Petrus van Schalkwyk, in: Beyers, C. J. (Hrsg.): Suid-Afrikaanse Biografiese Woordeboek, Deel V, Pretoria, S. 106–107.

De Kiewiet, Cornelis

1956 The Anatomy of South African Misery, London.

De Klerk, F. W.

1999 The last trek. The new beginning, London.

De Klerk, N. C.

1963 Bantoe-Arbeid en Beleid in West-Kaapland, in: Journal of Racial Affairs, 14, 2, S. 115–130.

De Kock, W. J.

1970 Die Geschichte Südafrikas, o. O.

Delius, Anthony

1970 Internal Argument and External Policy in South Africa, in: African Affairs, 69, 277, S. 371–374.

Delius, Peter

1996 A lion amongst the cattle. Reconstruction and resistance in the Northern Transvaal, Portsmouth, NH.

Delius, Peter; Schirmer, Stefan

2000 Soil Conservation in a Racially Ordered Society: South Africa 1930–1970, in: Journal of Southern African Studies, 26, 4, S. 719–742.

Department of Labour and Social Welfare

1937 Report of the Department of Labour and Social Welfare for the Year ended December, 1935. U.G. 4–1937, Pretoria.

Dessoir, Max

1911 Abriß einer Geschichte der Psychologie, Heidelberg.

De Villiers, David

2001 Die Wereldhofsaak in Den Haag, in: Verwoerd, Wilhelm J. (Hrsg.): Verwoerd. Só onthou ons hom, Pretoria, S. 137–147.

De Villiers, Dirk; de Villiers, Johanna

1977 Paul Sauer, Kaapstad.

De Villiers, Johan

2004 Sosio-ekonomiese dimensies van Suid-Afrika in die dekade 1930–1940: Arm, maar darem, of ondernemend en presterend? in: Tydskrif vir Geesteswetenskappe, 44, 2 & 3, S. 167–179.

De Villiers, I. L.

2009 Strooidak en toring. Van mense en my tyd, Kaapstad.

De Villiers, Marq

1990 White tribe dreaming. Apartheid's bitter roots as witnessed by eight generations of an Afrikaner family, London.

De Villiers, René

1945 Nationalism's High-Priest of Rand Propaganda, in: Forum, 20. Jan, S. 5.

Diederichs, Nicolaas

1975 Eerste H. F. Verwoerd-Gedenklesing deur die Staatspresident Dr. N. Diederichs, Stellenbosch 18.9.1975, Pretoria.

Diefenbaker, John

1978 The Years of Achievement 1956–1962. One Canada. Memoirs of the Right Honourable John G. Diefenbaker, Vol. 2, Scarborough.

Dilley, Roy; Kirsch, Thomas G. (Hrsg.)

2015 Regimes of ignorance. Anthropological perspectives on the production and reproduction of non-knowledge, New York.

Dönhoff, Marion Gräfin

1965 Welt in Bewegung. Berichte aus vier Erdteilen, Düsseldorf.

Doering-Manteuffel, Anselm von

2008 Ordnung jenseits der politischen Systeme: Planung im 20. Jahrhundert. Ein Kommentar, in: Geschichte und Gesellschaft, 34, 3, S. 398–406.

2015 Konturen von „Ordnung" in den Zeitschichten des 20. Jahrhunderts, in: Etzemüller, Thomas (Hrsg.): Die Ordnung der Moderne. Social Engineering im 20. Jahrhundert, Bielefeld, S. 41–64.

D'Oliveira, J.

1977 Vorster – die mens, Johannesburg.

Dommisse, Ebbe

2005 Anton Rupert. A biography, Cape Town.

Dooyeweerd, Herman

1931 De Crisis in de humanistische Staatsleer in het Licht eener Calvinistische Kosmologie en Kennistheorie, Amsterdam.

Dorsch, F.

1963 Geschichte und Probleme der angewandten Psychologie, Bern – Stuttgart.

Douglas, Mary

2010 Purity and danger. An analysis of concept of pollution and taboo, London.

Dousemetzis, Harris

2018 Report to the Minister of Justice, Advocate Tshililo Michael Masutha, in the Matter of Dr. Verwoerd's Assassination, https://www.sahistory.org.za/sites/default/files/file%20uploads%20/report_to_the_minister_of_justice_2.pdf

Dreyer, Wim

2013 Fifty Years of Isolation. The Nederduitsch Hervormde Kerk 1960–2010, in: Plaatjies-Van Huffel, Mary-Anne; Vosloo, Robert (Hrsg.): Reformed churches in South Africa and the struggle for justice. Remembering 1960–1990, Stellenbosch, S. 133–142.

Du Pisani, J. A.

1988 John Vorster en die verlig/verkrampstryd. 'n Studie van die politieke verdeeldheid in Afrikanergeledere, 1966–1970, Bloemfontein.

Du Plessis, I. D.

1957 Die Kleurling in die Raamwerk van ons Rasseverhoudings, in: Journal of Racial Affairs, 8, 3, S. 93–112.

Du Plessis, Lodewikus Johannes

1941 Eenheid in 'n Republiek die enigste grondslag. Die Einde van die liberale beleid, in: Stryd, 1, 11, S. 10–14.

1954 Immigrasie in Suid-Afrika. Van 'n Afrikanerstandpunt Beskou, in: Journal of Racial Affairs, 5, 2, S. 35–43.

Du Preez, Max

2004 Pale native. Memoirs of a Renegade Afrikaner, Cape Town.

Du Raan, Lizl

1998 Die invloed van eksterne en interne faktore op die vorming van studentekultuur aan die Universiteit van Stellenbosch 1918 – 1930. MA Thesis, Stellenbosch.

Du Toit, André

2005 The Legacy of Daatjie Oosthuizen: Revisiting the Liberal Defence of Academic Freedom, in: African Sociological Review, 9, 1, S. 40–61.

2008 ‚Afrikaander circa 1600': Reflections and Suggestions Regarding the Origins and Fate of Afrikaner Nationalism, in: South African Historical Journal, 60, 4, S. 562–578.

Du Toit, Marijke

1992 ‚Die Bewustheid van Armoed': The ACVV and the Construction of Afrikaner Identity, 1904–1928, in: Social Dynamics, 18, 2, S. 1–25.

Du Toit, Pieter

1945 Kakamas. Terwille van die waarheid, Cape Town.

Du Toit, P. S.

1966 a Die Victoria-Kollege, 1887–1918, in: Thom, H. B. et al (Hrsg.): Stellenbosch 1866–1966. Honderd Jaar Hoër Onderwys, Cape Town, S. 38–61.

1966 b Die Universiteit van Stellenbosch word 'n Werklikheid, in: Thom, H. B. et al (Hrsg.): Stellenbosch 1866–1966. Honderd Jaar Hoër Onderwys, Cape Town, S. 62–70.

1966 c Die Fakulteit van Lettere en Wysbegeerte, in: Thom, H. B. et al (Hrsg.): Stellenbosch 1866–1966. Honderd Jaar Hoër Onderwys, Cape Town, S. 71–97.

1966 d Losiesvoorsiening en Studentevoorligting, in: Thom, H. B. et al (Hrsg.): Stellenbosch 1866–1966. Honderd Jaar Hoër Onderwys, Cape Town, S. 202–216.

Du Toit, S. I.

1990 Family violence: familicide, in: McKendrick, Brian; Hoffman, Wilma (Hrsg.): People and violence in South Africa, Cape Town, S. 288–300.

Dubow, Saul

1985 „Understanding the native mind“: Anthropology, cultural adaptation, and the elaboration of a segregationist discourse in South Africa, c. 1920–36., in: Hall, Martin (Hrsg.): Africa Seminar Collected Papers, Vol. 4, Cape Town, S. 53–81.

1991 Mental Testing and the Understanding of Race in Twentieth-Century South Africa, in: Meade, Teresa A.; Walker, Mark (Hrsg.): Science, medicine and cultural imperialism, London, S. 148–177.

1992 Afrikaner Nationalism, Apartheid and the Conceptualisation of ‚Race‘, in: Journal of African History, 33, 2, S. 209–237.

1994 Ethnic Euphemisms and Racial Echoes, in: Journal of Southern African Studies, 20, 3, S. 355–370.

1995 Scientific racism in modern South Africa, Cambridge.

2001 Scientism, Social Research and the Limits of ‚South Africanism‘: The Case of Ernst Gideon Malherbe, in: South African Historical Journal, 44, S. 99–142.

2005 Introduction: South Africa's 1940s, in: Dubow, Saul; Jeeves, Alan (Hrsg.): South Africa's 1940s. Worlds of possibilities, Cape Town, S. 1–19.

2006 A commonwealth of knowledge. Science, sensibility, and white South Africa, 1820–2000, Oxford.

2011 Macmillan, Verwoerd, and the 1960 ‚Wind of Change‘ Speech, in: Historical Journal, 54, 4, S. 1087–1114.

2014 Apartheid, Oxford.

2015 Racial Irredentism, Ethnogenesis, and White Supremacy in High-Apartheid South Africa, in: Kronos, 41, 1, S. 236–264.

Dürckheim-Montmartin, Karlfried Graf von

1954 Gemeinschaft, in: Klemm, Otto (Hrsg.): Wege zur Ganzheitspsychologie. Festschrift zum 60. Geburtstage Felix Kruegers, München, S. 195–214.

1995 Der Weg ist das Ziel. Gespräch mit Karl Schnelting in der Reihe „Zeugen des Jahrhunderts“ (Zeugen des Jahrhunderts, Bd. 180), Göttingen.

Duerden, J. E.

1921 Social anthropology in South Africa: Problems of race and nationality, in: South African Journal of Science, 18, S. 1–31.

1925 Genetics and eugenics in South Africa: Heredity and environment, in: South African Journal of Science, 22, S. 59–72.

Duffy, Joanne

2003 *Kultuur* Reclaimed: Afrikaner Nationalist Politics and the Stellenbosch District (South Africa), 1934–1939, in: Journal of Historical Sociology, 16, 4, S. 487–516.

Dunston, J. T.

1923 Retarded and defective children. Native mentality, mental testing, in: South African Journal of Science, 20, S. 148–156.

Dux, Günter

1990 Die Logik der Weltbilder. Sinnstrukturen im Wandel der Geschichte, Frankfurt am Main.

Dyason, Willie

2001 Meer as 'n werkgewer, in: Verwoerd, Wilhelm J. (Hrsg.): Verwoerd. Só onthou ons hom, Pretoria, S. 221–232.

Eckardt, Georg

1998 Die Thematisierung des Sozialen in der frühen Psychotechnik in Deutschland, in: Psychologie und Geschichte, 8, 1/2, S. 18–33.

Eckel, Jan

2015 Die Ambivalenz des Guten. Menschenrechte in der internationalen Politik seit den 1940ern, Göttingen.

Edwards, Paul N.; Hecht, Gabrielle

2010 History and the Technopolitics of Identity: The Case of Apartheid South Africa, in: Journal of Southern African Studies, 36, 3, S. 619–639.

Ehrenstein, Walter

1934 Einführung in die Ganzheitspsychologie, Leipzig.

Ehrhardt, Adolf

1954 Typus, in: Klemm, Otto (Hrsg.): Wege zur Ganzheitspsychologie. Festschrift zum 60. Geburtstage Felix Kruegers, München, S. 151–164.

Eidelberg, Phil

1997 South African Apartheid: The Homeland-Township Nexus, 1948–1986, in: South African Historical Journal, 36, S. 88–112.

Eiselen, Werner W. M.

1929a Die Naturellevraagstuk, Cape Town.

1929b Stamskole in Suid-afrika. 'n Ondersoek oor die funksie daarvan in die lewe van die Suid-afrikaanse stamme, Pretoria.

1946 In Memory of Carl Meinhof, in: African Studies, 5, 77–79.

1950 Is Separation Practicable? in: Journal of Racial Affairs, 1, 2, S. 9–18.

1953 Ons Jeug en ons Rasse-aangeleenthede, in: Journal of Racial Affairs, 4, 3, S. 18–26.

1955a Bantoekunde as Skoolvak, in: Journal of Racial Affairs, 6, 1, S. 24–33.

1955 b The Coloured People and the Natives, in: Journal of Racial Affairs, 6, 3, S. 1–20.
1955 c Die Naturel in Wes-Kaapland, Stellenbosch.
1957 Duitse Sendingwerk in Suid-Afrika en die Bantoevolkseie, in: Journal of Racial Affairs, 8, 3, S. 113–120.
1959 Harmonious Multi-Community Development. A Statement of South African Inter-Racial Policy.
1961 Die Ontvoogding van Afrikastate. Gedagtes na Aanleiding van Dr. W. Drascher se Boek „Schuld der Weissen?", in: Journal of Racial Affairs, 12, 2, S. 103–108.
1965 Die Aandeel van die Blanke ten Opsigte van die Praktiese Uitvoering van die Beleid van Afsonderlike Ontwikkeling-Kultureel-Maatskaplik, in: Journal of Racial Affairs, 16, 1, S. 6–24.

Eloff, Geoffrey
1942 Rasse en Rassevermenging. Die Boerevolk gesien van die standpunt van die rasseleer, Bloemfontein – Cape Town – Port Elizabeth.

Eloff, J. F.
1959 Tempo van Ekonomiese Ontwikkeling in die Bantoegebiede, in: Journal of Racial Affairs, 10, 2, S. 56–61.

Elsdon, Alan D.
2009 The tall assassin. The darkest political murders of the old South Africa, Roggebaai.

Elstadt, Frederick
1988 Die Kerk-Staat Verhouding in Suid-Afrika in die twintigste Eeu tot en met die Einde van die Bewind van dr. H. F. Verwoerd – met besondere verwysing na die „Church of the Province of South Africa". B. Th. Thesis, Stellenbosch.

Engelbrecht, Lambert
2011 Die ACVV as welsynspionier: Van welsyn vir armblankes tot eietydse uitdagings vir inklusiewe ontwikkelingsgerigte maatskaplike werk, in: Tydskrif vir Geesteswetenskappe, 51, 4, S. 1–16.

Engstrom, Eric J.
1997 Kulturelle Dimensionen von Psychiatrie und Sozialpsychologie. Emil Kraepelin und Willy Hellpach, in: Hübinger, Gangolf; Vom Bruch, Rüdiger; Graf, F. W. (Hrsg.): Kultur und Kulturwissenschaften um 1900. Bd. 2: Idealismus und Positivismus, Stuttgart, S. 164–189.

Erasmus, F. C.
1938 Die Verskil – 'n paar van die punte. Die Nasionale Party en die Verenigde Party, Cape Town.

Etzemüller, Thomas
2006 Die Romantik des Reißbretts. Social Engineering und demokratische Volksmeinschaft in Schweden. Das Beispiel Iva und Gunnar Myrdal (1930–1960), in: Geschichte und Gesellschaft, 32, 4, S. 445–466.
2015 a Auf der Suche nach dem nordischen Menschen. Die deutsche Rassenanthropologie in der modernen Welt, Bielefeld.

2015 b Social engineering als Verhaltenslehre des kühlen Kopfes. Eine einleitende Skizze, in: ders. (Hrsg.): Die Ordnung der Moderne. Social Engineering im 20. Jahrhundert, Bielefeld, S. 11–39.

Evans, Harold

1981 Downing Street diary. The Macmillan years, 1957–1963, London – Sydney – Auckland – Toronto.

Evans, Ivan

1997 Bureaucracy and Race. Native administration in South Africa, Berkeley.

Evans, Laura

2012 South Africa's Bantustans and the Dynamics of ‚Decolonisation': Reflections on Writing Histories of the Homelands, in: South African Historical Journal, 64, 1, S. 117–137.

2014 Resettlement and the Making of the Ciskei Bantustan, South Africa, c. 1960–1976, in: Journal of Southern African Studies, 40, 1, S. 21–40.

Eybers, E.

o.J. Die Grey-Hersiening van die Binet-Terman Intelligensietoetse geadapteer en voorlopig gestandardiseer vir die Suid-Afrikaanse kind, Bloemfontein.

Fabian, Reinhard

2005 Die Grazer Schule der Gestaltpsychologie, in: Lück, Helmut E.; Miller, Rudolf (Hrsg.): Illustrierte Geschichte der Psychologie, Weinheim, S. 71–75.

Fabre-Luce, Alfred

1961 The Bird-Catcher and the Cage, in: African Affairs, 60, 240, S. 424–434.

Fantham, Harold Benjamin

1918 Evolution and mankind, in: South African Journal of Science, 15, S. 287–305.

1924 Heredity in man: Its importance both biologically and educationally, in: South African Journal of Science, 21, 498–527.

1925 Some factors in eugenics, together with notes on some South African cases, in: South African Journal of Science, 22, 400–424.

1926 Some thoughts on the social aspects of eugenics, with notes on some further cases of human inheritance observed in South Africa, in: South African Journal of Science, 23, S. 624–643.

1927 Some Thoughts on Biology and the Race, in: South African Journal of Science, 24, S. 1–20.

Feinstein, Charles H.

2005 An Economic History of South Africa, Cambridge 2005.

Fick, M. Laurence

1939 The Educability of the South African Native, Pretoria.

Fischer, Hans

1990 Völkerkunde im Nationalsozialismus. Aspekte der Anpassung, Affinität und Behauptung einer wissenschaftlichen Disziplin, Berlin.

Fitzek, Herbert

1996 Gestalttheorie ‚in nuce'. Inwiefern führt die Geschichte zum Kern gestaltpsychologischen Denkens? in: Psychologie und Geschichte, 7, 3, S. 183–199.

Flather, Horace

1977 The way of an editor, Cape Town – Johannesburg – London.

Fleisch, Brahm David

1995 Social Scientists as Policy Makers. E. G. Malherbe and the National Bureau for Educational and Social Research, 1929–1943, in: Journal of Southern African Studies, 21, 3, S. 349–372.

Flight, Colin

1988 The Bantu Expansion and the SOAS Network, in: History in Africa, 15, 261–301.

Floyd, T. B.

1975 Afrikaner-nasionalisme, Pretoria.

Foerster, Heinz von

1993 Über das Konstruieren von Wirklichkeiten, in: Wissen und Gewissen. Versuch einer Brücke, Frankfurt am Main, S. 25–49.

Foster, Donald H.

1987 Detention and Torture in South Africa. Psychological, Legal & Historical Studies, Cape Town.

1991a On racism. Virulent mythologies and fragile threads (Inaugural lecture / University of Cape Town, Bd. 161), Cape Town.

1991b Race and Racism in South African Psychology, in: South African Journal of Psychology, 21, 4, S. 203–210.

2008 Critical psychology: A historical overview, in: van Ommen, Clifford; Painter, Desmond (Hrsg.): Interiors. A history of psychology in South Africa, Pretoria, S. 92–122.

Foucault, Michel

1985 Die Geburt der Klinik. Eine Archäologie des ärztlichen Blicks, Frankfurt.

Fourie, J. J.; Stals, E. L. P.

1978 Afrikaners in die Goudstad, Pretoria.

Franke, Erich

1915 Die geistige Entwicklung der Negerkinder. Ein Beitrag zur Frage nach den Hemmungen der Kulturentwicklung, Leipzig.

Frankel, Glenn

2000 Rivonia's children. Three families and the price of freedom in South Africa, London.

Frankel, Philip

2001 An ordinary atrocity. Sharpeville and its massacre, New Haven.

Frankel, S. Herbert

1952 Some Reflections on Civilization in Africa (Hoernlé Memorial Lecture, Bd. 8), Johannesburg.

Franzsen, D. G.
1949 Die Ontwikkeling van die Naturellereserwes as Deel van 'n Streekontwikkelingsprogram in die Unie, in: Journal of Racial Affairs, 1, 1, S. 16–23.

Freeman, Linda
1997 The ambiguous champion. Canada and South Africa in the Trudeau and Mulroney years, Toronto.

Frensch, P. A.; Krause, B.; Wandke, H.; Zimmer, K.; Markner, T.; Franke, R. (Hrsg.)
2000 100 Jahre Institut für Psychologie der Humboldt-Universität zu Berlin, Berlin.

Friedman, Sharon Lynne
1982 Jews, Germans and Afrikaners. Nationalist Press Reaction to the Final Solution. BA Thesis, Cape Town.

Friedman, Steven
2015 Race, class and power. Harold Wolpe and the radical critique of Apartheid, Pietermaritzburg.

Frijda, Nico H. (Hrsg.)
1983 Otto Selz. His Contribution to Psychology, Paris.

Froneman, J. D.
2000 H. F. Verwoerd's student years – cradle of his political career and thought, in: Koers, 65, 3, S. 399–412.
2013 Op soek na 'n gebalanseerde beeld van H. F. Verwoerd, in: Koers, 78, 2, S. 1–10 (Online-Ausgabe).

Furlong, Patrick J.
1983 The Mixed Marriages Act. An historical and theological study (Communications / Centre for African Studies, University of Cape Town, no. 8), Rondebosch, South Africa.
1991 Between Crown and Swastika. The impact of the radical right on the Afrikaner nationalist movement in the fascist era, Johannesburg.
2015 Family ties? Afrikaner nationalism, pan-Netherlandic nationalism and neo-Calvinist „Christian nationalism", in: New Contree, 74, S. 1–24.

G.V.D.
1961 South Africa Faces the Future, in: The World Today, 17, 12, S. 538–546.

Galliker, Mark; Klein, Margot; Rykart, Sibylle
2007 Meilensteine der Psychologie. Die Geschichte der Psychologie nach Personen, Werk und Wirkung, Stuttgart.

Geldenhuys, Deon
1984 The diplomacy of isolation. South African foreign policy making, Johannesburg.

Gellner, Ernest
1998 Nations and nationalism, Oxford.

Gerdener, G. B. A. (Hrsg.)
1950 Die Naturellevraagstuk. Referate gelewer op die Kerklike Kongres van die Gefedereerde Ned. Geref. Kerke in Suid-Afrika, byeengeroep deur die Federale Sendingraad, Bloemfontein 4–6 April 1950, Bloemfontein.

1952 Die Buiteland en die Naturellevraagstuk in Suid-Afrika, in: Journal of Racial Affairs, 3, 2, S. 4–10.
1964 Ons taak in die nuwe Afrika, Cape Town – Pretoria.

Gerhart, Gail M.; Karis, Thomas (Hrsg.)
1991 From protest to challenge. A documentary history of African politics in South Africa 1882–1964, Bd. 3, Stanford, Calif.

Gesell, Arnold
1926 A Comparative Method for Demonstration of Normal Development in Infancy, in: Journal of the American Medical Association, 86, April 24, S. 1277–1281.

Geulen, Christian
2007 Geschichte des Rassismus, Munchen.

Geuter, Ulfried
1980 Die Zerstörung wissenschaftlicher Vernunft. Felix Krueger und die Leipziger Schule der Ganzheitspsychologie, in: Psychologie Heute, 7, S. 35–43.
1985 Das Ganze und die Gemeinschaft. Wissenschaftliches und politisches Denken in der Ganzheitspsychologie Felix Kruegers, in: Graumann, Carl F. (Hrsg.): Psychologie im Nationalsozialismus, Berlin, S. 55–87.
1988 Die Professionalisierung der deutschen Psychologie im Nationalsozialismus, Frankfurt.

Geuter, Ulfried; Hagemeier, Petra; Ash, Mitchell G.
1986 Daten zur Geschichte der deutschen Psychologie. Band 1: Psychologische Institute, Fachgesellschaften, Fachzeitschriften und Serien, Biographien, Emigranten 1879–1945, Göttingen.

Gevisser, Mark
2015 Thabo Mbeki. The dream deferred, Jeppestown.

Geyser, O. (Hrsg.)
1972 Dr. H.F. Verwoerd die Republikein. Hoofartikels uit Die Transvaler 1937–1948, Cape Town, S. 81,
1983 Watershed for South Africa, London, 1961, Durban.

Gibbs, Timothy
2014 Mandela's Kinsmen. Nationalist Elites & Apartheid's First Bantustan, Woodbridge.

Giliomee, Hermann
1975 Die Ontwikkeling van Selfkonsepsies by die Afrikaner, in: van der Merwe, H.W. (Hrsg.): Identiteit en verandering, Cape Town, S. 17–53.
1980 The National Party and the Afrikaner Broederbond, in: Price, Robert M.; Rosberg, C.G. (Hrsg.): The Apartheid Regime. Political Power and Racial Domination, Berkeley, S. 14–44.
1986 The history in our politics (Inaugural lecture / University of Cape Town. New series, no. 126), Cape Town.
1994 „Survival in Justice“: An Afrikaner Debate over Apartheid, in: Comparative Studies in Society and History, , S. 527–548.
2003a The Afrikaners. Biography of a people, Charlottesville.

2003 b The Making of the Apartheid Plan, 1929–1948, in: Journal of Southern African Studies, 29, 2, S. 373–392.

2003 c ‚The Weaknesses of Some': The Dutch Reformed Church and White Supremacy, in: Scriptura, 83, S. 212–244.

2004 Piet Cillié en moontlike invloede op Die Afrikaners, unveröffentlicht, Stellenbosch.

2008 Die enigma van Hendrik Verwoerd. 'n akademikus in die politiek, in: New Contree (Online).

2009 A Note on Bantu Education, 1953 to 1970, in: South African Journal of Economics, 77, 1, S. 190–198.

2012 a The last Afrikaner leaders. A supreme test of power, Cape Town.

2012 b Bantu Education: Destructive intervention or part reform? in: New Contree, 65, S. 67–86.

2012 c Die enigma van Hendrik Verwoerd. Cape Town.

Gillespie, Kelly

2011 Containing the ‚Wandering Native': Racial Jurisdiction and the Liberal Politics of Prison Reform in 1940s South Africa, in: Journal of Southern African Studies, 37, 3, S. 499–515.

Glaser, Clive

2015 Soweto's Islands of Learning: Morris Isaacson and Orlando High Schools Under Bantu Education, 1958–1975, in: Journal of Southern African Studies, 41, 1, S. 159–171.

Goodwin, Geoffrey L.

1965 The Commonwealth and the United Nations, in: International Organization, 19, 3, S. 678–694.

Goosen, Danie

1996 Apartheid en die geskenk. 'n Dekonstruktiewe lesing van Verwoerd, in: South African Journal of Philosophy, 15, 3, S. 112–125.

Gordon, Robert J.

1988 Apartheid's Anthropologists: The Genealogy of Afrikaner anthropology, in: American Ethnologist, 15, 3, S. 535–553.

1989 Customary Law and Internal Pacification in South Africa, in: Hugo, Pierre (Hrsg.): South African perspectives. Essays in honour of Nic Olivier, Cape Town, S. 290–315.

1990 Early Social Anthropology in South Africa, in: African Studies, 49, 1, S. 15–48.

1991 Serving the Volk with Volkekunde – On the Rise of South African Anthropology, in: Jansen, Jonathan D. (Hrsg.): Knowledge and power in South Africa. Critical perspectives across the disciplines, Johannesburg, S. 79–97.

2004 Anthropology in the World Court: The 1966 South-West Africa Case, in: History of Anthropology Newsletter, 31, 1, S. 3–11.

2018 How Good People Become Absurd: J. P. van S. Bruwer, the Making of Namibian Grand Apartheid and the Decline of Volkekunde, in: Journal of Southern African Studies, 44, 1, S. 97–113.

Gould, Stephen Jay

2016 Der falsch vermessene Mensch, Frankfurt am Main.

Graaff, De Villiers
1993 Div looks back. The memoirs of Sir De Villiers Graaff, Cape Town.

Graeber, David
2012 Frei von Herrschaft. Fragmente einer anarchistischen Anthropologie, Wuppertal.

Graevenitz, Gerhart von
1999 „Verdichtung". Das Kulturmodell der Zeitschrift für Völkerpsychologie und Sprachwissenschaft, in: Kea, 12, 19–57.

Graumann, Carl F.
2006 Die Verbindung Wechselwirkung der Individuen im Gemeinschaftsleben, in: Jüttemann, Gerd (Hrsg.): Wilhelm Wundts anderes Erbe. Ein Missverständnis löst sich auf, Göttingen, S. 52–68.

Grobbelaar, Pieter W.
1966 Man van die Volk. Gedenkalbum H. F. Verwoerd, Cape Town – Pretoria.
1967 This was a man. A study of Hendrik Verwoerd, Cape Town.

Grobler, J. C. H.
1988 Politieke leier of meeloper? Die lewe van Piet Grobler, 1873–1942, Melville.

Groenewald, C. J.
1987 The Methodology of Poverty Research in South Africa: The Case of the First Carnegie Investigation 1929–1932, in: Social Dynamics, 13, 2, S. 60–74.

Grossmann, Johannes
2014 Die Internationale der Konservativen. Transnationale Elitenzirkel und private Außenpolitik in Westeuropa seit 1945 (Studien zur Internationalen Geschichte, Bd. 35), München.

Grundlingh, Albert
1987 Sosiale Geskiedenis en die Dilemma in Afrikanergeskiedskrywing, in: South African Historical Journal, 19, S. 31–49.
2003 ‚Gone to the Dogs': The Cultural Politics of Gambling – The Rise and Fall of British Greyhound Racing on the Witwatersrand, 1932–1949, in: South African Historical Journal, 48, 1, S. 174–189.
2005 The Politics of the Past and of Popular Pursuits in the Construction of Everyday Afrikaner Nationalism, 1938–1948, in: Dubow, Saul; Jeeves, Alan (Hrsg.): South Africa's 1940s. Worlds of possibilities, Cape Town, S. 192–211.

Grundlingh, A. M.; Swart, Sandra Scott
2009 Radelose rebellie?, Pretoria.

Gurney, Christabel
2000 ‚A Great Cause': the Origins of the Anti-Apartheid Movement, June 1959-March 1960, in: Journal of Southern African Studies, 26, 1, S. 123–144.

Guski-Leinwand, Susanne
2007 Wissenschaftsforschung zur Genese der Psychologie in Deutschland vom ausgehenden 19. Jahrhundert bis Mitte des 20. Jahrhunderts. PhD thesis, Heidelberg.

Hagemann, Albrecht

1989 Südafrika und das „Dritte Reich“. Rassenpolitische Affinität und machtpolitische Rivalität, Frankfurt.

Haigh, Scott

1951 Strangers my be present, London.

Hall, Granville Stanley

1905 Adolescence. Its Psychology and its Relations to Physiology, Anthropology, Sociology, Sex, Crime, Religion and Education. 2 Bände, New York.

Hall, Martin

1987 The changing past. Farmers, kings and traders in southern Africa, 200–1860, Cape Town.

Hallpike, Christopher Robert

1990 Die Grundlagen primitiven Denkens, München.

Halpern, Jack

1965 South Africa's Hostages. Basutoland, Bechuanaland and Swaziland, Harmondsworth.

Hamann, David

2011 Gunther Ipsen in Leipzig. Die persönlich-wissenschaftliche Biographie eines „Deutschen Soziologen“ 1919–1933, Berlin.

Hammer, Steffi

1994 Denkpsychologie – Kritischer Realismus. Eine wissenschaftshistorische Studie zum Werk Oswald Külpes, Frankfurt am Main.

1995 Psychologie zwischen experimentellem und hermeneutischem Ansatz. Oswald Külpe und Ludwig Klages – ein Methodenvergleich, in: Psychologie und Geschichte, 7, 1, S. 30–43.

2005 Felix Krueger, in: Lück, Helmut E.; Miller, Rudolf (Hrsg.): Illustrierte Geschichte der Psychologie, Weinheim, S. 103–105.

Hammond-Tooke, W. D.

1975 Command or consensus. The development of Transkeian local government, Cape Town.

2001 Imperfect interpreters. South Africa's anthropologists, 1920–1990, Johannesburg.

Hanekom, Marina

1969 Hendrik Frensch Verwoerd as politikus, 1958–1966. 'n bibliografie van sy toesprake soos gerapporteer in die Burger.

Hannaford, Ivan

1996 Race. The History of an Idea in the West, Baltimore – London.

Hansen, Wilhelm

1960 Die Entwicklung des kindlichen Weltbildes, München.

Harrington, Anne

2002 Die Suche nach Ganzheit. Die Geschichte biologisch-psychologischer Ganzheitslehren: vom Kaiserreich bis zur New-Age-Bewegung, Reinbek bei Hamburg.

Hartmann, Dirk

1993 Naturwissenschaftliche Theorien. Wissenschaftstheoretische Grundlagen am Beispiel der Psychologie, Mannheim.

Hattingh, Corneels (Hrsg.)

1967 Hy was groot en gelief. 'n Geredigeerde oorsig van roudienste wat oor die land gehou is na die aanslag op dr. H. F. Verwoerd se lewe, Johannesburg.

Hawkes, Valma Rae

1968 South Africa's Withdrawal from the Commonwealth: A Response to Multi-Racialism? MA Thesis, Hobart.

Hayes, Frank

1980 South Africa's Departure from the Commonwealth, 1960–1961, in: The International History Review, 2, 3, S. 453–484.

Hayman, Graham; Tomaselli, Ruth

1989 Ideology and Technology in the Growth of South African Broadcasting, 1924–1971, in: Tomaselli, Ruth; Tomaselli, Keyan G.; Muller, Johan (Hrsg.): Broadcasting in South Africa, London, S. 23–83.

Heale, Jay

1981 They made this land, Johannesburg.

Heard, Anthony Hazlitt

1991 The Cape of Storms. A personal history of the crisis in South Africa, Johannesburg.

Heaton Nicholls, George

1937 Die Naturelle-Vraagstuk in Suid-Afrika, Pretoria.

Heese, Hans F.

1989 a Die Wet op die Verbod van Gemengde Huwelike van 1949 en die Nürenberger Gesetze van 1935, in: Kronos, 15, S. 58–97.

1989 b Ras en Etnisiteit: Suid-Afrikaanse perspektiewe 1938 en 1988, in: Kronos, 16, S. 42–51.

Hefer, N. F.; Basson, G. C.

1966 Hendrik Frensch Verwoerd. Fotobiografie, 1901–1966, Johannesburg.

Hegel, Georg Wilhelm Friedrich

1986 Wissenschaft der Logik I. Erster Teil: Die objektive Logik, Frankfurt.

Hellpach, Willy

1954 Einführung in die Völkerpsychologie, Stuttgart.

Hendrich, Gustav

2011 Vereniger en opheffer: Die Nederduitse Gereformeerde Kerk in Rhodesie (1890–2007), in: New Contree, 62, S. 155–177.

Hendricks, Fred T.

1989 Loose Plannung and Rapid Resettlement: The Politics of Conservation and Control in Transkei, South Africa, 1950–1970, in: Journal of Southern African Studies, 15, 2, S. 306–325.

Henshaw, Peter

1994 Britain and South Africa at the United Nations: ‚South West Africa', ‚Treatment of Indians' and ‚Race Conflict', 1946 – 1961, in: South African Historical Journal, 31, S. 80 – 102.

Hepple, Alexander

1967 Verwoerd, Baltimore.

Herbst, J. F.

1930 The Administration of Native Affairs in South Africa, in: Journal of the African Society, 29, 117, S. 478 – 489.

HNP=Herenigde Nasionale Party of Volksparty van Transvaal

1940 Program van Beginsels en Konstitusie, Johannesburg.

Herrmann, Theo

1996 Otto Selz und die Würzburger Schule (Forschungsbericht), Mannheim.

Hexham, Irving

1981 The irony of Apartheid. The struggle for national independence of Afrikaner Calvinism against British Imperialism, New York.

Heymans, Christiaan Stephanus

1981 Die politieke en ideologiese strominge en aktiwiteite in en om die Afrikaanse Studentebond (1948 – 1980). MA Thesis, Stellenbosch.

Higginson, John

2014 Collective Violence and the Agrarian Origins of South African Apartheid, 1900 – 1948, Cambridge.

Hinrichs, Peter

1981 Um die Seele des Arbeiters. Arbeitspsychologie, Industrie- und Betriebssoziologie in Deutschland. 1871 – 1945, Köln.

Hitzeroth, H. W.

1966 Rasse en Raseienskappe: 'n Ontleding van teenstrydige Antropologiese Standpunte, in: Journal of Racial Affairs, 17, 2, S. 12 – 30.

Hobsbawm, Eric

2011 The Age of Extremes. The Short Twentieth Century, 1914 – 1991, London.

Hochgeschwender, Michael

2015 The Noblest Philosophy and Its Most Efficient Use: Zur Geschichte des social engineering in den USA, 1910 – 1965, in: Etzemüller, Thomas (Hrsg.): Die Ordnung der Moderne. Social Engineering im 20. Jahrhundert, Bielefeld, S. 171 – 197.

Hoernlé, A. Winifred

1948 Penal Reform and Race Relations (Hoernlé Memorial Lecture; Bd. 4), Johannesburg.

Hoffmann, Hermann

1926 Das Problem des Charakteraufbaus. Seine Gestaltung durch die erbbiologische Persönlichkeitsanalyse, Berlin.

Hoffmann, Robert R.; Deffenbacher, Kenneth A.
1992 A Brief History of Applied Cognitive Psychology, in: Applied Cognitive Psychology, 6, S. 1–48.

Hofmeyr, Isabel
1987 Building a nation from words: Afrikaans language, literature and ethnic identity, 1902–1924, in, Marks, Shula; Trapido, Stanley (Hrsg.), The Politics of Race, Class and Nationalism in Twentieth-Century South Africa, London – New York, S. 95–123.

Hofmeyr, Jan Hendrik
1945 Christian Principles and Race Problems, Johannesburg.

Hofstadter, Douglas; Sander, Emmanuel
2014 Die Analogie. Das Herz des Denkens, Stuttgart.

Holleman, J. F.
1989 The Great Purge, in: Hugo, Pierre (Hrsg.): South African perspectives. Essays in honour of Nic Olivier, Cape Town, S. 34–48.

Holloway, J. E.
1964 Apartheid – A Challenge, Johannesburg.

Holzer, Werner
1961 Das nackte Antlitz Afrikas, Frankfurt.

Honikman, Alfred H.
1998 In the shadow of apartheid, Johannesburg, South Africa.

Horne, Alistair
1989 Macmillan 1957–1986. Volume II of the official biography, London.

Horrell, Muriel
1956 A Survey of Race Relations in South Africa, 1955–1956, Johannesburg.
1961 A Survey of Race Relations in South Africa, 1959–1960, Johannesburg.
1962 A Survey of Race Relations in South Africa, 1961, Johannesburg.
1963 A Survey of Race Relations in South Africa, 1962, Johannesburg.
1964 A Survey of Race Relations in South Africa, 1963, Johannesburg.
1965 A Survery of Race Relations in South Africa, 1964, Johannesburg.
1966 A Survey of Race Relations in South Africa, 1965, Johannesburg.
1973 The African homelands of South Africa, Johannesburg.
1978 Laws affecting Race Relations in South Africa 1948–1976, Johannesburg.

Houghton, D. Hobart
1969 The South African Economy, Cape Town.

Hudson, William; Jacobs, Gideon Francois; Biesheuvel, Simon
1966 Anatomy of South Africa. A Scientific Study of Present Day Attitudes, Cape Town – Johannesburg.

Huffman, Thomas N.
2005 Mapungubwe. Ancient African civilisation on the Limpopo, Johannesburg.

Hugo, Pierre

1989 A Journey Away from Apartheid, in: ders. (Hrsg.): South African perspectives. Essays in honour of Nic Olivier, Cape Town, S. 15–33.

1998 The Politics of ‚Untruth'. Afrikaner Academics for Apartheid, in: Politikon, 25, 1, S. 33–55.

Hugo, T. J.

1941 Die Afrikaanse Universiteit en Sy Taak in die Volkslewe, Bloemfontein – Cape Town – Port Elizabeth.

Hume, David

1939 A Treatise of Human Nature. 2 Bände, London – New York.

Humphrey, George

1951 Thinking. An Introduction to its Experimental Psychology, London – New York.

Humphries, Richard

1989 Administrative politics and the coloured labour preference policy, in: James, Wilmot Godfrey; Simons, Mary (Hrsg.): The Angry divide. Social and economic history of the Western Cape, Cape Town, S. 169–179.

Hurley, Denis E.

1964 Apartheid: A Crisis of the Christian Conscience. Alfred and Winifred Hoernlé Memorial Lecture, Johannesburg.

Hurter, J. A.

1981 Die Ryke Erfenis aan Geestesgoedere wat Dr. H. F. Verwoerd nagelaat het. Sewende H. F. Verwoerd-Gedenklesing, 8. Sept. 1981, Pretoria.

Hutchinson, George

1980 The last Edwardian at No. 10. An impression of Harold Macmillan, London.

Hutschnecker, Arnold A.

1975 Psychopolitik. Eine Kritik des Willens zur Macht, München.

Huttenback, Robert A.

1976 Racism and Empire. White settlers and colored immigrants in the British self-governing colonies, 1830–1910, Ithaca.

Hyam, Ronald

2006 Britain's Declining Empire. The Road to Decolonisation 1918–1968, Cambridge.

Hyam, Ronald; Louis, William Roger

2000 The Conservative government and the end of empire 1957–1964. British documents on the end of the empire. Series A; Bd. 4, London.

Hyslop, Jonathan

1989 School Boards, School Committees and Educational Politics. Aspects of the Failure of Bantu Education as a hegemonic Strategy, 1955–1976, in: Bonner, Philip (Hrsg.): Holding their ground. Class, locality and culture in 19. and 20. century South Africa, Johannesburg, S. 201–225.

1991 Food, Authority and Politics: Student riots in South African Schools 1945 – 1976, in: Clingman, Stephen R. (Hrsg.): Regions and repertoires. Topics in South African politics and culture, Braamfontein, S. 84 – 115.

1999 The Classroom Struggle. Policy and Resistance in South Africa 1940 – 1990, Pietermaritzburg.

2001 ‚A destruction coming in': Bantu education as response to social crisis, in: Bonner, Philip; Delius, Peter; Posel, Deborah (Hrsg.): Apartheid's genesis, 1935 – 1962, Braamfontein, S. 393 – 410.

Israel, Jonathan I.

2013 Democratic enlightenment. Philosophy, revolution, and human rights 1750 – 1790, New York.

Jaeger, Siegfried

1987 Wolfgang Köhler 1887 – 1967 zum 100. Geburtstag am 21. Januar. Biographische Daten und Publikationen, in: Geschichte der Psychologie, 4, 1, S. 5 – 30.

1993 Zur Widerständigkeit der Hochschullehrer zu Beginn der nationalsozialistischen Herrschaft, in: Psychologie und Geschichte, 4, 3/4, S. 219 – 228.

James, William

2007 Pragmatism, Indianapolis.

Johnson, Walton R.

1982 Education: Keystone of Apartheid, in: Anthropology and Education Quarterly, 13, 3, S. 214 – 237.

Jones, Hester Carolina

1986 Tini Vorster. Van maatskaplike werkster tot premiersvrou, MA Thesis, Bloemfontein.

Jones, Stuart; Muller, André

1992 The South African economy, 1910 – 1990, Basingstoke.

Jonker, Abraham H.

1940 Israel Die Sondebok, o. O.

1941 Nasionaal-sosialisme as godsdiens. Tien Radio-redes, uitgesaai vanuit Kaapstad tussen 1 April en 3 Junie, 1941, Cape Town.

1943 Die Nazi binne ons. 'n Boodskap aan sy mede-Suid-Afrikaners onlangs uitgesaai in Afrikaans en Engels, Cape Town.

Jooste, C. J.

1965 Community Development in the Lower Orange River Area with special reference to the Coloured Population, in: Journal of Racial Affairs, 16, 3, S. 112 – 124.

Joubert, Dian (Hrsg.)

1972 Toe Witmense nog arm was. Uit die Carnegie-verslag 1932, Cape Town.

1973 Oorlogsverklaring 1939. Drama in die Volksraad, Cape Town.

Joubert, Jurie Jacobus

1990 Die Burger se rol in die Suid-Afrikaanse partypolitiek, 1934 – 1948. PhD thesis, Pretoria.

Jüttemann, Gerd

2006 Wilhelm Wundt – der missverstandene Geisteswissenschaftler, in: ders. (Hrsg.): Wilhelm Wundts anderes Erbe. Ein Missverständnis löst sich auf, Göttingen, S. 13–29.

Kallaway, Peter

2015 Volkskirche, Volkekunde and Apartheid. Lutheran Missions, German Anthropology, and Humanities in African Education, in: Lessing, Hanns; Dedering, Tilman; Kampmann, Jürgen; Smit, Dirkie (Hrsg.): Umstrittene Beziehungen/Contested Relations. Protestantismus zwischen dem südlichen Afrika und Deutschland von den 1930er Jahren bis in die Apartheidzeit/Protestantism between Southern Africa and Germany from the 1930s to the Apartheid Era, Wiesbaden, S. 155–176.

Kannemeyer, John Christoffel

2008 Leroux. 'n lewe, Pretoria.

Kapp, P. H.

2004 Verantwoorde Verlede, 'n Historiografiese Studie. Die verhaal van die studie van Geskiedenis aan die Universiteit Stellenbosch, 1866–2000, unveröffentlicht, Stellenbosch.

2005 Geskiedenis en kultuur. Die verhaal van 'n besondere verhouding deur onderrig en navorsing aan die Universiteit Stellenbosch se Departement Geskiedenis (1866–1985), in: Suid-Afrikaanse Tydskrif vir Kultuurgeskiedenis, 19, 1, S. 36–64.

2009 Draer van 'n droom. Die geskiedenis van die Suid-Afrikaanse Akademie vir Wetenskap en Kuns, 1909–2009, Hermanus.

2013 Maties en Afrikaans. 'n besondere verhouding, 1911–2011, Pretoria.

Kathrada, Ahmed

2012 Memoirs, Cape Town.

Keet, B. B.

1955 Suid-Afrika – waarheen? 'n Bydrae tot die bespreking van ons Rasseprobleem, Stellenbosch.

1957 The Ethics of Apartheid. The Thirteenth Hoernlé Memorial Lecture, Johannesburg.

Kelly, Jill E.

2015 Bantu Authorities and Betterment in Natal: The Ambiguous Responses of Chiefs and Regents, 1955–1970, in: Journal of Southern African Studies, 41, 2, S. 273–297.

Kenney, Henry

1980 Architect of apartheid. H. F. Verwoerd, an appraisal, Johannesburg.

Kentridge, Morris

1959 I Recall: Memoirs, Johannesburg.

Keppel-Jones, Arthur

1949 Friends or Foes? A Point of View and a Programme for Racial Harmony in South Africa, Pietermaritzburg.

1968 South Africa. A short history, London.

Keyter, J. de W.
1960 Die Geestesontwikkeling van die Bantoe, met Spesiale Verwysing na Onderwys, in: Journal of Racial Affairs, 11, 4, S. 194–215.

Kgware, W. M.
1978 The Role of Black Universities in South Africa, in: Van der Merwe, Hendrik W.; Welsh, David (Hrsg.): The Future of the University in Southern Africa, New York, S. 225–236.

Kidd, Dudley
1906 Savage Childhood. A Study of Kafir Children, London.

Killen, Andreas
2007 Weimar Psychotechnics between Americanism and Fascism, in: Osiris, 22, 1, S. 48–71.

Kinghorn, Johann
1997 Modernization and Apartheid: The Afrikaner Churches, in: Elphick, Richard; Davenport, Rodney (Hrsg.): Christianity in South Africa. A political, social & cultural history, Oxford, S. 135–154.

Kinghorn, Johann; Borchardt, C. F. A. (Hrsg.)
1986 Die NG Kerk en apartheid, Johannesburg.

Kistner, Ulrike
2014 Heterotopographies of a Restless Heritage: The West and the Rest of Pretoria, South Africa, in: Social Scientist, 42, 5/6, S. 81–101.

Klee, Ernst
2003 Das Personenlexikon zum Dritten Reich. Wer war was vor und nach 1945?, Frankfurt am Main.

Klemm, Otto
1911 Geschichte der Psychologie, Leipzig – Berlin.
1922 Zur Geschichte des Leipziger Psychologischen Instituts, in: Hoffmann-Erfurt, Arthur (Hrsg.): Wilhelm Wundt. Eine Würdigung, Erfurt, S. 105–108.

Koch, Jeroen
2006 Abraham Kuyper. Een biografie, Amsterdam.

Koffka, Kurt
1921 Die Grundlagen der psychischen Entwicklung. Eine Einführung in die Kinderpsychologie, Osterwieck am Harz.

Köhler, Wolfgang
1917 Intelligenzprüfungen an Anthropoiden, Berlin.
1927 Zum Problem der Regulation, in: Wilhelm Roux' Archiv für Entwicklungsmechanik der Organismen, 122, S. 315–332.

Kondlo, Kwandiwe Merriman
2010 In the twilight of the revolution. The Pan Africanist Congress of Azania (South Africa) 1959–1994, Basel.

Koornhof, P. G. J.
1957 Aparte Universiteitsopleiding vir die Bantoe, in: Journal of Racial Affairs, 8, 2, S. 77–84.

Koorts, Lindie
2014 D. F. Malan and the rise of Afrikaner nationalism, Cape Town.

Korf, Lindie
2010 D. F. Malan: a political biography. PhD Thesis, Stellenbosch.

Koselleck, Reinhart
1985 Zur historisch-politischen Semantik asymmetrischer Gegenbegriffe, in: ders. (Hrsg.): Vergangene Zukunft. Zur Semantik geschichtlicher Zeiten, Frankfurt, S. 211–259.

Kotzé, C. H.
1950 Die Ontstaan en Ontwikkeling van die Naturelleproblem in die Vrystaatse Goudgebied, in: Journal of Racial Affairs, 2, 1, S. 20–24.

Kotzé, D. J.
1966 Stellenbosch se Bydrae, in: Thom, H. B. et al (Hrsg.): Stellenbosch 1866–1966. Honderd Jaar Hoër Onderwys, Cape Town, S. 437–529.
1969 Historikus, in: ders. (Hrsg.): Professor H. B. Thom, Stellenbosch, S. 17–24.

Kracauer, Siegfried
2013 Totalitäre Propaganda, Berlin.

Kretschmer, Ernst
1922 Körperbau und Charakter. Untersuchungen zum Konstitutionsproblem und zur Lehre von den Temperamenten, Berlin.

Kros, Cynthia
2010 The seeds of separate development. Origins of Bantu education, Pretoria.

Krueger, Felix
1913 a Magical Factors in the First Development of Human Labor, in: The American Journal of Psychology, 24, 2, S. 256–261.
1913 b New Aims and Tendencies in Psychology, in: Philosophical Review, 22, 3, S. 251–264.
1915 Über Entwicklungspsychologie. Ihre sachliche und geschichtliche Notwendigkeit, Leipzig.
1922 Wilhelm Wundt als deutscher Denker, in: Hoffmann-Erfurt, Arthur (Hrsg.): Wilhelm Wundt. Eine Würdigung, Erfurt, S. 1–44.
1926 a Zur Einführung: Über psychische Ganzheit, in: ders. (Hrsg.): Komplexqualitäten, Gestalten und Gefühle, München, S. 5–121.
1926 b Zur Entwicklungspsychologie des Rechts. Sonderdruck aus Bruno Gutmann, Das Recht der Dschagga, Arbeiten zur Entwicklungspsychologie, Heft 7, München.
1929 a Das Wesen der Gefühle. Entwurf einer systematischen Theorie, Leipzig.
1929 b Rückblick auf die 10. Tagung der Deutschen Philosophischen Gesellschaft, in: ders. (Hrsg.): Philosophie der Gemeinschaft. 7 Vorträge, gehalten auf der Tagung der Deutschen Philosophischen Gesellschaft vom 1.–4. Oktober 1928 in Leipzig, Berlin, S. 143–168.
1931 Die Tiefendimension und die Gegensätzlichkeit des Gefühlslebens, München.

1939 Otto Klemm und das Psychologische Institut der Universität Leipzig, in: Zeitschrift für angewandte Psychologie und Charakterkunde, 56, S. 1–94.
1940 Entwicklungspsychologie der Ganzheit, Cluj.
1948 Lehre von dem Ganzen. Seele, Gemeinschaft und das Göttliche (Beiheft zur Schweizerischen Zeitschrift für Psychologie und ihre Anwendungen, Bd. 15), Bern.
1953a Das Problem der Ganzheit, in: ders. (Hrsg.): Zur Philosophie und Psychologie der Ganzheit. Schriften aus den Jahren 1918–1940, Berlin – Göttingen – Heidelberg, S. 151–176.
1953b Erlebnisganzheit und seelische Struktur, in: ders. (Hrsg.): Zur Philosophie und Psychologie der Ganzheit. Schriften aus den Jahren 1918–1940, Berlin – Göttingen – Heidelberg, S. 146–150.
1967 Die Tiefendimension und die Gegensätzlichkeit des Gefühlslebens, in: ders. (Hrsg.): Über das Gefühl. Zwei Aufsätze, Darmstadt, S. 3–24.

Kruger, G. J.
1985 C. R. Swart: Sy rol as minister, 1948–1959. MA Thesis, Potchefstroom.

Kruger, Jannie J.
1961 President C. R. Swart, Cape Town – Bloemfontein – Johannesburg.

Kühl, Stefan
1997 Die Internationale der Rassisten. Aufstieg und Niedergang der internationalen Bewegung für Eugenik und Rassenhygiene im 20. Jahrhundert, Frankfurt.

Külpe, Oswald
1999 Über die moderne Psychologie des Denkens, in: Ziche, Paul (Hrsg.): Introspektion. Texte zur Selbstwahrnehmung des Ichs, Wien, S. 44–67.

Kuper, Adam
1987 South Africa and the anthropologist, London.

Kuyper, Abraham
1880 Souvereiniteit in eigen Kring. Rede ter Inwyding van de Vrije Universiteit den 20sten Oktober 1880 gehouden in den Koor der Nieuwe Kerk te Amsterdam, Amsterdam.
1916 Antirevolutionaire Staatkunde. 2 Bände, Kampen.
2007 Lectures on calvinism, New York.

LaFantasie, Glenn W. (Hg.)
1992 Foreign relations of the United States, 1958–1960, Washington.

Lake, Marilyn; Reynolds, Henry
2008 Drawing the Global Colour Line. White Men's Countries and the International Challenge of Racial Equality, Cambridge.

Lambert, John
2017 ‚Welcome Home': White English-speaking South Africans and the Royal Visit of 1947, in: South African Historical Journal, 69, 1, S. 101–120.

Lambley, Peter
1981 The psychology of Apartheid, Athens.

Lambrechts, Hendrina Christina
1957 Die eerste vyftig jaar. Die ontwikkeling van die werk van die Afrikaanse Christelike Vroueverenigíng (A.C.V.V.). PhD. thesis, Stellenbosch.

Language, F. J.
1950 Native Housing in Urban Areas, in: Journal of Racial Affairs, 1, 2, S. 27–38.
1961 Intreerede, gehou op 27 April 1961, Bloemfontein.

Lapping, Brian
1987 Apartheid. Südafrika am Scheideweg. Geschichte und Politik der Rassentrennung, München.

Lawrence, Jeremy
1978 Harry Lawrence, Cape Town.

Lawrie, G. G.
1964 South Africa's World Position, in: Journal of Modern African Studies, 2, 1, S. 41–54.

Lazar, John
1987 Conformity and Conflict. Afrikaner Nationalist Politics in South Africa, 1948–1961. PhD Thesis, Oxford.
1988 The Role of the South African Bureau of Racial Affairs (SABRA) in the Formulation of Apartheid Ideology, 1948–1961 (Collected Seminar Papers, No.37, Societies of Southern Africa; Bd. 14), London.
2001 Verwoerd versus the ‚Visionaries': The South African Bureau of Racial Affairs (Sabra) and Apartheid, 1948–1961, in: Bonner, Philip; Delius, Peter; Posel, Deborah (Hrsg.): Apartheid's genesis, 1935–1962, Braamfontein, S. 362–392.

Le Bon, Gustave
1908 Psychologie der Massen, Leipzig.

Le Grange, Isak
1944 Uit Chaos – Na Orde. Die Wording van 'n Nasional-sosialis, Cape Town.

Le Roux, N. J.
1953 W. A. Hofmeyr. Sy Werk en Waarde, Cape Town.

Lehmann, Alfred
1914 Die Hauptgesetze menschlichen Gefühlslebens, Leipzig.

Leichtman, M.
1979 Gestalt Theory and the Revolt against Positivism, in: Buss, Allan R. (Hrsg.): Psychology in social context, New York. S. 47–75.

Leipoldt, C. Louis
1988 Bushveld doctor, Johannesburg.

Lekgoathi, Sekibakiba Peter
2009 ‚Colonial' Experts, Local Interlocutors, Informants and the Making of an Archive on the ‚Transvaal Ndebele', 1930–1989, in: Journal of African History, 50, S. 61–80.

Lelyveld, Joseph
1989 Move your shadow. South Africa, Black and White, London.

Lever, Henry

1978 South African society, Johannesburg.

Lévy-Bruhl, Lucien

1959 Die geistige Welt der Primitiven, Darmstadt.

Lewin, Kurt

1922 Eine experimentelle Methode zur Erzeugung von Affekten, in: Bühler, Karl (Hrsg.): Bericht über den VII. Kongreß für experimentelle Psychologie in Marburg vom 20.–23. April 1921, Jena, S. 146–148.

Lewis, Gavin

1987 Between the wire and the wall. A history of South African „coloured" politics, Cape Town.

Lewsen, Phyllis (Hg.)

1991 Helen Suzman's Solo years, Johannesburg.

Lifton, Robert Jay

1970 Die Unsterblichkeit des Revolutionärs. Mao Tse-tung und die chinesische Kulturrevolution, München.

Lipmann, Otto

1912 Gedächtnis und Auffassung, in: Institut für angewandte Psychologie und psychologische Sammelforschung (Hrsg.): Vorschläge zur psychologischen Untersuchung primitiver Menschen (Beihefte zur Zeitschrift für angewandte Psychologie und psychologische Sammelforschung; Bd. 5), Leipzig, S. 55–64.

1912 Suggestibilität, in: Institut für angewandte Psychologie und psychologische Sammelforschung (Hrsg.): Vorschläge zur psychologischen Untersuchung primitiver Menschen (Beihefte zur Zeitschrift für angewandte Psychologie und psychologische Sammelforschung; Bd. 5), Leipzig, S. 65–68.

1926 Grundriß der Arbeitswissenschaft und Ergebnisse der arbeitswissenschaftlichen Statistik, Jena.

Lipton, Merle

1989 Capitalism and apartheid. South Africa, 1910–1986, Cape Town.

2007 Liberals, Marxists, and nationalists. Competing interpretations of South African history, New York.

Livie-Noble, F. S.

1922 An Introductory Outline of Some of the Practical Applications of Modern Psychology, in: South African Journal of Science, 19, S. 439–448.

Lodge, Tom

1983 The Parents' School Boycott, 1955, in: Bozzoli, Belinda (Hrsg.): Town and Countryside in the Transvaal. Capitalist Penetration and Popular Response, Johannesburg, S. 365–395.

1990 The Parents' School Boycott: Eastern Cape and East Rand Townships, 1955, in: Kallaway, Peter (Hrsg.): Apartheid and education. The education of black South Africans, Johannesburg, S. 265–295.

Lombard, J. A.

1964 Die Ekonomiese Beskouingswyse t. o. v. die Beleid van Afsonderlike Ontwikkeling en die Aandeel van die Blanke Daarin, in: Journal of Racial Affairs, 15, 4, S. 167–185.

Long, Wahbie; Foster, Don

2013 The Changing Face of „Relevance" in South African Psychology, in: Psychology in Society, 45, S. 3–16.

Longerich, Peter

2012 Joseph Goebbels. Biographie, München.

Loosch, Eberhard

2008 Otto Klemm (1884–1939) und das psychologische Institut in Leipzig, Berlin.

Loram, Charles T.

1917 The Education of the South African Native, London.

Louw, Johan

1986 This Is Thy Work. A contextual history of applied psychology and labour in South Africa. PhD Thesis, University of Amsterdam.

1997 Social Context and Psychological Testing in South Africa, 1918–1939, in: Theory & Psychology, 7, 2, S. 235–256.

Louw, Johann; Foster, Don

1991 Historical perspective: psychology and group relations in South Africa, in: Foster, Don H.; Louw-Potgieter, Joha (Hrsg.): Social psychology in South Africa, Johannesburg, S. 57–90.

Louw, N. P. van Wyk

1958 Liberale Nasionalisme. Gedagtes oor die Nasionalisme, Liberalisme en Tradisie vir Suid-Afrikaners met 'n kulturelle nadrup, Cape Town – Bloemfontein – Johannesburg.

1965 Lojale verset. Kritiese gedagtes oor ons Afrikaanse kultuurstrewe en ons literêre beweging, Cape Town.

Lück, Helmut E.

1990 Ein Briefwechsel zwischen William Stern und Alexius Meinong, in: Psychologie und Geschichte, 1, 4, S. 38–54.

1991 „Noch ein weiterer Jude ist natürlich ausgeschlossen". William Stern und das Psychologische Institut der Universität Hamburg, in: Herzig, Arno (Hrsg.): Die Geschichte der Juden in Hamburg, 1590–1990, Hamburg, S. 407–417.

2001 Kurt Lewin. Eine Einführung in sein Werk, Weinheim.

Lück, Helmut E.; Bringmann, Wolfgang G.

2005 Hugo Münsterberg, in: Lück, Helmut E.; Miller, Rudolf (Hrsg.): Illustrierte Geschichte der Psychologie, Weinheim, S. 178–180.

Lückhoff, A. H.

1978 Cottesloe, Cape Town.

Luks, Timo

2015 Die „psychognostische Schwierigkeit der Beobachtung". Industriebetriebliches Ordnungsdenken und social engineering in Deutschland und Großbritannien in der ersten Hälfte des zwanzigsten Jahrhunderts, in: Etzemüller, Thomas (Hrsg.): Die Ordnung der Moderne. Social Engineering im 20. Jahrhundert, Bielefeld, S. 87–107.

Luthuli, Albert

1965 Let My People Go. An Autobiography, London-Glasgow.

MacCrone, I. D.

1947 Group Conflicts and Race Prejudice. Hoernlé Memorial Lecture 3, Johannesburg.

Mack, Wolfgang

2005 Die Würzburger Schule, in: Lück, Helmut E.; Miller, Rudolf (Hrsg.): Illustrierte Geschichte der Psychologie, Weinheim, S. 50–53.

Mack, Wolfgang; Kressley-Mba, Regina A.; Knopf, Monika

2006 Zum Begriff der Entwicklung in Wundts Psychologie, in: Jüttemann, Gerd (Hrsg.): Wilhelm Wundts anderes Erbe. Ein Missverständnis löst sich auf, Göttingen, S. 69–80.

Macmillan, Harold

1972 Pointing the way, 1959–1961, London.

MacMillan, Hugh; Marks, Shula

1989 Africa and empire. W. M. Macmillan, historian and social critic, London.

Macmillan, William Miller

1919 The South African Agrarian Problem and Its Historical Development. Lectures, Johannesburg.

1930 Complex South Africa. An Economic Footnote to History, London.

Maisels, Isie

1999 A life at law, Johannesburg.

Makin, Michael

1996 Britain, South Africa and the Commonwealth in 1960. The „Winds of Change" Re-assessed, in: Historia, 41, 2, S. 74–88.

1997 South Africa's departure from the Commonwealth in 1961. postmortems and consequences, in: Kleio, 29, S. 156–171.

Malan, Daniel François

1917 De Achteruitgang van ons Volk. De oorzaken daarvan en de redmiddelen, Cape Town.

1923 Die Groot Vlug. 'n Nabetraging van die Arm-Blanke-Kongres, 1923, en van die Offisiele Sensusopgawe, Cape Town.

1934 Toespraak deur Dr. D. F. Malan, L. V., in: Du Toit, Pieter (Hrsg.): Verslag van die volkskongres oor die Armblankevraagstuk gehou te Kimberley 2 tot 5 Oktober 1934, Cape Town, S. 122–125.

1959 Afrikaner-Volkseenheid en my ervarings op die pad daarheen, Cape Town.

Malan, M. P. A.

1957 Apartheid. Is Beloftes uitgevoer?, Bloemfontein.

1958 Die Eerste Minister van S. A. (Skietgoed, 3–1958/9), Bloemfontein.

1960 Sal Suid-Afrika as republiek lid van die Statebond bly?, Bloemfontein.
1964 Die Nasionale Party van Suid-Afrika. Sy stryd en Prestasies 1914–1964.

Malan, M.P.A.; Mulder, Cornelius Petrus
1966 Hendrik Frensch Verwoerd, 1901–1966, Bloemfontein.

Malherbe, Ernst Gideon
1937 (Hrsg.) Educational Adaptations in a Changing Society. Report of the South African Education Conference held in Capetown and Johannesburg in July, 1934, under the auspices of the New Education Fellowship, Cape Town – Johannesburg.
1943 The Bilingual School, Johannesburg.
1946 Race Attitudes and Education (Hoernlé Memorial Lecture; Bd. 2), Johannesburg.
1973 The Carnegie Poor White Investigation: Its Origin and Sequels, in, in: Social Work, 9, S. 81–90.

Mamdani, Mahmood
1996 Citizen and Subject. Contemporary Africa and the Legacy of late Colonialism, Princeton.

Mandela, Nelson
1995 Long Walk to Freedom. The autobiography of Nelson Mandela, London.

Mannheim, Karl
2015 Ideologie und Utopie, Frankfurt am Main.

Mansergh, Nicholas (Hrsg.)
1963 Documents and speeches on Commonwealth affairs 1952 – 1962, London.
1969 The Commonwealth Experience, London.

Maphalala, Jabu S. Hulumende
1996 History and Mother-Tongue Eduation in South Africa, in: New Contree, 40, S. 102–118.

Marais, E.J.
1978 The University and Culture – The Special Role of a Dual-medium University, in: Van der Merwe, Hendrik W; Welsh, David (Hrsg.): The Future of the University in Southern Africa, New York, S. 196–204.

Marais, Jaap
1992 Die era van Verwoerd, Pretoria.

Marais, M.D.
1960 Politieke onafhanklikheid en ekonomiese selfstandigheid, o.A.

Marbe, Karl
1999 Experimentell-psychologische Untersuchungen über das Urteil, in: Ziche, Paul (Hrsg.): Introspektion. Texte zur Selbstwahrnehmung des Ichs, Wien , S. 78–97.

Marcum, John
1967 Southern Africa and United States Policy: A Consideration of Alternatives, in: Africa Today, 14, 5, S. 5–13.

Marcuse, Herbert
1976 Der eindimensionale Mensch. Studien zur Ideologie der fortgeschrittenen Industriegesellschaft, Neuwied.

Maritz, Petrus Jacobus

2003 Ben Marais (1909–1999). The Influences on and Heritage of a South African Prophet during Two Periods of Transformation. PhD Thesis, Pretoria.

Marklund, Carl

2015 Begriffsgeschichte and Übergriffsgeschichte in the History of Social Engineering, in: Etzemüller, Thomas (Hrsg.): Die Ordnung der Moderne. Social Engineering im 20. Jahrhundert, Bielefeld, S. 199–221.

Marquard, Leo

1962 The Peoples and Policies of South Africa, Oxford.

Marx, Christoph

1988 „Völker ohne Schrift und Geschichte". Zur historischen Erfassung des vorkolonialen Schwarzafrika in der deutschen Forschung des 19. und frühen 20. Jahrhunderts, Stuttgart.

1994 The Ossewabrandwag as a Mass Movement, 1939–1941, in: Journal of Southern African Studies, 20, 2, S. 195–219.

1998 Im Zeichen des Ochsenwagens. Der radikale Afrikaaner-Nationalismus in Südafrika und die Geschichte der Ossewabrandwag, Münster.

2000 Folter und Rassismus. Südafrika während der Apartheid, in: Burschel, Peter; Distelrath, Götz; Lembke, Sven (Hrsg.): Das Quälen des Körpers. Eine historische Anthropologie der Folter, Köln, S. 257–279.

2004 Von der Versöhnung zur Entsorgung? Die Wahrheitskommission und der Umgang mit der Vergangenheit im „neuen" Südafrika, in: Zimmerer, Jürgen (Hrsg.): Verschweigen, Erinnern, Bewältigen. Vergangenheitspolitik nach 1945 in globaler Perspektive (Comparativ; 14. Jahrg., Heft 5/6), Leipzig, 107–123.

2006 Gedenken, Geschichte und Versöhnung in Südafrika und Zimbabwe, in: Afrika Spectrum, 41, 2, S. 155–174.

2007 Die Wahrheit über die Apartheid? Geschichtswissenschaft und Wahrheitskommission in Südafrika, in: ders. (Hrsg.): Bilder nach dem Sturm. Wahrheitskommissionen und historische Identitätsstiftung zwischen Staat und Zivilgesellschaft, Berlin, 74–101.

2008 Oxwagon Sentinel. Radical Afrikaner nationalism and the history of the Ossewabrandwag, Münster.

2010 From trusteeship to self-determination. L. J. du Plessis' thinking on apartheid and his conflict with H. F. Verwoerd, in: Historia, 55, 2, S. 50–75.

2011a Hendrik Verwoerd's Long March to Apartheid: Nationalism and Racism in South Africa, in: Berg, Manfred; Wendt, Simon (Hrsg.): Racism in the modern world. Historical perspectives on cultural transfer and adaptation, New York, S. 281–302.

2011b Verwoerdian Apartheid and African Political Elites in South Africa, 1950–68, in: Dülffer, Jost; Frey, Marc (Hrsg.): Elites and decolonization in the twentieth century, Houndmills, S. 138–156.

2012 Südafrika. Geschichte und Gegenwart, Stuttgart.

2013 Hendrik Verwoerd and the Leipzig School of Psychology in 1926, in: Historia, 58, 2, S. 91–118.

2014 Südafrikas Austritt aus dem Commonwealth 1961, in: Bachem-Rehm, Michaela; Hiepel, Claudia; Türk, Henning (Hrsg.): Teilungen überwinden. Europäische und Internationale Geschichte im 19. und 20. Jahrhundert. Festschrift für Wilfried Loth, München, S. 361–371.

2015 a Wissen, Nichtwissen und Gewissheiten als Grundlage der Apartheid-Politik in Südafrika, in: Häberlein, Mark; Paulus, Stefan; Weber, Gregor (Hrsg.): Geschichte(n) des Wissens. Festschrift für Wolfgang E. J. Weber zum 65. Geburtstag, Augsburg, S. 725–740.

2015 b Settler Colonies. http://ieg-ego.eu/en/threads/europe-and-the-world/european-overseas-rule/christoph-marx-settler-colonies

2015 c Bis zum bitteren Ende. Der Burenkrieg (1899–1902) als Gewalteskalation, in: Becker, Frank (Hrsg.): Zivilisten und Soldaten. Entgrenzte Gewalt in der Geschichte, Essen, S. 103–123.

2018 „Muldergate“. Außenpolitische Propaganda und interne Machtkämpfe in Südafrika Ende der 1970er Jahre, in: Geschichte in Wissenschaft und Unterricht, 69, 1/2, S. 51–66.

Mayer, A.; Orth, J.

1999 Zur qualitativen Untersuchung der Association, in: Ziche, Paul (Hrsg.): Introspektion. Texte zur Selbstwahrnehmung des Ichs, Wien, S. 68–77.

Maylam, Paul

1995 A history of the African people of South Africa. From the early Iron Age to the 1970s, London.

Mbeki, Govan

1984 South Africa. The peasants' revolt, London.

1992 The struggle for liberation in South Africa. A short history, Cape Town.

McCarthy, Thomas

2015 Rassismus, Imperialismus und die Idee humaner Entwicklung, Berlin.

McKay, Clare Elizabeth Anne

2015 A history of the National Union of South African Students (NUSAS), 1956–1970. PhD Thesis, Pretoria.

Meier, Wilma

1994 Diedrich Westermann. Erforscher afrikanischer Sprachen und Kulturen, Bremen.

Meiring, Piet

2013 Remembering Cottesloe: Delegates to the Cottesloe Consultation tell their stories, in: Plaatjies-Van Huffel, Mary-Anne; Vosloo, Robert (Hrsg.): Reformed churches in South Africa and the struggle for justice. Remembering 1960–1990, Stellenbosch, S. 39–51.

2015 The Influence of the Ecumenical Movement on the Dutch Reformed Church Family (1948–1986), in: Lessing, Hanns; Dedering, Tilman; Kampmann, Jürgen; Smit, Dirkie (Hrsg.): Umstrittene Beziehungen/Contested Relations. Protestantismus zwischen dem südlichen Afrika und Deutschland von den 1930er Jahren bis in die Apartheidzeit/Protestantism between Southern Africa and Germany from the 1930s to the Apartheid Era, Wiesbaden, S. 216–230.

Meiring, Piet G. J.
1973a Inside information, Cape Town.
1973b Ons Eerste Ses Premiers. 'n Persoonlike terugblik, Cape Town.
1973c Tien politieke leiers. Manne na aan ons premiers, Cape Town.
1979 Vyftig jaar op die voorblad, Johannesburg.
1985 Die lewe van Hilgard Muller, Pretoria.
1987 Die Transvaler. 50 jaar, Johannesburg.
1990 Was dit dr. Verwoerd se skuld? (Unisa manuskripte versameling).

Meischner, Wolfgang
2005 Wilhelm Wundt, in: Lück, Helmut E.; Miller, Rudolf (Hrsg.): Illustrierte Geschichte der Psychologie, Weinheim, S. 35–40.

Meischner, Wolfgang; Eschler, Erhard
1979 Wilhelm Wundt, Leipzig – Jena – Berlin.

Meischner-Metge, Anneros
2006a Die Methode der Forschung, in: Jüttemann, Gerd (Hrsg.): Wilhelm Wundts anderes Erbe. Ein Missverständnis löst sich auf, Göttingen, S. 131–143.
2006b „Völkerpsychologie" oder allgemeine „Entwicklungspsychologie"? Zur Wundt-Krueger-Deklarationsdiskussion, in: Jüttemann, Gerd (Hrsg.): Wilhelm Wundts anderes Erbe. Ein Missverständnis löst sich auf, Göttingen, S. 81–87.

Meli, Francis
1989 South Africa belongs to us. A history of the A.N.C, London.

Mendelsohn, Richard; Shain, Milton
2008 The Jews in South Africa. An illustrated history, Johannesburg.

Menzies, Robert Gordon
1967 Afternoon Light. Some Memories of Men and Events, London.

Meredith, Martin
1998 Nelson Mandela. A biography, Ringwood.

Merrett, Christopher
1995 A culture of censorship. Secrecy and intellectual repression in South Africa, Cape Town.

Metelerkamp, Petrovna; Jonker, Anna
2003 Ingrid Jonker. Beeld van 'n digterslewe, Vermont.

Métraux, Alexandre
2005 Otto Selz, in: Lück, Helmut E.; Miller, Rudolf (Hrsg.): Illustrierte Geschichte der Psychologie, Weinheim, S. 56–59.

Metzger, Wolfgang
1970 Verlorenes Paradies. Im Psychologischen Institut in Berlin, 1922–1931, in: Schweizerische Zeitschrift für Psychologie, 29, S. 16–25.
1986 Zur Geschichte der Gestalttheorie in Deutschland, in: Metzger, Wolfgang; Stadler, Michael (Hrsg.): Gestalt-Psychologie. Ausgewählte Werke aus den Jahren 1950 bis 1982, Frankfurt am Main.

Meyer, A.

1998 The archaeological sites of Greefswald. Stratigraphy and chronology of the sites and a history of investigations, Pretoria.

Meyer, Pieter Johannes

1959 Trek Verder. Die Afrikaner in Afrika, Cape Town – Pretoria.

1978 Dr. H. F. Verwoerd: Afrikaner-volksman. Vierde H. F. Verwoerd-Gedenklesing 4, Pretoria.

1984 Nog nie ver genoeg nie. 'n persoonlike rekenskap van vyftig jaar georganiseerde Afrikanerskap, Kaapstad.

Mildenberger, Florian

2002 Körperbau, Charakter und Sexualität, in: Gigi, 20. http://gigi-online.de/kretschmer20.html

Millar, David John

1988 The 1947 Consumer Boykott of Indian Retail Traders on the Transvaal Platteland. BA Honours Thesis University of the Witwatersrand, Johannesburg.

Miller, Jamie

2016 An African Volk. The apartheid regime and its search for survival, New York.

Miller, J. D. B.

1961 South Africa's Departure, in: Journal of Commonwealth Political Studies, 1, 1, S. 56–74.

1971 Politicians, Officials, and Prophets, in: International Journal, 26, 2, S. 325–337.

Miller, Roberta Balstad

1993 Science and Society in the Early Career of H. F. Verwoerd, in: Journal of Southern African Studies, 19, 4, S. 634–661.

Mills, Johan

2001 Meesterbouer eerder as argitek, in: Verwoerd, Wilhelm J. (Hrsg.): Verwoerd. Só onthou ons hom, Pretoria, S. 153–163.

Minnaar, Anthony

2013 The Graaff-Reinet municipal location: Unemployment and poor relief during the Great Depression of 1929–1933, in: New Contree, 66, S. 27–53.

Mittner, M. J.

1986 Die Burger en die Kleurling-Stem 1948–1961. MA Thesis, Cape Town.

Mnaba, Victor Mxolisi

2006 The Role of the Church towards the Pondo Revolt in South Africa from 1960–1963. MA Thesis, Pretoria.

Moede, Walther

1920 Experimentelle Massenpsychologie, Leipzig.

1937 Stand und Lage der angewandten Psychologie in Deutschland, in: The American Journal of Psychology, 50, 1/4, S. 307–327.

Mönnig, H. O.

1945 Natuurwetenskap en Tegniek in Diens van die Mens. Referaat gelewer op die Jaarvergadering van die S.A. Akademie, 29 Julie 1944.

Moodie, Graeme C.

1994 The State and the Liberal Universities in South Africa: 1948 – 1990, in: Higher Education, 27, 1, S. 1 – 40.

Moodie, T. Dunbar

1975 The rise of Afrikanerdom. Power, apartheid, and the Afrikaner civil religion, Berkeley.

2017 Separate Development as a Failed Project of Social Engineering: The Flawed Logic of Hendrik Verwoerd, in: South African Historical Journal, 69, 2, S. 153 – 161.

Mooney, Katie

1998 ‚Ducktails, Flick-knives and Pugnacity': Subcultural and Hegemonie Masculinities in South Africa, 1948 – 1960, in: Journal of Southern African Studies, 24, 4, S. 753 – 774.

Morrell, Robert (Hrsg.)

1992 White but poor. Essays on the history of poor whites in Southern Africa 1880 – 1940, Pretoria.

Moser, H.

1991 Zur Entwicklung der akademischen Psychologie in Hamburg bis 1945. Eine Kontrast-Skizze als Würdigung des vergessenen Erbes von William Stern, in: Krause, Eckart (Hrsg.): Hochschulalltag im „Dritten Reich". Die Hamburger Universität 1933 – 1945, Bd. 3, Berlin, S. 483 – 518.

Mostert, J. P. C.

1985 Die rol van swart verstedeliking in die algemene verkiesing van 1948, in: Joernaal vir eietydse geskiedenis, 10, 3, S. 25 – 57.

Moukambi, Victor

2008 Relations between South Africa and France with Special Reference to Military Matters, 1960 – 1990, Stellenbosch.

Mouton, Alex

2002 Voorloper. Die lewe van Schalk Pienaar, Kaapstad.

2007 A. N. Pelzer: A Custodian of Afrikanerdom, in: Mouton, F. A.; Southey, Nicholas; van Jaarsveld, Albert (Hrsg.): History, historians & Afrikaner nationalism. Essays on the History Department of the University of Pretoria, 1909 – 1985, Vanderbijlpark, S. 89 – 122.

Mulder, C. P.; Cruywagen, W. A. (Hrsg.)

1964 Die eerste skof van die Nasionale Party in Transvaal 1914 – 1964, o. O.

Muller, C. F. J.

1990 Sonop in die Suide. Geboorte en groei van die Nasionale Pers 1915 – 1948, Kaapstad.

Muller, Johan

1989 Press Houses at War: A Brief History of Nasionale Pers and Perskor, in: Tomaselli, Keyan G.; Teer-Tomaselli, Ruth; Muller, John (Hrsg.): The Press in South Africa, London, S. 118 – 140.

Muller, Stephanus
2008 Die Stem, in: Grundlingh, A. M.; Huigen, Siegfried (Hrsg.): Van volksmoeder tot Fokofpolisiekar. Kritiese opstelle oor Afrikaanse herinneringsplekke, Stellenbosch, S. 197–205.

Muller, W. A.
1973 Dr. H. F. Verwoerd se joernalistieke bydrae tot die republikeinse idee. MA Thesis, Pretoria.

Munger, Edwin S.
1967 Afrikaner and African Nationalism. South African Parallels and Parameters, London.

Münsterberg, Hugo
1997 Psychologie und Wirtschaftsleben, Weinheim.

Murray, Bruce K.
1997 Wits, The ‚Open' Years. A History of the University of the Witwatersrand, Johannesburg, 1939–1959, Johannesburg.

Mzimela, Sipo E.
1983 Apartheid: South African Naziism, New York.

Naiman, Joanne; Bhabha, Joan; Wright, Guy
1984 Relations between Canada and South Africa, United Nations Centre against Apartheid, in: Notes and Documents, 10, S. 1–60.

Nash, Andrew
2009 The dialectical tradition in South Africa, New York.

Nasionale Party
o. J. Konsep-Grondwet van die Republiek, Johannesburg.
1935 Nasionale Dagblad vir Transvaal, Cape Town.
1943 Opmars na die Republiek: Dr.Malan, Cape Town.
1946 'n Roekelose Regeringsplan. Onbeheerde Immigrasie bedreig Suid-Afrika., Cape Town.
1948 Nasionale Party se kleurbeleid. Handhawing van blanke ras as hoogste taak Cape Town.
1958 Verkiesingsmanifes 1958, Johannesburg.
1960 Die Volkstemming 5 Oktober 1960. Stukke uitgegee deur Die Inligtingsdiens van die Nasionale Party Bloemfontein, Bloemfontein.

Nasionale Party, Oranje Vrystaat
1930 Beginsels, Konstitusie, Statute, Bloemfontein.

Nasional Party, Kaapprovinsie
1937 Die Nasionale Party en Joodse immigrasie, Cape Town.

Nationale Partij in Transvaal
1914 Beginsels, Konstitutie, Statuten, Pretoria.

Nasionale Vroueparty
1927 Nasionale Vroueparty, Kaapprovinsie – Vierde Kongres. gehou in die Stadsaal, Graaff-Reinet, 3–6.12.1926, Cape Town.

Naudé, Louis

1969 Dr. Albert Hertzog, die Nasionale Party, en die Mynwerkers, Pretoria.

Naudé, Stefan Meiring

1964 Der Südafrikanische Forschungsrat für Wissenschaft und Industrie, Köln – Opladen.

Necker, Catharina Maria de

1998 Die Rol van die owerheid in die voorsiening van georganiseerde maatskaplike welsynsdiens in Suid-Afrika, 1902–1995, MA Thesis, Potchefstroom.

Nel, B. F.

1942 Naturelle-Opvoeding en -Onderwys. 2 Bände, Bloemfontein – Cape Town – Port Elizabeth.

Nel, M. D. C. de Wet

1956 Die Bantoe se plek en rol in die huidige Sosiale, Ekonomiese en Politieke Struktuur van Suid-Afrika, in: Thom, H. B. et al (Hrsg.): Volkskongres oor die toekoms van die Bantoe. Bloemfontein 28–30 Junie 1956, Stellenbosch, S. 1–12.

Ngcokovane, Cecil

1989 Demons of Apartheid. A moral and ethical analysis of the NGK, NP and Broederbond's justification of Apartheid, Braamfontein.

Nicol, Mike

1995 The waiting country. A South African witness, London.

Nixon, Rob

1993 The Devil in the Black Box: Ethnic Nationalism, Cultural Imperialism and the Outlawing of TV under Apartheid, in: Institute of Commonwealth Studies (Hrsg.): The Societies of Southern Africa in the 19th and 20th Centuries, Vol. 19 (Collected Seminar Papers; Bd. 45), London, S. 120–137.

Norval, Aletta J.

1996 Deconstructing apartheid discourse, New York.

Oberholzer, C. K.

1970 Die wysgerige antropologie, die psigologie en die sosiologie, in: Cronjé, Geoffrey (Hrsg.): Die wysgerige antropologie en die menswetenskappe, Pretoria, S. 64–80.

Oelze, Berthold

1991 Wilhelm Wundt. Die Konzeption der Völkerpsychologie, Münster.

Olivier, M. J.

1964 Differensiërende Wetgewing, in: Theron, Erika (Hrsg.): Die Kleurlingbevolking van Suid-Afrika, Stellenbosch – Grahamstown, S. 208–225.

Olivier, N. J. J.

1953 Die Naturel in Wes-Kaapland. 'n Tentatiewe Uiteensetting, in: Journal of Racial Affairs, 4, 2, S. 1–12.

1954 Apartheid – A Slogan or a Solution? in: Journal of Racial Affairs, 5, 2, S. 23–34.

1956 a Die Taak van ons Afrikaanse Universiteite in verband met Rasse-Aangeleenthede, in: Journal of Racial Affairs, 8, 1, S. 33–40.

1956 b Beleidsrigtings vir die Toekomstige Verhouding tussen Blank en Bantoe in Suid-Afrika, in: Thom, H. B. et al (Hrsg.): Volkskongres oor die toekoms van die Bantoe. Bloemfontein 28–30 Junie 1956, Stellenbosch, S. 13–33.
1959 a Ons Stedelike Naturellebevolking, in: Journal of Racial Affairs, 10, 2, S. 33–45.
1959 b Ons Stedelike Naturellebevolking, in: Journal of Racial Affairs, 10, 3, S. 63–72.
1961 The Path to African Political Maturity, in: Journal of Racial Affairs, 12, 4, S. 199–210.
1973 Aspekte van die proses van konstitusionele ontwikkeling van die Bantoetuislande. Rede gelewer by die jaarlikse vakskonferensie van Suid-Afrikaanse Universiteitsdosente vir Naturelle- en Bantoeontwikkelingsadministrasie en Toegepaste Volkekunde, Pretoria, 25 Mei 1973.
1984 The Legal Status of Urban Blacks in South Africa, in: Koers, 49, 3, S. 356–384.

O'Meara, Dan
1977 The Afrikaner Broederbond 1927–1948: class vanguard of Afrikaner Nationalism, in: Journal of Southern African Studies, 2, S. 156–186.
1983 Volkskapitalisme. Class, capital, and ideology in the development of Afrikaner nationalism, 1934–1948, Johannesburg.
1996 Forty lost years. The apartheid state and the politics of the National Party, 1948 – 1994, Randburg.

Oppenheimer, H. F.
1961 South Africa's Role in a Changing Africa, in: African Affairs, 60, 238, S. 18–25.

Ovendale, Ritchie
1995 Macmillan and the Wind of Change in Africa, 1957–1960, in: Historical Journal, 38, 2, S. 455–477.

Paine, Victor
1978 The Confrontation between the Archbishop of Cape Town, Joost de Blank, and the South African Government on Racial Policies (1957–1963). MA Thesis, Cape Town.

Pama, C.
1967 Die afstamming van Dr. Hendrik Verwoerd, in: Familia. Quarterly Journal of the Genealogical Society of South Africa, 4, 1, S. 80–88.

Parkington, John; Hall, Simon
2010 The Appearance of Food Production in Southern Africa 1,000 to 2,000 Years Ago, in: Hamilton, Carolyn; Mbenga, Bernard K.; Ross, Robert (Hrsg.): The Cambridge History of South Africa, Volume 1. From Early Times to 1885, Cambridge, S. 63–111.

Parliament of the Union of South Africa
1960 Souvenir of visit of The Rt. Hon. Harold Macmillan, Prime Minister of the United Kingdom to the Houses of Parliament, Cape Town, on Wednesday, 3rd February, 1960, Cape Town.

Paton, Alan
1971 Hofmeyr. Abridged Edition, Cape Town.

Pauw, S.
1946 Die beroepsarbeid van die Afrikaner in die stad, Stellenbosch.

Peberdy, Sally

2009 Selecting immigrants. National identity and South Africa's immigration policies, 1910 – 2008, Johannesburg.

Pelzer, A. N.

1963 Verwoerd aan die woord. Toesprake 1948 – 1962, Johannesburg.

1963 Die historiese grondslae van afsonderlike ontwikkeling, in: Cronjé, Geoffrey (Hrsg.): Die westerse kultuur in Suid-Afrika, Pretoria, S. 133 – 155.

1966 Verwoerd Speaks. Speeches 1948 – 1966, Johannesburg.

1966 b Geskiedenis en ons Kultuurlewe, in: FAK (Hrsg.): Referate gelewer by geleentheid van die F.A.K.-Kongres op 30 September en 1 Oktober 1964 in Bloemfontein, Johannesburg, S. 39 – 52.

1979 Die Afrikaner-Broederbond. Eerste 50 jaar, Cape Town.

1980 Hendrik Frensch Verwoerd. Sesde H. F. Verwoerd-Gedenklesing, Pretoria.

Penny, H. Glenn

2002 The Civic Uses of Science: Ethnology and Civil Society in Imperial Germany, in: Osiris, 17, 228 – 252.

Peukert, Detlev J. K.

1989 Die Genesis der „Endlösung" aus dem Geist der Wissenschaft, in: ders. (Hrsg.): Max Webers Diagnose der Moderne, Göttingen, S. 102 – 121.

Pfaffe, Joachim Friedrich

1987 Die Geschichte der an Hochschulen institutionalisierten Psychologie in Südafrika, in: Geschichte der Psychologie, 4, 2, S. 66 – 77.

Pfister, Roger

2005 Apartheid South Africa and African states. From pariah to middle power, 1961 – 1994, London.

Phillips, Howard

1993 The University of Cape Town, 1918 – 1948. The formative years, Cape Town.

Pick, William; Rispel, Laetitia; Naidoo, Shan

2008 Poverty, Health and Policy: A Historical Look at the South African Experience, in: Journal of Public Health Policy, 29, S. 165 – 178.

Pienaar, Schalk; Vosloo, Ton

1975 Schalk Pienaar. 10 jaar politieke kommentaar, Kaapstad.

Pillay, G. J.

1993- Voices of liberation, Pretoria, South Africa.

Pirie, G. H.; Rogerson, C. M.; Beavon, K. S. O.

1980 Covert power in South Africa: the geography of the Afrikaner Broederbond, in: Area, 12, 2, S. 97 – 104.

Platzky, Laurine; Walker, Cherryl

1985 The Surplus People. Forced removals in South Africa, Johannesburg.

Plaum, Ernst

1989 Historische Anmerkungen zum Problem eines holistischen Eklektizismus in der Psychologie, in: Geschichte der Psychologie, 6, 1, S. 34–38.

1993 Grundlegende Aspekte holistischer Psychologien der Zwischenkriegszeit in Deutschland, in: Psychologie und Geschichte, 5, 1/2, S. 31–39.

1995 Zur „Unwissenschaftlichkeit" Felix Kruegers, in: Psychologie und Geschichte, 7, 1, S. 3–29.

1996 „Gestalt" und „Ganzheit" – politisch gefährliche Begriffe? in: Psychologie und Geschichte, 7, 3, S. 210–216.

Popper, Karl

1928 Zur Methodenfrage der Denkpsychologie. Diss., Wien.

Pos, Mary

1967 Wie was Dr. Verwoerd?, Utrecht.

Posel, Deborah

1987 The Meaning of Apartheid before 1948: Conflicting Interests and Forces within the Afrikaner Nationalist Alliance, in: Journal of Southern African Studies, 1, S. 123–139.

1988 The Construction of Apartheid, 1948–1961. unpubl. Seminar Paper, Nr. 240.

1997 The making of apartheid, 1948–1961. Conflict and Compromise, Oxford.

1999 Whiteness and Power in the South African Civil Service: Paradoxes of the Apartheid State, in: Journal of Southern African Studies, 25, 1, S. 99–119.

2001 Race as Common Sense: Racial Classification in Twentieth-Century South Africa, in: African Studies Review, 44, 2, S. 87–113.

2009 a A mania for measurement: statistics and statecraft in the transition to Apartheid, in: Dubow, Saul (Hrsg.): Science and Society in Southern Africa, Manchester, S. 116–142.

2009 b The Assassination of Hendrik Verwoerd: The Spectre of Apartheid's Corpse, in: African Studies, 68, 3, S. 331–350.

2011 The Apartheid Project, 1948—1970, in: Ross, Robert; Mager, Anne Kelk; Nasson, Bill (Hrsg.): The Cambridge history of South Africa. Bd. 2, Cambridge, S. 319–368.

Potgieter, E. F.

1956 Die Gebied en Taak van die Volkekunde. Intreerede gehou by geleentheid van die aanvaarding van die leerstoel in Volkekunde, Pretoria.

1956 Kontak in Suidelike Afrika. Enkele Gevolge en Kenmerke van die Proses, in: Journal of Racial Affairs, 7, 2, S. 52–66.

1957 The Problem of Objectivity in the Study of Ethnic Relations in South Africa, in: Journal of Racial Affairs, 8, 3, S. 121–130.

Potgieter, F. J. M.

1958 Veelmormige Ontwikkeling Die Wil Van God, in: Journal of Racial Affairs, 10, 1, S. 1–15.

Potgieter, M. C.

1970 Maatskaplike Sorg in Suid-Afrika. 'n Ontleding van die aard, omvang, funksieverdeling en finansiering van die dienste gelewer deur die Staat en partikuliere welsynsorganisasies. PhD Thesis, Stellenbosch.

Potgieter, P. J. J. S.

1976 L. J. du Plessis as denker oor staat en politiek, Potchefstroom.

1981 L. J. du Plessis as „Politieke Profeet“, in: Koers, 46, 1, S. 8–30.

Potthast, Thomas

2003 „Rassenkreise“ und die Bedeutung des „Lebensraums“. Zur Tier-Rassenforschung in der Evolutionsbiologie, in: Schmuhl, Hans-Walter (Hrsg.): Rassenforschung an Kaiser-Wilhelm-Instituten vor und nach 1933, Göttingen, S. 275–308.

Pretorius, P. J. V. E.

1991 'n Historiese beligting van die volkerebegrip van H. F. Verwoerd. Sewentiende H. F. Verwoerd-gedenklesing, Pretoria 6 September 1991, Pretoria.

Prinsloo, C. W.

1950 Bantoehuise vir die Bantoe, in: Journal of Racial Affairs, 1, 3, S. 12–18.

1951 Die Opleiding van Amptenare in Naturelle-Administrasie, in: Journal of Racial Affairs, 2, 2, S. 14–21.

Prinsloo, Daan

1997 Stem uit die wildernis. 'n biografie oor oud-pres. P. W. Botha, Mosselbaai.

Prinsloo, Dioné

1979 Die Johannesburg-periode in Dr. H. F. Verwoerd se loopbaan, Dissertation, Johannesburg.

1981 Dr. H. F. Verwoerd as hoofredakteur van Die Transvaler, in: Kleio, 13, 1, S. 5–19.

1985 Dr. H. F. Verwoerd en die Ossewa-Brandwag 1938–1952, in: Kleio, 17, S. 73–85.

1987 Dr. Piet Meyer in Johannesburg, 1936–1984, in: Historia, 32, 1, S. 44–53.

1987 H. F. Verwoerd se vriendskap met J. G. Strijdom, en die koningsbesoek van 1947, in: South African Journal of Cultural and Art History, 1, 3, S. 230–239.

Prinz, Wolfgang

1985 Ganzheits- und Gestaltpsychologie und Nationalsozialismus, in: Graumann, Carl F. (Hrsg.): Psychologie im Nationalsozialismus, Berlin, S. 89–111.

2000 Ausgerechnet Krueger? Kommentar zu Ernst Plaum: „Zur Unwissenschaftlichkeit“ Felix Kruegers, in: Psychologie und Geschichte, 8, 3/4, S. 410–412.

Priwitzer, Martin

2004 Ernst Kretschmer und das Wahnproblem, med. Diss., Tübingen.

Probst, Paul

1990 Daniel Curio und Ernst Meumann. Zur Entstehung der akademischen Psychologie in Hamburg, in: Geschichte der Psychologie, 7, 1, S. 8–23.

1990 „Den Lehrplan tunlichst noch durch eine Vorlesung über Negerpsychologie ergänzen“. Bedeutung des Kolonialinstituts für die Institutionalisierung der akademisch-empirischen Psychologie in Hamburg, in: Psychologie und Geschichte, 2, 1, S. 25–36.

1992 Angewandte Ethnopsychologie während der Epoche des Deutschen Kolonialismus (1884–1918), in: Psychologie und Geschichte, 3, 3/4, S. 67–80.

Probst, Paul; Bringmann, Wolfgang G.

1993 Ernst Meumann und William Stern. Analyse ihres Wirkens in Hamburg (1910–1933) unter Berücksichtigung biographischer und soziokultureller Hintergründe, in: Geschichte der Psychologie, 10, 1, S. 1–14.

Pugach, Sara Elizabeth Berg

2002 „He is the True Author of My Book“: Carl Meinhof, Nicholas van Warmelo, and the Ordering of Africanist Knowledge, 1927–1935 (BAB Working Paper), Basel.

2004 Carl Meinhof and the German Influence on Nicholas van Warmelo's Ethnological and Linguistic Writing, 1927–1935, in: Journal of Southern African Studies, 30, 4, S. 825–845.

2012 Africa in translation. A history of colonial linguistics in Germany and beyond, 1814–1945, Ann Arbor.

Putnam, Carleton

1961 Race and Reason. A Yankee View, Washington, D.C.

Rakometsi, Mafu Solomon

2008 The Transformation of Black School Education in South Africa, 1950–1994: A Historical Perspective, Bloemfontein.

Rathbone, Richard

2000 Nkrumah and the chiefs. The politics of chieftaincy in Ghana 1951–1960, Athens.

Rautenbach, P. S.

1965 The Economics of Border Areas, in: Journal of Racial Affairs, 16, 3, S. 104–112.

Redaksie

1950 Die Kerklike Kongres op Bloemfontein, in: Journal of Racial Affairs, 1, 4, S. 1–2.

Reid, B. L.

1982 The Anti-Republican League of the 1950's, in: South African Historical Journal, 14, S. 85–94.

Reinsch, Paul S.

1900 World Politics, London.

Reisenzein, Rainer

2003 Stumpfs kognitiv-evaluative Theorie der Emotionen, in: Sprung, Lothar; Schönpflug, Wolfgang (Hg.) (Hrsg.): Zur Geschichte der Psychologie in Berlin, Frankfurt, S. 97–137.

Remplein, Heinz

1962 Die seelische Entwicklung des Menschen im Kindes- und Jugendalter. Grundlagen, Erkenntnisse und pädagogische Folgerungen der Kindes- und Jugendpsychologie, München – Basel.

Report of the Commission on Native Education 1949–1951

1951 U.G. No 53/1951, Pretoria.

Report on the Proceedings of the Native Representative Council

1951 Eleventh Session. U.B. 39 – 1951, Cape Town.

Rheinallt Jones, John D.

1953 A the Crossroads, Johannesburg.

Rhoodie, Nicolaas Johannes

1958 Die Ontwikkeling van die Apartheidsgedagte. MA Thesis, Pretoria.

1965 'n Rasse-Sosiologiese ontleding van afsonderlike volksontwikkeling en partnership, met besondere verwysing na die motiewe van hierdie beleidssisteme. PhD Thesis, Pretoria.

1966 Apartheid en Partnership. 'n Rasse-Sosiologiese Ontleding van Afsonderlike Volksontwikkeling en Vennootskap, met Besondere Verwysing na die Motiewe vir hierdie Beleidsisteme, Pretoria – Cape Town.

Rhoodie, N. J.; Venter, H. J.

1960 Die Apartheidsgedagte. 'n Sosio-historiese uiteensetting van sy ontstaan en ontwikkeling, Cape Town – Pretoria.

Rich, Paul

1980 The Origins of Apartheid Ideology. The Case of Ernest Stubbs and Transvaal Native Administration, c. 1902–1932, in: African Affairs, 79, 315, S. 171–194.

1983 White power and the liberal conscience, Manchester.

1990 Race, Science, and the Legitimization of White Supremacy in South Africa, 1902–1940, in: International Journal of African Historical Studies, 23, 4, S. 665–686.

Ringer, Fritz K.

1987 Die Gelehrten. Der Niedergang der deutschen Mandarine 1890–1933, München.

Roberts, Michael; Trollip, A. E. G.

1947 The South African Opposition 1939–1945. An Essay in Contemporary History, London – Cape Town – New York.

Robins, Jon

2000 The Assassin and the Tapeworm, in: New Statesman, 129, 4479, S. 29.

Robinson, H. Basil

1989 Diefenbaker's world. A populist in foreign affairs, Toronto.

Rohracher, Hubert

1988 Einführung in die Psychologie, München.

Roos, Neil

2015 Alcohol Panic, Social Engineering, and Some Reflections on the Management of Whites in Early Apartheid Society, 1948–1960, in: Historical Journal, 58, 4, S. 1167–1189.

Ross, J. J.

1967 Bantu Education in Historical Perspective, in: Duminy, P. A. (Hrsg.): Trends and Challenges in the Education of the South African Bantu, Pretoria – Fort Hare, S. 3–23.

Roth, Mirjana

1987 The Natives Representative Council, 1937–1951. PhD Thesis, Johannesburg.

Rothe, Katja

2013 Spekulative Praktiken: Zur Vorgeschichte des Assessment Centers, in: ilinx, 3, S. 1–16.

Roux, Edward

1978 Time longer than rope. A history of the black man's struggle for freedom in South Africa, Madison.

Rüssel, Arnulf

1943 Über Formauffassung zwei- bis fünfjähriger Kinder, in: Krueger, Felix; Volkelt, Hans (Hrsg.): Experimentelle Kindespsychologie, München, S. 1–108.

Ruppenthal, Jens

2007 Kolonialismus als „Wissenschaft und Technik". Das Hamburgische Kolonialinstitut 1908 bis 1919, Stuttgart.

Ryan, Colleen

1990 Beyers Naudé. Pilgrimage of faith, Cape Town.

Saayman, Willem

2008 „Good mission policy is good state policy in South Africa". The influence of the Tomlinson Report on racial separation in church and state at the dawn of apartheid, in: Studia Historiae Ecclesiasticae, 34, 2, S. 15–39.

Sabalot, Pierre-Olivier

2009 Verwoerd, le prophète assassiné, Marseille.

Sadie, Jan L.

1950 The Political Arithmetic of the S.A. Population, in: Journal of Racial Affairs, 1, 4, S. 4–8.

1960 The Industrialisation of the Bantu Areas, in: Journal of Racial Affairs, 11, 2, S. 57–81.

1989 The Political Arithmetic of the South African Population, in: Hugo, Pierre (Hrsg.): South African perspectives. Essays in honour of Nic Olivier, Cape Town, S. 150–157.

SAIRR = South African Institute of Race Relations

1961 A Précis of the Report of the Commissions appointed to enquire into the Events occuring on March 21 1960 at Sharpeville and Langa. A Fact Paper, Johannesburg.

Sambureni, Nelson Tozivaripi

1996 State Labour Control Policies and African Workers of Durban, South Africa, 1960–1985, in: South African Historical Journal, 34, S. 77–105.

Sander, Friedrich

1937 Deutsche Psychologie und nationalsozialistische Weltanschauung, in: Nationalsozialistisches Bildungswesen, 2, 11, S. 641–649.

1972 Friedrich Sander, in: Pongratz, Ludwig J.; Wehner, Ernst K. (Hrsg): Psychologie in Selbstdarstellungen, Bd. 1, Bern, S. 309–333.

Sanders, James

2006 Apartheid's friends. The rise and fall of South Africa's secret service, London.

Sanders, Mark

1999 ‚Problems of Europe': N. P. van Wyk Louw, the Intellectual and Apartheid, in: Journal of Southern African Studies, 25, 4, S. 607–631.

Sapire, Hilary

1987 The Stay-Away of the Brakpan Location, 1944, in: Bozzoli, Belinda (Hrsg.): Class, community and conflict. South African perspectives, Johannesburg, S. 358–400.

Saron, Gustav

1940 Nazi Models and South African Imitations, Johannesburg.

Saron, Gustav; Hotz, Louis (Hrsg.)
1955 The Jews in South Africa. A History, Cape Town.

Saunders, Christopher C.
1988 The Making of the South African past. Major historians on race and class, Cape Town.
2011 Dag Hammarskjöld and Apartheid South Africa, in: Development Dialogue, 57, S. 61–75.

Saxinger, Robert
1902 Dispositionspsychologisches über Gefühlscomplexionen, in: Zeitschrift für Psychologie und Physiologie der Sinnesorgane, 30, S. 391–421.

Scher, D. M.
1988 „P. J.": The Life and Times of Senator R. D. Pilkington-Jordan, in: Kleio, 20, 1, S. 66–79.

Schlick, Moritz
2009 Über den Begriff der Ganzheit, in: Stöltzner, Michael; Uebel, Thomas (Hrsg.): Wiener Kreis. Texte zur wissenschaftlichen Weltauffassung von Rudolf Carnap, Otto Neurath, Moritz Schlick, Philipp Frank, Hans Hahn, Karl Menger, Edgar Zilsel und Gustav Bergmann, Hamburg, S. 616–619.

Schlögel, Karl
2004 Im Raume lesen wir die Zeit. Über Zivilisationsgeschichte und Geopolitik, München.

Schmidt, Wilfred
1991 Sehnsucht nach Weltanschauung. William Stern um die Jahrhundertwende, in: Psychologie und Geschichte, 3, 1/2, S. 1–8.
1994 William Stern (1871–1938) und Lewis Terman (1877–1956). Deutsche und amerikanische Intelligenz- und Begabungsforschung im Lichte ihrer andersartigen politischen und ideologischen Voraussetzungen, in: Psychologie und Geschichte, 6, 1/2, S. 3–26.
2005 William Stern, in: Lück, Helmut E.; Miller, Rudolf (Hrsg.): Illustrierte Geschichte der Psychologie, Weinheim, S. 124–126.

Schmidt-Durban, Wilfried
1939 Experimentelle Untersuchungen zur Typologie der Wahrnehmung, München.

Schmuhl, Hans-Walter
2003 Rasse, Rassenforschung, Rassenpolitik. Annäherungen an das Thema, in: ders. (Hrsg.): Rassenforschung an Kaiser-Wilhelm-Instituten vor und nach 1933, Göttingen, S. 7–37.

Schoeman, B. M.
1973 Van Malan tot Verwoerd, Cape Town – Pretoria.
1974 Vorster se 1000 dae, Kaapstad.
1977 Parlementêre verkiesings in Suid-Afrika, 1910–1976, Pretoria.
1982 Die Broederbond in die Afrikaner-politiek, Pretoria.

Schoeman, Ben
1978 My lewe in die politiek, Johannesburg.

Schönpflug, Wolfgang

2004 Geschichte und Systematik der Psychologie. Ein Lehrbuch für das Grundstudium, Weinheim.

Scholtz, Gert Daniel

1950 Die Taak van die Pers t. o. v. ons Rasseprobleme, in: Journal of Racial Affairs, 1, 3, S. 19–22.

1960 Die Naturellebeleid van die Nasionale Party onder Hertzog, Malan, Strijdom en Verwoerd, Johannesburg.

1963 a Die Afrikaner en sy pers, in: Koers, 5/6, S. 345–367.

1963 b Die staatkundige erfenis en ontwikkeling van die Republiek van Suid-Afrika, in: Koers, 1, S. 5–25.

1970 Die taak van die historikus, Johannesburg.

1974 Dr. Hendrik Frensch Verwoerd, 1901–1966, 2 Bände, Johannesburg.

1979 Die ontwikkeling van die politieke denke van die Afrikaner. Deel VII, 1924–1939, Johannesburg.

Scholtz, Gert Daniel; D'Assonville, V. E.

1966 Betekenis en boodskap van die jaar 1966 vir die Calvinistiese Afrikaner, Potchefstroom.

Scholtz, J. J. J.

1967 Die moord op dr. Verwoerd, Cape Town.

Scholtz, Magda

2002 Geskiedenis van die Departement Sielkunde an die Universiteit van Stellenbosch 1917 tot 1979. MA Thesis, Stellenbosch.

Schubeius, Monika

1990 Und das psychologische Laboratorium muss der Ausgangspunkt pädagogischer Arbeiten werden! Zur Institutionalisierungsgeschichte der Psychologie von 1890–1933, Frankfurt.

Schüler, Gerd M. K.

1956 'n Oorsig oor die Volke van Afrika, in: Journal of Racial Affairs, 7, 4, S. 168–176.

1989 Stellenbosch en Sabra Jare: 'n Persoonlike blik, in: Hugo, Pierre (Hrsg.): South African perspectives. Essays in honour of Nic Olivier, Cape Town, S. 1–14.

Schulz, Wolfgang

2006 Ansätze zu einer historisch orientierten Psychologie der Gesellschaft bei Wilhelm Wundt, in: Jüttemann, Gerd (Hrsg.): Wilhelm Wundts anderes Erbe. Ein Missverständnis löst sich auf, Göttingen, S. 179–190.

Schumann, T. E. W.

1962 Die abdikasie van die witman, Johannesburg.

Schutte, G. J.

2005 De Vrije Universiteit en Zuid-Afrika 1880–2005, 2 Bände, Zoetermeer.

Scott, James C.

1998 Seeing like a state. How certain schemes to improve the human condition have failed, New Haven.

Seebohm, Hans-Bernhard

1970 Otto Selz : ein Beitrag zur Geschichte der Psychologie. Dissertation, Heidelberg.

1971 Der Mannheimer Philosoph und Psychologe Otto Selz : Vortrag an d. Univ. Mannheim am 27. Mai 1971. Forschungsberichte aus dem Otto-Selz-Institut für Psychologie und Erziehungswissenschaft der Universität Mannheim.

Seedat, Mohamed; MacKenzie, Sarah

2008 The triangulated development of South African Psychology: Race, scientific racism and professionalisation, in: van Ommen, Clifford; Painter, Desmond (Hrsg.): Interiors. A history of psychology in South Africa, Pretoria, S. 63–91.

Seekings, Jeremy

2008 The Carnegie Commission and the Backlash against Welfare State-Building in South Africa, 1931–1937, in: Journal of Southern African Studies, 34, 3, S. 515–537.

Seekings, Jeremy; Nattrass, Nicoli

2006 Class, Race, and Inequality in South Africa, Scottsville.

Sellström, Tor

2011 Hammarskjöld and Apartheid South Africa: Mission unaccomplished, in: African Journal on Conflict Resolution, 11, 1, S. 35–62.

Selz, Otto

1913 Über die Gesetze des geordneten Denkverlaufs. Eine experimentelle Untersuchung, Stuttgart.

1922 Zur Psychologie des produktiven Denkens und des Irrtums. Eine experimentelle Untersuchung. Über die Gesetze des geordneten Denkverlaufs, Zweiter Teil, Bonn.

1924a Die Gesetze der produktiven und reproduktiven Geistestätigkeit. Kurzgefaßte Darstellung, Bonn.

1924b Über die Persönlichkeitstypen und die Methoden ihrer Bestimmung. Erweiterter Sonderabdruck aus dem Bericht über den VIII. Kongreß für experimentelle Psychologie in Leipzig (1923), Jena.

1970 Husserls Phänomenologie und ihr Verhältnis zur psychologischen Fragestellung, in: Seebohm, Hans-Bernhard, Otto Selz. Ein Beitrag zur Geschichte der Psychologie. Dissertation, Heidelberg, Anhang S. S. 73–87.

1991a Über genetische Ganzheitsprobleme, in: ders. (Hrsg.): Wahrnehmungsaufbau und Denkprozess. Ausgewählte Schriften, Bern, S. 25–69.

1991b Die Umgestaltung der Grundanschauungen vom intellektuellen Geschehen, in: ders. (Hrsg.): Wahrnehmungsaufbau und Denkprozess. Ausgewählte Schriften, Bern, S. 137–144.

1991c Der schöpferische Mensch, in: ders. (Hrsg.): Wahrnehmungsaufbau und Denkprozess. Ausgewählte Schriften, Bern, S. 159–172.

1991d Die Aufbauprinzipien der phänomenalen Welt, in: ders. (Hrsg.): Wahrnehmungsaufbau und Denkprozess. Ausgewählte Schriften, Bern, S. 173–194.

Serfontein, J. H. P.

1979 Brotherhood of power. An exposé of the secret Afrikaner Broederbond, London.

Sevenhuysen, Karina

2012 Swart stedelike behuisingsverskaffing in Suid-Afrika, ca. 1923–1948: „Wanneer meer minder kos" – finansiële verliese versus welsyns- en gesondheidswinste, in: New Contree, 64, S. 105–129.

Seyfert, Robert

2011 Das Leben der Institutionen. Zu einer allgemeinen Theorie der Institutionalisierung, Weilerswist.

Shain, Milton

1994 The roots of antisemitism in South Africa, Johannesburg.

1998 Antisemitism and South African society. The past, the present and the future (Inaugural lecture; New Series 211), Cape Town.

2015 A perfect storm. Antisemitism in South Africa, 1930–1948, Johannesburg, South Africa.

Sharp, John S.

1980 Two Separate Developments: Anthropology in South Africa, in: Royal Anthropological Institute Newsletter, 36, S. 4–6.

1981 The Roots and Development of Volkekunde in South Africa, in: Journal of Southern African Studies, 8, 1, S. 16–36.

Shearar, Jeremy Brown

2007 Against the World. South Africa and Human Rights at the United Nations 1945–1961. D Law Thesis, Pretoria.

Shorten, John R.

1970 Die verhaal van Johannesburg, Johannesburg.

Sichel, Frieda H.

1966 From Refugee to Citizen. A Sociological Study of the Immigrants from Hitler-Europe who settled in South Africa, Cape Town.

Sichler, Ralph

1998 William Stern und das menschliche Erleben. Historische und terminologische Anmerkungen zu einem vergessenen Grundbegriff der Psychologie, in: Psychologie und Geschichte, 8, 1–2, S. 67–84.

Simson, Howard

1980 The Social Origins of Afrikaner Fascism and Its Apartheid Policy, Uppsala.

Sisulu, Elinor

2004 Walter & Albertina Sisulu, Cape Town.

Skawran, Paul

1929 Manual of Physical and Mental Tests Standardised for South African Conditions. Part I: Physical and Sensory Tests, Pretoria.

1930 South African Group Intelligence Tests.

1936 Die sintetiese studie van die persoonlikheid. Rede by die aanvaarding van die Professoraat in Sielkunde aan die Universiteit van Pretoria, gehou op 13 Maart 1935, Pretoria.

Skinner, Rob
2005 Facing the Challenge of ‚Young Africa': Apartheid, South Africa and British Decolonisation, in: South African Historical Journal, 54, S. 54–71.

Slabbert, Frederik van Zyl; Welsh, David (Hrsg.)
1981 South Africa's options. Strategies for sharing power, Cape Town.

Smit, D. van Zyl
1989 Adopting and adapting criminological ideas. Criminology and Afrikaner nationalism in South Africa, in: Contemporary Crises, 13, S. 227–251.

Smith, Kenneth Wyndham
1988 The changing past. Trends in South African historical writing, Johannesburg.

Smith, Nico
2009 Die Afrikaner Broederbond. Belewinge van die binnekant, Pretoria.

Smith, Quentin
2016 16 mm of innocence, Kibworth.

Smuts, Jan Christian
1940 Greater South Africa – Plans for a better world. The speeches of General The Right Honourable J. C. Smuts, Johannesburg.

Sooryamoorthy, R.
2016 Sociology in South Africa. Colonial, apartheid and democratic forms, Durban.

Spies, F. J. du T.; Theron, Erika; Scholtz, J. J. J.
1981 Verwoerd, Hendrik Frensch, in: Beyers, C. J. (Hrsg.): Suid-Afrikaanse Biografiese Woordeboek. Deel IV, Durban – Pretoria, S. 769–779.

Springbok Atlas
1978 Juta's Springbok Large Print Atlas for Southern Africa, Cape Town.

Sprung, Lothar; Brandt, R.
2003 Otto Lipmann (1880–1933) und die Anfänge der angewandten Psychologie in Berlin, in: Sprung, Lothar; Schönpflug, Wolfgang (Hrsg.): Zur Geschichte der Psychologie in Berlin, Frankfurt, S. 139–159.

Sprung, Lothar und Helga
2005 Die Berliner Schule der Gestaltpsychologie, in: Lück, Helmut E.; Miller, Rudolf (Hrsg.): Illustrierte Geschichte der Psychologie, Weinheim, S. 80–84.

Staeuble, Irmingard
1992 Wir und die Anderen. Ethno-psychologische Konstruktionen im Wandel, in: Psychologie und Geschichte, 4, 1/2, S. 139–157.

Stallmeister, Walter; Lück, Helmut E.
2006 Die Völkerpsychologie im Werk von Willy Hellpach, in: Jüttemann, Gerd (Hrsg.): Wilhelm Wundts anderes Erbe. Ein Missverständnis löst sich auf, Göttingen, S. 116–127.

Stals, E. L. P.
1986 Afrikaners in die Goudstad. Bd. 2, Pretoria.

1998 Geskiedenis van die Afrikaner-Broederbond 1918 – 1994, unveröffentlichtes Manuskript.

Steensland, Ann M.
2013 Pathologizing the Bywoner: The Carnegie Commission Report's Diagnosis of „Poor White Disease" in South Africa (1932). MA Thesis, Fairfax.

Stein, Sylvester
1999 Who killed Mr Drum? Bellville.

Stern, William
1911 Die differentielle Psychologie in ihren methodischen Grundlagen, Bern (Reprint 1994).
1920 Die Intelligenz der Kinder und Jugendlichen, Leipzig.
1928 a Psychologie der frühen Kindheit bis zum sechsten Lebensjahre, Leipzig.
1928 b Sittlichkeitsvergehen an höheren Schulen und ihre disziplinäre Behandlung, Leipzig.
1931 Das Psychologische Institut der Hamburgischen Universität in seiner gegenwärtigen Gestalt, in: Zeitschrift für angewandte Psychologie, 39, 1 – 3, S. 181 – 227.

Steyn, Jaap C.
1987 Trouwe Afrikaners. Aspekte van Afrikaner-nasionalisme en Suid-Afrikaanse taalpolitiek, 1875 – 1938, Kaapstad.
1998 Van Wijk Louw. 'n lewensverhaal, Kaapstad.
2002 Penvegter. Piet Cillié van Die Burger, Kaapstad.
2004 Die 100 jaar van MER, Kaapstad.

Stoecker, Holger
2008 Afrikawissenschaften in Berlin von 1919 bis 1945. Zur Geschichte und Topographie eines wissenschaftlichen Netzwerkes, Stuttgart.

Stoker, Hendrik G.
1935 The Possibility of a Calvinistic Philosophy, in: The Evangelical Quarterly, 7, 17 – 23.

Streminger, Gerhard
1995 David Hume. Sein Leben und sein Werk, Paderborn.

Strydom, Christiaan J. Scheepers
1967 Black and White Africans. A Factual Account of South African Race Policies in the Verwoerd Era, Cape Town.

Stubbs, E. T.
1953 The Urgency of Separation, in: Journal of Racial Affairs, 4, 2, S. 13 – 19.

Stultz, Newell M.
1969 The Politics of Security: South Africa under Verwoerd, 1961 – 6, in: Journal of Modern African Studies, 7, 1, S. 3 – 20.
1975 Who goes to parliament? (Occasional papers 19 / Rhodes University. Institute of Social and Economic Research), Grahamstown.
1979 Transkei's half loaf. Race separatism in South Africa, New Haven.

Stultz, Newell M.; Butler, Jeffrey
1963 The South African General Election of 1961, in: Political Science Quarterly, 78, 1, S. 86 – 110.

Stumpf, Carl
1899 Ueber den Begriff der Gemüthsbewegung, in: Zeitschrift für Psychologie und Physiologie der Sinnesorgane, 21, S. 47–99.
1928 Gefühl und Gefühlsempfindung, Leipzig.

Südafrikanische Botschaft Bonn
1981 Südafrika kontrovers, Bonn.

Sussman, Gary
2006 The Referendum as an Electoral Device in National Party Politics, 1917–60, in: Politikon, 33, 3, S. 259–275.

Suzman, Helen
1994 In no uncertain terms. Memoirs, Johannesburg.
1997 The Real Heroes, in: Suttner, Immanuel (Hrsg.): Cutting through the mountain. Interviews with South African Jewish activists, Parktown, S. 423–444.

Swanepoel, Johannes Jacobus
1982 Die diplomasie van adv. B.J. Vorster, Bloemfontein.

Swartz, Sally
2008 Fools and ships: Psychopathology and colonial experience in South Africa, 1818–1930, in: van Ommen, Clifford; Painter, Desmond (Hrsg.): Interiors. A history of psychology in South Africa, Pretoria, S. 261–285.

Tabata, I.B.
1980 Education for Barbarism. Bantu (Apartheid) Education in South Africa, London – Lusaka.

Tatz, C. M
1962 Dr. Verwoerd's „Bantustan" Policy, in: Australian Journal of Politics and History, 8, 1, S. 7–26.

Tayler, Judith Anne
1992 ‚Our poor': The Politicisation of the Poor White Problem, 1932–1942, in: Kleio, 24, S. 40–65.
2010 With Her Shoulder to The Wheel. The Public Life of Erika Theron (1907–1990). PhD Thesis, Pretoria.

Tennyson, Brian Douglas
1982 Canadian relations with South Africa. A diplomatic history, Washington, D.C.

Teppo, Annika Björnsdotter
2004 The making of a good white. A historical ethnography of the rehabilitation of poor whites in a suburb of Cape Town. PhD Thesis, Helsinki.

ter Hark, Michel
2003 Searching for the Searchlight Theory: From Karl Popper to Otto Selz, in: Journal of the History of Ideas, 64, 3, S. 465–487.

Terblanche, H.O.
1995 Gemeenskapsarmoede en die Afrikaners in Port Elizabeth, 1902–1937: 'n Verkennende Studie, in: South African Historical Journal, 32, S. 138–162.

1998 Nederland en die Afrikaner. Gesprek oor apartheid, die paginaruil tussen Trouw en Die Burger, 1963–1964, Port Elizabeth.

2001a Dr. H.F. Verwoerd se Hollandse afkoms: sy Achilleshiel? in: Historia, 46, 1, S. 213–246.

2001b 'n Biografiese skets, in: Verwoerd, Wilhelm J. (Hrsg.): Verwoerd. Só onthou ons hom, Pretoria, S. 11–28.

2010 Die verskille tussen Nederland en Vlaandere ten opsigte van Suid-Afrika tydens die apartheidsjare: 'n Ontleding, in: Tydskrif vir Geesteswetenskappe, 50, 4, S. 447–466.

Terreblanche, Sampie

2012 A history of inequality in South Africa, 1652–2002, Scottsville.

Te Water, Charles

1953 South Africa in the Larger Africa Context. Opening address before the South African Bureau of Racial Affaris – Fourth Annual Conference 1952, in: Journal of Racial Affairs, 5, 1, S. 1–15.

Theron, Erika

1950 Die Kleurling en die houding van die Blanke, in: Journal of Racial Affairs, 1, 4, S. 21–24.

1970 H.F. Verwoerd as welsynbeplanner 1932–1936, Stellenbosch – Grahamstown.

1983 Sonder hoed of handskoen. Synde 'n klompie informele herinneringe waarin die kind (meesal) op sy naam genoem word, Kaapstad.

Theron, Erika; Stulting, A.A.

1961 Maatskaplike dienste in Suid-Afrika, Stellenbosch – Grahamstown.

Theron, P.A.

1950 Die Lae Produktiviteit in Suid-Afrikaanse Industriee, in: Journal of Racial Affairs, 1, 2, S. 19–26.

1952 A Psychological Approach To Separate Development, in: Journal of Racial Affairs, 3, 4, S. 10–20.

Thiermann, Werner

1981 Zur Geschichte des Leipziger psychologischen Institutes 1875–1945. Dissertation, Leipzig.

Thom, H. B

1965 Universiteit en Maatskappy. Rede gelewer op 24 Februarie 1965, Stellenbosch.

1969 Stellenbosch as ware Volksuniversiteit, in: Kotzé, D.J. (Hrsg.): Professor H.B. Thom, Stellenbosch, S. 77–79.

1980 D.F. Malan, Kaapstad.

Thom, H.B. et al (Hrsg.)

1966 Stellenbosch 1866–1966. Honderd Jaar Hoër Onderwys, Cape Town.

Thomas von Aquin

2005 Summa contra gentiles, Darmstadt.

Thompson, Leonard M.

1966 Politics in the Republic of South Africa, Boston – Toronto.

1978 Some Problems of Southern African Universities, in: Van der Merwe, Hendrik W; Welsh, David (Hrsg.): The Future of the University in Southern Africa, New York, S. 280–296.

Thurnwald, Richard

1912 Einleitung: Probleme der ethno-psychologischen Forschung, in: Institut für angewandte Psychologie und psychologische Sammelforschung (Hrsg.): Vorschläge zur psychologischen Untersuchung primitiver Menschen (Beihefte zur Zeitschrift für angewandte Psychologie und psychologische Sammelforschung; Bd. 5), Leipzig, S. 1–27.

1913 Ethno-psychologische Studien an Südseevölkern auf dem Bismarck-Archipel und den Salomo-Inseln (Beihefte zur Zeitschrift für angewandte Psychologie und psychologische Sammelforschung; Bd. 6), Leipzig.

Tilitzki, Christian (Hrsg.)

2002 Die deutsche Universitätsphilosophie in der Weimarer Republik und im Dritten Reich. 2 Bände, Berlin.

Tinker, Miles A.

1932 Wundt's Doctorate Students and Their Theses 1873–1920, in: The American Journal of Psychology, 44, 4, S. 630–637.

Tomlinson, F. R.

1939 Die taak van die Landbou-Ekonoom in Suid-Afrika. Rede by die aanvaarding van die professoraat in Landbou-Ekonomie aan die Universiteit van Pretoria gehou op 24 Augustus 1939, Pretoria.

1956 Die Voorgestelde Ontwikkelingsprogram vir die Bantoegebiede, in: Thom, H. B. et al (Hrsg.): Volkskongres oor die toekoms van die Bantoe. Bloemfontein 28–30 Junie 1956, Stellenbosch, S. 48–62.

Tomlinson-Report

1955 Samevatting van die verslag van die Kommissie vir die Sosio-ekonomiese Ontwikkeling van die Bantoegebiede binne die Unie van Suid-Afrika, Pretoria.

Trapido, Stanley

1963 Political Institutions and Afrikaner Social Structures in the Republic of South Africa, in: American Political Science Review, 57, 1, S. 75–87.

Treurnicht, Andries P.

1988 Dr. Verwoerd oor Kleurlingverteenwoordiging. 14. H. F. Verwoerd-gedenklesing, Pretoria.

Troup, Freda

1975 South Africa. An historical introduction, Harmondsworth.

Truscott, Ross; Smith, Michelle

2016 Aftershocks: Psychotechnics in the Wake of Apartheid, in: Parallax, 22, 2, S. 248–262.

Unger, Corinna

2009 Investieren in die Moderne. Amerikanische Stiftungen in der dritten Welt seit 1945, in: Adam, Thomas; Lässig, Simone; Lingelbach, Gabriele (Hrsg.): Stifter, Spender und Mäzene. USA und Deutschland im historischen Vergleich, Stuttgart, S. 253–286.

United Party

1938 The Fruits of Fusion. Five Years of Wonderful Progress and National Reconstruction – The Case for an Extended Mandate, Pretoria.

Universiteit Stellenbosch

1960 Die Departement van Sielkunde, Stellenbosch.

2004 Studenteraad 1903–2003, Stellenbosch.

Unterhalter, Elaine

1987 Forced removal. The division, segregation and control of the people of South Africa, London.

Uys, Stanley

1959 Dr. Hendrik Frensch Verwoerd, Prime Minister of South Africa, in: Africa South, 3, 2, S. 1–11.

van Biljon, P.

1956 Grensbakens tussen Blank en Swart in Suid-Afrika. 'n Historiese ontwikkeling van grensbeleid en beleid van grondtoekenning aan die Naturel in Suid-Afrika, Cape Town – Johannesburg.

van den Berghe, Pierre L.

1967 South Africa. A Study in Conflict, Berkeley – Los Angeles – London.

van der Merwe, A. B.

1987 Wilcocks, Raymond William, in: Beyers, C. J. (Hrsg.): Suid-Afrikaanse Biografiese Woordeboek, Deel V, Pretoria, S. 941–942.

van der Merwe, Sakkie

1966 Die Totstandkoming van die Republiek van Suid-Afrika, in: van Jaarsveld, F.A; Scholtz, G.D (Hrsg.), Die Republiek van Suid-Afrika, Johannesburg.

van der Merwe, Schalk D.

2014 ‚Radio Apartheid': Investigating a History of Compliance and Resistance in Popular Afrikaans Music, 1956–1979, in: South African Historical Journal, 66, 2, S. 349–370.

van der Merwe, Werner

1987 Die Berlynse Sending en „Apartheid" in Suid-Afrika, in: Historia, 32, 1, S. 1–19.

1988 Vir 'n „blanke volk". Die verhaal van die Duitse weeskinders van 1948, Johannesburg.

van der Ross, R. E.

1978 The Role of a Coloured University in Southern Africa, in: Van der Merwe, Hendrik W; Welsh, David (Hrsg.): The Future of the University in Southern Africa, New York, S. 237–243.

2015 In Our Own Skins. A Political History of the Coloured People, Johannesburg – Cape Town.

van der Schyff, Pieter F.

1987 Louw, Eric Hendrik, in: Beyers, C. J.; Basson, J. L. (Hrsg.): Dictionary of South African Biography, Vol. 5, Pretoria, S. 467–471.

2003 Wonderdaad ...! Die PUK tot 1951: wording, vestiging en selfstandigheid, Potchefstroom.

van der Spuy, H. I. J.
1978 The Psychodynamics of Apartheid, in: Van der Spuy, H. I. J.; Shamley, D. A. F. (Hrsg.): The psychology of apartheid. A psychosocial perspective on South Africa, Washington, S. 1–17.

van der Waal, Kees
2003 Kultuur, mag en ongelykheid in Suid-Afrika. Die relevansie van die antropologie van ontwikkeling en organisasies, Stellenbosch.

van der Walt, Nicolaas Gerhardus Stefanus
1968 Die Republikeinse Strewe. Dryfvere en probleem binne die Suid-Afrikaanse partypolitiek, 1902–1961. PhD Thesis, Potchefstroom.

van der Watt, P. B.
1981 Gerdener, Gustav Bernhard August, in: Beyers, C. J. (Hrsg.): Suid-Afrikaanse Biografiese Woordeboek. Deel IV, Durban – Pretoria, S. 186–187.

van der Westhuizen, Christi
2007 White power & the rise and fall of the National Party, Cape Town.

van Dyk, J. H.; Coertze, P. J.
1987 Eiselen, Werner Willi Max, in: Beyers, C. J. (Hrsg.): Suid-Afrikaanse Biografiese Woordeboek, Deel V, Pretoria, S. 247–249.

van Eck, H. J.
1951 Some Aspects of the South African Industrial Revolution (Hoernlé Memorial Lecture; Bd. 7), Johannesburg.

van Eeden, B. I. C.
1956 Die Tale van Afrika, in: Journal of Racial Affairs, 7, 4, S. 176–180.

van Eeden, E. S.
2006 ‚In U lig'. Die PU vir CHO : van selfstandigwording tot samesmelting, 1951–2004, Potchefstroom.

van Jaarsveld, Floris Albertus
1978 Omsingelde Afrikanerdom. Opstelle oor die toestand van ons tyd, Kaapstad.

van Laak, Dirk
2008 Planung. Geschichte und Gegenwart des Vorgriffs auf die Zukunft, in: Geschichte und Gesellschaft, 34, 3, S. 305–326.

van Loon, F. H. G.; Thouless, R. H.
1926 Report of a Demonstration of Experiments on Hypnotism by Mr. Gustaf Wallenius (phil. mag. Upsala) at the VIIIth International Psychological Congress at Groningen (Sept. 1926), in: Proceedings of the Society for Psychical Research, 36, 102.

van Nierkerk, L. J. P.
1950 Die Naturel in die Suid-Afrikaanse Ekonomie, in: Journal of Racial Affairs, 1, 4, S. 25–28.

van Rensburg, J. A. J.

1938 The Learning Ability of the South African Native compared with that of the European, Pretoria.

van Rensburg, Fanie Jansen

2006 The first ‚white' town north of the Vaal: inequality and apartheid in Potchefstroom, in: New Contree, 51, S. 131–147.

van Rooyen, Jan J

1971 Ons politiek van naby, Cape Town.

1976 P. W. Botha, 40 jaar, Kaapstad.

van Rooyen, T. B.

1962 Van Prehistorie na Geskiedenis – Die Deurbraak in Afrika, in: Journal of Racial Affairs, 13, 2, S. 102–112.

van Schoor, A. M.

1979 Fyfde H. F. Verwoerd-Gedenklesing, Pretoria.

1979 Note from my Diary, Pretoria.

van Woerden, Henk

2000 a Domein van glas, Kaapstad.

2000 b The Assassin, in: Granta, 69, S. 7–79.

van Wyk, Annie Helena

2005 Die rol van die verligtes in die Nasionale Party in die politieke ontmagtiging van die Afrikaner, 1966–1994. MA Thesis, Pretoria.

van Wyk, At

1983 Die Keeromstraatkliek. Die Burger en die politiek van koalisie en samesmelting, 1932–1934, Kaapstad.

van Wyk, J. T.

1966 Report of the Commission of enquiry into the circumstances of the death of the late Dr. the Honourable Hendrik Frensch Verwoerd, Pretoria.

van Zijl, F. D. du T.

1969 Binne die Mure van die Universiteit, in: Kotzé, D. J. (Hrsg.): Professor H. B. Thom, Stellenbosch, S. 48–54.

Venter, Albert

2011 Die doodloopstraat van die Afrikanerrepubliek van 1961, in: Tydskrif vir Geesteswetenskappe, 51, 4, S. 533–550.

Venter, H. J.

1952 Residivisme. 'n Vergelykende Kriminologiese Ondersoek, Cape Town – Pretoria.

Venter, J. J.

1997 Mechanistic individualism versus organistic totalitarianism, in: Koers, 62, 1, S. 91–117.

1999 H. F. Verwoerd: Foundational aspects of his thought, in: Koers, 64, 4, S. 415–442.

Verkuyl, J.; Gericke, J. S; Vorster, J. D; Snyman, W. J

1970 Die Gereformeerde Kerke en geregtigheid in Volkereverhoudings, Johannesburg.

Verwey, J. E. M.

1966 Hulle het die Leiding Geneem, in: Thom, H. B. et al (Hrsg.): Stellenbosch 1866 – 1966. Honderd Jaar Hoër Onderwys, Cape Town, S. 239 – 262.

Verwoerd, Elisabeth

2001 Eggenoot, in: Verwoerd, Wilhelm J. (Hrsg.): Verwoerd. Só onthou ons hom, Pretoria, S. 39 – 51.

Verwoerd, Hendrik Frensch

1920 Die veragterdes in ons midde, in: Stellenbosch University Magazine, 21, 4, S. 123 – 125.

1922 a Die dubbele taak. MA Thesis (Psychology), Stellenbosch.

1922 b Die Probleem van die waardes. MA Thesis (Philosophie), Stellenbosch.

1923 'n Sprekersburo. (nicht namentlich gekennzeichnet), in: Stellenbosch Uniwersiteitsblad, 24, 1, S. 2.

1924 a Die afstomping van gemoedsaandoeninge. PhD Thesis, Stellenbosch.

1924 b Rapport: Voorsitter Sprekersburo, in: Die Stellenbosse Student – The Stellenbosch Student, 24, 2, S. 36 – 37.

1924 c Voorsittersrapport, 1923, in: Die Stellenbosse Student – The Stellenbosch Student, 24, 1, S. 3 – 8.

1925 Die Afstomping van Gemoedsaandoeninge (Annale van die Uniwersiteit van Stellenbosch; Jaargang III, Reeks, B, Afl. No. 1), Cape Town.

1926 A Method for the Experimental Production of Emotions, in: The American Journal of Psychology, 37, S. 357 – 371.

1928 a The Distribution of „Attention" and its testing, in: The Journal of Applied Psychology, 12, 5, S. 495 – 510.

1928 b Effects of Fatigue on the Distribution of Attention, in: The Journal of Applied Psychology, 12, 6, S. 595 – 601.

1928 c 'n Bydrae tot die metodiek en probleemstellings vir die psigologiese ondersoek van koerante-advertensies, in: South African Journal of Science, 25, S. 469 – 480.

1929 A Contribution to the Experimental Investigation of Testimony, in: South African Journal of Science, 26, S. 949 – 957.

1930 a Oor die persoonlikheid van die mens en die beskrywing daarvan, in: South African Journal of Science, 27, 577 – 580.

1930 b Oor die opstel van objektiewe persoonlikheidsbepalingskemas, in: South African Journal of Science, 27, 581 – 585.

1932 Die Studie van Sociologie, in: Die Stellenbossche Oudstudent, 2, 1, S. 25 – 28.

1934 Die bestryding van armoede en die herorganisasie van welvaartswerk, in: Du Toit, Pieter (Hrsg.): Verslag van die volkskongres oor die Armblankevraagstuk gehou te Kimberley 2 tot 5 Oktober 1934, Cape Town, S. 30 – 39.

1935 Eerste Jaarverslag van werksaamhede van die Voortsettingskomitee (Volkskongres oor die Armblanke-Vraagstuk, 1934), Stellenbosch.

1936 First Annual Report of the activities of the Continuation Committee (October 1934 – December 1935), Stellenbosch.

1937 a Die Joodse Vraagstuk – Besien vanuit die Nasionale Standpunt, in: Die Transvaler 1. Oktober 1937.

1937 b Maatskaplike werkers in Suid-Afrika en hulle opleiding, in: Brümmer, F. (Hrsg.): Report of the National Conference on Social Work. Held in Johannesburg, 30th September to 3rd October, 1936, Pretoria, S. 88–99.
1938 Let nou op die Feite insake Gemengde Huwelike.
1941 Ons Republiek ... Hoe Dit Daar Moet Uitsien, in: Stryd, 1, 11, S. 7–9.
1948 Red die Afrikaanse-Mediumskole. H. N. P. bepleit moedertaalonderwys, Johannesburg.
1950 Waarom is ek 'n Nasionalis? in: Die Stellenbosse Student – The Stellenbosch Student, 50, 4, S. 13 u. 15.
1951 a Address by the Minister of Native Affairs, in: Journal of Racial Affairs, 3, 1, S. 2–6.
1951 b Onderhoud met Minister van Naturellesake i/s Raadsbesluite, in: Journal of Racial Affairs, 2, 3, S. 3–5.
1952 Native Policy of the Union of South Africa. Statement by The Hon. Dr. H. F. Verwoerd, Minister of Native Affairs, in the Senate of the Parliament of the Union of South Africa, 20th May 1952, n. b.
1954 Joon van Rooy en die staatkundige lewe, in: Koers, 22, 2, S. 93–94.
1955 Ontwikkeling en Vooruitgang van Bantoegemeenskappe. Beleidsverklaring deur dr. H. F. Verwoerd, Minister van Naturellesake, in die Senaat van die Parlement van die Unie van Suid-Afrika, 20 Junie 1955, Pretoria.
1957 a Die Akademiese Opgeleides en die Toekoms, in: Koers, 24, 6, S. 229–235.
1957 b Local Authorities and the State. Opening Speech delivered by the Hon. Dr. H. F. Verwoerd, Minister of Native Affairs, at the Fifth Annual Congress of the Administrators of Non-European Affairs in Southern Africa on the 17th September, 1956, Pretoria.
1958 Aparte Ontwikkeling (Die positiewe aspek). Toespraak deur Sy Edele Senator dr. H. F. Verwoerd, Minister van Naturellesake, by geleentheid van die opening van die Transkeise Gebiedsowerheid op 7 Mei 1957.
1959 a Nasionale Party se Naturellebeleid. Auszüge aus Rede vor dem NRC 5.12.1950.
1959 b The Choice – A Racially Integrated Fatherland or A White South Africa?, Bloemfontein.
1960 a Die Republiek – laaste tree daarheen. Verklaring deur sy Edele Dr. H. F. Verwoerd, Eerste Minister van Suid-Afrika, Toespraak gelewer in die Volksraad, Kaapstad, op 20 Januarie 1960, Bloemfontein.
1960 b Prime Minister's Statement on Republic, Pretoria.
1960 c The Price of Appeasement in Africa. Speech in the House of Assembly by Dr. the Hon. H. F. Verwoerd, Prime Minister of the Union of South Africa on March 10, 1960, Pretoria.
1961 a Live and let live (Fact Paper 91), Pretoria.
1961 b The Truth about South Africa. Address by the Hon. the Prime Minister of the Union of South Africa Dr. H. F. Verwoerd before the South Africa Club in the Savoy Hotel, London, on Friday, 17th March, 1961.
1962 A Future for the Coloured People (Fact Paper 101), Johannesburg.
1963 Dr. H. F. Verwoerd on I. Crisis In World Conscience, II. The Road to Freedom for Basutoland – Bechuanaland – Swaziland (Fact Paper 107), Pretoria.
1964 a Suid-Afrika vorentoe. Our View to the Future. Toespraak gelewer deur Sy Edele, dr. H. F. Verwoerd, Eerste Minister en Hoofleier van die Nasionale Party te Johannesburg op 8 September 1964 ten tye van viering van die 50-jarige bestaan van die Nasionale Party van Transvaal, Pretoria.
1964 b „Weltgewissen"? in: Nation Europa, 14, 12, S. 11–15.

1966 Herinneringe op die republikeinse pad, in: van Jaarsveld, F. A.; Scholtz, G. D. (Hrsg.): Die Republiek van Suid-Afrika. Agtergrond, Ontstaan en Toekoms, Johannesburg, S. 5–8.

1968 Aan die Sy van die Ossewa, in: Die Taalgenoot, Dez, S. 43.

1972 Dr. H. F. Verwoerd die Republikein. Hoofartikels uit Die Transvaler 1937–1948, Cape Town.

Verwoerd, H. C. Lucy

Die alleenlopende moeder as 'n ontvanger van liefdadigheid. MA Thesis, Stellenbosch.

Verwoerd, S. A. Joubert

1965 Wilhelm Johannes Verwoerd, Johannesburg.

Verwoerd, Wilhelm J.

1990 Dr. H. F. Verwoerd: Vegter vir vryheid. Sestiende H. F. Verwoerd-Gedenklesing, Pretoria.

2001 Woord vooraf, in: ders. (Hrsg.): Verwoerd. Só onthou ons hom, Pretoria, S. 7–8.

2018 Verwoerd aan die woord II. Die laaste vier jaar. Toesprake 1963–1966, Pretoria.

Verwoerd, Wilhem (jnr.)

1994 Re-viewing Verwoerd's vision. Critical Reflections on the Praxis of Apartheid and the thought of its Architect, in: Oruka, Henry Odera (Hrsg.): Philosophy, Humanity and Ecology. Philosophy of Nature and Environmental Ethics, Nairobi, S. 212–221.

2018 Bloedbande. 'n donker tuiskoms, Cape Town.

Verwoerd, Wilhelm, Anna, Daniel, Elsabet, Hendrik, Christiaan, Wynand

2001 Vader, in: Verwoerd, Wilhelm J. (Hrsg.): Verwoerd. Só onthou ons hom, Pretoria, 52–104.

Vico, Giambattista

2009 Prinzipien einer neuen Wissenschaft über die gemeinsame Natur der Völker, Hamburg.

Viljoen, Louise

2012 Ingrid Jonker, Auckland Park.

Viljoen, G. van N.

1978 The Afrikaans Universities and Particularism, in: Van der Merwe, Hendrik W; Welsh, David (Hrsg.): The Future of the University in Southern Africa, New York, S. 172–187.

Visser, George Cloete

1977 OB. Traitors or Patriots?, Johannesburg.

Visser, Myda Marista

1999 Die ideologiese grondslae en ontwikkeling van die blanke fascistiese bewegings in Suid-Afrika, 1945–1995. MA Thesis, Pretoria.

Vladislavic, Ivan; Judin, Hilton (Hrsg.)

1998 Blank-. Architecture, apartheid and after, Rotterdam.

Voigt, Elizabeth A.

1983 Mapungubwe: An Archaeological Interpretation of an Iron Age Community, Pretoria.

Volkelt, Hans

1914 Über die Vorstellungen der Tiere. Ein Beitrag zur Entwicklungspsychologie, Leipzig – Berlin.

1922 Die Völkerpsychologie in Wundts Entwicklungsgang, Erfurt.

1925 Über die Forschungsrichtung des Psychologischen Instituts der Universität Leipzig. Zu seiner Fünfzigjahrfeier am 21. November 1925, Erfurt.

1926 Fortschritte der experimentellen Kinderpsychologie. Sonderabdruck aus dem Bericht über den IX. Kongress für experimentelle Psychologie in München, Jena.

1954 Grundbegriffe der Ganzheitspsychologie, in: Klemm, Otto (Hrsg.): Wege zur Ganzheitspsychologie. Festschrift zum 60. Geburtstage Felix Kruegers, München, S. 1–46.

1962 a Von den Anfängen der „Ganzheitspsychologie", in: Sander, Friedrich; Volkelt, Hans (Hrsg.): Ganzheitspsychologie. Grundlagen – Ergebnisse – Anwendungen. Gesammelte Abhandlungen, München, S. 1–14.

1962 b Grundbegriffe der Ganzheitspsychologie, in: Sander, Friedrich; Volkelt, Hans (Hrsg.): Ganzheitspsychologie. Grundlagen – Ergebnisse – Anwendungen. Gesammelte Abhandlungen, München, S. 31–65.

Volkskongres oor die Toekoms van die Bantoe

1956 Volkskongres, Bloemfontein, 28–30 Junie 1956, Stellenbosch.

Vorster, Balthasar John

1976 Tweede HF Verwoerd-Gedenklesing, Pretoria.

Vorwerg, Manfred

1979 Wilhelm Wundt – Erbe und Gegenwart. Festveranstaltung der Karl-Marx-Universität anläßlich des 100jährigen Jubiläums des von Wilhelm Wundt gegründeten Institutes für experimentelle Psychologie an der Universität Leipzig, 31. Oktober 1979, Leipzig.

1984 Experimentelle Psychologie in Leipzig, München.

Waetjen, Thembisa

2005 Between explanation and apology: Giliomee and the problem of the Afrikaner ethnic past, in: Transformation, 58, 87–96.

Wagner, Oloff Jacobus Marais

1936 Poverty and Dependency in Cape Town. A Sociological Study of 3,300 Dependents receiving assistance from the Cape Town General Board of Aid. PhD Thesis, Stellenbosch.

1937 Prof. Dr. H.F. Verwoerd, in: Die Stellenbossche Oudstudent, 7, 1, S. 9–10.

Walach, Harald

2009 Psychologie – Wissenschaftstheorie, philosophische Grundlagen und Geschichte. Ein Lehrbuch, Stuttgart.

Walton, Chris

2004 Bond of Broeders. Anton Hartman and Music in an Apartheid State, in: The Musical Times, 145, 1887, S. 63–74.

Walzer, Michael

1988 Exodus und Revolution, Berlin.

Wannamaker, Claudia
1925 The Recreation Program in a plan for social treatment, Springfield.

Ward, Stuart
2011 Run Before the Tempest. The „Wind of Change“ and the British World, in: Geschichte und Gesellschaft, 37, 2, S. 198–219.

Ward, Kevin
2015 Afrika! Mayibuye! Equality, Freedom and Humanity. The Struggle for South African Christianity in the Twentieth Century, in: Lessing, Hanns; Dedering, Tilman; Kampmann, Jürgen; Smit, Dirkie (Hrsg.): Umstrittene Beziehungen/Contested Relations. Protestantismus zwischen dem südlichen Afrika und Deutschland von den 1930er Jahren bis in die Apartheidzeit/Protestantism between Southern Africa and Germany from the 1930s to the Apartheid Era, Wiesbaden, S. 231–242.

Weber, Phil
1973 Nà die generaals. Republiek en nasionale eenheid. Generaal J. B. M. Hertzog-gedenklesing 3, Stellenbosch.

Wehr, Gerhard
1988 Karlfried Graf Dürckheim. Ein Leben im Zeichen der Wandlung, München.

Weingart, Peter; Kroll, Jürgen; Bayertz, Kurt
2017 Rasse, Blut und Gene. Geschichte der Eugenik und Rassenhygiene in Deutschland, Frankfurt am Main.

Weisbord, Robert G.
1967 The Dilemma of South African Jewry, in: Journal of Modern African Studies, 5, 2, S. 233–241.

Wellek, Albert
1950 Die Wiederherstellung der Seelenwissenschaft im Lebenswerk Felix Krügers. Längsschnitt durch ein halbes Jahrhundert der Psychologie, Hamburg.
1953 Das Problem des seelischen Seins. Die Strukturtheorie Felix Kruegers: Deutung und Kritik. Zugleich ein Beitrag zur Wissenschaftslehre und zur Theorie des Charakters, Meisenheim – Wien.
1954 Die genetische Ganzheitspsychologie, München.
1972 Albert Wellek, in: Pongratz, Ludwig J.; Wehner, Ernst K. (Hrsg.): Psychologie in Selbstdarstellungen, Bd. 1, Bern, S. 357–388.

Welsh, David
1971 The Roots of Segregation. Native Policy in Colonial Natal, 1845–1910, Cape Town.
2010 The Rise and Fall of Apartheid, Johannesburg.

Welsh, David; Savage, M.
1978 The University in Divided Societies: The Case of South Africa, in: Van der Merwe, Hendrik W; Welsh, David (Hrsg.): The Future of the University in Southern Africa, New York, S. 130–147.

Wertheimer, Max

1967 Über das Denken der Naturvölker, in: ders. (Hrsg.): Drei Abhandlungen zur Gestalttheorie, Darmstadt, S. 106–163.

Westphal, Ernst

1911 Über Haupt- und Nebenaufgaben bei Reaktionsversuchen, Leipzig.

Wiederroth, Nicole

2016 Südafrikas Propaganda im Zweiten Weltkrieg. Zur medialen Legitimation einer kolonialen Ordnung, St. Ingbert.

Wilcocks, Raymond William

1917 Zur Erkenntnistheorie Hegels in der Phänomenologie des Geistes, Halle.

1923 Oor die „ongeldige" Modi van Sillogisme, in: Annale van die Universiteit van Stellenbosch, 1, 1, S. 1–23.

1924 On the conception of intelligence, South African Journal of Science, 21, S. 664–675.

1925 An Examination of Külpe's Experiments on Abstraction, in: American Journal of Psychology, 36, 3, S. 324–341.

1928 a On Substitution as a Cause of Errors in Thinking, in: The American Journal of Psychology, 40, 1, S. 26–50.

1928 b Oor die metode van invalle, in: South African Journal of Science, 25, S. 491–498.

1928 c The effect of an unexpected heterogeneity on attention, in: Journal of general psychology, 1, 1, S. 266–319.

1929 On the Correlation of Intelligences Scores between Siblings, in: South African Journal of Science, 26, S. 881–887.

1930 Psigologiese aanmerkings omtrent die verhouding van arm-blanke en gekleurde, in: Sosiale en Bedryfsaangeleenthede / Social and Industrial Review, Mai, S. 1–8.

1931 a Intelligence, Environment and Heredity, in: South African Journal of Science, 28, S. 63–76.

1931 b The South African Group Test of Intelligence, Stellenbosch.

1945 Die volksaard van die Afrikaner, in: van den Heever, C. M.; Pienaar, P. de V. (Hrsg.): Kultuurgeskiedenis van die Afrikaner. Bd 1, Cape Town – Bloemfontein – Port Elizabeth, S. 286–308.

Wilkins, Ivor; Strydom, Hans

1980 The Super-Afrikaners. Inside the Afrikaner Broederbond, Johannesburg.

Wilks, Terry

1980 The biography of Douglas Mitchell, Durban.

Williams, Donovan

2001 A history of the University College of Fort Hare, South Africa – the 1950s. The waiting years, Lewiston.

Wilson, Robert R.

1961 International Law and Some Recent Developments in the Commonwealth, in: American Journal of International Law, 55, 2, S. 440–444.

Winckler, A. T.

1969 Volkswelsynbeleid, Stellenbosch.

Wirth, Wilhelm

1898 Vorstellungs- und Gefühlscontrast, in: Zeitschrift für Psychologie und Physiologie der Sinnesorgane, 18, S. 49–90.

Wischnewski, Hans-Jürgen

1961 Verwoerd und der deutsche Lehrer Niedermayer, in: Sozialdemokratischer Pressedienst, 27. Februar.

Witz, Leslie

2003 Apartheid's festival. Contesting South Africa's national pasts, Bloomington.

Wolf, Loammi

2012 David Beresford Pratt: die mens agter die sluipmoordpoging. https://www.litnet.co.za/david-beresford-pratt-die-mens-agter-die-sluipmoordenaar/

Wolfradt, Uwe

2009 Die Völkerpsychologie von Wilhelm Wundt, in: Deimel, Claus (Hrsg.): Auf der Suche nach Vielfalt. Ethnographie und Geographie in Leipzig, Leipzig, S. 185–192.

Wolman, Benjamin B. (Hrsg.)

1968 Historical roots of contemporary psychology, New York.

Wolpe, Harold

1972 Capitalism and cheap labour-power in South Africa: from segregation to apartheid, in: Economy and Society, 1, S. 425–456.

Wolvaardt, Pieter; Wheeler, Tom; Scholtz, W.

2010 From Verwoerd to Mandela. South African Diplomats Remember.

Wright, Harrison M.

1978 The burden of the present. Liberal radical controversy over southern African history, Cape Town.

Wundt, Wilhelm

1862 Beiträge zur Theorie der Sinneswahrnehmung, Leipzig.

1901 Grundriss der Psychologie, Leipzig.

1911 Einführung in die Psychologie, Leipzig.

1913 Elemente der Völkerpsychologie. Grundlinien einer psychologischen Entwicklungsgeschichte der Menschheit, Leipzig.

1914 Die Philosophie des primitiven Menschen, in: ders. (Hrsg.): Reden und Aufsätze, Leipzig, S. 119–162.

Xuma, Alfred Bitini

2012 A. B. Xuma. Autobiography and selected works (Van Riebeeck Society. Second series; no. 43), Cape Town.

Yates, Anne; Chester, Lewis

2006 The troublemaker. Michael Scott and his lonely struggle against injustice, London.

Zitterbarth, Walter

2006 War Wundt ein Konstruktivist?, in: Jüttemann, Gerd (Hrsg.): Wilhelm Wundts anderes Erbe. Ein Missverständnis löst sich auf, Göttingen, S. 102–115.

Zöllner, Linda; Heese, J. A.

1984 Die Berlynse Sendelinge in Suid-Afrika en hul nageslag – The Berlin Missionaries in South Africa and their Decendants, Pretoria.

Zungu, Yeyedwa

1977 The Education for Africans in South Africa, in: Journal of Negro Education, 46, 3, S. 202–218.

Personenregister

Albertyn, Johannes Rudolf 136, 144, 147, 149, 155, 196

Balewa, Abubakar 392
Basson, Japie 186, 281, 331, 368, 395, 454
Boshoff, Carel Wilhelm Hendrik 339, 346, 450, 513f.
Botha, Dawid Petrus 443
Botha, Louis 7, 23, 371, 493
Botha, Michiel Coenraad 163, 190, 268, 365, 492
Botha, Pieter Willem 228f., 288, 364, 366, 375, 443, 447f., 492
Botha, Stephanus Petrus „Fanie“ 365, 442
Bruwer, Johannes Petrus van Schalkwyk 187, 255, 261, 320, 328, 341, 343–345, 348, 352–354, 362, 372, 457

Cillié, Petrus Johannes „Piet“ 14, 35, 272f., 287, 383, 387, 420, 438, 443–448, 451, 455f., 458, 497–499, 504, 509f.
Cilliers, S. P. 438
Cloete, Lucie 29, 141, 202
Coertze, Pieter Johannes 41, 51, 120, 246f., 254, 319, 339, 344–347, 360
Coetzee, J.H. „Hennie“ 221, 346, 451
Conradie, Johannes Hendrik 142
Cronjé, Geoffrey 41, 50, 132, 143, 152, 188, 196, 223, 253f., 268, 287–289, 346, 410, 431

De Klerk, Frederik Willem 331, 439f.
De Klerk, Jan 227, 229, 447, 467
De Villiers Graaff, David Pieter 320, 384
Diederichs, Nicholas 22, 173, 196, 218, 220, 222f., 225, 239, 365, 431f., 469, 497
Diefenbaker, John 390–393
Dönges, Ebenezer 219, 222f., 227, 276, 289, 364–366, 377, 443, 446, 492, 503
Dönhoff, Christoph 177
Dönhoff, Marion 177
Drascher, Warhold 273f.
Du Plessis, Lodewikus Johannes 84, 203, 207, 217–220, 222, 225, 446, 450f., 458, 469,
Du Toit, J.D. (Totius) 219
Dürckheim-Montmartin, Karlfried Graf 93

Eiselen, Werner Willi Max 31, 120, 183, 199, 246–248, 255, 293f., 303, 306, 319, 321, 323–326, 334, 338–346, 348f., 351–354, 356, 361, 368, 374, 404, 412, 416, 433, 436
Elizabeth II. 173, 393
Eloff, Gerhard 268f., 273
Erasmus, François Christiaan 227, 282f.

Fischer, Abraham „Bram“ 402
Fischer, Eugen 89, 100, 266, 268f.
Fourie, Adrian Paulus Johannes 156, 159f.

Gayre of Gayre, Robert 270–273
Gerdener, Gustav Bernhard Augustus 254, 287, 290f., 297, 354
Gericke, Jacobus Stephanus 276, 295, 382, 452, 456–458, 503
Geyer, Albertus Lourens 36, 159, 170, 177, 184, 205, 241, 287f., 364, 383, 414, 438, 445
Geyser, Albertus Stephanus 454
Goebbels, Josef 176, 193
Gutmann, Bruno 339

Haak, Jan Friedrich Wilhelm 167, 276, 465
Havenga, Nicolaas Christiaan 200, 202, 227–230, 283
Hegel, Georg Wilhelm Friedrich 53f., 460
Herder, Johann Gottfried 339–341
Hertzog, Albert 173, 188, 196, 208, 219, 223, 227, 364–366, 402, 427, 448, 501, 514–516
Hertzog, J.B.M. 11, 19, 23f., 44, 155–159, 195, 197f., 200–204, 208, 216, 223, 227, 365f., 371, 396, 460, 497, 501
Hintrager, Oskar 100f.

https://doi.org/10.1515/9783110680508-019

Hitler, Adolf 5, 20, 35, 172, 212, 215, 265, 405, 499, 528
Hoffmann, Hermann 138, 234, 262, 265 f.
Hofmeyr, Jan Hendrik 157, 176, 183, 271, 276 f.
Hofmeyr, Johannes Dirk Jacobs 30, 270, 272 f., 288, 342
Hofmeyr, William Angus „Willie“ 24, 167, 170, 278
Hubbard, Ron 273
Hume, David 57 f.

Irving, David 271

Jansen, Ernest George 29, 148, 290, 292, 303, 432, 435
Jonathan, Joseph Leabua 313, 336, 376

Kahn, Sam 402
Kant, Immanuel 53 f., 96, 98
Keet, Barend Bartholomeus 41, 354, 368, 434, 454 f.
Kestell, John Daniel 196
Kleist, Peter 274
Klemm, Otto 91 f., 96 f., 113, 115, 232
Klopper, Henning 366
Köhler, Wolfgang 63, 94, 99 f.
Kretschmer, Ernst 138, 233–235, 237, 262–265, 267 f.
Krueger, Felix 41, 58, 84, 87, 91–96, 99, 113–115, 121, 339, 521
Külpe, Oswald 59 f., 65
Kuyper, Abraham 25, 243 f., 253, 285, 453

Language, Francis Joseph 347
Lawrence, Harry 184
Lenin, Wladimir Iljitsch 10, 160, 528
Leroux, Etienne 518
Lewin, Kurt 75, 99
Lipmann, Otto 76, 99 f.
Lombard, Iwan Makepeace 196, 203 f., 431
Louw, Eric Hendrik 176, 189, 215, 228, 283, 358, 373, 382–384, 390, 393 f., 403, 425, 446, 499, 514, 524
Louw, Nicolaas Petrus van Wyk 121, 303, 344, 354, 443, 517–519
Luthuli, Albert 392, 421 f.

Macmillan, Harold 126, 380 f., 383, 388, 390–393, 404, 414, 459
Madeley, Walter 184, 227
Malan, Daniel François 24, 28, 43, 130, 144, 152, 159, 166 f., 169, 172, 174, 195, 197, 201–203, 214–220, 226–228, 230, 277, 281, 283, 286–288, 290, 377, 383, 443, 495, 497, 519, 524
Malan, François Stephanus 131, 136, 300, 340
Malherbe, Ernst Gideon 131 f., 144, 281, 427
Mandela, Nelson 199, 294, 424, 519
Marais, Ben 454
Matthews, Zachariah Keodirelang 348
Meinhof, Carl 339–342, 344, 348, 352, 432
Meiring, Piet G. J. 14, 43, 166–172, 177 f., 184, 195, 202, 214, 239 f., 280, 394, 402 f., 438, 446, 451 f., 493, 518
Mentz, Frans Engelbertus 316 f.
Menzies, Robert Gordon 386, 390 f., 393, 459
Meyer, Pieter Johannes 186, 207, 212, 220–223, 225, 268, 281, 366, 384, 437, 457, 469, 495, 515
Mitchell, Douglas 245, 388, 395, 496 f.
Moede, Walter 87, 89 f., 99, 269
Moltke, Johannes Strauß von 271
Mönnig, Hermann Otto 225, 271 f., 460–462, 465 f., 470
Mosley, Oswald 271
Mühlmann, Wilhelm 254, 345 f.

Naudé, Christian Frederick Beyers 366, 457 f.
Nel, M. D. C. de Wet 217, 288, 290, 337 f., 343, 356, 435, 444, 492
Nkrumah, Kwame 191, 370, 390, 392
Nyerere, Julius 392

Olivier, N.J.J. 298, 353 f., 356, 433–436, 441, 450, 458
Oppenheimer, Harry 402

Pienaar, Schalk 448, 519
Pirow, Oswald 202 f., 215 f., 227
Pratt, David 382, 500, 508, 510

Roeder, Manfred 271
Roos, Tielman 23, 495
Rothmann, Maria Elizabeth 28, 131, 146, 148, 154, 157, 159, 164, 226, 229, 329, 338, 383, 411, 438, 448, 497 f., 500, 503, 513
Rupert, Anton 34, 168, 307, 469, 510

Sampson, E. Wyatt 349 f.
Sander, Friedrich 93
Sauer, Paul 166 f., 290, 292, 352, 365 f., 382, 425, 492
Schoeman, Barend Johannes „Ben" 174, 229 f., 256, 364 f., 386
Scholtz, Gert Daniel 3, 35, 37, 44, 168, 171, 178, 183, 189, 227, 335, 337 f., 357, 370, 378, 394, 396, 413
Schumann, Christian Gustav Waldemar 142, 167, 276 f., 463, 474
Schumann, Theodor Eberhardt Werner 341 f., 410
Selz, Otto 55, 60–67, 71, 74 f., 81, 95, 144, 232, 245, 523
Serfontein, J. J. 290, 492
Skawran, Paul 102, 262 f., 265
Smuts, Jan Christian 27, 44, 173, 195, 197, 200 f., 211–213, 284, 351, 371, 464, 493, 495, 519
Stalin, Josef 5, 20, 35, 518, 528
Stern, William 91, 94, 97–99, 103–106, 117, 120, 232–234, 238 f., 277
Steyn, F. S. 471
Strauss, J. G. N. 172
Strijdom, Johannes Gerhardus „Hans" 19, 85, 166 f., 169–171, 173 f., 177, 195 f., 199 f., 215, 221, 226–228, 258, 282 f., 286, 364, 377 f., 401, 425, 436, 438, 461, 495
Stumpf, Carl 53, 83 f., 99
Suzman, Helen 13 f., 193, 403, 424, 458, 498
Swart, Charles Robberts 83, 171, 199 f., 202, 215 f., 227 f., 258, 272, 283, 322, 364 f., 414, 417, 444, 503, 512 f.

Tambo, Oliver 199
Theron, Erika 132, 140, 153–155, 162, 167, 181, 186 f., 226, 229, 303, 329, 347, 411, 438, 448, 497
Thom, Hendrik Bernardus 29, 36, 161, 163, 183, 288, 344, 357, 389, 432 f., 457 f.
Trollip, Alfred Ernest 400
Tsafendas, Dimitrio 508–511

Uys, Dirk Cornelis Hermanus 492

Van den Bergh, Hendrik 274, 509
Van der Bijl, Hendrik 471
Van der Merwe, Abraham Johannes 178
Van der Merwe, Johannes Gideon „Kaalkop" 366, 382, 452, 463
Van der Spuy, Johannes Petrus 245, 323, 389, 441
Van Rensburg, Johannes Frederick Janse „Hans" 202 f., 214–220, 226–229, 273
Van Rensburg, Jurgens Anthonie Jansen 145, 269
Van Rhyn, Albertus Johannes Roux 167, 170, 218, 461,
Van Rooy, Johannes Cornelis „Joon" 44 f., 196, 207, 209, 211, 217, 219 f., 222, 432, 453
Van Schalkwyk, Andries 347, 358, 432
Van Schoor, Adriaan Mynhardt 178, 181, 184
Van Warmelo, Nicolaas Jacobus 341, 352
Van Zyl, A. J. 169–171, 173, 229
Vedder, Heinrich 273
Verwoerd, Anje 24 f., 29, 202
Verwoerd, Daniel 184 f.
Verwoerd, Elisabeth „Betsie" 27, 28, 32, 93, 100 f., 104 f., 125, 127, 146, 164, 214, 259, 329, 338, 383, 393 f., 448, 493, 498–500, 513 f.
Verwoerd, Leendert 26 f., 29, 185
Verwoerd, Wilhelm (Enkel von H.F. Verwoerd) 3, 14
Verwoerd, Wilhelm Johannes (ältester Sohn von H.F. Verwoerd) 15, 18, 24, 37, 105, 162, 189, 274, 402,
Verwoerd, Wilhelm Johannes (Vater von H.F. Verwoerd) 24–26, 28 f., 67, 452
Viljoen, Marais 168, 492, 508
Volkelt, Hans 91–93, 104, 106, 111, 115–118, 261 f.

Vorster, Balthasar Johannes „John“ 6, 140, 182, 228, 272, 365, 369, 402, 418, 423 f., 478, 497, 502, 507–509, 514, 518
Vorster, J. D. „Koot“ 274, 457 f.

Waring, Frank 400
Weber, Phil 177, 183 f., 241, 287 f., 298, 364, 387, 425 f., 438 f., 444–446, 448, 451, 456
Weichardt, Louis 271
Wellek, Albert 93–95
Wertheimer, Max 60, 99, 117
Westermann, Diedrich 339, 342, 358
Wilcocks, Raymond 30, 37, 52–56, 63–66, 68, 70, 74, 78, 83, 102 f., 130–132, 136, 144–146, 149, 232, 269, 278, 281 f., 300
Wundt, Wilhelm 56–60, 75, 92, 95–97, 106, 112–117, 128, 234, 333, 341, 521

Ortsregister

Amsterdam 2, 24 f., 34, 90, 244

Berlin 76, 89 f., 97, 99–101, 172, 269, 339, 342, 532
Bloemfontein 23, 46 f., 49–51, 125, 135, 143, 145, 170, 175, 180, 187, 215, 219–222, 225, 247, 272, 316, 318–322, 369, 383, 385, 423, 432, 450, 505, 512, 530
Boston 101 f.
Botswana 371–373
Brandfort 26, 28 f., 185, 202, 427, 457
Bulawayo 26 f., 376

Cradock 214

Durban 35, 240, 242, 301, 328, 330, 379, 399, 410, 430, 468, 484

East London 207, 456, 486, 518

Groningen 89 f., 232

Hamburg 91, 105, 119 f., 516

Johannesburg 14, 24, 125, 128, 155, 166–168, 177, 180, 196, 199, 204, 207–213, 221, 225 f., 247, 259, 285, 295, 315 f., 323, 343, 356, 372, 381 f., 394 f., 399, 403, 406, 408, 415, 417, 424, 430, 436, 443, 445, 459 f., 469, 471, 474, 476 f., 479, 500, 514, 530

Kapprovinz 23, 29, 140, 142, 153, 169, 178, 198, 204, 226, 283, 288, 290, 329, 365, 377, 382, 384, 425, 438, 441, 443, 445, 448, 454, 457, 492
Kapstadt 23 f., 26, 31, 49, 133, 141 f., 147, 166, 196, 227, 257, 276, 298, 301, 333, 419, 430, 432, 509, 511, 522, 531
Kimberley 12 f., 132, 140, 147 f., 153, 159, 166, 174, 196, 207, 230, 278, 300, 402, 523, 527

Leipzig 85, 87, 89 f., 93, 96, 99 f., 262 f., 267, 532
Lesotho 313, 334, 336, 356, 368, 371–374, 418
London 256, 272, 307, 364, 382 f., 389 f., 392, 394 f., 397, 414, 474

Malmesbury 144, 276

Namibia 100, 343, 352 f., 371, 379
Natal 29, 35, 204, 227, 240, 242, 245, 284, 314, 334, 395, 399 f., 406, 410, 427, 431, 454, 468, 477, 484, 505
New York 101, 103, 242, 401

Oranje-Freistaat 23, 28, 202, 204, 214, 217, 334, 454

Paarl 148, 384, 505
Pietermaritzburg 312, 369, 505
Port Elizabeth 301, 375, 399, 429, 505
Potchefstroom 290, 317, 337, 350, 501, 503, 505, 531
Pretoria 199, 225, 272, 285, 289, 317, 360, 365, 374 f., 450, 462, 465, 470, 502, 508

Rhodesien 26 f., 179, 182, 371, 502, 510

Sharpeville 5, 241, 356, 381 f., 390, 414, 423, 426 f., 429, 436, 455, 465, 468
Sophiatown 199, 315 f.
Stellenbosch 16, 18, 24, 29, 56, 103, 166–168, 171, 182, 185, 329, 445, 504, 506, 531
Swaziland 371 f.

Transkei 191, 311, 315, 335, 343, 359, 369, 372, 374 f., 418, 433, 496
Transvaal 19, 23 f., 35, 46, 84, 130, 166, 169 f., 195 f., 201, 204, 216 f., 221, 223, 230 f., 281–283, 286–290, 295, 364, 372, 374, 385, 401, 408, 425, 443, 445, 454, 457, 495, 513

Witwatersrand 19, 166–168, 182, 196, 204, 229, 256 f., 301, 316 f., 472, 485

https://doi.org/10.1515/9783110680508-020

Sachregister

African National Congress 3, 198, 252, 326 f., 348, 381, 414, 416, 421 f., 451
Afrikaner Broederbond 9, 18 f., 24, 33, 44 f., 148, 161 f., 177, 182 f., 196, 198, 200, 202–213, 215, 217–227, 245, 257, 268, 279–282, 285, 287–289, 303, 323 f., 337, 344 f., 348, 352, 357 f., 364, 366, 372, 377, 379, 382, 385, 389, 394, 399, 418, 427, 431 f., 434, 439, 441, 450, 452 f., 456 f., 460, 469, 463, 471, 474, 491, 496, 514 f., 517, 524 f.,
Afrikaner Party 200, 202, 227–230, 280, 283
Ambiguität 231, 240, 245, 252, 312, 397, 413
Anglikanische Kirche 429 f., 451
Antiintellektualismus 270, 299, 350, 427, 447
Antikommunismus 1, 208, 241, 274, 423, 529
Antisemitismus 6, 94, 166, 195, 211 f., 270 f., 274–283, 307, 384, 401 f., 410 f., 510, 519, 524
Arme Weiße 2, 19, 31, 34, 43, 73, 91, 93, 109, 127, 130–137, 139–141, 143–145, 147–151, 155–157, 159, 166, 174, 196, 257 f., 262, 278, 414 f., 419, 438, 494, 512, 522, 527
Asiaten 123, 125, 128, 339, 409 f., 437, 511
Assoziationspsychologie 57–60, 62, 64–66, 72, 75 f.
Außenpolitik 1, 6, 128, 189, 404, 493, 505

Bantu Authorities 293, 300, 309, 313–315, 319, 321, 336, 371
Bantu Education 294, 323–330, 466, 492
Burenkrieg 22–25, 28, 30, 43, 100 f., 124, 130, 199, 453, 494, 518
Burger 15, 35, 146 f., 159, 167–170, 175, 187, 198, 205, 272, 276, 387, 394, 411, 425, 431, 443, 445–447, 449, 451, 455

Calvinismus 25 f., 28, 198, 203, 205 f., 209, 217, 231, 242–244, 276, 285, 290 f., 308, 431, 436, 443, 451–455, 504, 506, 512 f.
Chaos 20, 42 f., 127, 191–193, 231, 240–248, 250, 252, 343, 345, 356, 411, 413, 440, 522
Coloureds 12, 20, 32, 54, 139–141, 152, 155, 186 f., 191 f., 241, 245, 247, 252 f., 256–260, 268, 286, 288, 294, 329 f., 345, 347, 358, 364, 367, 380, 385, 405, 414 f., 431, 433 f., 436–451, 455 f., 458, 477 f., 486, 492, 504 f., 508, 510
Commonwealth 2, 20, 173, 178, 201, 367, 375–378, 380–383, 385–396, 403, 406, 442, 459
Cottesloe 291, 436, 444 f., 451, 454–457

Denkpsychologie 55 f., 59, 65 f., 74, 144, 245, 523 f.
Detention without Trial 414, 424
Differentielle Psychologie 98, 103 f., 106, 115, 120 f., 135, 231–233
Dogmatismus 1, 9, 13–15, 18, 35, 137, 184, 186, 294, 306, 317, 332, 392, 437 f., 499, 528
Doppelte Aufgabe 38, 43, 48 f., 66–75, 179, 295, 521

Entkolonialisierung 225, 335 f., 367, 370, 375, 386, 392, 407 f., 412, 451, 470, 528
Entwicklungspsychologie 15, 18 f., 51, 86, 92, 96, 98, 103 f., 106, 112, 114, 116, 232, 261, 266, 335, 521
Ethnologie 31, 41, 51, 91, 112 f., 115 f., 120 f., 187, 191, 246, 254, 261, 271 f., 285, 320, 328, 332–334, 336–348, 351–356, 362, 369, 432, 451, 523

Federasie van Afrikaanse Kultuurvereniginge 148, 160, 197 f., 205, 218, 221, 223, 294, 408, 431–433, 501

Ganzheitspsychologie 41, 84, 92, 94–96, 106, 114, 232, 339

https://doi.org/10.1515/9783110680508-021

Gefühl 16, 18, 31, 52 f., 66, 72–76, 78 f., 81–86, 95, 120, 139, 181, 240, 379, 494, 516, 522 f., 529
Gereformeerde Kerk 205, 207, 217, 244, 453
Gestaltpsychologie 58, 60, 63, 75, 90, 95, 99, 106
Gewalt 5, 85, 191, 320, 362, 415, 419, 444, 455, 500, 520, 528 f.
Grenznahe Industrie 9, 299, 305,
Greyshirts 195, 212, 229, 271, 283, 402

Harvard University 56, 98, 102 f.
High Commission Territories 175, 366, 371–376, 381
Homelands 7, 9, 20, 122 f., 127, 191 f., 289–292, 296–198, 300–303, 305–313, 317, 319, 328, 332, 334, 359, 366–373, 375 f., 397, 400, 402, 405, 415, 439 f., 455, 458, 470, 477, 486, 498, 525, 529

Inder 187, 245, 247, 259, 275, 282, 288, 320, 330, 367, 385, 409, 437, 440, 449, 511
Influx Control 8, 10, 180, 250, 322 f.

Journalismus 14, 19, 34, 37, 131 f., 164, 166–169, 171–175, 178, 195, 198 f., 228, 257 f., 278, 328, 378, 386, 404, 425, 427, 443 f., 519, 524

Kalter Krieg 1, 404, 407, 409, 412, 417, 437
Katholische Kirche 430, 451
Kinderpsychologie 19, 89, 91 f., 97, 104–106, 111, 116 f., 267
Kirchen 12, 28, 130 f., 148 f., 178, 198, 205, 209, 224, 244, 260, 276, 287, 291, 295, 297, 299, 326, 408, 429–432, 435 f., 445, 451–458, 512, 528
Kommunismus 10, 21, 160, 193, 227, 240 f., 245, 247, 270, 281, 334, 399, 402, 407–411, 414, 417, 424, 428 f., 509, 514, 522, 527 f.
Kommunistische Partei 508
Kulturnationalismus 2, 11 f., 19, 22–24, 28, 30, 36, 40, 43 f., 46 f., 101, 121, 148, 159, 166, 169 f., 195, 198–201, 204–206, 209, 214, 216, 218, 226, 243, 253, 278 f., 283 f., 320, 330, 337, 340 f., 344, 397–399, 434, 450–452, 493 f., 512, 515 f., 521 f., 524

Linguistik 339–341, 344, 348, 352, 359
Logik 10, 15, 41, 52–54, 61, 63, 84, 86, 117–120, 122, 125, 128, 164, 176, 179–182, 185–190, 192 f., 238, 242, 244 f., 249–251, 296, 327, 331–333, 345, 356, 378, 440, 444, 494 f., 498, 502 f., 521, 523 f.

Marxismus 7, 160, 251, 300, 327, 357, 516
Militär 20, 87, 317, 356, 360, 411, 471, 478,
Modernisierung 5–7, 16, 47, 137, 150, 165, 249, 251, 290, 312, 322, 336, 343, 358, 452, 459 f., 463, 473, 479, 481, 484, 489, 491, 529

Nasionale Pers 166, 170, 173, 287 f., 425 f., 443, 445, 448
Nationalsozialismus 5 f., 20 f., 64, 93 f., 100 f., 172, 193, 212, 215, 229, 254, 260, 265, 271 f., 273 f., 286, 346, 365, 526 f.
Native Representatives 245, 291, 367
Natives Representative Council 248, 286, 292 f., 310,
Nederduitse Gereformeerde Kerk 244, 325, 343, 453–458
Nederduitse Hervormde Kerk 408, 454 f.
Nuwe Orde 227

Ossewabrandwag 40, 174, 200, 202, 213–221, 223, 225–230, 268 f., 273, 283, 365, 423, 450, 499

Panafricanist Congress 241, 381 f.
Passgesetze 318, 321–323, 381 f., 419, 421, 426
Persönlichkeitspsychologie 103–107, 111, 121, 170, 232–236, 238–240, 252
Planung 2, 5–7, 14–16, 20 f., 26–32, 141, 147, 149, 152, 154, 164, 180, 210, 246, 250, 284–287, 291, 297 f., 303, 317, 354, 367, 372, 420, 438, 461–470, 472–475, 477, 479, 481–490, 503, 525, 529

Polizei 241, 258, 274, 381, 415 f., 419, 422 f., 424, 519, 528
Positivismus 16, 57, 96 f., 99, 112, 131, 137, 153 f., 163, 192, 238, 332, 357, 464, 473,
Pragmatismus 8–10, 13–15, 35, 150, 189, 228, 306, 420
Präzedenzfall 9
Presse 33 f., 146, 203, 212, 260, 347, 368, 384, 403, 408, 422 f., 425 f., 438, 444, 446, 448, 450, 504, 506
Prinzip 9, 14, 18, 22, 28, 31, 36–44, 48 f., 51, 62, 74, 86, 119 f., 137 f., 150, 158, 163, 179, 185–7, 189–191, 199–202, 210, 217, 220, 227, 239, 241, 248 f., 252, 259, 271, 283, 298, 307, 316, 318 f., 324 f., 331, 365, 370, 388 f., 412 f., 418, 420, 486 f., 521 f., 524, 528
Propaganda 2, 16, 19, 37, 81, 86, 88, 153, 166, 169, 172, 174–176, 180, 185, 193, 199, 208, 213, 224, 240, 287, 296, 312, 329, 331 f., 370, 375, 383–385, 394, 398, 404, 411, 429 f., 449, 496, 501, 523 f., 529
Psychologiegeschichte 56

Rassenkrieg 403, 409, 412
Rassismus 6, 12, 20, 22, 32, 35, 85, 112 f., 128, 138–140, 144, 146, 148, 155 f., 192, 242, 246–248, 252–258, 260 f., 268 f., 271–274, 276, 278 f., 281, 286 f., 329, 341 f., 344, 348, 361, 400, 409–412, 424, 433 f., 459, 521, 523–526, 528 f.
Rechtsextremismus 6, 11, 93, 101, 193, 195, 200, 202, 212, 214 f., 218 f., 225, 229, 231, 248, 253, 268, 271, 274, 276 f., 280, 365, 384, 402, 410, 436, 450, 457, 469, 514, 519, 523
Reddingsdaadbond 218, 221 f.
Reinheit 20, 139, 252 f., 258 f., 522
Repression 4, 20, 112, 280, 311, 356, 371, 413 f., 416 f., 422–425, 526
Republik 2, 11, 16, 20, 22–24, 84, 162, 169, 173, 178, 180, 198 f., 201–203, 215, 224, 280, 288, 367, 369, 373, 376–381, 383–386, 388 f., 395–401, 405, 413 f., 430, 436, 439, 445, 447, 468, 475, 498, 502, 507
Rhetorik 151, 179, 181, 185 f., 188, 193, 296, 370, 411, 479, 523 f.
Rhodes University 177, 427

SABRA 9, 164, 245, 268, 273, 284, 287 f., 291, 297, 301, 303, 306, 324, 345, 347, 353 f., 431–436, 441, 449 f., 455 f.
Sauer-Report 289–291, 294 f.
Social Engineering 13, 16, 153 f., 330, 438, 527
South African Institute of Race Relations (SAIRR) 131, 343, 428, 430
Sozialarbeit 134–137, 139–141, 145 f., 148–150, 152 f., 155–157, 320, 419, 438, 522 f., 527
Sozialdarwinismus 144
Sozialismus 10, 225, 251, 402, 526
Soziologie 2, 12 f., 19, 49 f., 93, 111, 128, 130–132, 134–139, 141, 145–149, 191, 230, 247, 257, 262, 266–268, 414, 438, 522

Territoriale Rassentrennung 125, 139, 272, 290, 296, 300, 306, 368
Tomlinson-Report 9, 16, 302 f., 305–308
Totalitarismus 5, 16, 20, 38, 50, 193 f., 290, 414, 421, 518, 526 f.
Townships 250, 289, 298, 317–319, 381, 529
Transvaler 19, 52, 167–174, 178, 181 f., 195, 201 f., 207, 212, 215, 217–219, 223, 228, 230, 257, 278, 280 f., 293, 324, 367, 411, 417, 445, 517, 524

United Party 18, 159, 171 f., 176, 190 f., 195, 197, 199 f., 202, 212, 230, 245, 257 f., 260, 286, 365, 380, 384, 395, 400, 415, 430, 438, 444, 519
Universität Berlin 36, 52, 60, 63, 76, 88–90, 94 f., 97, 99 f., 106, 234
Universität des Oranje Freistaats 17 f., 258, 269, 345, 347, 358,
Universität Fort Hare 32, 330, 357, 505
Universität Hamburg 87 f., 97–99, 103 f., 341,
Universität Kapstadt 30, 341, 458,

Universität Leipzig 41, 57f., 84f., 88, 91, 93–97, 102, 104, 106, 111–113, 115–118, 121, 232, 339, 532
Universität Potchefstroom 162, 203, 205, 207, 217, 219–221, 243f., 287, 346, 394, 434, 451, 453
Universität Pretoria 100, 152, 238, 262, 265, 268, 270, 272, 302, 345, 360, 404, 467, 480
Universität Stellenbosch 12, 29–34, 52, 54f., 64f., 74, 78, 101, 103f., 131–136, 138, 141, 143f., 149, 161–163, 171, 183f., 186, 208, 214, 234, 243, 269f., 276f., 280f., 288–290, 341f., 344f., 351, 353, 357f., 389, 420, 431–436, 438, 447, 454, 457, 463f., 474, 497f., 501, 503, 513
Universität von Natal 427
University of the Witwatersrand 256f., 282, 329, 455

Vaderland 171, 260,
Völkerpsychologie 19, 58, 86, 92, 96, 98, 103, 112–123, 125, 128, 234, 241, 247, 261, 313, 332–334, 336–338, 341, 351, 360, 521
Volksblad 167f., 170, 272
Voluntarismus 5, 23, 29, 39f., 43, 46f., 57, 59–62, 70, 107f., 111, 236, 240, 244, 249, 253, 289, 373, 378, 398, 468f., 487, 495–497, 504, 525f.
Voortrekkerpers 166–168, 170, 172f., 214, 443, 507f.

Wilcocks-Kommission 54

Zensur 426, 512, 516f., 519, 524
Zivilisationsstufen 43, 112–115, 119f., 122–126, 260f., 332–334, 336, 339, 355, 361, 368, 411, 494, 521, 525
Zwangsumsiedlung 313, 316, 319, 440, 529

www.ingramcontent.com/pod-product-compliance
Lightning Source LLC
LaVergne TN
LVHW092124300926
849161LV00002B/212